国際法学の諸相

謹しんで
村瀬信也先生に捧げます

一　同

―― 執筆者一覧 （執筆順）――

奥脇直也（おくわき なおや）	明治大学大学院法務研究科教授
柳原正治（やなぎはら まさはる）	九州大学大学院法学研究院教授
山本　良（やまもと りょう）	埼玉大学教養学部教授
岡野正敬（おかの まさたか）	外務省総合外交政策局総務課長
寺谷広司（てらや こうじ）	東京大学大学院法学政治学研究科教授
河野真理子（かわの まりこ）	早稲田大学法学部教授
中谷和弘（なかたに かずひろ）	東京大学大学院法学政治学研究科教授
森田章夫（もりた あきお）	法政大学法学部教授
水島朋則（みずしま とものり）	名古屋大学大学院法学研究科教授
大河内美香（おおこうち みか）	東京海洋大学海洋科学技術研究科准教授
岩沢雄司（いわさわ ゆうじ）	東京大学法学部教授・自由権規約委員会委員
立松美也子（たてまつ みやこ）	共立女子大学国際学部教授
土屋志穂（つちや しほ）	上智大学法学部客員研究員
植木俊哉（うえき としや）	東北大学理事・大学院法学研究科教授
朴　基甲（Park Ki-Gab）	高麗大學校法學専門大學院教授 国際連合国際法委員会委員
洪　恵子（こう けいこ）	三重大学人文学部教授
小松一郎（こまつ いちろう）	元 内閣法制局長官
村井伸行（むらい のぶゆき）	在オランダ日本国大使館書記官
川瀬剛志（かわせ つよし）	上智大学法学部教授
伊藤一頼（いとう かずより）	北海道大学大学院法学研究科准教授
小寺　彰（こてら あきら）	元 東京大学大学院総合文化研究科教授
西村　弓（にしむら ゆみ）	東京大学大学院総合文化研究科准教授
岩月直樹（いわつき なおき）	立教大学法学部教授
福永有夏（ふくなが ゆか）	早稲田大学社会科学部教授
森下哲朗（もりした てつお）	上智大学法科大学院教授
柴田明穂（しばた あきほ）	神戸大学大学院国際協力研究科教授
堀口健夫（ほりぐち たけお）	上智大学法学部教授
鈴木詩衣菜（すずき しいな）	上智大学大学院地球環境学研究科博士後期課程
岡松暁子（おかまつ あきこ）	法政大学人間環境学部教授
江藤淳一（えとう じゅんいち）	上智大学法学部教授
李　禎之（り よしゆき）	岡山大学大学院社会文化科学研究科教授
岩石順子（いわいし じゅんこ）	上智大学法学部客員研究員
深坂まり子（ふかさか まりこ）	PhD Candidate, University College London
河野桂子（こうの けいこ）	防衛省防衛研究所理論研究部主任研究官
掛江朋子（かけえ ともこ）	横浜国立大学国際社会科学研究院特任准教授
根本和幸（ねもと かずゆき）	東京国際大学国際関係学部専任講師
広見正行（ひろみ まさゆき）	早稲田大学比較法研究所助手

村瀬信也 先生

国際法学の諸相
―― 到達点と展望 ――

村瀬信也先生古稀記念

Aspects of International Law Studies:
Achievements and Prospects

江藤淳一 編

Edited by Junichi Eto

信山社

はしがき

　村瀬信也先生は，昨年（2013年）古稀を迎えられ，本年3月末をもって上智大学を退職されました。村瀬先生から教えを受けた研究者の間では，この機会にぜひ記念論文集を献呈したいという強い思いがあったのはもちろんです。しかし，その相談に伺ったところ，村瀬先生から，「記念論文集の出版など"これで一丁あがり！"と言われているようで嫌だ」といったんは断られてしまいました。その後，ようやくお許しをいただき，日頃の学恩に少しでも報いたいという願いがこのような形でかなうことになった次第です。

　この論文集には多くの方の執筆をいただいています。大学，学会，研究会等で村瀬先生と親交のあった方，外務省，国連国際法委員会，国際法協会等で村瀬先生と仕事を共にされた方，学部や大学院の学生として村瀬先生から直接教えを受ける機会のあった方，など多方面に及んでいます。これは，研究，教育，実務に携わるなかで，村瀬先生がそこでの人とのつながりを大切にされてきたことの表れでしょう。若手研究者の論文も多く含まれているのは，村瀬先生のご意向によるところでもあります。

　村瀬先生は，1970年代から論考を発表され，その多くは大著『国際立法』に収録されています。この論文集の各論文でも，『国際立法』の参照はいたるところにみられます。この40年ほどの間にわが国の学会で盛んに議論され，村瀬先生ご自身もさまざまな形で取り上げられてきた問題が検討対象となっているからです。たとえば，慣習法理論の変質等の法源論の問題，一方的措置の対抗力，国際法と国内法の関係に関する調整理論，国際協力における信義誠実の機能，一般国際法と条約レジームとの関係，等がそこには含まれます。この論文集を読むと，1970年代以降の国際法をめぐる主要な議論の流れを感じとることができます。

　村瀬先生は，上智大学を退職後も相変わらず精力的に教育研究活動を続けておられます。2009年以来委員を務めておられる国連国際法委員会では，いま「大気の保護」の議題の特別報告者としての仕事に力を注がれています。また，

はしがき

　今年の秋からは，北京にある中国青年政治学院という新たな職場で，中国人の学生を対象に国際法の教育に携わっておられます。この大学には定年というのはないそうで，しばらくここで教育を続けられるのではないでしょうか。春も秋も，海外を飛び回ってお仕事をされているわけで，まさに八面六臂のご活躍は目を見張るばかりです。

　村瀬先生には，今後とも引き続きご指導を賜りたくお願いするとともに，先生の益々のご健勝とご活躍を祈念してこの論文集を献呈したいと存じます。

　この論文集の出版にあたっては，多数の方の助言や協力をいただき感謝申し上げます。信山社の袖山貴氏，稲葉文子氏には，この論文集の刊行につきご相談をしたところ，すぐにご快諾いただきました。あらためて心からお礼申し上げます。

　　2014年12月

江 藤 淳 一

　この論文集に執筆をいただいた小寺彰教授と小松一郎前内閣法制局長官は，本年ご逝去されました。村瀬先生と親交の深かったお二人だけに，本当に無念としか言いようがありません。ここに謹んでご冥福をお祈り申し上げます。

目　次

はしがき

── 第1部　国際法の基盤 ──

1　協力義務の遵守について
　　──「協力の国際法」の新たな展開 ……………〔奥脇　直也〕…5
　　　1　問題の提起（7）
　　　2　調整の国際法から協力の国際法へ（7）
　　　3　協力義務と遵守の意義変化（11）
　　　4　国際社会における協力義務の諸類型（16）
　　　5　結びに代えて（44）

2　日本における近代ヨーロッパ国際法の変容
　　── ボアソナードの果たした役割 …………〔柳原　正治〕…47
　　　1　はじめに（47）
　　　2　お雇い外国人たちの貢献（49）
　　　3　ボアソナード（52）
　　　4　おわりに（60）

3　国際社会のグローバル化と国際法形成の現代的展開
　　──「参照条項」を中心として ………………〔山本　良〕…65
　　　1　はじめに（65）
　　　2　国際法形成過程の現代的展開（68）
　　　3　グローバル化国際社会における合意概念の動揺（72）
　　　4　おわりに（81）

目　次

4　サイバースペース時代の国際法実務の変容 … 〔岡野　正敬〕… 83
　　1　問題の所在（83）
　　2　各国政府による対外発信の増加と国際法形成過程
　　　　への貢献（84）
　　3　抗議の頻繁化とその意味合いの変化（90）
　　4　国際裁判における証拠形成の場としてのサイバー
　　　　スペースの活用（94）
　　5　いかに対応すべきか（103）

5　「調整理論」再考
　　　──認識論的及び過程論的把握 ……………… 〔寺谷　広司〕… 105
　　1　序（105）
　　2　唱道者達の議論（110）
　　3　理論的意義（122）
　　4　結　語（145）

6　国際司法裁判と国内法制度 ……………… 〔河野　真理子〕… 151
　　1　序（151）
　　2　自国民の保護の権利の行使に関する事例における
　　　　国内法制度と国際裁判（153）
　　3　国家の権利侵害と個人の権利侵害の混在する事例
　　　　における国内法制度や国内法に基づく措置による
　　　　国際法違反と国際裁判（158）
　　4　国内法制度や国内機関の行為による国家の権利の
　　　　直接の侵害──人道に対する犯罪等が紛争の背景に
　　　　ある事例（166）
　　5　結語にかえて（173）

第 2 部　領域と管轄権

7　西サハラにおける鉱物・漁業資源と国際法　…〔中谷　和弘〕… 177

1　はじめに（177）
2　西サハラの国際法上の地位（178）
3　Hans Corell 国連法律顧問の意見書（181）
4　ノルウェー政府年金ファンド Global による投資排除（186）
5　EU・モロッコ漁業協定（193）
6　おわりに（199）

8　国連国際法委員会における海賊行為概念
　　── 私的目的・私船要件の意義 ……………〔森田　章夫〕… 203

1　はじめに（203）
2　起草経緯と法的争点の概要（205）
3　二要件に関する法的議論（209）
4　「国際法上の海賊（piracy *jure gentium*）」概念
　　から見た Nyon 協定の評価（215）
5　結びに代えて（221）

9　米国の外国人不法行為法の領域外適用について
　　── キオベル事件連邦最高裁判決を素材として
　　………………………………………………〔水島　朋則〕… 227

1　序（227）
2　外国人不法行為法に関する裁判例の展開（229）
3　キオベル対ロイヤル・ダッチ石油（231）
4　考　察（235）
5　結び ── 国の管轄権に関する国際法学の到達点と展望（240）

目　次

10 国際関心事項及び国内管轄事項としての検疫
の位置 ── 国際機関と国家の権限の整序 ………〔大河内　美香〕… 245
　　1　はじめに（245）
　　2　国際関心事項及び国内管轄事項としての検疫の分析（249）
　　3　分析の結果（257）
　　4　考　　察（260）
　　5　おわりに（268）

── 第3部　個人の保護 ──

11 人権条約の留保
　　── 国際法委員会と自由権規約委員会の協同 ……〔岩沢　雄司〕… 273
　　はじめに（273）
　　1　自由権規約委員会の一般意見24号（273）
　　2　個人通報審査と留保（276）
　　3　国家報告審査と留保（283）
　　4　条約の留保に関する国際法委員会の作業（285）
　　おわりに（298）

12 ヨーロッパ人権条約の域外適用 ………………〔立松　美也子〕… 299
　　1　はじめに（299）
　　2　条約の適用範囲（300）
　　3　欧州人権条約の域外適用の関連事例（304）
　　4　欧州人権条約の領域外適用条件（315）
　　5　おわりに（317）

13 国際投資法と国際人権法における外国投資家の
人権保護……………………………………………〔土屋　志穂〕… 319
　　1　はじめに（319）

2　国際投資仲裁における投資家の人権侵害を原因
　　　　とする請求（325）
　　3　国際人権裁判所における外国人投資家の人権保障（330）
　　4　お わ り に（335）

14　災害時に関する国際法規範の形成と発展
　　── 国連国際法委員会による「災害時の人の保護」
　　に関する条文草案をめぐって ………………〔植木　俊哉〕…337

　　1　は じ め に（337）
　　2　「災害時の人の保護」に関する条文草案の審議
　　　　の経緯（338）
　　3　「災害時の人の保護」に関する条文草案の全体構造
　　　　と位置づけ（339）
　　4　「災害時の人の保護」に関する条文草案の実体規定：
　　　　その内容（342）
　　5　「災害時の人の保護」に関する条文草案をめぐる国
　　　　際法上の論点と本草案の意義（345）
　　6　お わ り に ── 災害に関する国際法規範の策定と日本の貢献（348）

15　移行期正義と国際人権関連規範 ……………〔朴　　基甲〕…351

　　1　は じ め に（351）
　　2　移行期正義の概念（353）
　　3　移行期正義の目的と実現方法（358）
　　4　過去志向的な移行期正義の実現過程と国際人権規範の役割（364）
　　5　移行期正義の実現が国際人権規範の発展に及ぼした影響（368）
　　6　お わ り に（375）

目　次

━━━━━ 第4部　個人の刑事責任の追及 ━━━━━

16　テロ容疑者に関する管轄権の展開
　　── 軍事審問委員会の意義と限界 ………………〔洪　　恵子〕… 381
　　1　はじめに（381）
　　2　軍事審問委員会の特徴（384）
　　3　対テロ政策における刑事裁判の利用（396）
　　4　おわりに（404）

17　国際刑事裁判所ローマ規程検討会議と侵略犯罪
　　……………………………………………………〔小松　一郎〕… 407
　　1　はじめに（407）
　　2　国際刑事裁判所ローマ規程と日本（409）
　　3　日本にとってのローマ規程検討会議の特別の意味（412）
　　4　条約改正の法的整合性（条約法上の若干の考察）（419）
　　5　むすびに代えて（425）

18　非締約国の事態に対する国際刑事裁判所(ICC)の
　　管轄権の法的根拠 ……………………………〔村井　伸行〕… 427
　　1　はじめに（427）
　　2　非締約国に対するICCの管轄権の法的根拠（435）
　　3　非締約国の領域内の非締約国の国民に対するICC
　　　の管轄権の法的根拠（460）
　　4　おわりに（472）

━━━━━ 第5部　国際経済活動の規制 ━━━━━

19　WTO補助金規律における国家資本主義の位置
　　── エアバス事件の示唆 ……………………〔川瀨　剛志〕… 479
　　1　はじめに ── SCM協定と国有企業規律（479）

2　エアバス事件の概要（481）

　　　3　考察 ── 国家資本主義規制の観点から（492）

　　　4　結びに代えて（510）

20　国際投資法における責任の性格 ……………〔伊藤　一頼〕… 513

　　　1　はじめに（513）

　　　2　国家責任法体系の生成と投資仲裁の位置づけ（515）

　　　3　投資協定における主要な実体規範の性質（519）

　　　4　投資協定における権利の主体（527）

　　　5　私人による責任追及権の処分可能性（529）

　　　6　私人による責任追及と国家による責任追及の関係（535）

　　　7　結びにかえて（538）

21　投資協定仲裁における非金銭的救済 ……〔小寺　彰・西村　弓〕… 541

　　　1　はじめに（541）

　　　2　国家間請求における非金銭的救済の可能性（543）

　　　3　投資仲裁判断における非金銭的救済（547）

　　　4　おわりに（558）

22　国際投資保護協定における投資家とその本国
　　との法的関係 ── 保護対象としての本国に対する
　　従属性と紛争当事者としての主体性をめぐって ……〔岩月　直樹〕… 563

　　　1　問題の所在（563）

　　　2　メキシコ HFCS 課税措置事件仲裁判断（566）

　　　3　対抗措置の一側面としての団体責任観念の今日的妥当性（572）

　　　4　法人投資家に対する団体責任観念の適用可能性（576）

　　　5　結　　語（581）

目　次

23　二国間投資協定における最恵国待遇条項
　　　── その他の経済協定との比較を中心に ………〔福永　有夏〕… 585
　　1　序（585）
　　2　BITの最恵国待遇条項の最近の適用状況（587）
　　3　WTO及びRTAにおける最恵国待遇条項（590）
　　4　結　語（601）

24　国家債務再編と国際法の役割 ………………〔森下　哲朗〕… 603
　　1　国家債務の再編を巡る従来の議論：SDRMとCACs（603）
　　2　アルゼンチンの国家債務再編を巡る問題状況（610）
　　3　国家債務再編と投資協定仲裁（623）
　　4　国家債務再編と国際法の役割（627）

── 第6部　環境の国際的保護 ──

25　南極環境責任附属書の国内実施
　　　── 日本の課題と展望 ……………………………〔柴田　明穂〕… 633
　　1　はじめに（633）
　　2　附属書の柔軟性 ── 日本提案の帰結（637）
　　3　附属書の範囲 ── 南極活動に対する日本の管轄権（651）
　　4　おわりに（664）

26　国際裁判機関による予防概念の発展：
　　国際海洋法裁判所・海底裁判部の保証国の義務・
　　責任に関する勧告的意見の検討 ……………〔堀口　健夫〕… 669
　　1　序　論（669）
　　2　予備的考察：予防概念をめぐる学説上の論争の展開（674）
　　3　意見の検討（678）
　　4　結語：予防概念の発展における深海底勧告的意見
　　　の意義と限界（685）

目　次

27　国際環境条約の解釈と時間的経過 ……………〔鈴木　詩衣菜〕… 689
　　1　序　　論（689）
　　2　条約の時間的経過（694）
　　3　国際環境条約の解釈における「事後的合意・
　　　事後的実行」と「発展的解釈」（701）
　　4　結　　論（708）

28　国際環境法における環境影響評価の位置づけ　〔岡松　暁子〕… 711
　　1　はじめに（711）
　　2　環境影響評価の概念（712）
　　3　国際環境判例に見る環境影響評価（718）
　　4　おわりに（724）

───── **第7部　国際裁判における法と事実の認定** ─────

29　国際裁判における原則の意義 ……………………〔江藤　淳一〕… 729
　　1　はじめに（729）
　　2　原則の概念（731）
　　3　原則の法源（736）
　　4　原則の機能（743）
　　5　おわりに（753）

30　国際司法裁判所による慣習法規則の今日的傾向
　　　………………………………………………………〔李　　禎之〕… 755
　　1　はじめに（755）
　　2　慣習法性と当事者合意（757）
　　3　慣習法性の黙示的承認？（761）
　　4　おわりに（768）

xix

目次

31　国際司法裁判所における適用法規の範囲
　　──裁判管轄権設定上の制約との関係から ……… 〔岩石　順子〕… 771
　　1　はじめに（771）
　　2　前提的な整理（775）
　　3　裁判所規程起草時の議論と初期の実行（785）
　　4　裁判管轄権の基礎以外に認められる適用法規の
　　　　範囲と根拠（792）
　　5　おわりに（808）

32　国際司法裁判所の事実認定と司法機能
　　──鑑定意見制度の意義と展望 …………… 〔深坂　まり子〕… 811
　　1　国際司法裁判所における鑑定意見制度（811）
　　2　ICJ における鑑定意見制度（816）
　　3　「パルプミル事件」から「捕鯨事件」へ（829）
　　4　結　論（842）

═══ 第8部　武力行使の規制と安全保障 ═══

33　サイバー攻撃に対する自衛権の発動 ……… 〔河野　桂子〕… 847
　　1　はじめに（847）
　　2　サイバー攻撃に対する対応措置（850）
　　3　サイバー戦争の可能性（854）
　　4　サイバー攻撃の中継国の責任　（858）
　　5　おわりに（861）

**34　国連憲章第51条における自衛権と安保理による
　　「必要な措置」との関係** ………………………… 〔掛江　朋子〕… 863
　　1　問題意識（863）
　　2　自衛権の集団安全保障制度に対する補充性（864）
　　3　「必要な措置」としての集団安全保障措置（868）

4　「必要な措置」と自衛権との関係 (873)
　　　5　まとめ ──「必要な措置をとるまでの間」の今日的意味 (879)

35　対イラク武力行使に関する安全保障理事会決議の法構造 ── 国連憲章第 7 章の安保理決議の受諾合意に関する一考察 ……………………〔根本　和幸〕… 883

　　　1　はじめに (883)
　　　2　対イラク武力行使関連決議の解釈をめぐる争い (885)
　　　3　安保理決議687の法構造と国家による決議の受諾
　　　　合意の機能 (911)
　　　4　おわりに (918)

36　国連集団安全保障に関する国際組織法の規範形成 ── 国連憲章第 7 章の下における軍事的措置の容認を中心に …………………………………………〔広見　正行〕… 921

　　　1　問題の所在 (921)
　　　2　容認決議の履行実施 (926)
　　　3　容認決議の終了 (932)
　　　4　結　語 (935)

村瀬信也先生略歴・主要業績 (937)

● 執筆者紹介 ●
（執筆順）

奥脇　直也（OKUWAKI Naoya）
明治大学大学院法務研究科教授
1946年8月生まれ。1976年東京大学大学院法学政治学研究科修了。法学博士（東京大学）
〈主要著作〉『現代国際法の指標』（共著，有斐閣，1994年），『国家管轄権——国際法と国内法』（共編著，勁草書房，1998年），『国際法キーワード〔第2版〕』（共編著，有斐閣，2006年）

柳原　正治（YANAGIHARA Masaharu）
九州大学大学院法学研究院教授
1952年7月生まれ。1981年東京大学大学院法学政治学研究科博士課程修了。法学博士（東京大学）
〈主要著作〉『国際法先例資料集（1）（2）　不戦条約（上）（下）』（信山社，1996・1997年），『ヴォルフの国際法理論』（有斐閣，1998年），"Japan," B. Fassbender & A. Peters (eds.), The Oxford Handbook of the History of International Law (Oxford: Oxford University Press, 2012)

山本　良（YAMAMOTO Ryo）
埼玉大学教養学部教授
1958年7月生まれ。1981年国際基督教大学教養学部卒業。
〈主要著作〉『国際法〔第2版〕』（有斐閣アルマ，共著，2011年），『ブリッジブック国際法〔第2版〕』（信山社，2009年），「国際法実現過程におけるソフト・ローの機能」国際法外交雑誌112巻4号（2014年）

岡野　正敬（OKANO Masataka）
外務省総合外交政策局総務課長
1964年6月生まれ。1987年東京大学法学部卒業，1989年フランス国立行政学院外国人課程修了。
〈主要著作〉「国境を越える子の奪取をめぐる問題の現状と課題」国際法外交雑誌109巻1号（2010年），"Is international Law Effective in the Fight against Piracy — Lessons from Somalia?", Japanese Yearbook of International Law, Vol.53, 2010,「国連安保理の機能変化と安保理改革」『国連安保理の機能変化』（東信堂，2009年）

寺谷　広司（TERAYA Koji）
東京大学大学院法学政治学研究科教授
東京大学法学部卒業。
〈主要著作〉『国際人権の逸脱不可能性』（有斐閣，2003年），『国際法学の地平』（共編著，東信堂，2008年），「『間接適用』論再考」『国際立法の最前線』（有信堂，2009），『国際法』（共著，有斐閣，2011年），"Emerging Hierarchy in International Human Rights and Beyond", * European Journal of International Law*, Vol.12 No.5 (2001)

執筆者紹介

河野　真理子（KAWANO Mariko）
　早稲田大学法学部教授
　1960年10月生まれ。1990年東京大学大学院法学政治学研究科単位取得退学。法学修士（ケンブリッジ大学）
　〈主要著作〉"The Role of Judicial Procedures in the Process of the Pacific Settlement of International Disputes", 346 Recueil des cours 9（2009),"International Courts and Tribunals and the Development of the Rules and Methods Concerning Maritime Delimitation",国際法外交雑誌112巻3号（2013年),"Decisions of the International Court of Justice on Disputes Concerning Internal Law," G. Gaja and G. Stoutenburg (Eds.), Enhancing the Rule of Law through the International Court of Justice（2014）

中谷　和弘（NAKATANI Kazuhiro）
　東京大学大学院法学政治学研究科教授
　1960年5月生まれ。1983年東京大学法学部卒業。
　〈主要著作〉『ロースクール国際法読本』（信山社，2013年），『国際法研究』（共同責任編集，信山社，2013年〜），『人類の道しるべとしての国際法』（共編著，国際書院，2011年），『国際化と法』（共編著，東京大学出版会，2007年），『国際法』（共著，有斐閣，2006年[第2版，2011年]），『安全保障と国際犯罪』（共編著，東京大学出版会，2005年）

森田　章夫（MORITA Akio）
　法政大学法学部教授
　1961年生まれ。1992年東京大学大学院法学政治学研究科修了。博士（法学，東京大学）
　〈主要著作〉『国際コントロールの理論と実行』（東京大学出版会，2000年），「国際法上の海賊（Piracy *Jure Gentium*）—— 国連海洋法条約における海賊行為概念の妥当性と限界」国際法外交雑誌110巻2号（2011年），『講義国際法〔第2版〕』（共編，有斐閣，2010年）

水島　朋則（MIZUSHIMA Tomonori）
　名古屋大学大学院法学研究科教授
　1970年11月生まれ。2004年京都大学大学院法学研究科博士後期課程研究指導認定退学。博士（法学，京都大学）
　〈主要著作〉『主権免除の国際法』（名古屋大学出版会，2012年），"The Significance of the Recent Enactment of Japan's Sovereign Immunity Act in the New Age of Globalization," in A. Byrnes et al. (eds.), International Law in the New Age of Globalization（Martinus Nijhoff Publishers, 2013），「拷問禁止条約における当事国間対世義務と普遍管轄権について —— 訴追するか引き渡すかの義務事件（ベルギー対セネガル）を素材として」法政論集255号（2014年）

xxiii

執筆者紹介

大河内　美香（OKOCHI Mika）
東京海洋大学海洋科学技術研究科准教授
1971年6月生まれ。1998年パリ第2大学法学部高等学位（D.S.U.）取得。2000年東京都立大学大学院法学研究科博士課程単位取得退学。
〈主要著作〉「国際司法裁判所における訴訟参加と紛争の相対的解決との交錯（1）〜（5・完）」東京都立大学法学会雑誌42巻1号〜44巻1号（2001年〜2003年），"Drug Trafficking Control—Extradition of Christopher Michael Coke", 東京海洋大学研究報告8号（2012年），"Anti-Terrorism Measures Implemented by the New York City Police Department—Extraterritorial Law Enforcement Activities by Local Police Department", 東京海洋大学研究報告8号（2012年）

岩沢　雄司（IWASAWA Yuji）
東京大学法学部教授・自由権規約委員会委員
1954年6月生まれ。1977年東京大学法学部卒業。法学博士（S.J.D., 米国バージニア大学）
〈主要著作〉『条約の国内適用可能性 ── いわゆる"self-executing"な条約に関する一考察』（有斐閣，1985年），『WTOの紛争処理』（三省堂，1995年），International Law, Human Rights, and Japanese Law: The Impact of International Law on Japanese Law（Clarendon Press, 1998）

立松　美也子（TATEMATSU Miyako）
共立女子大学国際学部教授
1963年12月生まれ。1995年上智大学法学研究科博士後期課程満期退学。
〈主要著作〉「武力紛争下における文化財の保護」『武力紛争の国際法』（東信堂，2004年），「実効的国籍原則の変容 ── 近時の国際司法裁判所事例を参考として」山形大学法政論叢37・38合併号（2007年）

土屋　志穂（TSUCHIYA Shiho）
上智大学法学部客員研究員
1981年10月生まれ。2009年上智大学大学院法学研究科博士後期課程満期退学。
〈主要著作〉「個人の国際法上の権利侵害と国家の国際責任 ── Avena事件を手掛かりとして」上智法学論集57巻1・2号合併号（2013年），「外交的保護」『変革期の国際法委員会』（信山社，2011年），「個人の国際法の権利と外交的保護 ── 国連国際法委員会の外交的保護草案の検討から」上智法学論集51巻2号（2007年）

植木　俊哉（UEKI Toshiya）
東北大学理事・大学院法学研究科教授
1960年9月生まれ。1983年東京大学法学部卒業。
〈主要著作〉「自然災害と国際法の理論」世界法年報32号（世界法学会，2013年），『グローバル化時代の国際法』（編著，信山社，2012年），『ブリッジブック国際法〔第2版〕』（編著，信山社，2009年）"Disaster and the Theory of International Law", David D. Caron, Michael J. Kelly and Anastasia Telesetsky (eds.), The International Law of Disaster Relief (Cambridge University Press, 2014)

執筆者紹介

朴　基甲（PARK Ki Gab）

高麗大學校法學專門大學院敎授・國際聯合國際法委員會委員
1957年7月生まれ。1981年 高麗大學校法科大學卒業，1988年 オランダ ハーグ國際法アカデミー・ディプロム，1989年 フランス パリ第2大學博士。
〈主要著作〉『La Protection de la souveraineté aérienne』（A.Pedone, 1991），『國際原子力損害賠償法』（三宇社，2001），『國際法上 保護責任』（三宇社，2010），『La Protection des personnes en cas de catastrophes』（RCADI, tome 368, Martinus Nijhoff Publishers, 2014）．

洪　恵子（KO Keiko）

三重大学人文学部教授
1965年9月生まれ。1996年3月上智大学法学研究科博士後期課程満期退学。
〈主要著作〉『国際刑事裁判所 —— 最も重大な国際犯罪を裁く〔第2版〕』（共編，東信堂，2014年），「移行期の正義と国際刑事裁判 —— 国際刑事管轄権の意義と課題」国際法外交雑誌111巻2号（2012年），「国際刑事裁判所規程」『変革期の国際法委員会』（信山社，2011年），「安全保障理事会による刑事裁判所の設置」『国連安保理の機能変化』（東信堂，2009年）

小松　一郎（KOMATSU Ichiro）

1951年3月生まれ。
1972年外務省入省。駐米特命全権公使，欧州局長，国際法局長等を経て，2009年駐スイス連邦特命全権大使（リヒテンシュタイン兼任），2011年駐フランス共和国特命全権大使（モナコ・アンドラ兼任），2013年内閣法制局長官。（2014年6月逝去）
〈主要著作〉「GATTの紛争処理手続と『一方的措置』」国際法外交雑誌89巻3・4号（1990年），「公海漁業の規制と国家管轄権」山本草二先生古稀記念『国家管轄権 —— 国際法と国内法』（勁草書房，1998年），「国際法の履行確保と国内裁判所による国際法の適用 —— いわゆる『米国POW訴訟』をめぐって」『国際法の多様化と法的処理』（信山社，2006年），『実践国際法』（信山社，2011年）

村井　伸行（MURAI Nobuyuki）

在オランダ日本国大使館書記官
1973年10月生まれ。2005年神戸大学大学院国際協力研究科博士課程修了。博士（法学，神戸大学）
〈主要著作〉「国際刑事裁判所に対する国家の協力」『国際刑事裁判所〔第2版〕：最も重大な国際犯罪を裁く』（東信堂，2014年），「国際刑事裁判所（ICC）によるバシール・スーダン大統領の逮捕状の発付及び逮捕・引渡請求の送付に関する法的検討」外務省調査月報2009年 No. 2，「国際刑事裁判所（ICC）に対する違法な逮捕・勾留に基づく手続中止申請 —— ルバンガ・ディーロ事件」国際人権18号（2007年）

川瀬　剛志（KAWASE Tsuyoshi）

上智大学法学部教授
1967年6月生まれ。1994年米国ジョージタウン大学法科大学院修了（LL.M），慶應義塾大学大学院法学研究科博士課程中退。
〈主要著作〉『WTO紛争解決手続における履行制度』（共編著，三省堂，2005年），The Future of the Multilateral Trading System: East Asian Perspectives（coedited with A. Kotera & I. Araki, CMP Publishing, 2009），『地球温暖化対策と国際貿易』（共編著，東京大学出版会，2012年）

執筆者紹介

伊藤　一頼（ITO Kazuyori）
北海道大学大学院法学研究科准教授
1977年8月生まれ。2005年東京大学大学院法学政治学研究科博士課程中退。
〈主要著作〉「国際経済法における規範構造の特質とその動態 ── 立憲化概念による把握の試み」国際法外交雑誌111巻1号（2012年），「WTO体制と発展途上国 ── 差別主義と非市場経済国がもたらす影響の分析」『国際経済法講座 第1巻 ── 通商・投資・競争』（法律文化社，2012年），「投資家・投資財産」『国際投資協定 ── 仲裁による法的保護』（三省堂，2010年）

小寺　彰（KOTERA Akira）
1952年4月生まれ。1976年東京大学法学部卒業。
東京大学法学部助手，東京都立大学助教授・同教授，東京大学教養学部教授を経て，1995年より東京大学大学院総合文化研究科教授。（2014年2月逝去）
〈主要著作〉『WTO体制の法構造』（東京大学出版会，2000年），『パラダイム国際法』（有斐閣，2004年），『国際投資協定 ── 仲裁による法的保護』（編著，三省堂，2010年）

西村　弓（NISHIMURA Yumi）
東京大学大学院総合文化研究科准教授
1970年8月生まれ。1996年東京大学大学院総合文化研究科博士課程中途退学。博士（学術，東京大学）
〈主要著作〉『国際法』（共著，有斐閣，2011年），「国家責任法の妥当基盤」国際法外交雑誌102巻2号（2003年），「外国船舶に対する執行管轄権行使に伴う国家の責任」『海上保安法制』（三省堂，2009年）

岩月　直樹（IWATSUKI Naoki）
立教大学法学部教授
1973年8月生まれ。2002年東京大学大学院法学政治学研究科博士課程中退。（法学修士，Diplome des Etude Approfondi）
〈主要著作〉「国際法秩序における「合法性」確保制度としての国家責任法の再構成 ── 国家責任条文第二部・第三部における国際法委員会による試みとその限界」『変革期の国際法委員会』（信山社，2011年），「現代国際法上の対抗措置制度における均衡性原則」立教法学78号（2010年），「現代国際法における対抗措置の法的性質」国際法外交雑誌107巻2号（2008年）

福永　有夏（FUKUNAGA Yuka）
早稲田大学社会科学部教授
1973年5月生まれ。2000年8月東京大学大学院法学政治学研究科博士課程退学。博士（法学，東京大学）
〈主要著作〉『国際経済協定の遵守確保と紛争処理 ── WTO紛争処理制度及び投資仲裁制度の意義と限界』（有斐閣，2013年），"Standard of Review and 'Scientific Truths' in the WTO Dispute Settlement System and Investment Arbitration", Journal of International Dispute Settlement, vol. 3, (2012), "Global Economic Institutions and the Autonomy of Development Policy: A Pluralist Approach", International Economic Law and National Autonomy, (Meredith Kolsky Lewis & Susy Frankel eds., Cambridge Universiy Press, 2010)

執筆者紹介

森下　哲朗（MORISHITA Tetsuo）
上智大学法科大学院教授
1966年11月生まれ。1994年東京大学大学院法学政治学研究科民刑事法専攻（経済法務専修コース）修了。
〈主要著作〉『マテリアルズ国際取引法〔第3版〕』（共編著，有斐閣，2014），「新しい国際裁判管轄ルール：営業所所在地・事業活動管轄，債務履行地管轄を中心に」国際私法年報15号（2014），「欧米における金融破綻処理法制の動向」FSA リサーチ・レビュー8号（2014），「国際投資仲裁の論点と課題」日本国際経済法学会年報17号（2008）

柴田　明穂（SHIBATA Akiho）
神戸大学大学院国際協力研究科教授
1965年10月生まれ。1995年京都大学大学院法学研究科博士後期課程中退。
〈主要著作〉International Liability Regime for Biodiversity Damage: The Nagoya-Kuala Lumpur Supplementary Protocol（Routledge, 2014），"International Environmental Lawmaking in the First Decade of the Twenty-First Century: The Form and Process," Japanese Yearbook of International Law, Vol. 54, Year 2011（2012），"The Court's Decision in silentium on the Sources of International Law: Its Enduring Significance," in The ICJ and the Development of International Law: The Enduring Impact of the Corfu Channel Case（Routledge, 2012）

堀口　健夫（HORIGUCHI Takeo）
上智大学法学部教授
1973年6月生まれ。2004年東京大学大学院総合文化研究科博士課程単位取得退学。
〈主要著作〉「未然防止と予防」『環境法の理論と実際』（北海道大学出版会，2014年），「「持続可能な発展」概念の法的意義：国際河川における衡平利用規則との関係の検討を手掛かりに」『環境法体系』（商事法務，2011年），「国際海洋法裁判所の暫定措置命令における予防概念の意義（1）・（2）」北大法学論集61巻，2号・3号（2010年）

鈴木　詩衣菜（SUZUKI Shiina）
上智大学大学院地球環境学研究科博士後期課程
1986年2月生まれ。2010年上智大学大学院法学研究科博士前期課程修了。
〈主要著作〉「実験動物およびその他の科学的目的に関する EU 指令に対応した EU 加盟各国（全28カ国）の国内法整備状況について」『平成25年度　諸外国における環境法制に共通的に存在する基本問題の収集分析業務報告書 ── Part 2 自然保護関係／物質循環関係』（商事法務研究会，2014年），Bishnu B. Bhandari, Reiko Nakamura, Amado S. Tolentino, Jr. and Shiina Suzuki, "Catalyzing the Wise Use of Wetlands in Myanmar: Efforts and Ways Forward", Ramsar Center Japan, 2014.

岡松　暁子（OKAMATSU Akiko）
法政大学人間環境学部教授
1971年7月生まれ。2002年上智大学大学院法学研究科博士課程単位取得満期退学。
〈主要著作〉『環境と法 ── 国際法と諸外国法制の論点』（共著，三和書籍，2010年），「核管理体制の現状と将来」論究ジュリスト No.11（2014年），「大陸棚における資源開発を巡る国際法上の問題」環境管理 Vol.47（2011年），「地球温暖化をめぐる法的紛争の現状と課題」国際政治経済学研究17号（2006年）

執筆者紹介

江藤　淳一（ETO Junichi）
上智大学法学部教授
1958年5月生まれ。1987年早稲田大学大学院法学研究科博士課程満期退学。
〈主要著作〉『国際法における欠缺補充の法理』（有斐閣，2012年），『海洋境界画定の国際法』（編著，東信堂，2008年），「19世紀後半の陸戦法規の法典化における軍事的必要性の概念」『変容する国際社会の法と理論』（上智大学法学部創設50周年記念号，有斐閣，2008年）

李　禎之（LEE Yoshiyuki）
岡山大学大学院社会文化科学研究科教授
1974年10月生まれ。2004年神戸大学博士（法学）。2001年ライデン大学（蘭）LL.M.。
〈主要著作〉『国際裁判の動態』（信山社，2007年），"The Repercussions of the LaGrand Judgment: Recent ICJ Jurisprudence on Provisional Measures", Japanese Yearbook of International Law, Vol. 55（2012），「領域紛争における仮保全措置の新展開 ── 最近の国際司法裁判所判例とその含意」芹田健太郎先生古稀記念『普遍的国際社会への法の挑戦』（信山社，2013年）

岩石　順子（IWAISHI Junko）
上智大学法学部客員研究員
1978年6月生まれ。2008年上智大学大学院法学研究科博士後期課程満期退学。
〈主要著作〉「北極の自然環境と国際法」北極海季報16号（2013年），「共有天然資源 ── 地下水に関する条文草案の概要と評価」『変革期の国際法委員会』（信山社，2011年），「国連海洋法条約の紛争解決手続きにおける『紛争』概念」上智法学論集49巻3・4合併号（2006年）

深坂　まり子（FUKASAKA Mariko）
PhD Candidate, University College London
1981年7月生まれ。2010年上智大学大学院法学研究科博士前期課程修了。
〈主要著作〉「国際司法裁判における証明責任 ── 結果責任と証拠提出責任の識別（1）・（2）」上智法学論集52巻4号・53巻1号（2009年）

河野　桂子（KONO Keiko）
防衛省防衛研究所理論研究部主任研究官
1972年9月生まれ。2001年上智大学大学院博士後期課程修了。博士（法学，上智大学）
〈主要著作〉「サイバー戦と国際法」『インターネット講座第13巻』（共著，KADOKAWA，2014年），「国際法とイラク復興支援活動」上智法学論集57巻4号（2014年）

掛江　朋子（KAKEE Tomoko）
横浜国立大学国際社会科学研究院特任准教授
1976年1月生まれ。2010年横浜国立大学博士後期課程修了。博士（学術，横浜国立大学）
〈主要著作〉『武力不行使原則の射程』（国際書院，2013年）

執筆者紹介

根本　和幸（NEMOTO Kazuyuki）
　東京国際大学国際関係学部専任講師
　1978年11月生まれ。2007年上智大学大学院法学研究科博士後期課程満期退学。
　〈主要著作〉「国際法上の自衛権行使における必要性・均衡性原則」『自衛権の現代的展開』（東信堂，2007年），「国連平和維持活動における自衛原則 —— UNEF における武器使用基準の誕生とその射程」上智法学論集57巻4号（2014年），「エリトリア・エチオピア武力行使の合法性に関する事件」上智法学論集51巻2号（2007年）。

広見　正行（HIROMI Masayuki）
　早稲田大学比較法研究所助手
　1983年12月生まれ。2013年上智大学大学院法学研究科博士後期課程満期退学。
　〈主要著作〉「武力紛争における人権条約の適用範囲」上智法学論集53巻3号（2010年），「一般国際法における休戦協定の「重大な違反」に対する措置 —— イラク開戦をめぐる議論を手掛かりとして」上智法学論集56巻1号（2012年），「国連憲章における休戦協定の機能変化 —— 朝鮮休戦協定を素材として」上智法学論集57巻4号（2014年）

国際法学の諸相
―― 到達点と展望 ――

第 1 部
国際法の基盤

1 協力義務の遵守について
―― 「協力の国際法」の新たな展開 ――

奥 脇 直 也

1 問題の提起
2 調整の国際法から協力の国際法へ
3 協力義務と遵守の意義変化
4 国際社会における協力義務の諸類型
5 結びに代えて

1 問題の提起

　現代国際法が伝統的な国際法から大きく変化してきていることを否定する国際法学者はいない。問題は，この変化が国際法学につきつけている問題は簡単ではないことである。現代国際法が，伝統的国際法に取って代わった（supplant）のか，それとも単にそれを補完している（supplement）に過ぎないのかという問題である。国際社会の変化に伴って新たな問題が次々に発生し，これを規律する規範の欠缺が生じ，これを補完するため必要に迫られて，様々な規範の定立形式を用いて規範のインフレとすら言われるように新たな規範が創り出されている。国際法の規律事項が拡大したのは否定しがたい事実である。規範の定立形式も多様化した。紛争解決のための手続きも多様化した。ただそれだけであれば，それは宇宙が不断に膨張拡散しているにかかわらず宇宙の法則は不変であるのと同じで，国際関係の規整構造に本質的には何の変化もないことになる。

　国際法の規律事項の拡大，規範定立手続の多様化，紛争解決手続の多様化といった現象面における変化が単に国際法の世界の膨張にすぎないのであるならば，拡散する国際法の各規律分野における専門研究は，たとえて言えば，不断に拡散していく宇宙の果てという「重箱の隅」を追い続けているだけというこ

とにもなりかねない。もちろんその実際的な重要性が否定されるわけではない。国際法の規律範囲が拡散するほどに，専門事項に特化した最先端の発展の過程をたどるだけでも大変である。それが可能かどうかは別として，国際法学が扱う対象は実務的なものであると割り切って実務的感覚をもって専門研究に沈潜することも国際法学者の一つの態度である。

しかし国際法学は，同時に，概念体系としての一貫性のある国際法の論理を構築する作業として理論的あるいは哲学的なものでなければならない。そしてそうであるならば，法の拡散という現象が伝統的な国際法の構造原理をどのように変革しつつあるのか，またそれに伴って国際法の体系を構成する諸概念の意味と構成にどのような変化がもたらされようとしているのかを常に問い続けていく必要がある。その作業は，一言で言えば，伝統的な国際法が平和の維持・回復を最大の目的としたために，あえて正義の問題が国家間関係の表層に露骨に立ち現れることを抑制するように組み上げられた伝統的な国際法の諸概念が今なお有効であるかを一つ一つ洗い直すことである。伝統的国際法の概念の内実および機能をその抑制との関係において確認し，必要かつ可能であれば修正し，またその修正された諸概念をもって国際法の体系を構成し直すものでなければならない。しかし国際法の変化が国際法の規律の実体にいかなる変化をもたらしたかについて体系的な理論を志向した議論が十分になされているとは言えない。

確かに，国際法過程の現代的な展開をどう理論的に説明するかという観点からの作業はすでにさまざまに試みられている[1]。しかしその多くは国際法規範が新たに導入する義務の実体の意味変化とそれに伴う国際義務の概念の多様化を丹念に追いかけた上で，それとの関係において現代国際社会における平和と正義の関連性を明らかにしようとするものとはいえないものが多いように思われる。つまり，平和の維持が国際法の最大の問題であることにはひとまず変

1）　国際法の規律分野の拡散に伴う部分秩序の形成，とくに個別の規律分野ごとの「司法化」（judicialization）や「法制度化」の進展，およびそれとの関係における「分節化」「分断化」（fragmentation）などの議論である。またそうした機能的な分断化を横断的にとらえてそれを国際法過程の実体における統合化の端緒として組み立て直そうとする議論もある。その多くは国際関係論（IR）と国際法（IL）をつなげる立場からの事実記述的な理論が多い。trans-governmentalism, managerialism, transnational administrative law, constitutionalism, constructivism などの議論である。

わりがないとして，正義の要請が平和の要求と矛盾対立する場合に，どのようにしてその対立を緩和するか，伝統的な国際法[2]に代わるそのような仕組が国際法規範の中にどのようにまたどの程度に組込まれているか，たとえその変化がまだ萌芽的な段階のものであるとしてもその萌芽を実体規範のどこに見出すことができるのか，こうした問題を，部分秩序の問題としてではなく，一般国際法の体系的な構造の問題として捉える議論が十分にはなされてはいないように思われる。

2　調整の国際法から協力の国際法へ

現代の国際法は，伝統的な国際法が「共存の国際法」(law of co-existence) と捉えられることとの対比において，しばしば「協力の国際法」(law of cooperation) と性格づけられる[3]。あるいは伝統的国際法を「権力の法」(law of power)，「相互主義の法」(law of reciprocity) と性格づけつつ，それとの対比において，現代の国際法が「調整の国際法」(law of coordination)[4] と位置づけられる

---

2) 伝統的国際法がその「消極性」を特徴とするといわれるのは，それが紛争回避のために国際正義の問題を棚上げにして，多少の不都合があっても国家間での紛争要因を縮減することを優先する仕組を持っていたことに着目するものである（山本草二『国際法〔新版〕』（有斐閣，1994）30-31頁。）。たとえば国境を越えた執行管轄権の行使や国内管轄事項への介入が禁止され，犯罪人引渡が国際礼譲によるものとされ，公海においては旗国主義が排他性をもつとされ，外交官について好ましからざる人物（persona non grata）として理由を述べずに派遣国に召還を求めるなど，国際法の実体規則の隅々にこうした仕組が反映されている。

3) W. Friedmann, *Law in a Changing Society*, 1959, p.458, The Changing Structure of International Law, 1964, 参照。なお R. Barnet, Coexistence and Cooperation in International Law, *World Politics*, vol. 18 (1965), pp.82-91, Charles Leben, The Changing Structure of International Law Revisited by Way of Introduction, 3 *European Jour. Int'l Law* (1997), 399-408.

4) 「調整の国際法」の眼目は，国家が国際法を国内的に実現するために両者の義務の抵触の調整をはかり（調整理論については山本草二『国際法〔新版〕』85頁，114頁，田中忠「国際法と国内法をめぐる諸学説とその理論基盤」『国際法と国内法 —— 国際公益の展開』（勁草書房，1991），31-56頁），このプロセスを通じて国益を擁護しつつ国際社会の一般的利益の実現を試みる点にある。しかしこの理論においては国家の国内統治における主権的裁量が前提とされるため，実際上は国際義務に抵触しない限り国内法体系の温存が優先される傾向がある。協力義務について義務の抵触は通常は認識されることが少ないから調整は不要とされる。これに対して「協力の国際法」においては，国際社会の一般的利益の促進のために国家が国内法をどのように改変するイニシアチヴをとるかが問われる。

場合もある。協力の国際法が伝統的なそれと異なるのは，一言でいえば，それが二国間関係の算術的総和としての国際社会を超えて，共通の目的を実現するための一つの全体あるいは「総体としての国際社会」(international community as a whole) として認識されうるようになったとする点にある。それらは現実の国際関係において power が law に優越する考慮事項であることを否定するわけではないが，禁止したり命令したりする機能においては law は power に劣るとしても，正しい社会認識を empower するという点で power にない機能をもつことを強調する。国際社会が主権国家によって構成されていることは不変であるとしても，その主権国家といえども国際関係において裸の行動の自由を留保しているのではなく，その行動が国際社会の正当性基準に照らして authority を持つことを必要であるとする認識が高まってきている。それはまた国際社会が国家対国家という限定された関係性によってではなく，国家以外の多様な行為主体をも含むものとして，したがってまた国境によって仕切られた領域を超えた共同体 (community) として捉えられる時代が到来しつつあることを意味する。そこにおいては，もっぱら国家の生存確保を中核とする伝統的な安全保障や国益の観念では authority は維持できず，多様な行為主体をも取り込んだ「洗練された国益」の概念 (enlightened national interest) に準拠する authority が必要となる。生存のための競争から安定した国際秩序を支える協力への変化である[5]。

国際社会は，共通の目的が成熟した特定の分野ごとに多数国間で条約を結び，少なからぬ条約の中でこの認識が言及されるようになっている。こうした国際社会認識の発展は，最初に法源論の見直しとして現れたが[6]，さらに管轄権

---

[5] もっとも当時は冷戦のさなかにあったこともあり，協力の国際法を提唱した Friedmann も，全体としての国際社会を支える共同体感情が容易に実現されるとは見ていない。むしろ冷戦は混沌の恐怖をもたらし，law よりも power の論理に国家を従属させる。こうした協力の国際法への新たな方向性を的確にとらえつつも，Friedmann は，それゆえ現状における国際法の地位を「夜明けの時代か，黄昏の時代か」(era of dawn or twilight) と自問している (Friedmann, op. cit. [*changing structure* (1964)], p.88)。

[6] 法源論において，ソフトロー論や慣習法論などの議論を通じて，一般国際法の定立形式の変化を説明するために，国際立法という概念を最初に日本で用いたのはおそらく村瀬信也であった。山本草二の下に法源論の見直しを中心とした国際法の研究会が立ち上げられた後，これを発展させて『国際立法研究会』という名称を付けることを提案したのは村瀬信也であった。ただしその概念の内容は論者によって相当に異なり，村瀬自身，英文翻訳して題名をつける際には international law-making という訳を当てている。

論や国内法と国際法との関係の変化，国家責任論など，多くの分野において伝統的な国際法の実体的諸概念への根本的な見直しを要請するようになってきている[7]。もっとも多数国間の条約は，基本的には，共通の目的に諸国が同意できる限りにおいて特定の義務を限定的に国家に課するに留まるため，主権国家の並存体系としての国際社会が，それ自体の価値をもつ総体としての国際社会へと変化したことを実証できる実定法的な法的根拠とはならない。多国間の条約規定が強行法規（*jus cogens*）の観念に言及し，その限りで「国際公益」の存在を前提にしているように見えることはあるが，それらを国際法学者が多分に仮言的あるいは便宜的に引用することはあっても，国家実行がこれを支えるには至っていない。つまり「全体として一つの国際社会」を認識する根拠となる「国際公益」と，条約義務およびその解釈との間には，まだ深い溝が存在しているのである[8]。

そのことをもっとも顕著に示しているのは，多国間条約の多くにおいて「協力義務」が規定されるようになったにもかかわらず，その義務の性質に関しては，学説の多くがこれを協力の要請あるいは道義的な義務（moral duty）であって「法的義務ではない」としていることである。同様のことは，条約の義務づけ規定において "shall" ではなく "should" が用いられている場合に，それが協

---

[7] 多数国間条約の定立という形での意識的・組織的な法定立形式の導入は，国際義務の実施の局面においても，制度化された履行確保の手続や国際組織による監視制度などの工夫を伴い，また条約義務の国内実施における締約国の国内実施機関による実施の方式や義務の解釈における相互模倣（*mimesis*）を通じての基準統一・調整などの新たな現象を広範に産み出しており，すでに国際法を国家の二重機能による義務実施の強制という枠組では捉えきれないものへと発展させてきている。それらは様々な形で，つまり transnational administrative law 論とか transnational legal process 論とか universal international law 論とかにおいて，議論されていることに重なる。

[8] かつて多数国間条約が結ばれるようになった当初においては，それが多数の二国間条約を結ぶための便宜的な方式としてとらえられたり，国際組織もそれ自体意味を持つのではなく，外交会議の常設化としてとらえられたりしていたが，現在においてはそのような認識に立つ議論は見られない。多国間条約はその規定内容の実現において締約国たる主権国家の国内措置の調整・協働を必須とするものであることが多くなった結果，二国間の利害の対立を前提とする二国間条約とは異なる一般規範の定立的な意味が強調されるようになる。そうしたことの結果として，多国間条約の慣習法化という議論が出されるようになる。また国際組織もその恒常性ゆえに，執行措置の意思決定における事務局の役割の増大，一般的な規範定立的な意思形成が増大し，その機能においては，国際組織の構成国は主権国家としてよりもむしろ組織の加盟国として立ち現れ，また各国においてその組織の審議事項を所掌する各政府機関が外交の表に立つようになる。

第1部　国際法の基盤

力義務の場合であっても，実定国際法学者が直ちに"should"にかかる義務を「法的義務ではない」と片付けてしまうことにも現れている[9]。共通の目的を実現するために国家が最低限の枠組的な義務に合意し，主権的自由の放棄の限度を明示するために条約文言を慎重に使い分けて，法的義務とそれ以外との間に厳格な概念境界を設けてきていることは，確かにその通りである。しかし国家がそのようにして「法的義務」として特定的に合意した結果だけが「共通の目的」を認識する実定的な根拠を提供できるのであれば，多数国間条約がいくら増加しても，国際社会の公序（public order of international society）に支えられた国際立法（international legislation）[10]の概念も，国際公益（international public interest）[11]の概念も，またそれゆえ「全体としての一つの国際社会」（international society as a whole）も，実定法的には認識できないことになる。そのような共通の目的がいくら集積しても，国際公益の概念との間の溝は埋められない。つまり，実定国際法が国家の主権性を乗り越えることは永遠にできないことに

9）"should"にかかる義務を「法的義務ではない」というのと，それを"hortatory"であるというのとは同じではない。それは「法」の概念が，義務の違反（violation or breach of legal obligation）に対する司法的な救済の根拠になるという意味に限定するときにはじめて同義となるにとどまる。"should"であれ"shall"であれ，本稿が議論の対象としている「協力義務」とその「遵守」（compliance）との関係では大きな違いはない。つまり"should"が使われているからといって協力しなくてもいいということにはならない。後に述べるように，行為の義務についてのあからさまな非協力の態度は「遵守」しているとはいえない。国家は行為の義務を実施する際に，協力義務に係る共通利益を実現するために，自らにできる協力を実現可能な限度において追求し，またその実施が困難な場合にはその要因や障害に関する情報を伝達・共有しつつ関係国に対して説明責任を果たす必要がある。そうしたことがなされないままに「法的義務ではない」として一方的に行為あるいは措置を実施する場合には，司法の場においても，裁判所による暫定措置のなかで差止めの命令を受ける可能性もある。つまり協力義務の不遵守が法的な制裁を受けることもありうるのである。とくに暫定措置をICJが命令する場合，権利の仮保全とは別に，紛争の悪化・拡大の防止を措置の直接の根拠とする場合には，そのための紛争当事国間の交渉や協力を指示し，訴訟外で行われるそれら当事者間の解決努力をICJに報告させるという形でICJがそのプロセスを監視し，場合によってはそれを本案判決に反映させる可能性もある。なお，暫定措置のICJによる運用の変化については，拙稿「現代国際法と国際裁判の法機能」『法学教室』278号（2004）29-37頁，酒井啓亘「国際司法裁判所における仮保全措置の目的の展開 —— 最近の判例の検討を中心として」『外務省調査月報』（2001年2号），43頁以下，「国際司法裁判所仮保全命令の機能 —— 最近の判例の展開を踏まえて（一・二）」『法学論叢』163巻3号（2008）1-39頁，165巻1号1-37頁（2009），「国際司法裁判所における紛争処理手続き —— 訴訟当事国と裁判所の間の協働プロセスとして」『国際問題』No. 597（2010）6-20頁，参照。

なる。

協力義務についての上に述べた国際法学者に共通する解釈の仕方は，そうした問題を無視している。そうでありながら，他方で「国際公益」についても述べようとする。「国際公益」の概念が何とはなしに胡散臭く思われるのは，そのことに国際法学者が気づいているからでもある。その意味で，「協力義務」の内実に迫って，それがいかなる意味で法的義務と言いうるのか，反対に，国際法実務家あるいは条約の起草者が，主権的裁量を留保するためとはいえ，なぜ協力義務を条約規定に盛り込まざるを得なくなってきているのか，そのことを通じて，条約に合意するための実務的かつ限定的な条約起草者の意図を超えて，個別の条約が部分的な協力義務の積み上げを通じて実現しようとした新しい秩序の構想が，どのように新たな法的規範の実定化の可能性を開くのか，そういう問題を考察してみる必要があると思われる。

3　協力義務と遵守の意義変化

以上の意味において，ここでの「協力の国際法」は，国際公益をも取り込んだ概念であり，「相互主義の国際法」はもちろん，「調整の国際法」と言われる場合よりもより発展的な概念として捉えておきたい。国際法が諸国の協力を基礎として諸国の信義にその拘束力の根拠を置くことは，協力の国際法に限られない[12]。相互主義の国際法においては，国家間で合意された結果を国際的局面で確保することが約束されていた。また調整の国際法においては，各国の主権に委ねられた国内統治の裁量を前提に，国家単独では達成できない多国間条約の目的を国際協調行動によって達成することが約束され，そのために国内統治の基準を調整・統一することが条約の主たる課題とされる。そこでは，多国

---

10)　国際立法の概念が初めて使われ出すのは第一次大戦後，とくに ILO 関連の条約を中心に多数国間条約が多く締結され出してからである（Hudson, International Legislation）が，この概念を一般的な意味で国際法学に導入しようとする試みについては，村瀬信也「国際立法の存立基盤」（初出，1985，『国際立法』（東信堂，2002）187頁以下に収録），拙稿「国際立法の世紀のジレンマ」『二十世紀の遺産』（永井陽之助還暦記念，文藝春秋，1985），同「現代国際法における合意基盤の二層性」『立教法学』33号（1989）を参照せよ。

11)　国際公益の概念については，拙稿「国際公益概念の理論的検討」広部・田中編『国際法と国内法 ── 国際公益の展開』（1991）173-243頁，参照。

間の条約によって定められた基準を国内実施するために，国家がその国内統治において，あるいは国内立法の裁量を制限し，あるいは解釈の次元で国内法制を調整することが義務として課されたのである[13]。これらにおいては，多かれ少なかれ，特定的な義務を条約で確定することが必要であった。もちろんその特定性の度合いは，条約が定める共通目的の成熟度に応じて異なり，成熟度の低い部分においては一般的な義務づけや勧奨的（hortatory）な文言が使われる場合も多い。調整の国際法においては，相互主義の国際法の場合と比較すれば，義務の特定性がより低いと一般的には言えるであろう[14]。しかし「協力の国際法」における「協力」の概念は，それ以前の国際法とは異なり，そもそも予め義務の内容を特定することを前提にするものとは限らない。それは，後に検討するように，国の義務違反の責任を追及することにより義務の実施を強制する（協力の強制）という性格のものとして捉えることが不適当とされるような協力である。従って協力義務の拘束性を基礎づける信義もまた主権的合意の相手の権利を保護するためのものではないし，その違反について相手方の国家責任を追及する根拠となるものでもない。つまり相互的便益の交換の停止，報復，対抗措置，責任追及といった義務履行を強制する概念が，主権国家を前

---

12) 核実験事件において ICJ は，合意の拘束力の基盤には信義があり，それゆえ一方的宣言が信義に支えられたものである場合には，それら宣言も拘束力を有するとしている（Nuclear Test Case（Australia v. France, NZ v. France）, ICJ Judgment of 20 Dec. 1974）。そこでは裁判所は「法的義務の創設と実施を規律する一つの基本原則は，その形式が何であれ，信義（good faith）である。信用と信頼は国際協力に内在するものであり，とりわけ多くの分野においてこの協力がますます基本的なものになってきている時代においてはそうである」（esp. para. 46）と言っている。その上で，一方的宣言が公にかつ世界中に向かって（publicly and *erga omnes*）なされている場合には，宣言国に前言の内容を翻す余地はないから，この宣言に信を置くことができるとして，その拘束力を認めている（paras. 50–52）。

13) とりわけ国際義務の形態が，相互主義的な結果確保の義務から，手段・方法の義務や特定事態の発生防止義務が多く取り入れられるようになると，国際法と国内法の調整が重視されるようになる。なお，義務の性質分類と調整の関係については，山本草二・前掲注2）『国際法〔新版〕』113–115頁，参照。

14) 拙稿・前掲注10）「二層性」論文，参照。人権条約のように各国の国内法上の人権保護に多様性があり，また条約がより高い保護の基準を順次実現することを期待するような場合には，保護基準には一定の解釈の幅（margin of appreciation）が固有のものとして認められるとともに，条約が設定する手続を通じて，各国がその統治権の裁量を行使して国際社会における保護基準の発展を国内法制に取り込んで実現することを誘導する仕組が作られている。

提とする限り少なくとも当面は役に立たない性質のものである。

　本稿でいう協力義務の特徴については別稿においてすでに論じているので[15]，ここではかいつまんでその要点を述べるにとどめる。第1に，本稿において議論される「協力義務」は，条約の締結時においては具体的な義務の内容を明確には特定できない種類の行為を要求するものである場合が多い。それは，持続的・継続的な「行為の義務」（obligation of conduct）として規定され，それゆえその内容は当該義務が現実に問題となる時点における規範環境や問題状況に応じて，その問題に当面する国家によって徐々に特定され豊富化される。つまり協力義務として行為する国家は，義務の客体であると同時に自ら義務を形成する主体でもある。

　第2に，それゆえ，協力義務に係る規範の「遵守」（compliance）の意義も，予め合意によって特定された国際義務に「従う」こととは異なる側面をもつ[16]。予め設定された義務の内容が国家の慣行を通じて可及的に特定されていくことを前提してそれに見合う行動をとることと，そもそもそうした前提が成り立たない規範に遵う場合とは概念的に区別する必要がある。協力義務に係る「遵守」は，規範が指し示す方向に従った行動をとることは要請するが，いかなる行動をとるかは，それぞれの行為主体が，その時々の状況の中で，自己

---

15) 拙稿「捕鯨裁判の教訓－協力義務の観点から」『海洋政策研究』第4号（2014），参照。
16) 遵守論に共通の問題意識は，国際法が遵守されるのはなぜかを問う点で概ね共通しているが，その場合，国際法が課する義務が予め特定され確定的な内容を持つことが前提されているように思われる。すなわちそれは法についての古典的な概念を所与の前提としている。国際法は伝統的な姿においても必ずしもそのようなものではなかった。また国家による新たな規範の提案を含む一方的措置がそれに先立つ国際法からは違法と評価されるものであっても，規範形成的な作用を営みそれが国際法の発展に繋がった場合も多い。一方的措置がそうした機能を営みえたのは，それが一般的な適用可能性をもつ規範の設定を試みる場合（たとえば大陸棚制度とか主権免除制度など）であるが，そうした事態が生じるのは，国家が国際法の受範者であるとともに国際法の形成者でもあることによる。国際法の形成者としての国家は通常単独ではなく合意を通じてその機能を果たす（すなわち二以上の国家による合成機関 composite organ が国際法の形成者である）が，この合意は条約のような明示のものであるとは限らない。協力の国際法における協力義務の遵守は，設定された協力義務の枠組を前提に，国家が適正な判断を通じてその枠組と協力が実現しようとする目的を勘案しつつそこから特定の行為の義務の審査基準を自ら創り出し，それに適合する行為を行うことを意味する。協力の国際法は多くの場合多数国間の条約によって協力義務の枠組が設定されるが，その場合には，国家の判断が適正でない場合に，条約の実施機関（treaty body）がこれを適正化するための制度的な仕組として作用するように用意されていることが多い。

の能力を吟味した上で実行可能な限度を判断して行為するとともに，それら行為の蓄積を通じて自己にとって最適な規範を順次作り出し，それを細則化して自らに課する（self-imposed duty）ことを意味する。協力義務の「遵守」は，与えられた既定の規範に単に従うだけでなく，規範の枠組みを指針として最適な行為を自らに課する義務として新たに作り出し，特定化し細則化する過程（＝規範定立的な過程）を含む概念である。協力の義務における遵守は，規範が予め特定的な義務を課するものであるかどうかとは無関係なのである[17]。

　第3に，協力義務における「不遵守」を，従来の国際法におけるような国家責任の概念で捉えることは適切ではない。つまり違反に対する制裁という形で規範の強制力を説明することはできない。協力義務への不遵守という事態は，行為主体の誠意の欠如（sabotage）による場合は別として，その遵守能力や財政能力の不十分さや国家の自己認識の不足から生じるものと考えられる。それゆえ不遵守から生じる事態の解消は，責任追及によってではなく，他の国との協力による遵守能力の補完（環境条約における不遵守手続における財政能力や技術能力の向上のための他の国の協力）や，不遵守の事態が生じた場合にその審査を国際的な場で行うことによって自己認識を適正化し（pledge and review），そのことを通じて，不遵守国の義務実践への再挑戦を可能にする条件を整えることにより初めて実現されることとなる。協力義務の不遵守についても，これを定める条約レジームの中で権利の停止あるいは資格の剥奪など負の制裁措置が認められる場合もある。しかし「国際義務の侵犯」（breach of international obligation）もしくは「国際法の違反」（violation of international law）と「不遵守」は，完全に重なり合うわけではない。

　第4に，協力義務の遵守については，「違反の防止」よりも「遵守の促進」が問題となる。その際，条約が協力義務を定めている場合，その締約国にとっては「最善の慣行」（best practice）が義務実施の目安となる。同時に，協力義務の内容が「自らに課する」という性質をもつことから，条約の非締約国に対

---

[17] 規範の遵守誘引力（compliance-pull）の議論（T. Frank, Fairness of International Law）は，規範のもつ明確性，特定性などによって遵守力を説明する点で，協力義務にとってはいわば「ない物ねだり」の議論となる。なお，フランクにおけるソフトローの概念と規範の遵守誘引力との関係については，拙稿「グローバル化時代における国際法——法の遵守と法化・分断化・立憲化の陥穽」松田他編『現代国際法の思想と構造Ⅱ』松井芳郎先生古希記念論文集（東信堂，2012）405-440頁の関連部分を参照。

してもそれは一定の行為の基準を提供する。協力義務は duty to cooperate の訳であるが，その意味は法的義務（obligation）でないというよりも，協力の要請が条約外の第三国にも協力の要請が向けられていることにあるというべきであろう。

第5に，協力義務の不遵守問題が裁判等の第三者的な手続を通じて追及される場合，損害賠償による責任解除の請求は多くの場合に意味をもたない。裁判に問題が付託されたばあいでも，その請求の中身は違法確認と違法な行為の差止，あるいはそのための暫定措置の命令を求めるものとなろう。他方で，協力義務が国際社会の共通利益に関係する場合には，協力義務を無視して国家が一方的に何らかの行為を行う場合には，それによって直接に損害を被っているわけではない国が差止を求めることが認められる。つまり当該条約の締約国であるというだけで訴訟の当事者適格を裁判所が認め，協力義務に関する違法の程度を審査し，義務に違反する行為の差止を行うことになる[18]。その場合，裁判等の手続は一種の政策形成訴訟的な意味を持つことになる。

以上要するに，現代国際法において国家は協力義務の遵守を通じて国際社会的な価値を実現するために，自らにできる協力の実現可能な範囲を的確に判断し，これを行為の義務として実施し，その実施が困難な場合にはその要因や障害に関する情報を伝達・共有できるように関係国に明確に説明する責任を果たす必要がある。また国際法によって認められている権利を行使するに際しても，それによって不利益が生じることを懸念する国に対してその権利行使について可能な限り釈明し，不利益の発生の可能性を適正に評価してその透明性を確保する必要がある。そうしたことがなされないままに，協力義務を「法的義務ではない」として一方的に行為する場合，裁判所あるいは条約履行監視機関においてその差止を要請される可能性がある。

---

18) 対世的義務についてはすでに裁判所が admissibility の問題として直接被害国以外の国に本案の当事者適格を認めた最近の例がある（Questions relating to an Obligation to Prosecute or Extradite（Belgium v. Senegal），ICJ, Judgment of 20 July 2012, para. 68参照）。協力義務に反する一方的行為の場合は，そもそも被害が生じた後には意味がなくなるから，請求は予防的な内容となるであろう。裁判所が請求を認容した場合には，自ら協力義務の履行の過程を監視する機能を引き受けることとなろう。

4　国際社会における協力義務の諸類型

（1）友好関係原則宣言における協力義務

　国家の友好関係原則宣言[19]の草案審議の過程で，国家の協力義務について議論がなされたことは周知のことである。すなわちその第四原則は「憲章に従って，国が相互に協力すべき義務」（the duty of States to co-operate with one another in accordance with the Charter）を定め，具体的には，国際の平和と安全の維持，人権と基本的自由の普遍的な尊重及び遵守の促進，人種差別及び宗教的不寛容の撤廃，経済的・社会的・文化的分野並びに科学及び技術の分野，文化及び教育の進歩，全世界における経済成長とくに発展途上国の経済成長の促進などに協力することを定めている。この協力義務については，そもそもそれが法の規則なのか道義的義務にすぎないのかが問題とされた[20]。この問題に関する議論は，総会が採択する法原則宣言そのものの形式的な拘束力の有無だけの問題ではなく，国連体制の中での法の漸進的発達における原則宣言の意義や，協力義務の普遍的妥当性の問題などを問題とするものであった。宣言では「国連憲章に従って」と限定的な文言が使われており，少なくとも憲章第9章の「経済的及び社会的国際協力」に関する規定に含まれる平和で友好的な関係の安定と福利のための諸条件を促進するという目的（第55条）を達成するために「この機構と協力して，共同及び個別の行動をとる」義務（第56条）が含まれることは確かである。憲章は「この機構と協力して」と規定するすぐ後に専門機関について規定している（第57条～第59条）。その限りで加盟国は，当然，上記の機構の目的を達成するために専門機関と協力する法的義務を負う。憲章は

---

[19]　Declaration on Principles of International Law concerning Friendly Relations and Cooperation among States in accordance with the Charter of the United Nations, 国連総会決議2625（XXV），1970年10月24日採択。

[20]　Bogdan Babović, The Duty of States to Cooperate with One Another in Accordance with the Charter, Milan Šahović (ed.), *Principles of International Law Concerning Friendly Relations and Cooperation*, 1972, pp.277–321, Piet-Hein Houben, Principles of International Law Concerning Friendly Relations and Cooperation among States, 61 *Am. Jour. Int'l L.* (1967–III), pp.720–723, E. McWhinney, The "New" Countries and The "New" International Law: The United Nations' Special Conference on Friendly Relations and Co-operation among States, 60 *Am. Jour. Int'l L.* (1966), pp.1–33.

また国際連合が憲章に従ってとる「行動」について国際連合にあらゆる援助を与える加盟国の義務について別途の規定をもつ（第2条5項）。その意味で「国連憲章に従って」加盟国は機構と協力する法的義務を負っている。しかし憲章には加盟国が相互に協力する義務を負うことを定める規定はない。友好関係原則宣言が規定する協力義務は，その意味で，明らかに憲章の規定を超える内容をもっている。

さらにそれが法的義務であるとする場合にはその適用範囲が問題とされる。すなわち協力義務が，加盟国を超えて非加盟国に対しても適用可能な普遍性をもつかということである。国連憲章が非加盟国に関して規定しているのは，国連が，国際の平和と安全の維持に必要な限りにおいて，非加盟国が憲章に定める原則に従って行動することを確保することを定める部分（第2条6項）だけである。これに対して，友好関係原則宣言は，すべての国が相互に協力することを義務づけており，その点で憲章の規定の範囲を超えている。それゆえ，憲章を超える協力義務については，憲章規定を根拠にその法的権威を根拠づけることはできない。つまりその部分についてはこれを憲章規定の解釈としてその法的拘束力を引き出すことはできないことになる。

国連憲章を一般的な規範枠組とする国際関係にとって，国家の相互的協力がその基礎となることにはもとより異論はなかったが，友好関係原則宣言の定める協力義務の法的性質については，その憲章を超える部分には法的拘束力がないという議論が強く出されていたのである。友好関係原則宣言は国連憲章を解釈したものとして法的拘束力があるといわれることがあるが，事はそれほど簡単ではない。また友好関係原則宣言は今や慣習国際法となっているともいわれるが，その慣習法の理論自体が伝統的なものとはすでに異なっており，その点についての議論を詰めないままにそのように主張することは，堂々巡りの議論をすることになるにすぎない[21]。それは，国際法の漸進的発展，憲章の発展的解釈の限度，国際連合の一般国際法との関係，「全体として一つの国際社

---

21) 現代の慣習法概念の理論状況については，村瀬信也「条約規定の慣習国際法的効力——慣習国際法の証拠としての条約規定の援用について」（初出，1977）同『国際立法』所収，pp.71-106，またとくに「法的確信」について，Sienho Yee, The News that *Opinio Juris* "Is Not a Necessary Element of Customary [International] Law" Is Greatly Exaggerated, 43 *German YB Int'l L.* (2000), pp.227-38, P. Kelly, Twilight of Customary International Law, 40 *Virginia J. Int'l L.* (1999-2000), 449 et seq. 参照。

会」(international community as a whole) として諸国が協力を通じて実現をめざす普遍的価値の有無など，伝統的な二国間関係の算術的総和としての国際社会 (international society) を超える世界の見方 (vision of the world) の成否に関わる問題であるが，これらを総体として法的に説明できる理論的な枠組はまだない。本稿が「協力義務」を取り上げるのは，そうした理論枠組を構築しようとする試みの第一歩でもある。

(2) 国際刑事裁判所への協力義務

　国内法においては，請負契約や保険契約におけるように，契約上の権利者である請負の依頼者や被保険者が情報の適正な提供をしない場合に，請負者あるいは保険会社の責任を免除するという場合があり，これが協力義務 (duty of cooperation) と言われる。請負者や保険会社が義務を果たすために，請負の依頼者や被保険者の協力が不可欠であるからである。つまり協力義務の違反に対する制裁として，不利益が請負の依頼者や被保険者に転嫁される場合である。これは基本的に契約当事者間での権利義務の衡平性を確保するためのものである。協力義務違反があったとしても，基礎となる契約関係が直ちに解消されるわけではない。国家間の関係においても，二国間の利害の対抗を前提に結ばれる条約の場合には，そのように言える場合がありうる。条約義務への重大な違反が一方の当事国にあった場合に，これを理由に他方の当事国が条約の運用停止あるいは終了を選択する場合である。事情変更の原則も同様の機能を営む。もっとも，これらの例は，当事者間での信義が崩壊している，あるいは契約の前提となる基本的事実が存在しなくなっているため，そもそも協力関係の維持・継続が不可能な場合である。従って，協力義務への違反を調整するための措置と言えるわけではない。

　① 国際裁判所と協力義務

　国際法においても類似の場合はある。それは国際司法裁判所 (ICJ) における欠席裁判の場合である。欠席裁判について，ICJ 規程は，裁判所が管轄権を有する場合に，一方の当事国が事件の防御をしない場合，他方の当事者は「自己の請求に有利に裁判するように裁判所に要請することができる」(第53条1項) と規定している。ただし，その場合，裁判所は「請求が事実上及び法律上充分に根拠をもつことを確認しなければならない (must ... satisfy itself ... that the claim is well founded in fact and law; doit s'assurer ... que les conclusions sont fondées en fait et en droit)」（同2項）と規定しているから，欠席判決が当然に不出廷の当事者を不利に扱うことになるわけではない。欠席裁判の場合でも，裁判所は他の事件と同様に判決が十分な証拠（convincing evidence）によって基礎づけられ，また「裁判所は法を知る」（jura novit curia）の原則に従って事件に適用される法を確認し，これに照らして判決を下すことが求められる[22]。つまり欠席裁判においても当事者の対等性は維持される。もっとも，欠席裁判において，欠席当事者が事実に関する証拠を提出しないことが裁判手続を妨碍できるとするのは不適当である。そのような事態を回避するためには，裁判所は出席当事者が自己の挙証責任に係る事実を証明した場合には，欠席当事者の立証責任に係る部分は事実の公知性などで補って，その事実を根拠に判断を下すことはありうる[23]。出席当事者が公知の事実に反する主張をすることはないから，それは欠席当事者に不利に作用する場合があることが予想される。その意味で，裁判所が管轄権を有することが確認された場合には，裁判手続に協力することを紛争当事者は義務づけられ，欠席当事者がその義務を果たさないことが，裁判所が出席当事者に有利な裁判をする結果を導くことになるであろう。ただしそれは，単に，欠席当事者が証拠を提出しないことにより，裁判所が訴訟遂行の実際上の必要に応じて，裁判の基礎となる事実について出廷当事者に有利な

---

[22] この点については，議論のあるところである。ICJ 規程の前身である PCIJ 規程の起草過程において，大陸法系とコモンロー系との間で論争があった。大陸法系からの議論が欠席に対する制裁として原告に有利な判決が下されることを認めるべきであると主張したのに対して，コモンロー系からの議論は弁論の欠如は原告の一方的弁論を認めるだけであって，原告は欠席当事者がもし出席した場合でもそうであるように法と事実によって自己の立場を弁護する必要があると反論した（Jerome Elkind, Non-Appearance before the International Court of Justice; Functional and Comparative Analysis, 1984, Ch. 3, esp. pp.100-102.）強制管轄権を持つ裁判所を創設する提案と関連して，最終草案はコモンロー系に近い形で取りまとめられたものの，起草者達の理解ではなお欠席当事当事者に対する制裁的意味合いが幾分か籠められていたともいわれる。Anne Peters, International Dispute Settlement: A Network of cooperational Duty, *European Jour. Int'l L.*, Vol.14, No.1, esp. at 22-24.

[23] テヘラン人質事件（ICJ Reports 1980, para. 11-13, para. 82），ニカラグァ事件（ICJ Reports 1986, pp. 24-25）。なお，ICJ における欠席の扱いについては，H. W. A. Thirlway, Non-Appearnace before the International Court of Justice, (1985), pp.21-32. なお，ICJ における欠席の扱いについては，H. W. A. Thirlway, Non-Appearnace before the International Court of Justice, (1985), pp.21-32, 山形英郎「国際司法裁判所における欠席判決」『法学論叢』125巻2号20-42頁，126巻1号24-57号（1989），参照。

推定を働かせることになる結果, 出廷当事者に有利な判断が下されやすくなるというに留まる[24]。

② 国際刑事法廷への協力義務

以上のように紛争の二当事者間の対抗的な権利義務が問題となる場合とは別に, 国際社会の共通利益あるいは国際公益を実現しようとする法制度の中においては, 以上とは異なる形で協力義務に言及される場合がある。それは, とくに, 主権国家を超える国際諸制度の目的を達成する機能的な必要上, その構成国が協力義務を果たすことが当然に要求されるからである。その典型的な事例は, 国連の安保理が設置した国際刑事法廷 (ICTY や ICTR など), あるいは国際刑事裁判所 (ICC) の場合に見出される。ICC を設置したローマ規程は, その第 IX 部「国際協力及び司法的援助」において, まず一般的な協力義務として, 締約国は規程の定めるところに従って,「裁判所の管轄内にある犯罪の捜査及び訴追において裁判所と十分に協力しなければならない (States Parties shall ... , cooperate fully with the Court in its investigation and prosecution of crimes within the jurisdiction of the Court)」と規定する (第86条)。その上で, さらに裁判所が捜査・訴追や犯罪容疑者の引渡手続などに関して, 裁判所が締約国の協力を要請する詳細な規定を設けている。こうした規定は, 第 X 部の刑の執行協力の場合を含めて, ICC の機能遂行が確保されるために締約国の協力が不可欠であることから規定されたものである。締約国はまた, 規程が定めるすべての形態の協力のために国内法の手続が利用可能であることを確保することを必要とされる (第88条)。なお締約国が規程に反して裁判所の協力請求に応じず, そのことによって裁判所の任務および権限の行使を妨げた場合には, 裁判所はその旨の認定を行うことができ, かつその問題を締約国総会 (事案が安保理付託である場合には, 安保理) に付託することができるものとされている (第87条7項)[25]。

締約国の協力は ICC がその機能を実効的に果たすために不可欠である。一

---

[24] 紛争当事者が管轄権を否定する場合に「出廷しない権利」(right of non-appearance) をもつかどうかという点でも議論はある (出廷しない権利については, Jerome Elkind, The Duty to Appear before the International Court of Justice, ICLQ, vol.37, 674 et seq., esp. pp.678-680)。しかしそうした権利があるとすれば, 欠席に対する制裁という観念は論理的に成り立たなくなるから, ICJ 規程が出席当事者に自己に有利に裁判することを要請する権利を認めていることの法的な根拠はないことになる。

国でも ICC の協力の要請を実施しない国があることは ICC の機能を麻痺させ，その信頼性を深刻に傷つける[26]。そこで ICC 設立後，締約国総会（Assembly of States Parties）は繰り返し国家の協力義務を強調するとともに非協力（non-cooperation）があった場合に，問題が締約国総会に付託されたときの手続について検討してきている[27]。そこにおいて特徴的なことは，非協力については，基本的に問題となる締約国の態度の矯正は可能であるという前提で，緊急な措置が必要であると考えられる場合における緊急事務局会合（Emergency Bureau

---

[25] 締約国の協力義務の法的性質に関しては，ICC に先立って安保理決議によってアドホックに設置された ICTY や ICTR について議論されていた。ICTY 規程（安保理決議827, 1993年5月25日採択）第29条，ICTR 規程（安保理決議955, 1994年11月8日採択）第28条はほぼ同一の規定を設けている。それらの1項は設立決議に定める加盟国の協力義務を繰り返しているに留まるが，2項は裁判所が個別国家に対して事案に応じて要請する必要な協力を列挙している（包括列挙ではない）。1項の協力と違って，2項の協力義務は国際刑事法廷が上位に立って個別の加盟国に命令するものである。従って2項に関して，締約国は国際法廷の命令ないし要請を回避するために国内法を援用できない。個別国家の利益は裁判所の意思に従属するのである。それゆえ協力法（Cooperation Act）によって，2項に定める事項その他裁判所が必要に応じて要請する協力を国内手続きによって実施できるよう確保しておく必要があったのである。Dabmar Stroh, State Cooperation with the International Tribunals for the Former Yugoslavia and for Rewanda, Max Planck YB Int'l L., Vol. 5, 2001, pp. 249-283, esp. pp.265-266. ICC 規程の規定振りも基本的にはこれを受け継いでいる。

[26] ICTY の Blaskic 事件においては，クロアチアが検察官による罰則付の証拠文書提出命令（*subpoena duces tecum*）の発出権限を争ったために，この問題を解決するために公判が半年以上遅れる結果となった。この問題を扱った上訴裁判部は，国際法廷は主権国家に対して執行措置をとるいかなる権限も与えられていないし，そもそも国家に対する罰則もありえず，検察官が subpoena と呼ぶものは国内刑法におけるそれとは異なり，単に，国家に対する命令ないし請求に留まるとした。他方，国際刑事法廷が犯罪の捜査を行い，証拠を収集し，証人を召喚し，容疑者を逮捕および身柄を確保するには，主権国家の協力が不可欠であり，それゆえ国際刑事法廷が有効に機能するためには主権国家の協力と司法的援助をすべての国家の義務として定めたはずである。ICTY 規程第29条は，主権国家に対して命令を下す新規かつ独特の権限を法廷に与えている。ただしこの命令権限は，対象犯罪を行った容疑者個人を処罰するために必要な限りで認められた付随的権限（ancillary or incidental mandatory power）である。それゆえ文書提出命令は内容が特定された必要最小限のものでありかつその文書を提出する必要性について明確に理由が述べられなければならないとされる。その上で，なお非協力の態度が採られた場合には，制裁ないし強制の問題は安保理に付託されることになると裁定された。Prosecutor v. Tihomir Blaskic; Judgment on the Request of the Republic of Croatia for Review of the Decision of Trial Chamber II of 18 July 1997, esp. paras. 20-37.

[27] ICC-ASP/10/Res. 5 (21 December, 2011), とくにその Annex Assembly Procedure relating to Non-Cooperation, ICC-ASP/11/Res. 5 (21 November, 2012), 参照。

meeting）の開催，関係国に対して協力義務を想起させるための総会議長による回答期限（長くても2週間）付きの公開書簡（open letter）の送付，回答期限切れまたは回答受領後における事態を討議する事務局会合の開催，3ヶ月以内に総会会期が来ない場合における New York Working Group に対する公開会合の開催要請，次いで，それまでの対話の帰結に関する事務局報告書（Bureau Report）の作成と総会への送付（行動の必要性に関する総会への勧告を含みうる），さらに次期総会における審議などの手順が規定されている。また非協力の問題が生じた場合に，緊急な必要に即応するため，従来，具体的な事例ごとに用いられていた総会議長による仲介（good office）の制度も維持しかつ強化することが提案されている。この仲介は，なお可能な協力の可能性について被請求国に示唆を与えて協力を促進することを目的とするものであって，法的な非難を含むものではないとされ，総会議長は，被請求国と裁判所との協議を誘導し，あるいは被請求国と事務局構成国等との相互の接触のための援助を行うに留まる。この手続は，協力義務の限度がどこにあり，またいかなる方法でこれを実施するかについて，被請求国の熟慮と再考を促すものといえる。そしてその限りで，ICC の協力要請は，補完性原則のもとで，被請求国の側の compliance に依存し，また協力義務の中身もいわば自ら課する義務（self-imposed obligation）としての性格をもつこととなる[28]。つまり非協力の状態にある被請求国に対して協力を強制する手段が ICC の手続内在的に工夫されているわけではない。非協力国に協力を強制しようとするのであれば，結局は，非協力が国際の平和と安全に対する脅威を構成すると判断される場合に，ICC とは別に安全保障理事会が介入することがありうる。また場合によっては，第三国が対抗措置をとることも考えられる。しかしそれらは，ICC 規程における協力義務への違反を直接の理由とするものであるとはいえない。

③ EU への協力義務

ヨーロッパ連合（EU）における連合構成国の協力義務は，EU が超国家性を

---

28) ICC による刑事訴追は国内刑事司法が適正な処罰を行わない場合にこれを補完するもの（補完性の原則）であるが，「適正な処罰」がなされたかどうかの判断権は ICC がもつ。それゆえ国内刑事司法において見かけ上の処罰がなされた場合，ICC は裁判権を行使することができ，その限りで，一事不再理の法理の適用はない。こうした場合にも，締約国の ICC への協力義務は生じるが，非協力の場合に協力を強制する手段を ICC がもつわけではない。

もつ限りにおいて，一般の国際組織における協力義務とは異なり，主権国家に優位する地位に立つ判断機関を前提としている[29]。EU連合条約（Treaty on European Union, リスボン条約, TEU）は，EUと加盟国が「誠実協力の原則」（principle of sincere cooperation）に従い，同条約およびEU連合運営条約（Treaty on the Functioning of the European Union, TFEU）から生じる任務（tasks flow from the Treaties）の遂行に際して，十分な相互尊重に則り，相互に支援するものと規定している（第4条3項）。その上で，加盟国に対して，両条約上の義務およびEU機関が定める義務の履行を確保するために，一般的または個別的なあらゆる適当な措置をとることを義務づけるとともに，加盟国はEUの任務の達成を促進しまたEUの目的の達成を危険に晒すいかなる措置もとらないことを義務づけている。要するに，加盟国は義務履行のためのあらゆる措置をとり，かつEUの適正な任務を阻害しないようEUと協力することが求められている。それらの義務は，EU法への違反を加盟国の国内法違反と同様に厳格に処罰すること，EUの規則に従って提出を求められる文書の提出などを通じてEU法の遵守を監視するためのEU委員会の手続に協力すること，EU法への違反から生じる損害の賠償を行うこと，EUの機関の内部統制を不必要に阻害する措置をとらないこと，EU理事会が機能しない場合においてEUの責任を達成するための委員会の措置（例えば，漁獲資源の保存に関する緊急措置）に協力することなどが含まれる。

　これらにおける協力は，EU機関が特定的に定める義務に違反しなければよいというものではなく，加盟国が誠実協力の原則に従ってEUの目的と任務をよりよく達成するためにどういう措置をとることが適当かについて自ら判断して実施することを求めるものである。とりわけリスボン条約における誠実協力の義務は，それ以前の条約と異なり，TEUおよびTFEUの両条約から「生じる任務」という表現に見られるように，EUの目的達成に必要な任務を拡張的に解釈することを可能としながら，同時に，「相互尊重」という語を付加することにより，それら措置の実施方法の選択や評価などについて加盟国の国内措置の裁量を尊重することにも配慮されている[30]。なおEU機関相互の間につ

---

[29] ICCにおける締約国の協力義務はこれと通じるところがある。また国連安保理が第7章の下で行動する場合における，加盟国の援助義務や強制行動の対象国に援助を供与することを慎む義務（国連憲章第2条5項）も，同様である。

いても「誠実協力の原則」が規定されており（TEU 第13条），TFEU においても理事会と委員会の協議など，機関間の協力に関して多くの規定が置かれている。

④　条約機関との協力義務

ICJ の捕鯨裁判[31]においては，やや異なる角度から協力義務が議論されている。すなわち締約国たる日本が国際捕鯨取締条約（ICRW）によって設置された国際捕鯨委員会（IWC）及びその下部機関である科学委員会（SC）の決議や勧告に締約国が協力する義務があるかどうかという問題である。捕鯨条約には協力義務を明示的に定める規定はないが，条約第 8 条の科学的調査のために条約が認める裁量を行使して特別許可を与えた国家であっても，締約国である以上は IWC や SC の活動に協力する義務はある。しかし ICRW がそれら決議や勧告に拘束力を認めていない限り，この協力義務からそれらの拘束力を引き出すことはできないはずである。特に問題となるのは致死的調査に関する SC のガイドラインであった。裁判所はガイドラインと ICRW と一体をなす附表（schedule）の法的性質を区別することなく，IWC や SC との協力義務を根拠に，非致死的調査による調査目的達成の可能性について日本が十分に検討していないとして，その調査が科学的調査の目的にとって合理性を欠くと判断する一つの根拠とした[32]。また特別許可を与えるに際して科学委員会に提供する情報の内容として附表30に列挙されている事項（研究の目的，捕獲する動物の数・性別・大きさ・資源，他の科学者が研究に参加する機会，資源の保存に及ぼし得る影響）についても，計画の実施途中で重要な変更があった場合にはそれを検討に付することが，SC との協力を示すことになるとも述べている（para. 240）。ICJ は調査捕鯨が科学研究か商業捕鯨かに立ち入ることなく，科学研究の目的のために合理性を持っているかのみを検討しているが，協力義務を根拠に合理性の

---

30) EU の指令（directive）が出された場合，加盟国はこれを国内実施するための措置を一定の期間（transposition period）内にとる義務を負い，またこの期間経過前であっても，加盟国は指令が達成しようとする目的を重大に阻害するような措置をとることはできないとされているが，この義務は「誠実協力義務」がその根拠とされている（なお，Inter-Environment Wallonie doctrine については，Judgment of 18. Deo. 1997 (Case C-129/96), para. 35 et seq., 参照）。

31) Whaling in the Antarctic (Australia v. Japan), Judgment of 31 Mar. 2014, ICJ Reports 2014.

32) Id., 多数意見 para. 83.

審査基準に附表やガイドラインによって変化する条約の趣旨及び目的の内容を盛り込み，調査捕鯨の合理性を否定することによって裏から附表に含まれる勧告やガイドラインの適用を確保したともいえる。ガイドラインがいつ採択されたかに関わらず，そこに掲げられている科学調査に要請される要素は，調査捕鯨が「科学的研究のための」調査として合理性を持つかどうかの裁判所による判断にあたり，その前提として暗黙裡に参照されており，その点で協力義務を根拠にそれらの法的拘束力を実質的には認めたのである。まさに ICRW は「発展的文書」（evolving instrument）となったのである[33]。

（3）国際環境法と協力義務

① 越境損害の防止

国際環境法の分野において協力義務がまず問題となるのは，越境損害の場合である。たとえばラヌ湖事件では，隣接する国に影響を与える流水の利用について事前協議の義務が認定された。この事前協議は，紛争回避に主眼が置かれ，それゆえ国家は合意する義務を負うわけではないとされた[34]。トレイルスメルター事件では，いかなる国（州）もその領域外に重大な損害を発生するような仕方で領域を使用することはできないという原則（領域使用の管理責任または *sic utere tuo et alienum non laedas*）をアメリカ連邦裁の先例を根拠にしつつ，そ

---

[33] ICJ は条約機関と協力する義務から直接に附表に含まれる勧告やガイドラインの拘束力を認めたわけではない。しかし裁判所の多数意見に対しては，実質的に意味のある協力義務（substantive duty of meaningful cooperation）の内容を弱体化させたとする批判がある（Subutinde 判事の個別意見，para. 4）。他方で裁判所が実質的に勧告に拘束力を認めることにより法の部類を曖昧化したとする批判もある（Judge Abraham の反対意見, para. 38）。ICJ の多数意見の判決理由は両者の間のどこかに位置付けられるであろうが，その背景には，日本が弁論の過程で，これら文書に法的な拘束力がないことを強力に主張しつつも，同時にこれら文書に現れる条約機関の判断に妥当な考慮を払うべきであることを自認する旨の弁論を行い，これへの融和的な態度あるいは譲歩（concession）を示したことが影響したようにも思われる。こうした譲歩は一般の訴訟であれば戦略的に考えられないものであるが，捕鯨裁判において ICJ は政策形成訴訟あるいは公共政策的訴訟として事件を扱ったとみることができ，そうした訴訟においては訴訟の勝敗よりも結果の妥当性が重要である（つまり本来は外交的に解決されるべき問題として事件を扱ったのであり，外交においては譲歩が不可欠である）。ICJ が現に行われていた日本の調査の計画を差止めるだけで，日本の特別許可を商業捕鯨として否定したわけではない点で，判決の妥当性は確保されており，その意味では日本の譲歩は至極妥当なものであったというべきであろう。なお詳細については，拙稿・前掲論文注15），『海洋政策研究』第 4 号，2014年11月刊，所収参照。

第 1 部　国際法の基盤

れが国際法においても同様に認められるとして，カナダの相当注意義務違反を認めてその賠償責任を認定している[35]。「ストックホルム人間環境宣言」[36]は国家の領域使用の管理責任の原則（responsibility to ensure that activities within their jurisdiction or control do not cause damage to the environment of other States or of areas beyond the limits of national jurisdiction）を規定したが（第21項），そこから生じる損害の賠償責任及び補償（liability and compensation）については，国際法が未発達であることを認め，諸国が新たな国際法の発展に寄与することを求めるに留まっている（第22項）[37]。産業社会の発展に伴い，越境大気汚染，酸性雨などの越境汚染，原子力発電所や放射性物質の再処理施設の立地，河川流水の非航行利用，国境を越えて賦存する共有天然資源（とくに帯水層）の開発・利用など，国家の領域内での活動が原因行為となって，近隣国に損害が生じる例は多い。

　国際法委員会（ILC）が取り上げた「国際法によって禁止されていない行為から生じる加害的結果に対する国際責任」（International Liability for Injurious Consequences arising out of Acts not prohibited by International Law）の草案起草にあたったバクスターは[38]，社会的に有用であるが高度の危険を内在する活動

---

34) ラヌ湖事件では理由のない協議の中断，引き延ばし，合意された手続きの無視，相手方の提案や利益の一貫した無視などは，誠実交渉義務への違反があるとされた（松井芳郎『国際環境法の基本原則』（東信堂，2010年），93頁）が，その義務違反が事後に損害が発生した場合の賠償責任にいかなる効果を有するかには，事案の性質上，触れられていない（12 UNRIAA 281 (1963), para. 11, para. 20など，参照）。

35) US v. Canada, 16 April 1938, 11 March 1941 (final decision), 3 UNRIAA pp. 1905–1982, esp. Part Three, pp. 1966–1965.

36) Declaration of the United Nations Conference on the Human Environment, 1972年6月16日，国連人間環境会議で採択（11 ILM pp. 1416 et seq.）。

37) *sic utere tuo* の原則はグローバル化した現代国際社会において協力義務を支える原則としては曖昧にすぎ，損害の重大性や証拠基準などを通じて制限を設けて特定化しないと，国家が領域使用によってもたらされる他国への影響（外部性）を考慮してその領域管理における注意義務を遵守（内部化による協力義務の遵守）することにより紛争発生を回避する原則としては機能しない。この原則の特定性の欠如は同時に，裁判による事後的な禁止を有効なものとする作用も限られたものとするから，環境保護を推進する原則としては不十分である。なお，Joel Trachtman, *The Future of International Law: Global Government*, 2013, Ch. 7, esp. pp.147–149, 参照。

38) バクスターの議論の詳細については，臼杵知史「越境損害に関する国際協力義務──国連国際法委員会におけるQ・バクスターの構想について」『北大法学論集』40巻1号（1989年）1–70頁，とくに第二章を参照せよ。

を領域内で実施する国家の自由とそれによって生じうる重大な損害の危険から他の国を保護する利益の双方を考慮する必要性があるとする利益衡量論の立場から，合法的なあるいは明白に違法とは言えない国家の領域内での活動であっても，それによって損害が現実に発生した場合には領域国に一定の賠償責任（liability）が生じうるとする。この賠償責任は，いわゆる「相当注意義務」への違反として違法責任を問う伝統的な国家責任法に基づくものとは異なるし，国際社会が高度の危険を内在する活動について特定の活動ごとに例外的に導入してきた無過失賠償責任あるいは危険責任とも異なる。

もちろん越境損害の賠償責任を，領域内の国家の活動が内在させる危険性に応じて相当注意義務の程度を変えることによって活動の違法性を事後的に根拠づけ，伝統的な国家責任の枠組の中で解決すればよいという考え方も成り立ちうる。これに対して，バクスターは合法責任の観念を導入し，活動国とその影響を受ける可能性のある国との間の協力義務が国家実行の中にもすでに広く存在してきており，それを利益衡量の観点からより客観化する方向で国家実行を誘導することが有益であるとして，国際協力義務の概念を導入する。すなわち，活動の着手前における防止のための協力義務と実際に損害が生じた後の損失の衡平な負担のあり方を交渉・協議する協力義務という両者を連動させた構想を示したのである[39]。

バクスターのこの協力義務に根拠を置く合法責任の枠組は，損害の発生から相当注意義務違反を認定し，原因行為の違法性を論証して違法行為責任を導く伝統的な国家責任原則の枠組に引きつけるものではない。他方で，合法責任を，高度の危険性を内在させる特定の活動毎に特別条約によって導入されてきた無過失賠償責任の場合に限定するのでもない。あくまでこの両者の間の残されて

---

[39] バクスターの国際協力義務には，事前の交渉義務として，越境損害発生の現状または可能性に関して誠実に交渉する義務（この義務には情報提供の義務や事実認定機関設置の義務が含まれる），および危険に応じた適当な防止または救済措置について合意に到達するために誠実に交渉する義務（防止基準を遵守しても損害が発生した場合の賠償義務についての確約を規定する特別条約を締結するための交渉義務を含む）が含まれる。また事後の交渉義務は，賠償義務についての特別条約なしに行われた活動から損害が発生した場合の賠償義務の有無及び範囲の誠実交渉義務である。この賠償は事前の交渉義務において利益調整が行われた結果を反映し，活動の計画変更などにより損害の最小化が図られている場合には，これを受忍限度内の損害として賠償義務を発生させない場合も含むとされる（臼杵・前掲論文17頁以下）。

いる部分についての一般国際法的な責任規則（residual rules）を整理することを目指すものである。つまり、それは、原因活動国の行為の合法性を前提としながら、かつ事前の交渉が不調に終わった場合でも原因国の活動の自由を不当に制限することなく、結果として事後に生じた損失の衡平な負担の実現を目指すものであった。その結果、越境損害の懸念がある活動を行う国は、十分な情報の提供、活動の透明性の確保、説明責任、関係国の懸念に対する配慮、緊急事態における迅速な対応が強く求められることになると同時に、これら配慮のもとでの関係国の計画への参加要請に対する対応の是非や活動の機密性なども利益考量において参酌されることとなろう。なおバクスターを引き継いだバルボザの草案作成の方向も基本的には同様である[40]。

ILCの議論の中では、バクスターの二つの協力義務は分離して審議されるようになった。前者については、2001年に「有害活動からの越境損害の防止」と題する条文草案がまとめられているが[41]、それが対象とする活動は、「国際法によって禁止されていないがその物理的な結果を通じて重大な越境損害の危険を孕む活動（activities not prohibited by international law which involve a risk of causing significant transboundary harm though their consequences）」（草案第1条）であり、重大な越境汚染に限ることによって、バクスターの構想が対象とする活動の範囲を狭めているが、そこに規定されている事項には、バクスターが事前の協力義務として掲げるものが、大幅に取り入れられている。すなわちそれはまず、原因活動国に重大な越境損害を防止しその危険を最小化するためのすべての措置をとることを義務づけた上で、関係諸国に誠実な協力義務を課し、また必要に応じて、国際的手続と協力する義務を課している。そして、関係諸国に対して、草案に規定する事項を実施するために適当な監視の手続（monitoring mechanism）を含む必要な立法的、行政的またはその他の行為をとることを義務づけている。それらには、自国領域内の活動について許可制をとること、危

---

40) 特別報告者 Q. Baxter と Barboza における責任論の比較については、C. O'Keefe, Transboudary Pollution and Strict Liablity Issue: The Work of the International Law Commission on the Topic of International Liability for Injurious Consequences Arising out of Acts Not Prohibited by International Law, 18 *Denv. J. Int'l L. & Policy*, 145, 1989–1990, esp. pp.178 et seq., 参照。

41) この草案は2001年にILCで採択され、第56回総会に付託されている。*Official Records of the General Assembly, Fifty-sixth Session, Supplement No.10*（A/56/10）

険及び環境影響の評価，通報及び情報の提供，利益の衡平バランスを考慮した防止措置についての協議，協議が一定期間内に不調に終わった場合の紛争解決のための独立した事実調査委員会（fact-finding commission）による勧告の手続が定められている。もっともそれら事前の協力義務が果たされなかった場合や，協力義務は果たされたものの懸念されていた損害が事後的に生じた場合に，これら協力義務と賠償責任とがどのように繋がるのかは不明のままである。こうして，バクスターにおいて連動して構想されていた防止と賠償[42]が切り離されて，防止義務に係る部分のみが独立して草案として採択された結果，賠償については伝統的な国家責任の法理がそのまま維持されることになり（つまりこれら義務の違反が「相当注意義務」の中身に取り込まれる以外にはなくなることになる），またいわゆる危険責任は特別条約が規定する場合についてのみ適用されることとなっている。その意味で，草案の協力義務はいわば国際行政的なガバナンスの問題に留められ，合法責任に固有の損失の衡平配分に関する案文の起草は諦められている。

② 国際水路の非航行利用

このILCの「有害活動からの越境損害の防止」に関する条約草案の枠組は，これとほぼ並行してILCが起草した「国際水路の非航行利用に関する条約」と類似の点を多く含む。すなわち，この条約の主眼は，国際水路の水資源の「衡平かつ合理的な（equitable and reasonable）」利用，およびその「利用，開発及び保護（use, development and protection）」を規律する規則を策定することにあった。しかし国際水路の場合には，上流国における水利用によって下流国に何らかの影響（とくに越境損害）をもつことが懸念されるため，国家の主権的平等を反映する領域使用の管理責任の基礎となる原理を，国際水路の利用という特定の問題に客観化して適用する意味を必然的にもっていた[43]。それゆえそれは「有害活動からの越境損害の防止」の問題と大幅に重なる射程をもつものであった。同条約案が定める重大な損害を防止するために適当な措置をとる義務および損害が発生した場合の損害の拡大を阻止する義務を定める規定（第7条）に続いて定められている協力義務およびその義務に係る手続的な義務

---

42) 注28)参照。なお白杵・前掲論文37頁以下。
43) McCaffrey, The Forth Session of the International Law Commission, 83 *Am. J. Int'l L.*, No. 1, 153, 164 (1989).

（第9条～21条）に関する規定は，バクスター案（第4報告書）および「有害な越境損害の防止に関する条約」草案の防止，情報の提供，協議義務，賠償義務と重なるものが多い。それは，まず「主権平等，領土保全および国際水路の最適利用と十全な保護の確保を目指す相互利益を基礎にした協力」の一般的義務（第8条）の規定に続いて，更に詳細に，国際水路に関するデータと情報の定期的な交換（第10条，20条），計画中の措置の影響や効果に関する情報の交換（第11，19，20条），水路関係国への悪影響についての通報（第12～14条），それら通報への応答および応答期限内の計画の実施及び許可の延期（第15，16条），それら計画についての協議と交渉（第17条），十分な通報がなされない場合における手続（第19条）などが規定されている[44]。これらの手続的義務は，有害活動からの越境損害の防止に関する条約（第12条）と同様，事前の計画段階のみならず，実施中（ongoing）の計画についても要求されている[45]。

この条約案では，紛争解決に関する規定が設けられている。それによれば，条約の解釈適用に関する紛争の解決について当事国間に別段の合意がない場合で，交渉の申し込みがあった時点から6ヶ月経っても交渉によって解決できない場合あるいは仲介，調停，裁判などの第三者手続きに付されない場合には，その紛争は条約が規定する手続によって設置される事実調査委員会（Fact-finding Commission）に付することとされている。紛争当事者は，事実調査委員会が要求する情報を提供することを義務付けられ，また委員会が要請する場合には，委員会がその必要に応じて紛争当事国の領域内の施設，設備，構築物または自然の造形の立入検査を行うことを認める義務を負う。委員会は，事実調査の結果をその理由とともに記載した報告書を当事国に提出し，紛争の衡平な

---

44) 特別報告者のMcCaffreyはこれらの手続的な義務を多様な国際水路に関する二国間条約及び地域条約から抽出しているが，その中には「有害活動からの越境損害の防止」で取り上げられたものと重複するものも多い。

45) ガブチコボ・ナジマロシュ計画事件において，ICJは過去において着手され，現在実施中の計画の環境危険について，その前提となった審査基準が変化した場合には，現在の基準を適用することを義務づけられるとした（*ICJ Reports*, 1997, para. 140）。これは計画を合意する条約が単一の事業を国家間で合意したものであり，その第5条及び第9条が締約国にダニューブ河の水質を保全しかつその自然を保護する継続的（continuing）な義務を，それゆえまた発展する義務を課している限りにおいてそのように義務付ける。しかもこれを一般化して新たな規範（new norm）が発展したことを認めている。捕鯨裁判においても，同様に，計画の重要な変更があった場合には，これに関する情報を再度提出し，計画の合理性を説明する責任を継続的に図ることが要求されたといえる。

解決のために適当と認めるときには勧告をすることができるものとされ，当事国はこの報告書および勧告を誠実に（in good faith）考慮する義務を負う（条約案第33条）。仲裁または司法裁判による解決は義務とはされていないが，条約当事国がいずれかの時点で書面によってICJか仲裁によって解決する義務を受け入れることを宣言している場合には，同様の義務の受け入れを宣言している当事国との間では，事実上当然にかつ特別合意を要せずにそれらの手続に付託される。

　いずれにしても，紛争解決手続の中心は事実調査委員会であり，条約の解釈・適用上の紛争のうち調査委員会が処理する問題は，紛争の衡平な解決に留まり，その基礎となる情報の収集や現地査察が調査委員会の権限となっていることが重要である。それは国際水路の流水の衡平利用について，上流国と下流国との間の合意を促進することを目指す手続であり，実際に越境損害が生じた場合の紛争処理と連動するものではない。また当該紛争が仲裁あるいはICJに付託された場合でも，せいぜいそれは下流国による違法確認の判決を求めつつも，訴訟の主たる目的は上流国による利用の差止めをもとめる暫定措置にある場合が多くなるであろう[46]。調査委員会は紛争両当事国に関連情報の提出と必要に応じて行われる現地調査に基づいて，当事者間の交渉のための基礎的資料を共有化することにより交渉を実質化・客観化し，その勧告もまた交渉による解決の新たな方向性や事業の一時的停止や改善措置を示唆するものとなるであろう。こうした手続にいずれかの紛争当事国が誠実に協力しない場合には，そのこと自体が後の裁判手続において衡平利用や信義誠実への義務違反とされる可能性もある。

③ 有害廃棄物の越境移動

　国際水路の非航行利用と同様に，有害廃棄物の越境移動に関するバーゼル条約（1989年）の場合も，活動国と被害国が特定できる場合であり，この場合にも遵守を促進するための手続が中心的な重要性をもつ。バーゼル条約は非締約国に対する廃棄物の輸出入を原則として禁止しつつ，締約国間での移動は輸入国の書面による同意を要するとするほか（第6条），締約国はまた，輸入国が主として開発途上国であることから，廃棄物の処理が環境上適正な方法で行われることを確保するために，輸入国に対して，技術上その他の国際協力を行うものとしている（第10条）。この条約は，ヨーロッパで生じた廃棄物がアフリ

カの開発途上国に事前の連絡や協議なしに移転されて放置され，環境汚染が発生した場合でもその責任の所在が不明確であったことを端緒として締結されたものである。そこで条約は廃棄物の発生場所である領域国の国内処理を原則としつつも，廃棄物の輸入・処理が途上国の側の事業として行われていたことを配慮した枠組となっている。そこで輸入国の同意をうる手続においては，輸出側が廃棄物に関する十分な情報を提供するとともに，輸入国が環境上適正な処理能力を有することを確認することが重要であり，また輸出側が廃棄物の処理を適正に行うために財政上，技術上その他の協力を行うこととされている[47]。この枠組をさらに実効的なものとするために，2002年，同条約の第6回締約国会合は，条約上の義務の実施と遵守を促進する制度を採択している。この遵守制度は遵守委員会が，具体的な遵守問題に関して，当該案件の当事者，影響を受ける締約国および条約事務局が付託する問題について，条約義務の履行支援と監視・遵守確保のための審査を行うことを任務とする。また遵守委員会は，

---

46) Pulp Mills 事件（Case concerning Pulp Mills on the River Uruguay（Argentina v. Uruguay, 20 April, 2010, *ICJ Reports* 2010, pp. 12-107）において，アルゼンチンはウルグァイ川にパルプ工場を建設しようとするウルグァイが，両国間の1975年の条約に定められた手続きに従って情報を提供し，計画を通知し，交渉を行う義務を果たしていないことを理由に，ウルグァイの行為が条約に違反しており，計画を中止して原状に戻すことを求めた。これに対して ICJ は，両国が条約に従って協力義務を果たすことを求めつつも，手続的義務の違反が当然に実体的義務の違反をもたらすわけではないとしてアルゼンチンの主張を退けた。条約が定める手続によれば，これら手続上の義務は条約によって設置される CARU（ウルグァイ川行政委員会）を通じて行われるものとされていたが，ウルグァイは同計画について直接にアルゼンチンに伝達していた。ICJ は「CARU への情報の通知は，（環境汚染の）防止義務を実施するために必要な協力の出発点である」（para. 119（f））としつつも，実体的義務の違反がないとした（アルゼンチンの暫定措置の請求についてすでに緊急性がないとして ICJ はこれを却下していた）のである。しかしこの判決における手続的義務と実体的義務の分離という技巧的な理由づけには疑問が出されている（たとえば Christina Leb, *Cooperation in the Law of Transboundary Water Resources*, 2013, esp. pp.112-113）。実際，CARU を通じて情報が伝達される場合には，情報の中身や追加の必要など，CARU による情報の適切性についての評価がなされるであろうから，それだけ客観化された必要な情報が提供されることが期待されるであろう。とくに環境影響評価のようないずれの義務にもかかわりうるような情報についてはこのことは重要である。結果確保の義務の場合であればともかく，本件のような場合には，ICJ は二つの義務を人為的に分離することによって，協力義務の遵守において第三者的な条約機関が介在する機会の重要性を軽視したと評することが出来よう。

47) Katharina Kummer, The International Regulation of Tranboundary Traffic in Hazardous Waste: The 1989 Basel Convention, 41 *Int'l & Comp. L. Q.* (1992), pp.530 et seq.

追加措置として，適当な場合にはCOPに対する勧告を行う権限が与えられている。その勧告には警告的声明（statement of caution）と将来の遵守に関する助言が含まれる。この制度は，しかしながら，あくまで遵守支援的（facilitative），非対立的（non-adversarial, non-confrontational）なものとされ，義務違反を特定して非難するものではない。委員会は，遵守問題の事実経過とその根本原因を認定し，その解決に向けて締約国を支援することを任務とし，必要に応じて助言や勧告を行うが，その場合でも審査対象国との調整を経ることが必要である[48]。その意味で，この遵守制度は，委員会による情報収集と監視機能をもとに，技術能力や財政能力の格差を補完し，あるいは環境上より適切な廃棄物処理の措置を専門的立場から助言したりすることを通じて，関係国間での自発的な協力を仲介，促進するものと性質づけることができる。

④　地球環境の保護

最近の多国間環境条約（MEA）では，諸国による国家領域内における通常の活動の複合的かつ累積的な効果として地球環境の侵害が生じる場合に，それら環境損害を防止するための国際協力が問題となる。オゾン層保護条約，気候変動枠組条約，生物多様性条約などである。これらにおいては，国家がその領域内で行う活動が直接に環境損害を発生させるわけではない。しかしその複合的・累積的効果として重大な環境破壊が生じうることから，条約によって諸国がそれぞれの領域内におけるそれら活動の規制を行い，またその議定書によって国家が遵守すべき規制基準を環境劣化の度合いに応じて随時見直していく仕組が創設される。これら地球環境の侵害はいずれかの国の違反によって直ちに生じるものではないから，それを防止・縮小するための枠組は必然的に非対立的あるいは遵守支援的なものとなる。たとえばオゾン層保護条約（1987年採択）においては，条約または議定書に基づいて，オゾン層の破壊から生じる悪影響から人の健康及び環境を保護する適当な措置をとることを締約国に義務づけるとともに，その目的のために利用可能な手段によりまたそれぞれの能力に応じて，それら悪影響についての組織的観測，研究，情報交換を通じて協力し，自国の管轄又は管理下の活動が悪影響を生じさせまたはそのおそれがある場合

---

48)　柴田明穂「バーゼル条約遵守メカニズムの設立──交渉経緯と条文解説」『岡山大学法学会雑誌』52巻4号47-107頁，参照。

には，その悪影響を防止または縮小するために適当な立法措置または行政措置をとって政策の調整に協力することを義務づけている（第2条2項 (a) (b)）。さらに締約国は，議定書によって条約の実施のために合意された措置，手続および基準を定めることに協力することを義務づけられる（第2条 (c)）。これを受けて策定されたモントリオール議定書は規制措置の内容を詳細に規定するが，そこでは開発途上国の特別の事情に配慮して規制を延期する規定が盛り込まれるとともに（第5条），締約国が規制措置の評価及び再検討を実施する義務（第6条），生産量・輸出量・輸入量についての統計資料の提出義務（第7条）が定められている。同時に，資金供与制度や技術移転制度を設けて主として第5条が規定する開発途上国による規制実施を促進するための支援を規定している（第10条）。なおこれら義務の違反（第8条）については，同議定書付属書IVおよびV（1992年決定）により不遵守手続が設けられ，不遵守問題を締約国会合に付託する手続が定められ，また議定書によって設置される実施委員会が不遵守の通報を受理・検討し，締約国会議に報告し勧告する権限が与えられるが，委員会は必要な場合には検討中の個別の事例について追加的情報を要請し，また関係締約国の招聘がある場合には，委員会の任務を遂行するために締約国の領域内で情報収集を行うことも認められている。勧告にあたってはとくに第5条該当の開発途上国に対して行われる技術移転を含む財政上および技術上の情報を考慮するものとしている。なお，この実施委員会の手続は義務違反の懸念を持つ国との間の紛争の友好的な解決を確保するためのものであり，勧告を含む報告書は締約国会議に先立つ6か月前までに締約国に送付され，締約国は，事案の事情を考慮して，議定書の遵守を援助するための措置を含め議定書の十分な遵守をもたらすための措置を決定し，または要請することができる。

　気候変動枠組条約（1992年採択）においても，衡平の原則および共通ではあるが差異ある責任の原則の下で気候系を保護すること，とくにまず先進締約国が率先して気候変動及びその悪影響に対処すべきであるとしたうえで，すべての締約国による約束（commitment）と，先進締約国の二つの部類毎の約束を詳細に規定し（第4条），とくにOECD加盟の先進締約国については開発途上締約国が気候変動の悪影響に適応する措置をとるための資金的支援，環境上適正な技術およびノウハウの移転に関連した資金供与の措置などが含まれている（同条3項）。締約国のとるべき措置や温室効果ガスの削減目標，その他の具体

的制度の仕組などは締約国会議（COP）が条約の設定した枠組のなかで議定書によって定めることとされている。これを受けて策定された京都議定書（1997年）はこれらについて詳細な規定をしているが，とりわけ不遵守に関する事案を決定し，これに対処するための効果的な制度を設けることとした（第18条）。こうして京都議定書第一回締約国会議により京都議定書不遵守手続（2005年）が採択された。京都議定書の不遵守手続に関する議論には遵守促進と義務の履行強制という二つの側面が並行しているが，後者を巡っては先進国の間でも深刻な対立が残されている。京都議定書の不遵守手続では，全体としては不遵守を是正する機会を締約国に与えつつも，にもかかわらず遵守しない国に対しては不遵守の是正または義務の履行を強制する仕組を設けようとしている。すなわち不遵守手続が設置する遵守委員会は，遵守促進部と履行強制部の二つの部によって構成される。そのうち前者は，不遵守国による義務の実施を促進するために，締約国に助言や便宜を与えることを任務とし，技術移転，能力向上などを含む財政的支援や技術的支援の促進などに関して締約国に勧告を与える。これに対して，後者は排出削減義務への違反（第3条1項），温室効果ガスの発生源による人為的な排出量・吸収源による除去量の推計を行うための国内制度の設定や，推計の方法と調整（第5条1，2項），実施に関する情報の報告などの義務（第7条）への違反など，いずれも付属書Ⅰ国（OECD加盟国および市場経済移行国として特定された国）を名宛人とする義務について，不遵守の宣言や不遵守是正のための計画の作成などについて決定を行う。不遵守の宣言が行われた場合には，不遵守による超過排出分を次期の約束期間から削減するという形でサンクションが科せられる。また京都メカニズムに参加する条件の審査も履行強制部の権限とされ，京都メカニズムに参加する資格を停止することも義務違反国へのサンクションとして働くことになる。ただこうしたサンクションが有効に機能するためには，不遵守の宣言が法的拘束力をもつこと，また履行強制部の決定が客観的，中立的であることが必要不可欠である。しかし履行強制部の決定において適正手続（due process）が保障されなかったことを理由に締約国が不服を申し立てた場合には，政治的機関である締約国会議（COP/MOP）による再審査が認められ，3/4の多数決で決定は無効とされうることとなっており，その点で，履行強制部による決定も司法的性質を有するとはいえない。いずれにしても，超過排出分の削減というサンクションは次期の約束

期間の目標達成をさらに困難にして約束の安定性を損なうであろうし、また京都メカニズムへの参加資格の停止もまた不遵守を助長することとなりうる[49]。つまりは不遵守の宣言に法的拘束力を与えれば済むというものでもない。要するに気候変動条約の枠組は、一般に法が性悪説をとるのに対して、基本的に性善説に立って不遵守事例を徐々に縮小することによって、その累積的効果として温室効果ガスによる地球環境の悪化を抑制することに期待する以外にないことになる。その意味では、遵守促進部が行う義務実施の方法に関する専門的な助言や情報提供、技術移転や能力向上措置を含む財政支援や技術支援は、先進国が開発途上国に対して行う措置であるだけでなく、先進国相互、隣接国相互において真剣に考慮されるべき措置であり、締約国はそうした点で条約目的を達成すべく実施委員会と協力し、また相互に協力する義務を負っているといえよう。

　履行強制部が対象とする付属書Ⅰ国については、不遵守を放置することは国際貿易の公正な発展を阻害するかもしれない。とくに不遵守により交易条件を有利に導こうとする国が現れるならば、誠実に遵守する国が不利益を被る可能性もある。しかしそれは気候変動枠組条約が目的とする気候変動とその悪影響の抑制という利益が国際社会的な共通の利益としてまだ十分に成熟していないことを意味する。不遵守の是正が徐々に行われる性質のものであれば、いずれかの国が極端な形で不遵守することによって地球環境に回復不可能な悪影響が生じる懸念のある場合には、他の国はそれを一時的に差し止める必要が生じる。しかし、いずれかの国がそのような問題を司法手続に付するとしても、それが国家責任の追及という形をとる限りでは当事者適格を欠くことにならざるを得ない。司法手続がこの問題をクリアするためには、裁判所が自らの役割を政策形成あるいは公共訴訟として位置づけることが必要となろう。極端な不遵守によって環境の悪化が生じ、その結果、国際社会全体に対して（したがっていずれの国に対しても）何らかの物理的な実損害が生じるというような事例が発生した場合には、不遵守手続の枠組の外で、一般国際法上の対抗措置などをとる余地も残され、また裁判に持ち出された場合には司法的手続（性悪説）による

---

49)　村瀬信也「『ポスト京都』の国際枠組 ── 気候変動政府間パネル第4次報告書のメッセージ」『上智法学論集』51巻3・4号（2008年）、とくに81-82頁。

（4）人権保護と協力義務

　人権条約は基本的にそれぞれの国家が「その領域内にあり，かつ，その管轄権の下にある」個人に対して条約上の権利を確保することによってその目的が達成される予定であった。そのことは典型的には自由権規約の空間的適用範囲の規定（第2条1項）に現れている。もっとも個別の人権の保護基準には解釈の幅があるだけでなく，最近では，領域内にはなくても「その管轄の下にある」[50] 個人の人権保護も義務とみなされるようになり，またその管轄権内にある者を人権保護が劣悪な国に引渡すことも条約の人権保護義務違反とみなされるようになって[51]，国家の人権保護義務が拡張される傾向がある。それだけ人権保護を国際社会的な利益とする認識が高まっているといえる[52]。いわゆる社会権は自由権の保護を確保するうえで不可欠のものでありその意味で自由権と不可分ではあるが[53]，自由権と社会権はその性質の違いから，国際人権規約の自由権規約が即時実施義務を課している（自由権規約第2条1項，2項）のに対して，社会権規約はその漸進的な実現を約束しているにとどまる（社会権規約第2条1項）。ただし社会権規約には自由権規約におけるような実施義務の場所的適用範囲に関する規定はなく，締約国が「利用可能な手段を最大限に用いること」によって，「個々に又は国際的な援助及び協力，特に，経済上及び技術上の援助及び協力を通じて，行動をとる」ことを約束する規定を設けている。社会権の実現が漸進的なものとされていることは，この援助及び協力が

---

50) ヨーロッパ人権条約には「領域内」の文言はなく，単に「管轄権内にあるすべての者」に対して，同条約が規定する権利及び自由を保障する旨，規定している（第1条）。
51) ゾーリング事件における欧州人権裁判所判決（Case of Soering v. UK, ECHR (Application No. 14038/88), 7 Jul. 1989）。これに対して，カナダ最高裁はこれとは逆の判断を示した（Kindler v. Canada, [1991] 2 SCR 779, 26 Sept. 1991）が，後にアメリカから逃亡してきたカナダ国民について引き渡すことはカナダの権利と自由憲章のもとでの基本的正義の要請（第7条）に反する（US v. Burns, [2001] 1 SCR 283, 2001 SCC 7, 15 Feb. 2001）としている。
52) この論理的な延長として，政府が国民の保護責任を果たさないどころか国民に対して極端な人道違反行為を行う場合に，国際社会がいかなる措置を取りうるかについての「保護する責任」（R2P）の問題が派生する。
53) 申惠丰『国際人権法 —— 国際基準のダイナミズムと国内法との協調』（信山社，1999年），参照。

持続的かつ継続的（continuing）でなければならないことをも意味する。さらに，この援助及び協力は，経済上及び技術上の援助および協力に留まるものではない。開発途上諸国における人権保護の向上のために，社会権の実現を促進する必要が強く認識されるようになるに至り，個別人権条約の規定[54]や人権に関する会合が採択した宣言[55]において，他国の社会権の実現のためにすべての締約国が協力義務を負うことが強調されるに至っている。そこで強調されているのは，締約国のいわゆる「域外義務」（extraterritorial obligations）の問題である。その背後には，自由権にせよ社会権にせよ，そしてとりわけ社会権については，人権保護が領域外の国家の行為によって積極的あるいは消極的に実質的な影響を受けているという認識がある。

　自由権規約も社会権規約も締約国による権利実現のためにとられた実施措置および権利の享受に関する進歩に関する報告書の提出を義務づけているが，自由権規約の場合は，同規約によって設置される人権委員会がこれを検討し一般的な性格を有する意見を締約国に送付することとされ，また締約国に対して報告書の提出を要請できる（自由権規約第40条1項）とされていた。これに対して，社会権規約の場合には条約上独自の委員会は設けられず，報告書も，経済社会理事会が締約国および関係専門機関と協議した後に作成する計画に従って「段階的に提出する」（社会権規約第17条1項）こととされ，かつ国連経済社会理事会が報告の審査に当たるものとされていた。しかし上記のような社会権に関する認識の変化に促されて，経済社会理事会の決議（決議1985/17）により社会権規約委員会が設置され，また2008年には締約国の管轄の下にある個人または個人の集団であって，規約上の権利の侵害を受けたと主張する被害者により，またはその者のために，これを委員会に通報することを認める選択議定書が採択されている[56]。人権侵害の発生および人権保護措置の実施が締約国の国内で

54）　たとえば児童の権利条約，障碍者保護条約など。
55）　Maastricht Principles on Extraterritorial Obligations in Area of Economic, Social and Cultural Rights（2012年2月29日）。なおそれに先立つものとして，The Limburg Principles on the Implementation of the International Covenant on Economic, Social and Cultural Rights, U.N. Doc. E/CN. 4/1987/17, Annex at para. 17 and 18, Maastricht Guidelines on Violations of Economic, Social and Cultural Rights, Maastricht, January 22-26, 1997, 参照。
56）　自由権規約の場合には，国家間通報制度が同条の下で通報を受理する権限を委員会に認めることを宣言した国相互の間で適用され（第41条），また個人通報についての選択議定書が当初から付属していた。

行われること，またとくに社会権に関しては，グローバル化に伴い，一国の国内における活動が越境的な効果を及ぼして他国において社会権の侵害を惹き起こすことに照らしてみると，国際人権保護においても国際協力が必要であり，その基礎が情報の収集と共有化にあるという認識の発展を反映するものである。とりわけ国家間通報や個人通報においては，委員会は侵害の懸念に関連する情報の提出を特定的に求め，これら手続の受諾を宣言した国はこれに協力する義務を負う。また委員会の報告書によって紛争が解決されない場合には，さらに特別調停委員会（自由権規約第42条）が設置されて紛争の友好的解決の斡旋が行われる。

人権の侵害や保護措置の実施の状況に関する情報の提供とその公開での審理は，情報の共有化，とくにそれぞれの国家が抱える人権保護の実施上の困難に関する情報の共有化をも可能にして国家の相互理解を進展させるとともに，国家による人権保護基準の向上にむけての動機づけを与えるものである。その意味でそれは協力義務の基盤をなす。自由権の保護の実施は基本的には国家領域内において完結し，協力義務はそこで止まる。しかし社会権についての協力義務はそこに留まらない。社会権規約は，「個々に又は国際的な援助及び協力，特に，経済上及び技術上の援助及び協力」を通じて行動をとることを約束すると定めている（第2条1項）。これは社会権の「完全な実現」には様々な人的・物的・財政的・社会的資源が必要であり，特に開発途上国は国家がもつ利用可能な手段に制約があることを配慮したものである[57]。その意味で，当初はこの国際協力義務の手段は物的あるいは資金的な援助や技術的協力が中心をなすもの捉えられてきた。社会権保護の項目は国際的に合意されたとしても，その保護措置の実施はあくまで領域国の国内的統治の裁量事項であり，これに他の国が口を出すことは主権尊重の原理に反すると考えられてきたためである。

1960年代後半に多発したいわゆる公害輸出などの事例においても，先進国企業が現地国の環境基準を遵守している限り，たとえ現地において環境破壊や健

---

57) 社会権規約は，その他，生活水準及び食糧の確保（第11条2項），科学及び文化に関する権利（第15条4項）についても国際協力に関する規定を設けている他，権利実現のための国際的措置に関する規定（第23条）を設けて，国際的な援助及び協力の一般的義務を定めている。しかし当初はこの協力義務も，国際組織や地域的な取極などを通じて実施されるものと考えられ，個別国家による協力も，せいぜい開発協力としてのODAの実施の枠内に限られていた。

康被害が発生したとしても，企業の本国が介入して現地法人を撤退させるなどの措置をとることはかえって国内政策への不当な干渉あるいは主権の侵害にさえなりうるとされていた。経済格差の中で国民経済の自立を目指す国家が，国民の健康を一部犠牲にしながら開発の促進による貧困からの脱却を優先する政策を採用している以上，これを非難はできないという立場である。この時期には，いわゆる開発独裁論や従属論[58]が途上国の側から提起され，開発が貧困解消と結びつかないだけでなく，かえって途上国の国民を更なる従属に陥れているという批判も強く出されていた[59]。こうした批判は，当時は先進国によって必ずしも十分に受け入れられることはなかった。

　その後の人権や環境の保護についての認識の発展により[60]事態は大きく変化しつつあり[61]，協力義務の中身についての議論も深まりを見せてきている。社会権規約委員会の一般的意見第3号は，「発展の権利のため，そしてそれゆえ経済的・社会的・文化的権利のための国際協力は，すべての国の義務であ

---

58) S. Amin は世界資本主義という独自の理論を展開し（『帝国主義と不均等発展』（原著は *Imperialism and Unequal Development*, 1976)），アフリカにおいて現地住民用の穀物の生産に使われていた土地が牛肉用の牧草地に変更され，砂漠化の原因ともなったことを，「ヨーロッパの人間がそんなに牛肉を食べたければ，われわれの肉を食え」と言ったことがある。グローバル化した現在ヨーロッパにおいて"土地の横領（grabbing land)"と批判されている事態も，先進国企業がアフリカの農業に直接投資してその土地の農業生産物を先進国に輸出することが同じように問題となっているが，現在はそれが社会権的基本権，特に食糧への権利（right to food）との関係で実定国際法の解釈・適用，とくに先進国の域外義務として議論されており，人権規範の発展を反映している。

59) 構造的暴力論は，南北問題に表れる経済格差や富の不平等配分など制度的欠陥を原因として飢餓や疾病により人が死亡することを構造的暴力（structural violence）と呼んで，裸の暴力（戦争）によるのと同様に死者の数でその規模を図ることができるとして，そうした欠陥の被害者にとっては，その状態は「戦争がない=平和」であるとはいえず，「平和ならざる状態」（peacelessness）であると主張していた。高柳先男「平和像の転生を求める」『中央公論』，ヨハン・ガルトゥング『構造的暴力と平和』（中央大学出版部，1991年)，参照。

60) UN Committee on Economic, Social and Cultural Rights (CESCR), General Comment No. 3 : The Nature of States Parties' Obligations (Art. 2, Para. 1, of the Covenant), 14 December 1990, E/1991/23.

61) 世銀やその他の開発銀行による途上国への融資は，「開発」がやがて住民の福利につながるという前提で長らくなされてきていたが，ダム建設への融資における現地住民への劣悪な補償基準や強制移住などが指摘されるようになって，直接に「貧困削減」を融資目的に取り上げ，監察委員会（inspection panel）の制度を設置して現地住民の集団による苦情を，現地政府を飛び越えて聞く機会を設けている。

る」(第14項)としている。さらに「健康を享受する権利」関する一般的意見[62]や「水に対する権利」に関する一般的意見[63]は,締約国が他国における健康や食糧・水に対する権利の享受を尊重し,保護する義務を負うとしている。つまり国家は他国の人のこれら権利の享受に直接または間接に悪影響を及ぼすような行動を回避する義務を負うとして,締約国の域外義務を認めているのである[64]。こうした義務は,財政的援助や技術的支援のような措置に留まらない点で,国際協力の対象となる国の国内政策や,他の国際的な合意との調整という困難な問題を伴う。

　これら問題を整理するために,社会権規約委員会では,協力義務の中身を三つの部類に分けて検討してきている。すなわち①尊重する義務(obligation to respect),②保護する義務(obligation to protect),③実現する義務(obligation to fulfill)である。義務をこのように分類することが締約国の域外義務についてどのような効果の違いをもたらすかは必ずしも明確ではないが,少なくとも従来は,援助および協力という場合,③の実現に協力する積極的な義務が主として想定されてきており,①②に関する域外協力義務はあまり十分に検討されてこなかったといえるであろう。また③の場合でも,OECD, IMF, World Bankなどが GNP の0.7%という基準を設けて先進国の援助義務を政府開発援助(ODA)あるいは援助の使途を特定しない一般財政支援(GBS)という形で果たすことを奨励しているが,先進国の域外義務という形での国家間協力についての議論は少なかった。戦争や飢饉などのために政府が国民のために十分な食料を確保しえないでいる場合,教育のための十分な財政能力や専門的能力を欠く場合,災害からの復旧や緊急時の人道的援助などにおける協力は,人員・兵員・機材の派遣などを含むこともあり,領域国主権との関係もあって,一方的な措置として実現のための協力義務を実施することには困難が伴う。これに対して,①②の消極的な域外協力義務の遵守については,社会権の保護が問題と

---

62) UN Committee on Economic, Social and Cultural Rights (CESCR), General Comment No. 14: The Right to the Highest Attainable Standard of Health (Art. 12 of the Covenant), 11 August 2000, E/C. 12/2000/4.
63) Committee on Economic, Social and Cultural Rights (CESCR), General Comment No. 15: The Right to Water (Arts. 11 and 12 of the Covenant), 20 January 2003, E/C.12/2002/11.
64) 先に引用した「経済的・社会的・文化的権利の分野における国家の域外義務に関するマーストリヒト原則」もその第三原則として「域外義務」を掲げている。

なっている国の人権尊重・保護義務の実現を他の国による域外における一方的な措置を通じて促進することが可能な場合も多い。このような場合，域外国は，社会権上の問題を抱える国家が採っている措置や政策の優先度に関する判断を尊重して，主権との抵触を避けつつ域外協力義務をよりよく遵守するためにどのような措置をとることがもっとも適当であるかを慎重に見極める必要がある。

たとえば，水にアクセスする権利は，農業用水の確保という点で食糧に対する権利と結びつき，また飲料水という点で健康を享受する権利に結びつくだけでなく，およそ基本的生活条件の確保という点で社会権の基礎をなすものである[65]。これについて社会権理事会は一般的意見第15号において締約国の域外義務を認めている。そこにおいては，他の国における人々の水へのアクセスを尊重・促進する義務として，直接・間接にこれを妨げる行動をその域内においてとらない義務，禁輸措置や制裁措置に水の供給を止める措置を含めない義務，経済的又は政治的な圧力の手段としない義務，自国民あるいは自国企業が他国における水に対する権利を侵害しないように適当な立法的あるいは行政的な措置をとってこれを規制する義務，さらに可能である場合には水の供給を確保するための水の提供，財政的又は技術上の支援，災害時その他の緊急時において十分な水を提供する義務などが例示されている。要は，域外国が他国における水にアクセスする権利を適正に考慮し，国際的協定においてもそれが他国の水に対する権利を侵害することのないように配慮することを求めているのである[66]。

また児童の権利条約は，社会権規約の規定に準拠しつつ，締約国の実施義務に関する規定（第4条）のなかで，「必要な場合には国際協力の枠内で」（where needed, within the framework of international co-operation），締約国が措置をとることを謳っている。この場合の「国際協力の枠内で」というのは，国連憲章が定める国際機関と協力して「共同及び個別の行動をとる」義務（第55条，56条）を受けて，たとえばUNICEFなどと協力して，あるいはODAの枠内での援助

---

65) Christina Leb, op. cit., Ch. 6, esp. pp.217–219.
66) この点で，国際水路の非航行利用に関する条約が定める衡平利用の内容が社会権の側から補強されることになる。また有害活動からの越境損害の防止の問題は，越境損害の潜在的な被害国における人々の健康を享受する権利や食糧に対する権利の侵害につながる恐れがあり，その点でも社会権に関する域外義務は領域使用の管理責任原則を強化し，領域使用における相当注意義務の内容を具体化したものといえる。

を通じて，積極的な「実現の義務」を果たすことを意味し，それはまた援助を受ける側のいわゆる「発展の権利」（right to development）の具体的内容を特定して示したものとも言える[67]。児童の場合における教育，健康，食糧などについては，発展の権利を実現するために格別の援助や技術的支援などの配慮が必要であるという趣旨である。しかしそこでの協力はそのような積極的義務に限定されるものではない。児童は国際社会のグローバル化による環境の変化にもっとも脆弱であり，その生存確保はどの社会にとっても人権保護の実現の促進において，細心の配慮が必要な事項である。国家は外国の発展の権利を侵害しない義務，発展の権利を侵害するような自国民の活動を立法的又は行政的な措置を通じて規制する義務を一般的に負うが，この義務は児童の権利については格別の配慮が要請する。児童の権利条約の締約国が，外国国家の主権尊重を口実にして，あるいは外国政府のもつ内政の優先順位の決定権を隠れ蓑に，この配慮義務を怠ることは，児童の権利についての域外義務の不遵守となる。たとえば国家は自国企業や自国民が，児童ポルノ，児童買春，児童の人身売買などに関与する場合にはこれを抑制する行政上の措置をとったり，刑罰法令の域外適用によってこれを規制したりする必要があるであろう[68]。エイズ治療薬についてWTOのTRIPS協定が特許権侵害の特例措置[69]を認めたように，特に小児用の医薬品についてコピー医薬品の製造・頒布を認めるなどの措置を促進することが要請される。食品の残留農薬や遺伝子食品についても，とくに児童や妊婦がそれらを摂取しないことを確保するため，その消費者情報を輸入国に適正に伝達する配慮も通常の場合以上に必要となるであろう。少年兵の使用が疑われている国ないし国家に準ずる武装組織に対しては，小火器の輸出を差止めるなどの措置も必要となる[70]。

こうした域外協力義務は，域外国がその国内措置として一方的に実施できる

---

67) W. Vandenhole, Economic, Social and Cultural Rights in the CRC: Is There a Legal Obligation to Cooperate Internationally for Development? *The Journal of Children's Rights*, 2007.
68) 人身売買禁止議定書（2000年）は，国際組織犯罪防止条約を補完する議定書として国連総会で採択され，2003年に発効している。日本は2005年（平成17年）6月8日に署名している。
69) 高倉成男「環境技術と知的財産をめぐる国際交渉の論点と展望 —— バイオテクノロジーを中心として —— 」『知財管理』Vol.48, No.9, 1998年, 1451以下, J. Trachtman, op. cit., pp.150-152, 参照。

ものである。しかし人権条約上の保護措置をとるのは第一次的には当該の国家であり，そこには条約上一定の裁量が認められている。社会権については特にそのようにいえる。したがって，域外国は国内措置をとる際には，主権的裁量の侵害にならないように当該国家の主権への慎重な配慮が必要となり，またその域外措置の効果がかえって保護の低下を招くことにならないよう確保する必要もある。その意味で，域外義務の実施については人権侵害が放置できないほどに重大であることがまず前提となるであろうし，とられる措置の効果が明確にそれら重大な人権侵害を放置している政府に圧力をかけて政策の改善を求めるものであることが確保されなければならない。またそれら措置をとるに先立ち，可能であれば財政援助や技術的支援を行いつつ当該政府の政策の変更を誘導し，かつこれを並行して継続することが必要となるであろう。そうすることは，域外措置をとることを内政干渉とか非友誼的措置とされる危険を除去し，その対象となる政府を説得可能な状態に置くこととなろう。

　他方で，域外義務を果たさない国の協力義務違反を矯正する手段を国際社会が持っているわけではない。しかし協力義務の不遵守国もまた，人権保護は領域国の国内統治の主権的裁量に属することを，域外義務を果たさない口実にして自己正当化を図ることができるわけでもない。諸国が一致して域外協力義務を果たすのでなければその効果が期待されないような場合には，域外の国家間で客観的な情報の共有とそれに基づく協議が行われる必要もある。その際には，条約の創設する履行監視機関の役割が極めて重要となってくるであろう。「必要な場合には国際協力の枠内で」（児童権利条約第4条）ということは，その意味で，域外協力義務にも関連してくるのである。

5　結びに代えて

　本稿においては協力義務という観点からこれまでの国際法の展開を探った。

---

70) 武器貿易条約（Arms Trade Treaty, ATT, 2003年）は，通常兵器（小型兵器，軽兵器を含む）の国際貿易を規制する最初の条約であるが，国連決議に違反する武器の輸出を禁止するとともに，人道法や人権法の重大な違反等となる可能性を締約国が評価し，その危険性が高い場合は輸出を許可しないことを義務付け（第7条），そのための国内管理措置を整備することを求めている。

実は，この論文の問題意識は，国連海洋法条約の随所に協力義務が規定されていることに触発されたものである。周知のように海洋法条約は諸種の海洋利益のいわば一括取引の結果として締結されたものであり，国家の権利義務を詰め切れない明確な限定を欠く部分を多く残している。協力義務に関する規定はそうした中で，条約案文を確定する必要に迫られたものであったということができる。しかし同時に，それ故にこそ，協力義務は今後の海洋秩序の方向づける指針となり，諸国がこの協力義務の中身をその最善の国家実行を通じてどのように豊富化し具体化して行くかに，海洋秩序の将来は委ねられている。その意味でも海洋法条約は未完のプロジェクトである。まさにそれが「海の憲法」と呼ばれるゆえんである。海洋法条約における協力義務の検討は別稿に譲るが，これまで見てきたように，協力義務が単なる道徳的要請や勧告に留まるものではないこと，それが国際社会の発展を方向付け，また国家の成熟を促す方向で，様々な国際的諸制度や手続の仕組づくりのなかにすでに現れてきていることは確認できたと思う。

　最後に，協力義務の性質をまとめておきたい。協力義務は不定型で特定性を欠く義務である。その義務の内容は，具体的な状況において国家が自ら適正に判断して自らに課する行為の義務として遵守される。それゆえ遵守を促進するためには国家が自らの責務と能力を適正に認識することが不可欠である。そのためには関連する情報が的確に収集され伝達されることが必要である。他国もまたこれに協力することを通じて遵守を促進する。その上で，義務の不遵守を是正するために必要である場合には財政的・技術的支援を提供することもある。遵守を促進するために他国が必要とする便益を提供することを義務づけられ，あるいは他国の不遵守の原因となる自国の行為を是正する国内的措置をとることが義務づけられる場合もあるが，その具体的中身もまた国家が自ら判断して決定する。この過程は継続的であり，国家は協力義務が実施される状況において事情適合性を確保するために協力の中身を随時再検討する義務も負う。こうした過程において，条約の履行監視機関は遵守を促進するために情報の伝達を助長したり，行為の方向を示唆したりする。国際紛争の悪化・拡大を防止するために国際裁判所が暫定措置を命じ，当事者間での情報の交換や交渉の促進の過程を監督することもある。また裁判所がそのために国家の特定の一方的な行為を差止める場合もある。こうした過程を通じて国際社会的利益が実現される

ためには，国際社会を構成する国家の多くが，洗練された国益判断を行いうる成熟した国家でなければならない。協力義務が多くの条約において規定されていることは，そのような過程を作動させることが現代の国際社会の長期的な展望にとって不可欠であることを意味している。それはグローバル化した国際社会においては，協力義務のみならず，条約によって特定された権利義務の履行においても，実は同様である。それはまた義務を強制する手続を欠く国際秩序において「法」が成り立つためには，多かれ少なかれ共通する問題である。

2 日本における近代ヨーロッパ国際法の受容
―― ボアソナードの果たした役割 ――

柳 原 正 治

1　はじめに
2　お雇い外国人たちの貢献
3　ボアソナード
4　おわりに

1　はじめに

　江戸時代は「鎖国」の時代（1639年から1854年まで）であったと言われてきたが，「4つの口」の理論や「通商の国」（オランダと中国）と「通信の国」（朝鮮と琉球）というとらえ方などを見れば，日本が完全に外の世界に対して閉ざされていたわけではないこと，とりわけ東アジアの諸国・地域との関連でみれば，それぞれに相違はあるものの，なんらかの形での「交流」があったことは，間違いない。もっとも，15世紀末ぐらいから次第に形成されていき，19世紀初頭にはかなり形を整えるようになった，近代ヨーロッパ国際法についての情報が，この間に日本にもたらされることはなかった[1]。

　18世紀末ぐらいから，ロシア，イギリス，フランス，アメリカ合衆国などといった，「通商の国」でも「通信の国」でもない「外国」が日本に接近してくるなかで，それらの諸国と交際を行うことを，日本は伝統的な「祖法」を根拠として認めなかった。その一方で，「国際法」（当時の日本では，「公法」，「万国公法」，「列国交際法」などと呼ばれた）に基づいた交流という選択肢を，欧米諸

---

[1]　ヴァッテル（Emer de Vattel）の著作のごく一部の漢訳が1847年に発表されている（滑達爾『各國律例』。魏源〔撰〕『海國圖志』に収録されている）。Rune Svarverud, *International Law as World Order in Late Imperial China: Translations, Reception and Discourse, 1847-1911*, Leiden/Boston, Brill, 2007, p.270. しかし，1864年のホィートン（Henry Wheaton）の著作の漢訳がその1年後には日本で翻刻出版されたのとは異なり，このヴァッテルの漢訳が日本において注目を浴びたという記録は見当たらない。

国は，武力を背景としながら，日本側に求めていった。こうした状況のなかで，幕末期から明治初期にかけて，国際法についての知識を得ようとする努力がさまざまな形で行われていった。

　高橋作衛は，大正元（1912）年に発表した論文のなかで，明治初年の幼稚な国際法研究の状況をみると，現在は「実ニ数世紀ヲ隔ツルノ感アリ」と記している[2]。高橋は，明治時代の約45年間は数百年間に匹敵するほど日本における国際法研究が発達した，ととらえているわけである。日本における近代ヨーロッパ国際法の「受容」過程については，なお検討すべき論点はいくつも存在するが[3]，幕末期に近代国際法についての知識が皆無であったことと比較すれば，高橋が記しているように，その後長足の進歩がみられたのは確かである。そこには，日本人の学者や外務省官僚たちの努力があったことはいうまでもないが，「お雇い外国人」の，並々ならぬ尽力があったこともまた，間違いない。

　国際法の分野における「お雇い外国人」としては，デニソン（Henry Willard Denison, 1846-1914）とベイティ（Thomas Baty, 1869-1954）[4]がきわだって有名であるが，それ以外にも大きな役割を果たした人たちがいることも忘れてはならない。本論文では，それらのうちの1人として，ボアソナード・ド・フォンタラビー（Gustave Emile Boissonade de Fontarabie, 1825-1910）を取り上げることにしたい。ボアソナードは，刑法典や民法典の編纂によって現在も広くその名前が知られているが，国際法や国際関係の分野においても大きな役割を果たした。台湾出兵や条約改正についての意見書は比較的よく知られているが，それ

2）　高橋作衛「明治時代ニ於ケル国際法研究ノ発達」『法学協会雑誌』30巻10号（1912年）47頁。

3）　柳原正治「国際法研究の『発達』── 御雇外国人たちの貢献」『書斎の窓』610号（2011年）16-21頁；Masaharu Yanagihara, "Japan's Engagement with and Use of International Law: 1853-1945," Thilo Marauhn & Heinhard Steiger (eds.), *Universality and Continuity in International Law*, The Hague, Eleven International Publishing, 2011, pp.447-469; *Id.*, "Japan," Bardo Fassbender & Anne Peters (eds.), *The Oxford Handbook of the History of International Law*, Oxford, Oxford University Press, 2012, pp.475-499など参照。

4）　トーマス・ベイティ博士没後50年記念セミナー実行委員会（編）『トーマス・ベイティ博士の業績とその再評価』（トーマス・ベイティ博士没後50年記念セミナー実行委員会，2004年，〔非売品〕）；Shinya Murase, *International Law: An Integrative Perspective on Transboundary Issues*, Tokyo, Sophia University Press, 2011, pp.388-418; Anthony Carty, "Thomas Baty: An International Lawyer as Public Intellectual between Imperial Japan and the Republic of China," *Japanese Yearbook of International Law*, Vol. 56 (2013), pp.70-94など参照。

以外にも国際問題についての多くの意見書を執筆している。

本論文では，明治時代に対外関係について役割を果たしたお雇い外国人たちに触れた後，ボアソナードと国際法の関わりについて言及することにしたい[5]。

2　お雇い外国人たちの貢献

お雇い外国人の役割ということではなはだ注目されるエピソードが，大久保利通が明治7（1874）年北京において清国との間で，台湾の地位をめぐる困難な交渉をしていたおりのものである。この交渉について，清国の総税務司を務めていた（1863年から1911年まで），イギリス人のハート（Robert Hart〔赫徳〕，1835-1911）が，ロンドン在住のキャンベル（James Duncan Campbell）に送った，1874年9月30日付けの書簡には，以下のような記述がみられる。

> 大久保（日本側の全権弁理大臣）は，ヴァッテルやマルテンス[6]やその他の国際法学者たちを総理衙門に撃ち込んできています。総理衙門はこう返答するだけです。「どうもありがとうございます。けれどもやはり台湾は私たちのものです。」日本人たちは国際法上の諸論点についての論争に我々を引き込みたがっています。それに彼らにはフランス人法曹家とル・ジャンドル，さらには多数の蔵書があります。そして適切な一節を引用する能力があり，われわれよりも強力です。われわれは議論を避けています。そしてただこう言うのです。「わかりました。けれども台湾は私たちのものなのです。」今日の状況は，こうしたものです。大久保に対するル・ジャンドルの助言は戦争を始めることであり，フランス人法曹家のそれは平和であるようです。わたくしたちは平和的解決を望みますが，実際のところ戦争はありうることです[7]。

この書簡で言及されている「フランス人法曹家」とは，まさにボアソナード

---

5) 本論文は，2011年11月26日に法政大学において行われたシンポジウムでの報告に，大幅に加筆・修正を行ったものである。報告そのものはテープ起こしをされ，記念冊子として出版されている。柳原正治「日本における近代ヨーロッパ国際法の受容」法政大学ボアソナード・梅謙次郎没後100年企画・出版実行委員会（編）『BU100ボアソナード・梅謙次郎没後100周年記念冊子』（法政大学，2013年）100-114頁。

6) Meertens と表記されているが，Georg Friedrich von Martens を指すとみなされる。

第 1 部　国際法の基盤

のことにほかならない。ハートは，法的な議論を清国側は一切していないのに対して，日本側はボアソナードやル・ジャンドル（Charles William Le Gendre, 1830-1899）[8]などのお雇い外国人を使いつつ，ヨーロッパの国際法学者たちを引用して法的な議論をしかけてきているのであり，そこに大きな違いがあるとみなしている。もっとも，ハートの言うように，清国はただ「台湾は私たちのものです」と念仏のように唱えていただけなのかという点は，議論が分かれるところであろう[9]。

　発足当初の明治政府の外交政策についての助言者は，オランダ系アメリカ人フルベッキ（Guido Fridolin Verbeck, 1830-1898）であった。明治初期の段階では政府はフルベッキの意見をはなはだ重く見ていた。たとえば岩倉使節団を提案したのもフルベッキだと言われている。ただフルベッキは宣教師であり，法律，とりわけ国際法を熟知していたとは到底みなされない[10]。

　明治 3（1870）年の普仏戦争のおりに，プロイセンの船舶もフランスの船舶も日本近海にいたため，プロイセンの駐日公使ブラント（Max von Brandt）は，日本に対し中立宣言を出すように求めた。ところが日本側は，外務省（明治 2

7）　John King Fairbank *et al.* (eds.), *The I.G. in Peking: Letters of Robert Hart, Chinese Maritime Customs, 1868-1907*, Vol. 1, Cambridge, Mass., Harvard University Press, 1975, pp.180-181. 小林隆夫「台湾事件と琉球処分 1 ── ルジャンドルの役割再考（近現代政治経済史の研究）」『政治経済史学』340号（1994年）16頁をも参照。

8）　ル・ジャンドル（リ・ゼンドル，あるいは，李仙得）は，1830年 8 月26日フランスに生まれた。南北戦争に従軍して負傷した後，1866年米国の厦門領事となり，米船難破事件で台湾に渡り事件を解決して台湾通となった。明治 5 （1872）年来日して日本政府顧問となり，琉球問題の解決のための台湾出兵を献策した。1890年朝鮮政府顧問となり，1899年 9 月 1 日ソウルで没した。台湾の地図 "Formosa Islands and the Pescatores, China" を作成し（1870年），そのなかで生蕃と漢人の居住域を区画する境界を示した。小林茂『外邦図』（中央公論新社〔中公新書〕，2011年）44-45頁参照。ル・ジャンドルは台湾事件について，かなり多くの意見書を執筆しているし，副島外務卿や寺嶋外務卿との対話も行っている。早稲田大学社会科学研究所（編）『大隈文書　第 1 巻』（早稲田大学社会科学研究所，1958年）17-46頁；JACAR（アジア歴史資料センター）Ref. B03030111600，台湾征討関係一件／外交史料 台湾征討事件 第一巻（1.1.2.3）（外務省外交史料館）など参照。

9）　清国側は，1871年に締結された日清修好条規（1871年 9 月13日署名。台湾事件は同年11月30日に起きている）第 1 条には，日本と清国両国に所属する「邦土」はお互いに侵略してはならないと記されており，その「邦土」とは，中国本土だけではなく朝貢国も含まれるという解釈をしていた。そして台湾の生蕃は元来中国に属しているとみなし，日本の台湾出兵はこの第 1 条に違反する行動であると主張した。岡本隆司『李鴻章 ── 東アジアの近代』（岩波書店〔岩波新書〕，2011年）109，115-118頁参照。

年7月〔1869年8月〕に創設された[11]）の担当者も，中立が何かわからないため，フルベッキに聞いたり[12]，ホィートンの著作などを調べたりして，太政官布告として局外中立宣言を発布したものの，プロイセンからもフランスからも修正を求められるなど，相当に迷走したという経緯がある[13]。

こうした事態を受けて，外務省は正式に法律顧問を雇用することとした。その最初の人物が，米国国務省職員であった[14]スミス（Erasmus Peshine Smith, 1814-1882）である。明治4（1871）年から3年間の雇用契約であったが，明治5（1872）年からのマリア・ルース号事件での役割が大きかったことから，明治9（1876）年まで雇用が延長された。

明治時代に外務省法律顧問としてもっとも大きな役割を果たしたのは，米国人のデニソンである。30年以上にわたり法律顧問を勤め（明治13〔1880〕年から大正3〔1914〕年まで），条約改正，下関講和条約，三国干渉，日露講和条約など，じつにさまざまな局面でははなはだ重要な任務を遂行した[15]。また，外務省ではなく，司法省の法律顧問として大きな役割を果たしたのが，パテルノストロー（Alessandro Paternostro, 1852-1899）である。明治22（1889）年から明治25（1892）年までの3年間しか日本に滞在しなかったが，日本の国際法学の発展に偉大な功績を残した。明治法律学校での国際法の講義は，当時帝大生であった安達峰一郎が通訳をし，その講義録が現在何種類か日本の図書館に所蔵

---

10) 明治2（1869）年から文部省雇，その後，明治6（1873）年から明治10（1877）年までが，正院翻訳局，元老院雇（翻訳質問）であった（外務省外交史料館，外務省記録 3.9.3.14.「官雇入表」参照）。フルベッキについては，梅渓昇『お雇い外国人⑪ 政治・法制』（第2版，鹿島出版会，1979年）15-45頁など参照。

11) 外務省百年史編纂委員会（編）『外務省の百年 上巻』（原書房，1969年）44頁。

12) 「局外中立と云ふが，其頃は太政官どもはっきり分るものはありませぬ，唯やって見ただけのことである……フルベッキ氏に聞いて見るに万国公法と云いて著述家の公法もあれば，慣例となって居る公法もあると云ふことである。」副島種臣「明治初年外交実歴談」『国際法雑誌』1巻5号（1902年）93-94頁。当時文部省に勤務していた瓜生三寅が，フルベッキの意見に依りながら，「交易ノ各品武器ヲ除クノ外ハ交易勝手ナリ」との進言をしたことについては，尾佐竹猛『国際法より観たる幕末外交物語 ―― 附生麦事件の真相その外』（文化生活研究会，1926年）310-311頁参照。

13) 柳原正治「研究報告 『國際法先例彙輯』に関する研究（7）領海ノ範囲」『外交史料館報』18号（2004年）111-114頁参照。

14) 外務省の記録によれば，「米国合衆国外務省ノ法律役人」とされている（外務省外交史料館，外務省記録 3.9.3.7.「外務省外国人雇入一件」第一巻）。

15) 外務省百年史編纂委員会（編）『外務省の百年 下巻』（原書房，1969年）1341-1347頁など参照。

されている[16]。

3　ボアソナード

（1）お雇い外国人ボアソナード

　ボアソナードは，1852年にパリ大学で法学博士号を取得し，その後1864年には教授資格試験に合格した。1867年にはパリ大学「アグレジェ教授」（professeur agrégé）に就任し，正教授への就任を待つ身となった。しかし，1870年からの普仏戦争の大混乱などの事情もあり，明治6（1873）年6月24日に，鮫島尚信弁理公使との間に3年間の御雇契約を結ぶに至る。同年11月に来日し，司法省雇となった。その後，明治8（1875）年9月には太政官法制局御用掛兼務となった[17]。

　スミスが延長された任期も終えて，明治9（1876）年9月に帰国することになり，日本政府は，後任としてボアソナードに外務省の顧問を依頼した。当時ボアソナードは司法省や太政官法制局の仕事などで多忙をきわめていたが，他に適任者がいないということで外務省の事務顧問の役割も担っていった[18]。しかし，やはりボアソナードは多忙であるため，その後，公法顧問としてドイツの国法学士1人を雇い入れることが認められた。明治11（1878）年10月から

---

16) 次の8種類が国内の図書館に現在所蔵されている。（1）安達峯一郎（訳），清水常吉（手写）『国際公法講義筆記』（［出版地不明］，1890年）100枚，半紙；（2）清水常吉（手写）『国際公法講義筆記』（［出版地不明］，1891-1892年）122枚，半紙；（3）本野一郎（口訳），佐々木茂三郎（筆記）『国際公法講義』，安達峯一郎（口訳），辻寅次郎（筆記）『国際公法講義』（和仏法律学校，1894年）114pp＋286pp；（4）安達峯一郎（口訳），辻寅次郎（筆記）『国際公法講義　全』（和仏法律学校，1895年8月）286pp；（5）安達峯一郎（訳），中村藤之進（記）『国際公法講義　完』（明治法律学校講法会，1897年7月）659pp；（6）本野一郎（口訳），佐々木茂三郎（筆記）『国際公法講義』，安達峯一郎（口訳），辻寅次郎（筆記）『国際公法講義』（［出版地不明］，18-年）114pp＋286pp；（7）安達峯一郎（訳），中村藤之進（記）『国際法講義　完』（明治法律学校講法会，18-年）908pp；（8）安達峯一郎（通訳），中村藤之進（筆記）『国際公法講義　完』（明治法律学校講法会，18-年）659pp。

17) 梅渓・前掲注10）125-150頁；堀内節「御雇法律教師のブスケとボアソナード――雇入から雇止までの経過」『比較法雑誌』8巻1号（1974年）121-230頁；西堀昭「元日本政府法律顧問ギュスターヴ・エミール・ボアソナード・ド・フォンタラビー（1825-1910）資料（1）（2）」『千葉商大紀要』14巻2号（1976年），4号（1977年）55-80頁，83-110頁；大久保泰甫『日本近代法の父　ボワソナード』（岩波書店［岩波新書］，1977年）など参照。

「外務省万国公法顧問」として雇用されたロエスレル（Karl Friedrich Hermann Roesler, 1834-1894）である。しかし，彼は伊藤博文との関係が良かったということから憲法の起草に力を注ぎ，国際法や外務省にはあまり関係しなくなっていき，明治17（1884）年に再契約した後は，伊藤博文の指揮下に入る。明治13（1880）年から「外務省万国公法副顧問」として雇用されたのが，デニソンであった。

ボアソナードは，その後，元老院御用掛兼務，太政官雇，内閣及び司法省雇，司法省法律顧問などの職を果たしながら，日本における近代ヨーロッパ法の受容に特筆すべき貢献を行った。最終的には，明治28（1895）年3月8日にフランスに帰国した[19]。

（2）19世紀フランスにおける国際法研究の状況

ボアソナードは各省庁の顧問としての活動にとどまらず，いくつかの学校での教育も担当した。司法省法学校（明治7〔1874〕－明治17〔1884〕年），東京法学校（明治22〔1889〕年から和仏法律学校）（明治14〔1881〕－明治27〔1894〕年），明治法律学校（明治20〔1887〕－明治28〔1895〕年），帝国大学（明治23〔1890〕－明治25〔1892〕年）などがその例である[20]。宮城浩蔵や一瀬勇三郎や杉村虎一

---

[18] 国立公文書館の史料のなかに記載されている，外務省顧問の活動としては，たとえば，以下のようなものがある。明治9（1876）年12月15日の外務省伺には，「司法省雇ボアソナードへ外務省事務ヲ顧問スルニ付家屋ヲ建築シテ居住セシム」という記述がみられる（国立公文書館，太政類典・第二編・明治四年～明治一〇年・第百十三巻・地方十九・土地処分六）。明治12（1879）年1月23日に，外務省事務法律顧問としての慰労金千円を贈与したとの記録もある（国立公文書館，太政類典・第三編・明治十一年～明治十二年・第九巻・官規・賞典恩典四）。また，明治13（1880）年3月16日の外務省伺には，外務省事務顧問として，明治12（1879）年分として1ヶ月千円付与したい（同月24日に裁可された）との記述がある（国立公文書館，太政類典・第四編・明治十三年・第十二巻・外国交際・条約九）。さらに，明治15（1882）年10月19日の内閣書記官別局伺として，「太政官雇ボアソナード朝鮮事件ニ付質問ヲ煩ハシ政略上神益不少ニ付賞与」── 金一千円，及び，天皇陛下からの相当の物品（四五百円相当）を下賜することが提言されている（国立公文書館，公文類聚・第六編・明治一五年・第八巻・賞恤三・賞賜）。国立公文書館には，ボアソナード（あるいはボワソナード）に関係する史料が200点以上所蔵されている。そのうちの一部は（上記の4点の文書も），国立公文書館デジタルアーカイブ（http://www.digital.archives.go.jp/）で閲覧することができる。

[19] 明治43（1910）年6月27日死去した後で，恩給停止の措置が取られたことが外務省記録のなかにみられる。外務省外交史料館，外務省記録 3.9.3.21.「太政官雇仏蘭西国人『ボアソナード』雇継一件」。

第 1 部　国際法の基盤

など，多くの優秀な弟子を育てたが，安達峰一郎との緊密な関係もいろいろな資料のなかから浮かび上がってくる[21]。帝国大学の同級生であった若槻礼次郎によれば，安達はボアソナードの法理学の授業に熱心に参加していたとのことである[22]。

それではボアソナードはこうしたなかで，国際法も教育したのであろうか。あるいは，そもそもボアソナードは，フランスにおいて十分な国際法教育を受けていたのであろうか。来日して約 9 ヶ月後の，明治 7（1874）年 8 月 6 日，ボアソナードは，台湾事件の協議のため全権弁理大臣大久保利通の顧問として北京に随行し[23]，11月15日に帰国している。先に引用した，ハートの書簡を信じるとすれば，ボアソナードはヴァッテルやマルテンスなどを駆使して，国際法上の諸論点についての論争を展開したことになる。

ところで，パリ大学の第 3 代目の国際法教授であるルノー（Louis Renault, 1843-1918）は，1879年の著作のなかで，以下のような興味深い一節を書き記している。

　　まことに残念なことであるが，フランス語は，外国の国際法学者たちによって執筆に用いられていながら，フランス人で法のこの分野を研究して

---

20)　田能邨梅士『明治大学史』（第 8 版，明治大学出版部，1913年）39-40, 45, 55, 63頁；大久保・前掲注17）50-57頁；法政大学・前掲注 5）1-16頁など参照。

21)　ボアソナードの講演の通訳としては，「日本民法における折衷両本位貨幣制度」（『法学協会雑誌』10巻 6 号〔1892年〕），「金銀両貨幣調和論」（『明法誌叢』 4 号〔1892年〕）がある。また，明治25（1892）年10月 1 日の和仏法律学校及び東京仏語学校生徒卒業式での教師ボアソナード氏講師総代としての通訳（『明法誌叢』 8 号〔1892年〕90頁），同月15日の和仏法律学校講談会でのボアソナード氏講談「日本に於ける労働問題」の通訳（同上，98頁）を務めている。明治25（1892）年10月27日の安達から徳富蘇峰宛の書簡（安達峰一郎博士顕彰会〔編〕『国際法にもとづく平和と正義を求めた安達峰一郎──書簡を中心にして』〔安達峰一郎博士顕彰会，2011年〕47-48頁），明治28（1895）年 5 月27日の安達から辻新次宛の書簡（『辻新次関係文書』〔国立国会図書館憲政資料室〕 1 - 2）なども参照。また，1897年 3 月27日，及び，同年 6 月29日にボアソナードが杉村虎一に宛てた書簡（Kazuhiro Murakami, "Les lettres de M. Gustave Emile Boissonade à M. Koichi Soughimoura (1)," *Meiji Law Journal*, Vol. 8（2001）, pp.27-31）をも参照。

22)　若槻礼次郎「大学時代」追悼会発起人（編）『安達峯一郎博士追悼録』（〔追悼会発起人〕，1935年）22-23頁。

23)　ボアソナードはこの依頼を受けるにあたって，大木喬任司法卿に対して，「此度ノ事件ニ付而ハ余忠勤ヲ表スヘキ事閣下ニ御請合申上候」との決意を表明している。国立公文書館，公文録・明治七年・第八巻・明治七年八月・各課局伺（内史本課～地方会議御用掛）。

〔柳原正治〕　　**2**　日本における近代ヨーロッパ国際法の受容

いる者はほとんどいないということをまず認めなければならない。とくに海洋法など特定の分野について綿密に研究した者はいるものの，国際法学の全体については稀である。1878年に至るまでについて見れば，昔の著作しか挙げることができない[24]。

18世紀中葉ぐらいまでは，国際法の書籍はほぼラテン語で執筆されていたが，それ以降フランス語やドイツ語などが使用されるようになっていった。19世紀前半には明らかにフランス語が主流となっていた（ドイツ人であるマルテンスも，フランス語による著作が主著である[25]）。ところが，19世紀のフランスの大学において，国際法を本格的に研究している学者ははなはだ少なかった。パリ大学の国際法講座は1829年に設立されているが，最初の国際法の教授はロワイエ＝コラール（Albert Paul Royer-Collard），その後1864年に就任したのがジロー（Charles Giraud）である。2人とも国際法講座の正教授であったが，国際法の論文はほとんど発表していない。ロワイエ＝コラールはスコットランドのマッキントッシュ（James Mackintosh）が英語で刊行した『自然法・国際法論』の仏訳[26]が主な業績であるし，ジローはユトレヒト条約についての著作を出版しているが[27]，これは法的な分析というよりは条約の歴史に関する著作とい

---

24) ルノーは，昔の著作の例として，1832年の，レーヌヴァル（Joseph-Mathias Gérard de Rayneval）の『自然法・国際法綱要』（著者自身による最終版は1803年に刊行された），1877年のフンク＝ブレンタノとソレル（Théophile Funck-Brentano & Albert Sorel）の『国際法概要』などを挙げている。もっとも，前者は時代遅れだし，後者は法律学的というよりは哲学的・政治学的性向が強すぎるとも指摘している。Louis Renault, *L'introduction à l'étude du droit international*, Paris, L. Larose, 1879, p.66. この著作は以下のように和訳が出版されている。ルイ・ルノール（蜷川新訳）『国際法論』（東京専門学校出版部，1900年）。Paul Challine, *Le droit international public dans la jurisprudence française de 1789 à 1848*, Paris, Éditions Domat-Montchrestien, F. Loviton, 1934, pp.15-16; Antonio Truyol y Serra, *Histoire du droit international public*, Paris, Economica, 1995, p.119; Martti Koskenniemi, *The Gentle Civilizer of Nations: The Rise and Fall of International Law 1870-1960*, Cambridge, Cambridge University Press, 2002, pp.30-31をも参照。

25) もっともかれの最初の著作は，以下のようにラテン語によるものであるし，ドイツ語の著作もいくつか刊行している。Georg Friedrich von Martens, *Primae lineae ivris gentivm Evropaearvm practici in vsvm avditorvm advmbratae*, Göttingen, Jo. Christ. Dieterich, 1785.

26) James Mackintosh (transl. by Albert Paul Royer-Collard), *Discours sur l'étude du droit de la nature et des gens*, Paris, J.-P. Aillaud, 1830.

27) Charles Giraud, *Le traité d'Utrecht*, Paris, Plon frères, 1847.

える。パリ大学で本格的な国際法研究者として最初に登場するのが，1873年からのルノーである（周知のように，家屋税事件の常設仲裁裁判所の判事を務めた）。ストラスブール大学[28]，ボルドー大学[29]，そして，1872年に開設されたシアンスポ（パリ政治学院）[30]も，パリ大学と似通った状況であった[31]。

　ボアソナードがパリ大学で法律を専攻した当時の国際法の教授はロワイエ＝コラールであるが，かれの国際法の授業を受けたとしても，どれだけ中身の濃い授業であったのかは不明である。

　ボアソナードはしかし，明治7（1874）年の台湾をめぐる日清交渉にみられるように[32]，また，次に述べる，さまざまな意見書にみられるように，来日してからは，日本政府の切なる希望もあったのであろうが，国際法についての研究をずいぶんと進めたのではないかと推測される。もっとも，国際法の授業を行ったという記録は見当たらない[33]。

---

28) 1787年に国際法教授に就任したのがコッホ（Christophe-Guillaume Koch）である。

29) 1876年に国際法講座を開設した。ヴィダル（Georges Vidal），ラルノード（Ferdinand Larnaude），デスパーニュエ（Franz Despagnet）など。

30) ルノー，フンク＝ブレンタノ，ソレルなど。

31) 1873年に創設された万国国際法学会（Institut du Droit International）の11人の創設メンバーにはフランス人は1人もいない。国際法協会（International Law Association. 当初の名称は，Association for the Reform and Codification of the Law of Nations）が1873年10月25日にパリで開催した国際会議に参加したフランス人は，コーシー（Eugène Cauchy, 1802–1877. 貴族院事務局長，法律家）とマッセ（Gabriel Massé, 1807–1881. 破毀院裁判官）の2人であった。A.P. Sprague (ed.), *Speeches, Arguments, and Miscellaneuos Papers of David Dudley Field*, Vol. 2, New York, D.Appleton and Company, 1884, p.379 参照。

32) この北京での交渉のなかで作成された，明治7（1874）年9月27日の反論書の付属書「公法彙抄」は，だれが原案を書いたのかは明示されていないが，ボアソナードが，その作成にかなり関わっていたのではないかと推定される。この文書のなかで引用されている学者は，ヴァッテル，G.F. v. マルテンス，ヘフター，ブルンチュリーの4人であり，フランス人はいない（ヴァッテルは法蘭西〔フランス〕人と記されているが，事実とは異なる）。『日本外交文書』第7巻，245頁；JACAR（アジア歴史資料センター）Ref. A04017223500（第86画像目から），単行書・〔1339-1407〕（国立公文書館）〔『使清辨理始末』〕。JACAR（アジア歴史資料センター）Ref. A03031104600（第18画像目から），単行書・蕃地処理・単行書・処蕃類纂・第三十五巻（国立公文書館），Ref. A03031141100（第18画像目から），単行書・蕃地処理・単行書・処蕃提要後編・第四巻（国立公文書館）をも参照。

(3) 国際問題に関するボアソナードの意見

国際問題に関するボアソナードの意見書は，かなり多く残されている。台湾事件[34]，琉球処分，江華島事件[35]，壬午事件[36]，条約改正[37]などに関するものである。このほかに，日清戦争に関する論文[38]や日露戦争に言及した書簡[39]などもある。

---

33) ボアソナードには，自然法と実定国際法についてまとまった形で叙述した論文はない。自然法については，明治7（1874）年の台湾事件のときに執筆した意見書のなかで，「各国互ニ妨害ナク洋海ヲ用フルハ自然法ノ理ニ出ル所ナリ」と述べている箇所がある。「台湾事件ニ就キ日本政府ノ諸問ニ答フル意見書」丙号（明治7〔1874〕年6月26日）。早稲田大学社会科学研究所・前掲注8）71頁。この文書については，『明治政府翻訳草稿類纂第6巻 訳稿集成6』（ゆまに書房，1987年）203-224頁をも参照。条約については，明治9（1876）年に執筆された，治外法権に関する覚書（『ボアソナード答問録』所収）に，以下のような叙述がみられる。治外法権の問題についてはまず，条約のなかに適用できる規定があるかを検討しなければならない。「しかし，条約は法律上の難問を考慮することに慣れていない外交官たちによって通常作成されるものなので，当面の課題についてはなにも見いだすことがないのが通例であろう」。「治外法権についての覚え書」（明治9〔1876〕年1月14日）。ボアソナード（吉川経夫訳）『ボアソナード答問録』（法政大学出版局，1978年）〔70〕-〔71〕頁（和訳は，98-99頁。ただし，本論文での訳とは異なる）。ボアソナードが，国際関係において，自然法と実定国際法の両方を認めていたことは間違いないが，それ以上どこまで深く考えていたかは，これ以上の記述が見当たらず，明確ではない。なお，ボアソナードの自然法がどのようなものであったのかについては，スコラ的自然法論であったから経験的であったのか，あるいは，ボアソナードの関心はまず実定法にあり，また諸外国の実定法の比較法的研究をしていたことが，経験的自然法論の視座を得さしめたのか，については議論がある。田中耕太郎「ボアッソナードの法律哲学」福井勇三郎（編）『杉山教授還暦祝賀論文集』（岩波書店，1942年）40頁；池田真朗『ボワソナードとその民法』（慶應義塾大学出版会，2011年）23，55頁など参照。

34) (i) 明治7（1874）年6月25日「台湾一件ニ付見込書」，(ii) 同年6月26日「台湾一件ニ付追加十二問ノ答詞」，(iii) 同年9月井上毅「台湾事件処置意見 償金之義」。

35) (i) 明治8（1875）年9月11日「朝鮮及支那ニ対スル通告」，(ii) 同年11月5日「朝鮮ノ事件ニツキ覚書」，(iii) 同年11月9日「朝鮮事件ニツキ第2ノ覚書」，(iv) 同年11月29日「朝鮮ノコトニツキ第3ノ覚書」。

36) (i) 明治15（1882）年7月31日「前後処理ニ対スル意見」，(ii) 同年8月1日「7月31日意見ノ続」，(iii)（日付なし）「朝鮮ニ対スル処分按」，(iv) 明治15（1882）年8月3日「最後照会ニ関スル意見書」，(v) 同年8月「在朝鮮米国（英吉利帝国ノ）艦隊提督ニ寄スル書簡草按」，(vi) 同年8月「条約国内乱平定援助ニ関スル答議」，(vii) 同年8月9日「時変ト米韓条約ノ不成立」，(viii) 同年8月9日「朝鮮事件ニ付井上議官ボアソナード氏問答筆記」，(ix) 同年8月9日「韓国事件答議続稿」，(x)（日付なし）「通告文按（仏文訳）」，(xi) 明治15（1882）年8月10日「韓国事件答議続稿」，(xii) 同年8月13日「答議」，(xiii) 同年8月14，15，16日「『大木参議ニ答フ』朝鮮事件ニ関スルボアソナード氏意見書」，(xiv) 同年8月24日「朝鮮事件ニ付意見書」，(xv) 同年10月19日「国際法質疑四則」，(xvi) 同年10月29日「恒守局外中立論」。

第 1 部　国際法の基盤

　本論文においては字数の制限もあり，これらすべてに触れることはできない。そこで，比較的知られていない琉球処分に関する意見書のみを，ここでは紹介するにとどめたい。明治 8（1875）年 1 月の大久保利通内務卿の諮問に答えて，3 月17日に作成された[40]「琉球島見込案」という意見書である（『伊藤博文関係文書　その 1 』所収[41]）。当時ボアソナードは司法省雇であったが，前述したように，前年大久保に随行して北京で台湾問題についての交渉において大きな役割を果たしたことが，こうした諮問になったと推測される。

　ボアソナードは，この意見書の冒頭で，1874年の日支間「条約ノ最幸ナル結果ノ一ハ琉球島ニ日本ノ権アルコトヲ暗ニ認得シタル」ことにあるとする。すなわち条約中に，「其人民［琉球人民］ヲ日本臣民ト名称シタリ」とした点を重視し，日本が琉球島に一層その政権を拡張するときであるとみなす。そして，支那が異議を述べる場合を想定して， 3 つの問題を設定している。第 1 が，「台湾ヲ遠征シ条約ヲ取結タル後チ引続キ琉球島ニ日本ノ権ヲ一層拡張スルノ権アルヤ如何」という問題である。琉球島が半独立であった状況は，1868年の国政一新，台湾征討及びその後の日清間の条約により，大いに変革した。1868年の国政一新の前は，薩摩侯に従属し貢を納めていた。しかし，国政一新以来初めて貢を帝に納めている。琉球島住民を台湾蛮人が殺害したとき，亜王［琉球国王］は復讐と保護を日本政府に求めてきた。それ以来，日本は疑いなく琉球島にその主権を行使している。以上のように述べて，拡張する権利があるこ

---

37)　(i) 明治20 (1887) 年 5 月10日「条約改正ニ関スル井上毅・ボアソナード氏対話筆記」，(ii) 同年 6 月 1 日「条約改正ニ関スルボアソナード氏意見書」。

38)　G. B. [Gustave Boissonade], "La guerre sino-japonaise," *Revue française du Japon*, t. 3, n.31-35 (1894), in: G・ボアソナード『ボアソナード論文撰　下巻（仏文）── 1874～1895年（来日以降）』（信山社，2002年），401-430頁。

39)　ボアソナードから杉村虎一宛の書簡（1904年 3 月19日，1905年 4 月 4 日，同年 8 月10日，同年10月14日，1906年 2 月 8 日など）(Kazuhiro Murakami, "Les lettres de M. Gustave Emile Boissonade à M. Koichi Soughimoura (2)," *Meiji Law Journal*, Vol. 9 (2002), pp.73-75, 77-83)，ボアソナードから一瀬勇三郎宛の書簡（1904年11月26日）（「ボアソナード博士近況」『明治学報』83号〔1905年〕76-77頁）など参照。手塚豊「ボアソナードの日露戦争観」『明治文化』16巻 2 号〔1943年〕16-18頁をも参照。

40)　波平恒男「琉球処分の歴史過程・再考 ──『琉球藩処分』の本格化から『廃藩置県』へ」『政策科学・国際関係論集』12号（2010年）35頁参照。

41)　『伊藤博文関係文書　その 1 』（国立国会図書館憲政資料室）354。「仏人ボアソナードノ意見」として，平塚篤（編）『続伊藤博文秘録』（春秋社，1930年）32-36頁に翻刻されている。

とを認める。

　第2の問題，「琉球島住民ノ風俗慣習及亜王ノ状態ニ付寛優ニ取扱ヒ以テ第1条［第1の問題］ノ目的ヲ達成スルニ最モ適当ノ方策ハ如何ナルヤ」について，ボアソナードは，「従来日本ニ対シ多少ノ独立ヲ成シタレトモ最早独立ス可キノ理ナキコトハ既ニ前ニ説ク如シ，然レトモ暫時多少ノ独立ヲ許シ置クハ亦賢政ト云フ可キナリ」とみなす。そして，日本よりも苛酷な部分についてのみ，琉球島の刑法の校訂をすべきであるし，港，燈台，電信のために財用を助けるべきであると提言する。また，「民事貿易事務租税及兵事ハ今日未タ変ス可ラス」としつつ，「日本地図界限中ニハ必ス琉球島ヲ加ヘシム可シ」と主張する。そして，貢献は租税と名称を改め，「今琉球ハ日本地方ト見做ス可」きであるとする。さらには，亜王を東京に住まわせることも提案している。

　第3の問題は，「福州ニ設ケタル琉球ノ公館及琉球ヨリ支那帝ニ従来奉シタル貢納及礼際」についての方策である。これについてボアソナードは，琉清関係については交際関係は廃止すべきであるが，福州の公館を廃止し貢献をなさないことをただちに亜王に命じるべきか，前もって支那と協議すべきかといえば，後者の策をとるべきとする。この策は，「両帝国間ノ良善ナル交際ヲ継続セシメ及ヒ審締スルニ在レハナリ」。書面を送るのではなく，日本の公使と総理衙門との間の応接により行うのが，もっとも便宜であり，日本公使に対して，中国への出発前に，1874年の条約［日支両国間互換条款］の意味について格別の教示をなしておく必要がある，とまで記している。

　明治政府発足以来，琉球問題をどのように処理するかは政府内で盛んに議論された。明治5（1872）年5月，6月の段階では，「内地一軌ノ制度」とする提案と，両属の地位を強調するとらえ方とが，政府内において拮抗している状態であった[42]。しかし，その後明治政府は「両属」を否定していく。同年9月14日には，「琉球国王を藩王とする詔書」（『太政官日誌』明治5年第70号）により，琉球国を廃止して琉球藩が設置された。また，松田道之の第1回奉使琉球復命書（明治8［1875］年9月25日）では，「両属ノ体……我カ独立国タル体

---

[42] 松田道之「琉球処分」下村冨士男（編）『明治文化資料叢書　第4巻外交編』（風間書房，1962年）8頁．茂木敏夫「日中関係史の語り方 ── 19世紀後半」劉傑ほか（編）『国境を越える歴史認識 ── 日中対話の試み』（東京大学出版会，2006年）8-12頁をも参照．

面ヲ毀損シ，万国公法上ニ於テ大ニ障碍ヲ来タスコトアリ」とされている[43]。「我日本国ノ版図タルコト固ヨリ論ヲ待タス」という表現がなされることもあった[44]。

こうした状況のなかでの諸問は，琉球が日本の領域であることを大前提として，個別の諸問題についての，専門家としての意見を求めるものであった。ボアソナードは，琉球が日本の領域であることは清国も暗に認めているとしたうえで，清国との話し合いによる，朝貢や琉球館の廃止を提言している。ここには，明治7（1874）年の北京での交渉のさいに，ル・ジャンドルは戦争の選択肢を取ったのに対して，ボアソナードは平和の選択肢を進めているようだとした，ハートの記述を思い起こさせるものがある[45]。明治政府は，明治13（1880）年以降，琉球処分をめぐって「分島改約案」という提言をしていくことになるが，現実には日清間では琉球をめぐって平和的交渉というかたちで決着がつくことはなかった[46]。

4 おわりに

最後に2つの点をごく簡潔に論じて小論を終えることにしたい。1つは，近代ヨーロッパ国際法の受容過程において日本政府は，ボアソナードにどの程度の役割を期待していたのか，という点である。2つ目は，ボアソナードは「アジア主義者」ととらえることができるのかという点である。

少なくとも明治15（1882）年ぐらいまでは，内閣，太政官，それに外務省は，国際問題が起きたときにボアソナードを大いに頼りにしていたことは間違いない。前述したように，明治13（1880）年からデニソンが外務省顧問として採用されて働き始めているが，明治15（1882）年になってもボアソナードの意見が

---

[43] 松田・前掲注42）157頁。

[44] 「松田内務大丞第一回奉使琉球始末」（明治8〔1875〕年5月13日）。同上，94頁。

[45] この意見書については，比嘉春潮『沖縄の歴史 —— 新稿』（三一書房，1970年）383-384頁；小熊英二『〈日本人〉の境界 —— 沖縄・アイヌ・台湾・朝鮮 植民地支配から復帰運動まで』（新曜社，1998年）24-27頁；山室信一「井上毅の国際認識と外政への寄与」『國學院大學日本文化研究所紀要』84輯（1999年）213頁などをも参照。

[46] 柳原正治「幕末期・明治初期の『領域』概念に関する一考察」松田竹男ほか（編）『現代国際法の思想と構造Ⅰ 歴史，国家，機構，条約，人権』（東信堂，2012年）65-68頁参照。

なお求められている。もっとも，それ以降はデニソンが中心的な役割を果たすようになっていった[47]。

　明治20（1887）年の条約改正の時に，ボアソナードは2つの文章を残している。5月10日の「条約改正ニ関スル井上毅・ボアソナード氏対話筆記」と6月1日の「条約改正ニ関スルボアソナード氏意見書」である。ところが，最近になり，5月10日の対話筆記は井上毅が捏造したものであるという説が唱えられている[48]。捏造だったかどうかはかならずしも定かではないが，仮に捏造だとすると，井上毅が捏造してまで対話録を作ったということは，ボアソナードがそれだけ偉大だったということを示すことにもなろう。明治20（1887）年は，ボアソナードの意見書をめぐって井上馨が激怒してボアソナードを排除すべきだという強硬論を唱えていた頃であるが，当時司法大臣だった山田顕義から井上馨宛の，7月13日付けの書簡では，「明治6，7年より今日迄，法律カ何ヤラ裁判カ何ヤラ弁別ノ付カヌ世ノ中ヨリ，不容易尽力致シタルヲ思ヘハ，殆ト泰西原則ノ法律ヲ知ラシメ〔タカ〕ルハ同氏ノ力多キニ居ルト云ハサルヲ得ス」と記されている[49]。すなわち，ボアソナード・バッシングが起きているなかでも，西洋法の受容についてボアソナードの果たした役割は大きかったということを認めるべきであるという趣旨の手紙である。

　「アジア主義者」としてのボアソナードという側面については，たしかに，日本，中国，朝鮮は文化も近いのだから協力すべきであるという，「アジア主義」を唱えている箇所がいくつかの意見書のなかには存在する。たとえば，前述した，明治8（1875）年の琉球処分に関する意見書では，日本と清国との間で十分な話し合いを行うべきであると提言していた。明治15（1882）年の壬午事件の時も，日本，朝鮮，清国の3国で同盟を結ぶべきであると述べている[50]。これはロシアの脅威に対して対抗すべきであるという考え方に基づい

[47) デニソンへの強い対抗意識がうかがえるのが，1896年9月2日の杉村虎一宛の書簡である。今回の条約改正の件でデニソン氏に千円が支払われました。1887年の改正を阻止したことにより，1895年から1896年にかけての改正が可能になったことに寄与した人物［ボアソナード］のことは忘れられています，とボアソナードは記している。Murakami, *supra* note 21, p.21.

48) 渡辺俊一「『ボアソナード意見書』の再検討」『史学雑誌』109巻3号（2000年）393-414頁。

49) 日本大学大学史編纂室（編）『山田伯爵家文書 ―― 宮内庁書陵部蔵筆写本　2』（新人物往来社，1991年）125頁。

第 1 部　国際法の基盤

ているが，このようにアジアのなかで生きていく日本という立場をふまえたときに，3国で協力しあうべきであると唱えている箇所がいくつか存在する[51]。

では，ボアソナードがそうした考え方を一貫して主張していたかというと，かならずしもそうではないととらえられる箇所もいくつか存在する。たとえば，明治7（1874）年の台湾事件についての，ある意見書のなかでは，何かあれば戦争すべきであると述べていた[52]。明治15（1882）年にも朝鮮について抵当として江華島か巨済島か松島（鬱陵島）を占領すべきとの意見書を書いている[53]。さらに，明治38（1905）年10月14日にボアソナードが杉村虎一に宛てた書簡のなかでは，「日露戦争で日本は華々しい成功を治めました。朝鮮の保護国化も

---

[50]　明治15（1882）年8月9日の「朝鮮問題ニ付井上議官ボアソナード氏問答筆記」には以下のような記述がある。壬午事変においては，支那は朝鮮を属国としており，朝鮮国に軍艦と兵隊を派遣し，朝鮮の暴徒を鎮圧し，日本公使館を保護しようとしている。日本の最も恐るべきはロシアであり，支那は日本の「天然ノ同盟国」である。人種文字風俗宗教が同じである。ただ現在は支那には日本に対する嫉妬心がある。「日支両国ノ東洋ノ関係ニ於ケル，到底此両国ニシテ離ルレハ，亜細亜破レ，合スレハ欧州ニ拮抗スルヲ得ヘク，両国ノ協同ハ最モ肝要ナリト謂フヘシ。今若シ日本ニ於テ政治家ノ大家出テヽ，能ク日本支那朝鮮三国ノ同盟ヲ結フニ至ラハ，俗ニ所謂ル鬼ニ金棒ナルモノニテ」と，日支朝三国同盟を提議している。支那は「常ニ公法ニ係ハラスシテ，漫然一ノ辞柄ヲ把持」しているのではないかという問いに対しては，ボアソナードは次のように回答している。支那は朝鮮を「邦土」とみなしているが，日本は朝鮮を独立国とみなしている。朝鮮は支那の邦土とは異なる。ただ，日本と支那は親和し易いのであり，「日支両国協同シテ欧州ニ対スルヲ得策トナスナリ」と結論づけている。國學院大學日本文化研究所（編）『井上毅伝　外篇　近代日本法制史料集　第8　ボアソナード答議』（東京大学出版会，1986年）154-159頁。なお，「国際法質疑四則」（明治15〔1882〕年10月19日）には以下のような記述がある。甲国が丙国と独立国同士の条約を締結した後に，甲国が乙国の藩邦となったケースにおいて，「丙国若シ開戦ノ口実（カジユース，ベリー）ヲ失シタルニ〔苦〕ミ，更ニ佗ノ口実ヲ得ント欲スルニ於テハ，是レホ一ノ時機（オクジオン）ナリトス」。しかし，こうした冒険の行為をとれば，「国ノ正義及ヒ道理ノ情意（サンチマン）ヲ失シ易」い。同上，164頁。

[51]　大久保泰甫「ボワソナードの『日中朝三国同盟』献策──2つの100周年に寄せて」『図書』741号（2010年）6-9頁参照。

[52]　「台湾事件ニ就キ日本政府ノ諮問ニ答フル意見書」丙号（明治7〔1874〕年6月26日）。この意見書は，乙国が，甲国の蕃夷を開化するために必要な処置をとることは「万国ノ公法ニ反キタルヤ否」という，大隈重信の問いに答えたものである。その問いの趣旨は「実際政治上ノ考究ハ敢テ之ヲ問ハス真ニ法律上ノ論理ヲ以テ此問ニ答フルコトヲ得ヘシ」とされた。この問いに対して，ボアソナードは，「万国公法上ニ允許スル各種ノ方法ノ以テ其功績ヲ全ウスルノ権アルコト明カナリ」とする。また，甲国が乙国から相談を受けてもみずからでその野蛮を開化しようとしないとき，あるいは開化することを乙国に許さないときには，乙国は「自カラ其事ヲ為スノ権ヲ得可シ」とされている。早稲田大学社会科学研究所・前掲注8）69-70，74頁。

できました。これでロシアを朝鮮から排除できます。望ましくは樺太全体の保有でした。分割は後の新たな紛争になるかもしれません」と記している[54]。

「平和的精神」が来日してすぐの時期のボアソナードの基本的な立場であった，と受け取られる面があることについては前述したとおりであるが，この関連でユース・アド・ベルムを全体としてどのようにとらえていたかは興味深い点である[55]。これについては，総論としては，戦争を開始するにあたっては正当事由が必要であるという正戦論を唱えていることは確かである[56]。もっとも，戦争回避は極力すべきであり[57]，日清，日露戦争のときには，日本は，戦争防止のための至極穏当な措置をとったとみなしている[58]。実際に戦争を始めるにあたっては国家政策的な局面があり，そこがはなはだ重要であるという考えである。そうした考えの背景に「平和的精神」があるわけではかならずしもない。ボアソナードは，「兵ヲ以テ勝敗ヲ決スルニ至テハ正理ノ者ト雖モ敗衂ノ免ルヽ能ハス」と明言していたのであり[59]，正しい側がいつも勝つとはかぎらないととらえていた[60]。

以上のように，断片的ではあるが，ユース・アド・ベルムについての論述か

---

53) 「朝鮮ニ対スル処分按」。國學院大學日本文化研究所・前掲注50）144頁。
54) Murakami, *supra* note 39, pp.81-82.
55) ユース・イン・ベローについても，まとまって論述した著作物はない。ボアソナードは，日清戦争でも日露戦争でも日本は守るべきルールを遵守し，「最も文明化した国家群（nations les plus civilisées）」の一員として国際法を大変よく守ったと褒めている。G. B. [Gustave Boissonade], *supra* note 38, pp. 412, 426. Murakami, *supra* note 39, p.78をも参照。また，日露戦争の時には賠償金を払わずに講和をして戦争の継続をしなかったのは人道性と英知に基づくものだとみなしている。*Ibid.*, p.83.
56) ボアソナードは殲滅戦争について，ある書評のなかで以下のように記している。血闘と同様，殲滅戦争を遂行する合意は，道徳上は非難されるにしても，法的には許されるとする著者の考えについて論評して，血闘は法に反するとみなす。殲滅戦争は，私的な決闘よりももっと支持されない。主権者は，すべての市民の生命，すなわち国民そのものの生存を戦闘の運命に委ねるような権限を持ってはいない。民主制においても，君主制においてと同様に，そうした権利が人民の代表者たちにあるわけではない。Gustave Boissonade, "Compt-rendu: *Principes du droit public*, par M.J.Tissot," *Revue de législation ancienne & moderne française & étrangère,* 1874, in: G・ボアソナード『ボアソナード論文撰 上巻（仏文）── 1854〜1873年（来日前）』（信山社，2002年），pp.628-630。「台湾事件ニ就キ日本政府ノ諸問ニ答フル意見書」丙号（明治7〔1874〕年6月26日）（早稲田大学社会科学研究所・前掲注8）74頁）や「国際法質疑四則」（明治15〔1882〕年10月19日）（國學院大學日本文化研究所・前掲注50）164頁）をも参照。
57) 「ボァソナード博士近況」前掲注39）77頁。
58) G. B. [Gustave Boissonade], *supra* note 38, p. 403.

らもうかがえるように，ボアソナードがはなはだ現実主義的な側面を持っていたことも忘れてはならない点である。

59) 「台湾事件ニ就キ日本政府ノ諮問ニ答フル意見書」丙号（明治7〔1874〕年6月26日）。もっとも，ここでは，第三国が正当事由を有する側に荷担することを期待して，「邪者ヲ跋扈セシメ正者ヲ寒心セシムルノ害ナカランコトヲ希望ス」と敷衍している。早稲田大学社会科学研究所・前掲注8) 74頁。

60) ヴォルフが，1749年の著作のなかで，戦争の勝敗は籤と同じぐらい不確かであり，「神は正当事由を有する側に加護する（Deus causam justam habenti assistit）」というドイツ人たちの箴言は妥当しない，と述べていたことがここで想起される。Christian Wolff, *Jus gentium methodo scientifica pertractatum. In quo jus gentium naturale ab eo, quod voluntarii, pactitii et consuetudinarii est, accurate distinguitur,* Editio cæteris accuratior, et nitidior, Frankfurt/Leipzig, Ære Societatis Venetæ, 1764; repr., Oxford/London, Clarendon Press, Humphrey Milford, 1934 [The Classics of International Law, 13-1], § 571n.

3 国際社会のグローバル化と国際法形成の現代的展開
―― 「参照条項」を中心として ――

山 本　　良

1　はじめに
2　国際法形成過程の現代的展開
3　グローバル化国際社会における合意概念の動揺
4　おわりに

1　はじめに

　国際社会のグローバル化（globalization）[1]が，国際法に対して少なからぬ影響を及ぼしているという問題関心は，すでに多くの人々により共有されているといって良いであろう[2]。もっとも，グローバル化が，国際法形成過程に対して単に現象的に作用しているだけでなく，国際法の基本概念に対しても影響を与えていることを具体的に論じたものは，少なくとも日本では必ずしも多くは見受けられないようである。そこで，本稿は国際社会のグローバル化が国際法の基本概念，なかでも合意概念自体に対して影響をあたえ，その空洞化を招いているのではないか。また，こうした合意概念の変容は，結果的に国際法の基本的な性格に変容を迫るものとなっているといえるのか否かという点を論じ

---

[1] もとより，グローバル化に関して確立した定義が存在するわけではないが，ここではとりあえず「科学技術の発達の結果，人間，財，情報などが地球の遠隔地間を短時間ないし瞬時に移動できるようになった状態」，あるいは以上により「地球上のすべての地点間に，社会的・文化的・経済的・政治的・軍事的な相互依存関係が成立する状態」と一般的に理解する（武者小路公秀「グローバル化（グローバリゼーション）」『国際政治経済辞典（改訂版）』川田・大畠編（東京書籍，2003年，173頁）。もっぱら国際法学的観点からとらえられたグローバル化については，本稿2の（2）を参照。

[2] *Cf.*, Alston, P., "The Myopia of the Handmaidens: International Lawyers and Globalization", *The European Journal of International Law*, vol.8, pp435–438.

ようとするものである。かかる議論を行っていく上で，具体的には第三国に対して影響を及ぼす条約を取りあげる。例えば，条約の規定自体は実体的な規則を定めておらず，他の規範的な文書を参照するように規定している条項（参照条項（rules of reference; reference clause）と称される）をもつ条約がその1つの典型である。この点については後ほど詳述するが，こうした問題意識の背景をもう少し詳しく述べるとすれば，それは以下の通りである。

第1に，国際社会のグローバル化に対して伝統的な国際法の法源は必ずしも適切に対応できていない[3]。なぜならば，条約は基本的に当事国のみを拘束し，そこに規定されたルールが一般化することにより普遍性を獲得するかどうかも定かではない。そのため，グローバル化した国際社会のイシューに必ずしも適切に対応し得ない。また，慣習国際法は，それ以前にさかのぼる一般慣行を基に形成されるという基本的な性格をもつため，一般的には緩慢な生成過程をたどる。また，その規範内容も一般化可能な性格をもつことが多いため，例えば国際環境法などの分野における具体的・技術的な規則の迅速な提供という要請にはなじまないといえる[4]。

このような状況に対して，国際社会は意識的ないし無意識的に2つの方向から対応してきたといえよう。1つは，伝統的法源内部からであり，もう1つは伝統的法源の外側からである。前者は，合意概念の操作による。すなわち，国家の合意を取り付ける際，規則の実体的な内容ではなく，規則の形成の方法に対してあらかじめ国家の了解を取り付けることにより合意概念をより柔軟化させ，関連条約の実体的内容に対して合意していないか，明確には合意を表明していない国家に対しても関連規範を適用しようとするあり方である。具体的には，参照条項を多用する形がとられるが，この問題は伝統的に「条約の第三者効力」[5]と称されてきたものと密接に関連している。これに対して，後者はソ

---

3) Boyle, A. and Chinkin, Ch., *The Making of International Law*, 2007, pp. 19-24.
4) Tomuschat, Ch., "Obligations arising for States without or Against Their Will", *Recueil des Cours*, tome 241 (1993-IV), p. 350.
5) なお，村瀬信也教授の学問的出発点は「最恵国条項論」であるが，最恵国条項は条約の第三者効力の問題という側面を持つ（村瀬信也『国際法の経済的基礎』（有斐閣，2001年）90-104頁（初出：「最恵国条項論（二・完）」『国際法外交雑誌』72巻5号（1974年）69-83頁））。同時に，条約の第三者効力は条約規定の一般化という側面ももつが，この点は同教授が後に精力的に議論された「国際立法」へ系譜的に繋がるといえる。

フト・ローによるアプローチであるが⁶⁾，本稿では直接の議論の対象とはしない。

国際社会の緊密化に伴い，条約の第三者効力も従来のような堅固な立場からの逸脱は不可避であると指摘されているが[7]，これこそまさに本稿が新たな角度から検討の対象としようとするもののひとつに他ならない。特に，条約の非当事国に対して，見かけ上，当該条約の規定を適用することは，国家主権との関係で非常に敏感な問題を引き起こす。したがって，いかなる社会的要請に基づいて，いかなる法技術を用いてかかる適用が正当化されるのかを検討することは，少なからぬ意義があると考えられる。

第2に，条約法に関するウィーン条約（以下，「条約法条約」）34条以下に規定されているように，「条約は第三国を害しも益しもしない」（*pacta tertiis nec nocent nec prosunt*）（以下，「*pacta tertiis* 原則」）という原則は，「合意は拘束する」（*pacta sunt servanda*）と表裏をなす国際法の根本原則である。もっとも，条約法条約はどちらかといえば伝統的，あるいは静態的な性格の条約を念頭において起草されている[8]。また，第三者効力に関しても，リジッドな立場がとられているといえよう。そのため，そこに規定された関連規定やコメンタリーは，必ずしも現代的な問題に対して的確に回答するものとはなっていない。その結果，現代では，*pacta tertiis* 原則は実際には修正されているか，厳密な意味で修正されたとはいえなくとも，かなりな程度の例外や限定付に服していると指摘される所以である[9]。

最後に，本稿が対象とするような問題は，いわば「ポスト条約法条約」の問題でもあるが，この点に関する邦語の研究はいまだ必ずしも十分とはいえない

---

6) 拙稿「国際法実現過程におけるソフト・ローの機能」『国際法外交雑誌』112巻4号（2014年）1-25頁。
7) Jennings, R. and Watts, A., *Oppenheim's International Law* (9th ed.), 1996, vol.1, p.1264.
8) Fitzmaurice, M., "Modifications to the Principles of Cosent in Relation to Certain Obligations", *Austrian Review of International and European Law*, vol. 2 (1997), p275.
9) *Ibid.*, p.294; 特に，第三国に義務が課される場合，第三国は当該条約の当事国となるわけではなく，条約の締約国と第三国との間の付随的合意（collateral agreement）によるものであるというコメンタリーの説明（Commentary to Article 31, *Yearboook of International Law Commission*, 1966, Vol. II, p.227; 小川芳彦訳「国際法委員会条約法草案のコメンタリー（三）」『法と政治』第19巻4号（1968年）651頁）は今日提起されているような問題に対しては適切に対応するものとは言えないように思う。

ようである。そのため，本稿のような拙い研究も，なにがしかの捨石となることが期待されるのである[10]。

以上のような問題意識のもとに，次節では国際社会における法形成の態様がいかなる形で変化を遂げてきたのかを，幾分図式的に提示することとする。

2 国際法形成過程の現代的展開

国際社会において，一般化可能な性格をもつ法の形成の態様は，いくつかの特徴的な傾向を示しつつ今日に至っているといえる。もっとも，国際法の法典化の歴史的展開や，慣習国際法形成過程の変遷を全面的に展開することがここでの目的ではない。また，それは筆者の能力を遙かに超えるものでもある。そこで，あくまでグローバル化した国際社会における法形成の特質を浮き彫りにするために必要な限りで，ここでは主として20世紀における国際法の形成プロセスがどのような変遷をたどってきたかを特徴的な点を取り上げて素描することとしたい。このような観点から注目されるのは，1つは今世紀初頭からの意識的ないし組織的法形成の試み，つまり国際法の法典化である。もう1つは，国際組織の発展にともなう慣習国際法形成の迅速化である。

（1）国際社会の組織化と法形成
（a）組織的法形成の試みとしての国際法の法典化[11]

二国間の契約的な性格を持つ条約ではなく，多数国間条約により国際法を発展させようという意識的な試みとしての国際法の法典化は，当初は個々の学者の個人的な営為として始まった。「国際法の法典化」を初めて提唱したのが，英国の功利主義哲学者であるベンサム（Bentham）であったことは，このこと

---

10) なお，国家の同意の欠如にもかかわらず当該国家に対して一定の権利義務が課される場合として，伝統的に領域的性格を持つ制度（客観的制度）が議論されてきた。しかし，かかる問題は必ずしも国際社会のグローバル化によって提起された問題ではなく，別途議論されるべき多くの論点を有しているので，この問題も本稿の対象とはしないこととする。

11) 以下の議論に関して，Sir Arthur Watts Q C, "Codification and Progressive Development of International Law", in R Wolfrum ed., *The Max Planck Encyclopedia of Public International Law*, vol.2, pp.282-284; 萬歳寛之「国際法における法典化概念の特質」『駿河台法学』18巻1号（2004年）10-40頁参照。

をよく示している。もっとも，こうした個人による取組は次第に背景に退き，組織的な取組に取って代わられるようになった。その限りでは，真の意味での国際法の法典化は，萬国国際法学会（l'Institut）や国際法協会（ILA）が相次いで設立された1870年代である，と指摘されている[12]。また，法典化は，元々個人や民間学術団体が中心となって進められたが，次第に主導権は国家に移行したといえよう。

もう一つ指摘できるのは，個人的な営為として提唱された法典化は，しばしば国際法の全領域を対象とするという方法をとった。しかし，この点も，トピックスごとに法典化を進める方法に取って代わられた。このような2つの特徴的な傾向は，国際法委員会（International Law Commission: ILC）を中心とする今日の法典化においても，基本的に継承されているということが出来よう[13]。

もとより，以上のような議論は，第二次大戦以前の国際法の法典化の状況の説明としてはともかく，今日の国際法の法典化の説明としては到底十分ではない。国際社会の組織化に伴い，今日の国際法の法典化は，立法機関の多元性，立法手続の複層性，および立法形式の多様性という点で，より多面的，より重層的な様相を呈しているからである[14]。今日におけるこのような国際立法過程の錯綜化は，基本的には国際環境の変化によるところが大きいといえよう。この点に関連して，次にもう1つの画期をなす特徴的な傾向についてふれておくことにする。

(b) 国際組織の発達に伴う慣習国際法形成の迅速化

第二次大戦後の国際環境の変化が国際法の法典化の重層化をもたらしたのは先に指摘したとおりであるが，国際法形成過程という観点からもう1つ指摘しなければならないのは，国連を中心とした国際組織の発達にともなう慣習国際法形成過程の迅速化である。この点を比較的早くから指摘していたのが，田中耕太郎判事であった。同判事は，南西アフリカ事件（第2段階）本案判決の反

---

12) 萬歳・同上23頁。
13) ILCの委員が「個人的資格」に基づいて選任されることはよく知られている。もっとも，こうした委員が実質的には国家代表化しているとの指摘もされるところであるし，ILCも設立があと数年遅ければ国家代表によって構成されていたとも言われている（村瀬信也「国際立法学の存在証明」『現代国際社会の法と政治』浦野・牧田編（北樹出版，1985年，124頁）。
14) 同上121頁。

対意見において，次のように述べた。すなわち，伝統的な慣習国際法形成の過程は，個別的（individualistic）と形容できるものだった。しかし，連盟や国連のような国際組織の出現に伴い，「議会外交」（parliamentary diplomacy）がかかる個別的な方法の重要な部分に取って代わった。そして，かつては，慣行や反復，法的確信は数世紀にわたる緩慢な経過を経て結合したのに対して，今日では，国際組織を媒介として，慣習国際法の形成は大幅に促進化されている。そして，慣習国際法の形成の形が従来の個別的性格のものから集合的（collective）方式に変容したことは，社会学的観点からすれば，伝統的慣習国際法形成から条約による国際立法への過渡的形態として性格規定される[15]，というのである。こうした集合的方式を実体的に支えているのは，主として1960年代以降国際社会に登場した第三世界諸国であることは言うまでもないが，かかる方式が国際法形成過程に対して大きな影響を及ぼしてきたことは間違いないであろう。

　もとより，組織的法形成と国際社会の組織化による慣習法形成の迅速化のみに着目した以上のような議論は，過度な単純化であるとの批判を免れないかもしれない。両者は相互に両立不可能な関係にあるのではなく，むしろ併存し，相互に影響を与えあっている。また，司法機関が国際法の過程全体に対して及ぼしている影響も無視し得ない。もっとも，国際社会のグローバル化が国際法形成過程に対していかなる変容をもたらしているかを論じるという目的からは，以上でその前提として取り上げるべき点を尽くしているといえよう。そこで，不十分な点は今後の課題とすることを留保しつつ，次なる特徴的な傾向に関して議論を進めることとする。

（2）国際社会のグローバル化と法形成の現代的展開
（a）国際法学的観点におけるグローバル化の趣旨

　国際社会のグローバル化に関する議論は，元々は経済分野を念頭において展開されるようになったといって良い。もっとも，そうした議論は，国際法学的観点からは広きに失するように思う。従来から「国際化」あるいは「相互依存」といった議論が行われてきたが，それらとは区別されるものとして，また

15）　Dissenting Opinion by Judge Tanaka, *ICJ Reports*, 1966, pp.291-294；なお，村瀬信也「現代国際法における法源論の動揺」同『国際立法』（東信堂，2002年）31頁（初出：「現代国際法における法源論の動揺」『立教法学』25号（1985年），111頁）

もっぱら国際法学的観点からグローバル化をとらえた場合，次のように述べることができよう。すなわち，グローバル化とは，地球的諸問題の登場を前提として，主として冷戦終結後に出現した国際法の過程を描写するキーワードであり，その特質は何よりも国家の地位の相対的な衰退をもたらすような現象と言うべきである[16]。国家の地位の相対化，すなわち主権の「侵食」自体は以前にも指摘されていたが，今日のグローバル化はその次元にはとどまらない。すなわち，従来国家（および政府間国際組織）のみが国際法過程の主体とされてきたが，NGOsや市民社会に代表される非国家的主体が従来とは比較にならない規模で国際関係に登場してきた。その結果，今までの国家間関係を前提として形成されてきた国際法上の制度や仕組が動揺し，脆弱化がもたらされるようなった。法学的観点から捉えられた国際社会のグローバル化とは，こうした一連の現象こそを指していると考えるべきである。

　一例をあげるとすれば，武力行使の規制は，近代国際社会の黎明期より国際法の主要なテーマであった。国際社会は，基本的に国家間関係における戦争を念頭に置いて制度を構築してきた。ところが，非国家的な国際テロ集団の出現は，こうした仕組を根底から揺さぶることになった。国家間の戦争を念頭に置いて，戦闘員と非戦闘員の区別を前提として構築されてきた交戦法規の基礎も動揺したのである。

　さらに，20世紀後半から，環境保護や，資源の公正な配分などのグローバル・イシューが出現してきた。これらに対して，諸国家は国益の相互の調整としてではなく，地球的な諸問題として取り組むことを余儀なくされた。その際，今まで採用されてきたものよりも柔軟ないし迅速な法形成性の方法が採用された。具体的には，コンセンサスによる意思決定や枠組条約（framework convention）の多用，外交会議を開催することなしに条約規定のアップデートを可能とする規定を持つ多数国間条約，解釈手続きの多用などを挙げることができる[17]。これらのすべてが従来の合意概念を動揺させるわけではないが，これらは短期間に普遍的な性格をもつ規則を提供するという要請に応えるためのものである。別言すれば，従来のように，条約が一旦採択されれば問題が解消さ

---

16) Frederic Megret, "Globalization", in R Wolfrum ed., *The Max Planck Encyclopedia of Public International Law*, vol. 4, pp.493-496.
17) Boyle and Chinkin, *supra* note 3, p.22.

れたというのではなく，当該条約に対して常に修正や改良，付加が求められる不断の発展過程（continuous process of development）としての協力関係を必要とするイシューが出現し，それに関する条約が登場するようになったからである[18]。以上をまとめていえば，グローバル化とは国際法形成の場面における主体の変容，国際法の対象における変容，そして国際法の性格における変容，ということが可能であり，そのいずれの局面においても非国家的主体の存在を認めることができるのである。

　もとより，以上に試論的に提示したような国際社会のグローバル化によって二国間関係の国益の調整や，契約的条約の存在理由が失われてしまったわけではない。また，グローバル化はそれらを凌駕し尽くしたわけでもない。しかし，20世紀後半から21世紀の国際社会の特徴的な傾向として，国際法学の分野からもグローバル化を指摘することができるのである。

(b) 国際社会のグローバル化と合意理論

　ところで，非国家的主体の存在が大きな意味をもつようになることは，主権の地位の相対的な低下ないし形骸化をもたらす。そして，主権の位置づけが相対的に低下することは，合意の形骸化をもたらすことに通じる。なぜならば，国際法の根底をなす規範として合意が尊重されてきたのは，ほかならぬ主権を擁護するためだからである[19]。しかし，主権の位置づけが相対化することにより，この原則も一定の動揺を見せているように思える。しかも，単に動揺を見せるだけでなく，従来の理論に対して修正を迫っているかのように思える点が重要である。そこで，以下節を改めて，具体的にこの問題を論じることとする。

3　グローバル化国際社会における合意概念の動揺

　既に述べたように，本稿では条約の規定自体は実体的な規則を定めておらず，他の規範的な文書を参照するように規定している条項を取り上げて検討する。こうした条項が初めて登場したのは公海条約（1958年）だったが[20]，国連海洋

---

18) Fitzmaurice, *supra* note 8, p.276.
19) Brunée, J.,"Reweaving the Fabric of International Law?", in Wolfrum, R., and Röben,V. eds., *Development of International Law in Treaty Making*, 2005, p. 115.

法条約では，かかる方式が大いに多用されることになった。もっとも，この概念は未だ必ずしも十分に確立したものとはいえないようである[21]。そこで，以下では具体的に参照条項をもつ条約を取り上げて，議論を進めることとする。

（1）第三国に対して影響を及ぼす条約
（a）国連公海漁業協定

1995年に採択された「分布範囲が排他的経済水域の内外に存在する魚類資源（ストラドリング魚類資源）及び高度回遊性魚類資源の保存管理に関する1982年12月10日の海洋法に関する国際連合条約の規定の実施のための協定」（以下，「国連公海漁業協定」）は，排他的経済水域（EEZ）と公海水域とにまたがって（straddle）存在する魚種および高度回遊性魚類を対象として，一定の規律を行うことを目的として採択されたものである。すなわち，国連海洋法条約は，ストラドリング魚種および高度回遊性魚種に関して一般的な規定を持つのみで，沿岸国と公海において漁業活動を行う国家との間の利益調整を必ずしもうまく果たしてはこなかった[22]。そのため，1992年の国連環境開発会議のアジェンダ21で，国連海洋法条約のストラドリング魚種および高度回遊性魚種に関する規定の効果的実施を促進する観点から国際会議を招集すべきことが宣言され，それを受けて開催された「ストラドリング魚種および高度回遊性魚種に関する

---

20) Danilenko, G.M., *Law-making in the International Community*, 1993, p.70.
21) 例えば，この問題に関してダニレンコ（Danilenko）は，国連海洋法条約のほか，船舶登録要件に関する国連条約を挙げているが（*loc. cit.*, p. 70），SPS協定（衛生植物検疫の適用に関する協定）も同様の規定を持つ。また，この問題に関して比較的詳細に検討したトムシャット（Tomuschat）があげるのは，国連海洋法条約のみである（Tomuschat, *supra* note 4, pp. 348-352.）。これに対して，フランクス（Franckx）は国連公海漁業協定をその例としてとりあげている（Franckx, E., "*Pacta Tertiis* and the Agreement for the Implementation of the Straddling and Highly Migratory Fish Stocks Provisions of the Uniterd Nations Convention on the Law of the Sea", *Tulane Journal of International and Comparative Law*, vol. 8 (2000), pp.49-81.）。このようなばらつきは，この問題に関する理解がいまだ必ずしも十分ではないことを示しているといってよいが，国連公海漁業協定の場合，参照先の国連海洋法条約との関係が，あたかも多数国間条約を一部の締約国のみの間で改正するかのような動態性をもっており，他の例と同列に論じることは必ずしも適切ではないように思う。そこで，本稿でも「第三国に対して影響を及ぼす条約」の小見出しのもとに両者を区別して扱うこととする。
22) 髙林秀雄「ストラドリング魚種の保存と管理」『京都学園法学』2・3合併号（1995年）3頁。

国連会議」において国連公海漁業協定が採択されたのである[23]。

同協定は，国連海洋法条約を参照する規定をもつ。例えば，紛争解決手続に関して規定した第30条は，この協定の解釈または適用をめぐる紛争について，海洋法条約の紛争解決規定が準用されるべきことを規定している[24]。しかも，同条が明記しているように，この場合，関係当事国が国連海洋法条約の当事国であるか否かは問題とされない。つまり，仮に国連海洋法条約の当事国でなくとも，国連公海漁業協定に加入することにより国連海洋法条約の紛争解決条項が関係国家に適用されることになる。その結果，国連海洋法条約が，あたかも同条約の非締約国に対して適用されるかのような状況が出現することになるのである。また，この協定が注目されるのは，実施協定という名称，および先にふれた国際会議に対する委任事項は，同協定が国連海洋法条約と完全に一貫していることだったにもかかわらず，同協定は国連海洋法条約の規定を超えるような規則を含んでいるからである[25]。その結果，国連公海漁業協定に加入することにより，たとえ国連海洋法条約の非締約国であったとしても海洋法条約の一部の規定に拘束されるほか，さらに一部は海洋法条約の規定を超えるような義務を負うことがあるという状況が出現する。

一例をあげると，同協定のなかで中心的な位置を占める「第六部遵守及び取締り」のなかの「取締りのための小地域的又は地域的な協力」に関して規定した第21条1項は次のように規定している。

> 小地域的又は地域的な漁業管理のための機関又は枠組みの対象水域である公海において，当該機関の加盟国又は当該枠組みの参加国である締約国は，

---

[23] なお，林司宣「国連公海漁業実施協定の生成と国連海洋法条約」同『現代海洋法の生成と課題』（信山社，2008年）125-144頁参照。

[24] また，「この協定の非締約国」に関して規定する第33条は，この協定の締約国が非締約国に対してこの協定に適合するような国内法制定の奨励を行ったり，非締約国の漁船がこの協定の効果的な実施を損なう活動を行うことを抑止するために一定の措置を取ることについて規定している。一見したところ，第三国に対して影響を与えるかのような規定であるが，単なる表面的な文言によってだけでは「条約は批准した国家のみを拘束する」という原則を克服することはできない，と指摘されている（Franckx, *supra* note 21, p.71）。

[25] 深町公信「公海漁業の規制」『国際法外交雑誌』112巻2号（2013年）61頁；Franckx, *ibid.*, p.61.

当該機関又は枠組みがさだめたストラドリング魚類資源及び高度回遊性魚類資源についての保存管理措置の遵守を確保するために，（一部省略：筆者注）正当に権限を与えた自国の検査官により，この協定（筆者注：国連公海漁業協定）の他の締約国（当該機関の加盟国又は当該枠組みの参加国であるか否かを問わない。）を旗国とする漁船に乗船し，及びこれを検査することができる。

ここでは，特別の場合を除き，公海上の船舶は旗国のみの管轄権に服すという原則が，ストラドリング魚類資源及び高度回遊性魚類資源についての保存管理措置を定める小地域的又は地域的な漁業管理のための機関又は枠組みの加盟国ないし参加国であるか否かにかかわらず，修正されている。そして，当該小地域的又は地域的な漁業管理のための機関又は枠組みの非加盟国ないし非参加国に対して，あたかも当該保存管理措置が適用されるかのような状況が出現しているである。このような方式は，この分野に関して，可能な限り多くの関係国家が同一の規則に服すことを可能にしようというもくろみのもとに行われたものであることはよく理解しうる。

もっとも，ストラドリング魚類資源及び高度回遊性魚類資源についての保存管理措置の遵守を確保するために，旗国以外の国家が当該船舶に乗船し，検査を行うことができることを可能とする規定が，漁業資源の管理のための枠組みの外の国家に対しても適用されるのは，一見したところ *pacta tertiis* 原則からの重大な逸脱であるかのように見える。しかし，通説的にはこうした見方はとられてはいない。また，その結果，代表的な条約法条約に関するコンメンタールも，こうした例を同条約34条以下に関する説明のなかでで触れてはいないようである[26]。その理由は，かかる措置が取られるのは，小地域的又は地域的な漁業管理のための機関又は枠組みの加盟国ないし参加国でなくても国連公海漁業協定の締約国であることが前提とされており，同協定に基づいて予めアンブレラとしての合意が存在するからに他ならない[27]。その意味で，主権国家

---

26) Corten,O. and Klein, P., eds. *The Vienna Conventions on the Law of Treaties: A Commentary* vol. 1, 2011, pp. 897ff.; Villiger, M.E., *Commentary on the 1969 Vienna Convention on the Law of Treties*, 2009, pp.465 ff.

27) Franckx, *supra* note 21, pp. 64–71.

間の合意原則からの逸脱はない[28]，と評されるのである。

　もっとも，こうした立場に対する反論もある。例えば，イトゥリアーガ（Yturriaga）は，協定の締約国の正当に権限を与えられた検査官が関係漁船に乗船できることに触れた上で，「これらの規定は条約法の基本原則，すなわち『合意は第三者を害しも益しもしない』を無視しているように思える。条約法条約に法典化されたかかる原則は，条約は第三国に対してその合意なしに義務を設定できないことを意味している」と述べて批判を提起している[29]。こうした見解も存在することを念頭に置きつつ，もう1つの例にふれたい。

(b) 国連海洋法条約の参照条項[30]

　参照条項（reference clause; rules of reference）とは，条約規定自体は実体的な規則を定めることなく，他の規範的な文書を参照するように指示している規定をさす。先に取り上げた公海漁業協定の場合もその一例と考えられるが，より単純なものとして，たとえば国連海洋法条約で多用されている「一般的に受け入れられている国際的な規則及び基準」（generally accepted international rules and standards: GAIRS）を指摘することができる。例えば，無害通航に関して規定した同条約21条は，1項で沿岸国が法令を制定できる事項を列挙し，2項では1項で規定する法令が外国船舶の設計，構造，乗組員の配乗または設備については規定しないことを述べた後に，「ただし，当該法令が一般的に受け入れ

---

28) 兼原敦子「IUU漁業の国際的規制に見る海洋法の現代的課題」『ジュリスト』1365号（2008年）40頁。

29) de Yturriaga, J.A., "Fishing in the High Seas: From the 1982 UN Convention on the Law of the Sea to the 1995 Agreement on Straddling and Highly Migratory Fish Stocks", *African Yearbook of International Law*, vol. 3 (1996), p.179; 同様に，ヘイ（Hey）は，公海漁業協定に関して，「国家は同意なしに条約には拘束されないという国際法の一般原則との両立性の問題が生じる」と述べている（Hey, E., "Global Fisheries Regulations in the First Half of the 1990s", *International Marine and Coastal Law*, vol. 11 (1996), p.482）。

　なお，条約法条約第35条は，第三国に義務を課す場合に関して，第三国が当該義務を書面により受け入れるなど厳重な条件を課している。このような立場と比較した場合，公海漁業協定の締約国に関してストラドリング魚類資源及び高度回遊性魚類資源についての保存管理措置を定める小地域的又は地域的な漁業管理のための機関又は枠組みの加盟国ないし参加国でなくとも旗国主義が修正され，同協定の他の締約国による乗船等の措置を受け入れなければならない義務が課されるのは，いかにも簡便で抽象的な「合意」によりもたらされたという印象を受けることは否定できないであろう。

30) なお，筆者は国際法の実現におけるソフト・ローの機能という観点からこの問題をすでに一部検討したことがある（前掲論文（注6）11-15頁）。そのため，以下の部分においては若干の重複があることをあらかじめお断りする。

られている国際的な規則又は基準を実施する場合は，この限りではない」と留保している。

また，国連海洋法条約は海洋汚染の防止に関して多くの規定を設けたが，そこでも「一般的に受け入れられている国際的な規則及び基準」なる文言が多用されている。例えば，自国を旗国とする船舶による海洋汚染の防止のために制定する法令に関して規定した211条は，1項でいずれの国も船舶からの海洋汚染を防止し，軽減し及び規制するため，「国際的な基準及び規則を定めるもの」とすると規定する。また，2項では，「この法令は，権限のある国際機関又は一般的な外交会議を通じて定められる一般的に受け入れられている国際的な規則及び基準と少なくとも同等の効果を有するものとする」と規定している。条約の改正という煩瑣な手続きによることなく，海洋汚染防止に関する国際法規則の成果を速やかに取り入れることを目的としたものといってよいであろう。

ところで，「一般的に受け入れられている国際的な規則及び基準」が何を意味するかに関してはおおむね3つの立場があるが[31]，他面において，大方の論者の見解は船舶からの海洋汚染防止条約（1973年）および78年の付属書（MARPOL73/78）がこれに該当することに関しては一致している。その結果，国連海洋法条約の参照条項の機能により，MARPOL73/78の締約国でなくても国連海洋法条約の締約国であれば，当該国家に対して他の国連海洋法条約の締約国がMARPOL73/78に基づいて制定した法令が適用されることになる。つまり，実質的には「非締約国に対する条約の適用」と同じような状況が出現していることになるのである。

（2）第三国に対して影響を及ぼす条約と *pacta tertiis* 原則との両立性

(a) 両立性を巡る議論

ある条約の締約国ではないが，別の条約が参照条項をもち，後者の条約の締約国となることによって，参照条項の働きにより前者の条約規定も適用される

---

31) 第1の立場は，慣習国際ないし関係当該国家が締約国である条約とするもの。第2の立場は，関係当該国家が締約国であるか否かにかかわらず発効済みのIMO条約とするもの。第3の立場は，IMOが採択する法的拘束力を欠く決議などを含む最も広い立場である（拙稿・前掲注6）12-14頁）。

ことになる。このような方式は，*pacta tertiis* 原則と抵触するのではないだろうか。国際法協会（ILA）において，海洋汚染に関する沿岸国管轄権の問題に関連してこの点を検討したフランクスの報告書によれば，こうした参照条項による他の規範的性格をもつ文書の参照は同原則と抵触するものではなく，国連海洋法条約の規定は同原則を拡張するものでもない，という。その趣旨は，国際法は合意に基づくという性格をもつが，国家が参照条項を受諾することによってかかる性格は保たれている。国際法は，このような解釈を妨げるとはいえない，という[32]。こうした議論を展開するにあたりフランクスが依拠するのはソーン（Sohn）であるが，ソーンも，すべての国家が国際組織の会議あるいは総会に参集し，これ以降はある種の法形成の方法を用い，その方法を通じて定立された規則に自らが拘束されると見なす，ということを合意することを妨げる国際法規則は存在しないとのべている[33]。つまり，国家は規則の・中・身ではなく，規則の・形・成・の・方・法にあらかじめ合意しているからであるというところに，この議論の核心がある。

しかし，これらの議論は，どちらかといえば，国際組織の大多数の加盟国が参集する場において多数決により行われる意思決定を念頭に置いて展開されたものであるような印象を受ける[34]。これに対して，参照条項の場合，やや極端にいえば，ある条約の締約国となることにより，存在すら認識していなかった規定が適用されることになる。現に，フィッツモーリスは（かかる法形成の方法を肯定的に評価する立場からといって良いが）より率直に「こうした状況に

---

32) Franckx, E., "First Report（May 1996）" in International Law Association, *Report of the Sixty-Seventh Conference*, Aug. 12-17, 1996, pp.177.

33) Sohn, L., "'Generally Accepted' International Rules", *Washington Law Review*, vol.61 (1986), p. 1080.

34) パーマー（Palmer）も，こうした手続きはある種の規則に関して，あるいは特定の状況において，全会一致の合意は必要とはされてはおらず，この手続きを用いて形成された規則は必ずしも全会一致を受ける必要はなく，合意しなかった国家に対しても拘束力をもつ。なぜならば，その規則はあらかじめ合意された手続きにより形成されたからである，とのべている（Palmer, G., "New Ways to Make International Environmental Law", *The American Journal of International Law*, Vol. 86 (1992), p.273）が，こうした議論は基本的に多数決による意思決定を念頭に置いたものであるといえよう。このような意思決定による法形成であれば，元々の条約の派生的な（derivative）義務の実現としての説明（cf., Szaz, P.C., "International Norm Making" in Weiss, E.B. ed., *Environmental Change and International Law* (1992), p.65）が的確に妥当する。

おいて，未知の規定，あるいは存在すらしなかった規定に対する合意は一体全体あったのかどうか」という合意の性格の検討を行わざるをえない，とのべているのである[35]。この点は，現実には無視し得ない差異をもたらすように思える。

実際，以上述べたような理論面における参照条項と *pacta tertiis* 原則の両立性に関する肯定的回答にもかかわらず，実践面においては批判が繰り返し述べられていることも事実である。例えば，ダニレンコは[36]，第三次海洋法会議の際の議事録を見ると，「一般的に受け入れられた規則及び基準」に関してIMOに対して広範な基準設定を行う権限を与えるという提案は厳しく批判された，とのべる。一例として，カナダ代表は「IMOに対して船舶起因の汚染に関する普遍的な法形成者の地位を与えることには反対である。このようなアプローチは，国家は同意なしにはいかなる規則にも拘束されないという基本的な法原則に反する」と述べたことにふれている。また，多くの途上国も同じような立場をとり，「国家が順守すべき国際基準は，国家が公式に受諾することに合意したものに他ならない」とのべた。

さらに，船舶登録要件に関する国連条約の審議の際も，同じような議論が繰り返された。そこでは，インド代表が「適用されるべき国際的規則及び基準とは，インドが締約国である条約のみを意味するに他ならない。インドは，提案されている条約を通じてインドが締約していない他のいかなる義務も受け入れることができない」と述べたという。G77諸国も，こうした立場を支持した。その結果，ダニレンコは「参照条項による立法」（legislation by reference）自体に対して懐疑的な立場を示している[37]。

---

35) Fitzmaurice, *supra* note 8, p.276.
36) 以下の議論は，Danilenko, *supra* note 20, pp. 72-74による。
37) 薬師寺公夫教授は「IMO諸条約に定める規則・基準の適用を求めるUNCLOSの一般的義務が定められたからといって，それを根拠に，IMO条約の締約国間でなければ拘束力を持たないような厳密な技術的規定を，UNCLOS締約国間に適用するのは限界があるという批判も根強い」とのべて，その理由として，（1）こうした解釈はIMO条約に加入するインセンティブを失わせること，（2）MARPOL73/78の黙示的受諾方式による改正の場合，締約国に異議申立の権利があるが，海洋法条約の場合はこうした権利がないこと，（3）MARPOL73/78条約の付属書Ⅲ～Ⅴはopt-out方式を採用しているので，海洋法条約の参照条項と同じではないこと，が主張されていることを指摘している（薬師寺公夫「海洋汚染」山本草二編『海上保安法制』三省堂，2009年，333-334頁）。

(b) 合意の質的変容

　参照条項の働きにより他の条約などの規範的文書を参照し，参照条項をもつ条約の当事国であれば，たとえ参照先の条約の当事国ではなくとも当該条約の規則などが適用される。なぜならば，当該国家は，参照条項をもつ条約の締約国となることにより，予め参照先の条約規定などが適用されることに合意しているからである。これが，参照条項の機能を肯定的に評価するときの理屈である。

　たしかに，国連公海漁業協定のような場合，国連海洋法条約は既に存在しており，その規範内容に粗密の差があるとしても，存在自体は公知である。しかし，こうした状況はむしろ稀であって，通常は参照先の規範的性格をもつ文書の内容が不明であるか，変更することが予定されているか，存在すらしていない場合の方が多い。なぜならば，参照条項自体が，条約の改正という手続によらずに，新たな法の発展を取り入れるために考案された法技術に他ならないからである。

　こうした規範的性格の文書に国家は予め合意しているといえるか否かというと，形式面ないし抽象的レベルでは肯定的，実体面ないし具体的レベルでは否定的に回答せざるを得ないであろう。なぜならば，先にもふれたように国家間の合意が尊重されるのは，究極的には個々の国家の主権を擁護するために他ならない。にもかかわらず，参照条項をもつ条約の締約国となることにより予め関係国家の合意を取り付けたと論じる場合の「合意」は，具体的な内容を伴わない，きわめて空疎な合意に他ならないからである。別の角度から述べるとすれば，法の内容ではなく法形成の方式に合意しているという場合，もはやその「合意」は主権の擁護に資するものとはいえないようにおもう。なぜならば，国家は予めその規範内容を認識すらしていないからである。この点で，国際組織による準立法活動の場合や環境条約に関して見られる締約国会議による法定立とも同列に扱うことはできない。なぜならば，かかる法定立の場合は，国家はcontracting-out/opting-inという形で，あるいは締約国会議の場を通じて自らの意思を表明することが可能だからである。

　以上のような問題があるにもかかわらず，国際社会がこのような法形成の仕組みを採用しているのは，専門的ないし技術的分野において迅速なルール形成が求められており，諸国家が実体としてその基本的要請を受け入れているから

にほかならないといえよう[38]。その意味で, 国際法の基本構造自体を揺るがすものとはいえないものの, 合意を一義的に捉える従来の議論からは適切に説明しきれない側面を孕んでいる[39]。

4 おわりに

以上, 本稿では, 国際社会のグローバル化と法形成の現代的変容という観点から, 特に参照条項を取り上げて論じてきた。すなわち, 国際法学的観点から見たグローバル化の本質とは, 国際法の形成及び適用, 実現における国家の地位の相対的低下に他ならない。国際法形成に注目した場合, グローバル化は国際法の基本原則である合意を緩和する方向へ向かわざるを得ないが, かかる現象は環境や通商などの分野においてとくに顕著である。そして, その具体的な現れのひとつが参照条項であるということができる。すなわち, かかる条項の機能を支える「合意」は, 伝統的な合意とはもはや同じではなく, 実体的な内容の極めて乏しいものにほかならないのである。にもかかわらず, それが合意の範疇に含まれることもまた然りということができる。もとより, グローバル化が進行した国際社会においても, 当事者の権利義務を明確に確定するような伝統的な合意が消滅したわけではなく, それどころかこうした契約的合意の存在意義の重要性はますます高まっていることも確かである。したがって, グローバル化した国際社会における合意の形態が極めて多様であることを認識したうえで, 今後は一層実証的に検討を進めていくことが求められるのである[40]。

---

38) MARPOL73/78の非締約国の非締約国の船舶であっても, MARPOL73/78の締約国の管轄下の水域に所在する船舶は, 実際には MARPOL73/78の求める要件に従っているという (Fitzmaurice, *supra* note 8, p.297)。

39) 条約法条約は, 伝統的なシステムのすべての特徴を必ずしも共有するわけではない新たな法構造の発展を妨げるものではない, と指摘されている (Fitzmaurice, *supra* note 8, p.276)。

40) こうした試みの先駆的なものとして, Simma, B., "Consent" in *Structure and Process of International Law* (McDonald and Johnston eds.), 1986, pp. 487 ff; Akiho Shibata, "International Environmental Lawmaking in the First Decade of Twenty-First Century: The Form and Process", *The Japanese Yearbook of International Law*, Vol.54 (2011), pp.44–59.

4 サイバースペース時代の国際法実務の変容

岡 野 正 敬

1　問題の所在
2　各国政府による対外発信の増加と国際法形成過程への貢献
3　抗議の頻繁化とその意味合いの変化
4　国際裁判における証拠形成の場としてのサイバースペースの活用
5　いかに対応すべきか

1　問題の所在

　サイバースペースの発達に伴い，電子メールを通じた意思疎通，ホームページやツイッター等を通じた意思表明が頻繁に行われるようになっている。国境を越える形で大量の情報がやり取りされ，以前には大きな図書館でしか閲覧できなかったような資料が，自宅のコンピューター端末から容易に入手できるようになった。特定の相手との排他的な意思疎通のみならず，不特定の第三者に向けて発信する情報量も急増し，多くの情報が公知の情報としてサイバースペースに存在するようになっている。反面，インターネットを利用する人々の注意持続時間は短く，事実よりも自らがそう信じたいこと，いやなことよりも自らにとって都合のいいことを中心とした情報のやり取りが行われ，サイバースペースは国際社会における相互理解の深まりに寄与するとともに，同時に実像から離れた虚像を作り出すことで人々の間の誤解を拡大するという負の効果ももたらしている。
　このようなサイバースペースの発達が，外交の場における国際法実務に影響を与えつつある。外交は主として国家間の利害を調整する活動である。そして，従来，他国との間の意思疎通は外交ルートを通じて慎重に，そして形式を重視する形で行うことが多かった。しかしながら，意思表明が容易にできるように

なり，意思疎通の手段が多様化する中で，各国政府はより積極的な発信をすることが求められるようになっている。それにともない，国家の意思表示が持つ意味合いが徐々に変容しつつある。近年生じているこの現象は一過性のものではなく，今後，国際法の形成過程や解釈にも影響を与えていくことが予想され，この時点で生じている変容を的確に把握することは今後の国際法実務を時代の流れに応じたものにしていく上で意義があると考える。以下では，各国政府による対外発信の増加と国際法形成過程への貢献，対外発信の増加に伴う抗議の意味合いの変化，国際裁判の証拠形成の場としてのサイバースペースの活用の3点に絞り考察する。そして，外交活動の重点が，専ら非公開を前提とする外交ルートのやり取りから対外発信にも移りつつあることを見た上で，この時代の流れにいかに対応すべきであるかについて議論する。

2　各国政府による対外発信の増加と国際法形成過程への貢献

（1）一般に国家が意思表示を行う際，外交当局は慎重に対応する。その意思表示が，自国の国益や関係国との外交関係にいかなる影響を及ぼすのかという政策的観点に加え，どのような法的効果をもたらすか，特に国際法上の一方的な義務引受けと捉えられないかといった法的観点からの検討が行われる。日本の外務省では，相手国を担当する主管課が意思表示の案を作成する（ロシアが相手の場合には欧州局ロシア課）。その意思表示が他の政策に関係してくる場合には，関連する部局に協議を行う（安全保障であれば総合外交政策局）。法的な意味合いがある場合には，国際法局の決裁を得る。重要な案件については，事務次官，外務大臣，総理大臣の決裁を得た上で，意思表示を行うべきかどうか，行う場合にはどのような内容とするのかについて方針を固める。意思表示は通常，外交ルートを通じて関係国に伝達する形で行う。正式な意思表示は，正確に記録に残すため文書の形で行うのが通常であり，その手段として頻繁に用いられるのが口上書である。相手国や第三国との関係，静かなやり取りの必要性にかんがみ，意思の伝達は非公開で行われることが多い。また，意思表示は特定の国を相手にするのではなく，対外表明という形で行うこともある。この場合も，二国間のやり取りと同様に慎重な対応が行われる。

（2）しかし，意思表示を行う環境は変化しつつある。国家の意思表示の機

会は以前に比べて格段に増加するとともに，即時の意思表示が求められるようになっている。国民も多くの情報に接する。外国で生じていることがインターネットを通じて瞬時に報じられる。人々はコンピューター端末の前に座れば，世界の事象についての評論家になる。それに伴い，国民の外交に対する関心も高まってきている。情報が容易に入手できる反面，サイバースペースにおける人々の集中力は短く，外国の社会や文化に対する理解がバランスのとれた形で深まっているとは言えない。外国について批判的な言説が拡大するとともに，自国政府に対して，「なぜ政府は有効な手が打てないのか」との不満をぶつける。同時に，アカウンタビリティーの要請により，各国政府は自らの外交政策について国民に説明すること，そして問題が発生した場合には直ちに対応をとり，それを説明することが求められる。日本政府の場合は，毎日午前と午後の2回，政府のスポークスマンである内閣官房長官が記者会見を行っているが，実に多くの外交政策についての質問がなされる。自国とは直接利害が伴わないことについても，見解を表明することが求められる。例えば，2013年7月には，英ウィリアム王子夫妻の長男誕生をどう思うかとの質問がなされた。各国政府は以前に比べ頻繁にかつ迅速な意思表示が求められ，各国の外務省はそのための作業に多くの時間がとられるようになっている。

（3）このように，今日の外交活動では対外発信が重要な意味をもつようになっているが，同時に対外発信の機会の増加は2つの意味において国際法形成過程にも影響を与えている。

第1に，各国の対外発信が国家実行として認識されることで，これまでより多くの国が，慣習国際法形成に寄与しうるようになった。慣習国際法の成立には，確立した国家実行と法的確信（*opinio juris*）が必要とされるが，国家実行については，すべての国の国家実行を調べることは不可能であり，一定の範囲の国家実行の調査にとどまらざるを得ない。最近の国際司法裁判所における事案で慣習国際法の存在の認定が主たる論点となったものとして国家の管轄権免除事件（独対伊）があるが，裁判所は主権免除の国家実行を調査するにあたり，各国裁判所の判例，国内法，国家の外国の裁判所における主張，国際法委員会による包括的調査と国連の主権免除条約採択の文脈における各国の主張を重視した。その内，各国裁判所の判例としては，エジプト，ベルギー，ドイツ，オランダ，フランス，イギリス，アイルランド，EU，スロヴェニア，ポーラン

ド，セルビア，ブラジルが引用されている。国内法としては，訴訟当事国が引用した国の法律，すなわち，米，英，南ア，カナダ，オーストラリア，シンガポール，アルゼンチン，イスラエル，日本，パキスタンの法律が言及されている[1]。これらの国家実行のほとんどが，欧米の言語で関連資料が入手可能なものである点が注目される。この判決で国際司法裁判所は，日本の主権免除法（「外国等に対する我が国の民事裁判権に関する法律」）に言及しているが，これは「国及びその財産の裁判権からの免除に関する国際連合条約」が署名された後に制定された数少ない貴重な立法事例であるからだと思われる。通常の国際司法裁判所の判決においては，これほどまでにどの範囲の国家実行を調べたかは明らかにされない。例えば，逮捕状事件において，国際司法裁判所は，現職の外務大臣が戦争犯罪や人道に対する罪を犯したという嫌疑がかけられた際に，刑事裁判からの管轄権免除や身体の不可侵の例外が認められるという慣習国際法はないとの判断を示したが，その際，「裁判所は，各国の立法，高等裁判所のいくつかの決定を含む国家実行を注意深く検討した」と述べただけで，どの範囲の国家実行を調べたかは明示していない[2]。

　実態として，よく参照される国家実行は，最もアクセスしやすい国家実行であり，すなわちそれは英語（場合によっては仏語）で書かれた公開されている文書である[3]。この慣行が長年続いており，米英仏といった国々の意思表示，米国務省の国際法ダイジェスト，主要国の英文国際法年鑑が国家実行の材料を提供するものとして参照されてきた。ところが，対外発信の機会が増えるにつれ，これまで参照されにくかった国の実行も，英文で広く対外発信すれば，アクセスしやすい国家実行とみなされうる状況が生じている。日本について言えば，これまで国際法をめぐる国家実行は豊富であり，特に周辺国と海を通じて接していることから海洋法分野では国家実行として参照されるべき事例も多いが，残念ながら日本語での資料が参照されるチャンスは殆どなく，慣習国際法形成に日本が果たす役割は限られてきた。サイバースペースの発達は，日本に好機をもたらしている。国際法にかかわる日本の国家実行が英語で，しかも国際社会からアクセスしやすい形で発信されることになれば，日本の慣習国際法

---

1) 国家の管轄権免除事件判決。*I.C.J. Reports, 2012*, pp.130–134, paras.70–75.
2) 逮捕状事件判決。*I.C.J. Reports, 2002*, p.24, para.58.
3) Vaughan Lowe, *International Law* (Oxford University Press, 2007), p. 47.

形成への寄与は大きくなるだろう。日本政府の場合には，官房長官，外務大臣や外務報道官の記者会見の記録が，総理官邸や外務省ホームページに英語で掲載されるようになっているが，今後とも意識的に国家実行を対外発信する作業を強化していく必要がある。同時に，これまでは自国との関係が希薄と思われた事象についても，サイバースペースを活用して対外発信をすることで慣習国際法形成に影響を及ぼすことができる。関連を有する国家の国家実行として，自国の国家実行，すなわち国際法をめぐる立場が参照されれば，国際法に関するその国の発言力は強化されることになる。コソボ独立の一方的宣言の国際法整合性に関する国際司法裁判所勧告的意見事件においては，コソボの独立宣言が慣習国際法に合致するかどうかが一つの論点であった。36もの国が書面で自らの立場を裁判所に提出したが，これは各国それぞれの政治的思惑があったことに加え，慣習国際法の認定過程において自らの意見を反映させたいという意思の表れであったともいえる。日本政府が書面を提出した際にもそのような思いがあった。サイバースペースの発達により地理的距離感は小さくなっており，このように日本から遠く離れた地域の国際法の事案についても，自らの意見を発信していくことが国際法形成への関与という観点から重要になっている。

　対外発信が国際法形成過程に影響を与えうる第2の側面は，一方的行為の形成である。サイバースペースの発達に伴い，各国による対外発信が，国際社会において認知されやすい状況に置かれる。それにより，各国の主張が一方的行為として法的意味合いを帯びることになる敷居が下がるおそれがある。相手国との間で明示的な了解なしに行われる一方的行為には，一方的な義務引受けの効果を持つ行為と，自らの権利を他国に受け入れさせようとする行為があるが，それぞれについて外交当局はこれまで以上に注意しなければならなくなっている。

　(a) まず，自国の意思表示がサイバースペースを通じ広く周知されることにより，一方的に何らかの義務を引き受けたとみなされないように注意する必要がある。国際法上，一方的行為が義務の引受けとみなされることがある。核実験事件において，国際司法裁判所は，ある国の一方的宣言が法的効力を有するには，その宣言が特定の国に宛てられたことや，他の国に受け入れられることは必要ないとし，フランス大統領の声明が「公に，万人に対して (*erga omnes*)」なされたことを指摘して，大気圏内核実験を停止する義務がフランス

第1部　国際法の基盤

に対して生じたと結論付けた⁴⁾。また，自らを義務付けることになる一方的宣言は，口頭でも行うことができる⁵⁾。これらの点は今に始まったことではないが，最近では，各国政府は十分な時間を与えられない中で対外発信をすることを求められ，また，一旦表明した立場がホームページ等を通じて直ちに広く周知される。政府関係者の発言が幅広く周知される中，各国政府は他国の政府関係者の発言を注意深く分析しており，これらの発言が一方的義務の引受けであると指摘されるおそれが高まっている。日常行われる記者会見等の対外発信の場で，自らの手を縛ることがないように常に注意しておく必要がある。東部グリーンランドの法的地位事件において問題となったイーレン外相発言の教訓は，今日ますます重要になっている。また，義務の引受けとまで言わないまでも，自国の主張と矛盾する発言をすれば，それがたとえ国内向けの発言であったとしても，後々国際裁判で相手当事国から攻撃材料に使われる可能性があることにも留意する必要がある⁶⁾。

　(b)　外交当局が注意しなければならない第2の点は，ある国の一方的な権利の主張がサイバースペースを通じて公知性を帯び，対抗力を持ちやすい状況が出てきているということである。他国による不合理な一方的な権利の主張が対抗力を持たないようにするために，そのような主張を承認や黙認しないことを意思表示する必要がある。典型的には抗議である（抗議については以下3で議論する）。一方的な権利の主張がその国の政府のホームページに掲載される場合，すべての人はその情報に接することができるようになる。しかし，関係国に必ずしも明示的に通知がなされるわけではなく，いわゆる到達主義の考え方は適用されない。サイバースペースにあふれる大量の情報の中で，他国の一方的主

---

4)　核実験事件判決。*I.C.J. Reports*, 1974, p. 269. para. 50, p. 474, para. 52.

5)　ILCの "Guiding Principles applicable to unilateral declarations of States capable of creating legal obligations" の第5原則。

6)　例えば，国際司法裁判所の南極における捕鯨事件判決（2014年3月31日）は，日本の実施する第二期南極海鯨類捕獲調査が科学的調査を目的とするものとはいえないことを示す証拠として，参議院決算行政監視委員会行政監視に関する小委員会（2012年10月23日）における日本の水産庁長官の発言（「ミンク（クジラ）というのは，お刺身なんかにしたときに非常に香りとか味がいいということで，重宝されているものであります」「ミンククジラを安定的に供給していくためにはやはり南氷洋での調査捕鯨が必要だった」）を引用している（para.197）が，これは豪が口頭手続で指摘したものである（CR2013-11. P.18, para.60）。

張を見落とすこともある。しかしながら，関係国が放置しておけば，将来国際裁判でその行為の法的性質が議論される際に，公知性ゆえに異議の表明の欠如が関係国に不利に働くことも想定される。

　そもそも，サイバースペースの発達は，不合理な一方的な権利の主張の展開を容易にしている面がある。インターネット上の議論は合理性よりも感情に流された議論が多く，外交問題に関してはナショナリスティック，排外主義的な色彩を帯びがちである。各国政府は国内世論を考慮せざるをえなく，国内の政策課題がそのまま外交政策に反映されることもある。国内で使われる乱暴な主張がそのまま対外関係に用いられることもあり，それがどのような意味を持つのか国際社会が把握できないことも多い。例えば，最近中国政府は自らの国家主権や領土保全をめぐる自らの主張に関し，「中国の核心的利益」という概念を用い，他国とは一切妥協しないことを宣明している。また，南シナ海においては，9つの点をつないだ線（「九段線，nine-dotted line」）に囲まれる幅広い水域において，中国が主権的権利と管轄権を有していること，この立場は一貫しており国際社会にも幅広く知られていると主張し，外国がそれを尊重し，受け入れることを求め，関係国の反応を覗いつつ，現場において実際に執行管轄権を行使するという実行を積み重ねている。このような一方的主張に周辺国は反発するとともに，中国の権利を黙認したとみなされないように自国の管轄権の主張を行っている。いくら理不尽な主張であっても，一方的な国家実行が積み重なれば対抗力を持つとみなされるようになる可能性は排除されない。対抗力を有しないまでも，既成事実を前に他国がそれを有効に否定することが難しい状況が生じることも考えられる。とりわけ海は広く，きめ細やかに監視活動を行うことは不可能であり，既成事実の積み重ねが行われやすいので注意する必要がある。

　（4）外国の不合理な一方的主張が対抗力を持つようになることを防ぐためには，これまで以上に世界各国の動向に網を張る必要があるが，これは外交実務に携わる者に困難を生じせしめる。他国の行為の中で，放置しておくと国際法上の黙認の効果が生じる場合には，自己の権利を保存し他国に権利が生じないようにするため，異議を唱える必要がある。この関連で，2006年に国際法委員会が採択した「法的義務を創設し得る国家による一方的宣言に適用される基本原則（Guiding Principles applicable to unilateral declarations of States capable of creating legal obligations)」は，一方的宣言の定義の難しさから，一方的宣言の中で法的義務を創設しうる一方的宣言のみに対象を限定したが，外交実務に携わる者からすれば，ある行為が法的義務を創設し得るものかどうか，必ずしもあらかじめ判断ができるわけではない。実際に，他国のどの行為が法的効果を持ち得るのかの判断は容易ではなく，どのような状況であれば異議を表明すべきなのか，他国の行為が継続して行われる場合はどのような頻度で異議を表明すべきなのかは難しい問題である。同時に，大量の情報が氾濫する中で，すべての国の動向を詳細に把握することは困難であり，各国も同様の状況にある。ある国が一方的宣言を行いホームページで対外発信をした場合，物理的には地球の裏側にある国もそれを容易に知ることができる状況に置かれる。しかし，実際に地球の裏側にある国はそのような発信に関心を払わない。そしてこれらの国を含む多くの国が何ら反応しないことをもって，一方的宣言が法的権利に転化することが容易に認められるようになれば，国家間の法的安定性が容易に崩されることになってしまう。実務の立場から言えば，地球の裏側の国の対外発信まで網を張って注視することは困難であり，単に多くの国が知りうる状況になったということだけで法規範性につながるということには違和感がある。他国の一方的主張が対抗力を持つのを防ぐため，各国はどの程度まで異議を唱えなければいけないかについては，今後その基準が変わってくる可能性があり，各国の動向，国家実行が大きな意味を持つ。

3　抗議の頻繁化とその意味合いの変化

（1）各国による対外発信の増加にともない，国家間で行われる抗議の意味合いが変化しつつある。この点を議論する前に，まずは外交実務における抗議の位置付けを見てみたい。

不快感や不満の表明を正式な形で行うのが抗議である。抗議については，厳密な定義があるわけではないが，伝統的な国際法の教科書では，ある国が他の国に対して行う正式な意思疎通で，当該他の国により実行あるいは企図された行為に反対を示す行為をいうとされる[7]。そして，国家が抗議の対象となっ

---

7) Oppenheim, *International Law*, vol.1 (7th ed., by Lauterpacht, 1948), p.789.

た行為の合法性を認めないこと，そのような行為により発生する状況を黙認しないこと，そして前提となる自らの権利を放棄する意図がない旨明らかにすること[8]を目的として抗議が行われる場合，または，相手国の国際違法行為に対して国家責任の解除を求める前提として行われる場合，その抗議は法的な性格を帯びる。

　抗議は正式なものであり，自らの主張を明確に伝えるために文書で行うのが安全ではあるが，外交上のインパクトを和らげるために又は迅速性の観点から口頭で行われることもある。文書の場合，今日の外交文書として最も頻繁に用いられる口上書の形で行われることもあれば，書簡，覚書という形で行われることもある。また，口頭の場合，相手に正確に伝えるという観点から，ノンペーパーと呼ばれる非公式な文書を手交することもある。

　しかし，「抗議」が常に法的意味を持つわけではない。相手国に不満をぶつけその政策や行動の変化を促すこともあれば，国際社会に相手国の非を宣伝するために行うこともある。勿論，国家間の対立は，事案をめぐる法的立場の相違に起因することが多く，このような不快感の表明等も自らの法的立場を守るために行われているのであり，その意味で法的な性格を有するとも言えなくはないが，意思表示自体により相手側の行為の法的効果を直接に中断することを企図しているわけではない点で，基本的には政治的性格のものと言える[9]。

　逆に，「抗議」とは呼ばれない不快感の表明が法的意味を持つこともある。「抗議」という用語が外交上あまりにも強い意味を持ち，相手国政府や相手国国民からの強い反発が予想されることから，「申入れ（representation）」「関心の表明」「事実関係の照会」という形で不快感の表明が行われることがあるが，これらの意思表明の中には，相手国の行為による法的効果の発生を中断することを企図したものもある。しかし，「申入れ」等は，直接の法的効果を念頭に置かず，相手国の政策や行動の変化を促すための単なる政治的な意思表示として行われることも多い。法的効果を有するかどうかはその内容で判断する必要がある。例えば，日本の領空の外における外国軍用機の飛行はそれ自体国際法

---

[8] I.C.MacGibbon, "Some observations on the part of protest in international law", p.298, *British Yearbook of International law* (1953).

[9] Joseph C. McKenna, *Diplomatic Protest in Foreign Policy*, Loyola University Press (1962) pp.18–20.

違反ではない。しかしながら，日本列島を一周するような形で飛行をすれば，軍事的に日本を牽制する意図を有すると考えるのが自然であり，日本政府から外国政府に対して関心の表明を行うことがある。この場合，日本の意思表示は直接の法的効果を狙ったものではない。いずれにせよ，相手国の行為による法的効果の発生を中断することを企図する場合には，その意図が明確に伝わることが重要であり，通常は「抗議」という用語を使うことが多く，そのほうが安全である。

なお，日本政府は，抗議と申入れについて，国会の質問主意書に答える形で，「申入れという言葉は，……一般に，一方の当事者が他方の当事者に対して自らの意思を伝達することを意味すると承知している。抗議という言葉は，……一般に，相手の発言，決定，行為等に対して反対の意見を申し立てることを意味すると承知している。」[10]との説明を行っている。

（2）サイバースペースの発達により，各国政府はナショナリスティックな国内世論に押され，外国政府の発言や行動に不快感や不満を表明する機会が増加している。不快感の表明の際には，「抗議をした」や「申入れをした」と紹介されることが多い。また，「強烈な不満を表明する」という強い調子の用語が用いられることもある。しかし，これら意思表示が法的効果を生じさせることを企図したものであるかどうかを判断するには，その文言及び伝達の態様を見極める必要がある。逆に，法的効果を企図した抗議であっても，穏やかな言葉を用いて行われることも多い。外交上のやり取りは礼節を以て品格ある形で行うのが通常であり，強い言葉を使えばその効果が強まるわけではない[11]。

抗議や不快感の表明が頻繁に行われるようになったことにともない，外交実務に次のような副作用が現れてきている。

第1に，関係国との円滑な外交関係の維持・発展が難しくなっている。いかなる場合に，抗議を行うべきなのか，どのような形で行うべきなのか，事態が継続する場合にどのように対応すべきなのかは，これまでも外交当局にとって難しい課題であったが，サイバースペースの発達により，各国政府の対外発信が増えたことで事態は複雑になっている。外国が自らの主張を一方的に展開し

---

10) 2010年8月20日付質問主意書に対する答弁書（平22閣衆質175-35）。
11) Joseph C. McKenna, 前掲注9) p.15.

それが自国の利益と衝突する場合，国民は反発し自国政府に対して強い対応を求めがちである。そして，どの国の政府も国民の反応を無視することはできない。国内からの圧力をどの程度抑えられるかは時の政権の国内基盤の強さによるが，その基盤が十分でない場合，政府は安全策をとって外国政府に抗議をしておこうという判断に陥りがちである。そして，その抗議は相手国からの反発を買い，負の連鎖反応を招く。相手国の行動により，自国の法的権利が害される場合や相手国の一方的な権利の主張が対抗力を持つおそれがある場合には，自らの権利を守るために抗議を行うのは当然である。問題は，対外発信の増加に伴いこのように法的抗議をしなければならないと思われる事態が増えていること，そして，外交当局が国内からの批判に影響を受けすぎるあまりに，必要以上に相手国に抗議や不快感の表明をするという現象が出てきているということであろう。法的問題を適切に処理しつつ，相手国との関係全体を如何に処理していくか，外交当局は以前にも増して難しい対応を求められている。

　第 2 の副作用はブーメラン効果である。国際法上の効果を伴わない不快感の表明であったとしても，継続的に行えば，自らの権利主張に影響が及ぶことがある。我々は，相手国の行為が国際法違反を構成するわけではないが，自国にとり好ましくなくやめさせたい場合，不快感を表明し申入れを行う。先に述べた日本領域外での外国空軍機の活動に対する関心の表明はこれに該当する。このような関心の表明をすることで，相手国の行動を国際法違反とは言わないまでも好ましくないと評価し，そのような行動をとらないように牽制することができる。同時にこれにはブーメラン効果がある。1 つの原則に基づいて他国の行動に対して不快感を表明する場合，逆に他国がその原則を援用して同様の行動をとることを控えるように要求してくれば，それに従わざるをえない圧力がかかることになる。領域外飛行について言えば，自国周辺で飛行を行っている相手国に対して牽制を行えば，相手国周辺空域でのパトロールは行いにくくなる。自らが始めた牽制行為が他国によっても実施される場合，その慣行が積み重なることで関係国の間で守るべき規範としての法的確信が生まれ，慣習法形成の契機になる可能性もある。とりわけ領土にかかわる問題は，どこの国でも世論が敏感である。日本においても，日本周辺海域における外国軍艦の航行，航空機の活動に神経質になっている面があるが，日本は一貫して開かれた海を主張してきた海洋国家であり，日本の将来も海洋の自由の確保にあることを忘

れてはならない。日頃の対外発信に集中するあまり，知らず知らずに自国の原則的立場を害するおそれがあることに注意する必要がある。

4　国際裁判における証拠形成の場としてのサイバースペースの活用

（1）各国において紛争を国際裁判で解決しようという機運が高まっている1990年代以降，国際司法裁判所に付託される事案が増加しており，政治的に解決できない問題を，国際法という専門的な観点から法廷における冷静な論争を通じて解決することの利点が国際社会で幅広く共有されるようになってきている。そのような中で，サイバースペースの発達は，国際裁判における証拠の形成という点で意義を持つようになっている。

国内裁判と同様，国際裁判においても事実認定は法的判断の前提となる不可欠な要素である。裁判所は，提訴国が非提訴国により違反がなされたと主張する法に関する事実の認否を行う。その際，裁判所は，証拠として提出された材料を検証し，いずれが信頼できずいずれが証明力を有するのかを判断する[12]。裁判所は提示された証拠を基にして自らの認定を行い，存在したとされる事実に対し関連する国際法の規則を適用する[13]。当事国は裁判官の心証形成に影響を及ぼすべく自国に有利な事実関係を示す材料や証拠を提示することに努める。

より具体的に言えば，裁判においては，現存の権利の存否が争われるが，これは過去においてその権利が発生したか，消滅したかを確かめることにより明らかにされ，その権利の発生，消滅はその発生，消滅を規律する法の構成要件に該当する具体的事実が存在したかにより判断される。そして具体的事実が存在したかどうかについては，それを推測する事実や証拠を調べることによって判断することが可能となる[14]。そして，国際司法裁判所は，同時代の証拠（contemporaneous evidence）を選好するとしており[15]，その時々の事実，証拠が重要になる。

---

12)　ジェノサイド条約適用事件判決。*I.C.J. Reports, 2007*, p.130 paras. 212–213.
13)　ウルグアイ川製紙工場事件判決。*I.C.J. Reports, 2010*, pp.72–73, para.168.
14)　新堂幸司『新民事訴訟法〔第5版〕』（弘文堂，2011年）578頁。
15)　ジェノサイド条約適用事件判決。*I.C.J. Reports, 2007*, p.130, para.213.

将来国際裁判で解決が図られる可能性がある案件については，有利な事実認定を得るために，普段から裁判所により証拠力が高いと認定されるような材料を仕込んでおく必要がある。どのような事実関係が争点になるのかは，事案により異なってくる。多くの紛争は条約上の義務違反を問うものである。国際司法裁判所における最近の事案では，拷問禁止条約に基づく引き渡し義務の違反が問題となった訴追か引き渡しの義務に関する問題事件（ベルギー対セネガル），河川の最適かつ合理的使用に関する二国間条約の違反が問題となった製紙工場事件（アルゼンチン対ウルグアイ）がある。これらの事案では，条約の具体的条項との関係で，被告国のどの時点におけるどのような行為が義務違反を構成するのかについての事実関係の認定が問題になる。また，慣習国際法に基づき主張される権利の存在，範囲をめぐる主張の対立が問題となる事案がある。領域紛争や海洋の境界画定はその例であり，各国は先占した領域が無主地であった事実や領有意思の存在を主張したり，その後の領域主権の継続的かつ平穏な表示，実効的な支配の証拠（effectivités）を主張したりする。その際には，自己の法的主張が一貫しているか，相手国の主張を黙認していないかが重要な事実関係となる。さらに，ある国の一方的な権利の主張がどの程度法的に対抗力を持つようになるのかが問題となる事案では，その国がどのような主張をどの時期にしていたのか，現場での活動はどうだったのか，それに対し関係国がどのように反応していたのかが重要な事実関係になる。

　（2）このように，裁判においては，紛争発生に至る過程における自国の行動を正当化し，その法的主張の一貫性を示すこと，相手国の国際法違反を証明することが鍵となるが，サイバースペースを利用して，事案の重要な局面において自らの立場を明確な形で発信しておくことが意味を持つ。特に，国際裁判では，公知の事実が事実認定で大きな意味を持つから[16]，サイバースペースを利用して自国に有利な事実や主張を，第三者にアクセス可能なホームページに掲載する等，公知化する作業を行っておく必要がある。相手国の法的主張を黙認しないことを明確にするための抗議を行う場合にも，将来国際裁判手続に進んだ場合に証拠として示せるように書面を残す。通常，抗議は外交ルートを

---

[16]　中谷和弘「国際裁判における事実認定と証拠法理」松田幹夫編『流動する国際関係の法』（国際書院，1997年）232頁。

通じて相手国に対して行う。抗議は往々にして口頭で行われる。厳重な抗議ほど高いレベルで行われ，外務大臣や外務事務次官が相手国大使を召致し，抗議の内容を直接相手に伝える。その際の抗議の記録は，双方の国における内部文書として残される。他方，単に抗議をしたとの一方当事国の記録は，客観性に欠ける部分があり証拠力は高くない。抗議をした事実及びその内容を裁判官に説得ある形で理解してもらうためには，正式な外交文書である口上書でも抗議を相手国に伝えることや[17]，抗議の事実及び内容を対外公表し誰でもアクセスできるホームページに掲載し公知化することが重要である。自国の主張が公知の事実（public knowledge）そのものとして取り扱われうるかどうかは別として，このような公知化の作業により自己の主張を明確にしておくことは，同様の対応をしない相手国との関係で，裁判官の心象形成に有利な影響を及ぼす作業である。

　自らの主張を国際機関での発言の形で記録に残しておくこと，国際機関の決議に反映させておくことも有効である[18]。さらに，事案に利害を有する第三国との間で共同文書を作成し，自国の立場を第三国の支持または理解を得る形で対外的に明らかにしておくことは，事実認定で大きな意味を持つ（カタールとバーレーンの境界画定及び領土問題に関する事件における英の役割）。相手国とのやり取りの中で自国にとって有利なものは，共同文書等何等かの書面の形で残しておくことが望ましい。これも一種の公知化の作業である。

　（3）また，技術的な話ではあるが，国際裁判の書面手続に提出する文書を準備しておく，そして口頭手続の際に引用できる資料の幅を広げておくという観点からも，自国の主張や自国に有利な事実や見解を公知化しておくことには意味がある。国際司法裁判所との関係では「容易に入手できる発行物」にしておくことが望ましい。国際司法裁判所規則第56条4によれば，口頭手続の際には，文書が容易に入手できる発行物の一部でない限り（"unless the document is part of a publication readily available"），原則として書面手続の終了までに出され

---

[17]　訴追か引き渡しかの義務事件（2012年7月20日 ICJ 判決）では，ベルギーはセネガルに執拗なまでに頻繁に口上書を発出した。ICJ は紛争の存在を判断する事実関係につきベルギーの主張を認める判断を行ったが，ベルギー側の一連の口上書が有力な判断材料になったと推測できる。

[18]　対ニカラグア軍事活動事件。*I.C.J. Reports, 1986*, p.44, para.72.

た文書以外の文書への言及が認められない。そして，国際司法裁判所プラクティス・ディレクションのIX bisによれば，「発行物の一部」とは，公的領域で入手可能でなければならないことを意味するとされている（"The document should form "part of a publication", i.e. should be available in the public domain."）。「容易に入手できる」とは，裁判所又は相手当事国にとってのアクセスのしやすさで評価されるとされ，その意味で，文書は国際司法裁判所のいずれかの公用語（英仏語）で書かれていなければならず，合理的に短期間に参照できるものでなければならない。口頭手続の際に当事国が新たな文書の引用を希望する場合，英仏語いずれかに翻訳して正確であることを認証する必要がある。また，「文書が容易に入手できる発行物の一部」であることを示すため，文書を引用しようとする当事国は迅速に調査できるように必要なレファレンスをつけなければならないが，国連の文書，国際条約集，国際法の主要なモノグラフ，確立した引用文献集等発行物の出典がよく知られている場合にはつける必要がない。実際に，書面手続終了後口頭手続までかなりの時間があり，口頭手続の準備の過程で新たな資料を引用したいとの誘因が働く。また，口頭手続の際に当事国が裁判官の便宜のために準備するフォルダーは，裁判官が実際に頻繁に参照する文書集であり，心象形成の過程に大きな役割を果たすと考えられているが，フォルダーに入れられるのは書面手続で提出した文書に加え，「容易に入手できる発行物」に限られる。口頭手続に入ってから，当該文書を関係機関のホームページに英仏語でアップロードして「容易に入手できる発行物」の状態することも可能であるが，自国の主張や自国に有利な事実や見解については，普段から「容易に入手できる発行物」にしておくことが望ましい。

　また，国際司法裁判所規則第50条第2項によれば，書面手続の際に提出する文書については，自らの主張という目的に必要な部分の抜粋を書面に添付するとともに，文書全体を書記局に寄託しなければならないとしている。これに対して，既に発行されて容易に手に入るもの（"it has been published and readily available"）については，文書全体を書記局に提出しなければならないという義務が免除されるという特典が認められている。文書全体の提出は当事国にとって大変な負担である。特に，高度に専門的な論文については「容易に入手できる発行物」になっていないものも多く，訴訟で使うことが想定される論文についても，「容易に入手できる発行物」にしておく，またはしてもらっておくこ

とが望ましい。

（4）国際裁判における事実認定においては，関係国の意思表示のみならずプレスの報道も役割を果たす。国際司法裁判所は，対ニカラグア軍事活動事件判決において，プレスの記事や本の抜粋は，仮に客観性の高いものであっても事実を証明することのできる証拠としてみなすことはないが，場合によっては事実を補強（corroborate）することに資する材料であるとしている。同時にプレスの情報により事実が公知性を有することになり，裁判所はそのような公知（public knowledge）に一定の重きを置くことができるとしている。そして，裁判所に提出された新聞報道は，事案の事実を評価するため，特にその事実が公知の事項であるかどうかを確認するために検証されなければならないと判示した[19]。また，在テヘラン米外交・領事館員事件判決において，米側が依拠した新聞，ラジオ，テレビ報道が，事案の主な事実と状況に全体的に一致していると認定し，この情報はイラン側に通報されたにもかかわらずイラン側からその事実関係について否定や質問もなされなかったとして，米側の主張する事実の主張を十分根拠のあるものと判示した[20]。このように，国際司法裁判所は，一定の範囲内でプレスの報道が事実認定において役割を果たすことを認めている。サイバースペースの発達により様々な報道がなされるが，報道の一般的傾向が裁判所の事実認定に影響を及ぼしうることを念頭に，各国は自国に有利な世論形成づくりのための対外発信を強化することが求められている。

（5）また，国際司法裁判所は，事実認定における証拠価値を有する文書として，公的機関や独立機関の報告書をあげている。これらの証拠価値は，(a)作成者が中立的な立場にあるか偏った立場にあるか，(b)作成された過程（匿名の新聞報道か，裁判のように注意深いプロセスで作られたものか），(c)質および性質（自己の利益に反する声明，同意または異議を唱えられていない事実）等にかかわってくると判示している[21]。また，国際司法裁判所は，利害のない証人，すなわち審理の当事者ではなくその結果から得るものも失う者もない証人（witness）による証拠は，一見して信頼性の高い証拠の1つとして扱ってきている[22]。多くの報告書が作成される中，こうした点も念頭におくことが求めら

---

19) 対ニカラグア軍事活動事件判決。*I.C.J. Reports, 1986*, pp.40-41.
20) 在テヘラン米外交・領事館員事件判決。*I.C.J. Reports, 1980*, pp.9-10, paras.12-13.
21) ジェノサイド事件判決。*I.C.J. Reports,* 2007, p.135, para.227.

（6）自らにとって有利な事実を公知の事実にすれば，挙証責任を相手に転換するという効果も期待できる。裁判所は，一般的及び公知の事実と異なる事実が主張されている場合，主張する当事国に証明責任を負わせる傾向がある[23]。東部グリーンランドの法的地位事件判決において，常設国際司法裁判所は，グリーンランドという用語の地理的な意味に関し，「一方当事国が通常とは異なる又は例外的な意味が付与されていると主張する場合，当該国がその主張を立証する責任を有する。」との立場を示した[24]。実際の裁判においては，「請求国が立証責任を負う（*onus probandi actori incumbit*）」の原則にもかかわらず，当事国は非請求国であっても自らの立場を擁護するため，必要な材料や証拠を提示するよう努めるが，裁判所で証拠として示す自国の過去の意思表示が関係国の間で広く知れ渡っているのであれば，訴訟手続における自国の負担を減らすことが期待できる。

（7）自国に有利な事実や主張の公知化の作業を進めていく上で，逆に注意すべき点もある。第1に，政府高官が対外発信の際に自国にとって不利な事実または行為を認める場合には，特別の証拠価値を有することがある。国際司法裁判所は，対ニカラグア軍事活動事件判決において，国の高官により行われる発言（statement）が，自国にとり不利となる事実や行動を認める場合には，特に証拠価値を有する（of particular probative value）こと，それは同意（admission）の形式とみなしうると判示しており[25]，普段からそのような発言をしないように注意する必要がある。ただし，意思表示に慎重であればいいというものではない。一定の意思表示の欠如が国際裁判において不利に働くこともある。コンゴ領域における軍事活動事件において，コンゴ民主共和国は自国の町キトナにおいてウガンダ兵が活動していたことを主張したが，国際司法裁判所は，当時コンゴ民主共和国の国連常駐代表が安保理議長に宛てた書簡や記者会見において，ルソンダ兵によるキトナでの活動に言及したものの，その際ウガンダ

---

22) 対ニカラグア軍事活動事件判決。*I.C.J. Reports*, 1986, p.43, para.69.
23) 深坂まり子「国際司法裁判における証明責任（2）」『上智法学論集』第53巻1号（2009年）98頁。
24) 東部グリーンランドの法的地位事件判決。CPIJ série A/B n. 53, p.49.
25) 対ニカラグア軍事活動事件判決。*I.C.J. Reports*, 1986, p.41, para.64.

兵の活動には言及していないことを一つの有力な証拠として着目し，ウガンダ兵の活動を証明するには不十分であるとしてコンゴ側に不利な事実認定を行った[26]。

なお，訴訟当事国の閣僚が裁判所に書面又は口頭で提出した証拠については，自国の利益や主張に反する部分や当事国の間で論争となっていない部分のみ採用されうるとされている。当事国の閣僚が証人として法廷において立派な演説を行い自国に有利な材料を提供したとしても，それはありうる事実についての1つの可能性を個人的，主観的に評価したものにすぎず，証拠価値は乏しいものと扱われる[27]。口頭手続では気合だけでの逆転ホームランは難しい。

公知化の作業を進める上で留意すべき第2の点として，自国の立場を明確にすることで，関係国との関係が緊張するおそれがあるということがある。前述のとおり，抗議や不快感の表明を行えば，相手国の権利を否認したり，相手国の一方的行為が対抗力を持つことを阻止するという効果があるが，抗議等の事実やその内容を対外的に明らかにすれば，既に緊張している相手国との関係が更に悪化することが予想される。自らの法的権利を保全しつつどのように外交関係を適切に処理していくかは，相手国，相手国の指導部の性格，相手国とのこれまでの関係に加え，地域や世界の情勢も関連してくるものであり，事態ごとに考えなければいけない。外交当局には絶妙のバランス感覚が求められる。

（8）以上をまとめれば，なかなか解決しない外交上の懸案が存在する場合，国際裁判に訴える可能性，または訴えられる可能性を絶えず念頭に置きつつ，証拠形成においてサイバースペースが大きな役割を果たしていることを意識し，国際裁判において有利な事実認定が得られるよう，自国にとって有利な事実や主張を公知化する作業を進めておくこと，そして裁判所に提出しやすい資料の形で残しておくことが意味を持つ。裁判で証拠として使いうるこのような資料は，裁判手続に入ってからではなく，普段から準備しておく必要がある。裁判手続の過程で行うべきことは，自らの主張に有利な資料を集め，有利な事実認定が導かれるように説得力ある形で提示することであるが，その段階で資料を作るのでは遅すぎる。急拵えの資料は，相手国政府から信憑性に疑義が呈せら

---

26) コンゴ領域における軍事活動事件。*I.C.J Reports,2005*, p.204, para.70.
27) 対ニカラグア軍事活動事件判決。*I.C.J Reports,1986*, p.43, para.70.

れ裁判所で参照されないこともある。国際司法裁判所に係属した海洋境界画定及び領土問題に関するカタール対バーレーン事件においては，バーレーンはカタールが申述書に添付した新しい81の文書は偽造されたものであると主張し[28]，その内容は存在しないものとして取り扱うと宣言した。その後，カタールが提出した答弁書に添付された1つの文書についても，バーレーンは真正な文書ではないのではないか疑義をはさんだ。裁判所がカタールに対して，各文書が真正なものであるのかについて可能な限り包括的かつ具体的な報告書の提出を求めた。その過程で，両国専門家による文書の鑑定作業が行われ，鑑定人の一部は，文書に使われているインクの新しさや不適切な印章の使用，古い本やファイルを切って使用した紙の存在を指摘し，調査した79の文書の内，77の文書に欠陥があると結論付けた[29]。結果として，カタールは両国間で真正性につき一致できないとして，裁判所に提出した文書としては無視する（disregard）ことを宣言した[30]。一説ではあわてて資料を揃えようとしたカタールが騙されてこれらの文書を購入したとの話もある。

（9）一般には外交交渉は秘密裏に行うものとのイメージがある。交渉が動いている時に，その過程が明らかになれば，強硬な国内世論を背景にお互い歩み寄れず交渉は進まなくなってしまう。よって，交渉は基本的に秘密裏に行うべきものである。同時に，これまで見てきたように外交当局にとって，自国に有利な情報，相手国に不利な情報を公開情報にしていく，そしてそれを訴訟過程で証拠として使いやすいように加工していく作業がこれまで以上に重要になっている。外交の世界において，引き続き対外非公表を前提にした外交ルートによる意思疎通は重要であるが，今後は，公開情報をどのように用いて自らの立場を強化していくかが重要になっていくことは間違いない。同時に，対外発信がもたらす不利益にも注意する必要がある。前述のとおりアカウンタビリティーの要請から，多くの政府は自らの政策に関して国民に説明することが求められ，政府の見解はホームページ等を通じて国際社会全体に明らかにされる。記者会見で質問があれば，日本政府にとり政府として答えたくない事項につい

---

28) Counter-memorial submitted by the State of Bahrain (merits), Section 1.2, 31 December 1997.
29) Interim Report submitted by the State of Qatar, 30 September 1998, paras.25-26.
30) 前掲．para 48.

第1部　国際法の基盤

ても何らかの説明をしなければならない。外国政府に知られたくない事柄についても，国民へのアカウンタビリティーの観点から説明をした場合，ホームページ等を通じて瞬時に全世界に明らかになる。国内と国外で異なる取り扱いをすることはできず，日本国民への説明は世界に対する発信にもなる。例えば，ある外国と交渉を行っている場合，その内容について新聞記者から質問があったとしても，「交渉中の事項であるので回答を差し控えたい。」というのが通常の応答ぶりであるが，様々な質問を受ければ，交渉に臨む日本の具体的方針もある程度明らかになり，手の内を見せてしまうことになる。また，言論の自由が保障された日本では，国内の意見は一枚岩ではない。政府を批判する意見も含め日本国内の様々な意見がサイバースペースを通じて世界に知られることになる。例えば，尖閣諸島の領有権について，日本政府の立場は，解決すべき法律的紛争は存在しないというものであるが，マスコミは紛争の存在を認めるべきであるという一部の日本の政治家や有識者の発言を報じる。その意味で，日本のような言論の自由が保障された国は，自らの台所事情が常に明らかにされるという点で，不利な状況にあると言える。逆に，国内の言論が統制されている国，国内の報道が政府のコントロールの下に置かれた国においては，自国にとって不利な報道がなされることは稀である。サイバースペースの発達により，両者の不均衡は広がるばかりである。将来，仮に国内の言論が統制されている国と国際裁判で争うことになった場合，国内での議論が一枚岩ではない言論の自由が保障された国は，不利な立場に置かれうる。この状況を改善するには，普段から政府関係者ができるだけ自国に不利になるような発言をしないようにすることぐらいしか，有効な手立てはない。しかしながら，言論の自由が十分に保障されず，透明性をもった議論が行われない国では，往々にして政治的議論やイデオロギー色の強い歴史的議論が先行し，国際裁判に耐える緻密な法的議論が発達しないように思われる。そのような国が国際裁判の活用に消極的なのも偶然ではないだろう。台所事情を明らかにするリスクはあるが，言論の自由が確保された環境の中で議論を戦わせることによって，その国の法的議論の質が高まり，自国の立場を強くすることにもなる。そして，自由な議論の結果，政府の主張する法的議論が有識者そして国民の幅広い支持を得る場合には，その議論は国際裁判でも大きな説得力を持つことになるだろう。言論の自由市場は，一時的にはその国の外交的立場を弱めることもあるが，中長期的にはその

立場を強くする。

5　いかに対応すべきか

　今日，外交の場で国際法を使う実務家は，サイバースペースの発展という大きな挑戦に直面している。外国との関係で自らの立場を強化するためには，外交ルートという非公開を前提としたやり取りのみならず，公開情報を武器とする外交活動を展開していくことが求められている。これに対応するには，サイバースペースで生じている事態を把握する情報収集能力と事態に迅速に対応する機動力を高めるとともに，サイバースペースを活用した自らの主張の公知化という手間暇のかかる作業を丹念に行っていく必要がある。

　また，サイバースペースの発達は，日本の国際法の発信能力を高めるまたとない好機であるとともに，日本が他国の発信に埋没してしまう危機をもたらしている。慣習国際法成立のために必要な国家実行，国際裁判で「法則決定の補助手段」として用いられる「諸国の最も優秀な国際法学者の学説」（国際司法裁判所規程第38条1d）としては，これまで欧米諸国の国家実行や学説が圧倒的に多く参照されてきた。しかし，第二次世界大戦後，国際法の形成過程に国際社会の幅広い意見が反映されるようになり，いわば形成過程の「民主化」が進みつつある。今日では，どの国の実行や学説であっても，英文でサイバースペースに載せれば，慣習法形成そして国際裁判の審理に貢献できるようになりつつある。その意味で，欧米以外の国々そして学者にも好機が訪れていると同時に，国際法形成過程における「競争」が厳しくなっているとも言える。同時に，今日のサイバースペースは英語が圧倒的に影響力を持つ空間であり，その結果，英米を中心とする英語圏の議論が更に重視される傾向が出てきている。国際裁判の経験も豊かな米の著名な国際法学者が筆者に対し，「今日，英語は国際言語になっている。好きであろうが嫌いであろうが，英語ができなければ話にならない。日本の学生も英語が話せればいいのに。」と何の躊躇なしに述べたことがあるが，これが厳然たる事実であろう。この英語化の現象を，国際法形成過程の新たな「非民主化」の動きと嘆いたところで取り残されるだけである。日本語が近い将来，国際社会で幅広く使われる言語になる見込みはない。それを前提に，日本で国際法実務に携わる者は，現在の状況を好機であり同時

に正念場であるととらえ，英語での発信を増やすこと，そして日本の国家実行や学説が参照されるような環境を作っていくことが死活的に重要である。世界における国際法実務家の多くが，参照すべき国家実行や学説はやはり英米のものであるとの強い固定観念を依然として有している。これを是正していくことは大変な作業であるが，世界から参照されるような国家実行や学説を地道に発信することに努めるとともに，Japanese Yearbook of International Law の普及や国際会議への積極的参加，ネットワークづくり，国際裁判への関与等を通じて，日本の国際法のセールス活動を進めていきたい。

　国際社会における日本の経済的影響力が相対的に低下していく中で，日本にとって重要な課題は，国際法形成過程により深く関与していくことである。また，世界の多極化あるいは無極化が進む中で，国際社会における法の支配の強化は世界全体の利益でもある。サイバースペースの発達を契機に，国際法形成への貢献を強化することが求められている。

　　※本稿に示した見解は筆者個人のものであり外務省の見解ではない。

5 「調整理論」再考
―― 認識論的及び過程論的把握 ――

寺 谷 広 司

1　序　　　　　　　　3　理論的意義
2　唱道者達の議論　　　4　結　　語

1　序

　調整理論 ―― ないし，山本草二の呼称によって日本では「等位理論」としても知られる議論 ―― は，国際法学説において不思議な位置づけを与えられている。何よりも，この議論は「理論」と称されつつも，理論的探求を意図的に遠ざけようとする逆説的なものだった。
　確認するなら，この議論は国際法と国内法の関係という19世紀から続く大論争について，従来の一元論と二元論に対して1950年代から1つの独立の立場として認識され始めた議論で，日本では代表的唱道者である山本草二が1985年に出版した『国際法』で紹介し，広まった。同著の新版（1994年）で山本は次のように紹介している。

> 「国際法と国内法が同時に作動する共通分野は実在せず，それぞれは別個の固有の分野で最高であって，法規範体系そのものとしての抵触も優劣関係も生じない。しかし，国家が国内で国際法上の義務に適合する行動をとれないなど，『義務の抵触』は生じうる。その結果として，少なくとも国際面では，国際違法行為に対する国家責任の追及という形で国際法上の調整（coordination）が行われるにとどまり，国際法上の義務と抵触する国内法令を当然に無効にしたり廃棄しうるものではない，という」[1]

第 1 部　国際法の基盤

　この議論は広く言及されるようになり，現在でも多くの教科書が「調整理論」ないし「等位理論」として紹介しているが，日本における受容ないし言及の程度はこの議論を産んだヨーロッパ以上であるように思われる．小寺彰は，「日本では山本草二が紹介して，たちまち通説の位置を占めるに至った」と記述するが[2]，これは彼が山本の『国際法』を指して「これは出版後旬日を経ずに，わが国国際法学のスタンダードたる位置を占めた」と評したことと同一のトーンである．同教科書への評価のポイントは 2 つあり，1 つは対象について国家相互間の規律から国家管轄概念を中軸に据えつつ国際社会と国内社会の相互浸透の課題に応えようとした点，もう 1 つは記述の仕方が学説を基本に据えたものから ICJ 判決を初めとする各種判断を縦横に引用して実定法として描いている点である[3]．従って「等位理論」こそは，『国際法』が展開した国際法論の中心的議論なのであり，それ故に，この議論を検討することはその後に隆盛するエートスを検討することに通ずる．
　もとより，調整理論は日本だけの議論ではあり得ず，後に詳しく見るフィッツモーリスのハーグ講義[4]，ルソーの諸著作[5]はもちろんその主たるものだが，更に，ブラウンリー，ショウ，エイクハースト，イプセンなどの代表的教科書，またハリスの資料集で，程度の差こそあれ，肯定的で明示的な言及がある[6]．『マックスプランク国際公法事典』でも，フィッツモーリスの主張が彼

---

1)　山本草二『国際法〔新版〕』（有斐閣，1994 年）86 頁．ここでの記述は初版とほぼ変わらない（同，初版，58-59 頁）．
2)　小寺彰『パラダイム国際法 ── 国際法の基本構成 ──』（有斐閣，2004 年）48 頁．なお，日本ではこのほか横田洋三が新たな立場（「新二元論」）として積極的にこの立場を主張していた（横田洋三『国際社会と法 ── 平和と発展の条件』（旺文社，1982 年）63-64 頁；同・編著『国際関係法』（改訂版，放送大学教育振興会，2006 年，70-73 頁））．
3)　小寺彰「国際関係法」岩田一政ほか編『国際関係研究入門』（東京大学出版会，1996 年）82 頁．同様の評価として，大沼保昭『国際法 ── はじめて学ぶ人のための』（東信堂，2005 年）617 頁．
4)　G. Fitzmaurice, "The General Principles of International Law Considered from the Standpoint of the Rule of Law", *RdC*, Tome 92, 1957.
5)　C. Rousseau, "Principes de droit international public", *RdC*, Tome 93, 1958; *Droit international public*, Tome I, 1970; *Droit international public*, (Précis Dalloz), 10éme éd., 1984.
6)　J. Crawford, *Brownlie's Principles of Public International Law*, 8th ed., p.50.ff., 2012; M. Shaw, *International Law*, 6th ed., 2008, pp.132-133; P. Malanczuk, *Akehurst's Modern Introduction to International Law*, 7th rev. ed., 1997, pp.63-64; K. Ipsen, *Völkerrecht: ein Studienbuch*, 3. Autl., 1990, pp.1076-1077; D.J. Harris, *Cases and Materials on International Law*, 7th ed., 2010, pp.61-62.

の属するコモン・ロー地域を越えて琴線に触れたとして影響の強さが記されている[7]。

　他方，通説化が言われる中で，調整理論は厳しい批判に晒されてもいる。その最も重要な批判は，これが二元論と区別可能な議論なのか，そして，理論たる地位を有するのかにある。即ち，「実質的には二元論に近い」[8]，「その基本的立場はこれまでの二元論の域を出るものではないと解される」[9]，「一元論と二元論が妥当性の連関という理論的観点から法体系全体としての国際法と国内法の関係を論じたのに対して，調整理論の二元論に対する付加価値的部分はいわば現実の法現象の説明にすぎず，調整理論を一元論・二元論の理論的立場と同列に扱うことができるか疑問」[10]，調整理論の論者において「二元論や国際法優位論が必ずしも正確に捉えられないで，彼らにとって不本意な仕方で切り捨てられる傾向にあったように思われる」[11]，「調整理論に対しては，その実態は二元論である，あるいは，調整メカニズムについて何も説明していない，という正当な批判がなされている」[12]といった具合である。今や「一般的に受け入れられている理論になっているとはいいがたい」とも評価されている[13]。

　特に二元論との同一視は，主唱者であるフィッツモーリスが当初から気にしていた点だと思われ，そのハーグ講義の後も二元論と同じではないと敢えて注記している[14]。『オッペンハイム国際法』（第9版）では調整理論の紹介自体がないのだが，あろうことか二元論の説明としてフィッツモーリスの記述を用い，脚注で彼の名を明記している[15]。クアドリやヴィラリーはフィッツモーリス

---

7) P-M. Dupuy, "International Law and Domestic (Municipal) Law", R. Wolfrum (ed.), *The Max Planck Encyclopedia of Public International Law*, Vol. V, 2012, p.840.
8) 小寺彰ほか編『講義国際法〔第2版〕』（有斐閣，2010年）108頁（岩沢雄司執筆部分）
9) 杉原高嶺ほか『現代国際法講義〔第5版〕』（有斐閣，2012年）（杉原高嶺執筆部分）27頁。
10) 浅田正彦編著『国際法〔第2版〕』（東信堂，2013年）25頁（浅田正彦執筆部分）。
11) 多喜寛「国際法と国内法の関係についての等位理論」『法学新報』105巻6・7号，1999年，235頁。
12) 酒井啓亘ほか『国際法』（有斐閣，2011年）384頁（濵本正太郎執筆部分）。
13) 柳原正治『国際法』（放送大学教育振興会，2014年）50頁。
14) G. Fitzmaurice, "The Law and Procedure of the International Court of Justice, 1954-9: General Principles and Sources of International Law", *BYIL1959*, 1960, p.188. n.1.
15) R. Jennings and A. Watts (ed.), *Oppenheim's International Law*, 9th ed., Vol.1 Introduction and Part 1, 1992, p.53. なお，杉原高嶺による評価（同『国際法学講義』（初版第2刷〔補訂〕有斐閣，2011年，106頁）も参照。この点は，後述する。

の議論を二元論と同様ないしその適用の一側面だと考え，一元論と二元論のどちらかしかないと考え，彼が提示する仕方で従来の問題を回避できないと述べる[16]。ハリスの『国際法判例・資料』が初版で紹介していたときは，教室質問としてフィッツモーリスが二元論とどう異なるかを問うていたし，フィッツモーリスに言及するイプセンも肯定的引用の後，出発点において二元論的であると述べている[17]。最近では，ブラウンリーの教科書につき ── 後述のように「調整理論」を広めた一人だと思われる ── 彼の死後，初の改訂となったクロフォードによる第8版で「調整の理論」のタイトルが削除されている[18]のが興味を引く。

　現状において，これらの議論に決着が付いたとは言い難く，各種教科書における批判は概して簡略に過ぎる。他方，近時の国際法と国内法をめぐる議論はといえば，その中心はもはや調整理論自体にはないというべきで，関心は直接適用や国際法適合解釈（間接適用）といったその先の具体的問題に向けられている。各国国内法秩序と国際法実務に関する実証的研究が隆盛し，「調整理論」自体は常識の1つとなったために，逆に深められていかなかったように思われる。別言すれば，このこと自体は調整理論を導いた実務的エートスの成果に他ならなかったのである。その意味で，調整理論は多くの論者にとって随分前に歴史的役割を終えた[19]，あるいは終えるべき議論のように見えるかもしれない。

　こういった状況下でなお本稿が調整理論に関心をもつのは，少なくとも次の2つの理由による。第1に，調整理論自体のエートスが理論的考察を拒んだとしても，そもそもこの議論がいかなるものなのかについては十分な決着を見ていないからである。この点，この議論に際立って高い評価を与えるのが他ならぬ村瀬信也教授であり，その場はまさに「山本草二先生還暦記念」論文集で

---

16) R. Quadri, "Cours general de droit international public", *RdC*, Tome 113, 1964, p.290; M. Virally, "Sur un pont aux ânes: les rapports entre droit international et droit internes", *Mélanges offerts à Henri Rolin: Problèmes de droit des gens*, 1964, pp.491-492.

17) D.J. Harris, *Cases and Materials on International Law*, 1973, p.63. 最新版にはこの記述はない。Ipsen, *supra* n (6), pp.1076-1077.

18) J. Crawford, *supra* n (6), p.50. ただし，諸「理論」の中でフィッツモーリスとルソーの見解が最も真実に近いとするブラウンリーの記述は残っている（*Ibid.*, p.110）。

19) 田中忠「国際法と国内法の関係をめぐる諸学説とその理論的基盤」広部和也＝田中忠編集代表『国際法と国内法─国際公益の展開─』（勁草書房，1991年）48頁。

あった。村瀬教授によれば、「この等位理論こそ、従来の（多分に不毛な）両極的学説対立を止揚し、問題を意識的・積極的な『調整』(co-ordination or harmonization) の手続きに展開していく途を拓くもの」であり、「一部で誤解されているように理論的問題を棚上げにしてプラグマティックに抵触の調整だけを図ろうとする方法では毛頭なく、むしろ従来の一元論と二元論の双方を踏まえつつ、これらを相互媒介的に綜合しようとする理論的立場として捉えられるべきものである」[20]。否定的評価も多い中で、この高い評価は適切なのか。そもそも、一元論・二元論の相互媒介的な綜合とは何を意味しうるのか。ややもすると図式的に過ぎかねない比較的簡潔な記述からその意義を見出すのは容易ではなく、そもそもここでの記述は論文全体の主旨でもなかった。

第2は、理論が求められる一般的必要に従いつつ、実務的要請を満たすためにこの議論の意義を明確にする必要があるためである。後述のように、調整理論は諸国による国際法の国内的実現に関して調整義務を問題にする。この義務はどのように果たされるのか。調整理論の唱道者でもその力点や展開は同一ではない。そもそも、この問いの前提として、調整義務とはどのような義務なのか等が問題になる。

本稿での言及は最小限に止まるが、国際法と国内法の関係に関するここでの議論は特に1990年代以降のグローバリゼーションの普遍化・深化に伴う新たな局面への示唆を与えることにもなる。国際秩序の再構成に関わる複数の表現、すなわち「立憲主義」[21]「裁判官対話」[22]、「グローバル行政法」[23] 等に対して、

---

20) 村瀬信也「国内裁判所における慣習国際法の適用」広部和也＝田中忠編集代表『国際法と国内法―国際公益の展開―』（勁草書房、1991年）135頁-136頁。また、同旨として、『現代国際法の指標』（有斐閣、1994年）52-53頁（村瀬信也執筆部分）; Shinya Murase, *International Law: An Integrative Perspective on Transboundary Issues*, Sophia University Press, 2011, p.380.

21) 関連文献は多数あるが、例えば、J. Klabbers, A. Peters and G. Ulfstein (ed.), *The Constitutionalization of International Law*, 2009; J. L. Dunoff and J. P. Trachtman, *Ruling the World? Constitutionalism, International Law, and Global Governance*, 2009; M. Avbelj and J. Komárek (ed.), *Constitutional Pluralism in the European Union and Beyond*. 2012所収の諸論文、最上敏樹『国際立憲主義の時代』（岩波書店、2007年）等参照。

22) A. Slaughter, *A New World Order*, 2004, pp.65-103; 伊藤洋一「国際人権保障をめぐる裁判官の対話 ── 司法的ネットワークの現状と課題 ── 」『国際人権』25号（信山社、2014年）等、参照。欧州人権裁判所について、同裁判所でのセミナー文書 <http://www.echr.coe.int/pages/home.aspx?p=echrpublications/seminar&c=>, 等参照。

いわば一世代前の議論である調整理論はいかなる関係に立つのか。あるいは全く関係がないのか。この点，近時の議論は，その新規性が強調されつつ，従来の議論との連続性について必ずしも多くを語っていない。学説史のこの空白は埋められなくてはならない。日本の憲法学にあっては，このようなヨーロッパにおける立憲的多元主義を生かす議論が注目を集めているが[24]，他方，調整理論への言及自体が必ずしも十分ではないままでの展開である[25]。調整理論が有しうる理論的成果を迂回する状況が憲法典解釈として国際法と国内法の関係を論じていることに関する方法論的自覚の乏しさ[26]と結びつくなら，立憲的多元主義への着目は消化し切れないままの学説紹介に陥ってしまう危うさを伴うように思われる。

本稿の目的は，上記の関心に照らしつつ，「調整理論」の理論的基礎を明らかにすることであり，ひいてはその現代的意義への示唆を探ることにある。少なくとも教科書的理解に対する補助線を引くことが必要であろう。以下，本稿では調整理論の主唱者達の議論を確認し（第1章），その上で，調整理論を複数の命題に分けた後，それぞれを分析する（第2章）。また，対象となる議論につきフィッツモーリスやルソーを含む一般的な場合には「調整理論」と総称するが，こと山本草二の議論として取り上げる場合は「等位理論」の語句を用いることもある。

2　唱道者達の議論

調整理論に与していると考えられる論者はある程度の規模でいるのだが，代

---

23) *Law and Contemporary Problems*, Vol.68, Nos. 3 and 4, 2005 (B. Kingsbury, N. Krisch *et al.*, "The Emergence of Global Administrative Law"); *New York University Journal of International Law and Politics*, Vol.37, No.4, Summer 2005 (Symposium: Global Administrative Law - Scholarship) 所収の諸論文や，<http://www.iilj.org/gal/> に見られる進行中の議論を参照。

24) 例えば，中村民雄＝山元一編『ヨーロッパ「憲法」の形成と各国憲法の変化』（信山社，2012年）所収の諸論文，等を参照。

25) 例外的に，長谷部恭男『憲法』（〔第5版〕2011年，新世社）427-428頁；石川健治「「国際憲法」再論」『ジュリスト』1387号（有斐閣，2009年）等。

26) 小寺彰・前掲注 (2)，50頁；寺谷広司「国際人権が導く『法』と『国家』再考──特に日本の憲法学を意識しつつ」『憲法問題』17号（三省堂，2006年）187頁。

表的論者として，山本草二が割り注で参照しているフィッツモーリスとルソーの議論をテキスト分析として確認しておきたい。彼らはブラウンリーがこの理論の項目で紹介している2人でもある。その上で，山本自身の議論を検討する。

(1) フィッツモーリス
(a) 紹介
　広く紹介された議論だが，彼のハーグ講義に基づきつつ確認すると，フィッツモーリスは正しい問題設定の必要を主張した上で問題となっているのは国際的場（field）即ち国家間関係における国際法の至高性（supremacy）だとする。ここで国際的場と国内的場は異なっており，両者に共通の場は存在しない[27]。この主張は彼からすれば二元論の導入の話ではない[28]。従来の一元論・二元論の論争はこの共通の場を前提とする非現実的で人工的，的外れなものであり，国際的場や国内的場で2つのシステム（system）間で衝突はない。国内的場では国内法が，国際的場では国際法が至高であり，のみならず唯一のシステムだからである[29]。ここで興味深いことにフィッツモーリスはアンチロッチを「二元論者としてしばしば誤って呼ばれていた」[30]として，彼が既にこうした見解を示していたとする。フィッツモーリスの考えでは，一元論・二元論の論者は必要な議論の前提として2つのシステムが同一の時間と空間で妥当すること，そのような共通に作動する場が存在すると考えているが，これは誤りである。また，彼は一元論・二元論をめぐる問いに答えないままで，彼自身はいずれかの議論をそれ自体としては否定せず，ただその特定文脈との関連を否定しているのだと述べている。ただし，もし条件が満たされるなら，自然法が国際法と国内法の背後・上位にある一元論の方が好ましいだろうとも述べている[31]。この他，ケルゼンに代表される国家は諸個人の集合に過ぎないという見方への批判に記述を割いている[32]。

---

27) G. Fitzmaurice, *supra* n (4), pp.68–70, 84–85.
28) *Ibid.*, p.70.
29) *Ibid.*, pp.70–72.
30) *Ibid.*, p.72.
31) *Ibid.*, p.73.
32) *Ibid.*, pp.74–78. その後，共通分野があると仮定したときに生ずる問題点を指摘している（*Ibid.*, pp.80–85）。

以上の彼が哲学的と呼ぶ局面に加えて，彼は実務的局面を問題とする。憲法や国内法の「緊急避難」は国際義務の不遵守で援用できないことを各種判例によって示し，国内的障害によって国際義務違反があっても国内レベルでは責任を負わず，しかし国際義務違反は残り続け，国際的平面でのことだとする[33]。一層重要だと思われるのは国内法を国際義務に調和させる（harmonize）一般的義務の指摘であり，国際義務違反となる状況について解説する[34]。

(b) 評価

　フィッツモーリスに関する従来の言及との関係で，若干の説明があるべきだろう。調整理論を「理論」に値しない，あるいは一元論・二元論と並び立つそれと考えない論評との関係で言うと，フィッツモーリスは議論の新規性を強調することには謙抑的であり，自らの立場を「理論」と呼んだわけでも位置づけていたわけでもない。彼の理解において着目したのは従来の議論全体の前提であり，国際的場・国内的場それぞれにおける国際法・国内法の優先性を問題にした。前述のようにクアドリやヴィラリーが一元論・二元論の問題から逃れるものだと批判するとしても，そもそも彼自身はこの問題をオープンにしたままだと主張している。フィッツーリスの議論につき，抽象より具体を好み，大陸に対するコモン・ローの特性との関連も指摘されるが[35]，「理論」を自ら名乗ることがなかったのは自然だと思われる。

　また，フィッツモーリスは調整理論でいう「調整」の意味で"coordination"という言葉を用いていない。調整義務に相当する語として，調和（harmonize）の一般的義務という表記を項目タイトルで一度使っているに止まり，これは遵守（conform）の一般的義務とも言い換えられている[36]。彼は，ハイフン付きのco-ordinationという言葉を用いているが，これは従来の学説が国際法と国内法の関係について等位（co-ordination）と下位（subordination）の捉え方をしていると説明するときに用いているのであって[37]，むしろ批判される側の論で使用されている語句である。"フィッツモーリス（イギリス）などが唱えた

---

[33] *Ibid.*, pp.85-88.
[34] *Ibid.*, pp.89-90.
[35] P-M. Dupuy, *supra* n (7), p.840; P. Malanczuk, *supra* n (6), pp.63-64.
[36] G. Fitzmaurice, *supra* n (4), p.89.
[37] *Ibid.*, pp.71, 81.

調整（coordination）理論"という一般的表現は，多分に誤解を招く。

　より重要なのは，彼の議論が二元論と同じなのかであろう。調整理論一般については下記に述べることになるが，ことフィッツモーリスについて簡単に言及する。1つは，前述のように，『オッペンハイム国際法』（第9版）がフィッツモーリスを二元論の説明で用いていることである。しかし，この議論は信用できず，改訂者のワッツやジェニングスが十分に考えた上でそのように位置づけていたかは疑わしい。というのは，フィッツモーリス自身は二元論及び一元論が間違った前提に立っていると批判して自らの立論を展開していることは上記のように明白なのであり，にもかかわらず，例えば実質的には二元論と同じなのだと批判するならともかく，そういった記述も一切ないままに，二元論自体の説明に援用し脚注付きで紹介していることは乱暴に過ぎる[38]。他に，田中忠はフィッツモーリスを二元論の継承者としてアンチロッチ，ヴァルツと並べて紹介しており，「『場』の相違は，トリーペルの唱えた法の規律する社会関係の相違に酷似し……二元論に他ならないとさえ言える」と述べ，「論者の主張と他者の受け止め方のずれを示す好例」[39]とも指摘する。しかし，後述のように，調整理論は複数の命題の集合であり，この点だけを捉えて直ちに二元論と同様だとは言えない[40]。

　既述のようにフィッツモーリス自身が自らの議論が二元論と同一視される可能性に対して自覚的だったことを想起しつつ，もちろん他の評価者が二元論だと評価することは十分にあり得るが，彼の内在的理解として，彼自身が何を二元論と考え，何をそう考えなかったかが重要だろう。彼の二元論自体の説明はわずかで，二元論とは「国際法と国内法は2つの切り離された法秩序でお互い

---

38) また，2人の改訂者のうちの1人であるジェニングスによるフィッツモーリスのハーグ講義への丁寧な解説，特にフィッツモーリス自身が二元論ではないと言っていたことの紹介（R. Jennings, "Gerald Gray Fitzmaurice" in *Collected Writings of Sir Robert Jennings*, Vol.2, 1998, esp.p.1323）と折り合わず，オッペンハイム第9版での記述をそのまま改訂者達の意見だとは受け取り難い。

39) 田中忠・前掲注（19）39-40頁。

40) 田中の場合は，主たる議論が一元論と二元論の対立にあるのでこのように分類するのも不思議ではない。他方，一般にフィッツモーリスと同様の議論を展開していると理解される山本草二については「二元論と一元論の対立を排し」（同50頁）ていると評価していること，何よりも，後述の「妥当の委任連関」と「現実適用における優位性」の区別の視点を提示していたこと（同32頁）からすると，フィッツモーリスを二元論者と位置づけない方が自然だったと思われる。

に独立して」おり，国際法と国内法を「自立・独立した秩序間の等位（co-ordination）の関係」と捉える立場である[41]。更に，フィッツモーリス自身の二元論理解を一層明確にするのは，彼がアンチロッチについては，誤って二元論だと評価されているとき，それがアンチロッチの議論のどの点においてかであろう。そこでは，「国際法と国内法の間の衝突を語るのは，異なる国家間の法の間の衝突を語るのと同様に不正確である」[42]とする理解が引用されている。後述の検討を要するものの，妥当連関による法秩序の存在と衝突の具体的処理を区別して議論していることが看取される。このことから，例えば，フィッツモーリスが一般に二元論者に分類されるアンチロッチと同じ議論を展開しているとしても，フィッツモーリス自身の観点からは彼が二元論者だということにはならない。

　フィッツモーリスの一元論への親近性も，彼を二元論者に引き寄せて理解するのを中和するだろう。一方で，一元論の議論の１つである国家を諸個人に還元する理解に批判的だが[43]，他方，共通分野が存在する場合の一元論の理論的優越を認めていた。一層直接的には，萌芽的ながらも言及される「調整義務（調和の一般的義務）」は，後述のように，そもそも何らかの一元的秩序観なしに想定できないものである[44]。更に，論旨の全体は，国際的場と国内的場を分けてそれぞれに対等の配慮を払うことにではなく前者における国際法の至高性を示すことにあり，これは国際的な法の支配を論ずる彼のハーグ講義に一貫した性格に通ずる。本論文がよく引用される法的義務の究極の源についての議論，論理的必然を追求して社会的必要に至る論法は[45]，ケルゼンほどの理論的峻厳さは無いにしても，論理的には類似している。

(2) ルソー
(a) 紹　介
山本が参照する『国際公法』とブラウンリーが参照するハーグ講義を中心に

---

41) G. Fitzmaurice, *supra* n (4), pp.70-71.
42) D. Anzilotti, *Cours de droit international*, (trans by G. Gidel) 1929, p.57.
43) G. Fitzmaurice, *supra* n (4), pp.74-78. 直後の注ではケルゼンへの敬意が敢えて明記されている（*Ibid.*, p.79, 注１）。
44) 石川健治・前掲注 (25) 27頁も参照。
45) *Ibid.*, pp.38-44.

ルソーの議論を見てみよう。

彼は一元論・二元論の紹介とその批判から議論を始め[46]、この点は一般的である。フィッツモーリスにあっては二元論でないとされたアンチロッチも二元論者として紹介されている。その後、国際慣行の状況に言及するが、実例を紹介しつつ一元論・二元論の国際慣行が動揺しているとする。同時に、彼は国際判例・国内法に言及しつつ、国際法優位が確認できるとする。その際、国際法規範に国内義務を調和させる（en harmonie）義務を有する憲法規定にも言及しているが、「真の法規則というより政治的行動方針に見える」と性格づけており、むしろ否定的に紹介されている[47]。

実行を検討した上で、彼は以下のようにまとめる[48]。即ち、彼によれば、逆説的かもしれないが二元論（と一元論）の争いが無益な論争になっていないか、それは「学派の議論とは別の何か（autre chose qu'une discussion d'école）」ではないかと問えるとする。彼は、近時の論者の多くが[49]先験的な視点を全く外に置き、先行して存在するシステムへの言及を全く外においていることに肯定的に触れる。一元論者の構成においては国際法と対立する国内規範の自動的な廃止を認めるが、他方、二元論者の構想では、不規則的ながら国内法規範の国際的な妥当が認められ、従って、国家の国際責任が作動することを条件として、国際法の優位（la primauté）が明らかになるとする。ここで重要となるのは国際責任の制度であり、国際法の優位とこの原則の正確な出口（制裁の現実の形式に関する限界）を証明するとする。国際責任の性格付けは、『国際法』（ダロー版）での記述に依拠しつつ紹介するなら、「国際法（droit international）の優位、国際法（droit des gens）の存在の必要条件が認められ」、「事実上、この規則が、国際責任の理論によって承認されるのであり、国家責任とは、国家間共同体の組織と同じ条件によって課される制度であり、まさに、国家権限の自立性とそれが上位法に従属することを調整（concilier）できるものである」[50]。

彼はこう議論した上で、「国際法は、本質的に調整の法（un droit de coordina-

---

46) C. Rousseau, *supra* n (5), 1958, pp.464-472; 1970, pp.37-44.
47) *Ibid.*,1970, pp.47-48.
48) C. Rousseau, *supra* n (5), 1958, p.474; 1970, p.48.
49) 『国際法』（ダロー版）では論者が明示されており、メストル、スピロプロス、ミルキヌ＝ゲツェヴィチ、シェリーである（C. Rousseau, *supra* n (5), 1984, p.15）。
50) *Ibid.*, pp.16.

tion）であることを明確にするのであり，承認する性質のメカニズムにおいて権威的強制のあらゆる形式を嫌う」とまとめる[51]。但し，ここで「調整の法」の考え方は，国際法と国内法の関係に特有の論理ではなく，彼にとって，国際法の本質的理解に関わるものである。二部構成のハーグ講義において第2部のタイトル「諸国民の法の間社会的性質」には「国際法とは調整の法である」というサブタイトルが付けられている[52]。これは国際法と国内法が対象とする社会構造の根本的違いに由来し，国際法は国内法と比べてずっと個別主義的で，ずっと連帯性が弱いとし，また，「国際法は調整の法（droit de coordination）であり，国内法は従属の法（droit de subordination）である」と一般に言われていると指摘する[53]。国際法は権限を制御するが，先だって国家体制として組織化された独立した法主体で働くことから，作動する技術的条件においても深層にある特殊性が示される[54]。「社会間法」「国家間法」「多元的法」「調整の法」は同じ理念を表現しているとされる。

(b) 評価

同じく調整理論の唱道者とされるルソーであるが，種々の点で先のフィッツモーリスと異なる議論を展開する。

第1の特徴は，何よりも，慣行の重視である。一元論と二元論それぞれの問題点を指摘した後，それはそれとして深入りせず，慣行はこうなのだと示す論法をとる。彼の言葉で言えば先験的な議論には深入りしない。この実務的エートスは調整理論一般の重要な特性だが，一元論と二元論に対する別の構想を示す程度はフィッツモーリスより低い。義務の衝突の論点も調整義務の議論もなく，調整義務の定めのある憲法をあろうことか批判的に論じてさえいる。ルソーの中心的関心は帰納的方法で法実証主義的立場から現状をどのように説明できるかにあり，正しさの怪しい議論はむしろ避けている。

第2に，彼の議論が一元論や二元論と区別される議論なのか，フィッツモーリスのときと同様に問題にできるだろう。この点，彼の場合は「場」の議論を

---

[51] C. Rousseau, *supra* n (5), 1958, p.474; 1970, p.48.
[52] C. Rousseau, *supra* n (5), 1958, p.463.
[53] 複数の論者が国際法を「調整の法」としてきたとして，ドゥ・ルテル，シュトラップ，ローターパクトを挙げる（C. Rousseau, *supra* n (5), 1958, p.392; 1970, p.27）。
[54] C. Rousseau, *supra* n (5), 1958, p.463.

展開することなく実行を問題にするので，二元論と受け取られることはない。また，実行上の国際法優位をいう点からすれば一元論に与しうるようにも言えようが，そもそも両説を批判し，それには意味がなかったと述べ，実行から見ても一元論は採用できないとしており，一元論者とも言い難い。同じく国家の実行から国際法優位を主張してはいるが，これは国家責任法システムの作動を条件とするもので，国際法優位の一元論とは異なる。また，従来の議論が不毛で別の立場の可能性があるのではないかと議論していることにも着目でき，彼自身の理解としてもどちらにも与しない第3の立場だろう。その実務的強調も相まって，「調整理論」の論者と呼んでも構わないことは確かだと思われる。

　しかし，第3に，彼の議論はどのような意味で「調整理論」であり得るか。この点，彼が「調整の法」と述べるのは，国際法を国内法と対比したときの一般的な特徴付けであり，ここで固有に意味を持つわけではない。また，「調整義務」に相当するものは国内法の紹介の例としてのみ，しかも否定的に言及されるので，この点でも「調整理論」とは距離が遠そうである。しかし，国家責任法の位置づけは決定的で，フィッツモーリスによる言及が限定的である[55]のと比較して重要な位置を占める。これを支えとして，彼が実証によって示そうとした国際法の優位が可能になるからである。

（3）山本草二

（a）紹　介

　では，山本草二はどのように考えていただろうか。実のところ，そのインパクトの大きさと比較すると，山本自身が等位理論について直接言及している論考は意外なほど少ない。教科書では，本稿冒頭で引用した記述の後，初版と新版ともフィッツモーリスとルソーの2人を明記し，「……という」で締める紹介形式で記述されている。『国際関係法辞典』ではブラウンリーも主唱者として名が挙げられている[56]。『国際法』（新版）では，初版に説明を加えて，各国国内の国家機関の実行を重視すべきだとする潮流をこのブラウンリーを参照しつつ言及し，また，「義務の抵触」及びそれを調整すべき「法的義務」に注意

---

55)　Fitzmaurice, *supra* n (6), p.88.
56)　山本草二「等位理論」国際法学会編『国際関係法辞典』（三省堂，1995年）575頁。論者の明記は，第2版（2005年）には無い。

を促し，その際，デュプイ，イプセンの教科書を参照している。

初版にない新版の重要な記述の追加は，等位理論を国際法の国内的実現の方式と関連づけている点である[57]。その方式として，編入・一般的受容と変型と並べてドイツ学説を参照しつつ，執行指示（Vollzugsbefehl）と呼ばれる方式を紹介する[58]。これは，「国際法が国内法上の効力を発生するためには，国内の法適用機関に対して国際法をそのまま適用するよう指示・命令を与え，そのための権限を与えるという国内措置が必要だ」という認識に立ち，「一般的受容または変型の方式とは異なり，特定の国内措置により国際法をそのまま国際法として国内で適用しうるとするもの」とされる。この方式について，「国際法と国内法との相互の作用・依存・補完の関係に基づき国際法の国内実施についての国際協力の必要に着目するのであり，等位理論の具体化とみることもできよう」と述べるのである。

(b) 評　　価

(b)－1．先行者との対比

山本の議論は少なくとも一次的には外国学説の紹介としてあったので，山本の議論を位置づけるためには，先行する論者との関係を明らかにすることが有用だろう。フィッツモーリスにせよルソーにせよ，従来の議論を不毛な対立と捉え，実務的エートスをもって対処している点は山本にも共通するといって良い。その上で，どうか。

等位理論を論ずる際，同時にフィッツモーリスに言及されることが多く，最大公約数的な理解は「フィッツモーリス（イギリス）などが唱えた調整理論を，山本草二は1985年に『国際法』において等位理論として紹介した」[59]といった記述に示され，各種教科書も異口同音である。確かに，従来の一元論・二元論と異なるものとして主張し，一群の主張を共有するとは言えるが，しかし，こういった評価は不正確さを免れない。既に述べたように，フィッツモーリスが調整の意味で使っている言葉は山本が明記する coordination でなく，harmo-

---

[57] 山本草二・前掲注（1）91-93頁。
[58] G. Dahm, J. Delbrück, R. Wolfrum, *Völkerrecht*, Band I/1, 1989, p.106. Ipsen, *supra* n (6), p.1080も参照せよ。
[59] 小寺彰ほか編（岩沢雄司執筆部分）前掲注（8）107頁，田中忠・前掲注（19）40頁，等。

nizeである。co-ordinationの語句は，フィッツモーリスが批判する二元論に関わる表現である。しかも，co-ordinationは一般には山本が学説の命名に用いた「等位」と訳しうる語なので，いかにも混乱を招く。

ルソーとの関係で言うと，山本が参照する3頁分の範囲ではcoodinationの単語は見あたらず，その3頁は主として国際慣行における一元論・二元論の動揺についてであり，積極的な立論の部分ではない。著書の当該セクションの最後にcoordinationの語句があるが，先に触れたとおり，「調整理論」にいう「調整」とは言い難い。山本は自身の記述で「調整」の語の後，敢えて原語co-ordinationを明記するが（なお，英仏語は同じスペルである），どちらの紹介かは必ずしも明らかではない。敢えて言えばルソーなのだろう。

「調整」の射程も気になる。ここで「調整」をフィッツモーリスの「調和（harmonize）」と同じものとしても，フィッツモーリスのそれは，各国の立法・行政レベルでそうする義務を指している。他方，山本は，『国際法』の範囲では「国際違法行為に対する国家責任の追及という形で国際法上の調整（coordination）が行われる」としており，実際上の処理の問題と法的義務としての調整について対応していない。この点は，むしろ国家責任制度を重要視するルソーに近い。しかし，山本も別の著作ではフィッツモーリスと同様の仕方で「調整する義務」に言及しており[60]，その点ではルソーからは距離がある。

また，山本は等位理論を「理論」として一元論と二元論と同等の価値を認めていたというべきだろう。フィッツモーリスもルソーも自らの議論を一元論・二元論と並べるような「理論」とは呼ばなかったし，フィッツモーリスは一元論・二元論の問題点を指摘する性格が強いようにも見え，逆に，ルソーは国際法そのものを「調整の法」とする大雑把な特徴付けである。他方，山本は明示的に「理論」と呼び，国際法の国内的実現方式として紹介する3つの形式と一元論，二元論，調整理論の対応が示唆される[61]。

実のところ，山本の記述の類似性は引用されている2人よりも，むしろ新版から補充された説明部分で出てくるブラウンリーに見出される。ブラウンリーもまた，山本同様，フィッツモーリスとルソーを挙げ，小項目のタイトルは

---

60) 山本草二「現代の国際紛争と国内法」『成蹊法学』43号（1996年）309頁。
61) 『国際法』ではこれほど図式的理解は明示されていないが，『国際刑事法』356頁，注8，参照。

"Theories of Co-ordination" である。ブラウンリーは1966年の初版より既にこの説明をしており，以降，彼による最後の第7版まで見解を変えていない[62]。言及されたフィッツモーリスとルソーの文献だけからは，彼らを「調整」の名をもって括るには憚られるはずであるが，着目すべきことはcoordinationの語を採用し，かつ，theoryと位置づけていることである。一般に「調整」「理論」の語の由来，少なくともその主要な1つはここにあると考えられる。

(b)－2．特徴的主張：「調整」義務への着目と態様

以上は山本を先行者の議論との連続において捉えようとするものだが，山本の議論自体に特徴的な点として少なくとも2点指摘すべきだろう。第1に，一番目立つ特徴は調整理論を「等位」理論の名で言い換えていることである。この点，「どちらの法もそれぞれの分野で最高である以上，法的には相互に等位の関係にあるとみなして（等位理論）」とする記述からすると，国際法と国内法の位階秩序における関係が名付けの決め手だったと思われる[63]。『国際法』で敢えてcoordinationの原語を明記していることからすれば調整理論の呼称を用いる方が自然だとも言える中で，山本はむしろ「等位」であることを重視したと理解することもできる。

第2に，山本の議論で他の先行者にない魅力的な展開は今述べた「調整義務」の観念にある。フィッツモーリスは言及していたが十分に展開していたと言い難く，ルソーにおいては欠落していたように見える点である。但し，「執行指示」というカテゴリーを設けていること自体の重要性は分かりにくく，少なくとも日本ではそれほど広まっていない。国際法と国内法との相互の作用・依存・補完の関係やそれに基づく国際法の国内実施についての国際協力の必要は，編入・一般的受容，変型の各方式についても言えることである。国際協力の必要があるから国際条約は締結され，その上で各国それぞれの方式で国内法

---

[62] I. Brownlie, *Principles of Public International Law*, 1966, pp.29-51ほか各版参照。山本が『国際法』初版で参照しているのはブラウンリーの第3版，新版で参照しているのは第4版であるが特に差はない。

[63] また，山本草二・前掲注（60），308頁も同旨。『国際関係法辞典』の記述において「国際法と国内法を法規範体系としては等位の関係にあるのとし」とある。等位理論ないし調整理論の2つの名を出しつつ「等位の関係に立つものと位置づけている」という理解（柳原正治ほか編『プラクティス国際法講義〔第2版〕』（信山社，2013年）54頁，高田映執筆部分）も同様である。

秩序に取り込んでいる。山本はこの形式を等位理論の具体化とみること「もできよう」と述べるだけである。完全に等位理論と対応させてしまうと変型方式や編入方式の国では等位理論が妥当しないことになりかねず、これは山本の意図に沿わないだろう。山本が参照するDahm自身，執行学説は実現において修正された受容学説にも穏やかな変型学説にも近づくと述べており[64]，区別する意義はさほど大きくない。

調整義務を実行するにはその対象となる義務の特定・証明が必要である[65]。従って，義務内容の分類論が重要になるが，この点も山本の議論に優れた展開が見られる。山本は「結果の義務」「特定事態発生の防止義務」「実施・方法の義務」を分類し，更に，国内法制に対する影響・介入として調整機能，助長機能，行為規範設定権能，職務実施権能を指摘する[66]。

更に，山本自身が必ずしも明示しているわけではないが，見過ごせないのは調整理論・調整義務と山本の別の代名詞とも言うべき「国際行政法」との連続だろう[67]。国際行政法の実体をなす国際的公共事務はその目的を国際的利益の実現に置くが，国際行政の機能の1つは各国の行政事務を同一基準で進めるために，その実施を国際面で『調整』することにある（service de coordination）[68]。調整理論は国家一般の国際義務に関する議論だが，ここではこれを行政の側面について語っている。また，重要な理論的基盤であるセルの二重機能論との連続も見られる[69]。すなわち，国家が一方で国家自身のために，他方で同時に多数国間条約の目的たる国際的利益の実現を目指すことで，国際と国内を組み合わせる調整理論と同型の論理構造を有している。

以上，山本の「等位理論」は確かにヨーロッパ学説の紹介を基礎としている

---

64) G. Dahm, J. Delbrück, R. Wolfrum, *supra* n (58), Band I/1, 1989, p.106.
65) Crawford, *supra* n (6), p.111.
66) 山本草二・前掲注(1) 113-118頁。山本草二「国際行政法」雄川一郎ほか編『現代行政法の課題』現代行政法大系第1巻（有斐閣，1983年）356-363頁も参照。
67) 田中忠・前掲注(19) 49-51頁。
68) 山本草二「国際行政法の存立基盤」『国際法外交雑誌』67巻5号，1969年，36，45頁。また，山本草二「国際共同企業と国内管轄権行使の抑制」『国際法外交雑誌』63巻5号，1965年，23-25頁も参照。
69) Dupuy, *supra* n (7), pp.858-860. セルの二重機能論については，G.Scelle, "Lephénomène juridique du dédoublement fonctionnel", W. Schatzel und H. Schlochauer (hrsg.), *Rechtsfragen der Internationalen Organization*, 1956; *Précis de droit des gens: Principes et systematique*, Deuxieme Partie (1934), p.10等。

が，焦点の置き方は同じではない。山本の等位理論はフィッツモーリスの名とともに紹介されることが多いが，これは学説の不正確な同一視を招きかねない。更に，山本自身に限っても，新版で追加された記述には独自な要素がある。学説の輸入・流布の過程においては論理の欠如・不整合があり，しかし同時に，魅力的な敷衍・創造の中で，調整理論は国際法学説の実務的傾向を引き寄せる強い磁場であったと言えよう。

3　理論的意義

（1）調整理論に関する諸命題と論者の諸相
（a）諸　命　題

以上のようにフィッツモーリス，ルソー，山本を概観して分かるのは，調整理論は一定の同一性を保ちつつも，論理構成や置かれる焦点は論者により差があるということである。従って，調整理論を巡る議論について注意すべき事柄は，調整理論が複数の主張の集合だということであり，その諸相を把握することが重要となる。この点，日本における紹介で「調整理論（co (-) ordination theory)」と表記される[70]のは一体的主張の存在を前提としているようで誤解を招きやすく，ブラウンリーが theories of coordination（複数形）と表記していたのは適切だと思われる。

主唱者達の議論を参照しつつ，調整理論を構成する主要な要素としては，とりあえず，次の諸命題を検討しなくてはならない。

① ［実務性］実務が重視されるべきであり，従来の一元論と二元論は実務的ではなく，少なくともそのままでは適用できないこと
② ［理論性］一元論や二元論と区別される独立の理論であること
③ ［作動する場］国際的場と国内的場は共通部分をもたず，国際的場では国際法が，国内的場では国内法が最高であること
④ ［位階秩序］法体系の関係としては「等位」にあると評価できること

---

[70]　例えば，杉原高嶺・前掲注 (15) 106頁；奥脇直也「国際法と国内法 ── 国際法に抵触する国内法は有効か」奥脇直也＝小寺彰編『国際法キーワード〔第2版〕』（有斐閣，2006年）37頁；Murase, *supra* n (20), p.380.

⑤ ［義務の衝突］法体系と区別される「義務」の存在に注目し，「義務」については衝突があり得ること
⑥ ［調整義務］法的義務としての「調整義務」に着目すること
⑦ ［調整方式の諸相］国家責任制度や「調整義務」などの調整のあり方が課題となること

　①と②は議論全体の性格づけに関わる主張である。①は調整理論による従来の議論への批判内容の1つであり，この議論に顕著なエートスである。ただし，一元論・二元論の枠内でも議論され，それ故の修正があり，また，一元論と二元論が近づいてきたと言われる背景でもある。②は①と対極に位置するとも言えるが，より優れた理論は現実をよりよく説明し，かつ現実に指針を与えうるものである。一元論，二元論と区別されつつ，これと同じレベルで理論たり得るかが問題となる。
　③から⑦までは，調整理論の具体的内容に関わる主張である。③の作動する場について，実務の重要性を強調するとしても体系が作動する場について議論を展開する必要はないが，調整理論の特徴として多くの場合言及される。フィッツモーリスは最も明示的に主張するが，ルソーは主張していない。また，この③は二元論が前提にしていた秩序認識だとも評される。共通に作動する場がないと考えることからは，④のように位階秩序についても一定の帰結を導くことも可能である。山本が少なくともその命名からすると注目している側面である。もっとも，より重要だと思われるのは⑤の義務の衝突に関してで，③と同様，調整理論に特徴的な内容を構成していると考えられる。義務の衝突があることが，①の実務の重視を背景としつつ，調整理論を提唱しなくてはいけない問題意識の出発点だと思われるからである。ルソーにおいて明確ではないが，フィッツモーリスや山本において重視されている。
　⑥の調整義務への着目は⑤の議論の更に延長にあるが，義務の衝突があること自体はこれを解消する義務までも導かないので独自に重要な要素となる。調整理論の論者からすると，二元論ではこの調整は事実上・政治上のものに止まるとされる。⑥の結果として⑦があり，調整義務の存在を認めるなら，その義務をどのように果たしていくかがもちろん課題になる。ただし，この点につき論者達が重視する方式は必ずしも同じではない。逆に⑦で諸相があることは調

整義務の存在自体に影響するわけではない。

(b) 論者の諸相

こうして諸要素に分割する利点は，仮に調整理論を名乗らなくても調整理論と通ずる主張を可視化できること，更に，無数の論者を調整理論との関係で位置づけうることにある。とりわけ実務性の強調は昨今の国際法学説の潮流と適合的で，調整理論の主たる特徴付けのようにも語られる[71]。そういった中で調整理論に言及することなく実務的重要性に触れつつ各種実例を検討する立場もあり，これらは調整理論と同様の問題意識をもつが，しかし，共通性は限定的であることも注意すべきである[72]。また，国家責任に言及する論者は無数にいるが，これが調整の問題として把握するかどうかは別問題で，共通性は低い。

単に実務の重要性を強調するだけでなく，一元論・二元論の問題点を詳論する場合は，より自覚的な「調整理論」としての性格を強める。山本が引用するイプセンは，穏やかな一元論と穏やかな二元論は互いに大部分接近していること，国際法に違反する国内法は国内的な名宛人を拘束するのであり無効となるわけではないこと，一元論・二元論の争いが「見せかけの問題」であり，理論の正しさは経験的事実を通じて確証されたり反対されてありすることと切り離されており，実務的問題と区別されると述べ[73]，調整理論の論者に連なるだろう。ただし，主張の重きは実務の重要性にあって，そこから他の特徴を組み立てようとするわけではない。他方，バーゲンソルとメイヤーの共著のように，学説の問題性などは詳論せずに，例示とともに端的に③の主張を展開するものもある[74]。

---

71) Shaw, *supra* n (6), p.133.
72) 例えば，「調整理論」「等位理論」の名前はないが，小松一郎『実践国際法』（信山社，2011年，266-267頁）；E. Denza, "The Relationship between International Law and National Law", M.D. Evans (ed.), *International Law*, 4th ed., 2014, p.418. なお，調整理論の実務性故にプラグマティズムの問題性が論点になるが（三浦武範「法体系の調整に関する一考察（一）」『法学論叢』142巻2号（1997年）80-88頁，参照），これは基本的には①のみが主張される場合に限ると思われ，「調整理論」一般に当てはまる批判ではない。調整理論は「理論的問題を棚上げにしてプラグマティックに抵触の調整だけをはかろうとする方法」ではない（村瀬信也・前掲注（20），1991年，136頁）と反論するとき，この①のみでは調整理論とは呼べないということを示す。
73) Ipsen, *supra* n (6), pp.1076-1077.
74) T. Buergenthal and H. G. Maier, *Public International Law in a Nutshell*, 1985, pp.5-8.

詳細に取り上げた3名とは別に最も注目すべきなのは村瀬教授が調整理論の例として言及するオコンネルであり,「調和の理論 (the theory of harmonisation)」として議論を展開している[75]。彼の議論の特徴としては他の論者と異なり,議論の出発点として諸個人をおき,これが1つの法秩序に排他的に属しているわけではないとして一元論を排し,同時に,国際法と国内法は基本的な人間の善を目指す調和的なものだとして,二元論も排する[76]。一元論と二元論はそれぞれ離れた局面から論じているが,真の論点は法が調和的か,行動の諸ルールが矛盾的であるのを許容するかどうかだとする。両者が一元論と二元論の先験的な二分法から演繹しているのは誤りであり,彼のいう調和の理論によれば,国際法は国内法の一部を構成し,国内判事はこれを利用できる。衝突するときには,彼の管轄にある規則に従うよう義務づけられている。国際法と国内法は等しい平面にある[77]。更に,調和のための法技術が語られる[78]。以上のオコンネルの見解では上記の諸要素の全てが入っており,かつ個人から説き起こすことを含めた別の仕方で調整理論が表現されていると評価できる。

日本学説の展開で興味深いのは田畑茂二郎であり,山本草二に先だって調整理論に特徴的な③に類似した主張をしている。即ち,彼は一元論と二元論の選択において,後者を選択するものの,全ての面でその主張を認めるかは別問題だとする[79]。実際には,国際法が国内関係に,国内法が国際関係に触れることも稀ではないとして,国際関係においては国際法の規定が優先し,国内関係においては変型の必要は国内法の問題であり,国内的に妥当する国際法とその国の国内法の矛盾の効力関係を決めるのは結局国内法であるとする[80]。このことを田畑は,実態に照らしつつ(上記①)かつ理論的に(上記②)語っており,

---

75) D.P. O'Connell, *International Law*, Vol. One, 2nd ed. 1970, pp.43-46. 更に,彼を引用するDaesも参照。E. A. Daes, *Status of the Individual and Contemporary International Law: Promotion, Protection and Restoration of Human Rights at National, Regional and International Levels*, 1992, p.4.

76) O'Connell, *supra* n. (75), pp.43-44. 個人の重視は,フィッツモーリスがむしろケルゼン批判として展開したものである。つまり,調整理論は個人の法主体性に関する肯定論とも否定論とも結びつきうる。

77) *Ibid.*, pp.44-45.

78) *Ibid.*, pp.51-56.

79) 田畑茂二郎『国際法 I 〔新版〕』(有斐閣,1973年) 164頁。

80) 同165-175頁。

とりわけ調整理論は二元論の別版だと考える論者からすれば，調整理論に通じる理解が示されているのは明らかだろう。④や⑤の要素は見出し難いが，「国際法と国内法との内容における調和」「国内法を，可能なかぎり国際法と調和するように解釈するといった慣行」への言及から[81]，⑥や⑦の要素も看取される。

以下では，③④⑤の命題及び⑥⑦の命題をそれぞれまとめて検討し（下記（2）及び（3）），その上でより一般的性格をもつ①②の命題を検討する（下記（4））。その際，方法論上は第1章でしたような論者のテキスト分析を基礎としつつも，そこから少々踏み出して調整理論のより魅力的な再解釈・再構成を試みることになる。

（2）調整理論と二元論 ── 認識論的把握
（a）等位理論の認識論的次元 ── 作動する場

調整理論と二元論が同一視される最も重要な点は国際・国内の法秩序認識にあり，国際法と国内法が作動する場が異なるという理解が二元論と同じではないかというものである。その論拠は法体系の抵触の否定という二元論と共通の理解があるためであり，一元論と二元論が妥当性に関わる議論であるところ，調整理論は後者の実際的表現と捉えれば済むというものである[82]。

実際，縮約されて紹介されるフィッツモーリスやルソーの調整理論をもう少し丁寧に見ても，こういった評価は一層正しそうにも見える。フィッツモーリスにつき，彼は議論の前提として「国際的な場」の意味を確定する際に彼が言う「純粋に事実的な方法で」議論を進めようとするが，その出発点は国家が存在し，国際的な場とは国家間の関係及び交渉の場なのだという議論であった。対比的に，諸個人，私的諸団体等は国家として知られる共同体の内部で組織されたもので，これらの関係の場が国内的な場である[83]。確かに，それぞれの法の適用対象を峻別する二元論の出発点と同一である。

他方，注目すべきことには，フィッツモーリスは一元論，二元論について言及するときは「体系（order）」の語を，あるいはしばしばシステム（system）

---

81) 同175頁。
82) 本稿「序」の諸議論を参照。
83) Fitzmaurice, *supra* n（4）, pp.69–70.

の語を用いているが，これが「場（field）」と混同されて用いられることは全くない。したがって，フィッツモーリスが「場」概念を構想する出発点に上記の秩序認識があったとしても，彼自身がこれを新たな文脈に位置づけていると理解することを妨げるわけではない。この「場」概念の射程を定めるのは難しいのだが，この語は平面（plane），場所（place），範囲（sphere）とも言い換えられている[84]。

　この2つの区別は，他の論者達が種々に表現しているものと共通している。オコンネルは2つの問いを区別すべきだとしており，第1は国際法が国内法と同じ意味で「法」であるかという問題，第2はある裁判所がその設立文書によって，国際法又は国内法の規則の適用を要請されるか（required），あるいは一方の他方に対する優位性を付与するよう権威づけられるか（authorized）という問題である[85]。田畑茂二郎は，従来の議論は主として「国際法と国内法の妥当性の連関」に関してであったと議論を展開し（そして，彼の場合は二元論を選択する），その上で「国際法と国内法と矛盾する場合，いずれかが優位に立つか」を議論して，両者を区別している[86]。この2つの区別は確かに維持可能なもののように思われる。妥当の委任連関と実務的処理が異なる論点なのは，国内裁判所が外国法を援用している場合と同様に理解でき，日本の裁判所が特定の場合に日本法を排除してアメリカ法を適用すると決めたとしても，ここから妥当の委任連関についてアメリカ法が日本法の根拠となっているという結論にはならない[87]。これが国際法の場合でも同様だということである。

　これらを手掛かりに，フィッツモーリスにおける「場」の観念を吟味していくなら，比喩的に用いられているこの語を一旦は日常的な意味で把握するのがよいと思われ，例えば「野球場（baseball field）」のように時間と空間によって

---

84)　*Ibid.*, p.72; Fitzmaurice, *supra* n (14), p.188. なお，村瀬教授は「『場（forum）』ないし『文脈（context）』」とも記している。この英語表現には注が無く，フィッツモーリスにも山本にも無い表現なので，村瀬教授自身の言い換えだと思われる（村瀬信也・前掲注(20)，1991年，136頁）。

85)　O'connell, *supra* n (75), p.43.

86)　田畑茂二郎・前掲注(79) 151頁以下，及び165頁以下。田中忠はこれを高く評価し，「妥当性の委任連関」「現実の適用における優位性」と表現している（田中忠・前掲注(19) 32頁）

87)　ハートは，同様のことをイギリスにおけるソ連法の適用という仮想事例で説明している（H. L. A. Hart, *Essays in Jurisprudence and Philosophy*, 1983, p.319 ff.）。

区画された"実定"する経験的世界を念頭に置ける。しかし，もちろん，観念たる「法」が留まる「場」なので純粋な自然世界のそれではありえず，「平面」等の言い換えで指示したい内容を同定していこうとしている。そのような仕方で彼が対比しようとしたのは，先験的な推論として存在する一元論及び二元論に他ならない。逆に言えば「場」なり「平面」なりが抽象的な表現だとしても，一元論や二元論と同じ議論になるわけではない。先験的な議論と距離を置く点はルソーにおいても明白だった。オコンネルほか上述の区別における前者の論点がこれに関わり，「場」の観念は後者を問題にするときに関わる。

この後者の系には可能な理解の幅が若干残っており，更に数点に亘る内容の精確な理解が必要である。第1は，「優位性」として語られる内容についてである。「国際法と国内法と矛盾する場合，いずれかが優位に立つか」と論ずるとしても，ここでの焦点は，対象を同じくするが矛盾する国際法規則aと国内法規則bのどちらを優先するかという具体的処理についてでは必ずしもない。むしろ最終的に決定する根拠となる規範は何かが問題である。個別案件における優位性ではなく，オコンネルが表現するように優位性付与の権威づけ，最終的なそれが重要であり，指摘される「最高」性とはこのことを指すと考えるべきである。ただし，オコンネルのように裁判の場に限定する必要はなく，立法・行政分野でも同様である。国内的場についてより一般的に言えば，ある国の一般受容方式と変型方式の選択や当該国内法秩序における国際法の効力順位等の問題は当該国内法及びその解釈によって決せられることであって，この点で国際法が関与することがない。

第2は，「場」の共通性あるいはそこで国際法・国内法が「作動」するということの意味に関わる。この点，山本にはやや紛らわしい表現があるので注意が必要である。山本は本稿冒頭で掲げた説明で「国際法と国内法が同時に作動する共通分野は実在せず」と述べるが，国内的な場[88]（例えば日本国内の裁判所）で国際法規則も国内法規則も援用されることは一般的な光景である。あるいは「作動」の意味を"最終的に権威付ける"に限定すれば一貫するだろうが，語の自然な意味からは無理であろう。フィッツモーリスが"operate"の語を用

---

[88] なお，山本の記述における「分野」はフィッツモーリスのfieldと対応することをここでは前提としている。「人権分野」「経済分野」といった意味での「分野」では意味が通らない。

いているのは、一つにはその語の後に "to confine the activity of the State" と繋げている場合で[89]、これは全体として権威付けに繋がる理解であり、もう一つは国際法「秩序 (order)」が作動すると表現する場合で[90]、これも個別規則レベルの話ではないことがわかり、上記オコンネルの説明に引き寄せて理解できる。

第3は、法内容との関係である。国際法と国内法が同一内容を定めうることからフィッツモーリスの議論を維持できないとも批判され[91]、なるほど、例えば人権保護は伝統的に国内法の対象であるが国際人権条約も対象とするので共通の場があるとして現実の法現象と一致しないと批判できるかもしれない。しかし、フィッツモーリスが示す論理によるなら、国際・国内各平面での至高性は「内容 (content) から生ずるのではなく、作動する場から生ずる」[92]のである。純粋法学を彷彿させるこの理解によって「場」の観念は形式的・抽象的に把握されるべきことが明らかである[93]。

以上から、国際的場と国内的場に共通部分がないということの意味は、規範の適用対象や内容、規範の名宛人において共通性がないと主張しているのではなく、実務的処理を行う機関の根拠規範に関する表現だと特定できる。根拠規範を問題とする点はいかにも妥当の連関を問題にしているようにも見え、それ故に2つの論点の区別を曖昧にし、これは調整理論を二元論と同じものだとする批判に通じるだろう。この文脈で二元論との区別が曖昧になりやすいのは、一つには、妥当の委任連関の議論が一般には一元論者であるケルゼンによって代表されるため、二元論の場合に当てはまるように見えないからかもしれない。また、二元論にはもともと経験論の混入の嫌いがあるとも言え[94]、二元論と調整理論の類似性が言われる一因になっていると思われる。しかし、アンチ

---

89) Fitzmaurice, *supra* n (4), p.69.
90) *Ibid*., p.73, 74, 84 (fn.2).
91) タンメロはこの点を捉えてフィッツモーリスの主張を維持できないと論ずる（I. Tammelo, "Relations between the International Legal Order and the Municipal Legal Orders—a "Perspectivist" View", *Australian Yearbook of International Law*, 1967, pp.214-215)。
92) Fitzmaurice, *supra* n (4), p.72.
93) フィッツモーリス自身が明示する自らに影響を与えた論者はブライアリー、グッデンハイム、ローターパクト、ロスであるものの（*Ibid*., p.5)、先に論じた一元論的傾向も踏まえつつ（本稿第1章（1））、影のように忍び込んでいるのは敬したる論敵、ケルゼンだと推察される。

ロッチが2つの根本規範を想定したように[95]，二元的構成（二元論でも調整理論でも）の中でもあり得る。より一般的に言えば，先験的にあるいは論理に特化して法認識として何を根拠とするかを探求することと，特定の「場」においてある法カテゴリーが優先され，根拠づけられるよう決まっているのかは区別可能である。例えば，ある国内裁判所が特定国内法規則（それが憲法であってもよい）よりも国際法規則を優先させたとしても，この根拠付けは国内法（国内憲法）であり，国内法秩序が作動したのであり，これは妥当の委任連関を辿って国際法一元論を採用したとしても両立しうる。妥当における特定の立場と処理の場における特定の立場とは当然に結びつかないことは，フィッツモーリスが調整理論を一元論・二元論の双方に共通する問題として論じていること，それとは別に妥当の問題としては一元論の方が適切だと述べていることとも平仄を合わせる。

(b) 調整理論と義務の衝突

上記の理解は，調整理論の⑤の命題，"体系は独立だが，義務が抵触する"と合わせて確認されるべきだろう。そもそも，これはどのようなことを意味するのか。義務の抵触が存在することと「『体系』としての抵触の否定との法的整合性の問題が残る」[96]と指摘される。

前提として，そもそも義務の衝突はありうるのか。この点，ハートと代表的な一元論者であるケルゼンとの論争が参考になる。ケルゼンにとって，国内法と国際法の統一は法理論上の公理，認識論上の公理である[97]。しかし，ハートも言うように，認識上の公理というだけでは国際法と国内法が統一的であることの説明にならず[98]，この論法は，どの視座から特定の行為を評価してい

---

94) 例えば上記で田畑が一元論ではなく二元論を選択するのは，この法経験を重視するためである（田畑・前掲注 (79)，162-164頁）。田畑が最終的に二元論を選択していること自体ではなく，それが法経験を重視した上での選択であることがポイントだと思われる。逆にこう主張しているのは，2つの論点を峻別する以上，著者はこの論点について一元論をとるのが自然だと考えるからであり，フィッツモーリスの見解に好意的である。

95) D. Anzilotti, *supra* n (42), p.51.

96) 杉原高嶺・前掲注 (15) 106頁。また，三浦武範「法体系の調整に関する一考察（二）」『法学論叢』143巻5号（1998年）49頁注 (75) も疑問点として挙げる。

97) H. L. A. Hart, *supra* n (87), 1983, p.322.

98) 認識枠組みである法学の存在だけでは，"戦史や兵法学の存在から全ての戦争が1つだと言うに等しい"という批判は正しい（*Ibid.*）。

るのか，ハートの言葉を使えば法的地位（legal position）を無視した議論である[99]。ケルゼンによれば，国際法によって定立が禁じられていたとしても，一旦定立されてしまうと当該制定法は国際法によってすら妥当するものとされ，条約に関する国際法上規則と抵触せず，国際法規則は国家制定法の内容を直接確定するのではなく，その制定自体が合法か否かを確定するに過ぎないとされるが，ケルゼンによる説明は国際法上の禁止規範と国内法の許容規範で衝突していることを示すに過ぎない[100]。確かに衝突は存在しているというべきである。

この議論をもう少し敷衍してみよう。参考として対比するなら，義務の衝突として一般に考えられるものの1つは同じ体系内に属しながら両立不可能な規範が存在しうるような場合であり，それ自体もちろん争いがあるが，例えば国際法内で「後法は前法を破る」「特別法は一般法を破る」，ユス・コーゲンス違反の条約の無効がある。しかし，調整理論として問題にしているのは異なる体系内でのそれである。

衝突が問題視される状況は国際法と国内法の規律対象が重複する場合である。例えば，国際人権条約は各国の管轄下にある個人の権利を対象としているが，これは各国国内法も同時に規律している。例えば，ある表現行為を国際人権条約が人種差別や戦争唱道として禁止している一方で，ある国の国内法がこれを「表現の自由」として保護・許容しているような状況である。

しかし，ここで衝突が問題となっているのは，両立しない規範が存在すること自体ではなく，国家が2つの規範の名宛人に同時になっているからである。アンチロッチやフィッツモーリスと同様に語るなら，例えばドイツで禁止，日本では許容となっていて，2つの両立しない規範が存在したとしても，ドイツも日本も困難に陥ることはない。この点，一元論・二元論の理論的構図では明示されていなかったのだが，主体を理論の構成要素として明示していることから，つまり，ハートの説明でいう「法的地位」が世界に多元的に存在し，国家が国際法秩序及び国内法秩序の両方において主体であることに伴って，「衝突」が問題になるのである[101]。

---

99) *Ibid.*, pp. 331-332, 329.
100) *Ibid.*, pp. 333-334.

(c) 認識論の重要性

　理論的に表現するなら，以上のような仕方で主体を焦点化することは立論の構図においてこれを考慮することのみならず，この「主体」を視座として据える議論を問題にしていることでもある[102]。そのような仕方で，調整理論はメタ的次元において存在論から認識論へと展開する議論だと言える[103]。

　すなわち，従来の議論は国内法や国際法が何であるかという問いから出発し，妥当においてその一体性を論じたり，適用される社会の違いを理由に異なるものと位置づける。他方，調整理論は確かに後者の二元論と共通の存在論をとりつつも，その力点を複数の視座（上記のハートに言う「法的地位」）を問題にしてその視線のずれの交錯点，即ち，後に着目する「調整義務」へと移行させていくのである。逆に，複数の視座があってこそ，「調整」が自覚的に必要になるのである。これは，前述のように妥当の委任連関から実務的な問題の処理へと焦点が移行したことのパラレルな表現である。

　先のハートによるケルゼン批判に引き寄せつつ一般化して言うなら，これは彼の著名な「内的視点」の議論に対応する[104]。すなわち，各法体系それぞれ

---

101) この評価の仕方は，道徳秩序と法秩序に関するケルゼンと批判するハートの議論とパラレルである。ケルゼンは，法と道徳を峻別し，道徳家も法研究者も両者の衝突について陳述しないとされる。ハートが誰も単なる道徳家でも法律家でもないとする反論は，ちょうど国家が両規範秩序に属しているということと同様である。また，道徳秩序と法秩序の峻別自体は，調整理論における国際法と国内法の峻別と論理的には同様の構造である。その意味では，ケルゼンも本稿で述べる仕方での認識論的視座を含んでいたのであり，同様の議論にならないのは，やはり国内法と国際法の統一を認識論上の公理と考えたためだと思われる。

102) この方向性は，齋藤民徒が従来の議論の問題点として法志向，裁判志向とともに客体志向を挙げたのと同様の議論だと思われる（齋藤民徒「国際法の援用と参照 ── 『国内適用』の再検討を通して ──『高知短期大学社会科学論集』第92号，2007年，149-150頁）。齋藤は主体を理論的構図に収めた議論をより一般的に展開している。更に，主体が複数あることによって必然的に問題となる多元性との関係では，齋藤民徒「国際社会における『法』観念の多元性 ── 地球大の『法の支配』の基盤をめぐる一試論 ── 」『社会科学研究』56巻5・6号，2005年，187-192頁，参照。

103) ケルゼンの一元論が法認識の一元性故であったように，調整理論以前に認識論的視座が示されていなかったという趣旨ではない。しかし，本文で述べるようにケルゼンにはあのピラミッド・モデルで理解されるように認識者の多元性を示す知見が欠けており，これは経験に先立つ「純粋」性を求める論法の必然的限界といって良いと思われる。ハートがケルゼンを純粋すぎると批判するのは，現実を説明する観点からすると適切である。

104) H. L. A. Hart, *The Concept of Law*, 2nd ed.,1994, pp.88-91.

に対象を法たらしめる内的視点があり,この場合は各国ごとにそれがあるのである。よく知られているように,現在のヨーロッパにおける立憲的多元主義を隆盛させた人物の一人と目されるマコーミック[105]がEC／EU法の文脈で語るように,それぞれのシステムが,システムに内在する内的視点の観点から理解され,主権理論によって指示される単元的構想に与する代わりに,見方(perspective)の差異,視点(point of view)の差異を知る可能性を受け入れうる[106]。法システムの諸関係は「一元的(monistic)であるよりむしろ多元的(pluralistic)であり,位階的(hierarchical)であるよりむしろ双方向的(interactive)」[107]なのである。

複数の視座,「内的視点」を気づき難くさせている要因の1つは,一見中立的に見える「国際法と国内法の関係」という問題の立て方である。国際法は単一であっても,国内法は複数ある[108]。「二元論」という表現は国際法と特定国家の国内法の関係に関するときの表現であり,問題の設定が最初から特定国家の視座を通じてなされている。これは,ちょうど,日本国憲法で憲法優位説を論ずるのが本来論証の対象となるべき憲法の解釈としてなされている場合と同型である。「国際法と国内法の関係」という問題の立て方は既に国内法重視のバイアスをもつ時代制約的・被拘束的な問題設定なのである。「二元論」は国家が実際に複数あることから,世界全体としてみたときには「多元論」である。「国際法と諸国国内法(domestic laws)の諸関係(relations)」と定式し直し,認識論的視座から多元性を考慮することで,具体的な調整の有り様,全体としての法秩序への見通しを切り拓くことができる。

フィッツモーリスにしろルソーにしろ,上記のような意味で存在論から出発していたことは確かである。ただし,このことは,調整理論が一元論・二元論の枠組みにあることを意味するわけではなく,仮にその自覚がないとしても,

---

105) その位置づけにつき,M. Avbelj and J. Komárek, "Introduction", M. Avbelj and J. Komárek (ed.), *supra* n (21), pp.2-3; 近藤圭介「憲法多元主義 —— ヨーロッパ法秩序をめぐる議論の構図 —— 」濱本正太郎＝興津征雄編『ヨーロッパという秩序』(勁草書房, 2013年) 10-13頁。

106) N. MacCormick, "Beyond the Sovereign State" *The Modern Law Review*, Vol.56 No.1, 1993, p.6.

107) N. MacCormick, "The Maastricht-Urteil: Sovereingy Now", *European Law Journal*, Vol.1, No.3, 1995, p.264.

108) Tammelo, *supra* n (91), p.211.

提出された議論の全体を再構成する中でそれが新しい段階に踏み出していると評価できることはあり得る。興味深いのは山本が最晩年に関係国家機関の条約解釈権能の配分と調整を問題にしていたことである。視座の多元性は解釈権限の問題と密接に結びつくからである。山本は一次的かつ最終的な解釈適用機能は各締約国にあることを第一に確認し，国際機関の解釈・認定が加盟国合意内か，各国の国際法違反認定に止まり中心権力の段階に達していないとし，また国際面における「客観的制度」に言及しつつも各当事国を拘束しないと述べ[109]，一般的ながら重要な議論に言及する。ただし，調整理論との関係では，それ自体重要なものの結果の義務や実施・方法の義務という義務の性質分類への言及に止まり[110]，調整理論が含みうる上記のような複数視座の可能性が展開されているわけではない。

(d) 等位性への理論的評価

以上の考察を踏まえた上で，改めて，山本が「国際法の調整機能」をキー・ワードにしつつも議論全体については「等位理論」という表現を用いていることの評価が可能となろう（前述の命題④）。これは適切な呼称・性格付けではなかったように思われる。1つには，そもそも，2つの体系が独立・無関係であることは，それがそのまま等位であるとなぜ言えるのか疑問が残る。異なる対象について言えるのはただ異なるということのみであり，フィッツモーリス自身がこの立場を第三の法秩序を想定することになるとして否定している[111]。一層重要なのは，この表現が効力順位に関わるものであることであり，妥当論から認識論へと展開する中での古い問題の立て方である。もちろん，他の主張と両立しない議論なわけではなく，山本自身も等位性の強調から何らかの議論を引き出したり，深めたりしているわけではない。しかし，上記のように調整理論の理論的特徴を妥当論の隘路からの脱却に見出すなら，これは理論的後退とも言える。

ルソーは国際責任制度の存在を条件として国際実行から国際法優位を導いているが，これは従来の一元論・二元論を否定しつつのことである。従って，一

---

109) 山本草二「国家の条約解釈権能をめぐる課題」『ジュリスト』1387号（有斐閣，2009年）17-19頁。
110) 同上19-20頁。
111) Fitzmaurice, *supra* n (4), p.81; 多喜寛・前掲注（11）244-245頁も参照。

般にいう国際法優位の一元論を主張しているわけではないし，彼が国際法優位をいうことで主張しているのは，実際は，国際法を含めた法システムの完結性であって，段階論ではない。再構成されるべき調整理論から，位階秩序に関する主張は除かれるべきだろう。

（3）調整理論における調整義務の淵源と実施態様 ── 過程論的把握
（a）義務の淵源 ── この義務は国際法上のものか国内法上のものか

義務が衝突しているという理解は既に各法主体の内在的視点を考慮する点で調整理論を理論的に別の段階に進めているが，このことを一層確実にするのが調整義務への着目である（命題⑥）。「調整義務」こそが二元論と区別される新たな要素であり[112]，この議論が理論たり得るための焦点だと考える理解[113]は正当だと思われる。この点，二元論も「衝突」を調整していたとされるが，しかし，山本や村瀬教授が指摘するように，この場合は調整義務を事実上のものと考えなくてはいけないだろう[114]。もし，それが法的義務なら2つの独立な法的体系があるとは言い難いからであり，また，理念的に構成される二元論の立場からすれば，衝突する義務は放置したままで構わない。

調整義務の理論的意義を明らかにするために，論者達が必ずしも明示的に答えていない問いを考察する必要がある。そもそも，調整義務の法的性質はどのようなものか，更に法的義務だとしてその淵源は国際法上のものなのか，国内法上のそれなのか，あるいはそれ以外の回答が必要なのかである。長谷部恭男はこれが自己利益についての慎慮に関わる問題に止まる可能性を示唆し，そもそも国際・国内両法秩序ではそれぞれ国際法・国内法が優位だとするなら「調整義務」が法的義務であることを放棄しているのではないかと疑問を呈している[115]。もし，この疑問の通りだとすると，「調整義務」と呼ばれるものは事実上の義務に止まるのであり，調整理論は二元論と変わらないことになる。

1つの理解は「調整義務」を調整規則と見る立場だが[116]，この回答はこの

112）　奥脇直也「『国際法と憲法秩序』試論（1）」『立教法学』40号，1994年，99頁。
113）　三浦武範・前掲注（72）88頁。
114）　山本草二・前掲注（1）86頁；村瀬信也，前掲注（20）1991年，136頁。実際，そのような二元論の主張として石本泰雄「国際法と国内法の関係」『国際法研究余滴』所収（東信堂，2005年＜初出1986年＞）55頁。
115）　長谷部恭男・前掲注（25）426頁。

問題を解決しない。というのは，調整規則だったとしても，それが国際法上のそれなのか国内法上のそれなのかは依然として問題になるからである。

有力な回答は調整義務を国際法上のものと考える立場であろう。というのは，調整義務は国際法上，国家に義務が課せられることによって —— 典型的には，条約締結によって —— 初めて問題になるからである。山本は『国際法』等では必ずしも分からないのだが，『国際刑事法』には「……調整すべき国際法上の義務」との記述がある[117]。しかし，この立場は国際法優位の一元論と変わりがなくなると思われ，実際，調整理論による説明に一定の合理性を認め，法的責任追及の制度化・精緻化によって「実質的に国際法優位の一元論に近い関係」が成立するようになるという主張[118]は有力に見える。一般に言われているのとは逆に，調整理論は実は一元論の一種ではないかという問題意識を生むことになろう。確かに，国際法優位の一元論と調整理論との親近性は高いように思われる。他方，山本自身は国際法優位の一元論の問題点を指摘し[119]，克服されるべき立場と捉えているように思われる。

この点，調整理論の基礎はより複雑だと思われ，調整義務の登場の仕方から国際法優位の一元論的理解を出発点とするとしても，この理解をそのまま徹底できるわけではない。調整理論の命じるところが国際法と国内法の合致，少なくとも両立可能性を確保することだとすれば，その実現方式は国内法の側に引き寄せるのでも構わない。一般に，国内法の国際法適合的解釈（間接適用）の重要性が指摘されるが[120]，調整理論は国際法の国内法適合的解釈も許容できる議論である[121]。山本に関して言えば，調整理論が一般に有する国際主義的傾向と山本学説の国家中心的基調をより整合的に理解するには調整理論がもつ

---

116) 三浦武範・前掲注（96）35-39頁。
117) 山本草二『国際刑事法』（有斐閣，1991年）356頁注（8）。
118) 中谷和弘ほか『国際法〔第2版〕』（有斐閣，2011年）122頁（植木俊也執筆部分）。
119) 山本草二・前掲注（1）85頁。山本の立場は，①詰まるところ国際法優位の一元論に行き着くか，あるいは，②それと区別可能な調整理論の主張をしているか，③両者の議論を両立可能なものとして両者を受け入れているか，いずれかの立場になると思われる。おそらく②なのだと思われるだが，山本自身が整合性のある主張をどのように用意していたのか文面上は必ずしも明らかではない。
120) 寺谷広司「「間接適用」論再考 —— 日本における国際人権法『適用』の一断面」坂元茂樹編『藤田久一先生古稀記念 国際立法の最前線』（有信堂，2009年）166-168頁。
121) 例えば，二風谷ダム事件で，札幌地裁は自由権規約27条に対して日本国憲法上の公共の福祉を考慮して解釈している（『判時』1598号44頁）。

この「幅」に着目する必要があり，この幅の存在は先に見た解釈権の所在が第一次的には国家に存するという彼の主張と適合的に理解できる。これは主権国家体制で把握される国際社会の常態である。国際条約を念頭に置けば，条約の文言自体を変えることはできないが，その後の解釈を巡る争いの中で国内法に引き寄せる典型的な制度化の例が「解釈宣言」であるし，各国の解釈権限の行使もその現れである。また，法生成と法適用の区別が曖昧な慣習国際法であれば，国内実践の蓄積によって，国際法は成立の段階で国内法に引き寄せられる。

実際に着目すべきことは，国際法がそのものの形で国内的に妥当する国際法の「二重の性格」[122]，両平面で共存することだろう。これは，前述のように，山本が「等位理論の具体化とみることもできる」と考える執行指示の着眼点でもある。特定内容の義務が国際法と国内法の両方で同時に妥当しうる。このことは国際的場と国内的場が共通する部分をもたないという命題とも矛盾しない。というのは，ここで示されているのは両法体系が独立に存立し区別されつつ，それぞれの場でそれぞれに最高であるという説明内での議論だからである。調整の結果たる個別規範を抽象的・一般的に支えるのは，特定の国際条約義務の遵守について条約法条約第26条に表現される pacta sunt servanda 原則であり，同時に，例えば日本国法秩序にあっては憲法98条2項の国際法遵守規定である。調整義務は国際平面に視座を置けば国際の，国内平面に視座を置けば国内の義務であり，国際義務であると同時に国内義務でもあると性格づけられ，双方の平面に共通して存在しうる。つまり，同じ内容の，しかし別の基礎をもつ法的義務と理解することができ，調整理論は調整義務を統一的な法秩序において基礎づけられると考えない点で一元論とは異なり，2つの基礎をもつにしても，それぞれの法秩序から内在的に根拠づけられる法的義務と理解する点で二元論とも異なると説明できる。

(b) 過程論への転換

上記のように現実の法適用状況を調整理論として理論化することは，国際法と国内法の秩序は無関係ともどちらの優越とも言えないことを意味するが，これは一元論・二元論で共通の前提としていた思考モデルでは把握し難い。即ち，旧来の理解の仕方は静態的であり，ある特定時点での国際義務の内容，その判

---

122) 田畑茂二郎・前掲注（79）169-170頁。

断権者，複数の判断権者がある場合は最も優越的な機関が特定されてなければならず，国家行動の国際法上の合法性を判定できなくてはいけないことを前提にしている。典型的にはある法体系内部で完結するときの裁判がそのような状況である。

ところが，現実の国際社会は上記の理解がしばしば強い前提として語られ，実際一定程度現実化している一方で，義務内容も判断権者の優越関係も明確でないことが一般的である。国家の行為規範に関わる部分の多くはそうであるし，裁判にあっても複数の裁判機関が併存するために曖昧さは避けられず，各裁判機関同士が「裁判官対話」を望ましいものと考えるのもこの状況のためである。調整理論はこのような状況認識に与している。

一元論とも二元論とも異なる独自の立場としての調整理論は複数の必ずしも両立しない判断が併存することを焦点化するが，このことから調整理論のもつ過程論的側面が浮かび上がる。この点，国際法学において過程論の重要性を最も強力に主張したイエール学派の主張は参照すべきものの一つであろう。マクドゥーガルは既に1950年代末に，調整理論がそう論じたように従来の議論が現実 —— 彼は世界の権力過程（the world power process）と特徴付ける —— をあまり正確に記述できていないと主張していた。彼からすると，二元論のように絶対主権国家がいかに「拘束力ある」国際規則の下に位置するあるいは調整されるかの説明に腐心したり，一元論のように階層化の共通の「妥当」を示そうとしたりするのは問題ではなく，問題は，言説と実際の運用の両方につき，権威とコントロールが国際と国内で相互浸透する過程における相互的な影響・作用（impact or interaction）にある[123]。マクドゥーガルの立場は，本稿の立場からすると，従来の議論の限界から一足飛びにより社会学的考察へと展開するようにも見えるためにその枠組みからは調整理論のもつ木目細かさが把握し難いが[124]，調整理論がもちうる理論的含意と同一の方向性を示しているように思われる。奥脇直也が調整理論の方法的な立場を「国際法と国内法との調整過程

---

[123] M. S. McDougal, "The Impact of International Law upon National Law: A Policy-Oriented Perspective", *South Dakota Law Review*, Vol.4, 1959, pp.30–39, esp. p.37.

[124] フィッツモーリスらの主張は明示されていないものの，二元論に関する記述の中で「調整された」（coordinated）の語がある（*Ibid.*, p.37）ことから，旧来の二元論に引き寄せて位置づけられることになろうかと思われるが，時期的にはフィッツモーリスの議論が流布する前であり視野に入っていなかったと思われる。

の相互作用のなかで，実証的に特定されていく」と性格づける通りであり，この他，小寺も調整理論が国際法と国内法の「両秩序の義務が矛盾抵触する場合に国家がどうするかという『動的な過程』を問題にしている」[125]と，その特徴を適切に指摘している。

こういった過程論的記述は上記の認識論的見解の強調と統合的に理解されるべきものである。マコーミックがあるべき全体像の把握として「位階的（hierarchical）であるよりむしろ双方向的（interactive）」[126]と性格づけるとき，この静態と動態の対比は多元性の指摘とともにある。ここで変化とは，一元的な，内部において単様な法秩序自体の変化とは異なるものである。法秩序内部において複数の視座を措定し，変化がどのような有様なのかを記述するのである。

調整理論のこの状況認識を国際法における例外と捉えるべきではない。むしろ中央集権なき国際社会にあっては，これをいわば常態として位置づける方が現実に適合している。そして，これは無秩序とは異なる。というのは，対立を放置して議論を止めるのではなく，調整の必要が示されるように一定の統一性・両立可能性が志向されていることは確かであり，複数の異なる主張が関連し合えるからである。例えば，このような見方に立って初めて，ある種の国際法規範が，法的拘束力を完全な形では有しない一方で規範性を全くもたない単なる事実とも言い難い状態を積極的に位置づけることができる。例えば，自由権規約委員会が自らの「見解」を権威ある決定（authoritative determination）としているが[127]，これを妥協的な表現としてではなく，むしろ，こうした動態を積極的に把握する枠組みの中で理解できる。

以上のような2つの理解の対比は，既に規範の妥当の委任連関と実際的適用の区別として指摘されていた区別の変奏であり，調整理論は前者に偏重する一般的な法源の理解からは十分に意義づけられないのである。

(c) 具体的態様

国際法と国内法の齟齬を調整する方法（命題⑦）は，論者達の記述から2つ

---

125) 奥脇直也・前掲注（112）83頁；小寺彰・前掲注(2) 53頁。
126) N. MacCormick, *supra* n (107), p.264.
127) General Comment No 33, The Obligations of States Parties under the Optional Protocol to the International Covenant on Civil and Political Rights（CCPR/C/GC/33), 2008, para.13.

に大別できる。1つは責任システムに従った処理で義務違反が確認された後に問題になる。もう1つは規範内容の調整であり，多くの場合，義務違反となる前に問題になる。

(c) ― 1．責任システムによる「調整」の意義

事後の責任システムに基づく処理は山本も調整理論の中心的内容として説明し，ルソーが最も注目したものだった。国際責任の制度，とりわけ特定的には，国内法を国際義務違反の確定に影響しないこと（国家責任条文第3条）は，作動する場について国際平面と国内平面を区別する調整理論の考え ―― ルソー自身は明示していないが ―― を直接に表現している。この調整の方式は，直ぐ後に見る具体的で事前の調整義務と比較すると，国家にとっては自動的・受動的に生ずるのであり，規範内容の「調整」というよりも国際・国内規範内容の齟齬自体を動かさず，それをシステムとしてどう扱うかを問題にしている。問題を責任制度に送り込むことで処理を完結させるのであり，これはちょうどアンチロッチ ―― 一般には二元論者，フィッツモーリスによれば自身の考えの先行者 ―― が責任法をもって完結した国際法のシステムを構想していたことと平仄を合わせる。

しかし，杉原高嶺が批判するように[128]，国際・国内の齟齬は国際責任制度による処理で済まされるものではなく，国際義務には国内法の立法や改廃を義務づける規定がある。これらが実現しない限り，国際責任が生じ続けることになる。あるいは，そもそも国際責任の概念・理論が法的帰結をどの程度の射程まで収めうるかにも係るが，こと採択されている国家責任条文自体では第30条(b)項で既に再発防止を求めている。そのための措置がどの形態・範囲まで及ぶかは必ずしも定かではないが[129]，これが一次ルールの変更，事後の問題の処理を超えた下記の調整義務に及ぶことは確かだと言えよう。

(c) ― 2．狭義の調整義務

調整方式の主たるものは，具体的な義務違反が問題になる前段階での規範内容のすりあわせである。国際責任法に基づく義務も「調整義務」と分類できようが，実際に「調整義務」及びその具体的実現と考えられるのはむしろこちら

---

[128] 杉原高嶺・前掲注（15）106–107頁。

[129] J. Crawford, *The International Law Commission's Articles on State Responsibility: Introduction, Text and Commentaries*, 2002, p.200.

である。各種教科書による説明で責任制度の存在が重要視されるのは，これが国際的場と国内的場が共通部分をもたないという調整理論の大命題との関係が強いためであるが，しかし，上記のように認識論的・過程論的に考察する本稿の立場から理論的により意味があるのは，このいわば狭義の調整義務である[130]。

自動的かつ国家にとっては受動的に問題となる国際責任法による処理では国家による裁量の幅が狭く，国家責任解除の方法の範囲での選択に止まるのに対して，調整義務は多元的に存する各主体が自覚的・積極的に対処しうるものであり，その態様は様々でありうる。一次的かつ主たるフォーラムは立法府およびそれと密接に結びつく行政府にある。条約の締結直前の国内法の制定・改廃，それがかなわない場合は，条約への留保や解釈宣言などによる。立法府と行政府の棲み分けとしては，日本では著名な大平三原則がこれを規律するが，いずれも法秩序形成に関わる。前述のように山本が展開する国内法制に与える影響を基準とする分類が重要となるが[131]，「結果の義務」「防止義務」「方法の義務」などは，それぞれが対象の性質に応ずるばかりでなく，価値実現に関して国家が関与する時間的相を表現するものでもある。これらの義務を静態的に分析するのではその意義を十分に把握し難い。山本の国際行政法は明示的でないにせよ，動態的把握を前提に展開し，これは現在のグローバル行政法として今に通じる議論である[132]。

近時重要なのは司法府における調整である。というのは，現在の国際法秩序

---

130) 比較的後年の論者において国家責任制度の言及はほとんど無い（例えば，奥脇直也（前掲注 (112)），小寺彰（前掲注 (2)），三浦武範（前掲注 (72)，(96)）。また，本稿と同様に主体を理論的構図に入れる齋藤民徒は「しばしば義務衝突の調整という義務同士の関係が主な論点とされ，ここで言う客体志向によって主体への言及が減じられる傾向も見られる」（齋藤民徒・前掲注 (102) 2007年，160頁注14）として客観的対象としての調整義務に対して否定的ともとれる仕方で言及しているが，彼自身も実践的営為としての調整自体には大いに重要視している。齋藤が客観的対象と位置づける狭義の調整義務自体もやはり重要なのであり，これを組み入れた主体との具体的連続において示すことが求められると思われる。
131) 前述。他に，小森光夫「条約の国内的効力と国内立法」村瀬信也＝奥脇直也編『国家管轄権 ── 国際法と国内法』（勁草書房，1998年）561-568頁。
132) ニューヨーク大学のグローバル行政法プロジェクトとは距離を置きつつ，むしろ山本の具体的展開として，斉藤誠「グローバル化と行政法」磯部力＝小早川光郎ほか編『行政法の新構想Ⅰ』（有斐閣，2011年）参照。

第1部　国際法の基盤

においては主要な条約は既に発効・運用されており，その改正は実務上困難であるため社会情勢・規範意識の変化に対しては「解釈」によって対応することになるからである。そして，「解釈」を中心的に担うのが司法府である。国際条約の適用態様としては一般に直接適用及び条約の間接適用（国際法適合的解釈）が指摘されるが，特に後者は国際法と国内法の調整を明快に表現している。

調整義務の履行でどのフォーラムが重視されるのかは，各国の法体制・法慣行が大いに左右する。日本の場合は伝統的に官僚の力が強く，立法府・行政府による事前規制が重要で，もとより消極主義的な司法府は役割が小さかったと言えるが，そのような状況下で山本が調整義務の中心的課題を国際行政法の展開という形で表現していったのは，日本的な統治構造・文化の反映とも思われる[133]。もちろん，その内容は普遍性をもちうるのであり，このことはグローバル行政法の構想が米国発であることからも分かろう。また，このような法文化の各国における特質が重要な一方で，立法から解釈への転換は世界的傾向なのであり，司法府段階での調整の重要性は，一層高まっていくだろう[134]。

調整義務が目指すのは規範内容の両立可能性だが，これは程度の問題であり，調整理論の動態的特質から言えば，完全な1つを目指すか・達成できるかどうかは二次的である。しかし，もちろん，調整の延長に国際規範と国内規範の合一化を見いだすことができるのであり，早い時期に日本に紹介されたミルキヌ＝ゲツェヴィチの「公法統一の原理」はこれを表現しており[135]，国際法と国内法の関係の議論一般でも，調整理論の文脈でもこのことが指摘されている[136]。そして，人権や経済など多くの分野で実現している[137]。

---

[133]　山本は「この法的な調整義務を果たす中心になるのは，各国の裁判所であります」と述べるので，彼の強調点を正確に把握しがたいところもあるが，この直ぐ後に「各国の立法例はそういう方向に進んでいる」と指摘する（山本草二・前掲注（60）309頁）。

[134]　ただし，これは国際法学における裁判中心主義批判（代表的には，大沼保昭・前掲注（3）60-68頁）の意義が小さくなると誤解されてはならない。むしろ逆で，司法判断をその外を含む法過程全体の中に位置づける議論が一層重要になる。

[135]　ミルキヌ＝ゲツェヴィチ『憲法の国際化―国際憲法の比較法的考察―』（小田滋，樋口陽一共訳，有信堂，1964年＜原著1933年＞）。また，石川健治・前掲注（25）も参照のこと。

[136]　田畑茂二郎・前掲注（79）175頁，田中忠・前掲注（19）51頁。

[137]　中川淳司『経済規制の国際的調和』（有斐閣，2008年）等，参照。

(4) 調整理論の実務性と理論性

以上，調整理論の内容に関する諸命題の考察を踏まえた上で，調整理論のもつ性格について，どのような意味で実務的（前述の命題①）かつ理論的（同②）であるかに答えることができる。

(a) 実 務 性

調整理論の実務性は何よりも「国際法と国内法の関係」の議論に関して現に行われている適用局面を重視する点に現れている。一元論と二元論はともに先験的な議論として批判されるが[138]，より精確には，問題はその議論の立て方にではなく，一元論と二元論を当てはめたときに現実を説明できていないないし不適切な結論が出ているということにある。先験的な仕方で立論しても，それが現実をよく説明できていることはあり得る。

調整理論の実務性に関して，これが状況説明に優れているのは法の使用者の観点を含めているためである。国際・国内法体系は両立しつつ義務の衝突は起こりうるとする理解は，既述のように法主体を立論の重要な構成要素として配置したことによって得られる知見である。主体のない実務はない。これが調整理論を実務的だということの認識論的視座からの意味，認識の多元性を考慮した結果である。「色々な学説があるのは分かったが，では，我が国はどうすればよいのか？」という実務的問いに答えようとするのである。

また，この点からも，先に見たように調整理論にとっては責任制度による調整方式があるということよりも，問題になる規範のすりあわせという調整義務が重要な意味をもつことも分かる。責任システムへ問題を移行させても調整義務は残り，関連する法状況の変化過程に応じた法の使用者の対応が重要となる。

先に紹介した3人に引き寄せるなら，ルソーは確かに説明理論として一元論でも二元論でもない立場を示したと言うべきであるが，フィッツモーリスが義務の抵触について積極的に問題にしていたことと対比される。これは大陸法／コモン・ローの性格の対比に加えて，ルソーが学者である一方で，フィッツモーリスが法律顧問などの形で外交実務に深く関わっていたことも影響しているだろう。山本は本稿が再構成しようとした調整理論の諸命題の意義・諸関係を必ずしも明示していないが，フィッツモーリスに表現される調整理論の実務

---

138) C. Rousseau, *supra* n (5), 1958, p.474; 1970, p.48; O'Connell, *supra*. n (75), p.45.

性を特に「国際行政法」を通じて積極的に展開しようとしたと評価できる。

(b) 理　論　性

　理論性に関連して問題だったのは，特に二元論と区別可能なのか，更に，区別されるとしてもそれが一元論・二元論と並び立ちうる「理論」と呼びうるような言明の集合であるのかである。これらの問いは調整「理論」が一元論・二元論とどのような関係に立つのかの論点を含む。この点，調整理論の唱道者が自らどの程度，理論として自覚的に押し出そうとしていたか，あるいは他の論者がどのような理論的位相において調整理論を捉えようとしたかが問題になる。フィッツモーリスもルソーも従来の一元論と二元論を批判していたが，自ら理論と表現したわけではない。しかし，逆に，そう主張しなかっただけで，提出された議論から他の解釈者がこれを理論として再構成・再解釈する余地は残る。その意図は必ずしも明らかではないがブラウンリーや山本は理論と表記していたし，村瀬教授にあってはより自覚的に，一元論と二元論を止揚する理論として位置づけていた。

　この点，確認するなら「理論（theory）」の辞書的意味は，「物事の諸原理の体系的構想又は言明」「抽象的知識又はその定式」であり，これは「実践（practice）と区別又は対置される」[139]。「理論」概念を一般的な形で探究することは本稿の手に余るが，少なくとも2つの点を指摘すべきだろう。第1に，理論と実務・実践がしばしば対置されるが，理論は現実を説明する言明であることから両者は全く異なるものなのではなく，むしろ，実践に対する説明能力は理論であることないし理論的価値の高さの重要な性質となる[140]。この点，調整理論の理論性については，一元論や二元論と比較して現実により適合する形で説明できることが既に理論としてより優れていることを示している。更に，説明理論としてのみならず，処方箋を提示できる点は一層優れた点だと言える。もちろん，仮に調整理論が二元論の実務的部分だと評価するとしても，実務をより良く説明することが理論的に劣後することを意味するということはない。第

---

139) Oxford English Dictionary. <http://www.oed.com/view/Entry/200431?rskey=o6TH7t%result=1#eid>（2014年9月29日アクセス）。他に，同内容だが国際法の著作で積極的に定義を試みるものとして，P. Allott, *Eunomia: New Order for a New World*, 1990, p.31.

140) よく知られているが確認すべきは，I. カント「理論と実践」『啓蒙とは何か』所収（篠田英雄訳，1974年＜原著，1784年＞，岩波書店）であろう。

2に，理論は言明の集合の体系的一貫性を求めることになる。この点，例えば一元論・二元論において，これを現実に合わせて修正して理解するような場合は，現実説明の点では優れることになっても，体系的一貫性においては劣ることになる。調整理論はこの点においても正しく理論であり，優れている。第3に理論の段階性を指摘すべきだろう。対象を説明する理論は，即座により高次の理論（メタ理論）の説明対象に転ずる[141]。本稿の観点からは，一元論・二元論から調整理論への展開は，メタ理論レベルでの存在論（国際法と国内法はどのような関係として存在しているのか）から認識論を含む議論（両者は，それぞれの視座からどのように見えているのか）へと重心を移すのであって，従って，理論の段階性において一元論／二元論と同じレベルではないと言えたとしても，劣後するということにはならない。

調整理論につき先に論じた内容が二元論自体に既にあったという反対論はもちろんあろう。しかし，そのように把握するときは二元論の中に理論的に異なる次元に立つ複数の立場を認めることになる。その特定の立場を調整理論と呼ぶか，なお二元論と呼ぶのかは呼称の仕方の問題だが，二元論が既に述べていたのと同様だと一律に語ってしまうのは新たな知見の重要性を見失うことになる。更に，既述のように「調整義務」の観念は単純な二元論による把握よりもむしろ，一元論的な把握になじむ。調整理論は，確かに，妥当論を超えた新しい段階に踏み込んでいたのであり，正しく「理論」の名に値するものであった。村瀬教授が調整理論を一元論と二元論の「相互媒介的に綜合しようとする理論的立場」と簡明に評言していたのは，慧眼というべきだろう。

4　結　語

(a) 現代的課題
本稿は，調整理論の意義をその主唱者の議論に依拠しつつ，かつ，これを再

---

141) メタ的性格，抽象・一般の方向性は一様でないので，複数の可能性がある。例えば，調整理論に関わる議論で，「法の理論」と「法についての理論」の区別を用いるタンメロ (Tammelo, *supra* n (91), p.212, ff.) がある (三浦武範・前掲注 (96), (二) 40-43頁も参照)。本稿はこれらと同様に認識論に着目するが，存在論との一般的な対比を念頭に置くのみで，同じではない。

解釈・再構成することで明らかにしようとするものであった。「調整理論」はどこかの時点で確立した議論として提出されたというよりも，有力な，しかし論点の重きの異なる論者達が唱えてきた外延の曖昧な主張の集合であり，後続する論者達がそれぞれに再解釈・再構成する中で生成していった理論だと評価できる。分かりやすさを求めて敢えて大雑把に表現すると，議論の形成は，初期の実務的選好を動因として国際的場・国内的場に共通部分がなく国際法・国内法がそれぞれで最高であることや責任法による調整を強調する議論から（あるいは第一世代と呼んでも良い），それらを包含しつつも，狭義の調整義務の重要性を強調する議論，場合によってはその理論的意義を探る議論（第二世代）へと展開していった。本稿の立場からすると，こうした学説上の展開は適切だったと思われる。もっとも，調整理論は複数の主張から成ることもあり，個々の論者を図式的に位置づけることはできないし，論者達は部分的には非常に適切だが，議論の全体像を必ずしも十分に提示していなかったように思われる。もちろん本稿は「調整理論」再構成の試みの1つであり，他の可能性を排除するわけではない。

　調整理論の現代的展開については別稿に委ねるべきだが，調整理論の基本的発想が今日のとりわけヨーロッパ地域で広がる立憲的多元主義へと通じるものであることは明らかだろう。既に述べたように，国際法と国内法の関係に関する「二元論」という表現は国際法と特定国家の国内法の関係に関するときの表現であり，「二元論」は立憲的多元主義にいう「多元」的性格に連なっている。立憲的多元主義は2つの対抗するベクトルをもった形容詞と名詞を組み合わせるタイプの名称であり，より一元的性格を強調するのか，より二元的（多元的）性格を強調するのかで議論が分かれているものの，その大枠は調整理論と同様に一元論と二元論の組み合わせないし止揚である[142]。

　別言すれば，現在の立憲的多元主義は調整理論の拡張とも言える。調整理論は国際法と国内法の間で行われた議論だったが，ヨーロッパにおける立憲的多元主義は，EU法という国家以上世界未満の sui generis な法主体であるEU

---

[142] 一部，フェアドロス的な価値理念の導入があり，その意味では調整理論以前の一元論の流れも考慮する必要がある。この点は別稿に期したい。また，ヨーロッパ立憲的多元主義における2つの立場の対抗関係に関する学説整理として，近藤圭介・前掲注（105）13-21頁。

の法，いわば中二階に存する法と国内法との関係である[143]。本稿の立場からすると，認識論的把握にしろ過程論的把握にしろ，立憲的多元主義を理解するための理論的視座は調整理論において既に提起されていたように思われる。

　この点からすると，ヨーロッパにおける立憲的多元主義の解明及び国際的拡張の可能性を探るという昨今の試みは，むしろ調整理論の更なる解明及び適用範囲の拡張の問題に包摂できるように思われる。また，これは「国際法と国内法の関係」を少なくとも2つの点で超えて展開しているのだと指摘できる。1つは，国際組織間の判断を調整する問題であり，国際司法機関・準司法機関の増加により2000年代に焦点化されていた断片化問題であり[144]，「裁判官対話」「建設的対話」なりがその解決策の方向性を示している。欧州地域におけるEUの先決裁定手続き（EU運営条約第267条）や勧告的意見制度（欧州人権条約第16議定書），ヨーロッパ経済領域（EEA）協定[145]等はその制度的表現と言える。もう1つは，国家内部の各機関における判断の調整である。立法府，行政府，司法府それぞれが国際法に対する判断を下す大まかな構図は従来通りだが，直接適用なり国際法適合的解釈なりで司法府が他の二権に優越する仕方で判断する状況が明らかになりつつある[146]。従って，政治体制上の問題としては民主主義との関係を論じなくてはならず，これはEUにおける「民主主義の赤字」の問題[147]や米国等で特に話題の国際法・外国法を憲法解釈に利用する是非[148]といった一般的問題の一部であり，とりわけ裁判所という基本的ないし

---

[143] もちろん，特徴付けのあり方は多様だが，例えば中村民雄「多元的憲法秩序としてのEU ── 欧州憲法条約への視座 ──」大木雅夫＝中村民雄編『多層的ヨーロッパ統合と法』（聖学院大学出版会，2008年）等を参照。

[144] 断片化問題を論ずるILC研究部会も，国際法秩序の機能分化から生じた断片化と複数の国内法秩序の併存とは全く違う問題ではないと認識しており（A/CN.4/L.702 (Fragmentation of International Law: Difficulties Arising from the Diversification and Expansion of International Law), 2006, para.17），本稿に述べる理論的立場からは，共通性がより意識されるべきだと思われる。

[145] EEAについて本稿の視点からの特集として，「多元的法秩序間の調整メカニズム ── ヨーロッパ経済領域を素材に」『法律時報』85巻8号2013年，所収の伊藤洋一論文ほか諸論文を参照。

[146] 例えば，2008年国籍法違憲判決（2008年6月4日最高裁大法廷（『判時』2002号，14頁））。この評価につき，寺谷広司・前掲注(120)，194-195頁，参照。

[147] 須網隆夫「超国家機関における民主主義」『法律時報』74巻4号，2002年；濵本正太郎「EU法と国際法」平野仁彦ほか編『現代法の変容』（有斐閣，2013年）219-229頁，等。

相対的には非民主的な機関を考察しなくてはいけない。一般には立法や行政を含めた国際規範の調整の問題，司法府にあっては国際条約の適用・参照の正当化根拠及び範囲等が課題となる[149]。

(b) 学説史の中の調整理論

本稿はその課題を論ずる過程で，置き去りにされつつある「調整理論」を学説史に位置づけて正当に評価することを伴っていた。もっとも，これは，必ずしもこの理論の唱道者達の望んだものとは言い難い。実務の重要性を強調するこの立場は，理論としてみるなら自己破壊的であり，歴史的使命を終えることを自ら望んでいた。日本で言えば，山本草二が国際法の哲学的手法に批判的であったこと[150]の反映であり，このことを最も忠実に表現した小寺彰は，国際法と国内法の実態的関係に差が出てくるのは法哲学的前提と目前に展開する問題の問題意識の差にあり，「前者の法哲学的な前提の決着は，国際法学というより法哲学の課題である」[151]と述べる。しかし，本稿の立場からすると，山本にしろ小寺にしろ，あるいは彼らと歩調を同じくする論者達にしろ，表面的に語られる言明とは裏腹に，実際に展開している議論は理論的・哲学的内容に踏み込んでいる。逆にそういった誤った自己制約が彼らの議論の深化や展開を妨げていたのではないかとも推察される。他方，村瀬教授はその理論的意義を最も高く評価しつつ，しかしこれを一層深めるというよりは，自ら「国際立法」の最前線へと飛び込んだ。調整理論の実務的磁場は，近づいて来る者にはN極とS極を反転させる。

調整理論，少なくともそれをキー・ワードにした学術的展開には，イギリス等及び輸出先たる日本でのややローカルな展開の嫌いがあったと言えなくもない。他方で，「理論」自体の価値，少なくとも潜在的価値は，それによって減ずるわけでもない。それは，90年代以降顕著なグローバル化や人権の主流化等

---

148) 例えば，米国連邦最高裁判事の米国国際法学会年次大会における基調講演（C. J. Borgen (ed.), *"A Decent Respect to the Opinions of Manking..." Selected Speeches by Justices of the U. S. Supreme Court on Foreign and International Law*, 2007所収），特に，近時ではブライヤー判事（97回大会）スカリア判事（第98回大会）の講演を参照。
149) 寺谷広司・前掲注（120）参照。
150) 田中忠「はしがき」広部和也・田中忠編集代表『国際法と国内法―国際公益の展開―』（勁草書房，1991年）ii 頁。
151) 小寺彰・前掲注（2）54頁。

に先行する，国際法の構造に関わる。中央権力なき社会での多元性と統一性の相克，その動態こそが国際法のアイデンティティであるならば，調整理論は国際法が国際法である理由を反映しており，これが調整理論を語らなくてはいけない最も重要な理由だと思われる。

6 国際司法裁判と国内法制度

河野真理子

1 序
2 自国民の保護の権利の行使に関する事例における国内法制度と国際裁判
3 国家の権利侵害と個人の権利侵害の混在する事例における国内法制度や国内法に基づく措置による国際法違反と国際裁判
4 国内法制度や国内機関の行為による国家の権利の直接の侵害
5 結語にかえて

1 序

　1992年から国連は国際社会における法の支配の確立と強化を実現するための取組みを行ってきている。この取組みの中で当初から強調されてきたことは，国際社会における法の支配の実現には国際法と国内法の双方における措置が必要であるということである。国連における法の支配の確立と強化のための取組みにおいて国際法と国内法の両面からの努力が模索される背景には，現在の国際社会において，国際人権法や国際人道法の分野での個人の権利の深刻な侵害の問題が依然として解決されていないこと，及び国内法制度の不備や政治的な不安定さのゆえにその解決のための国内的な措置が十分に採れない国が後を絶たないことへの強い問題意識がある。このような状況は，第二次世界大戦における個人の権利の重大な侵害への反省を背景にそうした分野での取組みを目的の一つとして掲げる国連にとって無視することができないものである。

　人権法や人道法の分野の国際条約では履行確保の制度が国際的にも国内的にも整備されるようになってはいるものの，締約国の条約違反の問題は依然としてなくなってはいない。これらの分野での個人の権利の保障の促進と保護のためには，その義務の履行のための国内法制度の整備とその実効的な機能の確保

が不可欠であり，そのために残されている課題は多いのが国際社会の現在の状況である。このような状況に対応するために，特に深刻な問題を抱える国家の国内法制度での法の支配の実現には，国際社会が国際法という手段を用いて積極的に関与すべきであると考えられるようになっており，そこに国際法と国内法の相互関係（interaction）が生じていると言える。

　今日の国際社会における国際法と国内法の相互関係の多様化と深化は，深刻な問題を抱える国家の国内法制度の整備に関する分野のみに限定されるものではないことも重要である。様々な分野で，国際的な基準の設定が求められるようになっている今日では，条約で締約国が実施すべき詳細な義務や国際的な基準が規定されるようになっており，それらの履行のためには，国内法による対応が不可欠である。このようなタイプの条約は増加の一途をたどっていると言えるのである。これらの条約が規律する分野では，国際法の規則が国内法制度に影響を与える場面が増加し，またその影響も多様化していると考えられる。他方，国内法上の規則が新たな国際法の成立に影響を与える場合が増加している。国内法規則が国際法の規則の成立に影響を与えることは新しい現象ではないものの，近年では国際法規則の生成への国内法の影響を十分に認識した上で，新たな国際法規則の成立を意図した国内立法も見られるようになっている。

　以上のような国際法と国内法の相互関係の多様化と深化は，国際法の下での義務の違反の内容にも影響を与えるようになっている。1990年代以降，国際司法裁判所（以下，裁判所とする）に付託される紛争が急増する中で，原告が被告の国内法制度やそれに基づく国家機関の行為が国際法に違反することを主張し，その違法性の認定や是正を命ずる判決を求める事例が目立つようになったことは，これを反映したものであると考えられる。いずれの事例でも国家間の紛争の根底には，請求を受ける国家の国内法制度の下での個人の権利の侵害に関する問題が存在する。そして，請求を行う国家が，単なる損害の補填にとどまらず，権利侵害の原因となった国内法制度やその制度に基づく措置の是正を求めることもそれらの事例の特色となっている。こうした事例で裁判所は，国連全体の課題である国際法と国内法における法の支配の実現のために，その主要司法機関として，判決を通じて主権国家の国内法制度に国際法の視点から一定の影響を及ぼすという機能を一定程度，果たすことを期待されるようになっていると考えられる。

〔河野真理子〕　　　　　　　　　　　　　**6**　国際司法裁判と国内法制度

裁判所の新たな方向性を示す国内法制度に関連する紛争においては，特別合意に基づく紛争付託を考えることは難しく，請求訴状による一方的付託によって裁判手続が開始されることになるだろう。こうした事例では，原告にとって，被告の国内法制度やこれに基づく措置の違法性の主張とそうした制度等の是正の申立をどのように結びつけるかが重要な意味を持つことになる。他方，被告は主権国家としての国内法制度の尊重を求めることが必要であるし，敗訴の判決を受ける場合，その履行がどのように実現可能かを検討することも必要となる。特に後者の論点については，国際違法行為の結果として，損害賠償が命じられることが比較的多かった従来の判決であれば，行政府の権限の範囲で，判決の履行が十分に可能であった。しかし，国内法制度やそれに基づく措置の違法性が認定されたり，その是正が求められたりするような内容の判決の場合，その履行には立法府や裁判所の協力が不可欠となり，場合によっては，被告にとって大きな負担となる可能性がある。

本稿では，国内法制度やそれに基づく国家機関の行為の国際法違反が論じられた1990年代以降の裁判所の事例を取り上げ，原告国のどのような主張に判決がどのように応えたのかを分析し，また，判決の履行に関する問題点を分析し，また，国内法に関連する訴訟を提起する場合の訴訟戦略についても考察する。

2　自国民の保護の権利の行使に関する事例における国内法制度と国際裁判

伝統的な国際法で，個人の権利の侵害や国内法制度に関わる問題が取り上げられたのは外交的保護の権利の行使の文脈においてである。外交的保護の権利の行使の事例において，特に裁判拒否の事例では，国内法に基づく裁判の正当性が問題とされたのである。ただし，外交的保護の権利の行使の事例では，国際責任の結果として賠償が命じられることが主流であって，国内法制度や国内の機関の行為の是正が請求され，命じられる事例は多くはなかった。

裁判所においては，外交的保護の権利も含め，自国民保護の権利を行使した紛争が提起された事例は多くは見られない。特に1990年代以降に限定すれば，漁業管轄権事件（スペイン対カナダ）とアーマドゥ・サディオ・ディアロ事件の2件にとどまる。

第1部　国際法の基盤

（1）漁業管轄権事件（スペイン対カナダ）

本件で，スペインは自国の船籍船に対するカナダの沿岸警備艇の行為の違法性を紛争主題とする紛争を裁判所に付託した。[1] また，カナダの国際違法行為に対する賠償措置として，金銭賠償を請求した。[2] この事例の場合，真の紛争主題は，沿岸国としてのカナダの漁業資源の保存と管理に関する法的な規制を200カイリ以遠に適用し，執行措置をとるように改正したカナダの法制度の国際法の下での合法性が真の紛争主題であったとも考えられる。しかし，カナダはこの法改正と同時に，漁業資源の保存と管理のための措置に関する紛争について裁判所の強制管轄権を留保する宣言を新たに出したため，スペインはカナダ法の合法性を紛争主題とする紛争の一方的付託は出来なかった。[3] こうした管轄権の設定に関連する制限を考慮して，スペインは旗国として自国籍船を保護する権利を行使し，自国籍船に対するカナダの行為の違法性を主張する申立を行ったのである。こうしたスペインの主張に対し，カナダは，本件の紛争主題は，同国が強制管轄受諾宣言で留保した紛争にあたると主張した。[4] 裁判所はカナダの管轄権に関する抗弁を認め，本件紛争の主題はカナダがその強制管轄受諾宣言で留保したカナダ法に基づく漁業資源の保存と管理のための措置に関するものであるため，規程第36条2項に基づく管轄権を有さないと判断したことは，紛争主題の本質を示すものであるといえる。[5] 本件の場合管轄権の制約を考えれば，スペインは自国籍船に対する措置の違法性の問題を紛争主題とせざるを得ず，その国際違法行為に対する賠償としても金銭賠償による当該船舶が被った損害の補塡が中心にならざるをえなかったといえる。しかし，もし，カナダの留保による管轄権の制約がなければ，スペインはカナダの改正法やそれに基づく措置の違法性を主張し，賠償措置としても，その措置の是正を求めたのではないかと考えられる。

---

1) *Fisheries Jurisdiction (Spain v. Canada), Preliminary Objections, Judgment, I.C.J. Reports 1998*, p. 446, para. 23-24.
2) *Ibid.*, p. 437, para. 10.
3) *Ibid.*, pp. 438-443, paras. 14-18.
4) *Ibid.*, pp. 446, paras. 23-24.
5) *Ibid.*, p. 450, paras. 34-35 and p. 466, para. 84.

(2) アーマドゥ・サディオ・ディアロ事件

本件は，ギニア国民であるアーマドゥ・サディオ・ディアロ氏（以下，ディアロ氏）がコンゴ民主共和国（以下，コンゴ）で受けた待遇が紛争の原因であり，ギニアが外交的保護の権利を行使して，裁判所に紛争を付託した事例である。[6] 裁判所はギニアの主張の一部を容認し，コンゴに損害賠償の支払い義務があることを認めた。さらに，両国間でその金額についての合意が達成されなかったため，損害賠償額も裁判所が決定することとなった。[7]

本件は外交的保護の権利の行使の事例であるので，紛争主題もコンゴ在住のギニア国民が被った損害の補填を求めるものとなっている。したがって，コンゴの国内法制度の是正等に関する問題が賠償措置として請求されることはなく，金銭賠償のみの請求がなされたと言える。ただし，本件の議論は，ILCの外交的保護に関する条文で，外交的保護によって本国が保護しうる権利の内容に人権保障にかかわる国際法規則が含まれるとの立場が示されたことの影響を大きく受けている。ギニアは，コンゴ法に基づくディアロ氏の国外退去，逮捕，拘留に関する措置について，バンジュール憲章と自由権規約の下での国際法上の義務の違反を主張した。裁判所はこれらの主張の検討の文脈で，コンゴ法の内容を検討する立場をとった。彼の国外退去措置が人権条約に違反するか否かの検討で，裁判所は，国内法の解釈についての裁判所の権限について以下のような指摘を行っている。個別国家は自国法を解釈する第一義的な権利を有しており，とりわけ，当該国の最高司法機関が示した国内法の解釈を裁判所の解釈に替える権限を，裁判所は原則として有さない。ただし，例外的に，国家が，特に，裁判所に付託されている事件において有利な立場を得るために，自国法について明白に誤った解釈を行う場合には，裁判所が適切であると判断する解釈を例外的に採用することができると述べた。これは一国が自国の国内法を専権的に解釈する権利に一定の制限がかかりうることを明言した立場である。[8] そして，裁判所は，1995年から1996年にかけてディアロ氏に対してとられた逮捕，

---

[6] *Ahmadou Sadio Diallo (Republic of Guinea v. Democratic Republic of the Congo), Merits, Judgment, I.C.J. Reports 2010*, p. 645, para. 1.

[7] *Ahmadou Sadio Diallo (Republic of Guinea v. Democratic Republic of the Congo), Compensation, Judgment, I.C.J. Reports 2012*, p. 324.

[8] *Judgment of 2010.*, p. 665, para. 70.

拘禁及び強制退去措置は，外国人に対する恣意的な待遇を防止するためのコンゴ法の手続的な規則に従って決定されたとはいえないと判断し，コンゴの人権条約の下での国際法上の義務の違反を認めたのである。ディアロ氏の逮捕と拘禁についても裁判所はコンゴの国内法の下での適切な逮捕と拘禁が行われたか否かを検討した結果，ギニアの主張を認め，逮捕と拘禁に関しても，バンジュール憲章と自由権規約の違反があったと判断した。[9]

　本件で在外自国民が侵害された権利の内容について，国際人権法の発展が重要な影響国を与えている点が注目される。ICJ はディアロ氏が侵害された権利の内容に，国際法の下で人権として保護されるべき，不当な退去強制を受けない権利や正当な裁判を受ける権利の侵害をあげたのである。権利侵害の結果は，ディアロ氏の営利的な活動に対する損害であるため，経済的な損失として算定することが可能であった。しかし，この判決で示されたコンゴの国内法の下でのディアロ氏の待遇の国際法の下での違法性の認定は，その後のコンゴの国内法制度の運営に一定の影響があることは否定できないだろう。

（3）ヴァージニア G 号事件（国際海洋法裁判所）

　自国籍の船舶の保護に関して，国内法制度が国際法の下で合法的であるか否かの検討がなされた事例は国際海洋法裁判所（以下，ITLOS）にも見られることにも注目が必要である。

　ヴァージニア G 号事件は，当初，パナマが国連海洋法条約（以下，UNCLOS）の下での紛争解決を提案し，その後ギニア・ビサウの同意があったため，特別合意によって ITLOS に紛争が付託された事例である。最初にパナマが本件紛争について ITLOS に送付した書簡で，パナマは本件紛争について，ギニア・ビサウの措置の根拠となった同国の法令が UNCLOS に違反すると主張したものの，申述書段階以降，この申立を行わず，ギニア・ビサウの機関によるヴァージニア G 号に対する措置が UNCLOS に違反することのみが申立とされたことを付言しておかなければならない。[10] パナマが UNCLOS の関連する規定の違反を主張したのは，ギニア・ビサウの国内法に従って採られたヴァージ

---

9) *Ibid.*, pp. 662-673, paras. 63-98.
10) *The M/V "Virginia G" Case* (*Panama/Guinea-Bissau*), *Judgment of 2014*, paras. 48, 49 and 54.

ニア G 号，積載された燃料油，乗組員に対する措置についてであった。こうした主張の検討にあたり，ITLOS は，ギニア・ビサウ法の関係する諸規定が UNCLOS に違反するか否かを検討した。[11] その際，ITLOS は，上部シレジアにおけるドイツ人権益事件の PCIJ の判決の以下のような判断を引用した。「裁判所はポーランド法それ自体の解釈を求められているのではないことは明らかだが，その法の適用の際に，ポーランドの行為がジュネーヴ条約の下でのドイツに対する義務に合致するか否かを判断することを妨げられるものではない。」また，ITLOS はサイガ号（第二）事件でも，国内法の立法と適用に際し，締約国が UNCLOS に合致する行為を行ったか否かを判断することが求められたことにも言及している。[12]

この事件で注目されるのは，パナマが最終的に請求した賠償が金銭賠償であったにもかかわらず，ITLOS がヴァージニア G 号に対する措置の根拠となったギニア・ビサウの国内法の UNCLS の下での合法性を比較的詳細に検討した点である。これはヴァージニア G 号に対する措置の合法性の検討の前提条件として，ギニア・ビサウの国内法の UNCLOS の下での合法性の検討が必要であるとの判断があったためと考えられる。本件の場合，ITLOS は関係する国内法が UNCLOS の下で合法であると判断した上で，ヴァージニア G 号に対する措置の一部についてのみ違法性を認定し，賠償として金銭賠償を命じた。[13] こうした判断については，パナマ自身が請求した賠償が金銭賠償であったことや，国内法の合法性の判断があったからこそ，この点が判決理由の中で取り上げられえたという事情があったことが推察される。しかし，事案によっては，判決理由の文脈とはいえ国内法の違法性それ自体が認定されうる可能性があるだろう。その場合，違法性が認定された国内法をそのまま維持することは難しくなるのではないかと考えられる。

---

11) ITLOS は，パナマが援用した UNCLOS 第56条，58条，73条1項〜4項のいずれについても関連するギニア・ビサウ法の諸規則がこれらに違反していないと判断した *Ibid.*, paras. 229, 234-236,257, 288, 305-306, 327)．
12) *Ibid.*, paras. 226-227.
13) *Ibid.*, paras. 452, subpara. 19.

（4）自国民や自国籍の船舶の保護のための請求とそれに対する賠償措置

　国家が外交的保護の権利を行使する場合，金銭賠償が最も適切な賠償措置となると言ってよいだろう。国家の外交的保護の権利の行使は，自国民が外国で被った損害について，国家がこれを間接的に被ったものとみなして請求を行うのであるから，その原因となった違法行為国の国内法制度や国内機関の行為の是正よりも個人に発生した損害を補填することが請求の中核的な目的となるからである。ディアロ事件にみられるように，問題になった在外自国民の領域国による待遇が国際法に違反するものか否かについての裁判所の判断は，被告の国内法制度の運用や国内法制度それ自体に影響を与えるものとなりうることは否定できない。ただし，その影響はあくまで間接的なものにとどまる。外交的保護という制度の本質から考えて，被告の国内法制度における外国人の処遇の国際法違反が認定されるとしても，裁判所が拘束力ある判決の中で認定できる賠償は金銭賠償に限定されるのであって，判決理由で示された国内法制度の改正や再検討が賠償措置の内容に直接に反映されるわけではない。これは，自国民や自国籍の船舶の保護を紛争主題とする訴訟のある種の限界とも言えよう。

3　国家の権利侵害と個人の権利侵害の混在する事例における国内法制度や国内法に基づく措置による国際法違反と国際裁判

（1）ウィーン領事関係条約第36条の違反の事例と国内法制度

　前節で検討した外交的保護の権利の行使の事例では，国内法制度の改正や国内法に基づく措置の是正が，賠償措置として請求されることがなかった。しかし，2000年前後から裁判所に付託された事例では原告国が被告国の国内法やそれに基づく権限の行使の国際法違反を主張し，賠償措置としてその改正や是正を請求する事例が増加しているように思われる。その初期の事例としてウィーン領事関係条約第36条の領事通報義務の米国による違反に関する3つの連続した事例をあげることができる。

　米国によるウィーン領事関係条約第36条の領事通報義務の違反については，1998年にパラグアイ（領事関係条約事件），1999年にドイツ（ラグラン事件），2003年にメキシコ（アヴェナ他メキシコ国民事件）が請求訴状を提出し，米国に対する裁判手続が開始された。いずれの事例でも，原告は，米国による第36条の違反によって，原告の国民と原告自身の両方が損害を被っていると主張し，

在米の自国民についてのウィーン領事関係条約の締約国としての国家の権利の侵害と自国民の権利の侵害に関する外交的保護の権利の行使を紛争主題とする申立を行った。[14] また，問題になっている自国民の死刑の執行の停止を求める仮保全措置の指示の要請があったことも，重要な共通点である。

　3件のうち，パラグアイが原告となった事件は，米国が仮保全措置命令に従わず，ブレアード氏の死刑が執行された後，米国の陳謝を受けて，取下げとなった。[15] これに対し，ドイツとメキシコは本案まで訴訟を継続した。ラグラン事件でも米国は仮保全措置命令に従わず，ウォルター・ラグランの死刑が予定通り執行された。[16] ドイツは，その後もラグラン兄弟と自らが被った損害の補填の両方を求める訴訟を継続した。ドイツの申立の大きな特徴は，金銭賠償の請求を行わず，もっぱら再発防止の確約とそのための措置の命令を求めた点にある。ドイツは，ラグラン兄弟の死刑が執行された後でも，米国が第36条の下での領事通報の義務を履行していない状況が続いていることを指摘し，米国にその義務違反の状態の是正を重視したのである。[17]

　アヴェナ他メキシコ国民事件の場合は，メキシコが最初に提出した54名のメキシコ国民のうち，3名について，死刑の執行が迫っていることを理由にICJは死刑の執行の停止を仮保全措置として指示した。[18] この事件では，本案の手続の終了段階までに死刑が執行されたメキシコ国民がいなかったことが重要な意味を持つ。すなわち，第36条の違反によって生じている状態の是正が実際問題として可能だったのである。このため，メキシコは，賠償措置として，原状回復を請求し，第36条の領事通報義務の違反があった場合の判決の取消しが原状回復にあたると主張した。[19]

---

14) 本案まで訴訟が継続されたラグラン事件とアヴェナ事件で，この点は重要な意味を持った (Subpara. 1 of the Final Submissions, *LaGrand*, (Germany v. United States of America), I.C.J. Reports 2002, p. 474, para. 12 and Subpara. 1 of the Final Submissions, *Avena and Other Mexican Nationals (Mexico v. United States of America), Judgment, I.C.J. Reports 2004*, p. 23, para. 14)。
15) 仮保全措置命令で，最終判決までの死刑の執行の停止が指示された (*Vienna Convention on Consular Relations, I.C.J. Reports 1998*, p. 258, para. 41)。その後，パラグアイが訴訟の取り下げを申請し，これが認められた (*Vienna Convention on Consular Relations, I.C.J. Reports 1998*, p. 427)。
16) *LaGrand, I.C.J. Reports 2002*, pp. 479-480, paras. 31-34.
17) *Ibid.*, p. 474, para. 12 and pp. 508-509, paras. 117-118.
18) *Avena and Other Mexican Nationals, I.C.J. Reports 2003*, pp. 91-92, para. 59.

既に述べたようにラグラン事件とアヴェナ他メキシコ国民事件の状況の違いは，前者の事件の場合，米国のウィーン領事関係条約の下での義務の違反によって権利を侵害されたドイツ国民の死刑は最終判決の前にすでに執行されていたのに対し，後者の事件では，メキシコが提出した米国の同義務違反の結果権利を侵害されたとするメキシコ国民のうち，2004年の最終判決の時点までに死刑を執行された者がいなかった点である。同じ内容のウィーン領事関係条約の下での権利義務関係が争われているとはいえ，この状況の違いは，義務違反の結果としての賠償措置の内容の議論に大きな影響を与えることになった。

（2）ウィーン領事関係条約に関する事件で提起された国内法に関する訴訟にみられる国際裁判と国内法制度の接点に関する論点

前節で概観した3つの事件から，本稿で論じている国内法制度の是正を求める訴訟と関係する論点を整理すると，第一に，外交的保護の権利の行使による訴訟で求められる，国内救済完了原則の適用の可能性，第二に，賠償措置として国内法制度や国内的措置の是正の主張の正当化の根拠，そして第三に，国内裁判所と国際裁判所の関係という3つの主要な論点が抽出される。以下でそれぞれについて述べることとする。

（a）国内救済完了原則

本節で取り上げている事例では，原告の請求の根幹をなすのは，国家それ自体に対する国際法上の義務の違反である。しかし，そうした国際法上の義務の違反の結果，損害を被る個人が存在することも確かであり，外交的保護の権利の行使の事例との違いの有無が意識されなければならない。ウィーン領事関係条約の下での義務違反については，国家の条約上の権利の侵害と，領事保護の権利の通告を受けなかった個人が実際に被った損害の両者が論点となることは事実である。また個人が被った損害の補填を請求する場合は，外交的保護の権利の行使という性格の申立が行われることになる。このような事情から，ラグラン事件とアヴェナ事件では原告の国家としての権利の侵害に加えて，自国民に対する外交的保護の権利の行使が根拠となる訴訟が提起されたのである。

---

19) Subparas. 4–7 of the Final Submissions, *Avena and Other Mexican Nationals, I.C.J. Reports 2004*, pp. 23–24, para. 14.

米国はこの2つの事例において，外交的保護の権利の行使のための条件である国内救済完了の原則が満たされていないという抗弁を提起した。ラグラン事件では，ウィーン領事関係条約の下での義務の履行をしなかったのは米国自身であるとの理由で裁判所はこの抗弁を退けた[20]。より興味深い判断を示しているのは，むしろアヴェナ事件である。この事件でもやはり米国の請求の受理可能性に関する抗弁の一つとして，国内救済完了原則が満たされていないという点が論じられた。[21] 本件ではメキシコが列記した国民の数は請求訴状の時点で54名におよび，その刑事手続の進行程度には差があり，必ずしもすべての手続が尽くされたとは言えない者が含まれていた。このため，ラグラン事件以上に国内救済完了原則を論じることに意味があったと考えられる。この抗弁について，裁判所は，本件で問題になっているメキシコ国民の個人としての権利は，第一義的には米国の国内法制度で論じられるべきものであり，それらの手続が完了し，国内救済が尽くされた段階でメキシコは個人の権利について外交的保護の権利を行使できることを認めた。しかし，裁判所は，本件でメキシコは，ウィーン領事関係条約第36条の下での義務の違反により自国が直接に被った損害と自国民を通じて被った損害の双方についての請求を行っていることに着目した。裁判所はラグラン事件の判決の，第36条1項は個人の権利を創設していると判断した部分を引用し，この個人の権利の侵害が国籍国自身の権利の侵害を生じさせうることを指摘した。裁判所はこうした状況を，国家の権利と個人の権利が相互依存する特別な状況であるとし，このような場合，国家は自国が直接に被った損害と自国民を通じて被った損害に関する権利侵害を，国家の名における請求の対象とできることを認めた。そして，こうした請求においては，国内救済の完了原則が適用されないと判断したのである。[22]

なお，ラグラン事件とアヴェナ事件で問題になったような国内救済完了原則の抗弁は，ITLOSの事例でも見られる。自国籍の船舶の保護に関する事例である，パナマとギニア・ビサウの特別合意によって付託されたヴァージニアG号事件[23]では，ギニア・ビサウの排他的経済水域で燃料補給に携わっていた

---

20) *LaGrand, I. C. T. Report 2001*, p. 488, para. 60.
21) *Avena, I. C. T. Report 2004*, pp. 34–35, para. 38.
22) *Ibid*, pp. 35–36, para. 40.
23) *The M/V "Virginia G" Case, op. cit.*, note 10, paras. 6 and 48.

第1部 国際法の基盤

パナマ船籍の船舶の拿捕とその後の船員の扱い，及び積載されていた燃料の没収と競売の国連海洋法条約の下での合法性が問われた。[24]

この事件で，ギニア・ビサウは受理可能性に関する抗弁[25]の一つとして，UNCLOS第295条に規定される国内救済の完了原則が満たされていないことを主張した。[26] ITLOSは，本件におけるパナマの請求の性質が同国の権利のギニア・ビサウによる直接の侵害に関するものであると判断し，それゆえに国内救済の完了原則が受理可能性の要件となる事案ではないと結論付けた。[27]

(b) 国内裁判所と国際裁判所の関係

米国は，ラグラン事件で，受理可能性に関する抗弁として，本件は裁判所を究極の上訴裁判所として利用しようとしていると論じた。[28] しかし，裁判所はこの主張を認めず，ドイツは米国のウィーン領事関係条約違反を論じるために多くの米国の国内裁判所の多くの事例を引用しているものの，裁判所に対して，国際法の関連する規則の適用を求めているにすぎず，したがって，こうした機能は明文で規程第38条に規定されているものであって，裁判所を国内裁判所の刑事手続の上訴裁判所に変質させるものではないと述べた。[29]

同様の抗弁は，アヴェナ事件でも提起されている。米国は，管轄権に関する第一の抗弁で，本件でメキシコは米国の連邦と州にわたる米国の刑事司法とその機能全体におけるメキシコ国民の待遇の問題を論じようとしており，そのような訴訟に管轄権を行使することは裁判所の管轄権になじまないとの議論を行った。裁判所はこの主張に対して，米国の国内裁判所における刑事手続の問題にどの程度立ち入った検討をするかは本案の問題であるとして，この抗弁を退けた。[30]

以上の2つの抗弁についての裁判所の判断を見ると，国家の権利の侵害と自国民の権利侵害が同時に生じている場合に，その事案の事実関係や管轄権，受

---

24) *Ibid.*, paras. 55-84.
25) 本件は特別合意による紛争付託ではあるものの，ギニア・ビサウは受理可能性に関する抗弁を提出する権利があると主張し，ITLOSはこれを認める判断を示した（*ibid.*, paras. 93-101）。
26) *Ibid.*, paras. 131-140.
27) *Ibid.*, paras. 152-160.
28) *LaGrand, I.C.J. Reports 2001*, p. 485, para. 50.
29) *Ibid*, p. 486, para. 52.
30) *Avena, I.C.J Reports 2004*, p. 30, paras. 27 and 28.

162

理可能性の面から，どのような国際法違反について国家，あるいは自国民のどちらの権利侵害を紛争主題として紛争を国際裁判に付託するかの選択について今後の事例に示唆するところの大きい先例となると考えられる。

(c) 賠償措置の内容に関する問題点

ラグラン事件とアヴェナ事件で，裁判所が米国の国際法違反の結果に対応する賠償として命令したのは，両事件ともに，「米国が選択する方法による判決の再審又は再検討」という措置であった。[31] ラグラン事件では仮保全措置命令後にドイツ国民の死刑が執行されてしまったのに対し，アヴェナ事件では最終判決の時点までに死刑が執行されたメキシコ国民は存在しなかった。この事実関係の違いは，ドイツとメキシコがそれぞれ請求した賠償措置の内容やその請求根拠にも大きな影響を与えた。

既に述べたようにラグラン事件でドイツは，自国民の死刑が既に執行されていたにもかかわらず，訴訟を継続するという選択をした。ドイツが賠償措置に関する議論で強調したのは，同様の権利侵害が将来に繰り返されないための措置の命令が必要であるという点であり，再発防止の確約にあたる措置を賠償措置として請求したのである。[32] ドイツは，米国がウィーン領事関係条約第36条の下での義務を実効的に履行することが確保されうるような賠償措置の命令が必要であると主張したのである。これに対し裁判所は，米国がこの義務の履行のためにすでに取組みをしていることがドイツが求めている一般的な再発防止の確約にあたるとしつつも[33]，将来ドイツ人について領事通報義務の違反が生じた場合について，判決の再審又は再検討が必要であるとの判断を示したのである。裁判所は，この判断に際し，本件で裁判所が判断した米国の領事通報義務違反は，実体法や手続法の面で，米国の法制度それ自体が本質的にウィーン領事関係条約の下での義務に違反していると判断したのではなく，手続的懈怠の原則が適用された状況によって第36条2項の違反が生じたと判断したと述べている。[34] 裁判所が，米国の法制度それ自体の違法性を認定したのではない

---

31) *LaGrand, I.C.J. Reprots 2001*, p. 516, para. 128, subpara. 7 and *Avena, I.C.J. Reports 2004*, p. 73, para. 153, subpara. 11.
32) *LaGrand, I.C.J. Reports 2001*, p. 508-509, para. 117.
33) *Ibid.*, p. 513, para. 124.
34) *Ibid.*, pp. 513-514, para. 125.

と明言していることと，主文において「米国が選択する方法により」という文言を入れる判断をしたのは，主権国家の国内法制度に過度に影響を与えることを避けるための配慮によるものと考えられる。

　アヴェナ事件の場合，メキシコは，最終申立において完全な原状回復にあたる措置の命令を求めた（第4パラグラフ）。メキシコが原状回復として請求した具体的な措置は，問題の判決の破棄，またはそれらの判決を無効にすること（第5パラグラフ），第36条の違反がその後の米国内での手続に影響を与えないようにするために必要なすべての措置をとること（第6パラグラフ），および問題の判決の破棄が認められない場合は，米国が選択する方法によって，意味のある実効的な判決の再審又は再検討が行われること，また恩赦がそれらの再審又は再検討のための措置として適切でないこと（第7パラグラフ），米国による義務違反の停止（第8パラグラフ）を命令するよう，裁判所に求めた。[35] この請求に対し，裁判所は，領事通報義務の違反に対する賠償として適切な原状回復のための措置を検討した。裁判所は，ラグラン事件と同様に米国の領事通報義務の履行に関する取組みを評価し，また，裁判所の任務は，判決の妥当性そのものを検討することではなく，領事通報義務違反の結果を検討することであり，メキシコが求めるような判決の全面的または部分的破棄は必要かつ唯一の賠償措置にはあたらないとした。同様に，米国内での手続への影響に関する措置についてもメキシコの主張を認めなかった。[36] 裁判所は，本件における義務違反に対する適切な賠償措置は，米国が選択する方法による判決の再審又は再検討であるとの結論に至ったのである。裁判所は，手続的懈怠原則の適用によって実質的に再審や再検討が阻まれていることにも言及し，判決の実効的な再審や再検討のための措置として，再審や再検討の結果は問わないものの，その審理の過程でウィーン領事関係条約の下での義務違反に十分な配慮がなされなければならないとし，また，その手続は司法的手続によることが妥当であると判断した。[37] また，再発防止の確約のための一般的な措置に関する請求については，米国のウィーン領事関係条約の下での義務の履行のための取組みがこれにあたるとの判断を示した。[38]

---

35) *Avena, I.C.J. Reprots 2004*, p. 23-24, para. 14.
36) *Ibid*., pp. 60-61, paras. 122-126.
37) *Ibid*., pp. 61-66, paras. 128-143.

(d) 判決の履行に伴う問題点

アヴェナ他メキシコ国民事件で，裁判所は原状回復にあたる措置として，メキシコが要請した判決の破棄の命令ではなく，判決の再審または再検討を命じた。[39] ラグラン事件と同様に，裁判所は，「米国が選択する方法による」判決の再審または再検討を行うことを命じることで，主権国家としての米国への配慮を示している。ただし，前節で述べたように，判決理由の中で，ここで言われる再審査または再検討は司法的な手続によるものでなければならず，恩赦等の行政的な措置では不十分であると述べていることを考えると，米国が選択可能な措置は実際にはそれほど多くないといえる。国連憲章第94条と裁判所規程59条によれば，裁判所の裁判の当事国は裁判所の裁判に従う義務がある。しかし，アヴェナ事件の判決の履行は米国にとって簡単ではなかった。

アヴェナ事件の2004年判決後，名簿に記載されていたメキシコ国民の判決の再審請求が始まった。最初の2つの事例では，州政府の判断での減刑が行われることになった。[40] これらの事例は，裁判所が命じた司法的手続による判決の再審又は再検討に必ずしもあたるものではない。その後，メデリンが行った請求が裁判所判決の司法機関による履行のむずかしさを示す結果になった。連邦最高裁は，裁判所の判決に従って判決の再審を求めたメデリンの主張に対し，米国の国内裁判所との関係での裁判所の判決の法的拘束力について，2つの点を指摘している。第一に，条約上の義務に関しては，連邦法によって，拘束力があることが認められているのに対し，裁判所の判決についてはそのような法は存在しない。連邦最高裁と裁判所の間に上下関係がないことからも，裁判所の判決に自動執行性のような効果を認めることはできない。第二に，メデリン事件においては，手続開始後にブッシュ大統領の連邦司法長官宛ての覚書で，米国は裁判所判決を履行すべきであるとの見解が示された。この覚書の効力について連邦最高裁は，このような文書によって米国の裁判所に命令をする権限

---

38) *Ibid.*, pp. 67–69, paras. 144–150.
39) *Ibid*, p. 72, para. 153, subpara. 9.
40) S. L. Karamanian, "Introductory Note to the Decision of the Oklahoma Court of Criminal Appeals: Osbaldo Torres v. the State of Oklahoma", 48 *International Legal Materials* 1225 (2004), p 1126 and Application Instituting Proceedings for the Request for Interpretation of the Judgment of 31 March 2004 in the Case concerning *Avena and Other Mexican Nationals* (*Mexico v. United States of America*), 5 June 2008, p. 14, para. 12.

を大統領に認めた規則が存在しないことを理由として，これに従う義務がないと判断した。以上の理由から，連邦最高裁は，メデリンの請求を退けたのである。[41] このような状況を受けて，メキシコは2004年判決の解釈を裁判所に請求したものの，裁判所はこの請求を退けた。[42]

　ウィーン領事関係条約に関する3つの事件の仮保全措置命令について，米国の州政府がこれに従わない判断をしたことや，メデリン事件の連邦最高裁の判断は，連邦制の下での司法機関の権限の独立性や三権分立が厳格に解されている国にとって，裁判所の判決が国内法制度の改正や国内の行政府以外の機関の行為の是正等に関わる措置を命令する内容である場合，その履行が困難になる場合があることを示している。ウィーン領事関係条約に関する事件以降も，裁判所では，金銭賠償ではなく，行政府以外の国内機関によってとられるべき何らかの措置が命令される判決が特に，人道に対する犯罪等に関わる問題が紛争の原因となる事例で続いている。次節で，そのような判決を検討することとする。

4　国内法制度や国内機関の行為による国家の権利の直接の侵害
　　── 人道に対する犯罪等が紛争の背景にある事例

（1）逮捕状事件
（a）ベルギーの国内法改正と逮捕状の発給
　人道に対する犯罪については，ICCでアフリカ諸国での犯罪行為の手続が開始されていることに見られるように，この地域の諸国の国内法制度の不備や訴追の障害となる政治状況について，国際社会の関心が高いと言ってよい。ICCでの手続の利用も重要な役割を担うとはいえ，人道に対する犯罪の容疑者の訴追を国内の刑事裁判制度でいかに確保するか，そして，そうした問題に国際法がどのように関与すべきかを考えることも国際社会の課題であると言えよう。

---

41) Supreme Court of the United States, *José Ernesto Medellín, Petitioner* v. *Texas*, 552 U.S. 491. ブッシュ大統領の覚書については，US President George W. Bush, "Memorandum for the US Attorney-General Regarding Compliance with the Decision of the International Court of Justice in *Avena*", 44 ILM 964 (2005).

42) *Request for Interpretation of the Judgment of 31 March 2004 in Case concerning* Avena *and Other Mexican Nationals* (Mexico v. United States of America) (Mexico v. United States of America), *Judgment, I.C.J. Reports 2004*, p. 17, para. 44.

1999年のベルギーの国内法制度の改正はこうした問題意識を受けて，人道に対する犯罪や戦争犯罪についての普遍的管轄権の行使を実現しようとしたものである。この改正は本稿で取り上げている国際法と国内法の相互関係の一つの例である。この改正法の下で当時コンゴの現職の外務大臣であったイェロディア氏に対して発給された逮捕状は国際紛争の原因となった。人道に対する犯罪の場合，国内法上の地位の不問が原則であるため，ベルギーが外国の現職の外務大臣に逮捕状を発給したことも必ずしも，理解できないことではない。他方，現職の外務大臣への逮捕状が発給されたという事実は，その者の職務の遂行に大きな影響を与えたことも事実である。

(b) コンゴの訴訟戦略

2000年4月11日の逮捕状事件で，コンゴは，現職の外務大臣に対して逮捕状を発給し，これを回覧したことが，国際法に違反するとしてベルギーに対する訴えをICJに付託した。[43] この事件で注目される点の一つは，コンゴの訴訟戦略である。コンゴは，請求訴状の中でベルギーの国際法違反について2つの申立を提起していた。1つは，問題の逮捕状の発給の根拠となった，普遍的管轄権を容認するベルギーの国内法の国際法違反に関する申立である。そして，もう1つは，現職の外務大臣に対する逮捕状の発給というベルギーの行為の国際法違反に関する申立である。前者の申立は，ベルギーの国内法改正それ自体の国際法上の合法性を問うものであるのに対し，後者は，論じ方によっては，その根拠となったベルギーの国内法の国際法の下での合法性を問う結果をもたらす可能性がないわけではないとはいえ，逮捕状の発給という行為の国際法違反を問うことに主として注目するものであると言ってよい。コンゴは，書面手続の段階でベルギーの国内法それ自体の国際法の下での合法性を問う申立を撤回し，後者のみを申立として残した。[44] 普遍的管轄権の行使の合法性については国際法上依然として議論があるところであって，これを正面から論ずることになる第一の申立を維持することは訴訟戦略上必ずしも有利でなかったことは確かである。2002年判決に付された少数意見のほとんどが，国際法の下での普遍的管轄権の行使の合法性を論じる内容[45]であり，しかもその内容から，裁判

---

43) *Arrest Warrant of 11 April 2000* (*Democratic Republic of the Congo v. Belgium*), *Judgment, I.C.J. Reports 2002*, pp. 9–11, paras. 13–11.
44) *Ibid.*, pp. 19, paras. 41–43 and 45.

官によってその国際法上の評価に相違があることから見て，コンゴの判断は正しかったのではないだろうか。

（c）国際法違反に対する適切な賠償

裁判所は，第二の申立についてのみ判断を行い，現職の外務大臣に対する逮捕状の発給が免除を認める国際法の規則に違反すると判断し，その結果として，ベルギーは自国が選択する方法で問題の逮捕状の取消しと，その旨を逮捕状を回覧した機関に通知することを賠償として命じた。[46]

この事件でコンゴは，本件における適切な賠償は逮捕状の取消しとその旨の関係機関への通知であると主張した。[47] この主張に対し，裁判所は，免除に関する国際法違反の結果，本件で生じている損害は精神的な損害であると判断した。[48] しかし，裁判所はホルジョウ工場事件の判決を引用し，本件の場合，イェロディア氏が外務大臣ではなくなった時点でも問題の違法な逮捕状が依然として存在し，違法であり続けているのであるから，裁判所がその違法性を認定するだけでは，国際違法行為がなければ存在したであろう状態を回復するような賠償として不十分であるとの立場をとったのである。[49]

裁判所が判断した賠償措置の内容については，普遍的管轄権に関する論点と同様に多くの裁判官の意見で取上げられている。[50] 特に共同個別意見は，本件とホルジョウ工場事件の状況の違いを指摘し，イェロディア氏が外務大臣ではなくなっている状況において，国際違法行為以前の状態を回復することは不可能であり，彼が外務大臣ではなくなった時点で国際違法行為の結果は終了したと指摘している。[51]

---

45) Separate Opinion of President Guillaume, *ibid.*, pp. 35-45, paras. 1-17, Déclation de M. Ranjeva, *ibid.*, pp. 54-58, paras. 2-11, Separate Opinion of Judge Koroma, *ibid.*, pp. 59-62, paras. 2-9, Joint Separate Opinion of Judges Higgins, Kooijmans and Buergenthal, *ibid.*, pp. 64-84, paras. 3-69, Separate Opinion of Judge Rezek, *ibid.*, pp. 91-94, paras. 3-10, and Dissenting Opinion of Judge *ad hoc* Wyngaert, *ibid.*, pp. 163-177, paras. 40-67.
46) *Ibid.*, p. 33, para. 78, subpara. 3.
47) *Ibid.*, p. 30, para. 72.
48) *Ibid.*, p. 31, para. 75.
49) *Ibid.*, p. 32, para. 76.
50) コロマ裁判官の個別意見，共同個別意見，ワインガルト特任裁判官の反対意見で，この点が取り上げられている。(Separate Opinion of Judge Koroma, *ibid.*, p. 62, para. 10, Joint Separate Opinion of Judges Higgins, Kooijans and Buergenthal, *ibid.*, pp. 89-90, 86-89, and Dissenting Opinion of Judge *ad hoc* Wyngaert, *ibid.*, pp. 183-185, paras. 83-84.

(2) 刑事司法共助事件
(a) ジブチの訴訟戦略
　刑事司法共助事件は、ジブチの司法省に司法援助のために派遣されていたフランス人の裁判官の死亡に関する捜査に関連して、両国間の刑事司法共助協定の諸規定の違反に関する紛争が付託された事例である。[52] 本件の一つの特徴は、裁判所の管轄権の唯一の根拠が応訴管轄であったことである。[53] ジブチは、請求訴状提出後の裁判過程で、広範な申立を追加し、裁判所に付託した紛争の範囲を拡大する立場をとった。これに対し、フランスは、同国が応訴した紛争の範囲は、請求訴状に記載された申立に関連する範囲に限定されるべきとして、事項管轄と時間的管轄の範囲を限定すべきとする抗弁を提出した。[54] この主張に対し、裁判所は、請求訴状に記載された申立との関係で、「新たな」申立と判断されるものについては、その後の裁判手続での追加は認められないとして、原告の紛争主題の特定に関する権利を一定限度尊重しつつ、被告側の合理的な期待を害することを防止することに配慮した判断を示した。[55]

(b) 国際違法行為と賠償に関する判断
　上記のような申立の拡大により、ジブチは多様な点についての刑事司法共助協定のフランスによる違反（第一、第三、第四、第六、第七パラグラフ）を主張し、これに対する賠償として、関係する捜査ファイルの引渡し（第二パラグラフ）、出頭命令の撤回と取消し（第五、第八パラグラフ）、これらの国際違法行為の停止と再発防止の確約（第十、第十一パラグラフ）を命令するよう、裁判所に求めた。[56] これらの主張に対し、裁判所は、刑事司法共助条約の第17条に規定される司法共助の要請の拒否の際に理由を示す義務の違反のみを認める結論に至った。また、裁判所は、問題のファイルの引渡しの拒否に関してはフランスの条約2条c項に基づく正当化を容認する立場を示した。[57] こうした判断の結果、裁判所は本件において認定されたフランスの国際違法行為に対する賠償と

---

51) Separate Opinion of Judges Higgins, Kooijans and Buergenthal, *ibid.*, pp. 89–90, 87–89.
52) *Certain Questions of Mutual Assistance in Criminal Matters (Djibouti v. France), Judgment, I.C.J. Reports 2008*, pp. 187–198, paras. 19–38.
53) *Ibid.*, pp. 180–181, paras. 1–4.
54) *Ibid.*, p. 199, paras. 41–43.
55) *Ibid.*, pp. 201–213, paras. 51–95.
56) *Ibid.*, pp. 186–187, para. 18.

して，裁判所による義務違反の認定が適切な満足にあたる措置であると判断した。なお，司法共助の拒否の理由の開示命令について，裁判所が，これがいずれ公開されることにも言及している点は注目される。[58]

(3) 国家免除事件

　国家免除事件では，紛争主題そのものは国家免除に関するものに限定されていたが，第二次世界大戦中のドイツ軍の行為に対する戦後賠償を求める訴訟について国家免除が認められるか否かが争われたことは個人の権利の保護との関係で重要な意味を持つと考えられる。この事件でも，国内の司法機関の判決や決定の国際法の下での違法性が問われた。ドイツは，こうした国内司法機関の行為の違法性の認定と，それに対する賠償として，イタリアが同国の選択する方法によって裁判所と他の司法機関の決定のすべてが執行されないようなすべての措置をとること（第五パラグラフ）と，将来にわたりドイツの免除を侵害するような法的手続が行われないようすべての措置を採ること（第六パラグラフ）を命令することを求めた。[59] 裁判所は，第五パラグラフの申立について，これはドイツが違法性を主張し，裁判所がこれを認めたイタリアの国内裁判所等の司法機関の決定の効力が停止することであると解釈した。そして，国際違法行為の結果としての賠償は当該行為が行われる前の状態を回復する措置であるべきだとし，ドイツのこの申立を認める判断を示した。裁判所は，本件では国際違法行為の前の状態を回復することが不可能ではないことを指摘した。さらに，裁判所は本件で問題になっている国際法違反の行為がイタリアの司法機関によるものであり，それらの機関の法的判断はイタリア国内法ですでに終局的なものとなっていることが，イタリアの原状回復にあたる措置をとる義務を害するわけではないとも述べている。[60] 他方，第六パラグラフの再発防止の確約に関する申立については，裁判所は，再発防止の確約に関する措置を命ずる権限を裁判所が有することを認めたものの，この権限は，そのような命令が特

---

57) *Ibid.*, pp. 227-233, paras. 140-156.
58) *Ibid.*, p. 245, paras. 202-204 and pp. 246-247, para. 205, subpara (2) (a), in particular, p. 245, para. 203.
59) *Jurisdictional Immunities of the State (Germany v. Italy: Greece intervening), I.C.J. Reports 2012*, p. 109, para 17.
60) *Ibid.*, pp. 153-154, para. 137.

別な事情により正当化される場合にのみ行使されるとした。そして，その特別な事情の判断は事案によって検討されるべきであるとも述べ，本件ではそのような特別な事情が存在するとは認められないと判断した。[61) このような理由により，裁判所は，イタリアに対して，適切な立法を行うこと，又はイタリアが選択する他の方法により，ドイツの国家免除を害するような同国の裁判所や他の司法機関の判断の効果が終了する措置を採ることを命じた。[62)

（4）訴追か引渡しの義務に関する問題事件
（a）ベルギーの訴訟戦略

逮捕状事件の敗訴後，ベルギーは，国際法の下で特権免除が認められている者についての自国の管轄権行使ではない方法でアフリカ地域の人道に対する犯罪の訴追の確保のあり方を検討するようになったと考えられる。条約の規定に従って，こうした犯罪の訴追を確保する一つの方法として，拷問等禁止条約の下での訴追か引渡しの義務が取り上げられることになった。元チャド大統領のアブレ氏の大統領在任中の拷問等に関する行為の訴追をセネガルに要求したことは，2000年のイェロディア氏に対する逮捕状の発給と同じ問題意識に基づきつつ，2002年の判決を考慮したものと言える。

アブレ氏はチャドでのクーデターによる失脚後，セネガル国内に滞在していた。彼は大統領の在任中に拷問等禁止条約に規定される犯罪行為に関与したとされていた。セネガルは，拷問等禁止条約の締約国になったものの，この条約の義務を履行するための国内法体制を十分に整備できていたわけではなかった。このため，拷問等禁止条約の規定の下でのベルギーによるアブレ氏の訴追又は引渡しの選択の要求について対応できなかったのである。セネガルの裁判所は，訴追に関しては，拷問等禁止条約の締約国となった時点で，国内法の整備ができておらず，またベルギーからの要請後に国内法を整備したものの，処罰規定の遡及に関する規定がなかったため，アブレ氏の大統領在任中の行為についての訴追ができないとの判断に至った。また，引渡しについては，同国の国内法の下で，外国人の引渡しについては裁判所の決定が必要とされており，アブレ

---

61) *Ibid.*, p. 154, para. 138.
62) *Ibid.*, p. 155, para 139, subpara. 4.

氏の引渡しについては，セネガルの裁判所がこれを認めない決定をしたため，こちらの要請にも応えることが出来なかったのである。[63]

このような状況を受けて，ベルギーは拷問等禁止条約の違反を論点とした訴訟をICJに提起したのである。[64] 南西アフリカ事件の第二段階判決における当事者適格の議論を考慮し，ベルギーは，元チャド国民であって，拷問の犠牲者である者の保護という法的な利益を根拠として，本件における当事者適格を正当化するとともに，拷問等禁止条約の締約国としての当事者適格も主張した。ベルギーの当事者適格に関する議論について，裁判所は，拷問等禁止条約の締約国としての利益だけで，当事者適格が認められるとの立場をとり，個別の法益侵害の検討が必要ではないとの立場を示したことは，南西アフリカ事件以来，個別の法益の侵害がなければ当事者適格が容認されないと考えられてきた裁判所の手続に新たな可能性をもたらすものとなったと考えられる。[65]

(b) 拷問等禁止条約の違反に対する賠償

本件でベルギーは，拷問等禁止条約の下での訴追か引渡しの義務の違反の結果として，裁判所は，ベルギーが同国の国内の権限ある機関におけるアブレ氏の訴追手続きを遅滞なく開始するか，又は訴追手続きがとられない場合，彼を遅滞なくベルギーに引渡すよう命令するよう求めた。[66] この主張に対し，裁判所は本件で引用された拷問等禁止条約の関連規定の目的はそうした犯罪行為の容疑者が締約国に逃亡先を見つけることが出来ないようにすることによって，彼らの行為が処罰されなくなることを防止することにあると述べている。そして，それらの諸規定の違反の結果としてセネガルは国際違法行為を停止する義務があり，そのために同国は，アブレ氏を引渡さない場合は，訴追の権限がある当局にこの事案を付託するために必要な措置を遅滞なくとるべきであると判断した。[67]

---

63) *Question relating to the Obligation to Prosecute or Extradite* (*Belgium v. Senegal*), *Judgment, I.C.J. Reports 2012*, pp. 431–440, paras. 15–41.
64) *Ibid.*, pp. 440–448, paras. 42–63.
65) *Ibid.*, pp. 448–450, paras. 64–70.
66) *Ibid.*, p. 430, para. 14, subpara. 2.
67) *Ibid.*, p. 461, para. 120–121 and p. 463, para. 122, subpara. 6.

5　結語にかえて

　本稿での最近の事例の検討を通じて，国際司法裁判において，国際違法行為の結果として，相手国の国内法制度や国内機関の行為に影響を及ぼすような内容の賠償を得るためには，紛争主題の設定や管轄権の根拠，発生している損害の内容や事案の性質に応じた法的論点の構成の方法等，様々な訴訟戦略が必要となるといえよう。そうした必ずしも簡単ではない構成による申立を工夫する必要があるとはいえ，ウィーン領事関係条約に関連する事件以降，相手国の国内法制度等に深くかかわる論点が国際司法裁判で争われる先例が蓄積されてきていることは，原告，被告，どちらの立場になるにせよ，国家にとって軽視されてはならない現象である。伝統的に国家主権の行使の対象とされてきた国内法の立法権限や，国内の制度における司法の独立性や刑事司法制度の尊重等の分野にも，国際法上の義務が影響を与え，それらの義務の違反が紛争主題とされる訴訟が提起されるのであるから，特に被告となる国は，単に国内法制度等の独立性を主張することではこれに対応できなくなっていると考えられる。国際司法裁判所は，国内法上の措置を命ずる賠償措置を命令する場合，当該国「自らが選択する方法によって（at its own choosing）」との文言を付記している。しかし，実際には，こうした判決を受ける国家の側の選択の幅は必ずしも広くはないと言える。

　国際司法裁判所において強制的な管轄権の行使の可能性を高め，またその判決の履行を確保していくことは，国際社会の平和と安全の維持や紛争の平和的解決手続の選択の自由と司法裁判制度の有効な活用という視点から見れば，今日の国際社会における重要な課題である。しかし，そうした強制的な管轄権の強化の結果として，本稿で扱ったような事例のように，判決を受ける国にとってその履行が国内法制度上，大きな負担となりうる可能性が生じるようになっている。このような事例において，裁判所は，各事案の事実関係や請求事項の特性を十分に考慮し，かつ理論的に十分な説明がなされた判決を出すことが求められると言えるだろう。また，当事国の側もそうした判断を可能にする主張を行うことが一層求められるようになっていると考えられる。それらの努力に加えて，特に国内法制度との関係での国際司法裁判所の判決の「拘束力」や

「判決の履行」の意味について改めて考える必要があるのかもしれない。国際司法裁判所の手続を，国際社会が国内法の制度に影響を与える方法の一つとして利用することの妥当性については今後一層の議論が必要と言えるのではないだろうか。

第 2 部

領域と管轄権

7 西サハラにおける鉱物・漁業資源と国際法

中谷和弘

1　はじめに
2　西サハラの国際法上の地位
3　Hans Corell 国連法律顧問の意見書
4　ノルウェー政府年金ファンド Global による投資排除
5　EU・モロッコ漁業協定
6　おわりに

1　はじめに

　最後の植民地といわれることもある西サハラにおいては，国連によるレファレンダムが実施できないままモロッコが物理的支配を継続している。西サハラ人民（Saharawi）の多くはアルジェリアの難民キャンプでの生活を余儀なくされ，1976年に独立を宣言したサハラ・アラブ民主共和国政府はアルジェリア内の亡命政府となっている。こうした状況の中，西サハラ及びその沖合では，Saharawi に諮ることなく，外国企業が関与する形で燐鉱石や石油の採掘が進められ，また外国の漁船による漁業も行われている。

　本稿では，まず，2において西サハラの国際法上の地位を確認した上で，3において2001年に Hans Corell 国連法律顧問が示した意見書を紹介し，西サハラでの鉱物資源開発の国際法上の合法性についての検討を行う。このような資源開発に強い懸念を示したのがノルウェーやスウェーデンといった北欧諸国であった。特に，ノルウェーの政府系ファンドである政府年金ファンド Global は，西サハラでの鉱物資源開発に関与した企業に対して投資排除を行った。この点についての検討を4において行う。5においては，Saharawi に無断で西サハラ沖での漁業を認めることになりかねないとして多くの議論がなされた EC モロッコ漁業パートナーシップ協定の更新問題について検討する。最後に6にお

いてわが国との関係につき若干の指摘をする。

2 西サハラの国際法上の地位

　西サハラ問題には長期間にわたる複雑な経緯があるが，本稿では3以下の検討に必要な事実に関してのみ簡単にふりかえることにしたい[1]。

　西サハラは1884年以降スペインの保護領であり，1963年には国連の非自治地域となった。脱植民地化の動きの中で，国連及びOAU（アフリカ統一機構）は「レファレンダムを実施してSaharawiに政治的将来を決定させるべきだ」とスペインに促した。スペインは1974年に人口調査を実施し，またレファレンダムに同意した。これに対して，スペイン植民地化以前の住民との紐帯に基づき領有権を主張するモロッコとモーリタニアはレファレンダムの延期を主張し，ICJ（国際司法裁判所）の判断を仰ぐべきだとした。両国の希望を受け入れる形で，国連総会は，1974年12月13日の決議3292において，ICJに勧告的意見（質問I．「西サハラはスペインによる植民地化の時点において無主地であったか」，質問II．「I．の回答が否である場合，この領域とモロッコ・モーリタニアとの間の法的紐帯は何であるか」の回答）を要請し，また，スペインに対してレファレンダムの延期を促した。

　1975年10月16のICJ勧告的意見では，I．につき「無主地ではなかった」とした上で，II．につき，「スペインの植民地化の時点においてモロッコのスルタン

1）　以下の事実のまとめは，主にHans Corellの意見書（UN Doc. S/2002/161（12 February 2002））及びNew York City Bar Association (Committee on United Nations), *Report on Legal Isssues Involved in the Western Sahara Dispute : Use of Natural Resources* (2011), available at http://www.nycbar.org/pdf/report/uploads/20072089-ReportonLegalIssuesInvolvedintheWesternSaharaDispute.pdf に依拠した。なお，西サハラ問題に関する国際法の観点からの邦語論文としては，浦野起央「西サハラの民族自決」『政経研究』第21巻3号（1985年）401-536頁，桐山孝信「自決権行使と領有権問題――西サハラ事件を手がかりとして（一）（二・完）」『法学論叢』第117巻1号（1985年）67-86頁，第117巻3号（1985年）85-107頁，松本祥志「アフリカ統一機構による平和維持と国際法(1)～(3)――チャド紛争と西サハラ問題を中心に――」『札幌学院法学』第4巻1号（1987年）81-131頁，第4巻2号（1987年）83-117頁，第5巻1号（1988年）109-157頁，中山雅司「西サハラ問題と国連による解決」『創価大学比較文化研究』第9号（1992年）109-150頁，則武輝幸「国際連合とアフリカ統一機構の協力による西サハラ問題の解決(1)――国際連合と地域的機関の関係に関する一考察」『帝京法学』第19巻2号（1996年）87-129頁等がある。なお，注2）に挙げる諸文献も参照。

と西サハラに居住するいくつかの種族との間に忠誠の法的紐帯は存在し，また土地に関する権利を含む権利の存在によりモーリタニアと西サハラの間に法的紐帯が存在するが，これらは領域主権の紐帯を確立するほどのものではなく，それゆえ植民地独立付与宣言（国連総会決議1514），とりわけ人民の自由かつ真正な意思の表明による自決原則の適用に影響を与えるものではない」旨，指摘した[2]。

　勧告的意見は両国の期待に合致するものではなかったが，モロッコは「勧告的意見は西サハラがモロッコ領の一部であることを認めた」と勝手に解釈し[3]，同年11月6日には約35万人のモロッコ人民を動員して西サハラへの「緑の行進」（Green March）という示威行動を実施し，これはモロッコによる最初の西サハラ占領行為となった[4]。勧告的意見の趣旨は無視されたばかりか，皮肉にも勧告的意見が「緑の行進」を焚きつけてしまった。同日，安保理はコンセンサスで決議380を採択し，「緑の行進」の実行を慨嘆し，モロッコに対して行進の全参加者を西サハラから即時撤退させるよう求めるとした。

　1975年11月14日，スペイン，モロッコ，モーリタニアは，領域施政国としてのスペインの権限と責任を暫定的に3カ国の施政に移行するマドリッド協定を締結した[5]が，これは非自治地域としての西サハラの国際的地位に影響を与えるものではなかった。同協定後，モロッコ軍及びモーリタニア軍が西サハラ

---

[2]　*ICJ Reports 1975*, pp. 68-69. 同勧告的意見につき，皆川洸「西サハラ事件（資料）」『国際法外交雑誌』第76巻1号（1977年）21-73頁，関野昭一「西サハラに関する国際司法裁判所の勧告的意見」波多野里望＝筒井若水編著『国際判例研究　領土・国境紛争』（東京大学出版会，1979年）372-386頁，東寿太郎「西サハラ」波多野里望＝尾崎重務編著『国際司法裁判所　判決と意見　第2巻（1964-93年）』（国際書院，1996年）469-476頁，桐山孝信「西サハラ事件」田畑茂二郎＝竹本正幸＝松井芳郎編集代表『判例国際法』（東信堂，2000年）253-257頁（松井芳郎編集代表『判例国際法〔第2版〕』（東信堂，2006年）279-283頁），家正治「非自治地域と自決権 —— 西サハラ事件 ——」山本草二＝古川照美＝松井芳郎編『国際法判例百選』（有斐閣，2001年）34-35頁，桐山孝信「非自治地域と自決権 —— 西サハラ事件 ——」小寺彰＝森川幸一＝西村弓編『国際法判例百選〔第2版〕』（有斐閣，2011年）30-31頁，等参照。

[3]　同日のモロッコ国連代表部から国連へのプレス・リリース。UN Doc.S/PV.1849, cited by Enrico Milano, The New Fisheries Partnership Agreement between the European Community and the Kingdom of Morocco : Fishing too South ?, *Anuario Espagñol de Derecho Internacional*, vol. XXII (2006), p.418, note 16.

[4]　Milano, *supra* note 3, p.418.

[5]　*United Nations Treaty Series*, vol. 988, I-14450.

に侵攻した。植民地支配の終焉に関するスペインの不適当な態度が西サハラ問題を悪化させたことは否定できない。

　1976年2月26日，スペインは国連事務総長に対して西サハラにおけるプレゼンスを終了すると通知した。これにより，西サハラは，モロッコ及びモーリタニアの事実上の施政下におかれることになった。モーリタニアは，1979年に西サハラから撤退し，同年8月10日，西サハラのポリサリオ戦線 (Frente Porisario) との合意により西サハラに対する領土要求を放棄した[6]。こうしてモロッコのみが西サハラに対して事実上の施政を行うことになったが，モロッコは国連の非自治地域のリストには施政権国としては挙げられていない。Saharawiの多くはアルジェリアの難民キャンプでの生活を余儀なくされ，国連の努力にもかかわらずレファレンダムは今日まで実施されていない。「Saharawiの意見は尊重される」(will be respected) 旨をうたったマドリッド宣言第3項は，画餅に帰している。

　他方，ポリサリオ戦線は，1976年2月27日にサハラアラブ民主共和国 (Saharawi Arab Democratic Republic, SADR) の独立を宣言した。西サハラ領域内に政府をおけないため，亡命政府をアルジェリアのTindoufにおいている。2013年11月までにSADRを国家承認したことがある国家は84国あるが，うちアフリカ諸国が36国であり，先進国による国家承認の例はない。G20のうち国家承認をしたのは，メキシコ（1979年9月8日承認），インド（1985年10月1日承認，但し2000年6月26日に承認撤回），南アフリカ（2004年9月15日承認）である。84国のうち38国が国家承認を凍結又は撤回している[7]。このような凍結・撤回の理由は様々であろうが，①モロッコによる政治的影響力の行使や経済的援助，②SADRが国家の資格要件（特に実効的支配を確立した政府の要件）を満たしていないとの判断，がその主な理由であると思われる。「国家承認は撤回できない」という国際法の基本原則に相反する行動である[8]が，もし「尚早の国家承認を撤回した」と考えることができるのであれば，整合的な理解が可能であ

---

6) UN Doc. S/13503, Annex I.
7) http://en.wikipedia.org/wiki/International_recognition_of_the_Sahrawi_Arab_Democratic_Republic
8) 先例としては，わずかに，1983年10月9日のラングーン爆破テロ事件後の同年11月4日に，ミャンマーが北朝鮮（朝鮮民主主義人民共和国）との外交関係を断絶するとともに国家承認を撤回した例がある程度である。

ろう。

　SADR と外交関係を有する国家は2013年11月の時点で40国である。また9国が過去に外交関係を有していたが，現在では断絶又は凍結している。メキシコは，1979年9月24日に外交関係を樹立し，SADR の大使館がメキシコ・シティに開設されている。インドは，1985年10月に外交関係を樹立し，SADR の大使館がニューデリーに開設されたが，2000年6月26日に国家承認を撤回し外交関係断絶となった。南アフリカは，2004年9月15日に外交関係を樹立し，SADR の大使館がプレトリアに開設されている[9]。

　SADR は1980年6月に OAU（アフリカ統一機構）に加盟を申請し，1981年8月に加盟が承認され，OAU 及びその承継組織である AU（アフリカ連合）のメンバーとなっている。これに反発したモロッコは1984年11月に OAU からの脱退を表明し，1985年11月に脱退した。モロッコはアフリカ諸国のうちで唯一，AU 非加盟国となっている。

3　Hans Corell 国連法律顧問の意見書

　2002年1月29日に発出された Hans Corell 国連法律顧問（法律問題担当事務総長補）による安保理議長宛の書簡[10]は，西サハラにおける資源開発の法的評価に関して大きな影響力を有するものとなった。モロッコ政府は2001年10月に，西サハラ沖での石油の探査及び査定に関する2つの契約——うち1つはONAREP（モロッコ石油探査開発公社）と Kerr McGee du Maroc Ltd.（米国の石油企業）の間の契約，もう1つは ONAREP と TotalFinaElf E&P Maroc（フランスの石油企業）の間の契約——を締結した。これらの契約を直接の契機として，安保理議長は，西サハラにおける鉱物資源開発契約を外国企業と締結するといったモロッコの行動が，国際法（関連する安保理・総会決議や西サハラに関する合意を含む）上合法であるか否かについて，Corell に意見を求めた。

　Corell の意見書は，A．モロッコ施政下の西サハラの地位，B．非自治地域における鉱物資源活動に適用される法，C．国際司法裁判所の判例，D．諸国

9）　http://en.wikipedia.org/wiki/Foreign_relations_of_the_Sahrawi_Arab_Democratic_Republic
10）　UN Doc. S/2002/161（12 February 2002）

家の実行，E．結論，からなる。主な内容は次の通りである。

　A．モロッコ施政下の西サハラの地位

　西サハラは1884年からスペインの保護領となり，1963年に非自治地域となった。1975年11月14日のマドリッド協定（スペイン，モロッコ，モーリタニア）では，スペインの施政国としての権限と責任は暫定的に3カ国に移譲されたが，主権の移譲ではなく，西サハラの非自治地域としての地位には影響を与えるものではない。1976年2月26日，スペインは国連事務総長に西サハラにおけるプレゼンスを終了すると通告し，これにより事実上，西サハラはモロッコとモーリタニアの施政下におかれることとなった。1979年8月19日のモーリタニア・サハラウイ間の合意に基づきモーリタニアは西サハラから撤退し，モロッコのみが西サハラに対する施政を行うこととなった。しかしながら，モロッコは非自治地域の国連リストの施政国には挙げられていないため，国連憲章73条(e)に規定する情報その他の資料の事務総長への定期的送付を行わなかった。

　B．非自治地域における鉱物資源活動に適用される法

　国連総会決議48/46（1992年12月10日）及び決議49/40（1994年）では，「外国経済権益による，関連の国連決議に違反した，植民地及び非自治地域の海洋その他の天然資源の搾取及び略奪は，当該領域の保全及び繁栄に対する脅威であり，非自治地域の人民から彼らの天然資源に対する正当な権利の行使を剥奪する施政国は，国連憲章上の義務に違反する」旨，規定する。また，総会決議50/33（1995年）では，「当該領域の人民に不利益となる経済活動と人民を利する経済活動を区別し，非自治地域の人民と協調し人民の願望に合致する外国経済投資の価値を確認する」旨，規定する。

　一連の安保理決議は，西サハラの天然資源の法体制には関連しないため検討は省略する。

　天然資源に対する恒久主権原則につき，その正確な法的な範囲及びインプリケーションには議論の余地がある。ここでの問題は，同原則は非自治地域における施政国による天然資源に関連するすべての活動を禁止するのか，当該地域の人民の必要・利益・便益を無視してなされる活動のみを禁止するのかというものである。

　C．国際司法裁判所の判例

非自治地域における施政国による天然資源開発の問題が関連した事案として，「東チモール事件」（ポルトガル対オーストラリア）及び「ナウル・燐鉱石事件」（ナウル対オーストラリア）があるが，両事案ともその合法性の判断はなされなかった（前者では管轄権を欠くとされ，後者では和解に達し，いずれも本案判決が出されなかった）。

　D．諸国家の実行

1975年の国連西サハラ訪問団による報告書では，4企業がスペイン領サハラ沖でコンセッションを有していた。当時，スペインの政府職員は，「収益は当該領域の利益のために用いられ，サハラ人民の天然資源に対する主権を承認し，投資に対するリターン以外の利益を要求しない」旨，述べた。

ナミビアにおけるウランその他の天然資源の南アフリカや西側の多国籍企業による開発は，ナミビア理事会のデクレ第1号（1974年）により違法とされ，総会決議36/51（1981年）や決議39/42（1984年）により非難された。但しナミビアの事例は，「ナミビアにおける南アの継続した存在が違法であって，それゆえ南ア政府によってとられたすべての行為は違法かつ無効である」とした安保理決議276（1970年）に基づくものである。

東チモールでは，国連東チモール暫定行政機構（UNTAET）が創設される1999年10月までにチモール・ギャップ条約が既に機能し，協力ゾーンにおいてインドネシア及びオーストラリアによりコンセッションが既に付与されていた。継続性を確保するため，UNTAETは，東チモールを代表して，2000年2月10日にオーストラリアと交換公文を交わし条約内容を継続した。2年後に東チモールの独立に先立ち，UNTAETは，東チモールを代表して，同条約にかわる東チモール協定の草案をオーストラリアと交渉した。UNTAETは東チモール人民の代表と協議した上でオーストラリアと交渉をし，東チモール代表は積極的に交渉に参加した。

　E．結　論

非自治地域における施政国による天然資源活動は違法か，それとも当該地域の人民の必要と利益を無視してなされる活動のみが違法であるか。検討の結果は後者である。総会決議では，非自治地域の人民と協調し彼等の願望に合致する外国投資の価値を確認している。

国際司法裁判所「東チモール事件」及び「ナウル・燐鉱石事件」のいずれに

おいても，当該地域における天然資源の開発がそれ自体として違法（illegal *per se*）だと主張された訳ではない。前者では石油開発契約の締結は施政国ポルトガルと締結されなかったため違法と主張され，後者では天然資源開発が不必要・不均衡な枯渇を生じさせるため違法と主張されたのである。

　数は限られるが，最近の国家実行は施政国及び第三国の双方の opinio juris を示すものである。非自治地域において，当該地域の人民の利益のために，その代表にかわって又はその代表と協議して（for the benefit of the peoples of those Territories, on their behalf or in consultation with their representatives）資源開発活動がなされる場合には，施政国の国連憲章上の義務及び「天然資源に対する恒久主権」原則と両立していると考えられる。

　石油の探査及び査定自体は開発又は鉱物資源の物理的除去ではなく，いかなる便益もまだ生じていない。従って，結論として，当該契約自体は違法ではないが，更なる開発が人民の利益及び願望を無視して進められれば，非自治地域における天然資源活動に適用される国際法原則に違反する。

　国連法律顧問の意見書は国連や加盟国を拘束するものでは勿論ないが，高い法的権威を有するものであることは否定できず，意見書に相反する行動をする国家や企業には説明責任が求められるといえよう。この結論の意味に関して，Corell 自身は2010年の著作の中で，「施政国による非自治地域における鉱物資源開発活動はそれ自体違法であるか，それとも当該領域の人民の必要及び利益を無視してなされた場合にのみ違法であるかという問題があるが，国連憲章，総会決議，ICJ の判例及び国家実行の検討の結果，後者の場合にのみ違法となるとの結論に達した」とし，「非自治地域において，当該領域の人民の利益のために，その代表にかわって又は人民の代表と協議の上で，資源開発活動がなされる場合には，施政国の国連憲章上の義務と両立し，国連総会決議及び天然資源に対する恒久主権原則と合致すると解せられる」と繰り返し指摘する[11]。しかしながら，モロッコによる西サハラでの資源開発は Saharawi の利益のた

11）　Hans Corell, The Legality of Exploring and Exploiting Natural Resources in Western Sahara, in N. Botha et al. (eds.), *Multilateralism and International Law with Western Sahara* (2010), p. 278, available at http://www.unisa.ac.za/contents/faculties/law/docs/14corell.pdf

めになされたとは言い難く，また東チモールのように人民との事前協議もなされなかった。なお，Corellが示した「人民の代表と協議の上で」という基準に関しては，「当該領域の人民の利益のために」という文言の存在ゆえ，「協議さえ行えば人民の要望を無視してもよい」と強弁することを可能にするものではなく[12]，協議した上で人民の利益となる行為を行うことが必要という趣旨である。この意味で，人民の承諾は事実上必要ということになろう[13]。

SADR側は，モロッコが勝手に外国企業に西サハラとその沖での資源開発の許可を与えることに対して抗議をするにとどまらず，具体的に対抗する動きを示している。即ち，2005年には鉱区公開を行い，2006年3月には落札企業を公表する[14]，さらに2009年1月には，5でみるように「海洋区域を設立する法律」（法律第3号）を制定する，といった行動をとっている。

西サハラの資源に関する国連の実質的関与は存在しなかった。対照的に，かつて非自治地域であったナミビアにおいては，国連ナミビア理事会（UN Council for Namibia）が1974年9月27日にナミビアの天然資源保護のためのデクレ第1号[15]を発して，一方的な資源開発が規制された。同デクレでは，「①いかなる者も同理事会の許可なしにナミビアの天然資源（動物，鉱物を問わない）を探査・採取・販売・輸出してはならない。②①に該当しないいかなる許可も，南アフリカ政府による許可も，無効であっていかなる効力も有しない。③ナミビアの天然資源は，同理事会の許可なしには領域外に一切持ち出してはならない。④同理事会の許可なしに領域外に持ち出されたナミビアの天然資源は押収

---

[12] 但し，一般国際法上，協議の義務自体は合意に達する義務を意味するものではない。The Government of the State of Kuwait v The American Independent Oil Company (Aminoil) 仲裁判断（1982年）では，「交渉する義務は合意する義務ではない」旨，指摘した。*International Legal Materials*, vol. 21, p.1004.

[13] 観念的には，協議をしたが人民の承諾なしに資源開発をすすめ，但し果実は人民に還元したり人民のために信託したりする場合には「人民の利益のために」という要件は満たされるかもしれない。もっともこのような場合には，説明責任を果たすことが必要である。いずれにせよモロッコの現実の行動には，そのような「人民の利益のために」という要素はおよそ見られないと言わざるを得ない。

[14] 石田聖「西サハラ：ポリサリオ戦線が鉱区公開 ── 今後の展開で鉱区権益はどうなるか」『石油・天然ガスレビュー』第40巻4号（2006年7月）97-100頁。

[15] UN Doc. A/9624/Add. 1, pp.27-28. ナミビア・デクレにつき，H.G.Schermers, The Namibia Decree in National Courts, *International and Comparative Law Quarterly*, vol. 26 (1977), pp. 81-96.

され，ナミビア人民の利益のために保管される。⑤ナミビアの天然資源を領域外に輸送している車輌・船舶・コンテナは押収され，ナミビア人民の利益のために保管される。⑥本デクレに違反する者は将来のナミビア政府によって損害賠償の責任を負うことがある」旨を規定した。①〜③はデクレが課す義務，④〜⑥はデクレ違反の効果について規定したものである。Corell はこの結論を考えるにあたっては，ナミビアにおける南アフリカの居座りを違法とし，それゆえ南アフリカ政府によってとられたすべての行為を違法・無効とした1970年の安保理決議276に留意する必要があると指摘する[16]。ナミビアとは前提状況が異なるものの，ナミビア・デクレを参考にした何らかの国連の関与のスキーム（例えば，西サハラでの資源開発には国連の許可又は少なくとも国連への通報を要件とするスキーム）を何ら策定できなかったことは，国連の無力ぶりを露呈する遺憾な不作為であったと言わざるを得ない。

4　ノルウェー政府年金ファンド Global による投資排除

　ノルウェーの政府年金ファンド Global は世界最大規模の政府系ファンド（SWF）であると同時に先進国が保有する数少ない SWF でもあるが，社会的責任投資（SRI）ないし環境・社会・ガバナンスに配慮した投資（ESG 投資）を行っていることが注目される[17]。Global は，好ましくない行動をしている企業には投資を行わず，もし投資していた場合には投資を引き揚げた上でその旨を理由とともに公表するという，否定的選別（negative screening）に基づく投資排除を行っている。Global の投資排除の決定は倫理評議会の財務省への勧告に基づいて行われる。2013年4月までに60社に対する投資排除がなされてきたが，その中には西サハラでの資源開発や資源取引に関与した企業3社（米国企業 Kerr-McGee Corporation, カナダ企業 Potash Corporation of Saskatchewan 及び米国企業 FMC Corporation）も含まれている。
　2005年4月12日，Global の倫理評議会は，西サハラ沖の大陸棚において石油・天然ガスの開発を行っていた Kerr-McGee Corporation 社を投資から排除

---

16) Corell, *supra* note 11, p.278.
17) この点につき，拙稿「政府系ファンドと国際法」秋月弘子＝中谷和弘＝西海真樹編『人類の道しるべとしての国際法』（国際書院，2011年）640–644頁参照。

するよう，次の趣旨の勧告を行った[18]。

「①事案の背景　同社は2001年に西サハラ沖での資源探査をモロッコの国営石油企業 ONAREP と行う契約を締結した。西サハラの状況に関するノルウェーの公式見解は，いかなる政府機関も国連による和平の努力の結果を妨げないように行動すべきというものである。外務省はまた，ノルウェー企業はこのエリアにおける経済活動への参加を控えるべきだ，何故ならば当該関与は西サハラに対するモロッコの要求をより正当なものにするとみなされかねないため，との見解を表明してきた。

②法的問題　非自治地域における経済活動は当該地域の人民の利益に悪影響をもたらすものであってはならず，人民の同意がある場合にのみなされうるとの原則は，国連憲章73条や国連総会決議の他，国連海洋法条約決議 III においても確認されている。それゆえ，同条約77条１項は，西サハラ沖の大陸棚に対する権利（探査と開発の双方を含む）は Saharawi に属する。『大陸棚でのモロッコの活動は探査のみであって開発はまだであるため，それ自体違法とはいえない（合法と推定される）』との国連法律顧問の見解と海洋法の法的枠組との間には不一致があるように思われる。国際法の相反する解釈の状況においては，条約ルールが法律意見に優位する。それゆえ，本事案においては，天然資源の開発のみならず探査も違法であると解せられる。

③倫理ガイドラインの本件への適用　倫理ガイドライン４．４では，「１．人権の重大又は体系的な違反，２．戦争又は紛争の状況下での個人の権利の重大な侵害，３．著しい環境の悪化，４．重大な腐敗，５．その他の基本的な倫理規範の特に重大な違反，を含む作為又は不作為に寄与する受け入れ難いリスクが存在する場合には，倫理評議会は当該企業を投資排除する勧告をなしうる」と規定する。Kerr-McGee 社は，１，３，４の違反には該当しない。２に関しては，西サハラの状況は潜在的な武力紛争と性格づけられるが，本紛争における個人の権利の重大な侵害への寄与ゆえに Kerr-McGee 社をどの程度非難できるかは疑問である。同社は2001年（占拠から10年後，休戦発効から10年後）から探

---

[18] http://www.regjeringen.no/nb/dep/fin/tema/statens_pensjonsfond/ansvarlige-investeringer/tilradninger-og-brev-fra-etikkradet/Recommendation-on-Exclusion-from-the-Government-Petroleum-Funds-Investment-Universe-of-the-Company-Kerr-McGee-Corporation.html?id=419582

査活動に関与したにすぎない。それゆえ、同社は5（その他の基本的な倫理規範の特に重大な違反）に該当するかどうかが問題となる。

④倫理評議会の評価　Kerr-McGee 社は「契約上、放棄又は継続（将来の石油契約のオプションを含む）の選択権を有する」と述べたが、モロッコの目的は明らかに天然資源の開発であり、同社は契約上の選択権の有無にかかわりなくこの目的に寄与している。前述のようにモロッコの探査活動が国際法違反かどうかは必ずしも明確ではないが、国際法の一般規則の背後にある理由づけに依拠すると、西サハラ沖での経済活動は非倫理的であると解せられる。さらに、西サハラ沖での同社の経済活動はモロッコの西サハラへの主権要求の強化に寄与することは明らかである。国連海洋法条約決議IIIでは、非自治地域において天然資源に対する権利に関する紛争が存在する際には、当該領域の人民の利益が基本的な考慮要因である場合には、当事者は協議に入らなければならないと規定する。

⑤結論　Kerr-McGee 社を「その他の基本的な倫理規範の特に重大な違反」への寄与ゆえ、投資排除するよう勧告する。

　ノルウェー財務省は、この勧告に基づいて Kerr-McGee 社を投資排除したことを2005年6月6日に公表した[19]。倫理評議会は勧告の草案を同社に送付してコメントを求め、同社は国際法に違反していないと主張したが、倫理評議会は勧告は国際法上の評価に基づくものではなく、当該活動が倫理ガイドラインと両立しないかどうかの評価に基づくものであるとして、結論の変更を行わなかった。同社への株式・債券投資（計3.37億クローネ）が引揚げられ、売却後の同日にこの公表がなされた。

　Kerr-McGee 社による倫理評議会宛の2006年5月10日の書簡において、同社は Boujdour 鉱区における活動を既に中止し、探査のライセンスが2006年4月に失効したことを確認した。これを受けて、2006年5月24日、倫理評議会は、倫理ガイドライン4.6（評議会は、定期的に、排除の理由が依然適用されるかどうかを審査し、新しい情報に基づいて財務省に企業の排除決定を取り消すよう勧告す

---

19) http://www.regjeringen.no/templates/Pressemelding.aspx?id=256359&epslanguage=EN-GB

ることができる）に基づき，Kerr-McGee 社を投資排除する根拠がもはや存在しなくなったとして，同社への投資排除決定を取り消すよう財務省に勧告した。これを受けて，財務省は同年9月1日，同社への投資排除の取消を公表した[20]。

　2010年11月15日，倫理評議会は，Potash Corporation of Saskatchewan 及び FMC Corporation が西サハラ原産の燐鉱石を購入していることを理由に投資排除を財務省に勧告した[21]。両社の行動は，Kerr-McGee 社の場合と同じく「その他の基本的な倫理規範の特に重大な違反」に分類されている。この勧告の要点は次の通りである。「西サハラでは，モロッコの国営企業 Office Cherifien des Phosphates（OCP）が燐鉱石の採掘を行っている。倫理評議会による Potash Corporation of Saskatchewan 及び FMC Corporation への質問に対して，両社は，『①OCP との長期契約の下で西サハラからの燐鉱石を購入している，②西サハラ原産の燐鉱石が欲しいと特定した，③OCP との契約は商業ベースでの燐鉱石の購入のみをカバーする。④自身では西サハラでいかなる活動もしていない，⑤将来も西サハラで原産の燐鉱石の購入を継続したい』旨の回答を行った。Potash Corporation of Saskatchewan は，『米国所在の完全子会社が燐酸作成のために西サハラ原産の燐鉱石を使用しており，鉱石の変更に敏感な生産過程であるため，西サハラ原産以外の燐鉱石の使用は実行可能ではない』とした。FMC Corporation は，『スペイン所在の完全子会社が西サハラの Bou Craa で産出された燐鉱石を OCP から購入している，Bou Craa で産出された燐鉱石の購入を40年以上行っているが常に現行法及び貿易規則と合致している』と主張し，Covington&Burling 法律事務所から受領した『モロッコ王国は，直接に及び OCP を通じて燐鉱資源の管理を行ってきた方法により，施政権者としてのすべての国際法上の義務に合致してきた』旨の報告書に言及した。そして，Bou Craa からの燐鉱石の購入を継続することを明言した。」「モロッコ国営企業 OCP はモロッコの主権の外にある領域において，現地の人々の利益に適当な考慮を払うことなく，鉱物開発を行っている。OCP が Saharawi を雇用していることは，当該領域において非再生資源が枯渇しつつあるという事実

20）　http://www.regjeringen.no/templates/Pressemelding.aspx?id=419868&epslanguage=EN-GB
21）　http://www.regjeringen.no/pages/36470734/Rec_phosphate_ENG.pdf

及び Saharawi の大半が便益を受けていないという事実を償うものではない。それゆえ，西サハラにおける OCP の活動は著しく非倫理的だと考えられる。」
「西サハラ原産の燐鉱石の購入が著しく非倫理的かどうかを評価するためには，燐鉱石の原産地に関する当該企業の了知及び特定，燐鉱石の代替可能性，当該企業と OCP との契約関係といった諸要因を検討する必要がある。両社は，単に西サハラ原産だと了知していたにとどまらず，西サハラ原産の燐鉱石を特に注文してきた。代替可能性については，両社は燐酸の生産において西サハラ原産が望ましいと主張するが，西サハラ原産の燐鉱石を輸入していたオーストラリア企業 Wesfarmers Ltd. は西サハラからの燐鉱石購入の必要性を除去するために必要な技術改善を行った（それゆえ本勧告では同社を投資排除対象から除外した）。世界の燐鉱石の生産は1.56億トン／年であるのに対して西サハラ原産のものは300万トン／年であること，Bou Craa での生産が開始された1970年代より以前から肥料や化学品の生産はなされていたことから，西サハラ原産の燐鉱石を購入しなくても肥料や化学品を生産することは十分可能である。Wesfarmers Ltd. のようにコストをかければ生産過程の転換は可能である。西サハラから燐鉱石を購入する企業は現実にはモロッコの当該領域におけるプレゼンスを支持することになる。というのは，燐鉱石はモロッコ国営企業 OCP によって販売され，収入は大半がモロッコ国を潤すことになるからである。現在の形態では，西サハラの燐鉱資源のモロッコによる開発は重大な規範違反となる。それは，現地の人々が便益を享受していないからのみではなく，現在の開発方法が未解決の状況の維持及び結果としてモロッコの正当な主権を有しない領域への存在に寄与してしまうからでもある。OCP による規範の違反と西サハラから燐鉱石を購入する企業の間には具体的な相互互恵関係がある。さらに，燐鉱石の引渡に関して署名された長期契約は OCP の活動と存在を安定的なものにする。それゆえ，長期契約に入ることは当該企業による OCP による違反への寄与度を高め，同時に当該企業による将来の規範違反への寄与の受け入れ難いリスクを創出する。上記に鑑み，倫理評議会は両社を投資排除するよう勧告する。」

  2011年3月24日，倫理評議会は財務省からの質問に回答するため追加の書簡[22]を発出したが，その中で注目されるのは，占領下での天然資源の開発の国際法上の評価につき次のように言及していることである。「国際法規則は，

占領による天然資源の開発から生じる金銭的利益を、まさに天然資源へのアクセスが暴力抗争の基礎を形成するため、正当化できないとしている。掠奪は占領地域においてはいかなる場合にも違法であり、占領者は掠奪を慎む義務を負い、また他者が掠奪をしないよう防止する義務を負う（注では、陸戦ノ法規慣例ニ関スル規則47条、1949年ジュネーブ第4条約33条、ICJ「コンゴ領における軍事活動事件」判決（2005年）を挙げている）。占領地域における天然資源の開発に関しては、占領前から進行していた鉱業活動を継続することは合法であるのに対して、占領者が新しい鉱山を開設することは違法である。他方、地元の産業のための石炭や鉱物のように人民のニーズにより新たな鉱山の開設が必要となる場合もありうる。西サハラのような非自治地域においては、天然資源の開発は現地の人々の利益に合致して行われなければならないとの要件は一層強い。企業は非自治地域、占領地域又は紛争地域においてビジネス活動に従事する場合又は当該地域において活動する企業と商業上のつながりを有する場合には、大きな注意を払わなければならない。」

　2011年12月6日、財務省は、倫理評議会の勧告に基づき Potash Corporation of Saskatchewan 及び FMC Corporation を投資排除したことを公表した[23]。Global が保有する Potash Corporation of Saskatchewan の株式（15億7000万クローネ）及び FMC Corporation の株式（3億クローネ）の売却後に公表がなされた。

　倫理評議会からの問い合わせに対して2012年8月、FMC Corporation は、①OCP から燐鉱石を購入していたスペインの子会社 FMC Foret は2010年10月にビジネスを終了し、現在では、自社も子会社も西サハラを含むいかなる供給源からも燐鉱石を購入していない、②自社も子会社も西サハラから燐鉱石を将来購入する計画はない、旨の回答を行った。これを受けて、同月31日、倫理評議会は FMC Corporation を投資排除の対象から除外するように財務省に勧告した[24]。2013年1月11日、財務省は同社への投資排除を解除したと発表した[25]。

---

22) http://www.regjeringen.no/pages/36470734/Letter_to_FIN_March_2011_ENG.pdf
23) http://www.regjeringen.no/en/archive/Stoltenbergs-2nd-Government/Ministry-of-Finance/Nyheter-og-pressemeldinger/nyheter/2011/government-pension-fund-global-two-compa.html?id=665637
24) http://www.regjeringen.no/upload/FIN/etikk/2013/fmc_eng.pdf

なお，Potash 社に関しては，2013年9月30日にスウェーデンの政府年金ファンドが同社及びオーストラリア企業 Incitec Pivot Ltd を西サハラ原産の燐鉱石の購入継続を理由として投資排除する決定を公表した[26]ことが注目される。同ファンドは日本の年金積立金管理運用独立行政法人（GPIF）同様に通常は政府系ファンドには分類されず年金ファンドに分類されるが，Global 同様に SRI 乃至 ESG 投資を行い，否定的選別に基づく投資排除を行うことが特徴である。

以上のような Global による投資排除は，ノルウェー外務省が2007年9月に示した西サハラ問題に関するノルウェー政府の方針[27]に忠実に従うものであった。同方針は，「ノルウェーは西サハラにおける状況の正当化と解釈されうる行動を控えることが重要であると考える。現地の人々の利益に合致せず，それゆえ国際法違反となりうる貿易・投資・資源開発及び他の形態の経済活動を防止するために，ノルウェー政府は当該活動をしないよう忠告する」という趣旨のものであった。ノルウェー国民の富の運用方針が，ノルウェー政府の外交方針に従うことは至極合理的なことである。投資排除は排除対象に対する懸念の表明という意味も有するが，国際法上違法な内政干渉を構成するものではない[28]。

なお，2005年4月12日の Global の倫理評議会の勧告において，西サハラ沖の大陸棚に対する探査・開発の権利は Saharawi に属するとし，「大陸棚でのモロッコの活動は探査のみであって開発はまだであるため，それ自体違法とはいえない（合法と推定される）」という Corell 国連法律顧問の見解と海洋法の法的枠組との間には不一致があるという指摘は，非常に興味深いものである。国連海洋法条約決議 III のパラグラフ 1 (a)では，「第3次国連海洋法会議は，人民

---

25) http://www.regjeringen.no/en/archive/Stoltenbergs-2nd-Government/Ministry-of-Finance/Nyheter-og-pressemeldinger/nyheter/2013/new-decisions-about-the-government-pensi.html?id=711932
26) http://www.ap4.se/etikradet/Etikradet.aspx?id=1094
27) 2010年11月15日の倫理評議会による勧告（注21）の注47参照。
28) なお，単なる懸念の表明が違法な内政干渉を構成することはないことにつき，2001年4月17日の参議院外交防衛委員会において，河野洋平外相は，「内政干渉とは他の国家が自由に処理し得るとされている事項に立ち入って強制的にその国を自国の意思に従わせようとすること，これが内政干渉だというのが，国際法上言われているわけでございます。一般的に，特定の国の事柄について関心を強く持つとか，懸念を表明するということでは，今申し上げた国際法上の内政干渉というのに当たると言い切るのには少し無理があるんじゃないかというのが公式見解でございます」との答弁をしている。

が完全な独立若しくは国連によって承認された他の自治の地位を完全には達成していない領域又は植民地支配の下にある領域においては，本条約の下での権利及び利益に関する諸条項は当該領域の人民の利益のために，当該人民の福祉及び発展に照らして，実施されなければならない」と宣言する。倫理評議会は，国連憲章73条の趣意を海洋法分野において体現した同決議の存在とその趣旨を重視して，「鉱物資源の物理的除去（資源開発）には至っていない資源探査の段階では違法とはいえない」という Corell の見解では不十分であり，SADR は通常の沿岸国と同様に資源探査の規制・排除もなしうるため，これに相反する契約は違法であるとの立場を示している。基本的に妥当な見解であると解せられる。なお，西サハラ沖での資源探査に関連してモロッコの違法行為責任が発生する時点は，契約締結時点ではなく契約に基づき実際に探査が行われる時点だと解するのが妥当であろう。

5 EU・モロッコ漁業協定

西サハラの資源をめぐる問題は鉱物資源に関してのみならず漁業資源に関しても存在する。特に問題となったのは，EC がモロッコと漁業協定を締結して西サハラ沖でスペインをはじめとする EC 加盟国の漁民が漁業に従事することをめぐってであった[29]。

スペイン・モロッコ間では最初に1977年に漁業協定が締結されたがモロッコ議会の批准承認が得られず未発効となり，最初に発効した協定は1983年署名のものであった。同協定は Noun 岬以北と以南（西サハラ沖）の 2 海域での漁業権をスペインに認めるものであった。これに対してポリサリオは西サハラ水域における天然資源に対する要求を行い，スペインの漁船に発砲したり漁民を人質にとったりする事件も発生した。1986年にスペインは EC に加盟し，漁業協定の締結権限はスペインにかわって EC が有することになった。EC は1988年

---

29) この主題につき，Milano, *supra* note 3, pp. 413-457. なお，リスボン条約発効（2009年12月 1 日）により，EU には独自の国際法人格が付与され（欧州連合条約47条），第三国又は国際組織との条約締結権限が付与された（欧州連合運営条約216条）ため，本主題は，同日以前は EC・モロッコ漁業協定の問題として，同日以降は EU・モロッコ漁業協定の問題として把握されることとなる。

にモロッコと漁業協定を締結し（有効期間は1992年まで），その後，1992年及び1995年に新協定を締結した（有効期間はそれぞれ1995年及び1999年まで）。1999年まら2005年までは協定なしの状態となり，西サハラ沖で従事していたスペインの漁民はリストラを余儀なくされた[30]。

EC・モロッコ漁業パートナーシップ協定は2006年6月1日に署名され，2007年2月に発効した（期限は2011年2月まで）[31]。EC加盟国の漁船はモロッコの漁業ゾーンにおいて漁業に従事することが認められ（5条），ECはモロッコに対価を支払う（7条）という内容の協定である。モロッコの漁業ゾーンは「モロッコの主権又は管轄権の下にある水域」と定義され（1条a），モロッコがこれを決定するため，西サハラ沖が含まれうることとなる。また，議定書2条6項において，入漁料の使用についてはモロッコが完全な裁量を有すると規定している。そのため，同協定の延長をめぐって欧州議会において議論が紛糾するという事態となった。

2006年2月20日，欧州議会法務部は開発委員会副議長の要請に応えて同協定の国際法との両立性に関して法律意見を示している[32]。その結論は，①審議中の漁業協定は西サハラ水域が適用エリアに含まれることを明示していないが，そのことはモロッコが西サハラ水域で操業するECの漁船への漁業ライセンスの発給を明示的に禁止するものではない。②このことは協定が，それ自体，国際法の原則に反することを意味するものではない。現段階では，モロッコがSaharawiに対する義務に合致していないかどうかを予断することはできない。この問題は協定がどう履行されるかによる。③この点に関して，議定書2条6項では入漁料の使用についてはモロッコ当局が「完全な裁量」を有すると規定する。それゆえこの点に関してはモロッコ当局が責任を負うかどうかはモロッコ当局次第である。④Saharawiに対する協定の効果，モロッコ当局が本協定を履行しようとする方法，現地の人々にもたらす便益につきモロッコ当局が予見する程度に関しては，欧州議会としては欧州委員会及び欧州理事会からの指摘を受領するのが有益である，⑤協定の履行が困難を生じる場合には，協定の履行を監督するため共同委員会（協定10条）を設置すべきである。モロッコ当

---

30) Milano, *supra* note 3, pp.422-423.
31) *Official Journal of the European Union*, L 141 (2006), pp. 4-37.
32) SJ-0085/06

局が明らかに Saharawi に対する国際法上の義務に重大に違反する場合には，EC は協定の停止を視野に二国間協議に入ることができよう（協定15条及び議定書9条）。他方，欧州理事会法務部は法律意見（2006年2月22日）を公表していない。同協定に対しては，スウェーデンは反対票を投じた[33]。

2009年1月21日，SADR は「SADR の海洋区域を設立する法律」（法律第3号）を制定した[34]。同法は，領海（1条，12カイリを設定），基線（2条），内水（3条），主権（4条），無害通航（5条），接続水域（6条），排他的経済水域（7条，200カイリを設定），同水域における権利義務（8条），大陸棚（9条）等につき規定する。同法は米国企業 Kosmos Energy LLP による海底震動探査への反応として制定されたと指摘される[35]。ポリサリオ代表は国連安保理議長への2009年4月8日付の書簡[36]において，次の主張を行った。①漁業パートナーシップ協定は適用水域の南限について沈黙しており，EU の漁船の西サハラ沖での違法操業が容認されている。西サハラの天然資源の窃盗に共謀して，モロッコは1.44億ユーロ以上を受領することになる。②海洋区域を設立する法律の制定により，SADR は明示的な許可なしになされた西サハラの海洋の生物資源及び非生物資源の探査又は開発に関連するいかなる活動をも違法とする。③ Saharawi の願望及び利益を無視してなされた開発活動は国際法違反である。Saharawi にかわって，SADR 石油当局は当該活動に強硬に抗議してきた。

2009年7月13日，欧州議会法務部は次の意見書を開発委員会委員長宛に提出した[37]。「① SADR による西サハラ沖の排他的経済水域に対する管轄権の宣言は，モロッコとの漁業パートナーシップ協定にいかなる法的帰結をももたらすものではない。当該宣言は次の3つの理由ゆえに法的効果を生じない。(1) SADR は国家の資格要件を満たさない，(2) SADR は国連海洋法条約の締約国ではないしまた締約国になりえない，(3) SADR が要求する領域はその一部分しかその支配下にないばかりか，全体が非自治地域と考えられる。② EC の財政的貢献（入漁料）が Saharawi の便益のために使用されていることは示さ

---

33) Milano, *supra* note 3, p.428.
34) http://www.wsrw.org/files/dated/2009-05-15/zee_maritime_rasd.pdf
35) Jeffrey Smith, Fishing for Self-determination: European Fisheries and Western Sahara, *Ocean Yearbook*, vol. 27 (2013), p. 281.
36) A/63/871-S/2009/198
37) http://www.fishelsewhere.eu/a140x1077

れていない。西サハラの港湾のインフラの改善はなされたが，そのことは Saharawi の便益になることとは同じではない。③次回の年次会合又は共同委員会の特別会合において，Saharawi の権利を十分に尊重した友好的な解決を見出すためこれらの問題を検討すべきである。国際法上，非自治地域の天然資源に関連する経済活動は，当該地域の人民の利益のために，また人民の願望に合致してなされなければならない。この要件を満たさない場合には，EU は協定の停止を検討すべきであり，あるいは EU 加盟国の船籍を有する船舶は西サハラ水域での操業から除外されるように協定を適用すべきである。」

漁業パートナーシップ協定の有効期限は2011年2月までであったため，欧州委員会は同協定の暫定延長を求めた。これに対して欧州議会の一部の議員が反発した。2011年11月，3 でみた Corell 国連法律顧問の2002年の意見及び上記の法務部の意見を受けて，欧州議会開発委員会は，新協定締結に関する理事会提案を保留すべきだとした。これにより暫定的に延長されていた同協定の効力は停止した。欧州議会ではさらに ECJ への付託が提案されたが，この提案は退けられた。2011年12月14日，欧州議会は，「議定書の締結への同意を断念する」とした[38]。同日に欧州議会が採択した将来の議定書に関する決議[39]では，欧州委員会に対して，漁業パートナーシップ協定に人権を遵守する条項を挿入するよう求め（8項），さらに，将来の議定書は国際法を完全に尊重しまた影響を受けるすべての現地の人々の集団を利することを確保するよう求める（9項）とした。Corell は，モロッコの管轄権は自決の国際法ルールによって制限されているのに同協定では何ら言及がないことを批判し，両者を満足させると同時に西サハラ沖の水域に適用される法的レジームを尊重するフォーミュレーションを見出すことは可能であったはずだとする。そして，西サハラ付近の水域とモロッコ領域付近の水域を区別しないこの種の協定は国際法に違反する旨，指摘する[40]。

漁業パートナーシップ協定を延長する議定書の交渉においては，人権条項の

---

[38] C 168 E/155. 賛成296，反対326，棄権58で否決された。
[39] C168 E/8
[40] Corell, *supra* note 11, pp. 286–287, Hans Corell, Western Sahara - Status and Resouces, *New Route* 4/2010, p. 13 available at http://www.life-peace.org/wp-content/uploads/2013/06/nr_2011_03.pdf.

挿入が大きな問題となったと指摘される[41]。EUは，コモロ（2010年），サントメ・プリンシペ（2011年），カーボヴェルデ（2011年），モザンビーク（2012年），キリバス（2012年），マダガスカル（2012年）との間で締結した漁業パートナーシップ協定を更新する議定書において，議定書の履行停止に関連する人権条項を挿入している。同条項は，「一方当事者が他方当事者によるコトヌー協定（ECとアフリカ・カリブ・南太平洋諸国間のパートナーシップ協定）9条に規定された人権の不可欠かつ基本的な違反があると確認した場合には，一方当事者は議定書の履行を停止しうる」という趣旨の規定である。2013年9月23日に欧州委員会は議定書案を採択した。翌24日にFishelsewhereというNGOが暴露したEUとモロッコの間の議定書案[42]では，人権に関する言及は1条（一般原則）において「本議定書はEUモロッコ連合協定（1996年）の1条（対話と協力の発展）及び2条（民主的原則及び基本的人権の尊重）に従って履行される」との条項が予定されているのみであり，人権違反と議定書の履行協定の停止とのリンクは予定されていない。2013年11月6日の欧州理事会の常駐代表委員会会合では，過半数の加盟国が議定書に賛成の意向を示し（但し，スウェーデン，デンマーク，フィンランド，英国，オランダは支持しないとした[43]），欧州議会に議定書の承認を求める書簡を送付することで合意した[44]。同年12月2日には21名の法律家が議定書は国際法違反だとの声明を発表した[45]。同年12月10日，欧州議会は議定書を承認した[46]。EUはモロッコに年間3000万ユーロを支払い，

---

41) http://www.wsrw.org/pa105x2667
42) http://www.fishelsewhere.eu/pa140x1432
43) http://www.fishelsewhere.eu/a140x1447. 各国のステートメントについては，http://www.wsrw.org/a105x2736 参照。やや詳しく国際法に言及したのはオランダであり，次のように述べている。「議定書は明示的には西サハラに言及していないが，モロッコの主権又は管轄権に服しない西サハラに近接した海域への適用を認めている。モロッコは西サハラの施政権者として，議定書の当該海域への適用にあたって，Saharawiの利益及び願望を無視してはならない。オランダは，モロッコ当局がSaharawiに対して負う国際法上の義務に合致して資源へのアクセスにつき支払う対価を使用することを確保する条項を議定書が含んでいないことに留意する。オランダは，国際法上，この対価と均衡した割当分はSaharawiを利するものであるべきだと考える。それゆえ国際法に合致するかどうかはモロッコ当局による議定書の履行にかかっている。」
44) http://www.eu2013.lt/en/news/pressreleases/member-states-agree-on-fishing-opportunities-between-eu-and-morocco
45) http://www.wsrw.org/files/dated/2013-12-05/western_sahara_fisheries_legal_analysis_2013.pdf

またこれとは別に入漁者はモロッコに年間約1000万ユーロの入漁料を支払うことになる。同日，ポリサリオは欧州議会の承認に抗議する声明を発した[47]。

以上のような EU の動きとは別に，ロシアは2012年6月に失効したモロッコとの漁業協定にかわる新漁業協定を2013年2月13日に締結した[48]。同協定は，ロシアによる年500万ドルの入漁料の支払いと引き換えにロシア漁船によるモロッコ沖での漁業を認めるものであるが，漁業水域については北緯28度以南と定める（付属書1）のみで南限についての規定がないため，西サハラ沖での漁獲が以前の協定同様に容認されている。

なお，米国[49]は米国・モロッコ FTA の対象には西サハラは含まれないとする。2004年7月20日付の Zoellick USTR 代表による Joseph Pitts 下院議員への書簡において，次のように述べている。

「政権の西サハラへの立場は明らかである。西サハラの主権は係争中であり，米国はこの問題を解決する国連の努力を完全に支持する。米国及び他の諸国は西サハラに対するモロッコの主権を承認しておらず，当事者には国連と協力して平和的手段により紛争を解決するよう一貫して勧奨してきた。FTA は国際的に承認されているモロッコの領域における貿易及び投資をカバーするが，西サハラを含まない。我々の Harmonized Tariff Schedule が明らかにするように，米国の関税目的上，米国は西サハラからの輸入とモロッコからの輸入を区別して扱う。FTA のいかなるものもこの慣行の変更を要求するものはない。」[50]

Milano は，EU によるモロッコとの漁業協定の評価に関して，ギニアビサウ・セネガル海洋境界画定仲裁判決（1989年）が一定の参考になることを指摘する[51]。ギニアビサウは1960年に旧宗主国ポルトガルがフランス（セネガルの

---

46) http://www.europarl.europa.eu/news/en/news-room/content/20131206IPR30021/html/MEPs-approve-renewed-EU-Morocco-Fisheries-agreement　賛成310，反対204，棄権49 であった。
47) http://www.wsrw.org/a105x2776
48) http://www.wsrw.org/pa105x2576 新協定の仮英訳は，http://www.wsrw.org/files/dated/2013-04-30/russia-morocco_fisheries_agreement_2013.pdf　参照。
49) 米国とモロッコは長い友好関係を有してきた。1776年の米国の独立に際して最初に国家承認をしたのはモロッコであった（1777年）。米国・モロッコ友好条約は1786年に締結され，今日なお有効である。また，米国政府の最初の在外不動産は，1821年にモロッコのスルタンから寄贈されたタンジールの領事館である。
50) *Congressional Record-House*, H6627（22 July 2004）.
51) Milano, *supra* note 3, pp. 432-433

旧宗主国）と締結したギニアビサウ・セネガル間の海洋境界画定合意の有効性を争った。ギニアビサウの主張は「人民の自決原則のコロラリーとして，一旦民族解放プロセスが開始されるや植民地本国は植民地領域に関する条約を締結する権限を制限される」というものであった。仲裁判決では，「民族解放プロセスが『国際的影響力』(portée internationale) を有する時点からは，宗主国は人民の不可欠の権利に関する条約を締結する事は出来なくなる」旨，判示した[52]。Milano は，「本判決を西サハラのケースにあてはめると，ポリサリオによる30年以上に及ぶ民族解放闘争は当初から『国際的影響力』を獲得しており，ポリサリオは今日まで Saharawi を国際的に代表し続けてきた」とし，「それゆえ，たとえモロッコを施政権者だと認めるとしても，西サハラの天然資源に関して国際協定を締結するモロッコの権限は，Saharawi の自決の追求の明確な意思によって妨げられる」とする。それゆえ，「漁業パートナーシップ協定は，西サハラ水域での漁業の利用に関する国際的な権利を創出する意図を有する限りで無効となりうる」旨，指摘する[53]。

　以上の長年にわたるモロッコとの漁業関係に関する EU の対応は，漁業にかかる経済的利益及びモロッコとの友好関係を最重要視するあまりか，他の重要な諸価値には目をつぶるという，EU らしからぬ対応に終始してきたと言わざるを得ない。

6　おわりに

　モロッコは日本からは遠隔の地であり，貿易も投資も多いとはいえないが，本稿で扱った主題は日本とは全く無関係という訳ではない。

　日本・モロッコ漁業協定[54]は1985年9月11日に署名された。前文では，「モロッコ王国政府が，国際法に従って，200カイリ以内の隣接水域（以下，「モロッコ水域」という）において生物資源に対して管轄権を行使することを承認し」とあり，第2条1項において，「モロッコ王国政府は，日本の漁船がモロッコ王国の関連する法令に従ってモロッコ水域において漁獲することを許可

---

52)　*Reports of International Arbitral Awards*, vol. XX, p. 138.
53)　Milano, *supra* note 3, p. 433.
54)　LEX-FAOC 034260, available at http://faolex.fao.org/

することを約束する」，2項において「モロッコ政府は，最善の科学的証拠に基づき，総漁獲可能量のうちモロッコ漁船の収穫容量を超過する部分の割当量及びモロッコ水域内での日本漁船の漁業活動に関する他の諸条件を決定する」と規定し，第8条では，「この協定のいかなるものも，国連海洋法条約に関連する海洋法のいなかる問題についての両国の見解又は立場を害するものではない」と規定する。同協定は未発効であり，「海洋漁業に関する日本国政府とモロッコ王国政府との間の協定の暫定実施に関する交換公文」[55]（漁業協定暫定実施取極，同日発効，外務省告示第321号）により，「協定がその第9条に従い効力を生じるまでの間，両政府は，1985年9月12日以降それぞれの憲法上の権限の範囲内で協定を暫定的に実施する」とした。日本・モロッコ漁業協議は，漁業協定に基づき，毎年，モロッコ水域における我が国まぐろはえ縄漁船の操業条件等について協議を行うため開催されてきた。2013年2月の協議では，同年における我が国まぐろはえ縄漁船の操業条件等について協議を行い，前年と同条件とすることで合意した。即ち，(1)許可隻数枠：15隻，(2)ライセンス料：49,500ディルハム／隻／年（約55万円），(3)入漁料：2,000米ドル／隻／年とした[56]。

日本政府は，質問主意書に対する答弁書（1986年3月4日）では，日本漁船によるモロッコ及び西サハラ沿岸海域での操業に関する漁業協定に関しては，「我が国政府とモロッコ王国政府との間には，海洋漁業に関する協定が存在するが，同協定では，モロッコ王国政府が自国に接続する二百海里水域において生物資源に対する管轄権を国際法に従つて行使することを認め，その前提の下でモロッコ王国政府が自国の関係法令に従つて，日本国の漁船に対し同水域において漁獲を行うことを許可する旨規定している」と回答した[57]。

また，日本サハラウイ協会の質問に対して，①水産庁は，2006年9月6日付の回答において，「モロッコ政府との間で合意されている操業水域は，『大西洋沿岸・距岸20海里以遠』であり，その範囲について両国間にこれ以上の詳細な合意はありません」と回答し[58]，②経済産業省は，2008年5月9日付の回答において，「外為法第1条，第52条の趣旨に鑑みれば，西サハラからの輸入を

---

55) http://www.mofa.go.jp/mofaj/gaiko/treaty/pdfs/A-S60-1177.pdf
56) http://www.jfa.maff.go.jp/j/press/kokusai/130213.html

規制する旨の国連安保理決議やそれに準ずる国際的な同意や枠組みが醸成されていない現状においては，同第52条で規定している要件は満たされていないものと考えます」と回答し[59]，③外務省は，同年5月20日付の回答において，「我が国は，国際法上，西サハラ産資源であることを理由としてその輸入を禁止する義務を負っているとは言えません」と回答し[60]，④財務省は，同年6月30日付の回答において，西サハラ原産の産品をモロッコ原産だと虚偽申告して輸入した場合につき，「故意もしくは重大な過失によって原産地を偽った輸入者は，虚偽申告罪に当たり，関税法第111条第1項第2号の規定により5年以下の懲役もしくは500万円以下の罰金という処罰の対象となります」と回答した[61]。

これらの回答は，西サハラの資源問題に関して国際法上の拘束力ある決定が不存在である以上，法形式的には誤りはないが，Correll 意見書の趣旨とは多少とも乖離したものであることは否定できず，少なくともこの点に関する説明責任を果たすことが望まれる。日本政府としては，モロッコとの伝統的に良好な関係を大きく毀損することがないように留意しつつも，同時に多数のアフリカ諸国の「目」にも十分留意する必要があり，本主題に関して国際法に依拠した真に適切な政策を展開することが求められる。我が国が成熟した外交を目指すのであれば，このような一見周辺的かつ目立たない問題にも一層の配慮をすることが求められよう。また日本企業においては，CSR（企業の社会的責任）には単なる法令遵守を超えてこのような主題についても適切な対応をすることが求められることを再認識する必要があろう。

(2014年1月17日脱稿)

---

57) 第104回国会答弁書第13号（参議院議員立木洋君提出サハラ・アラブ民主共和国との外交関係に関する質問に対する答弁書）。
http://www.sangiin.go.jp/japanese/joho1/kousei/syuisyo/104/touh/t104013.htm
なお，同年2月24日の経済協力局メモ（外交史料館所蔵・歴史資料としての価値が認められる開示文書「西サハラ問題」03-143-1）によれば，日本もモロッコも加盟国であるICCAT（大西洋のまぐろ類の保存のための国際条約）に関しては，①ICCATには研究調査等に関する勧告に関する規定はあるが，「操業」を規制する規定はないこと，②条約の対象水域は大西洋の全水域であり，大西洋内の個々の水域に関する規定がないこと，等から，同条約は当該水域での操業に関する漁業協定には該当しないとされる。

58) http://www.geocities.jp/viva_saharawi_tt/suisancho-kaitou20060906.html
59) http://www.geocities.jp/viva_saharawi_tt/keisansyo_kaitou2008.htm
60) http://www.geocities.jp/viva_saharawi_tt/MOFA_kaitou_TICADIV.htm
61) http://www.geocities.jp/viva_saharawi_tt/zaimusyo_kaito2008.htm

8 国連国際法委員会における海賊行為概念
―― 私的目的・私船要件の意義 ――

森 田 章 夫

1　はじめに
2　起草経緯と法的争点の概要
3　二要件に関する法的議論
4　「国際法上の海賊（piracy jure gentium）」概念から見た Nyon 協定の評価
5　結びに代えて

1　はじめに

　めでたく古稀を迎えられた村瀬教授の最大の業績が「国際立法論」にあることは，何人も否定しがたいところであろう。村瀬教授ご自身も，「国連法務局法典化部（The United Nations, Office of Legal Affairs, Codification Division）」の一員として，また，国連国際法委員会（以下，国際法委員会，とする）のメンバーとして，多大のご尽力とご貢献を果たされた[1]。本稿に取り上げる「海賊」関連諸規定は，このような「国際立法」の一翼を担った国連法典化作業の，わけても，この国際法委員会の「古き良き時代」を代表する成果である。公海条約におけるこれら関連諸規定は，国際法委員会・外交会議である第1次国連（ジュネーヴ）海洋法会議（以下，紛らわしさのない限り，海洋法会議とする）により作成された後，国連海洋法条約にそのまま引き継がれ，今尚，揺るぎなく，実定法規の地位を維持している[2]。本稿は，このような国際法委員会の「成功」を，より規範内在的な観点から再検討し，当時の争点と残された課題を再

---

[1]　村瀬信也『国際立法』（東信堂，2002年），同『国際法論集』（信山社，2012年）において，関連論文は，参照可能である。さらに近時の論稿として，同「国際法の規範形成における国際法委員会の役割 ―― 課題選択を中心に ―― 」『国際法外交雑誌』112巻1号（2013年）1-29頁。

検討することにより，当該諸規定の妥当性と限界に迫ろうとするものである。

本稿で特に問題とするのは，この法典化作業において最も激しい議論が闘わされた，「私的目的のために（以下，私的目的，とする）」と「私有の船舶又は航空機[3]（以下，私船，とする）」要件である（公海条約第15条[4]，国連海洋法条約では，第101条）。そのため，「私的目的」と「私船」要件の捉え方につき交わされた議論を主たる素材として，その意義を説明する。この問題は，当時，中華民国（台湾）問題を背景として，極めて政治化した争点として扱われたものの，今日では，改めて，客観的，かつ，冷静な考察を必要とすると考えられる。確かに，形式的に見れば，上記のように，公海条約中の関連規定はそのまま国連海洋法条約に引き継がれたため，一般性が強く推定され，議論の意義自体に疑問が呈されるかもしれない。しかし，本稿は，公海条約における議論の背景も含めて，より実質的な考察を試みることがなお，有意義と考える。本稿では，具体的には，法的な議論が最も詳細に闘わされた，国際法委員会における議論を中心として精査し，さらにその妥当性と限界を明らかにすることで，このような課題に応えようとするものである。

本論では，二要件をめぐり，国際法委員会がとった結論とそこに至った法的

---

[2] それ以前には，まず，各国の国家実行に基づく20世紀初頭までの長期の歴史的展開がある。次に，戦間期の注目すべき法典化作業として，以下の2つがある。まず，松田道一大使を報告者とする，国際連盟国際法典編纂会議専門家委員会小委員会海賊抑止条文草案で，以下，松田草案とする。C.196.M.70.1927.V., pp. 116-119. 次に Joseph Bingham 教授（Stanford University）の下で作成された，Harvard 草案（海賊行為）である。これは，公海条約原案となった国際法委員会草案に大きな影響を与えた。Research in International Law, Harvard Law School, Part IV: Piracy (Hereinafter referred to as Harvard R.), *AJIL*, Vol. 26 Suppl. (1932), pp. 739 ff.

[3] 航空機問題は，現在まで実例がなく，今後も想定し難い（「海賊行為の処罰及び海賊行為への対処に関する法律」でもその対象外とされた）。そのため，本稿でも以後，言及は基本的に省略する。

[4] 第15条
　海賊行為とは，次の行為をいう。
　(1) 私有の船舶又は航空機の乗組員又は旅客が私的目的のために行なうすべての不法な暴力行為，抑留又は略奪行為であつて次のものに対して行なわれるもの
　　(a) 公海における他の船舶若しくは航空機又はこれらの内にある人若しくは財産
　　(b) いずれの国の管轄権にも服さない場所にある船舶，航空機，人又は財産
　(2) 当該船舶又は航空機を海賊船舶又は海賊航空機とするような事実を知つてその船舶又は航空機の運航に自発的に参加するすべての行為
　(3) (1)又は(2)に規定する行為を扇動し又は故意に助長するすべての行為
　　U.N.T.S., Vol. 450, p. 11, 90.

争点を明らかにするが，まずは，議論の概観と結果を確認し，次に，そこで交わされた詳細な議論の中から，法的争点とその意義を探り，さらに，なお残された課題につき，検討を加えることとする。

2 起草経緯と法的争点の概要

以下では，理解の便宜から，二要件をめぐる起草経緯の概観をまず確認する。

（1）海賊諸規定に関する議論の概観と結果[5]

国際法委員会において，最初に，特別報告者Françoisから提案された条文は，二要件のうち，「私的目的」のみを要件とするものであった[6]（すなわち，この時点ではまだ，私船要件を含んでおらず，その意味では，私的目的要件のみを規定するHarvard草案に類似していた）。

これに対して，国連総会においてポーランド政府が行ったコメントは，「中華民国政府（台湾）」による「捕獲」等の私船への干渉を「海賊行為」とし，具体的な条文上の要件で言えば，「私的目的」要件の削除を提案するものであった[7]。以後の争点は，私的目的に該当しない（または政治目的の）場合でも，あるいは，私船要件が付け加わってからは，それらに該当しない「軍艦」等（＝私船でない船舶）による場合でも，「海賊行為」となり得るかどうかであった。ここに，ソ連・東欧諸国及びその出身委員を中心とする，これら要件の削除を提案する立場と，海賊概念を限定し，この削除提案に反対する立場との，対立の火蓋が切られることとなった。

国際法委員会においては，後に詳述するような議論を受けて，特別報告者が改訂条文を提案し，これにより，さらに私船要件が挿入されることとなった（第23条）[8]。

国際法委員会では，議論の後，最終的に，私的目的要件と私船要件を維持することとなった[9]。その後，さらに起草委員会を経て，条文の体裁は大幅に

---

5) 横田喜三郎『海の国際法　上巻』（有斐閣，1959年）368-380頁も参照。
6) *YILC*, 1954, Vol. II, pp. 15-16.
7) *YILC*, 1955, Vol. II, pp. 1-2, paras. 8-17.
8) *YILC*, 1955, Vol. I, p. 51, para. 4.

変更されたものの，これら二要件は維持され[10]，"Comment" の議論を経た後，最終的な条文（第39条）と Commentary が得られた（後述）。

　この草案を受けた海洋法会議においては，修正案が提出されたが（Urguay 提案，Albania・Czechoslovakia 共同提案），これらいずれもが否決され[11]，航空機を付加するイタリア提案による修正を加えた上で，国際法委員会の草案が可決された[12]。さらに，総会議においても国際法委員会における議論（後述）と同様の，ソ連代表による反対表明があったが，海賊関連諸規定（第38-45条）は，そのまま採択された[13]。その後，条約は最終的に4条約に分けられた結果として，公海条約が全体として採択された（第39条が公海条約第15条となった）[14]。しかしこの対立は，その後もなお依然として，社会主義国の批准・加入の際の宣言とこれに対する異議となって現れている[15]。

---

9) Ibid., p. 57, paras. 34-35.
10) *YILC*, 1955, Vol. II, p. 25.
11) United Nations Conference on the Law of the Sea, *Official Records*, 1958（以下，*OR* とし，初出以外は，巻数のみ記載する），IV: Second Committee, p. 84, para. 4.
12) Ibid., p. 84, para. 5.
13) *OR*, Vol. II: Plenary Meetings, p. 21, para. 20.
14) *OR*, II, p. 61, para. 103; pp. 135-139.
15) Belarus, Bulgaria, Czechoslovakia, Hungary, Mongolia, Poland, Romania, Union of Soviet Socialist Republics, Ukraine. さらに，これらに対する異議として，Federal Republic of Germany, Netherlands. Available at https://treaties.un.org/Pages/ViewDetails.aspx?src=TREATY&mtdsg_no=XXI-2&chapter=21&lang=en (last visited on 1 June 2014).
　ソ連の基本的立場と見られるものとして，ソ連科学アカデミー編，髙橋通敏訳『ソビエト国際法 II ── 基本的原則とその分野 ──』（有信堂，1974年）313-314頁，ソ連科学アカデミー法律研究所（安井郁監修，岩淵節雄，長尾賢三訳）『国際法 上巻』（日本評論社，1962年）247頁。Butler, W. E., *The Soviet Union and the Law of the Sea*, 1971, pp. 179-182 も参照。上記『ソビエト国際法 II』においては，Nyon 協定，Oppenheim 以外に，Hyde, Magelan Pirates の Lashington 裁判官意見等が引用されており，これらについては，以下を参照。Oppenheim, L., *International Law: A Treatise*, Vol. I, 8th. ed. (1955), edited by H. Lauterpacht, Vol. I, § 273a, pp. 612-614; Hyde, C. C., *International Law: chiefly as interpreted and applied by the United States*, Vol. 1, 2nd rev. ed (1951), §§ 231-232, esp. pp. 770, 773; The Magelan Pirates, 1 Spink's Eccl. and Adm. Rep. 81, 83.
　ちなみに，キューバ危機における米国による「隔離（quarantine）」に対する旧ソ連の言明にも，「侵略的」に加えて「海賊的」との言明が見られ，このような発想が垣間見える。"65. Telegram From the Embassy in the Soviet Union to the Department of State," *Foreign Relations of the United States, 1961-1963*, Vol. VI, (Kennedy-Khrushchev Exchanges), pp. 172-177.

（2）条文と国際法委員会コメンタリー

規定の解釈にとって，まずもって重要なのは条文及びそれ自体の構造であるが，必ずしもその内容は明確ではない。

ただし，まず重要なのは，公海条約における海賊関連条文において，何よりも冒頭で，「すべての国は，可能な最大限まで，公海その他いずれの国の管轄権にも服さない場所における海賊行為の抑止に協力するものとする。」と規定した上で（第14条，国連海洋法条約第100条も英語正文は同一），さらに，いずれの国も，拿捕，逮捕，財産の押収，科すべき刑罰の決定等を行うことができると規定していることである（第19条，国連海洋法条約第105条も英語正文は同一）。これによって，何ら法的な利害関係を持たない国にまで，そのような管轄権行使の権利・一般的対抗力が認められており，ここに各国の法的利益を越える国際「共同体」利益の存在が示されているからである[16]。

しかし，私的目的要件は，条文のみでは意味が不明確であり，様々な解釈を生む。また，私船要件も，条約上の定義に該当する軍艦（公海条約第8条2項，国連海洋法条約第29条）が明確に排除されることを除いては，これもまた，様々な解釈の可能性を内包する。

そこで，次に重要と考えられるのが，海洋法会議に提出された，国際法委員会における議論の集約とも言えるコメンタリーであり，以下ではこの該当部分を説明しよう[17]。

まず，私的目的に関して，コメンタリーは同要件の必要性を指摘するのみで（(1)(ii)），ここからは，その内容は残念ながら把握できない。

これに比すると，私船要件に関するコメンタリーには，大きな紙幅が割かれている。そこではまず，（第40条の船上での反乱の場合を除いて，）海賊行為が私船のみによって犯され，軍艦や他の政府船舶によっては犯し得ないものとする（(1)(iii)）。次にその理由が，極めて詳細に，以下のように説明されている。(iii)に

---

16) 拙稿「国際法上の海賊（Piracy *Jure Gentium*）—— 国連海洋法条約における海賊行為概念の妥当性と限界 ——」（以下，拙稿「国際法上の海賊」，とする）『国際法外交雑誌』110巻2号（2011年）1-24頁，特に15-16頁。なお，法益がさらに「海上交通の一般的安全（sécurité générale du trafic maritime）」の保護に特定されることに関する説明としては，二船舶要件や海上テロリズムとの対比が重要であるが，紙幅の関係で別稿に委ねる。

17) *YILC*, 1956, Vol. II, p. 282.

関しては，委員会は，以下の点を認識している。すなわち，1937年9月14日 Nyon 協定のように，潜水艦による商船の撃沈を，人道の「命ずるところ（dictates）」に反するものとして，海賊行為の烙印を押している条約が存在はする。しかし，このような条約は，海賊行為が私船によってのみ行われうるという原則の効力を失わせるものではない。他の船舶による干渉から軍艦が主張しうる免除の観点からすると，そのような船舶を海賊行為の嫌疑で拿捕することは，極めて重大な結果を引き起こす恐れがある。よって，委員会は，軍艦により犯された違法行為を海賊行為と同視することは，国際社会の利益に有害であろうと考える。一部委員は，Nyon 協定に定められた原則こそが発展しつつある新たな法を確認するものとするが，委員会は，（これと）意見を共有することができなかった。特に，内戦で抗争し対立中の政府に携わる軍艦の行為に関して生じる諸問題は，あまりにも複雑である。そのため，「公海の秩序と安全の保障のために（for the safeguarding of order and security on the high seas）」，問題となる当事者の軍艦による行為を海賊行為として抑止する，義務はおろか，一般的な権利（でさえ），あらゆる国がもつ「べき（should）」とは考えられない。以上のような趣旨である。

　この記述からは，以下の点が認識できよう。まずここでは，容易に見落とされがちではあるが重要な点として，海賊行為抑止の法的趣旨と制度が，「公海の秩序と安全の保障のため」，あらゆる国が海賊抑止を権利としてもつべき制度と理解されていることが看取される。

　次に，私船要件に直接関わる点は，以下の通りである。まず，Nyon 協定への言及の後，内戦に関与する対立政府それぞれに従事する軍艦問題が言及されており，私船要件は，国家の正式の軍艦のみならず，厳密には軍艦とは認められない，内乱の際の紛争当事者の「軍艦」等も，排除することが理解される。さらに，当該協定における原則こそが発展しつつある新たな法の確認であるとする理解は，端的に否定されている。付随的には，軍艦についての「免除（immunity）」について言及されており，このような「免除」との関係が問題となろう。

　しかし，依然としてなお，不明確な点が残されていることは否めない。そこで，以下では，条文とコメンタリーに至る議論を丁寧に辿ることにより，国際法委員会の法認識を探ることとする。

3 二要件に関する法的議論

ここでは，国際法委員会において交わされた法的議論により，二要件の理解を探ることによって，その妥当性と限界を検討する。すなわち，二要件に関して，どのような法的理由により具体的に対立したかを，それら議論の中から[18]，読み取ることとする。

（1）二要件の要否に関する対立

以下では，当初は私的目的，その後は私船要件も含めて，削除を提案する「要件不要論」と，それら要件の維持を主張する「要件肯定論」の対立を，見ることとする。

（a）要件不要論

国際法委員会において，要件不要論を展開したのは，Zourek（旧チェコスロバキア出身）と Krylov（旧ソ連出身）であった。その理由とするところは，以下のようなものである。

国有船舶も海賊行為を犯しうることは，多くの学説や[19]，1937年 Nyon 協定によって[20]，支持された。第三国に対して海賊行為を犯す反乱団体船舶は海賊であり，この（私的目的）要件が維持されれば，暴力・略奪を伴う国際犯罪が合法化されることとなるため，一定の行為が上官命令により正当化されるという原則を承認することとなる。しかし，このような考え方は，ニュルンベルク裁判・本委員会によるニュルンベルク原則・人類の平和と安全に対する罪に関する法典草案によって否定されたものである[21]。さらに，海賊概念の発展の見地から，否定すべきである[22]（ただし，Krylov は，最終盤において，私船要

---

18) 1956年においても同様の議論は繰り返されるが（例えば，*YILC*, 1956, Vol. I, p. 47, para. 37），法的理由が明らかなのは，1955年会期での議論である。
19) Oppenheim に明示に言及して，*YILC*, 1955, Vol. I, p. 43, para. 72 (Zourek). Oppenheim への言及は，後述 Krylov 発言も同様。該当すると見られるのが，Oppenheim, op. cit.
20) *YILC*, 1955, Vol. I, p. 43, para. 72 (Zourek).
21) Ibid., p. 56, para. 19 (Zourek).
22) Ibid., p. 43, paras. 64–65 (Krylov).

件の削除を提案するものの，私的目的に関しては，起草委員会への付託を示唆という姿勢も示している[23])。

　この点，Zourek は，二要件の削除に加えて，内戦において紛争当事者やその国民に属しない船舶への攻撃を海賊行為と明記する条文を積極的に提案もしたが[24]，結果として，否決されている[25])。

　ちなみに，海洋法会議においても，同様の議論が繰り返された[26])。

(b) 要件肯定論

　要件肯定論について，最初に注意すべき点は，要件不要論への反論として，様々な論拠が存在したことである。

　まず，中国の事態について，海賊ではなく，戦時法の適用（捕獲）であると捉えるものが見られた[27])。

　次に，特に Nyon 協定の，先例としての意義を詳細に説明するのが，Fitzmaurice であり，以下のような論旨であった。Nyon 協定に至るまでの事件には独自の特徴がある。すなわち，地中海における船舶の撃沈については，それを行った潜水艦についていかなる国も所有を認めようとしなかった。このように，どの政府も責任を認めないため，潜水艦が，政府からの授権なくして私的目的を追求したとみることが可能となった。特別報告者の立場である，海賊は「公的ないしは授権された任務の遂行ではなく（not in the performance of a public or authorized duty）」，本質的に私人が犯した犯罪であるという点は支持しうる[28])。以上のように述べられた Fitzmaurice 発言につき，ここでは，その評

---

23)　Ibid., p. 57, para. 29 (Krylov). この発言の意義は明確ではない。あり得る推測としては，私船要件と比較して，私的目的要件の意味が不明確な点を利用して，例えば，「略奪」をもって私的目的に該当すると非難する余地があることによるものであろうか。Fitzmaurice のイギリス代表としての発言が私船要件に依拠する点も参照（後述）。
24)　Ibid., p. 52, para. 8 (Zourek).
25)　Ibid., p. 57, paras. 34–35.
26)　*OR*, Vol. IV, p. 25, para. 16; ibid., p. 78, para. 33; Vol. II, p. 21, para. 20.
27)　*YILC*, 1955, Vol. I, p. 37, para. 9 (Hsu).
28)　Ibid., pp. 43–44, para. 80.
　　さらに同趣旨の発言として，Nyon において到達した合意の真の基盤は，いかなる政府も責任を認めなかったために当該行為が「授権されていない（unauthorized）」ことで，……上官命令に基づく軍艦により犯された海賊的性質の行為は，海賊行為以上のものであって，旗国の責任を伴う侵略や戦争行為を構成する可能性はあろう，と述べた。Ibid., p. 56, para. 20. HSU もこれに同意する。Ibid., p. 56, para. 21.

価に先立って,この発言の特徴を確認しておこう。まず,①その理由付けが,既に紹介したコメンタリーにおける Nyon 協定の評価と異なる点である。すなわち,潜水艦の行為を,どの政府も責任を認めないため,政府からの授権なくして私的目的を追求したものとみる,すなわち,(責任を負わないために)「授権」がない(と同視し得る)ことに焦点をあてたことである[29]。次に,②同協定が対象とした行為について,結論として,海賊行為性を肯定していることである。

これに対して,特別報告者は,未発効の Washington 条約(注:1922年 Washington 海軍軍縮条約の1つ。内容は後述。以下,Washington 条約とする)と Nyon 協定の先例性自体を正面から否定した[30]。また,Fitzmaurice の発言後にも,自らの前言を補足する形で以下のように発言している[31]。すなわちまず,(Fitzmaurice 発言に言及した上で)Nyon 協定の先例性を否定する理由としては,協定の当事国が9カ国にすぎず,その革新性が国際的な法律家によって強く批判されていることや,軍艦に対する拿捕を許す結果が深刻であることを述べた。さらに,上記の Zourek 修正提案に関して,内戦問題全体は複雑な争点を引き起こすので,紛争非当事国に向けられた行為を全て海賊行為と見なそうとする方法では処理しえず,むしろ公海上において混乱を増すとして,真っ向から反論したのである[32]。

(2) 私的目的の内容に関わる議論

私的目的の内容に関わる議論は数少なく,上記の条文(第14条)が確定した

---

29) この点は,実際に,Nyon 協定締結時において根拠とされたかどうかは不明であるが,当時においても,Schulz が協定の "Fiktion" として批判していることから,少なくとも締約国間では,そのような理解が共有されていたのかもしれない。Schulz, A., *Seekriegsrechtliche Fragen im spanischen Bürgerkrieg*, 1939, S. 136. Lauterpacht, H., "Insurrection et Piraterie", *RGDIP*, t. 20 (1939), p. 513 も参照(ただし,反乱団体の行為と仮定する,として議論する。Ibid., p. 514)。
30) *YILC*, 1955, Vol. I, p. 43, para. 75.
31) Ibid., p. 56, paras. 22-24.
32) この点に関しては,Amador も,1928年「内乱の際の国家の権利義務に関する条約 (Convention on duties and rights of States in the event of civil strife)」の「議定書 (Protocol)」においても,海賊に関する規定について合意することは不可能であったことを指摘し,内戦問題は困難な問題であり,委員会が現時点で内戦から生ずる極めて複雑な問題に立ち入るべきでないとした。Ibid., p. 57, para. 31.

後のコメンタリー作成時における議論が，特に注目されることが多い。

当初の Comment においては，私的目的に関して述べた2.に，「政治目的により犯された行為は海賊行為とはみなされ得ない（Acts committed for political ends cannot be regarded as piratical acts.）」という，第2文が存在した。Krylov により，私的目的により犯された行為と政治目的により犯された行為を区別する基準を確立することは不可能として，この第2文を削除することが提案され[33]，結果としてこの削除提案は認められたのであるが[34]，以下では，各委員の発言から，その法的理由を検討することとしよう。

まず述べられたのが，船上での反乱を規定する第15条を，黙示に，政治的行為が海賊行為とみなされる可能性を認めていると解する発言であった[35]。これらに対する反論として注目されるのが，（結論としては削除に同意しているが，）Fitzmaurice による，以下のような趣旨の発言であった。すなわち，「私的目的のために（"for private ends"）」に優る表現の検討を次会期に行うべきである。真の対立点は，授権されたかそうでないかであって，すなわち（and），犯された行為が公的資格を有してなされたか私的資格においてなされたか，である。私的資格において犯された行為は，例えば対立する紛争当事者構成員によって行われる船舶の拿捕のように，政治目的を有するが授権されていない場合もある，と言う[36]。

この Fitzmaurice の発言は，以下のことを意味する。まず，政治目的を有する行為であっても，私的目的に該当する行為があるという理解である。次に，私的目的要件の趣旨を，公的・私的どちらの資格において犯された行為かを区別することと理解し，授権要件に変更すべきとしているのである[37]。

---

33) Ibid., p. 266, para. 87 (Krylov).
34) Ibid., p. 267, para. 93.
35) Ibid., p. 266, para. 90 (Zourek).
36) Ibid., p. 267, para. 92.
  責任を負う者の不存在に着目した，Nyon Agreement（後述）に関する前述の説明も参照。*Ibid.*, pp. 43-44, para. 80.
37) その正確な理解は困難ではあるが，この提案がもしそのまま受け止められた場合，その効果は一応，以下のように考えられよう。すなわち，内戦におけるような場合でも当然に授権されているとは言えず，公的資格を備えるものではない。このため，この時点では既に，私的目的要件は私船要件とは別個の要件とされていたため，私船要件に該当すれば，内戦において海賊行為となる余地を若干広く認めることとなる。

ここでの削除に関しては，以下のように考えられよう。まず，削除された第2文の趣旨が，「政治目的により犯された行為」が「私的目的により犯された行為ではない」ことを示そうとするものであることは，文言から最小限理解できる。次に，前記のKrylovの削除提案は，2つの行為が排他的な「矛盾概念」と理解しているようにも見える。しかし，この規定振りでは，「私的目的により犯された行為ではない」が，「『政治目的により犯された行為』以外の行為」も存在するという，「反対概念」と解される理論的可能性もあり，その意味で，不明確な概念をさらに増やしかねない危険性があった。他方で，Fitzmaurice発言は，第2文の内容自体を誤りとするものである。以上のように，この削除の経緯に関しては，削除の決定的な理由が明かでないため，削除という結論がむしろ重要である。すなわち，「政治目的により犯された行為は海賊行為とはみなされ得ない」という議論が否定されたとのみ理解すべきであろう。

なお，Fitzmaurice発言自体の内容については後にさらに検討するため，ここでは，最後に採択されたのがあくまでも「私的目的」要件であり，「授権」要件ではなかった点を確認するのみに止めよう。

（3）私船要件の挿入とその後の議論

この要件は，私的目的要件と異なり，国際法委員会における議論を辿ることによって，比較的明確に，挿入の趣旨を推測することが可能である。

すなわち，Fitzmauriceは，「私的目的」に関する前述の発言に続けて，以下のような趣旨の発言も行っている。すなわち，「私的目的」という表現は，政府の授権に基づき軍艦により犯された行為が，侵略行為の可能性はあるものの，国際法上理解される用語の通常の意味において海賊行為を構成しないことがすぐには伝わらないため，（この）論点は，もう少し明確にし得る余地があろう[38]，というものである。

この発言を受けた形で，前記のように，特別報告者の新提案において新たに私船要件が付け加えられたのである（第23条）[39]。この私船要件の提案趣旨には，

---

38) Ibid., p. 44, para. 80 (Fitzmaurice).
39) Ibid., p. 51, para. 4.

国家の正式の軍艦のみならず，厳密には軍艦とは認められない，内乱の際の紛争当事者の「軍艦」等も，まず客観的に排除することを含意していると理解できよう。なぜなら，既にその前に，上記のように，Nyon 協定（本協定は，国家に帰属する行為を対象とする前提で作成されたのではない（後述））や反乱問題についての議論が行われていたからである。上記のコメンタリーは，このような議論と新提案の経緯を踏まえたものとして，その内容が一層明確に理解し得るのである。

次にコメンタリー作成時において議論となったのが，以下の点であった。まず，内戦当事者が交戦団体を構成するかどうかという問題や，普遍的に承認されていない政府の問題は，問題とされるパラグラフにおいて言及するには複雑すぎる，との発言がなされた[40]。さらに，この関係で，一方では，Nyon 協定はどちらの問題も取り扱っておらず，その目的は，Washington 条約及び London 条約（注：1930年 London 海軍軍縮条約。後述。以下，London 条約とする）により扱われたように，「商船（merchantmen）」に対する無制限潜水艦戦を非難するものであるとの発言がなされた[41]が，これに対しては，Nyon 協定は内戦の場合に特に関わるとの発言があり[42]，その理解が対峙している[43]。

（4）小　結

以上のような議論から，結論として理解されるのは，以下の点である。まず，内戦当事者による第三国船舶への干渉を当然に海賊行為とみなすことは，端的に否定された。すなわち，内乱における第三国（非紛争当事国・国民）に対する干渉行為を，自動的に海賊行為とする ZOUREK 提案はカテゴリカルに否定されたからである[44]。このことは，内乱における第三国（非紛争当事国・国民）に対する干渉行為は，当該第三国にとっては自国法益の侵害であるが，それのみでは自動的に海賊行為とはならないという，重要な意味も持つ。すなわち，

---

40) Ibid., p. 286, paras. 4-6, esp. 5 (Hsu).
41) Ibid., p. 286, para. 6 (Hsu).
42) Ibid., p. 286, para. 8 (Sandstrom).
43) また，範囲が広範にすぎるとして，Hence 以下の削除の提案がなされ，その理由は，第15条を軍艦による海賊行為のための規定と理解するものであった。Ibid., p. 287, para. 14 (Zourek).これは，委員会により受け入れられなかったが，条文作成時における議論の蒸し返しであり，理解できるところである。

このことは，海賊行為抑止制度が，自国法益を直接に反映するものではなく，国際「共同体」利益に基づくものであることを補強的に示すからである。

また，「政治目的」に関する一文を削除したコメンタリー作成の経緯において，「政治目的により犯された行為は海賊行為とはみなされ得ない」という議論が否定されたことも前述の通りである。

しかし，検討課題も，ここで浮き彫りとなった。残された最重要問題は，以上見てきたように，海賊概念との関係で，Nyon 協定の評価が肯定・否定も含めて多岐にわたることである。そのため，以下では，この Nyon 協定の法的評価を探求する作業に移ることとしよう。このことは，国際法委員会及びジュネーヴ国連海洋法会議の結論が，頑迷固陋に過去に執着した保守的立場で，発展傾向を見失っているとの批判が果たして正当かどうかという，法典化作業における核心点への回答ともなろう。

4 「国際法上の海賊（piracy *jure gentium*）」概念から見た Nyon 協定の評価

以上のように，海賊概念との関連で，国際法委員会での議論に現れた，Washington 条約及び London 条約，さらには特に Nyon 協定とはいかなるものであったかが，ここでの検討課題である。

（1）Nyon 協定の学説上の評価 —— 国際法委員会以前 ——

最初に，当時の国際法委員会に先行する，戦間期から戦後にかけての学説について見ると[45]，海賊概念との関係で Nyon 協定等を肯定視する学説がかなり存在し，国際法委員会での議論の印象とは異なって，相当に有力とさえ見えることである[46]。例えば，代表的な学説としては，Lauterpacht[47]，Hack-

---

44) ちなみに，「それら干渉行為は自動的に海賊とはならない」という結論も，「逆は必ずしも真ならず」であり，とるべきではなかろう。
　なお，反乱団体と海賊の関係一般に関しては以下の拙稿が存在するが，本稿の考察は，国連法典化作業の点からこれを補完するものとなる。拙稿「海賊行為と反乱団体 ——ソマリア沖「海賊」の法的性質決定の手がかりとして ——」『海洋権益の確保に係る国際紛争事例の研究（第 1 号）』（2009年）44-58頁。
45) Nyon 協定と海賊の関係に関する学説を包括的に検討としたものとして，Sattler, C., *Die Piraterie im modernen Seerecht: und die Bestrebungen der Ausweitung des Pirateriebegriffes im neueren Völkerrecht*, 1971, S. 290-303.

worth[48]，Hyde[49]，微妙なニュアンスを持ち，立法論とも見えるが，Padelford[50] 等[51] が挙げられる。これに対して，Nyon 協定の対象行為を海賊行為と同視することに批判的な説としては，Genet[52]，Mirwart[53]，匿名論文[54]，Schmitz[55]，Schulz[56]，Schmitt[57]，Wehberg[58] 等が存在した。

このような対立の背後にどのような事情が存在し，どちらの捉え方がより説得的かが，引き続き，重要な問題となるのである。

---

46) その意味では，特別報告者の発言のうち，Nyon 協定の革新性に対する批判の紹介は，誤っているとは言えないにせよ，より詳細な説明が必要であろう。

47) 何よりも，その権威性から，ソ連等が上述のように強調した，Oppenheim, *International Law*, op. cit. 他に，Lauterpacht, op. cit., pp. 513–49, esp. 524–529.（戦後，英語で再録され，補完されたものとして，idem, *Recognition in International Law*, 1947, pp. 295–310, esp. 306–310.）.

48) Hackworth, G. H., *Digest of International Law*, Vol. II (1941), p. 690. この立場は，Lauterpacht を引用している，以下にも受け継がれていると言えるであろう。Whiteman, M. M., *Digest of International Law*, Vol. 4 (1965), pp. 653–654.

49) Hyde, op. cit.

50) Padelford, N. J., *International Law and Diplomacy in the Spanish Civil Strife*, 1939, pp. 43–52, esp. 47, 51. 当時受け入れられていた国際法ではないとするが，identity を明らかにしないで隠密に行動する等，留保を付けつつも，当該状況の下では，そのような攻撃を「海賊行為とみなす（assimilated to acts of piracy）」ことは認められ，さらに，将来の発展の可能性を指摘する。

51) 不明確ながらも，肯定的論調として，Finch, G. A., "Piracy in the Mediterranean," *AJIL*, Vol. 31 (1937), pp. 659–665.

52) 海賊の呼称がなくとも，いかなる影響もないと指摘する，Genet, R., "The Charge of Piracy in the Spanish Civil War," *AJIL*, Vol. 32 (1938), pp. 253–263, esp. 262–263.「交戦団体」としての実体を指摘する，idem, "La qualification de 'pirates' et le dilemne de la guerre civile," *Revue internationale française du droit des gens*, t. 3 (1937), pp. 13–25, esp. 23–25.

53) Mirwart, J., "Piraterie et reconnaissance internationale," *Revue de droit international et de législation comparée*, t. 19 (1938), pp. 341–352, esp. 351–352. 承認を受けうる実体を有することから，海賊性を否定する。

54) Anonymous, "The Nyon Arrangements: Piracy by Treaty?," *BYIL*, Vol. 19 (1938), pp. 207–208. Washington 条約のような海賊視規定がない点や，スペイン商船に対する攻撃を対象外としている点を根拠とする。ちなみに，Johnson も，本論文に大きく依拠している（後述）。

55) Schmitz, E., "Die Abmachungen von Nyon und Genf (14. und 17. September 1937)," *ZaöRV*, Bd. 8 (1938), S. 1–22. Schmitz は，行為の政治性や戦争法上の対処措置を理由とする。

56) Schulz, a. a. O., S. 131–136, bes. 136. Schulz は，双方のスペイン船が保護対象から排除されている点，乗員を取り扱っていない点を挙げる。

（2）Nyon 協定の法的意義

そこで明らかにすべきは，Nyon 協定等が実際にはいかなるものであったかである。そのためには，これら協定を実証的に検討することが必要であり，以下ではその作業を行う。

（a）Nyon 協定の成立経緯

以下で議論の中心となるのは Nyon 協定であるが，その位置付けを明らかにするためにも，国際法委員会において若干の議論が見られることからも，先行する国家実行である，Washington 条約及び London 条約から検討することが有益である。

第一次大戦後，ドイツ潜水艦による無警告攻撃の経験に鑑み[59]，これを規制する動きが米国を中心に高まった。これを受けた Elihu Root の提案に基づき（いわゆる Root Resolution Ⅲ[60]），若干の議論を経て[61]，戦時における潜水艦使用に関する Washington 条約が採択され，このような行為を含めた商船攻

---

57) Schmitt, C., "Der Begriff der Piraterie," *Völkerbund und Völkerrecht*, Bd. 4 (1937), S. 351-354. 本論文においては，協定がいかなる意味で海賊概念と乖離しているかの分析は明確ではない。ただし少なくとも，国家性や特に政治性を排除した海賊概念を看取しうる。Ibid., S. 351, 354. この点，再録された論文集の編者解説には，「一般的敵意」や「利得その他の私的目的」含んだ，Schmitt が抱く海賊行為概念の推測が示されている。*Frieden oder Pazifismus?: Arbeiten zum Völkerrecht und zur internationalen Politik 1924-1978*, 2005, S. 511.

58) Wehberg, H. "La guerre civile et le droit international," *RCADI*, t. 63 (1938), p. 9. 反乱団体の行為は海賊行為ではないとする。協定については，対応措置が海賊に対する処罰行為でない点を指摘する。Ibid., p. 47.

59) 前史としては，1915年 Baralong 号事件がある。これは，ドイツ潜水艦が英国商船を撃沈した行為に対して，Baralong 号船長が潜水艦乗員をいわば即決処刑した事件である。英国は，ドイツの抗議と戦争犯罪としての処罰の申し入れに対して，該当事実を否定しながらも，ドイツがそれまでに意図的に行ってきた犯罪と比較して「無視しうる（negligible）」と返答した。Memorandum of the German Government in regard to Incidents alleged to have attended the Destruction of a German Submarine and its Crew by His Majesty's Auxiliary Cruiser "Baralong" on August 19, 1915, and Reply of His Majesty's Government Thereto, 1914-16 [Cd. 8144] Miscellaneous. No. 1 (1916).

60) *Conference on the Limitation of Armament, Washington, November 12, 1921 - February 6, 1922*, p. 596. なお，本資料は，英文頁で引用する。

61) しかし，海賊視の法的根拠に関する議論は，十分とは言えない。その効果である，処罰に関するわずかな議論として，Ibid., p. 728. そこでは，処罰の対象となること，領域的管轄権の制限に服さないこと，すなわち，公海上で行われるため，特定国の管轄権に服するものではなく，いかなる国においても処罰されるという，海賊行為の特殊性が説明されている。

第2部　領域と管轄権

撃を海賊とみなす旨規定した（第1条，特に第3条[62]）。しかし本条約は批准要件を満たさず，発効しなかった。その後，London 条約は[63]，特に，潜水艦の商船攻撃は水上艦と同じ規則に従うべきこと，商船が停船・臨検に応じない場合にも乗員の安全を確保すべきことを規定した（第IV部　第22条）。条約自体は1936年末に失効したが，第IV部は無期限の効力を有するとされていたこともあって（第23条），この第IV部のみは独立した議定書として，別条約として署名された[64]。しかし，これを見ると，Washington 条約第3条に規定する，海賊行為に準じた審理・処罰の構想は，既に放棄されていたことが理解される[65]。このことにより，戦争法に違反する潜水艦行動と海賊行為との連関を主張する，国際法委員会での一部委員による上記の発言は，否定されるものと考えられるのである。

(b) Nyon 協定の実証的評価と学説の再評価

このような前史を受けて，スペイン内戦に際して締結されたのが，「Nyon 協定」で，その成立経緯は以下の通りである。すなわち，スペイン内戦中の1937年春以降[66]，第三国船舶が国籍不明の潜水艦（当時から疑われていたが，

---

62) 1922年「潜水艦及毒瓦斯ニ関スル五国条約（Treaty relating to the Use of Submarines and Noxious Gases in Warfare）」（未発効）。*Conference on the Limitation of Armament* ..., op. cit., 1922, pp. 1605, 1608-1609. 米，英，英連邦諸国，仏，伊，日の諸国が参加し，作成されたが，フランスが批准しなかったために批准要件を満たさず，発効しなかった。当該規定の説明及び批判として，Anderson, C. P., "As if for an Act of Piracy," *AJIL*, Vol. 16 (1922), pp. 260-261.

63) International Treaty for the Limitation and Reduction of Naval Armaments (London Naval Treaty), 22 April 1930, *L.N.T.S.*, Vol. 112, pp. 65-96.

64) Procès-verbal relating to the Rules of Submarine Warfare set forth in Part IV of the Treaty of London of April 22nd, 1930, November 6, 1936, *L.N.T.S.*, Vol. 173, pp. 353-357.

65) Anonymous, op. cit., p. 201.
　　このような，潜水艦による攻撃を海賊行為とする立場は，ニュルンベルク裁判でも採られていない。代表的なものとして，Dönitz と Raeder に関する裁判参照。*Trial of the Major War Criminals before the International Military Tribunal: Nuremberg 14 November 1945-1 October 1946*, Vol. 22, Proceedings, 28 August 1946-1 October 1946, 1948, pp. 556-563.

66) まず，スペイン内戦への対処として，フランス提案を各国が受諾したことによる，1936年8月の「不干渉合意（Non-Intervention Agreement（Accord））」が成立した。これに基づき，「不干渉委員会（Non-Intervention Committee）」が，同年9月9日よりロンドンで活動を開始していた。この不干渉委員会の決議（1937年3月8日）に基づき，「監視計画（Observation and Control Scheme）」が行われたが，十全な機能を果たし得なかった。これに関しては，Padelford, op. cit., pp. 79-95; Schulz, a. a. O., S. 131-134.

現在では，イタリアであることが明らかとなっている[67]）により無警告攻撃を受ける事件が頻発した[68]。このため英仏を含む地中海沿岸諸国（独伊不参加）がスイスのNyonにおいて会議を開催し（1937年9月9-14日），協定に合意した（The Nyon Arrangement）[69]。この協定は，上記攻撃をLondon条約第IV部に該当する「海賊行為」と扱い（前文），この行為に対する集団的防護措置（地中海の監視を分担し，潜水艦に反撃する）を定めた（例えば，第2，4項）。さらに同年9月には，水上艦・航空機にも拡張適用した，「Nyon Arrangement 補足協定（Agreement Supplementary to the Nyon Arrangement）」（ジュネーヴ）も締結された[70]。この両協定を含めて一般的に「Nyon協定（Nyon Agreement）」と呼ばれる（なお，本稿では，特にThe Nyon Arrangementを指す文脈でも，海賊関連の議論については特定されるため，Nyon協定とする）[71]。

そこで，問題となった内容は以下の通りである。まず，最も問題となる海賊行為の言及は，前文に見られる（第2段落）[72]。ちなみに，スペイン内戦両当事者に対しては「交戦権（belligerent rights）」を認めないことを前提としていることも示されている（前文第3段落）。ただし，海賊行為への言及は，この前文にのみ置かれており，本文に同様の記述は存在しない。次に，締約国船舶の

---

67) ドイツ側の資料として，*Documents on German Foreign Policy, 1918-1945, from the Archives of the German Foreign Ministry*, D, III, Document no. 408. 上記の資料も含めて分析した，Cattell, D. T., *Soviet Diplomacy and the Spanish Civil War*, 1957, p. 91 も参照。国民戦線（フランコ）側にイタリアが協力・遂行した状況やNyon協定の成立経緯を，戦後公開された英国外交資料に基づき実証している文献として，Gretton, P., "The Nyon Conference: The Naval Aspect," *The English Historical Review*, Vol. 90 (1975), pp. 103-112.

68) 船舶への干渉に関する最も包括的なクロノロジーとして，Padelford, op. cit., APPNEDIX XV.

69) 14 September 1937, *L.N.T.S.*, Vol. 181, p. 135 ff. 締約国は，英，仏，ブルガリア，エジプト，ギリシャ，ルーマニア，トルコ，ソ連，ユーゴースラヴィアであった。イタリアは，非締約国であったが，後に協力行動に参加した。Anonymous, op. cit., pp. 206-207. 招聘されたのは，非締約国では，アルバニア，ドイツ，イタリアであった。

70) 17 September 1937, *L.N.T.S.*, Vol. 181, pp. 149 ff.

71) 邦文献としては，Washington条約以後の説明も含めて，飯田忠雄『海賊行為の法律的研究』（有信堂，1967年）142-149頁も参照。

72) Whereas these attacks are violations of the rules of international law referred to in Part IV of the Treaty of London of 22 April 1930, with regard to the sinking of merchant ships and constitute acts contrary to the most elementary dictates of humanity, *which should be justly treated as acts of piracy*; and...it is necessary in the first place to agree upon *certain special collective measures against piratical acts by submarines*: (italics by the author).

みを保護の対象とし，スペイン内戦当事者の船舶を対象としてない（第1項）[73]。さらに，London条約・1936年議定書違反となる潜水艦の攻撃には，反撃し，可能であれば，撃沈することが認められた（第2項）[74]。そして最後に，このための，地中海における監視の分担が取り決められた（第4項）。

以上の諸点から理解されるとおり，同協定は，「国際法上の海賊」の効果，特に普遍的管轄権に基づく処罰を認めるものではなく，交戦法規違反に対する対抗措置を定めたにすぎなかったと評価することが正当である。この特徴は，処罰にも踏み込んだ，前述のWashington条約と対比するとさらに明瞭となる。すなわち，Nyon協定は，客観的には，帰属不明の潜水艦による，「戦争法」違反行為に対して，「戦争法」上の対応措置のみを定めたと解するのが自然である。

以上の実証を踏まえて，前述のNyon協定等をめぐる学説は，いかに評価されるかが再び問題となろう。この点について注目されるは，英米系学説の肯定的傾向とドイツ系学説（Schmitz, Schulz, Schmitt, Wehberg）の否定的傾向の明確な対立である[75]。前者について想起されるのは，Washington条約作成に対する米国の大きな貢献と，Nyon協定作成に対する英国による指導と貢献である。このため，これら条約を海賊行為の「先例」として評価する学説には，条約の客観的評価とは異なり，自国の果たした貢献に対する肯定的評価が必要以上に反映されていると推測できよう（Nyon協定を肯定的に捉える学説については，さらに，反ファシズム，民主主義への共感的態度も影響していた可能性もあろう[76]）。

---

73) I. The participating Powers will instruct their naval forces to take the action indicated in paragraphs II and III below with a view to the protection of all merchant ships not belonging to either of the conflicting Spanish parties.

74) II. Any submarine which attacks such a ship in a manner contrary to the rules of international law referred to in the International Treaty for the Limitation and Reduction of Naval Armaments signed in London on 22 April 1930, and confirmed in the Protocol signed in London on 6 November 1936, shall be counter-attacked and, if possible, destroyed.

75) 類似の指摘として，Sattler, a. a. O., S. 290-291, 296. この点，元来ドイツ人であったLauterpachtは，国籍のみならず，発想も既に「英国化」していたと言うことができよう。ちなみに，本稿と異なる視点から，SchmittとLauterpacht学説の対立を分析するものとして，Rech, W., "Rightless Enemies: Schmitt and Lauterpacht on Political Piracy," *Oxford Journal of Legal Studies*, Vol. 32 (2012), pp. 235-263. Lauterpachtの結論指向性を指摘する点で本稿と共通する部分として，ibid., pp. 253-262.

以上を踏まえた上で，国連法典化作業におけるこれら諸条約の評価は，あくまでも実証的な見地から，客観的に行うことを是とすべきであろう。

5　結びに代えて

　最後に，二要件に関する国際法委員会の作業はどう評価できるかを，それ以前の学説との関係にも注意しながら，本稿で得られた観点からまとめ，結びに代えたい。
　まず，「私的目的」要件について，議論から窺える結論は，以下の通りである。
　第1に，内乱の一当事者による第三国船舶に対する干渉を当然に海賊と同視することは，明確に否定されたことである。この立場は，条文が採用した普遍的管轄権と協力義務の法的性質からも，また，Harvard草案が，海賊概念（第3条）と，未承認反乱団体等による自国法益への侵害（第16条）[77]を別個に規定していることからも，妥当と考えられる。
　第2に，「政治目的により犯された行為は海賊行為とはみなされ得ない」という議論が否定された（政治目的概念の不採用）。この点は明確な定義がなされないままに「政治目的」概念を導入することは，かえって混乱を招くことからも，妥当と考えられる（「公的」概念についても同様である）。このことから，先行する法典化作業との関係では，松田草案（第1，4条）の立場も，私的目的と政治目的の概念整理が不十分であり，この意味での先例として援用すること

---

[76]　否定的結論を示す英語論文がわざわざ匿名とされていることも，当時の雰囲気を示すものと言えるかもしれない。なお，Nyon協定の作成において英国と共に貢献を果たしたフランスの学者については，このような明確な傾向はない。Sattler, a. a. O., S. 294-296も参照。その理由は断言できないが，フランスにおいては，人民戦線支持派とフランコ支持派（例えば，保守派やカトリック）が対立しており，国論自体が分裂していたことは指摘できよう。
　　ちなみに，国際法委員会における草案作成後には，英国でも，Nyon協定の海賊行為「先例性」を否定する議論 ── 逆に，こちらが英国政府の立場となっていたが ── が行われている。例えば，Johnson, D. H. N., "Piracy in Modern International Law," *Transactions of the Grotius Society, Transactions for the Year 1957*, Vol. 43, pp. 63-85, esp. 83-85.

[77]　ソ連・東欧が問題とした内戦当事者の行為は，Harvard草案では第16条に該当する可能性はあるが，海賊概念とは異なって理解すべきものである。Harvard R., pp. 798, 857-866.

第2部　領域と管轄権

には慎重たるべきであろう[78]。

　第3に，（私船要件にも関わるが，）国際法委員会の議論の中では Nyon 協定等に対する理解が複数に分かれていたものの，実証的に見た場合，海賊行為に関する Nyon 協定等の先例性は否定されるべきことである。特にこの「私的目的」の内容に関しては，Fitzmaurice の発言が，以後の学説に大きな影響を与えてきたが[79]，このような理解が実は大きな問題点を孕むことも，同時に明らかとなった。まず，Fitzmaurice の発言は，Nyon 協定等の先例性を肯定し，「私的目的」という表現の変更をも示唆するものであった。これについてはまず，議論の結果から，この文言には変更が加えられなかったことが挙げられる。次に，私的目的の趣旨をいわゆる「授権説」に基礎づける Fitzmaurice の発言は，私的目的要件の歴史的展開と合致せず，成立した条文においても，むしろ私船要件に反映されているということができる[80]。さらに，Nyon 協定を実証的に見るならば，当該協定は，特にその効果から見る限り，「戦争法」の文脈で捉えることが正当で，Nyon 協定等の先例性の肯定を前提とした Fitzmaurice の発言は，妥当ではないこととなる。この Fitzmaurice 発言における「歪み」は，他の肯定的学説同様，彼が背後に抱える英国政府が Nyon 協定作成の立役者であり，その先例的意義を正面からは否定できなかったことが原因と推測される。このような理由で，彼は Nyon 協定の先例性を否定せず，かつ，国際法委員会の議論を阻害しないように，「授権説」に依拠した発言を行ったものと推測されよう[81]。

---

78)　なお，Harvard 草案においても，解説において「政治的目的」の言及がないわけではなく，両者の関係についての厳密な分析に欠ける点も見られる。Harvard R., pp. 786, 798, 857.

79)　Fitzmaurice の発言を肯定的に引用するものとして，McDougal, M. S. and Burke, W. T., *The Public Order of the Oceans*, 1962, p. 819; Halberstam, M., "Terrorism on the High Seas: The Achille Lauro, Piracy and the IMO Convention on Maritime Safety," *AJIL*, Vol. 82 (1988), pp. 276-284, esp. 280-281. 後者をさらに引用する，Guilfoyle, D., *Shipping Interdiction and the Law of the Sea*, 2009, p. 37 も参照。

80)　この点は，拙稿「国際法上の海賊」，特に 15-20 頁。なお，Nyon 協定に関する Fitzmaurice の発言が，「私的目的」要件よりも私的船舶要件に依拠できた（のにもかかわらず，そうしなかった）点に注目するものとして，Halberstam, p. 281, n. 49. しかし，1956年の国連総会第6委員会では，Fitzmaurice は，英国代表として，「私船」要件との関連で論じており，このことは，むしろ本稿の主張の証左と言えよう。A/C.6/SR.492. Dec. 6, 1956, p. 60, para. 35.

次に，私船要件の評価である。この点は，効果から考えると，武力行使禁止原則等の国家の義務違反行為と，国家管轄権の適用対象としての海賊行為との，機能分化の反映と捉えることもできるかもしれない。ちなみに，国家に帰属する軍艦については，免除がまず問題となるが[82]，この免除は手続的なものであり，ここでの私船要件は，海賊行為を構成するかどうかの実体的要件である[83]。

ただし，この点は，まさに国際法委員会の議論において問題とされたような内乱状況においては，引き続き，限界線上の極めて困難な問題を生じさせる。国際法委員会の議論から理解されるのは，私船要件には，「軍艦」のような「軍事作用」の行使が明白な船舶を，「私的目的」よりも客観的な枠組みとして，最初に排除する機能が期待されていることである。そのため例えば，厳密には，「軍艦の定義」に該当しないような反乱団体に所属する，外形上の「軍艦」もこれに該当すると解されるのである[84]。これを一般化して述べれば，反乱団体による違法行為の場合，「私船」と「私的目的」のどちらの要件で議論すべきかという，理論的な問題に関わることとなる。この場合，「私船」要件が存在することによって，「軍事作用」を行使する船舶については，未承認の反乱団体に帰属するものであっても海賊行為を否定することが，それ以上の細かい議論なしに可能となったと考えられるのである[85]。

---

81) このことが，私船要件を導入することを当初より企図した発言であるとすれば，極めて老獪な対応ということとなるが，現時点で，証明は不可能である。
82) 免除の文脈では，「公海上の軍艦は，旗国以外のいずれの国の管轄権からも完全に免除される。」（国連海洋法条約第95条），「国が所有し又は運航する船舶で政府の非商業的役務にのみ使用されるものは，公海において旗国以外のいずれの国の管轄権からも完全に免除される。」（同第96条）とされる。なお，これら免除関係の諸条文は，このような船舶に対しては当該国が責任を負うことが（十分条件ではないが，）極めて重要な根拠である。この点は，領海の無害通航権に関してではあるが，「旗国は，軍艦又は非商業的目的のために運航するその他の政府船舶が領海の通航に係る沿岸国の法令，この条約又は国際法の他の規則を遵守しなかった結果として沿岸国に与えたいかなる損失又は損害についても国際的責任を負う。」（同第30条）という規定から看取できよう。
83) ただし，コメンタリーにおいては，実体法的相違ではなく，免除との混乱を窺わせる，紛らわしい記述も存在する（上述）。
84) しかし，単に外形上「軍艦」を用いているだけでは，十分ではない。このことは，例えば，「乗組員が反乱を起こした軍艦又は政府の船舶若しくは航空機による海賊行為」が定められていることから明かである（公海条約第16条，国連海洋法条約第102条）。あくまでも，「捕獲」等に代表される，「戦争法」によって規律される「軍事作用」が問題となると理解すべきであろう。

最後に，二要件採用の共通する意義を，海賊行為概念の歴史的な発展の観点も含めて，評価してみよう。第1には，普遍的管轄権と協力義務の条文により的確に表現された，海賊行為抑止の法益は，各国の法的利益を越える国際「共同体」利益であることを，両要件の議論はさらに補強して証明したことに意義が認められよう（私的目的要件における，第三国船舶に対する干渉を当然に海賊と同視することの否定，私船要件に関する Commenntary の記述）。

　第2に，二要件という構成を[86]，その内容を含めて評価すると，以下のように考えられる。この点，何よりも学説上，注目すべきは，「私的目的」要件を最初に提唱したとされる Hall である[87]。Hall は，「授権の不存在」を海賊行為の「基準（test）」としながら，私的目的を「本質（essence）」と述べるため，一見すると，一要件論に過ぎないようにも見える。しかし，そこでは，「私的目的」要件が内乱，特に未承認の反乱団体による行為を排除することを想定した上で，一方で，(1)海賊行為の普遍的「方向性」について記述しながら，他方では，(2)「授権」と共通の要素を持つ，「政治的に組織化された社会」に言

---

[85]　ただし，別の問題も生じないわけではない。この私船要件が存在するために，反乱団体の「軍艦」等による権限濫用行為，すなわち，例えば「戦争法」上であれば「捕獲」要件等に該当しない，越権行為が問題となる。この点，文言からすると，「海賊行為」該当性が否定され易くなる可能性は否定できないであろう。しかし，これに関しては，「海上交通の一般的安全」を害するかどうかという，海賊行為取締制度の趣旨を踏まえて判断すべきであって，「私船」該当性を完全に否定することには問題があろう。この点，反乱団体の行為であっても，「私的な略奪の動機（a motive of private plunder）」による場合には，海賊行為の定義に該当する可能性を指摘する，Harvard 草案第16条解説が参考となる。Harvard R., p. 857.

[86]　構成という形式面だけについて着目すると，Harvard 草案は「私的目的」要件のみであり，その意味で関連性は減少したと言えよう。Harvard R., pp. 798-808参照。このように，Harvard 草案が私船要件を別個に規定化しなかったことも，二要件に関する今日の混乱の一因かもしれない。Harvard 草案が私的目的一要件とした理由は必ずしも明らかではないが，微妙な「免除」その他の問題を正面から取り上げないために，それらの問題を「私的目的」要件に吸収させたのではないかという指摘もある。Dubner, B. H., *The Law of International Sea Piracy*, 1980, pp. 62-63. むしろ，松田草案が公海条約同様の二要件を採用しており，類似することが注目される。松田草案における私船要件挿入の経緯が必ずしも明確でないため，国際法委員会とは異なる動機に基づくものである可能性もあるものの，松田草案にヒントを得たものとの推測はあり得ようし，少なくとも結果としては，松田草案の先進性も証明されたこととなろう。松田草案の先進性については，拙稿 "Piracy Jure Gentium Revisited: For Japan's Future Contribution," *JYIL*, Vol. 51 (2008), pp. 76-97も参照。

[87]　Hall, W. E., *International Law*, 1880, p. 217.

及[88]) することによって，反乱団体の規模を強調しており（前国家的存在としての団体性）[89]），異なる考慮要因を明確に読み取ることができる。そのため，「私船要件」は，Hall の説における，(i)「授権の不存在」基準と，さらに，(ii) 反乱団体に関する団体認定の客観化という，二重の機能を併せた要件として機能することとなる[90]）。このように見れば，国際法委員会による二要件の採用は，Hall 自身やその後の学説が必ずしも明確に整理しきれていなかった点につき，Hall の問題意識を受け止め，的確な回答を与える結果となったのである。

このようにして，国際法委員会の作業は，「国際法上の海賊（piracy jure gentium）」概念の法典化──主として19世紀以来，「類推による海賊（piracy by analogy）」概念を排除し，純化してきた過程の集大成──に大きく貢献したものと評価することができよう。

---

88) Hall, op. cit., pp. 217-218.
89) その後の学説として，反乱の規模に着目するものとしては，例えば，Greig, D. W., *International Law*, 2d ed. (1976), p. 330; Hyde, op. cit., § 233 (Vol. 1). Calvo, M. Ch., *Le droit international théorique et pratique: précédé d'un exposé historique des progrès de la science du droit des gens*, t. 1, 5è éd. (1896), § 503, pp. 582-583; Westlake, *International Law*, Part I Peace, 2nd (1910), p. 185 も参照。なお，反乱団体と海賊の関係一般に関しては，拙稿「海賊行為と反乱団体」，前掲論文参照。
90) 解釈論上の残された論点としては，例えば，免除を享有する「政府の非商業的役務にのみ使用される」政府所有船舶ではないが，反乱団体の船舶で同様の機能を果たす場合は，「私有の船舶」に該当するかどうかという問題がある。この点に言及するものとして，オランダ政府コメントは，国家所有の商業船舶は（国際法委員会草案）第14条（注：国連海洋法条約第101条に該当）の意味における私船とみなされるべきとし，軍艦や公的機能を有する政府船舶が該当しないことが明確となるように補足されるべきとする。*YILC*, 1956, Vol. II, p. 64. 同様の南ア政府コメントも参照。ibid., p. 79.

国際法委員会では，この点は認識されていたものの，文言は変更されなかった。関連の議論は，*YILC*, 1956, Vol. II, pp. 46-48. しかし，免除関連規定が海洋法会議において変更されたことに鑑みると，「捕獲」等の「軍事作用」や警察作用を行使するような「政府の非商業的役務にのみ使用される」場合のみが「私有の船舶」でないという解釈も十分に成り立ちうるであろう。飯田，前掲書，195-197頁も参照。なお，船舶の免除問題に関しては，拙稿「政府の非商業的役務にのみ使用される船舶の免除」『海洋権益の確保に係る国際紛争事例研究（第3号）』（海上保安協会，2011年）15-31頁参照。

いずれにせよ，軍艦と同様に，法執行等の機能を果たしているもののみが「私船」に該当しないとして，微妙な場合は，前述（注85））と同様，海賊行為取締制度の趣旨に照らして判断すべきと考えられる。

9 米国の外国人不法行為法の領域外適用について
—— キオベル事件連邦最高裁判決を素材として ——

水島朋則

1　序
2　外国人不法行為法に関する裁判例の展開
3　キオベル対ロイヤル・ダッチ石油
4　考察
5　結び —— 国の管轄権に関する国際法学の到達点と展望

1　序

　国際法委員会が扱うべきトピックとしてこれまで提案されてきているものの一つに「域外管轄権」があり，村瀬先生によれば，「このトピックは言うまでもなく伝統的な国際法の主要問題であり，国際法委員会による法典化に相応しいテーマであるが，前会期から提案されているものの，一部の国の反対が強く採択されるには至らなかったと言われる」[1]。この域外管轄権ないし国家法の領域外適用の問題について，かつて村瀬先生は次のような興味深い指摘をされている。

　　国家法の域外適用については，これまで独禁法や輸出管理法の関連で，国際法上も問題となってきた。これらの措置の多くは，一国の経済的あるいは外交的な個別利益を擁護することを目的としたものであったために，域

---

[1]　村瀬信也「国際法委員会の現状と将来の展望」村瀬信也＝鶴岡公二編『山田中正大使傘寿記念　変革期の国際法委員会』（信山社，2011年）115頁，122頁の注12（村瀬信也『国際法論集』〔信山社，2012年〕9頁の注12）。なお，引用箇所における「前会期」とは，村瀬先生が国際法委員会の委員に選出され，委員として最初に出席された2009年の会期のことを指しているのであろう。

第 2 部　領域と管轄権

　外適用の対象となった国々は，これを主権の侵害と非難することも多かったのである。しかし，環境保護という国際公益性の高い，より legitimate な目的における立法管轄権の域外適用については，おのずから事情は異なるものと考えられる[2]。

　このような「国際公益性の高い，より legitimate な目的における」国家法の領域外適用の問題を提起するものと捉えられるのが，キオベル対ロイヤル・ダッチ石油（キオベル事件）における米国連邦最高裁2013年 4 月17日判決である[3]。そこで争われたのは，米国の連邦法である外国人不法行為法（Alien Tort Statute）[4] ── 「［連邦］地方裁判所は，慣習国際法（law of nations）[5] または合衆国の条約に違反して行われた不法行為に関してのみ，外国人による民事訴訟の第 1 審管轄権を有する。」 ── が，米国の領域外における国際法違反にも適用され，連邦裁判所の管轄権の基礎となるかどうかであった。本稿の目的は，このキオベル事件連邦最高裁判決を素材として，国の管轄権に関する国際法学の観点から，「国際法学の諸相 ── 到達点と展望」の一端を示すことにある。外国人不法行為法に関する裁判例の展開を確認した上で（2），キオベル事件の概要をまとめ（3），米国連邦最高裁判決について考察を行い（4），それらをふまえて，本稿を結ぶこととする（5）。

---

[2]　村瀬信也「国際環境法における国家の管理責任 ── 多国籍企業の活動とその管理をめぐって ── 」『国際法外交雑誌』第93巻 3・4 号（1994年）130頁, 155頁（村瀬信也『国際立法 ── 国際法の法源論』〔東信堂, 2002年〕425頁）参照。

[3]　*Kiobel* v *Royal Dutch Petroleum Co*, 133 S Ct 1659 (2013).

[4]　28 USC § 1350: 'The district courts shall have original jurisdiction of any civil action by an alien for a tort only, committed in violation of the law of nations or a treaty of the United States.' 外国人不法行為法に関する日本語文献として，例えば，ケント・アンダーソン「国際法違反の不法行為に対する米国連邦裁判所の管轄権 ── 『外国人不法行為請求権法』を中心として ── 」『国際法外交雑誌』第101巻 1 号（2002年）39頁, 森田章夫「外国人不法行為法の法的問題点 ── 国際法上の観点からする分析」『ジュリスト』1299号（2005年）43頁がある。

[5]　合衆国の条約と並べられているここでの 'law of nations' は，慣習国際法と同義のものとして理解されてきている。例えば，*Flores* v *S Peru Copper Corp*, 414 F3d 233 (2nd Cir 2003) 237 (n 2) 参照。本稿では，村瀬信也「国内裁判所における慣習国際法の適用」広部和也＝田中忠編集代表『山本草二先生還暦記念　国際法と国内法 ── 国際公益の展開 ── 』（勁草書房, 1991年）133頁, 139頁・141頁（村瀬『国際立法』131頁・132頁）も参考に，「慣習国際法」という訳語を当ててみた。

2 外国人不法行為法に関する裁判例の展開

　外国人不法行為法は，元々1789年に制定されたものであるが，その目的も不明確であり，制定以来，200年近くの間，ほとんど援用されることがなかった[6]。そのような状況を変えるきっかけとなったのが，フィラルティガ事件（連邦控訴裁（第2巡回区）1980年6月30日判決）である[7]。この事件は，パラグアイでの拷問の被害者であるパラグアイ人の遺族が，加害者であるパラグアイ人に対して民事訴訟を提起したものであるが，連邦控訴裁は，拷問は国際法違反であるとし，民事責任に関して，拷問を行う者は海賊と同様に人類の敵となったと述べ，外国人不法行為法に基づく管轄権を認めた。この判決を契機として，外国人不法行為法に基づくさまざまな民事訴訟が米国の連邦裁判所において提起されてきた。多くの場合，フィラルティガ事件と同様に人権分野の国際法違反が問題とされることから，外国人不法行為法に基づく米国での裁判は，国際人権法の実施のための一手段として位置づけられることもある。その意味では，人権保護という「国際公益性の高い，より legitimate な目的における」管轄権行使と評価することができるかもしれない。

　米国連邦最高裁が外国人不法行為法について初めて判断したのは，ソーサ事件（2004年6月29日判決）においてである[8]。この事件は，メキシコ人をアメリカで刑事裁判にかけるためのメキシコからの拉致[9]が国際法違反であると

---

6) すぐ後でふれるフィラルティガ事件以前に外国人不法行為法が援用された数少ない事件としてよく挙げられるものとして，*Bolchos v Darrel*, 3 F Cas 810 (DSC 1795); *Abdul-Rahman Omar Adra v Clift*, 195 F Supp 857 (D Md 1961) がある。例えば，William S Dodge, 'Customary International Law in the Supreme Court, 1946-2000' in David L Sloss *et al* (eds), *International Law in the U.S. Supreme Court: Continuity and Change* 353 (Cambridge UP, 2011) 367 (n 129) 参照。

7) *Filartiga v Pena-Irala*, 630 F2d 876 (2nd Cir 1980). フィラルティガ事件についての日本語による解説として，例えば，松井芳郎編集代表『判例国際法〔第2版〕』（東信堂，2006年）307頁（岩沢雄司），杉原高嶺＝酒井啓亘編『国際法基本判例50』（三省堂，2010年）10頁（水島朋則）参照。

8) *Sosa v Alvarez-Machain*, 542 US 692 (2004).

9) この経緯については，村瀬信也「国際法における国家管轄権の域外執行——国際テロリズムへの対応」『上智法学論集』49巻3・4号（2006年）119頁，132頁（村瀬『国際法論集』181頁）参照。

して，それに関わったメキシコ人に対して起こされた民事訴訟である。連邦最高裁は，外国人不法行為法が連邦裁判所の管轄権に関する手続規定であるとしつつ，1789年当時において国際法の違反と考えられていた安導券[10]の違反，大使の権利の侵害および海賊行為という限られた場合には，実体法上の民事請求権も認められたと判断した。そのような前提から，連邦最高裁は，今日において外国人不法行為法に基づく請求について判断する場合にも，当時の国際法と同じ程度に明確な内容をもち，文明諸国によって受け入れられた国際法規範であるかどうかを基準とし，ソーサ事件で問題となった短時間の恣意的な抑留については，そのような明確性をもった慣習国際法とは言えないとして，請求を斥けた。

ソーサ事件判決は，外国人不法行為法の適用対象となる国際法違反の内容という観点から，同法の適用範囲を狭くするものであったと評価できる。例えば，環境保護のための国際法は，少なくとも今日の段階では，多くの場合，ソーサ事件判決で示された基準を充たさないであろう[11]。いずれにせよ，本判決において連邦最高裁が外国人不法行為法に関するあらゆる争点について判断したわけではない。外国人不法行為法に基づく民事訴訟では，当初は被告のほとんどが外国の自然人であったこともあり，原告は勝訴しても賠償が得られない場合が多く[12]，また，米国国外での不法行為に関わる場合が多く，訴状の送達や将来における判決の執行のための便宜という観点から，米国国内にも活動の拠点や財産をもつ法人を被告とする事例が1990年代後半から増えていた[13]。そして，下級審レベルでは，このような法人の民事責任が外国人不法行為法の

---

[10] 安導券（safe conduct）とは，「安全通行証［passport：交戦国の一方が敵国民等に自国領域等を自由かつ安全に通行することを許可する文書］よりも制限された自由を保障するもので，同様に敵国民等に特定の目的のために特定の場所に赴くこと（特に軍隊の作戦区域内の通過）を許可する文書である」（国際法学会編『国際関係法辞典〔第2版〕』〔三省堂，2005年〕21頁〔浅田正彦〕）。

[11] 例えば，Michael Koebele, *Corporate Responsibility under the Alien Tort Statute: Enforcement of International Law through US Torts Law* (Martinus Nijhoff Publishers, 2009) 191参照。

[12] 上で言及したフィラルティガ事件がその典型である。原告が求めていた被告に対する退去強制処分の執行延期が認められず，連邦控訴裁の判決を待たずに被告はパラグアイに帰国することとなった。そのため，差戻し後の連邦地裁が欠席判決により懲罰的損害賠償を含む1,000万ドル以上の賠償額の決定を行ったが（*Filartiga v Pena-Irala*, 577 F Supp 860 (EDNY 1984)），それが執行されることはなかった。

下で認められるかどうかについて判断が分かれていたのである。例えば、リベリアでの児童労働に関する連邦控訴裁（第7巡回区）2011年7月11日判決はそれを認めたが[14]、本稿で取り上げるキオベル事件の連邦控訴裁（第2巡回区）2010年9月17日判決はそれを認めなかった[15]。

3　キオベル対ロイヤル・ダッチ石油

（1）事実の概要

　ナイジェリア人であるキオベル等がナイジェリアでの石油開発事業による環境破壊に対して抗議運動を行ったところ、ナイジェリアの軍隊や警察がキオベル等の居住地域を襲い、拷問等の暴行を行った。キオベル等は、これらのナイジェリア政府の行為についてロイヤル・ダッチ石油（オランダ法人）等が教唆・幇助したことが国際法に違反するとして、外国人不法行為法に基づいて米国の連邦裁判所でロイヤル・ダッチ石油等に対する民事訴訟を提起した[16]。連邦地裁がキオベル等の請求を一部認容したのに対し[17]、連邦控訴裁は、上で述べたように、外国人不法行為法の下で法人の民事責任は認められないとして請求を斥けたため、連邦最高裁への上訴が行われた。連邦最高裁では、外国人不法行為に基づく法人の民事責任を争点とする2012年2月の口頭審理の際に別の争点が追加され、10月に再び口頭審理が行われることになった。追加された争

---

13) Curtis A Bradley, *International Law in the U.S. Legal System* (Oxford UP, 2013) 214も参照。例えば、ミャンマーでの強制労働をめぐって1996年に外国人不法行為法に基づいて法人に対する民事訴訟が提起され、2004年に和解が成立した事例（*Doe v Unocal Corp*）について、Dodge, *supra* note 6, 372-373参照。

14) *Flomo v Firestone Natural Rubber Co*, 643 F3d 1013 (7th Cir 2011). ただし、結論としては児童労働がソーサ事件判決の基準を充たさないとして請求を斥けている。

15) *Kiobel v Royal Dutch Petroleum Co*, 621 F3d 111 (2nd Cir 2010).

16) 本事件で原告がナイジェリアを被告に含めていないのは、外国を被告とする民事訴訟において米国の裁判所が管轄権を有するか否かは、米国の外国主権免除法にのみ従って判断され、外国人不法行為法はそのような民事訴訟における管轄権の基礎とはならないとされているためである。*Argentine Republic v Amerada Hess Shipping Corp*, 488 US 428 (1989) 436-439参照。外国主権免除法に従えば、米国国外での不法行為に基づく民事訴訟においては、外国は原則として米国の民事裁判権から免除されることになる。この点について、水島朋則『主権免除の国際法』（名古屋大学出版会、2012年）131-134頁も参照。

17) *Kiobel v Royal Dutch Petroleum Co*, 456 F Supp 2d 457 (SDNY 2006).

点とは，他国の領域での国際法違反に基づく民事訴訟が外国人不法行為法の下で認められるかどうか，また，どのような場合に認められるかであった。連邦最高裁は，結論としては9人の裁判官が全員一致で上訴を斥けたが，ロバーツ首席裁判官による判決とブライヤ裁判官の同意意見とでは，理由づけが異なっている。前者は4人の裁判官，後者は3人の裁判官がそれぞれの意見に加わっており，以下，前者を「多数意見」，後者を「少数意見」とする[18]。

（2）連邦最高裁判決（多数意見）の要旨

　ロイヤル・ダッチ石油等が援用する「米国法の領域外適用をしない推定」は，立法府・行政府が明確には意図していない対外政策上の結果をもたらす米国法の解釈を，司法府が誤って採用しないようにするのに役立つものであるが，外国人不法行為法の脈絡においては，対外政策の遂行に司法府が不当に介入することになる危険が高まる。ソーサ事件でも，連邦最高裁は，対外政策に関する懸念から，外国人不法行為法の下でどのような請求が認められるかを検討する際に裁判所が慎重である必要性を強調した。この懸念は，外国人不法行為法の射程が他国の領域での行為に及ぶかどうかを問題とする場合には，より強いものとなる。したがって，領域外適用しない推定を支える原則は，外国人不法行為法の下で権能を行使する裁判所を制約する。〔1664-1665頁〕[19]

　キオベル等は，領域外適用しない推定が当てはまるとしても，外国人不法行為法の文言・歴史・目的によってその推定は覆されていると主張する。しかしながら，外国人不法行為法の文言には，同法の射程が領域外に及ぶと議会が意図したことを示すものはない。歴史的背景も，他国の領域での行為に適用しない推定を覆すものではない。ソーサ事件で連邦最高裁が指摘した外国人不法行為法制定当時の主な国際法違反のうち，安導券の違反と大使の権利の侵害は領域外適用の例ではない。海賊行為は公海上 ── すなわち米国および他国の領域外 ── で行われるが，米国法を海賊に適用することは，他国の領域での行為に米国の主権的意思を押しつけることにはならず，したがって，それほど直

---

18) 多数意見に加わったケネディ裁判官とアリト裁判官もそれぞれ同意意見を付けているが，本稿では取り上げない。
19) 本稿では，本判決（*Kiobel, supra* note 3）の参照頁は，便宜上，〔1664-1665頁〕のように示すこととする。

接的な対外政策上の結果をもたらすものではない。外国人不法行為法の下で海賊に対する民事訴訟が認められるからといって，他のものについて同法の射程が他国の領域での行為に及ぶとは我々は考えない。また，外国人不法行為法が米国を国際法の執行のための適切な場とするために制定されたということを示すものはない。同法は，米国で国際法違反によって外国の大使が損害を被った場合に適切な救済がなされなければ戦争にもなり得ることから，そのような事件を裁く場を米国が提供することを確保するものであり，ここからも，外国人不法行為法の射程が他国の領域での行為に及ぶと議会が意図したことは示されていない。また，仮に他国が同様の法律を作って領域外適用すれば，米国国民がその国での裁判に巻き込まれることになるため，領域外適用しない推定は，そのような外交政策上の重大な結果を米国の裁判所がもたらさないための安全弁になる。領域外適用しない推定は外国人不法行為法に基づく請求に当てはまり，その推定は覆されていない。〔1665-1669頁〕

なお，本事件では関連するすべての行為が米国国外でなされているが，仮に米国の領域に関わる面があるとしても，領域外適用しない推定が問題とならないほどに十分な程度の関わりが求められる。法人はしばしば多くの国にまたがって所在しており，法人が所在するというだけで外国人不法行為法の適用対象となるというのは言い過ぎであろう。〔1669頁〕

(3) 少数意見の要旨

多数意見のように，領域外適用しない推定を参照することによっては，問題にうまく答えることができない。ソーサ事件において連邦最高裁が外国人不法行為法の射程に含まれるとした行為のうち，海賊行為は国外で行われる。多数意見のように海賊行為が公海上で行われることを強調して海賊の問題を切り抜けることはできない。それは，海賊行為（強盗等）が船舶内で行われるからである。船舶は，旗国の管轄内にあるという点で，土地のようなものである。米国法を海賊に適用することは，他国の領域での行為に米国の意思を押しつけることにはならないと多数意見は言うが，他国の管轄内での行為に米国法を適用することを含んでいるのである。したがって，多数意見は，領域外適用しない推定を援用する十分な理由を示していない。〔1672-1673頁〕

ソーサ事件において外国人不法行為法の実体的な射程を決める際に，連邦最

高裁が国際法の実体規則を参照したように，同法に基づく管轄権の射程を決める際には，管轄権に関する国際法を参照すべきである。『米国対外関係法第3リステイトメント』[20]によれば，合理性の条件（403条）を充たす限りで，国は，自国領域内の行為だけでなく，自国領域内外を問わず自国民による行為や，自国領域外の行為であっても自国領域に相当な効果をもつものや自国の安全に関わるものにも，自国法を適用することができる（402条）。また，国際社会によって普遍的な関心事と認められている犯罪（海賊行為等）についても国は管轄権をもつと『リステイトメント』は説明している（404条）。これらに照らせば，外国人不法行為法の下では，米国の領域内の不法行為である場合，被告が米国国民である場合，また，被告の行為が米国の重要な利益（人類の敵の逃げ場にならないこと等）を害する場合に，管轄権が認められると考える。最も根本的な国際法に違反した者の逃げ場にならないという米国の利益は，管轄権に関わる重要な利益であり，外国人不法行為法の適用を正当化するものとして扱うべきである。フィラルティガ事件等で下級審が管轄権を認めたのもそのような関心に基づいてであり，連邦最高裁もソーサ事件でこれらの事件を肯定的に参照している。また，ソーサ事件の前後を問わず，裁判所は，外国人不法行為法を領域外適用しないという考え方を一貫して斥けている。〔1673-1675頁〕

　もっとも，ここで示したような管轄権に関する原則を本事件に適用した場合，結論としては，管轄権が存在しないという多数意見に同意する。ロイヤル・ダッチ石油等は外国法人であり，その株式がニューヨーク証券取引市場で取引されているのは，多くの外国法人の場合と同じである。米国にはニューヨークに事務所があるだけである。キオベル等も米国国民ではなく，問題の行為も国外で起こったものである。また，キオベル等の主張は，ロイヤル・ダッチ石油等が拷問等に直接関わったというものではなく，他人（これも米国国民ではない）を教唆・幇助したというものである。このような事情に照らせば，米国に事務所があるということだけに基づいて，本訴訟が，人類の敵に逃げ場を与えないといった米国の明確な利益を擁護するのに役立つと考えるのは行き過ぎであろう。〔1677-1678頁〕

---

[20] *Restatement (Third) of the Foreign Relations Law of the United States* (American Law Institute Publishers, 1987).

4 考察

(1) 判決の意義と射程

本判決は，連邦最高裁がソーサ事件判決で国際法違反の内容という観点から狭くした外国人不法行為法の適用範囲を，国際法違反の場所という観点から狭くするものである。外国人不法行為法に基づく訴訟の多くが，他国の領域での国際法違反に関わるものであり，この判決の影響は非常に大きいと言える。その後，いずれも法人に対する民事訴訟であるが，例えば，南アフリカでのアパルトヘイトへの教唆・幇助に関する連邦控訴裁（第2巡回区）2013年8月21日判決[21]や，軍政下のアルゼンチンでの拉致等への教唆・幇助に関する連邦最高裁2014年1月14日判決[22]において，キオベル事件判決に従った判断がなされている。米国の領域での不法行為であれば，わざわざ外国人不法行為法をもち出し，国際法に違反することを主張して連邦裁判所で訴訟を起こさなくても，基本的には州の裁判所で訴えればよいので[23]，フィラルティガ事件以前のように外国人不法行為法がほとんど使われない時代が再びやってくるのかもしれない。このような連邦最高裁による外国人不法行為法の適用範囲の2段階での縮小（ソーサ事件とキオベル事件）は，米国と何らかの関わりをもつ法人に対する外国人不法行為法に基づく民事訴訟の増加と[24]，反比例的な関係にあることには注意しておいてよいであろう[25]。

他方で，外国人不法行為法の下で法人の民事責任が認められるかどうかというキオベル事件の当初の争点については，連邦最高裁は明確な判断をしていな

---

21) *Balintulo v Daimler AG*, 727 F3d 174 (2nd Cir 2013).
22) *Daimler AG v Bauman*, 134 S Ct 746 (2014).
23) Marco Simons, 'Kiobel v. Royal Dutch Petroleum: A Practitioner's Viewpoint' (2013) 28 Maryland JIL 28, 33-34, 41も参照。
24) Dodge, *supra* note 6, 379; Simons, *supra* note 23, 37も参照。
25) この点に関連して，「アメリカの力の源泉は立法管轄権の域外適用が執行管轄権によって裏付けられている点にある。世界中の多国籍企業はアメリカに事業拠点を置き，また多額のドル資産を保有している。そのため，アメリカでは域外適用の結果を域内で執行することが可能になる。この点ではアメリカは特殊な国家である。理論的にはともかく，域外適用をめぐる実際の国際問題は『アメリカ問題』に尽きると言っても過言ではない」と指摘する小寺彰『パラダイム国際法――国際法の基本構成――』（有斐閣，2004年）105-106頁も参照。

い。しかし，連邦最高裁が，法人が米国に所在するというだけでは領域外適用しない推定が問題とならないというには不十分であり，米国の領域とのより強い関わりが必要であると述べたことは，どのような関わりが必要であるのかは明らかではないものの，法人の民事責任が認められることを前提としていると言えよう[26]。したがって，その限りでは，一般論として外国人不法行為法の下での法人の民事責任を認めなかった連邦控訴裁よりも同法の適用範囲を広げたとは言えるが，他国の領域での行為には適用されないとすることによって，全体としてはその適用範囲をかなり狭くしているのである。

（2）判決（多数意見）に対する批判的考察

外国人不法行為法をめぐっては，それを通して米国があまりに広く管轄権を行使しているのではないかという見方もあった[27]。しかし，だからといって多数意見のようなアプローチで適用範囲を狭くするのが適切であったかどうかは別の問題であり，領域外適用しない推定を援用する多数意見の説明は，一見単純明快ではあるが，必ずしも説得的ではない[28]。多数意見は，外国人不法行為法の領域外適用に対して諸国が抗議してきたことを指摘するが〔1669頁〕，これは（それが意図的なのかどうかはともかく）諸国の立場の必ずしも正確な理解・表現ではない。例えば，キオベル事件についてオランダ政府と英国政府が主張したのは，米国との関連がほとんど（あるいは，まったく）ない事件における領域外管轄権の広い行使が国際法に違反するということであり，外国人不法行為法の領域外適用一般に対して両国政府が反対していたわけではない[29]。

いずれにせよ，領域外適用しない推定は，定義上米国の領域外（公海）で行われる海賊行為が外国人不法行為法の適用範囲に含まれることを多数意見も認めた段階で，覆っているはずである。上で確認したように，多数意見は，米国

---

26) Ingrid Wuerth, '*Kiobel v. Royal Dutch Petroleum Co.*: The Supreme Court and the Alien Tort Statute' (2013) 107 AJIL 601, 609 も参照。

27) 例えば，*Affaire relative au mandat d'arrêt du 11 avril 2000* (*République démocratique du Congo* v *Belgique*) [2002] CIJ Recueil 3, 77 (Joint Separate Opinion of Judges Higgins, Kooijmans and Buergenthal, para. 48) は，外国人不法行為法に基づく米国の管轄権行使を「国際的な価値の守護者という任務の一方的な行使」と性格づけた上で，それが諸国の一般的な賛同を得ていないことを指摘する。

28) David L Sloss, '*Kiobel* and Extraterritoriality: A Rule Without a Rationale' (2013) 28 Maryland JIL 241 も参照。

法を海賊に適用することは，他国の領域での行為に米国の主権的意思を押しつけることにはならないので，それほど直接的な対外政策上の結果をもたらすものではなく，外国人不法行為法の下で海賊に対する民事訴訟が認められるからといって，他のものについて同法の射程が他国の領域での行為に及ぶとは考えないと述べる〔1667頁〕。仮に，海賊が外国人不法行為法の適用範囲に含まれるのが，その適用によって他国の領域での行為に米国の主権的意思を押しつけることにならないからなのだとしても（この点が連邦最高裁によって論証されているわけではない），他国の領域での行為に米国の主権的意思を押しつけることにならないケース（したがって，外国人不法行為法の領域外適用が認められるケース）は，海賊以外にもあり得るはずである。少なくとも，ア・プリオリに海賊が唯一のケースであると言うことはできない。しかしながら，多数意見は，その点の論証もすることなく（むしろ，その論証を避けるために），領域外適用しない推定を「他国の領域での行為に適用しない推定」と実質的には読み替えるわけであるが[30]，それは場当たり的で恣意的な読み替えであるように思われる。

また，仮に「他国の領域での行為に適用しない推定」が外国人不法行為法に当てはまり，その推定が覆されていないということを受け入れるとしても，連邦最高裁がソーサ事件では肯定的に参照した[31] フィラルティガ事件のような場合について，キオベル事件判決（多数意見）に従えばどのように処理されることになるのか不明確である[32]。キオベル事件と同様に，外国人不法行為法の下ではフィラルティガ事件のような民事訴訟は（今後）認められないのであろうか。あるいは，キオベル事件とは異なり自然人が被告の場合（フィラルティガ事件）は，被告が米国に所在していれば，それを根拠として，領域外適

---

29) 'Brief of the Governments of the Kingdom of the Netherlands and the United Kingdom of Great Britain and Northern Ireland as Amici Curiae in Support of Neither Party', *Kiobel v Royal Dutch Petroleum Co*, 2012 WL 2312825, at *2参照。例えば，両国政府は，能動的国籍原則に基づき，米国の国民や法人が他国の領域で行った行為に外国人不法行為法を領域外適用することは国際法に合致していると主張する。*ibid* at *14-15, *35-36参照。
30) 明示的に読み替えている箇所（〔1666頁〕）もある。
31) *Sosa, supra* note 8, 732参照。
32) 連邦最高裁がソーサ事件でフィラルティガ事件判決を肯定的に参照し，外国人不法行為法の領域外適用を受け入れたように思われる点に関して，多数意見が何ら説明をしていないことについて，Beth Stephens, 'Extraterritoriality and Human Rights after *Kiobel*' (2013) 28 Maryland JIL 256, 269も参照。

用しない推定（他国の領域での行為に適用しない推定）が問題にならないほどに米国の領域と十分な関わりがあり，外国人不法行為法の適用対象になるのであろうか[33]。このように，多数意見にはいくつかの問題点があり，十分に説得力のある明確な議論には支えられていないと評価せざるを得ないであろう。

（3）少数意見に対する批判的考察

言うまでもなく，多数意見に対する上のような評価は，少数意見が批判的考察を免れる理由にはならない。領域外適用しない推定が外国人不法行為法に妥当することを，少数意見が，領域外で行われる海賊の問題に言及しながら否定したことは，その点だけをとれば，上に示した多数意見に対する管見と同じであり，評価できる。しかしながら，重要なのは，そのような結論に至る理由づけである。

少数意見の論理は，①外国人不法行為法は海賊に適用される，②海賊行為は（公海上の）船舶内 ── 旗国（他国）の管轄内 ── で行われる，③外国人不法行為法は他国の管轄内での行為に適用される（すなわち，領域外適用しない推定は妥当しない）というものである。一見もっともらしいこの論理の問題点は②にある。現代の国際法では否定されている船舶領土説を想起させる表現を少数意見が用いている点はさておき[34]，公海上の船舶が旗国の排他的管轄権の下に置かれることは確かである[35]。しかしながら，海賊に対してすべての国が管轄権（いわゆる普遍管轄権）をもつのは[36]，加害船についての旗国主義（旗

---

33) そうだとすれば，その限りで，能動的国籍原則に基づく管轄権が米国に居住する外国人による行為にも拡張される可能性を指摘し，そのような観点からフィラルティガ事件型の民事訴訟を外国人不法行為法の適用範囲に含めることを肯定するオランダ政府とイギリス政府の意見書（Amicus Brief, *supra* note 29, *15-16参照）と結論は同じということになるが，領域外適用しない推定の妥当性に関する前提がまったく異なることは言うまでもない。

34) ロチュース号事件において常設国際司法裁判所は，公海上の船舶を旗国の領土と同一視し，衝突事故における被害船の旗国に刑事管轄権を認めたが（*Affaire du «Lotus»* [1927] CPJI Recueil, série A, N° 10, 25参照），その後の条約では，同判決のような立場は否定されている。公海条約11条，国連海洋法条約97条参照。なお，周知のとおり，米国は（公海条約の締約国ではあるが）国連海洋法条約の締約国ではない。杉原高嶺他『現代国際法講義〔第5版〕』（有斐閣，2012年）81頁（髙田映）も参照。

35) 公海条約6条，国連海洋法条約92条参照。
36) 公海条約19条，国連海洋法条約105条参照。

国の排他的管轄権）に対する例外としてであって[37]，被害船の旗国（国籍）とは無関係である。仮に被害船についての旗国主義に着目することが正当化されるとしても，海賊行為は，その被害船が米国国籍をもつ場合や旗国（国籍）をもたない場合もあり得ることからすれば[38]，他国の管轄内で行われることになるとは限らないのである。したがって，②は国際法の観点からは正しい命題とは言えず，「外国人不法行為法は海賊に適用される」（①）ことから，「外国人不法行為法は他国の管轄内での行為に適用される（すなわち，領域外適用しない推定は妥当しない）」（③）ことを，②を通して導き出すことはできないのである。

　また，ソーサ事件において外国人不法行為法の実体的な射程を決める際に連邦最高裁が国際法の実体規則を参照したことをふまえて，少数意見が，同法に基づく管轄権の射程が争われたキオベル事件においては管轄権に関する国際法を参照すべきとしたことも，それ自体は正当であると言えよう。例えば，被告が米国国民である場合には（領域外での行為であっても）外国人不法行為法に基づく管轄権が認められるとする点は，能動的国籍原則に基づく管轄権として，国際法上，特に争いなく受け入れられているものである。もっとも，管轄権に関する国際法について基本的には『リステイトメント』に依拠している少数意見の中に，やや独特な議論が見られることは確認しておくべきであろう。

　具体的には，他国の領域での外国人による行為が最も根本的な国際法に違反する場合には外国人不法行為法の適用が認められるという点に関わる。このような場合の管轄権は，『リステイトメント』に従えば，諸国の共同体によって普遍的な関心事と認められている犯罪（offenses）については，402条に掲げる管轄権の基礎がない場合でも国は管轄権をもつとする404条（普遍管轄権）[39]に基礎づけられるものと考えられる。ところが少数意見は，人類の敵（最も根本的な国際法に違反した者）の逃げ場にならないことを米国の重要な利益と捉え

---

37) 例えば，村瀬信也他『現代国際法の指標』（有斐閣，1994年）106頁（奥脇直也）参照。
38) 海賊行為を定義する公海条約15条，国連海洋法条約101条のいずれにおいても，被害船の国籍（の有無）は問題とされていない。
39) 『リステイトメント』404条がそのような普遍管轄権に服する犯罪の例として挙げているのは，海賊行為，奴隷取引，航空機に対する攻撃もしくは航空機のハイジャック，ジェノサイド，戦争犯罪および（おそらくは）一部のテロ行為である。*Restatement (Third)*, *supra* note 20, 254参照。

て外国人不法行為法の適用を正当化する。『リステイトメント』に即して言えば，少数意見は，普遍管轄権ではなく，むしろ，国の安全保障や利益に対する行為について（それが領域外で，かつ外国人によって行われた場合でも）その国の管轄権を認める402条（3）（いわゆる保護原則）に依拠しているようである[40]。少数意見は，自らのアプローチが『リステイトメント』のアプローチと合致していると述べるが〔1677頁〕，このように普遍管轄権（404条）を保護原則に基づく管轄権（402条）に吸収する考え方は，もちろんあり得るものの1つではあるとしても，そうだとすれば404条の存在意義がなくなり，また，普遍管轄権も合理性の条件（403条）に服することになるという点で，『リステイトメント』との間には構造の面で違いがあることは否定できないであろう。

5 結び —— 国の管轄権に関する国際法学の到達点と展望

キオベル事件における米国連邦最高裁判決（多数意見および少数意見）について上で指摘した問題点の一部は，国の管轄権に関する国際法学の到達点（問題点）をそのまま反映しているように思われる。国の管轄権に関する国際法について論ずる上で，今日においても出発点とされる常設国際司法裁判所のロチュース号事件判決によれば，国際法上，他国の領域において国が管轄権を行使することは原則として禁止されるが，自国領域外の人・財産・行為について国家法を適用し，裁判所が管轄権を行使することは，それを禁止する国際法規則が存在しない限りにおいて，国の裁量に委ねられており，実際，国はさまざまな根拠に基づいてそのような管轄権を行使している[41]。また，同判決は，国の管轄権行使の統一・調整を図る条約の作成が一部の国で進められていることに言及しつつ，現状においては，管轄権行使について国際法が課している制約から逸脱しないことを国に求めるしかできないと指摘している[42]。

---

40) この点に関連して，Wuerth, *supra* note 26, 619; Julian G Ku, '*Kiobel* and the Surprising Death of Universal Jurisdiction Under the Alien Tort Statute' (2013) 107 AJIL 835, 838; Jonathan Hafetz, 'Human Rights Litigation and the National Interest: *Kiobel*'s Application of the Presumption Against Extraterritoriality to the Alien Tort Statute' (2013) 28 Maryland JIL 107, 113–114も参照。

41) Affaire du «Lotus», *supra* note 34, 18–19参照。

42) *Ibid.*, 19参照。

ロチュース号事件判決が示唆しているのは，国の管轄権に関する国際法が複層的に — 国の管轄権行使を統一・調整する国際法（①）と国の管轄権行使に原初的制約を課す国際法（②） — 存在する可能性である[43]。国際法委員会の作業を基礎として，主権免除に関して①の性格をもつ国連主権免除条約が作成されたように[44]，将来的には，「域外管轄権」について①の性格をもつ条約が作成されることがあるのかもしれないが，現状においては，そのような条約は（少なくとも一般的な適用範囲をもつものは）存在していない。したがって，管轄権行使を禁止する国際法（②）が存在しない限りにおいて，国の裁量に委ねられているという状況は，ロチュース号事件判決当時と基本的には変わりがないのである。

　そうだとすれば，国の裁量の限界（②の国際法）を解明することこそが国際法学の役割であるということになろう。しかしながら，これまで国際法学は，管轄権行使が許容される場合・条件についての議論（『リステイトメント』で言えば402条・404条）にほぼ終始してきた結果として[45]，その解明には成功してこなかったと評価せざるを得ないように思われる。管轄権行使が禁止される場合・条件を示すことで国の裁量の限界を解明しようという正面からの議論は，ほとんどなかったように思われる[46]。『リステイトメント』で言えば，合理性の条件を充たさない管轄権行使を禁止する403条がこれに相当するが，そこでは，どのような管轄権行使が不合理であるのかは，すべての関連要素（例として，国際政治・法・経済システムにとっての当該規制の重要性や，他国による規制と抵触する可能性といった極めて抽象的なものも含まれている）を考慮して決定するということになっており，国の裁量の限界を解明するための道具として有用なものとはとても思われない[47]。

　上で見たように，キオベル事件において連邦最高裁（多数意見）は，外国人不法行為法が（海賊の場合を除いて）領域外適用されないのは，その領域外適用によって他国の領域での行為に米国の主権的意思を押しつけることになるか

---

43) 水島・前掲注16) 21頁も参照。
44) 同上21-22頁参照。
45) 刑事法分野と民事法分野との区別を主に念頭に置いた上で，「立法管轄権の場合は，……自国領域外に適用されることを前提にして，どのような条件を満たせば行使が許されるかが，法分野ごとに議論される」と述べる小寺・前掲注25) 101頁も参照。
46) 浅田正彦編『国際法〔第2版〕』（東信堂，2013年）118-119頁（水島朋則）も参照。

らだと理解しているようである。このように法的な厳密さに欠ける抽象的な理由しか裁判所が示し得なかった責任の一端は，具体的な禁止規則を提示してこなかった国際法学にもあるように思われる。また，少数意見に見られる，管轄権に関する国際法の独特な理解（保護原則に基づく管轄権と普遍管轄権との関係）も，本来は，いずれの原則に基づく管轄権であれ，その原則の対象となり得る（違法）行為の範囲（国の裁量の範囲）を画定する上では，国の管轄権行使に原初的制約を課す国際法（禁止規則）の解明が前提として求められるにもかかわらず[48]，国際法学がその作業に正面から取り組んでこなかったことが影響しているのかもしれない。その意味で，キオベル事件判決は，国の管轄権に関する国際法学の展望（課題）を示しているのだと言えよう。それはすなわち，国の管轄権行使に原初的制約を課す国際法の解明である。

キオベル事件判決が例証する国の管轄権に関する国際法の不明確さに照らした場合，外国人不法行為法の領域外適用の問題は，「適用法規たる関連の国際法規則が必ずしも明確に成立していなかったり，未だ形成過程にあるような場合に，なおこれを根拠として行使される域外管轄権の法的効果」── すなわち「対抗力」（opposability） ── の問題[49]と言えるのかもしれない。村瀬先生によれば，国の一方的措置が対抗力をもつためには，「実効性」（effectiveness）に加えて，「正当性」（legitimacy）の契機が必要であり，「一方的措置が，一面で，当該国家の価値・利益の実現を目指したものであることは否定できないが，

---

47) なお，岩沢は，民事裁判管轄権に関しては国際法上の制約はないとする説に対して，刑事管轄権の場合と同様に，「国際法上国家は事案と法廷地の間に『実質的な関連』がないときには民事裁判管轄権を行使できない，というべきであろう」とし，外国人不法行為法の適用の上でも米国との「実質的な関連」を求めるが，具体的にどのような場合に，なぜ「実質的な関連」がない（したがって，管轄権行使が禁止される）と言えるのかについては，残念ながら敷衍されていない。岩沢雄司「アメリカ裁判所における国際人権訴訟の展開 ── その国際法上の意義と問題点 ── （2・完）」『国際法外交雑誌』87巻5号（1988年）1頁，27-28頁参照。

48) 例えば，ほとんど争いのない領域原則や能動的国籍原則についても，『リステイトメント』によれば，領域内でのすべての行為や国民によるすべての行為に国の管轄権が及ぶとは限らず，いずれも合理性の条件（403条）に服することになる。*Restatement (Third), supra* note 20, 238 (Comment *a*). その合理性の条件が不明確であることは既に指摘した。前掲注47）の本文参照。

49) 村瀬信也「国家管轄権の一方的行使と対抗力」村瀬信也＝奥脇直也編集代表『山本草二先生古稀記念　国家管轄権 ── 国際法と国内法 ── 』（勁草書房，1998年）61頁，62頁（村瀬『国際立法』470頁）。

他面において，国際公益の実現という個別国家の利害を超えた国際社会全体の立場からその措置の普遍的な意味付けを行うこと，そうした形で正当化をはかることができるかどうかが，対抗力の証明には不可欠である」[50]。米国の外国人不法行為法の領域外適用（少なくともその一部）は，一見したところ，例えば人権保護という「国際公益性の高い，より legitimate な目的における」管轄権行使ではあっても，実際には，米国の「個別利益を擁護することを目的としたもの」であって[51]，正当性 —— 延いては対抗力 —— に欠けるものであったということであろう[52]。そうだとすれば，キオベル事件判決は，そのような対抗力の欠如を背景とした米国連邦最高裁の自己抑制の結果とも言えるように思われる。

【付記】 本稿は，民事紛争処理研究基金2013年度研究助成および2010-2014年度科学研究費補助金（基盤研究（C）課題番号22530047）による成果の一部を含む。

---

50) 同上70頁（村瀬『国際立法』478頁）。
51) 大沼保昭『人権，国家，文明 —— 普遍主義的人権観から文際的人権観へ ——』（筑摩書房，1998年）311頁は，外国人不法行為法に基づく管轄権行使の一部について，「米国の『独善という病』のあらわれ」と評価する。
52) あるいは，仮に正当性の要件を充たすとしても，実効性と正当性は国の一方的措置が対抗力をもつための必要条件にすぎず，十分条件として，一定の主観的基準（関係国がその措置の発動に至る過程で「信義誠実」を尽くしたかどうか）を充たさなければならないとすれば，外国人不法行為法の領域外適用（の一部）は，その主観的基準を充たさない（ので，対抗力をもたない）と言えるのかもしれない。村瀬・前掲注49）70-71頁（村瀬『国際立法』478頁）参照。

10 国際関心事項及び国内管轄事項としての検疫の位置
―― 国際機関と国家の権限の整序 ――

大河内美香

1　はじめに
2　国際関心事項及び国内管轄事項としての検疫の分析
3　分析の結果
4　考　察
5　おわりに

1　はじめに

（1）背　景

　本稿は，国境を越える感染症のまん延を防止する措置である検疫（quarantine）が，国際関心事項（matters of international concern）であるとともに，国家の国内管轄権への留保事項（reserved domain of domestic jurisdiction）であることに着目し，国内外の公衆衛生保護における国際機関と国家の権限を整序する作業をとおして，国際機関の権限と国内管轄事項の限界を明らかにする。

　検疫は，14世紀，人の移動に伴って国境を越えて侵入してくる感染症の病原体を遮断するために，アドリア海沿岸の国家で始まった。以来，検疫は国際利害関係事項として[1]，また，国内公衆衛生保護のための防疫線（*Cordon Sanitaire*）として[2]実施されてきた。

　この検疫の国際性と国内性の二面性は，検疫の実施方法・効果の検証に影響を及ぼしている。

　たとえば，2009年，わが国は域外からの新型インフルエンザA（H1N1）（以

1）　奥脇直也「『国際公益概念の理論的検討』」広部和也＝田中忠編集代表『山本草二先生還暦記念　国際法と国内法 ―― 国際公益の展開』（勁草書房，1991年）239頁。
2）　V. LOWE, INTERNATIONAL LAW, Oxford University Press, 2007, p. 248.

下「A（H1N1）2009」という）の病原体の侵入防止のため，52日間（4月28日〜6月18日）の機内／臨船検疫を行った。A（H1N1）2009発生国からの直行便の集約空港[3]であった成田国際空港では，延べ約2,500人の検疫官が乗客約50万人（航空機約1万機）に対し機内検疫を行った。その結果，捕捉したA（H1N1）2009の感染者は10名（感染者の同行者1名の発症が5月9日に確認された例を含む）であった[4]。

このA（H1N1）2009パンデミック対策の結果を受け，検疫の意義・方法・効果を検証した関係機関は国内外に及んだ。専門的国際機関である世界保健機関（World Health Organization，以下「WHO」という）は，検疫が感染症の拡散防止のための合理的な措置としつつ，その実施の要否は感染拡大状況や目的により異なると述べた[5]。国内公衆衛生を担う国家機関や国内医療機関は，感染症の病原体に対する防御措置としての検疫の方法・効果を検証し，規模の変更や他の手段への移行の時期を含む出口戦略を検討した[6]。

検疫に関するこれらの先行業績は，医学・疫学分野において顕著である[7]。しかし，検疫を国際的な感染症制御のための国際関心事項として，また国内公衆衛生保護のための国内管轄事項として，両面において理論的に位置づけたものはない。

従って本稿は，感染症のまん延防止という国際的かつ国内的標的に対する国際機関及び国家機関の取組みである検疫の理論的位置を整序し，よって国際機

---

[3]　わが国は，A（H1N1）2009の発生国であった米国本土，カナダ及びメキシコからの到着便を3港4空港（海港が横浜港，神戸港及び関門港ならびに空港が成田国際空港，中部国際空港，関西国際空港及び福岡空港）に集約した。

[4]　小野日出麿「成田空港検疫所での新型インフルエンザ対応」*Infectious Agents Surveillance Reports*, Vol. 30, No. 10, 2009, pp. 257-258.

[5]　Transcript of Virtual Press Conference with Gregory Hartl, WHO Spokesperson for Epidemic and Pandemic Diseases, and Dr. Keiji Fukuda, Assistant Director-General ad Interim for Health Security and Environment, World Health Organization, 5 May 2009, p. 7 〈http://www.who.int/mediacentre/influenzaAH1N1_prbriefing_20090505.pdf〉.

[6]　小野日出麿「新型インフルエンザ検疫対応の経験」〈http://www.mhlw.go.jp/bunya/kenkou/kekkaku-kansenshou04/dl/infu100428-04.pdf〉，日本病院会感染対策委員会委員木村哲「新型インフルエンザ対策ヒアリング」〈http://www.cas.go.jp/jp/seisaku/ful/housei/231219hear/siryou3.pdf〉.

[7]　押谷仁「インフルエンザパンデミック（H1N1）2009を考える」ウィルス59巻2号（2009年）142頁，西浦博「感染症の検疫期間の決定手法の開発とその疫学的効果の推定」日本オペレーションズ・リサーチ学会和文論文誌52巻（2009年）20頁。

関の権限と国内管轄事項の限界を考察する。現代国際社会が扱う課題への取組みにおいて、国際機関の権限と機能が拡大し、国家の裁量の範囲が狭まっている背景を踏まえれば、国際機関と国家の権限の配分を明らかにし、国際関心事項と国内管轄権の範囲を画することが、効果的な国際協力を可能にするからであり、小稿の分析がその一助となるからである[8]。

（2）分析と考察の方法

　上述のとおり、検疫には国際法の規律が及ぶとともに、その実施にあたっては国内法と国家機関の規律が及ぶ。したがって、検疫に関する国際協力義務と国内管轄権の範囲を整理するには、国際法及び国内法における検疫の取扱いを確認する方法が有効である。

　まず検疫は、国家領域外から国境を越えて侵入してくる感染症の病原体の侵入を遮断する作業であるから国際的性質を持つ[9]。この国際性は、国家間の境界に位置する出口と入口で、感染経路を遮断するための移動制限・入国拒否等の措置に検出される。

　また検疫は、国内公衆衛生の保護のため、国境を越えようとする病原体保有者を防疫線で食い止める作業であるから国内的性質を持つ。この国内性は、国内法に基づき感染症の患者、疑似症患者及び無症状病原体保有者の隔離・停留・監視等の国内公衆衛生を保護する国家機関の作用に検出される。

　以上の2つの場面における検疫の制度設計を俯瞰する方法により、公衆衛生に関する国際協力と国内管轄権の基礎と限界を把握できる。これは、検疫という一技術分野の施策の当否にとどまらず、国際機関と国家の権限を整序し、国際関心事項と国内管轄事項の理論的関係を明らかにする一助となる[10]。

　かかる分析から、検疫が、国際法と国内法に従い、一方では調和のとれた国際協力として、他方では国家の国内公衆衛生政策として実施されていることが明らかになれば、検疫が国際法の規律が及ぶ国際関心事項であると同時に、国

8）　植木俊哉「国家管轄権と国際機関の権限の配分」村瀬信也＝奥脇直也編『国家管轄権──国際法と国内法　山本草二先生古稀記念』（勁草書房、1998年）83頁。
9）　奥脇・前掲注1）239頁。
10）　国際法の存在と機能を国内的実現過程も含めて実証的に把握する手法は、村瀬信也＝奥脇直也＝古川照美＝田中忠『現代国際法の指標』（有斐閣、1999年）49頁、村瀬信也『国際立法──国際法の法源論』（東信堂、2002年）127頁。

内管轄事項でもあることに加え，国際公衆衛生の保護という国際関心事項が各国国家機関によって国内的に実現される一方，各国の国内公衆衛生という国内管轄事項はまた，国際協力を通じて国際的に実現されることが明らかとなるであろう。

　上記の分析からは2点の考察を要する。

　1点目は，国際機関と国家との利益相反事例の考察である。2点目は，国際義務の履行確保の考察である。

　1点目の利益相反事例を扱う意味は，この場合，係争事項が国際機関と国家のいずれの権限に帰属するかを特定する必要が生じるから，係争事項を国際関心事項と国内管轄事項という受け皿としての集合に帰納的に落とし込むことが可能だからである。

　2点目は，国際機関との利益相反時の加盟国の作為／不作為について，国際機関が加盟国に対して履行を強制する可否を確認する作業である。

　以上の2点の考察により，国際機関の権限を，実体的に基礎づける利益共同関係の存在と，手続的に基礎づける履行確保手続の存在を確認することになる。

2　国際関心事項及び国内管轄事項としての検疫の分析

　検疫は，国際法及び各国国内法に従い実施される。

　まず，国際協力の原型としての検疫は，14世紀ヨーロッパにおけるペストの流行の際に，感染症の伝播防止が国際社会の共通の利害関係事項であると認識された中で形成された。

　他方，国家の防疫線としての検疫は，国内への感染症の流入を防ぐための複数の手段の組合せ —— 武装船舶，海岸線の要塞，検疫，隔離等 —— による国内の公衆衛生保護政策の中で形成された[11]。

　この2つの機能を併せ持つ検疫の制度設計を，国際法と国内法の両面から以下で確認する。

---

11) A. CLIFF and M. SMALLMAN-RAYNOR, OXFORD TEXT BOOK OF INFECTIOUS DISEASE CONTROL, A GEOGRAPHICAL ANALYSIS FROM MEDIEVAL QUARANTINE TO GLOBAL ERADICATION, Oxford University Press, 2013, p. 18.

（1）国際関心事項としての検疫
（a）検疫の国際制度の成立と展開

　検疫の仕組みは，地中海交通の中心であったヴェネチア共和国，ジェノヴァ共和国等，港を抱えるイタリア北部の国々で発達した[12]。当時，海上交易を規律したコンソラート・デル・マーレやアマルフィ海法等の海事法規は衛生にかかわる事項を定めていなかったため，各都市が感染症の流行に際して命令を布告したからである。これらのうち最古の命令は，イタリア内陸部のレッジョ・エミリア（Reggio d'Emilia）で確認されたものがある。この文書は，1374年の記載があり，ペスト患者が死亡または回復するまで都市の外部にて隔離・停留すべきことを低ラテン語で述べたものである[13]。

　その後，歴史上初の検疫所が，1377年，アドリア海のラグサ共和国（Republic of Ragusa，現クロアチア共和国ドゥブロヴニク）に置かれた。同国は，商船の入港に伴うペスト菌の侵入を防ぐため，船員及び船舶を40日間にわたり隔離・停留・錨泊させた[14]。また，16世紀のパレルモでは冬季の拘留期間は40日ではなく50日とされた[15]。

　こうして14世紀から16世紀にかけ，越境する感染症の拡大防止の要諦となる検疫・隔離・移動制限・監視等の手段が確立された。

　しかし，これらの手段は次の2点の課題を残した。

　1点目は，上記のような徹底的な隔離によっても，感染症の病因も解明されておらずワクチン接種も不可能であった時代にペストのまん延を防ぐことが困難であった点である。

　2点目は，大規模かつ徹底的な検疫が，船舶と人の移動の制限に直結していた点である。検疫は，国家にとっては感染症の侵入を防止する防御壁であると同時に，航行と交易の自由を実質的に支える入港の自由[16]を制限する措置で

---

12) J. M. EAGER, THE EARLY HISTORY OF QUARANTINE: ORIGIN OF SANITARY MEASURE DIRECTED AGAINST YELLOE FEVER, Government Printing Office, 1903, p. 15.
13) *Ibid.*, p. 10.
14) A. CLIFF and M. SMALLMAN-RAYNOR, *supra* note 11, p. 17.
15) J. M. EAGER, *supra* note 12, p. 23.
16) 山本草二『海洋法』（三省堂，1992年）112頁，R. R. CHURCHILL and A. V. LOWE, THE LAW OF THE SEA, 3rd ed., Manchester University Press, 1999, p. 61; Y. BAATZ, *et al.*, MARITIME LAW, 2nd ed., Sweet and Maxwell, 2011, p. 355.

もあった。

　こうして検疫制度が成立し始めた時代に，諸国家は，一方では，国際的な感染症制御と移動の自由という国際関心事項への対応とともに，他方では，国内への病原体の侵入防止と入港・入国の拒否という国内公衆衛生の保護のための対応を同時に満たす最適解を必要とした[17]。その結果，19世紀になると，各国が国際的な統一基準に従って検疫を実施するという国際公衆衛生分野の国際協力のひな型が形成されていくことになる[18]。

　たとえば，1851年，13か国が参加した第1回国際衛生会議は，地中海周辺地域でのコレラの流行（1831年－1848年）による検疫の強化を受けて，移動の自由を確認し検疫方法の統一化を図るために開催された[19]。さらに，1892年の第7回国際衛生会議では，中東からのコレラの侵入に対応するため国際衛生条約が採択された。この条約の前文では，通商や交通を妨げることなく，コレラの流行時において公衆衛生の保護のために共通の措置を設けることが宣言された。

　以上のように諸国家は，感染症の侵入防止と移動の自由をともに確保しつつ，各国が国際法に従って検疫を実施する方式を徐々に整えていった。

(b) 国際公衆衛生の保護における検疫の位置

　19世紀に，越境する感染症の遮断と自国の公衆衛生保護を目的として発展した検疫の国際制度は，20世紀には，国際機関を通じた国際的な公衆衛生保護の制度として確立していく。

(i) 国際機関の成立

　1902年，固有の事務局を備えた初の国際機関として，米州諸国の公衆衛生保護を担うパン・アメリカン衛生事務局（Pan American Sanitary Bureau/PASB）が設立された[20]。その後，PASBは名称や組織を変更し，1951年，パン・アメリカン保健機構（Pan American Health Organization/PAHO）となり，現在もWHO

---

17) A. CLIFF and M. SMALLMAN-RAYNOR, *supra* note 11, p. 8.
18) A. CLIFF and M. SMALLMAN-RAYNOR, *supra* note 11, p. 37. 1839年にオスマン・トルコと欧州諸国との合意によりコンスタンチノープル衛生最高諮問委員会が発足した。また，1843年設立のエジプト海事検疫衛生諮問委員会は組織や名称の変更等を経つつ1949年からWHO東地中海地域事務所として機能を引継いでいる。
19) A. CLIFF and M. SMALLMAN-RAYNOR, *supra* note 11, p. 4, 永田尚見「国際的検疫制度の成立：第1，2回国際衛生会議（上）」国際協力論集第8巻3号（2001年）133頁。

アメリカ地域事務所の機能を果たしている。

さらに，1923年には国際連盟保健機関が公衆衛生のための国際協力の新時代を開いた。なかでも1925年に設立された東部事務所の活動は特筆すべきである。同事務所は，アジア地域の高侵淫性に対するサーベイランスと国際協力を目的としてシンガポールに設置された。その任務は感染症関連の情報収集であり，外国商船の入港する重要港（ケープタウン，アレクサンドリア，ウラジオストク等）で，コレラ，ペスト，黄熱病等の感染症が発生した場合，加盟国が直ちに電報により東部事務所に通知するシステムを確立した[21]。

また，国際連盟規約23条(f)も「疾病ノ予防及撲滅ノ為，国際利害関係事項ニ付措置ヲ執ルニカムヘシ」と規定したことから，加盟国は疾病予防のための措置をとる国際的な義務を負うこととなった[22]。

このように，20世紀半ばには，国境を越える感染症対策の核心が国際協力にあることが国際社会に共通の認識となった。

(ii) 国際機関の発展

国際連合の時代になり，国際公衆衛生保護の専門的国際機関はWHOとなる。WHOの目的は，すべての人民が可能な最高の健康水準に到達することである（WHO憲章1条）。この目的を達成するための任務に伝染病の撲滅事業がある（同2条(g)）。

この任務を達成するため，WHOは，憲章21条により保健総会が規則（Regulations）を採択する権限を有する。この規則は，加盟国が留保又は異議を申立てない限り全加盟国に対し効力を生じる[23]。規則で定めることができる事項として，同21条(a)は「疾病の国際的まん延を防止することを目的とする衛生

---

20) B. J. Lloyd, "The Pan American Sanitary Bureau", *American Journal of Public Health and the Nation's Health*, Vol. 11, No.9, 1930, p. 925. PASBは，1948年のWHO設立時にはWHOに協力しつつ固有の機能を果たすためPASBを含むパン・アメリカン衛生機関；Pan American Sanitary Organization/PASOとして活動を継続した。

21) A. CLIFF and M. SMALLMAN-RAYNOR, *supra* note 11, p. 45.

22) 奥脇・前掲注1）239頁，山本草二『国際法〔新版〕』（有斐閣，1994年）114頁。

23) WHO憲章23条は，規則のほか加盟国に対する法的拘束力のない勧告を採択する権限も定めている。勧告は，2004年のSARSへの対応時にガイドラインとともに用いられ加盟国はこれに従った。A. BOYLE and C. CHINKIN, THE MAKING OF INTERNATIONAL LAW, Oxford University Press, 2007, pp. 128-129. ガイドラインは，WHO guidelines for the global surveillance of severe acute respiratory syndrome (SARS), Updated recommendations October 2004, WHO/CDS/CSR/ARO/2004.1.

第2部　領域と管轄権

上及び検疫上の要件及び他の手続」を挙げている。

　こうして憲章に従って定められたものが国際保健規則（International Health Regulations, 以下「IHR」という）である[24]。IHR の目的は，国際交通に対する阻害を回避し，疾病の国際的拡大を防止することである。

　現行 IHR（以下「IHR（2005）」という）は，2005年に大幅な改正を経たものであり，2007年6月15日に発効した。改正の骨子は，SARS や鳥インフルエンザ H5N1をはじめ，新興・再興感染症（Emerging and Re-emerging Infectious Diseases）に効果的に対応するため，加盟国との協力体制を強化した点にある。

　たとえば「国際的に懸念される公衆の保健上の緊急事態を構成するおそれのある事象」（Public Health Emergency of International Concern/PHEIC）の取扱いが改正前後で異なる。改正前 IHR によれば，加盟国は，黄熱病，コレラ及びペストの3疾患のみを WHO に報告する義務を負った。

　改正後は，原因を問わず国際的な公衆衛生上の脅威となるすべての事象を通告の対象としている（6条）。報告対象に該当するか否かの判断基準，すなわち PHEIC 該当性の判断基準についても次のとおり詳細に示されている。この基準によれば，PHEIC に該当する事態は，次の4項目のうち2項目以上にあてはまる場合である。

①　その事象の公衆衛生上の影響は深刻か。
②　その事象は通常と異なる又は予期しないものか。
③　国際的拡大の危険性が大きいか。
④　国際旅行又は取引が規制される危険性が大きいか。

　すなわち，①深刻性，②予見不可能性，③伝播性，又は④移動制限の可能性のうち，いずれか2つに該当する事態について，加盟国は，24時間以内に WHO へ通告することを義務づけられている[25]。

　この通告を受けた WHO は恒常的又は暫定的勧告を行う。ただしこの勧告は非拘束的な助言であり，従わない場合の制裁等はない。もっとも，専門的知見を有する国際機関の技術的な勧告は加盟国により履行される傾向にある[26]。

---

24)　1951年に国際衛生規則；ISR が制定された後，1961年に国際保健規則と改名された。
25)　V. LOWE, *supra* note 2, p. 249.
26)　*Ibid.*, p. 95.

この勧告でWHOは，感染者及び感染が疑われる者の出入国制限を行うことができる。加盟国も一定の条件のもとでこれらの者の入国を拒否することができる。

さらに加盟国は，自国領域外で確認された国際的拡大のおそれある疾病についても24時間以内にWHOに報告する義務を負い（9条），WHOは，その報告の対象となっている国に事態の検証を要請する。この要請に対し，対象国は24時間以内に最初の応答をしなければならない（10条）。

こうして20世紀半ば以降，WHOが加盟国に対し義務づける国内管理体制の整備やPHEIC発生時の報告義務を介して整えられた多数国間の協力体制は，出入口での検疫だけでなく，域内封じ込め政策を含む国内外の公衆衛生政策全体を統括するものへと移行した。それは，感染症対策が，武装艦船の配備や要塞の建造という「点」に始まり，防疫線という「線」による防御へ繋がり，後に域内公衆衛生という「面」を攻撃的に抑えこむ努力へ結実する過程であった。

（2）国内管轄事項としての検疫

14世紀以来，感染症のまん延防止は国際社会の共通の関心であると同時に，各国の国内問題でもあった。もっとも，検疫が国際協力の枠組みの中で発展したとはいえ，各国は，自国の公衆衛生保護のため主権国家の管轄権に基づいて国内法を制定し検疫を実施している。以下，日本と米国の法制を確認し，国内管轄権としての検疫の位置を明らかにする。

（a）感染症の病原体の侵入防止にかかる日本法
（ⅰ）国内公衆衛生の保護における検疫の位置

わが国は検疫法を定め，同法に従って検疫を実施している。検疫法の目的（1条）は，「国内に常在しない伝染病の病原体が，船舶又は航空機を介して国内に侵入することを防止するとともに，船舶又は航空機についてその他の感染症の予防に必要な措置を講ずること」である。

検疫法が対象とする感染症（以下「検疫感染症」という）は，感染症の予防及び感染症の患者に対する医療に関する法律（以下「感染症法」という）[27]に定められている。感染症法の一類感染症（エボラ出血熱，クリミア・コンゴ出血熱，

---

[27] 感染症法につき岡部信彦「感染症法とその改正」ウィルス54巻2号（2004年）250頁。

痘そう（天然痘），南米出血熱，ペスト，マールブルク病，ラッサ熱），二類感染症（重症急性呼吸器症候群（Severe Acute Respiratory Syndrome/SARS），鳥インフルエンザH5N1[28]）及び四類感染症（デング熱，マラリア）の疾患が検疫感染症である。

さらに，検疫感染症以外の感染症が外国において発生し，検疫を行わなければその病原体が国内に侵入し，国民の生命・健康に重大な影響を与えるおそれがあるときは，政令で感染症の種類を指定し，1年以内の期間に限って検疫法の全部又は一部を準用できる（法34条）。

検疫は，厚生労働省が所管し全国の検疫所（本所13か所，支所14か所）が実施する。日本の港に入港する外国から来航したすべての船舶は検疫を受け，検疫後でなければ，入国し，上陸し，又は貨物の陸揚げができない（法4条1項）。

検疫を実施するための権限は広汎である。具体的には，検疫感染症の流行地域を発航し，又は同地域に寄港して来航した船舶，航行中に検疫感染症の患者・死者があった船舶，検疫感染症の患者・死体・ペスト菌を保有し又は保有のおそれあるねずみ族が発見された船舶，検疫感染症の病原体に汚染され又は汚染のおそれある船舶について，患者の隔離・病原体に汚染したおそれのある者の停留・そのような物や場所の消毒・廃棄・使用の禁止と制限・移動の禁止・死体の火葬・ねずみ族等の駆除・予防接種等である。

以上のとおり，検疫は，検疫感染症の患者の隔離・停留・監視等の措置を組合せ，国内への病原体の侵入とまん延を防止する。これらの権限は，検疫法及び感染症法に基づき，国内公衆衛生の保護を目的として，国家機関が実施にあたる。

(ii) 国際協力の国内的実現としての検疫の位置

国内管轄権として検疫を実施する一方で，国内法は，国際的な協力体制の整備にも関心を払っている。感染症法3条3項は，国及び地方公共団体の責務として，「国は，感染症及び病原体等に関する情報の収集及び研究並びに感染症に係る医療のための医薬品の研究開発の推進，病原体等の検査の実施等を図るための体制を整備し，国際的な連携を確保するよう努める」旨定める。

---

28) 2008年の改正で新型インフルエンザ及び再興型インフルエンザならびにSARSが二類感染症に加えられた。

また日本は，WHO加盟国としてIHRの履行に努めている。日常的な公衆衛生管理の強化に始まり，PHEIC発生時の対応能力の整備，24時間体制でのナショナル・フォーカル・ポイントの指定（厚生労働省大臣官房厚生科学課）等，IHR（2005）の発効にむけて十全な準備を行った。

(b) 感染症の病原体の侵入防止にかかる米国法
(i) 国内公衆衛生の保護における検疫の位置

　検疫に関する米国の法制には連邦法と州法が存在する。州法は州ごとに異なるため，本稿では連邦法の規定を確認する[29]。

　米国法上，検疫は合衆国法典42編264条以下に規定されている。検疫の目的は，国外からの感染症の病原体の侵入を防止することである[30]。

　同法による検疫と隔離の対象となる疾病（以下，「検疫感染症」という）は，コレラ，ジフテリア，感染性結核，ペスト，天然痘，黄熱病，ウィルス性出血熱（ラッサ熱，マールブルク熱，エボラ出血熱，クリミア・コンゴ出血熱，南米出血熱等を含む），SARS，パンデミック・インフルエンザである。

　これらの検疫感染症は大統領令；Executive Orderにより変更できる。たとえば，2003年4月9日の大統領令13295号はSARSを検疫の対象疾病に追加した[31]。

　検疫の権限は公衆衛生局長官に帰属し，全国20か所の検疫所が実施する[32]。検疫の日常的な実施にかかる職権は米国疾病予防管理センター（Centers for Disease Control and Prevention，以下「CDC」という）に委ねられている[33]。CDCの権限は連邦規則（Code of Federal Regulations）の42編1章71条[34]が定める。同規則は，国外から米国への感染症の侵入と拡散を防止するため，米国に入国しようとする者が感染症の患者である場合のほか感染症病原体保有者であると疑われる場合に，これらの者の隔離・停留・医学的検査・監視を含む条件

---

29) 公衆衛生に関する法令は合衆国法典の42編；Title 42 U. S. Codeに分類される。検疫はPart Gに規定され，Section 264以下が公衆衛生局長官の権限を定める。
30) Title 42 U. S. Code, Section 264.
31) 〈http://www.gpo.gov/fdsys/pkg/FR-2003-04-09/pdf/03-8832.pdf〉.
32) Title 42 U. S. Code, Section 267.
33) Title 42 CFR, Chapter 1, Part 71.
34) 連邦規則は行政機関が定める規則である。42編1章71部は〈http://www.gpo.gov/fdsys/pkg/CFR-2013-title42-vol1/xml/CFR-2013-title42-vol1-part71.xml〉による。

付での釈放等の措置をとる権限を CDC に付与している。

(ii) 国際協力の国内的実現としての検疫の位置

米国は，国内法に従い検疫を実施するとともに，国際的な協力体制の整備を行っている。

公衆衛生にかかる職権を広汎に付与された CDC は，国際協力についても，国際移民・検疫部（Division of Global Migration and Quarantine, 以下「DGMQ」という）を中心に，専門的・技術的な二国間協力 ―― 主として国境を接するメキシコとの協力 ―― を促進してきた。

まず，初期のプロジェクトに，1997年からメキシコ保健省との間で進められ，1999年に機能し始めた「越境性感染症監視プロジェクト」（Joint Border Infectious Disease Surveillance Project）がある。また2004年，「感染症早期警告プログラム」（Early Warning Infectious Disease Program）も実施された。さらに，結核に対する国境を越えた監視を可能にするため，「二国間結核プログラム」（Binational Tuberculosis Program）により患者情報の共有，患者の米国入国後のフォロー・アップに関する協力が行われている[35]。DGMQ を中心とした米・メキシコ二国間テクニカル・ワーキング・グループ（United States-Mexico Binational Technical Working Group /BTWG）の活動の大きな成果として，両国間で2012年5月に締結された，共通の感染症又は公衆衛生にかかる脅威に対して，IHR に従い共同で対処するための技術的なガイドラインの作成がある[36]。

これらの国際協力の制度設計が，国内法に基づいて国内公衆衛生を担っている権限ある専門機関（CDC）によって行われたことは，米国における越境性感染症への国際的対応と国内公衆衛生の向上を連続的に実現することを可能にした。とくに，移民希望者に対する域外検査（Overseas Screening）を可能にした点は特筆すべきである[37]。本来，検疫は国家機関が主権の作用として権限を行使するものであるから入国時の検査（Entry Screening）が原則となる。これに対して域外検査は，相手国の同意の上とはいえ，他国の領域主権への進入を

---

35) M. Weinberg, *et al.*, "The U.S.-Mexico Border Infectious Disease Surveillance Project: Establishing Binational Border Surveillance", *Emerging Infectious Diseases*, Vol. 9, No. 1, 2003, pp. 97–102.

36) The Technical Guidelines for United States-Mexico Coordination on Public Health Events of Mutual Concern の全文は，〈http://www.cdc.gov/USMexicoHealth/pdf/us-mexico-guidelines.pdf〉.

伴う。このことは，国際関心事項である感染症の越境・拡大を効果的に防止するために，領域国の国家主権の制限を伴う国際協力が，米国の国内公衆衛生政策の一環として実現されていることを意味する[38]。

3　分析の結果

（１）検疫の国際性と国内性の二重性

　以上のとおり国際協力としての検疫の歴史と，日米国内法上の検疫法制を確認した結果，感染症の越境防止のための検疫は，国際協力として，また各国の国内管轄権の行使として実施されていることが明らかとなった。その両面における検疫の理論的位置は次のとおりである。

　検疫の国際関心事項としての性質に着目すれば，WHO 加盟国は，WHO の法的拘束力ある規則に従い国際義務の履行として，また，非拘束的勧告やガイドラインに従い任意の国際協力として，公衆衛生政策とその一環としての検疫を実施している。

　他方，検疫の国内管轄事項としての性質に着目すれば，各国国家機関は，国内法に従い国内公衆衛生の保護のため国内管轄権の行使として，公衆衛生政策とその一環としての検疫を実施している。

　このことは，検疫において，国際性と国内性の二面が並存していることを示す。もっとも，実際に各国が国際義務を履行し，また任意の国際協力を実施するにあたり，国内的にいかに担保し実現するかは各国の裁量である。したがって，国際関心事項としての検疫においても国家機関を通じた国内的実現過程が重要な機能を担っている。このような検疫の性質を，日米における検疫の実施態様から再度，確認する。

---

37) Y. Liu, *et al.*, "Overseas Screening for Tuberculosis in U.S.-Bound Immigrants and Refugees", *New England Journal of Medicine*, Vol. 360, No. 23, 2009, p. 2406.
38) 奥脇・前掲注１）233頁の指摘は重要である。Y. Liu, *et al.*, *supra* note 37, p. 2406; S. H. Waterman, *et al.*, "A New Paradigm for Quarantine and Public Health Activities at Land Borders: Opportunities and Challenges", *Public Health Reports*, Vol. 124, No. 2, 2009, pp. 203-211.

（2）国家機関による検疫の実施

国内公衆衛生政策としての検疫は，各国の国内法に従い，各国の権限ある機関が実施している。

（a）日　　本

わが国が検疫を行う目的は，第一次的には感染症の病原体の侵入防止である。

この目的を達成するため，仮にわが国が感染症に対するゼロ・トレランス・ポリシーを採用し国内を感染症フリーゾーン（Disease-free Area）とするためには，検疫によって感染者の移動を完全に遮断する必要がある。ただし，こうした徹底した隔離は，国際社会の共通の関心としての移動の自由・航行の自由と相容れないのみならず，感染症の封じ込め（Containment）には至らない。

したがって，実際には検疫の副次的な目的として，病原体の侵入を阻止できないとしても侵入の時期を遅らせること（Delaying Policies）または被害を軽減すること（Mitigation Policies）が想定されている[39]。

わが国の経験に照らせば，A（H1N1）2009の検疫に際しての病原体保有者のすり抜けと国内発症例が認知された後も，医療機関の破綻防止のための準備，発熱外来の設置，プレパンデミック・ワクチンの開発・接種の時間を確保するために検疫を継続したことは有意義であったと評価されている[40]。これらの国内公衆衛生にかかる施策は，国家の裁量の範囲内にある。

しかし，こうした，わが国の検疫の効果を高めるための施策に関連する次の2つの提案は検疫の国際性と国内性の関係をよく示している。

1つ目は，感染症発生地域を抱える国との国際的な合意により，「国際協調の下で渡航者数を極端に抑制した上で，全ての入国者を停留して監視する」[41]（傍点筆者）施策の検討である。この選択肢は，当該地域への又は当該地域からの渡航制限の可否が，わが国での渡航者全数の隔離・停留の可否に影響する

39）　藤井紀男＝内田幸憲＝三宅邦明「H5N1感染症の国内への侵入防止に対する検疫所の対応（空港・海港における「水際対策」）」*Infectious Agents Surveillance Reports*, Vol. 29, 2008, p. 182; A. Nicole and D. Coulombier, "Europe's Initial Experience with Pandemic (H1N1) 2009-Mitigation and Delaying Policies and Practices", *Euro Surveillance*, Vol. 14, Issue 29, 2009, p.3.

40）　A. Nicole and D. Coulombier, *supra* note 39, p. 3; A. CLIFF and M. SMALLMAN-RAYNOR, *supra* note 11, p. 97.

41）　「第3回 新型インフルエンザ（A/H1N1）対策総括会議議事録」6頁.〈http://www.mhlw.go.jp/bunya/kenkou/kekkaku-kansenshou04/dl/infu100428-17.pdf〉．

ことを想定している。

2つ目は,「感染者の搭乗が事前に日本側に知らされていれば機内検疫によって接触者を探知することが流行抑止の効果を格段に向上させ」得るとの指摘である[42]。この選択肢は,国家領域外で,患者の搭乗／乗船が他国によって確認され,該当者の入国時には予め領域国に通知されていることを意味する。

このように,国内管轄事項としての検疫においても,国際合意と国際協力を通じた国際的実現過程が重要な機能を担っている。

(b) 米　　国

米国が検疫を行う目的は,外国からの感染症の侵入防止であり,また国内の各州間の感染症のまん延の防止である。

この目的を達成するため,米国は検疫を実施するとともに二国間国際協力を促進してきた。なかでもメキシコとの間の域外検疫は,国家管轄権の行使である検疫を外国領域で行うものであるから,相手国の合意が決定的な意味を持つ。

米国の喫緊の課題は,メキシコからの移民を介した結核の侵入と,国内で形成される移民コミュニティを核とした感染拡大を防止することである。対策として,米国大使館に任命された現地の医師を通じて,15歳以上の移民希望者に対する胸部レントゲン検査を実施し患者の早期捕捉に努めている[43]。この早期発見,患者情報の共有,患者入国後のフォロー・アップにより,米国内の結核感染が低減したと評価されている[44]。

以上のとおり,検疫は,国際法に従った国際機関の権限のもとで国際公衆衛生を保護する機能と,国内法に従った国家機関の権限のもとで国内公衆衛生を保護する機能をあわせ持つ。さらに,国際機関の実施する国際公衆衛生政策が,国家機関による国内的実現過程を通じて機能するとともに,国家機関の実施する国内公衆衛生政策が,国際的な合意による国際協力を通じて機能することも示している。

このことは,国際機関と国家機関の権限が,相互に入れ子の関係にあり,それぞれが権限を行使することで二重の機能を果たしている結果を意味する。もっとも,この機能の二重性は,国際機関と国家機関との間に共通の目的を達

---

42) Y. Liu, *et al.*, *supra* note 37, p. 2406.
43) *Ibid.*
44) *Ibid.*

成するための利益共同関係が成立する限りで達成される。他方，国際機関と国家機関との間に利益相反が生じれば，国家機関を通じた国際関心事項の国内的実現も，国際協力を通じた国内管轄事項の国際的実現も達成されない。

4 考　察

（1）国際機関と国家の利益相反事例の考察

　以上のとおり，検疫に関する国際法と国内法の規定を見れば，国際法の規律が及ぶと同時に国家の国内管轄権のもとにある事項は存在する。このことは，国際関心事項と国内管轄事項が部分的に重複することを意味するから，国際機関と国家の権限を，対象事項の帰属に応じて分離することはできない[45]。両機関は，それぞれの権限のもとで共通の目的と利益のために相互に補完的に機能しているからである。

　しかし，国際機関と国家の間に利益相反が生じ，利益共同関係が否定されると，国家からの国内管轄事項の抗弁や権限踰越（*ultra virus*）の主張によって，又は，国際機関からの加盟国の国際義務違反の主張によって，係争事項の本来の位置が問われる。したがって，国際機関と国家の権限の分離は，両者間に特定事項の扱いにおける利益相反が生じる場合に必要である。以下，ウィルス提供義務に関する事例と，検疫に関する事例から，国際機関と国家の権限の限界を考察する。

（a）遺伝資源に対するインドネシアの主権的権利

　WHOと加盟国との間の利益相反事例として，インドネシアによる高病原性鳥インフルエンザH5N1ウィルスの提供拒否問題を挙げることができる。

　本件で問題となったウィルスは，1997年から香港のニワトリのあいだで確認された高い致死率を有する高病原性鳥インフルエンザH5N1である。このH5N1が，仮にヒトからヒトへの感染を生じる新型インフルエンザに変異すると，その強毒性からパンデミックの発生が懸念されていた。したがって国際社会の共通の関心は，インドネシアからウィルスの提供を受け，先進国において早期にワクチンを開発することにあった。

45）　植木・前掲注8）103頁。

インドネシアでは，H5N1による世界最多の死者を出していたが，ウィルスの提供によって開発されるワクチンは高価であり開発の成果を同国が受益することがないとの判断から，2007年，ウィルスの提供を拒否するに至った[46]。

インドネシアの主張の根拠は「生物多様性に関する条約」である。同国は，ワクチン開発に必要となるウィルス・微生物等は，条約の「遺伝資源」にあたり，条約15条に基づきインドネシアが「自国の天然資源に対して主権的権利を有する」と主張した。また15条では，遺伝資源の取得に関して，遺伝資源が存する国が国内法に従って定める権限を有すると規定する。さらに15条は，締約国に対し，遺伝資源の研究・開発の成果，商業的利用から生ずる利益を遺伝資源の提供国と衡平に配分する措置をとることを義務づけている。

5か月後，ジュネーブで開催されたWHO総会に際し，インドネシアは，提供したウィルスによるワクチン開発の成果を途上国も公平に受益できることを条件にWHOに対しウィルスの提供を開始した[47]。

本件は，国際公衆衛生の保護に必要なウィルス提供に対する国際社会の期待が大きい一方，IHR上に提供義務は規定されていなかった。国家が主権的権利を主張する事項が，国際機関の権限のもとにあるか否かを，国際法規の解釈から導くことが困難であった事案である。

(b) 検疫に関する各国の権限

A (H1N1) 2009への各国の対応も，均一ではなかった。

日本は，第一次的には，検疫による病原体の侵入防止・遅延を想定した。島嶼国では，検疫を迅速診断検査等とあわせ実施することで高い遅延効果が認められるからである[48]。

英国は，島嶼国であっても検疫の効果に否定的である。背景には，感染源・感染経路の情報を正確に把握できるようになるにつれ，感染症が常に域外から

---

46) D. P. Fidler and L. O. Gostine, "The WHO Pandemic Influenza Preparedness Framework: A Milestone in Global Governance for Health", *Journal of the American Medical Association,* Vol. 306, No. 2, 2011, p. 200.
47) D. P. Fidler, "Influenza Virus Samples, International Law, and Global Health Diplomacy", *Emerging Infectious Diseases*, Vol. 14, No. 1, 2008, p. 88 〈http://www.ncbi.nlm.nih.gov/pmc/articles/PMC2600156/〉.
48) H. Nishiura, *et al.*, "Quarantine for Pandemic Influenza Control at the Borders of Small Island Nations", *BMC Infectious Diseases*, 2009 〈http://www.ncbi.nlm.nih.gov/pmc/articles/PMC2670846/〉.

侵入するものではなく国内発症の場合もあると認識された事情がある[49]。ただし英国は，WHOがパンデミック発生に際して加盟国に検疫を要請する場合は従う方針であることを表明している[50]。

また欧州全体の方針は，感染症の発生初期には検疫・患者の捕捉・隔離・接触者の追跡を通じた封じ込めと遅延政策を意図するものの，その後の感染拡大状況に応じた検疫の規模の転換と時機を模索しており，議論状況は日本に類似する[51]。

米国は，検疫を実施しつつ，WHOの初期のアドバイスに従い，ハイリスク・グループへの抗インフルエンザ薬の曝露後予防投与（post-exposure prophylaxis）を含む被害軽減政策を軸とした[52]。

各国の検疫に関する施策は，人員確保や病原体保有者のすり抜け等のコスト・パフォーマンス[53]，公衆衛生政策全体の中での重み付け，実施方法・効果において異なる。その細部まで，IHRの義務が及ぶかは自明ではない。

この差異は，各国の技術的な選択の違いにすぎず，専門家間の連絡・調整によって行動準則が均一化され履行されれば足りるかに見えるかもしれない。実際，学説の中には，専門家の緊密な協力と主導で作成された非拘束的な技術的ガイドラインを各国がよく遵守しており，条約による国際協力の必要性は低下したと論じるものがある[54]。たとえば，WHOのほか，専門的国際機関の非拘束的規範群 ── たとえば，国際原子力機関（IAEA）の安全基準，国連食糧農業機関（FAO）の責任ある漁業のための行動規範，国際海事機関（IMO）の勧告やマルポール73/78条約附属書など ── がこれにあたる。

しかし，国際機関と国家との利益相反事例は，両者間の利益共同関係が成立しないことを意味するから，利益共同関係が成立する限りで遵守される非拘束

---

49) V. LOWE, *supra* note 2, p. 248.
50) A. Cox, *et al*., "Assessing the Impact of the 2009 H1N1 Influenza Pandemic on Reporting of Other Threats Through the Early Warning and Response System", *Euro Surveillance*, Vol. 14, Issue 45, 2009, p. 2.
51) A. Nicole and D. Coulombier, *supra* note 41, p. 3.
52) *Ibid*., p. 2.
53) B. J. Cowling, *et al*., "Entry Screening to Delay Local Transmission of 2009 Pandemic Influenza A（H1N1）", *BMC Infectious Diseases*, 2010 〈http://www.ncbi.nlm.nih.gov/pubmed/20353566〉.
54) V. LOWE, *supra* note 2, p. 250.

的規範群は，国際機関の権限を基礎づけない。

したがって，国際機関の権限を実体的に基礎づける要素は，国際機関と国家の利益相反事例において，国際機関又は国家の作為／不作為の当否や優劣が，実体的な基準によって決せられる場合に抽出される。もっとも，条約等の法的拘束力ある法規が権利義務関係と履行確保手続を定めていれば，法規（norms）や規則（rules）の解釈により，係争事項の帰属と国際機関又は国家の作為／不作為の合法性と違法性は司法的に決定されるが，この場合でも，国際機関の権限と国際管轄事項の限界は，拮抗する利益の均衡点[55]を裁判官が見出す作業になるから，法規の存否にかかわらず，国際組織の権限を実体的に基礎づける国際社会の共通利益の把握が必要とされる。

（2）国際社会の共通利益と履行確保

国際機関と国家の利益相反事例において，国際機関又は国家の作為／不作為は，国際社会の共通利益と自国の利益の間の優劣・正当性の有無と，国際機関による履行確保の可否・実効性の有無を問われる。たとえば設立条約などの確立した国際法規の解釈による場合であれば合法性（legality）の判断が，又は法規の欠缺（けんけつ）や不明確な場合であれば対抗力（opposability）を問われる[56]。したがって，国際機関と国家の利益相反を前提として，係争事項に対する国際機関の権限を，実現すべき正当な利益と国際義務の履行確保の2点から考察する。

（a）国際社会の共通利益
（ⅰ）国際機関の権限と国内管轄権の留保規定

国際機関は，国家間に共通の目的を達成するために，国家間の合意によって設立される[57]。もっとも国家は自らの意思で国際機関を設立しながら，機関の設立条約に加盟国の国内問題への干渉を防ぐ条項を挿入する。なぜなら国際機関が権限を付与され目的達成にむけて活動を開始すれば，加盟国と別の法人格と推論された権能を持つからである[58]。

---

55) 古川照美「国際組織と国際公益」広部＝田中編・前掲注1）265頁。
56) 村瀬『国際立法』69頁。
57) R. HIGGINS, PROBLEMS AND PROCESS, INTERNATIONAL LAW AND HOW WE USE IT, Oxford University Press, 2007, p. 46.
58) *Reparation for Injuries Suffered in the Service of the United Nations, I. C. J. Reports* 1949, p. 174.

この留保規定の解釈が，国際機関の権限と国内管轄事項の範囲を画する理論的根拠をひとまず提供する。たとえば国際連盟規約15条8項は「紛争当事国ノ一国ニ於テ，紛争カ国際法上専ラ該当事国ノ管轄ニ属スル事項ニ付生シタルモノナルコトヲ主張シ，聯盟理事会之ヲ是認シタルトキハ，聯盟理事会ハ，其ノ旨ヲ報告シ，且之カ解決ニ関シ何等ノ勧告ヲモ為ササルモノトス」と定める。

また国連憲章2条7項は「この憲章のいかなる規定も，本質上いずれかの国の国内管轄権内にある事項に干渉する権限を国際連合に与えるものではなく，また，その事項をこの憲章に基づく解決に付託することを加盟国に要求するものでもない」と定める。

「専ら，当事国の管轄に属する事項」，「本質上，国内管轄権内にある事項」が国内管轄事項にあたる。もっとも，字義どおり解釈すれば国内管轄事項の外側の限界と国際関心事項の内側の限界が重なり合う1本の分水嶺をなし，その両側は，AでないものがBでありBでないものがAであるとトートロジーに陥る[59]。実際，国際法学上の古典的な議論枠組みでは，国内管轄事項は国際法の規律が及ばない事項であると ── その範囲は国際法の発展段階に応じて変動するものの ── 相互排他的に位置づけられてきた[60]。今日，両者の分水嶺はより相対的・実質的・競合的に理解されるものの，現状では，国内管轄事項の理論的内実は，判例・国家実行・学説とも一致していない。したがって国際関心事項と国内管轄事項の静態的分離から国際機関と国家の権限を演繹することは難度が高い。

(ii) 国際社会の共通利益

国際機関の権限を基礎づける要因の解明は国際法学上の重要な課題の1つであるから[61]，これを国際社会の共通利益という単一の基準で裁断することはできない。それでも，共通利益の実現は国際機関の存在の根拠であるから，国際社会の共通利益が国際機関の権限の範囲を実体的に基礎づけることは肯定できる。この国際社会の共通利益が「多元的利益の多元的拮抗」[62]の中にあるた

---

59) J. CRAWFORD, BROWNLIE'S PRINCIPLES OF PUBLIC INTERNATIONAL LAW, 8th Ed., Oxford University Press, 2012, pp. 189-190.
60) *Nationality Decrees Issued in Tunis and Morocco, P. C. I. J. Série B, No. 4*, pp. 23-25.
61) 植木俊哉「国際組織による国際公益実現の諸形態」広部＝田中・前掲注1）383頁，植木・前掲注8）83頁。
62) 古川・前掲注55）257頁。

めに，時に加盟国は，国内管轄事項や権限踰越の抗弁によって国際機関の権限を，又はこれを基礎付ける利益の正当性を否定する。

たとえば国家が，感染症発生国からの渡航者の入国を1か所のみの集約空港に指定する場合，国際機関の権限と国家の権限のいずれが優越し，それぞれにいかなる利益を体現しているかは容易に決し難い[63]。国際社会が感染症制御においても尊重する移動の自由と，国内公衆衛生の保護のための徹底した移動制限との間の優劣が問われるからである。また，国内に強毒性の感染症のまん延を生じている国家が，感染者の出国に無関心であり出口検査を行わない場合，国際公衆衛生の保護の観点から領域国に出口検査を強制すること，さらには当該国家からの出国を制限させることは可能であろうか[64]。

これらの作為／不作為を通じて達成すべき利益が，国際社会の共通利益か，それと相反する特定国家の利益にすぎないかは，国際機関の権限と国家の権限の優劣を決する実体的な基準となる。

この場合でも，司法的紛争解決手続としては第一義的には国際法規の認定・解釈から出発するから，利益共同を前提とする条約は重要な意味を持つ。条約は締約国数という観点でバリエーションを有するものの，締約国間に共通の利益の実現を目的とすることに違いはない。多数国間条約は多数国間に共通の利益の実現を任務とする。二国間条約も，双務的な権利義務関係として共通の利

---

63) 2005年，コロンビアはマネー・ロンダリング防止のための税関管理の目的で，パナマからの衣類の輸入にかかる入港をボゴタ空港及びバランキラ港の2港に限定した。この入港制限措置がGATT11条1項の「その他の措置」に該当し輸入制限の禁止に違反するとのパネル認定がある。Colombia – Indicative Prices and Restrictions on Ports of Entry, Report of the Panel, WT/DS366/R, 27 April 2009, p. 144, para. 7.275 〈http://www.wto.org/english/tratop_e/dispu_e/366r_e.pdf〉.

また1982年10月，フランスは貿易収支改善のための措置として日本からのVTR輸入をポワティエ港と内陸のポワティエ税関に制限した。結果，日本からの輸入数は，8月の53013台に対し10月22日から11月7日では14500台，11月8日から30日では900台となった。日本は欧州委員会に対し同年12月21日付で23条1項(c)に基づき協議を要請した（European Economic Communities – Import Restrictive Measures on Video Tape Recorders, Recourse to Article XXIII: 1 by Japan 〈http://www.wto.org/gatt_docs/English/SULPDF/91000215.pdf〉.）結果，翌年4月に規制が解除された。

64) 日本は，WHOが2000年に麻疹排除のための世界麻疹対策戦略計画を策定した際，中国，インドとともに制圧期に分類され，日本での麻疹の流行が国内的かつ国際的課題となった。日本小児科学会会長柳沢正義他「麻疹の予防接種率向上と麻疹撲滅に関する要望書」*Infectious Agents Surveillance Reports*, Vol. 22, No. 11, 2001, p. 285.

益を実現する[65]。

そこで，多数国間合意か二国間合意かを問わず，2つの主体が存在する以上は，「社会ある処，法あり」の法諺のとおり「社会」すなわち「国際社会」が存在し，「国際社会の共通利益」を肯定できるかは課題である。利益の正当性は締約国数の多寡に還元できないからである。

たとえば，米・メキシコ間の二国間合意での域外検査が，国際社会の共通利益を実現するなら，締約国数にかかわらず個別利益のための国家管轄権の域外適用とは正当性を異にする。他方，欧州列強によるオスマン・トルコ領域内での公衆衛生政策の実施が，特定の国家（群）の利益を実現するためのオスマン・トルコの主権の制限であれば[66]，多辺的国際制度それ自体が，実現すべき利益の正当性を担保するわけではない。

したがって，国際機関の権限を実体的に基礎付けるものは，国際社会の共通利益の正当性にあり，これが「特定国家集団の偽装された個別利害の実現」ではないことが必要となる[67]。

(b) 履 行 確 保

法の本質を，たとえば規範の拘束力，遵守の義務，違反への制裁であるとすれば，国際法は法か，との問いには多様な答えがあり得る[68]。そこで，拘束力・強制力を欠く「未成熟で不完全な規範群」[69]としての「ソフト・ロー」── と称されるもの ── は何かと問えば，さしあたり国際機関の非拘束的な決議・勧告・ガイドラインを挙げることができる[70]。

これらの規範群が加盟国によってある程度遵守されていることは，国際機関の権限の範囲を不明確なものにしている。なぜなら，この場合，国際法の規律が及ぶことの意味を，強制力によって履行を強制すること ── 法は倫理的最大限であるから ── に置くか，周縁に延びるソフト・ローに対する任意の遵守 ── 法は倫理的最小限にすぎないから ── に広げるかを選択することなく，結果的にソフト・ローを含む法規範が遵守されているからである。法としての

---

65) R. HIGGINS, *supra* note 57, p. 33.
66) 植木・前掲注61) 377頁。
67) 村瀬『国際立法』510頁。奥脇・前掲注1) 233頁。
68) R. HIGGINS, *supra* note 57, p. 13.
69) 村瀬『国際立法』31頁。
70) A. BOYLE and C. CHINKIN, *supra* note 23, p. 213.

ソフト・ローの規範的効力を認める学説は、法的拘束力の有無を相対的に捉えることで、確立された国際法規と非拘束的決議を連続的に位置づけることを可能にする[71]。

この「『ソフト・ロー』にみられる相対的発想こそ、国際法総体の脆弱化につながる」[72]ことを繰り返し指摘してきたのが村瀬教授である。

村瀬教授による国際法の法源論の特徴は、直截に述べれば行為規範と評価規範の分離である。教授は、ソフト・ローがソフト・ローとして存在する時点でこれをいかに位置づけるべきかという行為規範としては、ソフト・ローの法源性を否定する。他方、確立した国際法規の形成過程を振り返り、法規の確立に至るまでに積み重ねられた手続を遡って評価する評価規範としては、ソフト・ローに国際法形成の前段階としての意味を認める[73]。たとえば、インドネシアによるウィルス提供拒否問題を踏まえて、WHOが2007年の総会決議においてウィルス・シェアリングを取上げたことは、国際協力義務の生成過程の一段階かもしれない。しかし、この決議の法的拘束力も肯定されるものではなく、その遵守は、法的信念に裏付けられてもいないことは注意を要する。

現在、ソフト・ローのみならず、国際機関についてもソフト・エンティティー[74]の意義が議論されている現況を踏まえれば、国際法体系は、非法化・非形式化といかに向き合うかを問われている。これが、「法」における強制と制裁の要求を引き下げることで「国際法は法か」との問いに「法である」と答えることを意味するなら、「国際法の法源論」の到達点を引き上げることで「国際法は法である」と答え続けてきた村瀬教授の論理と対照をなす。

(3) 国際機関の権限の基礎と限界

国際機関が、加盟国によって委託された範囲で加盟国間に成立する共通の利益のために権限を行使することは本来的任務である。この場合に加盟国が条約の締結を通じて合意した国際義務に反して国際機関の拘束力ある決定に従わな

---

71) *Ibid.*, pp. 213, 220; A. LOWE, *supra* note 2, p. 94.
72) 村瀬『国際立法』31頁。
73) 村瀬『国際立法』27頁。
74) J. Klabbers, "International Institutions", in J. CRAWFORD and M. KOSKENNIEMI, THE CAMBRIDGE COMPANION TO INTERNATIONAL LAW, Cambridge University Press, 2012. pp. 236–237.

ければ、国際機関は履行確保手続を通じて義務の履行を強制できる。国際法の規律が及ぶとはこのことを意味する。国際的関心は、国際機関の権限を基礎づけない。実体法上の共通利益を、手続法上の履行確保が実現するとき、国際機関は付与された権限を行使し、国内管轄事項の抗弁は排斥される。

5 おわりに

　本稿は、検疫を検討の対象として、国際機関と国家の権限を整序し、国際関心事項と国内管轄事項の範囲と限界を明らかにすることを目的とした。
　越境性感染症への取組みを始め、国際的な課題に関する国際機関の権限は拡大し、国家の裁量の範囲は狭まりつつある。この背景を踏まえ、本稿は、国際機関と国家の権限の整序が実効ある国際協力を可能にするとの理解から、検疫の理論的位置を、国際性と国内性の両面で確認した。
　検討の方法は、国内外の公衆衛生にかかる国際機関と国家機関による権限行使の態様を、国際機関が加盟国に課す国際義務及び非拘束的ガイドライン、ならびに日米の国内法における検疫の取扱いを通じて比較・検討し、よって国際法上の義務の限界と国家の権限の範囲を整理した。
　検討の結果、検疫は、国際関心事項と国内管轄事項の双方の領域に位置していること、したがって、国際機関と国家がともに取組むべき課題を、国際関心事項と国内管轄事項のいずれかに二者択一的に決することは議論の出発点としては有益ではないことを示した。
　この結果を踏まえ、国際機関の権限を基礎づける要素を、国際機関と加盟国間の利益相反事例において優越する利益と、国際義務の履行確保から考察した。国際関心の拡大は国際機関の権限とは関係がない。本稿は、共通利益という実体と履行確保の手続が、国際機関の権限を基礎づけるとの結論に至った。

　1990年4月、立教大学法学部にできたばかりの国際・比較法学科の新入生のうち20余名は、「国際法」を学ぶために「村瀬信也教授の基礎文献購読演習」を選択した。
　その9か月後、1991年1月17日（日本時間）、わたくしたちは、国際法に反してクウェートに侵攻したイラクに対し、国際社会の構成国が、必要なあらゆ

る手段を用いて国際法の履行を確保する姿を見ることとなった。当時おそらくは村瀬先生の目をとおしてしか国際法を見ることができなかった1年生たちが，それでも，砂漠の嵐の中に，国際法の原点と頂点とが，同時に，かつ確実に存在することを確信できたのは村瀬先生のご指導のゆえであったと思う。

第 3 部

個人の保護

11 条約の留保
—— 国際法委員会と自由権規約委員会の協働 ——

岩沢雄司

はじめに
1　自由権規約委員会の一般意見24号
2　個人通報審査と留保
3　国家報告審査と留保
4　条約の留保に関する国際法委員会の作業
おわりに

はじめに

　村瀬信也先生が委員を務める国際法委員会（ILC）と筆者が委員を務める自由権規約委員会は，毎年7月にジュネーブで会期が一部重なる。筆者が滞在する宿にはILC委員も多く滞在する。

　ILCは1995年より条約の留保の検討を始め，17年かけて2011年に膨大な「実行ガイド（Guide to Practice）」を完成させた。条約の留保は，自由権規約委員会を含む人権条約機関にとって重要な問題なので，人権条約機関は，ILCの作業を注視し，必要に応じて意見を述べた。筆者は2009年から2年にわたり自由権規約委員会の委員長を務めたが，実行ガイドの作業が佳境を迎えた時期で，委員長の資格でILCに書簡を送ったり，ILC関係者と協議するなどした。本稿では，条約の留保をめぐって国際法委員会と自由権規約委員会がどのように協働したかを考察する。

1　自由権規約委員会の一般意見24号

　1991年に自由権規約委員会がオーストリアの報告を検討した際に，オーストリア代表は，留保なしでも同国の法が規約14条5項に違反しないと委員会が保

証してくれるなら，規約14条に付した留保を撤回する用意があると述べた。これをきっかけに自由権規約委員会では，締約国が付した留保について委員会が意見を述べることができるかをめぐって議論が行われることになった。他方で，自由権規約や同選択議定書には相当数の締約国が留保を付している実態があり，特に1992年にアメリカが付した広範な留保は問題であると受け止められた。このような事情を背景に[1]，自由権規約委員会は留保に関する一般意見を作成する作業に着手し，1994年に一般意見24号を採択した[2]。一般意見24号は，条約の留保の問題を包括的に扱う，他に類例を見ない重要な文書である。しかも，留保制度についての国家中心的な理解を根本的に変える内容を含んでいた。そこで，米英仏3国が伝統的な理解に従い同意見を厳しく批判する展開を生んだ[3]。こうして一般意見24号は，自由権規約委員会が作成した文書の中で最も有名なものの1つである[4]。

以下，一般意見24号の内容を概観するが，米英仏の批判にも適宜言及する。一般意見24号は，まず，規約や選択議定書の留保の問題は国際法によって規律され，条約法条約が定める両立性の基準がその指標となることを宣言する（6項）。そのうえで，規約の趣旨目的と両立しない留保を具体的に指摘する。1つは，強行規範に反する留保である。委員会は，慣習国際法となった規定に対する留保も認められないことを示唆する。そして，多くの人権をその例にあげた（8, 9項）。これに対しアメリカは，強行規範に対する留保が本当に許されないかは必ずしも明らかでない旨を述べた。また米仏両国は，慣習国際法となった人権には留保を付しえないという原則及び委員会があげた例に対して疑義を唱えた。一般意見24号は，また，緊急事態において逸脱できない人権に対

---

1) 詳しくは，薬師寺公夫「自由権規約と留保・解釈宣言」桐山孝信ほか（編）『転換期国際法の構造と機能』（国際書院，2000年）237頁参照。

2) General Comment No. 24 (52), 1 Report of the Human Rights Committee, 50 GAOR, Supp. No.40, at 119, A/50/40 (1995).

3) アメリカ・同126頁，イギリス・同130頁。フランス，1 Report of the Human Rights Committee, 51 GAOR, Supp. No.40, at 104, A/51/40 (1996).

4) 一般意見24号に関する邦語文献として，安藤仁介「人権関係条約に対する留保の一考察 ── 規約人権委員会のジェネラル・コメントを中心に」法叢140巻1・2号（1996年）1頁，梅田徹「人権条約の特殊性とウィーン条約法条約の留保レジーム ──『ジェネラル・コメント』と『第2報告書』を中心に」麗澤大学紀要66巻（1998年）258頁，坂元茂樹「人権条約と留保規則 ── 国連国際法委員会の最近の作業を中心に」国際人権9号（1998年）29頁など。

する留保は，当然に規約の趣旨目的と両立しないわけではないが，国はそのような留保の正当性を立証する重い責任を負うとした（10項）。さらに，被害者に効果的救済を与える義務を定める規約2条3項の留保，報告審査を拒否する留保，委員会の規約解釈権限を否定する留保は，認められない（11項）。国内法の変更を必要とする権利の効果をなくしてしまう広範な留保に，委員会は特に懸念を抱く（12項）。規約に留保を付さなかった国が選択議定書の批准の際に新たな留保を付すことは認められない（13項），とした。フランスは，最後の点について異議を述べた。

一般意見24号は，続いて，人権条約の特殊性を強調することによって，委員会が留保の許容性を評価する権限をもつことを確認する。人権条約は個人に権利を付与するもので，通常の多国間条約のように当事国間の相互義務を定めるものではない。条約の趣旨目的との両立性の判断を当事国の異議にかからせる条約法条約の留保制度は，人権条約の留保にあっては十分に機能しない（17項）。したがって「留保が規約の趣旨目的と両立するかの決定は，必然的に委員会に委ねられる」。人権条約の特殊性から，委員会は留保と規約の趣旨目的との両立性を判断するのに特に適している（18項）。「ある留保が許容されないと判断されたときの通常の結果は，規約が当該留保国に全く効力をもたないということではない。そのような留保は一般的には切り離すことができ〔severable〕，規約は留保なしに留保国に対して効力をもつことになる」（18項）。

米英仏3国が強く批判したのはこれらの点である。3国はまず，条約法条約の留保制度は人権条約にも適用されることを力説する。次に，留保と規約の目的の両立性を判断することができるのは当事国のみであるという。委員会は，規約の当事国が与えた以上の権限をもつことはできない。両立性の決定が必然的に委員会に委ねられるとはいえない。そして，留保の可分性も否定する。留保が無効とされたならば，規約の批准そのものの効力が失われ，留保国は条約当事国とならないという。

しかし，自由権規約委員会は，条約法条約の留保制度が人権条約に適用されることそれ自体を否定したわけではなかった。委員会が人権条約の特殊性を強調したのは，条約目的との両立性の判断を当事国の異議にかからせる条約法条約の留保制度が，相互義務を定めるのではない人権条約においては十分に機能しないことを示すためで，そのことに基づいて委員会は，自らが条約目的との

両立性を判断する権限をもつという結論を導いたのである。

2　個人通報審査と留保

　自由権規約委員会は，実際，個人通報や国家報告の審査において，留保が規約や選択議定書の趣旨目的と両立するかの判断を迫られ，留保の許容性を評価している。以下では，そのことを具体的に示す。

　まずは，個人通報審査である。委員会は，個人通報審査において，選択議定書に付せられた留保にどう対応するかという問題に頻繁に直面し，留保の許容性を判断し，また留保を解釈し適用している。しかし，留保の許容性の判断や留保の解釈適用は，実際には容易ではない。

（1）留保の許容性

　まず，委員会（又は一部の委員）が留保の許容性を問題にした例を取り上げる。
（a）ケネディ事件
　ケネディ事件は，自由権規約委員会が一般意見24号で示した基準に従って実際に留保の有効性を判断し，留保が選択議定書の趣旨目的と両立しないと結論した事例として，よく知られている。
　トリニダード・トバゴは，死刑囚からの通報が自由権規約委員会に多く寄せられていたこと，英国枢密院が1994年に，死刑判決から5年以上経って死刑執行が行われた場合は，その遅延が非人道的な又は品位を傷つける刑罰又は取扱いに当たる可能性が高いと判示したことにかんがみ，1998年5月に選択議定書をいったん廃棄したうえで，直ちに次の留保を付して同議定書に再加入した。「自由権規約委員会は，死刑囚の訴追，拘禁，裁判，有罪宣告，量刑，又は死刑の執行に関するいかなる問題及びそれに関連するいかなる問題についても，死刑囚に関する通報を受理し検討する権限を有さない。」
　自由権規約委員会は，次のように述べて，同留保は選択議定書の趣旨目的と両立しないとした。留保の有効性を決定するのは委員会の役割である。一般意見24号で委員会は，規約の一定の規定に関し選択議定書上の委員会の権限を排除しようとする留保は選択議定書の趣旨目的と両立しないという見解を述べた。本留保は規約の特定の規定に関し委員会の権限を排除しようとするものではな

いが，死刑囚という特定の通報者につき規約全体に関して委員会の権限を排除しようとするものであり，選択議定書の趣旨目的と両立しない。その結果，本通報を検討することは妨げられない。

このように委員会は，一般意見24号で示した基準に従って，トリニダード・トバゴの留保の有効性を判断し，留保が選択議定書の趣旨目的と両立しないと判示しただけでなく，一般意見24号が示した留保可分論（severability doctrine）を適用して，留保が無効でも選択議定書の受諾は影響を受けないと結論した[5]。

本決定には反対意見が付いている。反対意見は，本留保は選択議定書の趣旨目的と両立しないとはいえないとした。締約国はそもそも個人通報を審査する委員会の権限を受け入れるかどうか自由なのだから，特定の状況についてのみ委員会の権限を受け入れることができてしかるべきだ。また，一般意見24号で委員会は「一般的には」留保は規約の受諾と切り離すことができると述べたが，本件では留保の無効が選択議定書の受諾に影響を与えるという締約国の意思が明確なために，一般意見24号でいう「一般的」な場合に当たらない[6]。

（b）シフエンテス事件

第2の事例は，チリが付した時間的管轄に関する留保をめぐるものである。チリは1990年にピノチェト軍事政権から民政に移管した。チリは民政移管後の1992年に選択議定書を批准したが，次のような留保を付した。「〔個人からの通報を受理し検討する〕委員会の権限は，選択議定書発効後に行われた行為，又はいずれにしても1990年3月11日以降に始まった行為に関して適用される。」

シフエンテス事件の通報者は，1981年に軍事政権下で行方不明となった男性の母親である。自由権規約委員会は，男性の強制失踪とその後の所在情報の提供拒否という侵害の2つの重要な要素が選択議定書発効前に行われたことを指摘し，チリの留保に照らして，時間的管轄（ratione temporis）により通報は不受理とせざるをえないとした[7]。

本決定には2つの反対意見が付いている。第1は，強制失踪は「継続的侵害」であり，人権侵害の継続性がチリの留保の適用を排除するというものであ

---

5) Communication No. 845/1999, Kennedy v. Trin. & Tobago, 2 Report of the Human Rights Committee, 55 GAOR, Supp. No.40, at 258, A/55/40 (2000) (2 Nov. 1999). 松井芳郎ほか（編）『判例国際法〔第2版〕』（東信堂，2006年）406頁。

6) Id. at 268 (dissenting op. by 安藤, Bhagwati, Klein, & Kretzmer).

る[8]。第2の反対意見は，この留保の許容性を問題にした。選択議定書は不受理要件を明記している。それ以外の状況に関して委員会の権限を制限することを選択議定書は認めていない。本留保は選択議定書の趣旨目的と両立せず，通報を検討することは妨げられない[9]。

（c）GE事件

第3の事例は，規約26条に関しドイツが選択議定書に付した留保をめぐるものである。自由権規約委員会は1987年にブルックス事件において，規約26条に関する画期的な判断を下した。それによれば，26条は自立的な平等条項であり，自由権規約に定められている権利に関する差別だけでなく，自由権規約には定められていない社会権に関する差別も26条違反となる[10]。ドイツは1976年に規約を批准していたが，このような解釈が受け入れがたかったのであろう。1993年に選択議定書を批准する際に，次の留保を付した。「委員会の権限は次の通報には及ばない。……c）主張する侵害が〔自由権〕規約の下で保障される権利以外の権利に関する限りにおいて，〔規約〕26条の違反を主張する通報[11]」。

2012年まで自由権規約委員会は，ドイツのこの留保の意味，効果，有効性の問題を避け，留保の適用が問題になった通報を国内救済未完了[12]又は十分な立証がない[13]という理由で，不受理にしてきた。しかし2012年に委員会は，この留保が提起する問題にあえて答えることを選んだ。GE事件は，国民健康

---

7) Communication No. 1536/2006, Cifuentes Elgueta v. Chile, 2 Report of the Human Rights Committee, 64 GAOR, Supp. No.40, at 491, A/64/40 (Vol.II) (2009) (28 Jul. 2009). この判断は先例を踏襲したものだった。Communication No. 1078/2002, Yurich v. Chile, 2 Report of the Human Rights Committee, 61 GAOR, Supp. No.40, at 489, A/61/40 (Vol.II) (2006) (1 Nov. 2005).

8) Cifuentes, id. at 496 (dissenting op. by Chanet, Lallah, & Majodina). これも先例と同じである。Yurich, id. at 496 (dissenting op. by Chanet, Lallah, O'Flaherty, Palm, & Solari-Yrigoyen).

9) Cifuentes, id. at 498 (dissenting op. by Keller & Salvioli).

10) Communication No. 172/1984, Broecks v. Neth., Report of the Human Rights Committee, 42 GAOR, Supp. No.40, at 139, A/42/40 (1987) (9 Apr. 1987). 宮崎繁樹（編）『国際人権規約先例集 ── 規約人権委員会精選決定集第2集』（東信堂，1995年）351頁。

11) 同旨の留保を付している国は他にもある（トルコ，スイス）。GE事件の判旨は，このような国の留保にも影響を与える。

12) Communication No. 1188/2003, Riedl-Riedenstein v. Ger., 2 Report of the Human Rights Committee, 60 GAOR, Supp. No.40, at 394, A/60/40 (Vol.II) (2005) (2 Nov. 2004).

保険の被保険者を診察する資格を68歳停年制によって失った医師が，規約26条違反（年齢差別）を主張した事例である。ドイツは，通報者が職業選択の自由という，規約で保障されていない権利に関して26条違反を主張している本件には，留保c）が適用され，通報は不受理とされるべきであると主張した。多数意見は，国内救済未完了という理由で本通報を不受理にしながらも，ドイツの留保が提起する問題にあえて踏み込み，本通報は26条に定められた自立的な平等権の侵害に関するから，他の受理可能性要件をみたしているかを審査することは妨げられないとした[14]。

筆者は他の委員とともに，次のような補足意見を述べた。国内救済未完了を理由に本通報を不受理とすることに賛成する。本件の結論はそれで十分だ。ドイツの留保が，26条に関する委員会の権限を，規約に定められている権利に関して差別が主張されているときに限ることを目的としていることは明らかだ。多数意見はドイツの留保を曲解し，無内容にしてしまっている。ドイツの留保の許容性は問題たりうるが，国内救済未完了を理由に不受理にするという結論がすでに出ているので，許容性を検討することは差し控える[15]。

これに対してサルビオリ委員は，ドイツの留保は許容されないと明言した。通報者の主張にはドイツの留保がまさに適用され，多数意見の回答は説得的でない。ドイツの留保は規約26条に対する留保であり，規約批准時になされるべきものだったから，選択議定書の趣旨目的と両立せず無効である[16]。

このように，規約や選択議定書の趣旨目的の解釈や，趣旨目的との両立性の判断は，実際には容易ではなく，委員によって判断が分かれる。

---

13) Communication No. 1516/2006, Schmidl v. Ger., 2 Report of the Human Rights Committee, 63 GAOR, Supp. No.40, at 441, A/63/40 (Vol.II) (2008) (31 Oct. 2007). Communication No. 1292/2004, Radosevic v. Ger., 2 Report of the Human Rights Committee, 60 GAOR, Supp. No.40, at 438, A/60/40 (2005) (22 Jul. 2005). Communication No. 1115/2002, Petersen v. Ger., 2 Report of the Human Rights Committee, 59 GAOR, Supp. No.40, at 538, A/59/40 (Vol.II) (2004) (1 Apr. 2004).

14) Communication No. 1789/2008, G.E. v. Ger., 2 Report of the Human Rights Committee, 67 GAOR, Supp. No.40, at 385, A/67/40 (Vol.II) (2012) (26 Mar. 2012).

15) Id. at 390 (concurring op. by Neuman, O'Flaherty, Rodley, & 岩沢).

（2）留保の解釈適用

次に，留保の解釈適用をめぐって委員の判断が分かれた例を見る。自由権規約選択議定書5条2項は，「委員会は，次のことを確認しない限り，個人からのいかなる通報も検討してはならない。(a) 同一の事案が，他の国際的な調査又は手続によって審査されていない〔not being examined〕こと」と規定している。自由権規約委員会は，他の国際的手続（例えば，ヨーロッパ人権裁判所）によって現在まさに審査中の通報は，この規定によって受理できないが，他の国際的手続がすでに審査し終えた通報を受理することは妨げられないと解釈している。ヨーロッパ人権裁判所が審査し終えた通報は，同裁判所が明らかに根拠がないという理由で不受理にしたものでも，自由権規約委員会は受理し違反を認定することができるのである[17]。

ヨーロッパ評議会閣僚委員会は，自由権規約委員会がヨーロッパ人権裁判所の上に立つ機関になることを防ぐため，加盟国に対し，自由権規約選択議定書を批准する際に留保を付すことを勧告した。そこでヨーロッパの多くの国は，選択議定書に次のような留保を付している。「自由権規約委員会は，ヨーロッパ人権裁判所によって同一の事案が審査されなかったことを確認しない限り，個人からの通報を検討しない。」これは，ヨーロッパ人権裁判所が「同一の事案」を「審査した」ときは，委員会は通報を受理できないことを意味する。委員会は，この留保は選択議定書の趣旨目的と両立するとみなしている（一般意見24号14項）。委員会は多くの事件でこの留保を解釈し適用してきたが，様々な解釈問題が惹起された。

委員会は，ヨーロッパ人権裁判所（委員会）が手続的理由で申立を不受理に

---

16) Id. at 392 (concurring op. by Salvioli). 一般意見24号の下記の部分が関係する。「規約上の権利を尊重し確保する国の義務について第1選択議定書の下でなされた留保は，同じ権利に関しそれ以前に規約の下でなされていないときは，当該国が実体義務を遵守する責務に影響を与えない。選択議定書を媒体として規約に対し留保を付すことはできない。……第1選択議定書の趣旨及び目的は，規約に基づき国の義務となる権利が委員会によって審査されることを認めることであるから，これを排除する留保は，規約の趣旨及び目的に反していないとしても，第1選択議定書の趣旨及び目的に反するであろう」（13項）。

17) E.g., Communication No. 1123/2002, Correia de Matos v. Port., 2 Report of the Human Rights Committee, 61 GAOR, Supp. No.40, at 175, A/61/40 (Vol.II) (2006) (28 Mar. 2006); Communication No. 372/1989, R.L.A.W. v. Neth., Report of the Human Rights Committee, 46 GAOR, Supp. No.40, at 311, A/46/40 (1991) (2 Nov. 1991).

したときは，同一の事案を「審査した」とはいえないとして，通報を受理する[18]。

これに対して，ヨーロッパ人権裁判所が「申立はヨーロッパ人権条約で保障された権利のいかなる違反も示していない」という理由で申立を不受理にしたときは，裁判所は本案の審査に基づいて申立を不受理にしたのだから，裁判所は同一の事案を「審査した」として，通報を不受理にするのが自由権規約委員会の判例である[19]。

ところが2013年に自由権規約委員会は，この判例に反する判断を行った。スペインの警察によって拷問を受けたと主張する通報者は，委員会に通報を提出する前にヨーロッパ人権裁判所に申立をした。ヨーロッパ人権裁判所は「申立はヨーロッパ人権条約で保障された権利のいかなる違反も示していない」という理由で申立を不受理にした。これまでの判例によれば，ヨーロッパ人権裁判所が同一の事案を「審査した」ので，委員会は通報を不受理にすることになるはずだった。ところが委員会は，裁判所の審査は事案の十分な検討を含んでいたとはいえないとして，通報を受理し，規約7条等の違反を認定したのである[20]。筆者は他の委員とともに，次のような反対意見を述べた。限定的な審査であっても本案を検討したなら「審査した」ことになるのが委員会の判例である。他の国際的手続が事案の検討を十分慎重に行ったかを評価するのは委員会の役割ではない[21]。

ヨーロッパ人権裁判所が，申立は「ヨーロッパ人権条約の規定と両立しな

---

18) Communication No. 716/1996, Pauger v. Aus., 2 Report of the Human Rights Committee, 54 GAOR, Supp. No.40, at 202, A/54/40 (1999) (decision on admissibility on 9 Jul. 1997, views on the merits on 25 Mar. 1999). 本件の通報者は自由権規約委員会に別の通報を提出しており（415/1990），同事件が係属中だったために，ヨーロッパ人権委員会は申立を不受理にしていた。Application No. 24872/94.
19) E.g., Communication No. 2390/2014, Pronina v. Fr., UN. Doc. CCPR/C/111/D/2390/2014 (21 Jul. 2014); Communication No. 944/2000, Chanderballi v. Aus., 2 Report of the Human Rights Committee, 60 GAOR, Supp. No.40, at 285, A/60/40 (Vol.II) (2005) (26 Oct. 2004).
20) Communication No. 1945/2010, Achabal Puertas v. Spain, 2 (pt.1) Report of the Human Rights Committee, 68 GAOR, Supp. No.40, at 415, A/68/40 (Vol.II, Part One) (2013) (27 Mar. 2013).
21) Id. at 428 (concurring op. by Seibert-Fohr, 岩沢, Motoc, Neuman, Shany, & Vardzelashvili). See also id. 430 (individual op. by Flinterman & Salvioli, 本件の特殊性を強調して多数意見を擁護する）。

い」という理由で，不受理にした場合はどうか。マラン事件で通報者は，「刑事上の罪の決定又は民事上の権利義務の争い」について公正な裁判を受ける権利を定める規約14条1項の違反を主張した。同人は，自由権規約委員会に通報を提出する前にヨーロッパ人権裁判所に申立を行っており，裁判所は，申立人が問題にしている手続は「民事上の権利義務」にも「刑事上の罪の決定」にも関わらないから，ヨーロッパ人権条約6条と事項的に（ratione materiae）両立しない（条約によって保護された権利の違反に当たらない）という理由で，申立を不受理にしていた。自由権規約委員会は，ヨーロッパ人権裁判所の判断は，申立人が主張した権利の性質の分析を含んでおり，他の国際的手続が同一の事案を「審査した」場合に当たるとして，通報を不受理にした[22]。しかし，申立が「条約の規定と両立しない」というヨーロッパ人権裁判所の決定は，同一の事案を「審査した」とはいえないという反対意見を述べた委員もあった[23]。

　ヨーロッパ人権裁判所が「同一の事案」を審査したかどうかも問題となる。委員会の先例によれば，「同一の事案」とは，同じ通報者，同じ事実，同じ実体的権利に関する通報である[24]。したがって，自由権規約委員会に提出された通報が，ヨーロッパ人権裁判所に提出された申立と異なる主張を含んでいるときは，委員会は，ヨーロッパ人権裁判所が「同一の事案」を審査したとはいえないとして，通報を受理する[25]。しかし，「同一の事案」を審査したといえるか微妙な場合がある[26]。

　以上，ヨーロッパの多くの国が選択議定書に付している留保を題材に，自由権規約委員会の留保の解釈適用の実際を見てきた。留保を実際の事件にそくして解釈するのは必ずしも容易ではなく，留保の解釈適用をめぐって様々な問題が起きることがわかると思う。

---

22) Communication No. 1793/2008, Marin v. Fr., 2 Report of the Human Rights Committee, 65 GAOR, Supp. No.40, at 498, A/65/40 (Vol.II) (2010) (27 Jul. 2010).

23) Id. at 502 (dissenting op. by O'Flaherty, Bhagwati, & Majodina).

24) Communication No. 998/2001, Althammer v. Aus., 2 Report of the Human Rights Committee, 58 GAOR, Supp. No.40, at 317, A/58/40 (Vol.II) (2003) (8 Aug. 2003).

25) Althammer v. Austria, id. Communication No. 2008/2010, Aarrass v. Spain, CCPR/C/111/D/2008/2010 (21 Jul. 2014).

26) See Communication No. 1754/2008, Loth v. Ger., 2 Report of the Human Rights Committee, 65 GAOR, Supp. No.40, at 485, A/65/40 (Vol.II) (2010) (23 Mar. 2010) (多数意見はヨーロッパ人権裁判所が「同一の事案」を審査したとしたが，反対意見が付いている）。

3 国家報告審査と留保

　自由権規約委員会は，国家報告を審査するという任務を果たす際にも，締約国が規約に付した留保を検討し，留保が規約の趣旨目的と両立するかどうかを評価している。

（1）総括所見

　締約国が規約や選択議定書に留保を付しているとき，自由権規約委員会は，質問票において留保を撤回する予定があるか質問し，対話の中でこの点を追求する。そして，留保が規約と両立しているかを問わず，留保の撤回を勧告するのが通例である。ただし，留保が規約と両立しているときは，留保の撤回は法的義務ではないので，委員会は留保の「撤回の検討（consider withdrawing）」を勧告するにとどめている。

　国家報告を審査した後に，委員会が総括所見の中で，留保が規約の趣旨目的と両立しないとの意見を述べ，留保の「撤回」を勧告することもないわけではない。いくつか例をあげる。アメリカは，18歳未満の者にも死刑を科す権利を留保し（6条5項），7条がいう「残虐な取扱い又は刑罰」が合衆国憲法第5，第8，第14修正が禁じる「残虐な取扱い又は刑罰」を意味する限りで，7条に拘束されるとの留保を付している。1995年に自由権規約委員会は，「6条5項及び7条に対する留保に懸念を抱く。当委員会は，これらの留保は規約の趣旨目的と両立しないと考える」と述べた[27]。クウェートは，規約2条1項及び3条が言及する権利はクウェート法が定める限界の範囲内で行使されなければならない，という「解釈宣言」を付した。2011年に委員会は，この宣言は規約の趣旨目的に反するという前回の審査で委員会が述べた意見を再び想起し，同宣言を正式に撤回することを勧告した[28]。2012年に委員会は，モルディブが規約18条に付した留保につき，同留保は規約の趣旨目的に反すると懸念を表明

---

27) 1 Report of the Human Rights Committee, 50 GAOR, Supp. No.40, at 46, A/50/40 (1995) (para. 279).
28) 1 Report of the Human Rights Committee, 67 GAOR, Supp. No.40, at 27, A/67/40 (Vol. I) (2012) (para. 7).

したうえで，留保の撤回を勧告した[29]。

2012年にドイツの報告を検討した際に委員会は，ドイツの留保につき遺憾の意を表明し，留保の撤回の検討を勧告した。その際ドイツが規約26条に関して選択議定書に付した留保（前節参照）を含めて，委員会は，ドイツの留保が規約や選択議定書の趣旨目的と両立しないとの認識は示さなかった[30]。

（2）パキスタンの留保に関する声明

パキスタンは2010年6月23日に自由権規約を批准したが，その際に次のような留保を付した。

「パキスタン・イスラム共和国は，3条，6条，7条，18条，及び19条はパキスタン憲法の規定及びシャリア法に反しない限りで適用されると宣言する。

パキスタン・イスラム共和国は，12条はパキスタン憲法の規定に合致するように適用されると宣言する。

13条に関しては，パキスタン・イスラム共和国政府は，外国人に関する自国の法を適用する権利を留保する。

パキスタン・イスラム共和国は，25条の規定はパキスタン憲法の規定に反しない限りで適用されると宣言する。

パキスタン・イスラム共和国政府は，規約40条に規定された委員会の権限を認めないことをここに宣言する。」

問題の多い留保だが，自由権規約委員会が特に問題と考えたのは，40条に関する留保である。40条は規約の履行に関する報告を定期的に提出する締約国の義務を定め，自由権規約委員会がその報告を検討すると規定する。この留保によって，国家報告制度がパキスタンに及ばなくなることが懸念された。前例がなく，委員会にとって受け入れがたい留保だった。そこで2011年3月に委員会は，「規約40条に関するパキスタンの留保に関する声明」をホームページで公表するとともに，同内容の口上書を同国代表部に送付した。声明によれば，「〔40条で委員会に与えられた〕権限は，委員会の監視機能の遂行にとって非常に重要であり，規約の存在理由にとって不可欠である。……パキスタン・イス

---

[29] 1 Report of the Human Rights Committee, 68 GAOR, Supp. No.43, at 42, A/68/40 (Vol. I) (2013) (para. 5).
[30] Id. at 113 (para. 5).

ラム共和国の第1報告書の期限は、規約40条1項（a）によれば、2011年9月23日に到来する[31]。」委員会が、国家報告審査は規約の「存在理由にとって不可欠である」と強調したのは、国際法委員会の実行ガイドを念頭に置きながら、40条に関するパキスタンの留保は規約の趣旨目的と両立しないことを示唆するためだった[32]。ただし、パキスタンは国家通報を審査する委員会の権限を認めないと宣言しようとしたのではないか（「41条」の誤記ではないか）とも思われたこともあって、同留保が規約の趣旨目的と両立しないと断定することは控えた。

結局2011年9月にパキスタンが6条、7条、12条、13条、18条、19条、及び40条に関する留保を撤回して、問題は決着した[33]。

4 条約の留保に関する国際法委員会の作業

ILCは1993年に条約の留保について検討することを決定した。人権条約の留保はこのテーマにおける重要論点である。本節では、ILCと人権条約機関、特に自由権規約委員会がどのように協働したかという観点から、条約の留保に関するILCの作業を分析する。留保が条約の趣旨目的と両立するかを評価する人権条約機関の権限、及び無効な留保の効果（留保可分論の是非）が特に重要なので、これらの点に特別の注意を払う。

（1）暫定的結論（1997年）

ILCは1995年から条約の留保に関する具体的検討を始め、最終成果は「実行ガイド」とすることを決定した。特別報告者のペレ（仏）は当初より、人権条約の留保がこの問題に関する重要論点であることを認識し、1996年に提出した第2報告書で87頁を割いてこれを論じた[34]。ILCは翌1997年に、ペレの提案に基づき、「人権条約を含む規範的多国間条約への留保に関する国際法委員会の

---

31) 1 Report of the Human Rights Committee, 66 GAOR, Supp. No.43, at 10-11, A/66/40 (Vol.I) (2011).
32) 実行ガイド3.1.5.7、後掲4（4）A参照。一般意見24号も「国は報告書を提出し委員会の審査を受けることを拒否する権利を留保することはできない」とした（11項）。
33) 1 Report of the Human Rights Committee, 67 GAOR, Supp. No.43, at 8-9, A/67/40 (Vol.I) (2012).

第3部 個人の保護

暫定的結論」を採択した[35]。人権条約機関や諸国との対話を促したいとの動機に基づいていた。ILC はこれを人権条約機関に送り，意見を求めた。

　ILC は暫定的結論で，まず次のように宣言した。条約法条約が定めた留保制度は，人権条約を含む規範的多国間条約に適用される（3項）。しかし，人権条約による監視機関の設置は，留保の許容性の評価につき，条約法条約起草時には想定されなかった法律問題を惹起する（4項），と。自由権規約委員会は，一般意見24号で人権条約の特殊性を強調したが，条約法条約の留保制度が人権条約に適用されないと考えたわけではないので，この部分は委員会にも受け入れ可能だった。

　暫定的結論は次に，人権条約が設立した監視機関は，与えられた職務を遂行するために，留保の許容性につき「論評を行い，勧告を表明する」権限をもつ（5項）。監視機関の認定の法的効力は，監視機能のために与えられた権能を超えることができない（8項）とした。自由権規約委員会は決定を行う権限をもたないので，監視機関が留保の許容性を判定する地域機関の実行を規約に引き移すことができないことは，多くの ILC 委員が認めた。しかしそれにしても，人権条約機関が留保の許容性につき意見を述べる権限をもつことを ILC が認めたのは重要である。自由権規約委員会は，前述したように，個人通報審査や国家報告審査で留保の許容性を評価しているので，「5項において表明された国際法委員会の見解に同調する」という意見を述べた[36]。8項については特に意見を述べなかった。

　留保が許容されないときに留保国が当事国になるかについて，暫定的結論は結論を示さず，「留保が許容されないときに，措置をとる責任を有するのは留保国である」とだけ述べた（10項）。本項は，留保が許容されないときに留保

---

34) Second Report on Reservations to Treaties, Special Rapporteur, A/CN.4/477/Add.1 (1996).

35) Preliminary Conclusions of the International Law Commission on Reservations to Normative Multilateral Treaties Including Human Rights Treaties, in Report of the International Law Commission, 49th Sess., [1997] 2 Y.B. Int'l L. Comm'n 57, A/CN.4/SER.A/1997/Add.1. 山田中正「国連国際法委員会（ILC）第49会期の概要」国際法外交雑誌97巻2号（1998年）168, 183-89頁（岩沢執筆担当部分）も参照。筆者は山田委員の補佐として49会期に出席し，暫定的結論をめぐる ILC の議論を傍聴した。

36) Letter dated 5 Nov. 1998, 1 Report of the Human Rights Committee, 54 GAOR, Supp. No.40, at 128, 129, A/54/40 (1999).

国が当然に当事国になるわけではないことを示唆しており、留保可分論を否定するように見える。暫定的結論は次いで12項で、上記の結論は「地域的機関が発達させてきた実行や規則には影響を与えない」とした。10項と12項を併せ読むと、ILC は地域的機関（ヨーロッパ人権裁判所など）の留保可分論は認めるが、自由権規約委員会の留保可分論は認めないと読める。留保可分論への反対が根強い ILC においては12項についても議論がなかったわけではないが、結果的に自由権規約委員会の一般意見24号が「唯一の『標的』になった[37]」。自由権規約委員会は、ILC が12項で表明した見解に懸念を表明したうえで、ILC が10項で示した命題は、人権条約機関が発達させてきた実行が一般的に受け入れられるに従い修正を受けるという意見を述べた[38]。

このように暫定的結論は、人権条約機関の実行に理解を示しながらも、国家の同意原則を強調する「国家中心主義（statist）[39]」の立場に立っているということができ[40]、自由権規約委員会の一般意見24号とは大きく異なる[41]。

（2）人権条約機関の作業部会

ILC の作業が進む中、2005年に人権条約機関委員長会議は、人権条約諸機関が条約の留保の問題に協調して対応する必要を認め、作業部会を設置し、人権条約機関の実行を検討して同会議に報告することを求めた[42]。作業部会は2006年に2回会合をもち、いずれの会合でも自由権規約委員のロドリーを議長兼報告者に選び、勧告をまとめた[43]。それまでは、留保が許容されないとき

---

37) B. Simma, Reservations to Human Rights Treaties: Some Recent Developments, in Liber Amicorum Professor Seidl-Hohenveldern: In Honour of His 80th Birthday 659, 678 (1998).
38) Letter dated 9 Apr. 1998, 1 Report of the Human Rights Committee, 53 GAOR, Supp. No.40, at 103, A/53/40 (1998).
39) Simma, supra note 37, at 678.
40) これはペレの立場を反映している。坂元茂樹「『条約の留保』に関するガイドラインについての一考察――人権条約の実施機関の実行をめぐって」村瀬信也＝鶴岡公二（編）『変革期の国際法委員会』山田中正大使傘寿記念（信山社、2011年）345, 363頁。
41) 坂元教授は、暫定的結論は「規約人権委員会と 3 国の見解のどちらか一方に与しない、きわめて中立的な内容になっている」とする。坂元・前掲注 1 ）32頁。
42) Effective Implementation of International Instruments on Human Rights, including Reporting Obligations under International Instruments on Human Rights: Note by the Secretary-General 12, 20, A/60/278 (2005).

に留保国が当事国になるかという点について，人権条約機関の足並みは揃っていたとはいえない。それにもかかわらず，作業部会が2006年6月にまとめた勧告は，留保可分論に好意的なものだった。同7項によれば，留保が無効である結果は，当該国が条約当事国にならないか，留保の対象となった規定を除いて当事国になるか，留保の恩恵を受けずに当事国になるかのいずれかである。「具体的な状況に適用される結果は，留保を行った時の留保国の意思にかかる。」その意思は，入手可能な情報の慎重な検討によって確認されなければならない。その場合，同国は留保の恩恵を受けずに条約当事国にとどまるという反証可能な推定が働く[44]。

2006年12月の会合で自由権規約委員のロドリーは，この7項を批判し，留保国の意思ではなく，留保国が当事国にとどまる推定に焦点を当てるべきだと主張した[45]。人権条約諸機関の意見を踏まえて，作業部会は勧告を修正した。新7項は，「無効の効果に関し，作業部会は，無効な〔invalid〕留保は効力をもたない〔null and void〕とみなされるとの国際法委員会特別報告者の提案に同意する。国はそのような留保に依拠することができず，反対の意思が疑問の余地なく明確に〔incontrovertibly〕認定されない限り，留保の恩恵を受けずに条約当事国にとどまる」とした[46]。旧7項が「留保を行った時の留保国の意思」を強調したのに対して，新7項は，反対の意思が「疑問の余地なく明確に」認定されない限り留保の恩恵を受けずに条約当事国にとどまる意思をもっていたという"推定"が働くとした[47]。こうして，自由権規約委員会が一般意見24号で採用した留保可分論が作業部会でも受け入れられたに等しい結果になった。

---

43) Report of the Meeting of the Working Group on Reservations, HRI/MC/2006/5/Rev.1 (2006). Report of the Meeting of the Working Group on Reservations, HRI/MC/2007/5 (2007). See also The Practice of Human Rights Treaty Bodies with Respect to Reservations to International Human Rights Treaties, HRI/MC/2005/5 (2005); Addendum, HRI/MC/2005/5/Add.1 (2005); Report of Reservations, HRI/MC/2008/5 (2008).

44) Report of the Meeting of the Working Group on Reservations (2006), id. at 4-5.

45) Report of the Meeting of the Working Group on Reservations (2007), supra note 43, at 4.

46) Id. at 7.

47) ペレは，これは行き過ぎであり，自分の立場とは異なると述べた。Fourteenth Report on Reservation to Treaties, Special Rapporteur 18, A/CN.4/614 (2009).

2006年12月の国連総会決議に従い，2007年5月にペレは人権条約機関の委員と協議を行った[48]。そして2007年6月に人権条約機関委員長会議は，作業部会の勧告を，修正することなく是認（endorse）した[49]。

（3）暫定案（2010年）

ILC は，2009年と2010年に人権条約に関係するガイドラインを多く採択し，2010年に実行ガイド全体を暫定的に採択した（以下，暫定案）。ILC が作成する実行ガイドは，人権条約機関にも大きな影響を与えると考えられた。筆者は当時，自由権規約委員会委員長を務めていた。そこで，ILC の作業を精査し，必要なら意見を述べるよう委員会を主導した[50]。委員会は2010年3月及び7月に検討を行い，ILC 宛てに書簡を送ることを決定した。委員長（筆者）は2010年7月20日付書簡において，2009年に採択されたガイドライン案につき懸念を表明し，2010年採択予定のガイドライン案について要望を述べた[51]。ILC が2010年に採択したガイドライン案については，2010年10月及び2011年3月に検討を行った。そして委員長（この時点ではマジョディナ）が，2011年4月5日付書簡で懸念を表明した[52]。

ILC は，2010年に採択した暫定案について諸国の意見を求め，それに応じて多くの国が意見を提出した[53]。また，2010年秋の国連総会（第6委員会）において討論が行われた[54]。ILC は2011年に暫定案を全体にわたって見直し，諸国が提出した意見，第6委員会で諸国が表明した意見，その他の意見を参考に，必要な修正を加えて実行ガイドを最終的に完成させ，採択した[55]。同年，実

---

48) Fourteenth Report, Annex, id. at 27（ペレがまとめた同会合の報告）.
49) Effective Implementation of International Instruments on Human Rights, including Reporting Obligations under International Instruments on Human Rights: Note by the Secretary-General 7, 21, A/62/224 (2007).
50) 拙稿「自由権規約委員長としての2年を振り返る —— 条約留保問題に対する委員会の貢献を中心に」国際人権22号（2011年）3頁参照。
51) 1 Report of the Human Rights Committee, 66 GAOR, Supp. No.40, at 3-4 A/66/40 (Vol. I) (2011).
52) Id. at 5.
53) Reservations to Treaties: Comments and Observations Received from Governments, A/CN.4/639 (2011); Addendum, A/CN.4/639/Add.1 (2011).
54) Topical Summary of the Discussion Held in the Sixth Committee of the General Assembly during Its Sixty-Fifth Session 4-9, A/CN.4/638 (2011).

行ガイドを含む ILC の報告書が国連総会に提出されたが，総会はその年は条約の留保について検討することができず，2013年に実行ガイドに留意（took note）し，同ガイドの可能な限り広範な普及を奨励する決議を採択した[56]。

（4）実行ガイド（2011年）

　国連総会における議論は，実行ガイドが採用した考えのすべてに諸国が同意しているわけではないことを示しており[57]，実行ガイドのすべてが現存の国際法を反映している又は慣習国際法になっているというわけではない。しかしそれにもかかわらず，実行ガイドが ILC による長年にわたる作業の成果であり，きわめて重要な文書であることは否定できない。そして，同ガイドが人権条約機関の留保実務に与える影響は決して小さくない。以下では，人権条約機関の観点から実行ガイドを分析するが，紙幅の関係で重要なガイドラインに焦点を絞らざるをえない。

　（a）条約の趣旨目的と両立しない留保

　実行ガイドは，3．1．5から3．1．5．7までの8つのガイドラインで条約の趣旨目的と両立しない留保の問題を扱っている。3．1．5（留保の条約の趣旨目的との非両立性）は，冒頭で原則を定める。3．1．5．1（条約の趣旨目的の認定），3．1．5．2（不明瞭又は一般的な留保）は，両立性の認定に関する一般的なガイドラインである。

　3．1．5．3（慣習規則を反映する規定の留保）は，条約規定が慣習国際法を反映していることそれ自体は，その規定の留保の障害とはならないと定める。自由権規約委員会が一般意見24号で述べたこととは異なるが，委員会はこのガイドライン案には意見を述べなかった。3．1．5．4（いかなる場合にも逸脱が許されない権利に関する規定の留保）は，いかなる場合にも逸脱が許されない権利に関する規定を留保することはできない（ただし，同留保が条約の基本的権利義務と両立する場合を除く）と定める。一般意見24号の規定ぶりとは異なるが，

---

55) Report of the International Law Commission, 66 GAOR, Supp. No.10, A/66/10/Add.1 (2011).
56) Reservation to Treaties, G.A. Res. 66/110, A/RES/68/111 (2013).
57) E.g., Topical Summary of the Discussion Held in the Sixth Committee of the General Assembly during Its Sixty-Eighth Session 19-21, A/CN.4/666 (2014).

委員会はこのガイドライン案にも意見を述べなかった。

　3.1.5.5（国内法に関する留保）は，一般意見24号で自由権規約委員会が表明した懸念と軌を一にする規定である。3.1.5.6（多くの相互依存的な権利義務を含む条約の留保）は，一般意見24号には対応する規定がないが，委員会はこのガイドライン案にも意見を述べなかった。

　3.1.5.7（紛争解決又は条約実施の監視に関する条約規定の留保）は，「紛争解決又は条約の実施の監視に関する条約規定の留保は，それ自体は，条約の趣旨目的と両立しないわけではない。ただし，次の場合を除く。(i) 条約の存在理由にとって不可欠な条約規定の法的効果を排除又は変更しようとするもの」と定める。前述したように，自由権規約委員会は2011年に，この規定の文言を使いながら，パキスタンの留保が規約の趣旨目的と両立しないことを示唆した。委員会はこの規定を「国は報告書を提出し委員会の審査を受けることを拒否する権利を留保することはできない」と定める一般意見24号（11項）と同趣旨とみなしたといえる。委員会がパキスタンの留保に関する声明の中で，一般意見24号ではなく，まだ草案にすぎなかった実行ガイド暫定案の文言を使ったことが注目される。委員会は，その考えが独自のものではなく，国際法によって支持されていることを強調しようとしたと見られる。

　このように，条約の趣旨目的との両立性についてILCが示した基準について，自由権規約委員会は特に意見を述べなかった。基準自体については異論がないということかもしれない。しかし，前述したように，両立性の判断は実際には容易でない。

（b）留保の許容性を評価する監視機関の権限

　3.2（留保の許容性の評価）は，次のように定める。「次のものは，それぞれの権限の範囲内において，国又は国際機関が付した条約に対する留保の許容性を評価することができる。締約国又は締約国際機関，紛争解決機関，条約監視機関」。そして続く3.2.1（留保の許容性を評価する条約監視機関の権限）は，「条約監視機関は，自らに付与された職務を果すために，国又は国際機関が付した留保の許容性を評価することができる。この権限の行使に当たって同機関が行った評価は，同評価を含む判断の法的効果以上の効果はもたない」と定める。

　条約監視機関が，条約によって与えられた権限を行使する際に，留保の許容

性を評価することができることを確認する３．２及び３．２．１第１文は、とても重要だが、自由権規約委員会の立場からは当然の規定である。前述したように、自由権規約委員会は、個人通報審査や国家報告審査の過程で、留保の許容性を評価している。ペレは1996年の第２報告書ですでに、人権条約機関が留保の許容性を評価することができることを認めていた[58]。1997年のILCの暫定的結論も、ペレの提案に基づき、人権条約機関は留保の許容性につき「論評を行い、勧告を表明する〔comment upon and express recommendations〕」権限をもつとした（5項）。1994年に自由権規約委員会が一般意見24号を出す前は、人権条約機関の間ですら、自らが留保の有効性を評価する権限をもつということについて意見が一致していたわけではなかった。しかし、暫定的結論の影響は大きく、2007年にペレが人権条約機関の委員との間で行った協議では、「すべての参加者」が、人権条約機関が留保の有効性を評価する権限をもつことは「疑いない」と考えた[59]。そしてペレは、人権条約機関との意見交換や協議を踏まえ、2010年に暫定的結論を「再検討する〔revisit〕」ことが適当と考え、実行ガイド暫定案では、条約監視機関は「留保の有効性を評価する〔assess the validity〕」ことができると定めることを提案した[60]。最終条文では、「留保の許容性を評価することができる」と修正されたが、３．２．１は、人権条約機関は留保の許容性につき「論評を行い、勧告を表明する」権限をもつと定める暫定的結論（5項）と比べ、人権条約機関により好意的な規定になったと評価することができよう[61]。

　第６委員会で暫定的結論が検討されたときは、暫定的結論5項に反対した国が少なくなかった[62]。第６委員会で暫定案が検討されたときも、条約監視機関が評価権限をもつことに反対する国が少なくなかった[63]。それにもかかわ

---

58) Second Report, supra note 34, at 67-70.
59) Fourteenth Report, supra note 48, at 33.
60) Tenth Report on Reservation to Treaties: Addendum, Special Rapporteur 13, 31, A/CN.4/558/Add.2 (2005). See I. Boerefijn, Impact on the Law on Treaty Reservations, in M. Kamminga & M. Scheinin (eds.), The Impact of Human Rights Law on General International Law 63, 87 (2009).
61) ただし中野教授は、両者は「実質に差異はない」という。中野徹也「人権概念と条約の留保規則」国際法外交雑誌111巻4号（2013年）587, 596頁。
62) Topical Summary of the Discussion Held in the Sixth Committee of the General Assembly during Its Fifty-Second Session 10-11, A/CN.4/483 (1998).

らず ILC が，留保の許容性を評価する条約監視機関の権限を認める３．２及び３．２．１第１文を採択したことは，とても重要である。

　３．２．１第２文は，暫定案では，「この権限の行使に当たって同機関が出した結論は，監視の役割から生じる効果と同じ法的効果をもつ」となっていた。これが最終条文では，「この権限の行使に当たって同機関が行った評価は，同評価を含む判断の法的効果以上の効果はもたない」と修正された。自由権規約委員会が見解や総括所見において行った評価は，暫定案によれば，見解や総括所見と「同じ法的効果をもつ」。それが最終条文では，見解や総括所見「以上の法的効果はもたない」とされた。条約監視機関の評価の効果が，若干弱められた。

　第２文によれば，条約監視機関による留保の許容性評価は，法的拘束力がある判決を出すことを認められている裁判所（ヨーロッパ人権裁判所など）のものは法的拘束力があるが，国連の人権条約機関のように見解や総括所見を出す権限しかない機関のものは，見解や総括所見「以上の法的効果はもたない」。このような考えは，1997年の暫定的結論にすでに示されていた。暫定的結論は，監視機関の認定の法的効力は「監視機能のために与えられた権能を超えることができない」としていた（８項）。人権条約機関は裁判所ではない。３．２．１第２文は，人権条約機関にとっても受け入れ可能である。自由権規約委員会は，暫定的結論８項についても，暫定案３．２．１第２文についても，特に意見は述べなかった。

（ｃ）監視機関の権限の明確化

　1997年の暫定的結論は，国家の行動を重視するペレの考えに基づき，「国が留保の許容性を評価し又は決定する権限を監視機関に与えようとするときは，多国間規範条約（特に人権条約を含む。）に特別の条項を定めること又は既存の条約に対する議定書を策定することを，〔国際法〕委員会は提案する」とした（７項）。３．２．２暫定案（留保の許容性を評価する条約監視機関の権限の明確化）は，ペレの提案に基づき[64]，これを発展させて，次のように定めた。「条約機関に条約の適用を監視する権限を付与するときは，国又は国際機関は，適当な

---

63) Topical Summary of the Discussion Held in the Sixth Committee of the General Assembly during Its Sixty-Fourth Session 6–7, A/CN.4/620 (2010).
64) Tenth Report, supra note 60, at 15–16.

第3部　個人の保護

場合には〔where appropriate〕，留保の許容性を評価する同機関の権限の性質及び限界を明確に定めるべきである〔should specify〕。既存の監視機関について，そのための措置をとることもできる〔measures could be adopted to the same ends〕。」

　この案に対して，自由権規約委員会は強い懸念を抱いた。委員長は ILC に宛てた2010年の書簡において，第1文につき次のように懸念を表明した。「〔3．2．2第1文の〕勧告は，そのような規定を条約が含んでいないときは，条約の下で設置された監視機関は留保の許容性を評価する権限がない，と反対解釈して主張するために将来用いられうると，何人もの委員が懸念を表明しました。加えて，『適当な場合には』という文言は……十分に明確とはいえないと受け止められました。したがって，自由権規約委員会は，3．2．2第1文を次のように修正することをご提案申し上げます。『条約機関に条約の適用を監視する権限を付与するときは，国又は国際機関は，留保の許容性を評価する同機関の権限の性質及び限界を明確に定める・・・・・・ことができる〔*may* specify〕。』」第2文については，委員会はその削除を提案した。「多くの委員が，〔第2文が示唆する〕人権条約修正への公然の誘いは有益でないこと，そして既存の監視機関の権限の削減につながりうることに懸念を表明しました。……自由権規約委員会は，第2文を削除することをご提案申し上げます。[65]」

　最終条文で，第1文は修正されずに採択された。「適当な場合には」を削除し，定める「べきである」を定める「ことができる」に変えるという自由権規約委員会の案は採用されなかった。他方で，第2文は削除された。その点では，自由権規約委員会の要望がみたされた。

（d）留保可分論

　人権条約の留保に関して意見が最も分かれた点は，留保が許容されないとされたときに，条約に対する合意の効力も失われ，留保を付した国は条約当事国にならないのか，合意の効力は影響を受けず，留保を付した国は当事国になり，留保なしに条約に拘束されるのかである。後者は留保可分論と呼ばれ，ヨーロッパ人権裁判所[66]や自由権規約委員会[67]がとった考え方である。

65）　前掲注51）参照。
66）　Belilos v. Switz., Eur. Ct. H.R., Ser. A, No. 132 (29 Apr. 1988). 小寺彰ほか（編）『国際法判例百選〔第2版〕』（有斐閣，2011年）118頁。

ペレは当初，留保が許容されないと判断されたときに，留保国が条約当事国になるかどうかを決めるのは当該留保国の意思であると考えた[68]。ペレの提案に基づき，1997年のILCの暫定的結論も，「留保が許容されないときに，措置をとる責任を有するのは留保国である」とした（10項）。暫定的結論は総じて同意原則を強調しており，本項は留保可分論を否定する趣旨に見えた。しかし，その後ペレは，人権条約機関との協議を通じて，人権条約機関の実行により理解を示す立場に変わっていった。2010年にペレが提案した4.5.3案は，当初のペレの立場と異なり，留保が無効とされた場合に，国は原則として，留保の恩恵を受けずに条約当事国になるという「肯定的推定」の立場に立つものだった[69]。

自由権規約委員会は，ペレが提案した4.5.3案についてあらかじめ意見を述べることが重要と考えた。そこで2010年7月の書簡の中で次のように述べた。「無効な留保の効果に関して，人権条約機関委員長会議が設置した留保作業部会は，次の勧告を行い，後に委員長会議はこれを是認しました。『無効の効果に関し，作業部会は，無効な留保は効力をもたないとみなされるとの国際法委員会特別報告者の提案に同意する。国はそのような留保に依拠することができず，反対の意思が疑問の余地なく明確に認定されない限り，留保の恩恵を受けずに条約当事国にとどまる。』自由権規約委員会は，特別報告者が2010年5月にガイドライン案4.5.3を同様の方針に立って提案したことを歓迎し，国際法委員会の起草委員会が上記勧告に妥当な考慮を払うことを望みます[70]。」

ILCでは，ペレをはじめとする「肯定的推定」派と，留保が無効とされたら国は原則として条約当事国にならないという「否定的推定」派（ウッド＜英＞，ノルテ＜独＞など）が対立した。2010年7月20日午前にILCはペレの報告書に関する討議を終え，午後から起草委員会がガイドラインの起草作業を始めることになっていた。肯定的推定派が優勢で，否定的推定派が表決を要求しかねない緊迫した会合の最中に，ILC委員長は，自由権規約委員長の書簡の写しを配

---

67) 一般意見24号18項。Kennedy v. Trin. & Tobago, supra note 5.
68) Second Report, supra note 34, at 74–86.
69) Fifteenth Report on Reservation to Treaties: Addendum, Special Rapporteur 22-40, A/CN.4/624/Add.1 (2010).「予想に反し，特別報告者は，作業部会の勧告に沿った実行ガイドを提案〔した〕」。中野・前掲注61) 602頁（傍点筆者）。
70) 前掲注51)。

布した。同書簡は，国は反対の意思が「疑問の余地なく明確に」認定されない限り条約当事国になるという，強い肯定的推定を示唆していた。ILC が４．５．３を起草委員会に送ることを決定した後に，ノルテは発言を求め，ペレは同書簡にある「疑問の余地なく明確に（incontrovertibly）」という語にかんがみ，ペレの提案が人権条約機関の勧告と「同様の方針に立つ〔along these lines〕」という自由権規約委員長の説明に同意するかと問い質した。続いてフムード（ヨルダン）が，自由権規約委員長の書簡は ILC の作業への干渉であり，それが委員に配布されたことに反対すると述べた。ペレは「疑問の余地なく明確に」という副詞に自分は反対であると回答した[71]。

　ILC は結局，肯定的推定の立場に立つ次のようなガイドライン案を採択した。４．５．２〔旧４．５．３〕「無効な留保が付されたとき，留保を付した国又は国際機関は，当該国又は機関の反対の意思が確認されない限り，留保の恩恵を受けずに，締約国，締約機関，又は場合によっては条約当事国とみなされる。留保を付した主体の意思は，そのために関連があると認められるすべての要素を考慮して確認するものとし，次を含む。留保の文言。条約の交渉，署名若しくは批准の際に又は他の方法で条約に拘束される同意を表明した際に留保を付した主体が発した声明。留保を付した主体の事後の行動。他の締約国及び締約機関の反応。留保が対象とする規定。並びに，条約の趣旨及び目的[72]。」

　自由権規約委員会は，このガイドライン案を概ね満足をもって受け止めた。このガイドライン案については，多くの国が意見を述べ，2010年秋の第６委員会で議論を呼んだ。諸国の意見は，肯定的推定を支持するものと批判するものに大きく分かれた[73]。

　ILC は2011年に，本ガイドラインを大幅に修正して，採択した。４．５．２（無効な留保を付した主体の条約との関係での地位）は，４項に分けられた。「１　無効な留保を付した主体の条約との関係での地位は，当該留保国又は国際機関が，留保の恩恵を受けずに条約に拘束される意図があるか，又は条約に拘束されないと考えるかについて表明した意思にかかる。」「２　無効な留保を付した

---

71)　ILC, Summary Record of the 3067th mtg. at 9, A/CN.4/SR.3067 (20 July 2010).
72)　国際法委員会研究会「国連国際法委員会第62会期の審議概要」国際法外交雑誌109巻３号（2010年）421, 425, 428-29, 460頁も参照。
73)　Reservations to Treaties, supra note 53, at 31-42. Topical Summary, supra note 54, at 7.

主体が，別段の意思を明示したか又はそのような意思がその他の方法で証明されない限り，当該主体は留保の恩恵なしに締約国又は締約機関とみなされる。」
「3　第1項及び第2項の規定にかかわらず，無効な留保を付した主体は，留保の恩恵を受けられなければ条約に拘束される意思がないことをいつでも表明することができる。」「4　条約監視機関が留保は無効であるという見解を表明した場合，留保国又は国際機関は，留保の恩恵を受けられなければ条約に拘束される意思がないときは，条約監視機関が当該評価を行った日から12箇月以内にその旨の意思表示を行うべきである。」

　第2項が，無効な留保を付した国は，別段の意思を明示しない限り，留保の恩恵なしに条約当事国とみなされると定めているので，肯定的推定の立場を維持したといってよい。他方で，第3項と第4項で，留保国が留保の恩恵を受けられなければ条約当事国にならないという意思を表示する機会をより広く認めた。留保国の意思がより重視され，肯定的推定の効果が弱められたといえよう[74]。

(e) 許容されない留保の集団的受諾

　3.3.3〔旧3.3.4〕暫定案（許容されない留保の集団的受諾の効果）は，次のように定めた。「条約によって禁止されている又は条約の趣旨及び目的と両立しない留保は，1締約国又は1締約機関の要請に基づき，寄託者がそれについて明示的に通知したにもかかわらず，いずれの締約国又は締約機関も反対しないときは，許容されるとみなされる。」

　自由権規約委員会は，この案に対して懸念を抱き，ILC に宛てた2011年の書簡で次のように述べた。「このガイドラインは，無効な留保が当事国の集団的沈黙を通じて有効になることを認める新しい手続を発展させることを構想しているように見えます。……このガイドラインの下で許容されない留保が受諾されることは，審議なしに，〔留保の許容性の〕評価を効果的に行う監視機関の能力を制限しかねないと，委員会は考えます。」本ガイドラインは，多くの国によっても批判された[75]。結局 ILC は，最終条文において3.3.3を削除した。自由権規約委員会の要望はみたされる結果となった。

---

74) D. MacRae, The Work of the International Law Commission, 2007–2011: Progress and Prospects, 106 Am. J. Int'l L. 322, 328 (2012). 中野・前掲注61) 605頁。

75) Reservations to Treaties, supra note 53, at 17–20. Topical Summary, supra note 54, at 5.

おわりに

　1994年に一般意見24号を採択した自由権規約委員会は，条約の留保に関するILCの作業に強い関心をもち，ILCに対して意見を述べたり，ILCの関係者と協議を行うなど，ILCの作業に積極的に関わろうとした。1998年にはILCの求めに応じて暫定的結論について意見を述べ，2010年と2011年には自らの発意でILCに書簡を送り，実行ガイド暫定案について意見を述べた。委員会が表明した意見は，ILCの審議を経て最終的に取り入れられた形になったものも少なくない。ILCは暫定案を見直し実行ガイドを最終的に採択するに当たって，諸国の意見をはじめ，あらゆる意見を参考にした。自由権規約委員会の意見が決定的な役割を果たしたと主張するつもりはないが，委員会が一定の貢献をしたことは否定できないと思う。他方で，自由権規約委員会は2011年に当時まだ草案にすぎなかった暫定案を実務において使用したことに示されるように，ILCが作成していた実行ガイドの意義を高く評価していた。重要で影響が大きいと考えたからこそ，ILCの作業に強い関心をもち，意見を述べるなどしたのである。

　他方ILCは，当初より人権条約の留保が条約の留保に関する重要論点であることを認識し，人権条約機関の実行に配慮し，適当な場合にはそれを最終成果に反映させようとしたことが看て取れる。特に注目されるのは，特別報告者のペレが，人権条約機関との協議を経て，立場を変えたことである。ペレは当初は，同意原則を強調する立場から，留保可分論に否定的だった。しかし2010年には ── 「疑問の余地なく明確に」という語は受け入れなかったにしても ── 人権条約機関の実行に歩み寄り，「予想に反し」作業部会の勧告に沿って，肯定的推定の立場に立つガイドラインを提案した。また，留保が条約の趣旨目的と両立するかを評価する人権条約機関の権限についても，暫定的結論を「再検討する」ことが適当であるとはっきり述べたうえで，条約監視機関は留保の「有効性を評価する」ことができると，監視機関の評価権限をより強く認めるガイドラインを提案した。このようなペレの提案は，最終的に実行ガイドに取り入れられた。

　このように，条約の留保をめぐって，国際法委員会と自由権規約委員会の間には貴重な協働が存在したのである。

12 欧州人権条約における域外適用

立松美也子

1　はじめに
2　条約の適用範囲
3　欧州人権条約の域外適用の関連事例
4　欧州人権条約の領域外適用条件
5　おわりに

1　はじめに

　条約は，国際的な合意であり，国家間のコミュニケーションに基づいた交渉の結果形成される。条約は明示的合意であるから，その内容は国際慣習法に比すれば，明晰である点が特徴となる。一方，分権的な国際社会には，統一的な立法機関は存在しない。その結果，国際法体系は法の欠缺が生じうるし，状況の変化に迅速に対応することは困難となりうる。

　村瀬先生は，「既存の国際法秩序に生じた真空状態は，断片的な条約や自然発生的な慣習法でカバーできるものではなく，また未成熟なソフト・ロー規範によってもとうてい克服されるものではない。そこでは明らかに意識的かつ組織化された体系的な法定立メカニズムの設定が不可欠なものとして要請されている[1]」と指摘された。国際社会は，国際立法を必要とすると早くから論じられてきた。

　人権分野は伝統的国際法ではその規律対象ではなかった。第二次大戦後に量的にも質的にも充実したものとするため，活発に国際人権条約は作成されてきた。国際人権条約も条約の一種であるから，当然，当事国の「合意」による国際約束であり，かつ，諸国間の将来にわたった共通の利益を実現するため，国

---

[1]　村瀬信也＝奥脇直也＝古川照美＝田中忠『現代国際法の指標』（有斐閣，1994年）35－36頁〔村瀬担当部分〕。

家の行為を規制する「立法条約」の一種である。本稿で取り扱う欧州人権条約は，地域が限定されるものの，国際機構であるヨーロッパ評議会の枠組みで作成された国際立法条約のひとつである。同条約には，個人からの申立てが可能な欧州人権裁判所が設置されており，その判決は当事国を拘束する。これらの判決は同条約の解釈を形成し，条約体系に多大な影響を与えてきた。欧州人権裁判所の判例は同条約の解釈，適用の指針となり，それらを通じて同条約の欠缺を埋め，国際立法を実践している。

　グローバル化した国際社会は，その変化の度合いが大きく，国際人権条約も社会の変化に伴い，発展的解釈を必要とせざるを得ない。欧州人権条約の場合，同裁判所の活動によって社会の状況が変化した場合，それに応じた解釈を示すことが可能となる。それを当事国も受け容れていることは，同裁判所がタイラー事件において，「(欧州人権条約は，)現在の状況に照らして解釈されるべき生きた文書であることを想起する[2]」と述べたことからも明らかであろう。たとえ，条約文言を改正しなくとも，条約を取り巻く状況の変化に応じて解釈も変化しうると示したと言えよう。国際法秩序の真空状態に欧州人権条約体制は，判決によるある種の「国際立法」を実践している。それでは，条約法が基盤とする「合意」は，この実践によってどのような変化を余儀なくされているのだろうか。

　本稿では，欧州人権条約の領域外での適用の問題を取り上げ，欧州人権裁判所の判決を分析する。果たして域外適用がどのような条件で可能となるのか，そして，合意規範たる欧州人権条約に何らかの変化をもたらしているのかについて考察する。

2　条約の適用範囲

(1) 条約法条約29条の規定

　条約の適用範囲について条約法条約29条は，「別段の意図が条約自体から明らかである場合及びこの意図が他の方法によって確認される場合を除くほか，

---

[2] *Tyrer v. the United Kingdom,* Application no. 5856/72, 25 April 1978, Series A no.26, para.31.

各当事国をその領域全体について拘束する」と規定する。条約が有効に実施されるためには、当事国が管轄権を及ぼす領域に効力を持つことが必要であることからの規定である。この条文は、慣習国際法の法典化であるとされ、それは国家慣行からも学説からも認められる[3]。

この条文における領域の意味は包括的である。国家領域を形成するすべての領土、付属する領水および領空を含む、その国が主権を持つエリアであるとされる[4]。国際法委員会（以下、ILC という）は、条約法条約のコメンタリーにおいて、「その国が国際的に責任を有する」という文言を選択しなかったと述べる[5]。この文言を避けることによって、いわゆる植民地条項との関連をさける意味合いがあった[6]。

また、複数の政府がこの条文において域外適用の問題について扱うべきとコメントした[7]。しかし、それに対しILC は、同条文を場所の観点から条約の適用問題を扱う条文であると捉え、域外適用の問題を含めず、条文の内容を限定した[8]。そして、もし、当事国の領域外への適用問題をこの条文に含むとしたら、領域外における国家の権限についてまで考慮する必要性が生じ、その結果、複雑な問題となるとILC は判断し、最終的に域外適用の問題を含めずに条文案を作成した。

このコメンタリーから条約法条約の規定は、当初から域外適用について対象としていないと理解できる。すなわち、南極条約のように、条約自体から当事国の領域外に適用があることが明らかである場合や条約が適用される領域について、たとえば、海外領土を含めるか否かについて、別段の意図を当事国が示した場合は、それらの意図に沿って適用されることとなる。ILC は、条約の領域的範囲は当事国の意思に依拠するとし、この条文は、なんら適用する領域に

---

3) Oliver Dörr, Kirsten Schmalenbach ed., *Vienna Convention on the Law of Treaties, a Commentary*, Springer, (2012), Odendahrl, p.490.
4) Anthony Aust, "Treaties, Territorial Application", *Encyclopedia of Public International Law*, Max Planck (2010) pp.26-31, para. 2.
5) ILC, "Draft Articles on the Law of Treaties with Commentaries", (1966) *Yearbook of the International Law Commission* Vol. II, pp.187 ff. p.213, para. 2, http://legal.un.org/ilc/texts/instruments/english/commentaries/ 1 _ 1 _1966.pdf.
6) *Id*, para. 3.
7) *Ibid*.
8) *Ibid*.

ついて条約が規定していない場合の一般的な規則であるとした[9]。すなわち，条約法条約は，条約の適用範囲の一般原則について規定はしたが，域外適用を念頭に置かず，合意を重視した結果，当事国の意思を第一義に考えていたと言えよう。

これは条約法条約が起草された時，依然として海外領土が存在していたことにも関係しよう。海外領土にまで条約が適用されるかどうかを条約法条約において一般的に規定することは，政治問題を生じさせる危険もあったであろう。それゆえ，同条のコメンタリーにおいて，「(ILCは,)この条文における領域外の権限についての注意が必要なあらゆる問題を取り扱うことは，不適切であろうし，勧められない[10]」とした。すなわち，問題となる条約自体が何らかの領域についての規定を設けない限り，条約法条約によって解決できる問題とは言えない。条約法条約29条は，条約の域外適用について何ら述べず，当事国自らの意思を尊重する規定となっている。条約法条約は，当事国が条約内容に同意することを基本とする「合意に基づく構造」を取る。

(2) 欧州人権条約での適用領域

条約法条約の体制において適用領域に関する意思の表明は，当事国の一方的宣言に依拠する。国連事務総長を寄託者とする多数国間条約の場合，適用領域を限定する一方的宣言は，留保として扱われることが多い。一方，欧州人権条約は，留保に関する条項とは別個に適用領域について56条で規定する。同条は批准時およびいつでも，当事国は通告によって適用領域について変更することが可能であると規定する。この条項に基づき，当事国は適用領域について別個の意思を表明できる。

欧州人権条約の寄託先は欧州評議会であり，そこでは適用領域に関する宣言を留保と別個に扱う。適用領域について，2014年現在，フランス，オランダおよびイギリスが以下の宣言を維持している[11]。

フランスは，批准時の1974年5月3日付の宣言で「(欧州人権条約を)共和国すべての領域に適用する，海外領土については63条(現56条)にあるとおり，

---

9) *Ibid.*
10) *Id.*, p.214. para. 5.

現地の必要な考慮に配慮する」と宣言した[12]。フランスは批准当初からフランスが統治する海外領土を含めた同国領域内にある人について，欧州人権条約の適用している。

　オランダは，同条約批准時の1954年に海外領土であったスリナムとオランダ領アンティル諸島に，6条3項に規定する無料の弁護人の援助の条文を除いて，欧州人権条約を適用するという宣言をおこなった。その後，1975年，スリナムの独立に伴い，適用対象から除外する旨の宣言があった。一方，1986年，オランダ領アンティル諸島が自治領となったものの，オランダ王国が国際法主体であり，オランダが締結した条約は同地域に適用される旨宣言した。オランダは海外領土について条文上の一部の除外はあるものの，欧州人権条約の適用を認めている。

　イギリスは，海外領土について欧州人権裁判所に個人の申立てができる時間的範囲を明示する宣言をおこなった。対象としたエリアは海外領土および王室領有地域である[13]。それぞれ時期が異なるものの，遅くとも2010年11月22日以降にイギリスの海外領土のあらゆる地域において個人の申立てが可能となった。

　他の当事国は現在，特に適用領域を宣言していない。欧州人権条約は他の当事国の領域一般に適用されることとなる。これらの宣言がなされた地域と他の

---

11) http://conventions.coe.int/Treaty/Commun/ChercheSig.asp?NT=005&CM=8&DF=04/04/2014&CL=ENG　トルコは，1954年条約批准の際にトルコ共和国憲法が適用される領域内における行為のみについて，欧州人権委員会の管轄を認め，欧州人権裁判所の管轄については，トルコ共和国国境内でおこなわれた（同政府の）管轄権の行使に関連する者という限定を付していた。しかし，2014年現在，そのような領域的制限を付すような宣言は維持されていない。トルコの宣言内容については，前田直子「管轄権受諾宣言に付された制限の有効性に関する解釈―ロイズィドゥ判決（先決的抗弁）」戸波他編『ヨーロッパ人権裁判所の判例』（信山社，2008年）101-102頁を参照。

12)　それぞれの国家の宣言については，以下を参照。なお，ドイツについては適用領域の宣言をおこなったとヨーロッパ評議会のリストにあったものの，宣言自体の記載は確認できなかった。http://conventions.coe.int/treaty/Commun/ListeDeclarations.asp?NT=005&CV=1&NA=&PO=999&CN=4&VL=1&CM=9&CL=ENG

13)　アンギラ，バミューダ，ヴァージン諸島，ケイマン諸島，フォークランド諸島，ジブラルタル，ガーンジー島，マン島，ジャージー島，モンセラト，セントヘレナ，アセンションおよびトリスタンダクーニャ，南ジョージアおよび南サンドウィッチ島，タークス・カイコス諸島が含まれる。加えて，キプロスに所在するイギリス主権基地エリアのアクロティリおよびデケニアも欧州人権条約の対象となっている。

第3部　個人の保護

当事国の管轄下の地域が，欧州人権条約の適用地域である。欧州人権条約には個人は自らの条約上の権利の保障を求めて欧州人権裁判所に申立てることができる制度が存在する。それに伴い，単に当事国だけで決定した以外の地域において，同条約の当事国の「管轄下」として，個人が欧州人権条約の当事国に対して申立てをおこなう事例が存在する。どの様な場合や条件において，欧州人権裁判所は域外適用の可否を判断したのか。次に事例を挙げて検証する。

3　欧州人権条約の域外適用の関連事例

欧州人権条約（以下では，条約という）1条は，「締約国は，その管轄内にあるすべての者に対して，この条約の第1節に規定する権利及び自由を保障する」と規定する。多くの人権条約は「管轄の下」または「管轄内」にある者の権利保障をするとし，条約の適用範囲を規定する[14]。しかし，当事国の国家行為が当該国の領域外で実施されたり，国外に影響をもたらした場合にも欧州人権裁判所（以下では，裁判所という）が条約違反の有無について判示してきた事例が数多く存在する[15]。ここで管轄権が認められた事例と認められなかった事例を挙げ，検討する。

（1）　管轄権認容事例
（a）外交施設での行為

M対デンマーク事件[16]では，東ドイツにおけるデンマーク大使の行動が問題となった。1988年，東ドイツ国籍の申立人は西ドイツへの出国を求め，17名の東ドイツ国籍の者と共に東ドイツのデンマーク大使館に赴き，西ドイツへの出国を求めた。しかし，その要請は受け容れられず，逆に数度にわたり同大使館からの退出を求められた。その後，デンマーク大使の要請によって，東ドイツ警察が同大使館に入り，申立人らを退去させた。その直後，警察は彼らを拘

14）　申惠丰『国際人権法』（信山社，2013年）110頁。
15）　国際義務の履行という観点から，欧州人権裁判所の判例を取り上げたものとして，兼原敦子「国際義務の履行基盤としての領域」松田竹男＝田中則夫＝薬師寺公夫＝坂元茂樹編『現代国際法の思想と構造 I』（東信堂，2012年）74頁以下を参照。
16）　*M v. Denmark*, Application No. 17392/90, 14 Oct., 1992.

束し，刑事訴追がなされた。最終的に申立人らは西ドイツに出国し，そこで当時のデンマーク大使が東ドイツ警察に援助を求めた結果，申立人らの条約5条の権利を侵害されたとして，欧州人権委員会に申立てた。

デンマーク領域外での国家行為について，欧州人権委員会は，「外交または領事機関を含む国家の権限ある機関は，自らの権限をその者または財産に対して行使する限りにおいて，その者または財産に対して管轄権があると認めてきた。政府の作為又は不作為によって，それらの人々または財産が影響を受ける限り，関係する国家の責任となる[17]」と述べ，申立人がデンマークの管轄下にいると認めた。

(b) 国家治安部隊の活動

Illich Sánchez Ramires 対フランス事件[18] では，ベネズエラ生まれの革命家がスーダンに滞在時，スーダンの公安によって拘束され，フランス軍航空機に乗せられ，フランス国内のヴィラクブレー基地へと移送された。その後，パリでの爆破事件についての逮捕状が示され，裁判となった。申立人は，合法的にスーダンに在住していたにもかかわらず，犯罪人引渡法に従わずに不法にフランスに引き渡された結果，欧州人権条約5条1項違反があると主張した。申立人は，フランス警察によって拘禁され，フランス軍用機において自由を剥奪されたと主張したことから，欧州人権委員会は，申立人が実際には（フランス）国外で権限が行使されたものの，有効にフランス管轄下に存在したと判断した[19]。

オジャラン対トルコ事件[20] では，トルコ国籍の申立人がケニアにおいて拘束され，ナイロビ空港でトルコを登録国とする航空機においてトルコ警察によって逮捕され，移送された。ケニア当局からトルコ側への引渡し以降，申立人はトルコによる欧州人権条約上の権利侵害があったと主張した。裁判所は，申立人が引渡し以降，トルコの権限下に事実上あり，トルコ官憲が領域外で権限を行使したと認め，申立人の逮捕後，トルコの権限とコントロールの下にあったとして管轄を認めた。

---

17) *Id.*, THE LAW, para. 1.
18) *Illich Sánchez Ramires v. France*, Application No.28780/95, 24 June, 1996.
19) *Id.*, pp.161-162
20) *Öcalan v. Turkey*, Application No. 46221/99, 12 May, 2005.

第3部 個人の保護

(c) 占領下での活動

1995年に示されたロイジドゥ対トルコ事件[21]では，北キプロスにおけるトルコの継続した占領および管理 (control) によって，申立人の財産権が侵害されたとして，申立てがなされた。トルコは，条約批准時，個人申立てを欧州人権委員会および裁判所が受理する権限について，トルコ憲法が適用される領域に限定するという場所的な制限を付しており，かつ，同地域には北キプロストルコ共和国が成立していると主張した[22]。また，北キプロスにおけるトルコ軍の駐留は管轄とは同義ではないと主張した。

欧州人権委員会は，この宣言について無効と判断し，申立てを受理した。その後，裁判所においても人権の集団的保障という特別の性格を考慮する必要性を説き，手続規定についても今日的状況に照らして行われるべきであるとした[23]。トルコは宣言によって実体的，領域的制限を付することは，国際司法裁判所規程の実行に照らして，条約起草者により想定されていたと反論した。しかし，裁判所は，条約の性格，文脈・趣旨・目的そして国家実行からトルコの領域的制限を無効と判示した[24]。そして，裁判所は，「1条は，欧州人権条約の適用範囲を限定するが，この規定における『管轄』の概念は，締約国の国家領域に限定されないことを想起する。……条約の趣旨及び目的を念頭に置くならば，当事国の責任は，合法であれ，違法であれ，軍事行動の結果として，その国家領域の外で実効的支配 (effective control) を行使するときにも生じる[25]」と述べ，北キプロストルコ共和国 (Turkish Republic of Northern Cyprus, 以下，TRNCという) 自体もトルコ軍によって支持されており，トルコの管轄にあると認めた。

当該地域については，2001年，キプロス対トルコ事件[26]においても北キプロスでの条約違反についてトルコの責任が追及された。トルコはTRNCは別の国家であると主張したものの，裁判所はトルコが北キプロスに軍隊を駐留さ

---

21) *Loizidou v. Turkey* (Preliminary objections) Application no. 15318/89 paras. 62-64. 1995年3月23日，前田前掲注11)，101頁，本案1996年12月18日，para. 54.
22) *Id.*, 本案., para. 56.
23) Loizidou v. Turkey (preliminary objections), *supra* note 21, paras. 69-71.
24) *Id.*, para. 89.
25) *Id.*, para. 62.
26) *Cyprus v. Turkey*, Application. no.25781/94, 10 May, 2001.

せ，実効的かつ全体的なコントロールを北キプロスに行使していたと判断し，TRNC 当局の政策および行動についても条約上の責任をトルコが保証する結果となると判示した（16対 1）[27]。

ある領域が占領下にある場合，その占領国の管轄であると判示する。このような事例では，占領国が実効的，全体的な管理を行使しているかが判断基準となる。

Al-Saadoon and Mufdhi 対イギリス事件[28] は，2003年のイラク戦争以降のイラクにおけるイギリスの管轄が問題となった。申立人は，国際協力軍の関係者の殺害を含む暴力行為の容疑で，2003年，イギリスにより逮捕され，同国にあるイギリスの拘禁施設に収容された。その後，申立人のイラクの拘禁施設への移送が問題となった。裁判所は，管轄についてイギリス当局が最初は軍事行動によって，その後は，合法的に申立人が所在したイラクの拘禁施設に対し，完全かつ排他的なコントロール（total and exclusive control）を有しており，申立人がイラクの施設に移送されるまで，イギリスの管轄にあったと判示した[29]。

イラク戦争後に関連する事例は，他に Al-Skeini 他対イギリス事件[30] および Al-Jedda 対イギリス事件[31] においても取り上げられた。裁判所は，どちらも 2003年 5 月以降，イラクにおけるコントロールをイギリスおよびアメリカが担っているとし，裁判所の管轄を認めた。国連が同国に介入していたことは事実であるものの，人道的救援，イラクの再建および，イラク暫定政権への援助をおこなっていたに過ぎず，治安，安全面での国連の役割はなかったとした。国連安保理は多国籍軍の活動の作為および不作為について，有効なコントロールも最終的な権限も持たないこと，イギリス軍によって排他的にコントロールされたバスラの施設で申立人の問題が生じたことを裁判所は指摘し，イギリスの管轄を認めた[32]。

---

27) Id., Decision of the Court, Preliminary Issues. 北キプロスの事例として，*Andreas Manitaras and Others v. Turkey*, Application no. 54591/00（June 3, 2008）もトルコの管轄権を認めた。paras. 25-30.
28) *Al-Saadoon & Mufdhi v. the United Kingdom*, Application no.611498/08, Admissibility, 30 June, 2009, 本案判決，2, Mar, 2010.
29) Id., Admissibility, para. 88.
30) *Al-Skeini and Others v. U.K.*, Application No.55721/07, 7 Jul. 2011.
31) *Al-Jedda v. U.K. Appli*cation No.27021/08, 7 Jul. 2011.
32) Id., paras. 76-85.

(d) 軍事的，政治的および経済的影響

Ilaşcu and others v. モルドバ共和国及びロシア[33]事件では，他国による占領に至らない事例が問題となった。同事件は，モルドバのルーマニアへの編入を求めた活動家である申立人が，1992年，旧ソ連の第14陸軍の軍服および記章を身につけた者を含む数人により，反ソ連活動および沿ドニエストル政府への違法な闘争をおこなったという容疑で逮捕されたことに端を発する[34]。

この事件において，裁判所は，ソ連崩壊後のモルドバで第14陸軍が駐留し，沿ドニエストルの分離に加担して内戦に参加した事を指摘した。加えて，1992年7月におこなわれた停戦合意の後もロシア当局は，軍事的，政治的および経済的な支援を分離レジームにおこなったことを指摘した[35]。申立人の逮捕について，ロシアが関与して分離レジームに引き渡されたことが認められること，沿ドニエストル政府の存続は，ロシアのおこなう軍事的，経済的，財政的および政治的な支援によることを指摘した。この際，細部に至るようなコントロールは不要であるが，全体にわたるその地域へのコントロールがあり，それによって条約当事国の責任が生じると判断した[36]。その結果，継続的かつ途切れることのないロシアによる申立人への関与が認められ，申立人はロシアの管轄下にあると判断した（16対1）[37]。

Ivanţoc and others v. モルドバ共和国及びロシア事件[38]においても，未承認国家である沿ドニエストル政府に申立人が拘禁され，家族と面会できない点についてモルドバおよびロシアに申立てがなされた。本事例では，ロシア領域でもロシア占領下でもない沿ドニエストル地域において拘禁が実施されたため，管轄が問題となった。

裁判所は，ロシアが政治的，財政的および経済的な支援を分離派におこなうことにより，沿ドニエストルと緊密な関係を継続していること，そして，申

---

33) *Ilaşcu and others v. the Republic of Moldova and Russia*, Application no.48787/99, 8 Jul., 2004.
34) *Id.* paras. 188-189.
35) *Id.*, para. 382.
36) *Id.* para. 315.
37) *Id.*, para. 394.
38) *Ivanţoc and others v. the Republic of Moldova and Russia*, Application no.48787/99, 15 Nov. 2011.

立人が釈放された後も、ロシア軍はモルドバ領域内に駐留している事実を指摘した。ロシアは、その「管轄下」において条約違反を防止せず、申立人の状況を終わらせるために何もしなかった。裁判所は、条約1条に基づくロシアの管轄の中に申立人は存在すると判示した。

これらの事例では、占領とは異なり管轄とされた国は、明確な領域支配に至っていない。しかし、裁判所は当事国がある政治団体に対し、種々の援助を実施した事実を捉えて管轄が及ぶと判断した。一方、米国がコントラにおこなった支援の結果、コントラの活動が合衆国の責任となるかについて、ニカラグア事件（本案）の判決は異なる。同判決において国際司法裁判所は、ニカラグア領域内で活動するコントラの活動に対する合衆国の資金援助、組織の構築、訓練などをおこなったのみでは、コントラの行為を合衆国の行為に帰属はできないと判示した[39]。これに対し、欧州人権裁判所は、財政的、政治的および経済的援助のみならず、ロシア軍が当該エリアに駐留しつづけている事実を指摘し、その管轄を認めた。占領したとは言えないまでも、軍の存在によってロシアの管轄下であるとみなしたと考えられる。

(e) 公海上での活動

公海上における国家当局の活動が欧州人権条約に違反するとして申し立てられた事例として、Medvedyev 他対フランス事件[40]および Hirsi Jamma 他対イタリア事件[41]が挙げられる。前者は、ウクライナ人、ルーマニア人、ギリシャ人およびチリ人の船員の逮捕に関連する事例である。彼らが乗船していたカンボジア船籍の船が大量の違法薬物を密輸しようとしているという情報をフランスが得た。そこでフランス当局は、カンボジアからの外交上の了解を得て、同船を公海上で停船させ、フランスの港に曳航した。裁判所は、同船および船員に対し、少なくとも実際に公海上で停船させた時から継続的な方法で、完全かつ排他的なコントロールをフランスは有しており、申立人は、実質的に (effectively) 欧州人権条約1条の目的でのフランスの管轄にあったと判示した[42]。

---

39) *Case Concerning Military and Paramilitary Activities in and against Nicaragua, ICJ Reports*, 1986, para. 115.
40) *Medvedyev and others v. France* Application no. 3394/03, 23 March, 2010.
41) *Hirsi Jamma and others v. Italy*, Application no. 27765/09, 23 Feb. 2012, 佐藤以久子「イタリア・リビア間の公海での追返しに対するノン・ルフールマン」『国際人権』24号（2013年）144-146頁。

第3部　個人の保護

　後者の Hirsi Jamma 事件は，ソマリア人とエリトリア人13名が申立人であった。彼らは，リビアからイタリアに向かう途中のランベデューサから35海里の公海上において，イタリア国税・警察局および沿岸警備隊に捕らえられ，イタリア軍艦へと移された。10時間後トリポリ港に到着し，リビア当局に引き渡された。この引渡しは，イタリアとリビアの間で締結された二国間協定および条約に依拠したものであった。申立人らは，移送の際にイタリア当局による身元確認や行き先についての説明はなく，身分証明書を含めた個人の所有物は押収されたと主張した。

　本件の管轄について，イタリアは，申立人を完全かつ排他的にコントロールしておらず，公海上の遭難者を救助したに過ぎないこと，そして，モンテゴベイ条約等に準拠すれば，救助された人と救助国の間には管轄権は成立しないと主張した[43]。しかし，裁判所は，申立人がイタリア船籍の軍艦に乗船していた事実に争いがないこと，および旗国主義が国際法上確立している事実に加え，リビア当局に渡されるまで申立人が，法的にも事実上も継続的かつ排他的なイタリア当局のコントロールの下にあったことから，申立人がイタリア管轄内にあったと判示した[44]。

（2）管轄権が認められなかった事例
（a）軍事介入

　軍事的介入の攻撃対象国における欧州人権条約当事国の管轄が認められなかった著名な事例として，バンコビッチ事件[45]が挙げられる。これはコソボ紛争の際のベオグラードにおける北大西洋条約機構（NATO）の軍事行動の結果生じた文民への被害が問題となった。申立人は NATO の空爆によって，欧

---

42) Medvedyev case, *supra* note 40., paras. 64-67.
43) Hirsi case, supra note 41, para. 65.
44) *Id*., paras. 76-83.
45) *Bankovic and Others v. Belgium and 16 Other Contracting States*（application no. 52207/99），奥脇直也「NATO のコソボ空爆によるヨーロッパ人権条約上の権利侵害に関する訴訟の受理可能性」戸波他編前掲書注11，84頁以下。Michal Gondek, "Extraterritorial Application of the European Convention on Human Rights: Territorial Focus in the Age of Globalization", *NILR* Vol.52　no. 3，pp.349-387, Virginia Mantouvalou, "Extending Judicial Control in International Law: Human Rights Treaties and Extraterritoriality", *International Journal of Human Rights*, Vol. 9　No. 2，pp.147-163，June 2005.

州人権条約の域内に入ったと主張した。

　旧ユーゴ紛争に関する国連の外交努力による紛争解決が失敗した後，NATOは1999年1月NATO理事会の決定に基づき，3月24日から3ヶ月にわたって空爆をおこなった。NATOは地上軍を派遣しなかった。この空爆によってベオグラードの放送局が破壊され，一般市民を含む32人の死傷した。この被害者の親族が，条約上の生命に対する権利（2条），情報の自由（10条），救済を受ける権利（13条）を侵害されたとして裁判所に提訴した。

　まず裁判所は，国家の管轄権限は主として領域的なものであるとし，域外での行使は排除しないものの，「国籍，旗，外交領事関係，効果主義，保護主義，消極的属人主義，普遍主義などを含め，そうした管轄権の基礎になると主張されるものは，一般には関係する他の国家の主権的・領域的な権利によって規制され制限される[46]」とした。「条約1条は管轄権の通常かつ本質的な領域的な観念を反映したものであり，他の管轄権の基礎は例外的でありかつそれぞれの場合の特定的な状況の中で特別の正当化を必要とする[47]」。そして，領域外での行為のうち，管轄内であると認められるには，領域外で効果を発生する行為である場合[48]，あるいは，外国における国家の現実の管轄の行使を含む場合であるとした[49]。

　前述のロイジドゥ事件との相違について，「（同事件では）軍事行動の結果，当該国の領土外の区域において地方的な行政府の樹立を通じて，軍事占拠をした締約国の実効的な支配（effective control）が及ぼされていたこと[50]」を挙げた。支配（コントロール）を直接的であるか間接的であるかを問わず，「及ぼしている」という事実を重視した。「裁判所が締約国の域外管轄権の行使を認めるのは例外的な場合であることを示している。それは被告国が……関係領域またはその外国住民に対し実効的な支配を通じて，通常であればその国の政府が行使する公的な権力の一部を行使している場合だけである[51]」。以上から，本件の場合，旧ユーゴの地域は条約の法的空間に入らないと判示した。

---

46) *Id*, para. 59
47) *Id.*, para. 61
48) *Id*, para. 68.
49) *Id*. para. 68
50) *Id.*, para. 70
51) *Id.*, para. 71.

第3部　個人の保護

　Issa 他対トルコ事件[52]では，イラク国民がトルコ国境近辺でトルコ兵による銃撃で死亡したとされる事件に関する事例である。申立人は，トルコの軍事行動が当該地域であり，その暴行によって死亡したと主張した。これに対し，裁判所は，トルコが北イラクにおいて軍事行動をおこなったことについて両者に争いがないことを認め[53]，トルコが一時的に北イラクの一部地域に実効的かつ全体的なコントロールを及ぼしていた可能性を排除しないとした[54]。しかし，トルコが実効的かつ全体的なコントロールを北イラクの全体の地域には行使しなかった点，トルコ軍が事件当時，その地域で軍事行動をおこなわなかったと被告国は主張した点，それを申立人が覆すほどの立証ができなかった点[55]を挙げ，裁判所は，申立人が条約1条にある被告国の管轄にはなかったと結論づけた[56]（全員一致）。

　サダム・フセイン事件[57]は，フセイン・イラク元大統領が自らの逮捕，拘禁，イラク当局への引き渡しが，条約違反であるとして申立てをおこなった事例である。2003年3月20日から始まったイラク戦争は，同年4月にバグダットが陥落し，16日には連合軍暫定当局（CPA）が設置され，イラク行政を実施した。12月13日にフセイン元大統領は，アメリカ軍兵士により拘束された。2004年国連安保理決議1546は，イラクの主権をCPAからイラク暫定政権へと6月30日に委譲することを決定し，実施された。

　申立人は，自らの逮捕，拘禁，イラクへの引渡しおよび裁判に関し，条約違反があると主張した。被告国はイラクの占領国であり，それらの直接的な権威とコントロールの下に申立人はあり，条約当事国の領域外にあっても国家機関の行動について，それらの国家が責任を持つこと，イラク暫定政権が成立した後も実際のイラクの支配は，被告国が担っていることから，管轄があると主張

---

52) *Issa and others v. Turkey*, Application no. 31821/96, 16 Nov. 2004.
53) *Id.*, para. 73.
54) *Id.*, para. 74.
55) *Id.*, paras. 75-81.
56) *Id.*, para. 82.
57) *Saddam Hussein v. Coalition Forces*, Application no. 23276/04. 被告国はアルバニア，ブルガリア，クロアチア，チェコ，デンマーク，エストニア，ハンガリー，アイスランド，アイルランド，イタリア，ラトビア，リトアニア，オランダ，ポーランド，ポルトガル，ルーマニア，スロバキア，スロベニア，トルコ，ウクライナ，およびイギリスである。

した。

　この主張に対し，裁判所は，申立人は連合軍を構成するそれぞれの国家がいかなる役割を担い，アメリカと任務を分担したか，そして，それぞれの被告国の責任と役割を明示していないとした。最も重要な点として，アメリカ以外の被告国が彼の申し立てる逮捕，拘禁や引渡しにいかなる影響を与えたか，または，関与したかを明示していない点であるとした。申立人は，被告国の管轄にあることを立証できていないとして，申立てを非許容と判示した（全員一致）。

(b) 国際機関の行動

　ベラミ対フランス事件[58]の申立人は，当時，フランスが指揮する多数国から構成された軍事旅団が責任を持つ旧ユーゴ共和国のコソボ地区に居住していた。この国際安全保障部隊（KFOR）は，1999年6月の国連安保理決議1244に基づくものであった。NATOの空爆で落とされたクラスター爆弾の不発弾を申立人である少年達が発見し，触れたため，一名が死亡し，もう一名が重傷を負った。申立人は，KFOR部隊が問題となっていた場所に不発弾があったことを知っており，標識をつけたまま放置したことによって生じた事故であるとして，条約2条違反を主張し，裁判所に申し立てた。

　裁判所は，この事件がコソボにおける領域外の管轄を関係国が行使したかというよりも，条約において，コソボの支配に関して，民政および治安面で被告国の貢献を判断する権限を裁判所が有するのかの問題であるとした[59]。そして，安保理決議および国連憲章第7章を検討した結果，コソボにおける地雷除去は，国連地雷除去活動調整センター（UNMACC）によって調整され，国連コソボ暫定行政ミッション（UNMIK）の活動となったこと，確かにKFORの支援が実際にはUNMIKの存続に不可欠であったとしても，それらは安保理決議が決定した別個の存在であり，異なる権限および責任を負うこと，そして，重要な点として何ら二つの機関の間に上下関係も説明責任もないことを示した。結論として，裁判所は，地雷除去の監督は，UNMIKの権限に含められると結論づけ[60]，申立てを認めなかった。

　Stichting Mothers of Srebrenica 他対オランダ事件[61]は，1995年スレブレ

---

58) *A. and B. Behrami v. France*, Application no. 71412/01, 2 May 2007.
59) *Id*. para. 71.
60) *Id*., paras. 126-127.

ニッツアにおける虐殺の被害者の親族が申立人である。申立人がオランダにおいて国連を相手取って起こした国内民事訴訟は、国連が国内裁判所からの特権免除を有することに基づき、許容されなかった。申立人は、条約6条の違反の認定を求めて欧州人権裁判所に提訴した。これに対し、同裁判所は、国連が国内裁判所における免除を享受することに合法的な目的があるとして、申立ての根拠が正当事由を持たないと判断し、非許容とした（全員一致）[62]。

本件は、国連保護軍（UNPROFOR）の活動が問題となっており、必ずしも、オランダの国家行為が問われた事例とは言えない。確かにUNPROFORは、軽装備のオランダ兵から構成されており、当該地域で少数者保護にあたったものの、虐殺を阻止することができなかった。しかし、裁判所は、UNPROFORは国連の指揮下でなされていることから、オランダとの連関については認めなかった。

Djokaba Lambi Longa 対オランダ事件[63]では、初めて条約当事国にある国際刑事法廷（ICC）の拘禁施設にいる個人に対する権限について判示した。申立人は、コンゴ国籍でコンゴ愛国者同盟（Union des patriotes congolais）の著名なメンバーであった。彼はキンシャサで逮捕された後、当時、ICCでの証言のため、オランダに移送され、同国の国連拘禁ユニット（United Nations Detention Unit）に拘束されていた。申立人は、ICCでの証言後、オランダに庇護申請をおこなった（その後、申請を取下げた）。オランダにおける拘束が違法であるとして、裁判所に条約5条および13条の侵害の認定を求めて申し立てた[64]。申立人は、自身がオランダの領域内に存在すること、オランダ法の適用が排除されないことを管轄の根拠として挙げた[65]。

裁判所は、まず、国際公法では管轄権の根拠は領域が第一義であり、申立人が当事国の領域の中にいることであると示した[66]。そして、申立人のオランダの地において自由を剥奪されているという事実は、それのみでオランダの管

---

61) *Stichting Mothers of Srebrenica and Others v. the Netherlands*, Application no.65542/12, 27, June, 2013.
62) *Id*. paras. 141-155.
63) *Djokaba Lambi Longa v. the Netherlands*, Application no. 33917/12 8 Nov. 2012
64) *Id*., paras. 51-54.
65) *Id*. paras. 62-66.
66) *Id*., para. 69.

轄にある申立人の拘禁の合法性を問うことには十分でないとした[67]。また，申立人の拘禁は ICC とコンゴ民主共和国の間の合意に基づいており[68]，自由の剝奪の合法性を検討する義務を国際刑事法廷の所在している国家（オランダ）は，その合意の当事国ではないことから課されない[69]。以上から裁判所は，この申立てを非許容とした（全会一致）[70]。

4　欧州人権条約の領域外適用条件

　以上の判例から，欧州人権裁判所がいかなる基準によって，管轄を決定しているかを考察する。裁判所は，条約の適用範囲や管轄が国際公法によって決定され，条約の適用範囲は第一義的には条約当事国の国家領域にあるを認めてきた[71]。条約目的を達成するには，当事国が権限を行使するエリアであることが基本である。領域内であれば，当事国の権限が十全に機能することは明らかであることから，領域性原理に基づき，属地性が第一義となる。

　しかし，領域原則のみに限定した場合，条約が適用できない事例が生じうる。すなわち，合法であれ違法なものであれ，武力行使や軍事占領をおこなった場合，被占領地において管轄権を行使する主体は，もはや占領前の国家とはいえない。もし，占領地域についてどこの国家も条約上の義務を負わないとなれば，そこは国際条約の適用されない空白エリアとなりうる。そのような事態を回避するために域外適用を認めることが必要となろう。しかし，それを無制限に認めたならば，条約義務を履行できない国家にまでそれを課すことになり，条約体制の破綻を招く危険性もある。それを避けるために，域外適用には何らかの基準が必要となる。前述の判例から，欧州人権裁判所はどのような連結点をもって域外適用を可能にしているのであろうか。

---

67) *Id*. para. 73.
68) *Id*., para. 75, para. 80.
69) *Id*. para. 80.
70) *Id*. para. 84.
71) *Gentilhomme, Schaff-Benhadji and Zerouki v. France*, Application no.s 48205/99, 48207/99, 48209/99, para.20, 14 May 2002; *Bankovic and others, supra* note 45, paras. 59-61.

（1）主　体

　まず，域外適用の可否は，行為主体によって分類できる。すなわち，当事国の国家機関が実施した場合は域外適用が認められうる。M対デンマーク事件に見られるように，当事国の国家機関の行為は，たとえ領域外であっても国家機関がおこなっているという事実から域外適用が認められる。その一方，権限を国連やNATOなどの国際機関が行使している場合はたとえ，条約当事国がそのミッションに参加したとしても域外適用はなされない。なぜならば，権限を当事国自体が持たないからである。

（2）立証責任

　裁判所は，申立人が域外適用を主張する場合，条約当事国に責任があることを申立人が立証することを求めている。その場合，どの当事国がどのような範囲の責任を有するか，他の非当事国や国際機関の権限行使との分担や相違点を明らかにすることを求めている。

（3）行使エリア

　当事国が権限を行使した場合，それがどこでおこなわれたかという場所によって，条件が異なると考えられる。第一に，権限行使が公海上である場合，船または航空機が当事国を登録国であるという旗国主義に基づいて域外適用を認める事例がある。Hirsi事件は，公海上でイタリア軍艦に申立人を乗船させたことをもって，イタリアの管轄に入ったと認めた。

　また，欧州人権条約の非当事国で発生した場合も同様である。Ilich事件およびオジャラン事件にあるように，申立人は条約の非当事国にいたものの，彼らが拘束されたエリアが被告国の登録機であったことをもって，当事国の管轄に入ったと認めた。

　他国領域の場合，管轄の存否の条件はその支配の内容に関連する。すなわち，被告国がその領域を実効的にそして排他的にコントロール（effective and exclusive control）を実施しているかどうかが問題となる。被占領地域の場合，占領の原因行為となる軍事行動の国際法上の合法性について，欧州人権裁判所は問題としない。しかし，占領地域を実効的に，他の権限が介入しない形で支配がなされているかが判断基準となる。そのコントロールは，当該領域の政策や行

動のあらゆる面に至るようなコントロールである必要はないとする[72]。全体的な (overall) コントロールを及ぼすことによって，領域外であっても条約の適用が可能であるとする。たとえ，他の政治団体が支配しているとしていても，実態として条約当事国の支援によってその支配が維持されている場合は，当事国の管轄であると認定してきた。一方，このコントロールは時間的な継続を必要とする。Issa 事件のように一時的に軍事行動を限定的な地域でおこなった事例では，裁判所は被告国の管轄を認めなかった。

バンコヴィッチ事件において，NATO 軍の空爆によって条約当事国に管轄を生じせしめないと裁判所は判示した。その一方，アル・ジェッダ事件では，国連安保理決議にしたがった多国籍軍の行動とはせず，イギリスの行動と判示した。これらの相違は，申立人に対するコントロールが，どれほどの実効性があるかの差から生じたと考えられる。申立人を継続的かつ実効的に管理していたことによって，管轄の有無に違いが生じたと言えよう。

条約目的を実効的に達成するために，当事国の権限が及ぶ範囲に条約が適用されなくてはならない。それゆえ，域外において管轄に入る否かは，「実効的コントロール」の有無に帰することとなる。

5 おわりに

欧州人権条約体制は，当事国の実効的コントロールという点に着目して域外適用を認めてきたと言えよう。実効的コントロールの基準によって同条約が提示する人権基準は域外にも適用できる様になった。以上のように欧州人権裁判所による域外適用を認める判例が蓄積されることにより，当事国が自らの権限を限定する意図を持って付した適用領域に関する宣言は，否定される結果をもたらすであろう。トルコが批准当初に付した宣言がもはや存在しないことがその証左と言えよう。判例により当事国は，自らの合意の基礎としていた宣言が無意味なものとなり，変更や撤回を余儀なくされる。これは条約を従前のような当事国の合意にのみ基づくという前提を揺るがすとも言えよう。その場合，合意は拘束するという条約法規範の基礎はどうなるのであろうか。この点につ

---

72) Case of *Loizidou, supra* note 21, para. 56.

いては別途検討が必要であろう。本稿で扱った欧州人権条約体制の場合，このような合意の基盤が変更されたとしても，当事国が条約から脱退するあるいは停止するという事態は生じていない。

　欧州人権条約は，人権と民主主義を掲げ作成された立法条約である。同条約は欧州人権裁判所という機関を得て，組織化された判例法を蓄積しつづけている。その蓄積は，加入時の当事国の合意範囲を変更する結果をもたらしうる。また，これらの判例によって国際法の欠缺が埋められていくと考えられる。村瀬先生の論じられる国際立法は，欧州人権条約では同裁判所の判例という形で実現していると言えよう。

　統一的な立法機関を持たない国際社会において，国際法委員会を中心として国際法の法典化がなされてきた。それは村瀬先生が指摘なさるように，輝かしい成功の記録ばかりではなく，失敗と破綻の経験であったかもしれない。しかし，作成した立法条約を運用することを通じて，欧州人権条約のレジームは，条約の内実を明らかにし，充実させてきた。加えて，批准時に示した当事国の合意の範囲までをも変更させるような実行を積み上げてきた。確かに同条約は，ヨーロッパ地域に限定される人権条約ではあるが，他の人権条約に影響を及ぼしうる。国際立法の多元性を村瀬先生は，早くから指摘なさっていた[73]。その一つのフォーラムとして欧州人権裁判所があり，その国際人権条約体系への寄与は大きいと言えよう。

---

73) 村瀬信也「現代国際法における法源論の動揺——国際立法論の前提的考察として」『国際立法』（東信堂，2002年）8-9頁。

13 国際投資法と国際人権法における外国人投資家の人権保護

土 屋 志 穂

1　はじめに
2　国際投資仲裁における投資家の人権侵害を原因とする請求
3　国際人権裁判所における外国人投資家の人権保障
4　おわりに

1　はじめに

　個人を取り巻く現代国際法は時代の移り変わりとともに劇的に変化してきた。その変化の中心には常に人権条約を初めとする国際人権保障のレジームがあり，また，20世紀には新国際経済秩序や天然資源に対する恒久主権に関する決議のような先進国と途上国の対立を含みつつも，投資家による海外投資の促進とそれに伴う投資家の保護あるいは投資受入国の義務を定めてきた国際投資レジーム[1]の発展もあった。このようなレジーム内で立法された国際法が，レジームの外側で現代の一般国際法にも非常に大きな影響を与えている。本稿は，国際人権保障レジーム及び国際投資保護レジームが一般国際法に与える影響として，国際最低基準の問題に関連して双方の関係，とりわけ，投資家の人権の保護に関する双方のレジームの関係について若干の考察を述べるものである。
　20世紀における経済発展，開発の促進，それに伴う国際投資の増加は，各国の公益や投資家の保護などの点を考慮しつつ，これに関わる国際法の発展を伴ってきた。国際投資に関する法自体はそれほど新しく生まれたものでないが，1990年代以降，二国間ないし多数国間の国際投資協定が頻繁に締結されるよう

---

1)　国際レジームと国際立法に関する概念枠組として，村瀬信也「国際紛争における「信義誠実」の原則の機能 ── 国際レジームの下における締約国の異議申立手続を中心に」『国際立法』（東信堂，2002年）569-578頁。

になり，投資紛争解決国際センター（以下，ICSID）での外国人投資家と投資受入国の仲裁付託数が増加するにつれ，国際投資法は著しい発展を遂げた[2]。外国人投資家の保護をいかにしてどのレベルで促進するかにつき，ハルフォーミュラに始まる国家実行の変遷を経て，現在，外国人投資家の権利について多くの二国間および多数国間の投資協定が投資に関する実体的規則を定めるに至った。しかし，これ以前から，外国人投資家の保護は伝統的に外国人待遇の国際最低基準の適用されるものとされ，外国人投資家の保護は国籍国の外交的保護権の対象となってきた。国籍国の外交的保護制度とは，当該国籍を有する私人がその受入国政府からの損害を被った場合に国籍国への損害として擬制することで国際紛争とすることを可能にする制度である[3]。損害を被ったのは個人であっても請求権自体は国家にあるため，個人損害を国家の損害として擬制し，国籍国自身の権利侵害としてきたのである。

ところが，二国間および多数国間の国際投資協定は国籍国の外交的保護を制限する方向での発展を遂げている。外交的保護と異なり投資条約上の権利は外国人投資家自身の権利であるが，国籍国に外交的保護権を行使させることは当該国との迅速な紛争解決を妨げる上に，外交的保護制度が投資家への賠償金還付を当然に約束しない点に鑑みれば，投資家個人にとっても十分な満足になるとは限らない。そのため，投資協定においては外交的保護権の行使を排除して投資家と投資受入国との間の直接的な救済手続を用意したのである。投資協定においてICSID仲裁を初めとする国際仲裁が救済手段として認められていれば，外国人投資家は国籍国の外交的保護に依拠することなく投資受入国との紛争解決が可能とされている。さらにICSID仲裁は，外交的保護権行使の必要条件である国内救済の完了を当然の前提とはしていない[4]。また，当事者である外国人投資家に対して直接賠償がなされる。このように，直接の当事者である

---

2) 国際投資法の歴史および現状・課題について，小寺彰「国際投資法の発展 ── 現状と課題」国際経済法学会編，村瀬信也編集代表『国際経済法講座Ｉ　通商・投資・競争』（法律文化社，2012年）277-294頁。

3) *Mavrommatis Palestine Concessions*, Merits, *PCIJ Series A, No.2*, 1924, p. 12.

4) Christoph Schreuer and Ursula Kriebaum "From Individual to Community Interest in International Investment Law" in Ulrich Fastenrath, et al (eds.), *From Bilateralism to Community Interest, Essays in Honour of Judge Bruno Simma* (2011,Oxford), pp.1088-1089.

投資家にとって最も有用な紛争解決手続となり，ICSID 仲裁を投資家本国が受け入れることによって投資受入国への投資を促進する担保となりうるのである[5]。

ただし，二国間協定がないところにおいては，外国人投資家について国籍国による外交的保護の規律が及ぶ。また，外国人待遇の国際最低基準と外国人投資家の公正衡平待遇との関係が論じられている[6]ことからも，未だに国際最低基準が投資保護の関心の対象であることは否定しえない。ところが，国際最低基準はそれ自体何らかの実体があるとの前提に立ち，その内容を明らかにする試みもなされてきた[7]にもかかわらず，その内容がいかなるものかはいまだに明らかにされていない[8]。国際法委員会による外交的保護に関する条文草案でさえも，国際最低基準の内容を明らかにすることを棚上げして，権利行

---

5) Surya P. Subedi, *International Investment Law, Reconciling Policy and Principle*, second edition (Hart Publishing, 2012), pp.30-31.

6) 我が国における国際投資協定における公正衡平待遇規定と国際最低基準の位置づけを論じたものとして，阿部克則「公正衡平待遇規則と投資保護の国際的最低基準――わが国の国際投資協定における位置づけ」国際経済法学会編，村瀬信也編集代表『国際経済法講座Ⅰ　通商・投資・競争』(法律文化社，2012年) 295-314頁。また，坂田雅夫「北米自由貿易協定 (NAFTA) 1105条の「公正にして衡平な待遇」規定をめぐる論争」『同志社法学』55巻 6 号，129-182頁，とりわけ162-172頁。

7) その最も早いものが，Neer 事件である。(LFH Neer and Pauline Neer (USA) v. United Mexican States (1926), *RIAA*, vol. 4, p.61-62.) また，学説上も様々な議論がなされてきた。しかし，Borchard や Roth は，本来的に，国際最低基準とは既に内容の定まったあるいは内容の定まりうる規則でないことを指摘している。Edwin M. Borchard, *Diplomatic Protection of Citizens Abroad*, (Oxford, 1916, revised 2000), p.39 ; Andreas Roth, *The Minimum Standard of International Law Applied to Aliens*, (Sijthoff, 1949), p.120. また，時代の変化によって国際最低基準が変わるものである点について，坂田「前掲論文」(注 6)，165-166頁 ; Andrew New Comble and Lluís Paradell, *Law and Practice of Investment Treaties Standards of Treatment* (Kluwer Law International, 2009), pp.237-238.

8) Andrew New Comble および Lluís Paradell によれば，国際最低基準の内容は不確かだが，国際的に受け入れられたグッドガバナンスの基準に基づく政府の行動評価により，外国投資を促進，保護する際の鍵となる要素であると述べる。また，投資協定に表れる一般的な国際最低基準のタイプを 6 つに類型化している。すなわち，①投資協定が慣習法に従って，外国人待遇の最低基準を要求するもの，②公正衡平待遇規定がその一部をなすとされるもの，③恣意的・差別的措置による損害に対する保証であり，公正衡平待遇とは異なる基準として扱われるもの，④完全な保護・保障を与えることを要求するもの，⑤極度の損失に対して適用される賠償基準を提供するもの，⑥「権利保全」ないし「非脱退条項」と称される有利な待遇の条項，の 6 タイプである。(Andrew New Comble and Lluís Paradell, *ibid.*, pp.234-235.)

第 3 部　個人の保護

使の条件だけを法典化するという方式を採用した[9]。したがって，現在，外国人（投資家）保護の国際最低基準という言葉が示すことは外国人の待遇が国際法によって規律されるということのみであり，各々の状況に適用される画一的ではない基準であるということだけが認識されているのである[10]。

他方で，近年国籍国によって行使される外交的保護権は，個人に直接権利を付与する制度，特に人権諸条約の影響を強く受けている。2007年の国際司法裁判所（以下，ICJ）Diallo 事件先決的抗弁判決において，伝統的には国際慣習法上の国際最低基準を規律するものであった外交的保護制度が国際的な人権保障をも範疇に含むものとなったことが述べられた[11]。そして，Diallo 事件本案判決では，ギニア人投資家 Diallo に対するコンゴ民主共和国の自由権規約，アフリカ人民憲章等の人権条約違反が認定された。Diallo を代理して訴訟を提起したギニアの行為が外交的保護として認められたのである[12]。近年，このような自国民の人権侵害に対して外交的保護制度を通じ国際裁判所（とりわけ ICJ）で争うケース[13]がみられる。

外交的保護制度に対する国際人権制度の影響は投資紛争とも無関係ではない。本来，外国の領域に入ることを認められた外国人（自然人及び法人）や財産（投資財産を含む）は，投資受入国により一定の保護を与えられ，その保護に関してホスト国は一定の義務を引き受ける[14]。したがって，外国人の身体や財産

---

[9]　外交的保護草案の法典化作業の概要について，拙稿「外交的保護」村瀬信也・鶴岡公二編集代表『変革期の国際法委員会　山田中正大使傘寿記念』（信山社，2011年），194-197頁。

[10]　国家責任条文草案法典化の第 1 報告者であった Garcia-Amador も，国際最低基準がその内に本質的に有する曖昧さ，不明確さによりこの基準が構造的な弱さを有してきたことを確認している。(F.V. Garcia-Amador, Louis B. Shon & R.R. Baxter, *Recent Codification of the Law of State Responsibility for Injuries to Aliens* (Sijthoff, 1974), p.4.)

[11]　*Case Concerning Ahmadou Sadio Diallo*, Preliminary Objections (2007), para.39.

[12]　*Case Concerning Ahmadou Sadio Diallo*, Judgment (2010), paras.63-89.

[13]　*Case Concerning Application of the International Convention on the Elimination of All Forms of Racial Discrimination* (The Republic of Georgia v. The Russian Federation), Application Instituting Proceedings (2008), p.27. ただし，先決的抗弁ではグルジアの訴えが認められなかった。そのため，人種差別撤廃条約違反と外交的保護の関係は議論されていない。(*Case Concerning Application of the International Convention on the Elimination of All Forms of Racial Discrimination* (The Republic of Georgia v. The Russian Federation), Preliminary Objections (2011).)

[14]　Barcelona Traction case, *ICJ Reports 1970*, p.32.

に対する侵害は人権侵害として，一方で当該外国人が投資家であれば投資家に対する投資条約上の権利侵害としても構成されうる。上記の Diallo 事件についても，ギニア人投資家 Diallo に対するコンゴ民主共和国の待遇が国際最低基準を満たさない，より具体的には人権条約に示された国際最低基準に違反しているとして，ギニアがコンゴ民主共和国を ICJ に訴えた事件である。このように，慣習国際法上の国際最低基準が既に国際人権制度も含むものとすれば，慣習国際法上の国際最低基準と投資協定における公正衡平待遇との関係を媒介[15]にして議論する現在の投資家の保護制度[16]における国際人権制度の影響を否定することはできない。そもそも，身体や財産にかかわる外国人の権利は，外交的保護権行使の根拠であるだけでなく，投資家の身体に関わる権利や財産権といった人権でもある。現在のように，国際的な人権を保障する条約がなく，かつ，投資条約などで投資家の権利保護がなされていなかった時代には，外国人投資家の身体や財産は国際最低基準で保護されており，その意味で，投資家の権利保護と国際人権保障は同一のルーツを有するのである。したがって，外国人投資家の「十分な保護および保障（full protection and security）[17]」や公正衡平待遇は必然的に人権制度の発展を踏まえることになるはずである。伝統的

---

15) とりわけ，NAFTA 委員会による NAFTA1105 条の解釈ノートがある。ここでは，1105 条 1 項が他の当事国の投資家の投資に対して与えるべき最低基準として，外国人待遇に関する国際慣習法上の最低基準を用い，公正衡平待遇や十分な保護および保障の概念が，外国人待遇に関する国際慣習法上の最低基準が要求している待遇以上の待遇を求めるものではないということを確認した。すなわち，公正衡平待遇や十分な保護及び安全という概念によって，国際慣習法上の最低基準より高いレベルの保護を求められることを排除したのである。(NAFTA Free Trade Commission, *Notes of Interpretation of Certain Chapter 11 Provisions*, July 3, 2001.) これに対して，二国間投資協定や多国間投資協定で国際最低基準のもと，投資家に与えられてきた保護は，以前の国際最低基準と同じものではなく，投資協定に規定された外国人投資家の国際最大基準を示すものとなっているという指摘もある。(Subedi, *supra* note 5, pp.137-139; Alireza Falsafi, "The International Minimum Standard of Treatment of Foreign Investors' Property: A Contingent Standard", *Suffolk Transnational Law Review*, vol. 30-2(2007), p.317.)

16) ただし，公正衡平待遇と国際最低基準の関係についての議論は，本稿では検討の対象外とする。

17) 日中韓投資協定は，第 5 条 1 項で「各締約国は，他の締約国の投資家の投資財産に対し，公正かつ衡平な待遇並びに十分な保護及び保障を与える。「公正かつ衡平な待遇」および「十分な保護及び保障」の概念は，一般的に受け入れられている国際法の規則に基づいて与えられる合理的かつ適当な水準の待遇以上の待遇を与えることを求めるものではない。」と規定している。

な外交的保護制度，あるいは伝統的な外国人待遇の国際最低基準は，投資分野と人権分野における発展を受けた変化を遂げている，あるいは，外国人投資家の待遇に関して，国際最低基準を通じて人権分野・投資分野への影響があると想定される。

　ここで，本稿の問題意識である外交的保護制度との関係について付言しておく。前述のとおり，国連国際法委員会（以下，ILC）は，在留国における在外自国民の待遇に関する規則を外交的保護制度に関する条文草案に組み込まなかった。1次規則と2次規則を区別する国家責任法における手法は外交的保護制度においても維持され[18]，ILCの外交的保護条文草案では2次規則のみが法典化されたからである。1次規則にあたる在外自国民の待遇に関する規則，すなわち，外国人待遇の国際最低基準に関する議論がILCでは放棄されたといってよい。しかし，人権条約の履行確保制度や投資紛争解決のための仲裁等に訴えることが不可能な場合，あるいはそれを選択しなかった場合の手段として，すなわち，個人の権利を国際平面に提起するための手続的制度として外交的保護制度が位置付けられた[19] 現在において，外国人待遇の国際最低基準を外交的保護制度のみから分析するのは困難なのである。したがって，外国人待遇の国際最低基準の内容を明らかにするためには，それらが外交的保護制度を明らかに排除する制度であるとはいえ，国際人権保障および国際投資仲裁における国際最低基準を分析することが必要だと考えられる。

　本稿では，国際人権制度が国際投資制度に影響を与える状況のうち，外国人投資家の国際的な人権保護について理論的な考察を加える。現在，国際人権保障における国際最低基準は明らかに外交的保護の1次規則に含まれており，それぞれの分野で議論されている最低基準が，とりわけ，個人の保護の制度発展に影響していると思われるからである。本稿のテーマは外国人投資家の人権保

---

18) *UN General Assembly Official Records, 53th Session (2000), Supplement* No.10 (A/53/10), p.48, para.99.
19) 拙稿「個人の国際法上の権利侵害と国家の国際責任 —— Avena 事件を手掛かりとして —— 」『上智法学論集』57巻1・2号合併号，82-87頁；また，イタリア・キューバ仲裁では，イタリアが自らの権利と区別して，外交的保護により個人の権利侵害に対する救済を主張していた。(Italy v. Cuba, Final Award, Ad hoc- UNCITRAL Arbitration Rules, IIC507 (2008), paras.203-205, available at: http://italaw.com/sites/default/files/case-documents/ita0435_0.pdf.)

護であるので，投資受入国において，受入国政府が国内的な人権政策のために外国人投資家の事業を制限する場合は含まない。以下，1．では，外国人投資家が自らへの人権侵害を国際投資仲裁での請求原因の一つとする場合について論じる。この際，国際最低基準と公正衡平待遇が同じあるいはそれを超えるものかは別として，国際最低基準と公正衡平待遇規則を媒介にするという現在の議論を基礎とするものとする。また，2．では，外国人投資家が，投資に関する権利の侵害を自らに対する人権侵害として構成した上で，投資仲裁ではなく人権裁判所に請求を提起する場合について，欧州人権裁判所での事例を中心に述べる。

2 国際投資仲裁における投資家の人権侵害を原因とする請求

外国人投資家が国際投資紛争において，人権侵害の主張を明確になす場合については，既にICSIDや国連国際商取引委員会（以下，UNCITRAL）仲裁において判断されている。Biloune対ガーナ事件では，シリア人であるBiloune氏とガーナ政府機関との間になされた合意に基づく施設建設計画につき，建設許可の不備等による不正の疑いで，Biloune氏がガーナ当局に逮捕・勾留され，国外追放となった。Biloune氏は，ガーナでの投資を完遂することができなくなったとして，ガーナ政府との合意に従ってUNCITRAL規則に基づく仲裁に訴え，その際，人権侵害による損害も申し立てた。しかし，仲裁廷は，本件での人権侵害の救済について管轄権がないことを確認している[20]。

また，2006年のMitchell対コンゴ民主共和国事件においても，原告の従業員および顧問弁護士が投獄されたことにより，投資家の権利が害されたとしてICSID仲裁に訴えが提起された。しかし，ICSIDは本件でも外国人投資家の人権侵害を国際投資仲裁の管轄権の範囲外として扱った[21]。

このように，投資仲裁で直接人権侵害を訴える場合，ICSIDは管轄権を厳しく制限しているため，原告である外国人投資家が自らの人権侵害に対する救済

---

20) *Biloune and Marine Drive Complex Ltd. v. Ghana Investments Center and the Government of Ghana* (1989), 95 *ILR* 184, 203.

21) Mitchell v. the Democratic Republic of the Congo, ICSID case No ARB/99/ 7 , IIC 172 (2006).

第3部　個人の保護

を主張する可能性はあっても，審査の対象となることが極めて稀である。さらに投資仲裁における人権侵害の主張の可能性を狭めているより事実的な問題は，投資仲裁の原告が，多くの場合法人であって，私人が仲裁廷で人権侵害の主張を行なうことが想定されにくいということである。

このように外国人投資家への人権侵害を，国際投資仲裁の直接的な請求原因とすることは難しい。また，この問題から派生する議論として，ICSID での適用法規を定めた ICSID 条約42条1項の規定における「関連する国際法」の一部として人権条約を直接適用法規とするという手段も想定可能である。しかし，投資仲裁において管轄権が厳しく投資に限定されてきたということを考慮すれば，人権条約を適用法規とすることも非常に困難であると考えられる。また，直接適用は無理だとしても，国際人権の保障と投資の保護が財産権や裁判拒否など類似の義務を含むことから，投資協定の解釈の際に人権条約が用いられる可能性はないだろうか[22]。条約法条約第31条3項（c）の解釈原則の下で，普遍性のある人権義務の解釈を取り込み，解釈プロセスにおいて潜在的な重要性を持つだろうか[23]。この場合，人権条約で普遍的に用いられる解釈原則であれば取り込まれる可能性があっても，人権条約の特定の規則の解釈が投資協定に準用されることは想定されえない。

この文脈において投資家が自己の人権侵害に対する救済を提起することが可能だとすれば，国際最低基準と国際人権保障の関連性を考慮した上で，公正衡平待遇の違反を主張する事項の範囲内に人権侵害の主張を関連付けて主張するという方法のみが想定される。つまり，公正衡平待遇の中に実質的に国際的人権保障を取り込むことで，人権侵害に対する救済をもカバーするという方法である。そしてここに，国際人権保障が国際投資紛争解決において実際に影響を持つ可能性を生じさせているのである。実際，Schill によれば，適正手続の保障は多くの仲裁判決において認められ，公正衡平待遇の一角をなすとみなされている[24]。このような状況であれば，地域的・普遍的な人権条約に含まれる条約上の公正な裁判を受ける権利や適性手続の保障との関連が見いだせるかも

---

22) この問題につき，Bruno Simma, "Foreign Investment Arbitration : A Place for Human Rights?", *ICLQ*, vol.60 (2011), pp.573-596.

23) Martins Paparinskis, *The International Minimum Standard and Fair and Equitable Treatment* (Oxford, 2013), pp.175-180.

しれない。

　そもそも、外国人投資家の保護と当該投資家の人権保護が伝統的には根源を同じくするものであることは、外国人の保護に関する伝統的な Neer 事件の判断とその後の国際法の発展が物語っている。Neer 事件で仲裁廷は、「国際違法行為を構成するためには、外国人の待遇が理不尽（outrage）であり、不誠実（bad faith）であり、故意による義務の懈怠であって、いかなる合理的かつ公平な人が見ても容易に不充分であると認識するほど、国際基準に足りない政府の不充分な行動にあたるものでなければならない[25]」と述べた。そして、現在でも国際投資仲裁においてはこの判断が重要な基準とされ、しばしば仲裁判断において登場している。しかし、Neer 事件の判断自体はメキシコでのアメリカ人殺害に関する事件であって、投資の保護についての判断というより投資家の身体の安全について述べられた基準である。その意味で、この基準は本来的に人権に属するものだといえる[26]。

　ところが、現代の外交的保護権の行使に際して、あるいはそれに関連して人権の侵害（人権条約違反）を主張する場合、たとえ外国人待遇の国際最低基準の違反について認定する場合であっても、Neer 事件に言及するということはもはやない。前述の Diallo 事件も義務の実体が人権基準と一致したものとなったことで、Neer 事件に言及する必要は完全になくなったように見受けられる。Neer 事件の述べる「理不尽」や「不誠実」という基準についても、その内容が何をさすのかについては非常に曖昧かつ不明確であり、それが本来的に人権の保障を含むものであるとはいえ、人権の保護の場面においては、そのような曖昧な基準に依拠するわけにはいかない。もはや国際人権保障の基準は Neer 基準に取って替わっているといえよう。また、国際投資の保護の観点からも、たとえ Neer 基準そのものをいまだに使っているということではないにしても、

---

24) Stephan W. Schill, "General Principles of Law and International Investment Law", in Tarcisio Gazzini and Eric De Brabandere (eds.), International Investment Law. *The Sources of Rights and Obligations* (Nijhoff, 2012), pp.170-174; Waste Management 事件では、「司法的妥当性に違反する結果を導くような due process の欠如を含む」と公正衡平待遇を定義づけている（Waste Management, Inc. v. United Mexican States, ICSID Case No.ARB (AF) /00/3, Award (2004), para.98.）

25) LFH Neer v. United Mexican States, 1926, *RIAA*, vol.4, p.60.

26) José E. Alvarez, *The Public International Law Regime Governing International Investment* (Pocketbooks of The Hague Academy of International Law, 2011), pp. 63-64.

Neer基準から様々に発展した要素を国際投資の保護に取り込むという見解がとられている[27]。そうだとするならば，本来的には人権に属するNeer事件判決の見解を取り入れているのにも関わらず，外国人の生命や身体・財産に関連して投資家の保護において，人権の基準を取り込まないことは逆に不自然のようにも思われる。

この点，Tecmed事件でICSIDの採った見解は一定の示唆を与えよう。本件でICSIDは，投資家の財産収用に関して投資協定の公正衡平待遇の解釈の際にヨーロッパ人権裁判所の判決を採用している[28]。これは，解釈基準の参考としての判決を採用したのであり，人権侵害が投資仲裁そのものの根拠とされたわけでもなく，また，解釈基準として人権の基準そのものが適用されたわけではないが，公正衡平待遇と人権の国際的保障における国際最低基準の間で類似している規則，例えば，裁判に関する規則，due processに関する規則，財産に関する規則，収用に関する規則[29]などを用いることで，国際投資協定と人権の概念が相互に国際最低基準の内容を明らかにしていくことについての可能性を示すと考えられる。この意味で，外国投資レジームと国際人権保障レジーム間にまったく関連がないとは言い切れない。

また，公正衡平待遇規則には，個別の国際法の規定では救いきれなかった投資家を投資協定の解釈や概念によって保護する，あるいは条約で意図されているレベルの投資家保護を促進するために，他の条項では規定できなかったある

---

27) Pope & Talbot, Inc. v. Canada, 2002, 122 *ILR* 293. 本件の広すぎる国際最低基準の解釈がきっかけとなって，NAFTAの1105条解釈ノートが出されたのである。

28) Técnicas Medioamnientales Tecmed SA v. Mexico, Award, ARB（AF）/00/2; IIC 247, 2003, para.122.

29) 収用に関する規則については，人権と投資が交錯する重要な分野である。収用に関する規則は，収用の限界を解釈するにあたって，人権裁判所の判例に重く依拠している。人権分野では，財産権（私有財産の恣意的剥奪からの自由としての権利）概念との関係で，投資法と比較してより発達しているからである。(James D. Fry, "International Human Rights Law in Investment Arbitration: Evidence of International Law's Unity", *Duke Journal of Comparative and International Law*, vol.18:77, 2007, pp.82-87; Pierre-Marie Dupuy, "Unification Rather Than Fragmentation of International Law? The Case of International Investment Law and Human Rights" in Pierre-Marie Dupuy et. al. (eds.), *Human Rights in International Investment Law and Arbitration* (Oxford, 2009), pp.52-53; Christian Tomschat, "The European Court of Human Rights and Investment Protection", in Christina Binder and Ursula Kriebaum et al. (eds), *INTERNATIONAL INVESTMENT LAW FOR THE 21st CENTURY Essays in Honour of Christoph Schreuer* (Oxford, 2009), pp.642-652.)

いはされなかった事柄に関して法の欠缺を補充するという役割も期待されている[30]。規則自体がそれぞれの投資協定での規定振りに左右されるとはいえ，このような公正衡平待遇規則は，非常に広範なものを含むことが予定されているのである。そのため，北米自由貿易協定（以下，NAFTA）の解釈ノートでは必要以上に公正衡平待遇の解釈が広がらないように制限がなされた[31]のであるが，信義誠実原則のように，公正衡平待遇も本来的にある程度の一般的な内容の法というものなのであり，時代によって狭まったり広まったりすることを経て発展していく法なのである。したがって，公正衡平待遇規則はもともと国際人権保障と親和性が高いという性質を有しているといえよう。

　ICSIDはこの論点に関係して，2011年に注目すべき判断を下している。本件は，タバコを輸出販売していたカナダ法人であるGrand River社およびその経営者がアメリカ合衆国における煙草の販売規制によって減収を被ったとして権利侵害を訴えたケースである。原告である外国人投資家は，NAFTA1105条の公正衡平待遇が何を意味するかの解釈に際し，侵害された権利は人々に固有の利益を保護する手段としての経済的権利，より一般的には国際的な人権そのものであると主張していた。仲裁廷は人権と公正衡平待遇の関係について深く言及するのを避けたが，個人に大きく影響する政府の政策ないし活動について個々の人々の利益を考慮するよう政府に要求する慣習法の存在を認めている[32]。しかし，慣習国際法の一般原則は個人の投資家によって提起されえないという手続的な観点から原告の請求が棄却された。確かに本判決では人権の保障を投資保護に取り入れると仲裁廷が判断したわけではない。しかし，個人の経済的事情の配慮という人権的考慮が働いている。また，確かに，NAFTAについては，2001年のNAFTAの解釈ノートを通じて，NAFTAの1105条に関連して人権を含む国際法義務の違反が提起される可能性が排除されている。しかし，具体的な人権規定の適用は排除されたとしても，ICSIDは人権的な考慮

---

30) 公正衡平待遇のこのような欠缺補充の役割について，江藤淳一『国際法における欠缺補充の法理』（上智大学法学叢書，2012年），254頁。; Alireza, *supra* note 15, p.354.; Ronald Kläger, *'Fair and Equitable Treatment' in International Investment Law* (Cambridge, 2011), p.306.
31) NAFTA Note, *supra* note 15.
32) Grand River Enterprises Six Nations Ltd and others v. United States of America, Award, ICSID case, ARB/10/5, IIC 481 (2011), paras.182-213.

について，公正衡平待遇の中で考慮する可能性まで排除したものではないと考えられるのである。

したがって，国際人権保障の持つ国際社会全体に対する義務としての対世的な性質を考慮し，人権保障の概念によって大きく影響を受けている今日の国際法，そして，Diallo 事件が述べた国際最低基準の中に人権保障が含まれたとの宣言に鑑みると，人権条約そのものは投資仲裁で適用法規として適用されずとも，あるいは，たとえ原告が直接的に人権侵害の主張をなさなくても，公正な裁判を受ける権利や適性手続の保障などの実質的な国際的人権の保障については今後公正衡平待遇規則の一部を構成するものと考えられる。日中韓投資協定5条が与えるとする「国際法の規則に基づいて与えられる合理的かつ適当な水準の待遇」のように，国際法規則の解釈によっては人権の国際的保障における中核的な権利の保護は含まれうる。公正衡平待遇原則の保障する公正な裁判を受ける権利，適正手続の保障などについても，その内容具体化のために人権条約の解釈，人権裁判所の判決を頻繁に用いられるのではないだろうか。

3　国際人権裁判所における外国人投資家の人権保障

外国人投資家の人権保障という点において第2に想定されうる状況は，外国人投資家が請求原因である自己の権利侵害を，投資に関する権利の侵害ではなく自らに対する人権侵害として構成した上で，フォーラムも投資仲裁ではなく人権裁判所に請求を提起するという場合である。国際人権保障における救済制度，特に人権裁判所は国内法による裁判を忌避し，国際的なフォーラムで自己の権利救済を行なうという点において，国際投資紛争解決制度と同じ意図を有しており，この意味で人権裁判所での裁判は投資家の利益にかなっているともいえる。とりわけ，ヨーロッパ人権裁判所はその管轄権を締約国内での人権侵害として非常に広く取っており[33]，外国人投資家が比較的容易に訴えを提起しやすい裁判所であるということができる。そこで，本章では Yukos 事件判決の分析を中心として，欧州人権裁判所における外国人投資家の人権保障とい

---

33) 小畑郁「ヨーロッパ人権条約実施システムの歩みと展望」戸波江二他編『ヨーロッパ人権裁判所の判例』（信山社，2008年）2頁。

う点を中心に，国際裁判所における外国人投資家の人権保障について将来的な展望も含めて議論したい。

　議論の前段階として，国際投資仲裁と国際的な人権裁判所について簡単な比較をしておく。まず，投資仲裁のメリットは，投資家の訴えに対する迅速な判断がなされ，また，投資受入国の違反が認定された場合，投資家自身に対して賠償金が支払われるという点にある。ただし，これは投資協定が結ばれていることを前提とする。その意味で国籍国が自らを介さずに国際投資仲裁を救済手段として選択するかどうかに投資家の権利保護は左右される。対して，人権裁判所における裁判では，普遍的な国際人権裁判所というものが存在しない以上，普遍的人権保障の中で投資家の保護が行なわれるということは当然期待できない。また，地域的レベルでの保護という点でも，投資家が自らの人権侵害を訴えられる人権裁判所は現在欧州に限定されるため，ここで可能な想定は，欧州諸国における投資活動に関連して外国人投資家が欧州人権条約の違反を基礎にして訴えを提起するという場合のみである。とはいっても，欧州人権裁判所への請求の提起についても全く問題がないわけではない。欧州人権裁判所に訴える際には，投資家は国内救済を原則として必要としない投資仲裁と違って，国内救済を尽くすことが求められ，その時点である程度手続の迅速さが失われるという欠点がある。また，欧州人権裁判所の出す救済は公正な満足（just satisfaction）であり，国家責任法上のサティスファクションとは異なり，金銭賠償も得ることが出来る[34]ものの，国際投資仲裁で出されるような金額の賠償は期待できない。さらに，人権裁判所に訴えを提起するのは原則として自然人であるため，外国人投資家のほとんどが法人であることを考慮するならば，これまで欧州人権裁判所での投資家の人権侵害がそれほど多く扱われなかった[35]理由が容易に理解できよう。

　他方で，人権裁判所に訴えを提起することのメリットは，投資家の国籍によらず訴えの提起が可能な点である。したがって，欧州人権裁判所の管轄権は，ホスト国が欧州人権条約の締約国であれば，投資家の国籍国が欧州人権条約の締約国でなくても人権裁判所への提起が可能であるということなのである。普

---

34)　小畑郁「ヨーロッパ人権裁判所の組織と手続」戸波他編・前掲注32) 15頁。
35)　ただし，欧州人権裁判所では法人にも訴えを認めている。

遍的な人権条約である国際人権規約とそれに基づく個人通報制度と異なり，投資家の権利救済が司法手続でなされるということには意義があるといえる。

　ここで，欧州人権裁判所の Yukos 事件について取り上げる。ロシアの石油会社である Yukos 社は，ロシアの課税措置に対抗するために子会社やペーパーカンパニーを設立した。しかし，ロシアの国内裁判所により，これらの子会社やペーパーカンパニーは，Yukos 社と実体を同じくするものと認定され，それらを通じた措置は脱税であるとして巨額の追徴課税が課された。資産の差し押さえに加えて同社の最大有力子会社の強制競売がなされたため，結果として Yukos 社は破産に至ることとなった。本稿では，追徴課税・資産差し押えに関連する刑事手続において，Yukos には十分な審問の機会が与えられ，公正な裁判を受ける権利が十分に保障されたかについて注目したい。

　まず，欧州人権条約における公正な裁判を受ける権利について確認しておく。欧州人権条約において公正な裁判を受ける権利[36]は，第6条で規定される。第6条は，

「全ての者は，その民事上の権利および義務の決定又は刑事上の罪の決定のため，法律で設置された独立のかつ公平な裁判所により妥当な期間内に公正な公開審理を受ける権利を有する。判決は公開で言い渡される。ただし，報道機関および公衆に対しては，民主的社会における道徳，公の秩序もしくは国の安全のため，少年の利益若しくは当事者の私生活の保護のため必要な場合において，またはその公開が司法の利益を害することとなる特別な状況において裁判所が真に必要があると認める限度で，裁判の全部または一部を公開しないことが出来る。」

とする。第6条が「公正な裁判を受ける権利」と解釈されるようになり，また，民事や刑事上のあるいは独立の公平な裁判所などの内容について明らかになったのは，欧州人権裁判所での判例の蓄積によるという[37]。例えば，6条では

---

[36] 国際法における「公正な裁判を受ける権利」については，国内司法で発達したものをそのまま国際司法に当てはめ一元的な制度を作ることが出来るかについては疑問が残るものの，裁判所の独立ということについては多くの見解の一致を見ている。（洪恵子「『公正な裁判』と国際法」『比較法研究』74号（2012年），17頁。）

[37] 建石真公子「ヨーロッパ人権裁判所による『公正な裁判』保護の拡大――『ヨーロッパ規範』の形成及び手続き的保障による実体的権利の保護へ――」『比較法研究』第74号（2012年）21-22頁。

「裁判所へのアクセス権」は定められていないが，Golder v. UK 判決で，受刑者に対して裁判所へのアクセス権を明文上は認めていないとしても，6条に内在する条約上の権利であると認められたのである[38]。したがって，各締約国は，裁判所へのアクセスを保障する積極的な義務を負い，各国に責任ある裁判所が存在していること，必要な場合には国内に設置することが要求される。また，受刑者に対して弁護士に相談する機会を奪う場合，上訴を認めないような場合には，裁判所へのアクセス権が侵害されているとみなされる[39]。ただし，アクセス権は絶対的な保障が認められているわけではなく，その制約が正当な目的を有すること，制約の目的と手段との間の比例性に合理的な関連がある限りで，制約が認められる[40]。

また，裁判における当事者間の均衡の確保を求めることが出来るという武器の平等についても6条から裁判判決を通じて派生した権利であるとされる。6条3項の防御権とも結びつき，弁護人に補佐を受ける権利なども含むという[41]。

この点につき，欧州人権裁判所はYukos社へのロシア政府による刑事訴追について，欧州人権条約6条が適用されることを受理可能性判決の時点で決定しており，2009年の本案判決においては，審問に対する期間が非常に短いこと，法令上の控訴期間が不当に狭められていたことなど，対審と防御の準備のために十分な時間と便益が原告に提供されるという欧州人権条約6条3項（b）の目的に達していないと判断した[42]。

このように判例の蓄積により，裁判所が統一解釈を発展させることができるという特徴が欧州人権裁判所にはある。しかし，このことは裏を返せば，各締約国が条約の解釈権限を失っているということになるのであり，各国の国内公権力の行使に対して条約適合性を審査する基準として欧州人権裁判所の判決を用いることで，欧州人権裁判所判決の解釈既判力が強まっているという指摘もある[43]。これは，投資家が人権裁判所で訴えを提起した場合でも同様であろう。

---

38) Golder v. the United Kingdom, 21 February 1975, Series A no.18, §35.
39) 建石・前掲論文注37) 27頁。
40) Al-Adsani v. the United Kingdom, 21 November 2001, §52–53.
41) 建石・前掲論文注37) 31頁。
42) Yukos case, Final Judgment, 20 September 2011, §527–551.
43) 建石・前掲論文注37) 33頁。

欧州人権裁判所判決の規範性が高まるにつれて，欧州人権条約に基づき，6条の公正な裁判を受ける権利について提起することで，実質的には投資家に対する不当な待遇への人権条約にもとづく救済が現実味を帯びるのではないか。

さらに，人権条約上の救済と投資協定上の救済は，別の問題としていくつもの裁判所にかかることも予想される。実際に，Yukos事件では常設仲裁裁判所（以下，PCA）において，エネルギー憲章に基づく仲裁も申し立てられている。現在，2009年の中間判決で仲裁の管轄権が認められたままで本案の判断は未だに出されていない[44]。PCAでの投資仲裁において，ロシアはYukosが欧州人権裁判所に訴えを提起していることを理由として裁判所の管轄権への抗弁を申し立てたが，仲裁廷はこの抗弁を認めなかった[45]。仲裁はエネルギー憲章に基づく投資保護の訴訟と，欧州人権裁判所でのYukos社に対する訴訟の基礎が異なるものとして判断しているが，本件での課税措置に対する司法へのアクセスも含めた救済措置に関して，エネルギー憲章の10条が規定する公正衡平待遇に違反したか否かについては本案判決が待たれるところである。PCAの判決において，司法へのアクセスという点に限定した場合，エネルギー憲章での公正衡平待遇に関連して欧州人権裁判所の本件判断が参照される可能性もある。

このような欧州人権裁判所と投資仲裁への訴えについては，フォーラムショッピングの批判もあろうが，Yukos事件における両訴訟自体は，PCAの述べるように同じ事件の違う側面を切り取った訴訟であり，実体的な基礎を異にしているため問題とならない。むしろここで，問題となりうるのは，同じ側面を扱う投資仲裁と人権裁判所での判断が異なる場合である。例えば，投資仲裁においては公正衡平待遇に違反していないと判断されたケースが，人権裁判所においては公正な裁判をうける権利の侵害として認定されるような場合に，別個のケースであるから全く問題がないと述べることができるかどうかである。国際投資紛争の解決という観点から包括的に勘案した場合に，とりわけ公正な

---

44) Yukos Universal Ltd. v. the Russian Federation, Interim award on Jurisdiction and Administration, 30 November 2009. ただし，本稿の脱稿後に本案判決がPCAにより下された（2014年7月18日）。詳細な検討は別の機会としたいが，公正衡平待遇の問題，とりわけYukosの公正な裁判を受ける権利についての議論は残念ながら見当たらない。(Final Award of 18 July 2014, Yukos Universal Ltd. V. Russian Federation, available http://www.pca-cpa.org/showfile.asp?fil_id=2722)

45) *Ibid.*, para. 598

裁判や裁判所へのアクセス権の問題については，国際投資仲裁においても，あるいは人権裁判所においても相互の判断が考慮され，投資家の権利保護についての国際基準の内容具体化への足掛かりとすることが可能ではないだろうか。

4　おわりに

　以上，検討したように，外国人投資家の人権保護は投資義務の実体的側面に対して公正衡平待遇規則の内容を吟味するに当たってすでに少なからず影響を及ぼしている。国際人権保障に関する規則が投資仲裁における適用法規になるということはなくても，公正衡平待遇規則の解釈において人権基準を用いることによって公正衡平待遇原則の内容が定められようとしている。あるいは，人権の保障と投資における外国人投資家の保護の基準の中に類似の基準が存在し，当該基準の内容を明確にしようとしている。このような公正衡平待遇規則は，国際慣習法上の外国人待遇の国際最低基準を「人権化」すなわち，より国際人権保障の基準に接近させていくのではないだろうか。この点，今回は検討の対象外としたが，政府による収用の正当化において人権基準を用いる場合にその規制手段が目的の重要度に比例していたかという比例性に関する人権法上の基準がYukos事件でも用いられて判断がなされているという指摘は注目に値する[46]。

　また，欧州人権裁判所における人権訴訟が投資仲裁における投資家の保護とは別個の訴訟として，だが，外国人投資家の権利を保護するための訴訟として提起される可能性という国際投資紛争の手続的な側面の問題も生じつつあるといえる。救済の実効性という点からは，人権裁判所に訴えることで得られるものは，投資仲裁ほど利益が大きいとは言えないのかもしれない。しかし，救済を求める投資家にとって，人権裁判所での判決は，その後の条約上の待遇規則の解釈に影響を与えるという点に鑑みれば，実りがないわけではないことも事実である。とはいえ，こちらの側面については未だに事例が少なく今後の事例の集積が待たれところである。

---

46)　伊藤一頼「投資仲裁における比例性原則の意義 —— 政府規制の許容性に関する判断基準として —— 」RIETI Discussion Paper Series 13-J-063, 2013年, 27-28頁。

第3部　個人の保護

　国際投資紛争において投資家の人権侵害に対する救済・保護という点において，外国人投資家の保護という問題は，国際法，とりわけ外国人の待遇に関する法にとっては，伝統的な問題である。しかし，その外国人投資家を取り巻く状況自体が変わりつつある。その中において，本研究は，外国人待遇に関する国際最低基準と国際的な人権保障の関係を考慮しつつ国際訴訟での包括的な解決を念頭においた検討であると位置づけられよう。

　現在，国際人権保障も外国投資の保護もそれぞれのレジームにおいて救済手段が用意され，外交的保護よりも実効性のある手段として各レジーム維持を担保するものとなっている。確かに，外交的保護制度は既に救済手段としての優先度が低くなっているものの，外交的保護制度が失われたわけではない。投資家を取り巻く環境が変わっているように，外交的保護制度の1次規則である国際最低基準が現在どのようなものを内包するのか，どのレベルの保護が求められているのかも変化している。外交的保護制度はその1次規則の変化に従って，変化する。したがって，これらの点については今後国際人権保障レジームと国際投資レジームにおける相互の法の発展とその相互浸透にかかっているといえる。そして，外国人投資家を初めとする個人に対して国際法が用意する権利侵害の救済手段の多様性が認められることは，それぞれの救済手段の実効性を監視，刺激しあうことになるだろう。そして，国際法上の個人の権利保護システムを包括的に見れば，このことは非常に望ましい状態であるといえよう。

　［付記］
　本稿は，国際経済法学会2013年度研究大会報告の原稿を加筆修正したものを含む。国際経済法学会に御推挙下さった村瀬信也先生，並びに貴重な御意を賜った国際経済法学会の会員の方々にこの場を借りて御礼申し上げる。

14 災害に関する国際法規範の形成と発展
―― 国連国際法委員会による「災害時の人の保護」
に関する条文草案をめぐって――

植 木 俊 哉

1　はじめに
2　「災害時の人の保護」に関する条文草案の審議の経緯
3　「災害時の人の保護」に関する条文草案の全体構造と位置づけ
4　「災害時の人の保護」に関する条文草案の実体規定：その内容
5　「災害時の人の保護」に関する条文草案をめぐる国際法上の論点と本草案の意義
6　おわりに

1　はじめに

　国連の国際法委員会（International Law Commission; 以下，ILC と略記）は，2014年の第66会期において，2008年に審議が開始された「災害時の人の保護」（Protection of Persons in the event of Disasters）に関する第1読草案を採択した。同草案は，全21条からなり，2014年8月5日の第3238会合及び8月6日の第3239会合においてその注釈（commentaries）とともに採択され，2016年1月1日までに各国政府，関係する国際組織，赤十字国際委員会及び国際赤十字赤新月社連盟に対してコメント及び見解を求めることが決定された[1]。
　本稿では，ILC が採択したこの新たな条文草案が，災害，とりわけ自然災害に関する現存の国際法規範をどの程度反映したものであるのか，また同条文草案がこの分野での今後の国際法規範の発展にいかなる影響を及ぼし得るのか等

---

1) *Report of the International Law Commission, Sixty-sixth session (5 May – 6 June and 7 July–8 August 2014), General Assembly Official Records, Sixty-ninth session, Supplement No. 10 (A/69/10)*, p. 86.

について，条文草案の具体的な検討を通じて考察することとしたい。

2 「災害時の人の保護」に関する条文草案の審議の経緯

ILC は，2007年の第59会期において「災害時の人の保護」を新たに作業計画に加え，コロンビア出身の ILC 委員であるヴァレンシア・オスピナ（Eduardo Valencia-Ospina）をその特別報告者に任命した。特別報告者は，翌2008年の第60会期に第1報告者を提出し，2014年の第66会期に提出された第7報告書に至るまで，合計7つの報告書を作成し[2]，これらの報告書において提案された条文案を基礎として，ILC での条文草案の起草作業が進められた。

本条文草案の起草作業の経緯を辿れば，一見したところ，ILC でのその起草作業は順調に推移して第1読草案の採択に至ったように見える。しかし，その審議の過程では，本稿でも後に取り上げるように，本テーマの下でどのような主体のいかなる権利又は義務についてどのような規定を置くべきであるのかといった基本的論点について，根本的な議論が繰り広げられた。具体的には，2009年の第61会期において第1条～第5条の条文案の審議が行われ[3]，2010年の第62会期の全体会合で第1条～第5条の条文案が暫定的に採択された[4]。東日本大震災発生直後の2011年の第63会期の全体会合では，第6条～第11条の条文案が暫定的に採択され[5]，その後2013年の第65会期の全体会合において，第5条 bis，第5条 ter，第12条～第16条の条文案が暫定的に採択された[6]。

---

[2] 2008年の第60会期に第1報告書（UN Doc. A/CN. 4/598），2009年の第61会期に第2報告書（UN Doc. A/CN. 4/615 and Corr. 1），2010年の第62会期に第3報告書（UN Doc. A/CN. 4/629），2011年の第63会期に第4報告書（UN Doc. A/CN. 4/643 and Corr. 1），2012年の第64会期に第5報告書（UN Doc. A/CN. 4/652），2013年の第65会期に第6報告書（UN Doc. A/CN. 4/662），2014年の第66会期に第7報告書（UN Doc. A/CN. 4/668 and Add. 1）がそれぞれ提出された。

[3] 2009年の第61会期における本テーマに関する審議の概要については，国際法委員会研究会「国連国際法委員会第61会期の審議概要」『国際法外交雑誌』108巻3号（2009年）116–120頁参照。

[4] 2010年の ILC 第62会期における本テーマに関する審議の概要については，国際法委員会研究会「国連国際法委員会第62会期の審議概要」『国際法外交雑誌』109巻3号（2010年）128–133頁参照。

[5] 2011年の ILC 第63会期における本テーマに関する審議の概要については，国際法委員会研究会「国連国際法委員会第63会期の審議概要」『国際法外交雑誌』110巻4号（2012年）128–133頁参照。

2013年までの以上のような条文草案に関する起草作業を踏まえて，2014年に開催されたILC第66会期では，特別報告者が第7報告書の中で提案した第14条bis，第17条～第19条，第3条bisの条文案を基礎として議論が行われた[7]。その結果，提案された第14条bisを新しい第18条，提案された第17条を新しい第20条とするとともに，第5条bisを新たな第9条，5条terを新たな第10条とするなど，条文全体の組み換えや整除等が行われ，最終的に第1条～第21条の全21条からなる第1読草案が会期末間近の2014年8月5日から6日に採択されることとなったのである[8]。

それでは，以上のようにしてILCで採択された第1読草案全体の構成について，次に概観することとしたい。

3 「災害時の人の保護」に関する条文草案の全体構造と位置づけ

（1）本草案の規定の法的性質

村瀬教授は，既に2011年の段階で，「災害時の人の保護」というテーマの起草作業に関して，「関連条約も少なく，殆どの関連文書はソフトローにとどまる。このトピックについて現在の段階で法典化の必要性は認められないように思われる」との見解を述べている[9]。一般的に言えば，村瀬教授も指摘する通り，自然災害に関連する国際法規範はいわゆるソフトローにとどまるものが多いものと理解できる。そうであるとすれば，本条文草案の起草作業の実質的意義を考察するためには，各条文で規定された権利及び義務の内容及びその法

---

6) 2013年のILC第65会期における本テーマに関する審議の概要については，国際法委員会研究会「国連国際法委員会第65会期の審議概要」『国際法外交雑誌』112巻4号（2014年）86-88頁参照。なお，これらの条文案の暫定的な採択の経緯に関しては，*International Law Commission, Sixty-sixth session (5 May – 6 June and 7 July – 8 August 2014), General Assembly Official Records, Sixty-ninth session, Supplement No. 10 (A/69/10)*, p. 84.

7) 特別報告者ヴァレンシア・オスピナがこの第7報告書の中で提案した条文案とその説明については，*Seventh Report on the Protection of Persons in the event of Disasters, by Eduardo Valencia-Ospina, Special Rapporteur (A/CN. 4/668)*, pp. 19-28.

8) ILC第66会期における本件に関する審議の経過とその結果に関しては，*International Law Commission, Sixty-sixth session (5 May – 6 June and 7 July – 8 August 2014), General Assembly Official Records, Sixty-ninth session, Supplement No. 10 (A/69/10)*, pp. 84-86.

9) 村瀬信也「国際法委員会の現状と将来の展望」村瀬信也・鶴岡公二編『変革期の国際法委員会（山田中正大使傘寿記念）』（信山社，2011年）121頁。

的性質を十分に吟味することが重要であると考えられる。以下では，特にこの点を踏まえた上で，本条文草案の全体構造を検討することとしたい。

（2）本草案の適用範囲と対象となる「災害」

　本条文草案は，全体で21条の条文から構成されており，これらの条文は部や章で区切られておらず，形式上は単一のものとして構成されている。しかし，各条文の内容に鑑みれば，本条文草案は大別して次の3つの部分から構成されているものと考えられる。その第一は第1条～第4条の総則的規定が置かれた部分，第二は，第5条から第19条までの実体規定が置かれた部分，そして第三は，他の国際法規範と本草案との効力関係を定めた第20条と第21条である。

　このうち第一の部分，すなわち草案の冒頭に置かれた第1条「範囲」（Scope），第2条「目的」（Purpose），第3条「災害の定義」（definition of disaster）及び第4条「用語」（Use of terms）の4カ条は，本草案全体の総則的規定である。まず第1条は，本草案の適用対象について，「本条文草案は，災害時における人の保護に適用する」と定め，本草案の適用対象を画定している。第1条の注釈によれば，本草案の適用範囲について，事項的適用範囲（*ratione materiae*）に関しては，「災害により影響を受けた国」（被災国）の権利義務と「災害により被害を受けた人（個人）」（被災者）の権利という「二軸」（two axes）アプローチを採用すること，人的適用範囲（*ratione personae*）に関しては，被災者個人と被災国に加えて，災害に関する救援活動を行う他の国や国際組織，関係のNGO等が含まれること，時間的適用範囲（*ratione temporis*）に関しては，災害時（"in the event of" disaster）のみならず災害前（pre-disaster）の予防段階や災害後（post-disaster）の復旧・復興段階にも適用されること，空間的適用範囲（*ratione loci*）に関しては，被災国の領域だけでなく国際的な援助活動等が行われる空間も含まれること等が述べられている[10]。

　次の第2条では，本草案の「目的」が規定され，さらに第3条では，本草案における「災害」（disaster）について，「広範な人命の損失，甚大な人的被害及び苦痛，又は大規模な物的若しくは環境的被害であって，それにより社会機能

---

[10]　*International Law Commission, Sixty-sixth session (5 May - 6 June and 7 July - 8 August 2014), General Assembly Official Records, Sixty-ninth session, Supplement No. 10 (A/69/10)*, pp. 90-91.

の深刻な損壊をもたらすような痛ましい出来事又は一連の出来事」という定義が規定されている[11]。このような本草案における「災害」の定義は，1998年の（災害縮減及び救援活動における通信の確保に関する）タンペレ条約[12]，2003年の国際法協会（ILA）ブルージュ会合での人道的援助に関する決議，2005年に神戸で開かれた国連主催の世界防災会議で採択された兵庫宣言及び兵庫行動枠組[13]，2007年の国際赤十字赤新月社連盟（IFRC）ガイドラインなど，いくつかの重要な国際文書での「災害」の定義を参考としながら作成されたものである[14]。

さらに，第4条では，「被災国」（affected State），「援助国」（assisting States），「他の援助主体」（other assisting actor）といったいくつかの概念について，本草案上の定義規定が設けられている[15]。

（3）本草案と他の国際法規範との関係

次に，本草案の最後には，前述の第三の部分として，本条文草案と他の国際法規範との関係について定めた2カ条が置かれている。このうち，第20条では，本条文草案は災害時に適用される「特別の」（special）又は「他の」（other）国際法規範の適用を妨げるものではないことを定めている。この第20条は，本草案に関しても「特別法」（lex specialis）の原則が妥当することを規定しており，同条の注釈によれば，「特別法」として本草案に優先して適用される可能性のある法規則として，条約法の規則（履行不能や事情の根本的変化など）や国際責

---

11) *Ibid.*, p. 93.
12) 1998年に採択されたタンペレ条約は，電気通信分野での災害時における国際的な援助活動に関する規則を定めた条約であるが，同条約第1条2項で定められた「災害」の定義の詳細に関しては，植木俊哉「自然災害と国際法の理論」『世界法年報』32号（2013年）5-6頁参照。
13) 2005年1月に神戸で開催された国連防災世界会議で採択された「兵庫宣言」と「兵庫行動枠組2005—2015」に関しては，植木・前掲論文（注(12)）8-9頁参照。
14) *International Law Commission, Sixty-sixth session (5 May – 6 June and 7 July – 8 August 2014), General Assembly Official Records, Sixty-ninth session, Supplement No. 10 (A/69/10)*, pp. 93-94. なお，ここで挙げられた他の条約や国際文書等で規定された「災害」の定義と比較した場合の本草案第3条における「災害」の定義の特徴等については，植木・前掲論文（注(12)）9-11頁参照。
15) *International Law Commission, Sixty-sixth session (5 May – 6 June and 7 July – 8 August 2014), General Assembly Official Records, Sixty-ninth session, Supplement No. 10 (A/69/10)*, pp. 95-99.

任に関する規則（国家責任，国際組織の責任，個人責任を含む）等が挙げられている[16]。

最後の第21条は，武力紛争との関係での本草案の適用に関して，本条文草案は国際人道法（international humanitarian law）が適用される状況に対しては適用されない旨を定めている[17]。この第21条は，「武力紛争法」との関係でも第20条が規定する「特別法」原則が妥当することを確認した規定とも言える。他方で，本草案の「武力紛争」（armed conflicts）への適用可能性に関しては，ILCにおける本草案の審議全体を通じて繰り返し議論が行われてきた。その結果，「武力紛争」に関して本草案の適用をカテゴリカルに排除することは，武力紛争時に自然災害が襲った場合や，自然災害と相前後して武力紛争が発生した場合などの「複合緊急事態（complex emergencies）」に本草案の適用が完全に排除されることになり，妥当ではないということから，「『国際人道法の規則が適用される状況』に対しては本草案が適用されない」という第21条の文言が採用されることとなった。従って，第21条は，現存する国際法規則，とりわけ国際人道法の規則が適用されない範囲内において，本条文草案は武力紛争の状況に対しても適用されることを意図するものである[18]。

以上の（2）で述べた第1条～第4条及び（3）で述べた第20条～第21条を除く第5条～第19条の15カ条が，本条文草案全体の中での実体規定と位置づけられるものである。そこで，次の4では，これら本草案の実体規定の内容について検討することとしたい。

4 「災害時の人の保護」に関する条文草案の実体規定：その内容

（1）「人間の尊厳」と人権，人道性諸原則

それでは次に，本条文草案の実体規定である第5条～第19条には，どのような主体の（誰の，あるいは何の）いかなる権利又は義務等が規定されているで

---

16) *Ibid.*, pp. 136-137.
17) *Ibid.*, p. 137.
18) 第21条の注釈では，本条の条文のこのような解釈が強調されている。*International Law Commission, Sixty-sixth session* (*5 May - 6 June and 7 July - 8 August 2014*), *General Assembly Official Records, Sixty-ninth session, Supplement No. 10* (*A/69/10*), pp. 137-138. 参照。

あろうか。

この点に関して、本条文草案は、第5条「人間の尊厳」（Human dignity）、第6条「人権」（Human rights）及び第7条「人道的諸原則」（Humanitarian Principles）の3カ条を、実体規定の最初の部分に置いている。

まず、第5条は、「災害への対応として、国、権限ある国際組織及び関連する非政府間国際組織は、人間の固有の尊厳を尊重し保護しなければならない」と規定し、「人間の尊厳」（human dignity）の尊重及び保護が「災害時における人の保護」に関する1つの指導原則（a guiding principle）とされることを定めている[19]。

また、第6条「人権」では、災害により影響を受けた者（被災者）の人権が保障されなければならないことが明記されている[20]。

さらに、第7条「人道的諸原則」では、災害への対応は、特に弱者（vulnerable）のニーズも考慮に入れつつ、「非差別」（non-discrimination）原則に基づき、「人道性」（humanity）、「中立性」（neutrality）及び「公平性」（impartiality）という3つの原則に従って取られなければならないことが「人道的諸原則」という表題の下で規定されている[21]。

（2）本草案の規定する「協力義務」の内容

以上の第5条～第7条に続いて、本草案では、次の第8条が災害への対応との関係で国が負う「協力義務」（duty to cooperate）について規定する。この第8条は、災害時における最も重要な国の一般的義務を規定するものであり、本条文草案全体の中でも実質的に最も重要な条文と考えることができよう。具体的には第8条は、「国は、災害への対応との関係において、他の国や国連その他の権限ある政府間国際組織、国際赤十字赤新月社連盟、赤十字国際委員会及び関係する非政府間国際組織と協力しなければならない」と定めている[22]。

このように第8条が規定する一般的な国の協力義務を受けて、これに続く第

---

19) *Ibid.*, pp. 99–102.
20) *Ibid.*, pp. 102.
21) *Ibid.*, pp. 103–105. また、本条の中で言及されている「非差別」原則は、災害との関係での「弱者」（vulnerable）に対して特別の考慮を払うことと矛盾するものではないことが、本条の注釈の中で強調されている（本稿3（2）参照）。

第3部　個人の保護

9条「協力の形式」（Forms of cooperation）では，そのための「協力」の具体的な形式が規定されている[23]。さらに，第10条「災害リスク低減のための協力」（Cooperation for disaster risk reduction）では，第8条の規定する義務が「災害リスクを低減させるための措置」にも及ぶことが明記され[24]，第11条「災害リスクを低減させる義務」では，このような災害リスク低減義務の具体的内容として，リスク評価行為，リスク及び過去の損害情報の収集と普及，そして早期警戒システムの設置と運用等が列挙されている[25]。また，この災害リスク低減義務を規定した第11条の注釈の中では，2005年に神戸で採択された「兵庫行動枠組2005-2015」や，兵庫行動宣言採択の直後の2005年5月にこの分野での最初の地域的国際条約として採択された「ASEAN災害管理・緊急対応協定」などが，第11条の根拠となる国際実行として挙げられている点が注目される[26]。

（3）被災国の義務及び役割と「外部からの援助」

本条文草案では，以上の第8条～第11条に続いて，「被災国」（affected Sate）の義務と第一次的役割について規定した第12条「被災国の役割」（Role of the affected State）が置かれている。この第12条の規定は，自然災害が発生した場合に，災害発生地国（被災国）が，その主権の効果として，当該領域内における人の保護及び災害の救援・援助等を確保すべき義務（duty）を負うことを定め

---

22) *International Law Commission, Sixty-sixth session (5 May – 6 June and 7 July – 8 August 2014), General Assembly Official Records, Sixty-ninth session, Supplement No. 10 (A/69/10)*, p. 105.

23) 第9条では，災害に関する「協力」の具体的な形式として，人道的援助（humanitarian assistance），国際的な救助活動や意思疎通の調整（coordination of international relief actions and communications），救援のための人員，装備並びに物品及び科学的，医学的並びに技術的物資を利用可能にすること（making available relief personnel, relief equipment and goods, and scientific, medical and technical resources）等が例示されているが，これらの限定されるものではないことが本条の注釈では明記されている。*International Law Commission, Sixty-sixth session (5 May – 6 June and 7 July – 8 August 2014), General Assembly Official Records, Sixty-ninth session, Supplement No. 10 (A/69/10)*, p. 108.

24) *Ibid.*, p. 111.

25) 草案第11条2項参照。*International Law Commission, Sixty-sixth session (5 May – 6 June and 7 July – 8 August 2014), General Assembly Official Records, Sixty-ninth session, Supplement No. 10 (A/69/10)*, p. 111.

26) *Ibid.*, pp. 111-114.

る（1項）とともに，被災国がそのような救援・援助の指揮，命令，調整及び監督に関して「第一次的役割」（primary role）を担うべきことを定める（2項）ものである[27]。

この第12条の定める原則に基づいて，被災国は，災害が当該国の国内的対応能力を超える限りにおいて，他の国や国連，他の権限ある国際組織や関連するNGO等に対して「外部からの援助」（external assistance）を求める義務を負うものとされる（第13条）[28]。以下，これに続く本草案の第14条〜第19条には，被災国以外の国や関係する国際組織，NGO等が被災国に対して行う「外部からの援助」（external assistance）に関連する条項が設けられている。そこでは，災害時に対する「外部からの援助」には被災国の同意が必要とされることを原則としつつ（第14条1項），当該同意を恣意的に撤回することは許されないこと（第14条2項）[29]，被災国が当該同意に際して一定の条件を付すことが認められること（第15条）等が規定されている[30]。また被災国は，「外部からの援助」の迅速かつ効果的な受け入れのために必要とされる措置を取らなければならず（第17条1項），そのために必要な国内法令等が利用可能であるようにしなければならない（第17条2項）[31]。さらに，被災国は，外部からの援助のために当該被災国の領域内に所在する救援のための人員，装備及び物品等の保護を確保するために適切な措置を取らなければならない（第18条）[32]。

5 「災害時の人の保護」に関する条文草案をめぐる国際法上の論点と本草案の意義

以上，本草案は，災害のあらゆる側面に関する国際法上の諸問題について規律するものではなく，「災害時における『人の保護』（protection of persons）」という観点に絞って起草された条文草案である[33]。従って，本草案のこのような性格上，災害により被害を蒙った個人，すなわち被災者に対してどのような

---

27) *Ibid.*, pp. 117–119.
28) *Ibid.*, pp. 119–123.
29) *Ibid.*, pp. 123–126.
30) *Ibid.*, pp. 127–129.
31) *Ibid.*, pp. 131–132.
32) *Ibid.*, pp. 132–135.

第3部　個人の保護

法的権利を具体的に保障すべきか，そしてそれに対応するものとして，国，とりわけ災害が発生した領域国（被災国）がどのような国際法上の権利及び義務を負うのか，という点が，国際法の観点から考察する場合の重要な焦点であると言える。

（1）本草案の規定する被災者の「権利」の実質的内容とその意義

このうち，「被災者」の国際法上の「権利」に関しては，本草案では新たな実質規定は設けられなかった。また，草案第3条の定義規定においても，「被災国」（affected State）や「援助国」（assisting State），さらには「救援者」（relief personnel）等については本草案上の定義規定が設けられた（第3条（a）（b）及び（e））が，「被災者」に関しては定義規定が設けられていない。権利の主体となるべき人（具体的には「被災者」）の定義が設けられていないことは，本草案が「権利基礎アプローチ」を実質上は必ずしも採用しなかったことを示唆するものであるとも解せよう[34]。本草案は，「災害時における『人の保護』」を目的とする条文草案であるが，それは必ずしも「災害時における『人の権利』」を具体的に保障することを現実に目的とする草案ではないのである。実際には，草案は，第7条で人間の「固有の尊厳」（inherent dignity）の尊重と保護を規定し，第8条では「災害により被害を蒙った人」（persons affected by disasters）の「人権」（human rights）が尊重されるべきこと，そして第9条で災害への対応は人道性，中立性，公平性といった人道的諸原則（humanitarian principles）に

---

33) この点は，本稿で先に紹介した本草案の冒頭に置かれた第1条「範囲」や第2条「目的」等の条項において明確に記されている。

34) 特別報告者ヴァレンシア・オスピナは，2009年のILC第61会期に提出した第2報告書の中で，「必要性基礎アプローチ（needs-based approach）」に加えて「権利基礎アプローチ（rights-based approach）」を本草案の基本とすることを提案した。*Second Report on the Protection of Persons in the event of Disasters, by Eduardo Valencia-Ospina, Special Rapporteur (A/CN. 4/615)*, pp. 6-10. しかし，ILCでの審議の結果として採択された現在の草案第2条では，「関係する者の本質的な『必要性』（needs）に見合うような災害に対する適切かつ効果的な対応」を促すことが本草案の目的として明記され，「権利」に関しては条文の末尾に「その者の『権利』（rights）を完全に尊重しつつ」と付記されるにとどまることとなった。このような第2条の文言は，「必要性基礎アプローチ」と「権利基礎アプローチ」の双方を勘案した結果であると考えられるが，条文の構造上は明らかに「権利」よりも「必要性」に重点が置かれた規定になっていると解することができよう。

従って取られなければならないこと等を規定するにとどまっている。災害により被害を蒙った人，すなわち「被災者」に保障されるべき権利の具体的な内容は，他の人権関係の諸条約や国際慣習法規範に委ねられているのであり，その意味で本草案は「被災者」に対して何らかの具体的な権利の創設を試みたものではないのである。

（2）被災国及び援助国の負う「義務」の内容とその法的性質

　以上のように，被災者個人の「権利」に関しては，本草案によって何からの新たな具体的な権利が創設されたわけではないとすると，本草案は国（被災国あるいは国際社会のその他の国）に対して何からの新たな「義務」を創設しているのであろうか。

　この点に関して，特別報告者ヴァレンシア・オスピナは，2013年のILC第65会期に提出したその第6報告書の中で，災害との関係での国の義務に関するいわゆる「二軸アプローチ」(dual-axis approach) に言及した上で，災害に関連して国が負うべき義務には，被災国が他の国又は国際法主体との関係で水平的に (horizontally) 負う義務（いわば水平的義務）と，当該国の領域内又は管轄権内に所在する個人との関係で垂直的に (vertically) 負う義務（いわば垂直的義務）の2つが存在することを指摘している[35]。しかし，このような災害との関係での国の義務の2分論に対しては，さまざまな批判も提起されている[36]。

　例えば，国家間の水平的関係における義務に関しては，被災国が他の国に対して何からの国際法上の義務を負うことがあるのか，また他の国の側から見た場合，これらの国が被災国に対して援助を行うことは国際法上の「法的」義務として確立したものと言えるのか，といった点については，多くの議論があり得る。

　このうちの前者の問題，すなわち被災国が他の国や国際組織等に対して負う義務に関して草案は，災害に際して被災国が外部からの援助を受け入れる際には被災国の同意が要件とされることを明記する（第14条1項）一方で，災害が

---

35) *Sixth Report on the Protection of Persons in the event of Disasters, by Eduardo Valencia-Ospina, Special Rapporteur* (A/CN. 4/662), p. 12.
36) 2013年のILC第65会期におけるこの点に関する批判については，国際法委員会研究会・前掲論文（注（6））86-87頁参照。

第 3 部　個人の保護

被災国の国内的対応能力を越えるものである場合には，他の国や国連その他の権限ある国際組織等に対して外部からの援助を求める義務（duty）を負うこと（第13条）を定めている。また，後者の問題，すなわち災害との関係での国の「協力義務」（duty to cooperate）に関して，草案は，第 8 条において本草案全体との関係での一般的な協力義務を定め，第10条ではその協力義務が「災害リスク低減」（disaster risk reduction）のための措置にも及ぶことを確認している。しかし，これらの義務は，"obligation"ではなく"duty"という文言が用いされていることからも窺われる通り，厳密な意味での「法的義務」というよりも「責務」に近い内容のものであり，例えば当該「協力義務」の違反がどのような形で認定され，そこからいかなる国際法上の国家責任が発生するのか等に関しては，慎重な考察が必要とされよう。

さらに，被災国がその領域内に居住する被災者等に対して負うものとされる「垂直的義務」に関しても，これらの義務が国内法上の義務としてのみならず国際法上の義務として確立したものと言えるのかといった点に関しては，さらに詳細な検討が必要であると思われる。

（3）本草案の法的意義

このように，本草案で規定された被災者の「権利」や国の「義務」の内容は，必ずしも具体的な国際法上の権利義務として確立したものではなく，いわゆるソフトロー的なものにとどまっているものが多く，また実定国際法上の権利又は義務と考えられるものについても，その実質的内容は国際人権法など災害関係の国際法とは別の領域の規範として存在するものが多く見られる。このような観点からすると，災害に関する固有の国際法規範は，国や国際組織の一般的な「協力義務」を基礎として，これから具体的に形成され実定法として成熟することが期待される段階にあり，本草案はそのような「災害国際法」の発展を促すものとして重要な意義を有すると評価することができよう。

6　おわりに ── 災害に関する国際法規範の策定と日本の貢献

2011年 3 月に発生した東日本大震災を契機として，日本では災害に関連する法規範に関する関心が急速に高まりをみせた[37]。近年では自然災害が世界的

規模で多発していることから，災害，特に自然災害に関連する国際的なルールや法的枠組に対する関心が世界的に高まりつつあり[38]，ＩＬＣが「災害時の人の保護」を起草作業のテーマとして取り上げ，2014年の会期で第一読草案が採択されたのも，このような国際的な潮流を背景としたものであると言えよう。

　この分野での法的な枠組と国際法規範の策定に関しては，日本はこれまでも国際的に大きな役割を果たしてきた。1994年に横浜で開催された「自然災害縮減に関する世界会議」(World Conference on Natural Disaster Reduction)で，「より安全な世界のための横浜戦略：自然災害の予防，準備及び最小化のためのガイドラインとアクションプラン」が採択され[39]，2005年に神戸で開催された（第1回）国連世界防災会議において「兵庫行動枠組2005-2015」が採択されたが[40]，これらは災害に関する重要な国際文書として，その後長く世界的に参照されることとなった[41]。また，2015年3月には，仙台市において，国連主催の第2回世界防災会議が開催され，2005年〜2015年までの10年間について定めた「兵庫行動枠組」に続く今後の新たな防災のための国際的な法的枠組が，再度日本において審議・決定され，発信される。

　このように，自然災害と防災の分野で最も重要な法的枠組となる国際文書が，横浜，神戸，そして仙台という日本を代表する諸都市で開催された国際会議において議論され採択されてきたという事実は，この分野における日本の貢献を端的に反映したものであると言えよう。国際法のさまざまな分野の中で，災害

---

37) 例えば，「特集・東日本大震災 —— 法と対策」『ジュリスト』1427号（2011年）2-142頁，「災害と世界法」『世界法年報』32号（2013年）3-225頁。
38) 例えば，2012年9月に米国のバークレーで開催された第4回日米加豪NZ四国際法学会合同研究大会でも，「災害と国際法」が統一テーマとして取り上げられ，その成果は，David D. Caron, Michael J. Kelly and Anastasia Telesetsky (eds.), *The International Law of Disaster Relief* (Cambridge University Press, 2014) として刊行された。
39) Yokohama Strategy for a Safer World: Guidelines for Natural Disaster Prevention, Preparedness and Mitigation and Plan for Action, A/CONF. 172/9.
40) Hyogo Framework for Action 2005-2015: Building the Resilience pf Nations and Communities to Disasters, A/CONF. 206/6 and Corr. 1.
41) 1994年の「横浜戦略」と2005年の「兵庫行動枠組」という2つの国際文書は，例えば今回ILCで採択された「災害時の人の保護」に関する第一読草案の注釈の中でも，重要な国際文書として言及されている。See, Commentary to Article 11, *Report of the International Law Commission, Sixty-sixth session (5 May – 6 June and 7 July – 8 August 2014), General Assembly Official Records, Sixty-ninth session, Supplement No. 10 (A/69/10)*, pp. 111-112.

と防災をめぐる分野ほど，日本がこれまでに大きな国際的貢献を蓄積し，また今後も貢献が期待されている分野は少ないものと思われる。今回 ILC が採択した「災害時の人の保護」に関する第一読草案を 1 つの重要な契機として，東日本大震災の経験を経た日本は，その学問的営為と実践的知見を世界に向かって発信することが強く求められていると言えよう。

15 移行期正義と国際人権関連規範

朴　基　甲

1　はじめに
2　移行期正義の概念
3　移行期正義の目的と実現方法
4　過去志向的な移行期正義の実現過程と国際人権規範
　の役割
5　移行期正義の実現が国際人権規範の発展に及ぼした影響
6　おわりに

1　はじめに

　本稿は，21世紀初めの今日，移行期正義と国際人権関連規範（国際人権規範）の両者の相互関係を分析することを目的とする。国際人権規範は，移行期正義の形成と発展にどのような役割を果たしており，どのような影響を及ぼしているのか。また，その反対の側面から考えたとき，移行期正義は，既存の国際人権規範にどのような内容を加え，より豊富にしたのか。国際関係上発生した武力衝突に関わる従来の研究は，武力行使への訴えが果たして国際法上適法であるか否か (*jus ad bellum*) と，武力紛争の際に適用される戦争法や国際人道法 (*jus in bello*) に関する研究という2つの分野に集中されてきた。しかし，近年，これからはそれらに加えて，国際的・非国際的な武力紛争により荒廃した国家や地域の再建のため，いわゆる *jus post bellum*（あえて翻訳すると終戦後法となるだろう）という新たな法の体制を認めて発展させるべきであるという主張が出てきた[1]。このような主張は，興味深く，現実的妥当性があるもので

---

1) Carsten Stahn, "Jus ad bellum, Jus in Bello ... Jus post Bellum? Rethinking the Concept of the Law of Armed Conflict," *European Journal of International Law*, Vol. 17, 2006, pp.921–943.

あり，移行期正義の実現可能性の観点から検討できるであろう。

なお，詳細な検討に入る前に，本稿の2つの主題語について検討したい。まず「transitional justice」の翻訳である。韓国では，この言葉について，国内文献での韓国語翻訳はまだ統一されていないのが実情である。一部の法学者は「移行期の正義」と翻訳しており[2]，多くの国内学者は「過去の清算」という表現をよく使用している[3]。(調べた限り日本の学者も「移行期の正義」と「移行期正義」を並行使用しているそうだ。したがって，大きな問題がなければ) 本稿では，辞書的な意味に充実した「移行期正義」という用語を使用したい。

次に，本稿のもう1つのキーワードである「国際人権規範」をどのように理解すべきかという問題については，筆者は国際人権法，国際難民法，国際人道法，及び国際刑事法のすべてを含む包括的な意味として使うことにする。その理由は2つある。第1に，以上の4つの法の分野は，各々形成及び発展沿革や適用時点とともに，関連国際文書がそれぞれ異なるが，その一方で，追求する目標は人間の尊厳性，基本的人権の保護と増進であるからである。また第2に，移行期正義の実現が要求される状況は多様であり，この4つの法の分野を並列的に，あるいは包括的に考慮せざるを得ない。このような方法論の採択は，本稿で引用する国連関連文書にもよく反映されている。言い換えると，組織的かつ大規模な人権侵害が発生した時点は，多くの場合，国際的若しくは非国際的武力紛争が発生したときであるが，例えばシリアや北朝鮮のように，他国と紛争のない状態にある国の政府が，一方的に自国民を大量虐待する例も存在する。また，加害者と被害者が同一国籍であるため，国内問題として捉えられる場合もあるが，その一方で，著しく深刻な人権侵害が発生した場合には，外国政府または外国人を含む，第三国または第三者が介入するなど，いわゆる複合的な場合も想定され，ある特定法の分野のみ適用されるとは断定しがたいことから，包括的な接近方法が求められると言えよう。

---

2) イ・ジェスン「移行期の正義（特集：過去の清算と民事的問題の中で)」『民主法学』第23号（2002年）47頁以下，チェ・チョルヨン「植民地の清算と移行期正義：東ティモールの事件『民主法学』第45号（2011年）47頁以下。

3) イ・ジェスン「過去清算と人権」『民主法学』第24号（2003年）15頁以下。なお，参考として，彼の論文の英文タイトルは 'Justice in Democratic Transition Period' である。また，政治学者であるチェ・チャンジブ教授は「過去史の清算」という表現を使用している（チェ・チャンジブ『民主主義の民主化』(Humanitas, 2006年)）。

2 移行期正義の概念

国内外で発行された一般的な国際法の文献から「移行期正義」という用語を見つけ出すことは容易ではない。それは，移行期正義は，国際法においてはまだ新しい概念であり，むしろ国際関係や国際政治及び社会学で主に使われている用語であるからもしれない[4]。一方，国連は，移行期正義の実現に対し，相当な関心を示している[5]。この点は，後ほど本稿の関連分野でより詳しく検討することとする。また，NGO も International Center for Transitional Justice をはじめとして，多くの市民団体が活動を行っており[6]，2007年から「The International Journal of Transitional Justice」という学術雑誌が発行されている[7]。韓国国内レベルから同問題を集中的に研究してきたイ・ジェスン教授は，「移行期の正義」について「独裁政権時代に行われた残酷行為を，新政権の下でどのように清算すべきかの問題領域」であるとしつつ，「『移行期の正義』に関する原則と内容における統一したコンセンサスはまだ形成されていない」と指摘している[8]。国際法学者として，植民地解放の問題を研究したチェ・チョルヨン教授は，「移行期の正義」を「移行期的な状況で，過去の重大な人権犯罪行為者に責任を問い，正義を回復し，和解を達成しようとする欲

---

4) 海外論文の中には移行期正義を，人権侵害を減少させ民主主義を強化させるための20世紀末の重要な政治革新だと言及している論文もある。"Transitional justice mechanisms are the major policy innovation of the late twentieth century to reduce human rights violations and strengthen democracy." (Tricia D. Olsen, Leigh A. Payne & Andrew G. Reiter, "The Justice Balance: When Transitional Justice Improves Human Rights and Democracy," *Human Rights Quarterly*, Vol. 32, 2010, p.980.)
5) 例えば，2012年1月5日発表された潘基文国連事務総長の "The Secretary-General's Five Year Action Agenda" の第4項は，「移行期にある国に対する支援」(supporting nations in transition) と題して，国連の役割と支援を言及している。
6) ウェブサイトは http://www.ictj.org。移行期正義に関する一般論は，Ruti Teitel, Transitional Justice (2000) 参照。
7) 移行期正義に関する論文リストを検索できるサイトもある。
http://sites.google.com/site/transitionaljusticedatabase/transitional-justice-bibliography
8) イ・ジェスン・前掲注2) 47頁。イ教授は，日帝強占期における慰安婦問題，独立直後と韓国戦争中に起きた民間人虐殺，光州での民間人虐殺，三清教育隊，政治的操作事件，疑問死などを挙げており，統一後の法の適用問題も将来考慮すべき移行期正義の重要な争点であると指摘している。

求を真実和解委員会，あるいは特別法廷を通して解決」する過程であると解釈している[9]。ただし，このような韓国の教授による概念の定義は，1960年代初の軍事クーデター，1980年代初の新軍部クーデターなどを経験した大韓民国特有の現代政治史に焦点が当てられているため，一般化するには困難な部分がある。

国際関係における移行期正義に対する学問的議論の出発点は，1980年代末と1990年代初めである。すなわち，この時期になると，中南米の一部の国家から独裁政権が後退し，東ヨーロッパの共産主義政権が崩れたが，このような歴史的変遷に伴い，これらの独裁政権や共産主義政権が行ってきた著しい人権侵害事案が続々と現出し始めた[10]。しかし，歴史を遡ってみると，オスマン帝国によるアルメニア人虐殺，第二次世界大戦当時の枢軸国であったドイツと日本の横暴，1940年に旧ソ連が恣行したポーランド知識人処刑（いわゆる「カティンの森事件」），1950年代末アルジェリア独立に対するフランス政府の弾圧など，過去にも，多数の人権蹂躙事案が存在した。さらに，移行期正義の実現の問題は，現在も進行中である。1990年代以降のアフリカ各地で行われた種族紛争が原因となった虐殺行為や，2001年9・11以降に，グアンタナモ収容所でアメリカ政府がテロ容疑者を裁判に回付せず無期限拘束した行為，あるいはアフガニスタンとイラクなどの地で行われた戦争犯罪などに対して，徹底した事実究明と正義の実現が必要だと主張されている。このように移行期正義に関する研究は，概括的であるため，理論的接近と言うよりはむしろ，実際に種族紛争や植民地支配が行われた地域と国家に関する個別的かつ具体的な事例を中心に行われていると考えられる[11]。

移行期正義に関するより普遍的な概念の定義は，国連文書から見つけることができる。それによると，移行期正義とは，（過去に行われた）人権の組織的かつ大規模な違反行為に対するアプローチであり，犠牲者に対して補償（賠償）を提供し，権力濫用の根幹となる政治制度や対立要因，及びその他の状況を変化させるための機会を作り出すことである[12]。すなわち，移行期正義は，静的ではなく動的過程として把握されるべきであり，過去の組織的かつ大規模な

---

9) チェ・チョルヨン・前掲注2) 54頁。
10) David P. Forsythe, "Human Rights and Mass Atrocities: Revisiting Transitional Justice," *International Studies Review*, Vol. 13, 2011, p.85.

人権迫害という遺物を清算する際にあたり，大きく2つの目標を提示している。1つは，個人的なものとして，被害者を救済する側面であり，もう1つは集団的で未来志向的なものとして，将来同様の事例が発生しないように恒久的な平和と民主主義，そして和解の可能性を高揚することによって，最終的に社会の変化を追及することである。また，同文書によると，これらを達成するためには，刑事処罰や免責，復権，そして社会的正義の実現などを含む要素を複合的に用いることが必要であると指摘している[13]。

また，国連は，移行期正義に対して，すでに1990年代初めから関心を示している。1992年当時の国連事務総長であったブトロス・ブトロス＝ガリ（Boutros Boutros-Ghali）は，「平和への課題（An Agenda for Peace）」と題する報告書を発表し，その中で，武力紛争は終結させるとともに，紛争後の平和構築（post-conflict peace building）が国連の任務であると強調した[14]。この点から，国連は，移行期正義を，最終的に終戦後の平和建設における一つの軸となりえると捉えていると言える。国連によるこのような目標設定は，1998年提出された，「ア

---

11) アフリカ大陸のジンバブエと南アフリカの事例を取り扱っている論文としては，例えば，Max Du Plessis and Jolyon Ford, "Transitional Justice: A Future Truth Commission for Zimbabwe?," *International and Comparative Law Quarterly*, Vol. 58, 2009, pp.73-117; Jennifer Widner, "Courts and Democracy in Post-Conflict Transitions: A Social Scientist's Perspective on the African Case," *American Journal of International Law*, Vol. 95, 2001, pp.64-75; Richard Sannerholm, "Legal Judicial and Administrative Reforms in Post-Conflict Societies: Beyond the Rule of Law Template," *Journal of Conflict and Security Law*, Vol. 12, 2007, pp.65-93. また，ヨーロッパとアジアの事例を取り扱っている論文としては，Erika de Wet, "The Governance of Kosovo: Security Council Resolution 1244 and the Establishment and Functioning of EULEX," *American Journal of International Law*, Vol. 103, 2009, pp.83-96; Gregory L. Naarden and Jeffrey B. Locke, "Peacekeeping and Prosecutorial Policy: Lesson from Kosovo," *American Journal of International Law*, Vol. 98, 2004, pp.727-743; David Marshall and Shelley Inglis, "The Disempowerment of Human Rights-Based Justice in the United Nations Mission in Kosovo," *Harvard Human Rights Journal*, Vol. 16, 2003, pp.95-146; Hansjörg Strohmeyer, "Collapse and Reconstruction of a Judicial System: The United Nations Missions in Kosovo and East Timor," *American Journal of International Law*, Vol. 95, 2001, pp.46-63.
12) "Transitional justice is an approach to systematic or massive violations of human rights that both provides redress to victims and creates or enhances opportunities for the transformation of the political systems, conflicts, and other conditions that may have been at the root of the abuses.", *What is Transitional Justice?: A Backgrounder*, 20 Feb. 2008, p.5.
13) *Ibid.*, p.1.
14) UN, *An Agenda for Peace*, A/47/277-S/24111.

第3部　個人の保護

フリカ地域内の武力紛争が終息した国における恒久的な平和構築と持続可能な発展のための国連の報告書（The Causes of Conflict and the Promotion of Durable Peace and Sustainable Development in Africa）」にも，次のように言及されている．

「武力紛争状況に戻ることを予防し，発展のための強固な基礎を固めるためには，和解と人権尊重の促進，政治的な包括性の促進と国の団結促進，安全，円滑かつ早期の賠償と，難民と国内難民の再定住，及び元戦闘員等の生産性ある社会への復帰の確保，小型武器の入手可能性の縮小，国の再建と経済回復に必要な国内・国際的財源の動員などに重点を置くべきである．これらは，相互に関連しており，成功するためには，すべての事項について，具体的にかつ協調的に取り組むことが要請される．」[15]

紛争地域及び終戦後の平和建設のための国連の努力は，2004年の「A More Secure World: Our Shared Responsibility[16]」，2005年国連事務総長報告書「In Larger Freedom: Towards – Development, Security and Human Rights for All[17]」などの主要な報告書からも確認することができる．移行期正義に関連するものとしては，2004年に国連安全保障理事会に提出された国連事務総長報告書「The Rule of Law and Transitional Justice in Conflict and Post-Conflict Societies」があるが，同報告書は，国連の平和建設活動に対する理論的背景を提供し，武力紛争が終息した社会に法の支配[18]を構築するための新たな方法論を提示したと評価される[19]．

本稿では，暫定的ではあるが，我々の議論のために移行期正義の概念を次の

---

15) UN, *The Causes of Conflict and the Promotion of Durable Peace and Sustainable Development in Africa, 1998*, Report of "To avoid a return to conflict while laying a solid foundation for development, emphasis must be placed on critical priorities such as encouraging reconciliation and demonstrating respect for human rights; fostering political inclusiveness and promoting national unity; ensuring the safe, smooth and early reparation and resettlement of refugees and displaced persons, reintegrating ex-combatants and others into productive society; curtailing the availability of small arms; and mobilizing the domestic and international resources for reconstruction and economic recovery. Every priority is linked to every other, and success will require a concreted and coordinated effort on all fronts." (UN, 1998, para. 66)

16) *Report of the High-Level Panel on Threats, Challenges and Change*, UN Doc. A/59/ 565.

17) Report of the Secretary-General, UN Doc. A/59/2005.

18) 韓国では，rule of law を「法治主義」と翻訳することが多いが，日本の用例に従い，本稿では「法の支配」と表記する．

19) Report of the Secretary-General, UN Doc. UN Doc. S/2004/616.

ようにまとめたい。

　第1に，移行期正義は，国内であれ国外であれ，すべて過去に行われた深刻で，若しくは組織的かつ大量的な人権侵害事実を解決するための，司法的若しくは非司法的な措置を指す。

　第2に，人権侵害行為の加害者と被害者は，ともに同一国籍である場合が多いが，場合によっては異なる民族や国家が加害者である場合も存在する。その例としては，東ティモール住民に対するインドネシア政府の暴力的な弾圧行為，コソボ住民を対象にしたセルビア人による民族浄化，及び過去に日本が韓半島を不法統治する過程で犯した残酷行為などが挙げられる。しかし，いずれの場合も，加害者は当時の国家権力者または当該国家権力者を支持するする勢力であったという共通点を有している点に留意が必要である[20]。

　第3に，移行期正義を実現するため用いられる措置としては，加害者と迫害行為に加担した者を刑事訴追，真実和解委員会の組織・運営，被害者に対する復権や賠償，あるいは正しい歴史教育を提供することなどが考えられる。

　第4に，移行期正義は未来志向的意味も有している。なぜなら，移行期正義は暴力と抑圧の状態から治療と和解を通して社会的安定へ進む過程であるからである。

　第5に，時間的観点から考えたとき，移行期正義の実現を望む欲求は多様な形態で現れる。例えば，2011年初めから現在まで続く，いわゆる「アラブの春」のように，組織的かつ不法的な暴力が行使された地域において急に現れることもある。また，恐怖政治または独裁政権が消滅した直後ではなく，ある程度時間が経過した後に，社会が安定するにつれて次第に提起されることもあり得る。したがって，移行期正義は，時間と場所を問わず，いつどこにおいても実現を求められるものであり，韓半島もその例外ではない。

　第6に，移行期正義を実現及び追及する主体は多様である。多くの場合，被害者は言うまでもなく，被害者の所属している国または政府が主な主体となる

---

20) 韓国の刑法学者イ・ジェスン教授は，国家権力を掌握した者が，国家政策の一環として，特定の傾向を有する個人や集団の生命，人体，自由，またはその他の権利を蹂躙する行為を総称して「国家犯罪」と呼んでいる。彼はこのような国家犯罪は，国際法上の「人道に対する罪」や「重大な人権侵害行為」と重複しているとみている。イ・ジェスン・前掲注2) 49頁。

第3部　個人の保護

ことになるが，場合によっては第三国若しくは国連をはじめとした国際機構や国際司法機関も介入することができる。

3　移行期正義の目的と実現方法

米州人権裁判所は，1988年の Velásquez v. Honduras 事件で，すべての国家は人権分野において基本的に次の4つの義務を負うと指摘している。すなわち，当事国は，第1に，人権侵害を予防するための合理的な措置をとること，第2に，自国管轄権内でなされた人権侵害を誠実に調査すること，第3に，人権侵害につき責任を負う者に対して適切な刑罰を課すこと，第4に，被害者に対し損害を賠償することである[21]。同裁判所のこれらの指摘から，移行期正義が追求すべき目的として，次のような点があると考えることができる。

・人権侵害の中断
・過去の人権侵害行為の調査
・過去の人権侵害行為者に対する捜査及び処罰
・過去の人権侵害の被害者に対する賠償または補償の提供
・将来発生が予見される人権侵害の予防及び防止
・国家／社会によるセーフティ・ネットの構築
・社会の安全と，秩序及び平和の確保
・個人と社会の和解の模索及び強化

次に，これらの移行期正義の目的を分類する場合，大きく分けて，「過去志向的な側面（応報及び賠償中心）」と「未来志向的な側面（和解と平和構築）」の2つに分けることができる。もちろん，両者が密接に関連していることから，このような二分法は適切でないという指摘もあり得る。しかしながら，本稿の核心である国際人道法，国際刑事法及び国際難民法などの既存の国際人権規範が，「過去志向的な側面」と「未来志向的な側面」において持つ役割と比重は各々異なるため，このような区分はそれなりの意味を有していると考える。

言い換えると，移行期正義を実行に移す際に，もし「過去志向的な側面」，

---

21) 当時ホンジュラスの大学生であった Manfredo Velásquez が，1981年9月，ホンジュラス軍人により連行され，その後強制失踪された事件である。Louis Henkin et al. eds., *Human Rights*, 1999, pp.525 以下参照。

すなわち，人権侵害の事例調査や被害者の救済及び加害者の処罰などに重点が置かれる場合には，移行的正義の実現は，厳密な意味での「法的正義（legal justice）」の追求となる。一方，「未来志向的な側面」，例えば，社会の早期安定体制の構築，和解及び平和定着などにより焦点を当てる場合には，移行的正義の実現は「社会的正義（social justice）」に近いものとなる。「真実の把握」と「和解の追及」の中でどれを重視するか。また「法的正義の実現と社会的平和の早期確保」の中でどれを優先するか。これらはいずれも，根本的かつ本質的な質問に対する選択が要求されるものであり，状況によっては，法的正義に基盤を置かない平和構築の可能性も否定できず，現実的に存在し得ると考えられる[22]。

また，移行期正義がその目的を達成するために開始された時点は容易に把握できるものの，その一方で，終了時点を把握することは比較的困難であると言わざるを得ない。何故なら，目的が達成されたか否かの評価は観察者によって各々異なり得るからである。移行期正義の究極的な目的である過去清算と和合，そして平和構築を考えると，「移行期（transitional period）」は，状況が許す限り短い方が望ましい。しかし，この過程には処罰のみならず，予防措置及び再発防止など，多角的で具体的な法案の樹立を必要としていることから，効果的な目標達成のためには，断片的ではなく全体をまとめる総合的アプローチ（holistic approach）が要求される[23]。このような観点に基づくことによって，移行期正義の実現過程から現出する「過去志向的な側面」と「未来志向的な側面」

---

[22] 例えば，刑事法においては，処罰対象となる者を国際政治的考慮によって免責する場合がある。また，第二次世界大戦直後，アメリカとソ連が戦犯にあたるドイツと日本の科学者を本国に送還して利用した事例がある。韓国の歴史を振り返ってみても，独立―アメリカ軍事政権―政府樹立の過程で，第二次世界大戦中に日本寄りの立場を取り反民族行為を行った者を全員処罰することなく，戦後，その一部を行政部門で起用した例がある。

[23] このようなアプローチは，国連事務総長が2004年提出した報告書にも反映されている。"para. 23: Our experience confirms that a piecemeal approach to the rule of law and transitional justice will not bring satisfactory results in a war-torn or atrocity-scarred nation.（以下省略）; para. 26: Where transitional justice is required, strategies must be holistic, incorporating integrated attention to individual prosecutions, reparations, truth-seeking, institutional reform, vetting and dismissals, or an appropriately conceived combination thereof." The Rule of law and Transitional Justice in Conflict and Post-Conflict Societies, *Report of the Secretary-General*, 23 August 2004, S/2004/616.

の接点あるいは均衡を見つけることができるだろう[24]。

さらに,移行期正義が既に進行したか,または現在進行しているかに関しては,論者によって少しずつ見解が異なるものの,大きく分けて次の2つに分類できる。すなわち,加害者を国内または国際法廷に刑事訴追する場合と,真実和解委員会の創設などの非司法的手続きをとる場合である。

(1) 刑事訴追の例

国内裁判が行われた例としては,第二次世界大戦直後の西ドイツ・フランス・イタリアなどの例の他,軍事政権以降のギリシャ(1975年),軍事独裁政権没落後のアルゼンチン(1983年),東ヨーロッパの民主化の過程(1980年代末以降),ピノチェト軍事独裁政権没落後のチリ(1990年),また元ペルー大統領フジモリ裁判などがある。韓国と関連では,全斗煥(チョン・ドゥファン),盧泰愚(ノ・テウ)元大統領に対する刑事訴追を挙げることができる。

国際刑事裁判所に訴追された例としては,第二次世界大戦後に戦犯の処罰のために設置されたニュルンベルクと東京国際軍事裁判所や,普遍的性格を有する国際刑事裁判所(ICC)[25],地域的臨時国際刑事裁判所である旧ユーゴースラビア国際刑事裁判所(ICTY)及びルワンダ国際刑事裁判所(ICTR)などが挙げられる。その他にも,国際刑事裁判所と国内刑事裁判所の混合的性格を有する裁判所として,東ティモール特別人権法廷(2000年〜2005年),カンボジア特別法廷(2000年),シエラレオネ特別法廷(2003年)がある[26]。

---

[24] 筆者と同様の立場は,次の論文の引用部分からも見つけることができる。Michal Alberstein, "ADR and Transitional Justice as Reconstructing the Rule of Law," *Journal of Dispute Resolution*, Vol. 2011, No. 1, 2011, p.138. 関連内容の原文は以下。"The actual transition to democracy in a concrete society requires a systematic planning, which incorporates elements of retribution with reconciliation, in order to balance justice with peace."

[25] ICC は,2012年7月コンゴの元武装勢力指導者トマス・ルバンガ(Thomas Lubanga)に対して,戦争犯罪や少年兵の徴集などの責任を問い,禁錮14年の刑期を言い渡す判決を下した。

[26] シエラレオネ特別法廷は,2012年5月,元リベリア大統領であるチャールズ・テイラー(Charles Taylor)に対して,11件の戦争犯罪及び反人道犯罪の責任を問い,禁錮50年の刑期を言い渡す判決を下した。

(2) 真実和解委員会設立の例

　真実和解委員会の構成と運営は，地域的感情の観点から，過去の人権蹂躙事態の責任者に対する刑事処罰ができない場合，または刑事訴追より和解の方がより重要だと判断される場合に，一種の妥協案として用いられる方法である[27]。例えば，全人種が参加した総選挙に設立された南アフリカ共和国の真実和解委員会（1995年～2002年）や，東ティモールの真実和解委員会（1999年），リベリアの真実和解委員会（2006年）などがある。この点に関して，委員会の調査結果をもとに正義を実現する方法は，持続可能な平和の構築に適切であるとの指摘もある[28]。しかし，このような判断は，決して一般的に行うことができるものではなく，各々の具体的状況に沿って行われる必要がある。また，国家の内部状況によっては，刑事訴追が委員会の設立と同時に行われる場合もある。

　もしかしたら，「移行期正義」は二兎を追うことと同様であると言えるかもしれない。すなわち，移行期正義は，一方で人権侵害を犯した加害者に対する責任追及を行うことを目的とし，他方で民主主義と安定を可能な限り迅速に定着させることを目指している。したがって，刑事訴追または真実和解委員会の構成，及び免責措置の如何に関して，移行期正義の実現の可否を決定するのは国の適切な運用であると言えよう[29]。ただし，移行期正義という手続きを通して，所与の目的，つまり人権と民主主義の改善の可否を一概に断定することは困難であり，各個別的状況や国によって異なる点に留意する必要がある。

　いずれにせよ，過去志向的な側面（応報と賠償中心）の「移行期正義」の場合は，その実現過程において，既存の国際人権法，国際刑事法，及び国際人道法の諸規定は，一種の準拠法として役割を果たすことができる。一方，未来志向的な側面（和解と平和構築）の場合には，その「移行期正義」の実現の過程

---

27) なお，真実和解委員会を，処罰と不処罰の二者択一を克服するための総意の形成過程であると把握する見解もある。Michal Alberstein, *surpra* note (24), p.134. 関連内容の原文は以下。"The Truth Committee usually has a unique epistemology that assumes consensual processes as a way to overcome the choice between punishment and impunity."

28) Wendy Lambourne, "Transitional Justice and Peacebuilding after Mass Violence," *The International Journal of Transitional Justice*, Vol. 3, 2009, pp.28-48.

29) Tricia D. Olsen, Leigh A. Payne, Andrew G. Reiter, "The Justice Balance: When Transitional Justice Improves Human Rights and Democracy," *Human Rights Quarterly*, Vol. 32, 2010, pp.980-1007.

において,すなわち,過去に行われた人権侵害が再発しないように制度的装置を整備する過程において,既存の関連国際規範はどのような役割を果たすことができるだろうか。この点に関して,この部分は法領域ではなく,政策であるため法的分析は困難であると言わざるを得ない。

言い換えると,被害者個人の救済の重要性だけでなく,悪質な再発を防止する観点から,社会構成員の考え方や既存制度の構造を改善することも重視するのであれば,未来志向的な側面(和解と平和構築)は中長期的な政治改革と教育の必要性という側面を有していると言えるだろう。つまり,未来志向的な移行期正義が達成できた場合,民主主義が当該社会に定着したとみなすことができるだろう。国際法上の国家論において,民主主義が占めている比重と役割をめぐり,未だに論争が続いているが,移行期正義の目的の実現段階において,法が関与できる分野とそうでない分野にたとえ曖昧な領域が存在するとしても,その区分は必要である。また,移行期正義の真の実現のためには,法の支配 (rule of law) を強化し,司法部の独立が必要条件であることを強調する必要がある。国連公式文書上の定義によると,法の支配とは,すでに確定され事前に公布された法規定に,すべての国家機関が拘束され,関連機関が具体的な状況下でその権限をどのように配分するかについて,法規定が公平でかつ明確に予見しているため,客体である個人は,そのような根拠のもとで自身の行為を調節することになるということである[30]。そのような過程において,法の支配は,人権という至高の価値を認識し,十分に実現すべき正義に基盤を置くべきである。したがって,移行期正義も人権侵害への対応であり,法の支配の実現を追及する民主主義理念と密接な関係を有している[31]。このような観点に基づき,2012年9月24日国連総会で開催された「国内及び国際レベルにおける法の支配

---

[30] The Rule of Law and Transitional Justice in Conflict and Post-Conflict Societies, *Report of the Secretary-General*, 23 August 2004, S/2004/616,. "para. 6: "rule of law" refers to a principle of governance in which all persons, institutions and entities, public and private, including the State itself, are accountable to laws and are publicly promulgated, equally enforced and independently adjudicated, and which are consistent with international human rights norms and standards. It requires as well, measures to ensure adherence to the principles of supremacy of law, equality before the law, accountability to the law, fairness in the application of the law, separation of powers, participation in decision-making, legal certainty, avoidance of arbitrariness and procedural and legal transparency."

[31] Michal Alberstein, *surpra* note (24), pp.132.

に関するハイ・レベル会合」で採択された宣言文においても，以下のように，3つの項目にわたって移行期正義に言及している。

「第18項：私たちは，紛争の予防，平和維持，紛争の解決，及び平和構築の主要な要素の1つとしての法の支配の重要性を強調し，移行期正義含む正義が，紛争中及び紛争後の状況にある国において持続可能な平和の重要な基本的要素であることを強調する。また私たちは，移行期間中にある国が特別な課題に直面する時，そのような国の要請に基づいて，国際連合を含む国際社会が援助し，また支援する必要性を強調する[32]。」

「第21項：私たちは，説明責任を確保し，正義に貢献し，被害者への救済を提供し，治癒と和解を促進し，治安制度についての独立した監視を行い，また国家機関の信頼を回復し，法の支配を促進するために，あらゆる種類の司法上のまた非司法上の措置を含む移行期正義に対する包括的なアプローチの重要性を強調する。この観点から，私たちは，国際人権法と国際人道法の過去の違反及びその原因と結果に対する調査を含む，真実追求過程が，司法過程を補完することができる重要な手段であることを強調する[33]。」

「第22項：私たちは，集団殺害，戦争犯罪，及び人道に対する罪，若しくは国際人道法違反と人権法の甚大な違反行為を寛大に取り扱うことがこれ以上容認されないことを約束する。そしてこのような違反は，厳密に調査され，それに応じて処罰されることを約束する。また，この過程には，上記の犯罪を犯した者を国際法に従い国内制度，若しくは適切な場合には，地域的又は国際的な

---

[32] A/RES/67/1, para. 18: We emphasize the importance of the rule of law as one of the key elements of conflict prevention, peacekeeping, conflict resolution and peacebuilding, stress that justice, including transitional justice, is a fundamental building block of sustainable peace in countries in conflict and post-conflict situations, and stress the need for the international community, including the United Nations, to assist and support such countries, upon their request, as they may face special challenges during their transition.

[33] A/RES/67/1, para. 21: We stress the importance of a comprehensive approach to transitional justice incorporating the full range of judicial and non-judicial measures to ensure accountability, serve justice, provide remedies to victims, promote healing and reconciliation, establish independent oversight of the security system and restore confidence in the institutions of the State and promote the rule of law. In this respect, we underline that truth-seeking processes, including those that investigate patterns of past violations of international human rights law and international humanitarian law and their causes and consequences, are important tools that can complement judicial processes.

制度を通して追訴することを含む。この目的のために，私たちは国家に対し，国内の司法制度及び機関を強化することを奨励する[34]）。」

4 過去志向的な移行期正義の実現過程と国際人権規範の役割

　以下では，過去志向的な移行期正義の実現過程における既存の国際人権規範の適用可能性に関して，組織的かつ大規模な人権侵害の被害者の救済の側面と，そのような犯罪行為を犯した加害者の保護の側面から，国際文書などを通して検討する。

（1）被害者救済の側面
　まず，被害者救済の側面からみたとき，既存の国際人権規範は，物的適用範囲，つまり大規模かつ組織的な人権侵害行為の犯罪構成要件を明白にし，被害者が享有するべきである，どの人権が侵害されたかを明らかする。移行期正義の実現の対象となる主な過酷行為の例を挙げると，次のようなものがある。

　―集団殺害：国民的・民族的・人種的あるいは宗教的集団の全部または一部を破壊する意図をもって犯された行為である。これと関連して適用可能な法規定としては，被害者と加害者が所属している国家の国内法及び特別法のみならず，国際人権法，国際人道法，国際刑事法，国内刑事裁判所の規定[35]），及び特に「集団殺害罪の防止及び処罰に関する条約」などが挙げられる。

　―人道に対する罪：民間人である住民に対する広範囲で体系的な攻撃であり，またはその攻撃に対する認識を持って犯された行為。

---

34) A/RES/67/1, para. 22: We commit to ensuring that impunity is not tolerated for genocide, war crimes and crimes against humanity or for violations of international humanitarian law and gross violations of human rights law, and that such violations are properly investigated and appropriately sanctioned, including by bringing the perpetrators of any crimes to justice, through domestic mechanisms or, where appropriate, regional or international mechanisms, in accordance with international law, and for this purpose we encourage States to strengthen national judicial systems and institutions.

35)「国際刑事裁判所ローマ規程」（1998年）第5条（裁判所の管轄犯罪）「集団殺害罪，人道に対する罪，戦争犯罪，侵略犯罪。」

—戦争犯罪：「1949年ジュネーブ諸条約」,「1977年第2追加議定書」,及び関連国際慣習法に違反する行為。

—強制失踪[36]：国家機関や国の許可,支援または黙認のもとに行動する私人若しくは集団により,人がその意に反して逮捕,拘禁,拉致またはその他の形で自由を剥奪され,引き続き自由の剥奪を認めることが拒否され,失踪者の運命又は所在を隠ぺいされることによって,人が法の保護の外に置かれることを意味する。

—拷問：公務員その他の公的資格で行動する者が直接,若しくはその同意・黙認のもとに,本人又は第三者から情報や自白を得ること,本人又は第三者が実行したか若しくはその疑いがある行為に対し処罰すること,本人又は第三者を脅迫・強要することなどを目的として,若しくは何らかの差別に基づく理由によって,個人に重い身体的・精神的苦痛を故意に与える行為である。ただ,合法的な制裁措置によって生ずること,又はそれに内在若しくは付随する苦痛は含まれない[37]。

以上で触れた国際条約は,関連犯罪を犯した者に対し,国内で必ず処罰することを要求しているため,一種の処罰根拠となる。その例として,1948年の「集団殺害罪の防止及び処罰に関する条約」第5条[38],1984年の「拷問及び他の残虐な,非人道的な又は品位を傷付ける取り扱い又は処罰に関する条約」第2条及び第4条などが挙げられる[39]。

次に,被害者が当然享受し,実際に侵害された基本的人権に関する基本的な方向性を提示するものとして,1948年の「世界人権宣言」第2条を挙げることができ,同条は,「すべて人は,人種,皮膚の色,性,言語,宗教,政治上その他の意見,国民的若しくは社会的出身,財産,門地その他の地位又はこれに

---

36) 「強制失踪からのすべての者の保護に関する国際条約」(2007年) 第1条2項「戦争状態,戦争の脅威,内政の不安定その他公の緊急事態の下にあるか否かを問わず,いかなる例外的な事態も強制失踪を正当化する根拠として援用することはできない。」
37) 「拷問及び他の残虐な,非人道的な又は品位を傷つける取り扱い又は処罰に関する条約」(1984年) 第1条1項。
38) 「集団殺害罪の防止及び処罰に関する条約」(1948年) 第5条「締約国は,各の憲法に従って,この条約の規定を実施するために,特に集団殺害又は第3条に列挙された他の行為の犯罪者に対する有効な刑罰を規定するために,必要な立法を行うことを約束する。」

第3部　個人の保護

類するいかなる事由による差別をも受けることなく，この宣言に掲げるすべての権利と自由を享有することができる」と規定している。類似の内容の規定として，他に，1966年の「経済的，社会的及び文化的権利に関する国際規約」第2条2項，1966年の「市民的及び政治的権利に関する国際規約」第2条2項，及び1990年の「児童の権利に関する条約」第2条などがある。

残念ながら，現実社会では，治安と安全が十分でない場合，人種，宗教，政治的意見又は民族的出身などによって集団的に差別を受け，ひいては苛酷な迫害を受ける事例も多い。人的範囲として，被害者は，主に人種，宗教上の少数者であることが多く，移住労働者やその家族が被害対象になることもある[40]。特に，内戦や内乱の場合，差別や敵意，若しくは暴力の扇動となる民族的，人種的又は宗教的憎悪の唱道が国際法的に禁止されている[41]。

既存の国際人権規範は，被害者救済の指針にもなる。例えば，1948年の「世界人権宣言」第8条は，「すべての人は，憲法又は法律によって与えられた基本的権利を侵害する行為に対し，権限を有する国内裁判所による効果的な救済を受ける権利を有する」と規定している。国家が被害者を適切に救済する義務は，1966年の「あらゆる形態の人種差別の撤廃に関する国際条約」の第5条[42]，1966年の「市民的及び政治的権利に関する国際規約」の第2条[43]で具体化されている。

---

[39] 「拷問及び他の残虐な，非人道的な又は品位を傷付ける取り扱い又は処罰に関する条約」(1984年)第2条1項「締約国は，自国の管轄の下にある領域内において拷問に当たる行為が行われることを防止するため実効的な立法上，行政上，司法上その他の効果的な措置をとる。」，同第4条1項「締約国は，拷問に当たるすべての行為を自国の刑法上の犯罪とすることを確保し，拷問の未遂，共謀又は拷問への加担に当たる行為についても同様とする。」，同第2項「締約国は，1の犯罪について，その重大性を考慮した適当な刑罰を科することができるようにする。」

[40] これを防止するため，「すべての移住労働者及びその家族の構成員の権利の保護に関する国際条約」(1990年)第16条2項は「移住労働者とその家族は，公務員によるか又は私人，私的集団又は組織によるかに関わらず，暴力，傷害，脅迫及び威嚇に対して国家の効果的な保護を受けることができる」と規定し，同協約第22条は集団的追放を禁止している。なお，韓国は未加入である。

[41] 「市民的及び政治的権利に関する国際規約」(1966年)第20条2項。また，1966年の「あらゆる形態の人種差別の撤廃に関する国際条約」第4条も「締約国は，(a)人種的優越又は憎悪，人種差別の扇動に基づいたあらゆる観念の普及，また皮膚の色若しくは種族的出身を異にする人種や人の集団に対する暴力行為又はその行為の扇動を法律で処罰すべき犯罪であることを宣言し，また資金援助を含む人種差別主義者の活動に対するいかなる援助の提供も，法律で処罰すべき犯罪であることを宣言する。」と規定している。

1966年の「市民的及び政治的権利に関する国際規約」は，公の緊急事態において，その緊急事態の存在が公式に宣言されているときも，違反若しくは侵害されてはならない人権，つまり国家が絶対的に保護するべき個人の権利として，いくつかの権利を列挙している。例えば，生命に対する権利（第6条），拷問を受けない権利（第7条），奴隷の状態に置かれない権利（第8条1項と2項），契約上義務の不履行を理由とする拘禁禁止（第11条），不遡及の原則（第15条），法律の前に人として認められる権利（第16条）及び思想，良心そして宗教の自由（第18条）がそれである。特に，拷問防止に関連する，1984年の「拷問及び他の残虐な，非人道的な又は品位を傷つける取り扱い又は刑罰に関する条約」第2条2項は「戦争状態，戦争の脅威，内政の不安定又は他の公の緊急事態であるかどうかにかかわらず，いかなる例外的な事態も，拷問を正当化する根拠として援用することはできない」と明示している。また少数民族に関する特別規定も存在する。例えば1966年の「市民的及び政治的権利に関する国際規約」の第27条[44]がよい例であり，1990年の「児童の権利に関する条約」第30条においても類似した内容をみつけることができる。児童の場合，締約国は，武力紛争において国際人道法に基づく義務に従い，武力紛争の影響を受ける児童の保護及び配慮を確保するための実現可能なすべての措置をとらなければならない[45]。また，締約国は，あらゆる形態の放置，搾取，虐待，若しくは拷問又

---

42)「市民的及び政治的権利に関する国際規約」(1966年) 第5条は「公務員によって加えられるものであるかいかなる個人，集団又は団体によって加えられるものであるかを問わず，暴行又は身体被害に対し国家が提供する人間の安全及び保護を受ける権利」を明示し，加害者として国家機関と一般個人を言及している。

43)「市民的及び政治的権利に関する国際規約」(1966年) 第2条3項「この規約の各締約国は，次の措置をとることを約束する。(a) この規約において認められる権利又は自由を侵害された者が，公的資格で行動する者によりその侵害が行われた場合にも，効果的な救済措置を受けることを確保すること。(b) 救済措置を求める者に対し，権限のある司法上，行政上若しくは立法上の機関又は国の法制で定める他の権限のある機関によって決定されることを確保すること及び司法上の救済措置の可能性を発展させること。(c) 救済措置が与えられ場合に権限のある機関によって執行されることを確保すること。」

44)「市民的及び政治的権利に関する国際規約」(1966年) 第27条「種族的，宗教的又は言語的少数民族が存在する国において，当該少数民族に属する者は，その集団の他の構成員とともに自己の文化を享有し，自己の宗教を信仰しかつ実践し又は自己の言語を使用する権利を否定されない。」

45)「児童の権利に関する条約」第38条4項。

は他のあらゆる形態の残虐な，非人道的な若しくは品位を傷つける取扱い若しくは刑罰又は武力紛争により犠牲となった児童の身体的・心理的な回復及び社会復帰を促進するためのすべての適切な措置をとらなければならない[46]。

（2）加害者の人権保護の側面

既存の国際人権規範は，加害者及び加害行為に加担した者の人権保障問題とも無関係ではない。歳月が流れ，移行期正義の実現過程で加害者を処罰する際に，社会的・集団的感情に走り，加害者に苛酷な処罰を与えることがあり得る。この場合も，国際人権法は，過去の加害者の人権保護の砦となる。例えば，1948年の「世界人権宣言」第10条[47]及び第11条1項[48]などが挙げられる。特に，18歳以下の少年兵が，加虐行為及び敵対行為に加担し，若しくはそれを強いられた児童又は未成年者である場合，無条件に処罰するよりは，当該児童も武力衝突による一種の犠牲者であるため，社会的な配慮と適切な措置が必要であろう[49]。

5　移行期正義の実現が国際人権規範の発展に及ぼした影響

それでは，移行期正義は，国際人権法，国際難民法，国際刑事法，及び国際人道法のすべてを含んだ既存の国際人権規範の発展と形成にどのような影響を及ぼしているのか。この質問に対する答えとしては，大きく2つの可能性を考えることができる。第一に，国内外の司法機関における移行期正義の実現過程では，国際刑事法が実際に適用・執行されるが，このような実際の適用・執行

---

46) 同上条約第39条。
47) 「世界人権宣言」（1948年）第10条「すべて人は，自己の権利及び義務並びに自己に対する刑事責任が決定されるに当って，独立かつ公平な裁判所により，完全に平等で，公正な公開の審理を受ける権利を有する。」
48) 「世界人権宣言」（1948年）第11条1項「刑事上の犯罪で追訴を受けた者は，すべて，自己の弁護に必要なすべての保障を与えられた公開の裁判において法律に従って有罪の立証があるまでは，無罪と推定される権利を有する。」
49) 「児童の権利に関する条約」（1990年）第40条1項「締約国は，刑法を犯したとして申し立てられ，訴追され又は認定された児童に対し，児童の年齢，また児童の社会復帰及び社会において建設的な役割を担うことを促進させることを考慮し，人権及び他の者の基本的自由を尊重することを強化し，また尊厳及び価値に対する児童の意識を促進させることを配慮した方法により取り扱われる権利を認める。」

を検討して行くことで，当該規定の意味をより明確にすることができる。第二に，巨視的な観点から，移行期正義の実現は，21世紀初めの国際社会と国際法の枠を少しずつ変化させていると考えられる。

（１）国際人権規範の適用及び解釈の補完

移行期正義を実現するために設立された ICC，ICTY，及び ICTR などの各種国際刑事裁判所は，国際人権法，国際人道法及び国際刑事法の論理の発展に大きく寄与をしている。例えば，最も深刻な国際犯罪の類型であり，また強行規範（jus cogens）に反する行為とみなされる集団殺害と拷問がそのよい例である。

―集団殺害（genocide）：集団殺害罪は，1948年の「集団殺害罪の防止及び処罰に関する条約」をはじめとして，ICC のみならず，ICTY 及び ICTR 規程にも規定されている。ICTY と ICTR は各々この犯罪の嫌疑を受けている者に対し判決を下すことによって，実際に判決の執行を可能にさせた。例えば，ICTY の Jelisić 事件，Krstić 事件，Stakić 事件，また ICTR の Jean-Paul Akayesu 事件，Clément Kayishema and Obed Ruzindana 事件，Musema 事件，Rutaganda 事件などが挙げられる[50]。
―拷問：拷問は，戦争犯罪を構成することができ，若しくは平時に一般人を相手に行われた人道に反する罪を構成することができるだけでなく，独自的犯罪として成立することもできる。ICTY は，Furundžija 事件と Kunarac et al. 事件などで拷問の犯罪としての構成要件を明確にし，引き続き拷問を単なる国内法又は国際条約上の禁止行為ではなく，慣習国際法上禁止される行為として普遍化させた[51]。

---

50) Antonio Cassese（カン・ビョングン・イ・ジェワン訳）『国際法』（2010年）580頁。
51) 拷問が，国際的・非国際的な武力衝突があった時期に行われ，人道に対する罪に該当するには，加害者が一般の私人であることも可能であり，また国家公務員が必ず拷問に介入する必要はなく，当局の暗黙的な承認若しくは許容など「受動的な関与」があれば成立する。これに反して，独自的な犯罪としての拷問の場合，公務員又はその他の公的資格で行動する私人が介入することが要件となる。一方，ICTY は，1998年 Furundžija 事件において，拷問を禁止する人権条約と，国際機構の決議を言及した後，「このような拷問を禁止する一般法規と条約の存在が，国際共同体が，憎むべき犯罪を不法化させることの重要性を認知し，国家間また私人間のレベルでの拷問の発生を抑制することを決定したという点を見せている。法律上の空白はこれ以上ない」と判示した。Antonio Cassese（ガン・ビョングン・イ・ジェワン訳）・同上582頁の脚注20を再引用。

第 3 部　個人の保護

　しかし，移行期正義の実現手段として，今まで関連国家が実施してきた2つの方法，つまり加害者の刑事訴追と真実和解委員会の設置という2つの方法論の中で国際人権法規範の遵守の側面をみたとき，どちらがより望ましいかという問題が提起され得る。すでに本稿でも少し検討したが，前者は応報的な正義を追及し，後者は回復的な正義を追及している。むろん，両者が，犯罪の重大性を基準に並列的に運用できることは事実である[52]。

　一方，すべての人が望む「真実」と「和解」(reconciliation) の模索はそれほど簡単ではない。身近な例，例えば，韓国国内の各種の過去の歴史的問題を取り扱う委員会から出された報告書等や，従軍慰安婦と日本の植民地支配を巡った韓国と日本の視点の違いを見ても明らかである。政治学者であるチェ・チャンジブ教授は「過去に対する記憶は多くの場合，現在の要請によって選択的に読み込まれることになる」と適切に指摘している[53]。1つの事実に関する食い違った記憶は，果たして何が真実であるのかという問題をめぐる見解の対立を呼び起こすが，このことによって，司法的・非司法的解決は困難なものとなる。このような現象は，例えば，ボスニア・ヘルツェゴビナという1つの国に居住しているセルビア系，クロアチア系，及びイスラム系の住民が，同一な事態を巡っているにもかかわらず，お互い異なる解釈をしている現実からもわかる[54]。結局のところ，私たちは被害者のために「真実」を暴き，挙国的な「和解」を遂げることを希望しているが，現実的にはこれは相当難解な過程であることを認めなければならない。

---

[52]　チェ・チョルヨン・前掲注2) 62頁以下の，2.3「(東ティモールの) 重大犯罪特別法廷と真実及び和解委員会に対する評価編)」参照。

[53]　チェ・チャンジブ・前掲注3) 239頁。

[54]　Janine Natalya Clark, "Transitional Justice, Truth and Reconciliation: an underexplored relationship," *International Criminal Law Review*, Vol. 11, 2011, pp.241-261. 筆者は，「真実」を把握することの難しさについて以下のように言及している。"Truth is sometimes treated as if it were a straightforward and uncomplicated concept,... Yet the reality is that several different versions of truth may chafe and collide. In Bosnia-Hercegovina, for example, there are essentially three ethnic versions of truth － the Bosnian Serb, the Bosnian Muslim and the Bosnian Croat － that quint essentially disagree on what happened during the country's three-year war, on who were the aggressors and on who were the principal victims (pp.248)..." 同じく，「和解」の本質の把握も困難であるという説明もある。例えば，Joanna R. Quinn, Reconciliation (s): Transitional Justice in Postconflict Societies, McGill-Queen's University Press, 2009, p.313.

(2) 21世紀初国際社会と国際法における枠組みの大きな変化

　国際法と国際社会は，これまで多大な変化を経験してきたが，その根幹は1648年ウェストファリア体制，つまり主権国家中心の考え方が支配している。その結果，主権免除（国家免除），また国家の高位公務員，特にいわゆるトロイカと呼ばれる国家元首，政府首班，及び外務大臣などは，対外関係に関する限り，免責特権を享有するという論理が国際慣習法として確立している。このような観点から考えると，たとえ国家又は国家の高位公務員が過去重大な人権侵害行為を行ったとしても，例外なく免責されるという結論に至る。このような保守的な立場と法論理は，21世紀に入って国際司法裁判所（ICJ）が下した判決，例えば2002年のコンゴ民主共和国対ベルギー事件（Arrest Warrant of 11 April 2000），2012年のドイツ対イタリア（ギリシャ訴訟参加）事件（Jurisdictional Immunities of the States）などにもよく反映されている。それでは，このような論理は，重大な人権犯罪の加害者を処罰し，正義を実現しようとする移行期正義と衝突すると言えるのではないか。

　ICJは，2002年事件の判決文で，1993年制定，1999年一部改正された自国の法律に基づき[55]，ベルギーの司法部が，当時コンゴ民主共和国の外務大臣であったAbdulaye Yerodia Ndombasiに対する逮捕状を発行した行為は，国際法上，国家の高位公務員が享受する，刑事免責特権の原則に違反すると判示した。ICJは，「各国家の国内法，国内最高裁判所の判決を綿密に検討した結果，戦争犯罪や人道に対する罪を犯したという疑惑が提起された外務大臣が享受する，（外国）刑事裁判管轄権からの免除及び不可侵原則に対する国際慣習法上のいかなる例外も見つけることができなかった」と指摘した上で[56]，「（ベルギー司法部による）逮捕状の発付はコンゴ民主共和国に対するベルギー政府の（国際法上）義務違反を構成する。言い換えると，ベルギー政府は当事者である外務大臣の免責特権を尊重することを怠り，特に国際法上，当事者である外務大臣が享有する刑事裁判管轄権からの免除と不可侵性を侵害した」と判断した[57]。

---

55) "the Law of 16 June 1993 concerning the Punishment of Grave Breaches of the International Geneva Conventions of 12 August 1949 and of Protocol I and II of 8 June 1977 Additional Thereto," as amended by the Law of 19 February 1999 concerning the Punishment of Serious Violations of International Humanitarian Law.

56) Arrest Warrant of 11 April 2000, *ICJ Judgement of 14 February 2002*, paras. 47–55.

第3部　個人の保護

　また，2012年に，ドイツがイタリアを相手にICJに提訴した，ドイツ対イタリア（ギリシャ訴訟参加）事件（Jurisdictional Immunities of the States）は，個人の刑事責任ではなく，国家免除の問題であるため，本文の主題と直接的な関連性は持たない。しかし，ICJが2002年の判決と同じく相当程度保守的な立場を堅持している事実に注目する必要がある。両国間の紛争の導火線となったイタリア最高裁判所は，たとえ国家行為であるとしても，国際犯罪を構成し，ひいては強行規範（*jus cogens*）に違反する場合，主権免除により保護されないと判断した[58]。一方，ICJは2012年の判決において，たとえ国家が国際人権法や武力紛争法と関連して深刻な違反行為を行ったとしても，国家免除が剥奪されるというような国際慣習法上の例外は存在しないと判断することによって，結果的にイタリア最高裁判所の判決を破棄する結果をもたらした[59]。このような法の論理は，2002年ICJが，個人的なレベルで，たとえ高位公務員が戦争犯罪や人道に反する罪を犯したという嫌疑を受けているとしても，国外の刑事裁判管轄権から絶対的な免除を享受するという原則を支持したことと論理的に同一線上にあると考えられる。つまり，国家であれ高位公務員の私人であれ，深刻な人権侵害行為を犯したとしても，（外国司法部の）裁判対象から除外されるということである[60]。

　しかし，このようなICJの判断とは別に，いつからか国際社会においては，大量虐殺，人道に対する罪，民族浄化，若しくは戦争犯罪などを犯した者は，たとえ国家統治機関の高い地位の者であっても，過去に認められていた免責主義（impunity）に立脚してこれ以上放置若しくは黙認してはならないという主張が台頭してきている。こういった傾向は本稿で引用した，2012年9月の法の

---

57)　*Ibid.*, paras. 62–71.

58)　Ferrini v. Fed. Rep. Germany, Cass., sez. plen., 11 marzo 2004, n.5044. International Law Report, Vol. 128, p.658 以下参照。

59)　ICJ, Jurisdictional Immunities of the State (Germany v. Italy: Greece intervening), *ICJ Judgement of 3 February 2012*, "para. 91. The Court concludes that, under customary international law as it presently stands, a State is not deprived of immunity by reason of the fact that it is accused of serious violations of international human rights law or the international law of armed conflict."

60)　同判決の批判的論評は，以下の論文参照。Alexander Orakhelashvili, "Jurisdictional Immunities of the State (Germany v. Italy; Greece Intervening), *American Journal of International Law*, Vol. 106 (2012), pp.609–616.

支配に関する，国連の「国内及び国際レベルにおける法の支配に関するハイ・レベル会合」で採択された宣言文や，国連事務総長が2012年初めに示した行動綱領にもよく現れている[61]。

　国家が享受する主権免除の原則が，このような傾向によってどのように変化していくかという問題は別としても，国際法上深刻な犯罪を犯した国家の高位公務員の免責問題，つまり刑事裁判管轄権からの絶対的な免責特権原則が，21世紀初めの現在に至るまで無制限に適用されることが妥当であるのかどうかという疑問が提起されているほど，個人の刑事管轄権からの免除（原則）はすでに改革の俎上に載せられている。その背景にはさまざまな要因があるが，国際関係において漸増している移行期正義の概念と，それを実際に実現するための努力が多大な寄与をしたことが考えられる。このような改革の要請が国際社会において必ず必要であるということであれば，移行期正義を実効的に実現することは歴史的に正しい道理であり，また国際社会が必要であると判断したならば，たとえ加害者が当該国家における最高統治者といえども処罰を受けるべきであり，処罰できなければならない[62]。このような現象は，21世紀の現代国際法の逆らうことのできない発展経路だと言える。なお，国連国際法委員会（ILC）においても「外国刑事管轄権からの公務員の免除」に関して，数年前から検討がなされている[63]。

　国家の高位公務員に対する刑事責任を追及することによって，移行期正義を実質的に実現するためには，国連の中心的な役割も極めて重要である。すでに

---

61) *The UN Secretary-General's Five Year Action Agenda*, 25th January 2012. "IV. Supporting nations in transition, para. 3: Advocate for and establish an age of accountability by combating impunity for serious international crimes through strengthening the international criminal justice system, supported and enhanced by capacity-building measures to strengthen national judiciaries."

62) 「集団殺害罪の防止及び処罰に関する条約」（1948年）第4条「集団殺害又は第3条に列挙された他の行為を犯す者は，憲法上の統治者であるか，公務員であるか又は私人であるかを問わず処罰する。」，「国際刑事裁判所に関するローマ規程」（1998年）第27条（公的資格の無関係）1項「この規程は，公的資格に基づくいかなる区別もなく，すべての者に対して等しく適用する。特に，元首，政府の長，政府若しくは議会の一員，選出された代表又は政府職員としての公的資格は，いかなる場合にも個人をこの規程に基づく刑事責任から免れさせるものではなく，また，それ自体が減刑のための理由を構成するものでもない。」

63) Immunity of State Officials from Foreign Criminal Jurisdiction. この点に関しては，朴基甲「国連国際法委員会の作業結果の分析」『国際法評論』第37号（2013年）166頁以下。

第 3 部　個人の保護

　本稿でも触れたが，2004年と2011年に，国連安全保障理事会の要請に応え，国連事務総長は 2 回にわたって「紛争中・紛争後社会における法の支配と移行期正義」に関する報告書を提出した。報告書の末尾の勧告事項の中で，特に，「集団殺害，戦争犯罪，人道に対する罪，あるいは人権の深刻な侵害などに対する免責を拒否することと，厳重な責任を追及することを要求している点は，上記で言及した国際法の発展過程と同じ視点である[64]。一方，国連人権理事会は，毎年 3 月24日を「重大な人権侵害に関する真実への権利と犠牲者の尊厳に関する国際デー」に選定することを，2010年 6 月17日決議14/ 7 号として採択し，国連総会は同年12月21日総会決議65/196号としてこれを承認した[65]。

　このような観点から考えると，移行期正義が国際法上普遍的管轄権（universal jurisdiction）の拡散に肯定的な影響を及ぼすのか，それとも逆に，普遍的な管轄権をめぐる議論が移行期正義の実現に役に立つのかという問題も注目すべき点である[66]。普遍的管轄権論は，国際法上，古くから存在してきたが，活発に議論されるようになったのは20世紀後半以降になってからである。このような変遷は，多くの国家において，集団殺害，人道に対する罪，戦争犯罪や拷問など深刻な人権蹂躙行為を犯した者を処罰するために，刑事管轄権を確保するべきだという共感が形成されたからである[67]。このことは移行期正義の実現と無関係ではない。なぜなら，移行期に入った国が，過去の深刻な人権犯罪を犯した者を探し出し，刑事処罰しようとしたものの，嫌疑者がすでに海外に

---

64) The Rule of Law and Transitional Justice in Conflict and Post-Conflict Societies, *Report of the Secretary-General*, S/2004/616, S/2011/634. 本稿にて言及した原文は以下の通りである。

　"para. 67: The Security Council is encouraged to reject any endorsement of amnesties for genocide, war crimes, crimes against humanity or gross violations of human rights and to support the implementation of transitional justice and rule of law provisions in peace agreements."

　"para. 69: The Security Council should continue to foster accountability for gross violations of human rights and serious violations of international humanitarian law, including by supporting the implementation of recommendations of international commissions of inquiry."

65) UNGA Resolution 65/196: "Proclamation of 24 March as the International Day for the Right to the Truth concerning Gross Human Rights Violations and for the Dignity of Victims," *United Nations Juridical Yearbook*, 2010, pp.189-190.

66) 普遍的管轄権関連の一般的な内容と関連参考文献としては，Malcolm N. Shaw, *International Law* (6th ed., Cambridge University Press, 2008), p.668参照。

逃避し滞留している場合，その嫌疑者の身柄を確保するためには，犯罪人引渡条約や普遍的管轄権の理論に頼るしか方法がないからである。したがって，主権免除，高位公務員の刑事管轄権からの免除，普遍的管轄権の拡大，及び「引渡しか訴追か (*aut dedere aut judicare*)」などの，すべての国際法的原則と条件が，21世紀の国際社会が要求している程に実質的に改善されるとき初めて，本稿の冒頭に触れた終戦後法 (*jus post bellum*) は，新たな国際法の1つの分野として体系づけられることができる。

6 おわりに

本稿を通して，私たちは，移行期正義と国際人権規範の相互関係に関していくつかの結論に到達した。その主な内容は以下のとおりである。

第1に，移行期正義の目的は，大きく分けて，過去の被害者の救済と，社会または集団の意識や体制を改革することによって平和と調和を成すという2つに分類することができる。ただし，「真実の把握」と「和解及び平和構築」は，場合によっては衝突可能な要素もあるため，具体的な社会と国家の諸般の事情に照らして適切に調節する必要がある。

第2に，移行期正義の目的実現は，大きく分けて「過去志向的な側面」と「未来志向的な側面」の2つに分けることができる。後者は民主主義が成熟している場合やその進行過程において発生する社会的な現象である。したがって，法政策的な側面が強いため，まだそれを規律する国際法の原則や規範が存在するとは言えない。むろん，このような筆者の二分法的アプローチ，つまり移行期正義の実現過程をその目的によって2つに区分し，一部に対しては国際法的に評価を留保する論議の仕方に関しては，読者によって判断が異なると考えられる。

第3に，既存の国際人権規範は，「移行期正義」，特に過去志向的側面に基づ

---

67) 1996年国連国際法委員会 (ILC) が採択した Draft Code of Crimes against the Peace and Security of Mankind の第9条は，「侵略，集団殺害，人道に対する罪，国連とその職員を対象とする犯罪，戦争犯罪を犯した者の，身柄を確保した国は，その者を人道若しくは処罰しなければならない」と規定する。また，第9条に関する評釈は，より多くの国家の国内裁判所が上記の犯罪に対して，裁判管轄権を行使することを可能にするためだと言及している (*Report of International Law Commission*, A/51/10, 1996, p.51参照)。

いた被害者の救済と加害者の訴訟手続きという観点から，容疑者の人権保護という役割も担っている。その反面，「移行期正義」の実現のための努力は，既存の国際人権規範の内容と枠組みに対して，相当程度の補完的役割を果たしていると考えられる。特に，国際刑事法の発展に及ぼした影響が代表的であり，例えば，1998年の「国際刑事裁判所に関するローマ規程」が想定よりも迅速に発効したことや，同規程に多くの国家が参加した点を挙げることができる。

第4に，「移行期正義」は，現在も全世界において進行中である。韓国も過去数回経験したことがあるが，2011年のチュニジアの「ジャスミン革命」以降，未だに進行しつつある中東のさまざまな国における民主化過程も同じ観点から考えることができる。移行期正義の目的が適切に達成され完了したのか，それとも追及され続けるべきか否かの問題は，それを判断する個人の政治的・社会的視点及び哲学によって異なると言わざるを得ない。

筆者は，移行期正義が，果たして私たちが一般的に認知している正義 (justice) の1つの形態であるのかという質問を最後にして本稿を締めくくりたいと考える。世間から旋風的な人気を集めた Michael Sandel 教授が，彼の講義で言及したように，「正義」の概念と形態は数え切れないほど多い。ある国連の公式文書が，「正義とは，権利を保護・擁護し，または過ちを防ぎ，処罰する過程において，責任と公平性の理想となる。正義は被告人の権利と被害者の利益，または全体としての社会の福祉を考慮することを含む」と指摘する[68]。多くの人は，移行期正義が，広い意味でのこのような正義実現の1つの形態だと主張している。しかし，移行期正義の実現過程には法以外にも政治，社会，歴史などさまざまな外部的要因が影響を及ぼすことがあり，特に法律と本質的に異質的な要素である政治的考慮によって影響を受けることもあり得る[69]。このような場合，真の法的正義の実現から遠くなるのは言うまでもなく，移行期正義の実現過程で，特に「未来志向的」側面が強調される場合であれば，このような憂慮がさらに強くなる。したがって，移行期正義は，深刻な人権侵害

---

68) The Rule of Law and Transitional Justice in Conflict and Post-Conflict Societies, *Report of the Secretary-General*, 23 August 2004, S/2004/616, "para. 7: For the United Nations, 'justice' is an ideal of accountability and fairness in the protection and vindication of rights and the prevention and punishment of wrongs. Justice implies regard for the rights of the accused, for the interests of victims and for the well-being of society at large."

犯罪が犯されたすべての社会に必ず必要であるものの，当該社会の構成員の大多数が満足できる所与の目的を達成するためには一層の工夫が必要である。

---

69) 筆者と類似した見解は，次の論文からも見つけることができる。例えば，David P. Forsythe, "Human Rights and Mass Atrocities: Revisiting Transitional Justice," *International Studies Review*, Vol. 13, 2011, pp.86. 関連原文は以下の通りである。"... what makes transitional justice different from 'normal' justice is the impact of disparate political contexts. If one wants to speak principled truth to power, power affects how (and whether) that truth is spoken."

第4部
個人の刑事責任の追及

16 テロ容疑者に関する管轄権の展開
── 軍事審問委員会の意義と限界 ──

洪　恵子

1　はじめに
2　軍事審問委員会の特徴
3　対テロ政策における刑事裁判の利用
4　おわりに

1　はじめに

　本稿は米国のいわゆる「対テロ戦争」（war against terrorism, global war on terror）において利用されている軍事審問委員会（military commission）を取り上げて，テロ容疑者に関する管轄権の制度（嫌疑に関する事実を明らかにし，刑罰を確定するための制度）としてのその特徴を明らかにし，その意義と限界を考察することを目的とする。

　本稿が検討の対象とする米国の軍事審問委員会（制度）は，2001年9月11日の同時多発テロが引き起こした感情的なうねりがまだ強く残る2001年11月に当時のブッシュ政権によって創設が決められた。この軍事審問委員会は米国に対するテロ行為を行ったとされる外国人を広く対象とし，米国の憲法第3条に基づく司法権の行使としての司法制度とは明確に区別されていた（2001年11月16日軍事命令）。

　この軍事審問委員会に対しては内外から強い批判が寄せられた[1]。さらに軍事審問委員会に対する批判は，単にこの制度自体に対する批判ばかりではなく，軍事審問委員会が本来武力紛争法上認められてきた制度であるために，この制度を利用するということはすなわち米国が非国家主体であるアル・カイーダ（Al Qaeda）との間に武力紛争が生じていることを認めることにつながるこ

とから，一層，国際法上の争点として注目された。つまり米国と非国家主体であるアル・カイーダと武力紛争が生じているという前提をとれば，武力紛争法（国際人道法）が適用されることになる。そのうえ仮に米国がテロ集団との間に武力紛争があると認めるなら，1949年戦争犠牲者の保護に関するジュネーヴ諸条約が適用され，テロの実行者は要件を充たせば武力紛争法上の捕虜として認められるべきである。しかし米国政府はそれを否定し，多くのテロ行為容疑者を違法（不法）戦闘員（unlawful belligerent/unlawful combatant）としてキューバにある米軍基地（グアンタナモ基地）で拘束し，批判を呼んだ[2]。

軍事審問委員会という制度の利用およびテロ容疑者を拘束しているグアンタナモ基地に対する批判は外国からだけでなく，米国国内からも行われた。2009年に大統領となったバラク・オバマ（Barack H. Obama）は選挙中からグアンタナモ基地や軍事審問委員会を強く批判し，大統領に就任後，ただちにグアンタナモ基地の閉鎖および軍事審問委員会の手続きを停止する大統領令[3]に署名した。しかし2009年5月21日に軍事審問委員会の制度を再び利用すると発表した[4]。さらにその後，2013年4月30日に再度グアンタナモ基地の閉鎖を目指すと記者会見で発表した[5]。しかし2014年3月現在，軍事審問委員会は廃止されていない。それどころか，後述する通り米国の対テロ戦争の象徴的容疑者である世界貿易センタービル爆破に関与したとされる5名についても，軍事審

---

1) 我が国においても，例えば森川幸一はアル・カイーダが戦争犯罪の責任を問い得る国際法上の責任主体としてとらえられている一方で国際人道法上の権利主体性を否認する論理的整合性の欠如を指摘したし（森川幸一「『対テロ戦争』への国際人道法の適用──『テロリスト』の取扱いをめぐる米国での議論と日本の捕虜法制を中心に」『ジュリスト』第1299号〔2005年〕73-83頁），また古谷修一は「武力紛争法違反のベールをかぶせたテロ犯罪裁判」であり，国際人権諸条約との抵触の可能性も高く，より客観的な裁判が求められると指摘した（古谷修一「国際テロリズムと武力紛争法の射程──9.11テロ事件が提起する問題」村瀬信也＝真山全編『武力紛争の国際法』〔東信堂，2004年〕167頁）。

2) 新井京「武力紛争法におけるテロリストの位置づけ」『国際法外交雑誌』第108巻2号（2009年）28-56頁。

3) Executive Order 13492, Review and Disposition of Individuals Detained at the Guantanamo Bay Naval Base and Closure of Detention Facilities, 74 Fed. Reg. 4, 897 (January 22, 2009).

4) Elsea, J. K., *The Military Commissions Act of 2009 (MCA 2009) : Overview and Legal Issues*, Congressional Research Service, 7-5700, March 7, 2014, p. 3.

5) Ibid., p. 4.

問委員会における審理が開始された。つまりテロ容疑者に関する軍事審問委員会は，創設以来およそ13年が経過した現在も紆余曲折を経て存続しているのである。

ただし2006年にブッシュ大統領が創設したオリジナルの軍事審問委員会は米国連邦最高裁判所によって違憲と認定され（ハムダン事件[6]），米国議会の立法により新たな軍事審問委員会の設立が認められ（2006年軍事審問委員会法），また2009年にこの法律は改正されている。こうした軍事審問委員会の変化・発展の過程は，米国という国家の政治体制に基礎を持つ，行政府・立法府・司法府のそれぞれの立場からそれぞれの方法で主張された意見を照らし出すものである。国際法の視点から見ると，国際テロ行為規制への2つのアプローチ（武力紛争法アプローチ，刑事法アプローチ）のせめぎ合いの中で軍事審問委員会は変化を余儀なくされてきたともいえる[7]。確かに軍事審問委員会やグアンタナモ基地は当時のブッシュ政権の強行的な姿勢や基地で行われていただろう拷問などの非人道的待遇のいわば象徴のように受け取られる場合もある。しかし，今日，（単に米国にとってだけでなく）国際社会にとって非国家主体によるテロリズムが重大な課題になっていることから考えると，米国の国家実行は充分に検討に値すると考える。そこで本稿では，以下，まず軍事審問委員会のこれまでの変化を説明し，現行の制度の特徴を明らかにする（2）。次に米国の対テロ政策においては，現在，刑事裁判も利用されているので，こうした実行に関する問題を検討する（3）。最後に若干のまとめを述べる（4）。

---

6) Hamdan v. Rumsfeld, 126 S. Ct. 2749.
7) 本稿では武力紛争法アプローチとは米国とアル・カイーダといったテロ集団の間には武力紛争が生じていることを前提として，主として武力紛争法（国際人道法）が適用されるという立場を示し，刑事法アプローチ（法執行アプローチ）とはこうした武力紛争の存在を前提とせず，アル・カイーダといったテロ集団に対する対応は武力行使に至らない法執行措置および刑事法の適用によって行われるべきであるという立場を示す。ただし後述3で示す通り，現在の国の対テロ政策では両方のアプローチが採用され，国際人道法，国際人権法，刑事法など様々な法分野で発達してきたルールが競合して適用されている。

第 4 部　個人の刑事責任の追及

2　軍事審問委員会の特徴

　軍事審問委員会とは，伝統的には，戦場において軍隊の上官によって一定の犯罪について個人を審理するために設立される機関（courts）である[8]。戦前の日本では軍律法廷と呼ばれていた[9]。軍事審問委員会は通常，敵国の兵士による国際法違反の犯罪を審理すると理解されるが，米国は19世紀から軍事審問委員会を利用しており，それぞれの特徴は異なる。第二次世界大戦後に設立された軍事審問委員会ではドイツ人や日本人も対象となったことはよく知られている[10]。

　2001年の米国同時多発テロのあとに当時のブッシュ大統領の命令（および2つの法律）によって設立された軍事審問委員会は，連邦最高裁判所の判断で違法であるとされ，あらためて2006年に議会の制定した法律に基づく軍事審問委員会制度が作られた。以下ではまず制度設計に関する主要な法的基盤について整理し，その後，軍事審問委員会の管轄権の対象について検討する。

（1）制度の枠組みに関する法的基盤
（a）2001年大統領令
　2001年11月13日にブッシュ大統領は「テロリズムに対する戦争における一定の非市民の拘束，取扱，審理」（Detention, Treatment, and Trial of Certain Non-Citizens in the War Against Terrorism）に関する2001年11月13日の軍事命令（Military Order of November 13, 2001）を発布した。この命令がテロ容疑者の軍事的拘束

---

[8] Vagts, D. F., "Military Commissions: A Concise History", *American Journal of International Law*, Vol. 101, (2007), pp.35-48, Solis, G.D., "Military Commissions", Cassese, A. (ed.), *The Oxford Companion to International Criminal Justice* (Oxford University Press, 2009), pp.416-418, Glazier, D. "Military Commissions", Rosenzweig, P., McNulty, T.J., Shearer, E. (eds.), *National Security Law in the News*, American Bar Association Publishing, 2012, pp. 173-182. Elsea, *supra* note 4, p. 6.
[9] 尾崎久仁子「日本における戦争犯罪の処罰について」村瀬＝真山編・前掲注1）837-839頁。
[10] 連合軍最高司令官ダグラス・マッカーサーが任命した軍事審問委員会（フィリピン）で有罪が宣告された山下大将は，のちに米国連邦最高裁判所に人身保護請求を行った（ただし連邦最高裁は軍事審問委員会の有罪・無罪の判断に対する上訴審ではない）。In re Yamashita, 327 U. S. 1 (1946), なお Vagts, supra note 8., p. 42.

(military detention) の基礎を提供し，軍事審問委員会 (military commission) の設立を認めたのである。この命令の第3節で拘束の権限を国防長官 (Secretary of Defense) に与え，第4節では同様に国防長官に対してテロ容疑者の審理の権限を与えた。

この命令に基づく拘束およびその後の審理の対象となる個人について (individual subject to this order)，次のように定義している。すなわち米国の国籍を持たない者であって，国防長官の明文の認定によってそのような個人が(i)アル・カイーダとして知られている組織のメンバーである，またはメンバーであった，(ii)米国，米国国民，米国の安全，外交政策または経済に侵害又は望ましくない結果 (adverse effect) をもたらした，もたらすと脅した，もたらす目的をもって，国際テロ行為 (acts of international terrorism) を実行した，又はその準備に参加し，ほう助，又は共謀したと信じるに足る理由がある，さらにこの命令に服しめることが米国の利益になるであるとしている（第2節(a)(1), (2)）。さらに他国の官吏の拘束下にある者についても，この命令に服すべき者については，国防長官の管理のもとにおかれることが米国の政策であることも規定している（同節 (c)）。またこの軍事命令で設立が決められた軍事審問委員会は，大統領および国防長官の権限内におかれ，米国法上の司法審査が及ばないことを明らかにしている（第7節）[11]。

---

11) この規定はのちに連邦最高裁判所によって無効とされ，その後議会は2005年被拘束者待遇法 (Detainee Treatment Act of 2005) を制定し，連邦法第28編を改正して「敵の戦闘員」(enemy combatants) として拘束された人による人身保護請求に関するすべての司法的管轄権を取り消し，コロンビア特別地区控訴裁判所に軍事審問委員会の最終決定について上訴を認める管轄権を設定した。Elsea, *supra* note 4, p. 1. さらに2006年軍事審問委員会法は人身保護請求に関する他の機関の管轄権を否定したが，その後，連邦最高裁はこの考え方を退け，被拘束者に対する人身保護請求を一定の範囲で認めている (Bourmedienne v. Bush)。この判決の評釈として，Chesney, R., "International Decisions, 'Bourmediene v. Bush 128 S. Ct. 2229'", *American Journal of International Law*, Vol. 102 (2008), pp. 848-854. なおグアンタナモ基地の被拘束者が米国裁判所で人身保護請求を認められるかどうかは当該個人の人権保障にとって重要なだけでなく，人身保護請求の事件において，米国の裁判所は対テロ政策における重要な概念について判断を示しており，対テロ戦争における法の規制一般に関する重要な指針となると指摘されている (Chesney, R., "Who May Be Held? Military Detention through the Habeas Lens", *International Law Studies*, U.S. Naval War College, Vol. 87 (2011), pp. 114-116.) が，本稿では直接には扱わない。

第 4 部　個人の刑事責任の追及

(b) 軍事力の使用の許可（Authorization for Use of Military Force, 2001）（以下，AUMF 法）[12]

これは2001年 9 月14日，第107会期米国議会において上院および下院の賛成で採択され，9 月18日に大統領によって署名された。AUMA法は大統領に対して，将来の米国に対する国際テロリズムの行為を防ぐために必要かつ適切なすべての武力を（all necessary and appropriate force），2001年 9 月11日のテロリスト攻撃を計画し，許可し，実行しもしくはほう助した，又はそのような組織や人物をかくまったと認定された国，組織，人物に対して用いることを認めている。またこれは戦争権限法（War Power Resolution）における特定の法律上の許可を意味することも明らかにしている。この法律は直接には軍事審問委員会について規定していないが，グアンタナモ基地に収容されているテロ容疑者の身柄の拘束（military detention）の根拠となるものである[13]。

(c) 連 邦 法

連邦法第10編821条[14]は従来から軍事審問委員会に「法律または戦争法によって審理できると定められている犯罪または犯罪者」に対する管轄権を認めてきた。このほか第10編904条および906条もそれぞれスパイおよび敵のほう助（aiding the enemy）に関して軍事審問委員会を利用できることを定めている。

(d) 2006年連邦最高裁判所判決および議会の対応（2006年軍事審問委員会法）

前述の大統領令に基づく軍事審問委員会は2006年連邦最高裁によって関連する米国法・国際条約に違反し，憲法違反であると認定された（ハムダン事件 Hamdan v. Rumsfeld）。連邦最高裁判所は，大統領の命令に基づく当時の軍事審

---

12) Public Law No. 107-40, 115 Stat. 224 (2001). なお，軍事力の使用の許可（AUMF）は米国の他の軍事行動の際にも採択されている（例，いわゆる湾岸戦争の際の軍事行動について，Public Law 102-1）。
13) 後述 3 (3)(b) を参照。
14) 「軍事法廷に管轄権を与えるこの章における諸規定は法律又は戦争法によって犯罪者，又は犯罪とされていることに関して軍事審問委員会，憲兵法廷，又は他の軍事裁判所から競合する管轄権を奪うものではない。この節はこの部の47A章に基づいて設立される軍事審問委員会には適用がない。(The provisions of this chapter conferring jurisdiction upon courts-martial do not deprive military commissions, provost courts, or other military tribunals of concurrent jurisdiction with respect to offenders or offenses that by statute or by the law of war may be tried by military commissions, provost courts, or other military tribunals. This section does not apply to a military commission established under chapter 47A of this title.)」

問委員会は，軍事司法統一法典（Uniform Code of Military Justice, UCMJ）が軍事審問委員会の手続はできる限り軍法会議の手続きと同じ基準によって統制されなければならないという点に違反しており，また当時の軍事審問委員会は1949年戦争犠牲者の保護に関するジュネーヴ諸条約の共通第3条にいう「正規に構成された裁判所」とは認められないと認定した[15]。

この司法府の判断に反応して，議会は2006年軍事審問委員会法（Military Commissions Act of 2006, MCA2006）[16]を制定し，軍事審問委員会の設立のための法的根拠を整備した。この法律は2001年の大統領令よりも広範囲に軍事審問委員会という制度について規律しており，具体的に軍事審問委員会について規律するその第3節において，定義などの総則，構成，予審手続，審理手続，刑罰，公判後の手続と審査（review），処罰に関する事項について規律している[17]。この法律では，自らに対するすべての証拠を見る権利や上訴の手続など，被告人に一定の権利を認めた一方で，人身保護請求を求める権利の制限や強制によって入手された証言を採用できるなど，問題点も指摘されていた[18]。

その後，当時のブッシュ大統領は行政命令13425号を発令し，2006年軍事審問委員会法に基づいて軍事審問委員会による手続を再開した。その結果3件の有罪が言い渡された[19]。

(e) 2009年軍事審問委員会法

2009年に大統領に就任したオバマ大統領は，前述した通り選挙中から軍事審問委員会を強く批判しており，大統領に就任後，ただちにこれを停止する大統

---

15) 前掲注6），解説として，Spiro, P. J., "Hamdan v. Rumsfeld. 136 S. Ct. 2749, United States supreme Court, June 29, 2006", *American Journal of International Law*, Vol. 100 (2006), pp. 888-895.
16) Public Law 109-366.
17) その他の節においては，軍事審問委員会を設立する大統領の権限，軍事審問委員会，UCMJの修正，一定の請求の根拠を提供しない条約の義務，条約義務の履行，人身保護請求に関する事項，2005年被拘束者取扱法の米国公務員の保護に関する修正，軍事審問委員会の判決の審査，拘束の適切性に関する交戦者資格審査裁判所の決定の審査に含まれる拘束などについて定めている。
18) Military Commissions, History, 2006 <http://www.mc.mil/ABOUTUS/MilitaryCommissionsHistory.aspx>
（国防省軍事審問委員会事務局公式Webページ）(visited on 10 June, 2014).
19) ただし後述2（2）で述べる通り，これらのうち2名（Salim Hamdan と Ali Hamza Ahmad Suliman al Bahlul）の有罪はのちに連邦控訴裁判所における上訴審で破棄された。

第4部　個人の刑事責任の追及

領令に署名したが，同年5月には手続規則を改正したうえで，再び軍事審問委員会を利用することを発表した。同年10月米国議会は2009年軍事審問委員会法（Military Commissions Act of 2009, MCA 2009）を採択した[20]。これは国防省授権法（National Defense Authorization Act (NDAA) for FY 2010, S. 1391）の一部として採択されたものである。

MCA 2009（第18部軍事審問委員会, Title XVIII Military Commissions）では特に軍事審問委員会に関する章で次の諸点について定めている[21]。総則，軍事審問委員会の構成，予審手続，審理手続，機密情報手続，刑罰，審理手続き後の手続および軍事審問委員会審査（Review of Military Commissions），処罰に関する事項である。この改正によって，軍法会議（Court Martial）や通常の刑事裁判において被告人に与えられている権利に近い権利を軍事審問委員会の被告に与え，特に弁護人の協力を受ける権利を強化した。さらにMCA2009では拷問及び残酷な，非人道的な，品位を傷つける取扱い（torture as well as cruel, inhuman, or degrading treatment）において得られた証言を証拠として採用することを禁止した（948条r）ことは注目に値する[22]。また機密情報に該当する証拠の取扱いについても通常の連邦裁判所に関して定められている法律（機密情報保護法 Classified Information Procedures Act）に類似したルールを採用した[23]。2010月4月にゲーツ（Robert Michael Gates）国防長官は2010年軍事審問委員会マニュアルを承認し，MCA 2009の履行が整ったのである。

このような法律の改正を経て軍事審問委員会は存続してきた。しかしこのことは外国人であるテロ容疑者すべてについて軍事審問委員会で審理されるという政策がとられたことを意味しない。はじめにも述べた通り，実際に2009年11月13日にホルダー（Eric H. Holeder Jr.）司法長官は，Omar Khadr など5人の容疑者は軍事審問委員会で審理するが，9.11同時多発テロに関する5人の容疑

---

20) Public Law 111-84.
21) このほか，関連法の修正，従前の法律に基づく手続，軍事審問委員会の修正されたルールの議会への提出，軍事審問委員会による審理（trials）に関する議会に対する年次報告書，軍事審問委員会システムに関する議会の付帯意見（Sense of Congress）について規律している。
22) 軍事審問委員会の被告人に与えられている手続的保障について，Elsea, *supra* note 4, pp. 20-36, また軍法会議やMCA2006との各要素の比較の表は pp. 37-55.
23) Glazier, *supra* note 8, p. 178.

者（Khalid Sheikh Mohammed, Walid Muhammed Salih Mubarak Bin Attash, Ramzi Bin Al Shibh, Ali Abdul-Aziz Ali, Mustafa Ahmed Al Hawsawi）はニューヨーク南部地区連邦裁判所における裁判のために移送することを決定したと発表した[24]。しかしニューヨークの世界貿易センタービルを爆破した容疑に関する5人の裁判をニューヨークで刑事裁判にかけるという判断には強い批判が寄せられ，とりわけ議会はその実現を阻止するために予算の使用を制限したため裁判は実現せず，彼らは軍事審問委員会で審理されることになったのである[25]。

（2）軍事審問委員会の管轄権の対象
（a）人的管轄権

軍事審問委員会の人的管轄権の対象に関する文言は，①2001年大統領の軍事命令，② MCA 2006，③ MCA 2009では表現が異なっている。すでに紹介した通り①は米軍による身柄の拘束の対象となる人を定義しており，審理の対象としての追加的な要件を定めていなかった。その後，法律に基づく軍事審問委員会については，②で（外国人である）違法な敵の戦闘員（alien unlawful enemy combatant），③では（外国人である）非特権的戦闘者（alien unprivileged enemy belligerent）とされている[26]。

さて現行法である③ MCA2009について詳しく見てみよう。この法律ではま

---

24) なおテロ容疑者に対する刑事手続の利用については後述（3）で検討する。
25) 第111会期議会では，グアンタナモ基地の被拘束者に関連する9つの法律を採択し，またグアンタナモ基地の被拘束者の米国への移送に予算を使うことを禁じた。Garcia, M. J., *Guantanamo Detention Center: Legislative Activity in the 111th Congress*, Congressional Research Service, 7-5700, January 13, 2011, pp. 3-9.
26) そもそも「不法（違法）な敵の戦闘員」（unlawful belligerent, unlawful combatant）というカテゴリーは2001年以降のテロ容疑者のために作り出されたのではなくて，第二次世界大戦における敵についても米国においては使用された概念である。ただし学説においては，違法な敵の戦闘員の「違法（不法）」とは戦闘員の資格を持たないものが行う敵対行為が「違法」であることに着目するが，国際法上は文民の戦闘への参加自体が違法ではなく，文民が敵対行為を行うことによって，その保護を失うだけであり，違法であるとしても，それは国内法上違法だ（例，犯罪に該当する）というに過ぎず，その意味ではより正確には非特権的戦闘者（unprivileged belligerency）と呼ぶべきだと主張されていた。新井・前掲注2），35-36頁，unlawfulの意味について，Goldman, R. K., Tittemore, B. D., Unprivileged Combatants and the Hostilities in Afghanistan: Their Status and Rights Under International Humanitarian and Human Rights Law, American Society of International Law Task Force Paper, December 2002, pp. 4-5.

ず特権的戦闘者（Privileged Belligerent）を次のように定義している。「特権的戦闘者という語は捕虜の取扱いに関するジュネーヴ条約第4条に規定される8つのカテゴリーのうち，いずれかに属する個人を意味する。」（948条(a)(6)）。次に非特権的戦闘者（Unprivileged Belligerent）を次のように定義している。「非特権的戦闘者という語は（特権的戦闘者を除いて）次の個人を意味する，（A）米国またはその同盟諸国（coalition partners）に対する敵対行為（hostilities）に従事した，（B）米国又はその同盟諸国に対する敵対行為を意図的に且つ実質的に（purposefully and materially）支援した，または（C）この章（米国法典第10部47章A）のもとでの嫌疑の際に（at the time of the alleged offense）アル・カイーダのメンバーだった。」（同条(7)）。ここでの「敵対行為」とは「すべての戦争法（laws of war）に服する紛争」（any conflict "subject to the laws of war"）である（948条(a)(9)）。

　（B）について，敵対行為に直接は参加していなくても，「意図的にかつ実質的に」支援した場合は軍事審問委員会の人的管轄権の対象となると規定するが，この法律ではどのような行為が「敵対行為を支援する」ことに該当するかについては説明していない[27]。このことから，この法律では通常の理解では敵対行為への参加（participation）としてみなされない行為についても，「敵対行為を支援した」として，文民が軍事審問委員会の管轄に服することになる可能性がある。次に米国人と外国人（non-citizen）の相違についても注意しておく必要がある。米国人であってこの非特権的戦闘者の定義に該当する者について，この法律のもとでは軍事審問委員会の管轄権には服さない。また米国人につい

27）　Elsea, *supra* note 4, p. 9. なお，この規定における materially という言葉は，米国法（連邦法18編2339A条および2339B条）上の犯罪である 'material support for terrorism' で用いられる material と同語源と考えられる。他の法分野ではこの語は「重要（な）」と訳される場合が多いが（例，material witness），米国法における 'material support for terrorism' という犯罪類型に含まれる行為は多様であり，さしあたり「実質的（に）」という訳語を当てる。また別の拙稿でも同様の訳語を用いた。「判例研究ハムダン対米国事件（いわゆるハムダンII）」米国，コロンビア特別区控訴裁判所（判決，2012年10月16日）」『法経論叢』31巻1号（2013年）41-52頁。また 'material support for terrorism' について，Margulies, P., "Material Support of Terrorism: Tool for Public Safety or Recipe for Overreaching?", in Rosenzweig et al. (eds.), supra note 8, pp. 243-262, Kannady, C., Masciola, P., Paradis, M., "The 'Push-Pull' of the Law of War: The Rule of Law and Military Commissions", De Frías, A.M.S., Samuel, K., White, N. (eds.), *Counter-Terrorism: International Law and Practice*, (Oxford University Press, 2012), pp. 658-660.

ては，文民はその他の裁判所が利用できる限りは軍事裁判所による審理を受けないという米国の判例の伝統があるが，米国に永住する外国人については，非特権的戦闘員の定義に該当する場合，米国において拘束されて軍事審問委員会の審理を受ける可能性がある。さらに外国人は通常の刑事裁判手続においては米国人と同等の人権保障を受けることができる。これに対して，この法律の非特権的戦闘者（特に敵対行為を「支援した」）に該当する外国人については，米国憲法上外国人にも認められてきた刑事手続における人権保障が依然として認められ，したがってこの法律はそれを侵害するのではないかと指摘されている。（ただし2014年3月までに永住外国人が軍事審問委員会に訴追されたことはない。）[28]

次に人的管轄権の対象者を認定する権限を持つのは誰か。MCA2006では「不法な敵の戦闘員」の定義を充たすかどうかの認定権を持つ者について明記しなかった。当初政府（行政府）は国防省によって設立される戦闘員地位審査裁判所（Combatant Status Review Tribunals, CSRTs）の認定によって管轄権が成立するという方式を目指した。しかしその後2007年に軍事審問委員会審査裁判所（Court of Military Commissions Review, CMCR）が判断を下し，軍事審問委員会で審理の対象とすべきとして起訴を行う側が，個々の被告人に対して，当人が人的管轄権の要件を充たすということについての立証責任を負うこととされた。この実行が2009年軍事審問委員会マニュアルの改正に反映され，MCA2009では948条(d)において軍事審問委員会に自らの管轄権の成立の立証を負わせている。ただしすでに紹介した948条(a)(7)の文言からするとアル・カイーダのメンバーであることが（当人が敵対行為に参加した又は支援したかどうかを問うまでもなく）管轄権を成立させるために十分であると解釈されている[29]。

(b) 事項的管轄権

米国法のもとでは2001年以前から軍事審問委員会において戦争法の違反やスパイ（間諜）や敵のほう助（aiding and abetting）を処罰することが認められてきた（連邦法第10編821条）。前述した通り，2001年大統領令によって設立が決められた軍事審問委員会制度は連邦最高裁判所の判決（ハムダン事件）によって違法とされたため，議会はあらためて法律で軍事審問委員会の事項的管轄権

---

28) Elsea, *supra* note 4, p. 9
29) *Ibid.*, pp. 10-11.

の対象を定めた[30]。

すなわちMCA2006の950条vでは，「軍事審問委員会で審理可能な犯罪」（crimes triable by military commissions）を次の通り列挙している。(1)保護される者の殺人（Murder of Protected Persons），(2)文民への攻撃（Attacking Civilians），(3)民用物への攻撃（Attacking Civilian Objects），(4)保護される財産への攻撃（Attacking Protected Property），(5)略奪（Pillaging），(6)生存者を残さないよう命令すること（Denying Quarter），(7)人質を取ること（Taking Hostages），(8)毒や類似の武器の使用（Employing Poison or Similar Weapons），(9)保護される者を盾として利用すること（Using Protected Persons as a Shield），(10)保護される財産を盾として利用すること（Using protected Property as a Shield），(11)拷問（Torture），(12)残酷な，又は非人道的な取扱い（Cruel or Inhuman Treatment），(13)故意に身体的障害を与えること（Intentionally Causing Serious Bodily Injury），(14)身体の切断又は身体に障害を残すこと（Mutilating or Maiming），(15)戦争法に違反した殺人（Murder in Violation of the Law of War），(16)戦争法に違反した財産の破壊（Destruction of Property in violation of the Law of War），(17)偽計又は背信行為（Using Treachery or Perfidy），(18)休戦旗を不当に使用すること（Improperly Using a Flag of Truce），(19)標章を不当に使用すること（Improperly using a distinctive emblem），(20)故意に死体を虐待すること（Intentionally Mistreating a Dead Body），(21)強姦（Rape），(22)性的暴行又は虐待（Sexual Assult or Abuse），(23)船舶又は航空機を不法奪取する又は危険に晒すこと（Hijacking or Hazarding a Vessel or Aircraft），(24)テロリズム（Terrorism），(25)テロリズムへの実質的な支援を提供すること（Providing Material Support for Terrorism），(26)違法に敵を援助すること（Wrongfully Aiding the Enemy），(27)間諜（Spying），(28)共謀（Conspiracy）である。（また直前の950条tで未遂（Attemps）を，950条uで教唆（Solicitation）を規定していた。

現行法であるMCA2009の事項的管轄権の対象はほとんどMCA2006と同様である。ただしMCA2009では(27)間諜と(29)共謀の間に(28)未遂（Attempts）が加えられているほか，(30)で教唆（Solicitation）(31)法定侮辱罪（Contempt）(32)偽証その他の裁判の運営を害する罪（Perjury and Obstruction of Justice）が規定されて

---

30) なお2001年大統領令に基づいて設立された軍事審問委員会の事項的管轄権の対象については，拙稿「戦争犯罪人の引渡しと強制的身柄の確保」村瀬信也＝真山全編集代表『武力紛争の国際法』（東信堂，2004年）730-733頁。

いる。

　さて，これらの事項的管轄権の対象の法的性質については，（ア）あくまでも国際法上の犯罪，つまり国際法が禁止する行為であって軍事審問委員会での審理が許容されていると考えるか，又は（イ）国際法上の禁止や許容がなくても，コモン・ローを含む国内法に基づいて軍事審問委員会の事項的管轄権の対象とすることができるという2つの立場がある。この問題に関しては2012年に重要な判断が連邦控訴裁判所で示されている。いわゆるハムダンII事件である[31]。

　被告人ハムダン（Salim Ahmed Hamdan）はイエメン国籍を持ち，ウサマ・ビン・ラディンに仕え，2001年にアフガニスタンで拘束されてグアンタナモ基地に収容された。MCA2006におけるテロリズムの実質的支援（material support for terrorism）について2008年軍事審問委員会で有罪判決を受け，刑罰は66カ月の拘禁刑を言い渡されたが，すでに拘束されていた期間が算入され，2008年にイエメンに移送され，そこで釈放された。2011年軍事審問委員会審査裁判所（U.S. Court of Military Commission Review）は有罪判決を支持したが，ハムダンはこの判断に対して軍事審問委員会法に基づいて上訴したのである。本件の争点はハムダンが刑期を終え，米国の拘束から解放されていることで彼の上訴は争訟性を欠くことになったか，第2に軍事審問委員会におけるハムダンの嫌疑に係る行為は軍事審問委員会法が2006年に制定される前の1996年から2001年に行われていたところ，米国政府（行政府）はハムダンをMCA2006にもっぱら基づいてテロリズムの実質的支援について訴追する権限を持っていたか，第3に，もし第2の問いが否である場合，すでに存在していた法律，つまり「戦争法」（law of war）の違反について軍事審問委員会が審理できるということを規定していた連邦法は，テロリズムの実質的支援を戦争犯罪として禁止していたのか，であった。

　軍事審問委員会の事項的管轄権の対象の法的性質については，第2および第3の争点が重要である。この問題に関する裁判所の考え方はおよそ次のとおりである。まず，米国においては連邦法が戦争法（laws of war）の違反および間諜，

---

31) Hamdan v. United States, 696 F. 3d 1238 (D.C. Cir. 2012), 評釈として拙稿・前掲注27)。

敵のほう助を軍事審問委員会の事項的管轄権の対象として定めていた。MCA2009は特定の戦争犯罪の多くを列挙することによって，この規定（特に「戦争法」（laws of war）という語）をより明確にした（つまり新たに法を設定（establish）したのではない）。次に問題となるのは「戦争法」の意味である。これは戦争に関する国際法（international law of war）を意味すると解される。本件の具体的な事例においては，軍事審問委員会でハムダンが有罪となった行為は1996年から2001年に行われていたところ，裁判所は彼の訴因（テロリズムの実質的支援）が犯行時に「国際法上」戦争犯罪として禁止されていたかが重要であるとし，結論としてテロリズムの実質的支援が国際法上の戦争犯罪には当たらないとし，ハムダンの有罪判決は破棄されることになったのである[32]。なお，この判断に対して政府は特に戦争法とはもっぱら国際法によって規律されるのではなくコモン・ローによっても規律されるとしており，この控訴審の判決後もこの考え方を維持しているようであり[33]，米国の判例において連邦法にいう「戦争法」が国際法上の戦争法であるという解釈が確立したとまでは言えないが，有力な見解である。

(c) 審査および連邦司法制度との関係

議会が制定した法律に基づく軍事審問委員会と2001年大統領令に基づく軍事審問委員会との重要な相違の1つに，一定の審査および連邦法の裁判所への上訴が認められるという制度的特徴がある。現行法MCA2009では軍事審問委員会審査裁判所（U.S. Court of Military Commission Review, USCMCR）が設置されており（950条f），1つ又は複数のパネルで構成され，3人より少なくない軍事裁判官によって構成される。USCMCRが軍事審問委員会の有罪判決を支持した場合，被告人は米国連邦控訴裁判所（U. S. Court of Appeals for the District of Columbia）に上訴でき，さらにその判決は（writ of certiorariで）連邦最高裁判所によって審査を受けることも可能である（950条g）。第二世界大戦後の軍事審問委員会についても米国連邦最高裁判所における判断が下されているが，人

---

32) 拙稿・前掲注27）41-52頁。
33) ハムダンⅡの判決後，軍事審問委員会の他の事案でテロリズムの実質的支援で有罪が確定していたアリ・ハムザ・アフマド・スリマン・アル・バールル（Ali Hamza Ahmad Suliman al Bahlul）の米国控訴裁判所によって破棄されたが，その判断について連邦政府は上訴している。同上51頁。

身保護請求の文脈であり,軍事審問委員会の設立自体の合法性は判断したものの,個々の有罪・無罪についての上訴審ではなかったことを考えれば,現行の軍事審問委員会はこの点について改善されていると見るべきである。

(3) 国際法から見た問題点

上で概観してきたとおり,現行の軍事審問委員会制度はそれまでの軍事審問委員会への批判を受けて,被告人の人権保障や事項的管轄権の明確化を図り,さらに組織的にも米国の司法府との接点を作るなど,大きく変化してきた。ただし軍事審問委員会の被告人となるテロ容疑者はAUMF法に基づいて拘束されていることには留意しなければならない。換言すれば,軍事審問委員会は米国とアル・カイーダという非国家主体との間に武力紛争が存在するという前提にたって存立しているのであり,この前提を拒否するならば,手続的にどのような改善がなされようとも,軍事審問委員会には否定的な評価を下すことになろう。

また武力紛争法アプローチを是認するとしても,そのことがすなわち米国の軍事審問委員会の利用について,国際法(武力紛争法・国際人道法)上の問題が全くないということを意味するわけではない。まず1949年の捕虜条約は第17条で捕虜に対する尋問の制限を,第102条で捕虜に対する判決を下す機関と手続について規定をおいている。次に1949年戦争犠牲者の保護に関する共通第3条は非国際的武力紛争において拷問や個人の尊厳に対する侵害などを禁止している。軍事審問委員会制度や対象とされたテロ容疑者の取扱(特に拷問を用いた尋問)がこれらの規定に違反するかどうかが問題となりうる。

ただし米国のテロ容疑者の取扱および軍事審問委員会に対して,具体的にどの規定が適用されるのかということ自体が大きな問題である。米国は1949年ジュネーヴ諸条約の締約国であるが,ブッシュ大統領は政府内の議論を経て,締約国であるアフガニスタンのタリバン政権との武力紛争にはジュネーヴ条約の適用がある(ただしタリバン兵に捕虜資格は認めない),しかしアル・カイーダとの紛争にはジュネーヴ条約の適用はないとした。2006年米国最高裁判所はアル・カイーダとの紛争についてはジュネーヴ条約共通第3条の適用があると認めた(Hamdan v. Rumsfeld)。その後,オバマ大統領はジュネーヴ条約を尊重する意向は示しながらも,グアンタナモ基地とアフガニスタンで拘束している敵

の戦闘員を捕虜条約上の捕虜とは扱っていない。ただし，米国は締約国ではないが，ジュネーヴ条約に対する第1追加議定書の第75条（紛争当事国の権力内にある者に対する基本的な保障）を尊重すると表明している[34]。軍事審問委員会との関係では，被告人となる人物がアル・カイーダ兵なのかタリバン兵なのか，拘束の場所，時期などによっても適用可能な国際法規は異なりうる。このように条約の適用に関する法的問題は依然として存在するが，本稿で検討してきたとおり，軍事審問委員会の制度自体は変化し，特に拷問による証言が認められなくなったことは，国際的な規範に適合する進展といえるだろう。

3　対テロ政策における刑事裁判の利用

(1) 国際テロ行為に関する国際法の規制の枠組み

　殺人や傷害などの犯罪的行為が行われて，その背景に政治性がある場合に，テロ容疑者について，行われた行為についての責任を明らかにするためには，どのような制度があるべきか。テロリストはどこで審理されるべきかという問題は，これまでも国際法学において重要な課題の1つであった。国際テロ行為とは「一国の政策や政治体制とか既存の国際的な事態を実力で変革する目的を持って，複数国の領域にわたる活動範囲と連携・協力のもとに準備され実行される暴力行為」をいう[35]。国際テロ行為が国際社会にとって脅威であるのは最近に始まったことではなく，長年にわたって，国際テロ行為に対応するための法規制について様々な試みが行われてきた。しかし現在に至るまで国際テロ行為一般を定義するための合意を得ることはできず，国際テロ行為の個別の行

---

34) Bradley, C. A., *International Law in the U.S. Legal System*, (Oxford University Press, 2013), pp. 302-306, Bellinger, J.B., Padmanabhan, V.M., "Detention Operations in Contemporary Conflicts: Four Challenges for the Geneva Conventions and Other Existing Law", *American Journal of International Law*, Vol. 105 (2011), pp. 205-213, Belllinger, J.B., "Obama, Bush, and the Geneva Conventions", *Shadow Government* (*Foreign Policy*), http://shadow.foreignpolicy.com/posts/2010/08/11/obama_bush_and_the_geneva_conventions (visited 10 June, 2014), Lubell, N., "The War (?) against Al-Qaeda, Wilmshurst, E. (ed), *International Law and the Classification of Conflicts* (Oxford University Press, 2012), pp. 421-454, 新井京「『テロとの戦争』と武力紛争法 ── 捕虜資格をめぐって」法律時報74巻6号（2010年）17-21頁。

35) 山本草二『国際刑事法』（三省堂，1991年）26頁。

為を多数国間条約の規制対象とする（国際法上の犯罪として構成する）規制方法が発展してきた[36]。その代表的な例が航空機の不法奪取に関するヘーグ条約（1971年）である。この枠組みでは，容疑者の身柄を確保している国の刑事管轄権が強化され，同時に（直接にテロ行為の対象となった国以外の国々の）国際協力の枠組みを設定することで，容疑者がどこかの国で必ず刑事手続にかけられることを目指した（引き渡すか，訴追するかを選択する原則 *aut dedere aut judicare*）。つまりここでの「国際協力」とは政治的配慮や国際礼譲で行われるものとは区別され，条約によって義務付けられる諸措置を意味する。国内刑事法と国際協力を重視したこの枠組みは刑事法アプローチ（または刑事法モデル）と呼ぶことができる[37]。

しかしこのような多数国間条約によって規制の対象となっているものは限られているのであり，その適用範囲からもれてしまう事象も少なくないことはかつてから指摘されていた[38]。2001年9月11日の米国同時多発テロ以前でも，米国の対テロ政策においては，単にテロ行為の実行者個人の刑事法上の訴追を求めるだけでなく，国際社会の平和と安全の維持という安全保障上の考慮に基づいても行動してきた[39]。しかしとりわけ2001年9月11日以降は，前章で検討したとおり，大統領がテロに対する戦争を宣言し，18日に米国議会が軍事力の利用の授権を大統領に行ったことから（AUMF法），特にこの時期以降の米

---

36) 国際法上の犯罪の規制方法には，超国家的機関（国際刑事裁判所）による審理・処罰も行われ，テロ行為についても国際連盟の時代に国際テロ行為を規制するための多数国間条約案が作成され，審理のための国際刑事裁判所も規程案が作成されたが，実際には設立されず，またテロ行為は近年の国際刑事裁判所（ICC）の事項的管轄権の対象としては（提案はあったが）採択されていない。唯一，2007年に国連安全保障理事会が特設したレバノン特別裁判所がレバノンの元首相の暗殺を事項的管轄権の対象としている。レバノン特別裁判所について拙稿「安全保障理事会による刑事裁判所の設置」村瀬信也編『国連安保理の機能変化』（東信堂，2009年）138-142頁。
37) 確かに現在の米国の対テロ政策においても国際協力の必要は語られる。例えば2013年に National Defense University で行われた演説で，オバマ大統領はパキスタン，イエメン，ソマリア，マリ，フランスなどとの対テロ協力（counter-terrorism cooperation）について述べている。ただしこれらは軍事的な協力を示していることに注意すべきである。Remarks of President Barack Obama, The White House, Office of the Press Secretary, May 23, 2013, (For Immediate Release) http://www.whitehouse.gov/the-press-office/2013/05/23/remarks-president-barack-obama (visited on 10 June, 2014).
38) 山本・前掲注35) 26頁。
39) 米国は1980年代の半ばから，安全保障の観点から国際テロ行為の規制に関する規定を整備している。山本・前掲注35) 49-53頁。

国の対テロ政策は「対テロ戦争」というレトリックのもとで行われるようになった。このようなアプローチは武力紛争法アプローチ（又は武力紛争法モデル）と呼ぶことができる。前章で示した通り，軍事審問委員会の利用はこの枠組みにおいて正当化されている。ただしこれらのアプローチのいずれをとるにせよ，そうしたアプローチに関連する様々なルールの中身についての理解は一様でない[40]。

（2）米国の対テロ政策における刑事法アプローチの利用

さて米国の対テロ政策は一見したところ武力紛争法アプローチを取っているが，だからといって刑事法の利用を排除しているわけではないことに注意する必要がある。特にテロ行為についてテロ容疑者個人の責任を問うという局面においては，刑事法アプローチも利用されている。そのことを示す3つの事例がある。

（a）Ghailani 事件（2009年）

Ahmed Khalfan Ghailani は2004年から米国軍の拘束下にあり，2006年にグアンタナモ基地に移送され，2009年に200名以上の死者を出したケニアとタンザニアにおける米国大使館爆破事件に関して，ニューヨークの連邦裁判所（United States District Court for the Southern District of New York）に起訴された。200以上の訴因で起訴されたが，陪審員によって共謀罪に関してのみ有罪とされ，終身刑を言い渡された。現在は控訴中である[41]。

（b）Warsame 事件（2011年）

Ahmed Abdulkadir Warsame はソマリアのアル・シャバッブ（al-Shabab）[42]のメンバーであり，イエメンにおけるアル・カイーダの支部（アラビア半島に

---

40) Chesney は，どのような法規（国内法か，武力紛争法か，国際人権法か）が適用されるべきかの議論を「分野に関する議論」（domain debate）とし，適用可能な法自身に関する異なる見解を「内容に関する議論」（content debate）と整理している。Chesney, supra note 11, pp.116-127.

41) Wakeman, R., "Redacted USG and Defense Briefs in Ghailani Appeal", *Lawfare: Hard National Security Choices*, <http://www.lawfareblog.com/2013/04/redacted-usg-and-defense-briefs-in-ghailani-appeal/> (visited on 10 June, 2014).

42) The Harakat Shabaab al-Mujahidin とも呼ばれる。2006年の後半からソマリアの南部に勢力を広げており，2008年には米国国務省から行政命令13224号に基づいてグローバルテロリストとしての指定を受けている。

おけるアル・カイーダ Al Qaeda in the Arabian Peninsula（AQAP））のメンバーと深いかかわりを持っていた。2011年にアデン湾における米軍の軍事行動で拘束され，およそ 2 カ月にわたって海軍の船舶上で尋問を受けたとされる。その後，ニューヨークに身柄を移され，ニューヨーク南部地区検察局から起訴されたが，2011年12月20日アル・シャバッブと AQAP の活動に関する 9 つの訴因について有罪答弁したことが公表された。米軍の軍事行動において拘束された，つまり敵の戦闘員として武力紛争法上の拘束を受けたものが，グアンタナモ基地に送られるのではなくて，連邦法に基づく刑事手続にかけられたのである。（グアンタナモ基地を経由していない点で上記 Ghailani 事件とは異なる）[43]。

(c) Abu Ghaith 事件（2014年）

Sulaiman Abu Ghaith はクウェート出身の48歳で，ヨルダンから米国当局に身柄を引き渡され，2014年 3 月26日ニューヨーク南部地区連邦裁判所において，3 つの訴因（アメリカ人の殺害の共謀，テロリズムに対する実質的な支援（material support for terrorism）の提供，テロリズムに対する実質的な支援の共謀）で有罪とされた。彼は 9.11多発テロを称賛するメッセージをヴィデオ録画で表明し，ウサマ・ビン・ラディンに近い人物として知られていた。イランで10年間ほど拘束され，2008年頃ウサマ・ビン・ラディンの娘と結婚したと言われている（ただしこの事実は陪審員には知らされていない）。被告人側は控訴している[44]。通常の刑事手続で裁判が行われたなかで最もウサマ・ビン・ラディンに近い人物である。

(d) 軍事審問委員会の有用性

上の諸事例はいずれも刑事裁判手続が利用された事例であり，オバマ政権は刑事手続を重要視していることを政策として掲げており，今後はグアンタナモ基地への収容者が増えることは考えにくく，刑事手続の利用が一層模索されるだろう[45]。またこれらの事例に表れている通り，今日では，テロ容疑者の取

---

43) なおこの点では2013年10月に米軍のリビアに対する軍事行動で拘束された Abu Anas al-Liby の事例も同様である。つまり al-Liby は1998年のケニアおよびタンザニアの米国大使館の爆破に関連して刑事訴追をされていたが，身柄の拘束は武力紛争法（国際人道法）上の拘束であり，その後，グアンタナモ基地に移送されることなく，通常の刑事手続きにかけられることになった。
44) Jurors Convict Abu Ghaith, Bin Laden Son-in-Law, in Terror Case, International New York Times, 電子版（2014年 3 月26日）。

扱いについて，もっぱら刑事訴追によるべき，またはもっぱら軍事審問委員会によるべきといった考え方ではなく，両者の競合を前提として議論されていることに注意すべきである。軍事審問委員会のマーティンズ首席検察官（Mark Martins）は2013年8月18日，9.11同時多発テロの容疑者に関する軍事審問委員会の手続を開始するにあたっての声明の中で，次のように述べている。「議会は MCA の下で軍事審問委員会を，われわれの正義と対テロのための制度の重要な一部として軍事審問委員会を設立した。軍事審問委員会は刑事裁判（civilian trials）の代替品（substitute）ではない。むしろ軍事審問委員会は政府が訴追する国家の安全に関わる諸事例のより広いカテゴリーのなかで，限定されたしかし極めて重要な一連の事件についてのフォーラムを提供するのである。法に照らして，軍事審問委員会は(1)非市民，(2)「非特権的交戦者」であって，(3)外国で捕捉され，(4)戦争法の違反について訴追することができる者についてのみ管轄権を持つのである。2002年以来，これらの4つの基準のすべてを充たす20名が有罪となったが，13名は連邦裁判所においてであり，7名が軍事審問委員会においてである。……ときには第3条裁判所と軍事審問委員会がある事件について競合して管轄権を持つ場合があり，それは嫌疑をかけられたテロリストに関する事件も含む。それらの場合には，第3条裁判所又は軍事審問委員会のどちらで訴追すべきかの決定は，検察官たちが2つの連邦裁判所，又は連邦裁判所と州の裁判所が競合する管轄権を持つ場合にフォーラムを選択する場合に指針とする利益の強さ（strength-of-interest）と能率の要素に依拠することができる。しかしグアンタナモの被拘束者については，2011年以来，軍事審問委員会が唯一の法的に利用可能なフォーラムである。正義とテロリズムに立ち向かうことにおける重要なパートナーとして，連邦裁判所と軍事審問委員会は，テロリスト達を無力化し有罪とされた者には刑罰を課すことに成功することによって，アメリカ国民によく奉仕してきたのである。……」[46]

---

45) The White House, Fact Sheet: New Actions on Guantanamo and Detainee Policy, March 7, 2011, esp. Continued Commitment to Article III Trials, (For Immediate Release), <http://www.whitehouse.gov/the-press-office/2011/03/07/fact-sheet-new-actions-guantnamo-and-detainee-policy> (visited on 10 June, 2014).

46) Chief Prosecutor Mark Martins Remarks at Guantanamo Bay, 18 August 2013, <http://www.lawfareblog.com/wp-content/uploads/2013/08/Statement-of-the-Chief-Prosecutor-18-Aug-2013.pdf.> (visited on 10 June, 2014).

(3) 刑事裁判を利用するための限界

前述の近年の米国の実行，つまりグアンタナモ基地にすでに収容されている者を除いて，司法裁判所の刑事裁判でテロ容疑者の有罪を決定しようとする方向は，国際法上の国際テロ行為規制の刑事法アプローチに適合するもののように見える。しかし，最終的には有罪無罪が刑事裁判で確定されるとしても，現在の方法には国際法から見た限界もある。

(a) 不正規の移送の必要性と国際人権法からの制約

国際法における刑事法アプローチ，つまり国際テロ行為に関する多数国間条約の枠組みはテロ容疑者の身柄を発見した国に一定の義務付けを行っている。つまり身柄を拘束し，請求がある国に引き渡すか，そうでなければ，自国で訴追の手続きを取らなければならない。換言すれば，テロ容疑者の自国での訴追を望む場合，容疑者が自国にいるのでない限り，外国に協力を求めなければならない。また身柄の移送は原則として犯罪人引渡制度（extradition）に基づいて行われる。こうした枠組みは各国が自国の領域内では執行管轄権を行使できる政府の存在を前提とし，また問題が基本的に２国間（身柄の請求国と被請求国）との間で処理されることを想定している。しかし本稿で取り上げたテロ容疑者の背景からもわかる通り，テロ容疑者の多くは，イエメン，パキスタン，アフガニスタンと複数の国家を転々とし，またそれらの国々における刑事訴追を期待できない。そうだとすれば，（欠度裁判を認めるのでない限り），なんとかして自らが容疑者の身柄を確保しなければならない。

また国家実行においては，テロ行為に限らず，逃亡犯罪人について犯罪人引渡制度といった正式なルートではなく外国に当該容疑者を追放してもらう，または本国に強制的に帰国させるという方法がとられることもある（不正規の移送 irregular (extraordinary) rendition）。つまりこれまでもすべてのテロ行為の容疑者が犯罪人引渡制度のもとで移送されているのではなかったことには留意すべきである。特に米国法においては，伝統的に「捕捉は違法でも，拘束は合法」(*male captus bene detentus*) を認めており，身柄の確保の時点で違法性があっても，身柄の拘束を得て可能になった刑事裁判所の管轄権を有効と認めてきた[47]。

しかし不正規の移送をめぐっては容疑者の人権保障という観点から批判が強くなっている。米国の対テロ政策に関わる不正規の移送に関しては，①米国が

第 4 部　個人の刑事責任の追及

外国にいるテロ容疑者の身柄を外国政府から不正規の移送によって受ける場合と②米国が拘束しているテロ容疑者を米国政府が国籍国又は身柄を引き受けてくれる国に移送するという2つの場合があるが、まず①について、特にグアンタナモ基地や中央情報局（CIA）のいわゆる秘密基地における尋問で拷問が行われていたのではないかという懸念が強いことから、特にヨーロッパでは批判が強く、ヨーロッパ審議会（Council of Europe）は違法な国家間の拘束者の移送を行わないことなどをヨーロッパ審議会の加盟国に要請した（2006年決議1507号）[48]。また最近ではヨーロッパ人権裁判所が2012年のエル・マスリ（El-Masri）対マケドニア事件で、司法手続によらない文脈で起きた米国当局によるアフガニスタンでの拷問について（彼の拘束と移送に協力した）マケドニアにヨーロッパ人権条約第3条違反があったと認めている[49]。次に②についても、拷問が行われる国に米国がテロ行為の容疑者を移送するのではないかという批判もあったことから、オバマ大統領の就任後、行政命令13491号に基づいて米国の拘束下にある個人の尋問と他国への個人の移送の実行に関するタスク・フォースが設けられた。2009年8月にタスク・フォースは報告書および勧告を提出し、移送については受入れ国から拷問にかけないという保証（assurances）を取り付けること、移送された後もその取扱いについて監視（monitor）する能力を高めることを勧告している[50]。つまり移送の過程での被拘束者の取扱いが大きな法的問題として認識され、米国の実行にも変化をもたらしているのである。

47）Bradley, supra note 34, pp. 276-280, 村瀬信也「国際法における国家管轄権の域外執行―― 国際テロリズムへの対応 ――」『上智法学論集』49巻3・4号（2006年）123-138頁、国際法上の犯罪、特に戦争犯罪の容疑者の身柄の確保に関する法的問題点については、拙稿・前掲注30）。

48）Satterthwaite, M. L., "The Legal Regime Governing Transfer of Persons in the Fight against Terrorism", van den Herik, L., Schrijver, N. (eds.), *Counter-Terrorism Strategies in a Frangmented International Legal Order: Meeting the Challenges*, (Cambridge University Press, 2012, pp. 589-638, 熊谷卓「テロリズムと人権 ―― テロ被疑者の処遇を素材として ――」『国際法外交雑誌』108巻2号（2009年）、91-119頁。

49）El-Masri v. The Former Yugoslav Repuglic of Macedonia (Eur. Ct. H.R.), Introductory Note by Christina M. Cerna, *International Legal Materials*, Vol. 52 (2013), pp. 558-622.

50）Crook, J. R. (ed.), "U.S. Task Force Report on Interrogations and Transfers, Contemporary Practice of the United States Relating to International Law", *American Journal of International Law*, Vol. 103 (2009), pp. 760-763.

(b) 軍事的拘束とその後の国内刑事裁判

では他国に頼るのではなくて，自らがテロ行為の容疑者の身柄を確保した場合はどうか。この場合にそうした個人を米国の刑事手続にかけることに問題はないだろうか。これは前述の通り実際に行われている実行である。

そもそも非国際的武力紛争については，国際人道法上，国家が非国家主体である敵対勢力の個人を拘束する権限があるのかという前提的な問題がある。つまり一定の条件のもとでの拘束（internment, detention）が認められる国際的武力紛争の場合（例えばジュネーヴ条約第一追加議定書第75条3項）とは異なり，ジュネーヴ条約共通第3条やジュネーヴ条約第2追加議定書には明文のルールがなく，現在も意見が分かれているのである[51]。

次に現在の米国政府の立場のように，非国家主体との非国際的武力紛争においても非国家主体側の戦闘員の戦闘能力を無力化するための拘束は認められるという立場にたつとして，そうした軍事的拘束のあとで米国国内刑事法上の裁判手続に被拘束者をかけることにはどのような法的問題があるのか。まず米国国内法とりわけ証拠法上の問題がある。つまり容疑者の有罪を目指すためには，米国刑事法の証拠法上の多くのルールに適合した手続きが取られなければならない。例えば逮捕時のミランダ警告をどう確保するのか，証拠法上のルールに適った証拠収集活動は行われたのか，国家機密にかかわる証拠は開示できるのか等の諸問題があろう。さらにテロ行為の多くが国外で行われるのであり，テロ行為に関与した者をすべて刑事手続にかけるとすれば，膨大な人数の容疑者

---

51) ブッシュ政権で，2005年から2009年まで国務省の法律顧問（Legal Adviser）であったベリンジャー（John B. Bellinger III）によるこの問題に関する議論の詳細な検討はBellinger/Padmanabhan, *supra* note.34, pp. 201–243. また学会からの代表的な論考としてGoodman, R., "The Detention of Civilians in Armed Conflict", *American Journal of International Law*, Vol. 103 (2009), pp. 48–74. なお，先ごろ英国の高等裁判所は非国際的武力紛争に適用のある国際人道法は軍事的拘束を認めていないと判断した。(Serdar Mohameed v. Secretary of State for Defense, [2014] EWHC 1369 (QB)). また本文中に前述したal-Liby や Warsame を捕捉した軍事行動の米国法上の根拠については，これを正当化する立場からは①AUMF法である見解と，②憲法第2条に基づく大統領の権限とする見解，さらに③容疑者の確保に特定された軍事行動であるという見解が示されている。Chesney, R., "Thoughts on legal Issues Raised by the Baraawe Raid and the Tripoli Rendition", *Lawfare: Hard National Security Choises*, October 6, 2013 <http://www.lawfareblog.com/2013/10/thoughts-on-legal-issues-raised-by-the-baraawe-raid-and-the-tripoli-rendition/> (visited on 10 June, 2014).

および証人をすべて米国に移送しなければならない。そのことに必要とされる資金的・人的資源は膨大である。Bellinger と Padmanabhan はこうした困難は，無力化 (incapacitation) と刑事訴追を断ち切る (de-link) という国際人道法上の決定にとって中心であり，非国家主体との武力紛争についても妥当すると主張している[52]。こうした困難，とりわけ米国の証拠法のルールを適用することによる有罪獲得の困難を克服するためには，例えば，行われた犯罪的行為の性質に対応して証拠法のルールを修正するということも考えられようが，そうしたことは純然たる刑事手続とは別の手続を作ることになる。そうだとすれば，結局は軍法会議や軍事審問委員会という刑事手続とは区別された制度の有用性があらためて確認されることになると思われる。

4　おわりに

米国の2001年のアフガニスタン，2003年のイラクへの軍事行動を経て，およそ10万人もの個人がグアンタナモ基地，アフガニスタンのパルワン，バグラムなどの施設で，刑事訴追なしに身柄を拘束されたといわれている[53]。この数字は驚くべき数字であり，グアンタナモ基地や軍事審問委員会に対して，米国の対テロ政策の象徴として強い批判が向けられてきたのは当然ともいえる。最近の国際人権規約委員会の米国に関する報告書審査においても，グアンタナモ基地の被拘束者に関して次のような指摘を行っている。すなわち，締約国は指定された移送先（イエメンを含む）に被拘束者を移送することを迅速に進めるべきである，訴追なしの行政拘束の体制を終わらせ，グアンタナモ基地およびアフガニスタンの軍事施設に拘束されている者に対する刑事的事件は軍事審問委員会ではなく刑事司法体制によって扱われるべきであり，被拘束者は規約第14条に規定される公正な裁判の保障を受けるべきである[54]。このように軍事審問委員会の利用ではなくて刑事裁判の利用が奨励されているが，本稿で検討した通り，グアンタナモ基地の被拘束者の米国本土への移送が法律で禁じられ

---

52)　Bellinger, Padmanabhan, *supra* note 34., p. 212.
53)　Chesney, supra note 11, p. 113.
54)　Human Rights Committee, Concluding Observations on the Fourth Report of the United States of America, para. 21.

る現状では一部の被拘束者については（その嫌疑を明らかにするためには）軍事審問委員会しか選択肢はない。また刑事裁判の実施も本稿で検討したとおり，多くの困難がある。ただし軍事審問委員会制度は時の経過とともに変化しており，（時とともに変化しており，）また控訴裁判所の「戦争法」の意味に関する議論にも表れている通り，国際法が国家の行動の限界を定める機能を果たしていることがわかる。

　本稿は現行の軍事審問委員会の特徴を明らかにすることおよびそれに代わるべきものと主張されている刑事裁判に関する問題を検討してきたが，その際に特に軍事審問委員会がこのおよそ10年の間に行政府，立法府，司法府の行動によって変化を遂げてきたことを説明することに努めた。本稿が献呈される村瀬信也教授は，高校時代に米国に留学され，その後もハーヴァード法科大学院での客員研究員やニューヨークの国連本部へのご勤務など長年米国と深いつながりをお持ちである。村瀬教授の米国の法制度および法を生み出す米国の政治制度や社会に対する深い理解は国際法の論点を扱う論文のなかにも見て取れる。一例をあげれば，2001年の米国のアフガニスタン攻撃に関連する論文は，単なる米国（ブッシュ）批判ではなく，国際法の枠の中で（枠の外に追い出すのではなく）米国の政策を検討する意義を示した[55]。こうした村瀬教授のご業績は個々の論点についての意見の対立を超えて「方法論」として受け継がれるべきものであると考える。私は村瀬教授から教えを受けた者として，出来上がった制度を批判するだけではなく，それを生み出した米国の法状況をいくらかでも理解することができたらと考えたことが本稿の問題意識のきっかけであった。米国の対テロ政策に関する法的問題は尽きることがなく，本稿ではそのごく一部を検討したに過ぎない。2001年の同時多発テロ以来，10年以上が経過し，ウサマ・ビン・ラディンも死亡した現在では，「対テロ戦争」の終結が求められているが，伝統的国家間の武力紛争のような明確な終結を求めることが困難なまま，米国のテロ集団との戦い（それを国際法上の武力紛争と性格付けるかどうかは見解は分かれるが）が続いており，様々な議論が行われている[56]。今後の展開をこれからも注視していきたい。

　本稿は科学研究費補助金・基盤研究Ｃ「国際テロ行為の容疑者に関する管轄権の

---

55) 村瀬・前掲注47）。

第 4 部　個人の刑事責任の追及

展開とその国際協力に与える影響」（2010〜2012年度）の研究成果の一部である。

---

56)　例えばオバマ政権で2013年 1 月まで国務省の法律顧問を務めたコウ（Harold Hongju Koh）は職を離れたのち，この問題について積極的に発言を行っている。Koh, H., "How to End the Forever War?", Oxford Union, Oxford, UK, May 7, 2013, available at < http://www.lawfareblog.com/wp-content/uploads/2013/05/2013-5-7-corrected-koh-oxford-union-speech-as-delivered.pdf> (visited 10 June, 2014) and "Ending the Forever War: One Year After President Obama's NDU Speech", *Just Security* <http://justsecurity.org/10768/harold-koh-forever-war-president-obama-ndu-speech/> (visited 10 June, 2014).

17 国際刑事裁判所ローマ規程検討会議と侵略犯罪

小 松 一 郎

1 はじめに
2 国際刑事裁判所ローマ規程と日本
3 日本にとってのローマ規程検討会議の特別の意味
4 条約改正の法的整合性（条約法上の若干の考察）
5 むすびに代えて

1 はじめに

　国際刑事裁判所（International Criminal Court。以下，「ICC」と略称する。）を設立するローマ規程は，1998年のローマにおける外交会議（ローマ会議）で採択され，2002年に発効した。ローマ規程は，ICCの管轄権の対象となる犯罪を「国際社会全体の関心事である最も重大な犯罪」に限定した上で，具体的には，(i)「集団殺害犯罪（The crime of genocide）[1]」，(ii)「人道に対する犯罪（Crimes against humanity）[2]」，(iii)「戦争犯罪（War crimes）[3]」及び(iv)「侵略犯罪（The crime of aggression）[4]」を対象犯罪として列挙（第5条1項）するとともに，第

---

1) 1948年に国連総会において採択され，1951年に発効したジェノサイド条約における定義（国民的，民族的，人種的又は宗教的な集団を破壊する意図をもって行われる，当該集団の構成員の殺害，身体又は精神に重大な害を与える等の行為）をそのまま採用した。
2) 本稿3（1）に述べるとおり，ニュルンベルク軍事裁判以来の「人道に対する罪」を基本的に継承したものである。
3) 本稿3（1）に述べるとおり，武力紛争における使用兵器等の害敵手段その他の戦闘行為に係る制限，捕虜の待遇に関する規則等に関する違反行為をいい，これを犯した者を各国の国内裁判所で訴追・処罰することができることが慣習国際法によって第二次世界大戦以前から確立していた。ニュルンベルク裁判を嚆矢とする「人道に対する罪」や「平和に対する罪」と区別するため，講学上，「通例の戦争犯罪」と呼ばれることが少なくない。

第4部　個人の刑事責任の追及

6条から第8条において対象犯罪の定義を定めた。ただし，ローマ会議において，「侵略犯罪」については，その詳細な定義及び管轄権行使の条件について合意に達することができなかったため，ローマ規程においては，「侵略犯罪」を対象犯罪として明示するにとどめて具体的な定義はおかず，別途その定義と管轄権行使の条件につき採択されたときにICCによる管轄権行使が行われる（第5条2項）旨定められ，「侵略犯罪」に係る問題は，事実上の先送りとされた。

　先送りされたこの問題については，ローマ規程の発効に伴って設置されたローマ規程の締約国会議（ASP）等において一連の協議が重ねられてきたが，協議の成果を踏まえて，2010年，ウガンダの首都カンパラにおいて，ローマ規程の必要な改正につき交渉するための外交会議であるローマ規程検討会議（カンパラ会議）が開催された。同会議の最大の眼目は，ローマ会議では議論が収れんせず，継続協議になっていた「侵略犯罪」の定義及び「侵略犯罪」に対するICCの管轄権の行使の条件を新たにローマ規程に追加することであった。「侵略犯罪」の定義については，カンパラ会議に至る準備協議を通じて1974年に採択された侵略の定義に関する国連総会決議3314（XXIX）をベースに一定の進展がみられていたこともあり，同会議における議論の最大の焦点は，国家による国際違法行為である「侵略行為」の認定の権限が国連憲章上安保理に付与されていることと，個人の犯罪である「侵略犯罪」に対するICCによる管轄権の行使との関係であった。国連憲章第24条は，安保理が国際の平和と安全の維持のために主要な責任を果たすことを定めており，国家による「侵略行為」の認定は，憲章第39条において安保理が行うこととなっている。このことから，安保理常任理事国（P5）は，安保理の許容なしにICCが個人の「侵略犯罪」に係る刑事責任を追及するために管轄権を行使することができるようにすることに強く反対した。これに対し，国際社会の圧倒的多数を占めカンパラ会議においても最大勢力を形成していた非同盟諸国を中心とする諸国は，P5の特権に強く反発し，裁判所としてのICCの独立性を確保すること，具体的には，安保理がある国家による行為が「侵略行為」に該当するとの認定をしない場合

4）本稿3（1）に述べるとおり，ニュルンベルク国際軍事裁判以来の「平和に対する罪（crime against peace）」を基本的に継承したものである。

でも，被害国等の国家によるICC検察官に対する事態の付託やICC検察官の職権による（*proprio motu*）捜査開始に基づいて，個人の「侵略犯罪」に係る刑事責任追及のためにICCが管轄権を行使することを認めることを強く主張した。両者の間のこのような対立を主軸に，また，これ以外の様々な国際政治の対立の構図もこれに絡んで，カンパラ会議における交渉は最後までもつれた。会議最終日深夜まで続いた交渉の結果まとめられた管轄権行使の条件に係る規定は，妥協の産物として他に例を見ないほど複雑なものとなった[5]。

　筆者は，カンパラ会議の開催時，駐スイス連邦日本国特命全権大使の職にあったが，閣議決定による政府代表の発令を受けて，日本代表団長として同会議に参加した。本稿においては，この個人的経験を踏まえて，カンパラ会議で採択されたローマ規程を改正するための文書の内容について，「侵略犯罪」の犯罪化と同犯罪に対するICCの管轄権の行使の条件等を中心に振り返るとともに，若干の分析と評価を試みたい。

2　国際刑事裁判所ローマ規程と日本

　本稿の主題は，カンパラにおけるローマ規程検討会議で採択された「侵略犯罪」の犯罪化と同犯罪に対するICCの管轄権の行使の条件等につき定める文書に関する分析と評価である。この主題について論ずるに先立って，まず，ICCローマ規程と日本との関わりについて，ローマ規程の起草当時まで時計の針を巻き戻して，手短かに振り返っておきたい。主題と離れるように思われるかもしれないが，カンパラ会議における日本代表団の行動の背景を説明するために必要だと考えるからである。

　日本国政府は，ICCローマ規程の起草当時から，国際社会全体の関心事である最も重大な犯罪行為の撲滅及び予防並びに法の支配の徹底を目的とする世界初の常設の国際刑事裁判所であるICCを一貫して支持してきた。このような

---

5) 岡野正敬「国際刑事裁判所ローマ規程検討会議の結果について」『国際法外交雑誌』109巻2号（2010年）74-98頁参照。なお，カンパラ会議の議事，各国代表団の主要ステートメント，同会議で採択された文書等について，See Review Conference of the Rome Statute on the International Criminal Court, 31 May – 11 June 2010, Official Records, RC/11; Stefan Barriga and Claus Kress (eds.), *Crime of Aggression : The Travaux preparatoires of the Crime of Aggression* (Cambridge University Press, 2011).

観点から，1998年にローマで開催された ICC の設立のための条約の採択を目指す外交会議（ローマ会議）にも積極的に参加した。後に国際司法裁判所の裁判官（2009年1月から3年間同裁判所所長）に就任することになる当時の小和田恆国連大使は，政府代表の発令を受けて日本代表団を率い，多様な国々の主張の違いを克服するための具体的な案文を提案する等，困難な条約交渉をまとめるために大きな貢献を行った。

このような経緯にも拘わらず，日本国政府がローマ規程の採択後これを締結するまでに時間がかかった（日本は，2007年10月1日にローマ規程の105番目の締約国となった。）のにはそれなりの理由がある。

その第一の理由は，ローマ規程という条約の国内担保法ないし実施国内法の所管官庁をいずれの官庁にするかにつき，日本国内で調整の困難があったということである。日本という国は，条約を含む国際法の遵守義務を定める日本国憲法の下で，いやしくも条約を締結するからには，当該条約が定める義務を国内法上漏れなく実施できるというゆるぎのない自信が持てるまで徹底した法的精査を尽くすという厳格な方針[6]を一貫して堅持し，この方針を決しておろそかにしない国である。特に，「補完性の原則（the principle of complementarity）[7]」を重要な柱とするローマ規程の下では，同規程の対象犯罪を犯した者を日本の国内裁判所において裁くことになることを当然に想定する必要があるので，そのような場合において，対象犯罪のほんの一部であっても日本の刑事法規上犯罪化されていない部分があってはならない。これは，日本国憲法の定める上述の「条約の遵守義務」の問題であるとともに，日本国憲法上の別途の

---

[6] 日本国憲法第98条2項は，「日本国が締結した条約及び確立された国際法規は，これを誠実に遵守することを必要とする。」と定める。条約の締結は外務省の所管であり，筆者が長らく在籍していた国際法局が担当部局であるが，条約上の義務の履行が日本の国内法により漏れなく担保されることを確保するために，外務省とは別の独立した行政官庁である内閣法制局が国内法との整合性を極めて綿密に審査する体制になっている。法制局審査においては，条約の条項ごとに条約上の義務の履行が既存の国内法の具体的にどの法律のどの条文により担保可能であるのかが逐条的に極めて厳格に審査される。既存の国内法で担保できない部分があると判断された場合には，新規の立法措置が手配されなければならない。一般論として，条約の締結の承認案件と当該条約の国内担保法案とは同一の国会に提出される。条約の締結の承認の可否を判断する国会審議においては，条約上の義務が国内法により十分担保されているかどうかに関する質問が多数行われ，政府がその点について国会を十分に納得させることができない限り，当該条約の締結は国会の承認を得ることができない。

重要な要請である「罪刑法定主義[8]」の問題でもあり，これら要請の双方が完璧に満足されることが日本国政府にとってローマ規程を締結することができるための大前提であった。条約上の義務の確実な実施との関連で，これとは別の側面から付け加える必要がある重要な論点がある。ICCが真に国際社会からの期待に応える機能を果たすためには，ICCが行う捜査・訴追をすべての締約国が支援すること，具体的には，人の特定，人の所在又は物の所在地の調査，証拠を含む情報の提供，人の逮捕及び引渡し等の協力を実効的に行うことが不可欠だということである。ローマ規程には，締約国の裁判所に対するこのような協力義務について定める多くの規定があるが，率直のところ，締約国の中には，このような協力義務を担保する国内法をなお整備していない国が少なからず存在する[9]ことも事実である。日本国政府は，ICCの重要性を強く認識するが故に，この問題を重視してきた。ただ単にICCに次々に課題を放り投げて「あとは任せる」という態度をとるのではなく，設立後まだ日も浅く発展途上の裁判所であるICCを締約国全体が全力を挙げて支え，時間は多少かかっ

---

[7] ローマ規程の定めるところにより，ICCは，あくまでも「国内刑事裁判権を補完する」（前文，第1条）立場にあり，対象犯罪につき刑事裁判権を有する関係国に被疑者の捜査・訴追を真に行う能力や意思がない場合等においてのみ，ICCの管轄権行使が認められることになる。「補完性の原則」は，裁判手続の問題としては，事件の「受理可能性（admissibility）」を判断する要素として扱われる。具体的には，ICCは，①管轄権を有している国が事件を捜査又は被疑者の訴追をしているとき，②被疑者が既に裁判を受けており一事不再理（*ne bis in idem*）が適用されるとき，③事件がICCによる新たな措置を正当化する十分な重大性がないとき等は事件を受理しないものとされている（ローマ規程第17条）。

[8] 「罪刑法定主義」は大陸法の概念であり，コモン・ロー体系においては，行為時に成文法で禁止されておらず，判例上も犯罪とされていなかった行為が裁判の結果犯罪とされること（judge-made law）があり得るとされる。しかし，このような例の典型としてあげられるShaw事案（1961年，英国最高裁判所である上院において，売春婦の連絡先リストを発売したShawの行為が既存の刑法にはない「公衆道徳を損なう共謀の罪」で有罪とされた。）等は，コモン・ロー諸国の刑事法専門家によっても批判を浴びており，両法体系の差異を過大に評価すべきではない。コモン・ロー諸国においても「法なくして罪なし（*nullum crimen sine lege*）」ないし「法なくして罰なし（*nulla poena sine lege*）」というローマ法諺の妥当性は基本的に共有されているといってよい。

[9] この点は，これまでのローマ規程締約国会議（ASP）の決議や2010年のカンパラ会議の決議においても，実施国内法の必要性が繰り返し指摘されており，カンパラ会議において行われた多数の締約国による意図表明（Pledges）においても実施国内法の整備に言及している国があることにも表れている。See ICC-ASP/10/Res.5 paragraph 3; Pledges RC/9, 15 July 2010.

第4部　個人の刑事責任の追及

てもICCが着実に実績を上げるようにすることこそが，国際社会全体の関心事である最も重大な犯罪の撲滅及び予防並びに法の支配の徹底を目的とするICCの実効性を真に確保するために死活的に重要であると考えるからである。

次に，日本国政府がローマ規程を締結するまでに時間を要した第二の理由は，法的な問題ではなく財政上の問題であった。実務上は大きな問題であったが，本稿の目的に照らし，詳細には立ち入らない[10]。

当時外務省国際法局長の職にあった筆者に与えられた課題は，上記の第一の理由及び第二の理由に起因する困難を「二正面作戦」で乗り越えることであった。関係者の理解と助力を得て，国内法上の整理や新規立法[11]が行われ，また，困難な外交交渉の末，分担金についても国連分担金に適用されるシーリングのICC分担金への適用を定める締約国会議（ASP）の決定が得られ，2007年の通常国会においてローマ規程の締結について承認を得ることができた。

3　日本にとってのローマ規程検討会議の特別の意味

（1）歴史的背景

1998年のローマ会議で議論が収れんせず，いわば継続協議の対象となっていた「侵略犯罪」をローマ規程の対象犯罪として正しく位置づけ，犯罪の定義を明らかにするとともに同犯罪に係るICCの管轄権行使の条件を定めるためのローマ規程の改正につき交渉するローマ規程検討会議（カンパラ会議）は，日本国政府にとって特別の意味を有するものであった。この特別の意味は，第二次世界大戦終了後に行われた極東国際軍事裁判（いわゆる「東京裁判」）をめぐる歴史的背景抜きに論ずることはできない。日本国政府がローマ規程を締結し

---

10)　ICC規則上，締約国は国連分担金に準じて分担金を支払う義務を負うこととされているが，日本が上述の国内法との関係についての整理を進めローマ規程の締結に真剣に取り組んでいた時点において，国連分担金に適用されるシーリング（最大の分担金拠出国でも22%の分担率を上限とする。）に係る了解を欠いていた。そのままでは，米国が未加盟であるICCにおいては，日本がICC分担金の約28%という突出した金額を負担することになり，困難な財政状況の中で，財政当局のみならず国会の理解が得られる見通しは極めて乏しかった。

11)　ローマ規程の締結につき承認を求めた2007年の通常国会でICCの管轄する事件の捜査等への協力やICCの裁判の妨害行為の犯罪化等につき定める「国際刑事裁判所に対する協力等に関する法律」が採択された。

た際の事務責任者を務めた経緯から，当時駐スイス連邦日本国特命全権大使の職にありながら政府代表の発令を受けてカンパラ会議で日本代表団を率いることになった筆者は，同会議におけるステートメント等においてこの点に何度か触れているが，各国代表団にどれだけその真意が理解されていたかは必ずしも明らかではない。上記（1）に述べたことに加えてこの歴史的背景がローマ規程検討会議における日本代表団の行動と深く関わっているので，以下，やや詳しく説明を試みたい。

第一次世界大戦を終結させたベルサイユ条約は，ドイツ皇帝ウィルヘルム2世の開戦責任を追及するための特別法廷の設置を規定した。オランダが亡命中の同皇帝の引渡しを拒否したため，結局，現実には同規定は実施されなかったが，不法な戦争の開始・遂行について個人の刑事責任を追及しようという思想の萌芽が既にここにみられる。

第二次世界大戦終了後，連合国は，限られた少数戦勝国のみの間で策定された「ニュルンベルク国際軍事裁判所条例」（1945年）及び「極東国際軍事裁判所条例」（46年）に基づく国際軍事法廷において，戦敗国の戦争指導者個人の刑事責任を追及した。両条例は，ともに，(i)「通例の戦争犯罪[12]」に加えて，(ii)「平和に対する罪（crime against peace）」（侵略戦争等の国際法違反の戦争の計画，準備，開始，実行，共同謀議に参画した罪）及び(iii)「人道に対する罪（crime against humanity）」（一般市民に対する殺戮，絶滅，奴隷的虐待，追放その他の非人道的行為又は政治的，人種的，宗教的理由による迫害を行った罪）を対象犯罪としていた。これらの対象犯罪のうち「通例の戦争犯罪」については，これを犯した者を各国の国内裁判所で訴追・処罰することができることが第二次世界大戦以前から慣習国際法上確立していたが，国際的な裁判所の管轄権が認められていたわけではなく，管轄権については，両条例によって創設的に設定されたものであった。更に，「平和に対する罪」及び「人道に対する罪」については，責任を追及された者の行為の時点においてこれを犯罪化する明確な法が存在したとはいえず，「事後法（*ex post facto* law）」による処罰であったといわざるを得ない等，罪刑法定主義との関係で問題があったとの批判が欧米の論者を含め少なくない[13]。ローマ規程第5条において「集団殺害犯罪」，「人道に対する

---

12) 前掲注3) 参照。

犯罪」及び「戦争犯罪」と並んで対象犯罪とされた「侵略犯罪」(ただし,前述のとおりローマ規程においては具体的定義や管轄権行使の条件が事実上先送りされた。)は,ニュルンベルク裁判・東京裁判に起源を有する「平和に対する罪」を基本的に継承したものである。

以上を述べた上で,誤解がないように,ここで念の為に強調しておく必要があることがある。日本国政府としては,サンフランシスコ平和条約第11条によって「極東国際軍事裁判所並びに日本国内及び国外の他の連合国戦争犯罪法廷の裁判 (judgments) を受諾 (accept)」しており,いわゆる東京裁判を含め第二次世界大戦に起因する日本国民の戦争犯罪に係る裁判について,国と国との関係において,不当なものとして異議を述べる立場にはない[14]という一貫した立場を表明してきているということがそれである[15]。

---

13)「平和に対する罪」については,ニュルンベルク裁判判決も東京裁判判決もとりわけ「不戦条約」(1928年) が戦争を違法化したことを強調しつつ,国家の政策遂行手段としての戦争の放棄は,不可避的に悲惨な結果を伴う違法な戦争を計画し遂行する者がそれによって犯罪を犯すことになるということを必然的に含む旨判示したが,これについては,「戦争の違法化」(国家責任に関わる問題) と「個人の特定行為の犯罪化」(個人の刑事責任に関わる問題) とは区別されなければならない等の批判がある。また,「人道に対する罪」については,もっぱら,ナチスによるユダヤ人に対する大量迫害を念頭においたものである (敵国の文民であるユダヤ人に対する迫害は「通例の戦争犯罪」で裁き得たが,自国民であるドイツのユダヤ人やドイツと同盟国であった国の国民であったユダヤ人に対する迫害については「通例の戦争犯罪」を適用できないという事情があったと思われる。) が,これについても創設的なものとする評価が一般的である。藤田久一『戦争犯罪とは何か』(岩波書店,1995年) 72-133頁; Antonio Cassese, *International Criminal Law* (*Second ed.*) (Oxford University Press, 2008), pp. 101-109; Robert Cryer, Hakan Friman, Darryl Robinson and Elizabeth Wilmshurst, *An Introduction to International Criminal Law and Procedure* (Oxford University Press, 2007), pp.94-95, 98-99.

14) サンフランシスコ平和条約の締結につき承認を求めた1951年の国会における審議以来,この趣旨を述べた多数の政府国会答弁等があるが,最近の典型的な例をあげれば,2005年10月17日野田佳彦衆議院議員より提出された「『戦犯』に対する認識と内閣総理大臣の靖国神社参拝に関する質問主意書」の二1 (法の不遡及や罪刑法定主義との関係につき質問) に対する「極東国際軍事裁判所の裁判については,御指摘のような趣旨のものも含め,法的な諸問題に関して種々の議論があることは承知しているが,いずれにせよ,我が国は,平和条約第十一条により,同裁判を受諾しており,国と国との関係において,同裁判について異議を述べる立場にはない。」という政府答弁書の答弁がある。

(2) 何故日本代表団はカンパラ会議で「法的整合性」に最後まで固執したのか

(a) カンパラ会議に臨む日本代表団の基本方針

　カンパラ会議に臨む日本代表団の基本方針は，以下のようなものであった[16]。

　まず，第1に，東京裁判の経験を有する国として，侵略犯罪の定義の明確化とICCによる管轄権行使を重視するということである。これは，端的にいえば，国際社会における法の支配の徹底という観点から，侵略犯罪の被疑者が，限られた国が急ごしらえで作った国際裁判所で，事後法によって裁かれるというようなことが繰り返されてはならないという日本国政府の特別の信念を反映したものである[17]。

　次に，第2に，侵略に関する安保理の権限を尊重し，同時に，特定の国の特別扱いには反対するということである。国連憲章第24条は安保理が国際の平和と安全の維持のために主要な責任を果たすことを定めており，国家による「侵略行為」の認定は憲章第39条に基づいて安保理が行うことになっている。この安保理の権限を侵すことなく，同時に，特定の国を特別扱いすることにならない限りにおいて，ICCによる管轄権行使の条件については諸国家の主張を最大

---

15) 国会を始めとするさまざまな場において，「サンフランシスコ平和条約第11条は『ジャッジメント』を受諾することを定めており，日本国が受諾したのは，東京裁判の『判決』すなわち刑の言渡し部分だけではないのか（すなわち，日本国が条約上負った義務は条約締結時に日本国で拘禁されている者に対する刑の執行だけにとどまるのであり，東京裁判自体を受諾したものではないのではないか）」等の質問も行われてきた。この点に関する日本国政府の立場は，①極東国際軍事裁判（東京裁判）の英文速記録を読めば，裁判長が読み上げたJUDGEMENT（単数）が「裁判所の管轄権・根拠法」，「先の大戦に関わる事実認識」及び「各被告人についての，訴因ごとの『有罪・無罪の認定（VERDICTS）』及び『刑の宣告（SENTENCES）』のすべてを含むことは明らか，②平和条約第11条で受諾した「裁判（JUDGEMENTS）」が複数なのは，極東国際軍事裁判の「裁判」のみならず日本国内外で行われた通例の戦争犯罪に係るいわゆる「BC級」の「裁判」も併せて受諾したことによる，③JUDGEMENTSの意味は以上のとおりであり，平和条約第11条の日本語文で「裁判」と訳されているのは適切である（「判決」ないし「刑の宣告」の誤訳である等の批判は当たらない。）というものである。典型的な政府答弁として，第142回国会参議院予算委員会会議録第10号（平成10年3月25日）3-4頁外務省竹内条約局長答弁参照。

16) 筆者がカンパラ会議において日本代表団の名においてこのような基本方針に従って行ったステートメントが日本国外務省のインターネット・ホームページに掲載されている。(http://www.mofa.go.jp/policy/i_crime/index.html)

第4部　個人の刑事責任の追及

限に幅広く取り込むことができるように可能な限り柔軟に対応するということである。

　更に，第3に，まだ設立して日が浅く，具体的事案について司法サイクルを完結した実績もない[18] ICC にとって最も重要なのは，その実効性の強化を通じた国際的な信頼の確立であり，それこそが ICC の普遍化の近道であるという基本認識に立脚して対応するということである。ICC は，いわば人類の長年の夢が現実化したような裁判所であり，そもそもその設立自体が十分に野心的である。このような裁判所の管轄犯罪に，国際社会においてなお論争のある犯罪を安易なやり方でただ単に追加し，ICC が実効的に対応できないというようなこととなれば，ICC の権威や信頼を損ないかねない。この基本認識から，たとえば，カンパラ会議における侵略犯罪についての成果文書は，多数決ではなくコンセンサスで採択すべきであるという方針が導かれる。侵略犯罪についての管轄権行使の条件につき諸国間に大きな意見対立がある中で，投票によってローマ規程の改正を採択するというようなことは，ICC に対する諸国家の全面的な協力を阻害することになりかねず，その実効性を損ね，長期的にはその普遍性の確立に逆行するおそれがあるからである。

(b) 条約改正に当たっての「法的整合性」── 目的は方法を正当化しない

　日本代表団は，カンパラ会議において条約改正に当たっての「法的整合性」

---

17)　この見解は，犯罪発生時に当該犯罪が既に慣習国際法等において犯罪とされていたという実体法上の合法性が確保されている限り罪刑法定主義は充たされており，事後的な管轄権の設定の合法性（手続法上の合法性）の欠如だけを理由として罪刑法定主義に反するまでとはいえないという見方を必ずしも否定するものではない。しかし，安保理決議に基づいて旧ユーゴスラビア国際刑事裁判所（ICTY）やルワンダ国際刑事裁判所（ICTR）が設立された際，事後的な国際裁判所の設立による犯罪の処罰を問題視する見解が少なからず表明されたことも事実である。少なくとも，政策的には，犯罪発生前に当該犯罪に係る管轄権を行使できる裁判所を設立して処罰が可能となるような制度を整備しておくことが望ましいことは異論のないところであり，であるからこそ，ICTY・ICTR の設立後に ICC の設立を目指す議論が国際社会で急速に勢いを得るに至ったという経緯を見落とすべきではない。

18)　ICC の第一審裁判部（The Trial Chamber）がコンゴ民主共和国のトーマス・ルバンガ・ディーロ（Thomas Lubanga Dyilo）に対し，同人が15歳未満のいわゆる「児童兵」を徴集・編入し，敵対行為に使用したことを戦争犯罪として有罪判決（ICC による初めての判決）を宣告したのは，カンパラ会議終了後の2012年3月14日のことであった（Situation in the Democratic Republic of the Congo in the Case of the Prosecutor v. Thomas Lubanga Dyilo, Judgment pursuant to Article 74 of the Statute, ICC-01/04-01/06, 14 March 2012.)。

の問題に強くこだわった。これは，上記（a）で述べたカンパラ会議に臨む日本代表団の基本方針に深く根ざしている。カンパラ会議の参加国等の中に現在に至るまで誤解があるかもしれないが，これは単に「条約法原理主義」と評してもよいような盲目的な手続最優先主義に由来するものでは決してない。侵略犯罪のローマ規程の対象犯罪としての組込みは，条約としてのローマ規程の改正というかたちで法規範化されるのであるから，この改正手続について条約法の観点からの適正性が厳正に確保されることは，以上繰り返してきた侵略犯罪の対象犯罪化における「罪刑法定主義」の貫徹の問題そのものではないとしても，少なくとも「罪刑法定主義」の原則の拠って立つ基本精神と不即不離の関係にあるという観点から，日本代表団にとって譲ることのできない原則上の問題だと考えられたからなのである。

　カンパラ会議の参加国の多くが，侵略犯罪の対象犯罪化及びICCによる管轄権行使（それもP5諸国が拒否権というかたちで特権的地位を有する国連安保理の意思とは独立した態様による）の確立を急ぐ余り，条約法上の適正性を等閑視した方法によるローマ規程の改正を多数の力で推し進めようとした。これは，端的にいえば，「目的は方法を正当化する」という考え方に立脚するものに他ならない。日本代表団は，これに対し，「目的は方法を正当化しない」と最後まで主張したのである。

　他方，日本代表団は，このような原則論だけに固執してカンパラ会議における具体的成果の達成を妨害していたわけでは決してない。たとえば，後述のいわゆる「ABS提案」[19]が妥協を模索したものであるとして多くの参加国から外交的賛辞を集めた局面において，筆者は，日本代表団を代表して，要旨以下のようなステートメントを行い，具体的案文も示した上で，仮に同提案の政策目的を条約法上の適正性を確保しつつ実現しようとするのであれば，どのような具体的方法があるのかを提示した。この「ABS提案」のいわば「ミソ」は，下記4（2）で触れるとおり，侵略犯罪に係る改正のために依拠すべき改正規定が第121条4項なのか第121条5項なのかをめぐってローマ規程締約国の間に存在する深刻な対立を乗り越えるための「便法」として，侵略犯罪に係るICC

---

19) ローマ規程第121条4項に基づく改正を主張するアルゼンチン，ブラジルがスイスとともにノン・ペーパーの形式で2010年6月6日配布した提案。提案三カ国の国名の頭文字をとって「ABS提案」とよばれた。

の管轄権の行使の始動を「締約国によるICC検察官に対する事態の付託やICC検察官の職権による捜査の開始の場合」と「国連安保理によるICC検察官に対する事態の付託の場合」に分け，前者に関する規定については第121条4項により改正を行い，後者については同条5項により改正を行うというものであった。

(i)すべての締約国に対してICCの管轄権が適用されるようにするという「ABS提案」の政策的方向性自体は支持できるものであり，日本としてはこのような同提案の政策的側面については最大限の柔軟性を発揮する用意がある。

(ii)他方，同提案が想定するローマ規程改正手続は，同規程第121条4項と同条5項を適宜「良いとこ取り（cherry picking）」で組み合わせた都合のよい解釈（interpretation of convenience）に立脚するものであって，条約法上到底正当化され得ず，このような方法で改正を行うことは改正後のローマ規程の法的信頼性を傷つけるものであり，原則の問題として受け入れることができない。

(iii)仮に「ABS提案」の政策目的を条約法条約に合致したかたちで実現しようとするのであれば，まずローマ規程の改正手続を定める第121条5項を同条4項に従って改正し（締約国の8分の7の批准又は受諾が必要），侵略犯罪の新設についてのみ適用される改正条項（新第121条5項）を新設した上で，新第121条5項に従って改めてローマ規程の改正を行うことが必要である。

「ABS提案」を支持する国の一部からは，この(iii)の部分について，「第121条5項の改正」と「改正後の第121条5項を用いた侵略犯罪に係る規程の受諾」を一回の条約改正手続で行うことはできないかという提起が行われた。日本代表団の示唆した方法では侵略犯罪に係る規程に改正が発効するまでに手間がかかりすぎるというのである。手間がかかるから，必要な法的プロセスを省略すればよいではないかというこのような発想も「目的が手段を正当化する」という基本的考え方に基づいていることはいうまでもなく，日本代表団の立場とは相容れないものであった。

4　条約改正の法的整合性（条約法上の若干の考察）

（１）ローマ規程改正の根拠規定
（a）改正の根拠規定をめぐる争いの本質は何か

　筆者は，カンパラ会議における議論の混乱の根本的な原因は，本来なら峻別されるべき，「侵略犯罪をめぐって追求すべき政策目的の問題」と「そのような政策目的を実現するローマ規程の改正のために必要かつ適正な条約改正手続は何かという問題」が混同され，しかも，多くの国が上記3で述べたように「目的が手段を正当化する」という発想の下に行動したことにあると考えている。筆者が首を傾げたい思いであったのは，一般に条約法の原則について厳格であると見られている欧州諸国の大部分すら大勢順応を決め込み，このような行動に対して異をとなえようとしなかったことである。前者の政策目的における最重要の問題は，要約すれば，「侵略行為の認定に係る国連安保理の明確な権限（国連憲章第39条）はあるものの，国際社会全体の関心事である最も重大な犯罪行為の撲滅及び予防の観点からは，安保理が何らかの理由で侵略行為の認定を行わない場合に，締約国によるICC検察官に対する事態の付託やICC検察官の職権による捜査の開始を端緒としてICCが管轄権行使を行うことができるようにすべきか否か」ということであった。この最重要の問題に限っていえば，筆者の純粋に個人的かつ理論的な観点からの関心[20]を別にすれば，安保理における特権的地位に固執するP5諸国を例外として，これを肯定しようとする立場がカンパラ会議における参加国の大勢といってよかった。問題は，このような「追求すべき政策目的」と，「それを実現するための改正の根拠規定は何かという純粋に条約法上の問題」が無意識に又は意図的に混同されてい

---

20)　この問題は，理論的な観点からは，本来なら国際法上の義務（国連憲章第2条4項の義務）に対する国家による違反行為である「侵略行為」と相互に密接不可分のいわば「裏腹の関係」にあるはずの個人の「侵略犯罪」との関係において「侵略行為に起因する国家の国家責任と侵略行為に係る個人の刑事責任との全面的分離」が生じることをいかに法的に整理するべきかという極めて興味深い問いを提起している。真山全「国際刑事裁判所規程検討会議採択の侵略犯罪関連規定──同意要件普遍化による安全保障理事会からの独立性確保と選別性極大化──」『国際法外交雑誌』109巻4号（2011年）1-33頁参照。

たといわざるを得ないことであった。

　カンパラ会議に至る議論の過程で侵略犯罪の組込みのための改正手続については，(i)規程第121条4項に依拠するべきか，それとも第121条5項に依拠するべきかという問題，及び，(ii)仮に第125条5項に依拠するべしとした場合に同項第二文をどう読むのかという問題（いわゆる「消極解釈（negative understanding）」と「積極解釈（positive understanding）」との間の対立に係る問題）を軸に対立が結晶化した。そして同会議においても結局その対立を克服できず，結果として極めて「玉虫色」の文書が採択されるに至った。

　筆者が残念に思うのは，カンパラ会議においては，たとえば，第121条4項と5項のいずれが改正の根拠として妥当かという問題が，条約法上の問題として真剣に議論されるという雰囲気はなく，4項による改正であれば締約国の8分の7が改正を受諾した後には全ての締約国に対してICCが侵略犯罪の管轄権を行使できるという帰結に専ら着目して，「ICCによる侵略犯罪に係る管轄権行使は安保理により妨げられるべきではないので，改正は4項によるべきである」というような発想が多くの国の発言に見え隠れしたことである。いわゆる「消極解釈」と「積極解釈」との間の対立の問題についても同様であった。条約法の観点からのローマ規程の改正規定の解釈の健全性については一顧だにされることはなく，専ら，「侵略の被害国がICCによる管轄権の行使を同意により受け入れているのであれば，それに加えて侵略国の受諾も要件とするのはナンセンスであるので，『積極解釈』を採用すべきである」ということだけを強調するような議論が繰り返された。「ある政策的目的を達成しやすい条約解釈はどのような解釈か」という観点から条約改正の根拠規定を決めようとしたり，当該規定の解釈を行おうとしたりするようなことは本末転倒であり，本来とるべき立場ではない。あえていえば，たとえば貿易のような経済関係を専ら対象とする条約であれば，政策目的から逆方向に導く目的的解釈に条約の文理解釈上やや無理なところがあったとしても，それによって締約国全体の利益が向上するという理由でそのような柔軟な解釈が正当化される場合は皆無ではないのかもしれない。しかし，ローマ規程は，その解釈次第で個人の刑事責任が問われ刑罰が課されるという，重い帰結をもたらす大きな権力の行使とその濫用を防止し人権を保護するということを本質とする刑事分野の条約なのである。このような条約の解釈に当たっては，「石橋をたたいて渡る」基本的に堅実な

姿勢が強く求められる筈であると考える。筆者がカンパラ会議におけるステートメント等で繰り返し強調したことがこの点であった。

(b) 規程第121条4項と第121条5項

以上のような基本的考え方に立脚して，日本代表団としては，侵略犯罪の組込みのためのローマ規程の改正は，第121条5項に依拠すべきであるとの立場に立脚してカンパラ会議で行動した。

規程第121条4項が冒頭で「5項に定める場合を除いて」と定めていることから明らかなように，同条5項の規定は，4項の原則に対する特例（*lex specialis*）という位置づけにある。したがって，「第5条から第8条までの規定の改正」であれば，4項が適用される余地はなく，5項が適用される[21]はずである。侵略犯罪の定義規定である第8条 bis や侵略犯罪に係る管轄権行使についての規定である第15条 bis や第15条 ter を追加することは「すでにそのような規定の外枠が第5条で設定済みで，したがって，第5条の適用に過ぎず，『第5条から第8条までの規定の改正』とはいい難い」という4項適用説の主張[22]にはいかにも無理がある。

いずれにせよ，カンパラ会議で採択された改正文書（RC/Res.6）についていえば，Annex I の1. においてローマ規程第5条2項を削除しているのであるから，第5条の改正を行っていることは明らかであり，その根拠は第121条5項以外に求めようがない[23]。

---

21) 第121条4項に基づいてローマ規程の改正が締約国の8分の7の受諾を得て改正された場合でも，改正に反対の締約国は即時にローマ規程を廃棄できることを定めている第121条6項に照らせば，第121条4項と5項が重畳的（cumulative）に適用される余地はない。4項による改正に反対な締約国が仮に5項第二文で保護されているという解釈をとるとすると，6項は全く余計（superfluous）だということになるからである。See Andreas Zimmermann "Amending the Amendment Provisions of the Rome Statute: The Kampala Compromise on the Crime of Aggression and the Law of Treaties", *Journal of International Criminal Justice*, Vol.10, No.1 (2012), pp. 209-227.
22) このような主張につき，真山・前掲注18) 4頁参照。
23) なお，カンパラ会議で採択された改正文書は，改正の根拠規定に関する対立の表面化を回避するためか，改正文書は「規程第5条2項に従って採択され」，「規程第121条5項に従って効力を発生する」と定めるが，第5条2項は改正の根拠にはなり得ない（Zimmermann, *op.cit.*, pp.2-4)。
カンパラ会議における改正文書の採択直後に行われた日本代表団のステートメントにおいて筆者はこの点を指摘した経緯がある。

第4部　個人の刑事責任の追及

(c) 第121条5項に係るいわゆる「消極解釈」と「積極解釈」

　侵略犯罪に係るローマ規程の改正は第121条5項に依拠して行うべきであるという条約法の観点から常識的な立場をとる国の間でも「当該改正を受諾していない締約国については，裁判所は，当該改正に係る犯罪であって，当該締約国の国民によって又は当該締約国の領域内において行われたものについて管轄権を行使してはならない」と定める同項第二文をどのように読むべきかという点をめぐって二つの立場が長らく対立してきた。

　周知のとおり，その一方の立場は，「改正を受諾していない国については，当該国の国民により又は当該国の領域で行われた侵略犯罪についてICCの管轄権の行使を認めない（したがって被侵略国と侵略国の双方が受諾国の場合にのみICCの管轄権の行使が可能となる）という解釈」である。これに対して他方の立場は，「被侵略国が受諾国でありさえすれば，侵略国が未受諾国であってもICCの管轄権の行使は可能であるという解釈[24]」である。前者を「消極解釈（negative understanding）」，後者を「積極解釈（positive understanding）」と通称することが交渉関係者の間で慣例となっているが，この呼称自体に一定の価値判断上のバイアス[25]が感じられ，筆者には適切な呼称とは到底思えない。すなわち，侵略犯罪の抑止のためにICCの役割を積極的に認めようとする先進的，前向きな「積極解釈」に対し，ICCの役割を不当に限定しようとする保守的，後向きな「消極解釈」というバイアスである。

　呼称の問題はさておき，この点に関するカンパラ会議において日本代表団がとった基本的立場について若干の説明を加えておきたい。日本国政府は，カンパラ会議に先立つ一連の準備協議の議論の過程を通じて，一貫していわゆる「消極解釈」の立場に立ってきた。以下のような理由により，これが常識的な条約解釈だという考え[26]に基づいている。

---

24) このようないわゆる「積極解釈」乃至その背景となる考え方を解説したものとして，See Claus Kress and Leonine von Holtzendorff "The Kampala Compromise on the Crime of Aggression", *Journal of International Criminal Justice*, Vol. 8, No.5 (2010), pp.1197-1198; Stefan Barriga and Leena Grover, "A Historical Breakthrough on the Crime of Aggression", *American Journal of International Law*, Vol. 105, No. 3 (2011), pp. 523-526.

25) Mauro Politi "THE ICC and the Crime of Aggression ── A Dream That Came through and the Reality Ahead" *Journal of International Criminal Justice*, Vol.10, No.1 (2012), pp. 278-281.

まず，第1に，英語文の自然な流れということに加えて，等しく正文である仏語文の文言 *"La Cour n'exerce pas sa compétence à l'égard d'un crime* faisant l'objet de cet amendement lorsque ce crime a été commis par un ressortissant d'un État Partie qui n'a pas accepté l'amendement ou sur le territoire de cet État（イタリック筆者）" に照らせば，文理的に，いわゆる「消極解釈」以外の読み方をする余地がないことは一層明らかである。「条約は，文脈によりかつその趣旨及び目的に照らして与えられる用語の通常の意味に従い誠実に解釈する」と定めるウィーン条約法条約第31条1項の規定を改めて想起すべきである。

第2に，いわゆる「消極解釈」の帰結は，条約の改正は「既に条約の当事国となっている国であっても当該合意の当事者とならないものについては，拘束しないと定める条約法条約第40条4項の趣旨とも合致する。

第3に，いずれの国もローマ規程を締結するに当たって単なる宣言を行うことによって，直ちに（*ipso facto*）締結後の当初の7年間において自国の国民又は自国の領域で行われた第8条の犯罪（戦争犯罪）につきICCが管轄権を行使することを妨げることができることを定める第124条の規定との横並びからも，このことは明らかである。

第4に，ローマ規程は，一方において一定の条件の下に規程の非締約の国民に対してもICCの管轄権の行使が及ぶことを定めながら（第12条2項），他方において，規程の締約国に対しては，自らの同意しない管轄権の行使が及ばないことを確保できるようなある意味でのセーフ・ガードを設けており，これがローマ規程の普遍性確保に向けたある種のインセンティヴの役割も果たしていることが指摘できる。自らが受け入れられない規程の改正が行われた場合，即時に規程から脱退できる旨を定める第121条6項の規定がその典型である。第121条5項もこの文脈の中で理解することが自然である。

なお，仮にいわゆる「積極解釈」が正しい解釈だと仮定するならば，カンパラ会儀で採択された改正中の第15条 bis（国家によるICC検察官に対する事態の付託又はICC検察官の職権による捜査の開始に基づく侵略犯罪に係るICCの管轄権

---

26) カンパラ会議に至る準備協議の過程において日本政府が表明し，同会議においても筆者が日本代表団の名において行ったステートメントにおいても改めて表明したこのような考え方と基本的に同様の考え方を述べた学者の見解として，See Zimmermann, *op.cit.*, pp.217-220.

行使)の5項の文言も第121条5項第二文とほとんど同一であるので、同様に解釈されるべきことになる。すなわち、第三国(規程未締約国)の国民が侵略犯罪を犯したとして国家によるICC検察官に対する事態の付託やICC検察官の職権による捜査の開始が行われた場合、侵略被害国がローマ規程の改正を受諾していれば、当該第三国の国民に対するICCの管轄権行使は妨げられないという結論になる。しかし、このような結論と、カンパラ会議の最終段階でぎりぎりのバーゲンの結果として議長提案を受け入れた有力未締約国(米国等)を含む会議参加国の大多数に共有されていた理解(侵略犯罪については規程未締約国に全面的な保護(blanket protection)を保障するというもの)との間には根本的な齟齬があるように思われる。

(2) カンパラ会議で採択された文書の問題点

カンパラ会議において第二次世界大戦以来長らく議論されてきた侵略犯罪の法典化に関する文書が採択されたことは歴史的な意義を有する成果であるというべきである。

他方、各国の意見の相違を「玉虫色」の文章表現によって取り繕った(paper over)最終文書を採択した結果、同会議で採択された改正規定は、極めて複雑で他に例を見ない特殊な規定となってしまった。その結果、侵略犯罪に係るICCの管轄権の行使の条件について、上述のいわゆる「消極解釈」・「積極解釈」のいずれも主張される余地が残されたままとなっているが、これは、2017年以降現実のものとなる可能性のあるICCによる侵略犯罪に係る管轄権行使に大きな不確定性と混乱の種となり得るものである。

具体的には、(i)第15条 bis 4項に定めるいわゆる「オプト・アウト(opt-out)宣言」(締約国によるICC検察官に対する事態の付託又はICC検察官の職権による捜査の開始が行われた場合においても、安保理が侵略行為の認定を行わなければ自国がICCによる管轄権を受諾することはない旨の宣言)を行わない限りある国が侵略犯罪についてICCによる管轄権行使の対象外とはなることはない(「積極解釈」に基づく立場)のか、それとも、(ii)「オプト・アウト宣言」を行わなくとも改正の未受諾国の国民又は当該未受諾国の国内で行われた侵略犯罪についてはICCの管轄権はもともと行使できない(「消極解釈」に基づく立場)のかについての立場の相違が埋まらないまま放置されれば、大きな混乱の種と

なるのは必至であり，ICC に対する国際社会の信頼性が大きく損なわれることが懸念される。

5　むすびに代えて

　カンパラ会議において紆余曲折の結果採択された改正文書は，以上述べたとおり，特にその改正手続において条約法上の問題を含む少なからぬ疑問点も含むものであったことは否定できないが，歴史的な意義を有する大きな成果である。筆者としては，そうであるからこそ，上述のような解釈に係る各国間の意見の相違を放置することはできず，締約国会議等の場を通じて，共通の解釈に達することが必要である[27]と確信している。

　カンパラ会議で採択された改正文書は，同文書に盛られたローマ規程の改正がローマ規程第121条5項に基づき当該改正を批准又は受諾した締約国については，その批准書又は受諾書の寄託の後一年で効力を生ずる旨を定めつつ，ICC が侵略犯罪について管轄権を行使できるのは，30の締約国が改正を批准若しくは受諾したのち一年後，又は，2017年1月1日以降に行われる締約国団の決定（規程改正の採択に必要な多数による）のいずれか遅い方の時点からである旨を定めている。本稿執筆中の2014年3月末の時点で本件改正を批准又は受諾した国は13カ国にとどまっているとはいうものの，2012年中には3カ国にとどまっていた批准国又は受諾国の数は2013年には10カ国とペースが上がってきており[28]，上記のような共通の解釈形成に向けた努力は加速化されるべきものであろう。

　筆者は，カンパラ会議の場で少なからぬ国が，「規程の解釈について各国の見解の相違が埋められないとすれば，最終的には具体的案件の処理の過程でICC 裁判官が有権的に判断すればよい」との趣旨を発言するのを耳にして愕然としたことを今でも鮮明に覚えている。裁判官が法解釈に当たって何よりも重

---

[27]　このような共通の解釈の策定の必要性については，いわゆる「積極解釈」の立場に立つ論者によっても指摘されていることが注目される（Politi, *op. cit.*, p.9）。

[28]　2012年に批准又は受諾した国は，リヒテンシュタイン，サモア及びトリニダード・トバゴ。2013年に批准又は受諾した国は，ルクセンブルグ，エストニア，ドイツ，ボツワナ，キプロス，スロベニア，アンドラ，ウルグァイ，ベルギー及びクロアチア。

第4部　個人の刑事責任の追及

視しなければならないのは立法者の意思がどこにあったのかということである。条約の採択というかたちで国際法の定立機能を担う外交会議の参加国が，自らが定立しようとしている法規範の解釈についての曖昧さを極限にまで限定しようという努力を自ら放棄するということは余りにも無責任だといわざるを得まい。

＊本稿は，筆者が純粋に個人的資格において執筆したものであり，その中に表明されたいかなる見解も日本国政府の立場，また，筆者がかつて所属していた外務省やその後所属するに至った内閣法制局の立場を反映するものではない。

18 非締約国の事態に対する国際刑事裁判所（ICC）の管轄権の法的根拠

村 井 伸 行

1　はじめに
2　非締約国に対する ICC の管轄権の法的根拠
3　非締約国の領域内の非締約国の国民に対する ICC の管轄権の法的根拠
4　おわりに

1　はじめに

2002年7月1日の国際刑事裁判所ローマ規程[1]（以下，規程）の発効以来，国連安全保障理事会（以下，安保理）は，国際刑事裁判所（以下，ICC）の検察官に対して，スーダン・ダルフールとリビアの2つの事態を付託した[2]。ICC検察官は，2005年6月6日にスーダン・ダルフールの事態に関して，また，2011年3月3日にリビアの事態に関して，それぞれ捜査を開始した[3]。安保理によるこれら2つの事態の付託とICCによるこれらの事態に対する管轄権行使が規程第13条(b)に従って行われたことは明らかである。それ故，一見すると，これら2つの事態に対するICCによる管轄権行使の合法性に関しては

---

1) Adopted 17 July 1998, entered into force 1 July 2002. 2187 UNTS 3.
2) UN Doc S/RES/1593, 31 March 2005; S/RES/1970, 26 February 2011.
3) Press Release, ICC-OTP-0606-104, 6 June 2005; Statement by the Prosecutor on 3 March 2011. スーダン・ダルフールの事態に関しては，安保理が，2005年3月31日の決議1593により，2002年7月1日以降のスーダン・ダルフール地域の事態をICC検察官に付託し，検察局は同年6月6日に捜査を開始し，2014年7月15日現在，バシール大統領を含む5事件6名を訴追している。リビアの事態については，安保理が，2011年2月26日の決議1970により，2011年2月15日以降のリビア国内の事態をICC検察官に付託し，検察局は同年3月3日に捜査を開始し，2014年7月15日現在，セイフ・アルイスラム・カダフィ被疑者を含む1事件2名を訴追している。

第4部　個人の刑事責任の追及

いかなる疑いもない。

　しかし，これら2つの事態が規程の締約国ではない国に関わるものであることを考慮すると，これら2つの事態に対するICCの管轄権の法的根拠が確固なものとして確立されているか否かについては疑問が生じうる。すなわち，第1に，規程は，非締約国の同意を得ることなく，非締約国に義務を課したり，非締約国の権利を侵害することはできないため，非締約国に対するICCの管轄権の拡張は「合意は第三者を害しも益しもせず (*pacta tertiis nec nocent nec prosunt*)」の原則（ウィーン条約法条約第34条）[4]と衝突するのではないかという疑念が生じうる。第2に，安保理による事態の付託は嫌疑がかけられている犯罪が行われた後になされているため，非締約国の事態に対するICCの事後的な管轄権の拡張は罪刑法定主義 (*nullum crimen sine lege*) の原則と衝突するのではないかとの疑念も生じうる。なお，後者の問題は，規程第12条3項に基づく非締約国による特定の事態に対するICCの管轄権の受諾宣言に関しても生じうる[5]。嫌疑がかけられている犯罪が行われた後にのみ管轄権受諾宣言はなされうるからである。

　第2の問題に関しては，安保理付託の場合でも特定の事態に対する管轄権受諾宣言の場合でも，被疑者が規程の締約国の国民であるときには，ICCは当該被疑者に対して合法的に管轄権を行使しうるが，被疑者が非締約国の国民であ

4）　See *Free Zones of Upper Savoy and the District of Gex* (*Switzerland v France*) (Merits) [1932] PCIJ Series A/B No 46, 141; 2 Yearbook of the ILC (1966) 226; R Jennings and A Watts (eds), *Oppenhiem's International Law*, vol 1 (9th edn, Longman 1996) 1260.

5）　2014年7月15日現在，コートジボワール，パレスティナ及びウクライナが第12条3項に基づく管轄権受諾宣言を行っている。コートジボワールの事態に関しては，コートジボワールが2003年8月18日に2002年9月19日以降に行われた犯罪に関する管轄権受諾宣言を行い，2011年5月19日の第15条に基づく検察官の職権捜査の申請を受けて，2011年10月3日に予審裁判部が検察官の捜査を許可し，既にバグボ元大統領及び同夫人を含む3事件3名の訴追が行われている。他方，パレスティナの事態に関して，パレスティナ自治政府 (Palestine National Authority) が2009年1月22日に2002年7月1日以降にパレスティナの領域内で行われた犯罪に関する管轄権受諾宣言を行い，検察局は予備的検討を開始したものの，2012年4月3日に，パレスティナの国連加盟申請についての決定がなされていないことを理由に，国連での決定が行われるまで予備的検討を中断することを決定した。ウクライナの事態に関しては，ウクライナが2014年4月17日に2013年11月21日から2014年2月22日までの間にウクライナの領域内で行われた犯罪に関する管轄権受諾宣言を行い，検察局は同年4月25日に予備的検討を開始した旨を発表した。なお，ウガンダの事態に関してウガンダが行った時間的管轄権に関する宣言につき，see WA Schabas, *An Introduction to the International Criminal Court* (3 rd edn, CUP 2007) 67-68.

〔村井伸行〕　*18*　非締約国の事態に対する国際刑事裁判所（ICC）の管轄権の法的根拠

るときには，必ずしもそうではない。また，規程以外の条約（例えば，ジェノサイド条約や1949年ジュネーヴ諸条約及び1977年追加議定書）又は規程上の犯罪を国内犯罪化している国内法が非締約国の国民に対して適用可能であるときには当該非締約国国民によって行われた犯罪は規程第21条1項に従ってICCによって訴追されうる[6]。しかし，規程以外の適用法規が存在しない場合には，ICCは当該犯罪の訴追に関してどのような法を適用することができるのかという問題が生じる。

したがって，非締約国の事態に対するICCの管轄権の法的根拠は条約法と刑事法という2つの異なる側面から精査されなければならない。すなわち，第1に，非締約国に対する管轄権の法的根拠であり，第2に，非締約国の領域内の非締約国の国民に対する管轄権の法的根拠である[7]。本稿の2が第1の問題を，3が第2の問題をそれぞれ検討する。

2に移る前にこの問題に関する先行研究の状況を一瞥しておきたい。国内外の何名かの学者が既にこの問題を検討しているが，一部の学者（田中，サダト）を除き，国内の学者は上記の第1の問題を中心に，国外の学者は上記の第2の問題に焦点を当てて検討している。

第1の問題については，愛知，稲角，田中が先駆的研究を行っており，他に岡田，北野，サダトが検討している。愛知は，ICCの管轄権の合法性を評価するためには，(a) 管轄対象とされる行為が一般国際法上の個人の犯罪と言えるかどうか（国際法上の刑罰権の合法性），(b) それらの行為に対するICCという国際機関による普遍的な管轄権行使は適法かどうか（ICCの管轄権の合法性）という2点を検討する必要があるとする[8]。(a)に関して，愛知は，世界主義

---

[6] See R Kolb, 'The Jurisprudence of the Yugoslav and Rwanda Criminal Tribunals,' (2000) 71 BYIL 259, 260-264.

[7] 同じ問題は，締約国が規程の批准の際に自国の領域の一部につき規程の適用を排除する旨の宣言を付している場合に，当該領域の一部についても生じうる。実際，ニュージーランドが，トケラウ（Tokelau）（国連憲章第11章の非自治地域）への規程の適用を排除する宣言を行っている。また，デンマークは，一時期，グリーンランドとファロー諸島（Faroe Islands）への規程の適用を排除する宣言を行っていた。See UN Treaty Collection, Status of Treaties, at < https://treaties.un.org/pages/ParticipationStatus.aspx>. See also Schabas (n 5) 77-78.

[8] 愛知正博「国際刑事裁判所の管轄権の合法性」『中京法学』33巻3・4号合併号（1999年）121頁以下，128-129頁。

第4部　個人の刑事責任の追及

（普遍的管轄権）の考え方に基づいて設定される管轄権は，国家が国際社会から委託されたものであり，この管轄権の淵源には国際社会の刑罰権が存在することを前提とする[9]。国際法は従来の契約法ないし取引法的な性格しか有しなかったが，強行規範ないし国際公序の観念が醸成するにつれ，個人の国際犯罪の観念が浸透してきたため，理論上は，国際法上の国家に対する刑罰権あるいは個人に対する刑罰権が存在しうる[10]。ただし，規程上の犯罪が非締約国に対しても有効な国際法上の犯罪といえるかどうかは保証がないとする[11]。(b)に関して，愛知は，各国がICC規程の列挙する行為に対して国内刑罰権を普遍主義的に行使することができるのであれば，ICCの管轄権は，各国の普遍主義的管轄権に基づく国内司法の代替（各国内管轄権の共同行使）とも解しうるため，ICCの管轄権行使は，国際刑罰権の直接の行使としては無理でも，国際刑罰権を委託された国内刑罰権の共同行使としては，その合法性を否定できない[12]。その上で，第12条が要求する関係国の同意は，ICCの管轄権行使の合法性とは関係のない「単なる政策的な配慮」であったと評価する[13]。

稲角は，ICCの管轄権の本質をどのように捉えるかは，強いICCを志向するアプローチと国家主権の尊重を志向するアプローチというICCの理想像の違いにより異なってくると指摘する[14]。強いICCを志向するアプローチは，ICCは各国が有する管轄権とは別個の固有の管轄権を有するという「固有の管轄権説」を支持する傾向にあり，反対に，国家主権の尊重を志向するアプローチは，ICCはそれ自体としては管轄権を有するわけではなく，国家に帰属する管轄権を委譲され，国家の管轄権を代替行使するという「国家管轄権委譲説」を主張する傾向にある[15]。稲角は，ICC規程の起草過程の変遷を詳細に分析した上で，規程が，被疑者の身柄拘束を前提としない「広義の普遍的管轄権」を基礎とした国家管轄権委譲説に立つのか，固有の管轄権説に立つのかは明ら

---

9)　愛知・前掲注8）131-132頁。
10)　愛知・前掲注8）132-135頁。
11)　愛知・前掲注8）138頁。
12)　愛知・前掲注8）142頁。
13)　愛知・前掲注8）145頁。
14)　稲角光恵「国際刑事裁判所による管轄権の行使と国家の同意について」『金沢法学』42巻1号（1999年）1頁以下，4-5頁。
15)　稲角・前掲注14）8-10頁。

かではなく，この点を解明するためには許容性や一事不再理といった問題を扱う規程上の他の規定を検討する必要があるとする[16]。ただ，「広義の普遍的管轄権」を基礎とする国家管轄権委譲説も，その背景にある概念は固有の管轄権説と同じく，それらの犯罪の処罰及び防止が国際社会全体の利益であることの認識であり，ICCの固有の管轄権を認めることに近い[17]。結論として，第12条2項に規定された前提条件は，明記された国の管轄権がICCの管轄権の源泉と扱われているのではなく，「ICCの管轄権の行使を正当化する役割」にあると考えるのが妥当であろうとする[18]。

田中は，ICCの管轄権の源泉としては，国家の刑事管轄権の賦与・代理と国際社会固有の刑事管轄権の2つが考えられ，国家の普遍的管轄権の国際裁判所への賦与は，国家相互の代理処罰かまたは国際社会固有の利益を根拠とするため，先の2つの根拠に解消されるとする[19]。田中は，(a)管轄（事項管轄，時間的管轄，場所的管轄，人的管轄）の範囲，(b)補完性の原則と締約国の同意，(c)管轄権と非締約国との関係の観点から，先の2つの根拠の妥当性を検討し，(a)事項管轄について，保護法益の観点から集団殺害犯罪以外の犯罪を国際社会固有の管轄権に服する罪と見ることはできない，その他についてはいずれの根拠でも説明は可能，(b)補完性の原則と第12条の関係国の同意規定は国家管轄権賦与説と調和的であるが，固有の管轄権説でも説明は可能，(c)第12条3項に関しては，受諾以前にもICCの管轄権自体は及んでおり，その行使が受諾まで制限されていたとしないと，遡及的に管轄権を行使して処罰することとなり，第11条1項・2項の刑罰権の不遡及と矛盾し，第13条(b)の安保理による事態の付託の場合に第12条の関係国の同意が必要とされない点につき，国連加盟国であれば，国連憲章に基づいて，安保理決議による国際刑事裁判所へのアド・ホックな協力と理解する余地もあるが，緊急性に疑問があり，十分な説明とはいえないと分析する[20]。その上で，田中は，「規程が定める国際刑事管轄権が，一方で，国家の刑事管轄権の賦与・代理の範囲を超える内容をも

---

16) 稲角・前掲注14) 47頁。
17) 稲角・前掲注14) 47頁。
18) 稲角・前掲注14) 48頁。
19) 田中利幸「刑事法の原理と国際刑事裁判所」『国際人権』12号（2001年）58頁以下，58-60頁。
20) 田中・前掲注19) 58-60頁。

ち，他方で，国際社会に固有の管轄権による基礎づけに不充分なものが残されているとすれば，国際刑事管轄権の対象をもっと限定しない限り，運用実態を国家管轄権の賦与で説明できるようなものに限定して整理していくか，固有の管轄権としての正統性を基礎づける理論的説明を提示することが必要である。」と指摘する[21]。

他方，岡田と北野は，規程第13条(b)に基づくICCの管轄権の法的根拠を国連憲章に求めている。岡田は，「13条(b)の定める事態の付託は，憲章第七章に基づく行動と規定されているため，国連加盟国については憲章上の強制措置として法的拘束力が生じるとみられる。」とし，特に非締約国の事態の付託に関しては，「安保理決議によってアド・ホックにICCへの協力が義務付けられ，例えば自国民である被疑者への管轄権行使も，また自国内で起こる対象犯罪に対する管轄権行使も，認めなければならないことになる。もちろんこの義務は，規程から生じるものではなく，憲章に由来するものである。」と説明する[22]。北野は，安保理付託の場合のICCの管轄権の根拠として，国家の普遍的管轄権委譲説に立つ場合を除いて，安保理が事態を付託する際に採択する各決議が，被疑者の国籍国に対してICCの管轄権行使を受忍しなければならないという義務を定めている場合には，被疑者の国籍国が国連加盟国として国連憲章第25条に従って安保理の決定を受諾することに同意していることから，国連憲章第25条の適用によりICCの管轄権行使を合法なものとすると捉える[23]。

外国の学者に目を向けると，サダト（Leila Nadya Sadat）は，国際社会（より厳密には規程の締約国）は，規程を採択することにより「実体刑事法としての国際社会の立法的な規範（prescriptive norms）」を具体化したのであり，当該規範の正当性は，契約（条約の作成）ではなく，「国際法の構造上の変化（Constitutional Moment）」に基づかなければならず，このことは国際立法における潮流の変化を示していると主張する[24]。サダトはまた，普遍的管轄権の理論はローマ会議において普遍的な国際管轄権の原則に拡張されたと述べる[25]。

第2の問題については，シャバス，ギャラント，ミラノヴィッチが検討して

---

21) 田中・前掲注19) 60頁。
22) 岡田泉「国際刑事裁判所の管轄権」『国際法外交雑誌』98巻5号（1999年）91-92頁。
23) 北野嘉章「国際刑事裁判所による管轄権行使の国際法上の根拠付け（二）—— 裁判所規程の起草過程の検討を中心に」『法学論叢』163巻5号（2008年）175-177頁。

〔村井伸行〕 *18* 非締約国の事態に対する国際刑事裁判所（ICC）の管轄権の法的根拠

いる。シャバス（William Schabas）は，欧州人権裁判所の判例が明らかにした基準に基づき，非締約国の国民である犯罪者はICCによる訴追の可能性について十分な警告を受けていることにICCの管轄権の合法性を求める[26]。

他方，ギャラント（Kenneth Gallant）は，規程は非締約国の領域内の非締約国の国民によって行われた犯罪に対しては適用されないため，ICCは，問題の犯罪の訴追と罪刑法定主義の原則とを調和させるために，問題の犯罪に適用される適用法規を他の法源に求めなければならないと強調する[27]。ミラノヴィッチ（Milan Milanovic）は，非締約国の領域内の非締約国の国民に対するICCの管轄権を正当化する4つの選択肢があるとした。すなわち，(a) ICCは規程によって厳格に拘束されており，規程第22条の下で訴追が許されるのであれば，訴追すべきであると解釈するか，あるいは，規程が世界中の個人を直接に法的に拘束するか否かにかかわらず，規程の採択又は効力発生により，世界中のすべての個人は罪刑法定主義の原則との関係で十分な予告を受けていると捉えること，(b) 規程を純粋に管轄権に関するものであると捉え，特に規程及び規程の国内実施法を国家実行及び法的信念の証拠として参照することにより慣習法を発見する（invent）こと，(c) 規程を性質上，実体的で，かつ，適用上，普遍的なものであると捉え，規程を適用すること，(d) 規程の締約国の国民及び締約国の領域内に所在する他の国民に関しては，規程を実体的なものと捉え，その他の場合には管轄権に関するものと捉え，後者の場合には，事後法の禁止の問題を回避するためにICCは慣習法を適用することの4つである[28]。

本稿は，ICCの管轄権の淵源に関する（1）国際社会の刑罰権又は固有の管

---

24) LN Sadat, *The International Criminal Court and the Transformation of International Law: Justice for the New Millennium* (Transnational Publishers 2002) 107-109. サダトは，ローマ会議がフォーク（Richard Falk）らが主張する「国際法の大変化の瞬間（Grotian Moment）」であったのであり，また，世界の人民が国際法秩序の新しい構造上の変化の構想を考案した「国際法の構造上の変化（Constitutional Moment）」でもあったと説明する。ibid, 13 (n 37). See also R Falk, 'The Grotian Quest' in R Falk et al (eds), *International Law: A Contemporary Perspective* (Westview Press, 1985) 36.
25) Sadat (n 24) 109-110.
26) Schabas (n 5) 70.
27) KS Gallant, *The Principle of Legality in International and Comparative Criminal Law* (CUP 2009) 337-343.
28) M Milanović, 'Is the Rome Statute Binding on Individuals? (And Why We Should Care)', (2011) 9 JICJ 25, 51-52.

轄権付与説,（2）国家の普遍的管轄権委譲説,（3）国家の属地主義及び積極的属人主義に基づく管轄権委譲説[29] という3つの異なる見解の対立を軸に，上記の先行研究の見解を精査又は参照することにより，非締約国の領域内の非締約国の国民に対する ICC の管轄権の法的根拠を明らかにすることを試みる。

締約国の領域内で非締約国の国民（特に米国の国民）によって行われた犯罪に対する ICC の管轄権行使の合法性に関しては既に多くの研究がある[30]。しかし，国内法上の犯罪の被疑者が外国人であるときに，いかなる国も，国際法

---

29) なお，関連文書や論者によって，ICC への管轄権付与の行為を「委譲（delegation）」，「帰属（attribution）」，「付与（conferral）」，「移転（transfer; transférer）」，「共同行使（collective or joint exercise）」等の異なる用語で表現しているが（規程の起草過程の各文書及び注30の文献参照），本稿では，国際社会の刑罰権又は固有の管轄権の ICC への付与の場合を「付与」，国家の刑事管轄権に基づく権限の ICC への付与の場合を「委譲」と呼ぶこととする。

30) See esp. DJ Scheffer, 'The United States and the International Criminal Court,' (1999) 93 AJIL 12, 17–20; R Wedgwood, 'The International Criminal Court: An American View,' (1999) 10 EJIL 93; G Hafner et al, 'A Response to the American View as Presented by Ruth Wedgwood,' ibid, 108; D Orentlicher, 'Politics by Other Means: The Law of the International Criminal Court,' (1999) 32 Cornell Int'l LJ 489, 490–495; GM Danilenko, 'The Statute of the International Criminal Court and Third States,' (2000) 21 Michigan JIL 445; MC Bassiouni, 'Note explicative sur le Statut de la Cour pénale internationale (CPI),' (2000) 71 RIDP 1 ; M Morris, 'High Crimes and Misconceptions: The ICC and Non-Party States,' (2001) 64 Law and Contemporary Problems 13; MP Scharf, 'The ICC's Jurisdiction over the Nationals of Non-Party States: A Critique of the U.S. Position,' ibid, 67 (see also other articles in the same issue) ; M Leigh, 'The United States and the Statute of Rome,' (2001) 95 AJIL 124; F Mégret, 'Epilogue to an Endless Debate: The International Criminal Court's Third Party Jurisdiction and the Looming Revolution of International Law,' (2001) 12 EJIL 247; D Akande, 'The Jurisdiction of the International Criminal Court over Nationals of Non-Parties: Legal Basis and Limits,' (2003) 1 JICJ 618; M Wagner, 'The ICC and its Jurisdiction - Myths, Misconception and Realities' (2003) 7 Max Planck YB of United Nations L 409, 486–491; WA Schabas, 'United States Hostility to the International Criminal Court: It's All About the Security Council,' (2004) 15 EJIL 701. See also SA Williams and WA Schabas, 'Article 12,' in O Triffterer (ed), *Commentary on the Rome Statute of the International Criminal Court: Observers' Notes, Article by Article* (2 nd edn, C.H.Beck 2008) 547–558. 北野嘉章「国際刑事裁判所による管轄権行使の国際法上の根拠付け（一）～（三）── 裁判所規程の起草過程の検討を中心に ──」『法学論叢』163巻 3 号（2008年）116頁以下，163巻 5 号（2008年）173頁以下，163巻 6 号（2008年）124頁以下，新井京「国際刑事裁判所における規程非締約国の取扱い」『世界法年報』28号（2009年）77頁以下。酒井啓亘他『国際法』（有斐閣, 2011年）679–681頁も参照。なお，以上の論者の中にも ICC の管轄権の淵源を議論している者があるが，非締約国の領域内で生じた犯罪に対する管轄権の淵源を明示的に検討しているものを除いて本稿では検討対象とはしていない。

上，当該被疑者に対して管轄権を行使する前に被疑者の国籍国の同意を得ることを求められているわけではないこと[31]を考慮すると，(慣習国際法上，刑事管轄権からの免除を享有する非締約国の政府職員等を除き[32],) 締約国の領域内の非締約国の国民に対する規程の適用可能性やICCの管轄権行使の合法性に関してはいかなる問題も生じないと考えられる（上記(3)国家の属地主義及び積極的属人主義に基づく管轄権委譲説）。この問題は本稿の射程範囲を超えるが，より広い視点からは本稿の問題と関連しているため，本稿の関連箇所で簡単に触れることとしたい。

2　非締約国に対するICCの管轄権の法的根拠

ICCの管轄権の法的根拠の条約法に関する側面に関して，規程の締約国は，それらの国が規程を批准した際にICCの管轄権に同意したと考えられる（規程第12条1項）。しかし，非締約国はICCの管轄権には同意していない。規程は，

---

31) See eg Hafner et al (n 30) 117; Danilenko (n 30) 457; Scharf (n 30) 110; Leigh (n 30) 127; Akande (n 30) 621; Williams and Schabas (n 30) 556–557 (§15). See also A Boyle and C Chinkin, *The Making of International Law* (OUP 2007) 240–241.
32) D Akande, 'International Law Immunities and the International Criminal Court,' (2004) 98 AJIL 407; D Akande and S Shah, 'Immunities of State Officials, International Crimes, and Foreign Domestic Courts,' (2010) 21 EJIL 815. See also S Wirth, 'Immunities, Related Problems, and Article 98 of the Rome Statute,' (2001) 12 Crim L Forum 430; P Gaeta, 'Official Capacity and Immunities,' in A Cassese et al (eds), *The Rome Statute of the International Criminal Court: A Commentary* (OUP 2002); A Cassese, 'When May Senior State Officials be Tried for International Crimes?: Some Comments on *Congo v. Belgium* case,' (2002) 13 EJIL 853, 862–874; B Broomhall, *International Justice and the International Criminal Court: Between Sovereignty and the Rule of Law* (OUP 2003), 128–150; R van Alebeek, *The Immunity of State and Their Officials in International Criminal Law and International Human Rights Law* (OUP 2008), 200–300; P Gaeta, 'Does President Al Bashir Enjoy Immunity From Arrest?,' (2009) 7 JICJ 315; D Akande, 'The Legal Nature of Security Council Referrals to the ICC and its Impact on Al Bashir's Immunities,' ibid, 333. 拙稿「国際刑事裁判所に対する国家の協力」村瀬信也=洪恵子編『国際刑事裁判所——最も重大な国際犯罪を裁く』（東信堂，2008年）274–276頁，拙稿「国際刑事裁判所（ICC）によるバシール・スーダン大統領の逮捕状の発付及び逮捕・引渡請求の送付に関する法的検討」『外務省調査月報』2009年2号31頁以下参照。なお，ILCは，2008年以降，「外国の刑事管轄権からの政府職員の免除」の議題を扱っているが，ILC委員の間でも，ある法（lex lata）とあるべき法（lex ferenda）のいずれの方向で条文草案を起草すべきかにつき議論が分かれている。ILC Rep 2012, 93–104.

第4部　個人の刑事責任の追及

ICCが非締約国の事態に対して管轄権を行使しうる2つの例外を定めており，1つが第12条3項に基づく非締約国による特定の事態に対する管轄権受諾宣言であり，もう1つが第13条(b)に基づく安保理による事態の付託である。前者の場合，非締約国が明示的に ICC の管轄権に対して同意を与えているため，問題は生じない。しかし，後者の場合，ICC の管轄権に対する当該非締約国の同意がどのように確保されているのかが不明瞭である[33]。以上の前提に基づき，本節では，まず「合意は第三者を害しも益しもせず」の原則の例外に関する前提的問題を分析した後，法的根拠の2つの理論上の仮説を検討する。1つは，国際社会の刑罰権もしくは固有の管轄権の ICC への付与，又は，締約国による ICC に対する普遍的管轄権の委譲であり，もう1つは，安保理による非締約国に対する ICC の管轄権を受諾する義務の賦課である。

(1) 前提的問題

第1に，多くの学者が「合意は第三国を害しも益しもせず」の原則に対するいくつかの例外に言及している。すなわち，国連憲章第2条6項[34]，侵略国の義務（条約法条約第75条）[35]，立法条約 (law-making treaties; traité-loi)[36]，客観

---

[33] 条約が非当事国に対して権利を創設している場合，当該国の同意は，反対の意思が表示されない限り，推定される（条約法条約第36条）。他方，条約が非当事国に対して義務を創設している場合，2つの条件が満たされる必要がある。第1に，条約の当事国が当該非当事国に対して義務を課することを意図していることであり，第2に，当該非当事国が書面により当該義務を明示的に受け入れることである（条約法条約第35条）。つまり，非当事国の義務は，条約を根拠としてではなく，条約の当事国と当該非当事国との間の「付随的合意 (collateral agreement)」を根拠として生じる（2 Yearbook of the ILC (1966) 227）。ただし，第2の条件に関しては，慣習国際法上は書面による義務の受諾は必要とされていない（See Jennings and Watts (n 4), 1262 (n 12).）。規程第12条3項の場合は，これら2つの条件が満たされていることが明らかであるが，第13条(b)の場合は，問題の非締約国が ICC 検察官に事態を付託する安保理の権限を受諾していないかもしれないため，第2の条件が満たされているのか否か，あるいは，どのように満たされているかが明白ではない。

[34] Jennings and Watts (n 4) 1263-5; I Brownlie, *Principles of Public International Law* (7th edn, OUP 2008) 627-628; B Vukas, 'Treaties, Third-Party Effects,' in 10 *Max Planck Encyclopedia of Public International Law* (*MPEPIL*) (OUP 2012) 31, 35-36. 杉原高嶺『国際法学講義』（有斐閣，2008年）145頁。特に，ジェニングスとワッツは，国連憲章第2条6項及び第102条の規定を参照しつつ，「条約はその当事国ではない諸国に対して義務を課すことはできないという規則に対して，国際社会の一般的利益によって決定される限界」を定める場合があり得ることを認めている。Jennings and Watts (n 4) 1264.

[35] Brownlie (n 34); Vukas (n 34).

436

的制度 (objective régimes)[37] である。非締約国に対する ICC の管轄権に関連するのは，立法条約と客観的制度であろう。規程により非締約国に対して課された義務を正当化するためにこれら2つの例外のうちの1つに依拠できる可能性はある。例えば，サダトは，「ローマ規程が実際には国際社会が全員一致ではない投票により『立法した』準立法的なプロセスであった限りにおいて，当該規範の政治的正当性は契約（条約の作成）の理論に依拠するのではなく，他の根拠に依拠しなければならない。」と主張するが[38]，この主張は，規程が立法条約に当たるため「合意は第三者を害しも益しもせず」の原則の例外に当たることを示唆しているように思われる。この分野の条約法の今後の更なる進展は妨げられないものの[39]，現時点では，これら2つの例外に入る事例は，少なくとも条約により第三国に対する義務の賦課に関する事例に関する限り，実際には，条約法条約第34条から第38条までの規定に沿ったものであると一般的にはみなされている[40]。また，ある立法条約は同時に契約条約の側面も含むことがありうるため，ある条約全体を立法条約と類型化することは実際上困難であることも指摘できる[41]。それ故，ある条約が第三国に対して義務を課す場合には，当該義務に対する当該第三国の同意が必要であり，このことは非締

---

36) RY Jennings, 'Treaties,' in M Bedjaoui (ed), *International Law: Achievements and Prospects* (UNESCO 1991) 135, 147-8; M Fitzmaurice, 'Third Parties and the Law of Treaties,' (2002) 6 Max Planck YB of United Nations L 37, 59, 126-127; Boyle and Chinkin (n 31) 238-241; Vukas (n 34). 藤田久一『国際法講義I：国家・国際社会〔第2版〕』（東京大学出版会，2010年）75頁，100-101頁。

37) Third Report on the Law of Treaties, by Sir Hamphrey Waldock, Special Repporteur, Draft Article 63, in 2 Yearbook of the ILC (1964) 26-34; Fitzmaurice (n 33); C Fernández de Casadevante Romani, 'Objective Regime,' in 7 MPEPIL 912.

38) Sadat (n 24) 108-9.

39) See eg C Chinkin, *Third Parties in International Law* (Clarendon Press 1993) 25-36; B Simma, 'From Bilateralism to Community Interest in International Law,' (1994) 250 Recueil des cours de l'Académie de droit international (Recueil des cours) 217, 293.

40) ILC は，「義務の場合にはいかなる例外もないことについて［ILCの］委員の間で完全な合意があった。したがって，条約は決してそれ自体の効力のみによって非締約国に対して義務を創設しない。」と述べる。2 Yearbook of the ILC (1966), 226 (para 4). See also Third Report on the Law of Treaties (n 37) 26-27; C Tomuschat, 'Obligations Arising for State Without or Against Their Will,' (1993) 241 Recueil des cours 195, 244-247, 268-271; Simma (n 39) 375-376; Vukas (n 34) 35-37; Fernández de Casadevante Romani (n 37) 914-915. 酒井他・前掲注30) 122-123頁，柳原正治他編『プラクティス国際法講義〔第2版〕』（信山社，2013年）39頁。

41) Chinkin (n 39) 39-40; Simma (n 39) 335-337.

第4部 個人の刑事責任の追及

約国の事態に対するICCの管轄権に対しても当てはまると考えられる。

なお，条約の第三国に対する効力の問題に関連して，ICCは自然人に対してのみ管轄権を行使することができ，国家に対しては管轄権を行使することはできないため（規程第25条1項），条約の第三国に対する効力の問題は生じないという見方もあり得る。確かに，愛知や稲角のように，国際社会の刑罰権又は固有の管轄権付与説又は国家の普遍的管轄権委譲説に立ち，第12条2項の国家の同意を「単なる政策的な配慮」（愛知）又は「ICCの管轄権の行使を正当化する役割」（稲角）と捉えた場合，規程の発効後，規程はすべての国のすべての個人に対して適用されているのであり，理論上，ICCの管轄権行使のためには各国による規程の批准や特定の事態に対する管轄権の受諾は必ずしも必要ないが，政策的考慮で一定の条件を満たすことが求められているという見方ができる可能性はある。しかし，後で検討するように，今日の国際法上，ある条約を批准するか否かを決定することができるのは国家のみであり，当該国家の同意なしには当該条約は当該国家に対して発効しないため，ある国の領域（特に当該国の国民）に対する条約の拘束力は当該国の同意からのみ生じうると考えられる[42]。

第2に，非締約国に対するICCの管轄権の問題は，非締約国に対する「客観的法人格」の問題と関連している。規程第4条は次のように定める。

> 1．裁判所は，国際法上の法人格を有する。また，裁判所は，任務の遂行及び目的の達成のために必要な法律上の能力を有する。
> 2．裁判所は，この規程の定めるところによりいずれの締約国の領域においても，及び特別の合意によりその他のいずれの国の領域においても，任務を遂行し，及び権限を行使することができる。

確かに，ICJは，損害賠償事件勧告的意見で，「国際社会の構成員の大多数」が国際機構の加盟国である場合には当該国際機構は客観的法人格を獲得することを示唆したが[43]，このICJの判示に対しては多くの批判があり，特に，どのような根拠に基づいて国際機構が非締約国との関係で「客観的法人格」を獲

---

42) この問題は個人に対する条約の拘束力の問題として後で検討する（3（1）の注123)-138)参照）。

〔村井伸行〕　**18　非締約国の事態に対する国際刑事裁判所（ICC）の管轄権の法的根拠**

得するのか，また，その「客観的法人格」からどのような具体的な権限が引き出されうるかという問題に関しては長い間論争が続いている[44]。仮に非締約国が明示的又は黙示的にある国際機構の法人格を承認したといえるにしても，各国際機構が非締約国との関係でどのような具体的な権限を有しているのかは機構毎に異なる[45]。したがって，ICC の客観的法人格を認める立場に立ったとしても，そこから直ちに ICC が非締約国の領域内で行われた犯罪に対して管轄権を有するということにはならない。

（2）国際社会の刑罰権もしくは固有の管轄権の ICC への付与，又は，締約国による普遍的管轄権の ICC への委譲

非締約国に対する ICC の管轄権の法的根拠に関する1つ目の仮説は，国際社会の刑罰権もしくは固有の管轄権の ICC への付与，又は，締約国による普遍的管轄権の ICC への委譲である。1998年のローマ会議で，ドイツは，慣習国際法上，各国は少なくともローマ規程上の犯罪（集団殺害犯罪，人道に対する犯罪及び戦争犯罪）に対して普遍的管轄権を行使することができるため，ICC はいかなる国のいかなる事態に対しても普遍的管轄権を行使することができる

---

43)　*Reparations for Injuries Suffered in the Service of the United Nations,* Advisory Opinion, [1949] ICJ Rep 174, 185 ("the Court's opinion is that fifty States, representing the vast majority of the members of the international community, had the power, in conformity with international law, to bring into being an entity possessing objective international personality".).

44)　P Sands and P Klein, *Bowett's Law of International Institutions* (9th edn, Thompson Reuters 2009) 473–80. See also CF Amerasinghe, *Principles of the Institutional Law of International Organizations* (2nd edn, CUP 2005) 66–104 (see also 217–70); N White, *The Law of International Organizations* (2nd edn, Manchester UP 2005) 30–69; J Klabbers, *An Introduction to International Institutional Law* (2nd edn, CUP 2009) 38–52; HG Schermers and NM Blokker, *International Institutional Law: Unity within Diversity* (5th edn, Martinus Nijhoff 2011) 985–95 (but see 435 and 443); K Schmalenbach, 'International Organizations or Institutions, General Aspects,' 5 MPEPIL 1126, 1132; C Walter, 'Subjects of International Law,' 9 MPEPIL 634, 640 (§24–25); W Rückert, 'Article 4,' in O Triffterer (n 30) 124–125 (§8, §12).

45)　*Reparations* case (n 40) 179 ('the Court has come to the conclusion that the Organization [the United Nations] is an international person. That is not the same thing as saying that it is a State, which is certainly not, or that its legal personality and rights and duties are the same as those of a State. Still less is it the same thing as saying that it is 'a super-State', whatever that expression may mean.').

べきであるとの提案を行った。しかし、この提案は却下され、現在の第12条2項の条件が採用された[46]。ただし、第12条2項には、ICCの管轄権の法的根拠又は淵源という表題ではなく、「管轄権行使の前提条件」という表題が付いている。それ故、締約国は、規程を批准することにより、ICCに国際社会の刑罰権又は固有の管轄権、あるいは、それらの国の普遍的管轄権をICCに委譲したが、政治的又は政策的理由から、当該普遍的管轄権の行使に対して制約を課すことを決定したと解釈することも可能である[47]。課された制約とは、締約国の事態に関する場合の犯罪地国又は被疑者国籍国のICCの管轄権に対する同意であり（第12条2項）、非締約国の事態に関する場合の安保理による事態の付託である（第13条(b)）[48]。この見解をより詳細に検討すると、稲角が指摘するように固有の管轄権説と広義の普遍的管轄権委譲説は共通の基盤に立っているため明確な区別は難しいものの、便宜上区別すれば、(a) 国際社会の刑罰権又は固有の管轄権付与説、(b) 国家の普遍的管轄権委譲説の2つの論理構成に基づく見解があるように思われる。以下、この2つの見解を検討することにしたい。

(a) 国際社会の刑罰権又は固有の管轄権付与説

1つ目の論理構成に基づく見解は、すべての国で行われた一定の犯罪に対する国際社会の刑罰権（*jus puniendi*）又は固有の管轄権（inherent jurisdiction）は、国際社会の共同体利益を反映するいくつかの概念、すなわち、(i)国際法上の犯罪[49]、(ii)強行規範（*jus cogens*）[50]、(iii)対世的義務（obligations *erga omnes*）[51]によって正当化されうるというものである[52]。伝統的な国際法においては、国家間の相互的な権利及び義務を定めた条約のみが存在し、各国はその国家間関係において特定の国との関係においてのみそれらの権利及び義務を有すると考えられてきた。他方、現代の国際法においては、各国の個別利益とは区別され

---

46) Williams and Schabas (n 30) 550-555. ドイツ提案は、1998年3月〜4月に開催されたICC規程準備委員会の最終会合で最初に示され、ローマ会議に提出された規程草案に含まれた。See E Wilmshurst, 'Jurisdiction of the Court,' in RS Lee (ed), *The International Criminal Court: The Making of the Rome Statute, Issues, Negotiations, Results* (Kluwer Law International 1999) 127, 132; Draft Statute of the International Criminal Court, in Report of the Preparatory Committee on the Establishment of an International Criminal Court, UN Doc A/CONF.183/2/Add.1, 14 April 1998, art 6.
47) 愛知・前掲注8) 145頁、稲角・前掲注14) 46頁。Scharf (n30) 77.
48) 愛知・前掲注8) 141-145頁、稲角・前掲注14) 44-49頁。

る共同体利益を保護するための多国間条約が登場してきたのであり，特に個人に対する国家の権利及び義務を定める条約においては，当事国は他の当事国による条約違反により具体的な侵害や損害を被るわけではなく，いかなる国も当該条約違反から生じる侵害や損害に対する請求権を持たないという状況が生じうる[53]。この類型の条約の典型的な例が人権条約及び特定の犯罪行為の処罰

---

49) 国際法上の犯罪は，伝統的に「外国性をもつ犯罪」「諸国の共通利益を害する犯罪」「国際法違反の犯罪」の3つに分類されるが，本稿が検討対象としているのは，ローマ規程上の犯罪のように，国際法に基づいて個人が直接責任を負い，国際裁判所によって責任を追及されうる犯罪であり，「国際法違反の犯罪」である。太寿堂鼎「国際犯罪の概念と国際法の立場」『ジュリスト』720号（1980年）67頁以下，山本草二『国際刑事法』（三省堂，1991年）7-15頁。また，国際法上の犯罪には，個人の犯罪と国家の犯罪がありうる。個人の犯罪は，ニュルンベルク裁判所及び東京裁判所で明確に宣言され，これにより国際刑事法の発展がもたらされた。国家の犯罪は，国家責任条文の起草過程でILCによって議論されたが，国家の犯罪の概念に言及していた草案第19条は2001年に最終的に採択された条文からは削除された。See 2 Yearbook of the ILC (2001), 110-112; J Crawford, 'Multilateral Rights and Obligations in International Law,' (2006) 319 Recueil des cours 325, 452-478; J Crawford, *State Responsibility: The General Part* (CUP 2013) 390-394.

50) See art 53 of the VCLT. 強行規範を構成する規範の例として，see 2 Yearbook of the ILC (1966) 248. See also I Sinclair, *The Vienna Convention on the Law of Treaties* (2nd edn, Manchester UP 1984) 216-217.

51) *Barcelona Traction, Light and Power Company, Limited (New Application: 1962) (Belgium v Spain)* (Merits) [1970] ICJ Rep 32 (paras 33-34). これら3つの概念の関係については，see 2 Yearbook of the ILC (1976) 120; M Spinedi, 'International Crimes of State: The Legislative History,' in JHH Weiler, A Cassese and M Spinedi (eds), *International Crimes of State: A Critical Analysis of the ILC's Draft Article 19 on State Responsibility* (Walter de Gruyter 1989) 7, 135-138; G Gaja, 'Obligations *Erga Omnes*, International Crimes and *Jus Cogens*: A Tentative Analysis of Three Related Concepts,' in Weiler et al (eds), ibid, 151-160; A de Hoogh, 'The Relationship between *Jus Cogens*, Obligations *Erga Omnes* and International Crimes: Peremptory Norms in Perspective,' (1991) 42 Austrian J Public and Intl L 183; A de Hoogh, *Obligations Erga Omnes and International Crimes: A Theoretical Inquiry into the Implementation and Enforcement of the International Responsibility of States* (Kluwer Law International 1996), esp. 44-67; M Ragazzi, *The Concept of International Obligations Erga Omnes* (OUP 1997), esp. 43-73; CJ Tams, *Enforcing Obligations Erga Omnes in International Law* (CUP 2005), esp. 99-157; A Orakhelashvili, *Peremptory Norms in International Law* (OUP 2006), esp. 272-287. 寺谷広司『国際人権の逸脱不可能性：緊急事態が照らす法・国家・個人』（有斐閣，2003年）214-273頁（特に242-273頁）。

52) 愛知・前掲注8）132頁。小和田も，「ICC規程による国際刑事裁判所創設の大前提になっているのは，ICCの裁判権の対象となる行為については一般国際法の問題として，対世的（erga omnes）に妥当する法規範が成立しているという考え方ではないか」と問いかけている。小和田恆「国際刑事裁判所設立の意義と問題点」『国際法外交雑誌』98巻5号（1999年）584頁。

に関する条約である[54]。そして，国際法上の犯罪や強行規範違反行為のような共同体利益の侵害に関しては，当該利益を保護する多国間条約の侵害国以外のすべての当事国が，国際裁判所に訴える原告適格を有し，侵害国の同意なしに国際裁判所の管轄権が生じるとか，当該侵害に関する民事・刑事事件に対して国家の普遍的管轄権を行使することができるという見解が生じうる。

この見解と整合する形で，いくつかの国内裁判所と国際裁判所は，国際法上の犯罪又は強行規範の概念が国家に対して普遍的管轄権を付与するという見解を示してきた。例えば，イスラエルのイェルサレム地方裁判所は，アイヒマン事件判決で，「国際法上の犯罪を訴追するための管轄権は普遍的なものである。」と述べた[55]。米国の第6巡回区控訴裁判所は，デミャニュク事件判決で，「普遍性の原則は，いくつかの犯罪は強く非難されるものであるため，その実行者はすべての人民の敵であるという前提に基づくものである。……根底にある前提は，それらの犯罪は諸国の法に反する犯罪又は人道に反する犯罪であるということであり，その犯罪を訴追する国はすべての国のために行動しているということである。」と判示した[56]。カナダの最高裁判所は，フィンタ事件判

---

53) See esp. Simma (n 39) 229–235; S Villalpando, 'The Legal Dimension of the International Community: How Community Interests are Protected in International Law', (2010) 21 *EJIL* 387. See also JI Charney, 'Universal International Law,' (1993) 87 AJIL 529, 529–533; Chinkin (n 39) 1–7; Tomuschat (n 40) 353–369; 'Fragmentation of International Law: Difficulties Arising from the Diversification and Expansion of International Law', Report of the Study Group of the International Law Commission, Finalized by Martti Koskenniemi, UN Doc A/CN.4/L.682, 13 April 2006, 193–198 (paras 382–390); J Kokott and F Hoffmeister, 'International Public Order,' in 6 MPEPIL 113. 小寺彰『パラダイム国際法』（有斐閣，2004年）6–8頁，酒井他・前掲注30) 6–8頁。

54) See eg *Reservations to the Convention on the Prevention and Punishment of the Crime of Genocide* (Advisory Opinion)［1951］ICJ Rep 23 ('In such a convention [the Genocide Convention] the contracting States do not have any interests of their own; they merely have, one and all, a common interest, namely, the accomplishment of those high purposes which are the *raison d'être* of the convention. Consequently, in a convention of this type one cannot speak of individual advantages or disadvantages to States, or of the maintenance of a perfect contractual balance between rights and duties.'). See also Report on 'Fragmentation of International Law' (n 53) 198 (para 391).

55) *Attorney General of Israel v Eichmann,* Judgment, District Court of Jerusalem, 12 December 1961 (1968) 36 ILR 18, 26. See also *Attorney General of Israel v Eichmann,* Judgment, Supreme Court of Israel, 29 May 1962, ibid, 277, 304.

56) *Demjanjuk v Petrovsky,* Judgment, US Court of Appeals for the Sixth Circuit, 31 October 1985, 776 F.2d 571, 582 (6th Cir. 1985).

決で,「普遍性の原則は,当該犯罪が国際法秩序に対する攻撃に当たる場合には,当該犯罪がどこで行われようとも,自国民以外の者が自国民以外の者に対して行った犯罪行為に対して管轄権を行使することを国家に許している。」という見解をとった[57]。英国貴族院のブラウン・ウィルキンソン判事は,ピノチェト事件判決において,「拷問という国際犯罪の強行規範としての性質は,どこで行われようとも諸国が拷問に対する普遍的管轄権を行使することを正当化する。」と述べた[58]。ICTY第一審裁判部は,フルンジヤ事件判決で,「拷問の禁止に対して国際社会が与えた強行規範としての性質の帰結の1つは,各国は自国の管轄権の下にある領域に所在している拷問の容疑がある個人を捜査し,訴追し,処罰又は引き渡す権利を有しているということである。」と判示した[59]。学説にも同様の見解がある[60]。

しかし,この論理構成に基づく見解に対しては反論があり得る。第1に,諸国の間だけでなく学説においても,(i)国際法上の犯罪,(ii)強行規範,(iii)対世的義務の定義及びその法的帰結に関して合意が存在しない[61]。特に,具体的な作為又は不作為が,実体法上,国際法上の犯罪や強行規範を構成することについては合意があるとしても,そのことから国際法上の犯罪や強行規範の違反に対する救済手段として具体的な手続的な権利又は義務あるいは国際機構での審査制度や国際裁判所の管轄権制度等が創設されていることについて合意が存在すると立証するためには非常な困難が伴う。通常,これらの手続的な権利及び義務や国際機構,国際裁判所の諸制度は,条約によって創設されるからである。したがって,一定の行為を国際法上の犯罪又は強行規範に反する行為として位置づけることから直ちに,ICCに国際社会の刑罰権又は固有の管轄権が付与されたり,すべての国が当該行為に対する普遍的管轄権を付与されることを意味することや,各国が国際法上の犯罪又は強行規範で禁止されている行為に対し

---

57) *Regina v Finta*, Judgment, Supreme Court of Canada, 24 March 1994, (1997) 104 ILR 284, 287.
58) *Regina v Street Metropolitan Stipendiary Magistrate, ex parte Pinochet Ugarte (No 3)*, Judgment, House of Lords, 24 March 1999, [2000] 1 AC 147, 198.
59) *Prosecutor v Furundzija* (Judgment) ICTY-95-17/1-T (10 December 1998) 60 (para 156).
60) See eg FA Mann, 'The Doctrine of Jurisdiction in International Law', (1964-I) 111 Recueil des cours 1, 95; Orakhelashvili (n 51) 288–319; Kokott and Hoffmeister (n 53) 119.

第4部　個人の刑事責任の追及

て普遍的管轄権を行使するときに満たされなければならない条件について，合意が存在すると推定することは困難である[62]。言い換えれば，国際社会の刑罰権又は固有の管轄権付与説又は国家の普遍的管轄権委譲説に立ち，規程の発効後から直ちに実体刑事法だけでなくICCの司法管轄権もすべての国に及んでいると解する場合，国際法上の犯罪，強行規範等の概念から，①国際社会の刑罰権又は固有の管轄権の存在が肯定され，ICCがその刑罰権又は固有の管轄権の行使を担うことを許されている，又は，②各国に普遍的管轄権が付与されており，各国がその普遍的管轄権をICCに委譲している，という法的帰結が引き出されることについて諸国の間で合意が存在することを立証する必要がある。もしそのような合意がないのであれば，ICCが，いかなる国の同意も得ることなく，あらゆる国で生じた規程上の犯罪に対して管轄権を行使することを許されているという前提に立つ根拠は失われるはずである。

なお，この問題に関連して，国際司法裁判所（ICJ）における民衆訴訟（*actio*

---

61) 強行規範に関する多様な見方を概観するものとして，see K Zemanek, 'The Metamorphosis of Jus Cogens: From an Institution of Treaty Law to the Bedrock of the International Legal Order?,' in E Cannizzaro (ed), *The Law of Treaties Beyond the Vienna Convention* (OUP 2011) 381, 382-391. 法源論における強行規範の概念及び位置づけについては，例えば，(a)強行規範は自然法に由来すると捉える見解（ド・ヴィシェール），(b)強行規範は実定法上の概念と位置づけつつ，同意原則に必ずしも基礎を置かない強行規範の承認は，慣習法，条約とは別の新たな法源の承認を意味するという見解（オヌフ），(c)強行規範は，既存の法源に由来するものであるが，多数決原則に従って定立され，反対国に対しても拘束力を有すると説明する見解（ロザキス等），(d)すべての国が問題の権利又は義務を法（実定法）に基づくものとして承認しており，かつ，大多数の国家が当該権利又は義務を強行規範であるとみなすものに限定されるとの見解（エイクハースト）がある。C de Visscher, 'Positivism et "jus cogens",' (1971) 75 RGDIP 7 ; B Onuf, 'Peremptory Norms of International Law: Their Source, Function and Futures,' (1974) Denver J Int'l L and Policy, 187, 195; CL Rozakis, *The Concept of Jus Cogens in the Law of Treaties* (North-Holland Publishing 1976) 78; LA Alexidze, 'Legal Nature of Jus Cogens in Contemporary International Law,' (1981) 172 Recueil des cours 219, 246-247, 258; G Gaja, 'Jus Cogens Beyond the Vienna Convention,' (1981) 172 Recueil des cours 271, 283; M Akehurst, 'The Hierarchy of the Sources of International Law,' (1974-1975) 47 BYIL 284-285. See also GM Danilenko, 'International Jus Cogens: Issues of Law-Making,' (1991) 2 EJIL 52-55; Simma (n 39) 285-321. 寺谷・前掲注51) 242-273頁。

62) 国際法上の犯罪又は強行規範の概念の法的帰結の1つとしての各国への普遍的管轄権の付与に反対する見解として，see C Kreß, 'Universal Jurisdiction over International Crimes and the *Institut de droit international*,' (2006) 4 JICJ 561, 571-573; Akande and Shah (n 32) 834-837.

popularis）を認めるために対世的義務や強行規範の概念に依拠する見解もあるが，ICJ は，東ティモール事件で，「規範の対世的性格と管轄権に対する同意規則は 2 つの異なるものである。」と述べ[63]，また，コンゴ領域における軍事活動事件で，「対世的な権利及び義務が紛争の対象となっているという事実が，裁判所に対して当該紛争を受け入れる管轄権を付与することはないだろう。同じことは，一般国際法の強行規範と裁判所の管轄権の設定との関係にも当てはまる。」と述べ[64]，この見解に否定的であることに留意する必要がある。

第 2 に，この論理構成に基づく見解の矛盾の 1 つは，国際法上の犯罪との関係における慣習国際法上の政府職員等の免除に対するこの見解の帰結に表れると思われる。国内裁判所と国際裁判所の判例のいくつかは，もし一定の行為の国際法上の犯罪又は強行規範に反する行為としての位置づけが，慣習国際法上，国家に対する普遍的管轄権を付与するのであれば，同じ国際法上の犯罪又は強行規範に反する行為としての位置づけは，慣習国際法上の政府職員等の刑事管轄権からの免除を否定するであろうことを示してきた。例えば，英国貴族院のミレット判事は，ピノチェト事件で，「国際法は強行規範の性質を有する犯罪を確立しておきながら，同時に，それが課そうとする義務と同範囲の免除を与えると考えることはできない。」と述べた[65]。ICJ のアルハサウネ判事は，逮捕状事件の反対意見で，「重大な犯罪との実効的な闘いは，議論の余地はあるものの，国際社会が保護し，強化しようとする不可欠の共同体の利益及び価値の国際社会による承認を反映して，強行規範の性質を獲得した。それ故，この階層的に上位の規範が免除に関する規則と衝突するとき，この規範が優越すべきである。」と述べた[66]。学説でもこの見解を支持するものがある[67]。

---

63) *Case concerning East Timor* (*Portugal v Australia*) (Jurisdiction) [1995] ICJ Rep 90, 102 (para 29).
64) *Case concerning Armed Activities on the Territory of the Congo* (*New Application: 2002*) (*Democratic Republic of the Congo v Rwanda*) (Jurisdiction) [2006] ICJ Rep 6, 31-32 (para 64).
65) *Pinochet* (*No 3*) (n 58) 278. See *contra* ibid, 205 (Lord Browne-Wilkinson), 242 (Lord Hope of Craighead).
66) [2002] ICJ Rep 95, 98 (para 7).
67) See eg AC Belsky, M Merva and N Roht-Arriaza, 'Comment: Implied Waiver Under the FSIA: A Proposed Exception to Immunity for Violations of Peremptory Norms of International Law,' (1989) 77 California L Rev, 365; A Bianchi, 'Denying State Immunity to Violations of Human Rights,' (1994) 46 Austrian J Public Intl L, 210-219.

第4部　個人の刑事責任の追及

しかし，この見解は，刑事管轄権からの免除（逮捕状事件）と民事管轄権からの免除（国家の管轄権免除事件）の両方の分野でICJによって明確に否定されており，他の国際裁判所や国内裁判所でも否定されてきている[68]。ICJは，逮捕状事件判決で，「国内裁判所の管轄権を規律する規則は，免除を規律する規則から慎重に区別されなければならないということに留意すべきである。すなわち，管轄権［の存在］は免除の不存在を示唆しないし，免除の不存在は管轄権［の存在］を示唆しない。したがって，一定の重大な犯罪の防止及び処罰に関する様々な国際条約が国家に対して訴追又は引渡しの義務を課しており，それにより，国家に対して刑事管轄権を拡張することを求めているが，そのような管轄権の拡張は，外務大臣の免除を含む慣習国際法上の免除にいかなる影響も及ぼさない」と述べることにより[69]，普遍的管轄権の行使が慣習国際法上の一定の現職政府職員等の免除の制約を受けることを確認した。ICJはまた，国家の管轄権免除事件判決で，「強行規範の規則はいかなる逸脱も許されない規則であるが，管轄権の範囲を定め，いつ管轄権が行使されうるかを決定する規則は，強行規範の地位を有する実体的な規則から逸脱するわけではなく，管轄権に関する規則の修正を求めたり，管轄権に関する規則の適用を排除する何かが強行規範の概念に固有に存在しているわけでもない。」と判示した[70]。強行規範違反を根拠とする免除否定論の問題点は，強行規範違反行為の無効，強行規範違反行為の不承認義務違反，免除の黙示的放棄，強行規範違反行為の主権行為性の否定等の免除否定の論理構成に無理がある上，免除否定後の管轄権の行使を通じた裁判の結果としてしか，問題の行為が強行規範の違反であったか否かを判断することができないはずにもかかわらず，管轄権を行使する前の

---

68)　欧州人権裁判所の判例として，see *Al-Adsani v United Kingdom* (2002) 34 EHRR 11; *Kalogeropoulou v Greece and Germany* ECHR 2002-IX 415; *Grosz v France* App no 147.7/06 (ECHR, 16 June 2009). 国内裁判所の判例として，see *Prinz v Federal Republic of Germany*, 26 F 3d 1166 (DC Cir. 1994); *Federal Republic of Germany v Miltiadis Margellos*, Case 6/17-9-2002; *Greek Citizens v Federal Republic of Germany* (2003) 42 ILM 1030; *Ferrini v Repubblica Federale di Germania* (2004) 87 RDI 539; *Jones v Saudi Arabia* [2006] UKHL 26.

69)　*Arrest Warrant of 11 April 2000 (Democratic Republic of the Congo v Belgium)* (Merits) [2002] ICJ Rep 3, 24-25 (para 59). ただし，管轄権に関する規則が免除に関する規則に「いかなる影響も及ぼさない」か否かは議論の余地がある。Akande and Shah (n 32).

70)　*Jurisdictional Immunities of the State (Germany v Italy)* (Merits) [2012] ICJ Rep 99, 141 (para 95). See also cases cited in ibid, 141-142 (para 96).

段階で強行規範の違反があったことを前提とする点で，論理的な矛盾があることである[71]。また，上位規範である強行規範が下位規範である免除規則に優越するという捉え方をした場合，いかなる免除をも否定することになるため，①国家の民事管轄権からの免除と政府職員等の個人の刑事管轄権からの免除，②管轄権免除と執行免除，③公的地位に付随する人的免除（immunity *ratione personae*）と公的行為に付随する事項的免除（immunity *ratione materiae*）等を区別し，それぞれの区分において，いずれか一方は否定され他方は肯定されるという結論を導き出すことは論理的に困難なのではないかという問題もある。

他方，仮に，強行規範違反行為や国際犯罪と疑われる行為に関する訴訟については管轄権を行使する義務が存在し，かつ，当該義務が強行規範を構成している場合には，強行規範である管轄権行使義務が，強行規範ではない政府職員等の免除規則に優越するため，免除が否定されるという結論を導き出せる可能性があるものの[72]，そのような管轄権行使義務が存在することを示す実行の集積は現時点では見当たらない。また，このような管轄権行使義務の存在を肯定する場合，真実和解委員会や和平交渉の結果等による犯罪被疑者に対する恩赦の付与が一切否定されるのかという問題も生じうる[73]。

特に，ICCとの関係では，規程第98条1項が，明示的に非締約国の国家免除及び外交免除を尊重する規定を置いている。国際社会の刑罰権又は固有の管轄権付与説に立つ場合，規程上の犯罪に対するICCの管轄権はすべての国のすべての個人に及んでいる点で，論理的には，非締約国の政府職員等の免除が認められる余地はないはずであり，規程第98条1項の存在をどのように説明するのかという問題が生じうる。第12条2項の国家の同意と同様に「単なる政策的な配慮」又は「ICCの管轄権の行使を正当化する役割」として導入されたと説明することは可能であるが，その場合，国連憲章第7章に基づく義務が課される場合にのみ，非締約国の政府職員等の免除を否定することが可能であること

---

71) 水島朋則『主権免除の国際法』（名古屋大学出版会，2012年）第9章参照。ほぼ同様の問題点が国際犯罪に対する免除否定論についても当てはまる。Akande and Shah (n 32) 828-832.
72) Akande and Shah (n 32) 834-837.
73) ICCの管轄権行使と恩赦との関係については，see eg SA Williams and WA Schabas 'Article 17,' in Triffterer (n 30) 605, 617-619 (§ 26); WA Schabas, 'Transitional Justice and the Norms of International Law,'『国際法外交雑誌』110巻4号（2012年）563頁以下。

になる。確かに，ICC の管轄権との関係においては各国の政府職員等の免除は一切認められないという慣習国際法規則の成立が認められれば，第98条1項の「第三国の人又は財産に係る国家の又は外交上の免除」は存在しないと解釈できるため，ICC の管轄権はすべての国の政府職員等にも及ぶことになる[74]。ただし，締約国が122カ国に留まり，米国，ロシア，中国，インド等の世界の主要国が締約国となっていない現状では，そのような免除規則が成立しているという見方をすることは困難であろう[75]。また，この見解では，ローマ規程という条約の効果として非締約国の政府職員等の免除が否定されるわけではなく，あくまでローマ規程とは別個の慣習国際法上の規則の効果として免除が否定される点でも，ローマ規程の枠内での説明は困難であり，補足的に慣習国際法に依拠せざるを得ないことに注意する必要がある。

(b) 国家の普遍的管轄権委譲説

2つ目の論理構成に基づく見解は，慣習国際法上，各国は ICC 規程上の犯罪に対して普遍的管轄権を行使することを許されているという前提に立った上で，普遍的な立法管轄権及び普遍的な司法管轄権[76]の両方が締約国から ICC に委譲され，規程の刑事実体法は，規程の発効後，すべての国のすべての個人に対して適用されるが，締約国から ICC に委譲された普遍的な司法管轄権の効力は，安保理が ICC 検察官に対して特定の事態を付託するまでの間停止さ

---

74) 拙稿『月報』前掲注32) 45-46頁。この立場を示す ICC 予審裁判部の決定として, see *Situation in Darfur, Sudan, The Prosecutor v. Omar Hassan Ahmad Al Bashir,* Decision Pursuant to Article 87 (7) of the Rome Statute on the Failure by the Republic of Malawi to Comply with the Cooperation Requests Issued by the Court with Respect to the Arrest and Surrender of Omar Hassan Ahmad Al Bashir, ICC-02/05-01/09-139, 12 December 2011. この決定については，拙稿「国際刑事裁判所に対する国家の協力」村瀬信也＝洪恵子共編『国際刑事裁判所 ── 最も重大な国際犯罪を裁く〔第2版〕』（東信堂，2014年）参照。

75) ガエタ及びアカンデも，ICC によるバシール大統領の訴追に関して，バシール大統領はなお慣習法上の刑事管轄権からの免除を享有していることを前提に議論している。See Gaeta, JICJ (n 32); Akande, JICJ (n 32). 水島・前掲注71) 第12章 (283-290頁) も参照。

76) 管轄権の定義については, see M Akehurst, 'Jurisdiction in International Law,' (1972-1973) 46 BYIL 145; P Malanczuk, *Akehurst's Modern Introduction to International Law* (7th edn, Routledge 1997) 109. See also American Law Institute, *Restatement of the Law: The Foreign Relations Law of the United States*, vol 1 (American Law Institute 1987) 230-234; Jennings and Watts (n 4) 456. See *contra* V Lowe and C Staker, 'Jurisdiction' in M Evans (ed), *International Law* (3rd edn, OUP 2010) 313, 316-317.

〔村井伸行〕 *18* 非締約国の事態に対する国際刑事裁判所（ICC）の管轄権の法的根拠

せられているというものである[77]。

この見解の1つの問題点は，国家の普遍的管轄権の定義及び行使条件に関する論争が存在していることにある。普遍的管轄権の定義及び行使条件の問題は長年にわたって学説上の論争となっており[78]，近年にはICJの事件[79]や国連総会第6委員会[80]で論争の対象となってきた。現在，確立しつつある実行は，集団殺害犯罪，人道に対する犯罪及び戦争犯罪のような国際法上の最も重大な犯罪に対して，国家は普遍的管轄権の行使を許容されているという立場に向

---

77) 第12条3項に基づく事後的な管轄権の拡張に関する田中の説明を参照。田中・前掲注19) 59-60頁。See also Sadat (n 24) 10-14, 107-11, 269-71 (esp. 108-9). 3 **（2）** のミラノヴィッチの見解（注28）の検討も参照。

78) See esp. Draft Convention on Jurisdiction with Respect to Crime, arts 9 and 10, in *Research in International Law under the Auspices of the Faculty of the Harvard Law School: Draft Conventions Prepared for the Codification of International Law* (American Society of International Law 1935) 549-575; FA Mann, 'The Doctrine of Jurisdiction in International Law', (1964-I) 111 Recueil des cours 1, 82-95; Akehurst (n 68) 160-166; KC Randall, 'Universal Jurisdiction under International Law,' (1988) 66 Texas L Rev 785; Princeton Project on Universal Jurisdiction, *The Princeton Principles on Universal Jurisdiction* (2001); L Reydams, *Universal Jurisdiction: International and Municipal Legal Perspectives* (OUP 2003); R O'Keefe, 'Universal Jurisdiction: Clarifying Basic Concept,' (2004) 2 JICJ 743; Institut de droit international, Dix-septième Commission, *La compétence universelle en matière pénale à l'égard du crime de génocide, des crimes contre l'humanité et des crimes de guerre, Resolution,* Session de Cracovie, 2005; Kreß (n 57) 561; C Ryngaert, *Jurisdiction in International Law* (OUP 2008) 100-133; F Jessberger, 'Universal Jurisdiction' in A Cassese (ed), *The Oxford Companion to International Criminal Justice* (OUP 2009) 555; L Reydams, 'The Rise and Fall of Universal Jurisdiction,' in WA Schabas and N Bernaz (eds), *Routledge Handbook of International Criminal Law* (Routledge 2011) 337-354.

79) *Arrest Warrant* case (n 62), Separate Opinion of President Guillaume, paras 16-17; Declaration of Judge Ranjeva, paras 6-10; Separate Opinion of Judge Rezek, para 9; Joint Separate Opinion of Judges Higgins, Kooijmans and Buergenthal, paras 42-52; Dissenting Opinion of Judge *ad hoc* Van den Wyngaert, paras 40-67; Dissenting Opinion of Judge Oda, para 12; Separate Opinion of Judge Koroma, para 9; *Certain Criminal Proceedings in France (Republic of the Congo v France)* Application, 9 December 2002. See *Certain Questions of Mutual Assistance in Criminal Matters (Djibouti v France)* (Merits) [2008] ICJ Rep 177; *Questions relating to the Obligation to Prosecute or Extradite (Belgium v Senegal)* (Merits) [2012] ICJ Rep 422.

80) 「普遍的管轄権の範囲及び適用（The Scope and Application of the Principle of Universal Jurisdiction）」の議題は，タンザニアの要請により2009年の第64回国連総会の暫定議題に含まれ，それ以来，国連総会第6委員会が毎年この議題を議論している。UN Doc A/RES/64/117 (16 December 2009); A/RES/65/33 (6 December 2010); A/RES/66/103 (9 December 2011); A/RES/67/98 (14 December 2012); A/RES/68/117 (16 December 2013).

第4部　個人の刑事責任の追及

かっているように思われる[81]。しかし，国家が，当該犯罪と全く関係がないにもかかわらず，他の国で行われた犯罪に対して普遍的管轄権を行使するとき，当該普遍的管轄権の行使の合法性は論争の的となりうる。提起されてきた主要な論点は，(i)慣習国際法上，普遍的管轄権が適用される犯罪の類型[82]，(ii)普遍的管轄権と属地的管轄権等の他の管轄権の根拠との関係[83]，(iii)普遍的管轄権の許容的な性格又は義務的な性格[84]，(iv)普遍的管轄権の行使条件[85]，(v)普遍的管轄権と政府職員等の免除との関係[86]，(vi)普遍的管轄権と引渡し又は訴追の義務との関係[87]，(vii)普遍的管轄権の政治的に濫用された行使[88]である。

---

81) See *Arrest Warrant* case (n 79), Joint Separate Opinion of Judges Higgins, Kooijmans and Buergenthal, paras 45–65; Dissenting Opinion of Judge Van den Wyngaert, paras 52–66; the statement of Australia on behalf of CANZ countries in the Sixth Committee, UN Doc A/C.6/66/SR.12, paras 6–7. See also *Princeton Principles* (n 78), Principles 1 and 2; Institut de droit international (n 78), para 3; J-M Henckaerts and L Doswald-Beck, *Customary International Humanitarian Law*, vol 1 (CUP 2005) 604–607; R Higgins, *Problems and Process: International Law and How We Use It* (OUP 1994) 77; Akande, AJIL (n 32) 414–415.

82) See UN Doc A/C.6/66/SR.12, paras 2–3 (Iran on behalf of the NAM countries), para 15 (Egypt), para 19 (Norway), para 22 (Guatemala), para 27 (Colombia), para 35 (Sudan), para 39 (Ethiopia), para 50 (Swaziland), para 52 (Belgium), para 61 (Malaysia), paras 65–66 (Algeria); A/66/93, paras 47–48 (United Kingdom), para 158 (African Union). See also UN Doc A/65/181, Table 1 (at 28–32); A/66/93, Table 1 (at 32–38). See also n 70.

83) See UN Doc A/C.6/66/SR.12, para 6 (Australia on behalf of the CANZ countries), para 9 (Qatar on behalf of the Arab Group), para 12 (Kenya on behalf of the Group of African States), para 28 (Colombia), paras 30–31 (El Salvador), para 33 (Peru), para 36 (Sudan), paras 65–66 (Algeria), para 67 (Senegal), para 71 (Argentina), para 74 (Israel); A/66/93, para 49 and Table 2 (United Kingdom), para 65 (Bosnia and Herzegovina), para 162 (African Union).

84) See UN Doc A/C.6/66/SR.12, para 6 (Australia), para 22 (Guatemala), para 27 (Colombia); A/66/93, para 47 (United Kingdom).

85) See UN Doc A/C.6/66/SR.12, para 15 (Egypt), para 36 (Sudan), para 41 (Russia), paras 45, 47 (Democratic Republic of the Congo), para 67 (Senegal), para 72 (Argentina). See also n 54. Examples of the conditions are (i) universal jurisdiction must be complementary to other basis of jurisdiction, (ii) the presence or residence of the suspect or accused in its territory, and (iii) the consent of a senior government official or the Attorney-General is required for prosecution.

86) See UN Doc A/C.6/66/SR.12, para 1–2 (Iran), para 8 (Australia), paras 12, 14 (Kenya), para 21 (Norway), para 29 (Colombia), para 33 (Peru), para 37 (Sudan), paras 38, 40 (Ethiopia), para 43 (Russia), paras 45, 47–48 (Democratic Republic of the Congo), para 51 (Swaziland), para 52 (Belgium), para 59 (Venezuela), para 64 (Malaysia), para 66 (Algeria), para 68 (Senegal); A/66/93, para 68 (Lithuania), paras 164–166 (African Union).

〔村井伸行〕　*18* 非締約国の事態に対する国際刑事裁判所（ICC）の管轄権の法的根拠

この論争が生じた背景には，特に1990年代以降，ICTY及びICTRの設立にも触発されて，国際法上の犯罪に対する各国の普遍的管轄権行使の頻度が高まり，特に普遍的管轄権の行使を認めた国内法制を有する欧米諸国において，①途上国での武力紛争法違反行為や重大な人権侵害行為の被疑者を訴追する動きと，②先進国の途上国に対する武力行使に伴う武力紛争法違反行為等の被疑者（特に欧米諸国等の政治指導者）を訴追する動きが強まったことがある[89]。つまり，普遍的管轄権の本来の趣旨を超えて普遍的管轄権が政治的に濫用される懸念が高まったのである。この現実を踏まえれば，国際法上の犯罪に対する不処罰との闘いは真剣に追求されなければならないが，国家間の外交関係の維持のための一定の適切なセーフガードが21世紀の国際社会の秩序ある発展のためだけでなく，国際刑事法の堅実な発展のためにも必要であるように思われる。国連総会第6委員会での普遍的管轄権の範囲及び適用に関する執拗に続く議論を踏まえると，少なくとも今日において，締約国からICCに対して普遍的な立法管轄権と司法管轄権の両方を委譲したのであり，普遍的な立法管轄権はICC規程の発効時から有効であり，普遍的な司法管轄権は安保理がICC検察官に対して事態を付託するときに有効化されることについて合意があると主張することは時期尚早であろう。

また，仮に普遍的管轄権の定義及び行使条件に関して諸国の間で合意があるという前提に立ったとしても，先に触れた規程第98条1項の規定との関係をどのように説明するかという問題は残る。普遍的管轄権委譲説に立つ場合，ICC

---

87) See UN Doc A/C.6/66/SR.12, para 4 (Chile), para 23 (Guatemala), para 27 (Colombia), para 59 (Venezuela), para 62 (Malaysia), para 72-73 (Argentina), para 75 (Israel).
88) See *Arrest Warrant* case (n 55), Separate Opinion of President Guillaume, paras 16-17; Declaration of Judge Ranjeva, paras 6-10; Separate Opinion of Judge Rezek. See also UN Doc A/C.6/66/SR.12, para 3 (Iran), paras 10-11 (Qatar), paras 13-14 (Kenya), para 15 (Egypt), para 20 (Norway), para 30 (El Salvador), para 34 (Cuba), para 37 (Sudan), paras 38-40 (Ethiopia), para 43 (Russia), paras 45, 47 (Democratic Republic of the Congo), paras 49-50 (Swaziland), paras 54-56 (Zambia), paras 57-58 (Venezuela), paras 65-66 (Algeria), paras 67-68 (Senegal), paras 69-70 (Rwanda), paras 71-72 (Argentina). AUは，普遍的管轄権の行使を規律する国連総会の補助機関として普遍的管轄権に関する国際委員会の設立を提案している。UN Doc A/66/93, para 168.
89) ①の動きを分析したものとして，稲角光恵「刑事司法を通じた新植民地主義 —— 欧州諸国の普遍的管轄権に対するアフリカの反発」松田竹男他編『現代国際法の思想と構造II：環境，海洋，刑事，紛争，展望』（東信堂，2012年）195頁以下。

第 4 部　個人の刑事責任の追及

の管轄権の淵源は国家の管轄権にあるため，慣習国際法上の非締約国の政府職員等の免除の制約をなお受けると考える必要があるからである[90]。先に指摘したように，この制約は，安保理が，国連憲章第 7 章に基づく権限を行使して，非締約国に対して ICC と協力する義務又は非締約国の政府職員等の免除を放棄する義務を課すときは，除去されると説明することが可能である[91]。これは，国連憲章第103条によれば，国連憲章第 7 章に基づく義務は，刑事管轄権からの免除を含む慣習国際法上の権利又は義務に優先するためである[92]。ただし，この解釈では，免除否定の根拠をローマ規程の枠組内で説明することは困難であり，国連憲章に依拠せざるを得ないことになる。

上記の分析から，ICC の管轄権の法的根拠を国際社会の刑罰権もしくは固有の管轄権の ICC への付与又は締約国の普遍的管轄権の ICC への委譲に求める主張に対しては，引き続き疑念が残ることが明らかである。それ故，規程の締約国が，立法管轄権と司法管轄権の両方に関して属地主義と積極的属人主義に基づく管轄権を ICC に委譲することに合意したのであり，当該委譲は補完性の原則や安保理による事態の付託等の規程に定められた条件に服することを前提になされたと考えることがなお妥当であると思われる[93]。したがって，規

---

90) 「国家管轄権の賦与・代理を根拠するときは，国際刑事管轄権の内容は，国家刑事管轄権の内容や条件を越えることはできない」(田中・前掲注19) 58頁) という前提に立つと，国家の普遍的管轄権行使を制約する国際法上の免除規則が，国家の普遍的管轄権が委譲された ICC の管轄権にもなお適用されると考えられる。

91) 同様の見解として，水島・前掲注71) 第12章 (286頁，290頁) 参照。

92) 第103条は国連憲章上の義務と「他のいずれかの国際協定」に基づく義務の抵触にのみ言及するため，国連憲章上の義務が慣習国際法にも優先するのか否かについては論争がある(See eg R Liivoja, 'The Scope of the Supremacy Clause of the United Nations Charter', (2008) 57 ICLG 583, 602-612)。ただし，国連安保理の実行上は，第103条が国連憲章上の義務と（強行規範を除く）慣習国際法上の権利及び義務との関係にも適用されることが広く受け入れられている。See eg Report on Fragmentation of International Law (n 53) 175-176 (paras 344-345); S Talmon, 'Security Council Treaty Action',(2009) 62 Revue Hellénique de Droit International, 89-94; R Kolb, An Introduction to the Law of the United Nations(Hart 2010), 63. 異なる理由付けに基づく見解として，see R Bernhardt, 'Article 103' in B Simma (ed), *The Charter of the United Nations: A Commentary* (2nd edn, OUP 2002) 1298-1299.

93) 属地主義及び積極的属人主義に基づく刑事管轄権の ICC への委譲説に立つ学説として，see Hafner et al (n 30) 117; Orentlicher (n 30) 491-493; Bassiouni (n 30) 8 - 9 ; Akande, JICJ (n 30) 621-634; Mégret (n 30) 251-254; Williams and Schabas (n 30) 556-557 (§15). 国家による国家管轄権の国際裁判所への委譲を認める学説として，see Danilenko (n 30) 464-466; Scharf (n 30) 98-117.

程の実体刑事法と ICC の司法管轄権は原則として締約国の領域と国民に対してのみ適用される。

（3）安保理による非締約国に対する ICC の管轄権を受諾する義務の賦課

非締約国に対する ICC の管轄権の法的根拠に関する 2 つ目の理論上の仮説は，安保理が，国連憲章第 7 章の権限を行使して，国連加盟国に対して ICC の管轄権を受諾する義務（又は ICC の管轄権行使を受忍する義務）を課すことである。ただし，この見解についてもいくつかの論点があるため，以下それらの論点を検討することとする。

第 1 の論点として，冷戦終結後の1990年代に安保理が機能不全を回復して以来，国連憲章上の安保理の権限に対する制限に関して[94]，また，特に2001年 9 月11日の米国での同時多発テロ事件以降に安保理がとってきた対テロ行動との関係における安保理の立法権限に関して[95]，論争が行われてきた。タルモン（Stefan Talmon）が指摘するように，安保理の立法権限は，安保理によって課された義務が一般的・抽象的な性格を有する場合に，特に問題視されうる[96]。この観点からは，特定の事態において ICC の管轄権を受諾する義務を課すことは同じ問題を惹起しないように思われる。ここでは，安保理が，（規程の締約国ではない）一国連加盟国に対して，スーダン・ダルフール又はリビアのような特定の事態に関する限りにおいて，ICC の管轄権を受諾する義務を課すだけであるからである[97]。もし安保理が当該特定の事態が国連憲章第39条の「平和に対する脅威，平和の破壊又は侵略行為」を構成すると認定し[98]，当該認定が国連憲章第24条の国際の平和と安全の維持に関する安保理の主要な

---

94) See eg D Caron, 'The Legitimacy of the Security Council', (1993) 87 AJIL 552; V Gowlland-Debbas, 'The Functions of the United Nations Security Council in the International Legal System,' in M Byres (ed), *The Role of Law in International Politics* (OUP 2000) 277; G Nolte, 'The Limits of the Security Council's Powers and its Functions in the International Legal System' in ibid, 315.
95) S Talmon, 'The Security Council as World Legislature,' (2005) 99 AJIL 175. See also P Szasz, 'The Security Council Starts Legislating', (2002) 96 AJIL 901; M Happold, 'SC Resolution 1373 and the Constitution of the UN', (2003) 13 Leiden JIL 593; Boyle and Chinkin (n 31) 109–115.
96) Talmon (n 95) 176–177.

第4部　個人の刑事責任の追及

責任の範囲内のものであるならば[99]，この強制的措置は，国連憲章上の安保理の権限の範囲内にあると考えられる[100]。この見解は，安保理は特定の事態と全く関係がない場合にまで ICC に対して非締約国に対する管轄権を行使するよう要請することはできない[101]という前提に基づいている点でも，問題はない。さらに，既に指摘したように，国連憲章第7章に基づく義務は慣習国際法上の政府職員等の刑事管轄権からの免除に優先する点も想起される必要がある[102]。

ただし，この理論上の仮説が正しいとしても，実際にこの仮説が受け入れられているか否かを検証することは必要である。そのため，スーダン・ダルフールとリビアのそれぞれの事態の付託の際の安保理での議論を検討することとしたい。

---

97)　安保理が ICC に対して，規程第16条に従い，平和維持活動のような国連が設立又は許可した活動の要因を捜査又は訴追しないように要請した，安保理決議1422及び1487に関して，ニュージーランドは，「特定の事実の解決に対応するためではない，一般的な (generic) 決議」の問題を提起した（UN Doc S/PV.4568 (10 July 2002), 5; S/PV.4772 (12 June 2003), 5.）。しかし，安保理決議1593及び1973がこの類型の決議には当たらないことは明白である。

98)　See UN Doc S/Res/1593 (31 March 2005), preambular para 5; UN Doc S/Res/1973 (17 March 2011), preambular para 20.

99)　安保理は，ある事態が第39条の平和に対する脅威，平和の破壊又は侵略行為を構成するか否かの決定に関して広範な裁量を有している。See JA Frowein and N Krisch, 'Article 39,' in Simma, *Commentary* (n 92) 717, 719; D Sarooshi, *The United Nations and the Development of Collective Security: The Delegation by the UN Security Council of its Chapter VII Powers* (OUP 1999) 3 (n 4), 106; Talmon (n 95) 179–182. See also D Bowett, 'The Impact of Security Council Decisions on Dispute Settlement Procedures,' (1994) 5 EJIL 89, 92, 95; TD Gill, 'Legal and Some Political Limitations on the Powers of the UN Security Council to Enforcement Powers under Chapter VII of the Charter,' (1995) 26 NILR 33, 117–118; D Akande, 'The ICJ and the Security Council: Is There Room for Judicial Control of Decisions of the Political Organs of the United Nations?', (1997) 46 ICLQ 309; B Martenczuk, 'The Security Council, the International Court and Judicial Review: What Lessons from Lockerbie?', (1999) 10 EJIL 517.

100)　藤田久一「国際連合と国際刑事裁判所の権限関係 ── 安保理による事態の付託をめぐって」『同志社法学』58巻2号（2006年），448-450頁，458-459頁。1998年のローマ会議で，インドは，安保理に対して ICC の司法活動に介入する権限を付与するいかなる規定（第13条 (b) と第16条の両方）にも反対したが，この見解は広くは受け入れられず，最終的には却下された。See P Kirsch and JT Holmes, 'The Rome Conference on an International Criminal Court: The Negotiating Process,' (1999) 93 AJIL 2, 4, 10 (n 36); Wilmshurst (n 46) 138-9.

101)　Sarooshi (n 99) 98 (n 51).

〔村井伸行〕 *18* 非締約国の事態に対する国際刑事裁判所(ICC)の管轄権の法的根拠

　まず，2005年にICC検察官に対してスーダン・ダルフールの事態を付託した安保理決議1593の採択の際には，アルジェリア，ブラジル，中国，米国の4つの理事国が棄権した。このうち，アルジェリアは，国際社会によってとられる措置はスーダンの国内的な和解，危機の政治的解決及び平和と安定の強化を促進するものでなければならないが，この敏感かつデリケートな責務を遂行しうる最良の立場にあるのはアフリカ連合であり，安保理がアフリカ連合の提案を検討しなかったことは遺憾であるため，棄権したとしている[103]。また，ブラジルは，スーダン・ダルフールの事態をICCに付託することには賛成であるものの，決議前文パラグラフ4が規程第98条で言及されている協定の存在を留意しており，決議本文パラグラフ6が国連の設立又は許可した活動の非締約国の要員をICCの管轄権から排除し，派遣国の排他的な管轄権に服することを定めていることを理由に，棄権したと説明している[104]。そのため，これら2カ国は，規程第13条(b)に基づく非締約国の事態のICCへの付託制度ないし非締約国に対する管轄権受諾義務の賦課に反対して，棄権したわけではないといえる。他方，米国と中国は，ICCと非締約国との関係に言及する発言を行っているため，上記の仮説との関係で精査が必要である。

　米国は，「米国はICCがローマ規程の締約国ではない国の政府職員を含む国民に対して管轄権を行使しうるべきであるという見解に基本的に反対であり続ける。この見解は主権の性質の本質に打撃を与えるものである。我々の懸念から，我々は安保理によるICCに対するダルフールの事態の付託には同意せず，今日の決議の投票では棄権した。」と述べた[105]。しかし，米国はその後同じ投票後のステートメントで次のように述べている。「我々は，将来においては，関係国の同意ない場合には，非締約国の国民の捜査又は訴追は安保理の決定が

---

102) 注92参照。安保理決議1593に基づくスーダンのICCに協力する義務とスーダンのバシール大統領の免除との関係については，see Gaeta, JICJ (n 32) 315-332; Akande, JICJ (n 32) 333-352. 著者は，アカンデの見解に近い立場をとるものの，国連憲章第103条により，決議1593に基づくスーダンのICCに協力する義務は，ICCの逮捕状及び逮捕・引渡請求の執行との関係において，スーダンがすべての国連加盟国でバシール大統領の刑事管轄権からの免除を主張することを妨げるという効果を有していると捉える点で，若干異なる見解を有している。拙稿『月報』前掲注32) 51-54頁。
103) UN Doc S/PV.5158, 31 March 2005, 4-5.
104) ibid, 11.
105) ibid, 3.

第 4 部　個人の刑事責任の追及

ある場合にのみ行われるべきであると信じる……非締約国は，この機構の加盟国が国際の平和と安全の維持に関して主要な責任を付与した，安保理により別の決定がなされない限り，当該条約［ローマ規程］との関連でいかなる義務も有しない。」[106)] このステートメントから，米国は，非締約国の同意又は安保理による事態の付託がない場合に ICC が非締約国の国民に対して管轄権を行使することには反対したが，非締約国の事態を ICC 検察官に付託する安保理の権限及び当該非締約国に対して当該事態の付託に関連する一定の義務を課す安保理の権限を否定しなかったと理解できる。

　この仮説に対するより実質的な反対は中国によって提起された。中国は，安保理決議1593の採択の際に棄権した際に，「中国は，ローマ規程の締約国ではなく，その規定の一部に関して重大な留保を有している。我々は非締約国の意思に反するいかなる ICC の管轄権行使も受け入れることはできない。我々は，ICC によるそのような管轄権行使に対するいかなる安保理の許可も承認することは困難であると考える。」と述べた[107)]。この中国の発言は，中国は規程第13条(b) の規定そのものに反対の見方又は少なくとも懐疑的な見方をしていることを示唆している可能性がある。確かに，中国は，第13条(b) の規定そのものに反対していたのであれば，拒否権を行使することにより，スーダン・ダルフールの事態の付託を阻止することができたにもかかわらず，実際には棄権し，決議の採択を阻止するまでには至らなかった。しかし，最終的には政治的妥協により決議の採択を阻止することはなかったものの，上記の発言は，中国が非締約国の事態を ICC 検察官に付託する国連憲章上の安保理の権限を承認することを躊躇していることを示していると理解することはできよう。

　ただし，中国は，リビアの事態に関する決議1970の採択の際には賛成票を投じた。その際，中国は，リビアの騒然とした事態を深刻に懸念しており，できるだけ早くに，暴力の即座の停止を確保し，流血の惨事と文民の犠牲を回避し，安定と通常の秩序を回復し，対話のような平和的手段を通じて現在の危機を解決することが，最も緊急の課題であることを指摘した上で，「現在のリビアの特別な事態並びにアラブ諸国及びアフリカ諸国の懸念及び見解を考慮して，中

---

106)　ibid (emphasis added).
107)　ibid, 5.

国の代表は，決議1970に賛成票を投じた。」と説明している[108]。ここでは，「リビアの特別な事態」への言及は見られるものの，決議1593の採択の際に述べたような，規程第13条(b)に基づく非締約国の事態のICCへの付託に対する留保には触れられていない。確かに，「リビアの特別な事態」への言及が，リビアの事態に対する中国の対応が例外的なものであることを示唆している可能性は否定できないものの，リビアの事態の際にも，スーダン・ダルフールの事態の際と同様に棄権という選択肢をとることにより，決議に対する何らかの異議又は躊躇の意を示すことができたにもかかわらず，中国はそのような選択肢は選ばず，決議の採択に賛成票を投じたことは事実である。

それ故，なお将来の実行の進展を予断することは困難であるものの，スーダン・ダルフールの事態が付託された2005年の時点では，非締約国の事態を付託する安保理の権限及び非締約国に対してICCの管轄権を受諾する義務を課す安保理の権限に対して一定の疑念を示す国が存在したが，2005年以降のいずれかの時点で，遅くとも安保理が決議1970を採択した2011年2月までの間に，そのような疑念は払拭されたとみなすことができるように思われる[109]。したがって，国連憲章上の安保理のこの特定の権限に関して，ウィーン条約法条約第31条3項(b)の意味における事後の実行が既に確立されているか，あるいは，徐々に確立されつつあるとみなすことができよう。

最後に，スーダン・ダルフールの事態の付託の際のスーダンの反対について検討をしておきたい。決議1593に対するスーダンの反対に関しては，まず，ウィーン条約法条約第31条3項(b)の意味における事後の実行が生じるためには，問題の条約のすべての当事国が当該実行を受け入れたことを示す必要はないということを留意する必要がある[110]。さらに，スーダンは，安保理による二重基準（ダブル・スタンダード）を厳しく批判している[111]。スーダンの批判の原因の1つは，ブラジルと同様，決議1593の主文パラグラフ6がICCの管轄権の範囲から非締約国の国民，特に「安保理又はアフリカ連合によって設立又は許可されたスーダン国内での活動」の要員である者を除外し，それらの

---

108) UN Doc S/PV.6491, 26 February 2011, 4.
109) 安保理決議1593は賛成11票，反対0票，棄権4票（アルジェリア，ブラジル，中国，米国）で採択されたが，安保理決議1970は全会一致で採択された。UN Doc S/PV.5158, 31 March 2005, 2; S/PV.6491, 26 February 2011, 2.

活動「から生じるか,それらの活動に関連するすべての行為又は不作為に関して」それらの者を非締約国の排他的な管轄権に服せしめていることにある[112]。スーダンは,安保理が一非締約国の国民を ICC の管轄権に服せしめ,他の非締約国の国民を ICC の管轄権の範囲から排除した点で二重基準(ダブル・スタンダード)を批判していることは疑いがない。しかし,スーダンの批判を慎重に解釈すると,スーダンは,非締約国に対して ICC の管轄権を受諾する義務を課す安保理の権限を含む,ICC 検察官に対して非締約国の事態を付託する安保理の権限自体を否定しているわけではないと思われる。

　この理論上の仮説に関して最後に問題となるのは,安保理が国連加盟国に対して ICC の管轄権を受諾する義務を明示的に課す必要があるか,それとも,黙示的に,例えば,ICC 検察官に対して事態を付託する決議を採択することにより,又は,国連加盟国に対して ICC と協力する義務を課すことにより,この義務を課すことが可能であるかという点であろう。スーダン・ダルフールの事態とリビアの事態の両方の場合において,安保理は ICC 検察官に対してそれぞれの事態を付託することを決定し,それぞれの国(及びスーダン・ダルフールの事態に関しては他の全ての紛争当事者)に対して「裁判所及び検察官と完全に協力し,あらゆる必要な援助を提供する」義務を課しただけである[113]。したがって,決議1593及び決議1970には ICC の管轄権を受諾する義務への明示

---

110) 国連憲章第27条3項の「常任理事国の同意投票」の条件に関して,ICJ は,ナミビア事件勧告的意見で,南アフリカは,ICJ に勧告的意見を要請した決議284は国連憲章第27条3項が定める手続に従って採択されなかったと主張したが,「長期間に及ぶ安保理の手続は,議長の決定及び安保理事国,特に常任理事国によってとられた立場が一貫して常任理事国の自発的な棄権は障害を構成しないと解釈してきたことを示す十分な証拠を提供」し,「安保理によって従われてきたこの手続は,……国連加盟国によって一般的に受け入れられてきたのであり,この機構の一般的な実行であることを証明する。」と判示した。したがって,ICJ は,事後の実行が確立される条件として,すべての国連加盟国の受諾を必要とはしなかった。*Legal Consequences of States of the Continued Presence of South Africa in Namibia* (*South West Africa*) *notwithstanding Security Council Resolution 276* (*1970*) (Advisory Opinion) [1971] ICJ Rep 22 (para 22). See also *Loizidou v Turkey* (*Preliminary Objections*) (1995) Series A no 310, paras 79-80; A Aust, *Modern Treaty Law and Practice* (2nd edn, CUP 2007) 242-3. See contra UN Doc A/CN.4/SER.A/1966/Add.1, 222.

111) UN Doc S/PV.5158, 31 March 2005, 12.

112) UN Doc S/RES/1593, 31 March 2005, operative para 6.

113) UN Doc S/RES/1593, 31 March 2005, operative para 2; S/RES/1970, 26 February 2011, operative para 5.

〔村井伸行〕 *18* 非締約国の事態に対する国際刑事裁判所(ICC)の管轄権の法的根拠

的な言及はない。しかし，安保理の理事国の間には，これら2つの決議の意味及び決議の対象国に対する法的含意に関して合意が存在していたか，少なくとも安保理理事国の間に決議の意味や決議の対象国に対する法的含意に対する明示的な反対はなかったように思われる[114]。その法的含意とは，スーダン及びリビアに対するICCの管轄権を受諾する義務の賦課である。さらに言えば，安保理が明示的にICCの管轄権を受諾する義務に言及しなかった事実こそが，そのような義務の存在を強く示唆すると解することも可能であろう。規程第13条(b)には非締約国に対するICCの管轄権受諾義務の賦課が既に含意されており，安保理理事国は当然そのような義務の存在を前提としてみなしていたのであり，そのような義務に明示的に言及することは必要ではないとみなしていたと考えられるからである[115]。つまり，スーダン・ダルフールとリビアの事態に関するスーダン及びリビアに対するICCの管轄権を受諾する義務は，ICC検察官に対してこれらの事態を付託する安保理の決定か，安保理決議が言及するICCに協力する義務のいずれかに含意されているとみなすことができるように思われる[116]。

この見解においては，非締約国に対するICCの管轄権の法的根拠は，スーダン及びリビアを含む国連の全加盟国を法的に拘束する国連憲章，特に国連憲章第7章にある。確かに，この見解では，安保理が国連非加盟国の事態をICCに付託した場合の国連非加盟国の同意を説明することはできないものの[117]，それはICCへの事態の付託に特有の問題ではなく，国連憲章第7章に基づく

---

114) See S/PV.5158, 31 March 2005; S/PV/6491, 26 February 2011.
115) 規程の起草過程の議論でも国内外の学者による研究でも，安保理付託の場合の非締約国に対するICCの管轄権の法的根拠については，安保理は国連憲章第7章に基づいてICTY及びICTRのようなアドホック裁判所を設立する権限を有しているのであり，当然，安保理はICCに事態を付託する権限を有しているとみなすものが大半であり，この点について深く問題提起する見解は少ない。このことは，多くの実務者及び学者が，規程第13条(b)に基づくICCの管轄権行使には，当然，非締約国に対する管轄権受諾義務の賦課が含意されており，その点に理論上の問題はないとみなしている可能性があることを示しているとも解される。
116) 安保理決議1593及び1970の関連するパラグラフは，「決定する（Decides）」という語を用いるため，安保理が，ICC検察官への2つの事態の付託及びスーダン及びリビアに対するICCに協力する義務の賦課に関して法的拘束力がある決定を行う意図を有していたことは明らかである。See UN Doc S/RES/1593, 31 March 2005, operative paras 1 and 2; S/RES/1970, 26 February 2011, operative paras 4 and 5.
117) 北野・前掲注23) 177頁。

第4部　個人の刑事責任の追及

強制措置一般に当てはまる問題であり，その観点からの検討を要する[118]。

3　非締約国の領域内の非締約国の国民に対するICCの管轄権の法的根拠

　ICCの管轄権の合法性は，非締約国に対する管轄権の法的根拠を検討しただけでは明らかにはならない。ICCは個人に対して刑法を適用する刑事裁判所であり，それ故，罪刑法定主義，特に刑法の不遡及又は事後法の禁止の原則を遵守する必要があるからである[119]。したがって，非締約国の領域内の非締約国の国民に対するICCの管轄権の事後的な拡張がどのように正当化されるのかを検討する必要がある。この問題については2つの理論上の仮説があり得るように思われる。第1の根拠は，条約による，すべての国のすべての個人に対する国際法上の義務の賦課であり，第2の根拠は，ICCによる慣習国際法の適用である。3では，まず個人に対する国際法の法的拘束力に対する前提的問題について触れた後，これらの2つの根拠をそれぞれ検討することとしたい。

（1）前提的問題

　個人が国際法主体であるか否かという点については長い間論争が行われてきた。国家が，個人の権利及び義務を生み出すような条約を締結したり，慣習国際法を形成するような実行を積み重ねることができるという意味では，国家のみが国際法の第一義的な主体であることは確かであろう[120]。しかし，個人又

---

118)　小寺彰「国際レジームの位置 ── 国際法秩序の一元性と多元性」『岩波講座　現代の法・第2巻・国際社会と法』（岩波書店，1997年）103頁。なお，藤田久一『国連法』（東京大学出版会，1998年）336-337頁，340頁も参照。
119)　罪刑法定主義の原則は，(i)刑事法の特定性，(ii)刑事法の不遡及性，(iii)厳格な解釈の原則及び類推適用の禁止，(iv)被告人に有利な解釈（「疑わしきは被告人の利益に」）の4つの要素で構成される。See A Cassese, *'Nullum Crimen Sine Lege,'* in Cassese, *Oxford Companion* (n 78) 439-441; S Manacorda, 'Non-retroactivity,' in ibid, 437-438. See also C Kreß, 'Nulla poena nullem crimen sine lege,' in 7 MPEPIL 889, 890（§1), 895-898（§22-31）。また，自由権規約第15条，欧州人権条約第7条，米州人権条約第9条，アフリカ人権憲章第7条，アラブ人権憲章第6条も参照。
120)　Jennings and Watts (n 4) 16-22, 119-120. See also Chinkin (n 39) 13-15. 田畑茂二郎『国際法〔第2版〕』（岩波書店，1966年）137-154頁，山本草二『国際法〔新版第5刷〕』（有斐閣，1995年）121-123頁。

〔村井伸行〕 *18* 非締約国の事態に対する国際刑事裁判所(ICC)の管轄権の法的根拠

はその他の主体が国際法の権利及び義務を保持しうる国際法主体であることは今日広範に受け入れられている[121]。個人の権利を創出している典型的な例は人権条約である。人権条約は，実体的な権利を定めているだけでなく，（自由権規約第一選択議定書に基づく）規約人権委員会のような人権監視機関や（欧州人権条約に基づく）欧州人権裁判所のような国際裁判所に対して，個人が実体的な権利の違反を訴えることができるという意味での手続的な権利をも定めている[122]。

本稿の目的からより関連性が強い，国際法上の個人の義務との関係では，特に集団殺害罪，人道に対する犯罪及び戦争犯罪に関して，国際法上の犯罪及び個人の刑事責任の概念が，第二次世界大戦後の国際軍事裁判所（ニュルンベルク国際軍事裁判所，IMT）及び極東国際軍事裁判所（東京国際軍事裁判所，IMT-FE）によって承認された[123]。これらの裁判所の実行はその合法性につき疑念があるものの，IMT憲章によって承認された国際法の諸原則は1946年に国連総会によって確認された[124]。より重要なのは，その後の国連の活動，特に人権条約並びに国際法上の犯罪の訴追及び処罰に関する刑事条約の採択[125]，安保理によるICTY及びルワンダ国際刑事裁判所（ICTR）の設立[126]，国際法委員会（ILC）による人類の平和及び安全に対する犯罪に関する法典草案の法典化[127]，1998年のローマ規程の採択[128]等の活動が，国際法上の犯罪及び個人

---

121) Jennings and Watts (n 4) 846–849; A Cassese, *International Law* (2nd edn, OUP 2005) 142–150; Walter (n 44) 638–639 (§15–18).
122) 田畑・前掲注120) 147–152頁，山本・前掲注120) 163–169頁。Walter (n 44) 639 (§18).
123) Jennings and Watts (n 4) 17, 505–508, 847–849. ニュルンベルク裁判所の有名な格言は次のように述べている。「国際法に反する犯罪は，抽象的な主体によってではなく，人間によって行われるのであり，それらの犯罪を行う個人を処罰することによってのみ，国際法の諸規定は執行されうる。」Judgment of the IMT, 1 *Trial of the Major War Criminals before the International Military Tribunal* (Secretariat of the IMT 1947) 171, 223.
124) UNGA Res. 95（I), 11 December 1946.
125) 人権条約の一例として，1965年人種差別撤廃条約，1966年国際人権規約（自由権規約及び社会権規約），1984年拷問禁止条約が，刑事条約の一例として，1948年ジェノサイド条約，1968年戦争犯罪及び人道に対する犯罪時効不適用条約，1973年アパルトヘイト条約が挙げられる。もう1つの重要な進展は，赤十字国際委員会（ICRC）を中心とする1949年ジュネーヴ諸条約及び1977年の同諸条約に対する2つの追加議定書の採択であろう。
126) S/RES/827, 25 May 1993 (ICTY); S/RES/955, 8 November 1994 (ICTR).

第 4 部　個人の刑事責任の追及

の刑事責任の概念の慣習国際法上の地位を強固なものとしてきたということであろう。特に留意すべきなのは，IMT 及び IMTFE の合法性の問題は脇に置いておくとして，IMT，IMTFE，ICTY，ICTR 及び ICC の重要性は，これらの裁判所の設立文書が，国家の国内法を通じてではなく，国際法によって直接，個人が訴追され，処罰されうる国際司法機関を創設したという点である[129]。

国際法が個人に対して直接義務を課すことができ，慣習国際法がすべての国家のすべての個人を直接法的に拘束することができることを前提に考えたとしても，条約がいかに国内法の法的拘束力に依拠することなく個人を拘束するのかについては論争が生じうる。この論争は，1949年ジュネーヴ諸条約共通第3条の法的拘束力の文脈で特に重要となっている点である[130]。モアール（Lindsay Moir）は，ジュネーヴ諸条約共通第3条の個人又は反徒に対する法的拘束

---

127)　2 Yearbook of the ILC (1996) 15-56.

128)　ローマ規程上の3つの犯罪の定義が慣習国際法上のそれらの犯罪の定義を必ずしも反映しているわけではないものの，規程第6条ないし第8条に列挙されたこれらの3つの犯罪のほとんどの行為は慣習国際法を反映している。MH Arsanjani, 'The Rome Statute of the International Criminal Court,' (1999) 93 AJIL, 22, 24-25; Schabas (n 5) 84-85.

129)　Cassese (n 121) 144-145. See also R McCorquodale, 'The Individual and the International Legal System,' in Evans (n 76) 284, 291-292.

130)　See eg JS Pictet (ed), *Geneva Conventions of 12 August 1949: Commentary*, vols I-IV (ICRC 1952-1960), art 3 ; Y Sandoz et al (eds), *Commentary on the Additional Protocols of 8 June 1977 to the Geneva Conventions of 12 August 1949* (ICRC 1987) 1345; GIAD Draper, *The Red Cross Conventions* (Stevens & Sons 1958) 17; M Greenspan, *The Modern Law of Land Warfare* (University of California Press 1959) 623-624; GIAD Draper, 'The Geneva Conventions of 1949,' (1965) 114 Recueil des cours 59, 96; E Castrén, *Civil War* (Suomalainen Tiedeakatemia 1966) 86-87; RR Baxter, *'Ius in bello* interno: The Present and the Future Law,' in JN Moore (ed), *Law and Civil War in the Modern World* (Johns Hopkins University Press 1974) 518, 527-528; M Bothe, 'Conflits armés internes et droit international humanitaire,' (1978) 82 RGDIP 82, 91-92; D Schindler, 'The Different Types of Armed Conflicts according to the Geneva Conventions and Protocols,' (1979) 163 Recueil des cours 117, 151-152; DA Elder, 'The Historical Background of Common Article 3 of the Geneva Conventions of 1949,' (1979) 11 Case W Res JIL 37, 55; A Cassese, 'The Status of Rebels under the 1977 Geneva Protocols on Non-International Armed Conflicts,' (1981) 30 ICLQ 416, 420-430; G Abi-Saab, 'Non-International Armed Conflicts,' in UNESCO, *International Dimensions of Humanitarian Law* (Kluwer Academic Publishers 1988) 217, 231; L Zegveld, *The Accountability of Armed Opposition Groups in International Law* (CUP 2002) 14-18; JM Henckaerts, 'Binding Armed Opposition Groups through Humanitarian Treaty Law and Customary Law,' (2003) 27 *Collegium* 123, 126-129; Y Dinstein, 'The Interaction between Customary International Law and Treaties,' (2006) 322 Recueil des cours 243, 342-345; E La Haye, *War Crimes in Internal Armed Conflicts* (CUP 2008) 119-121.

力に関して，(a) 立法管轄権の法理（批准により，条約は当該国の国民すべてを拘束するため，反徒は当該国による条約の受諾の結果として拘束される），(b) 実効的支配の法理（反徒が当該国の領域の一部に対して実効的支配を行っており，その限りにおいて当該国の一部を代表しているため，反徒は当該国が締結した条約によって拘束される），(c) 共通第3条の個人に対する法的拘束力の法理（反徒は国際法上，個人として共通第3条により直接拘束されるか，共通第3条は既に慣習法化しているため，慣習法により拘束される）という3つの説が存在するとし，(c)説を支持する[131]。シヴァクマラン（Sandesh Sivakumaran）は，(c)説の論理構成をさらに詳細に検討し，ある国が国際人道法諸条約を批准するとき，当該国は国家だけでなく国家の管轄権内のすべての個人を代表して条約を批准しているため，それは国家だけでなく個人も拘束するという立場をとる[132]。シヴァクマランは，この見解に対する批判の1つとして，多くの国では，条約を批准しただけでは個人は条約によって拘束されず，個人を拘束するためには条約が国内法に編入される必要があるという見方があるが，国際人道法諸条約は，国内法を通じてではなく，直接国際法を通じて非国家主体を拘束するため，当該条約が国内法に編入されたか否かは関係がないとする[133]。

著者はシヴァクマランの見解を基本的に共有するが，次の点に特に注意が必要であると考える。第1に，国際法秩序における条約の法的拘束力と国内法秩序における条約の法的拘束力を区別し，国際法秩序における条約の法的拘束力の問題は国際法によって決定され，国内法秩序における条約の法的拘束力の問題は各国の国内法によって決定される。ある条約がある国の国内法秩序で個人を拘束するためには当該条約の国内実施法が制定されている必要がある場合もあるが，国際法秩序で個人を拘束するためには当該国の国内実施法が制定されているか否かは関係がない[134]。区別された国際法秩序と国内法秩序は，同一の国の領域に同時に適用され，両者の間で相反する内容の法が定められている場合は，国際法秩序においては当該条約の規定が適用され，国内法秩序では国

---

131) L Moir, *The Law of Internal Armed Conflict* (CUP 2002) 52-56.
132) S Sivakumaran, *The Law of Non-International Armed Conflict* (OUP 2012) 240; S Sivakumaran, 'Binding Armed Opposition Groups,' (2006) 55 ICLQ 369, esp 381-386.
133) Sivakumaran, *Law of NIAC* (n 132), 241-242.
134) ibid.

内法規定が適用される。つまり、仮に、当該国の国内法秩序において、当該条約規定が効力を有していなかったり、当該条約規定に反する国内法規定がなお有効に適用されているとしても、国際法秩序においては当該条約規定が有効に個人を拘束している。第2に、国際法秩序における条約の個人に対する法的拘束力には2つの理論上の正当化がありうるように思われる。1つは、条約が当該条約の当事国の管轄権内の個人を直接拘束することが慣習国際法上承認されてきたという正当化であり[135]、もう1つは、条約は、当該条約の効力そのもの（又は当事国の当該条約の批准）により、国際法秩序においては当該条約の当事国の管轄権内の個人を直接拘束するという正当化である[136]。ただし、実際上は両者を区別することは困難な可能性もある。

以上の見解は、国際法は国際法秩序において個人を直接拘束し、国内法秩序においては国内法の存在を必ずしも必要としない、あるいは、国内法上の個人の義務に優越するという前提に立っている。この見解は、「個人は個別の国家によって課された国内的な服従の義務を超越する国際的な義務を有する。」と判示したIMTの判決[137]及びILCによって定式化されたニュルンベルク諸原則[138]と調和するものである。

（2）条約によるすべての国のすべての個人に対する国際法上の義務の賦課

条約が個人に対して直接義務を課すことができることを前提として、次の問

---

[135] 藤田は、「国際法上の特定の法制度に対しては、一定の条件の下である法主体が自己の同意とは無関係に当然拘束されるとみなされること（拘束を義務づける慣習法規則の存在）がありうる。共通第三条の制度はまさにこの場合に該当するとみられる。」としている。藤田久一『国際人道法〔新版増補〕』（有信堂、2000年）226頁。

[136] Sivakumaran, *Law of NIAC* (n 132) 240–242. See also Sandoz et al (n 117) 1345; Draper, Recueil des cours (n 130) 96; Elder (n 130) 55. カストレンとシンドラーもこの立場の可能性は認めている。Castrén (n 130) 86; Schindler (n 130) 151.

[137] Judgment of the IMT (n 123) 223.

[138] ILCも、「ニュルンベルク諸原則の定式化」のコメンタリーで、第一原則に関して、「国際法は、国内法のいかなる介在もなしに直接に個人に対して義務を課すことができる。」と述べ、第二原則に関して、「国際犯罪を行った者は、国内法の規定にかかわりなく、その犯罪に対して責任を有し、国際法上の処罰に服するという原則は、国内法に対する国際法の『優越性』と通常呼ばれるものを示唆する。」と述べる。Formulation of the Nürnberg Principles, Principles I and II, 2 Yearbook of the ILC (1950) 374–375. See also Danilenko (n 30) 466–467; B Broomhall, 'Article 22,' in Triffterer (n 30) 713, 718.

〔村井伸行〕 *18* 非締約国の事態に対する国際刑事裁判所（ICC）の管轄権の法的根拠

題は，条約が各国の同意を得ることなくすべての国のすべての個人に対して義務を課すことができるか否かである。シャバスは，「事後的な犯罪に関して欧州人権裁判所によって採用された基準は，それらの犯罪が犯罪者によって予見可能でなければならないというものである」が，「規程が採択された瞬間から，又は，規程が発効したまさにその瞬間から，個人は，それらの犯罪について訴追される危険があり，規程（第12条3項［及び第13条(b)]）そのものが規程の締約国になっていない国に関してさえそのような訴追を想定しているという十分な警告を受け取っている」という見解を示す[139]。シャバスが依拠するC.R.対英国事件及びS.W.対英国事件において，欧州人権裁判所は，「条約［欧州人権条約］第7条は，事件に応じた司法的解釈を通じて刑事責任の規則が徐々に明確化されることを非合法化していると読むことはできない。ただし，結果として生じる法の展開は，犯罪の本質と合致しており，かつ，合理的に予見されうる必要がある。」と判示したことは事実である[140]。しかし，欧州人権裁判所のこの解釈は，司法的解釈を通じて徐々に明確化されうる刑事責任の規則は犯罪者に適用されうる法の規則でなければならないという前提に立っているように思われる。他方，規程が非締約国の領域内の非締約国の国民に対して適用されうることは当然には推定できない。ここには，無視できない論理的な飛躍があると言わざるをえない。

ミラノヴィッチは，2002年の規程の発効以降，規程の実体法の部分が世界のすべての個人に対して普遍的に適用される可能性は排除されえないものの，より良い見方は，安保理付託の場合と非締約国によるICCの管轄権のアドホックな受諾の場合には，個人は，規程ではなく，慣習国際法によって拘束され，ICCは訴追対象となっている犯罪が慣習国際法に合致しているか否かを検討しなければならないという見方であると見解を示している[141]。著者は，ミラノヴィッチの結論に基本的に同意するものの，規程の実体法の部分が世界のすべての個人に対して普遍的に適用される可能性は排除されえないという見解については異論がある。ミラノヴィッチは，問題を，個別国家が普遍的な立法管轄

---

139) Schabas (n 5) 70.
140) *C.R. v United Kingdom* (1995) Series A no 335-B, para 34; *S.W. v United Kingdom* (1995) Series A no 335-B, para 36.
141) Milanović (n 28) 48–51.

第 4 部　個人の刑事責任の追及

権を行使して，規程上の犯罪を普遍的に犯罪化することができるかどうかであると定義した上で，もし規程が，慣習国際法を反映している否かにかかわらず，世界のすべての個人を拘束するのであれば，「立法管轄権のこの法の範囲に入らない行使 (exorbitant exercise of prescriptive jurisdiction) は非締約国の主権の侵害にあたるであろうが，このことは当該立法そのものを無効にはしないかもしれない。」と主張する[142]。彼はさらに，「個人は，法の範囲に入らない国内法によって拘束されるのと同じように，なおそれによって拘束されうる。」と続ける[143]。

この見解については 2 つの指摘が可能である。第 1 に，ミラノヴィッチの見解は，有名なロチュース号事件の原理の今日における適用可能性の視点から検討される必要がある。ロチュース号事件において，常設国際司法裁判所 (PCIJ) は，「それ［国際法］は，諸国はそれらの［国内］法の適用及びそれらの［国内］裁判所の管轄権をその領域外の人，財産及び行為に対して拡張することはできないという一般的な禁止を定めてはおらず，この点に関して，諸国に対して広範な裁量を残しており，その裁量は一定の場合に禁止規則によって制限されるのみである。他の場合には，各国は，自ら最良かつ最適であるとみなす諸原則を自由に採用することができる。」と判示した[144]。したがって，PCIJ は，国際法が禁止しない限り，国家は外国での行為に対して管轄権を行使しうるという見解をとった。この見解は，「主権の制約は推定されるべきではない」という，いわゆる「主権の残余原理」又は「一般的許容原理」に基づくものである。しかし，この見解についてはこれまで大きな論争が生じている[145]。例えば，Oppenheim's International Law は，「管轄権を行使する国と管轄権が行使

---

142)　ibid, 50.
143)　ibid.
144)　*S.S. "Lotus" (France v. Turkey)* (Merits) [1927] PCIJ Series A No 10, 18-19.
145)　Mann (n 60) 33-36; Akehurst (n 76) 167; Jennings and Watts (n 4) 468, 478-479; Kreß (n 62) 571-572; Ryngaert (n 78) 21-41. See also Brownlie (n 31) 290-291; Lowe and Staker (n 68) 318-320; B Oxman, 'Jurisdiction of States,' in 6 MPEPIL 553. 山本・前掲注49) 61-75頁。クレスは，逮捕状事件の共同個別意見で，ヒギンズ，コイマンス，バーゲンサルの 3 名の裁判官が国際犯罪に対する普遍的管轄権を正当化する根拠の 1 つとしてロチュース号事件判決のこの一節を引用していること (n 79, paras 49-50) を批判し，普遍的管轄権の行使を通じて保護される国際社会の基本的価値にその根拠を求めるべきであると指摘する。Kreß (n 62) 572.

される問題との間に何らかの直接的かつ実質的なつながりがなければ、管轄権の行使は国際法の違反にあたる。」と述べる[146]。特に、2（2）で国連総会第6委員会の議論を検討したように、普遍的管轄権の行使は大きな論争の的になってきている。万国国際法学会の「集団殺害罪、人道に対する犯罪及び戦争犯罪との関係における普遍的な刑事管轄権」と題する決議は、普遍的管轄権は慣習国際法に基づくか、多国間条約によって確立される必要があることを定めるとともに、「普遍的管轄権は、……国際法によって当該管轄権に入ると特定された国際犯罪に対して行使されうる。」と定めているが[147]、これらの規定は、慣習国際法又は多国間条約に基づかない普遍的管轄権の行使、又は、国際法によって普遍的管轄権の行使対象に入ると特定されていない犯罪に対する普遍的管轄権の行使は、国際法上違法であることを示唆する。したがって、外国での行為に対する立法管轄権の行使が合法であるためには、国際社会の共同体利益を反映する国際法の管轄権規則によって承認される必要があるといえる[148]。

第2に、ミラノヴィッチの主張は、もし国際法上の罪刑法定主義の原則が、それらの個人が所在する国の領域内ではまだ発効していないが、当該国の領域内で行われた行為を犯罪化する条約の規定を通じて、個人が問題の犯罪の将来的な処罰の可能性について予告を受け取っていれば、その原則は満たされるというような、非常に緩やかな形で定義されうるのであれば、正しいかもしれない。しかし、罪刑法定主義の原則のそのような緩やかな定義は正当化できないと思われる。個人は法の範囲に入らない立法管轄権によって拘束されない。なぜなら、非締約国に対して規程が発効していないという事実は、明確に、規程の実体法は非締約国の領域内の非締約国の国民によって行われた犯罪に対しては適用されないことを意味しているからである。それ故、立法管轄権の法の範囲に入らない行使は罪刑法定主義の原則に反するだろう[149]。

この見解は、ダニレンコ（Gennady Danilenko）とギャラント（Kenneth Gallant）によって支持されている[150]。ダニレンコは次のように述べている。「罪

---

146) Jennings and Watts (n 4) 468.
147) Institut de droit international (n 78), paras 2 and 3 (a).
148) Kreß (n 62) 572. ミラノヴィッチは、「立法管轄権のこの法の範囲に入らない行使は、非締約国の主権の侵害にあたるであろう。」と明確に述べるため、この見解に同意しているようにも思われる。

第4部　個人の刑事責任の追及

刑法定主義の原則に基づく主張は，第三国の国民が第三国の領域でローマ規程上の犯罪を行い，かつ，問題の犯罪がローマ規程締約国の領域にいかなる効果も及ぼさないときにのみ，受け入れられるだろう。そのような場合，第三国の国民は，領域国はローマ規程を批准しておらず，規程によって定義された犯罪は当該国の法の一部とはみなされえないため，その行為は規程によって規律されているとみなすことはできないと主張することができるだろう。」[151] また，ギャラントは，安保理がICC検察官に事態を付託した場合や非締約国が特定の事態に対するICCの管轄権を受諾した場合には，「裁判所は，当該行為が行われたときに，いかなる立法管轄権（刑法を宣言する権限）も司法管轄権（犯罪容疑を訴追する権限）も有していない。これらの状況において，犯罪が行われたときに，関係国はICC規程の締約国ではなかった。非締約国の国民であり，かつ，非締約国である行為を行った者は，当該行為を行ったときにICC規程のいずれの規定によっても拘束されていない。」と述べる[152]。ギャラントは，さらに，「事態の付託又は管轄権の受諾の前に行われた行為について人を訴追することは，当該行為を禁止する，当該行為が行われたときに当該の者に適用可能な，実体法の他の淵源を必要とする。」とまで述べている[153]。

先に検討したシャバスやミラノヴィッチの見解が正しいと主張するためには，国際社会の刑罰権又は固有の管轄権説又は国家の普遍的管轄権委譲説に立ち，

---

149)　注123-138参照。この見解は，規程第22条の厳格解釈の規則及びあいまいな場合には被告人に有利に解釈するという条件とより整合する。この見解はまた，「実質的な正義（substantive justice）」の法理から徐々に「厳格な合法性（strict legality）」の法理に移行してきたというカセーゼの見解とも調和する。A Cassese, *International Criminal Law* (2nd edn, OUP 2008) 10, 36-41. See also Broomhall (n 138) 716 ('neglect of this principle [the *nullum crimen sine lege* principle] coincides with the abandonment of the rule of law and is a characteristic of unfettered authoritarianism'.). なお，ミラノヴィッチ自身も，注28）の４つの選択肢のうち，(a) の選択肢に関して，「これは，犯罪実行時には実体刑事法のいかなる規範によっても拘束されていなかった者の訴追を認めることに他ならず，罪刑法定主義の原則そのものが否定され，かつ，その否定の正当化が明確になされる場合にのみ，このアプローチは意味を持つ。」と指摘し，(c) の選択肢に関して，「国家の集団が，慣習法上の犯罪ではない犯罪に関してまで，領域的な関係又はその他の関係がない他国の国民を拘束する［条約を採択する］ことは，法的に問題があり，政治的にも論争が生じる可能性がある」ことを認めている。Milanović (n 28) 52.
150)　See also O'Keefe (n 78) 743 (n 28), 759.
151)　Danilenko (n 30) 468.
152)　Gallant (n 27) 338.
153)　ibid, 339.

規程の発効時から規程の実体刑事法がすべての国のすべての国民に適用されていると捉える必要があると思われる。

（3）ICC による慣習国際法の適用

非締約国の領域内の非締約国の国民に対する ICC の管轄権の法的根拠に関するもう1つの理論上の仮説は，ICC による慣習国際法の適用である[154]。

ICTY は，その訴追対象とする犯罪の一部がユーゴスラヴィアで既に行われた後に，安保理によってその管轄権が設定されたため，同様の問題に直面した。安保理の要請により国連事務総長によって提出された ICTY の設立に関する報告書において，国連事務総長は，ICTY の管轄権の事後的な設定を次のように正当化している。ICTY を設立することによって，「安保理は，その法［国際人道法］を創造しようとしたり，『立法』しようとしたわけではない。国際裁判所［ICTY］は，むしろ，既存の国際人道法を適用する任務を有しているのである。」[155] 彼は，さらに，「罪刑法定主義の原則の適用は，すべてではないが，いくつかの国の特定の条約の締結の有無の問題が生じないように，国際裁判所［ICTY］が，いかなる疑いもなく慣習法の一部である国際人道法の規則を適用すべきであることを要求する。」と続けた[156]。したがって，国連事務総長は，ICTY の事後的な設立は，ICTY の適用法が既存の慣習国際法に限定されている限り，罪刑法定主義の原則には違反しないという見解をとったものと考えられる[157]。

規程は，裁判所が規程以外の法源に依拠することを認めているため，ICTY と同じ道を選ぶことを許しているように思われる。規程第21条は，ICC は，第1に，規程，犯罪の構成要件に関する文書及び手続及び証拠に関する規則を適用すると定めるが，ICC は，「第2に，適当な場合には，適用される条約並び

---

154) Danilenko (n 30) 468 ('the claim based on *nullum crimen sine lege* would fail in all cases where a national of a Third State is accused of committing a crime under general international law, such as genocide. In such circumstances, a national of a Third State could be convicted by the ICC even if the same person cannot be tried in his or her national court.'); Gallant (n 27) 339.
155) UN Doc S/25704, 3 May 1993, para 29.
156) ibid, para 34.
157) See also DJ Harris et al (eds), *Harris, O'Boyle & Warbrick Law of the European Convention on Human Rights* (2nd edn, OUP 2009) 332.

に国際法の原則及び規則」を適用すると定める。「国際法の原則及び規則」には慣習国際法の原則及び規則を含まれることは明らかである[158]。

この見解は，ICC が，慣習国際法によって犯罪化されている行為であれば，規程に含まれていない行為であったとしても，訴追及び処罰することができると主張するわけではない。慣習国際法は，非締約国の領域内の非締約国の国民によって行われた犯罪に対する ICC の管轄権の行使と罪刑法定主義の原則とを調和させるためだけに依拠されることができる。したがって，ICC は，非締約国の領域内の非締約国の国民によって行われた犯罪に対して管轄権を行使するとき，その管轄権の範囲を，規程上の犯罪が慣習国際法上の犯罪を構成する範囲まで，限定する必要がある。

非締約国の領域内の非締約国の国民に対する慣習国際法の適用に関する1つの問題点は，それが ICC にとって実体刑事法の2つのレジームの出現をもたらしうることである。すなわち，締約国の領域内で行われた犯罪及び締約国の国民によって行われた犯罪に適用される規程と，非締約国の領域で非締約国の国民によって行われた犯罪に適用される慣習国際法という2つのレジームである。このことは，非締約国で生じた事態で犯罪を行った被疑者の中に，締約国の国民と非締約国の国民が混在している場合には，ICC が適用する法の法源が異なりうることを意味している[159]。しかし，この問題は，非締約国の領域内の非締約国の国民に対する ICC の管轄権の法的根拠に対してはいかなる疑念も投げかけるものではない。

1998年のローマ会議の際には，規程に定められた犯罪の具体的な行為のいくつかは必ずしも慣習国際法を反映しているわけではないと考えられていたことは事実である[160]。しかし，規程の締約国の多くが国内法上，規程上の犯罪を

---

158) See A Pellet, 'Applicable Law,' in Cassese et al, *Commentary* (n 32) 1070-2; M McAuliffe deGuzman, 'Article 21,' in Triffterer (n 30) 701, 706-8; Broomhall (n 138) 720; B Van Schaack, 'Legality & International Criminal Law,' in American Society of International Law, *Proceedings of the 103rd Annual Meeting* (March 25-28, 2009, Washington, DC) 101, 103-4; T Meron, 'Remarks by Judge Theodor Meron,' in ibid, 107, 109. なお，安保理は，規程第11条の ICC の時間的管轄権には拘束されず，規程発効前に行われた犯罪に関する事態をも付託しうるという見解につき，see L Condorelli and S Villalpando, 'Can the Security Council Extend the ICC's Jurisdiction?,' in Cassese et al (n 32) 571-582. 藤田・前掲注100) 452-455頁。

159) Pellet (n 158) 1083.

訴追し，処罰できるような国内法を制定しており，かつ，非締約国のかなりの数の国がジェノサイド条約やジュネーヴ諸条約等に基づいて同様の措置をとっていることが確認できるのであれば，少なくとも規程第6条ないし第8条の犯罪行為の多くの部分は，慣習国際法上の犯罪としての地位を既に強固なものとしているか，あるいは，徐々に強固なものとしつつあるとみなすことも可能であろう[161]。その場合，ICC は，規程の当該部分については，適用法の2つのレジームを1つに統合することができよう。

ただし，慣習国際法の適用に関してはより根本的な問題が残っている。それは，慣習国際法によって堅固に確立された実定法といわゆる「司法立法（judge-made law）」とを区別することが困難であるという問題である。この問題は，慣習国際法上の犯罪の各類型の外延部分に残された不可避的な曖昧さ，あるいは，問題の領域における国家実行の欠如又は多様性と，「実質的な正義（substantive justice）」の必要性との対立から生じるように思われる。しかし，慣習国際法の過度に広範な解釈は，罪刑法定主義の原則の観点から判決の合法性に重大な疑念を投げかける可能性がある。特に，いくつかの事件におけるアドホック裁判所の法解釈が，問題の領域の慣習国際法の広く受け入れられた理解と合致しているか否かは，厳しい論争を引き起こしている[162]。したがって，一般的に国際刑事裁判機関は，適切な場合には，残された法の欠缺を補充するために，実定慣習国際法から論理的に一定の帰結を導き出すことは認められなければならないものの，それらの裁判所は，問題の領域の国家実行及び法的信念を厳密に精査することにより，慣習国際法を厳格に解釈及び適用することを求められていることは忘れられるべきではない[163]。

---

160) See n 128. See also Gallant (n 27) 339.
161) Danilenko (n 30) 489.
162) See M Shahabuddeen, 'Does the Principle of Legality Stands in the Way of Progressive Development of Law?', (2004) 2 JICJ 1007; T Meron, 'Revival of Customary International Law,' (2005) 99 AJIL 817; S Zappalà, 'Judicial Activism v. Judicial Restraint in International Criminal Law,' in Cassese, *Oxford Companion* (n 78) 216; S Darcy and J Powderly (eds), *Judicial Creativity at International Criminal Tribunals* (OUP 2010); Kreß (n 119) 894 (§17), 896 (§24). 慣習国際法の認定過程の変容一般については，田中則夫「慣習法の形成・認定過程の変容と国家の役割」『国際法外交雑誌』100巻4号（2001年）505頁以下，水島・前掲注71）第11章参照。

第4部　個人の刑事責任の追及

4　おわりに

　本稿は，ICC の管轄権の淵源に関する（1）国際社会の刑罰権又は固有の管轄権付与説，（2）国家の普遍的管轄権委譲説，（3）国家の属地主義及び積極的属人主義に基づく管轄権委譲説という3つの異なる見解を精査又は参照することにより，非締約国に対する ICC の管轄権の法的根拠は，安保理による非締約国に対する ICC の管轄権を受諾する義務の賦課により正当化されうる一方，非締約国の領域内の非締約国の国民に対する ICC の管轄権の合法性は，ICC による慣習国際法の適用によって確保されうることを主張した。本稿は，国際社会の刑罰権又は固有の管轄権付与説と国家の普遍的管轄権委譲説の妥当性を否定するわけではないものの，国際社会の刑罰権又は固有の管轄権付与説に関しては，国際法上の犯罪や強行規範等の概念の定義及びその法的帰結に関する合意の不存在，規程第98条1項の規定との整合性，ICC の実体刑事法と司法管轄権の両方が非締約国の同意なしに非締約国に及ぶことを前提としている点で理論上克服されなければならない問題があり，国家の普遍的管轄権委譲説に関しては，慣習国際法上の普遍的管轄権の定義及び条件（国連総会第6委員会での普遍的管轄権に関する議論），普遍的管轄権に対する慣習国際法上の免除の制約との関係，ICC の実体刑事法と司法管轄権の両方が非締約国の同意なしに非締約国に及ぶことを前提としている点で，やはり理論上解明を要する問題があることを明らかにした。

　本稿は，この問題の検討を通じて，ローマ規程制度を具体的な例として，国際社会の組織化に固有の最も根本的な困難な課題の1つを浮き彫りにしようとした。小和田は，ローマ規程が提起する課題を次のように的確に描写している。

163）　慣習国際法の認定に関しては，上記のとおり慣習法の認定過程に変容が見られ（注162）参照），かつ，あらゆる場合において二者択一的な見方をするのは単純すぎるとは思われるものの，なお基本的には，派生的な規範を発見するために，一般的な理論又は原則から演繹的手法により慣習法規則を引き出す「演繹的アプローチ (*a priori* or deductive approach)」よりも，先例及び実行の慎重な分析から帰納的手法により慣習法規則を特定する「帰納的アプローチ (*a posteriori* or inductive approach)」の方が適切であるように思われる。

〔村井伸行〕 *18* 非締約国の事態に対する国際刑事裁判所（ICC）の管轄権の法的根拠

......現在国際社会に利用可能な国家の同意に基づく立法構造の枠組の範囲内で，そのような準普遍的な条約を通じて，その『公序（pubic order）』の一部として国際社会全体に対世的に適用可能な真に普遍的な性格の国際レジームを，そのようなレジームの創設が我々の道義的な信念の観点からどれほど望ましいものであるかにかかわらず，我々は創設することができるか否かという問題は，なお解決されないまま残っているように思われる。

まさにこの点において，明白に特に国際社会全体の公序を執行するための機関である，国際刑事裁判所の設立のためのローマ規程に基づく客観的制度（an objective régime）の創設に関して困難が生じる。我々は，いかに現行の国際システムの枠組の範囲内へ多数国間条約の形式で，伝統的な立法技術を通じて，この客観的性格の国際機関を創設することができるのかは，我々が理論上及び実際上直面しなければならない1つの主要な課題のままである[164]。

非締約国及び非締約国の領域内の非締約国の国民に対するICCの管轄権に固有の根本的な困難な課題は，ICCが追求しようとしている目的，すなわち，国際社会全体の関心事である最も重大な犯罪の訴追及び処罰と，その目的のためにICCを設立するために利用可能な手段との間の構造的なアンバランスから生じているように思われる[165]。一方で，規程の起草者は，安保理付託の場合と非締約国による特定の事態に対するICCの管轄権の受諾の場合という2つの場合には，非締約国の事態に対して管轄権行使を認めることにより，ICCの管轄権を「普遍化する」ことを明確に意図していた。他方で，この意図を達成するために利用可能な手段は，条約法の法理の下では非締約国には適用することができない多数国間条約であった。国際社会は，その社会のすべての構成員に対して適用可能な法を制定することができる，国家の立法府に相当するような，立法機関を有していない。それ故，国際社会は，国内社会の契約に類似する多数国間条約によって，国際法上の犯罪を訴追し処罰するという目的を追求せざるをえない[166]。

---

164) H Owada, 'Some Reflections on the Problem of International Public Order'『国際法外交雑誌』102巻3号（2003年）343, 357頁。小和田・前掲注52）593-595頁も参照。

165) Kokott and Hoffmeister (n 53) 120 ('the concept [of the international public order] does not have a prescriptive content, falling short of creating additional rights or obligations for States on its own.').

第 4 部　個人の刑事責任の追及

　来る将来，規程による ICC の管轄権の創設は，既存の国際法システムの構造，例えば，国際法上の犯罪や強行規範の概念とその法的帰結，法源論における一般国際法の定立過程[167]，国際社会の組織化，国際管轄事項の更なる進展[168]等に対して一定のインパクトを与える可能性はある。また，刑法理論の観点からの国際法上の犯罪の保護法益の分析及び整理，その ICC の管轄権の理論的位置づけに対するインパクト，国際刑事法の発展を通じた刑法理論の国際法へのインパクト等についても更なる研究が進められる必要がある[169]。しかし，これらの動きがどのようなインパクトを与えるのかは，なお理論上解明されていない点が多く，未知である。したがって，現行の国際社会の分権的な構造に照らし合わせると，各国の同意に基づかずに，すべての国のすべての個人に対する ICC の管轄権に対して何らかの理論上の根拠を与えることは，現行の国

---

166)　国際法における国内私法類推を分析した代表的研究として，H Lauterpacht, *Private Law Sources and Analogies of International Law* (Longmans 1927).国内私法原理の国際法への移入と国内私法原理に基づく国際法体系の転換を描くものとして，石本泰雄「国際法の構造転換」同『国際法の構造転換』（有信堂，1998年）1頁以下。

167)　小和田・前掲注52）584頁，593-595頁，藤田久一「国際刑事裁判所構想の展開」『国際法外交雑誌』98巻5号（1999年）613頁，同「国際法から『世界法』への架橋？──フラグメンテーションと統合の問題性」『世界法年報』28号（2009年）129頁以下（特に132-138頁）。国際公法秩序論の視点から論じるものとして，小森光夫「国際刑事裁判所規程と裁判過程の複合化」『ジュリスト』1343号（2007年）47-48頁，同「国際連合における規則作成と一般国際法の形成への影響」『国際法外交雑誌』第94巻5・6号（1996年）173頁以下（特に184-188頁，192-206頁），新井・前掲注30）（特に77-79頁，96-98頁）。また，より広い視点から論じるものとして，村瀬信也「現代国際法における法源論の動揺──国際立法論の前提的考察として」同『国際立法──国際法の法源論』（東信堂，2002年）5頁以下，藤田久一「国際法の法源論の新展開」山手治之＝香西茂編『21世紀国際社会における人権と平和：国際法の新しい発展をめざして（上巻）国際社会の法構造：その歴史と現状』（東信堂，2003年）47頁以下，松井芳郎『国際法から世界を見る：市民のための国際法入門〔第3版〕』（東信堂，2011年）51-53頁，小森光夫「国際法における一般法と特別法──慣習法と条約の概念の法源論における相関性を軸として」国際法学会編『日本と国際法の100年・第1巻・国際社会の法と政治』（三省堂，2001年）66頁以下参照。

168)　金東勲「現代国際法における個人の地位」山手・香西編・前掲注167）357頁以下（特に380-385頁），同「国際管轄事項」国際法学会編『国際関係法辞典〔第2版〕』（三省堂，2005年）257頁。

169)　理論上の問題点を指摘する1つの見解として，愛知・前掲注8），田中・前掲注19），髙山佳奈子「国際刑法の展開」山口厚＝中谷和弘編『融ける境，超える法2・安全保障と国際犯罪』（東京大学出版会，2005年）3頁以下，同「国際刑事裁判権（一）・（二完）」『法学論叢』154巻1号（2003年）1頁以下，154巻2号（2003年）22頁以下。

際法の構造及び理論の重大な転換を必要とするものであり[170]，それ故，ある法（*lex lata*）ではなく，なお，あるべき法（*lex ferenda*）であるように思われる。ただし，本稿は，非締約国に対してICCの管轄権を受諾する義務を課す安保理の権限についての事後の実行を通じて，関係国のICCの管轄権に対する同意を確保することにより，また，ICCによる実体刑事法としての慣習国際法の適用を通じて，罪刑法定主義の原則の遵守を確保することにより，国際社会のこの構造上の不備はかなりの程度克服されうることを立証しようとした。少なくともこの文脈においては，既存の国際法の構造は，国際社会の共同体利益を保護する現代的な必要性に適応する理論上の柔軟性を有しているように思われる。

［附記］　本稿は，2012年10月25日・26日にオーストラリアのシドニーで開催されたオーストラリア・ニュージーランド国際法学会及びアジア国際法学会共催のJoint Conference on International Law and Justiceで著者が報告した論文を加筆・修正の上，日本語に訳したものである。執筆過程では，個々のお名前は挙げないが，国内外の多くの学者・実務者の方から貴重なコメントをいただいた。なお，本稿は，著者個人の見解に基づくものであり，外務省の公式見解を示すものではない。

　村瀬信也先生の古稀記念論文集に寄稿するにあたり，本稿が記念論文集に相応しいものであるか迷いがあったが，村瀬先生のこれまでの主要な研究課題の１つは，条約と第三国，条約と慣習国際法との関係に関するものであり，本稿の問題関心と密接な関係を持つ分野であったことから，なお稚拙な論稿であることを重々承知しつつ，寄稿させていただくことにした。村瀬先生との個人的な接点は，『国際刑事裁判所：最も重大な国際犯罪を裁く』の執筆に始まるが，その後，外務省国際法課勤務時代に村瀬先生が故山田中正大使の後任として国際法委員会（ILC）委員に就任されたことから，接点が拡大し，日々，先生から多くのことを学ばせていただいている。今後も，これまで通り若々しく，いつまでも健やかに御活躍されることを心から祈念している。

---

170) 小和田は次のように述べる。「『公序』の概念の導入は，明らかに，少なくともその限度までは，国際法を国際社会の公法として性格づけることを前提としている。しかし，国家の意思主義の原則に基づく伝統的な国際法秩序は，国際法を本質的に国際社会の私法として性格づけることを前提としている。……国際法制度への『公序』の概念の導入は，国際法を私法の領域から公法の領域へと転換させることを伴う。」Owada (n 164) 356. 国内私法類推や主権国家体系観の限界に言及するものとして，酒井他・前掲注30) 1-11頁。

第 5 部
国際経済活動の規制

19 WTO補助金規律における国家資本主義の位置
―― エアバス事件の示唆 ――*

川 瀬 剛 志

1 はじめに ―― SCM協定と国有企業規律 ――
2 エアバス事件の概要
3 考察 ―― 国家資本主義規制の観点から ――
4 結びに代えて

1 はじめに ―― SCM協定と国有企業規律 ――

世界貿易機関（WTO）紛争解決手続には既に500件に近い事案が付託されてきたが，その中でも最長となるEC[1]および一部加盟国・大型民間航空機事件（いわゆるエアバス事件，事件番号DS316）のパネルおよび上級委員会報告書は，それぞれは約1100ページ，約650ページを数える[2]。斯界の碩学バーラ

---

*本章は科学研究費補助金（基盤研究（B））「東アジアにおける市場と政府をめぐる法的規律に関する総合研究」（平成24年度～平成26年度），ならびに（独）経済産業研究所研究プロジェクト「現代国際通商・投資システムの総合的研究（第II期）」の成果の一部である。両プロジェクト参加者には貴重なコメントを賜った。記して謝意を表する。

1) 本文ならびに次注に示すように，被申立国の協議要請時の正式名称にならい「ECおよび一部加盟国・大型民間航空機事件」が本件の正式名称である。しかし，リスボン条約の発効に伴い，本件パネル手続進行中の2009年12月1日より，それまでWTO加盟主体であった欧州（諸）共同体（European Communities ―― EC）が廃され，WTOにおいて代表する法人格を欧州連合（European Union ―― EU）が継承した。よって議論の文脈に従いEEC，ECあるいはEUを使い分けることが正しいが，煩雑であるので，歴史的経緯に言及する場合など文脈から不可避な場合を除き，本章を通じて原則としてEUで統一する。

2) Appellate Body Report, *European Communities and Certain Member States ―― Measures Affecting Trade in Large Civil Aircraft*, WT/DS316/AB/R (May 18, 2011); Panel Report, *European Communities and Certain Member States ―― Measures Affecting Trade in Large Civil Aircraft*, WT/DS316/R (June 30, 2010).

(Raj Bhala) をして「冗長にして回りくどい (lengthy and torturous)」と酷評せしめた[3]これらの本件報告書では，重要争点についてパネルの判断に不備があり，事実認定の欠如から上級委員会が判断を完遂できなかった。上級委員会はこの点について遺憾の意を報告書の末尾に表明しており[4]，事実関係の複雑さゆえにその判断が困難であったことを窺わせる。

他方，それでも本件上級委員会の説示には瞠目すべき多くの判断が含まれている。「何本もの博士論文に値する」と評されるように[5]，この小稿で全てを論じることは到底叶わない。そこで本章では，昨今のBRICs，中東諸国，シンガポール，マレーシアに代表される新興経済国家における国家資本主義 (state capitalism) の勃興に対する関心の文脈で本件判断に着目し，この問題に対するWTO協定の姿勢を評価する。最近の環太平洋パートナーシップ (Trans-Pacific Partnership —— TPP) や環大西洋貿易投資パートナーシップ (Trans-Atlantic Trade and Investment Partnership —— TTIP) の締結交渉においては，国有企業 (state owned enterprise —— SOE) の競争歪曲性が注目を集めている。また，WTOにおいても中国のSOEに関する紛争案件が増加し，更にはBRICs最後の未加盟国であったロシアが加盟した昨今，国家資本主義のWTO協定における位置づけの問題はより重要になる。

本章3（1）に後述するが，エアバス事件で問題となった広範な補助金措置は，SOEの競争力の源泉である。特に本件はWTO補助金相殺措置（SCM）協定第3部（相殺可能補助金に対する規律）を国家資本主義的性質を有する企業体への公的支援に初めて適用し，また航空機産業というSOEの積極的機能の発揮が期待される分野に関係する事案であることから，国家資本主義に対する現代的関心へのWTO法の姿勢を問う試金石となりうる。Sykes [2010] は，現代経済の複雑性と政府介入手段の多様性から，望ましくない補助金を特定する

---

3) Raj Bhala, II Modern GATT Law: A Treatise on the Law and Political Economy of the GATT & Other World Trade Organization Agreements 1163 (2d ed., Sweet & Maxwell, 2013).
4) *EC — Airbus* (AB), *supra* note 2, para. 1417.
5) Michael Hahn & Kirtikumar Mehta, *It's a Bird, It's a Plane: Some Remarks on the Airbus Appellate Body Report* (*EC and Certain Member States — Large Civil Aircraft, WT/DS316/AB/R*), *in* WTO Case Law 2011: Legal and Economic Analysis 7, 7 (Chad P. Bown & Petros C. Mavroidis eds., Cambridge U.P., 2013).

〔川瀬剛志〕　*19*　WTO補助金規律における国家資本主義の位置

一般原則の定立の可能性には極めて懐疑的だが[6]，他方で Lester［2011］は，現行 SCM 協定が特に保護主義抑止の観点からこの目的に一定程度資することを，このエアバス事件の判断から導けるとする[7]。本章も同様の関心に立ち，特に国家資本主義の社会経済的機能が現行 SCM 協定において正当に認知されているか否かを検討する。

2　エアバス事件の概要

（1）事実関係

本件の発端は，エアバス社[8]誕生の1970年代初頭まで遡る。EC のエアバス社支援に危機感を抱いた米国は，1970年代後半の OECD 公的輸出信用アレンジメント，GATT 東京ラウンドの民間航空機協定の交渉，そして1980年代〜90年代前半の後者のウルグアイラウンドにおける改定交渉の機会に，大型民間航空機（large civil aircraft —— LCA）の支援策を制限しようと試みたが，十分な成果を得られなかった。その後ドイツ・エアバス社向け為替レート制度事件 GATT パネルにおける EEC の敗訴[9]を受けて，LCA 産業に対する GATT 民間航空機協定適用について EEC・米1992年協定を締結することに初めて成功した。同協定では研究開発支援や間接支援など項目ごとに政府支援の上限を定めている[10]。しかし，結局のところ2004年10月にエアバス機のシェア伸張に業を煮やした米国が EC の1992年協定違反を理由に協定脱退を宣言し，本件の

---

6) Alan O. Sykes, *The Questionable Case for Subsidies Regulation: A Comparative Perspective*, 2 J. LEGAL ANALYSIS 473, 474–75 (2010).

7) Simon Lester, *The Problem of Subsidies as a Means of Protectionism: Lesson from the WTO EC —— Aircraft Case*, 12 MELBOURNE J. INT'L L. 345, 357, 370 (2011).

8) 本節で示すとおりエアバス社の企業組織は累次の企業再編によって変容し，また名称も変わっている。本章では一貫してこのエアバス機製造に携わる企業体を「エアバス社」と呼び，特定の時期の当該企業体に言及する際にのみ，個別にその時期の同社の名称を使用する。

9) GATT Panel Report, *German Exchange Rate Scheme for Deutsche Airbus*, SCM/142 (Mar. 4, 1992, unadopted).

10) Agreement Concerning the Application of the GATT Agreement on Trade in Civil Aircraft on Trade in Large Civil Aircraft, E.C.-U.S., July 17, 1992, arts. 3–7, 1992 O.J. (L 301) 32, 32–33. 同協定の概略，背景につき，Andreas Knorr et al., *Subsidies in Civil Aircraft Manufacturing: The World Trade Organization (WTO) and the Boeing-Airbus Dispute*, 3 EUR. ST. AID L.Q. 586, 594–95 (2012) を参照。

WTO 紛争解決手続付託を行なった[11]。

　上級委員会が「エアバス産業（Airbus Industries，または Airbus Consortium）」と称する企業連合体は，1970年に Aérospatiale Société Nationale Industrielle（仏），Deutsche Airbus GmbH（独）の2社により結成され，後に1971年に Construcciones Aeronáuticas SA（西），1979年に British Aerospace Corporation（英）が参画することで基本的な4社体制が確立した。4社はパートナーシップ契約を通じてフランス法人エアバス GIE により一体運営され，同社がパートナー4社の調整，販売，顧客サービス，利益分配等の業務を担当する一方で，パートナー4社が製造を分担する。その後パートナー各社は複雑な事業再編を経て，2000年に独・仏・西パートナー各社の後継企業がエアバス機関連事業とエアバス GIE 株を全てオランダ法人 European Aeronautic Defence and Space Company NV（EADS）に集約し，各社は拠出したエアバス GIE 株に応じて EADS 株式を取得した。更に独・仏・西のパートナー各社は別途オランダ法人 EADS Participations BV を設立し，3社が有する EADS の議決権（約65％）を一体的に行使することに合意した。

　更に翌2001年には，EADS と同社に参画しなかった唯一のエアバス・パートナー会社である BAE System（英）が全てのエアバス機関連事業・エアバス GIE 株式を新設のフランス法人持株会社エアバス SAS に集約した。エアバス SAS は英，独，仏，西にそれぞれ子会社を設立し，エアバス機生産を分業する。同社の株式は EADS が8割，BAE が2割を取得した。BAE 取得分は2006年に全て EADS に売却され，SAS の EADS 完全子会社化が完了した[12]。

　なお，本章執筆時点で EADS は2014年6月2日をもって正式に Airbus Group に社名変更され，引き続きエアバス SAS を完全所有している。現時点では株式は公開されているが，依然としてその26％は独仏西のかつてのエアバス・パートナー社の後継企業が所有しており，これらは全て SOE である[13]。

---

11) エアバス社設立以降 WTO 紛争までの経緯および紛争化の要因については，Cristina L. Davis, Why Adjudicate ?: Enforcing Trade Rules in the WTO 138–158 (Princeton U.P., 2012) を参照。

12) エアバス社再編の歴史については以下を参照。EC — Airbus (AB), supra note 2, paras. 577–582; Bhala, supra note 3, at 1165–66.

13) Shareholding Structure, Airbus Group, http://www.airbus-group.com/airbusgroup/int/en/investor-relations/share-information/shareholder-structure.html.

この間，エアバス機は1972年初飛行の A300 に始まり，2005年初飛行の最新型機 A380 に至るまで，座席数100超から500超まで，単通路（single-aisle）機，複通路（twin-aisle）機双方の多様な LCA を開発・生産した。本件はパートナー4社のコンソーシアムからエアバス SAS に至る40年超の間，エアバス社に対してこれらの航空機の開発・生産支援のために行われた多岐にわたる一連の支援策を対象としている。上級委員会は自らに付託されているこれらの措置を本節（3）に挙げる5つのカテゴリーに分類している[14]。

本件の争点は，簡単に言えば，これらの広範な支援策が資金面での貢献に該当し（SCM協定1.1条(a)）利益をもたらす（同(b)）ことで補助金に該当するか，更に特定性を有するか（同1.2条，同第2条），悪影響，特に「著しい害（serious prejudice）」をもたらしているか（同第5条(c)，第6条），である。なお，生産開始支援・加盟国融資（LA/MSF）については，輸出補助金に該当するか否か（同第3条）も併せて検討された。

（2）先決的問題

パネルは EU の一連の措置の協定適合性を判断するにあたり，前提条件となる数多くの先決的問題について検討しているが，上訴されたのは付託事項の範囲の他に，以下の2点である。

（a）悪影響の時間的範囲

本件では1969年以来の補助金が問題となっているが，パネル・上級委員会は SCM 協定が WTO 協定発効日（1995年1月1日）以前の補助金支出にも適用されると解した。EU はこれをウィーン条約法条約第28条（条約の不遡及）に反すると主張したが，パネル・上級委員会は，SCM 協定第5条が悪影響の発生を規制しているため，1995年1月1日以後存在する悪影響の規制は，それが同日以前の補助金交付に起因することによって妨げられないと説示した。加えてパネル・上級委員会は，条約法条約第28条は条約の発効前に行なわれた行為・生じた事実と消滅した事態を峻別しているので，SCM 協定第5条では遡及の有無は継続的な悪影響の事態にのみ関係し，補助金交付の行為については問題

---

14) 各措置の概要については以下を参照。*EC — Airbus* (AB), *supra* note 2, paras. 583-632; BHALA, *supra* note 3, at 1167-74.

とならないと指摘した[15]。

(b) 補助金の寿命

本件ではパネル報告より40年も遡る補助金の効果を論じている。EU は利益および補助金と悪影響の因果関係の評価において，補助金が経年で減価・消尽するため申立国は「継続的な利益（continuing benefit）」の証明を要すると主張した。パネルは SCM 協定1.1条柱書が資金的貢献と同時に利益が存在すれば補助金が「存在するものとみなす」と規定していることから，このような分析は要せず，EU の主張は補助金の利益と効果の混同であると批判した[16]。

上級委員会もこれを支持し，SCM 協定1.1条(b)においては補助金の利益は資金的貢献の時点での市場ベンチマークによって将来志向（forward-looking）に分析され，利益が期待できる期間が補助金額や用途等を勘案して評価されると説示している。上級委員会は，補助金には一定の寿命があると認めながらも，SCM 協定第5条における悪影響の認定に際し，改めて同1.1条(b)に立ち返って「継続的な利益」を立証する必要はないとした。上級委員会は第5条ではむしろ，補助金がその寿命において辿る「軌跡（trajectory）」を斟酌すべきであり，「継続的な利益」はその検討に関係するもので，また通常は経年で補助金の効果が減衰・終焉することを検討せよと説示している[17]。

(c) 介在する出来事

本件の判断は，補助金の寿命に関連して，補助金交付から今日までの「介在する出来事（intervening events）」に言及している。具体的には，民営化・企業売却に伴う第三者間取引による所有権の移転，親会社による子会社からの現金・現金相当物の引き上げ，および新会社への企業再編の3点が，SCM 協定第5条の検討において勘案されるべきものか否かについて議論された。SOE 規制の視点から，所有権移転および企業再編について以下に紹介しておく。

まず所有権移転については，2000年の Aérospatiale-Matra（Aérospatiale Société Nationale Industrielle の後継企業）や EADS の仏政府による一部株式売却などが，SOE の部分的民営化に相当する[18]。EU は欧州鉄鋼業の民営化に関連す

---

15) *EC — Airbus* (AB), *supra* note 2, paras. 657-686; *EC — Airbus* (Panel), *supra* note 2, paras. 7.44-7.65.
16) *EC — Airbus* (Panel), *supra* note 2, paras. 7.214-7.222.
17) *EC — Airbus* (AB), *supra* note 2, paras. 701-715.

る一連の上級委員会の判断を根拠として[19]，SOE に交付された一回限りの（non-recurring）補助金については，当該 SOE が後に国から公正市場価額（FMV）における第三者間（arm's length）取引で民間に売却されれば，利益消滅の「反証可能な推定（rebuttable presumption）」を受けるとする。先例は SCM 協定第 5 部（相殺関税）の文脈での議論だが，EU は補助金の定義は同じく同1.1条に依拠することから，この原則は同第 3 部にも該当すると主張した。また，EU は，上級委員会の先例が完全民営化に関する事案であっても，この原則を本件でも問題となる部分的民営化に適用したパネルの先例[20]を援用している[21]。

これに対してパネルは，民営化に関する原則は米国・EC 製品相殺関税事件（DS212）上級委員会が当該事件固有の事実関係に限定して適用しており，本件への適用可能性を否定した。更に，本件パネルは同事件パネルの協定解釈を批判している[22]。第 1 に民営化企業と新規所有者を一体として補助金の受領者とする点が，合理性および協定上の根拠を欠くとした。第 2 に，新規所有者の FMV・第三者間取引による当該民営化企業の取得と，当該企業が従前に受領した補助金の継続的利益は無関係であり，米国・EC 製品相殺関税事件パネルには民営化企業が得る利益と新規所有者が得る利益の混同があると指弾している[23]。

---

18) Id. para. 718. この他に EU は民間企業間の株式売却に伴う利益消滅についても申し立てているが，国家資本主義規律の観点から本章では割愛する。
19) Appellate Body Report, *United States —— Countervailing Measures Concerning Certain Products from the European Communities*, paras. 120-127, WT/DS212/AB/R (Dec. 9, 2002); Appellate Body Report, *United States —— Imposition of Countervailing Duties on Certain Hot-Rolled Lead and Bismuth Carbon Steel Products Originating in the United Kingdom*, paras. 64-68, WT/DS138/AB/R (May 10, 2000).
20) Panel Report, *United States —— Countervailing Measures Concerning Certain Products from the European Communities: Recourse to Article 21.5 of the DSU by the European Communities*, paras. 7.105-7.122, WT/DS212/RW (Aug. 17, 2005).
21) *EC —— Airbus* (Panel), *supra* note 2, paras. 7.203-7.204.
22) 米国・EC 製品相殺関税事件では上級委員会は条件付きでパネルの判断を支持しているが，エアバス事件パネルは自らが批判する判決理由については，米国・EC 製品相殺関税事件上級委員会は事案固有の事実に限定して支持するか，あるいは支持を表明していないという前提に立ち，少なくとも表立って上級委員会の先例を批判したものではない。*Id.* paras. 7.237-7.240.
23) *Id.* paras. 7.224-7.248.

上級委員会はこの点について，認定に予断を与えないと断った上で，委員3人が全て異なる見解を述べた。それぞれ，1人は部分的民営化に対するFMVテストの適用を完全に否定，あとの2人は一定の関連性を認めた[24]。結局部会としてはこの点の結論を示さず，本件ではパネルが第三者間のFMV以上での取引や所有権の移転について検討が不足していたことを理由に，EUの主張を退けたパネルの判断を覆した[25]。

次に企業再編について，状況は本節（1）に説明した。EUは特にエアバスGIEおよびパートナー4社体制から2001年にエアバスSASに再編された際に，以前の補助金の移転（pass-through）の立証を要すると主張した。パネルは，2001年再編で法人格は変わっても実態として同一のLCA製造業者たるエアバス社であることを指摘し，先例から移転の分析を求められる状況にないことを指摘した[26]。上級委員会は，先の継続的利益の証明不要の説示に触れてエアバスSASについても同様とした。また，過去の補助金が現時点で悪影響を及ぼしうることから，旧法人から新法人への補助金の移転の立証は必要ないとした[27]。

（3）エアバス支援策の補助金該当性
（a）生産開始支援・加盟国融資（LA/MSF）

本件に付託された5種類の措置の中核はこのLA/MSFである。この支援策はA300からA380に至る各機種の開発・生産に対するパートナー企業母国の4カ国による政府融資を指す。その条件は機種毎に異なるが，本質的には無担保，市中金利未満（時にゼロ）の低利，そして成功依存型（一定の販売台数達成後に返済開始）・後ろ倒しの返済条件を備えている[28]。

パネルはまずそれぞれのLA/MSFのうち，対A350支援策については存在を認めず，残余についてはSCM協定1.1条(a)(1)(i)の資金の直接的移転（特に

---

24) *EC — Airbus* (AB), *supra* note 2, paras. 719-727. *Cf.* BHALA, *supra* note 3, at 1181 ("[O]ne said the precedents do not apply to this context; one said they might apply; and one said they probably do apply.").
25) *EC — Airbus* (AB), *supra* note 2, paras. 729-733.
26) *EC — Airbus* (Panel), *supra* note 2, paras. 7.193-7.200.
27) *EC — Airbus* (AB), *supra* note 2, paras. 769-777.
28) *Id.* paras. 604-608.

「貸付け」，すなわち融資）への該当を認めた[29]。その上で利益については，一方ではキャッシュフローの正味現在価値を利用してEUの内部収益率を算出することでLA/MSFに内在する利益率を用意し，他方で市場における同等の資金調達における貸手の収益率を市場ベンチマークとして用意し，両者を比較してエアバス社の資金調達コストの差を明らかにした。パネルは，市場ベンチマークの算定にあたり，米国はリスクプレミアムを過大に，逆にEUは過小に見積もっているとしながらも，いずれにせよLA/MSFに内在する利益率は全てEUが主張する市場ベンチマークとなる利率を下回るものであるため，SCM協定1.1条(b)の利益の存在を認定した[30]。最後にSCM協定1.2条に要求される特定性については，LA/MSFは特定企業に対する資金移転として，同2.1条(a)の法律上の特定性を認めた[31]。

上級委員会では利益に関するパネルの判断が検討された。上級委員会は市場ベンチマーク算出方法の選択にパネルの裁量を認める一方，パネルがエアバス機開発にベンチャーキャピタル相当のリスクを見込んだ米国の市場ベンチマークを過大だとしながらもモデル毎に上限値あるいは下限値として利用したことは論理の内部矛盾であるとして，紛争解決了解（DSU）第11条に反するとした[32]。ただしリスクプレミアムをゼロと仮定して，市場ベンチマークとなる代替的な市中貸手の収益率を計算しても（つまり合理的な利子率を最低に見積もっても），やはりLA/MSFの利益率はすべてこの代替的な市中貸手の収益率を下回ることから，LA/MSFに利益の存在を認定した[33]。

なお，米国はLA/MSFはアドホックな融資だけでなく，こうした支援を継続的に行うプログラムの存在を主張している。これについては，まずパネルはLA/MSF契約，エアバス社幹部の発言等の米国が提示する証拠は不十分とし，上級委員会はそもそもパネル設置要請書になく付託事項外として，それぞれ米国の主張を退けた[34]。

---

29) *EC — Airbus* (Panel), *supra* note 2, paras. 7.376–7.379.
30) *Id.* paras. 7.402–7.496.
31) *Id.* para. 7.497.
32) *EC — Airbus* (AB), *supra* note 2, paras. 882–895.
33) *Id.* paras. 923–928.
34) *Id.* paras. 784–796; *EC — Airbus* (Panel), *supra* note 2, paras. 7.514–7.581.

(b) 他の支援策

次に LA/MSF 以外の4種類の支援策であるが，これらは1）欧州投資銀行による EADS，エアバス GIE，および英仏西のパートナー企業3社に対する1988〜2002年の計12件の融資，2）EU による研究開発補助金，3）インフラ整備および関連資金の提供（独ブレーメン市による空港滑走路延長，仏政府によるトゥールーズ空港近接地の航空産業団地整備・区画販売など），4）独・仏政府による企業再編補助金（独政府によるドイツ・エアバス社への資本注入，仏政府による Dassault 社株の仏エアバス・パートナー Aérospaciale 社に対する移転など），である。紙幅の制約から，ここでは後の分析に関する2）のみ詳しく紹介する。

EU は欧州議会・EU 理事会が設定する特定の研究テーマにつき，1986年から2006年までの5回の枠組プログラム（第2次〜第6次）による研究開発資金提供を行った。パネルはこれら全ての措置は贈与であることから SCM 協定1.1条(a)(1)(i)の資金の直接的移転に該当することを認め，同1.1条(b)により利益を認定した[35]。他方，特定性については，EU 理事会による別途決定に基づく個別プログラムを通じ，特定セクターに資金が配分されることで枠組プログラムが実施されることから，前者について検討した。その結果，全ての個別プログラムで全セクターにおける研究開発活動対象の資金提供枠組から航空宇宙産業について一定額を留保し，その留保分については他セクターの利用が制限されていたと認めた。よって，当該支援策は航空・宇宙産業について SCM 協定2.1条(a)の法律上の特定性を有することを認めている[36]。上級委員会はこれを支持した[37]。なお，この他各国・地方政府レベルの研究開発支援にも概ね補助金該当性および特定性を認めたが，この点は上訴されていない。

残余の措置のうち，3），4）については，一部パネルが補助金性を認めないか，あるいは上級委員会がパネルの判断を破棄した結果事実認定が不十分で判断を完遂できない措置があるが，一定程度の措置については米国の申立を認めている。また，1）については，パネルは SCM 協定1.2条，同2.1条(a)および同(c)における特定性要件を充足していないことから，全面的にこれらは補助金に該当しないと判断したが[38]，この点は上訴されていない。

---

35) *EC — Airbus* (Panel), *supra* note 2, para. 7.1501.
36) *Id.* paras. 7.1562–7.1567.
37) *EC — Airbus* (AB), *supra* note 2, paras. 946–952.

(4) 生産開始支援・加盟国融資の輸出補助金該当性

米国は LA/MSF の一部（A330-200, A340-500/600, A380）について輸出補助金該当性を主張した。パネルは，補助金が事実上輸出を条件としているか否かにつき，SCM 協定3.1条注1にある「補助金の交付が実際の又は予想される輸出又は輸出収入と事実上結び付いていること」を，実際あるいは予想される輸出実績ゆえに（"because"）補助金が交付されることと解釈した。その上でパネルは，上級委員会の過去の説示に依拠して，輸出条件性は補助金の「交付の一部をなし，これを取り巻く事実関係の総体（the total configuration of facts constituting and surrounding the granting）」を検討して決まると述べている。この解釈を踏まえて，エアバス社のグローバル企業としての性質，返済に要する売り上げが輸出を要する水準に設定された契約条件およびその下での加盟国の返済の予期，更には政府高官・エアバス社幹部の発言等から，パネルは英独西のA380支援については事実上の輸出条件性を認めた。他方，残余の措置については米国の請求を棄却し，また法律上の輸出条件性も認めなかった[39]。

これに対して上級委員会は，SCM 協定3.1条注1の輸出条件性を，「補助金交付による歪曲のない（undistorted by the granting of the subsidy）」国内・輸出両市場での需給関係を反映しない輸出の誘因を受領者に与えることと解し，交付当局が輸出に結び付くことを単に知っていた事実だけでは不十分と説示した。上級委員会によれば，「予想される輸出又は輸出収入と事実上結び付いている」こととは「客観的基準（objective standard）」であって，「事実関係の総体」，つまり補助金の制度設計，運用の態様，その他措置を理解する文脈となる状況などにより，補助金交付が受領者の輸出行動を「誘発するように設計されている（geared to induce）」場合，事実上の輸出条件性が認められる。これを踏まえて，上級委員会は輸出実績の予想を理由として補助金を交付した事実，つまり交付当局の「主観的動機（subjective motivation）」に依拠して輸出条件性を認定したパネルの判断を誤りとし，破棄した。しかしパネルの事実認定が不十分なため，問題の LA/MSF の輸出補助金該当性の自判に至らなかった[40]。

---

38) *EC — Airbus* (Panel), *supra* note 2, paras. 7.901-7.1008.
39) *Id.* paras. 7.628-7.716.
40) *EC — Airbus* (AB), *supra* note 2, paras. 1036-1067, 1081-1101.

第5部　国際経済活動の規制

（5）悪影響の存在

　米国は前節に検討した各種補助金が，参照期間（2001年〜2006年）において，SCM 第5条(c)の悪影響，すなわち同第6条に規定される「著しい害」をもたらすものと主張している。これらは，EU 市場におけるエアバス機によるボーイング機との代替および米国からのボーイング機輸入の妨げ（SCM 協定6.3条(a)），第三国市場におけるエアバス機によるボーイング機との代替および米国によるボーイング機輸出の妨げ（同条(b)），そして同一市場内におけるエアバス機のボーイング機より安価な販売やボーイング機の価格抑制，価格下落あるいは販売減少（同(c)）を指す。

　「著しい害」の認定を行うにあたり，まずパネルは米国の主張に従い，エアバス社・ボーイング社が生産する多様な LCA を単一の産品として EU 市場および第三国市場を認定し，これらの LCA 全体を「同種の産品」と観念した。また，これも米国の主張に沿って，まず SCM 協定6.3条各号に規定される現象の発生を認定し，それと問題の補助金の因果関係を次の段階で問う分析手法（2段階アプローチ）を採用した[41]。

　第一段階の SCM 協定6.3条各号の現象の有無については，パネルはまず同(a)の下で2001年〜2006年の EU 市場内でのシェアや販売量の推移を検討し，ボーイング機輸入の妨げおよび減少分のエアバス機による代替を認定した。また，同(b)の下では同様に各第三国市場でのシェアや販売量の推移を検討し，豪・中・墨など計8カ国における代替およびインドにおけるそのおそれを認定した。最後に同(c)におけるボーイング機の販売減少については，エミレーツ航空やシンガポール航空など10社との取引についてこれを認めた。価格抑制・下落についても，2001年〜2006年の米国生産者物価指数（PPI）を基礎にこれを認定した。他方，同号の価格の下回りについては証拠不十分で米国の請求を退けた[42]。

　第二段階の補助金と悪影響の因果関係については，米国の主張に沿って，パネルは製品開発面と価格面の双方から検討した。まず製品開発面については，米国が提示した製品理論[43]に依拠して LA/MSF なくしてエアバス各機種の生

---

41)　*EC — Airbus* (Panel), *supra* note 2, paras. 7.1651–7.1680, 7.1730–7.1732.
42)　*Id.* paras. 7.1738–7.1862.

産開始はほぼ不可能であったことを認め，先に認定した EU 市場・第三国市場における代替および販売減少と LA/MSF の因果関係を認めた。更に研究開発支援やインフラ整備等その他の補助金については，LA/MSF と合算してそれぞれが LA/MSF を補完する役割を認めた。他方，価格面に関しては，LA/MSF による EADS のキャッシュフロー改善およびエアバス機の開発・生産に伴う資本コスト削減につき，価格抑制・下落および販売減少との関係を認めなかった。米国製品の EU 市場における輸入および第三国市場への輸出の妨げについては，米国の主張立証が不十分として，請求を退けた[44]。

これに対して上級委員会は，まず SCM 協定6.3条(a)および(b)について，米国の市場画定を無批判に受け入れ，問題の産品の性質や市場の需給要素を検討せずに LCA 市場を単一とした点でパネルの第 1 段階の判断が DSU 第11条に反するとし，代替に関するパネルの認定を全て破棄した。しかし上級委員会は，事実認定の欠如から，市場が米国の申立のとおり LCA 全体の単一か，あるいは EU が主張するようにクラス毎に複数かについて判断を完遂できなかった。ただし本件では，EU の上訴の範囲および両当事国に争いのないデータから，単通路機，複通路機，超大型機の 3 つに LCA 市場を分類して代替を認定できるとし，この結果 EU，中国，韓国については単通路機および複通路機の双方，オーストラリアについては単通路機のみ代替を認めた。次に SCM 協定6.3条(c)の販売減少については，EU は買手航空会社10社のうちエミレーツ航空についてのみ DSU 第11条に反する証拠の不十分な検討があったとして上訴したが，上級委員会はパネルの判断を支持した[45]。

因果関係については，まず LA/MSF に関しては代替ならびに A320・A380 の販売減少についてのみ上訴された。上級委員会は LA/MSF なしでもエアバス機の参入があり得たとする EU の反論に丁寧に答えつつ，いずれもパネルの認定を支持した。その他の支援策については，研究開発補助金についてのみ，競争前段階の支援であることから，特定機種およびその製造に用いられた技術に

---

43) LA/MSF なかりせば実際のスケジュールどおりに実在の製品が市場に存在し得たか否かを，反実仮想的に分析する手法。Id. para. 7.1879.
44) Id. paras. 7.1997-7.2024, 7.2027.
45) EC — Airbus (AB), supra note 2, paras. 1105-1228. なお，少数意見は市場画定について判断が完遂できないかぎり，代替の認定も不可能であると説示している。Id. paras. 1149, 1205.

競争優位が具体的に反映されていることが明確でないとして因果関係を認めず，パネルの判断を破棄した[46]。

なお，米国はSCM協定第5条(a)に基づき米国国内産業（すなわちボーイング社）の「実質的な損害（material injury）」の発生を申し立てたが，パネルは同15.4条に示される指標についてボーイング社の状況はかかる損害の発生を示すものでないと認定した[47]。この点は上訴されていない。

3　考察 —— 国家資本主義規制の観点から ——

（1）国有企業規制に対する関心と航空機産業における国家の役割

上記の判断を踏まえて本件の国家資本主義規制に関する示唆を検討するが，最初にその背景と，国家資本主義規制の問題における航空機産業の位置づけについて触れておきたい。

これまでもWTOではSOEおよびそれに類する事業体に関する紛争において判断が示されており，特に国家資本主義の総本山とも言うべき中国については，中国・自動車部品関連措置事件（DS339, 340, 342），中国・原材料事件（DS394, 395, 398）など，国家の産業政策手段に関する事案が数件付託されている[48]。

特にSCM協定については，既に国家資本主義に関連する措置について，複数のパネル・上級委員会の判断が示されている。うち最も顕著な事例では，（2）で説明するとおり第5部（相殺関税）に関連し，過去にSOEであった欧州鉄鋼製造者の民営化とSOE時代の補助金の取り扱いにつき，判断が示された。また，同じくSCM協定第5部の文脈では，米国・中国産品ダンピング防止税および相殺関税併課事件（DS379）において，SOEからの物品支給の補助

---

46)　*Id.* paras. 1229–1413.
47)　*EC —— Airbus* (Panel), *supra* note 2, paras. 7.2104–7.211, 7.2186.
48)　これまでのSOE関連のWTO紛争につき，以下を参照。川島富士雄「中国における市場と政府をめぐる国際経済法上の法現象と課題 —— 自由市場国と国家資本主義国の対立？ —— 」『日本国際経済法学会年報』21号（2012年）124頁以下所収130–131頁。Przemyslaw Kowalski et al., *State-Owned Enterprises: Trade Effects and Policy Implications* 16–17 (OECD Trade Policy Paper No. 147, 2013), *available at* http://www.oecd-ilibrary.org/trade/state-owned-enterprises_5k4869ckqk7l-en.

金該当性が検討されている。更に，SCM 協定第 2 部（禁止補助金）については，ブラジル・民間航空機事件（DS46）において，元々国営のエンブラエル（Embraer）社に対する輸出信用の同3.1条(a)（輸出補助金）該当性が検討された。そしてこのエアバス事件は，SCM 協定第 3 部について初めてパネル・上級委員会が国家資本主義の文脈で判断を示した事案であり，この問題に対する WTO 補助金規律のスタンスがまたひとつ明確にされた点で注目に値する。

　昨今の国家資本主義の伸張については既に多くの論稿で論じられているところだが，1980年代〜90年代初頭には中露に代表される新興国が政治的統制を維持しながら経済自由化と成長を遂げ，今世紀の BRICs の隆盛へと繋がる。特に2008年の世界金融危機においては先進諸国も金融機関，更には事業会社にも公的資金を投入し，自由主義の効能に対する懐疑が高まる中，国家資本主義が注目を集めた。国家資本主義諸国では，資源，エネルギー，インフラの分野を中心に SOE や旗艦企業が設立されたが，その伸長は著しく，最近の Forbes 誌や Fortune 誌の世界大企業ランキング上位を占めるに至っている[49]。特に中国の SOE は1990年代終盤の「走出去」以後対外投資を媒介とした多様な形態での積極的な海外進出を進め，過去10年弱の間に国際的な存在感を飛躍的に高めている[50]。

　しかしながら，新興国 SOE の急激な伸張は，競合関係にある先進諸国民間企業から警戒感を持って迎えられている。先進国企業は国境を越えて取引される新興国 SOE の財・サービス，そして直接投資によって設立されるこれら SOE の海外法人と，新興国国内だけでなく，自国および第三国においても多面的な競争に晒される。この時，豊富な国家資金を背景とした補助金・低利融資，規制上の優遇，または国有ゆえの緩やかなコーポレートガバナンス（=業績について株主の短期的なチェックを受けない）等に基づき，SOE が経済合理性のない企業行動（ex. 低廉な販売，過剰な設備投資）や反競争的行動を行うことにより，公正な国際競争秩序の阻害が懸念される[51]。

---

49)　昨今の国家資本主義の隆盛と政策手段につき，イアン・ブレマー〔有賀裕子訳〕『自由市場の終焉 —— 国家資本主義とどう闘うか』（日本経済新聞出版社，2011年）第 1 章および第 3 章を参照。
50)　加藤弘之／渡邉真理子／大橋英夫『21世紀の中国 経済篇 —— 国家資本主義の光と影』（朝日新聞出版，2013年）第 5 章。

第 5 部　国際経済活動の規制

　このような SOE の新たな隆盛がもたらす競争歪曲性については，OECD も従前から関心を示している。2005年の SOE 企業統治ガイドラインは SOE 規律のための法的・規制枠組みにつき競争条件の平等（"level playing field"）を提唱し，市場規制主体としての国家と企業所有者としての国家の役割の明確な分離を謳う[52]。後に同じく OECD の研究成果である Capobianco & Christiansen [2011] は，オーストラリアが実践する競争中立性（"competitive neutrality"）をこの競争条件の平等と同類の原則として位置づけ，SOE 規律の法制度は経済的成果と市場の一体性を目的としたものであるべきことを提唱する[53]。

　しかし他方で，本質的に SOE 性悪説に立つべきものではないとして，その社会経済的な存在意義を評価する見解もある。まず基本的には市場の失敗に関連する機能である。これらには，例えばネットワーク産業（ex. 電力，水道，電気通信）に代表される自然独占，スピルオーバーが見込まれるが巨額投資やリスクにより民間投資が期待できない分野（ex. ハイテク，航空機）における資本市場の失敗の是正，公共財・メリット財（ex. 教育，医療）の供給などが含まれる。また，産業政策，財政収入，地域経済開発など，その他の政策目的においても SOE が有用なツールとなることが指摘されている[54]。

　このような SOE の積極的機能を踏まえると，LCA 産業には一定の国家の関与が正当化できる。パネル・上級委員会も明確に認識するように[55]，LCA 産業は極めて参入障壁が高く，民間投資家にはリスクが高い。研究開発，生産設

---

51)　Antonio Capobianco & Hans Christiansen, *Competitive Neutrality and State-owned Enterprises: Challenges and Policy Options* 5-7（OECD Corporate Governance Working Papers No.1, 2011), *available at* http://www.oecd-ilibrary.org/governance/competitive-neutrality-and-state-owned-enterprises_5kg9xfgjdhg6-en; Kowalski et al., *supra* note 48, at 13-16.

52)　OECD Guidelines on Corporate Governance of State-Owned Enterprises（2005), *available at* http://www.oecd.org/daf/ca/corporategovernanceofstate-ownedenterprises/34803211.pdf.

53)　Capobianco & Christiansen, *supra* note 51, at 4-5.

54)　OECD, CORPORATE GOVERNANCE OF STATE-OWNED ENTERPRISES: A SURVEY OF OECD COUNTRIES 20-21（OECD, 2005); Capobianco & Christiansen, *supra* note 51, at 8-9 ; Ha-Joon Chang, *State-Owned Enterprise Reform* 11-13（UNDESA, National Development Strategies Policy Note, 2007), *available at* http://esa.un.org/techcoop/documents/PN_SOEReformnote.pdf; Kowalski et al., *supra* note 48, at 11-12.

55)　*EC — Airbus*（AB), *supra* note 2, paras.1142, 1275, 1281; *EC — Airbus*（Panel), *supra* note 2, para. 7.1981.

備等の初期投資が巨額であり，これらはLCA開発特有の支出であるため，埋没費用となる。また，規模・範囲の経済性が機能する。つまり，生産数の増加に伴い単位生産コストが下がる学習曲線が作用しており，航空会社が保守管理や操縦技術習得の効率性から航空機に共通性（commonality）を求めるため，大小多様なLCAを製造する必要がある。LCA産業の初期投資の回収には長期間（10数年）を要し，投資サイクルが長い。更に業績には明確な周期変動があるが，これは開発，受注，生産，納品のサイクル，そして経済危機やテロ等の外生的リスクにも起因する[56]。こうしたLCA産業の固有の条件下では先行企業（incumbent）が優位に立ち，その優位は学習効果によって強化される。LCA産業の国際的寡占市場構造は典型的なブランダー＝スペンサー・モデルに該当する状況であるが，このモデルも先行企業の優位を前提に，後発企業の参入に補助金を与えることを政策的オプションとして提示する[57]。

また，本節（2）（b）で詳述するが，航空機開発の過程で生じる高度な技術・財がもたらすスピルオーバーも大きい。この点も上記のSOEの合理性と適合する。

更に，特に航空機産業は軍事との密接な関係を有する[58]。本件上級委員会の分析のとおり，EUのLA/MSFがなくばエアバス機の参入は現実的ではなく，そこで想定される代替的なシナリオはボーイング社の独占あるいは1996年にボーイング社と合併したマクドネル・ダグラス社との米国2社複占である[59]。国家にとって海外の軍産複合的な独占・寡占体に依存することは安全保障戦略上可能なかぎり回避すべきであり，エアバス社支援はかかる努力の一部でもある[60]。

---

56) Eric Heymann, *Boeing v Airbus: The WTO Dispute that Neither Can Win* 2-3 (Deutsche Bank Research, 2007), *available at* http://www.dbresearch.it/PROD/DBR_INTERNET_EN-PROD/PROD0000000000205714.PDF; Knorr et al., *supra* note 10, at 591-92.
57) James A. Brander & Barbara J. Spencer, *Export Subsidies and International Rivalry Market Share*, 18 J. Int'l Econ. 83 (1985). 当該理論のLCA産業へのより平易な当てはめについては，P. R. クルーグマン／M. オブズフェルド〔山本章子ほか訳〕『クルーグマンの国際経済学 ── 理論と政策 ── 原書第8版 上巻 貿易編』（ピアソン桐原，2010年）360-64頁を参照。
58) Heymann, *supra* note 56, at 3.
59) *EC — Airbus* (AB), *supra* note 2, paras. 1259-1264.
60) Hahn & Mehta, *supra* note 5, at 22, 27.

航空機産業における SOE の有効性は，経験則的にも明らかである。例えば伯・エンブラエル社を例に挙げると，今日の地域間輸送用旅客機（regional jet）のリーディング・カンパニーへと導く礎は国営時代に築かれ，SOE の顕著な成功例として認識されている[61]。

1970年の創設当初からエアバス社は一貫して SOE・旗艦企業としての側面を有する企業体として今日に至っている。2001年の企業再編前のいわゆるエアバス産業のグループ 4 社のうち，ドイツの Deutsche Airbus GmbH 以外の 3 社は SOE またはそれに準じる国の支配を受ける企業であった。その後もパートナー企業の部分的な民営化や再編を経ながらも，既に本章 2 で紹介したような EU および英独仏西の多様な資金的支援を得て発展してきた。また，本件で問題になった多様な補助金は低利融資や政府出資も含めて SOE の競争力源の中心にあることは，先に触れた。これらのことから，本件は，一方で国家資本主義的な国家の産業への関与の合理性と，他方で昨今の SOE 規制強化の文脈で叫ばれる競争条件の公平あるいは競争中立性確保のバランスを，SCM 協定の解釈においてパネル・上級委員会がどこで取るかを示すテストケースと捉えられる。

（2）本件判断の評価および示唆
（a）国家資本の寿命

上記の伯・エンブラエル社の例から明らかなように，航空機産業でも当初 SOE だった企業が民営化を経て，成功を収めるケースがある。この際，ある企業はいかなる契機をもって国家資本のくびきから離れ，SCM 協定の規律から解放されるのだろうか。

この問いに，本章 2（2）に説明した本件上級委員会の判断はいくつかの重要な示唆を与える。まず，SCM 協定の時間的適用範囲に関する判断によれば，補助金の交付時期はいかに遠い過去でもそのこと自体は問題とならない。他方，上級委員会が述べるように，規律対象は基本的に悪影響を惹起する補助金に限定される。よって，ある特定の補助金の相殺の可否は，本章 2（2）で取り上げた先決的問題の第 2 点目および第 3 点目，つまり補助金の寿命において辿る

---

[61] Chang, *supra* note 54, at 10; Andrea Goldstein, *EMBRAER: From National Champion to Global Player*, 77 CEPAL Rev. 96 (2002).

「軌跡」とその間に「介在する出来事」次第ということになる。

(i) 利益消滅事由としての民営化

この点で相殺回避の最も確実な方法は，補助金自体が既に存在しないことを立証することである。本章2（2）(b)に述べたように，悪影響の判断に際して継続的利益の立証は申立国に求められていないが，EUが述べるように，逆に被申立国がSCM協定1.1条(b)に立ち返って補助金の利益の消滅を主張できる。しかし本件では，部分的民営化のほか，補助金の利益を消滅せしめる他の「介在する出来事」の存在も否認された[62]。

先例は完全民営化による補助金の利益の消滅の可能性を認めたが，本件ではその部分的民営化に対する適用可能性が検討された。しかし，本章2（2）(c)で説明したとおり，パネルはこの法理そのものを痛烈に批判した。その要諦は，投資家と民営化SOEは別主体であり，前者による買収は後者が受領した従前の補助金に影響しない点にある。まず，パネルが指摘するように，両者では問題となる資金的貢献の種類と利益評価の関連市場が異なる。つまり，補助金の受領者たるSOEの民営化が株式公開で行なわれ，FMVで新規所有者がこれを取得した場合，株式売買が資金的貢献となる。しかし，例えば問題の補助金では資金的貢献が低利融資とすれば，民営化による利益の消滅は株式売買の文脈で融資の利益を再評価することを意味し，SCM第14条による関連市場のベンチマークに基づく利益の算定に適合しないと指摘される[63]。

更に，パネルが投資家と民営化企業の一体性を前提としないのは，投資家による市場価格でのSOE取得は，補助金受領者たる当該SOEの資産に全く影響がない可能性に起因しているものと思われる。当該SOEがFMVで売却されたとして，補助金受領者たるSOEについては全く資産の移動がない。上級委員会の個別意見もこの点を意識しており，株取引による企業売買は企業の資産価値に影響は与えないと説示している[64]。

しかし仮に本件パネルの批判を容れて，投資家と民営化対象のSOEを分け，

---

62) 本章2（2）(c)で論じた民営化，移転以外に，現金・現金相当物の引き上げに伴う利益の消滅についても，EUの立証が十分でないとして，これを退けている。*EC — Airbus* (AB), *supra* note 2, paras. 737-749.

63) *EC — Airbus* (Panel), *supra* note 2, paras. 7.243-7.244.

64) *EC — Airbus* (AB), *supra* note 2, para. 726 (c).

後者から政府へのキャッシュフローがあった際に利益の消滅を認めるとしても，なおも民営化による利益の消滅は不合理と考えられる局面がある。上級委員会の個別意見は，FMV・第三者取引による民営化は補助金受領者の生産設備の利用価値について影響がないと説明しているが[65]，このことは民営化が取引当事者間の厚生に影響する一方，補助金がもたらす民営化後企業の生産における限界費用の低下[66]，つまり補助金がもたらす競争優位には影響しないことを意味する[67]。この点は既に米国・EC製品相殺関税事件の文脈で批判されているが，当該案件では民営化の前後で問題の旧国有鉄鋼企業の生産設備・能力が不変であって，引き続き悪影響を引き起こす生産が可能であった。よってSOE時代の補助金を相殺しないことには合理性はなく，SCM協定の目的に適合しない[68]。しかし，上記のようにこの場合補助金の利益はない，すなわち補助金の存在を認定できないので，損害の評価に及ぶ以前に相殺は不可能という結論に至る。

これを本件に即して言えば，仮にエアバス社のFMV・第三者間取引による全面的な民営化があれば，少なくともそれ以前に受領したLA/MSF等については全てSCM協定1.1条(b)の意味での利益，ひいては補助金が消滅することになる。よって，その時点で悪影響を判断する前提を欠く。しかし民営化前の補助金によって市場参入を果たし，また蓄積した技術・生産能力を具備したエアバス社は，こうした会計上の利益の存在と離れて市場に留まり，ボーイング

---

65) *Id.* para. 726 (b).

66) 研究開発や設備投資は埋没費用（sunk cost）であり，それ自体は限界費用に影響しない。ここでは補助金によりもたらされた設備や技術が，例えば人件費を削減する，生産のエネルギー効率を改善する等の理由で生産費用を抑制するような場合を想定していると理解される。

67) ここでは，上述の民営化企業からのキャッシュフローの流出（例えば端的には政府への補助金返還）が生産費用に反映される可能性を捨象する。例えば内部留保分から支出される場合，その運用利益（例えば預金利子）の逸失，逆に借入金で返済する場合には利子等の資本調達コストが，少なくとも平均費用を押し上げる可能性がある。

68) Gene M. Grossman & Petros C. Mavroidis, *United States — Imposition of Countervailing Duties on Certain Hot-Rolled Lead and Bismuth Carbon Steel Products Originating in the United Kingdom: Here Today, Gone Tomorrow? Privatization and the Injury Caused by Non-Recurring Subsidies, in* THE WTO CASE LAW OF 2001: THE AMERICAN LAW INSTITUTE REPORTERS' STUDIES 170, 186-88 (Henrik Horn & Petros C. Mavroidis eds., Cambridge U.P., 2003). 民営化の場合の正しいベンチマークは，当初の補助金による政府投資の経済合理性に依存すべきだとされる。Sykes, *supra* note 6, at 510-11.

社に競争上の優位を保持する。このような本件の事情に鑑みれば，一連の民営化による利益消滅を認める先例を部分的民営化まで含めて一般化させることにパネル・上級委員会が批判的ないしは慎重であることは，理解に難くない。

　しかし，文言解釈を貫徹するかぎり，このような帰結は不可避である。SCM協定1.1条における補助金の定義には損害との因果関係は内部化されておらず（補助金の定義外の同第5条・第6条に規定），受領者の厚生増加のみが要求される。このため，受領者が資金的利益を喪失すればSCM協定1.1条(b)での利益が認められず，補助金が消滅すると解さざるを得ない[69]。結局のところ，SCM協定1.1条(b)および第14条の利益はキャッシュフローを伴う会計上の概念で[70]，悪影響の因果関係分析における経済的な競争上の利益（competitive benefit）とは異なる[71]。

(ii) 経年による補助金およびその効果の減衰

　このように補助金の利益を消滅させる「介在する出来事」が認められなければ，補助金自体の経年による減価・消尽の有無が正面から問われる。上級委員会は，これを民営化等と同列にSCM協定1.1条(b)の文脈で検討していない。上級委員会は継続的利益を含む補助金自体の寿命と補助金の効果を明確に分けて論じているが，本件では補助金の寿命の「軌跡」をSCM協定第5条・第6条の分析に関連して検討している[72]。

　例えば販売価格引き下げならびに生産量の拡大を企図する補助金は，受領企業の生産・産品販売とともに減価・消尽することが予定されている[73]。一回限り補助金を投入財の調達や値引き分の原資に充当した場合，販売開始とともに市場で価格引き下げの効果が現れ，やがて補助金が尽き在庫の払底で効果も

---

69) Richard Diamond, *Privatization and the Definition of Subsidy: A Critical Study of Appellate Body Texturalism*, 11 J. INT'L ECON. L. 649, 669–75 (2008).
70) 例えば上級委員会は，企業再編に伴う現金引き上げについて，それが企業価値の増減にどのように繋がるのかを，バランスシート上で具体的に説明することを求めている。*EC — Airbus* (AB), *supra* note 2, ¶ 746.
71) Joseph Francois, *Subsidies and Countervailing Measures: Determining the Benefit for Subsidies*, in LAW AND ECONOMICS OF CONTINGENT PROTECTION IN INTERNATIONAL TRADE 103, 104–7 (Kyle W. Bagwell et al. eds., Cambridge U.P., 2010).
72) *EC — Airbus* (AB), *supra* note 2, ¶¶ 709, 714.
73) 米谷三以「航空機産業に対するWTO補助金協定の適用」『空法』54号（2013年）27頁以下所収39-40頁。

終了する。他方，同じ一回限り補助金でも，研究開発や工場建設などの設備投資に用いられる場合，補助金の効果はより長い時間差で立ち現れ，補助金により獲得した技術や施設が陳腐化するまで継続するであろう。こうして補助金の減価・消尽とその効果の減衰・消滅は2本の類似の曲線に準えられ，前者を後者が後追いし，部分的に重なることもあるとされる[74]。

本件上級委員会はこの関係を意識しており，補助金の消尽を後追いして効果が消滅すること，そして現存しない補助金が現在または現在に至る悪影響を引き起こす可能性を指摘する[75]。しかし（i）で述べたように，民営化による利益消滅を認めた先例の結果，補助金の効果は残れども補助金自体は消滅とみなされる不都合な乖離が生じうる。本件上級委員会はこの民営化の先例の本件への適用可能性につき態度を明確にしなかったが，少なくとも肯定しなかったことは上記の補助金の効果の残存に関する認識と符合する。その点，補助金の経年による消尽を補助金の利益の有無ではなく悪影響の評価と一体で取り上げるほうが，上記の乖離を回避できる。しかしこのことは別途以下の問題を提起する。

本件パネルは，累次交付されるLA/MSFの性質と，航空機産業における学習効果，スピルオーバーおよび生産のシナジーから，ひとつのLA/MSFおよび製品モデルの効果は新旧双方の機種に及ぶとし，通常の単一の補助金の効果が経年で減衰するのとは「逆の効果（the opposite effect）」が生じると述べた。上級委員会はこれを誤りとし，全ての補助金の効果は減衰・消滅すると説示した。そのうえで，当事国の議論からLCAの商品寿命とされる17年間に補助金を配分し，償却させると考え，そのことから参照期間においては，交付後17年を超えたA300およびA310に対するLA/MSFの影響は理論上最低限と推論した[76]。

しかし他方で，パネルはある特定のLA/MSFは直接の支援対象機種だけでなく後続機種の開発にも中心的な役割を担っており，更に後続機種開発で得た技術・生産優位を先行機種の生産・改善，およびその改良機種の開発に生かしているとも説示している[77]。上級委員会は，こうした累次のLA/MSFによる

---

74) Hahn & Mehta, *supra* note 5, at 21.
75) *EC — Airbus* (AB), *supra* note 2, paras. 712-713.
76) *Id.* paras. 1237-1241.

相互補完的な因果関係の評価自体には，特段異論を唱えていない。本件では，A300およびA310に対するLA/MSFがそれぞれの対象モデル自体について惹起した代替・販売減少を検討せず，EUはA320についてLA/MSFなしに1984年開発開始の同機よりも技術的に優れた同型機が実際より3年遅れで開発しえたと主張した[78]。上級委員会は，米国の製品理論に則ってLA/MSFと販売減少・代替の因果関係を検討したが，EUのこの主張に沿って，エアバス社がA300およびA310を開発せずA320相当機種を初めて補助金なしで導入する，という代替的な仮想シナリオに立脚している[79]。その結果，上級委員会は，A300支援策にまで遡ってA320が引き起こす悪影響とLA/MSFの因果関係を認めた。すなわち，航空機産業における学習曲線および規模・範囲の経済性の重要性に鑑みて，A300およびA310からの「漸進的な技術革新（the incremental technological innovation）」がなくば，A320の開発時点において，LA/MSFを受けたA320と同水準以上の技術革新を遂げた航空機の開発は不可能であったと結論づけている[80]。

先に見たように，上級委員会は補助金の効果を離れて，補助金自体の経年による減価・消尽が必ず発生すると明言したが，上記の判断はこの点についての考え方を知る手がかりになる。LA/MSFに代表される製品開発，設備投資の費用は，経済学的には埋没費用として参入の意思決定にのみ影響し，以後の生産に影響しない。その意味でこれらに充当された補助金は受領者企業が参入した以上少なくとも当該企業の退出まで続く，あるいは，その後の生産に影響はないため投入時点で消尽している，いずれにも理解できる。特にLA/MSFは明らかにエアバス社の参入の契機として機能しているが[81]，本件パネル・上級委員会はこのような経済学的な理解に基づいた評価をしていない。

この点につき，本件上級委員会は補助金が一定期間にわたって「具現化する（materialize）」と述べている点に留意を要する[82]。また，本件上級委員会は，

---

77) *EC — Airbus* (Panel), *supra* note 2, para. 7.1975.
78) *EC — Airbus* (AB), *supra* note 2, para. 1273.
79) *Id.* para. 1274.
80) *Id.* paras. 1279–1281.
81) 本件上級委員会は，そもそも補助金がなければエアバス機の市場参入そのものがあり得ないと仮定する代替的シナリオをパネルが選択したことを，基本的に支持している。*Id.* paras. 1263–1264.

「著しい害」の検討にあたり，融資が未償還（outstanding）の期間ではなく，特定のモデルに市販性が認められる期間（本件では17年），換言すればプロダクトサイクルを補助金の利益分析の期間に充てることを是認した[83]。このことは，上級委員会は補助金の寿命を，資金の辿る経路や帰着よりも補助金の成果，つまり補助金により価格・品質において競争優位を備えた産品の存続によって評価していると解せる。しかし他方で上級委員会は，この補助金を効果が後追いすると説示していることから，補助金交付対象産品のプロダクトサイクル以後も悪影響は存続しうると理解している。

このことをA300およびA310に当てはめてみると理解は容易である。上級委員会は両機の市販性は既に終わっていることを認めており，その意味では両機向けのLA/MSFは消尽している。しかし，これらの製品の開発・生産で得られた知見がまだ市販性があるA320の技術的基礎として同機に競争力を与えていることから，A300・A310向けLA/MSFの効果は残存していると認定したのである。

しかし，このような論理に基づけば，技術的基礎を提供し，エアバス機を市場に存在せしめた契機となる1969年のA300支援のLA/MSF，そして以後同様のLA/MSFは累積的に悪影響との因果関係を認定されうる。特に上級委員会は，補助金の減価・消尽の評価に具体的な方法論を示さずに技術面での効果を勘案しており，有効な補助金は「未来永劫」相殺の対象たり得る[84]。本章2（4）で述べたように，特に本件パネルは価格面での悪影響についてLA/MSFとの因果関係を認めておらず，この製品理論による技術面での因果関係が決定的な意味を有した。この点については，上級委員会が現存機種ではA300およびA310から時間的に最も遠いA380による販売減少との関係でA300およびA310支援のLA/MSFをどのように捉えているかが明らかになれば，補助金の効果の時間的限界につき一定の示唆が得られよう。しかし，EUがそれ以前の全てのモデルについて一切のLA/MSFを受領しないと仮定してA380開発に要する資金調達の可否や技術水準を評価したため，個々の支援とA380が惹起する「著しい害」との因果関係は明らかにされなかった[85]。よって，古いLA/

---

82) *Id.* para. 709.
83) *Id.* paras. 1240–1241.
84) 米谷・前掲注73) 37–39頁。

MSFの経年による減衰・消滅に関する上級委員会の考え方も，窺い知ることはできない。

　もっとも，本件の補助金の減価・消尽に関する判断は，あくまで当事国が提示したひとつの方法に依拠したに過ぎない。この点に関係して上級委員会は「著しい害」の検討には補助金の性質（nature）を勘案できると述べているが[86]，補助金の一回限り・繰り返し，用途，額など，個別補助金の実質に従って判断することになろう。

(b) 研究開発のスピルオーバーと補助金規制の妥当性

　本節（1）に触れたように，SOEの合理性として，スピルオーバーの見込まれる産業に投資が行なわれない資本市場の失敗の是正が挙げられ，LCA産業は正にこれに該当する。技術のスピルオーバーについては，航空機を代表例とするハイテク産業のR&Dにおいて顕著に確認できる。まず，航空機開発の過程で生じる高度な技術・財は他産業に応用可能である（ex. 機体部品用アルミ合金の開発と建設資材への応用）[87]。また，技術のスピルオーバーの前提として，技術はその開発を助成した国で専有できるものではなく，海外に拡散する[88]。実際，航空機産業の技術も，1970年代にダグラス社が始めたオフセット合意（航空機受注と買手国の生産参画の抱き合わせ）をはじめ，直接投資，アウトソーシング，更にはグローバルバリューチェーン化により，他国航空機産業へのスピルオーバーが大きい[89]。この関係はエアバス機・ボーイング機間にさえも当てはまり，LCAの同型性により，相互に開発した部品や基本技術には互換性が認められる[90]。もちろん適切な助成の対象・水準の決定に困難はあるも，このような外部性を勘案すれば，LCA産業における研究開発の国

---

85) *EC — Airbus* (AB), *supra* note 2, paras. 1350–1355.
86) Appellate Body Report, *United States—Subsidies on Upland Cotton*, para. 434, WT/DS267/AB/R (Mar. 3, 2005). *See also EC — Airbus* (AB), *supra* note 2, para. 712.
87) 仲井隆一／渡辺千侭「わが国航空宇宙産業におけるインスティテューションの分析」『研究・技術計画学会第20回年次学術大会講演要旨集』(2005年) 984頁以下所収。
88) クルーグマン／オブズフェルド・前掲注57) 360頁。
89) Jorge Niosi & Majlinda Zhegu, *Multinational Corporations, Value Chains and Knowledge Spillovers in the Global Aircraft Industry*, 2 INT'L J. INSTITUTIONS & ECON. 109 (2010); David Pritchard, *A Case for Repayable Launch Aid: Implications for the US Commercial Aircraft Supply Chain* 2–3 (State University of New York, Buffalo, Canada-United States Trade Center Occasional Paper No. 39, 2010), *available at* http://www.custac.buffalo.edu/documents/CUSTAC-OccasionalPaper39-Pritchard.pdf.

家支援は一定の経済合理性を有する[91]。

　本件の検討対象となった補助金にもこうした研究開発支援の性質を有するものが含まれる。例えばLA/MSFの殆どのプログラムでは生産費用は支援対象外とされる一方，特定機種の開発支援を約するものであった[92]。また，より一般的なEU枠組プログラムによる研究開発補助金は，航空宇宙産業に特定性があるものであっても，例えば第2次プログラムは航空機製造技術分野の「競争前段階の研究（pre-competitive research）」を助成対象とし，特に重点研究分野として航空力学や推進システム等汎用性のある技術開発を特定している。この点は他のプログラムも同様である[93]。

　このため，本来はエアバス機およびボーイング機に対するLA/MSF相当補助金は競争歪曲性と技術開発・スピルオーバーの相対的な比較衡量によって評価されるべきものであり，技術開発投資を可能ならしめることにより，理論的にはゼロよりも一定水準の助成が常に厚生を増大させる。技術革新・スピルオーバー効果が競争歪曲効果を凌駕する場合，エアバス・ボーイング両機への支援が望ましい結果を生む。特に近視眼的な資本市場からの資金調達が期待できず，政府のみが長期的視野から技術革新支援のインセンティブを有する場合，LA/MSF相当補助金は有益である[94]。

　しかるに，先に本章2（5）で見たように，本件で認定されたLA/MSFをはじめ一連の支援策が引き起こす悪影響，特に「著しい害」の本質は，市場におけるエアバス機によるボーイング機のシェア浸食，また価格競争における優位の有無に尽きる。このようなもっぱら経済的事象に基づく悪影響の認定自体はSCM協定6.3条各号の文言から導かれ，協定の忠実な適用の必然であり，それ以外の補助金がもたらす外部性やその社会経済的機能を勘案する余地は現行規定には乏しい。しかし他方で，このことは現行SCM協定が十分に正当な補助金の交付を妨げる可能性を示唆する。

　特に米国・大型民間航空機事件（ボーイング事件，DS353）においては，より

---

90)　Richard J. Fairchild & Steven M. McGuire, *The Airbus-Boeing Dispute: A Strategic Trade Theory Approach* 10–11 (2010), *available at* http://ssrn.com/abstract=1640536.
91)　クルーグマン／オブズフェルド・前掲注57) 358–60頁。BHALA, *supra* note 3, at 1170.
92)　*See, e.g., EC — Airbus* (AB), *supra* note 2, paras. 592, 595, 598, 600.
93)　*Id.* para. 613.
94)　Fairchild & McGuire, *supra* note 90, at 31–32.

基礎的・一般的な研究開発支援が問題となった。ボーイング事件における米国の航空宇宙局（NASA）および国防省との共同研究開発プログラムでは，これら2機関からの資金提供に加えて，両機関の研究開発施設や人的資源の無償利用が認められていた。また，その調査課題もLCAの開発・生産ばかりでなく，より汎用性のある航空宇宙技術の研究開発に関係する[95]。上級委員会は，研究契約の性質はジョイントベンチャーに類するものであり，成果はボーイング社の商業利用に供されるだけではなく，NASA・国防省に還元されると判断している[96]。このような状況では，単純化して言えば，仮に航空宇宙・防衛目的で開発され，LCA製造に転用可能な技術（あるいはその逆）であれば，転用に限界的なコストは発生せず，関係民間企業の利益に関わらずこれを自由に認めることが効率的となる。従って，本件のような研究開発契約をSCM協定が規制することは本来望ましいものではない[97]。

　一般論としてはSCM協定も研究開発支援の重要性は認識しており，同第31条により時限措置として現在失効しているが，同8.2条(a)は一定の研究開発補助金の交付を許容していた。同号は人件費や建物・装置等の費用等に限って，企業の産業上の研究については75％を，および競争前段階の開発活動については50％を，それぞれ相殺不可能な（緑の）補助金とする。一般に適正な研究開発支援補助金の支出額を計量的に測定することは困難である。例えば上記のようにLCA産業におけるLA/MSF相当補助金はゼロよりは一定額の交付が望ましいとして，その水準，そして2国1財モデル上で一国だけかあるいは両国が交付すべきかについては，市場の条件に依存する[98]。この点，SCM協定第8.2条(a)は一定水準・費目に限定して，いわば「みなし」で，技術開発・スピルオーバー効果がネットで競争歪曲効果を上回る補助の水準を設定していると解せる。同号注1は民間航空機については他の多国間規律に服することを予定し

---

95) プログラムの概要については本件パネル報告書を参照。Panel Report, *United States — Measures Affecting Trade in Large Civil Aircraft* (*Second Complaint*), paras. 7.942-7.946, 7.1113-7.1123, WT/DS353/R (Mar. 31, 2011).
96) Appellate Body Report, *United States — Measures Affecting Trade in Large Civil Aircraft* (*Second Complaint*), paras. 593-609, WT/DS353/AB/R (Mar. 12, 2012). *See also* Damien Neven & Alan Sykes, *United States — Measures Affecting Trade in Large Civil Aircraft* (*Second Complaint*): *Some Comments*, 13 WORLD TRADE REV. 281, 284 (2014).
97) Neven & Sykes, *supra* note 96, at 289-91.
98) Fairchild & McGuire, *supra* note 90, at 30.

て同号の対象外と規定しており，基本的に航空機産業の特殊性に鑑みて別途の取極を予定していたことが窺えるが[99]，例えば本章2（1）で触れたEEC・米1992年協定は，前述のようにより詳細に支援策の類型毎に上限を定めている。現行SCM協定の不備は，このような別途の合意により適切な補助金の交付を保証する必要性を示唆する。

　もちろんドーハラウンド交渉も難航し，本件にまつわる米EU間の一連の交渉やOECDにおける鉄鋼や造船の分野別合意の失敗例から明らかなように，航空機産業の研究開発支援合意の形成は容易ではない。仮に個別合意が期待できないとすれば，解釈論で対応する可能性を模索する必要がある。例えば，本件上級委員会は，「著しい害」と補助金の因果関係分析において，研究開発支援と具体的な製品の競争優位に明確に紐づけることを要求した。このように「著しい害」の証明を厳格化することで，一定の基礎的な研究開発にかかる補助金のSCM協定適合性を確保することは，相殺不可能補助金規定が失効している現状に鑑みて，一定の政策的妥当性のある判断として評価できる。米谷［2013］は，前述の補助金の性質に注目した悪影響および因果関係の検討を推奨しており[100]，たしかに綿花のような一次産品に比して，航空機の研究開発に対する助成は外部性が大きく，明らかに性質は異なる。この点で本件上級委員会の解釈は条文および先例にも適合したものと言える。

　更にこの解釈は，上記のSCM協定8.2条(a)の研究開発補助金の区分にも適合する。本件で検討されたEUの支援による研究開発について，先に述べたようにEU自身は「競争前段階の研究」と称するが[101]，性質としては，SCM協定8.2条(a)の「競争前の段階の開発活動（pre-competitive development activity）」よりも，定義上いっそう基礎研究に近く，汎用性の高い「産業上の研究（industrial research）」に属する研究であった[102]。本件上級委員会の判断は，SCM協定第8条は失効している一方で，このような比較的基礎的な研究開発支援に「著しい害」との因果関係が認められにくいことを示した。なお，本件パネル

---

99) WTO協定附属書4の民間航空機協定，OECD公的輸出信用アレンジメントを除き，このような協定は成立していない。前者は6.1条で政府助成についてSCM協定の前身たる東京ラウンド補助金コードの準用を定めており，後者は輸出信用以外の補助金について規定しておらず，いずれも研究開発支援には無関係である。

100) 米谷・前掲注73) 44頁。*EC —— Airbus* (AB), *supra* note 2, para. 1376.

101) *EC —— Airbus* (AB), *supra* note 2, para. 613.

は，失効したSCM協定6.1条を同6.3条の解釈の文脈としているが[103]，上級委員会が同じく失効した同8.2条(a)に文脈としての地位を認めたかは明らかではない。この他，本件の事実関係とは離れるが，分野横断的な一般性の強い研究開発支援については，SCM協定第2条の特定性の解釈によって除外する可能性も検討する余地があろう。

実証研究によれば，航空機産業は製品開発において官学による公的調査（public research）に対する依存度が非常に高い産業のひとつである[104]。また，2000年代初頭の数字では，欧米各国では航空機産業の研究開発費は4割ないし5割が政府支援で賄われ，生産の国際化により，進出先海外政府の資金助成の導入も重要になりつつある[105]。例えば我が国も航空機工業振興法の制定（1958）によって国際航空機開発に対する助成金制度を整備し，国内で請け負うボーイング機製造に対する助成にはLA/MSF類似のロイヤルティベースの制度を採用している[106]。更に，中，露，伯，イスラエルなど欧米以外の新興航空機製造国も，輸出支援と並んで研究開発補助金を支援策の柱に据えている[107]。

特に，SOEである中国商用飛機（COMAC）のLCA第1号機であり，2016年

---

102) 同号注4によれば「産業上の研究」とは，「新たな産品，工程若しくは役務の開発又は既存の産品，工程若しくは役務の相当な改善に有用となり得る新たな知識の発見を目的とする計画的な研究又は詳細な調査」であり，他方同注5によれば「競争前の段階の開発活動」とは，「産業上の研究の成果を新たな，修正された又は改善された産品，工程又は役務のための計画，青写真又は企画に具体化すること（販売を目的とするか使用を目的とするかを問わない。），商業的に使用することができない第一段階の原型を作ることを含む」。定義上，明らかに「産業上の研究」のほうが商業化から遠い基礎的な性質を有する。

103) *EC — Airbus* (Panel), *supra* note 2, para. 7.395.

104) Wesley M. Cohen et al., *Links and Impacts: The Influence of Public Research on Industrial R&D*, 48 MGMT. SCI. 1, 5-8 (2002).

105) Niosi & Zhegu, *supra* note 89, at 120-22.

106) Pritchard, *supra* note 89, at 10-11. ボーイング機と我が国航空機産業の関係について以下を参照。「Made with Japan」（ボーイングジャパン）<http://www.boeing.jp/%E3%83%9B%E3%83%BC%E3%82%A4%E3%83%B3%E3%82%AF-%E3%82%B7%E3%83%A3%E3%83%8F%E3%83%B3/Made-With-Japan>

107) Jorge Niosi, *R&D Support for the Aerospace Industry: A Study of Eight Countries and One Region* (Aerospace Review, Research Report 11, 2013), *available at* http://aerospacereview.ca/eic/site/060.nsf/vwapj/Niosi_-_support_programs_in_other_countries.pdf/$FILE/Niosi_-_support_programs_in_other_countries.pdf.

の納品を予定するC919は，エアバス機，ボーイング機と競合する150席クラスの価格競争力のある機種である。中核技術について海外協力ではなく国産化を目指すことで納期の遅れが発表されているが[108]，今後こうした新興製造国の市場参入が本格化するにつれて，研究開発補助金の規制とその妥当性についても活発に論議されることになろう。

（c）事実上の輸出条件性の射程

SCM協定3.1条は法律上（*de jure*）だけではなく，事実上（*de facto*）輸出に基づいて交付される補助金も輸出補助金として交付自体を禁止している。後者は，同注1によれば，「実際の又は予想される輸出又は輸出収入と事実上結び付いていることが事実によって立証される」ことを意味する。

本件パネルの認定は，輸出実績の合理的な期待なしにエアバス機開発・生産を支持する投資対効果検討書（business case）はあり得ず，こうした検討書なしにLA/MSFの交付はあり得ないので，LA/MSFは輸出実績に事実上結び付いている，つまり輸出を条件としている，と要約できる[109]。パネルは，このように輸出が補助金交付の「理由（reason）」となっているという交付当局の「主観的動機」を重視した。これに対し，前述のように上級委員会は客観的基準を重視しており，「事実の総体」，つまり，補助金の制度設計，運用の態様，措置の文脈となる状況などに基づいて，当該措置が「補助金交付による歪曲のない」国内・輸出市場の需給を反映しない輸出を誘発すべく制度設計されたものか否かを判断する[110]。上級委員会は過去の販売データと補助金が交付された場合に予想される国内販売・輸出の比率を比較し，これが輸出に偏る場合に輸出増を目論む交付当局の客観的意図を見出すが[111]，補助金の輸出・国内販売に対する中立性あるいは差別に着目して，事実上の輸出条件性を認定していると解せる[112]。

---

108) 「COMAC C919中核技術の海外協力を否認」新華社ニュース2014年5月27日。Joanne Chiu, *Chinese Commercial Plane Maker Faces Delays: State-Owned Commercial Aircraft Corp. Pushes Jetliner Delivery to 2018*, WALL ST. J., May 21, 2014, http://online.wsj.com/news/articles/SB10001424052702303749904579575691810722188.

109) Hahn & Mehta, *supra* note 5, at 16.

110) EC —— Airbus (AB), *supra* note 2, paras. 1045–1046, 1050–1051.

111) *Id.* paras. 1047–1048.

112) Lester, *supra* note 7, at 366–67.

パネルの判断は明らかに不合理である。輸出増加は基本的に補助金交付による生産増・価格低下の必然的帰結である。仮に輸出増の予想があれば常に事実上の輸出条件性が認められるとすれば，禁止補助金の範囲は劇的に広くなり，上級委員会が懸念するように，現行規定の禁止（赤の）補助金と相殺可能（黄の）補助金の区別が相対化するおそれがある[113]。また，特にシンガポールのような市場規模の小さい国は生産・販売増がいっそう容易に輸出増加に結びつきやすいことから，パネルの解釈は差別的に一部加盟国に過度の規律を課すことになる[114]。

しかし上級委員会の説示の外延は明確ではない。輸出条件性のない補助金は国内販売・輸出の比率を不変のまま生産・販売の総量のみ拡大させると想定するが，例えば対象産品の国内市場の飽和や市場自体のグローバル化により，生産・販売増により輸出比率は不可避的に拡大する。上級委員会は事実上の輸出条件性を判断する「事実の総体」として文脈となる状況を挙げていることから，このような市場構造を交付当局が理解して補助金を交付すれば，依然として輸出条件性を認定されることになる[115]。

他方で，上級委員会はSCM協定附属書Ⅰの例示表を引き合いに，輸出補助金は共通して国内販売よりも輸出を「優遇（gives certain advantage）」し，「促進（favors）」するものと説明し，その上で補助金に歪曲されない内外市場の需給条件の単純な反映でない輸出を受領者に促す措置に輸出条件性を認める[116]。これは補助金による生産コスト低下・供給量増加だけでは特定市場の構造から自然に生じ得ない輸出比率増の人為的誘発を示唆すると解せる。よって，上級委員会は「制約のない（unfettered）」需給の結果たる輸出・国内販売比率を変える場合に輸出条件性を認め，上記のように市場構造の結果自然に輸出の比率が増加する場合はこれに当たらないと理解すべきであろう[117]。

この外延の問題も含めて限界もあるにせよ[118]，上級委員会の判断はパネルによる過度な制約を是正した点で評価できる。本節（a）に説明したように，

---

[113] *EC — Airbus* (AB), *supra* note 2, para. 1054.
[114] Hahn & Mehta, *supra* note 5, at 22.
[115] *Id.* at 22. 米谷・前掲注73) 41-42頁および注42。
[116] *EC — Airbus* (AB), *supra* note 2, paras. 1045, 1053.
[117] Hahn & Mehta, *supra* note 5, at 21-22.

SOEの社会経済的機能に照らして，LCA産業に国家資本が導入されることには一定の合理性がある。パネルの説示のように単に補助金が供給増に伴う輸出に繋がることをもって交付自体が禁止されるとすれば，補助金による正当な政策目的の追求は著しく制約を受ける。特に国際的複占市場であり，海外市場規模が大きいLCA産業においては，一方の補助金交付は価格低下・生産増を招くかぎりにおいて輸出増に帰結する可能性が高い。

資源・環境，ナノテク，医療，宇宙・深海底開発など，人類が直面する性質上グローバルな重要課題については，関連産業に対する研究開発・生産開始支援は国内外を問わず有用であり，国内・国外消費の区分を前提とした規制に馴染まない。とりわけ厳格な現行の輸出補助金規制がこうした受益やスピルオーバーが国内のみならず海外にも認められる支援に干渉することは望ましくなく，支援策が孕む競争条件への潜在的な悪影響はあくまでSCM協定第3部により対応すべきとされる[119]。その際には，先に（b）に述べたようなSOEなど国家資本主義の正当な機能を十分に勘案することが肝要となる。

4　結びに代えて

本章では現行のWTO補助金規制の国家資本主義に対するスタンスを，エアバス事件におけるパネル・上級委員会の説示を通じて明らかにしてきたが，LCA産業の特性と国家資本主義との親和性を前提とした場合，正当な国家介入の余地を現行SCM協定に反映させることの困難が浮き彫りになった。その意味では，本件判断がSCM協定の保護主義抑止という目的を明らかにしたとするLester［2011］の本章1で紹介した評価はやや表層的であり，むしろ補助金の善悪の判断をSCM協定の一般原則で規定することの困難を説くSykes［2010］の所論が裏付けられた印象を受ける[120]。

また，本章の射程外の議論だが，LCA産業への国家資本主義の導入は，現

---

118)　先行企業（incumbent）が競争優位を有する場合，新規参入企業（entrant）の戦略的対応の結果として，製品構成が差異化されることがある。このような場合は上級委員会のテストの適用にあたり，地理的・製品上の市場画定を厳密に行う必要が生じる。*Id.* at 22.

119)　*Id.* at 22–23.

120)　前掲注6）〜7）および本文対応部分参照。

状ではグローバルな厚生に適合しうることにも言及しておきたい。例えばLCA産業のグローバルバリューチェーンにより，世界的に技術のスピルオーバーが起きることは先に述べた。またLCA市場は現実に複占による不完全競争下にある。本件パネル・上級委員会はLA/MSFなかりせばボーイング社の独占またはマクドネル・ダグラスを含む米国2社の複占を想定していたが，例えばBaldwin & Krugman［1988］の試算では，この場合のLCAの価格はエアバス機の参入があった場合に比べて40％以上高かった[121]。本件パネルに米国が提出したスティグリッツ（Joseph E. Stiglitz）の証言にもあるように，エアバス機の参入こそがこれを低下させた[122]。このような不完全競争の状況下では輸出補助金の交付さえ航空機の供給量を増やし，価格を競争的水準に近づけることで，グローバルな効率性が達成できる[123]。反対にEEC・米1992年協定による補助金交付の制限により，Irwin & Pavcnik［2004］の推計によれば，最大で9.7％の航空機の価格上昇があったと推計される[124]。

更に，本件の履行は目下ボーイング事件の履行とともにWTO紛争解決手続において係争しており，結果は予断できない。両事件とも問題の補助金は，赤ではなく黄色であって，かつ過去の一回限りのものが中心なので，補助金の撤回・抑制による履行は考えにくい。このため，補助金受領者たるエアバス社・ボーイング社の市場行動を制約する内容の履行について，両国の合意が成立する余地がある。このような合意が，例えば価格，生産台数，市場分割にかかる合意であれば，国家間合意の体裁を取りながらも実質的にはボーイング・エアバス2社のカルテルであり，両国のみならず，第三国からも競争法上看過できない事態に帰結する。

国家資本主義が経済厚生に与える影響は多様かつ複雑である。TPP交渉における米国産業界の主張のような些か単純に過ぎる性悪説に立った規律強化で

---

121) Richard Baldwin & Paul Krugman, *Industrial Policy and International Competition in Wide-Bodied Jet Aircraft, in* TRADE POLICY ISSUES AND EMPIRICAL ANALYSIS 45, 68 (Robert E. Baldwin ed., MIT Press, 1988).

122) *EC — Airbus* (Panel), *supra* note 2, para. 7.1995. 証言は米コロンビア大学のBruce C. Greenwaldと共同で行われた。

123) Kyle W. Bagwell & Petros C. Mavroidis, *Too Much, Too Little. . . Too Late?, in* LAW AND ECONOMICS OF CONTINGENT PROTECTION, *supra* note 71, at 168, 169–71.

124) Douglas A. Irwin & Nina Pavcnik, *Airbus versus Boeing Revisited: International Competition in the Aircraft Market,* 64 J. INT'L ECON. 223, 235–39 (2004).

はなく，その社会経済的機能と競争阻害性の本質を十分に捉えた規律を模索する必要があろう。その主要な政策手段である補助金について，関連産品の競争関係以外の条件を評価する仕組みを現行 SCM 協定は備えていない。こうした現状認識に立ち，多角的な視点からあるべき国家資本主義規制，そして SOE の行動規範を考究することが望まれる。

20　国際投資法における責任の性格

伊 藤 一 頼

1　はじめに
2　国家責任法体系の生成と
　　投資仲裁の位置づけ
3　投資協定における主要な
　　実体規範の性質
4　投資協定における権利の
　　主体
5　私人による責任追及権の
　　処分可能性
6　私人による責任追及と国
　　家による責任追及の関係
7　結びにかえて

1　はじめに

　海外における自国民の財産の安全をどのように確保するかは，古くより国際法の関心事となってきた。特に19世紀後半以降，欧米諸国の対外進出が加速すると，外国人資産の保護に関する一般国際法の内容をめぐって激しい論議が展開された。これは，第二次大戦後の南北対立においても重要な争点となったが，資本輸入サイドである発展途上国の根強い反対により，一般国際法として外国人資産の保護強化を図ることは困難であった。しかし，1980年代に連鎖的な債務危機に見舞われた発展途上諸国は，積極的な外資誘致を足掛かりに経済発展をめざす戦略へと転換し，先進国との間で，外国投資の保護を明確に約束した二国間条約を締結するようになった。今日では，こうした条約は先進国間でも締結されており，その総数は，未発効のものも含めれば約3000に達する。これにより，外国に投下した資本が国際法上の保護を受けられる可能性は格段に高まり，越境的な事業活動に伴うリスクはかつてとは比較にならないほどに抑制されていると言える。
　もっとも，この新たな投資保護メカニズムの実効性は，その特異な責任追及

方式に負うところが大きい。すなわち，投資協定の違反をめぐる紛争が発生した場合，外国投資家は投資受入国政府を直接に相手取って仲裁を提起し，救済を求めることができる。これは，ほとんどの投資協定において，各締約国が，将来的に発生しうる全ての投資紛争に関して仲裁に応じる合意を予め一方的に与えているためである。この仕組みは，一般に「投資家対国家の紛争解決（Investor-State Dispute Settlement; ISDS）」条項と呼ばれ，これに依拠した「投資仲裁」の件数は，2000年代に入り年間30～50件前後で推移している。以前であれば，こうした投資紛争を処理する手段は，投資受入国の国内法廷を利用するか，投資家の国籍国政府による外交的保護に期待するほかなかった。これに対し，現代の投資仲裁は，投資家が自らのイニシアチヴに基づき，しかも公正で中立性の高い法廷において司法審査が受けられるという点で，従来の紛争処理方式が抱えていた問題を巧みに解消しているのである。

　しかし，このように私人による追及が一般化した「責任」とは，国際法上，どのように性格規定されるのであろうか。周知の通り，国家責任に関する理論は，国連の国際法委員会における国家責任条文の起草作業を契機として重要な発展を遂げてきたが，そこで「責任」という概念に込められた特有の法秩序観は，投資仲裁の仕組みにもそのまま妥当するのだろうか。もし，両者の間に齟齬があるとすれば，投資仲裁とは何に焦点を当て，いかなる理念の実現をめざす制度であるのかが明らかにされねばならない。これは，単に理論上の関心のみに基づく問いではなく，実務的にも意義を有する検討課題である。後に述べるように，投資仲裁の制度趣旨に関する理解が確立していないため，幾つかの論点で仲裁判断の分裂や対立が生じており，その解消に寄与する視座の提示が待たれている。

　結論から先に言えば，投資仲裁で追及される責任の性格は私的ないし主観的なものであり，一般の国家責任法理論が保護しようとする価値との間には根本的な懸隔が存在すると思われる。これはどういうことか，その根拠は何か，そして，この見解に立つとそれぞれの争点ではどのような解決が導かれるのか。これらの問題について，以下で論じることとしたい。

2　国家責任法体系の生成と投資仲裁の位置づけ

　よく知られるように，国家責任とは元来，外国における自国民資産の保護の要請から発展した概念であった。もっとも，そこでの責任とは，自国民が被った損害について相手国政府は適切な賠償を行うべきだという規範であり，今日の用語で言えば，それ自体が第一次規則の範疇に属する問題であった。しかし，戦間期になると，国際法の完全性を志向する思潮のなかで，国際違法行為に対して法秩序が課すサンクションの体系としての第二次規則が観念され始め，この法領域を基礎づけるうえで，国家の「違法行為責任」という一般化された責任概念が導入されたのである。

　国際法における責任をこうした観点から理解する立場は，第二次大戦後になるとむしろ支配的なものとなる。特に，国連国際法委員会が取り組んだ国家責任法の法典化作業では，外国人に対して与えた損害の賠償義務に関する問題から，一般法としての第二次規則を定式化する試みへと，検討の主題が大きく変化した。これにより，国家責任とは，何よりも「違法性」の存在に着目し，それと不可分一体の関係にある概念として認識されることになったのであり，そうした違法状態を解消して合法的な秩序を回復する点にこそ，責任法という体系を構想する意義が求められた。言い換えれば，国際違法行為により個別の国家ないしその国民が被る主観的な「損害」は，もはや責任の発生にとって本質的な要素ではなく，あくまでも，客観的な法秩序に対する毀損の有無こそが指標として意味を持つのである。このように責任の構成が客観化されたことで，国際社会全体の公共的な価値の実現に関わる諸条約のように，違法行為に対して損害填補よりも遵守回復を重視する法制度は，責任法の論理をとりわけ明瞭に反映したものとみなしうるようになった。

　採択された責任条文においても，国際義務に違反した国が負う責任の内容として，まず違反された当該義務がなおも存続し，それを遵守する必要があることを確認したうえで（第29条），問題となる違法行為を確実に中止して再発を防ぐよう求めており（第30条），正常な法秩序の回復という理念が明確に提示される。これに対し，損害の位置づけは，責任の成立要件ではなく，違法行為から生じた事実上の帰結というものである（第31条）。この損害には適切な救

済が与えられねばならないが，その手段は，違法行為前の状態への復旧が原則とされ，かかる原状回復によっては損害の填補が達成されない場合に限り，金銭による賠償が用いられる（第36条）。原状回復は，違法性を払拭して正常な法秩序に復帰するという責任法の理念と親和的であるのに対し，損害賠償は，個々の主体に生じた主観的な範囲での被害を救済することはできるが，法秩序の復元という面では不完全さが残るためである。

さて，以上のような視点で構築された責任の理論は，投資協定及び投資仲裁に対しても基本的に妥当するのだろうか。これを肯定する論者もある。例えばPaparinskis によれば，責任とは義務違反のみにより発生し，損害の有無には依存しないのであり，これは投資仲裁においても同様に当てはまる[1]。またHindelang によれば，投資協定の目的は，個々の投資家に対する損害の填補ではなく，外国投資の規制に関する主権的権能を抑制して投資環境を整備することにあり，良好に機能する法秩序の維持にシステミックな関心を有している[2]。したがって，投資仲裁でも責任条文の原則と同じく，原状回復が第一の救済となり，それが不合理なときにのみ金銭賠償が二次的な救済として現れるのであり，合法状態への復帰と法システムの安定確保こそが投資協定の目的であるとされる[3]。

しかし，これらの見解は，投資仲裁の現実とは大きくかけ離れている。これまでに投資仲裁で命じられてきた救済は，ほぼ全ての場合において，金銭賠償に限られる。もちろん，これは申立人である投資家が，金銭賠償のみを救済として請求する例が多いことに主たる原因があるが，投資家が原状回復や特定履行を請求するケースも決して皆無ではない。例えば，Enron 対アルゼンチン事件では，申立人は，投資受入国が導入を決めた新たな税制が投資協定違反に当たるとして，その撤廃ないし金銭賠償を救済として求めた。仲裁廷は，国際法廷が特定履行や差止めを命じる内在的権能を持つことは多くの先例から明らかであり，本仲裁もこの請求に関する管轄権を持つと述べたが[4]，本案段階で

---

1) Paparinskis, M., "Investment Treaty Arbitration and the (New) Law of State Responsibility," *European Journal of International Law*, Vol.24 (2013), p.620.
2) Hindelang, S., "Restitution and Compensation: Reconstructing the Relationship in Investment Treaty Law," in Hofmann, R. and Tams, C.J. (eds.), *International Investment Law and General International Law* (Nomos, 2011), pp.187-188.
3) *Ibid.*, pp.197-198.

は特段の説明なく金銭賠償を救済手段として選択した[5]。同様に措置の撤回が請求された Goetz 対ブルンジ事件でも，仲裁廷は特定履行を命じることはせず，金銭的救済か非金銭的救済のいずれかを被申立国が選択して実施するよう求めた[6]。

より端的な説示として，LG&E 対アルゼンチン事件の仲裁判断は，法的な原状回復を認めて紛争前の規制枠組みを復活させれば，投資協定に違反する立法の効果を取り除くことができるが，それは被申立国の主権に対する不当な干渉になると述べる[7]。もっとも，これが原状回復の余地をいかなる場合にも否定する趣旨であるとは言い切れない。例えば，同様に主権概念を根拠として原状回復を認めなかった Occidental 対エクアドル事件の仲裁判断は，特定履行の適否を判断する際には投資家と被申立国の双方の権利を考慮すべきであると述べたうえで，一度破棄されたコンセッション契約の復活を被申立国に命じることは，主権に対する干渉の度合いが不均衡（disproportional）に大きい救済手段であると判示した[8]。つまり，主権への干渉の有無は，原状回復を認めることで投資家がより効果的な救済を得るメリットと，それにより被申立国の規制体系や社会経済情勢に生じる変動の深刻さとの比較衡量に帰する問題であり，条件次第では原状回復を指示することも妨げられないと解する余地がある[9]。

いずれにせよ，これらの仲裁判断では，原状回復が優先されるべき救済手段であるとの認識は見られず，むしろ金銭賠償も原状回復と価値的な区別なく任

---

4) *Enron Corporation and Ponderosa Assets, L.P. v. Argentine Republic*, ICSID Case No. ARB/01/3, Decision on Jurisdiction, Jan. 14, 2004, para.79. 同旨の判断として，*Ioan Micula, Viorel Micula, S.C. European Food S.A, S.C. Starmill S.R.L. and S.C. Multipack S.R.L. v. Romania*, ICSID Case No. ARB/05/20, Decision on Jurisdiction and Admissibility, Sep. 24, 2008, paras.166-168.

5) *Enron Corporation and Ponderosa Assets, L.P. v. Argentine Republic*, ICSID Case No. ARB/01/3, Award, May 22, 2007, para.361.

6) *Antoine Goetz et consorts v. République du Burundi*, ICSID Case No. ARB/95/3, Award, Feb 10, 1999, paras.132-133.

7) *LG&E Energy Corp., LG&E Capital Corp., and LG&E International, Inc .v. Argentine Republic*, ICSID Case No. ARB/02/1, Award, Jul. 25, 2007, para.87.

8) *Occidental Petroleum Corporation and Occidental Exploration and Production Company v. The Republic of Ecuador*, ICSID Case No. ARB/06/11, Decision on Provisional Measures, Aug. 17, 2007, para.84.（強調伊藤）

9) 西村弓・小寺彰「投資協定仲裁における非金銭的救済」（独）経済産業研究所ディスカッションペーパー，14-J-006（2014年），11-13頁参照。

意に利用しうるものとして扱われている。ここから推論するに，投資仲裁という制度は，客観的な法秩序の維持に関心のある責任条文とは異なり，個々の法主体に発生した主観的な損害を填補することに主眼があるのではないか。もとより，投資仲裁における責任は，投資協定の違反を根拠として成立するものであるが，実際上，違法性そのものが「非難」されるわけではなく，救済が得られるか否かだけが問題なのである。義務違反の是正が重視されていない以上，被申立国が負う責任の本質は，与えた損害に対して金銭による補償を支払う義務（liability）に集約されることになり，一般に理解される違法行為責任（responsibility）に比べてその射程は限定的である。これはむしろ，第二次規則の一般法へと拡張される前の，伝統的な意味における国家責任の姿に近い。それゆえ，責任条文では損害がなくとも責任が成立しうるのに対し，投資仲裁では主観的損害の発生と責任は不可分の関係にあると考えられる。

　それでは，なぜこれほど被害者救済に集中するスタンスがとられているのか。私人がみずから仲裁を提起する仕組みになっている以上，それが当然であるという考え方もあろう。しかし，私人に仲裁提起権を付与すること自体が，この独特の責任観念から派生したコロラリーのひとつにすぎない可能性もある。むしろ，より根本的な理由は，投資協定における実体規範の性格に求めるべきであろう。一般に義務違反とは，責任条文の構造から示唆されるように，まずは行為それ自体に違法性があると評価されるのであり，その帰結としていかなる損害が発生したかという問題とは区別して理解しうる。これに対し，投資協定に規定される主要な実体規範では，何らかの実害の発生を離れて抽象的に義務違反が成立するわけではない。それどころか，投資受入国の行為がある特定の投資家に対していかなる不利益を与えたのかを，両者の関係性に即して分析することで，初めて義務違反の有無が決定されるのである。したがって，個々の被害者の救済によっては解消しえないような，一般的な義務違反や違法性など，そもそも投資協定では存立の余地が乏しいと考えることができるだろう。

　この点について一層正確な知見を得るため，以下では，まず投資協定の実体規範の性質をより具体的に分析し，そのうえで，責任追及段階で問題となる論点の検討へと進むことにしたい。

3 投資協定における主要な実体規範の性質

（1）無差別原則

　最恵国待遇及び内国民待遇からなる無差別原則は，ほとんどの投資協定に含まれる主要な実体規範のひとつであるが，その文言は，国際貿易の分野においてWTO協定が規定する無差別原則と非常に類似している。それゆえ，両者の間には目的や性質の面で共通性があると考えてもあながち不自然ではないように見えるが，実際の判断枠組みには根底的な点で不一致が存在する。そこでまず，この通商法との対比に依拠しながら，投資法上の規範を特徴づける思考様式への接近を試みたい。

　GATTが樹立した戦後の国際通商体制の出発点は，関税の引下げや数量制限の禁止により，国境における貿易障壁を削減して市場を開放させることにあった。そして，無差別原則の趣旨も，これに即して理解されるべきものと考えられてきた。例えば，GATT第1条1項及び第3条2項・4項は，「同種の産品（like products）」の間で待遇を差別しないよう規定するが，これに関して上級委員会は，産品の「同種」性の判断に際しては，当該製品間に競争関係があるか否かに着目するとの立場をとっている[10]。GATTは，貿易自由化を推進する条約であるため，そこで創出された市場競争の機会を損なうか否かが，違法性の有無にとって決定的な指標となるのである。さらに言えば，この競争の機会とは，それぞれの製品に関する個別の待遇というよりも，制度上の条件として一般的に付与されるものであるから，それが損なわれたか否かを判断するた

---

10) ECアスベスト事件上級委によれば，「第3条4項における『同種』性の決定とは，本質的には，産品の間にある競争関係の性質及び程度に関する決定である」（WT/DS135/AB/R, para.99）。さらに，GATT第3条2項の注釈は，同項第2文が適用されるケースとして「直接的競争産品又は代替可能産品」との間で競争が行われる場合を挙げており，日本酒税事件上級委もこれに基づく判断基準を示した（WT/DS8/AB/R, p.24）。韓国酒税事件上級委は，「『同種』の産品は直接的競争産品又は代替可能産品の部分集合（subset）であり，全ての同種の産品は定義上，直接的競争産品又は代替可能産品である」と述べる（WT/DS75/AB/R, para.118）。また，フィリピン蒸留酒税事件上級委は，「非常に類似した物理的特性を有する産品であっても，それらの間で競争性や代替可能性が乏しければ，第3条2項の意味における『同種』性を欠くことがある。他方，物理的特性が異なる産品であっても，そのことが競争関係に大きな影響を与えないのであれば，十分に『同種』の産品たりうる」と述べる（WT/DS396/AB/R, para.120）。

めには，「同種の国内産品グループよりも，輸入産品グループに不利な待遇が与えられたか」[11] という，マクロなレベルでの分析が必要になる。日本酒税事件上級委が，「GATT は商業協定であり，WTO の関心は結局のところ市場にある」と述べるように[12]，国際通商法の主要な目的は，市場という制度的な単位において公正な競争条件を確保することにあり，無差別原則も，そうしたマクロな競争環境の歪曲を防止するための規律として位置づけられる。

　これに対し，多くの投資協定では，投資の自由化を主たる目的としておらず，投資家間に均等な競争機会を保障するという発想は WTO 法に比べて希薄である。確かに，投資協定上の無差別原則も，比較対象となる投資家の間に「同様の状況（like circumstance）」が存在することを要件とするが，これは GATT の「同種の産品」とは異なり，必ずしも商業的な競争関係を要しないと解するのが先例の立場である[13]。それでは，投資家が「同様の状況」にあるか否かを判断する基準は何か。Parkerings 対リトアニア事件の仲裁判断によれば，それは，投資家の異なる取扱いを正当化するような国の規制目的が存在するかどうか，である[14]。つまり，投資受入国が導入した制度や措置において追求されている政策目的（環境保護，労働安全，都市計画，ユニバーサルサービス，産業振興など）に照らした場合，同じ規制に服すべき（もしくは同じ恩典に浴すべき）事情を有する投資家は「同様の状況」にあり，逆に，異なる取扱いをされてしかるべき投資家は，そもそも「同様の状況」になく比較の対象にならないのである。よって，投資協定では，直接的な競争関係の有無にかかわらず，国内規制上で置かれている文脈や状況が同じであれば，それらの投資家の間で待遇に違いがあってはならないことになる。ここでの重要な含意は，ある制度や規制の運用に関して政府からいかなる処遇を受けるかは，一人一人の投資家に固有の問題であり，そこで同様の事情を有する者の間に差別があったかどうかを判

11）　EC アスベスト事件上級委（WT/DS135/AB/R, para.100）。
12）　日本酒税事件上級委（WT/DS8/AB/R, p.25）。
13）　*Occidental Exploration and Production Company v. The Republic of Ecuador*, LCIA Case No. UN3467, Final Award, Jul. 1, 2004, paras.174-176; *Methanex Corporation v. United States of America*, UNCITRAL, Final Award of the Tribunal on Jurisdiction and Merits, Aug. 3, 2005, Part IV, Chapter B, paras.29-37.
14）　*Parkerings-Compagniet AS v. Republic of Lithuania*, ICSID Case No. ARB/05/ 8 , Award, Sep. 11, 2007, para.371.

断するためには，個々の投資家を取り巻く文脈や状況に着目するほかないという点である。WTO 法において，競争条件の歪曲の有無が，市場を単位として制度的なレベルで分析されることとは，際立った対照をなすと言えよう。

　ここには，通商法と投資法の構成原理の違いが鮮明に映し出されている。通商法の場合，扱われる対象はあくまでも物品やサービスといった商品であるから，それを市場で販売するための条件が，他国の商品に比べて不利にならないよう，制度として恒常的に確保しておくことが主要な目的となる。他方，投資法が扱う対象は，自然人であれ法人であれ，投資家として外国の領域で活動する私人であるため，単に商業上の競争者との間に同等の条件を整えるだけでは足りず，（商品ではなく）人格として享受すべき一般的な行政上の処遇を保障する必要がある。貿易の分野では，公正な条件で市場に参入できる機会が全称的な形式で担保されれば十分であるが，投資法規範は，政府機関と個々の私人との関係性それぞれに着目し，そこでの権限行使の態様が適正と評価しうるものであったかを問うことに眼目がある。無差別原則は，同様の事情を持つ投資家が同様の処遇を受けたかという角度からこの点を検討するための規範であるが，後述のように，投資協定の他の条項も，私人としての投資家が公法上の一般原則にかなう取扱いを受けられるよう求める規律であり，個々の投資家が経験した公権力行使の文脈に注目する点で共通している。

　なお，このような実体規範の性格から，紛争解決手続の幾つかの特徴を説明することもできる。例えば，GATT 第23条は紛争解決手続を利用する要件として，協定上の利益の無効化又は侵害の発生を挙げるが，これは従来から，具体的な貿易取引量の増減ではなく，関税譲許等で設定された貿易条件に関する期待が損なわれたか否かを基準として判断されている[15]。つまり，利益の無効化侵害とは，私人の単位で現実に有形の損失が生じることを要せず，むしろ制度のレベルで約束された市場競争の機会が失われることを意味しており，これは何らかの義務違反が起これば直ちに成立する事態であると言える。現在では，WTO 紛争解決了解第3条8項が「義務に違反する措置がとられた場合には，当該措置は，反証がない限り，無効化又は侵害の事案を構成するものと認めら

---

15) 日本酒税事件上級委は，内国民待遇は対等な競争条件を保障する趣旨であるから，違反措置による貿易量の変化が皆無であったとしても問題ではないとした（WT/DS8/AB/R, p.16）。

れる」と明示的に規定しており、しかも、この利益の無効化侵害の推定は、実際上は「反証」を許さないものとして機能している[16]。WTO協定の実体規範が、一般的な制度環境の保護を目的とする以上、紛争解決手続の作用としても、協定の文言に合致しない行為が形式としてあったか否かを認定すればそれで足りるのである。また、違法行為があった場合に用いられる救済手段は、当然ながら、個別の損失に対する金銭賠償ではなく、違法状態の解消を命じる特定履行であり、その狙いは、将来に向かって合法秩序を回復することで競争機会に関する一般利益の再生を図る点にある。

　これに対し、投資協定上の規律は、政府の権限行使における私人の処遇の適正さを問うものであるから、個々の投資家が政府とどのような接触を持ち、そこでいかなる具体的な不利益を受けたのかが明確にされなければ、義務違反の有無を判定することができない。投資協定の紛争解決手続が、私人を単位として訴えを提起させる仕組みをとっている理由はこの点にあると考えられ、WTOが一般的な制度環境に関する紛争を国家対国家の枠組みで処理していることと正に対極をなしている。また、救済手段の面でも、個々の投資家が被った主観的損害の回復は、もちろん特定履行によって対応しても不自然ではないケースが数多くありうるが（取り消した事業許可の再発行など）、より重要な点は、それを金銭に換算して賠償する方法を用いても何ら救済として欠陥がないということである。仮に、一般的な制度環境に関する期待が損なわれたのであれば、その回復を、個々の私人に対する金銭賠償によって完全に実現することは原理的に困難であり、WTOのように被申立国の主権にある程度介入して特定履行を要求せざるを得ない。しかし、投資協定上の義務の違反は、ある投資家の主観的利益のみに関わるものであるため、あえて投資受入国の公権力行使の結果に変更を迫る必要はなく、金銭の支払いをもってこれに代替しても救済の効果という点でまったく不足はないのである。

（2）公正かつ衡平な待遇

　投資協定における実体規範のうち、最も頻繁に援用されるのは、相手国の投

---

[16] すでにガット時代の米国スーパーファンド事件パネルから、こうした姿勢が見られた（BISD 34S/136, paras.5.1.6-7）。

資家に対して「公正かつ衡平な待遇（fair and equitable treatment）」を与えるという義務である。この条項は，何がそれに違反する行為であるかを初めから特定するのでなく，不公正ないし不衡平といった，ある種の性格を持った行為を全て違反とする，極めて包括的な規定であるため，およそどのような事態をも問題視しうる万能性を持つように見えても不思議ではない。しかし，もちろん実際には，そのような融通無碍な作用が同条項に認められるわけではなく，今日では公正・衡平という概念に関する一定の判断基準が発達している。

そもそも公正衡平待遇の系譜は，投資協定以前から始まっており，例えば17世紀半ばに英国が他の諸国と締結した条約では，特に司法手続に関して，「正義と衡平（justice and equity）」に基づく待遇を相手国民に与えるよう定められた。この規定の解釈が問題となったアンバティエロス事件で，原告のギリシャ側は，正義や衡平とはその語の理想的な意味において解釈すべきだと主張したが，仲裁廷は，この規定の趣旨はあくまでも国内法と同じ水準の処遇を外国人にも等しく与えることにあると判断した[17]。こうした見方は，外国人の処遇に関する国際法が構想される際，絶えずその底流にあったものと考えられる。とりわけ，カルボなど19世紀後半の論者は，主権平等原則から演繹される一つの規範として，国内に受け入れた外国人と自国民とを等しく取り扱うべきこと，すなわち内外人平等主義を提唱し[18]，その考え方は当時の知的財産権保護や社会保障に関する条約などに取り入れられていった。投資の分野でも，例えば1967年にOECDで採択され，後に各国が作成する投資協定のモデルとなった外国人資産保護条約草案は，第1条において公正衡平待遇を規定し，その注釈の中で，これは「締約国が自国民に対して一般的に与える保護」を外国人の資産に対しても与えるよう求めるものだと説明している[19]。

ところで，この内外人平等主義は，単なる内国民待遇とは異なることに注意する必要がある。内国民待遇は，あくまでも特定の国内規制の文脈上，「同様の状況」に置かれた者を等しく処遇するよう求める規定であり，比較対象が明

---

17) *The Ambatielos Claim* (*Greece v. UK*), Mar 6, 1956, 12 RIAA 83, p.109.
18) Weiler, T., *The Interpretation of International Investment Law* (Martinus Nijhoff, 2013), p.111.
19) Draft Convention on the Protection of Foreign Property: Text with Notes and Comments, adopted by the OECD Council on 12 October 1967, *The International Lawyer*, Vol.2 (1968), p.333.

確に同定されている点で，文字通り相対的な意味での不均等のみを問題とする。これに対し，内外人平等主義は，特定の比較対象との関係で有利か不利かを論じるというよりも，より一般に「内国人並み」の処遇をどの外国人にも標準的に付与すべきことを意味する。つまり，実のところこれは絶対的な基準なのであり，その国で市民にあまねく保障される公法上の適正な処遇がここでの準拠すべき規格となる。

　公正衡平待遇の本質が，こうした内外人平等主義にあるとすれば，例えば内国人が政府から不適正な処遇を受ける例が頻発しているような国では，外国人も同じ程度の処遇しか期待できないのだろうか。この点，内外人平等主義があくまでも内国人一般の処遇の水準に比較の基盤を求めるのであれば，個々の内国人に対する不適切な取扱いの事案は捨象されることになろう。それどころか，内国人一般という概念自体が高度に抽象的な次元にあるため，その処遇の水準も，解釈によって徹底した観念化・モデル化を進める余地がある。それゆえ，公正衡平待遇では，国内状況との比較を行う意識が徐々に後退し，代わって，一般化された理念としての「公法上の適正な処遇」に主たる判断基準を求める態度が強まった。先に言及した OECD 条約草案の注釈も，公正衡平待遇の本質が内外人平等主義にあることを認めつつ，それに続けて，もし国内の法令や行政実務のあり方が国際法の要求水準に達していなければ，より厳格な基準が適用されると述べる[20]。

　それでは，こうした公法上の適正な処遇とは，政府機関の行動に対して具体的にいかなる性質の制約を課す規範なのであろうか。一般論として，国家は社会全体の公益を促進する責務を負い，そのために必要な規制や介入を実施する本来的な権能を持つ。仮に，この規制行為により一部の私人に不利益が生じたとしても，規制の目的や手段に合理性があり，導入に至るまでの手続が妥当であれば，当該私人に対する処遇が不適正であったとは評価できない。他方，もし政府がこうした規制権限や政策裁量を濫用し，恣意的な行為によって私人に不合理な損害を与えた場合は，もはや公益上の理由による正当化の余地もなく，違法性の認定は避けられない。したがって，公法上の保護の枠組みとしては，政府に一定の正当な規制権限があることを認めたうえで，その権限の行使にお

---

[20] *Ibid.*

いて合理的裁量の範囲を逸脱する行為があったか否かで違法性を判断するのである。

　こうした公権力の濫用的行使を防止するための規範は，国内公法上の諸原則という形で発達しており，公正衡平待遇の解釈適用においても，投資仲裁はしばしばそれらに類推的に依拠している。とりわけ，信頼保護の原則から導かれる「正当な期待」の概念に言及するケースが多く，政府と投資家の間に通常成立しうる合理的な期待を損なうような態様で公権力行使がなされた場合に，これを違法と認定するのである。これまでの仲裁判断で公正衡平待遇違反が認められた例としては，透明性・一貫性を欠く行為，投資家に対する恣意的な扱い，適正手続の欠如，著しい手続遅延，裁判拒否，強要，ハラスメントなどがあり，これらはいずれも，投資家が通常は合理的に期待してよい状態を逸脱した事例と言える。なお，WTO 体制に関して論じられる「貿易上の期待」とは，WTO 諸協定や，各国の譲許表における約束など，あらかじめ法的に設定された権利義務から生じる静態的なものであり，それゆえ期待の内容も全ての私人にとって同一である。これに対し，投資法上の「期待」とは，投資受入国の法制度や社会状況，政府の行動様式，投資家との交渉経緯などを総合的に考慮して，それぞれの投資家が合理的に期待しえた内容を事案ごとに確定するのであり，純粋に文脈依存的な概念である。

　このように，公正衡平待遇の趣旨は，外国投資家に対する政府の公権力行使において何らかの権限濫用があった場合に，それを国際法上の違法行為とする点にある。そして，権限行使の態様は個々の相手方によって異なりうる以上，各々の政府―私人関係に固有の事情に着目しなければ違法性の有無を判断することはできない。言い換えれば，政府には，それぞれの投資家に対し，それぞれの状況に見合った適切な処遇を与えることが求められるのであり，そうした私人の主観的な文脈に当てはめて初めて，公正衡平待遇という義務の具体的な意味が定まることになる。

（3）収用に関する規律

　大半の投資協定は，投資受入国が外国人の投資財産を合法的に収用しうる条件として，公目的性，無差別性，適正手続，補償の支払い，を定めている。このうち，補償の支払いをめぐっては，先進国と発展途上国が長く対立してきた

が，現代の投資協定は，先進国側が主張する立場を端的に採用し，当該資産の公正市場価値（fair market value）に相当する金銭を支払うことを合法収用の要件としている。いずれにせよ，補償額の妥当性や手続の適正さは，収用される財産ごとに評価されるものである以上，違法性の有無はやはり個別の政府―私人関係に照準を合わせて初めて判定しうるのである。

　ところで，投資協定の多くは，収用に加えて，「収用と同等の措置」をも規律の対象としている。これは，国家が行う経済規制などによって，実質的に収用と同等と言えるほどに私人の財産権が侵害されることを意味し，間接収用ないし規制収用と呼ばれる。この場合，通常の収用とは異なり，私人から国家への財産権の移転という明確な指標がないため，どのような状況であれば「収用と同等」の措置が行われたと言えるのかを，他の何らかの基準で判断する必要がある。

　そこで従来の仲裁判断は，仮に外国投資に損失が発生していても，政府の措置に十分な公益上の正当性があり，かつ，その政策目的の重要度に比して投資家側の犠牲が均衡（proportionality）を欠くものでない限り，当該措置は収用を構成せず補償の支払いを要しないとの基準に依拠してきた[21]。これは比例性原則と呼ばれ，元来は憲法・行政法の分野において，公益的な政府規制と私人の基本権保障とが衝突する場合の価値調整の原理として用いられてきた[22]。投資仲裁は，こうした国内公法上の判断枠組みを援用することで，国に一定の規制裁量を認めると同時に，かかる公益的な政策目的と個々の投資家が被る不利益とを比較衡量し，後者が均衡を失するほどに大きければ公権力の濫用とみなして救済を命じるのである。したがって，公正衡平待遇と同様，間接収用に関する規律も，各々の私人に対する政府の権限行使の態様に着目し，その内在的な合理性を問う構造を有していると言えよう。

---

21) *Técnicas Medioambientales Tecmed, S.A. v. United Mexican States*, ICSID Case No. ARB（AF）/00/2, Award, May 29, 2003, para.122; *LG&E Energy Corp., LG&E Capital Corp., and LG&E International, Inc. v. Argentine Republic*, ICSID Case No. ARB/02/1, Decision on Liability, Oct 3, 2006, para.195; *Occidental Petroleum Corporation and Occidental Exploration and Production Company v. The Republic of Ecuador*, ICSID Case No. ARB/06/11, Award, Oct. 5, 2012, para.450.

22) この点につき詳しくは，拙稿「投資仲裁における比例性原則の意義―政府規制の許容性に関する判断基準として―」（独）経済産業研究所ディスカッションペーパー，13-J-063（2013年）参照。

4　投資協定における権利の主体

　前節で検討した投資協定の実体規範は，もちろん国際法上で設定されているものであるが，その違反に関する責任追及の制度は投資家対国家の仲裁という特異な形式をとっている。そのため，そこで追及される責任とは誰に対する責任であるのか，別言すれば，投資協定が定める権利とは誰に付与された権利であるのかが，論議の対象となってきた。こうした基本的な問題について正確な結論を得ておくことは，次節で扱うような実務的な論点に対処するうえでも重要となる。

　投資協定上の権利及び責任の性格に関しては，次の3つの考え方が競合している[23]。①投資協定上の全ての権利は投資家本国に属し，投資家はそれを代行的に行使して自己の救済を求めうるにすぎないとする立場（派生的利益説）。②投資協定上の実体的権利は投資家本国に属するが，その侵害に対しては投資家が手続的に自己の権利として救済を求めうるとする立場（手続上の直接的権利説）。③投資協定上の実体的権利と手続的権利のいずれもが，投資家に直接付与されているとする立場（実体上の直接的権利説）。このうち，中心的な対立軸は①と③の間にあり，権利主体を国家と見るか投資家と見るかという点で完全な断絶がある。他方，②は，第一次規則と第二次規則を峻別する国家責任条文の発想に立脚して，実体的権利の主体とその違反に関する責任追及の権利を持つ主体とは分離しうると考え，それによって投資仲裁という混成的な制度を説明しようとする立場である[24]。

　すでに前節で行った考察から明らかなように，投資協定の実体規範は，投資家が一個の私人として公法上の適正な処遇を受けられるよう保障する点に主眼

---

23) Parlett, K., *The Individual in the International Legal System* (Cambridge U.P., 2011), p.109.
24) 例えばCrawfordは，国家責任条文第33条2項は，国家の義務違反に対して私人が第二次規則上の権利主体として責任追及する可能性を認めるものであると述べ，その例として投資仲裁に言及し，そこではマブロマティス事件の定式の下で国家に集中されていた法的利益が分解されることになると言う。Crawford, J., "The ILC's Articles on Responsibility of States for Internationally Wrongful Acts: A Retrospect," *American Journal of International Law*, Vol.96 (2002), p.888.

があり，違法性の有無は個々の政府―私人関係を単位としてあくまでも二者間の枠組みで判断される。投資協定が政府に課す行動規範の内容は，必ずしも画一的ではなく，むしろ各々の投資家に対する公権力行使の固有の文脈に応じて，求められる適切な処遇の意味合いも異なってくる。WTO法のように，実体規範の目的が市場への参入条件の制度的な保障にあり，その違反の有無も私人の個別的な不利益に基づくことなく認定されるのであれば，それは国家対国家の関係において作用する権利義務であると理解して差し支えないだろう。しかし，投資法規範は明らかにこれとは反対の性質を有しており，私人対国家の関係においてのみ権利義務の内容が具体的に確定され，法規としての効力を実際に発揮しうる状態になる。したがって，投資協定上の主要な規範については，その実体的権利からして投資家に直接帰属していると考えることが最も理に適っており，先の分類で言えば③の立場が支持されるべきである。

　仲裁判断や学説のなかには，③の立場をとるものも少なからずある。しかし，そこでの論拠は専ら手続的側面に求められている。例えば，Corn Products International 対メキシコ事件の仲裁廷は，もし投資協定の実体的権利が投資家本国の権利でしかないとすれば，それを自己の利益のために執行する権利が投資家に与えられていることは不自然であると述べ，投資家に責任追及の手続的権利を認めている以上，実体的権利をも投資家に直接付与する意図が締約国にあったと判示した[25]。また，学説ではDouglasが，投資仲裁と外交的保護の対比に依拠しながら，投資協定上の権利が私人に属することを論証しようとする。つまり，外交的保護では，請求権の行使，請求額の決定，賠償の配分といった各段階の判断は全て国家の裁量に委ねられ，また継続的国籍や国内救済完了に関する要件の存在も国家の権利としての性格を表しているが，投資仲裁ではこれらの特徴が基本的に当てはまらないのである[26]。

　しかし，このように責任追及の局面で私人が固有の権利を持つことを指摘するだけでは，上記の②の立場，すなわち第二次規則上の権利は私人に属するが，第一次規則上の権利は国家に属するという構成が妥当する可能性を排除できな

---

[25] *Corn Products International, Inc. v. United Mexican States*, ICSID Case No. ARB (AF) /04/1, Decision on Responsibility, Jan. 15, 2008, para.169.

[26] Douglas, Z., *The International Law of Investment Claims* (Cambridge U.P., 2009), pp.17-32.

い[27]。比較対象とされている外交的保護にせよ，例えば国際法委員会の作成した条文草案では，これはあくまでも責任追及に関する第二次規則上の権利であるとされ，第一次規則上の権利が国家以外の主体に属する可能性は否定されていない[28]。したがって，投資仲裁が外交的保護と対照的な特徴を有するというだけでは，投資協定の第一次規則上の権利が私人に属することの証明にはならないのである。もし上記の③の立場を厳密に根拠づけようとするのであれば，やはり実体規範の性質そのものに着目して，そこでの権利義務が私人対政府の関係において作用するものであることに決定的な理由を求める必要があろう。

5　私人による責任追及権の処分可能性

本節と次節では，投資仲裁の手続に関わる未解決の論点であって，投資協定の権利及び責任の性格をどのように理解するかが重要な意味を持つものを取り上げ，前節までの議論を当てはめて適切な理解のあり方を提示することとしたい。

（1）排他的法廷選択条項の効果

天然資源の開発や大型インフラの建設が外国資本により行われる場合，通常は投資受入国政府と外国投資家の間で，その事業計画や利益配分の条件を定める投資契約が締結される。もし，この契約の中で，将来発生しうる紛争を国内法廷においてのみ処理することに合意したとすると（排他的法廷選択条項），投資協定が投資家に認める仲裁付託の権利は制約されるのだろうか。これは，投資家の救済を受入国の国内手続に限定するという点で，かつてのカルボ条項と似た機能を持っており，実際に受入国が投資契約締結の条件としてこの合意を

---

27) Douglas 自身も，そのような構成が妥当する可能性を認める。*Ibid.*, p.35.
28) 外交的保護条文草案第1条は，他国の国際違法行為により自国民に生じた被害について，国が「責任を追及する」権利を持つことを，外交的保護の定義としている。特別報告者の Dugard によれば，外交的保護とは，私人が国際法の分野で十分な責任追及手段を持たないことを補うための第二次規則上の対応であり，そこでの第一次規則は私人の権利の保護に関わる規範である。Dugard, J., "Seventh Report on Diplomatic Protection," UN Doc A/CN.4/567 (2006), para.3.

迫ることは少なくない。

　従来のカルボ条項については，国家の外交的保護権を私人が放棄することはできないとして，無効だと理解されてきた。これにならって，投資仲裁を提起する権利に関しても，単に個人の損害回復だけでなく，国家に代わって国際責任の追及を行っているのだという意義を見出すなら，私人の意思で単純に放棄できるものではなくなる。

　このような問題を扱った先駆的事例として，テキサス北米浚渫会社事件がある。本件で米国＝メキシコ請求権委員会は，申立人が契約中で合意したカルボ条項の効果として，「契約の実施，解釈，執行」については本国政府の保護を受ける権利を放棄したことになるが，契約事項以外の相手国の「国際法違反」（裁判拒否ないし裁判遅延）については保護を受ける権利を放棄していないし，放棄することもできないと述べた[29]。ここで放棄の可否が争われたのは外交的保護権であり，投資協定上の仲裁提起権ではない。しかし，本件判断が請求原因による区別を導入し，契約上の紛争に関する限りにおいてカルボ条項の効力を認めた点は，後の投資仲裁にも重要な示唆を与えることになった。

　投資家による仲裁提起権の放棄に関して最初に明確な見解を示したのは，Vivendi 対アルゼンチン事件の仲裁判断及び取消委員会決定である。まず同仲裁判断は，契約中の法廷選択条項につき，これは投資協定の下で「訴えを提起する投資家の権利を放棄していないし，放棄することはできない」と述べた[30]。この説示の意味と根拠をより詳しく論じたのが，本件取消委員会決定である。同決定は，条約違反を請求原因とする仲裁付託で扱うのは国際法の違反の有無であり，国内法や契約合意によってかかる審理が妨げられてはならないとして，「国家は，その行為が条約に照らして国際法上違法であるという認定を避けるために契約中の排他的管轄条項に依拠することはできない」と結論づけた[31]。

　つまり，契約違反を請求原因とする訴えについては契約中の法廷選択条項に

---

[29] *North American Dredging Company of Texas (U.S.A.) v. United Mexican States*, Mar 31, 1926, 4 RIAA 26, p.29. 本件では契約の解釈や履行に関する請求を，契約中で国内法廷での処理に合意していたにもかかわらず提出しているのであり，これについて請求権委員会は管轄権を持たない，と判断した（*Ibid.*, pp.32-33）。

[30] *Compañiá de Aguas del Aconquija S.A. and Compagnie Générale des Eaux v. Argentine Republic*, ICSID Case No. ARB/97/3, Award, Nov. 21, 2000, para.53.

より仲裁の管轄権が否定されるが，条約違反を請求原因とする訴えには法廷選択条項の効果は及ばず仲裁の管轄権は成立する，という見方を示したのである[32]。このように，条約請求と契約請求の地位を原理的に峻別する手法は，前述のテキサス北米浚渫会社事件とも共通するものであり，Vivendi 事件以後の多数の仲裁判断においても踏襲されてきている[33]。

これらの先例に対してなされうる一つの批判は，法廷選択条項の具体的な規定振りを検討することなく，契約の中に存在するという事実のみで，条約請求への適用可能性を一律に否定している点である。実際，これらの事例で問題となった法廷選択条項は，「本契約の解釈及び適用に関しては…」（Vivendi 事件）とか，「この合意から生じる又は関連するいかなる紛争，争訟，請求も…」（SGS 対パラグアイ事件）など，条約請求をも射程に含みうるような広範な文言を用いていた。仲裁判断の中にも，Aguas del Tunari 対ボリビア事件のように，両当事者が条約請求も含めて国内法廷に付託するという明示的な意図を示せば，条約請求に係る仲裁の管轄権も否定されるとの見解を示すものもある[34]。

ただ，恐らく Vivendi 法理の趣旨は，私人が仲裁で追及するのは国際法上の責任であるから，法廷選択条項の文言にかかわらず，契約で仲裁提起権を放棄することは原理的に認められない，ということであろう。しかし，これはまさに従来のカルボ条項無効論のように，国際平面での請求の権利を私人が処分することはできないとする考え方である。伝統的な外交的保護の権利についてであれば，そのようなことは言えたかもしれないが，投資協定上の権利は，外交

---

31) *Compañiá de Aguas del Aconquija S.A. and Vivendi Universal v. Argentine Republic*, ICSID Case No. ARB/97/3, Decision on Annulment, Jul 3, 2002, para.103.
32) 本来は，投資協定が「投資に関するあらゆる紛争」の仲裁付託を認めていれば，投資協定の違反に基づく請求だけでなく，個々の投資契約の違反に基づく請求についても管轄権が成立しうる。
33) *Azurix Corp. v. The Argentine Republic*, ICSID Case No. ARB/01/12, Decision on Jurisdiction, Dec. 8, 2003, para.79; *AES Corporation v. The Argentine Republic*, ICSID Case No. ARB/02/17, Decision on Jurisdiction, Apr. 26, 2005, paras.90-99; *Camuzzi International S.A. v. The Argentine Republic*, ICSID Case No. ARB/03/ 2 , Decision on Objection to Jurisdiction, May 11, 2005, paras.109-112; *Bayindir Insaat Turizm Ticaret Ve Sanayi A.S. v. Islamic Republic of Pakistan*, ICSID Case No. ARB/03/29, Decision on Jurisdiction, Nov 14, 2005, para.166; *SGS Société Générale de Surveillance S.A. v. The Republic of Paraguay*, ICSID Case No. ARB/07/29, Decision on Jurisdiction, Feb 10, 2012, para.138.
34) *Aguas del Tunari, S.A. v. Republic of Bolivia*, ICSID Case No. ARB/02/ 3 , Decision on Respondent's Objections to Jurisdiction, Oct. 21, 2005, paras.115, 118.

的保護権とは著しく性格が異なる。すでに述べたように，投資協定上の実体規範は，個々の投資家の主観的な文脈や損害と結び付いて初めて意味をなすのであり，その違反に対する責任も当該投資家に対してのみ発生すると考えるのが妥当である。したがって，責任追及の資格に関して私人が直接の処分権を持つと認めるべきであり，形式的な条約と契約の峻別論はとるべきではない。

　なお，学説の中にも，投資協定上の権利は私人に直接付与されているとして，契約中の合意による仲裁提起権の放棄を条約請求も含めて肯定する見解がある[35]。しかし，そこでは投資仲裁の手続的な特徴のみを手掛かりとして私人の直接的権利説が導かれており，前述の3分類で言えば，せいぜい②の立場（実体的権利は国家に属し，手続的権利は私人に属する）の論拠しか示されていない。一方，Vivendi法理は，請求の基礎となる実体規範の性質に着目し，それが国際法上の義務であれば私人は仲裁提起の資格を放棄できないとする考え方であるから，これに反駁するためには，②の議論では足りない。前出の③の立場，すなわち投資協定の実体的権利そのものが私人に帰属することを論証して初めて，Vivendi法理に対する有効な批判が可能となるのである。

　以上の結論として，仲裁提起権の制約の有無は，請求原因の構成ではなく，法廷選択条項の規定振りに示された私人の意思に即して判断すべきであり，同条項が契約上の紛争のみを対象とする表現を用いていれば仲裁提起権は制約されないが，条約上の紛争も対象に含むような規定の仕方である場合は，それが尊重されなければならない。もちろん，この解釈は，法廷選択条項のカルボ条項的な効果を認めてしまう点で問題も孕んでいるが，投資仲裁の趣旨が私的な意味での利益侵害の救済にあることを考えれば，当事者間の自由な関係においてなされた合意はやはり重視されるべきであろう[36]。

（2）約束遵守条項（アンブレラ条項）の効果

　約束遵守条項とは，投資契約など，投資受入国が投資家と個別に行った合意

---

35) *See, e.g.,* Hoffmann, A.K., "The Investor's Right to Waive Access to Protection under a Bilateral Investment Treaty," *ICSID Review*, Vol.22 (2007), p.93; Van Haersolte-Van Hof, J.J. and Hoffmann, A.K., "The Relationship between International Tribunals and Domestic Courts," in Muchlinski, P., Ortino, F. and Schreuer, C. (eds.), *The Oxford Handbook of International Investment Law* (Oxford U.P., 2008), p.1003.

の遵守を，条約上の義務とする規定である。これにより，契約違反があれば，直ちに条約上の責任を問うことができる。ただ，ここでも，契約中に法廷選択条項が含まれている場合があり，その扱いが問題になる。

　SGS 対フィリピン事件の仲裁廷は，約束遵守条項により契約違反は条約違反になることを認めたが，契約違反の存否や契約の解釈については，契約の準拠法たるフィリピン国内法を適用して判断せねばならないとする。そして，本件では契約中に法廷選択条項があったため，契約違反に基づく条約請求（約束遵守条項）については，仲裁の管轄権は成立するものの，契約違反の主張を審理するための受理可能性がないとして，審理を国内法廷に委ね，その間仲裁手続を中断した[37]。約束遵守条項違反は条約請求であるとしても，その請求の基礎は依然として契約にあるという理解である。このような判断枠組みは，その後も幾つかの仲裁判断で踏襲されている[38]。

　他方，Gaillard は，約束遵守条項は，その歴史的経緯からして，契約違反を受入国の条約上の責任として国際仲裁に処理させることが目的であったと述べ，SGS 事件の仲裁廷は，法廷選択条項に関係なく，当初からこれを条約請求として扱い完全な管轄権を行使すべきであったという（契約の解釈は事実の問題として扱う）[39]。実際に，Eureko 対ポーランド事件では，このような立場が取られ，約束遵守条項に基づく主張は条約請求として行われるのであるから，契約

---

36) 法廷選択条項によって指定された受入国の国内法廷において，明白に公正さを欠く取扱いがなされた場合には，その事実が独立に公正衡平待遇の違反を構成し仲裁付託の対象になると述べる仲裁判断もあるため，法廷選択条項の有効性を認めることで投資家が極端な不利益を被るとは必ずしも言えない。*Cf. Bureau Veritas, Inspection, Valuation, Assessment and Control, BIVAC B.V. v. The Republic of Paraguay*, ICSID Case No. ARB/07/9, Further Decision on Objections to Jurisdiction, Oct. 9, 2012, para.279.

37) *SGS Société Générale de Surveillance S.A. v. Republic of the Philippines*, ICSID Case No. ARB/02/ 6 , Decision of the Tribunal on Objections to Jurisdiction, Jan 29, 2004, paras.128, 154-155.

38) *Vivendi v. Argentine*, Decision on Annulment, *supra* n.31, para.98; *Toto Costruzioni Generali S.p.A. v. The Republic of Lebanon*, ICSID Case No. ARB/07/12, Decision on Jurisdiction, Sep. 11, 2009, para.202; *Bureau Veritas v. Paraguay, supra* n.36, para.284.

39) Gaillard, E., "Investment Treaty Arbitration and Jurisdiction over Contract Claims: The SGS Cases Considered," in Weiler, T. (ed.), *International Investment Law and Arbitration* (Cameron May, 2005), p.345. 確かに，単に契約請求に仲裁管轄権を設定するだけであれば，投資協定の仲裁条項を「投資に関するあらゆる紛争」を対象とする形で規定すれば済むのであるから，実体規定として約束遵守条項をあえて置くことの意味は，まさに，契約違反である事態を条約請求として提起できるようにする点にあると考えられる。

中の法廷選択条項によって仲裁提起権は制約されないと判断した[40]。

確かに，約束遵守条項の趣旨は，契約請求を条約請求へと転換する点にあったであろうが，そのことにより契約中の法廷選択条項が適用されなくなると考えるのは，やはり条約と契約の形式的な峻別論に基づくものであり，支持しえない。前述のように，投資協定上の実体的義務の違反は基本的には私人に対する責任を生じさせるのであり，それが約束遵守条項のように私人と政府の契約関係に基礎を置く義務であれば尚更である。したがって，法廷選択条項の効果は，やはり同条項に示された私人の意思に即して決定すべきであり，それが明らかに条約上の紛争をも対象に含むような規定振りである場合は，約束遵守条項違反を原因とする請求であっても契約中の法廷選択に服することになろう[41]。

一方，SGS 対フィリピン仲裁など主流の先例は，約束遵守条項違反における請求の基礎は契約にあるから，常に契約中の法廷選択が有効になるという立場である。ただし，仲裁は約束遵守条項に関する管轄権を失うわけではなく，受理可能性の観点から手続を中断するにとどまるのであり，もし国内法廷で契約違反の存在が確認されれば，それにより約束遵守条項違反も成立するため，再び仲裁において条約上の救済手続を進めることができる[42]。このような方法は，約束遵守条項の趣旨と法廷選択条項の効力を両立させるうえで妥当であるとも評価しうるが，他方で，もし法廷選択条項が条約上の紛争にも適用されるような文言で規定されている場合には，約束遵守条項に関する仲裁の管轄権自体が否定されうることも視野に入れるべきであり，私人の意思の分析を欠いた画一的な判断枠組みとならないよう注意する必要がある。この点，SGS 対フィリピン仲裁は，自らの管轄権を肯定する際の根拠として，「私人が契約により，国際法上の権利を放棄したり，締約国の条約義務の履行を免除したりできるとは考え難い」と原理的に言い切っており[43]，問題を含んでいる。

---

40) *Eureko B.V. v. Republic of Poland*, Partial Award, Aug. 19, 2005, paras.92-114.
41) 濱本正太郎「投資保護条約に基づく仲裁手続における投資契約違反の扱い」(独) 経済産業研究所ディスカッションペーパー，08-J-014（2008年），43頁。
42) 実際に SGS 対フィリピン事件では，契約上の損害額が国内手続で確定したことを受け，仲裁を再開する決定がなされた。*SGS Société Générale de Surveillance S.A. v. Republic of the Philippines*, ICSID Case No. ARB/02/6, Order of the Tribunal on Further Proceedings, Dec. 17, 2007.

6　私人による責任追及と国家による責任追及の関係

(1) 外交的保護

　投資受入国政府の行為によって外国投資家が損害を被った場合，当該投資家の国籍国の政府が外交的保護権を行使して救済に関与することも，国内救済完了などの諸要件を満たす限り，一般国際法上は可能であろう。しかし，投資協定違反に相当する行為があれば，投資家自身も投資仲裁を提起して救済を求める権利を持つ。そのため，両者の関係をどのように理解し，混乱をいかにして防ぐかが課題となる。

　伝統的に，外交的保護の請求国は，損害を被った私人の権利や利益を代理して主張するのではなく，国家自身の権利，すなわち自国民が国際法で定められた仕方で他国から扱われるという権利を行使するのである，とされてきた[44]。そうであるならば，投資仲裁は私人の権利の侵害，外交的保護は国家の権利の侵害，とそれぞれ異なる原因に根拠を置く手続であるから，それらが重複して損害の回復に成功したとしても手続的な正義には反しないことになる。しかし，前述のように，今日では外交的保護は責任追及に関する第二次規則上の権利として位置づけることが適当とされ，違法行為の前提となる第一次規則上の権利は一貫して私人に属する権利であると理解する立場が浸透している[45]。外交的保護の伝統的な定式化を行ったとされるマブロマティス判決も，確かに国家自身の権利という表現を用いてはいるが，それは正確には「自国民に代わって国際法の規則遵守を確保する権利」，すなわち第二次規則の領域を念頭に置いた議論であった[46]。そもそも，自国民の被った損害を国家自身の権利の侵害

---

43)　*SGS v. the Philippines, supra*.n.37, para.154.
44)　Borchard, E.M., *Diplomatic Protection of Citizens Abroad or the Law of International Claims* (Banks Law, 1915), p.18.
45)　国際法委員会における議論につき，前注28参照。また ICJ も，「外交的保護の対象は，かつては外国人の処遇に関する最低基準の違反に限られていたが，現在では国際的に保障された人権をも含むようになった」と述べ，外交的保護の基盤が私人の権利にあるという理解を示している。*Ahmadou Sadio Diallo* (*Republic of Guinea v. Democratic Republic of the Congo*), ICJ, Judgment (Preliminary Objections), May 24, 2007, para.39.
46)　*The Mavrommatis Palestine Concessions* (*Greece v. UK*), PCIJ, Judgment, Aug. 30, 1924, Series A, No.2, p.12.

とみなすことは，実体の乏しいフィクションとしての性格が否めないのであり，やはり第一次規則上の権利侵害の有無や内容は，実際に被害を受ける私人の状況に符合する形でのみ観念されるべきであろう。

したがって，投資協定違反は，私人に対する第一次規則上の権利侵害に当たるが，この同一の事由に対して，投資仲裁と外交的保護という2つの責任追及手段が並存することになるため，二重の救済を避ける観点から何らかの調整が不可欠となる。この問題を扱った先駆的な事例として，イタリア対キューバ事件がある。本件でイタリアは，同国企業16社がキューバの行為により損害を被ったとして，両国間の投資協定が条約の解釈及び適用に関する紛争を処理するために規定していた国家対国家の仲裁手続を提起し，請求の基礎として，自国民が被った権利侵害に対する外交的保護権を挙げた。条約の解釈適用に関する紛争処理条項は，従来の通商航海条約などにも存在したものであり，相手国の条約違反により自国民の権利が侵害された場合には，この条項に依拠して外交的保護請求を行うことが一般に認められてきた。ところが，本件でキューバ側は，投資協定では投資家対国家の仲裁手続も定められており，投資家はみずから権利侵害に対する救済を請求しうる立場にあるため，外交的保護の目的で国家間仲裁を利用することは認められないと主張した。これに対して仲裁廷は，投資紛争解決条約（ICSID条約）第27条が，自国の投資家が仲裁手続を開始した場合には，当該紛争について本国政府は外交的保護を行うことができないと規定する点に注目する。本件は国家間仲裁であるため，ICSID条約は適用されないが，仲裁廷は同条の趣旨を類推して，投資家がみずから仲裁を提起していない状況では，本国政府が国家間仲裁の枠組みに依拠して外交的保護を行う権利は存続していると判断した[47]。つまり，ここでは，投資仲裁と外交的保護が救済手段として互換可能であると考え，単に時間的な先後によって優先関係が決まるという整理がなされているのである[48]。

前述のように，投資協定では，義務違反の有無は個々の私人の状況に即して

---

47) *Italian Republic v. Republic of Cuba*, ad hoc state-state arbitration, Interim Award, Mar. 15, 2005, para.65.
48) 本国政府による外交的保護がすでに行われている場合には，当該事案について投資家が仲裁を提起する権利は制約されるとの見解を示した仲裁判断もある。*Banro American Resources v. Democratic Republic of the Congo*, ICSID Case No. ARB/98/7, Award (excerpts), Sep. 1, 2000, in *ICSID Review*, Vol.17:2, pp.8-12.

判断されるが，その点を意識して主張内容を構成するのであれば，責任追及の場面では国家が主体となることも排除されない。何らかの事情で私人がみずから仲裁を提起できないような事態も想定するならば，国家間仲裁を利用した外交的保護の可能性を閉ざさなかった本件の判断は，むしろ妥当と評価されよう。しかし他方で，投資協定の違反による責任は，第一義的には実体的権利の主体・・・・・・・である私人に対して発生するのであり，それを外交的保護権の行使により国家に対する責任へと転化させることには，慎重な配慮が伴わなければならない。特に，私人の意向や利益に必ずしも沿わない形で外交的保護権を発動し，私人がみずから責任追及する権利を国家が一方的に失わせるような手法は，実際に国家がそうした行動をとる確率は低いとしても，根底から批判されるべきである。それゆえ，投資紛争において明らかに私人の意向に反する形で本国政府が国家間仲裁を提起した場合は，仲裁廷は受理可能性を否定し，投資家自身が管理する救済プロセスへの移行を促す必要があろう。少なくとも，米国のモデル投資協定（2012年）第37条4項のように，国家間仲裁が行われる際には利害を持つ投資家に意見表明の機会を与えることが望ましい。

（2）対抗措置

ある国が，他国の国際違法行為を理由に，自国の投資協定上の義務を停止して相手国の投資家に損害を与えた場合，それは対抗措置として違法性阻却が認められるであろうか。この問題に関連する紛争として，メキシコが特定の甘味料を用いた清涼飲料への課税を強化したことに対し，米国の企業が3件の投資仲裁を提起した事例がある。これらの仲裁においてメキシコは，そもそも米国が初めに北米自由貿易協定（NAFTA）に違反してメキシコの砂糖製品の市場アクセスを制限したのであり，仮に本件課税措置が同協定の投資章の義務に違反するとしても，それは米国に対する対抗措置として正当化されると主張した。この点に関し，2件の仲裁判断は，NAFTA投資章の義務は投資家に対して直接に権利を与えるものであり，国家間紛争において取られる対抗措置としてこれらの権利の制約を正当化することはできないと述べたが[49]，それとは反対

---

49) *Corn Products International v. United Mexican States*, supra n.25, paras.168-169; *Cargill, Incorporated v. United Mexican States*, ICSID Case No. ARB（AF）/05/2, Award, Sep. 18, 2009, paras.420-429.

にもう1件の仲裁判断は,原則として投資章の義務も対抗措置の対象になりうるとした[50]。投資協定における権利や責任の性質について,適正な理解が必ずしも確立していなかったことが,こうした判断の分裂を招いたと言える。本稿で繰り返し述べてきた見解に照らせば,投資協定上の実体規範は,政府が個々の私人に対して直接に保障すべき処遇を定めたものであり,その義務違反による責任も第一義的には私人に対して成立するのであるから,投資家本国に対する対抗措置という名目で投資協定上の権利侵害を正当化しうるとは解されないであろう[51]。

7 結びにかえて

冒頭で,投資仲裁において追及される責任は私的ないし主観的な性格を有すると述べたことの意味は,以上の議論から明らかになったと思われる。投資協定では,実体規範の特質として,あくまでも個々の政府―私人関係を単位とする二者間の枠組みにおいて違法性の有無が判断されるのであり,そこでは責任の趣旨も,客観的な法秩序の維持というよりは,個々の法主体に発生した主観的な損害の塡補に求められることになる。責任条文が依拠する法秩序観とは明確に発想を異にする第二次規則の領域が,ここに形成されていると言えよう。

経済的な力学から見れば,投資協定は,外資誘致に開発戦略の活路を見出さざるを得なくなった発展途上国が,先進国の要求する投資保護規範を諾々と受け入れた帰結である面が強く,資本の出し手に対する従属性を増幅する作用があることは否定できない。かつて村瀬信也教授は,機能性の契機と権力性の契機の相克関係を軸として,最恵国条項の歴史的変遷を貫く法と政治の論理に透徹した表現を与えられた[52]。その顰みに倣えば,投資法の発展も,機能性の契機(投資の活発化による経済成長の促進)のみならず,権力性の契機(巨大資本による支配力の増大と公的統制の余地の縮小)にも焦点を当てて理解する必要

---

50) *Archer Daniels Midland Company and Tate & Lyle Ingredients Americas, Inc. v. The United Mexican States,* ICSID Case No. ARB(AF)/04/5, Award, Nov 21, 2007, paras.168-180.
51) この点について,さらに詳細な判断枠組みを提示するものとして,岩月直樹「国籍国に対する対抗措置としての正当性と投資家への対抗可能性」(独)経済産業研究所ディスカッションペーパー,14-J-008(2014年)参照。

があろう。特に，近年では，投資協定及び投資仲裁による「規制権限の侵食」への懸念が発展途上国にとどまらず先進国でも強まっており，投資協定の規律内容の限定や，例外条項の拡充，極端な場合には投資協定の終了など，権力性の要素にまつわる諸反応によって投資法の動態がもっぱら規定される状況にある。

　もっとも，こうした揺り戻しの動きには，投資協定における義務及び責任の性質を必ずしも正しく踏まえない，過剰反応の側面があることも否めない。投資協定の実体的義務の要請が，公権力の濫用的な行使を控え，私人に公法上の適正な処遇を与えることにあるとすれば，それは規制主権に対する過大な干渉ではなく，むしろ法治主義の観点から求められる最低限の規律と言うべきであろう。協定違反により発生する責任も，個々の私人との関係において成立する金銭支払い義務（liability）にとどまり，違法性の解消が目指されるわけではない。投資協定に含まれる権力性の要素を，実態よりも過大に評価し，共通利益の源泉である機能性の要素にまで不必要な犠牲を強いるとすれば，経済成長の機会を奪われる人々の損失は計り知れない。資本輸出の片面的構図に由来する権力性の要素にはなお注意を払いつつ，投資協定上の義務及び責任に関しては，その射程を法的に過不足なく見定め，投資法がもたらす利害得失のバランスを全体として正確に評価することが肝要である。

　【附記】本稿は，科学研究費補助金・基盤研究（B）「国際法諸分野における『責任』の諸態様とそれらの相互関係」（研究代表者：小寺彰），同・若手研究（B）「国際経済法における立憲化概念の研究」（研究代表者：伊藤一頼）による成果の一部である。

---

52) 村瀬信也「最恵国条項論」『国際法の経済的基礎』所収（有斐閣，2001年〔初出1974年〕）78-81頁。

21 投資協定仲裁における非金銭的救済[*]

小寺　彰・西村　弓

1　はじめに
2　国家間請求における非金銭的救済の可能性
3　投資仲裁判断における非金銭的救済
4　おわりに

1　はじめに

　近年，国際投資協定（International Investment Agreement, IIA）仲裁における非金銭的救済が注目されている。投資協定仲裁において投資家によって投資受入国に対して高額の金銭賠償が請求され，あるいはそれが仲裁廷によって認容される例が増えていることがその背景にある。たとえば，オランダ＝チェコ二国間投資保護協定（BIT）に基づいて下されたCME対チェコ事件仲裁判断（2003年）[1]では，総額およそ3億5千万ドルの支払いが命ぜられた。これはチェコの保健分野における年間予算にほぼ相当し，人口／GNI等で補正すれば米国に対して1300億ドルの賠償を命ずる意味を持つという。2000年から2001年にかけては，アルゼンチンに対して提起され係争中の投資仲裁案件が44件にのぼり，合計請求額が8千億ドル ―― アルゼンチンの国家歳入のおよそ2倍 ―― に達した[2]。こうした事案を契機として，投資仲裁判断が，多額の賠償決定によって，とりわけ経済的困難にある国家の政策策定に対して萎縮効果を

---

[*] 本稿は，RIETI Discussion Paper Series 14-J-006（2014年1月）を，修正の上，（独）経済産業研究所の許可を得て転載したものである。同ペーパーは，同研究所プロジェクト「国際投資法の現代的課題」（代表：小寺彰ファカルティ・フェロー）の成果の一部である。

1) CME *Czech Republic B.V. v. The Czech Republic*, Final Award, Mach 14, 2003.

もたらすことの正当性について疑問が呈されるに至っている³⁾。

議論は2つの方向から提起されている。第1に，従来は，国内措置の取消や特定履行の命令は国家主権への干渉に当たるため，国際的な手続において適切な救済は金銭賠償であると考えられてきたが，巨額の賠償命令も，特定履行等と同様に，あるいは場合によってはそれ以上に国家主権への侵害に当たり得るのではないか，そうであるならば状況次第ではむしろ特定履行等の形式で救済を命じたほうが適切なのではないか，という問題意識である⁴⁾。第2に，国家間の司法手続においては対等な当事者間の紛争であることから国内民事法が類推され賠償が主たる救済手段とされてきたが，投資仲裁は国内行政法と類似の性質を持つのであるから，違法な処分の取消等，行政法的な救済が認められてしかるべきではないか，という関心である⁵⁾。

角度を異にする見解ではあるが，両者は，国際請求一般においては従来，非金銭的救済として行為の取消し等を命ずることは国家主権への侵害に当たり得るため民事的な賠償が主たる救済手段であったという認識，及び，投資仲裁においては特定履行等の非金銭的救済によって紛争を解決する可能性を模索すべきではないかという主張の2点を共有している。

本稿は，国際請求一般及び投資仲裁における非金銭的救済の現状を踏まえたうえで，こうした理解が妥当なのかについて検討する。なお，本稿で扱う「非金銭的救済」とは，裁判所・仲裁廷が，単に問題とされる行為の違法性の宣言を行うことにとどまらず，法令や判決内容の無効化といった既存の国内措置の改廃や，新たな法令や行政措置等を要する行為の義務づけを国家に対して命ずることを指すものとする。各国の国内政策決定権限と外国投資の保護が正面から衝突し，投資仲裁判断の性格が問われるのが，救済のこの局面においてだか

---

2) W.W. Burke-White and A. von Staden, "Investment Protection in Extraordinary Times: The Interpretation and Application of Non-Precluded Measures Provisions in Bilateral Investment Treaties," *Virginia Journal of International Law*, vol.48, 2008, p.311.

3) T.W. Wälde and B. Sabahi, "Compensation, Damages, and Valuation," P. Muchlinski, F. Ortino and C. Schreuer ed., *The Oxford Handbook of International Investment Law* (Oxford University Press, 2008), p.1056.

4) M. Endicott, "Remedies in Investor-State Arbitration: Restitution, Specific Performance and Declaratory Awards," P. Kahn and T.W. Wälde ed., *Les aspects nouveaux du droit des investissements internationaux* (Martinus Nijhoff Publishers, 2007), p.540.

5) Wälde and Sabahi, *supra* note 3, p.1055.

らである。

2 国家間請求における非金銭的救済の可能性

　一般的な国家間請求と投資仲裁における救済の相違については，次のようなことが言われることがある。すなわち，従来，国際法上の国家間請求においては，平等な国家間における関係を国内私法の類推を通して処理してきており，そこでは処分の取消等の行政的な救済ではなく民事的な救済が専ら行われてきた。しかしながら，投資仲裁においては国家による処分を私人が争う公法的な関係が問題となるのであるから，適切な救済は必ずしも損害の賠償とは限らず，処分の取消等の救済手段が検討されるようになっているとの指摘である[6]。しかし，この議論が前提とするように，果たしてそもそも国家間請求においては本当に専ら金銭賠償によって紛争が解決されてきたのだろうか。

　国際請求における救済については，Chorzow 工場事件において常設国際司法裁判所（Permanent Court of International Justice: PCIJ）が下した，「賠償（la réparation）は，違法行為の結果を除去し，違法行為が行われなかった場合に存在していたであろう状況を可能なかぎり回復しなければならない」[7]との定式が一般国際法の内容を表すものとして位置づけられてきた。同判決は，以上の一般論に続けて，より詳細に，収奪された財物の返還，または返還が不可能な場合は財物の価値に相当する金銭支払に加え，これらで填補されない損害が存在する場合にはその分を充当する金銭賠償が救済の内容であると述べている[8]。具体的には財物の返還もしくは金銭支払が焦点となったが，これは，

---

[6] G. van Harten, *Investment Treaty Arbitration and Public Law* (Oxford University Press, 2007), p.108.

[7] "...la réparation doit, autant que possible, effacer toutes les conséquences de l'acte illicite et rétablir l'état qui aurait vraisemblablement existé si ledit acte n'avait pas été commis." *Affaire relative à l'Usine de Chorzów (demande en indemnité, fond)*, Arrêt du 13 septembre 1928, *CPJI, Sér. A*, No.17, p.47.

[8] "Restitution en nature, ou, si elle n'est pas possible, paiement d'une somme correspondant à la valeur qu'aurait la restitution en nature; allocation, s'il y a lieu, de dommages-intérêts pour les pertes subies et qui ne seraient pas couvertes par la restitution en nature ou le paiement qui en prend la place; tels sont les principes desquels doit s'inspirer la détermination du montant de l'indemnité due à cause d'un fait contraire au droit international." *Ibid*.

同事件がドイツ企業が所有する工場が領域国ポーランドによって違法に没収されたことに端を発するものであったからであり，一般原則として述べられた判示の内容に照らせば，救済は財物の返還や金銭賠償に限られるものではなく，具体的な状況に応じて多様であり得る。国連国際法委員会（International Law Commission: ILC）が作成した国家責任条文においても，Chorzow 工場事件判決をリーディング・ケースとして位置づけたうえで，違法行為に対しては完全な賠償（full reparation）がなされなければならないが，それを実現する手段としては状況に応じて原状回復（restitution），金銭賠償（compensation）及び陳謝等の精神的慰撫からなるその他の救済（satisfaction）があり得るとしており（34条），また，ここでいう原状回復には財物の返還等の物的な意味での回復にとどまらず，法令の改廃等の法的な手段による回復も含まれると理解されている（35条）。

こうした一般的な理解に照らせば，国家間請求においては専ら金銭賠償によって紛争が解決されてきたとする見解の妥当性には疑問が生ずる。実際にも，国際請求において国内措置の効果を払拭する原状回復が命ぜられた例は，多くはないが存在する。

法的原状回復の古典的な先例とされる Martini 事件仲裁判断（1930年）[9] では，国内裁判所が下した判決内容の無効化が仲裁廷によって命ぜられている。同事件の概要は次の通りである。ベネズエラでコンセッションに基づいて石炭開発を行っていたイタリア企業 Martini 社に対して，ベネズエラ国内裁判所がコンセッション不履行を理由とした賠償命令判決を下した。もっとも，この司法手続は，これに先立って同国で発生した内戦中に Martini 社に対して行われた侵害行為について，ベネズエラ政府の責任を認める混合請求委員会判断を受け，これに対抗するかたちで開始されたものであった。国内裁判手続の不当性を争って Martini 社の本国イタリアがベネズエラを相手取って提起した国家間仲裁においては，ベネズエラ裁判所の判決がいくつかの点で国際法に反する「明白な不正義」に当たると認定された。そのうえで仲裁廷は，原告によって具体的な賠償額を提示した請求が行われていなかったこともあり，ベネズエラ政府に対して同国国内判決上の Martini 社の支払い義務を無効化することを命じて

9） *Affaire Martini*, 3 mai 1930, *Recueil des sentences arbitrales*, vol.2, p.973.

いる[10]。

　近年の国際司法裁判所（International Court of Justice: ICJ）判決においても，国内措置の改廃に関わる非金銭的救済が命ぜられる例は以下のように存在する。ベルギーがコンゴの外相に対して国際逮捕状を発給したことに端を発するベルギー逮捕状事件の判決（2000年）では，免除を害するかたちで外国外相に対して発給された国際逮捕状を，自国が選択する手段によって取消し，回覧先にその旨を伝達することがベルギーに対して命ぜられた[11]。Avena他メキシコ国民事件判決（2004年）では，拘禁した外国人に対して自国領事と接見する権利があることを告知しないままに死刑等の判決を下したことによって米国が領事関係条約第36条に違反したことを認定し，当該違反への救済として，関係メキシコ人に対して下された国内判決を自国が選択する手段によって再検討することが米国に対して命ぜられている[12]。引渡か訴追か事件判決（2012年）においては，拷問容疑がかけられセネガルに亡命中の元チャド大統領について，関係国に引き渡すか自国で刑事訴追するかのいずれかを行う拷問禁止条約上の義務にセネガルが違反しているとして，同国は引き渡しを行わないのであれば，遅滞なく事案を刑事訴追のために権限ある当局に付託しなければならないことが判示された[13]。ドイツ対イタリア免除事件判決（2012年）では，国際法の下で外国国家が享受する裁判権免除を害するかたちでドイツを相手取ってイタリアが下した国内裁判所の決定内容について，その効力を失わせるように立法その

---

10) "...le Gouvernement Vénézuélien est tenu de recconaître, à titre de réparation, l'annulation des obligations de paiement, imposées à la Maison Martini & Cie..." *Ibid.*, p.1002.
11) "...le Royaume de Belgique doit, par les moyens de son choix, mettre à néant le mandat d'arrêt du 11 avril 2000 et en informer les autorités auprès desquelles ce mandat a été diffusé." *Affaire relative au mandat d'arrêt du 11 avril 2000* (République Démocratique du Congo c. Belgique), Arrêt du 14 février 2002, para.78.
12) "...the appropriate reparation in this case consists in the obligation of the United States of America to provide, by means of its own choosing, review and reconsideration of the convictions and sentences of the Mexican nationals..." *Case concerning Avena and Other Mexican Nationals* (Mexico v. United States of America), Judgment of 31 March 2004, para.153.
13) "...la République du Sénégal doit, sans autre délai, soumettre le cas de M. Hissène Habré à ses autorités compétentes pour l'exercice de l'action pénale, si elle ne l'extrade pas." *Questions concernant l'obligation de poursuivre ou d'extrader* (Belgique c. Sénégal), Arrêt du 20 juillet 2012, para.122.

他の方法によって確保する義務をイタリアが負うことが判示されている[14]。

以上の裁判例から判る通り，国家間請求において国内措置の取消等を含む非金銭的救済が命ぜられる例は存在する。そして，これらの判断に対しては，一部の懸念が主張するような判決対象国の主権を侵害するものであるという評価は一般には示されていない。慣習法上の外国人取扱い義務に反する「明白な不正義」な裁判によって課された義務を無効化すること（Martini 事件），国際法に反して発給された逮捕状の効果（逮捕状事件）や外国国家への判決の効果（免除事件）を失わせること，条約に従って訴追を行うこと（引渡か訴追か事件）は，そもそも国家が条約や慣習法上引き受けた義務を改めて実現するものであり，当該国の同意なしに新たな義務を課すものではない。このことは，Avena 事件と同様の領事通報懈怠の問題をドイツ人について扱った LaGrand 事件において，米国が，違法行為の停止等の非金銭的救済が命ぜられる一般的可能性について異論を唱えない一方で，当該事件においてドイツが要求していた国内判決の再検討は自国が領事条約上負った義務を超えるため認められないという主張していた[15] ことからも逆説的にうかがうことができる。

他方で，これらの判決においては，国際法に反して国家が採った措置の結果を払拭することが命ぜられるが，そのための具体的な手段については国家の裁量下に残すよう配慮がなされている点には注意すべきである。各判決においては，各国が自国が選択する手段によって判決内容を実現すべきことが強調される。具体的にも，必ずしも国内判決そのものを無効化することではなく，判決の結果課された賠償金を徴集しないことが求められ（Martini 事件），外国外相に対する逮捕状や外国国家に対する判決自体ではなくそれらの効果を結果として無効化することが求められている（逮捕状事件，免除事件）のである。

---

14) "...la République italienne devra, en promulguant une législation appropriée ou en recourant à toute autre méthode de son choix, faire en sorte que les décisions de ses tribunaux et celles d'autres autorités judiciaires qui contreviennent à l'immunité reconnue à la République fédérale d'Allemagne par le droit international soient privées d'effet." *Immunités juridictionnelles de l'état* (Allemagne c. Italie), Arrêt du 3 février 2012, para.139.

15) *LaGrand Case* (Germany v. United States of America), Judgment of 27 June 2001, para.46.

3　投資仲裁判断における非金銭的救済

　以上のように，国家間仲裁においては非金銭的救済が下される例があり，それらが主権侵害に当たるとは一般に評価されていない。投資仲裁においては事態が異なるのだろうか。

（1）条 約 規 定
　判決内容に関する定めがない ICJ 規程とは異なり，IIA の中には仲裁廷が下しうる救済内容について予め規定を置くものがあり，こうした場合には，仲裁廷は当該規定に従って与えられた管轄権の範囲内で判断を下すほかはない。IIA における救済の扱いは，以下のような類型に分けることができる。
（a）財物の原状回復（金銭賠償による代替）/ 金銭賠償型
　IIA の中には仲裁廷の権限を金銭的な救済に限定するものがある。
　たとえば，2012年米国モデル BIT 第34条は，仲裁廷は，（a）金銭賠償および利息，（b）財物の原状回復の双方またはいずれかのみを判示することができると定める[16]。ここでは，協定違反の国内措置の取消し等を行う権限は仲裁廷に認められておらず，原状回復の対象は収奪した財物の返還に限定されている。さらに，財物の原状回復についても，被申立国はこれを金銭賠償の支払で代替し得る旨が規定されている。カナダの2003年モデル BIT 第44条，NAFTA 第1135条もほぼ同一の規定ぶりである。
　日本が締結した投資保護協定や経済連携協定等のうちいくつかも，こうした形式の定めを置いている。たとえば，日本＝カンボジア協定（2007年）及び日本＝ラオス協定（2008年）のそれぞれ17条18項，日中韓協定（2012年）15条9項は，次のように定める。

---

16) Article 34: Awards
　1. Where a tribunal makes a final award against a respondent, the tribunal may award, separately or in combination, only:
　（a）monetary damages and any applicable interest; and
　（b）restitution of property, in which case the award shall provide that the respondent may pay monetary damages and any applicable interest in lieu of restitution.
available at http://www.state.gov/documents/organization/188371.pdf.

仲裁裁判所が下す裁定には，次の事項を含める。……
(b) 違反があった場合は，その救済措置（a remedy）。ただし，当該救済措置は，次の（i）又は（ii）の一方又は双方に限られる。
(i) 損害賠償金（monetary damages）及び適当な利子の支払
(ii) 原状回復（restitution of property）。この場合の裁定においては，紛争締約国が原状回復に代えて損害賠償金及び適当な利子を支払うことができることを定めるものとする。

日本＝メキシコEPA（2005年）92条1項，日本＝マレーシアEPA（2006年）85条14項，日本＝チリEPA（2007年）103条1項，日本＝タイEPA（2007年）106条12項，日本＝インドネシアEPA（2008年）69条18項，日本＝ブルネイEPA（2008年）67条20項，日本＝インドEPA（2011年）96条18項も同趣旨である。これらの条約下に行われる仲裁においては，金銭賠償もしくは財物の原状回復 ── この場合も金銭賠償による代替の選択権を被申立国に認める ── に救済手段が限定されており，違法と判断された国内措置の取消しといった特定履行を仲裁廷が命ずる余地はそもそも存在しない。

(b) 救済一般（財物の原状回復/金銭賠償による代替）型

これに対して，日本＝シンガポールEPA（2002年）82条10項は，次のような特徴的な規定を設けている。

(a) 裁定には，次のものを含める。
(i) 他方の締約国の投資家及びその投資財産についてこの章の規定に基づき与えられる権利が，一方の締約国により侵害されたかどうかに関する判断
(ii) 権利の侵害がある場合には，その救済措置（a remedy）
……
(c) 他方の締約国の投資家及びその投資財産についてこの章の規定に基づき与えられる権利が一方の締約国により侵害された旨の裁定が下された場合には，当該一方の締約国は，(a)(ii)の規定により示された救済措置に代えて，次の(i)から(iii)までのいずれかの救済措置により，当該裁定を実施することができる。

(i) 金銭上の補償（pecuniary compensation）……
　(ii) 原状回復（restitution in kind）
　(iii) 金銭上の補償と原状回復との組合せ……

　限定を付さずに広く「救済措置」を仲裁廷が命じうることを認めた上で，被申立国に対して，金銭賠償や財物の返還をもってそうした「救済措置」に代える権利を付与する規定ぶりである。すなわち，仲裁廷が国内行政措置の取消しや特定履行等の非金銭的救済を命ずる場合を想定しつつ，被申立国の判断でそれら非金銭的救済の代わりに金銭賠償や財物返還によって責任を履行することを認めるものである。

(c) 救済一般型

　エネルギー憲章条約第26条8項は，「紛争当事者である締約国の地方の政府又は機関の措置に関する仲裁判断は，当該締約国が他の救済措置に代えて金銭による損害の支払を行うことができる旨を定める（An award of arbitration concerning a measure of a sub-national government or authority of the disputing Contracting Party shall provide that the Contracting Party may pay monetary damages in lieu of any other remedy granted)」と規定する。地方政府・機関による措置を巡る紛争については，被申立国が金銭支払で責任を履行することを選択し得る旨を定めるものである。中央政府による措置の違法性が認定され原状回復等の救済が命ぜられた場合については，金銭支払による代替は考えられていないことが含意される。

(d) 無 規 定 型

　多くの投資協定においては仲裁判断における救済の具体的内容についての定めが存在しない[17]。日本についても，韓国（2002年），ヴェトナム（2003年），ウズベキスタン（2008年），ペルー（2008年）との間に締結した二国間投資保護協定及びスイスとの間のEPAにおいては，救済に関する規定は置かれていない。こうした場合に，いかなる救済が下され得るかが問題となる。

　この点，ICSID条約については，「仲裁判断によって課される金銭上の義務

---

17) B. Sabahi, *Compensation and Restitution in Investor-State Arbitration: Principles and Practice* (Oxford University Press, 2011), p.64.

(the pecuniary obligations)」の承認・執行が締約国に義務づけられており（54条1項），ICSIDに則った仲裁手続の結果出された判断に敗訴国が自発的に従わない際には，金銭賠償命令のみが締約国の国内における承認・執行によって実現され得ることとなる。従って，投資家にとってみれば，いずれかのICSID当事国の国内手続を利用して確実に救済を得るためには，金銭上の義務を請求することが合理的であり，そもそも非金銭的な救済を求めるインセンティヴは高くない。この点を捉え，投資仲裁が非金銭的救済を下すことに対する否定的見解のうちには，その執行の難しさを挙げるものもある[18]。

　もっとも，ICSID条約下の仲裁においても非金銭的救済を得る余地が存在しないわけではない。ICSID条約作成時には，非金銭的救済を命ずる権限を仲裁廷に与えない提案がいくつかの国家からなされたが，その旨の明文規定は入れられず，起草委員会議長は，各国裁判所に執行義務は課せないものの，仲裁廷は非金銭的救済を命ずる権限を有すると述べている[19]。国内における承認・執行の対象とはならないとしても，違反の具体的態様や違反を取り巻く状況によっては，投資協定に反する措置の是正を求めたうえで，引き続き投資受入国において事業を継続することを投資家が望む場合も存在しないとは言えないだろう。また，UNCITRAL手続については，そもそも仲裁判断の承認・執行の仕組みが整備されていないため，金銭か否かが救済の実施方法に影響を及ぼさない。

　このように，少なくとも，(b) 救済一般（財物の原状回復／金銭賠償による代替）型や，(c) 救済一般型の規定を置くIIAにおいては，協定違反の国内措置の撤回といった非金銭的救済の可能性が想定されているが，実際の紛争事例においていかなる救済が妥当かはなお議論となり得る。他方，(d) 無規定型の場合に，非金銭的救済を投資家に与え得るかについて，一方では国家主権への侵害になるとの観点から否定的に解されることがあり[20]，他方では国家への

---

18) C. Brown, "Procedure in Investment Treaty Arbitration and the Relevance of Comparative Public Law," S. W. Schill ed., *International Investment Law and Comparative Public Law*（Oxford University Press, 2010), p.687.
19) C. Schreuer, "Non-Pecuniary Remedies in ICSID Arbitration," *Arbitration International*, vol.20, 2004, pp.325-326.

負担の観点から，あるいは投資法への一定の理解の観点からむしろ積極的に評価すべきであるとされる。この点について，実際の仲裁例においてはどのような対応がなされているのだろうか。

（2）仲裁判断例における非金銭的救済
(a) 肯　定　例

　投資家は投資受入国からの撤退を意図し，あるいは仲裁判断の承認・執行の確実性を求め，ほとんどのケースにおいて金銭賠償を請求する。したがって，非金銭的救済の是非が俎上に上った先例自体が少ないが，議論がなされた幾つかの事例においては，仲裁廷が非金銭的救済を命ずる権限を有することが確認されている。たとえば，原則論のレベルにおいて仲裁廷が原状回復や特定履行を被申立国に対して命ずる可能性を肯定した例としては，Enron 対アルゼンチン事件[21]，Occidental 対エクアドル事件[22]，Micula 対ルーマニア事件[23] 等における仲裁判断を，原則論として肯定した上で具体的案件の事情に照らしてこれらを命ずることを否定した例としては，Nykomb 対ラトヴィア事件[24]，CMS 対アルゼンチン事件[25]，Sempra 対アルゼンチン事件[26] 等における仲裁判断を挙げることができる[27]。

---

20)　C. McLachlan et al., *International Investment Arbitration: Substantive Principles*（Oxford University Press, 2007）, p.341; Wälde and Sabahi, *supra* note 3, p.1059.

21)　*Enron Corporation and Ponderosa Assets, L.P. v. The Argentine Republic*, ICSID Case No. ARB/01/3，Decision on Jurisdiction, January 14, 2004, paras.79–81. 本件では，新しい税制が実質的に収用に当たるとしてその撤回が請求された。被申立国は非金銭的救済請求について仲裁廷が管轄権を持たないとして争ったが，仲裁廷はそれが適切な救済となる場合には新税徴収禁止やその撤回を命じ得るとして抗弁を退けている。

22)　*Occidental Petroleum Corporation & Occidental Exploration and Production Company v. The Republic of Ecuador*, ICSID Case No.ARB/06/11, Decision on Provisional Measures, August 17, 2007, paras.75–86. 申立人の主張する権利保全との関係で，本案で破棄された石油コンセッションの復活という原状回復が命ぜられる合理的見込みがあるかという文脈において，原状回復に関する原則論が確認された。

23)　*Ioan Micula, Viorel Micula, S.C. European Food S.A., S.C. Starmill S.R.L. and S.C. Multipack S.R.L v. Romania*, ICSID Case No. ARB/05/20, Decision on Jurisdiction and Admissibility, September 24, 2008, paras.166–168.

24)　*Nykomb Synergetics Technology Holding AB v. Latvia*, Award of December 16, 2003, Section 5.1.

25)　*CMS Gas Transmission Company v. The Argentine Republic*, ICSID Case No. ARB/01/8, Award of May 12, 2005, para.406.

また，実際に非金銭的な救済が命じられた例としては，次の2例を挙げることができる。第1に，ATA対ヨルダン事件[28]では，国内裁判手続の終了が命ぜられている。事件の経緯は次の通りである。トルコ法人 ATA 社はヨルダン政府が株式の過半数を所有する APC 社との間に締結した契約に基づき死海に堤防を建造したが，完成引渡し後，APC 社が行った水入れ時に堤防の一部が崩壊した。契約上，両社のいずれが崩壊に責任を有するかに関して紛争が生じ，契約中の仲裁条項に基づいて仲裁が行われたが，仲裁廷は崩壊に関する ATA 社の責任を否定し，また ATA 社が反訴で求めていた APC 社の契約違反に関する金銭賠償請求を認容した。これに対して，APC 社は新たに制定されたヨルダン仲裁法の下で仲裁判断を無効化することを求めてヨルダン控訴裁判所に訴えを提起した。控訴裁判所はこの訴えを認め，破毀院もこれを支持すると共に，仲裁判断が無効化された場合には仲裁条項を破棄する旨の仲裁法の規定に従って仲裁条項を破棄することを決定した。同判断を受けて，APC 社は改めて ATA 社の堤防崩落に関する責任を追及する訴えを国内裁判所に提起した。

こうした動きを受け，ATA 社はヨルダンの行為がトルコ＝ヨルダン BIT に反すると主張して ICSID 仲裁に申立てを行った。同 BIT は2006年に発効した

---

26) *Sempra Energy International v. Argentina*, ICSID Case No. ARB/02/16, Award of September 29, 2007, para.401.
27) やや特殊なのが Saipem 対バングラデシュ事件（*Saipem S.p.A v. The People's Republic of Bangladesh*, ICSID Case No.ARB/05/7, Award, 30 June 2009）である。イタリア法人の Saipem 社は，バングラデシュ国家企業 Petrobangla との間の契約に基づき同国にパイプラインを建設したが，建設代金の支払を巡って紛争となったため，当該契約上の仲裁条項に基づいて国際商事仲裁（ICC）に申立を行い，金銭賠償を獲得する判決を得た。これに対して Petrobangla は，ICC の手続に瑕疵があるとして，仲裁廷の権限を否定することを求める訴えをバングラデシュ国内裁判所に提起し，同裁判所はこれを認容した。これを受け，Saipem 社はバングラデシュ＝イタリア BIT に基づいて，ICSID 仲裁を申し立てた。仲裁廷は，バングラデシュ国内裁判所の行為は権利濫用及びニューヨーク条約違反に当たり，これらの行為によって仲裁判断を求める投資家の権利および仲裁判断によって確認された投資家の権利が BIT に反して違法に収用されたと認定し，ICC 裁定が認定した賠償額の支払いをバングラデシュに命じている。仲裁廷が命じた具体的な救済内容は金銭給付であるが，バングラデシュ裁判所の不当な介入がなければ実現されていたであろう ICC 裁定額の支払を命ずる，という説明から見て取れるように，金銭支払いの義務づけは実質的にはバングラデシュ国内判決の効果を否定する意味を有していたということができる。
28) *ATA Construction, Industrial and Trading Company and The Hashemite Kingdom of Jordan*, ICSID Case No.ARB/08/2, Award, May 18, 2010.

ため,時間的管轄の観点から,2007年のヨルダン破毀院判決の BIT との整合性についてのみが判断対象とされた。仲裁廷は,破毀院による仲裁条項破棄が,仲裁の申立を行う ATA 社の権利の収用に当たると認定したうえで,適切な救済について次のように判示した。すなわち,救済の原則は Chorzow 基準に示されているが,本件において同基準を充たし得る唯一の救済は,ATA 社の仲裁を申し立てる権利の回復である[29]。本件においては,ヨルダンが同国国内裁判所の手続を打ち切り,新たに商事仲裁に紛争を提起し直すことを提案しているが,こうした提案は ATA 社の仲裁への権利を回復することと同義であるとして[30],仲裁廷は,(1)堤防崩壊に関するヨルダン国内裁判手続を直ちに無条件に中止すること,(2)ATA 社は契約の仲裁条項に基づいて仲裁を提起する権利を有することを判示した。

ヨルダン自身が国内裁判手続の中止と仲裁の提案をしているという事情が存在するものの,仲裁廷によって国内裁判手続の中止が命ぜられた例である。

第2に,Goetz 対ブルンジ事件[31]では,ブルンジによる国内措置撤廃の合法性が争点となり,仲裁廷によって措置撤廃の取消しが提示された。事件の概要は次の通りである。ブルンジは,1992年,一定産業に従事する企業に対して関税及び税金を免除する制度(un régime de zone franche)を設けた。貴金属の生産・販売に従事するブルンジ法人 AFFIMET 社は,当該制度の自社への適用を申請し,免除証書を交付されたが,1995年,大臣命令によって同社への制度適用は撤回された。AFFIMET 社の株式の75% を保有するベルギー人投資家 Goetz らは,ブルンジによる国内措置撤回は,ベルギー=ブルンジ BIT 上の収用に当たるとして ICSID 仲裁を申立て,免除を否定した大臣命令の取消しと損害賠償を求めた。仲裁廷は,免除制度の撤回は BIT が禁ずる収用に当たるとしたうえで,適切かつ実効的補償の支払いか,免除制度撤回措置の取消しのいずれかを行うようにブルンジに命じた[32]。

この判示は,被申立国に多額の金銭支払を行うか国内措置を是正するかの選

---

29) *Ibid.*, paras.129-131.
30) *Ibid*, para.131.
31) *Antoine Goetz et consorts c. République du Burundi*, Affaire CIRDI ARB/95/3, 10 février 1999.
32) *Ibid.*, paras.135-136.

択権を与えた点において合理的な判断であるとして，積極的な評価を受けている。もっとも，金銭支払または措置撤回取消しは違反を認定し，発生した責任を賠償するための救済手段として提示されておらず，違法な収用の発生は未だ確定していないことを前提に，収用の適法性の要件たる補償を支払うか収用措置自体を改めるかを投資受入国に求めたという特殊性を当該判断が有している点には注意が必要である。仲裁廷によれば，仲裁判断から 4 ヶ月以内に補償支払いまたは撤回の取消しが実施されない場合には，ブルンジによる BIT 違反が成立するという[33]。

補償金の支払いか廃止した免除制度の復活のいずれかを選択すること求められたブルンジは免除制度の復活を選択した。両当事者は，免除制度撤回以降にAFFIMET 社が納めた税等の返還と免除制度の同社への再適用を定める合意を締結している。

(b) 否　定　例

他方で，一見したところ原状回復等の救済を否定する判断も存在する。LG&E 対アルゼンチン事件では，アルゼンチンがガス流通業民営化の過程で当初約束したガス価格設定やドルペグによる為替固定を，経済危機の発生に伴って覆したことが，米国＝アルゼンチン BIT 違反であるとして米国法人が申立てを行った。責任の有無を扱った2006年の仲裁判断は，アルゼンチンが外国投資家に対する公正衡平待遇の保証等の BIT 上のいくつかの義務に反すること，2001年12月 1 日から2003年 4 月26日までの緊急状態（necessity）継続期間については責任を免れるが，緊急状態終了後については責任を負うことを認定している[34]。

翌年の賠償に関する判断において，申立人は，「ガス供給にかかる規律枠組みに関する基本的保証を完全に復元することを正式に保証するよう，仲裁廷が被告に求めること（that the Tribunal *"invite"* the Respondent to give formal assurances that it will fully restore the basic guarantees of the gas regulatory framework by a given date)」を要求した[35]。これに対して仲裁廷は，申立人の主張はかつてのガス供給レジームの復活を命ずる（direct）ことに他ならず，それは旧法制度

---

33)　*Ibid.*, para.137.
34)　*LG&E International, Inc. v. Argentine Republic*, ICSID Case No. ARB/02/1, Decision on Liability, October 3, 2006.

の原状回復に当たるとする[36]。仲裁廷によれば,「本件で請求されているような法的原状回復を認めることは,違反状態にある立法の効果を払拭するために,立法上または行政上の措置を無効化し,あるいはこれらの措置を新たに定めて,現在の法的状況を変更することを意味する。仲裁廷は,アルゼンチンの主権に対して不当に干渉することなしに,そのような強制はできない(The judicial restitution required in this case would imply modification of the current legal situation by annulling or enacting legislative and administrative measures that make over the effect of the legislation in breach. The Tribunal cannot compel Argentina to do so without a sentiment of undue interference with its sovereignty)」[37]として,これを否定している。

(3) 投資仲裁の性格と救済手段

以上にみた通り,実際の仲裁判断においては,原則論のレベルでの肯定は措くとして,非金銭的な救済が積極的に利用されているとは言えない現状にある。一部の論者が示唆するように[38],IIA に反する国内措置を取消し,あるいは特定履行を命ずることによって各国の行政を何らかの国際行政基準に適合させていく機能を仲裁が担っている状況にはなく,むしろ,国家間紛争の場合とは異なって,非金銭的救済の命令が主権侵害であるとの評価がなされる例すら存在する。国家間請求において原状回復や特定履行を命ずることについては主権侵害との評価がなされないのに対して,なぜこれらの投資仲裁判断についてはそうした主張がなされることがあるのだろうか。両者には特筆すべき差異が存在するのだろうか。仮に主権の尊重を理由として,投資仲裁においては法的原状回復の可能性が全面的に否定されるとすれば,「国内法は国際法違反を正当化し得ない」という国際法上の基本原則が掘り崩されかねないのではないだろ

---

35) *LG&E International, Inc. v. Argentine Republic*, ICSID Case No. ARB/02/1, Award, July 25, 2007, para.81.
36) *Ibid.*, para.84.
37) *Ibid.*, para.87.
38) たとえば,A. van Aaken, "Primary and Secondary Remedies in International Investment Law and National State Liability: A Functional and Comparative View," S. W. Schill ed., *International Investment Law and Comparative Public Law* (Oxford University Press, 2010), pp.721-754.

か[39]。

　この点，LG&E 判断における上記説示の趣旨は，国内措置に関連する原状回復を原理的に否定するところにはなく，むしろ具体的状況に照らせば当該事案において原状回復を命ずることは被申立国に過大な負担を負わせることになるために認められないという点にあると理解すべきであろう。物理的に回復が不可能な場合，及び回復を命ずることによって生ずる損失が回復から生ずる利益に比して著しく均衡を欠く場合には，原状回復が要求されないことは，一般国際法上も確立している。回復措置を執ることによって，投資家が得る利益に比して被申立国に著しく不均衡な負担が生ずる場合には，原状回復に代えて金銭賠償を命ずることが適切であると判断されることになる。一般論としては原状回復を命ずる可能性を肯定しつつも，具体的事案に即して原状回復に代えて金銭賠償を命ずるという枠組みを示した仲裁判断は上でも触れたようにいくつか存在するが，それらはこうした考慮に基づくものと理解することができる。例えば，Occidental 対エクアドル事件の仲裁廷は，行為の取消しや特定履行といったかたちの法的な原状回復を救済として命ずることは原則レベルでは可能だが，①回復が不可能な場合，及び，②回復される利益と回復によって実現が阻害される利益が著しく均衡を失し，回復を命ずることが非合理的と考えられる場合には仲裁廷にはこれを命ずることができない旨を，原状回復について定める国家責任条文35条を参照しつつ述べる[40]。

　問題は，どのような事情があれば均衡を失する負担に当たると言えるかにある。最終的には個別事案ごとに判断する他はないが，一定の典型例は想定し得よう。LG&E 事件において回復が求められていた措置は，水道料金制度やドルペグといったアルゼンチンの経済体制を支える根本政策そのものに関係する。同様の状況を問題とした CMS 対アルゼンチン事件においても，アルゼンチンに対して経済危機以前に存在していた各種規制枠組みの復活を命ずることは「まったく非現実的（utterly unrealistic）」[41] であるとして原状回復に代えて金銭

---

39) S. Hindelang, "Restitution and Compensation: Reconstructing the Relationship in Investment Treaty Law," R. Hofmann and C.J. Tams ed., *International Investment Law and General International Law: From Clinical Isolation to Systemic Integration?* (Nomos, 2011), p.181.
40) *Occidental v. Ecuador, supra* note 22, paras.75-86.
41) *CMS v. Argentina, supra* note 25, para.406.

賠償が命ぜられている。Occidental 対エクアドル事件の仲裁廷は，国有化を行い，あるいはコンセッションの破棄を行った国家に対してそれらの撤回を命ずることは，当該国の主権への干渉になる点において不均衡であるとする[42]。同判断が想定する国有化やコンセッションの破棄は，石油等の天然資源に関するものである。「主権への干渉」ゆえの不均衡と表現されていることの内実は，国家全体のエネルギー政策の実現に関わる措置については，原状回復ではなく金銭賠償で代替することが，投資家の権利を保護する必要性と投資受入国が自国の天然資源を管理する権利の間のバランスを実現するという趣旨であろう[43]。

これらは国家全体の経済政策の実現の観点から執られた措置に関わるケースだが，他には国際約束との齟齬が不均衡な負担となるかという点も問題となろう。EU 加盟に伴ってルーマニアが行った補助金制度や関税免除等の廃止について，スウェーデン人投資家が旧来の優遇措置の復活を請求して ICSID に仲裁を申し立てた Micula 対ルーマニア事件では，仲裁廷は暫定措置判断において原状回復等を判示する権限が自身にあることを原則論として確認していた。本案段階においては，手続的理由及び非金銭的請求にかかる申立て部分についてはルーマニアによる BIT 違反が認定されなかったことから，非金銭的救済を命ずることの合理性判断にまで検討が及ばなかったが[44]，本件で問題となったルーマニアによる措置は EU 加盟に当たって必要とされたものであった。判断内容によっては EU の共通経済政策が妨げられ得るとして，EU が本案手続に対して意見申請を行う意思を示していた[45] ことからも判る通り，仮に違反認定がなされた場合には，EU 加盟という国家政策の阻害と投資家への不利益賦課の間で均衡性の有無が考慮されることになったであろう。

こうして整理してみると，国家間請求に比して投資仲裁において原状回復等

---

42) *Occidental v. Ecuador, supra* note 22, para.84.
43) *Ibid.*, para.85を参照。
44) *Ioan Micula, Viorel Micula, S.C. European Food S.A., S.C. Starmill S.R.L. and S.C. Multipack S.R.L v. Romania*, ICSID Case No. ARB/05/20, Award, December 11, 2013, paras.1307-1322.
45) L.E. Peterson, "European Commission Moves to Intervene in another ICSID Arbitration, Micula v. Romania: A Dispute Hinging on Withdrawal of Investment Incentives by Romania," *International Arbitration Reporter*, 2009, vol.2, No.8.

が認められにくいのは，両者が質的に異なるルールに服するからではなく，多くの投資紛争事例において，被申立国が回復措置を執ることが当該国全体の経済状況や保健衛生・環境規制といった様々な国家利益に多大な影響を及ぼしうることに対して，投資家の利益が一投資家の経済上の利益にとどまることに起因すると考えられる。とりわけ，申立人のみを単一の名宛人として個別に下された処分ではなく，被申立国の経済体制そのものに関係する措置によって偶々ある投資家が被った損害が問題とされる場合には，非金銭的救済によって実現される申立人の利益と当該救済によって阻害される被申立国の利益が著しく均衡性を欠くために回復を求めることが非合理的であるとして，非金銭的救済が否定される可能性が極めて高いと考えられる。原状回復を命ずることは主権を害するという発想は，19世紀的主権概念を前提とするものであって見直されるべきという主張[46]には一理あるが，投資仲裁判断に関連して「主権を害する」という言葉で表現されている実質的な考慮の内容は，実際にはもう少しきめ細かいことがわかる。

4　おわりに

　条約上の制限がない限り，仲裁廷は事案に即した救済を命ずる権限を有する。実際には，被申立国からの撤退に関する経営判断や履行手段の確保等に対する考慮から，そもそも申立人の側が金銭賠償を請求する例が多いが，原状回復等が請求された事例においては，回復の命令が被申立国にとって均衡を失する負担にならないかを実質的に考慮して可否が判断されてきていることが見て取れる。もっとも，先例が少なく，判断例の蓄積を通した基準の明確化がなされていない現状においては，仲裁廷がこの点について常に妥当な判断を下すとは限らない。Micula対ルーマニア事件においてEUが意見陳述の機会を求めたことも，米国やカナダのモデルBITが金銭賠償に救済を限定していることも，そうした危惧の現れと考えることができよう。

　他方で，投資受入国における事業継続を望む投資家に対して，巨額の賠償を支払うのではなく，違法な国内措置を是正するかたちで紛争を処理する可能性

---

46)　Wälde and Sabahi, *supra* note 3, pp.1060-1061.

を残すことは，事案の性質によっては合理的である。3（1）で確認したように，日本が締結しているIIAには，救済を金銭に限定しているものもあれば，救済手段についての規定が全く存在しないものもあるが，以上を考えれば，非金銭的救済の可能性を開きつつ，必要があれば金銭賠償によって代替する権利を国家に留保する日本＝シンガポールEPAの82条10項の規定方式は，より注目されるべきなのではないだろうか。今後のIIAの締結に当たっては，同規定を参考に救済規定を設けることが政策的には望ましいと考えられる。

　上記のように，実際の投資仲裁例においては非金銭的救済が命ぜられる例は極めて少ない。国際投資仲裁における非金銭的救済の役割を重視する立場は，こうした現状を変革して投資仲裁を国内行政に代わって適切な行政的な決定を確保する手段として位置づけ直そうとするが，投資協定仲裁に果たしてそうした機能を担い得る基盤があるかは疑問である。各国公法においては，行政行為によって損害を被った私人への賠償は，賠償の目的が救済か国家の不適切な行為の抑止か，故意または過失が必要か，統治におけるフレキシビリティと予見可能性をどう担保するか，立法・司法上の行為についてどの範囲で責任を負わせるか等の様々なバランスを考慮して与えられており，政府の行為の責任否定と規制によって損害を受けた私人に対する救済の必要性の間で，ある種のバランス維持が図られてきた[47]。こうした国内公法上の国家の活動の保証と私人の利益の保護の間のバランシングは，社会における政府の役割に関する規範の歴史的経緯等を反映して多様かつ複雑であり，各国に固有であることを考えれば[48]，仲裁廷がその判断を同レベルで代替し得るとは考えにくいからである。また，投資仲裁においては，国家として負った義務の違反が問われるため，問題とされる行為が，立法，司法，行政府のいずれによるものであるかは，違反認定や救済内容と関係しなくなる。矯正的正義や政府裁量等は考慮されず，法的に平等と観念される国家間の関係を規律するものとして発展した国家責任法に依拠して判断が下される。こうした投資仲裁のあり方を考えれば，様々な考慮を勘案するかたちで措置の取消しや特定履行等を積極的に活用して，投資協定仲裁に国内行政訴訟手続と同様の機能を担わせ得る基盤は存在しない。敢え

47）　van Harten, *supra* note 6, p.107.
48）　*Ibid.*, p.107. van Hartenはそれを認めた上で，常設の国際投資裁判所の設立といった制度改革によって対応することを提案する。

て乱暴に単純化して言えば，投資協定仲裁は外交的保護権の行使には代わり得るものであっても，国内行政手続に代わるものではないのである。

　なお，問題の性格が異なるために本稿では取り上げなかったが，投資仲裁による非金銭的な命令に関連して，暫定措置における差止めについても今後の検討の必要がある。ICSID 条約47条は，仲裁廷が「事情により必要と認めるときは，各当事者の権利を保全するために執られるべき保全措置（provisional measures for the preservation of its rights）を勧告することができる」旨を，UNCITRAL 規則26条1項は，現状を維持すること，差し迫った損害を惹起しあるいは仲裁手続を害する行為を防止しあるいは行わないこと，本案判決の引当て対象となる財産を維持すること，紛争解決に資する証拠を保全すること等からなる保全措置を命ずることができる旨を定めている。これまでに実際に下された暫定措置命令においても，税金の徴集の差止め[49]，国内裁判手続の停止[50]，国内判決の承認・執行の防止[51]等が命ぜられている。本案では金銭賠償請求がなされることが圧倒的に多いが，暫定措置においては差止め等の措置が頻繁に請求され得，認容されれば一時的にではあれ国内措置の停止が命ぜられることになるため，国内行政に対する実質的影響は大きい。日本の国内行政訴訟において執行停止が認められるためには，積極要件として重大な損害を避けるための緊急の必要（行政事件訴訟法25条2項）が，消極要件として公共の福祉に重

---

[49]　モンゴルが法令制定により金の売買に課せられる税金を上げたこと，鉱業会社が雇用しうる外国人労働者の上限を10% に制限する新法を制定したことを BIT 違反として，ロシア人投資家等が UNCITRAL 規則に則って申立てを行った Pauchok ほか対モンゴル事件の暫定措置命令では，モンゴルに対して本案判断までの間，新税の徴収を控えること，他方申立人に対してはモンゴルからの資産引上げや資産の処分を行わず，一定額をエスクロー勘定に入れるか銀行保証を提供するかを行うことが命ぜられた。*Sergei Pauchok, CJSC Golden East Company and CJSC Vostokneftegaz Company v. The Government of Mongolia*, Order on Interim Measures, 2 September 2008. 同様に，エクアドルが法改正によって税額を上げ，3億2700万ドルを支払わなければ施設や口座等の資産を没収するとしたため，同国で操業していたフランス石油企業 Perenco 社が，フランス＝エクアドル BIT に基づいて ICSID 仲裁に申立てを行った Perenco 対エクアドル事件において，Perenco 社は本案の請求事項として原状回復（石油開発の契約通りの継続）を求めていたが，仲裁廷は資産が没収されればこれが不可能になるとして，エクアドルに対して，改正法に基づいた納税の要求・強制を行わないこと，契約の一方的変更を行わないこと等を命じた。*Perenco Ecuador Ltd. v. The Republic of Ecuador and Empresa Estatal Petroleos del Ecuador* (*Petroecuador*), 8 May 2009 ICSID Case No. ARB/08/6, Decision on Provisional Measures.

大な影響をおよぼすおそれ（同条4項）が必要であり，判決確定までの原告の不利益と処分の実現によりもたらされる公益との間で比較考量を行う構造となっている点が民事保全とは異なる。この点，UNCITRAL 規則では，暫定措置を請求する側が，本案で請求が認められる合理的な可能性及び回復不能な損害発生の蓋然性に加えて，当該損害が措置対象当事者が被る損害を大幅に超える（substantially outweighs）ことを示すことを要件としている（26条3項（a））。そうした規定がない ICSID 仲裁でも同様の要件が求められるのか，それとも権利保全や仲裁手続の実効性担保といった暫定措置制度の目的に照らせば明示に付加的要件がなければ被申立国の国内公益への配慮は考慮されないのかといった点等については，なお検討の必要が残されていると言えよう。

---

50) Quiborax ほか対ボリビア事件では，大統領令によって自らの鉱業コンセッションが不当に破棄されたと主張する申立人が，チリ＝ボリビア BIT に基づき金銭賠償を求めて ICSID に申立てを行った。申立て後に税追徴，文書偽造等の容疑による関係者の訴追等の嫌がらせが行われたため，仲裁廷は，「領域内で発生した犯罪を訴追するボリビアの主権を尊重しつつ」，本件訴追は申立人が仲裁を申し立てた結果として行われていると認定し，国家が訴追や調査の権限を有することは当然であるが，それらの権限は信義誠実に基づき，また仲裁を申し立てる権利を含む申立人の権利を尊重しつつ行使されなければならないことを確認する。そのうえで，刑事手続の続行は ICSID 手続における証人予定者に不当な圧力をかけ，協力の意思を損なうために ICSID 手続を害するとして，仲裁手続が終了するまでの間，関係者に対する刑事手続を停止することをボリビアに対して求める暫定措置命令を下した。*Quiborax S.A., Non Metallic Minerals S.A. and Allan Fosk Kaplún v. Bolivia*, 26 February 2010, ICSID Case No. ARB/06/2, Decision on Provisional Measures, paras. 121, 123, 148.

51) Chevron 社による石油開発に伴う環境破壊を主張して住民が提起した訴訟において，エクアドル裁判所が180億ドルの賠償命令を出した。米＝エクアドル BIT に基づいて UNCITRAL 仲裁を申し立てていた Chevron 社は，同判決の承認・執行を可能なあらゆる手段によって国内外で停止すること，とりわけ判決を執行可能とするような確認を行わない措置をとること (in particular, without prejudice to the generality of the foregoing, such measures to preclude any certification by the Respondent that would cause the said judgments to be enforceable against the First Claimant) 等をエクアドルに命ずることからなる暫定措置を申請し，仲裁廷は2回にわたる暫定措置に関する中間判決においてこれを認容している。*Chevron Corporation (U.S.A.) and TEXACO Petroleum Company (U.S.A.) v. The Republic of Ecuador*, First Interim Award on Interim Measures, 25 January 2012; Second Interim Award on Interim Measures, 16 February 2012.

22 国際投資保護協定における投資家とその本国との法的関係
—— 保護対象としての本国に対する従属性と紛争当事者としての主体性に関する一考察 ——

岩 月 直 樹

1　問題の所在
2　メキシコ HFCS 課税措置事件仲裁判断
3　対抗措置の一側面としての団体責任観念の今日的妥当性
4　法人投資家に対する団体責任観念の適用可能性
5　結　語

1　問題の所在

　近年，国際投資保護協定の締結数の劇的増加，またとりわけそうした協定において投資家が一方的に開始することのできる国際投資仲裁手続が設けられるようになって来たことを受け，投資家の国際法上の法的地位について種々に論じられるようになっている。

　もっとも，一概に「国際投資保護協定における投資家の法的地位」といっても，それをどのような問題意識から論じるかは論者によって様々である。国際法上の法主体性という一般理論の観点から論じるものもあれば[1]，個人・私人の国際的な権利保障の問題として論じるものもある[2]。

---

1) José E. Alvarez, "Are Corporations 'Subjects' of International Law?," *Santa Clara Journal of Public International Law*, vol. 9 (2011), pp. 1–37, esp. pp. 23–24; Patrich Dumberry and Erik Labelle-Eastaugh, "Non-State Actors in International Investment Law: The Legal Personality of Corporations and NGOs in the Context of Investor-State Arbitration," Jean d'Aspermont (ed.), *Participants in the International Legal System: Multiple Perspectives on Non-State Actors in International Law* (2011), pp. 360–371.

それらに対し本稿では，国際投資保護協定における投資家の法的地位を，投資受入国による投資家の本国に対する対抗措置との関係という観点から検討することとしたい。もし一部の論者が言うように，投資家が国際投資保護協定によって独立した法主体性を獲得している，あるいは投資家自身の主観的権利を国際法上の権利として付与されているというのであれば，投資家はその本国とはいわば独立した法的地位を獲得していると見ることもできる[3]。そしてそうであるとすれば，対抗措置との関係では，投資家はその本国とは別個独立した地位にあるものとして，いわば第三者としての地位を有するとも考えられる。その結果，たとえ投資受入国による投資家の本国に対する対抗措置が正当なものと認められるとしても，投資家は第三者として自らの権利の尊重をなおも投資受入国に対して求めることができるということになる[4]。

このような結論を認めることはきわめて重要な実際的影響をもたらす。というのも，国際投資保護協定では共通して内国民待遇および最恵国待遇という形で無差別原則が定められているところ，対抗措置は本来的にある特定の国を対象とするものであることから，投資活動を制限する対抗措置はおよそ常に国際投資保護協定に反することになる。そして，もしそうした対抗措置が第三者た

---

2) Tillmann Rudolf Braun, "Globalization-Driven Innovation: The Investor as a Partial Subject in Public International Law: An Inquiry into the Nature and Limits of Investor Rights," *Journal of World Investment & Trade,* vol. 15 (2014), pp. 73–116; K. Parlett, *The Individual in International Legal System* (2011), pp. 114–119; Robert Volterra, "International Law Commission Articles on State Responsibility and Investor-State Arbitration: Do Investors Have Rights?," *ICSID Review*, vol. 25 (2010), pp. 218–223; Matthias C. Kettemann, "Investment Protection Law and the Humanization of International Law: Selected Lessons from, and Experiences with, the Position of the Individual in Investment Protection Law," in August Reinisch and Christina Knahr (eds.), *International Investment Law in Context* (2008), pp. 151–172.

3) 国際法上の「法主体性」の意味自体が論争の対象となり得るものであるが，非国家主体の国際法上の法主体性を論じることの現下の意味は，なによりも国家からの独立性を肯定しうるのか（国家との関係において法的に平等な当事者たることを認めうるのか）というところにある。参照，小寺彰「国際機構の法主体性 ── 歴史的文脈の中の『損害賠償事件』」国際法学会（編）『国際機構と国際協力』日本と国際法の100年・第 8 巻（三省堂，2001年）55-70頁。

4) 正当な対抗措置であっても，紛争に関与しない第三国（者）の権利を害する場合，当該第三国（者）に対してはその正当性を対抗し得ず，当該権利侵害に対する救済義務が生じる。参照，ILC 国家責任条文第49条 2 項。*See* James Crawford, *The International Law Commission's Articles on State Responsibility* (2002), p. 285.

る投資家の権利を侵害するために，それによって生じた損害を当該投資家に対して常に賠償しなければならないのであれば，実際的には投資に影響を及ぼす措置，例えば資産凍結措置や金融取引の制限措置については対抗措置としておよそ取り得ないということにもなりかねない。加えて，公正衡平待遇保障条項が典型的にそうであるように，国際投資保護協定の実体的保護に関する規定が必ずしも特定的な定め方をされておらず，その保護の内容と範囲が曖昧なままとされていることを考えれば[5]，そのような結論は，いっそう対抗措置の実効性を損なうことになりかねない。

こうした問題意識は理論的な杞憂に過ぎないようにも思われるかもしれない。ところが，この問題はまさにメキシコ HFCS 課税措置に関する3件の国際投資仲裁において現実に仲裁廷の判断を左右する重要な争点となっており，今後も同種の事案が投資家によって国際投資仲裁手続きに付されることがあり得るという点で極めて実際的な意味を持ち，強い関心を向けられるようになっている[6]。

そこで本稿では，上述の問題意識に基づき，まずはメキシコ HFCS 課税措置事件について下された3件の国際投資仲裁判断について見ることからはじめ，それを批判的に検討することとしたい[7]。

---

[5] 参照。小寺彰「公正・衡平待遇──投資財産の一般的待遇」『国際投資協定──仲裁による法的保護』（三省堂，2010年）101-119頁；松本加代「収用──規制と間接収用」『同書』120-136頁，濵本正太郎「義務遵守条項（アンブレラ条項）」『同書』137-155頁。

[6] See M. Paparinskis, "Investment Arbitration and the Law of Countermeasures," *British Year Book of International Law*, vol. 79 (2009), pp. 317-351; J. Kunz, "Paradoxical Application of the ILC Articles on State Responsibility in Investor-State Arbitration," *International and Comparative Law Quarterly*, vol. 25 (2010), pp. 185-187; N. Jansen Calamita, "Countermeasures and Jurisdiction: Between Effectiveness and Fragmentation," *Georgetown Journal of International Law*, vol. 42 (2011), pp. 233-301.

[7] 筆者は本稿と同じ問題意識に基づく考察を，「国籍国に対する対抗措置としての正当性と投資家への対抗可能性」RIETI Discussion Paper Series 14-J-008（2014年）においてすでに公表している。同論考は実際の投資保護協定の規定ぶりに着目して投資家＝国家間国際投資仲裁手続における対抗措置の援用可能性を検討したものであるのに対し，本稿は対抗措置制度の理論的基礎としての団体責任観念に着目し，同観念の投資家への対抗可能性という観点から当該問題を検討したものであるが，記述内容に一部重複があることを断っておきたい。

第 5 部　国際経済活動の規制

2　メキシコ HFCS 課税措置事件仲裁判断

（1）事件の概要

　本件はメキシコ産砂糖（甘蔗糖）の米国市場への参入制限をめぐるメキシコと米国との紛争に端緒を有する。メキシコ産砂糖に対する市場開放を渋る米国に対し，メキシコはそうした米国の態度は NAFTA 第 7 章 (Annex 703.2, Section A: Mexico and the United States) に反するものであると主張し，NAFTA 第20条に基づく国家間紛争処理手続として仲裁パネルの設置を要請したものの，それに米国が応じることはなかった。それをうけてメキシコは，同国内でメキシコ産砂糖と直接に競合し，砂糖に代わって売り上げを伸ばしてきた甘味料であるブドウ糖果糖液糖（HFCS）を使用したソフトドリンクの販売及び流通に対する課税措置を実施した。当時，HFCS は米国企業がほぼ独占的に生産販売していたことから米国はこれを GATT 第 3 条（内国民待遇）違反であると主張し，WTO 紛争処理手続に付託した[8]。

　その一方で，米国政府とは別に，課税措置によって業績が悪化した HFCS の生産販売を行っていた米国企業 3 社が，NAFTA 第11章 Section A に定められた投資保護義務にメキシコが違反していることを請求原因として，Section B に従い投資協定仲裁（ICSID Additional Facility）に訴えた。

　本 3 件の仲裁付託は請求の基礎となる事実関係においてはほぼ同一であり，訴訟の併合も検討されたものの，企業機密の保護などの問題から別個に手続が進められ，仲裁判断が下されることになった。3 件の仲裁判断はいずれもメキシコの責任を認め，賠償の支払いを命じたものの，興味深いことに内 1 件（*Archer Daniel Midland and Tate & Lyle v Mexico* 仲裁判断（以下 ADM 仲裁判断））では，NAFTA 第11章は慣習国際法上の対抗措置による正当化を排除しておらず，メキシコは投資家の本国である米国に対する対抗措置としての正当性を抗弁とし

---

[8]　WTO 紛争処理手続においては，メキシコの GATT 第 3 条違反が認定されている。Panel Report, *Mexico — Tax Measures on Soft Drinks and Other Beverages*, WT/DS308/R, 7 October 2005; Apperate Body Report, *Mexico — Tax Measures on Soft Drinks and Other Beverages*, WT/DS308/AB/R, 6 March 2006. Available at < http://www.wto.org/english/tratop_e/dispu_e/cases_e/ds308_e.htm>.

て提起することが認められると判示した[9]。それに対し,他2件(*Corn Product International v Mexico* 仲裁判断(以下,CPI 仲裁判断)[10] と *Cargill, Incorporation v Mexico* 仲裁判断(以下 Cargil 仲裁判断)では逆に,たとえ米国に対する対抗措置として正当であっても,投資家の請求はそれに影響されないと判示し,ほぼ同一の事実関係に基づく事案について,異なる判断が示された[11]。

(2)各仲裁判断における投資家の法的地位の扱い

これら3件の仲裁判断はいずれも「対抗措置は第三者の権利を害する場合,当該第三者に対して対抗することはできない」との原則[12]が妥当することを前提とする点では認識を同じくしていたものの[13],NAFTA に基づいて申立人たる投資家が独立した実体的権利(independent substantive rights)を有し,その限りにおいて米国との関係で「第三者性」が認められるかという点で,異なる解釈・理解を示している。

NAFTA 自体は,投資家の実体的保護に関する限り,投資受入国の義務として保障すべき待遇を示すという規定ぶりを採用しており,いくつか投資家の「権利」に言及している条項はあるものの,これらは知的財産権や国内裁判所への出訴権など「国内法上の権利」の国際的保障にかかわるものであることは明らかである。

その一方で,投資協定仲裁については「投資家は仲裁付託を行うことができる」(1116条)と規定している。本規定によって,投資家が投資協定仲裁を通

---

9) ICSID Case No. ARB (AF) /04/05, Award, 21 November 2007, paras. 117-123. 本判断は,メキシコによる措置が米国に対する正当な対抗措置であるならば申立人たる米国投資家の請求を認めることはできないとしながらも,本件課税措置についてはそもそもメキシコの国内砂糖産業を保護することを目的とするものであったと認められること,またいずれにしても均衡性要件を満たしていないとし,そもそも正当な対抗措置とは認められないとした。*Ibid.*, paras. 149-160, 180.
10) *ICSID Case No. ARB (AF) 04/01 Decision on Responsibility, 15 January 2008*, paras. 161-169.
11) *ICSID Case No. ARB (AF) /05/02, Award, 18 September 2009*, paras. 420-429. とりわけ Cargil 仲裁判断では,ADM 仲裁判断をふまえて上で,それとは異なる判断が示されている。*Ibid.*, para. 424.
12) See *supra* note 4.
13) *ADM* Case, *supra* note 9, para. 179; *CPI* Case, *supra* note 10, para. 163; *Cargill* Case, *supra* note 11, para. 422.

じた請求を行う手続的権利を与えられていることについては，いずれの仲裁判断も認めている。そのため，こうした手続的権利が投資家に認められていることを，NAFTA第11章の実体規定の解釈にどのように反映させるべきかが争点となった。

（a）ADM仲裁判断

NAFTAの上記のような規定ぶりにつき，ADM事件仲裁判断は，NAFTA第11章 Section A に基づく義務は締約国間における権利義務を設定しているにすぎず，その違反に伴う責任も本来的には関係する締約国間において生じるにすぎないとする[14]。国家責任について特に定めのない限り，一般国際法上の国家責任法が NAFTA についても妥当するとの立場であり，そのような観点から，投資家に認められた仲裁付託を行う手続的権利は，投資家の本国が有する請求権を特別法として投資家に行使させることを認めたものにすぎないというわけである[15]。

このような立場からすると，請求の原因とされる投資活動侵害行為が国籍国に対する正当な対抗措置であるのであれば，そもそも投資家には国籍国に代わって行使しうる請求権自体が存在しない（そのために仲裁付託自体が受理不能）ということになる。

NAFTA が投資家の実体的権利を認めるような文言を明示的に示していないことからすると，こうした判断も妥当なもののようにも思われる。もっとも，ADM 仲裁判断が言う投資家の本国の請求権は，いわゆる外交的保護権である。外交的保護権は国家の権利であるといわれるが，そのフィクションとしての性格はつとに指摘されるところであり，これは国家による国際法主体の独占という観念が一般的であった時代に，個人損害に基づく請求を理論的に基礎づけるために必要とされた法的擬制にすぎない[16]。それを個人が直接請求を行うことを可能とする投資協定仲裁のような手続を定めた NAFTA についてもなお維持し，投資家による仲裁付託は国家の請求権を代位的に行使するにすぎないものとするのは，フィクションにフィクションを重ねるものであろう[17]。その

---

14) *ADM* Case, *supra* note 9, para. 178.
15) *Ibid.*, paras. 117-118, 173, 178-179.
16) 山下朋子「外交的保護の法的擬制：国内法から国際法への「変形理論」に関する一考察」神戸法学雑誌60巻1号313-376頁。

ため，ADM 仲裁判断が示した立場は，論理として成り立ちうるものではあるが，理論的な妥当性をどこまで認めることができるかについては議論の余地があろう[18]。

(b) CPI 仲裁判断及び Cargil 仲裁判断

ADM 仲裁判断に対し，それに続く他の2件の仲裁判断は同判断とは逆に，NAFTA は単に手続的権利だけではなく，投資家に固有の実体的権利も認めているとの判断を示した。こうした判断の背景には，先に指摘したような ADM 判断の示す論理に感じられる過度の擬制的性格に対する違和感があったように思われる。実際，CPI 仲裁判断は率直に，NAFTA は投資家にその本国とは別個独立した実体的権利を付与しているとしか解することができず，それ以外の解釈は「直感に反する（counterintuitive）」と指摘している[19]。もっとも，CPI 仲裁判断および Cargil 仲裁判断はいずれも，NAFTA が投資家に固有の実体的権利まで付与していることを十分に論証できているとは言いがたい。これら両判断は，もっぱら投資協定仲裁に請求を付託する手続的権利が投資家に認められているという事実を根拠とし，いわばその「当然の前提」として実体的権利までが認められているという結論を引き出しているにすぎない。

そうした解釈を支える根拠として CPI 仲裁判断では NAFTA 第11章の目的は投資家と本国との分離にあると指摘し，投資協定仲裁手続に関する規定は NAFTA 締約国のそうした意図を確認するものであると指摘する（加えて個人も国際法上の権利の享有主体となり得るとも指摘している）[20]。しかしそれ以上の根拠は何ら示していない。

---

17) See Sébastien Touzé, *La protection des droits des nationaux à l'étranger: Recherches sur la protection diplomatique* (2007), pp. 133-134.

18) 外交的保護を国家の権利侵害に対する請求の問題とみなす法的擬制を今日でも維持すべきについては，国際法委員会の外交的保護に関する条文案に関する審議に際し，国家代表からも疑問視する見解が示されるようになっている。See M.C. Kettemann, *op.cit.*, *supra* note 2, pp. 167-169. また次も参照。山下「前掲論文」（前掲注16）364-354頁。
　外交的保護の依拠する法的擬制が，国際人権保障の展開という新しい状況の下で新たに有効な意義を持ちうることを指摘する見解もあるが（Annemarieke Vermeer-Künzli, "As If: The Legal Fiction in Diplomatic Protection," *European Journal of International Law*, vol. 18 (2007), pp. 37-68），ADM 仲裁判断が依拠する法的擬制にそうした積極的な意義を認めることは難しい。

19) *CPI* Case, *supra* note 10, paras. 167-169.

20) *Ibid.*, paras. 161-162.

第5部　国際経済活動の規制

またCargil仲裁判断は，ADM判断を明確に批判し，NAFTA第11章は投資家に手続的権利だけではなく固有の実体的権利をも付与しているとするが，その根拠としてはNAFTA第11章仲裁の当事者はあくまで投資家個人であり，投資家は自らの名で仲裁手続を遂行し，自らに宛てられたものとして仲裁判断は下されることを指摘するに留まっている[21]。こうした指摘はADM仲裁判断に見られる過度の擬制的性格に対する批判としては有効であるとしても，必ずしも投資家の実体的権利を積極的に基礎づけるものではないであろう。ADM判断が外交的保護の国家性を過度に強調しているとしても，そうした擬制が広く国家の認識に浸透していることからすれば，そうした擬制を実体化したかのような条約規定が設けられることも，あながちあり得ないことではないであろう[22]。

（c）各仲裁判断における共通認識とその問題性

メキシコHFCS課税措置事件における3件の仲裁判断はNAFTA第11章に基づいて投資家が実体的権利までをも有するかについては判断を異にしているものの，しかし投資家が自らに固有の権利を国際投資保護協定によって与えられることはあり，そしてその場合には投資受入国による投資家の本国に対する対抗措置との関係において，第三者としての地位に立ち，自らの権利の尊重をあくまで投資受入国に求めることができる（対抗措置としての正当性を対抗し得ない）とする点では共通している[23]。

しかし，次の点に注意するならば，必ずしも問題はそれほど単純ではない。そもそも投資家が国際投資保護協定によって保護され，場合によっては固有の個別的権利を付与されているとしても，それはあくまで「締約国の」投資家であることに基づいているのであり，そうした「国籍的連関」が保護の大前提となっている[24]。この点をふまえれば，投資家はその本国から完全に独立し

---

21) *Cargil* Case, *supra* note 11, paras. 424-426.
22) Alexander Orakherashvili, "Substantive Applicable Law, Consensual Judicial Jurisdiction, and the Public Interest in International Law," *Japanese Yearbook of International Law*, vol.55 (2012), pp. 47-48.
23) *Supra* note 13.
24) 参照，伊藤一頼「投資家・投資財産」小寺彰（編著）『国際投資協定—仲裁による法的保護』（三省堂，2010年）19-29頁；猪瀬貴道「投資条約仲裁手続の人的管轄権の判断基準としての『会社の国籍』（二・完）」法学（東北大学）77巻5号702-750頁。

ているわけではなく，むしろそれに「従属」している面があると言える[25]。

また，今日ではあまり意識されなくなっているものの，対抗措置（と言うよりもむしろその前身である平時復仇）については，団体責任観念にその正当性の一端が求められてきたことについても注意すべきである。かつては復仇措置として相手国国民の資産を収奪・接収し，それをもって賠償に宛てるということが認められてきたが，これは，自ら自身は何ら不当な行為をおかしていない相手国の国民にその所属国の責任を負担させることを意味している。そのようなことが必ずしも不正義とされてこなかったのは，ある政治共同体が負うべき責任については，当該共同体の構成員全員が負担すべきという団体責任理論が受け入れられてきたためである[26]。今日では，対抗措置として相手国国民の資産を接収し，それを直接賠償に宛てることは基本的には認められないものの，対抗措置として相手国民の資産を凍結することは，なおそれ自体としては禁じられていない。その点では，今日の対抗措置についてもなお団体責任観念は妥当しているとも言える。

こうした点をふまえるならば，投資家の法的地位を，とりわけ対抗措置との関係における第三者性（本国からの独立性）を認めうるかを考える際には，投資家の投資紛争における紛争当事者としての主体性のみに着目するのではなく，保護対象としての投資家のその本国への「従属性」についても十分に考慮に入れる必要がある。

もし投資家が締約国との関係において団体責任を負担すべきものと考えられるのであれば，投資家がたとえ自己自身の主観的権利を国際投資協定に基づいて有しているとしても，対抗措置の観点からはそれにかかわらず，相手国の国籍を有する投資家に対しても団体責任の負担者であることを根拠としてその正当性を対抗することができるということになろう。

そこで続いて，そもそも団体責任観念が今日の対抗措置についてもなお妥当するものと考えられるのか，またそうであるとした場合であっても，投資家とりわけ法人投資家についてその「国籍」国とともに団体責任を負担すべきもの

---

25) See Braun, *op.cit., supra* note 2, pp. 101-103.
26) See G. de Legnano, De Bello, *Tractatus de Represaliis et de Duello* (1360), reprinted as *The Classics of International Law*, No. 8 (1917), pp. 307-308; A.E. Hindmarsh, *Force in Peace: Force Short of War in International Relations* (1933), pp. 46-47.

と考えることができるのかについて，検討することとしたい。

3 対抗措置の一側面としての団体責任観念の今日的妥当性

（1）復仇の正当性根拠としての団体責任観念

　対抗措置として今日でもしばしば執られるのが金融通商制限措置であるが，これは単に政府資産の凍結措置に留まらず，私人の資産の利用また既契約の効果を制限するものである[27]。政府が行った行為の結果を国民が被り，そのために保護されるべき自らの資産の利用・権利の行使が制限されるというのは，今日的な観点からいえば不合理であるようにも思われる。しかし歴史的には，国民も政府とともに一つの国家を構成する一部分とみなされ，当該国家が負う責任を国民全体が負担するという団体責任観念の下で，受忍すべきものと見なされてきた[28]。

　この復仇制度の法理論的基礎としての団体責任観念は，元々は中世に見られた私的復仇（他国臣民から損害を受け，それが当該他国臣民の君主によって正当に救済されなかった場合に，自らの君主から免状を得，侵害行為を行った他国臣民と同邦の者の資産を収奪し，賠償に宛てることができるとする制度）の理論的正当化根拠として提示されたものである[29]。

　しかし18世紀末から19世紀にかけて起こった一連の市民革命とそれに引き続く国民国家の形成へという流れの中で，団体責任観念は国民主権論に基づいて新たに捉え直され，改めて国家による相手国民の資産の凍結および没収という復仇措置を基礎づける根拠として提示されるようになる。例えば18世紀末フランスの外交官であり著述家でもあったRaynevalは復仇について，「国家という共同体の構成員たるその国民は，まさに当該国家の構成員であるがゆえに，それが他国に対して負う責任を自らも連帯して担わなければならない」と記している[30]。

---

27) See Geneviève Burdeau, "Le gel d'avoirs étrangers," *Journal de droit international*, vol. 124 (1997), pp. 5-57.
28) A. Cassese, *International Law* (2nd ed., 2005), pp. 241.
29) *Supra* note 26.
30) Gérard de Rayneval, *Institutions du droit de la nature et des gens* (2ème éd., 1803), livre II, chapître XII, §4.

もっとも他方で、この時期の「国民」はあくまで有産の市民階級を半ば当然に前提としており、それらの利益つまり私有財産の尊重を声高に主張するものでもあった（フランス人権宣言第17条）。その点で、市民革命とそれに引き続く国民国家への動きは、国民の財産が復仇の対象となることを基礎づける団体責任観念との関係では、それを否定する契機をはらむものでもあった。実際、この時期には国民個人の資産を対象とした復仇は許されず、復仇はもっぱら公有財産に向けられなければならないとする見解も見られた[31]。こうした見解は一般化することはなかったものの、それまで復仇の対象とされた相手国民の財産についてはそれをもって賠償にあてることも認められるとされていたところ、次第に復仇として相手国民の資産を対象とする場合であっても、それは凍結に留まるべきものとされるようになっていったことに、その影響を認めることができるかもしれない。しかし、いずれにしても、この時期に法原則として重要視されるようになった私有財産の尊重も団体責任観念を否定し去ったわけではなく、同観念はそれをふまえつつも、国民主権論によって新たに捉え直され、なお復仇の理論的基礎付けとしての妥当性を改めて認められたと見ることができる。

（２）団体責任観念の継続的妥当性

今日では、この団体責任観念は必ずしも表立って論じられることはないものの、だからといってその妥当性が否定されているわけでもない。むしろ、団体責任観念は対抗措置を国際法の実施・実現のために実効的な措置としての役割を担うものとして認めていく限り、否定しがたい基本理念としてなおも前提とされてきたと見られる[32]。

実際、投資を含む外国人資産についてはかねてより友好通商航海条約において保護の対象とされてきたが、当の友好通商航海条約自体に復仇の行使を認め

---

31) *E.g.* Pasqual Fiore, *Nouveau droit international public suivant les besoins de la civilization moderne* (traduit de l'Italien par Pradier-Fodéré), tome 2 (1869), pp. 222-223, 226.
32) 対抗措置に限らず、国家による違法行為に基づく結果としての国家責任全体について、こうした団体責任観念がなお妥当しており、そのことは必ずしも消極的に評価されなければならないものではないことを論じるものとして、次を参照。See also J. Crawford & J. Watkins, "International Responsibility," S. Besson & J. Tasioulas (eds.), *The Philosophy of International Law* (2010), pp. 289-298.

る規定が置かれることがあった。例えば米英が1794年に締結した友好通商航海条約の第22条は条約違反の場合の復仇について制限しているが、それは復仇措置を行いうることを前提とした上で、それを侵害行為及びそれに基づく損害に関する十分な証拠の提示を伴う事前の救済要求を求めることで手続的に制限することを目的としたものであった[33]。こうした規定ぶりは相手国国民の資産が復仇措置（それは当時においては相手国国民の資産の凍結・没収措置を意味していた）の対象となり得ること、両締約国の国民はそれを甘受しなければならないことを当然に前提としていたといえる。その後の友好通商航海条約にはそうした規定は見られなくなるが、復仇は変わらず認められ続けられてきたことをふまえれば、この点の認識が変化したということを示すものとは言えない。

また学説でも、例えばBowettは、復仇の行使が相手国国民（の資産）を具体的な対象とすることでそれらの者を必然的に巻き込むこととなることにつき、それが無実の者を犠牲にするという側面を持つ点で望ましいものではないことをことわりながらも、しかし実際にはそうした実行が許容されて来たこと、また多くの場合には相手国国民の資産を対象とする他にないとし、国家による違法行為に対する復仇を当該国家の国民に対して向けることを禁ずる規範が発展することを見込むことは非現実的であるとする[34]。

国家実行の上でも同様の認識が示された例として、サルディノ事件米国連邦控訴裁判所判決がある。本件は、キューバによる米国人資産の国有化を受けて米国が実施した対キューバ制裁措置に関連してキューバ人が米国連邦銀行を提訴した事案（キューバ向けの金融取引が禁止された結果、原告は米国で死亡した息子にかけられていた生命保険の受取人となったものの、本制裁措置のためにキューバに保険金を送金することが認められず、受け取ることができなくなった）である。原告は適正な手続なく資産を奪う違法な措置として米国裁判所に提訴したが、裁判所はキューバに在住する原告にも憲法上の保護が及ぶことを認めながらも、

---

[33] Treaty of Amity Commerce and Navigation, between His Britannic Majesty; and The United States of America, by Their President, with the advice and consent of Their Senate (Jay Treaty, 1794). 同様の規定は、他にも1892年コロンビア＝ドイツ友好通商航海条約第24条 (Clive Parry (ed.), *The Consolidated Treaty Series*, vol. 177, pp. 270-271)、1875年コスタリカ＝ドイツ友好通商航海条約第36条 (*ibid.*, vol. 149, p. 235) などにも見られる。

[34] Derek W. Bowett, "Economic Coercion and Reprisals by States," *Virginia Journal of International Law*, vol. 13 (1972), p. 10.

結論として訴えを却下した。その際に，外国人資産の扱いについては恣意的な制限は認められないとしながらも，当該外国人の本国政府に対する合理的な対応措置と認められる限りにおいて，外国人は一定の制限を甘受しなければならないと判示している[35]。

もっとも今日では，国際人権保障の進展に見られるように，個人がその属する国家とは別個の存在であることを承認し，そのようなものとして扱われ，尊重されるべきとする認識が広く受け入れられ，それが国際法の解釈適用のあり方にも強い影響を及ぼすようになっている。こうした動きはしかし，国籍に基づく国民たる個人と国家との結びつき，またそれに基づく団体責任観念そのものを否定するものであるようには思われない。人権保障のために国家に求められるのは，自由権の保障に見られるような個人の国家からの独立性の尊重ばかりではなく，むしろ政治的権利や社会権の保障に典型的にみられるような国家権力への参加・国家権力によるより良い権利の実現・具体化の促進にも及ぶ[36]。国際平面における人権規範の著しい発展を見ている今日においても，あるいはそうした発展を見ているからこそ，国家と国民たる個人の関係は複雑さを増しているとも言える。また，ドイツ=イタリア国家免除事件では，強行規範ともされる戦争犯罪行為の被害者が個別的な救済を得られなくなることが問題とされたが，この点について国際司法裁判所は，戦争の包括的処理のために一括支払い協定（lump sum agreement）が締結され，それに従って提供された基金が国家全体のために使用された場合には，それらの者が何らの補償も受けていないとして個別的な救済を求めることができるとすることは難しいと指摘した[37]。これは人権が関わる場面においてもなお，個人が自らの属する共同体としての国家に包摂して扱われることが妥当と考えられる場合があることを示している。

いずれにせよ，国際投資保護協定によって投資家に直接的に帰属する権利が保護されるとしても，そうした権利を人権と同様にみなして論じることは適当

---

35) *Sardino v. Federal Reserve Bank of New York*, 361 F.2d 106 (1966), 22 April 1966.
36) 人権保障をはかる上で国家には，権利を尊重し，確保し，またその実現のための措置を講じることが求められることについて，申惠丰『国際人権法』（信山社，2013年）151-333頁。
37) *Jurisdictional Immunities of the State* (*Germany v. Italy: Greece intervening*), *Judgment*, 3 February 2012, para. 102.

ではなく[38]，またそうした投資に対する侵害が当然に人権としての財産権の侵害となるわけではない[39]。

4　法人投資家に対する団体責任観念の適用可能性

（1）団体責任観念の法人投資家に対する適用の問題

　外国投資家が国際投資保護協定に基づいてそれ自身の主観的権利を有しているとしても，それがあくまで「締約国の」投資家であることを理由として認められている限り，その本国に対する対抗措置として当該権利が制約されることがあっても，それは団体責任観念に基づいて許容されるものと考えられる。このことは，投資家が自然人であり，対抗措置の対象国との間に「国籍」に基づく連関がある場合には，比較的容易に肯定することができるように思われる。ノッテボーム事件判決においてICJが指摘しているように，自然人の国籍は一定の現実的結びつきをふまえたある国家との間における法的紐帯であり，それはまた国籍国という政治的共同体の一員であることを示すものでもある[40]。それは単なる法的形式に留まるものではなく，個人と国家とを結びつける社会的実態を法的に示したものでもある[41]。そのような国籍を有する限りにおいて，それを根拠に投資家たる自然人に対して団体責任観念に基づき対抗措置の対象として当該私人の投資財産に対する制約を加えることについては首肯しうるところであろう。

　しかし，今日の対外投資活動の重要な部分を占め，また今日の国際投資保護協定が主に保護の対象として想定しているのは，企業などの法人投資家による

---

38)　Braun, *op.cit., supra* note 2, pp. 103-104.
39)　当然ではあるが，国際投資保護協定によって求められる保護水準は，基本的人権としての財産権の保護として求められる保護よりも高い。See Lorenzo Cotula, "International Law and Negotiating Power in Foreign Investment Projects: Comparing Property Rights Protection under Human Rights and Investment Law in Africa," *South African Year Book of International Law*, vol. 33 (2008), pp. 63-100
40)　*Nottebohm Case (Liechtenstein v. Guatemala), Second Phase, Judgment of April 6th, 1955, ICJ Reports 1955*, p. 23.
41)　Sébastian Touzé, "La notion de nationalité en droit international, entre unité juridique et pluralité conceptuelle," Société française pour le droit international (éd.), *Colloque de Poitiers: Droit international et nationalité* (2012), pp. 11-36.

投資活動である。そのため法人投資家についても同様に団体責任観念に基づく対抗措置の対抗可能性を基礎づけられるかが，現実的にはより重要な問題ということになる。

　この問題については様々に考えられるところであるが，団体責任観念は国家を様々な構成員からなる共同体として認識する考えの一側面を示したものであることが，ここで注意されなければならないであろう。こうした認識はもう一つの側面として，「ある共同体の構成員に加えられた侵害は，当該共同体自身に対する侵害でもあり，それに対する救済を当該共同体としても求めることができる」という論理の基礎をなしている。これはつまり，外交的保護を基礎づける論理である[42]。対抗措置を基礎づける団体責任観念と外交的保護の論理は，このように見るならば，表裏一体の関係にあるといえる。そしてそうであるならば，団体責任を負担すべき共同体の構成員の範囲は，外交的保護によって保護される対象者の範囲に応じたものと考えるべきということにもなろう。

　この点，かつては法人を外交的保護の対象として認めうるかについては，保護を求められた国家もかなりのためらいを示していたものの[43]，その後の国家実行，さらには国際司法裁判所がバルセロナトラクション事件（第二段階）判決[44]で示したように，株主とは別個独立したものとして法人それ自体が外交的保護の対象に含まれるようになり，今日，この点についてはまったく争いのないところとなっている[45]。

　このように法人についても「本国」との国籍的連関に基づいて一定の保護と特権を享受し，さらには外交的保護による救済の対象となることが認められるようになっていることからすれば，その反面として，そうした保護の対象となるような法人投資家については，団体責任観念に基づく負担（本国に対する対抗措置としてのその権利に対する制約）を引き受けてしかるべきとも考えること

---

42) *Supra* note 16.
43) See Foreign Office to the Law Officers of the Crown, February 4, 1891, and Report by Richard E. Webster and Edward Clarke, March 16, 1981, reprinted in Lord McNair (ed.), *International Law Opinion*, vol. II (1956), pp. 34-38.
44) *Barcelona Traction, Light and Power Company, Limited* (*New Application: 1962*) (*Belgium v. Spain*), *Second Phase, Judgment of 5 February 1970, ICJ Reports 1970*, pp. 42-43, 47-48.
45) See Touzé, *op.cit., supra* note 17, pp. 397 *et seq*.

ができよう。

　もっともこうした見解に対しては，いわゆる「法人の国籍」は自然人の国籍とは異なり，あくまで個別法規の適用上の必要性に応じて機能的に設定されるものに過ぎないのであり[46]，そのような「国籍的連関」には共同体の構成員として負担すべき団体責任を基礎づけるだけの実質を認めることはできない，との批判が提起されることが予想される。

　法人の場合の「国籍的連関」が，それ自体としては，自然人の国籍と質的に同一のものとみなしえないのは，確かである。しかし，そうであるとしても，外交的保護を根拠・条件づけるものとしては，その内実において，法人の場合の「国籍的連関」についても，自然人の場合の「国籍」に準じた結びつきが要求されてきたことに注意すべきであろう。法人に対する外交的保護が認められた背景には，自国企業が国民経済の担い手として重要な役割を果たし，それゆえに自国民に準じてその経済活動に対する保護を与えることを妥当なものと認めさせるような社会的実体性を備えていたことがある。そして，そうであるがゆえに，侵害を被った企業・法人に対する外交的保護を行う資格を国家が有すると言えるためには，設立準拠法による国内法上の国籍付与に加えて，本店所在地基準（事業の本拠の所在地）や支配基準（議決権付き株式に基づく支配的所有者の本国）など，国際的に対抗しうる法的紐帯を有することが求められてきたと言える[47]。こうした点をふまえて見れば，法人について求められる「国籍的連関」も，自然人の国籍の場合と同様に，国家と法人とを結びつける社会的実態の法的表現であることに変わりはない。

　もっともこの点について，国際投資保護協定によって保護される投資家の範囲に関しては設立準拠法のみが基準とされ，一般国際法上の外交的保護の場合に求められる「国籍的連関」ほどの実質的連関が要求されていないことがある[48]。これについては，国際投資保護協定に基づく投資家の保護を外交的保

---

46) See Nicolas Angelet, "La nationalité des personnes morales en droit international public," Société française pour le droit international (éd.), *Colloque de Poitiers: Droit international et nationalité* (2012), pp. 477-487.

47) See Article 9 and commentary thereto of the Draft Articles on Diplomatic Protection adopted by the International Law Commission, *Report of the International Law Commission, Fifty-eighth session (1 May-9 June and 3 July-11 August 2006), General Assembly Official Records, Sixty-first session, Supplement No. 10 (A/61/10)*, pp. 52-55.

護とは独立した自己完結的な制度と解する場合は別であるが，そうではなく外交的保護（それを，国民を介して国家が有する自らの権利の救済として捉えるにせよ，自国民が国際法に基づいて直接に享有する権利の保護手段として捉えるにせよ）の機能的代替手段として捉える限りにおいては（換言すれば，なお国家との「国籍」・「国籍的連関」が保護の根拠・条件とされている限りにおいては），締約国が今日的な経済活動の現実をふまえつつ「国籍的連関」を締約国間限りで再定義したものと解すことができる。そして企業投資家の側も，そのように特別に定められた「国籍的連関」に基づいて協定上の便益・権利の享有を主張するのであれば，そうした「国籍的連関」に付随するものとしての団体責任の負担を免れることはできないと言うべきであろう。

（2）国際投資保護協定の趣旨目的と団体責任観念の妥当性

これまでの検討の結果，たとえ投資家が国際投資保護協定に基づいて自己自身の実体的・手続的権利を有していると認めたとしても，「国籍的連関」に基づく団体責任観念が投資家，とりわけ法人投資家に対しても適用され，それゆえに本国に対する正当な対抗措置は投資家に対しても対抗しうるものとも考えうる。

もっとも，このような結論に対しては，そもそも投資家に団体責任観念に基づく負担を求めることは，国際投資保護協定の趣旨目的に反するものとして，認められないとの批判がありえよう。

実際，今日の国際投資保護協定の画期的な特徴は投資家＝国家間投資仲裁手続を設けた点にあり，それによって友好通商条約及び慣習法の下での投資家の保護が国家間関係・外交政策に大きく左右され必ずしも適切に果たされてこなかった状況から，法的に安定した投資保護制度を設けることに国際投資保護協定の現代的意義があると指摘される[49]。その点をふまえれば，国際投資仲裁手続は，投資家と投資受入国との関係を国家間関係から切り離したうえで，投

---

48) 参照，猪瀬「前掲論文」（前掲注24）708-712頁。
49) Kenneth J. Vandevelde, "A Brief History of International Investment Agreements," *University of California at Davis Journal of International Law and Policy*, vol. 12 (2005), pp. 174-175. See also *idem*, "Of Politics and Markets: The Shifting Ideology of the BITs," *International Tax and Business Law*, vol. 11 (1993), pp. 159-186.

資家の権利を実効的に保障するものとして捉えられることになる。実際，CPI 仲裁判断は NAFTA の関連規定の趣旨目的をそのように捉えた上で，実質的にそれを唯一の根拠として投資家に対してメキシコは対抗措置としての正当性を対抗し得ないとした[50]。

確かに，今日多くの国際投資保護協定に見られる国際投資仲裁手続は，投資家自身の判断によって開始するかどうかを決定でき，また投資家自身に対する救済を求めることができるようにされている。そうした点に鑑みれば，確かに投資家の本国と投資受入国の外交政策的配慮から切り離された，投資家のための救済手続として，国際投資仲裁手続は設けられている。

しかし本稿の問題意識からすれば，問題とされるべきは，そうした手続の趣旨が，投資家の保護を外交政策的配慮から解放するということに留まらず，少なくともその保護に関する限り，投資家をその本国から法的に切り離した存在として承認し，そのような独立した主体として団体責任の負担者から除外することにあるものと認めうるか否か，ということにある。

投資家が手続的にせよ実体的にせよ自己自身の権利を有しているにせよ，この問題に答えるためには，国際投資仲裁手続に関する限り，投資家にその本国から切り離された独立した人格を有するものとして扱われているかこそが問われなければならない。

この点について，多くの国際投資保護協定はそれを積極的に推認させるようなところはない。協定前文に示されたその趣旨目的も，先に挙げた学説や CPI 仲裁判断が説くところとは異なり，もっぱら締約国の経済発展の促進に向けた投資保護の重要性が指摘されるだけで，投資家それ自体の保護がそうした協定の主要な目的とされているわけではない[51]。

また，投資家の独立性を強調することは必ずしも投資家の保護につながらないとも指摘されている[52]。もし投資家が独立した主体として自己自身の権利を国際投資保護協定によって保護されているとすると，投資家はそれを自らの意思で処分することもできる[53]。そうすると，契約中で特定の紛争処理条項

---

50) *CPI* Case, *supra* note 8, paras. 161, 167-169.
51) See Kenneth J. Vandeverde, *Bilateral Investment Treaties* (2010), pp. 20-59; J.W. Salacuse, *The Law of Investment Treaties* (2010), pp. 83-89.
52) Parlett, *op.cit.*, *supra* note 2, p. 113.

を定めた場合，意図せずに条約上の国際投資仲裁に付託する権利を放棄したものとみなされるという結果が導かれかねない，というわけである[54]。

もっとも，協定によっては明確に投資家の権利が保護されていることを認め，またそれが国際法によって規律されることを締約国自身が定めているものも見られる[55]。こうした場合には，あるいは投資家に協定上の権利の保障に関する限りは本国から切り離された独立した主体としての地位を付与していると解しうるかもしれない。しかしそれは個々の国際投資保護協定の規定ぶりとそれをふまえた解釈次第であり，本稿で示した一般的な結論の妥当性を否定するようなものではない。むしろそうした規定ぶりを採用する投資保護協定が少数であり，多くの協定ではあくまで締約国間における問題としてそれぞれの投資家に一定の保護を与えるという，従来の友好通商航海条約と同様の規定ぶりが引き続き採用されているという事実は，本稿の結論が一般論として妥当することを傍証するものと見ることができよう。

5 結　語

本稿の検討から，たとえ投資家が国際投資保護協定に基づいて自己自身の実体的・手続的権利を有していると認めたとしても，「国籍的連関」に基づく団

---

53) See Ole Spiermann, "Individual Rights, State Interests and the Power to Waive ICSID Jurisdiction under Bilateral Investment Treaties," *Arbitration international*, vol. 20 (2004), pp. 179-211; Anne K. Hoffmann, "The Investor's Right to Waive Access to Protection under a Bilateral Investment Treaty," *ICSID Review*, vol. 33 (2008), pp. 69-94.
54) 参照，拙稿「前掲論文」（前掲注7）13-16頁。
55) 例えば，日本が締結している二国間投資保護協定あるいは経済連携協定の投資章では，仲裁に付しうる投資紛争の定義として，「本協定に基づく投資家に関する義務について主張された違反（an alleged breach of any obligation under the Agreement with respect to the investor）」に関するものとするもの（例えば，2008年日本＝ペルー投資協定第18条1項）の他に，「本協定によって投資家の投資に関して付与された権利について主張された違反（an alleged breach of any right conferred by this Agreement with respect to investments of investors）」に関する紛争と規定するものがある（例えば2005年日本＝ベトナム投資協定第14条1項）。後者のような規定ぶりについては，投資家が直接に協定に基づく実体的権利を付与されることが承認されていることを示しているとも解しうる。もっとも，この文言のみでそうした解釈が妥当であるとはいえず，仲裁手続における適用法規として国際法が指定されているかなども考慮に入れられなければならない。参照，拙稿「前掲論文」（前掲注7）9-13頁。なお，上記に例としてあげた協定はいずれも適用法規について明示的な規定を設けていない。

体責任観念が投資家，とりわけ法人投資家に対しても適用されると考えられる限りにおいて，本国に対する正当な対抗措置は投資家に対しても対抗しうると考えられる。

　もっともこうした結論に対しては留保を同時に付しておく必要がある。一つには，以上の検討は個々の国際投資保護協定の規定ぶりの個別性を捨象した，きわめて一般的な検討の結果として導かれたものである。そのため，すでに直前に指摘したように，具体的な条約規定の解釈によっては上記の一般的結論の妥当を排除し，対抗措置の正当性の投資家に対する対抗可能性が否定される余地も，むろん残っている。

　もう一つには，本稿では対抗措置自体の法的性質論については何ら踏み込まないままに検討を進めてきたが，その点を検討に含めるならば，結論も異なりうることには注意を要する。対抗措置の正当性を対抗し得ない第三者の範囲については，対抗措置の法的性質をいかに捉えるかによってことなり得，本稿で示した結論をその限りにおいて修正する必要も生じうる。例えば，対抗措置を国際紛争の友好的処理手続に対する補助手段と捉える立場からすれば，対抗措置の正当性を対抗し得ない第三者とは問題とされる国際紛争に巻き込まれるべきではないものということになる[56]。そうであるとすれば，たびたび指摘されるように，投資家＝投資受入国間の国際投資仲裁手続が本国と投資受入国の外交的・政治的関係から投資家に対する救済を切り離し，後者が前者に左右されないようにすることを目的として設けられていると考えるのであれば，まさに国際投資仲裁手続に関する手続的権利が与えられていることのみをもって，本国に対する対抗措置の正当性を申立人たる投資家に対して対抗し得ないことを認めるための十分な根拠と認めることもできるように思われる。

　以上のような点で，本稿における投資家の法的地位に関する検討とその結果としての結論は，対抗措置との関係においても暫定的なものに留まるものであると言わなければならない。本稿は，国際投資保護協定における投資家の法的地位という大きな問題について，あくまでメキシコ HFCS 課税措置事件について示された 3 件の仲裁判断が共通して有していた「投資家が自らに固有の権

---

[56] 現代国際法における対抗措置の法的性質については，次の拙稿を参照。「現代国際法における対抗措置の法的性質 —— 国際紛争処理の法構造に照らした対抗措置の正当性根拠と制度的機能に関する一考察」国際法外交雑誌107巻2号（2008年）72-105頁。

利を有する場合には，それを侵害する対抗措置は投資家に対して対抗し得ない」という前提の妥当性について，そうした権利が国籍的連関に基づいて付与されていることを，対抗措置制度の理論的基礎をなす団体責任観念との関係でどのように考えるかという観点から行った，断片的考察に留まる。

23 二国間投資協定における最恵国待遇条項
—— その他の経済協定との比較を中心に ——

福 永 有 夏

1 序
2 BITの最恵国待遇条項の最近の適用状況
3 WTO及びRTAにおける最恵国待遇条項
4 結　語

1　序

　二国間投資協定（BIT）[1]には最恵国待遇条項が挿入されることが一般的である。BITの最恵国待遇条項は，協定によって文言の差異はあるものの，基本的には，BIT（基本条約）の一方の締約国が，他方の締約国の投資家や投資財産に対し，第三国の投資家や投資財産に与える待遇よりも不利でない待遇を与えることを求める。したがって，基本条約の最恵国待遇条項を介して与えられる保護の内実は，基本条約の締約国が第三国の投資家や投資財産に与える待遇との比較で決定されることになる。
　ここで「第三国の投資家や投資財産に与える待遇」とは，基本条約の締約国が第三国と結んだ条約（第三国条約）に基づき与える待遇の場合もあれば，そうでない場合もある。
　基本条約の一方の締約国が，第三国条約以外 —— たとえば国内法 —— に基づいて第三国の投資家や投資財産に基本条約の他方の締約国の投資家や投資財産より有利な待遇を与える場合には，そのような国内法上の待遇は基本条約の最恵国待遇条項の違反とみなされ得る[2]。ただ，国内法上特定の国の投資家

---

[1]　本稿においてBITは，地域貿易協定（RTA）に挿入される投資に関する規定も含む。
[2]　*Cf.* Award (2007/9/11), *Parkerings-Compagniet AS v. Republic of Lithuania*, ICSID Case No. ARB/05/8, paras. 377-430.

や投資財産が差別的に扱われていることが投資仲裁[3]において問題となることはそれほど多くなく，本稿でも扱わない。

　他方で基本条約の一方の締約国が，第三国条約に基づいて第三国の投資家や投資財産に基本条約の他方の締約国の投資家や投資財産より有利な待遇を与える場合には，そのような第三国条約に基づくより有利な待遇を基本条約の他方の締約国の投資家や投資財産に与えないことが最恵国待遇条項の違反とみなされ得る。換言すれば，基本条約の他方の締約国の投資家は，基本条約の最恵国待遇条項を介し，第三国条約によって与えられている第三国の投資家や投資財産に対する有利な待遇を，自らやその投資財産にも適用するよう求めることができる。基本条約の一方の締約国が，第三国条約において第三国の投資家や投資財産に基本条約よりも有利な待遇を与えることは少なくなく，基本条約の最恵国待遇条項を介して与えられる保護の内実は，第三国条約との関係で決定されるという意味で極めて不安定なものとなる。

　近年，基本条約の最恵国待遇条項が第三国条約を根拠として基本条約上の保護を拡大し得る範囲について投資仲裁の中で相矛盾する決定が多数発出され，注目を集めている[4]。すなわち，最恵国待遇条項を広く解し，第三国条約の実体上及び手続上の保護を基本条約の他方の締約国の投資家や投資財産にも与えるべきと結論する仲裁決定がある一方で，最恵国待遇条項を狭く解し，特に第三国条約の手続上の保護を基本条約の他方の締約国の投資家や投資財産に与える範囲を限定しようとする仲裁決定もある。投資仲裁はアドホックに設置される仲裁裁判所[5]によって審理が行われるのであり，その決定は一貫性を求

---

3) 本稿において投資仲裁は，外国投資家が投資受入国の国際法違反によって損害を被ったことを理由にその救済を求めて申し立てる仲裁を言う。福永有夏『国際経済協定の遵守確保と紛争処理 —— WTO 紛争処理制度及び投資仲裁制度の意義と限界』（有斐閣，2013年），90–102頁も参照。

4) *See, e.g.*, OECD Directorate for Financial and Enterprise Affairs, Most-Favoured-Nation Treatment in International Investment Law, Working Papers on International Investment, No.2004/2 (2004); UNCTAD, Most-Favoured-Nation Treatment, UNCTAD Series on Issues in International Investment Agreements II (2010); International Law Commission, Sixty-fifth session, Report of the Study Group on the Most-Favoured-Nation Clause, A/CN.4/L.828 (2013/7/16).

5) 日本の仲裁法は仲裁人又はその合議体を「仲裁廷」と呼ぶが（仲裁法2条2項），日本の締結したBITやRTAは仲裁人又はその合議体を「仲裁裁判所」と呼んでいる。ここではBITやRTAの用法に倣って「仲裁裁判所」と呼ぶ。

められているわけではないが、最恵国待遇条項の解釈をめぐる尖鋭な対立は、投資仲裁の正統性を危うくすると危惧されることもある[6]。

基本条約の最恵国待遇条項が第三国条約を根拠として基本条約の保護をどの程度拡大し得るかは、直接的には基本条約の解釈に関する問題である[7]。実際、投資仲裁においてこの問題について矛盾する決定が行われてきたのは、BITによって最恵国待遇条項の文言が異なることのほか[8]、仲裁裁判所の採用する解釈アプローチが異なることによるとされる[9]。しかし、特に解釈アプローチの相違には、最恵国待遇条項やBITのあるべき姿についての仲裁人の立場の違いが強く反映されているのではないだろうか[10]。

本稿は、BIT以外の経済協定、とりわけ世界貿易機関（WTO）協定や地域貿易協定（RTA）に定められる最恵国待遇条項を分析し、それとの比較でBITの最恵国待遇条項の特異性を明らかにすることを目的とする。そのうえで、そのような特異性が、最恵国待遇条項やBITのあるべき姿についての仲裁人の立場の相違を際立たせ、BITの最恵国待遇条項に関する解釈の対立を生んでいるのではないかと指摘する。

2 BITの最恵国待遇条項の最近の適用状況

序で指摘したように、基本条約の最恵国待遇条項が第三国条約を根拠として基本条約上の保護を拡大し得る範囲をめぐっては、相矛盾する投資仲裁決定が多数発出されている。最恵国待遇条項に係る仲裁決定についてはすでに多くの

---

6) *See, e.g.*, Gabriel Egli, *Don't Get Bit: Addressing ICSID's Inconsistent Application of Most-Favored-Nation Clauses to Dispute Resolution Provisions*, 34 PEPPERDINE L. REV. 1045, 1078-80 (2007).
7) 村瀬信也『国際法の経済的基礎』（有斐閣、2001年）19頁。
8) *Cf.* Decision on Jurisdiction (2004/11/29), *Salini Costruttori S.p.A. and Italstrade S.p.A. v. The Hashemite Kingdom of Jordan*, ICSID Case No. ARB/02/13, para.118.
9) 西元宏治「最恵国待遇 ── 投資協定仲裁による解釈とその展開」小寺彰編著『国際投資協定 ── 仲裁による法的保護』（三省堂、2010年）75-78頁。
10) Zachary Douglas, *The MFN Clause in Investment Arbitration: Treaty Interpretation Off the Rails*, 2 J. INT'L DISPUTE SETTLEMENT 97, 110-13 (2011); 村瀬・前掲注7) 19頁。*But cf.* Stephan W. Schill, *Allocating Adjudicatory Authority: Most-Favoured-Nation Clause as a Basis of Jurisdiction – A Reply to Zachary Douglas*, 2 J. INT'L DISPUTE SETTLEMENT 353, 356-61 (2011).

研究が行われているので[11]，ここでは問題状況を確認するのに必要な限度で，特に最近の事例を中心に概観する。

　まず，基本条約の締約国の投資家や投資財産が，基本条約の最恵国待遇条項を介し，第三国条約の定める・実・体・的・な・保・護を享受できることについては多くの仲裁裁判所が認めている[12]。

　他方で，基本条約の締約国の投資家や投資財産が，基本条約の最恵国待遇条項を介し，第三国条約の定める・紛・争・処・理・条・項の適用を受けることができるかについては，仲裁決定が分かれている。たとえば仲裁決定の中には，そもそも最恵国待遇条項が紛争処理条項を対象とすること，換言すれば基本条約の締約国の投資家や投資財産が，基本条約の最恵国待遇条項を介し，第三国条約の定める紛争処理条項の適用を受け得るとの解釈に懐疑的なものがある[13]。

　また，最恵国待遇条項が紛争処理条項を対象とすること，換言すれば基本条約の締約国の投資家や投資財産が，基本条約の最恵国待遇条項を介し，第三国条約の定める紛争処理条項の適用を受け得ると認める仲裁決定であっても，その範囲については見解が分かれている。たとえば，最恵国待遇条項の解釈をめぐる対立が注目される契機となった事件では，投資家は仲裁を申し立てる前に18カ月間投資受入国の国内裁判所による紛争解決を試みなければならないとの手続要件が適用 BIT（基本条約）によって課せられていたにもかかわらず，投資家は当該要件を満たすことなく仲裁を申し立てるとともに，基本条約の最恵国待遇条項を介して同様の要件を課していない第三国条約の適用を受けること

---

11) *See, e.g.,* Scott Vesel, *Clearing a Path Through a Tangled Jurisprudence: Most-Favored-Nation Clauses and Dispute Settlement Provisions in Bilateral Investment Treaties*, 32 YALE J. INT'L L. 125, 154–84 (2007); STEPHAN W. SCHILL, THE MULTILATERALIZATION OF INTERNATIONAL INVESTMENT LAW 151–73 (Cambridge University Press, 2009). 前掲注 4) に挙げた資料も参照。

12) *See, e.g.,* Award (2013/4/8), *Mr. Franck Charles Arif v. Republic of Moldova*, ICSID Case No. ARB/11/23, paras.393–96; Award (2012/6/11), *EDF International S.A. et al v. Argentine Republic*, ICSID Case No. ARB/03/23, paras.929–37.

13) *See, e.g.,* Award (2008/12/8), *Wintershall Aktiengesellschaft v. Argentine Republic*, ICSID Case No. ARB/04/14 [*hereinafter* Award, *Wintershall v. Argentina*], paras.161–67; Award (2012/8/22), *Daimler Financial Services AG v. Argentine Republic*, ICSID Case No. ARB/05/1 [*hereinafter* Award, *Daimler v. Argentina*], paras.205–78. *See also* Concurring and Dissenting Opinion to Award (by Brigitte Stern) (2011/6/21), *Impregilo S.p.A. v. Argentine Republic*, ICSID Case No. ARB/07/17.

ができると主張した。同事件の仲裁裁判所は、紛争処理条項の中でも特に仲裁申立ての手続要件については最恵国待遇条項の対象となると認め、投資家の主張を支持した[14]。その後の投資仲裁においても、仲裁申立ての手続要件については最恵国待遇条項の対象とすることを認める仲裁決定が少なくない[15]。ただし、この問題について否定的な決定を下した仲裁裁判所もないわけではない[16]。

最恵国待遇条項を介して仲裁申立ての手続要件を緩和することを認める仲裁決定が少なくない一方で、最恵国待遇条項を介して投資仲裁の管轄を拡大することについては否定的な仲裁裁判所が多い[17]。たとえばある仲裁裁判所は、仲裁管轄についての合意は「明瞭かつ明確」でなければならないが、最恵国待遇条項は仲裁管轄を拡大することについての「明瞭かつ明確」な合意とは言えないなどとして、最恵国待遇条項を介して仲裁管轄を拡大しようとした投資家の主張を退けている[18]。ただし、最恵国待遇条項を介して仲裁管轄を拡大することを認めた仲裁決定がないわけではない。すなわちある仲裁裁判所は、第

---

14) Decisión Del Tribunal Sobre Excepciones A La Jurisdicción (2000/1/25), *Emilio Agustín Maffezini v. El Reino De España*, ICSID Case No. ARB/97/7, paras.38-64. 福永・前掲注3) 192-96頁も参照。
15) See, e.g., Award (2011/6/21), *Impregilo S.p.A. v. Argentine Republic*, ICSID Case No. ARB/07/17, paras.79-109; Decision on Jurisdiction (2012/12/21), *Teinver S.A., Transportes de Cercanías S.A. and Autobuses Urbanos del Sur S.A. v. The Argentine Republic*, ICSID Case No. ARB/09/1, paras.167-86. なお、最恵国待遇条項が紛争処理条項を対象とすると認める仲裁決定において、基本条約の紛争処理条項と第三国条約の紛争処理条項のいずれがより有利な待遇を与えているかについて問題となることもある。See, e.g., Decision on the Objection to Jurisdiction for Lack of Consent (2013/7/3), *Garanti Koza LLP v. Turkmenistan*, ICSID Case No. ARB/11/20, paras.67-97. But see also Dissenting Opinion (by Laurence Boisson de Chazournes), *Garanti Koza LLP v. Turkmenistan*. Cf. D.M. Bigge, *Can Investors Use MFN to Dodge Transparency?*, 8 (2) TDM 7-9 (2011).
16) Award, *Wintershall v. Argentina*, supra note 13, para.172; Award, *Daimler v. Argentina*, supra note 13, paras.189-94; Award (2013/7/2), *Kiliç İnşaat İthalat İhracat Sanayi ve Ticaret Anonim Şirketi v. Turkmenistan*, ICSID Case No. ARB/10/1, Sections 6-7.
17) Cf. UNCTAD, supra note 4, at 66-84. 福永・前掲注3) 306-311頁も参照。
18) Decision on Jurisdiction (2005/2/8), *Plama Consortium Limited v. Republic of Bulgaria*, ICSID Case No. ARB/03/24, paras.183-227. See also Decision on Jurisdiction (2004/11/29), *Salini Costruttori S.p.A. and Italstrade S.p.A. v. The Hashemite Kingdom of Jordan*, ICSID Case No. ARB/02/13, paras.102-19; Award (2006/4/21), *Vladimir Berschader and Morse Berschader v. The Russian Federation*, SCC Case No. 080/2004, paras.175-208.

三国条約上の保護に基づき基本条約上の保護を拡大するのは最恵国待遇条項の「まさに本質かつ意図」であり、最恵国待遇条項を介して仲裁管轄が拡大されるのは「当然の結果」であると結論した[19]。

　以上のように、最恵国待遇条項が紛争処理条項を対象とするのか、また紛争処理条項の中でも手続要件に関する問題と仲裁管轄に関する問題を区別して扱うのかなどについて、仲裁裁判所の決定は一貫していない[20]。

3　WTO及びRTAにおける最恵国待遇条項

　最恵国待遇条項は、BIT以外の経済協定、とりわけ世界貿易機関（WTO）協定や地域貿易協定（RTA）にも挿入されている。しかし、3で論じるように、WTOやRTAの最恵国待遇条項の機能はBITの最恵国待遇条項のそれと比べて限定的であり、裁判手続において基本条約の最恵国待遇条項と第三国条約を根拠として基本条約上の保護が拡大されるということはほとんど考えにくい。

　以下では、WTOやRTAの中でも、物品貿易、サービス貿易、知的財産権、政府調達に関する最恵国待遇条項について概観する。

（1）物品貿易に関する最恵国待遇条項

　物品貿易に関する最恵国待遇条項は、歴史的には主として二国間通商条約における規定として発展してきたが、第二次世界大戦後、関税及び貿易に関する一般協定（GATT）によって多角的貿易体制に組み込まれた。物品貿易に関する最恵国待遇条項の歴史については優れた研究業績が多数あり、ここでは繰り返さない[21]。ここでは、物品貿易に関する最恵国待遇条項の今日の状況を概観する。

---

[19]　Award on Jurisdiction (2007/10/5), *RosInvest Co UK Ltd v Russian Federation*, SCC Case No. ARB V079/2005, paras.124-39. *See also* Stephan W. Schill, *Multilateralizing Investment Treaties Through Most-Favored-Nation Clauses*, 27 BERKELEY J. INT'L L. 496, 508-09, 548-57 (2009).

[20]　ある仲裁裁判所の解釈が別の仲裁裁判所の解釈と矛盾しているからと言って、いずれかの解釈が誤りと断定することも困難である。*Cf.* Decision on the *Ad Hoc* Committee on the Application for Annulment (2014/1/24), *Impregilo S.p.A. v. Argentine Republic*, ICSID Case No. ARB/07/17, para.140.

まず，多角的貿易体制であるWTOにおいては，GATT1条1項によって，国境において課せられる関税及び課徴金のほか，内国税や国内規制などについて，「いずれかの締約国［加盟国］が他国の原産の産品又は他国に仕向けられる産品に対して許与する利益，特典，特権又は免除は，他のすべての締約国［加盟国］の領域の原産の同種の産品又はそれらの領域に仕向けられる同種の産品に対して，即時かつ無条件に許与しなければならない」と定められている。GATT1条1項の最恵国待遇条項は，すべてのGATT締約国（WTO加盟国）に不利でない待遇を与えなければならないという無差別原則として，貿易体制を安定化させることに成功したとされる[22]。というのも，GATT1条1項によれば，GATT締約国（WTO加盟国）の供与する貿易自由化の利益は即時に他のすべての締約国（加盟国）に均等に与えられる（均霑される）。したがって，GATT1条1項は，BITのような二国間条約の最恵国待遇条約と異なり，GATT上の保護を第三国条約上の保護との関係で不安定に拡大していくわけではない。

また，GATT1条1項には，重要な制約や例外がある。

第1に，GATT1条1項の最恵国待遇条項は，相互主義と結びついているという点で，内在的な制約を受けている。本来最恵国待遇条項は，受益者間において均等に利益が享受されるよう確保することをその主たる機能とする一方で，利益の供与者と受益者との間の利益の均等を確保するわけではない。したがって，よく知られているように，ある条約の一方の締約国が最恵国待遇条項に基づき他の締約国に利益を与えても，他の締約国が同様に最恵国待遇条項に基づき当該一方の締約国に利益を与えるわけではないという意味でフリーライダーとなる可能性がある。というのも，最恵国待遇条項は，利益を供与する者に対して当該利益を受益者に均等に与えるよう求める一方で，利益を供与すること自体を義務付けるわけではない。

---

21) *See, e.g.*, Georg Schwarzenberger, *The Most-Favoured Nation Standard in British State Practice*, 22 BYBIL 96 (1945); Stanley K. Hornbeck, *The Most-Favored-Nation Clause: History*, 3 AJIL 395 (1909), 村瀬・前掲注7) 40-82頁。

22) 村瀬・前掲注7) 105-106頁。なお，歴史的には，最恵国待遇条項はより有利な待遇を得るために戦略的に使われており，必ずしも常に無差別待遇を意味してきたわけではない。*Cf.* Tony Cole, *The Boundaries of Most Favored Nation Treatment in International Investment Law*, 33 Mich. J. Int'l L. 537, 543-553 (2012).

しかし，GATT／WTO においては，貿易自由化交渉は相互主義に基づき行われなければならないため[23]，GATT 締約国（WTO 加盟国）は貿易自由化利益の受益者であると同時に供与者であることも求められる。貿易自由化の利益を供与しなければ，最恵国待遇条項に基づく利益の均霑を受けることが認められないのである。したがって，GATT 1 条 1 項は，「無条件」の最恵国待遇条項を謳っているものの，相互主義と結びつくことで，事実上最恵国待遇条項に基づき利益を享受するための「条件」を内在しているとさえ言える。

第 2 に，GATT 1 条 1 項の最恵国待遇条項には，2 つの例外がある。1 つ目は，授権条項[24]によって認められている一般特恵制度である。一般特恵制度の下，GATT 締約国（WTO 加盟国）は，開発途上加盟国を原産地とする産品に対し，特恵関税を適用することが認められる[25]。一般特恵制度が導入されたのは，相互主義と結びついた最恵国待遇条項が帰結し得る実質的不平等に対する批判が強まったためである[26]。非相互主義的な制度である一般特恵制度の下では，開発途上加盟国は，貿易自由化利益を供与できなくとも，貿易自由化利益をフリーライドすることが容認される。そればかりか，最恵国待遇条項の例外として他の GATT 締約国（WTO 加盟国）よりも有利な貿易自由化利益を享受することもできる。このような例外は，最恵国待遇条項が帰結し得る実質的不平等を矯正すると期待される。

2 つ目は，GATT24条に規定される，RTA に関する最恵国待遇条項の例外である。すなわち同規定によれば，関税などの制限的通商規則を RTA 域内の実質上のすべての貿易について廃止し，かつ RTA 域外に対してより制限的な通商規則を課さないといった条件を満たす限り，GATT 締約国（WTO 加盟国）は RTA に基づき WTO 協定よりも有利な待遇を RTA 締約国の物品貿易に関して与えることができる。近年では，ほとんどすべての WTO 加盟国が RTA を締

---

23) GATT 前文及び世界貿易機関を設立するマラケシュ協定前文。
24) Differential and More Favourable Treatment Reciprocity and Fuller Participation of Developing Countries, Decision of 28 November 1979 (L/4903).
25) Appellate Body Report (2004/4/7), *European Communities – Conditions for the Granting of Tariff Preferences to Developing Countries*, WT/DS246/AB/R, adopted 20 April 2004, para.90. 小寺智史「ガット・WTO における最恵国待遇原則と一般特恵制度の関係」『日本国際経済法学会年報』18号（2009年）109頁も参照。
26) 位田隆一「開発の国際法における発展途上国の法的地位―― 国家の平等と発展の不平等」『法学論叢』116巻 1 〜 6 号（1985年）635-638頁。

結している[27]。

　ところで，仮にRTA（基本条約）に物品貿易に関する最恵国待遇条項が含まれているならば，BITの最恵国待遇条項と同様に，他のRTA（第三国条約）を根拠として基本条約上の物品貿易自由化の利益が拡大される可能性がある。しかしRTAは，物品貿易については最恵国待遇条項を挿入しないのが一般的である。したがって，ある国が他の国とRTA（基本条約）を締結した後，別の国とRTA（第三国条約）を締結してより有利な物品貿易の自由化を約束したとしても，基本条約上の物品貿易自由化約束が第三国条約の物品貿易自由化約束によって修正されるわけではない。

　なお，RTA以外の二国間貿易条約として通商航海条約が締結されることがあるが，ここでは最恵国待遇条項が定められることが一般的である。たとえば日米通商航海条約は，前文で「無条件に与えられる最恵国待遇」を原則とすることを謳い，関税（14条）や国内規制（16条），裁判を受ける権利（4条）などについて最恵国待遇を与えることを求めている。また同条約22条2項は，「最恵国待遇」を「一締約国の領域内で与えられる待遇で，第三国のそれぞれ国民，会社，産品，船舶又はその他の対象が同様の場合にその領域内で与えられる待遇よりも不利でないものをいう」と定義する。

　しかし，通商航海条約における最恵国待遇条項の機能は，BITの最恵国待遇条項のそれに比べて限定的である。というのも，通商航海条約は，外国の企業などに特別の便益を与えるというよりも内国民と同等の待遇を与えるよう定めるにとどまるものが多く[28]，したがってある通商航海条約（基本条約）よりも有利な待遇を別の通商航海条約（第三国条約）が定めているということも生じにくい。また，BITと異なり，通商航海条約は私人に国際紛争処理手続の利用を認めているわけではないため，基本条約の締約国の私人は，自ら裁判を通じて最恵国待遇条項に基づく保護の拡大を求めることはできず，あくまで本国と他方の締約国の交渉を通じて保護が拡大されることを期待するしかない[29]。

---

27) World Trade Organization, Participation in Regional Trade Agreements, http://www.wto.org/english/tratop_e/region_e/rta_participation_map_e.htm.
28) 村瀬・前掲注7) 73-76頁。
29) 私人の本国である通商航海条約の一方の締約国が，最恵国待遇条項に基づく保護の拡大を求めて他方の締約国に対して裁判を提起する可能性はないわけではない。*See, e.g.*, Award of 6 March, *The Ambatielos Claim*, 1956, RIAA vol.XII, p.83.

（2）サービス貿易に関する最恵国待遇条項

サービス貿易は様々な態様で行われるが，ここでは特に外国に設けた商業拠点を通じてサービスが提供されるもの[30]に注目する。このような態様のサービス貿易は，投資としての側面も有している。

サービス貿易については，WTO協定附属書一Bとして定められるサービスの貿易に関する一般協定（GATS）に最恵国待遇条項が挿入されている。すなわちGATS 2条1項によれば，WTO「加盟国は，[GATS] の対象となる措置に関し，他の加盟国のサービス及びサービス提供者に対し，他の国の同種のサービス及びサービス提供者に与える待遇よりも不利でない待遇を即時かつ無条件に与え」なければならない。したがって，原則として，サービス貿易に関しても物品貿易と同様，WTO加盟国によって供与されるサービス貿易自由化の利益は，即時にすべての加盟国に均霑される。GATS 2条1項は，WTO加盟国がサービス貿易に関して他のすべての加盟国に不利でない待遇を与えることを義務付けているという意味で，サービス貿易についての無差別原則を定めていると言える。

ただし，GATS 2条1項の最恵国待遇条項には2つの例外がある。

第1に，GATS 2条2項によれば，加盟国は，最恵国待遇条項からの免除を求める措置を登録することができる[31]。実際，多くの加盟国が様々な措置についての免除を登録しており[32]，登録された措置は最恵国待遇条項の例外として認められる。このような免除登録が認められた1つの事情は，免除登録されなければ最恵国待遇条項に違反するとみなされ得る措置が少なくなかったという点にある[33]。しかしより大きな理由は，特に米国が，すでに通商航海条

---

30) WTOにおいては第3モード（商業拠点）のサービス貿易と呼ばれる。
31) GATS第二条の免除に関する附属書パラ6によれば，免除の期間は原則として10年を超えてはならず，また免除は引き続き行われる貿易自由化のラウンドにおける交渉の対象となるとされるが，実際には免除は10年を超えて登録され，かつ現在行われている自由化交渉であるドーハ開発アジェンダにおいても免除は継続する方向で議論が進められている。
32) たとえば米国について，以下を参照。United States of America, Final List of Article II (MFN) Exemptions (1994/4/15), GATS/EL/90; Supplement 1 (1995/7/28), GATS/EL/90/Suppl.1; Supplement 2 (1997/4/11), GATS/EL/90/Suppl.2; Supplement 3 (1998/2/26), GATS/EL/90/Suppl.3.
33) Terence P. Stewart, The GATT Uruguay Round: A Negotiating History (1986-1992), vol. II: Commentary 2403-04 (Kluwer Law and Taxation Publishers, 1993).

約などを通じて他国よりもサービス貿易の自由化を進めていたところ，最恵国待遇条項を通じて他の加盟国が米国による自由化利益をフリーライドすることを懸念したことにあるとされる[34]。

3（1）で触れたように，最恵国待遇条項は利益の供与者と受益者との間の利益の均衡を確保するわけではないため，一部の国が利益の供与者となることなく均霑される利益をフリーライドする恐れがある。物品貿易については，最恵国待遇条項が相互主義と結びつくことで，一定程度フリーライドが回避されていると指摘した。しかし，サービス貿易については，相互主義に基づき自由化を進めることに対し，サービス産業が十分に発展していなかった開発途上国からの強い抵抗があった[35]。また，サービス貿易の自由化を相互主義に基づき進めるとしても，米国のようにすでに自由化を相当程度進めている国とそうでない国との差が大きかったため，相互主義によってもフリーライドを十分に回避できないとの米国の懸念があった。こうした事情を背景に，GATS 2条2項の最恵国待遇条項からの免除登録は，最恵国待遇条項によって生じ得る不均衡な結果を矯正するために導入されたと言える[36]。

第2の最恵国待遇条項の例外として，物品貿易と同様，サービス貿易の自由化のためにRTAを締結することが認められている。すなわちGATS 5条は，GATSがサービス貿易を自由化するための協定を一部の加盟国間で締結することを妨げるものではないとしたうえで，その条件として，当該協定が相当な範囲の分野を対象とすること，当該協定締約国間で実質的にすべての差別が協定の効力発生時に存在しないか合理的な期間において撤廃されることを求めている。実際，近年締結されるRTAにおいては，GATSよりも踏み込んだサービス貿易の自由化約束が行われることが多い。

なお，物品貿易と異なり，RTAはサービス貿易についての最恵国待遇条項

---

34) *Id.*, at 2393-95, 2399-2401, 2404-05.
35) *Id.*, at 2366-67, 2379-81. GATT前文は「相互主義的かつ相互に有益な取極（reciprocal and mutually advantageous arrangements）」を締結すべきことを謳っているが，GATS前文は「相互に有益な基礎の上に（on a mutually advantageous basis）」加盟国の利益を増進すべきことを謳っており，「相互主義的」の文言は用いていない（訳語は著者。なお，公定訳は適切な訳とは言えない）。
36) GATS 2条2項の下，いくつかの加盟国はBITや通商航海条約に基づき特別な待遇を与えることについて最恵国待遇条項の免除を登録している。W. Ben Hamida, *MFN and Procedural Rights: Solutions from WTO Experience?*, 8 (3) TDM at 243 (2011).

を定めることが多い[37]。したがって，BIT と同様に，RTA（基本条約）の最恵国待遇条項に基づき，後に締結された RTA（第三国条約）で約束されたより有利なサービス貿易自由化の約束が，基本条約の締約国のサービスやサービス提供者にも適用される可能性がないわけではない。

しかし，サービス貿易については，BIT のように，最恵国待遇条項の解釈をめぐる対立は顕在化していない。その理由として，RTA は BIT と異なり，サービス提供者が RTA の違反に関する問題を直接申し立てることのできる国際紛争処理手続を設けているわけではないため，サービス提供者が自ら裁判を通じ，最恵国待遇条項及び第三国条約を根拠として基本条約のサービス貿易自由化の利益の拡大を求めることができないという点が挙げられる。むろん，RTA の一方の締約国であるサービス提供者の本国が，他方の締約国に対し仲裁を申し立てるなどして，自国のサービス提供者に対して第三国条約と同等の利益を与えるよう求めることは不可能ではないが，そうした裁判が申立てられる可能性はあまりない[38]。RTA の最恵国待遇条項に基づきサービス貿易自由化の利益を拡大し得るとしても，それは RTA 締約国間の交渉を通じて実現されることが予定されていると言えよう。実際，近年締結される RTA の中には，その旨を明記したものがある。たとえば日・スイス経済連携協定（EPA）は，サービス貿易に関する最恵国待遇に関連して，第三国条約「に基づいて与える待遇よりも不利でない待遇を与えるよう努め」またそのような待遇を日・スイス EPA「に組み入れることについて交渉する」よう求めるにとどまる[39]。

このほか，特に最近締結される RTA の中には，サービス貿易に関する最恵

---

37) ただし，自然人の移動など，特定のサービス分野や態様が最恵国待遇条項の対象外とされることもある。また RTA 締約国は，留保表に記載することで，最恵国待遇条項からの免除を登録することもできる。
38) 前掲注29）も参照。
39) 45条4項。日越 EPA63条3項も同様。日・スイス EPA88条3項は，投資に関しても同様に定める。これに関連して，たとえば日星 EPA63条4項（a）は，第三国とのサービス貿易に関する国際協定に従って当該第三国の同種のサービス及びサービス提供者に与える待遇よりも不利でない待遇を他方の締約国のサービス及びサービス提供者に与えるよう「好意的に考慮」するよう求めるにとどまる。日馬 EPA101条3項，日泰 EPA79条，日・ブルネイ EPA79条3項，日印 EPA63条なども類似の最恵国待遇条項を定めている。なお，日泰 EPA96条3項は，同2項に定められる投資に関する最恵国待遇義務について，第三国条約に基づく待遇，特恵又は特恵に伴う利益を他方の締約国の投資家に与えることを義務付けるものと解してはならないと規定する。

国待遇条項の対象を明文で限定するものもある[40]。たとえば日・スイス EPA は，原則として他方の締約国のサービス及びサービス提供者に対して最恵国待遇を与えなければならないと定める一方で，同最恵国待遇条項は締約国によって GATS 5 条に従って締結されかつ通報される他の FTA に基づいて与えられる待遇については適用しないと定めている[41]。したがって，たとえば日本が第三国と結ぶ RTA（第三国条約）において，日・スイス EPA（基本条約）よりも有利な待遇が第三国のサービスやサービス提供者に与えられていたとしても，日本はそのような待遇をスイスのサービスやサービス提供者に与えることを当然に求められるわけではない。

（3）知的財産権に関する最恵国待遇条項

知的財産権は，BIT の投資財産の定義に含まれることが一般的で，投資としての側面も有している。

WTO 協定附属書一 C に定められる知的所有権の貿易関連の側面に関する協定（TRIPS 協定）は，加盟国が他の加盟国の国民に対して与えるべき最低の保護水準を定めるとともに，協定が定める知的財産権の行使に関して加盟国が国内に定めるべき手続についても定めている。また TRIPS 協定は，それまでの知的財産権条約には含まれていなかった最恵国待遇条項も含んでいる。すなわち TRIPS 協定 4 条によれば，加盟国は，知的財産権の保護に関し，「他の国の国民に与える利益，特典，特権又は免除は，他のすべての加盟国の国民に対し即時かつ無条件に与え」なければならない[42]。TRIPS 協定は，知的財産権に関する無差別原則を定めているとも言える。

TRIPS 協定はまた，GATT や GATS と異なり，RTA についての最恵国待遇条項の例外を定めていない。わずかに TRIPS 協定 4 条（d）が，WTO 協定の「効力発生前に効力を生じた知的所有権の保護に関する国際協定に基づく」措置を最恵国待遇条項の例外の一つとして認めているにとどまる[43]。したがって，

---

40) 以下で挙げる例のほかにも，たとえば米韓の RTA12 条 3 項注 4 は，サービス貿易に関する最恵国待遇条項が，サービス貿易に関する同 RTA 規定の対象を拡大するように解釈されてはならないと定めている。
41) 45 条 1 項及び 3 項。日越 EPA63 条 1 項及び 2 項も同様。なお，日・スイス EPA88 条 1 項は投資に関しても同様に定める。
42) 知的財産権の「保護」の意味について，TRIPS 協定 3 条注も参照。

原則として，RTA 上の知的財産権に関する待遇も TRIPS 協定の最恵国待遇条項の対象となる[44]。換言すれば，WTO 加盟国が RTA に基づき当該 RTA の他方の締約国に知的財産権に関する有利な待遇を与えた場合には，原則として，当該加盟国はその他の加盟国にもそのような有利な待遇を与えなければならない[45]。たとえば米国は，RTA において TRIPS 協定よりも高い知的財産権保護を定めることがあるとされるが[46]，そのような保護は米国と RTA を結んでいない WTO 加盟国にも適用される。

　TRIPS 協定に RTA についての最恵国待遇条項例外が設けられなかった理由の 1 つとして，GATT や GATS が外国の産品やサービス及びその提供者にとっての市場アクセスを改善することを目的としているのに対し[47]，TRIPS 協定は，外国及び自国の知的財産の権利者及び使用者の相互の利益の実現を目的として

---

43) たとえば米国は，特許権に関する北米自由貿易協定（NAFTA）1709条7項を最恵国待遇条項の例外として通報している。Notification under Article 4 (d) of the Agreement: United States, IP/N/4/USA/1 (1996/2/29). また欧州共同体（EC）／欧州連合（EU）は，欧州共同体設立条約（EC 条約）や欧州経済領域（EEA）協定に定められる規定のみならず，両条約に基づき EC ／ EU や EC ／ EU 加盟国がとる将来の措置についても最恵国待遇義務から免除すると通報している。Notification under Article 4 (d) of the Agreement: European Communities and their Member States, IP/N/4/EEC/1 (1996/1/29). なお日本は，サンフランシスコ平和条約15条（c）に定められる連合国及びその国民の著作物に関する特別の規定について，TRIPS 協定 4 条 (d) に基づき最恵国待遇義務から免除する旨の通報を行っている。Notification under Article 4 (d) of the Agreement: Japan, IP/N/4/JPN/1 (1996/2/29). このほか TRIPS 協定 5 条は，知的財産権の取得又は維持に関して世界知的所有権機関（WIPO）の下で締結された多数国間協定に規定する手続については最恵国待遇義務を適用しないと定めており，たとえば特許協力条約（PCT）について，PCT 締約国は，国際出願に関する PCT 上の便益を PCT 締約国ではない WTO 加盟国に提供することは義務付けられない。

44) たとえば米国が締結した RTA は，知的財産権についての最恵国待遇条項が挿入されないことが一般的であるが，RTA に基づく保護には TRIPS 協定 4 条の最恵国待遇条項が適用される。他方で日本が締結する EPA については，知的財産権に関する最恵国待遇条項が挿入されることが多いが，これは，TRIPS 協定 4 条の最恵国待遇義務を確認するにとどまり，追加的な義務を課すものではない。

45) Bryan Mercurio, *TRIPS-Plus Provisions in FTAs: Recent Trends*, in Lorand Bartels & Federico Ortino eds., REGIONAL TRADE AGREEMENTS AND THE WTO LEGAL SYSTEM 215, 223 (Oxford University Press, 2006).

46) Michael Handler & Bryan Mercurio, *Intellectual Property*, in Simon Lester & Bryan Mercurio eds., BILATERAL AND REGIONAL TRADE AGREEMENTS: ANALYSIS AND COMMENTARY 308, 309-41 (Cambridge University Press, 2009); 鈴木將文「地域貿易協定（RTAs）における知的財産条項の評価と展望」RIETI Discussion Paper Series 08-J-005（2008年）10-11頁。

おり[48]，RTA によって特定の国の知的財産の権利者を特に保護することはその目的になじまないという点が挙げられる[49]。関連して，TRIPS 協定は，権利者の保護が知的財産の利用者の利益も踏まえつつ加盟国の国内法において定められることを想定しており，したがって権利者の救済（権利行使）も加盟国の国内手続によって実現されることになる[50]。以上の点は，BIT が外国の投資家に特別な保護を与え，かつその保護を国際手続によって実現しようとしていることと異なっている。

（4）政府調達に関する最恵国待遇条項

外国に直接投資が行われる際の局面の 1 つとして政府調達が行われることは少なくなく，政府調達は投資としての側面も持っていると言える。

WTO の（改正）政府調達協定[51]は WTO 協定附属書 4 の一部であり，一括受諾のパッケージに含まれていないため，すべての WTO 加盟国が受諾しなければならないわけではない。2014年 3 月末現在，日本を含む39加盟国[52]が政府調達協定及び改正議定書を受諾し，4 加盟国が政府調達協定のみを受諾している。（改正）政府調達協定は，内国民待遇及び無差別待遇を定めるとともに，透明かつ公平な調達手続や供給者が調達手続に関する苦情を申し立てることのできる苦情申立て手続を国内に定めることなどを義務付けている。中でも改正政府調達協定 4 条 1 項（政府調達協定 3 条 1 項）の無差別待遇条項は，協定の対象とされる調達に関する措置について，「他の締約国の物品及びサービスに対し並びに他の締約国の供給者であって締約国の物品及びサービスを提供するものに対し，即時にかつ無条件で，［当該他の締約国以外の締約国の物品，サービス及び供給者］に与える待遇よりも不利でない待遇を与え」なければな

---

47) たとえば GATT2 条は，「他の締約国［加盟国］の通商」に対する関税譲許を定め，GATS16条は「他の加盟国のサービス及びサービス提供者」に対する市場アクセスを定めている。
48) TRIPS 協定 7 条。
49) 別の理由として，米国が知的財産権についての多角的保護の実現を目指していたという点も挙げられる。STEWART, *supra* note 33, at 2255-59.
50) TRIPS 協定第 3 部。
51) 「（改正）政府調達協定」は，1994年に採択された政府調達協定と，2012年に採択された議定書によって改正された政府調達協定の双方を含むこととする。
52) EU と EU 加盟28カ国を含む。

らないと定める。この規定によれば，(改正) 政府調達協定の締約国は，政府調達に関し，同協定の締約国の物品やサービス及び供給者を無差別に扱わなければならない。他方でこの規定は最恵国待遇条項とは異なり，同協定の非締約国の物品やサービス及び供給者に有利な待遇を与えたからといってそれと同等の待遇を同協定の締約国の物品やサービス及び供給者に与えることを求めるものではない。

(改正) 政府調達協定には最恵国待遇条項は挿入されていないため，同協定の締約国は，非締約国との間で締結するRTAにおいて(改正) 政府調達協定における待遇よりも有利な待遇を与えても，他の締約国にその有利な待遇を与えることを求められない[53]。さらに，同協定の締約国が非締約国との間で締結するRTA (基本条約) において最恵国待遇条項が挿入される場合には，第三国との間で締結するRTA (第三国条約) によって与えられる政府調達についてのより有利な待遇が，基本条約の他方の締約国の物品やサービス及び供給者に適用されることになる。

しかし実際には，RTAが政府調達に関する物品やサービス及び供給者について政府調達協定と同等又はそれ以上の待遇を定めることは少ないうえ，最恵国待遇を定めることもない。たとえば日本がチリ ((改正) 政府調達協定非締約国) と締結したEPAは，政府調達に関する法令，手続及び慣行についての内国民待遇及び無差別待遇を定めているが[54]，最恵国待遇は定めていない。これに関連して日・チリEPA155条は，当該EPAの一方の締約国が，政府調達市場へのアクセスに関して他方の締約国に与えた利益を超える追加的な利益を第三国に与える場合には，当該EPAの他方の締約国の要請があれば，「当該追加的な利益を相互主義に基づき当該他方の締約国に対しても与えることを目的として交渉を行う」よう求めるにとどまる[55]。

---

53) 他方で (改正) 政府調達協定の締約国間で締結するRTAについては，RTA締約国の物品やサービス及び供給者のみに (改正) 政府調達協定よりも有利な待遇を与えることは，(改正) 政府調達協定の無差別待遇条項の違反となり得る。

54) 日・チリEPA12章。日墨EPA11章も同様だが，日墨EPAは，後述する日・チリEPA155条に相当する規定もない。

55) 日・チリEPA155条。日・スイスEPA132条2項も同様に定める。このほか，日比EPA132条や日印EPA114条も参照。

4　結　語

3での検討から，以下のようなBITの最恵国待遇条項の特異性を指摘することができる。

第1に，BITの最恵国待遇条項は，その保護の内実が第三国条約との関係で決定されるという意味で，極めて不安定なものである。保護の内実が第三国条約との関係で決定されるというのは最恵国待遇条項の本質的な機能であるとの見方もできるが，物品貿易や知的財産権に関する最恵国待遇条項は，多角的貿易体制に組み込まれた結果，第三国条約との関係で保護を拡大するというよりも，多角的貿易体制の内部において無差別待遇を義務付けることをより重要な機能としている。投資については多数国間条約が存在しないため，BITの最恵国待遇条項の不安定さが際立つ結果となっている。

第2に，BITの最恵国待遇条項は，不均衡な結果をもたらす恐れがあるにもかかわらず，制約や例外がほとんど課せられない。先進国と開発途上国との間で締結されることの多いBITは[56]，形式的に相互主義を謳っていても，多くの投資が先進国から開発途上国に向けて行われている現状においては，開発途上国の先進国投資家に対する片務的な義務を課しているのが実情である。換言すれば，先進国投資家は受益者，開発途上国は利益の供与者という立場に固定化され，BITの最恵国待遇条項によって与えられる利益は先進国投資家によってフリーライドされている。物品貿易やサービス貿易については，最恵国待遇条項によって生じ得る不均衡を矯正するための例外や免除などが認められているが，BITについてはそのような最恵国待遇条項の例外や免除などが定められていない場合も多い。

第3に，最も重要な点として，BITの最恵国待遇条項は，交渉ではなく裁判を通じて適用されている。サービス貿易や政府調達に関するRTA（基本条約）の規定は，他のRTA（第三国条約）がより有利な待遇を定めているからといっ

---

[56] 特に1959年から1970年までに結ばれたBITの約8割が，西欧諸国とアフリカ諸国との間で結ばれたものであった。ICSID Database of Bilateral Investment Treatiesに基づく調査。https://icsid.worldbank.org/ICSID/FrontServlet. このほか西欧諸国とアジアまたはラテン・アメリカ諸国とのBITが約2割を占める。

てそのことを直ちに裁判において問題とすることを可能にしているわけではなく，第三国条約上のより有利な待遇が基本条約の締約国にも適用されるよう交渉を行うことを求めるにとどまる。他方でBITについては，BITの一方の締約国の投資家は，自ら仲裁を申し立て，仲裁において最恵国待遇条項に基づく利益を自らの法的権利として主張することができる。

　2で確認したように，BITの最恵国待遇条項が紛争処理条項を対象とするかや，紛争処理条項を対象とするならばどの範囲かについて，投資仲裁決定は一致していない。これについて，一方では，紛争を仲裁に付託できるというのも投資家にとって有利な「待遇」の一つであるということを考慮すれば，紛争処理条項も当然に最恵国待遇条項の対象となるように思われる[57]。しかし他方で，そうした解釈は，最恵国待遇条項が私人の法的権利を拡大する根拠として仲裁裁判において用いられ，それにより開発途上国を中心とする一部の国に極めて不均衡な結果がもたらされるという，他の経済条約にはないBITの最恵国待遇条項の特異性を際立たせることとなる。こうした状況が，BITの最恵国待遇条項をどのように解釈すべきかについての議論を必然的に惹起し，BITの最恵国待遇条項の解釈に仲裁人のイデオロギーの対立を色濃く映し出しているのである。

---

57) Guido Santiago Tawil, *Most Favoured Nation Clauses and Jurisdictional Clauses in Investment Treaty Arbitration, in* Christina Binder, Ursula Kriebaum, August Reinisch & Stephan Wittich eds., INTERNATIONAL INVESTMENT LAW FOR THE 21ST CENTURY, ESSAYS IN HONOUR OF CHRISTOPH SCHREUER 9, 19 (Oxford University Press, 2009).

24 国家債務再編と国際法の役割

森 下 哲 朗

1　国家債務の再編を巡る従来の議論：SDRM と CACs
2　アルゼンチンの国家債務再編を巡る問題状況
3　国家債務再編と投資協定仲裁
4　国家債務再編と国際法の役割

　多額の対外債務を抱えて返済に窮した国家の債務の再編という問題自体は，新しいものではない[1]。しかし，現在，国家債務の再編問題は，かつてとは異なる様相を呈しており，様々な困難な問題に直面している。本稿では，国家債務を巡るこれまでの議論を概観した後，最近のアルゼンチン等の債務再編を巡る米国の裁判所や ICSID における法的紛争を題材に，国家の裁判所や ICSID における紛争処理の抱える問題点を指摘したうえで，国家債務問題の秩序ある処理のために，国際法がどのような役割を果たすべきかについて論ずることとしたい。

1　国家債務の再編を巡る従来の議論：SDRM と CACs

（1）国家債務再編を巡る環境の変化

　企業が多額の債務を抱えて弁済できなくなった場合には，各種の倒産手続が用意されている。倒産手続には，大別して，企業を清算するタイプのものと，

1）　例えば，International Monetary Fund, A survey of Experience with Emerging Market Sovereign Debt Restructuring (June 5, 2012) (available at http://www.imf.org/external/np/pp/eng/2012/060512.pdf), at 9 では，過去60年間だけでも95カ国において600件超の国家債務再編があったとしており，そのうち，186件が民間債権者（銀行，国債権者）との間の債務再編であり，450件超がパリクラブにおける国家間債務の再編に関するものであったとしている。

企業を存続させながらその再生を図るタイプのものが存在するが，両方の手続に共通する倒産法制の最も基本的な原則は，債権者による個別執行の禁止と債権者平等の実現にある²⁾。

　国家にはそのような倒産手続は存在しない。この結果，当事者間の契約内容と当事者の交渉力によって処理の仕方が左右されることになる³⁾。従来は，国家の対外債務の債権者であったのは主に国家や銀行であり，公的債務に関するパリクラブ⁴⁾，銀行債権に関するロンドンクラブ⁵⁾，といった特定のメンバーによる非公式の場における交渉等を通じて，秩序ある破綻処理が行われてきた。ところが，2000年代になると，従来は国家による資金調達の手法が他国によるODA等の借款や銀行によるシンジケートローンに限られていたものが，資本市場におけるソブリン債の発行へと広がりを見せるようになった。これにより，債権者の数が増加し，個人投資家なども債権者となり，債権者の分布が国際的にも広がりをもつようになり，この結果，高い割合の債権者の合意を得て債務再編案を成立させることが行いにくくなったり，訴訟等を通じて抜け駆け的な回収を行おうとする投資家が登場したりして，国家債務の再編は従来以上に難しいものとなってきていると指摘されるようになった⁶⁾。こうした状況に対する対策として，国家債務再編のためのメカニズムを整備しようという提案と，Collective Action Clauseと呼ばれる条項を債券に盛り込むことによって秩序ある破綻処理を行いやすくしようという提案がなされた。

（2）IMFによるSDRMの提案

　以上のような国家債務再編に関する問題関心を踏まえ，IMFが2001年11月

---

2) 伊藤眞『破産法・民事再生法〔第2版〕』（有斐閣，2009）9頁以下を参照。
3) フィリップ・ウッド「主権国家の破綻処理とギリシャの教訓」法律時報86巻2号30頁以下（2013）。
4) パリクラブにおける債務再編交渉については，浅川雅嗣「国家財政破綻への対応──国際金融における実例を基に」フィナンシャル・レビュー平成23年2号94頁以下を参照。
5) パリクラブ，ロンドンクラブにおける債務再編について，Udaibir Das, Michael Papaioannou and Christoph Trebesch, Sovereign Debt Restructurings 1950-2010: Literature Survey, Data, and Stylized Facts (IMF Working Paper), at 14ff. を参照。
6) Anne Krueger, International Financial Architecture for 2002: A New Approach to Sovereign Debt Restructuring (Speech on November 26, 2001) (available at https://www.imf.org/external/np/speeches/2001/112601.htm)

に提案したのが Sovereign Debt Restructuring Mechanism（SDRM）である。SDRM の基本的な考え方は，企業再生手続を国家債務再編に応用しようというものであり，①債権者が支払いを求めて個別に訴訟を提起することによって債務再編のための交渉を阻害することを防止すること，②債権者による個別執行を禁止している間に債務者である国家が責任をもって行動することを保証すること，③債務者である国家の資金調達ニーズに対応するため民間金融機関が新しい資金を融資しやすくすること，④多数によって合意がなされたならば少数債権者を拘束すること，といった原則を満たすようなメカニズムを国際的に形成しようというものである[7]。IMF による SDRM の提案は，民間金融機関等の反応も受けて，その後，2002年4月，2002年11月に改訂版が示された[8]。2002年11月に提案された SDRM の概要は以下のようなものである[9]。

① 対象とする債務

国家の商業活動から生じる債務全てが対象となり得るが，債務者である国家が手続の対象とする債務の種類を提案し，債権者と協議する。但し，国内法を準拠法とし国内裁判所の専属管轄に属する債務，担保付債務等優先権を付与されるべき債務，国家に対する債務については，対象外とすることが考えられる。

② 開始権者

手続を開始できるのは国家のみである。但し，独立した第三者が，手続開始の前提となる国家の状態についての国家自身による説明の正確性を検証する必要があるかどうかという問題がある。

③ 開始の効果

手続が開始すると，国家は債権者に対して自己の債務に関する全ての情報（手続に取り込まれない債務を含む）を提供する。手続の開始は一般的な個別執行停止効は持たないが，個別執行により回収された額は手続からの配当額

---

7) Krueger, Id.
8) IMF による SRDM の提案の変遷を詳しく紹介したものとして，荒巻健二「SDRM —— IMF による国家倒産制度提案とその評価」開発金融研究所報15号（2003年3月）42頁以下を参照。
9) IMF, The Design of the Sovereign Debt Restructuring Mechanism-Further Consideration (November, 2002), at 8 ff. また，荒巻・前掲注8）42頁以下，浅川・前掲注4）91頁以下も参照。

から控除する。なお，メカニズムによって創設される紛争解決機関が特定の個別執行を禁止することができるようにするかどうかという問題がある。

④ 債権者の参加

債権者の活発で早期の参加を促すため債権者委員会を組成する。新規融資への優先権の付与，債務再編の具体的内容，メカニズムの終了といった事項については，債権額の75％以上の多数決による。国家が債務の再編策を提案する場合には，メカニズムに取り込まれていない債務の処遇についても情報を提供する必要がある。債権者によって可決された再編案は，メカニズムによって創設される紛争解決機関の認証を経たうえで，手続の対象である（現実に議決に参加している必要はない）全ての債権者を拘束する。公的債権者については別のクラスを組成する。再編を促進するため，国家は優先順位の異なる幾つかのクラスを設けることもできる（但し，債権者の不当な差別となってはならない）。

⑤ 制　　裁

債務者である国家による虚偽の情報提供はIMF協定違反として制裁の対象とする。

⑤ 手続の終了

手続は，再編案が紛争解決機関によって認証されること，あるいは，債務者が手続の終了を選択することによって終了する。債務再編の合意に至る合理的な見込みがない場合には紛争解決機関は手続を終了することができ，また，債権者が手続の開始が正当化されないと考えた場合には債権者委員会での議決によって手続を終了することができる。

⑥ 紛争解決機関

手続の管理，手続の過程で生じる紛争の解決，再編案の認証を行うため，7名から11名の裁判官・専門家からなるパネルを創設する。これとは別に，債務者である国家以外の国の裁判所に対して，当該国内における個別執行の停止を求める権限を付与することが考えられる。

⑦ 法的根拠

IMF協定の改正（参加国の3／5，85％以上の投票権の賛成が必要）による。

SDRMに対しては，欧州，カナダ，日本から支持が示されたが，発展途上国は懐疑的であったという指摘や[10]，2003年にはIMF加盟国の7割超が支持

するに至ったという指摘がなされている[11]。米国は，米国の投資家の契約上の権利が制約を受けることになる点や，米国の裁判所の管轄権が制約を受ける点を懸念したようである[12]。また，銀行等民間債権者からは，このようなメカニズムが整備されると国家はデフォルトしやすくなるのではないかといった懸念や[13]，このメカニズムにおいて主導的な役割を果たすIMFは，自分自身が主要債権者の一人であり，利益相反があるのではないかといった懸念が示された[14]。結局，上記のようなIMFによるSDRMを更に具体化することは断念され，次に述べるCollective Action Clauseによる対応が現実的なものとして進められることとなった。

（3）Collective Action Clause

Collective Action Clauses（CACs）は，債券保有者の多数の議決を得ることによって少数者をも拘束しようとする条項であり，こうした条項をソブリン債に組み込むことによって，IMF協定の改訂のような重大な手続を経ることなく，債券保有者との早期の対話や合意を促進し，少数債権者の合意が得にくいために再編が遅延するといった問題や，個別債権者の抜け駆け的な個別執行といった問題に対応することが可能になる[15]。代表的な条項としては，①債券の条件変更について債券保有者の過半数等の承認があれば債券の条件変更に賛成しない債券保有者も変更に拘束されるとするもの，②債券保有者の一定の割合（20％から25％とされることが多いようである）の承認がない限り期限の利益を喪失させたり訴訟を提起することはできないとするもの，③デフォルト後にトラ

---

10) "An international framework for restructuring sovereign debt" (Federal Council report of 13 September 2013 in response to the Gutzwiller postulate 11.4033 "An insolvency procedure for sovereigns"), at 17. (available at https://www.sif.admin.ch/sif/en/home/dokumentation/medienmitteilungen/medienmitteilungen.msg-id-50234.html)

11) Molly Ryan, Sovereign Bankruptcy: Why now and Why not in the IMF, 82 Fordham L.R. 2473, 2512 (2014)

12) Ryan, Id., at 2512.

13) Ryan, Id., at 2512.

14) James Haley, Sovereign Debt Restructuring: Old Debates, New Challenges (CIGI Papers No. 32), at 12 (2014)

15) Group of Ten, Report of the G-10 Working Group on Contractual Clauses, at 1 ff., IMF, Collective Action Clause in Sovereign Bond Contracts- Encouraging Greater Use (2002), at 3.

スティーが回収した金額を債券保有者間でプロラタで配分するとするもの，が あるとされる[16]。

　CACs については，当初はその法的有効性等についての議論もあったが[17]， 現在では利用が広がってきているようである。例えば，2003年以降はニューヨーク州法を準拠法とする債券に CACs が盛り込まれることは一般的になってきたとのことであるし[18]，欧州では，2012年２月にユーロ圏加盟17カ国によって署名された欧州安定メカニズムを設立する条約（Treaty Establishing European Stability Mechanism）の12条（３）において[19]，2013年１月以降，ユーロ圏加盟国が満期１年超の国債を発行する際には，必ず CACs を盛り込まなければならないことが規定されている。なお，欧州委員会の Economic and Financial Committee が2011年７月にモデル CACs を公表しているが（その後，2012年２月に改訂版を公表）[20]，そこでは，債券の変更のうち重要な事項（期日の変更，元利金の減額，元利金支払債務への条件の付加，保証・担保の解除，優先順位の変更等）については，債権者集会（定足数は債券の未払元本額の66 2/3％以上の債務保有者参加）における未払元本額75％以上の賛成か，未払元本額の66 2/3％以上の債券保有者の書面による賛成が必要であり（2.1），その他の事項については債権者集会（定足数は債券の未払元本数の50％以上の債務保有者参加）または書面決議による単純多数決によるとされている（2.5）。また，このモデル条項では，複数の発行回に跨る債券について一括して変更を行う場合に備えた条項，いわゆる aggregation clause も設けられており，複数の発行回に跨る債券について一括して変更を行う場合には，未払元本額の合計額の75％以上（債権者集会の場合）または66 2/3％以上（書面決議の場合）の債務保有

---

16) ウッド・前掲注３）33頁。
17) 日本法上の問題を検討したものとしては，国際金融情報センター「集団行動条項を巡る国内法制上の論点に関する研究会報告書」（平成16年７月）を参照。
18) Matthias Goldmann, Necessity and Feasibility of a Standstill Rule for Sovereign Debt Workout (Revised Version of 23 January 2014), at 4.
19) 欧州安定メカニズムは，債務危機にあるユーロ圏各国に対する金融支援のための恒久的なファンドとして設けられたものであり，7000億ユーロ超の資金を有している。European Stability Mechanism, Fact Sheet (available at http://www.esm.europa.eu/about/publications/index.htm) (accessed on Aug. 17, 2014)
20) 欧州委員会のウェブサイト（http://europa.eu/efc/sub_committee/cac/cac_2012/index_en.htm）を参照。

者賛成に加えて，各回毎の債権者集会または書面決議において，66 2/3％超（債権者集会の場合）または50％超（書面決議の場合）の賛成が得られる必要があるとされている（2.2）。こうした決議は，全ての債券保有者を拘束する（4.12）。

こうしたCACsの意義については，「契約により法の欠缺を補い，ソブリン債に法的な倒産処理手続における債権者による決議に概ね相当する手続を導入し，一般的な企業破綻処理制度に相当する効果をもたらせることである」と指摘されている[21]。確かに，周到に設計されたCACsは，契約によって，倒産法の基本原則を，当該債券の債券保有者の間に実現することができるという側面があると思われる[22]。但し，CACsには，①ハゲタカ・ファンドなどが比較的未払元本額が少ない発行回の債券を狙って，期限の利益喪失や訴訟提起を可能にしたり，金額の変更等についての合意を阻止したりするのに必要な量の債券を購入することも可能であること（特に，債務危機に陥って価格が下落した国債については購入しやすくなる）[23]，②欧州のモデル条項では一応の手当てがなされているものの，CACsは債券毎の解決策であり多くの種類の債券が発行されている場合の効果には限界があること[24]，といった問題もある。また，利用が進んできているとはいえ，現存する債券にはCACsを盛り込んでいないものも少なくないようである[25]。

最近のギリシャの例では，外国法を準拠法とする国債にはCACsが盛り込まれていたが，約90％を占めるギリシャ法を準拠法とする国債にはCACsが盛り

---

21) ウッド・前掲注3）33頁。
22) 但し，欧州がCACsを盛り込むことを強制した点については，債務の再編についての具体的な効果というよりも，様々な事情を反映して盛り込まれることとなった，シンボル的な意味合いが強いという見方も示されている（Anna Gelpern & Mitu Gulati, The Wonder-clause, Journal of Comparative Economics 41 (2013) 367, 374ff.）。
23) Goldmann, supra note 18, at 4; Ioannis Glinavos, Haircut Undone? The Greek Drama and Prospects for Investment Arbitration (available at http://jids.oxfordjournals.org/), at 6.
24) Glinavos, Id., at 6. Ryan, supra note 11, at 2502. Ryan, Ibid は，アルゼンチンは2005年の時点で152の債券を発行していたが，このように多くの種類の債券が発行されている場合にはある債券との関係では再編が承認されるが別の債券との関係では再編が拒否されるといったリスクが高いとする。
25) Youngjin Jung & Sangwook Daniel Han, Sovereign Debt Restructuring under the Investor-State Dispute Regime, Journal of International Arbitration 31, no. 1 (2014), 75, at 78ff.
26) ウッド・前掲注3）29頁。

込まれていなかった[26]。そこでギリシャ議会は，2012年2月，既に発行済みのギリシャ法を準拠法とする国債について，未払元本額の2／3以上の債券保有者が新債券との交換等の条件変更に賛成すれば，全ての債券保有者を拘束することとするという内容の法律（法4050/2012）を成立させた[27]。これは，CACsを事後的に債券に盛り込むのと同様の効果を持つものである。2012年3月，ギリシャ政府は，名目元本額の50％超の減額を伴う新債券との交換を提案したが，外国法を準拠法とする国債についてのCACs及びギリシャ法を準拠法とする国債についての上記の新法に基づく手続を発動させた結果，1770億ユーロの未払債券額のうち1460億ユーロに相当する債券保有者が新債券との交換に賛成することとなった[28]。CACsの発動前にギリシャの提案に応じた債券保有者は，ギリシャ法に準拠する国債では85.8％，外国法に準拠する国債では69％にすぎなかったとされており[29]，CACsの威力を物語る結果であると言ってよいと思われる。但し，ギリシャに対しては，上記の債務交換の対象となったギリシャ国債を保有していたスロバキアの銀行及び同行の株主であるキプロス法人が，2013年5月，ギリシャとスロバキア，及び，ギリシャとキプロスの投資協定に基づき，投資仲裁の申立てを行っている[30]。

2　アルゼンチンの国家債務再編を巡る問題状況

（1）アルゼンチンによる国家債務の再編

アルゼンチンは，2001年に国債の大部分について支払停止を宣言した。そして，2005年，支払いを停止したこれらの債券を新しい債券と交換することを内容とする債務再編案を示し，債券の保有者に対して任意に交換に応じるよう提案した。この交換に応じなかった債券保有者に対してアルゼンチンが後でより有利な提案をするのではないかという債券保有者からの懸念に対応するため，アルゼンチン議会は2005年2月，通称「ロック法」と呼ばれる法律第26,017号

---

27)　ウッド・前掲注3）29頁，Melissa Boudreau, Restructuring Sovereign Debt Under Local Law: Are Retrofit Collective Action Clauses Expropriatory?, Harvard Business Law Online 2012 Volume 2, 164, 165ff. (available at http://www.hblr.org/2012/05/retrofit-collective-action-clauses/)

28)　Goldmann, supra note 18., at 2.

29)　ウッド・前掲注3）29頁。

を制定し，議会の承認なしに政府が債券の交換を再開してはならないこと，及び，債券の交換に応じなかった者に対する如何なる決済をも禁止することを定めた。結局，この2005年の債務交換提案には約76％の債券保有者が応じ，額面で25％から29％に相当する新債券を受け取った[31]。その後，2010年には，2005年の債券の交換に応じなかった債券保有者を対象に，アルゼンチンが2005年の債券の交換と同じ内容での交換を提案し，約2／3の債券保有者がこれに

---

30) Poštová banka, a.s. and ISTROKAPITAL SE v. Hellenic Republic（ICSID: Case No. ARB/13/8）. Glinavos, supra note 23, at 12. 本稿執筆時点（2014年8月）では管轄・本案についての判断は出されていない。本文で述べたような立法により遡及的に国債の条件を変更したギリシャの措置については，国家による収用あるいは公正衡平待遇違反であるといった主張が投資家からなされることが考えられる。このような主張に対するギリシャ側の反論としては，条件の変更は実際には CACs に基づく債券保有者の意思によってなされたのであって，ギリシャの主権的な行為に基づくものではない，というものが考えられる。この点については，もともと債券に含まれていた CACs の発動による場合については，主権的な行為によって投資家の権利が影響を受けたことにはならず，投資仲裁の対象とされるべきではないとする見解が少なくない（Michael Waibel, Opening Pandra's Box: Sovereign Bonds in International Arbitration, 101 Am.J. Int'l L. 711, 736ff.; Tomoko Ishikawa, Collective Action Clauses in Sovereign Bond Contracts and Investment Treaty Arbitration – An Approach to Reconcile the Irreconcilable（available at http://www.degruyter.com/view/j/ael.2014.4.issue-2/ael-2013-0056/ael-2013-0056.xml?format=INT）, at 12（2012））。しかし，今回のギリシャのケースでは，ギリシャ法を準拠法とする国債について2／3以上の債券保有者の賛成を経て新債券との交換がなされることになったのは，2／3以上の債券者が賛成したからというよりも，その前提となった前掲注27に対応する本文で紹介した立法（法4050/2012）によるものであるので，主権的な行為ではなく債券保有者の意思によるものである，といった主張は認められ難いであろうと指摘されている（Glinavos, supra note 23, at 11ff.）。また，緊急避難（necessity）や不可抗力（force majeure）を根拠とする反論も考えられるが，過去の仲裁判断例に照らすと，そのような反論に成功することは容易ではないのではないかといった見方も示されている（Glinavos, Id., at 13.）。損害額については，額面額を基準とするのではなく，公正市場価値を基準に算出することによって，圧縮されるのではないかとの見解もある（Glinavos, Id., at 18ff.）。なお，今回のギリシャの立法に対しては，ギリシャ国内において，ギリシャ憲法で保護されている経済的自由・当事者自治・契約自由・正当な期待の保護・法的確実性・平等原則に反する，今回の措置は憲法が禁じる対価を相当の支払わない収用に当たる，欧州人権条約第一議定書に反する，との訴えが提起されたが，2014年3月21日，ギリシャの Council of State（最高行政裁判所）は，いずれの主張も退けている（この点については，Yannis Erifillidis, Legislative measures to prevent Greece economic collapse: a step too far? [2014] Butterworth Journal of International Banking and Financial Law, July/August 468ff. を参照）。

31) Waibel, Id., at 714. なお，アルゼンチンによる国家債務の再編については，J.F. Hornbeck, Argentina's Defaulted Sovereign Debt: Dealing with the "Holdouts"（available at http://fas.org/sgp/crs/row/R41029.pdf）が詳しい。

応じた。この結果，2005年と2010年の2回の債務交換の合計で，91％超の債券保有者が債券の交換に応じた[32]。債券の交換に応じた債券保有者には新債券に基づく支払いが行われ，交換に応じず元々の債券を保有し続ける債券者（"holdout creditor"と呼ばれる）に対しては何らの支払いも行われていない[33]。

（2）アルゼンチンの債務再編を巡る法的紛争①：パリパス条項

以上のような2回の債務再編を不服として交換に応じなかった債券保有者達は，アルゼンチンを相手として訴訟や仲裁を提起しており，その中では，国家債務再編のあり方に大きな影響を与える幾つかの重要な法的問題が争われている。

第一は，アルゼンチン国債を保有するヘッジファンドである原告（NML Capital）が米国の裁判所で提起した民事訴訟におけるパリパス条項の効果に関する争いである。この訴訟の原告が保有するアルゼンチン国債の多くは，2008年6月から11月にかけて，額面で2億2千万米ドル超のアルゼンチン国債を約4870万米ドルで購入したもののようである[34]。ここでのアルゼンチン国債は，ニューヨーク州法を準拠法とし，ニューヨークの州または連邦の裁判所の管轄に合意するものであった[35]。

この訴訟の過程において原告は，国債に含まれていたパリパス条項（pari passu clause）を根拠として，アルゼンチンは原告に対して支払いを行うまでは新債券の保有者に対して支払いを行ってはならないとの差止命令（injunction）を求め，連邦地裁，控訴審はいずれも差し止めを認めた（最高裁はアルゼンチンの上訴を認めなかった）[36]。

本件においてアルゼンチン国債に含まれていたパリパス条項は，以下のようなものである。パリパス条項は，ソブリン債のほか，シンジケートローン契約などにおいても一般的にみられる条項であり[37]，本件におけるパリパス条項もソブリン債によく見られるタイプのうちの一種である[38]。

---

32) Hornbeck, Id., at 6 ff.
33) Hornbeck, Id., at 9.
34) UNCTAD, Argentina's 'vulture fund' crisis threatens profound consequences for international financial system（25 June 2014）（available at http://unctad.org/en/pages/news-details.aspx?OriginalVersionID=783&Sitemap_x0020_Taxonomy=UNCTAD%20Home）
35) NML Capital, Ltd. V The Republic of Argentina, 699 F. 3 d 246, 253ff.

「[t] he Securities will constitute…direct, unconditional, unsecured and unsubordinated obligations of the Republic and shall at all times rank pari passu without any preference among themselves. The payment obligations of the Republic under the Securities shall at all times rank at least equally with all its other present and future unsecured and unsubordinated External Indebtness.」[39]

2011年12月の連邦地裁の命令は、「他の無担保・非劣後対外債務であって期日が到来しているものの債権者に対して支払を行いながら、原告の債券の債務であって期日が到来しているものを支払わなかったり、立法措置等によって原告の債券に基づく支払債務の順位（rank）を現在及び将来の他の無担保・非劣後対外債務より低くしたりした場合には、共和国は（上記条項）に違反することになる」としたうえで、本件ではアルゼンチンは原告らに対する支払いを拒否しながら新債券に対する支払いを行ったので、上記条項に違反したことになると述べた[40]。そして、2012年2月には、連邦地裁は、上記違反に対するエクイティ上の救済として、アルゼンチンが2005年あるいは2010年の債務交換の結果発行された債券に基づき期日の到来した債務の支払いを行う場合には、同時にあるいは事前に、原告に対して比例的な支払い（Ratable Payment）を行わ

---

36) 差止命令に対する判断は、2度にわたって行われている。第一回目の判断においては地裁がアルゼンチンはパリパス条項違反に違反しているとし（2011年12月）（Order, NML Capital Ltd. v. Republic of Argentina, No. 08 Civ. 6978 (TPG) (S.D.N.Y. Dec. 7, 2011)）、後に、差止めを認めたが（2012年2月）（Order, NML Capital Ltd. v. Republic of Argentina, No. 08 Civ. 6978 (TPG) (S.D.N.Y. Feb. 23, 2012)）、控訴審はパリパス条項についての地裁の解釈を支持し、差止めを認めるとしつつも、差止め命令に基づく支払のフォーミュラと銀行等第三債務者への適用が不明確であるとして地裁に差し戻した（2012年10月）（NML Capital Ltd. v Republic of Argentina, 699 F. 3 d 246 (2 nd Cir., 2012)）。これを受けて、地裁は2012年11月に新たな差止命令を出し（NML Capital, Ltd. v. Republic of Argentina, 2012 U.S. Dist. LEXIS 167272 2012 U.S. (Nov. 21, 2012), Dist. LEXIS 168292 (Nov. 21, 2012)）、今度は、控訴審によっても差止めが認められた（2013年8月）（NML Capital Ltd. v. Republic of Argentina, 727 F. 3 d 230 (2 nd Cir., 2013)）。最高裁は、2014年6月16日、上告を認めないとの判断を下した（certiorari denied by Republic of Arg. v. NML Capital, Ltd., 2014 U.S. LEXIS 4259 (U.S., June 16, 2014)）。
37) Allen & Overy, The pari passu clause and the Argentine case (27 December 2012), at 3.
38) Allen & Overy, Id., at 4.
39) 699 F. 3 d 246, 251.
40) Order, NML Capital Ltd. v. Republic of Argentina, No. 08 Civ. 6978 (TPG) (S.D.N.Y. Dec. 7, 2011)

なければならず，原告に比例的な支払いを行うことなしに新債券に基づく支払いを行ってはならない，との差止命令（injunction）を発した[41]。

　控訴審においてアルゼンチンは，ソブリン債におけるパリパス条項の意味は，法的に劣後させたり，法律上の順位を差別的なやり方で低下させることを禁止したものであるというのが50年以上にわたって広く理解されてきたところであり，本件では新債券の保有者は原告に対して優先権を与えられているわけではない（法的には同順位であるが，事実上，原告に支払いを行っていないだけである），と主張したが，2012年10月，控訴審は，上記条項の第一文は優先する債券を発行することによって原告の債券を劣後させることを禁止したものであり，第二文は原告に支払わないまま他の債券に支払うことを禁止したものと解すべきであると述べ[42]，アルゼンチンの主張を退けた。なお，控訴審は，上記のような理解は国家の債務処理の文脈においても道理に適ったものであるとし，国家がデフォルトした際には債権の種類等によって法的な優先順位が定められている倒産手続が開始することがなく，国家は自分で債権者に対する支払順序を決めることができるが，パリパス条項は上記のような国家が債券の保有者を差別的に取り扱うことを禁止するという意味を持つのである，とも述べている[43]。また，アルゼンチンは，上記のような差止命令は，外国主権免除法（Foreign Sovereign Immunity Act）に違反すると主張したが，控訴審判決は，差止命令はアルゼンチンの資産を差し押さえているわけではなく，ある債券保有者への資産の移転を禁止するという形で付随的にアルゼンチンの資産に影響を与えているだけであるので，主権免除法に抵触するものではないとした[44]。

　以上のようなパリパス条項の解釈は，本件における米国の裁判所に先立ち，2000年，本件の原告の親会社でありニューヨークのヘッジファンドであるElliott Associates, L.P. とペルーとの間の紛争においても，ベルギーの控訴裁判所によって示されていたものであるが[45]，アルゼンチンも主張するように，従

---

41) Order, NML Capital Ltd. v. Republic of Argentina, No. 08 Civ. 6978 (TPG) (S.D.N.Y. Feb. 23, 2012).
42) 699 F. 3 d 246, 258ff.
43) 699 F. 3 d 246, 259.
44) 699 F. 3 d 246, 362ff.
45) Lee Buchheit & Jeremiah Pam, The Pari Passu Clause in Sovereign Debt Instruments, 53 Emory L. J. 869, 877ff. (2004)

来の実務におけるパリパス条項の解釈に反するものであるとして，研究者や実務家から批判が強い。パリパス条項の解釈としては，①順位 (rank) に着目した狭い解釈：債務者は債権者を法律上同順位として扱わなければならない旨を規定したものとの解釈 (この解釈によれば，債務者は pari passu 条項の対象となる債権を他の債権と法律上同順位に扱っていれば足りるので，倒産手続が開始して債務者による自由な弁済が禁止されたりしない限り，債務者は自らの意思により債権者のうち一部の債権者に対してのみ弁済しても差支えないこととなる)，②支払 (payment) に着目した広い解釈：全ての債務を支払えない場合，債務者は全ての債権者にプロラタでの支払いをしなければならないとの解釈 (この解釈によれば，債務者は，期限の到来している pari passu 条項の対象となる債権の債権者に加えて他の債権者がいる場合には，pari passu 条項の対象となる債権についても同時に支払いを行わない限り，他の債権に対する支払いを行うことはできず，pari passu 条項の対象となる債権の債権者は，自分達に支払いを行わないまま他の債権者に対する支払いを行うことを差し止め得ることになる)，が存在するが[46]，実務的には①の解釈が当然のものとして受け入れられてきたと主張されている[47]。このような解釈が当然なものとして受け入れられてきたことを示す証拠としては，シンジケートローンにおいてはパリパス条項と並んで，シェアリング・クローズ (一部の債権者のみが弁済を受けた場合には他の債権者とプロラタで配分しなければならない旨を規定する条項) が存在しているが，パリパス条項がプロラタでの支払いを担保するものであればシェアリング・クローズなどは不要なはずであること[48]，また，契約において法的な順位を確保するだけではなくプロラタでの支払いを義務付けようと思えばそう記載すればよく，実際，その趣旨を規定した Most Favoured Debt Clause と呼ばれる条項が盛り込まれることもあること[49]，等が挙げられている。また，英国法上，パリパス条項がどのように解釈されるべきかについて，英国における金融法の代表的な研究者・実務家の集まりである Financial Markets Law Committee が2005年に公表したレポートでは，②の解釈を取った場合には様々な不合理な結果がもたらされること，また，文言それ自体からみても①の解釈が妥当であることが指摘されている[50]。さ

---

46) Allen & Overy, supra note 37, at 6 ; Olivares-Caminal, The Pari Passu Interpretation in the Elliott Case: A Brilliant Strategy but an Awful (Mid-Long Term) Outcome?, 40 Hofstra L. R. 39, 46. (2011)

らに，政策的な観点からも，②の解釈は，債務再編提案を拒否する一部の債権者が秩序ある債務再編を妨害することを容易にするものであると批判されている[51]。国家債務については，一方で企業の倒産手続におけるような免責の制度が用意されていないが，他方で主権免除によって執行が難しくなっている，といった微妙なバランスが保たれていたところ，②の解釈は，一部の債権者が債権を回収しやすくするものであり，こうしたバランスを崩すものであるとの指摘もなされている[52]。

---

47) Allen & Overy, Id., at 6 ff.. ①の解釈が法律実務家や研究者にとって当然のものとして受け入れられてきたことを詳細に論じるものとして，Buchheit & Pam, supra note 45, at 883ff. を参照。Buchheit & Pam, Id., at 894ff. によれば，かつては，pari passu 条項は，英米法において複数の債券が共通の担保物によって担保されている場合には担保権実行によって得られた資金は債券の発行日や弁済期の早い順に充当されることとなっていたところ，そうした順番を契約によって変更し，発行日や弁済期の如何に先後にかかわらず同順位として扱われるようにするための条項として用いられた（従って，担保付取引についてのみ用いられた）。その後，国家向け貸付は無担保取引が主流となり，pari passu 条項の意義は薄れたが，1980年代になると，スペインやフィリピンにおいて，無担保債権者が一定の手続により契約書を登録をして登録税を支払うと他の無担保債権者より優先するという法制がもたらすリスクが認識されたり，アルゼンチンが外国債権者を劣後するという法律を制定したりした結果，国家との無担保での融資契約に pari passu 条項を盛り込むことによって，国家に対して債権者が他の債権者と同順位であることを表明させ，同順位に扱うことを保証させるようになったとされる。そして，現在の無担保での融資契約や債券に pari passu 条項を盛り込む意義としては，債務者である国家が一部の債権者を劣後させるような法令を定めたり，スペインやフィリピンのような法制がある際に国家が登録を受け付けたりすることを契約上禁止するという点にあるとする。そして，こうした歴史的な経緯に照らしても，②の解釈は誤りであるとする (Id., at 917)。なお，米国政府が本文で述べた訴訟の控訴審に提出した amicus curiae brief も，国際金融の実務は①の解釈に立ってきたとする (Brief for the United States of America as Amicus Curiae in Support of Reversal, at 11ff.)。
48) Olivared-Caminal, supra note 46, at 47ff., Buchheit & Pam, supra note 45, at 884.
49) Allen & Overy, supra note 37, at 8.
50) Financial Markets Law Committee, Issue 79- Pari Passu Clause（available at http://www.fmlc.org/uploads/2/6/5/8/26584807/79.pdf）
51) Brief for the United States of America as Amicus Curiae in Support of Reversal, at 17ff., Olivares-Caminal, supra note 46, at 48ff. このような批判に対して，2013年8月の控訴審判決は，本判決は，他のソブリン債におけるパリパス条項の解釈に影響を与えようとするものではなく，債務者が一部の債権者に支払ったら常にパリパス条項に違反することになると言っているものでもなく，アルゼンチンの異常な振る舞いが本件国債における特定のパリパス条項の違反になると述べたに過ぎない，また，最近のソブリン債は Collective Action Clause を含んでいるので今回と同じような事態は発生しにくいはずである，と述べている（727 F. 3d 230, 247ff.）。

その後,アルゼンチンは原告らと事態の打開のために交渉したが合意には至らず,アルゼンチンは新債券の保有者に対する支払いを行うことができないまま,2014年7月30日には13年振りのデフォルトという事態に陥った[53]。しかし,上記の米国裁判所の判断に対しては,パリパス条項の解釈を誤ったものであるとして批判が強い。アルゼンチンのデフォルトに際して,IMFのラガルド専務理事は,アルゼンチンのデフォルト自体が市場を揺るがすということはないが,上記の裁判所の判断はより広範な影響を与えるだろうと述べたとされている[54]。また,アルゼンチンは,2014年8月7日,米国が上記のような一連の裁判例によってアルゼンチンの主権を侵害したとして,国際司法裁判所(International Court of Justice)に提訴したが[55],本稿執筆時点における報道によれば,米国はこれに応じない方針であるとのことである[56]。

なお,2012年11月に出された連邦地裁の差止命令では,アルゼンチンによる米国外での支払も差止めの対象とされ,また,アルゼンチンによる債券保有者への支払に関与する銀行や決済システム等が,差止命令に違反するアルゼンチンの支払に関与した場合には,法令違反の責任を問われる可能性がある旨に言及されていた[57]。このため,アルゼンチンのみならず,資金決済に携わる

---

52) Lee Buchheit, et. al, Revisiting Sovereign Bankruptcy (October 2013) (available at http://www.brookings.edu/research/reports/2013/10/sovereign-debt), at 15ff.

53) アルゼンチンは新国債の利払いのため,6月26日,国債の受託者であるBank of New York Mellonに539百万米ドルを預託したが,連邦地裁のGriesa判事は,アルゼンチンが原告らに対して支払うまではBank of New York Mellonが新国債の保有者に支払うことを禁じていた(U.S. Judge Threatens to Hold Argentina in Contempt of Court, The Wall Street Journal, Aug. 8, 2014) (available at http://online.wsj.com/articles/u-s-judge-threatens-to-hold-argentina-in-contempt-of-court-1407534958)。この結果,7月30日には6月30日が期日であった利息についての30日間のgrace periodが途過し,アルゼンチンのデフォルトが確定した(Argentina's Default Sends Ripples Through Markets, Wall Street Journal, Aug. 1, 2014) (available at http://online.wsj.com/articles/argentine-bond-prices-fall-ahead-of-court-hearing-1406903633)。

54) World Weighs Fallout of Argentine Bond Case on Other Indebted Nations, Wall Street Journal, July 30, 2014 (available at http://online.wsj.com/articles/world-weighs-fallout-of-argentine-bond-case-on-other-indebted-nations-1406743855)

55) http://www.icj-cij.org/presscom/files/4/18354.pdf

56) Wall Street Journal, U.S. Doesn't Want Argentina Bond Dispute in World Court (Aug. 8, 2014) (available at http://online.wsj.com/articles/u-s-doesnt-want-argentina-bond-dispute-in-world-court-1407534736)

57) 2012 U.S. dist. LEXIS 167272, 15ff.

Bank of New York Mellon や債券保有者グループによって，米国の裁判所は決済システムの参加者に対して対人管轄権を有しておらず，また，差止命令は域外的に適用することはできない，等の主張がなされた。しかし，控訴審判決は，差止命令は決済システムの参加者がアルゼンチンによる支払いを助けた場合には命令違反になる可能性があると述べているにすぎず，これらの者は命令の直接の名宛人となっているわけではないので，管轄権の問題はこれらの者が命令違反となり得る行為を行ったことにより米国裁判所の審理の対象となる際に判断されれば足りるとし，また，当事者に対して対人管轄権を有するエクイティの裁判所としての連邦裁判所は当該当事者がどこで行う行為についても差し止めることができるとするのが裁判例であると述べ，こうした主張には理由がないとしている[58]。このような控訴審判決の見方は，対人管轄権に重きを置く米国型管轄権観を基礎とするものであり，一旦対人管轄権さえ基礎づけられるならば，当然に世界中のどこで行われる作為・不作為についても命じることができるという考え方に基づくものであるとみることができるが[59]，我が国では国家管轄権を考える際には対象者のみならず事案と我が国との関連性を考慮すべきものと考えられており[60]，米国のような考え方は採られていない。2

---

58) 727 F. 3 d 230, 242ff. なお，その後も本件に関する係争は続いている。例えば，最近では，アルゼンチンが Bank of New York Mellon に債券の利払いのための資金として払い込み，米国裁判所の命令によって支払いが凍結されている資金について（注53参照），英国法を準拠法とするユーロ建債券の債券保有者が英国の裁判所において，債券の準拠法が英国法であるので利払いの可否は英国法により判断されるべきであると主張して，支払いを求める訴訟が提起されたりしているようである（Financial Times, November 3, Argentina's debt battle arrives in London with High Court appeal）。

59) 本件ではエクイティ上の差止が問題となったが，対人管轄権さえ認められれば世界中での作為・不作為を命じることができるという考え方は，米国において，より一般的なものであるように思われる。例えば，米国銀行のロンドン支店における預金口座について米国政府がリビア関係者に対する預金の払戻しを禁止した措置の効力が問題となったリビア・アラブ銀行対バンカース・トラスト事件について，米国の法律家からは，米国が米国民に米国法を適用しただけであり，域外適用の問題として位置づけることは適当ではないとの見方が示されたのに対して，英国の法律家からは，米銀が外国で業務を行っている場合，当該外国の法律が適用されるのは当然である，との見方が示されたが（曽野和明・神田秀樹「東京国際通貨法セミナーの模様」日本銀行金融研究所ディスカッションペーパー（2004年）22頁），前者の見方は，属人的な連関に依拠して国境を超えた自国法の適用や各種の措置を根拠づけるという本文で述べたような基本的な国家管轄権観を反映したものであるように思われる。

60) 山本草二『国際法〔新版〕』（有斐閣，1994）244頁以下，小寺彰・岩沢雄司・森田章夫編『講義国際法〔第2版〕』（有斐閣，2010）171頁。

（3）においても検討するように，こうした米国型管轄権観は必要以上の過度な域外的な管轄権行使の要因となるものであって，適切なものではないというべきである。

（3）アルゼンチンの債務再編を巡る法的紛争②：強制執行と主権免除

上述したアルゼンチンに対する米国での訴訟における原告は，上述の訴訟とは別に債券の元利金の支払いを求めて複数の訴訟を提起し，アルゼンチンに対して支払いを命じる確定判決を獲得しているが[61]，これらの判決に基づくアルゼンチンの資産に対する差押えも積極的に試みており[62]，例えば，2011年にはアルゼンチンの中央銀行がニューヨーク連銀に有する預金についての差押えを申し立てた。連邦地裁は，預金口座の過去の取引内容からすると当該預金はアルゼンチン政府によって商業目的で用いられていること，名義は中央銀行の預金ではあるものの実質的にはアルゼンチン政府の預金であると考えられること，従って，中央銀行預金についての執行免除を定めた外国主権免除法1611条（b）（1）の規定は適用されず[63]，アルゼンチン政府が債券との関係で行っていた外国主権免除放棄の対象となること，を挙げ，差押えを認めた[64]。控訴審では，米国政府も，地裁判決のように中央銀行預金に対する免除が限定的

---

61) NML Capital, Ltd. v. Republic of Argentina, 652 F. 3 d 172（2 nd Cir, 2011), 177（注6）では，2011年2月時点で，合計で16億米ドル超の債券の元利金返還請求権についての確定判決（2006年に1件，2009年に2件）を得ているとされている。これらの訴訟で扱われた債券は，前掲注5から注7に対応する本文で紹介したものとは異なるものである。

62) 本文で述べるほか，2012年にはガーナにおいてアルゼンチン海軍の船舶の差押えを申立て，一旦は認められた（但し，アルゼンチン政府が抗告し，主権免除の主張が認められて，差押えは解除された）（John Pottow, Mitigating the Problem of Vulture Holdout: International Certification Boards for Sovereign-Debt Restructurings, 49 Tex. Int'l L.J. 219, 225 (2014)）。

63) 外国主権免除法1611条（b）は，「……外国の財産は，次に定めるいずれかの場合には，差押え又は強制執行から免除される。（1）その財産が，外国の中央銀行又は軍事当局が自己の勘定として（for its own account）保有する財産である場合。もっとも，その中央銀行又は軍事当局が明示的に執行のための差押え又は強制執行からの免除特権を放棄している場合はこの限りではない。……」（翻訳は，『解説国際取引法令集』（三省堂，1994）によった），と規定する。同条に関する従来の議論については，横溝大「外国中央銀行に対する民事裁判および民事執行」日本銀行金融研究2005年11月号263頁以下を参照。

64) EM Ltd v Republic of Argentina, 720 F. Supp. 2 d 273 (S.D.N.Y. 2010)

なものとなれば，外国中央銀行は米国から資金を引き出し他国に移す可能性があり，また，相互主義的に外国における連銀の資産が適切な保護を受けることを促進するという米国の利益が害される，さらに，主権免除法の文言や立法過程も中央銀行の政府からの独立性に関わらず中央銀行の資産が強制執行から免除されるべきものであることを示している，等と述べた amicus curiae brief を提出した。控訴審は，条文の文言や立法過程をみると，中央銀行預金についての執行免除を定めた主権免除法1611条（b）（1）は中央銀行が政府から独立しているかどうかに関わらず適用されるべきものであるとした。また，1611条（b）（1）にいう「外国の中央銀行……が自己の勘定として保有する財産」というためには中央銀行自身の利益（own profit or advantage）のために用いられている必要があるとの原告の主張に対しては，控訴審判決は，中央銀行名義の口座の資金（funds......held in an account in the name of a central bank......）は執行免除の対象となると推定されるとしたうえで，当該資金が通常中央銀行の機能であると理解される活動（商業的な性格であるかどうかは関係ない）に用いられていないことを原告が立証した場合には，推定は覆されるとの判断基準を示し，そうした立証のない本件では，中央銀行の預金は強制執行の対象とはならないとした[65]。控訴審判決に対しては，ハゲタカ・ファンドによる連邦司法制度の濫用を阻止し，米国に資金を置く外国にとってより安定的な法環境を生み出したものとして評価する見方が示されている[66]。上記控訴審判決の立場は，口座名義を基準とする点で明確であり，また，外国中央銀行名義の預金口座が資産隠しのために用いられるような場合には反証の余地を認めている点で，バランスのとれたものであるように思われる。なお，日本では，「外国等に対する我が国の民事裁判権に関する法律」19条1項が，外国中央銀行の有する財産について，外国国家の財産とみなしたうえで，同条2項では中央銀行の財産については非商業的目的以外にのみ使用される財産を免除の対象外とする18条1項の規定が適用されないこととしており，外国中央銀行の財産は当該中央銀行

---

65) NML Capital, Ltd. v. Banco Central De La Republica Argentina, 652 F. 3 d 172（2 nd Cir., 2011）

66) Reynolds, Recent Development: NML Capital, Ltd. v. Banco Central de la Republica Argentina: The Second Circuit Reinforces Immunity Protection over Foreign Central Banks, 20 Tul. J. Int'l & Comp. L. 519, 532（2012）

による明示的な同意がない限り強制執行からの免除の対象となる。このような日本法のもとでは，中央銀行名義の預金口座にある資金でありながら，中央銀行の有する財産と言えないものがあるかどうかという形で争いが生じる余地があると思われる。

また，同じ原告は，強制執行の対象となる財産を探すため，Bank of America と Banco de la Nación Argentina に対して，全世界における（米国内のみではなく）アルゼンチンの預金口座の開設・閉鎖・残高・出入りに関する書類や，アルゼンチンの口座からの振込先等に関する情報の提出を求める令状（subpoena）を送付した。アルゼンチンは，この subpoena は，アルゼンチンの資産に対する強制執行のための広範なディスカバリーを認めるものであり，外国主権免除法に違反すると主張して，subpoena を無効とするよう求めて争った。地裁・控訴審はいずれもアルゼンチンの主張を退け，アルゼンチンは連邦最高裁に上訴した。アルゼンチンは，執行免除の例外となっていない財産についてのディスカバリーは禁止されるべきであると主張したが，連邦最高裁は[67]，外国主権免除法では，2つの種類の免除，すなわち，裁判権からの免除と強制執行からの免除について定めているが，強制執行を助けるためのディスカバリーを禁止したり制限したりすることに関する規定はないこと，仮にアルゼンチンが主張するように執行免除が執行対象財産を探すためのディスカバリーに及ぶとしても，外国主権免除法1609条は「合衆国に所在する（in the United States）」外国国家の財産を執行免除の対象とするものであって，在外資産については何ら規定するものではないこと，を述べて，アルゼンチンの主張を退けた。連邦最高裁の審理に際しては，米国政府も amicus curiae brief を提出し，本件のようなディスカバリーは外国国家主権の重大な侵害を生じさせ，また，国際礼譲を損なうものであると主張したが，最高裁は，そうした懸念は外国主権免除法を改正する権限のある立法府に向けられるべきであるとして一蹴した。本判決については，Ginsburg 判事が，外国主権免除法は商業用資産に対する強制執行のみを認めているので（1610条（a）），商業活動に用いられない米国内の資産についての調査を命じることはできない，米国の裁判所がアルゼンチンが外国に有する全ての財産のついての情報に関するクリアリング・ハウスのよ

---

[67] Republic of Argentina v. NML Capital, Ltd., 134 S. Ct. 2250 (2014).

うになる権限があるかどうかは疑問である，として，ディスカバリーは米国内及び海外の商業用資産のみを対象とするよう限定されるべきであるとの反対意見を述べている。

　本件は主権免除法の問題として争われているが，在外証拠をも対象とする米国のディスカバリーが国家管轄権の侵害となるかどうかという古典的な問題にも関係すると思われる[68]。米国の裁判所が域外の証拠の提出を命じることに肯定的である原因の一つとしては，既に，差止命令との関係でも述べたように，一旦自国の管轄権に服することとなった者に対しては，世界中での如何なる行為をも命じることができる，といった対象者との関係に重きを置いた基本的な国家管轄権観が存在するように思われる。しかし，第一に，わが国の通説的な見解によれば，域外適用が認められるのは正当な根拠または事案との間の真正な連関がある場合であるとされているように[69]，国家管轄権の問題は，単に対象者との関係のみならず，事案全体と具体的な主権行使の内容との関係で判断される必要があるというべきである。第二に，一旦，本案について対人管轄権が認められるからといって，当該本案に付随する様々な措置，例えば，世界中に所在する証拠の提出命令についての管轄権が認められるというのは適当ではなく，個々の措置毎に関連性が検討される必要があるというべきである[70]。経済活動の国際化により，国家管轄権や域外適用を巡る問題はより頻繁に生じるようになり，その重要性も増加しているが[71]，国家管轄権についての国際

---

68) 代表的な事例としては，Societe Nationale Industrielle Aerospatiale v. United States District Court for the Southern District of Iowa, 482 U.S. 522 (1987). そこでは，在外証拠の提出を求める際には，裁判所はディスカバリーが相手方に過大な負担を課す目的で濫用されることのないように注意しなければならず，国際礼譲に照らし，外国当事者が直面する問題や外国国家の主権的利益に適正な敬意を払わなければならないといった考え方が示されている。なお，このようなディスカバリーとの関係での問題に関しては，ロルフ・シュテュルナー『国際司法摩擦』（商事法務研究会，1992）4頁以下も参照。

69) 山本・前掲注60) 244頁以下，小寺・岩沢・森田・前掲注60) 171頁。

70) 石黒一憲『国際私法・国際金融法教材』（信山社，2004) 27頁。そこでは，日本企業によるカルテルについて下された米国での同意判決において，被告による日本国内での情報交換等の行為の禁止等が命じられた点について，カルテル行為自体に米国の立法管轄権が及ぶとしても，具体的な禁止措置との関係では改めて必要性や米国との関連性が検討される必要がある（二段階に分けて検討する必要がある）と指摘されている。米国での民事訴訟とディスカバリーについても同様のことが当てはまるというべきである。

71) 様々な領域における域外適用の問題を整理したものとして，アンダーソン・毛利・友常法律事務所監修・著『域外適用法令のすべて』（きんざい，2013）を参照。

法の規律は，国家管轄権・域外適用問題における米国の特殊な地位もあってか[72]，時代の要請に応じるような発展を見せていないと言わざるを得ない。

3　国家債務再編と投資協定仲裁

　既述のように，ギリシャが債務再編のために行った立法措置に関しては，スロバキアの銀行によってICSIDにおける投資仲裁が申し立てられているが[73]，アルゼンチンによる債務の再編についても，イタリアの債券保有者によって，公正衡平待遇違反等を理由として3件の投資協定仲裁が申し立てられている。これらの事件では，そもそもICSIDがソブリン債の債券保有者による仲裁申立てを扱う管轄権を有するかという問題に関して，企業による投資受入国における会社や工場等の設立といった典型的な投資事例とは異なり，個人投資家等によって保有されている国債が投資仲裁の対象となる投資といえるのかどうか，そして，こうした投資家が集団で仲裁を申し立てることが投資仲裁の制度のもとで認められるのかどうかが争われ，2件（Abaclat事件及びAmbiente事件）については[74]，いずれも3名の仲裁人のうち2対1で意見が分かれるかたちではあるが，ICSIDの管轄を認める判断が出されている（1件については未だ管轄権についての判断はなされていない）[75]。

　2件の仲裁判断がソブリン債の投資家による投資仲裁申立てに対する管轄権を認めたことによって，今後，ソブリン債の投資家がICSID仲裁を利用する

---

72) 米国と人的・物的な繋がりを有しないで国際的な事業活動を行うことが難しいことが，多くの外国企業等との関係で米国に管轄権行使の根拠を提供し，また，米国に相当量の有形・無形の資産を有したり，米国での事業活動を行ったりせざるを得ない外国企業が多いことが米国による公権力行使を無視できない状況を作り出す。このような立場にある国は米国を置いて他にない。独禁法の域外適用についてこの点を指摘するものとして，小寺彰『パラダイム国際法』（有斐閣，2004）102頁以下を参照。
73) 前掲注26）から30）及びそれに対応する本文を参照。
74) Abclat and others v Argentine Republic, ISCID Case No. ARB/07/ 5 ; Ambiente Ufficio and others v Argentine Republic, ICSID Case No. ARB/08/ 9
75) 石川知子「TPP時代の外国投資保護──ICSID仲裁の事項管轄」NBL1018号23頁以下（2014）。Abaclat事件については，鈴木五十三「投資協定仲裁判断例研究（38）大規模集団請求に関する仲裁廷の管轄権と受理可能性」JCAジャーナル59巻8号（2012）34頁も参照。なお，これらの事案に関するものとして，校正段階で，石川知子「国家債務再編と投資協定仲裁──集団行動条項の検討を中心に」日本国際経済法学会年報23号184頁（2014）に接した。

ケースが増加することも考えられるが，個々の投資家が保有するソブリン債に関する債務再編が投資仲裁の対象となるといえるかどうかについては見解が分かれているといってよい[76]。

　ソブリン債は投資仲裁の対象となる投資といえるかどうか。Abaclat 事件の仲裁廷多数意見は，まず，ソブリン債はアルゼンチンとイタリアの投資仲裁協定における投資の定義における "obligations, private or public titles or any other right to performances or services having economic value, including capitalized revenues"（１条（１）(c)）に当たるとしたうえで，ICSID 条約25条における「投資」との関係では[77]，投資に当たるかどうかの判断基準として著名な Salini テストに合致しない場合であっても[78]，ICSID 条約の目的が投資の促進にあり，投資協定において保護の対象となっているものを ICSID 仲裁の対象外とするのは適切ではないとして，投資に該当するとした（¶352ff.）[79]。

　また，アルゼンチンとイタリアの投資協定では，保護の対象となる投資はホスト国の領域内でなされた投資である必要があるとされていた。本件での国債は階層構造からなる国際的な証券振替決済制度を利用したものであり，個別投資家がセカンダリー市場で国債を取得したといってもその記録は投資家が取引をする証券会社の口座に記録されるだけであり，何らアルゼンチン国内での具体的な記録の変更等を伴わないし，アルゼンチンにおける決済も発生しない。そこで，アルゼンチンは，国債への投資はアルゼンチン国外で完了していると主張したが，Abclat 事件及び Ambiente 事件の仲裁判断はいずれも，純粋に金

---

[76] 一部の投資協定では，75％以上の債券保有者が再編に同意した場合を "negotiated restructuring" として，明文で投資協定の保護の対象外（内国民待遇と最恵国待遇違反を除く）としているケースもあるようである（Kai-Wei Chan, The Relationship between International Investment Arbitration and Sovereign Debt Restructuring, 7（1）Contemp. Asia Arb. J. 229, 244.（2014））。

[77] ICSID 条約25条では，ICSID の管轄について「投資から直接生ずる法律上の紛争」とする。

[78] Salini テストでは，①出資，②一定期間の持続，③取引リスクの存在，④規則的な収益・配当，⑤ホスト国の経済発展への寄与の５要素が挙げられている。Salini テストについては，伊藤一頼「投資家・投資財産」小寺彰編著『国際投資協定』（三省堂，2010）29頁以下を参照。Salini テストによれば，短期間の投資目的で保有されるソブリン債は②の要件を欠くし，確定額についての債権であるという点で③の要件との関係でも問題があると指摘するものとして，Waibel, supra note 30, at 724ff. を参照。

[79] Ambiente 事件における投資該当性についての判断に関しては，石川・前掲注75）24頁以下を参照。

融的な性格の投資については，究極的に誰がその資金の利益を受けたかによって，投資の場所を決定すべきであり，アルゼンチン国債の場合にはアルゼンチンが利益を受けているので，アルゼンチンにおいて投資がなされているというべきであるとした（Abaclat 事件につき ¶372ff., Ambiente 事件につき ¶496ff.）。しかし，究極的な利益を誰が得たかが重要であるというのであれば，それは有体物等についての投資の場合にも当てはまるはずであり，金銭的な性格の投資の場合に限って，そのような基準を持ちこむことの合理性には疑問の余地がある。

　投資仲裁の対象となるためには，単なる契約上の争いではなく，国家による行為が投資協定上の義務違反を含むものでなければならない[80]。この点について，Abaclat 事件の仲裁判断は，今回の紛争はアルゼンチンが単に債務の支払いを怠ったことによってではなく，アルゼンチンが2月に制定した債務交換に応じない債券保有者に対する決済を禁止する立法によってアルゼンチンの債務の内容が一方的に変更されたことによって生じているとして，この点を肯定した（¶321ff.）。しかし，アルゼンチン国債のような無券面で国際的な証券振替決済制度を通じて国外で取引されている証券の場合には，外国投資家の権利はアルゼンチン国外の決済機関に登録されており，アルゼンチンが勝手にこれを収用したり，決済機関に投資家の名義や権利の変更を命じることはできない。また，仲裁判断は，アルゼンチンが2005年に制定した法令が，アルゼンチンの支払債務の内容を一方的に変えたとするが，外国法を準拠法とする国債の場合には，仮にアルゼンチンが自国法で再編に応じない債権者への支払いを行わない旨を規定したとしても，契約準拠法の一部ではないそうした法令は域外的な効果を有するものではなく，アルゼンチン国外の裁判所においては何ら意味がない（従って，債権者は引き続き債券全額の支払いを求めることができる）[81]。従ってこの点での仲裁判断には疑問の余地がある。

---

80) 但し，いわゆる Umbrella Clause が含まれていた場合には，契約上の争いであっても投資仲裁の対象となる余地がある。アルゼンチンとイタリアの投資協定には Umbrella Clause は含まれていなかった。
81) Zachary Douglas, Property, Investment and the Scope of Investment Protection Obligation (available at http://www.matrixlaw.co.uk/uploads/other/21_08_2013_11_41_37_Property,%20Investment%20and%20the%20Scope%20of%20Investment%20Protection%20Obligations.pdf); Ishikawa, supra note 30, at 28ff.)

管轄についての仲裁判断が出された時点で，Abaclat 事件では約 6 万人，Ammbiente 事件では約90人が申立人となっていた[82]。アルゼンチンは，このような多数の相手方による仲裁については投資協定において同意していなかった（多数の相手方の仲裁については，更に別の同意が必要である）と主張したが，いずれの仲裁廷もこの主張を退けている[83]。

以上のように，ソブリン債の再編が投資仲裁の対象となるかどうかについては，未だ議論されるべき点が多い。投資仲裁が国家債務再編の問題に与える意義については，①投資家からのプレッシャーにより債務再編をより効率的なものにする，②国家による機会主義的なデフォルトを抑止する，③回収可能性が増すこと等によりソブリン債の流通性が増す，④投資家保護のための効果的な手段となる，といったメリットが指摘されている反面，①一部投資家が投資仲裁を申し立てたり，投資仲裁に期待して再編交渉に応じない投資家が増えることにより，国家による債務再編交渉がより困難なものとなる，②安価でソブリン債を買い集めたハゲタカ投資家による投資仲裁が国家債務の再編を阻害し，国家債務危機を生じさせる可能性がある，③投資仲裁は国家の支払能力や，取得価格等についての投資家間の違いを反映した解決に適しない，④ ICSID と国家債務問題に取り組む IMF 等の他の機関の対立が深まる，等の問題点も指摘されている[84]。

現在の投資仲裁は，申立人である個々の投資家と国家との間の関係を解決する手段にすぎず，国家債務の秩序ある解決への寄与を期待できるようなものではない。むしろ，投資家に新しい武器を与えるものであり，パリパス条項に関して述べたのと同様[85]，国家債務の再編問題における債権者と債務者との間の微妙なバランスを崩す可能性があると思われる。

---

82) 石川・前掲注75) 23頁。
83) Abaclat 事件におけるこの点の仲裁判断については，Jessica Beess und Chrostin, Sovereign Debt Restructuring and Mass Claims Arbitration before the ICSID, The Abaclat Case 53 Harv. Int'l L. J. 505, 512ff (2012) を参照。
84) Chan, supra note 76, at 241ff.
85) 前掲注52に対応する本文を参照。

4 国家債務再編と国際法の役割

以上のような現状に照らし，より良い国家債務再編のために，国際法秩序の果たし得る役割は大きい。

まず，国家管轄権や主権免除という古典的な問題についても，現在の国際社会により適したルールの深化が求められる。たとえば，国家管轄権を巡る問題は，古典的な独禁法や為替規制の問題を考えていたのでは足りず，より広い視野からの，よりきめ細かな議論が必要であるし，米国型の国家管轄権観に国際社会としてどのように対峙していくか，異なる国家管轄権観を持つ日本としてより一層の努力が必要であると思われる。

また，国家が多額の債務を負うことが珍しくなくなっている現代においては，国家債務の秩序ある再編という問題そのものについても，実体的，手続的な観点から，国際法秩序の発展が望まれる。

IMFによるSDRM提案は大胆で複雑に過ぎたが，その後も，国家債務の再編のためのメカニズムの創設に関する様々な提案がなされている[86]。例えば，IMFが2009年に公表したレポートでは，国家の破産裁判所に類似した国際債務再編裁判所（International Debt Restructuring Court）を創設し，国際債務再編裁判所の判断は国家の裁判所を拘束することが提案されている。そして，国際債務再編裁判所の創設に至るまでの中間的なステップとして，国際調停サービスを創設し，国家債務再編に係る紛争の任意の調停を行うという構想が示されている[87]。また，国家によって提案された再編提案が手続的な公正さや少数債権者の保護等の破綻処理における諸原則に合致しているかどうかを第三者が検証する（具体的なカット率の適正さなどには立ち入らない）枠組みを設けてはどうかといった提案もなされている[88]。国家債務再編という作業が国家，銀行，ソブリン債保有者といった様々な属性の債権者に影響し，各属性の債権者間の

---

86) IMF, Sovereign Debt Restructuring- Recent Developments and Implications for the Fund's Legal and Policy Framework (April 26, 2013) at 37ff.

87) IMF, Report of the Commission of Experts of the President of the United Nations General Assembly on Reforms of the International Monetary and Financial System (September 21, 2009), at 123ff.

88) Pottow, supra note 62, at 234ff.

公平の実現も重要であることを考えるならば，これらの債権者を通じた調整の場が設けられることは望ましい。こうした場の創設は容易ではないが，創設の必要性の認識と創設に向けた意思が共有されることが第一歩である。

このような場の創設とは別に，国家債務再編に関する国際的な実体ルールの充実を図ることも重要である。しかし，現在の国際法は，国家債務の秩序ある破綻処理の要請に応えるようなルールを提供できていない。たとえば，既存の国際法における緊急避難は，その原因を作出させたことについて国家に責任がある場合には認められないが，国家が多額の債務を負うに至った状況については，当該国家に帰責事由がある場合が多いと考えられること，また，緊急避難の法理によっては債務の履行を一時的に停止することについて免責を得ることはできても，債務の再編を導くことはできないことから，国家債務再編を処理するためのルールとしては使い勝手が悪いと指摘されている[89]。

例えば，秩序ある破綻処理のためには，債権者による個別執行を停止することが何よりも重要であるが[90]，各国の公的機関のための倒産法制においても個別執行の停止が採用されていること，各国の国家実行をみても国家債務再編の過程における一部債権者による個別執行を認めなかった例が少なくないことから，国家債務の再編にあたっては各債権者の個別執行は停止されるというルール（standstill rule）は，法の一般原則と認められるのではないかといった見方も存在する[91]。また，最近では，Institute of International Finance によって，The Principles for Stable Capital Flows and Fair Debt Restructuring（安定した資本移動と公正な債務再編のための原則）が公表されているが[92]，こうした成果やこれまでの数多くの国家債務再編事例を踏まえつつ，国際機関や国際法学界において，国家債務再編に関係する国際法ルールの具体化のための努力を重

---

89) Goldmann, supra note 18, at 8.
90) Haley, supra note 14, at 15は，standstill の重要性を指摘しつつも，企業倒産法制の場合には裁判所の命令という個別執行禁止の起算時点が明確であるのに対し，国家の破綻処理の場合にはそのような起算時点がはっきりしないという難しさがあるとし，個別執行禁止の必要性・正当性を裏付ける何らかの枠組みが形成されることが望ましいとする。
91) Goldmann, supra note 18, at 15ff.
92) この原則が初めて公表されたのは2004年であり，その後，2012年には addendum が公表されている。IIF を事務局とする Group of Trustees が毎年，同原則の実施状況等についてのレポートを公表している（同原則やレポートは http://www.iif.com/emp/principles/ で閲覧可能である）。

ねていくことが重要であると思われる。
　こうした観点からは，国家債務の秩序ある再編という問題について，有数の債権国でもあり債務国でもある我が国が国際法秩序の発展に果たすべき役割は大きい。

第 6 部
環境の国際的保護

25　南極環境責任附属書の国内実施
── 日本の課題と展望 ──

柴　田　明　穂

1　はじめに
2　附属書の柔軟性 ── 日本提案の帰結
3　附属書の範囲 ── 南極活動に対する日本の管轄権
4　おわりに

1　はじめに

　南極環境を保護する実効的な国際法制度の構築は，いみじくも村瀬信也教授が指摘したとおり，「当為としての機能性原理と，存在における国家の領域性原則との矛盾・抵触を……克服[1]」しようとする国際社会の挑戦の１つであろう。その歴史的及び法的理由から[2]，南極大陸は陸地でありながら完全な領域性原理に基づく国家による規制制度の下におかれない。他方で，現在では年間３万５千人以上の人間が科学観測や観光旅行で南極を訪れており[3]，地球最後の秘境といわれるその貴重な自然環境を予防的に保護する必要に迫られている。

---

[1]　村瀬信也『国際立法 ── 国際法の法源論』(東信堂，2002年) 351頁．
[2]　太壽堂鼎『領土帰属の国際法』(東信堂，1998年) 77-124頁．
[3]　南極海での漁業従事者を除く。南極に設置された各国基地の収容人数は最大約４千人（越冬は約１千人）である。COMNAP, *Main Antarctic Facilities operated by National Antarctic Programs* (as of 13 February 2014), available at < https://www.comnap.aq/Information/SitePages/Home.aspx>．(アクセス2014年７月20日。なお以下のインターネット情報につき特に言及がなければアクセス確認日はすべて2014年７月20日である。) 他方で，南極観光客は，2013－14年シーズンで，上陸を伴う観光客約２万４千人，上空遊覧及びクルーズのみ観光客約９千人である。*IATTO Overview of Antarctic Tourism 2013-2014 Season and preliminary Estimates for 2014-2015 Season*, 37 Antarctic Treaty Consultative Meeting [hereinafter ATCM] / IP 45 rev. 1 (2014), p. 4．

つまり南極では，領域性原理の基礎たる国家の領土権が確定しない地において，唯一無二の環境を保護するという機能的当為の実現が求められているのである。

1991年南極環境保護議定書は，当時最大の環境的懸案事項であった鉱物資源活動を少なくとも50年間禁止し（第7条），議定書締約国による規制管轄権の基礎として南極条約第7条5を正式に導入することにより（後述），この挑戦に応えようとした。日本が最後の受諾国となって1998年に発効した同議定書は，南極を「自然保護地域（natural reserve）」に指定し（第2条），南極環境と生態系に加えて原生地域としての価値を含む南極固有の価値（intrinsic values）をも保護対象にして（第3条），議定書が対象とするすべての活動に事前の環境影響評価を義務づけ（第8条），南極環境及び生態系に対する悪影響を限定するよう締約国に義務づけた。南極環境保護議定書は，数ある環境条約の中でも，極めて意欲的な国際環境レジームである。ただ，議定書成立後の南極活動は，その量的な増加以上に質的な変化が著しい。従前の国家事業としての科学観測活動中心から，近年では民間人による観光その他の商業的活動の比重が大きくなってきている。主に私人の合法活動を規制対象にするという国際環境法が一般に直面する課題に[4]，いよいよ南極環境保護議定書も本格的に向き合う必要に迫られていると言ってよい。

私人活動の規制をその究極の目的とする国際環境レジームにおける国際法と国内法の協働の必要性を鋭く示唆したのも，村瀬教授である。特に，国際環境レジームで特徴的な条約上の「維持の義務」と，それを担保する国内法上の「法令維持義務」に着目し，この維持の義務の履行のためには，「国家はその立法・行政・司法の総力を挙げて取り組むことが必要となる[5]」との指摘は重要である。この指摘が妥当する最たる例が，環境損害責任制度（liability regime for environmental damage）であると考える。民事損害責任に関する国際法制度のほとんどは，損害をもたらした活動に関わった私人に国内法上の金銭賠償責任を課し，その責任を国内裁判所において追求できるような国内法制を確立し維持することを，条約締約国に要求する[6]。「環境損害」をも対象にするこれ

---

4) Daniel Bodansky, Jutta Brunnée, Ellen Hey, "International Environmental Law: Mapping the Field," *in* Daniel Bodansky, Jutta Brunnée and Ellen Hey eds., *The Oxford Handbook of International Environmental Law* (2007), p.20.

5) 村瀬・前掲注1）356頁。

ら民事責任条約でこの四半世紀に採択されたものの多くが，膨大な交渉労力をかけたにも拘わらず，未発効のまま店晒しになっている「民事責任制度の桎梏 (liability occlusion)[7]」が言われる。その一因に，村瀬教授が指摘する維持の義務に伴う締約国の「重い負担[8]」があることは間違いないであろう。

　以上より，南極に適用される環境責任制度の構築が，いかに困難な試みであるかは想像に難くない。南極環境保護議定書第16条は，南極活動から生じる損害についての責任（liability）に関する規則及び手続を作成することとし，この規定に基づく南極損害責任制度の交渉は早くも1991年から始まっていたが[9]，それが奇跡的に妥結したのは2005年であった。後述するとおり，交渉後半の日本の積極的な修文交渉も奏功し，南極条約協議国28ヵ国（当時）は，スウェーデンで開催された第28回南極条約協議国会議（ATCM）において，全会一致で「環境保護に関する南極条約議定書の附属書Ⅵ 環境上の緊急事態から生じる責任（Liability arising from Environmental Emergencies）」（以下「南極環境責任附属書」もしくは「附属書」）を採択したのである[10]。この附属書は，南極環境への悪影響だけを対象にした環境責任制度を構築している[11]。2014年3月時点で本附属書を承認した協議国は上記28協議国のうち8ヵ国であるが[12]，本附属書発効への機運は高まりつつある[13]。日本も附属書の承認及びそれを実施す

---

6) Philippe Sands and Jacqueline Peel, *Principles of International Environmental Law, Third Edition* (2012), pp.700–701. 道垣内正人「国境を越える環境損害に対する民事責任」西井正弘＝臼杵知史編『テキスト国際環境法』（有信堂，2011年）138–152頁。

7) Akiho Shibata ed., *International Liability Regime for Biodiversity Damage: The Nagoya-Kuala Lumpur Supplementary Protocol* (2014), p. 3, pp.17–18.

8) 村瀬・前掲注1）355頁。

9) 例えば，1991年第16回 ATCM での日本の提案。*Draft Outline of the Rules and Procedures relating to Liability for Damage to the Antarctic Environment and dependent and Associated Ecosystem*, submitted by Japan, 16 ATCM/WP 33 (1991). René Lefeber, "The Prospects for an Antarctic Environmental Liability Regime," *in* Davor Vidas ed., *Implementing the Environmental Protection Regime for the Antarctic* (2000), p.199.

10) Measure 1: Annex VI to the Protocol on Environmental Protection to the Antarctic Treaty: Liability Arising from Environmental Emergencies, *Final Report of 28 ATCM* (2005), pp.63–72. なお邦訳については，臼杵知史「南極環境の緊急事態から生じる賠償責任」同志社法学第60巻2号（2008年）899頁以下も参照。

11) この点につき，以下を参照。Akiho Shibata, "How to Design an International Liability Regime for Public Spaces: The Case of the Antarctic Environment," *in* Teruo Komori and Karel Wellens eds., *Public Interest Rules of International Law: Towards Effective Implementation* (2009), pp.350–354.

る国内法整備の検討を進めている。

　この附属書の交渉過程では，これをすべての協議国が受け入れられるようにするため，国際レベルでさまざまな調整が行われた。第1に，責任は環境損害そのものに対してではなく，環境上の緊急事態を発生させたことについて負うものとされた。環境上の緊急事態とは「南極環境に重大かつ有害な影響をもたらす又はもたらす差し迫ったおそれがある偶発的な出来事」（附属書第2条(b)）である。第2に，環境上の緊急事態を引き起こした事業者（operator）がまず負うのは，対応措置をとる義務であり（同第5条），当該事業者に生じる責任（liability）は，事業者が対応措置をとらず替わりに附属書締約国が対応措置をとった場合に，その措置に係った費用を支払う責任とされる（同第6条1）[14]。この責任は，通常，国内裁判所において処理される（同第7条1）[15]。第3に，環境上の緊急事態が引き起こされたにも拘わらず，事業者もいずれの締約国も対応措置をとらなかった場合に，事業者は「とられるべきであった対応措置の費用」相当額を基金その他に支払う責任を負う（同第6条2）。このユニークな規定は，南極の厳しい自然環境及びその領土権の状況から，緊急事態に対応できる又はそれに利害を有する締約国ないしその指示で動ける職員や事業者が近辺におらず，当該事態がそのままにされる可能性が高いとの認識の下，事業者自身が対応措置をとることを確保する1つのインセンティブとして規定されたものである[16]。

　南極における環境責任制度を構築するためなされた上記調整は，国際法上の責任制度（liability regime）の展開過程としてそれ自体興味深いものである[17]。本稿は，こうした展開過程にある国際責任制度を実効的に担保する国内法制の

---

12) フィンランド，ニュージーランド，ノルウェー，ペルー，ポーランド，スペイン，スウェーデン，イギリス。*Report of the Depositary Government of the Antarctic Treaty and its Protocol in accordance with Recommendation XIII-2*, submitted by the United States, 37 ATCM/IP 40 (2014), attachment. 本附属書発効には，採択当時の全ての協議国による承認が必要である。

13) 外務省「第36回南極条約協議国会議（ATCM36）の概要」（2013年5月29日）参照。<http://www.mofa.go.jp/mofaj/gaiko/page24_000012.html>

14) A. Shibata, "How to Design," *supra* note 11, pp.354-358.

15) 南極環境責任附属書は，事業者に替わって対応措置をとることができる主体を「締約国」に限定しているため，対応措置費用の回収を求める「原告」になりえるのは，国でしかない制度となっている。

16) A. Shibata, "How to Design," *supra* note 11, pp.358-361.

あり方につき検討する。それは，国際環境責任制度を実効的に実施するための国内法に，新たな機能を付与していく必要性とそれに伴う課題を提起していると考える[18]。南極条約体制にとっても，領土紛争回避の原理を規定する南極条約第4条の趣旨に合致した集団的な環境規制制度を実効的に運用していくあり方として，南極環境責任附属書の国内実施は，重要な先例的意義を有する。つまり，附属書の国内実施には，単に目の前にある国内向けの論理だけではなく，南極条約体制の中長期的な発展[19]を担保する国内法制のあり方を真剣に探るという視点が重要である。

　以上の問題意識に基づき，本稿では，まず南極環境責任附属書の交渉過程において，日本が国内実施を念頭において要求した修文提案とその帰結を中心に，附属書責任制度の柔軟性につき確認しその意義を考察する。次に，附属書の適用範囲を規定する第1条の担保のあり方につき，南極活動に対する規制管轄権に関する日本の実行を中心に考察する。本稿は，環境責任制度の国際法のあり方と，それを国内実施する国内法のあり方の接点部分に着目して，主に国際環境責任制度の実効性確保という国際法の視点から，附属書を検討するものである。附属書の日本における国内担保の具体的なあり方を，提示するものではない。

2　附属書の柔軟性 ── 日本提案の帰結

（1）日本の交渉姿勢

日本の南極観測活動は，南極条約が成立するきっかけとなった1957年国際地

---

17)　薬師寺公夫「越境損害と国家の国際適法行為責任」国際法外交雑誌93巻3-4合併号（1994年）75頁以下。柴田明穂「危険活動から生じる越境被害の際の損失配分に関する諸原則」村瀬信也他編『変革期の国際法委員会』（信山社，2011年）273頁以下。高村ゆかり「環境損害に対する国際法上の責任制度 ── その展開と課題」大塚直他編『社会の発展と権利の創造 ── 民法・環境法学の最前線』（有斐閣，2012年）711頁以下。Akiho Shibata, "A New Dimension in International Environmental Liability Regimes: A Prelude to the Supplementary Protocol," in A. Shibata ed., *International Liability Regime* (2014), *supra* note 7, pp. 17-51.

18)　小寺彰，奥脇直也「多国間条約体制の意義と課題」ジュリスト1409号（2010年10月）9-10頁。

19)　柴田明穂「南極条約体制の基盤と展開」ジュリスト1409号（2010年10月）86頁以下参照。

球観測年からほぼ中断なしに半世紀以上続けられている。現在，文部科学大臣を本部長とする南極地域観測統合推進本部が策定した観測計画の下，毎年，国立極地研究所を中心とする観測隊員約60人と物資を防衛省所属の砕氷艦「しらせ」を使って南極に運び，稼働中の2つの南極基地（昭和基地とドームふじ）を中心に行われている。加えて，南極海の海洋調査には東京海洋大学所有の「海鷹丸」も使われている[20]。こうした国家事業としての南極観測活動に加えて，最近では，日本企業が企画実施する南極観光活動の事例もある。2004年には日本郵船が所有する客船「飛鳥」（日本船籍）を使った南極クルーズを，日本のツアー会社「郵船トラベル」が企画実施した[21]。2010年に日本のツアー会社「ジャパングレイス」が企画実施した「地球一周ピースボート」は，マルタ船籍の客船「オセアニック号」を使ったが，南極クルーズが含まれていた[22]。また日本郵船が米国に子会社「Crystal Cruises Inc.」を設立し，その子会社が所有運航する客船「クリスタル・シンフォニー号」（バハマ船籍）を使った南極クルーズが2014年より再開された[23]。2012年には，「NHKエンタープライズ」が企画したドキュメンタリーTV番組の撮影のため，12名が南極に上陸している[24]。このようなさまざまな企画にて，毎年相当数の日本人が観光，スポーツ，報道活動等で南極を訪れている[25]。

日本は，南極条約原署名12ヵ国の1つであり，南極条約の基本原則たる平和目的利用と科学活動の自由の恩恵を最も受けてきたノンクレイマント協議国の1つである。南極条約体制における日本のこのような政治的地位と，上記日本

---

20) Kentaro Watanabe, "The Japanese Antarctic Research Expedition in Progress and its Organization," *Journal of Black Sea/Mediterranean Environment*, Vol.20, No.1 (2014), p.78.
21) 青木由紀子『「飛鳥」南極へ行く　世界一周冒険クルーズ』（光人社，2005年）。
22) 第68回地球一周ピースボートクルーズ。< http://www.peaceboat.org/cruise/68th/index.shtml >
23) < http://www.crystalcruises-japan.com/legal/index.html >
24) Japan, *2011-12 Annual Information*, Antarctic Electric Information Exchange System (EIES) < http://www.ats.aq/devAS/ie_archived.aspx?lang=e >.
25) 南極に上陸を目的とした日本人観光客は，2012-13年シーズンで667人，2013-14年シーズンで676人である（環境省自然環境局自然環境計画課2014年7月20日提供情報）。この数には，上陸を目的とせずクルーズや上空遊覧だけの南極観光ツアーに参加している日本人を含まない。4-5年前までは毎年500人規模のクルーズのみの日本人観光客がいた。< http://iaato.org/tourism-statistics >

ないし日本国民が行う南極活動の実態からすれば，それら活動に直接間接に影響を与えうる本件附属書の交渉にも，日本は積極的に関与したことが予想されよう。しかし，附属書交渉の前半には，先に言及した初期の一提案をのぞき，日本が文書や報告書の形でその名を公式記録に残すことは一度もなかった[26]。1999年までのこの時期，責任制度の基本構造をめぐって現実派の米国[27]と環境派の欧州諸国[28]が原理的対立をしていたが，日本は恐らく「様子見」の姿勢であったのであろう。その後，ドイツのヴォルフラム教授に代わり，1999年よりニュージーランドのマッカイ大使が交渉グループ議長となった。2001年に提示されたマッカイ議長附属書私案は，これまでの原理的対立を止揚すべく，将来の包括的責任制度策定の余地を残した上で，まずは環境上の緊急時の責任をその第一段階として扱う方式，いわゆる段階的アプローチ（step by step approach）を採用した[29]。これが協議国の大方の支持を得て，交渉は一気に加速することになった[30]。

　この交渉後半の日本の姿勢は，明らかに前半とは異なる。まず会議の公式記録の中に，日本の名前が何度となく登場する。その記録からは，日本が附属書の国内実施に関わる第6条（責任）と第7条（訴訟）に関心があったことがわかる。加えて日本は，懸案事項の交渉を主導するキー・プレイヤーとなったことがわかる。2004年の協議国会議中，附属書案第7条5（後の第7条3）に関する交渉部会が設置され，その部会長に日本代表団の柴田明穂が選ばれ，基金への支払い義務の国内法上の執行方法につき議論がなされた[31]。2005年4月

---

26) 例えば，ヴォルフラム議長第8次私案の脚注を見よ。*Liability: Report of the Group of Legal Experts*, submitted by Germany, 22 ATCM/ WP 1 (1997), pp.31-35.
27) *Annex VI to the Protocol on Environmental Protection to the Antarctic Treaty*, submitted by the United States, 20 ATCM/IP 43 (1996); *Negotiating on an Annex or Annexes on Liability*, submitted by the United States, 22 ATCM/ IP 126 (1998).
28) *Chairman's Eighth Offering: Annex on Environmental Liability*, submitted by Germany, 22 ATCM/ WP 1 (1997), pp.19-30.
29) *Chairman's Draft of the Annex to the Protocol on Environmental Protection to the Antarctic Treaty "Liability arising from environmental emergencies"*, submitted by New Zealand (on behalf of the Chair Ambassador MacKay), 24 ATCM/ WP 17 (2001).
30) 実際には，2001年からは南極条約事務局設置を優先的に扱うことになったため，南極環境責任附属書の交渉は，事務局設置交渉が終わった2003年より実質的に再開され，その2年後には妥結することになる。柴田明穂「南極条約事務局設置の法的意義」岡山大学法学会雑誌53巻3-4号（2004年）126頁。

ニューヨークで開催された会期間非公式交渉会議では，第6条2に関し日本が修文案を提案した[32]。ただ，ニューヨーク会合では纏まらなかったため，2ヵ月後のストックホルム協議国会議に向けて，メールベースで本件を検討する交渉部会を日本が主導するよう議長から要請された[33]。そして，最終ストックホルム会議においては，第6条2に関する交渉部会が設置され，これを日本が部会長として主導し，累次の修文を経て，第6条2と関連して第7条3の条文最終案が提示され妥結に至った。日本は，附属書第1条（範囲）に漁船を含めることに反対するスペイン，ノルウェー，米国を支持し，第1条の交渉妥結にも中心的役割を担った。

以上見たように，日本は，交渉妥結の機運が高まった後に，主に条約案文の修文を求めることにより日本の国内法制との整合性を確保することに腐心していたことがわかる。この姿勢は，国内法上，条約につき受容方式を採用して条約に国内法に優位する地位を付与している日本であっても，至極当然である。松田誠が指摘しているとおり，条約の具体的内容を「日本の国内法上の文言に翻訳し，国内法体系に適合的な法構造に再構築することにより，国際法上の権利義務関係を日本の国内法の中で受け止められるようにすることが必要[34]」なのであって，日本の国内法体系に適合的に再構築できない条約は，実際には国内実施することができないからである。実質交渉2年という結果的には短期決戦となった本附属書については，2005年6月14日の採択までには「対象となっている条約の国内実施のあり方について，……関係省庁間で見解の一致に至ってい」たと考えるのが普通であろうが[35]，その調整はギリギリまで続いていたと考えられる。本附属書が，基本的には既存の南極環境保護法（環境省

---

31) *Final Report of 27 ATCM* (2004), p.19, para.103. 南極条約協議国会議では，各種部会の部会長に個人を指名する場合と協議国を指名する場合とがある。前者は，当該個人の資質に基づきその個人が所属代表団とは独立した立場で議長職を全うすることが求められる。附属書交渉作業部会の議長であるヴォルフラム教授，マッカイ大使も個人として指名された議長である。

32) *Drafting and other proposals presented to the informal consultations convened in New York from 13 to 15 April 2005, which require further consideration*, submitted by New Zealand, 28 ATCM/ WP 49 (2005), p. 2.

33) *Chairman's report on informal consultation convened in New York from 13 to 15 April 2005*, submitted by New Zealand, 28 ATCM/ IP 109 (2005), p. 4.

34) 松田誠「実務としての条約締結手続」新世代法政策学研究10号（2011年）317頁。

35) 同上324頁。

所管)[36] の枠内ないしその微修正で国内実施されることが想定されつつも，対応措置費用の償還訴訟やその管轄裁判所の設定，罰金による費用徴収の可能性などが検討されていたこと（法務省），本附属書の実際の適用対象が南極地域観測隊（文科省）や砕氷艦「しらせ」（防衛省)[37] のみならず，南極観光船（国土交通省，観光庁）にも広がり，危うく漁船までにも及ぶ可能性があったこと（水産庁）を考えると，これら関係省庁から附属書採択，つまり条約文確定への同意を得ることは，至難の業であったに違いない。他の環境条約会議（COP）と異なり，実質的な全会一致制を採用する ATCM で採択される措置（Measure）は，その内容に対する全協議国の基本的な同意を反映しているとみなされ，その発効に必要な協議国による事後の承認も信義誠実原則の下で強く慫慂される[38]。議定書発効を遅らせた苦い経験より，日本はこの信義則上の努力義務の強さを承知していたはずである。日本による交渉最終段階での修文提案とそれを実現するためのリーダーシップ発揮は，附属書の国内実施のあり方に関わる関係省庁の意向を条約文に可能な限り反映させるギリギリの努力であったことが，推察されるのである。

（2）附属書柔軟規定の意義

南極における領土権の不確定な状況を勘案すれば，南極関連活動につき条約上規定される国家権力の行使の内容，条件，範囲などは，クレイマントとノンクレイマントの明示的な合意に基づく明確な規定になることが予想されよう。実際アルゼンチンは，環境上の緊急事態が発生する「前」に対応措置が求められることがないよう（領土権が重複するイギリスなどの介入を警戒して），対応措置の定義に事後的意味合いを持つ用語を二重に用いる修文に拘った（第2条(f)）。また，対応措置及び防止措置の両方を形容する「合理的（reasonable)」

---

36) 南極地域の環境の保護に関する法律（平成9年5月28日法律第61号，最終改正平成25年6月21日法律第60号）。
37) 附属書は，軍艦・軍用機を含む政府船舶・航空機にも適用され，それらが引き起こした環境上の緊急事態について国が事業者として責任を負うことを否定しないが，他方で，これら政府船舶・航空機につき国際法上の主権免除に影響がないことが規定されている（第6条5）。この点，海洋汚染に関する南極環境保護議定書附属書IV第11条（軍艦，政府船舶等への附属書IVの適用自体を免除している）とは異なる。
38) 柴田・前掲論文「南極条約体制の基盤と展開」注19）88頁。

の用語につき,その合理性の基準を明文規定で設けることになった(第2条(e))のも,同様の懸念が背後にある。責任を負う主体となる事業者(operator)の定義(第2条(c))に加えて,当該事業者と締約国の規制義務・権限とを結びつける「締約国の事業者」ないし「事業者の締約国」の定義を別途置いた(第2条(d))のも,南極関連活動に対する国家権力の行使の対象と範囲を明確にするためである(後述)。

そのような中にあって,日本が拘ったのは,南極での対応措置が既にとられた後,もしくは対応措置がとられなかったことが判明した後の事業者が負う責任を,国内法上どのように位置づけ,そしてどのように国内法上執行(enforce)するかに関わるドメスティックな問題であった。責任の上限額(第9条)及びそれを担保する付保義務規定(第11条)も,国内実施の観点からは重要である。ただこれらの規定は,南極観測実施責任者会合(COMNAP)[39],P&I(船主責任保険)クラブ,国際南極旅行業協会(IAATO)などが提供する専門的知見も参照[40]しながら,米国やノルウェーなどの実質的利害関係国が起草した。実践的かつ合理的な国際基準として,附属書第9条及び第11条を日本も受け入れることができたと考えられる。

すなわち,以下検討する日本が要求した柔軟規定は,附属書全体の中にあっては例外的であり,故に,協議国による合意が特に難しかったと推察される。

(a) 第6条2(b) —— 対応措置がとられなかった場合の非国家事業者の責任

既に概説したとおり,附属書が規定する事業者の責任は,当該事業者が引き起こした環境上の緊急事態に対して自ら迅速かつ効果的な対応措置をとらなかった場合に初めて発生し,それは第1に,当該対応措置が締約国(事業者の締約国を含む)によって替わりにとられた場合(締約国は,事業者に替わって対応措置をとることを奨励されるが義務づけられてはいない。第5条2)に,その対

---

39) *Worst Case and Less than Worst Case Environmental Scenarios*, submitted by COMNAP, 26 ATCM/WP 9 (2003), para.45-50. これによると,南極条約地域でこれまで発生した環境上最も深刻な事態は,議定書作成前の1989年1月のアルゼンチン船籍の南極輸送船「バイア・パライソ号」座礁・油漏れ事故とされる。この事故では,約60万リットルのディーゼル及び潤滑油が流出し,周辺海域と南極沿岸を汚染した。米国による緊急対応・浄化作業とその後のオランダ関連会社による残油抜き取り及び浄化作業に要した費用は,合計で約650万米ドルであったと言われる。

40) *Insurance Amounts for IAATO Tourist Vessels*, submitted by IAATO, 26 ATCM/ IP 85 (2003).

応措置費用を支払う責任である（第6条1）。その責任を追求する訴訟は，責任ある事業者が非国家事業者である場合には，当該事業者の設立地もしくは主たる営業地又は常居地がある締約国の裁判所に提起され処理される（第7条1）。他方で責任ある事業者が国家事業者である場合には，調停手続か議定書第18条から20条の紛争解決手続を適用して処理される（第7条4）（表1参照）。

表1：南極環境責任附属書に基づく事業者の責任とその執行方法

責任ある事業者		対応措置が締約国Aによりとられた場合	対応措置がとられなかった場合
国家事業者X	責任の内容	Aに対応措置費用を支払う責任（6(1)）	基金に，とられるべきであった対応措置費用を支払う責任（6(2)a）
	執行方法	調停又は議定書18-20条（7(4)）	ATCM，その後調停又は議定書18-20条（7(5)a）
非国家事業者y	責任の内容	Aに対応措置費用を支払う責任（6(1)）	とられるべきであった対応措置費用をできる限り反映する額のお金を以下のいずれかに支払う責任（6(2)b） ・基金に直接 ・Y国 ・Z国（下記参照） Y国とZ国は，同額を基金に拠出するよう最大限努力する義務（6(2)b）
	執行方法	Aの訴えは以下に提起される ・C国の裁判所（7(1)），C国が締約国で無い場合は， ・Y国の裁判所（7(1)） C国及びY国は当該訴えにつき裁判管轄権を設定する義務（7(2)）	Y国は，yの責任執行のための国内法仕組み整備義務（7(3)） = Z国 可能であれば，C国も，yの責任執行のための国内法仕組み整備義務（7(3)） = Z国

＊Y国：附属書第2条（d）の意味におけるyの締約国
＊C国（複数の可能性あり）：yの設立地，主たる営業地又は常居地がある国
＊丸括弧内は，附属書の条文番号

第2に，緊急事態を引き起こした事業者が迅速かつ効果的な対応措置をとら

第6部　環境の国際的保護

ず，しかもいかなる締約国からも対応措置がとられなかった場合につき，附属書は以下のとおり規定する。責任ある事業者が国家事業者である場合には，「とられるべきであった対応措置の費用を第12条に規定する基金に支払う責任」を負い（第6条2(a)），この責任はATCMにおいて解決されるか，それができない場合には調停手続か議定書第18条から20条に定める紛争解決手続を適用して処理される（第7条5(a)）。これに対し，責任ある事業者が非国家事業者である場合には，「とられるべきであった対応措置の費用をできる限り反映する金額を支払う責任」を負い，この金銭は第12条に規定する基金に直接か，事業者の締約国か，もしくは第7条3に基づきその仕組みを執行する締約国に支払われる。「この金銭を受け取った締約国は第12条にいう基金に対し，事業者から受け取った金銭と少なくとも同額を拠出するよう最大限の努力をする」（第6条2(b)）。そして締約国は，「第2条(d)でいういずれかの自国の非国家事業者に対して，第6条2(b)の規定を執行するための仕組み（mechanism）をその国内法において整備することを確保する」義務を負う。加えて，「可能な場合には」締約国は，当該非国家事業者の設立地もしくは主たる営業地又は常居地がある場合には，同様の仕組みをその国内法において整備することを確保する。締約国は，当該国内法上の仕組みを他のすべての締約国に通報する（第7条3）。

　協議国会議最終報告書が明記するとおり，対応措置がとられなかった場合の事業者の責任を規定する第6条2の起草においては，「最大限の柔軟性を維持する必要性」が認められ，その理由は，「この義務を実施する（国内）制度が国家によってかなり異なるであろう」からであった。この点につき，「国家事業者と非国家事業者を区別すべきことにつき一般的な合意があった[41]」。この第6条2の基本的性格と構造を決定づけたのは，2005年4月開催のニューヨーク会合での日本修文案と，その後の日本を部会長とする本項交渉部会での議論であった[42]。

---

41)　*Final Report of 28 ATCM* (2005), para.108.
42)　2004年6月第27回協議国会議終了時の第6条2の規定は以下を参照。*Revised Chairman's Draft of Annex VI to the Protocol on Environmental Protection to the Antarctic Treaty: Liability arising from Environmental Emergencies*, submitted by New Zealand, 27 ATCM/IP 110 (2004), p.2, p.6.

日本は，2005年4月ニューヨーク会合において，概要以下の修文案を提案した。まず，緊急事態を起こした事業者を国家事業者と非国家事業者に区別し，前者の国家事業者については，ほぼ原案どおり，とられるべきであった対応措置費用を基金に支払う責任とされた。他方で，非国家事業者については，「当該事業者の締約国はその問題について必要な措置をとる（shall take necessary measures on it）」とされた[43]。非国家事業者に関するこの提案は，「責任」という用語を削除し，かつ，事業者に対してとられるべき措置の内容も「必要な措置」とだけしか規定されていない，いわばすべてを締約国の国内法に委任するものである。日本は，「必要な措置」の説明として，現時点で日本は事業者に制裁金を科す方法を検討しているが，他の協議国がその他の方法を検討しているかもしれず，それを含みうる包括的な文言にしたとされる。さらに日本は，非国家事業者の責任の実施方法には，理論的には2つの方法がありえ，1つは南極環境の価値を毀損したことに対する賠償として民事手続に基づき執行する方法と，もう1つはとるべき対応措置をとらなかったことに対する制裁とする方法があるとした。前者については，賠償請求する主体が存在しないため，日本の法体系では実施できず，後者については，制裁金を基金に振り込ませることはできず，また制裁金の金額を「とるべき対応措置の費用」として定義することもできないと説明した。

　その後の交渉では，イタリア，ドイツなどが同じく本項を行政罰ないし刑事罰によって担保することを検討しているとされた。他方でノルウェーは，既に施行されているスヴァールバル諸島環境保護法を参考に，附属書においても事業者から環境損害賠償金を徴収し，それを基金に支払うことができると説明した[44]。イギリスは，南極活動を組織する実体を国内法上許可する際に，第6

---

[43] Japan, Article 6 (2), *Drafting and other proposals*, 28 ATCM/WP 49 (2005), *supra* note 32, p. 3.

[44] ノルウェーの附属書国内実施法（南極環境保護に関する規則の2013年4月26日の改正）参照。*Norway's Implementing Legislation: Annex VI of the Protocol on Environmental Protection to the Antarctic Treaty and Measure 4（2004）*, submitted by Norway, 36 ATCM/IP 85 (2013). この国内実施法によると，附属書第6条2については，ノルウェー極地研究所が決定する対応措置に要したであろう金額の補償（compensation）を支払う義務が事業者に課されており，これをノルウェー極地研究所が受領し，基金に支払うこととされている。ただ，この補償は「通常の損害賠償法の原則によって対処されるものではなく」，決定に不服な事業者は，行政手続法に基づき処理されると説明されている。

条2の責任も含めた契約を政府との間で締結させ，その契約に基づいて民事責任として履行を強制することも可能であろうと指摘した[45]。行政罰ないし刑事罰として執行を検討している協議国からは，日本同様，徴収額の問題[46]や徴収した罰金を基金に支払う方法の問題が指摘された[47]。これに対しては，非国家事業者にも対応措置相当額を要求しなければ，国家事業者との公平性が保てない，罰金を徴収した自治体や政府がそれを基金に払わなければ，その事業者が南極環境に悪影響を与えたことにより政府が「儲かる」ことになり，認められないとの批判がなされた。

これら意見を受けて交渉部会長の日本が6月10日の段階で提示した非国家事業者に関する条文案は，3ヵ所に合意が成立していないブラケットが付いていた。第1に，支払われるべき金額につき「できる限り」これを反映するとする部分，第2に，金銭が支払われる宛先に基金，事業者の締約国に加えて，第7条3の仕組みを執行する締約国も含めるかの部分，そして第3に，支払いを受領した締約国が同額の金銭を基金に拠出することにつき「最大限の努力をする」と規定するか，明確に「拠出する」ことを義務づけるかの部分であった[48]。最終交渉の結果は，後述する第7条3や第1条などとのパッケージによる政策的妥協によるところもあるが，第6条2については，上に述べたとおり，いずれもこれら国内実施方法につき柔軟性を維持する規定ぶりとなったのである。

---

45) イギリスの附属書国内実施法（南極法2013年第15章，2013年3月26日改正）参照。*Annex VI of the Protocol on Environmental Protection to the Antarctic Treaty: United Kingdom's Implementation Legislation*, submitted by United Kingdom, 36 ATCM/IP 8（2013）。この国内実施法では，附属書第6条2の責任につき，非国家事業者はとられるべきであった対応措置費用と同額を，南極環境責任基金に支払う責任を課されており，これは「外務大臣に対する債務と見なして外務大臣により回収される」と規定している。つまり，事業者の責任を外務大臣に対する「債務（debt）」と構成して，民事責任として履行されると思われる。

46) 附属書第9条で想定されている船舶起因事故上限責任限度額は，例えば「飛鳥」クラスの客船だと約17億円，陸上活動起因事故だと4.6億円であるが，これだけ高額の課徴金ないし罰金をかけることは不可能との指摘があった。

47) 特に，連邦制のドイツからは，州が徴収する罰金を連邦政府がどう吸い上げ基金に拠出するかの問題があると指摘された。また，罰金として国庫に入る金額とは別に基金への拠出のための予算を確保しなければならないが，予算編成上，それだけ高額の拠出を一回で支出することは難しいとも主張された。

48) Revised Integrated Text of the Chair MacKay, 10 June 2005, submitted by New Zealand.

(b) 第7条3 —— 非国家事業者の責任を執行する仕組み

2004年協議国会議の際，附属書第7条5（後の第7条3）の交渉部会の議長に日本代表団の柴田が指名されたことは既に述べた。この時点のマッカイ議長の私案は，「第6条2を執行するための国内法を定める義務」を「非国家事業者の設立地もしくは主たる営業地又は常居地がある締約国」に課すと規定していた[49]。この素案については，より具体的な履行方法を明示すべきとする英国と，義務的にしすぎると国内実施が難しくなるとする米国の意見が対立し，その中庸の立場をとっていた日本代表団の法律専門家が交渉部会議長に指名されたのであった。この交渉部会は，「第6条2を執行するための仕組み（mechanism）をその国内法において整備する」という起草案を提示し，仕組みの中身には立ち入らずに柔軟性を維持しつつ，そのような仕組みを整備することを「確保する」と規定して，義務づけを強める改定案に合意した[50]。

2005年4月ニューヨーク会合では，上記第6条2に関する修正案と関連して，日本より，第7条3，さらには第7条1について，「事業者の締約国」にのみ国内法整備義務が係るような規定振りにすることが主張された。しかし，これは他の交渉国の受け入れるところとはならなかった。交渉国の大勢は，第7条1と第7条3について，事業者の設立地もしくは主たる営業地又は常居地が締約国になく，他方で，事業者がその領域内で活動を組織した国が締約国である場合，つまり附属書第2条(c)でいう「締約国の事業者」である場合には，当

---

49) Article 7（5）, *Chairman's Draft of Annex VI to the Protocol on Environmental Protection to the Antarctic Treaty: Liability arising from Environmental Emergencies*, submitted by New Zealand, 26 ATCM/WP 33（2003）. なお，国際裁判管轄につき，ヴォルフラム議長最終第8次案では事業者の営業地と常居地だけが規定されていたので（Article 11:Dispute Settlement, paragraph 3（Alternative A）, Chairman's Eighth Offering on Annex on Environmental Liability, *Liability: Report of the Group of Legal Experts*, submitted by Germany, 22 ATCM/ WP 1（1997）, p.29），これに設立地（incorporated）を追記したのは英米法系のマッカイ議長で，広く裁判管轄を認め責任の執行を確実にしようとの考え方が根底にあると思われる。もっとも，1999年ハーグ国際私法会議「民事及び商事に関する裁判管轄権及び外国判決に関する条約（案）」第3条2は，法人の普通管轄権につき「法人の常居地がある国とは，その国の法律に基づき設立された場合」を含めており，マッカイ議長案は決して奇異な規定ではない。道垣内正人「ハーグ国際私法会議における国際裁判管轄及び外国判決承認執行条約作成の試み —— その総括的検討」早稲田法学83巻3号（2008年）77頁以下も参照。

50) Article 7（3）, *Revised Chairman's draft* (as of 2 June 2004), 27 ATCM/IP 110（2004）, *supra* note 42.

該締約国の裁判所にも訴訟が提起されてよいのではないかと指摘し，これを追記する修文に合意した。日本は，これら規定に関し第6条2の今後の交渉次第であるとして留保を表明した[51]。

日本が第7条1ないし第7条3の修文に拘った理由として推察できるのは，第6条2の責任を事業者に対する対応措置命令違反の制裁金ないしその他の法的帰結として位置づける場合（前述），そのような措置命令の対象になるのは日本の国内法に従い確認申請をした事業者であり，従って，命令に従わなかった場合の法的帰結を日本で執行できるのも日本が確認をした事業者に限られると考えていたものと思われる。日本が，第7条1についても同様の懸念を表明し始めていたということは，対応措置がとられた場合の責任も，民事的（例えば事務管理の概念）でなく，行政的に履行することを検討し始めていたことが推察される。

2005年6月ストックホルム最終会合では，上述したとおり，主に第6条2をめぐる調整が日本主導の交渉部会で行われていた。そして，日本による粘り強い説明が奏功し，上記のとおり柔軟性を含んだ条文案でほぼ合意しかけていた。その交渉終盤の6月11日，日本は，第7条3につき大胆な修文提案を行ったのである[52]。すなわち，責任を執行する対象となる事業者を，「第2条(c)の意味におけるいずれかの自国の非国家事業者」だけとし，設立地等への言及を全部削除する提案（選択肢1）と，設立地等の締約国については「可能な場合には（where possible）」仕組みを整備すると規定する提案（選択肢2）である。前者は，民事的に第6条2の責任を執行しようとする協議国に受け入れられるはずはない。後者も，執行の仕組みの設定義務が，第2条(c)の意味における事業者の締約国についてだけとなり，その他の事業者関連国には「可能であれば」設定するという努力義務しか係らないことになる。南極環境保護議定書の締約国がせいぜい35ヵ国程度である中で，協議国は，非国家事業者の責任を執行できる国内法を持つ附属書締約国の候補を，可能な限り広くとるべく努力をしてきたのである。この日本の修文案が，マッカイ議長を含む多くの協議国から不評を買ったであろうことは，想像に難くない。

---

51) *Chairman's Report on Informal Consultations*, 28 ATCM/IP 109 (2005), *supra* note 33, pp. 3-4.
52) Article 7（3），proposal by Japan, 11 June 2005.

確かに，附属書第6条2（可能性として第6条1）の責任を，既存の南極環境保護法に基づき既に環境大臣が有する措置命令権限を利用して（同法第23条）[53] 執行し，同法の微修正にて担保しようと日本が考えるならば，事業者の責任を日本法及び日本の裁判所で執行可能にするには，当該事業者が同法に基づく確認申請の対象になっていることが必要であろう。すなわち同法によれば，当該事業者は，①日本国民及び日本国の法人並びに日本国内に住所を有する外国人及び日本国内に事務所を有する外国の法人であって（同法第2条），②南極地域においてする科学的調査，観光その他の活動（一定の目的のためにする一連の行為をいう）を（同法第3条三号），③主宰する者（同法第4条1，第6条）である必要がある。このように，南極環境保護法の適用範囲は広く，外国法人であっても日本に住所をもって南極観光活動を主宰すれば確認申請の対象になり得る。つまり，事業者の設立地，営業地，常居地たる締約国に執行義務を課す規定であっても，ほぼ問題なく対処できたと思われるが，「漏れなく担保法を整備するという……完全担保主義[54]」から，日本は下記提案に出たものと思われる。

結果的には，日本の提案（選択肢2）がそのまま受け入れられた。さらに，附属書第2条(d)が追加され，事業者と締約国とをリンクする概念の定義を，別途設けることが決まった。すなわち，「締約国の事業者（Operator of the Party）」とは，「当該締約国の領域内において南極条約地域において遂行される活動を組織する事業者であり，かつ，(i)南極条約地域におけるその活動が当該締約国の認可（authorization）に服しているか，又は，(ii)南極条約地域にお

---

53) 南極環境保護法第23条は，第1項で，法令違反の行為をする場合には，主宰者等に対し，原状回復もしくはそれが著しく困難である場合には，これに替わるべき必要な措置をとるべきことを命ずる権限を，環境大臣に与える。第2項は，確認時には予想されなかった南極環境の変化等があり，南極地域の環境を著しく損ね，又は損ねるおそれがあるような場合には，南極活動主宰者等に対し，行為の中止に加えて，南極環境保護のための必要な措置を命ずる権限を，環境大臣に与える。第3項は，第1項の規定により命ぜられた原状回復その他の必要な措置が主宰者等により期限内にとられなかった場合には，環境大臣自ら原状回復その他の必要な措置をとり，その費用の全部又は一部を主宰者等に負担させることができる，と規定している。

この規定は，行政代執行法の要件を大幅に緩和して，事業者が措置命令に従わない際の行政による同等の措置の執行とその費用求償権を規定しており，附属書の担保方針の基軸となると考える。

54) 松田・前掲論文注34) 313頁，318頁。

ける活動につき正式な認可を行わない締約国については，その活動が当該締約国の類似の規制手続（comparable regulatory process）に服している場合」である。この定義に従い，「事業者の締約国（Party of the operator）」「自国の事業者（its operator）」などの文言の解釈もなされる。これにより，第7条1では，事業者の設立地，営業地，常居地のいずれも附属書締約国でない場合の二次的管轄裁判所として，「第2条(d)の意味における非国家事業者の締約国の裁判所」に訴訟を提起することが可能となった。第7条3では，「第2条(d)の意味におけるいずれかの自国の非国家事業者に関して，第6条2(b)の責任を執行するための仕組みをその国内法において整備する」義務が，すべての附属書締約国に課された。加えて，もし可能であれば，事業者の設立地，営業地ないし常居地となる締約国も同様の国内法整備が要求される。なお，第7条1の場合には，当該訴訟はいずれかの裁判所1カ所にのみ提起されると規定され，第7条3については，複数の「執行可能国」がある場合には，当該締約国間で協議することとなった。

　以上見てきたとおり，南極環境責任附属書は，南極における特有の法的及び環境的状況に対応するユニークな責任，すなわち事業者が環境上の緊急事態を生じさせたのにも拘わらず，いずれの主体も対応措置をとらなかった場合にその対応措置に要したであろう費用に見合う金額を基金に支払う責任を事業者に課した。日本は，このユニークな責任自体を国際法上規定するかにつき議論されていた交渉前半では沈黙し，これを黙認したと言って良いであろう。他方で交渉後半，このユニークな責任をいかに国内実施するかについては，日本は，自国の既存の国内法体系を前提にした実施方法と共に他の異なる実施方法も許容する柔軟な規定を提案し，それを実現させた。つまり，附属書第6条2（b）と第7条3の柔軟性は，附属書が規定するユニークな責任の国内実施につき，民事的，行政的，さらには刑事的方法までもが想定され，かつ，そのいずれの方法も国内実施方法として採用し得ることが協議国間で合意された結果である。
　同時に，協議国は，いかなる実施方法を採用しようとも，非国家事業者が負うべき責任の額が余りに少ないようでは，このユニークな責任が，そもそも対応措置を事業者にとらせるインセンティブであるという趣旨に反することも，理解していた。また，この責任を実施する仕組みによっては，非国家事業者が

支払うお金が基金に直接振り込まれないことは認めても，その取次をする政府がその過程で「儲かる」ようなことは，公平性の観点から望ましくない，ということでも一致していた。つまり協議国は，上記柔軟性にも一定の国際法上の限界があることにつき合意し，その趣旨を「できる限り」や「最大限」という用語に込めたのである。今後，協議国が附属書を国内実施する際にこれら規定を解釈する際には，これら規定に柔軟性が付与された上記趣旨を十分に考慮して，創造的に国内実施法の策定が行われることが期待される。

3　附属書の範囲 ── 南極活動に対する日本の管轄権

（1）附属書第1条の意義

附属書第1条は，以下のとおり規定する。「この附属書は，南極条約地域において科学的調査の計画に基づき実施されるすべての活動，同地域における観光並びに政府及び非政府の他のすべての活動であって，南極条約第7条5の規定に従い事前の通告を必要とするもの（関連する後方支援活動を含む。）に関連して生じる南極条約地域における環境上の緊急事態に適用される。またこの附属書には，当該緊急事態を防止しそれに対応するための措置や計画も含まれる。この附属書は，南極条約地域に入域するすべての観光船に適用される。またこの附属書は，第13条の規定に基づき決定する他の船舶及び活動に関連する南極条約地域における環境上の緊急事態に適用される。」この条文は，条約第7条5への言及も含め南極環境保護議定書第15条（緊急時における対応措置）の規定振りを基礎としている。

この附属書第1条の意義は，第1に，南極条約第7条5を附属書の適用範囲を画定することに利用した点である。これは議定書本体が，南極活動に対する協議国の規制管轄権を定める規定として条約第7条5を採用している[55]のとも異なる。附属書の規制管轄権の法的基礎は，上述したとおり，「締約国の事業者」を定義する第2条(d)に定められるが，この規定自体は第7条5には言及せず，その要素の一部たる「自国内で組織された」という条件に，国内法上の「認可の対象になった」という条件を追加した。各国の国内法上「認可の対

---

[55]　柴田・前掲論文「南極条約体制の基盤と展開」注19) 90-91頁。

象」になっている活動と，条約第7条5に基づく通告の対象になっている活動が，一致している必然性はない[56]。つまり附属書では，その適用対象自体が条約第7条5に基づき各国が通告している活動に限定され，その中でもさらに上記2つの条件を満たす活動を行う事業者についてのみ，締約国は附属書上の主要な義務を負うことになるのである。条約第7条5に基づく協議国の実行に附属書の適用範囲自体を画定する機能が付与されたのであるから，当然，その実行の中身が問われることになる。

　ところが，以前より，条約第7条5の解釈適用に関する締約国の実行が必ずしも統一されておらず[57]，特に，南極大陸近くまで航行するが投錨ないし接岸せずに航行を続ける南極観光船や南極海洋調査船につき，これを第7条5の通告に含めない協議国があることが明らかになっていた[58]。従って，附属書第1条の第2の意義は，南極条約地域，すなわち南緯60度以南の海域に入域する観光船を明示に附属書の適用範囲に含めたことである。この追加により，2005年当時，既に協議国の間で最大の環境上の懸案事項となっていた南極観光活動のうち，特に乗客が上陸しないクルーズ・オンリーの観光船にも，附属書を明示的に適用することになったことが重要である。というのも，「予想される」環境影響を評価する議定書の体制では，乗客が上陸しないことで南極環境への影響はほとんどないクルーズ・オンリーの観光活動でも，それが大型客船

---

56) 附属書第2条(d)でいう認可ないし類似の規制手続が，南極環境保護議定書第8条2に基づく環境影響評価手続であれば，同8条2がその対象を条約第7条5で通告が義務づけられている活動としているので，認可対象活動と第7条5通告対象活動は，「恐らく」同じであると言って良い。しかし，第1に，附属書第2条(d)はそこで言う規制手続が議定書上の環境影響評価手続でなければならないとは規定していない。第2に，いくつかの協議国の実行上，議定書8条2にも拘わらず，条約第7条5で通告される活動の対象範囲と議定書上の環境影響評価手続の対象活動とが一致していない（後掲注67参照）のが現状である。

57) 柴田・前掲論文「南極条約体制の基盤と展開」注19) 90-91頁。マッカイ議長も実行が多様であることを認めている。*Revised Chairman's Draft* (as of 4 June 2004), 27 ATCM/IP 110 (2004), *supra* note 42, p. 1. 具体的に，例えば，1998年の米国による条約第7条5に基づく通告には，ドイツとカナダに拠点があるツアー会社が企画した南極観光活動が，関係国によって通告されていないことにつき，指摘がある。United States, *Information Exchange under Article III and VII (5) of the Antarctic Treaty, United States Antarctic Activities, Activities Planned for 1997–1998*, Modification, Section X: Tourism（国立極地研究所所蔵『南極条約に基づく情報交換・米国』）。

58) *Chairman's Report on Informal Consultations*, 28 ATCM/IP 109 (2005), *supra* note 33, pp. 5-6.

（乗客定員500人以上が目安）を使用していれば，座礁等の事故時の南極環境汚染は重大になり得るのである[59]。附属書は，将にこのような環境上の緊急事態を対象にしており，協議国の第7条5の実行が不統一であったとしても，南極観光船を附属書の適用対象から除外することは考えられなかったと言って良い[60]。なお，2004年の日本船籍「飛鳥」（28,856トン，乗客定員592人・乗員270人）による南極クルーズも，日本による条約第7条5の通告対象にはなっていなかった。今後同様の南極観光クルーズが日本の事業者により実施されるならば，附属書発効後には，第7条5に関するこれまでの日本の実行に関わりなく，日本は，この事業者に対応措置義務をかけ，その対応措置がとられなかった場合の事業者の責任を日本で執行できるような国内法制にしなければならないと考える（後述）。

附属書第1条の第3の意義は，同条第4文が，今後協議国が合意すれば他の船舶及び活動に関連する環境上の緊急事態にも適用すると規定し，附属書の適用範囲を拡大しうる可能性を明示に認めている点である。ここで言う「他の船舶」として想定されているのは，明らかに漁船である。南極条約第7条5に基づく通告対象に漁船ないし捕鯨船を含めている南極条約締約国はほぼない[61]。南極海で操業する漁船ないし捕鯨調査船の活動は，南極海洋生物資源保存条約（CCAMLR）と国際捕鯨取締条約（ICRW）により把握・規制されており，これまで漁船が条約第7条5の通告に含まれていないことが問題になったことはない。従って，この第4文の趣旨は，条約第7条5とは関係なく，漁船（漁業活動）に関連する環境上の緊急事態にも，本附属書を適用すべきかを今後検討するということである。その理由として主唱者は，第1に，小型の漁船であっても状況如何によっては環境上の緊急事態を生じさせる可能性は否定できず（南極海における漁船をめぐる海難事故は多数発生している）[62]，第2に，CCAMLRやICRWはそれが対象とする活動に起因する環境上の緊急事態に対応する法制度

---

59) この問題を早くに指摘していたものとして，Mike Richardson, "Regulating Tourism in the Antarctic: Issues of Environment and Jurisdiction," *in* D. Vidas, *supra* note 9, p.85. 実際，南極観光船の座礁事故およびその後の油漏れは少なからず発生している。*Follow-up to Vessel Incidents in Antarctic Waters*, submitted by ASOC, 35 ATCM/IP 53 (2012).
60) *Final Report of 28 ATCM* (2005), p.34, para.102.
61) オーストラリアが，非致死的鯨類調査船を通告しているようである。事務局 EIES 参照（前掲注24）。

を確立しておらず，第3に，他の条約で必要な措置が取られていない以上，議定書は，漁業活動をも対象にした環境上の諸問題につき規制することが可能であると主張した。日本は，この第3の主張に原則論をもって疑義を唱え，米国やスペインは，第2の主張に関し，対応策が必要であるかも含めまずはCCAMLR等で審議されるべきであると反対した。その結果が上述の規定振りである[63]。この議論は，公海自由を害さないと規定する南極条約第6条，その南極条約を修正しないと規定する議定書第4条及び最終議定書第7，第8段落，他方で「漁網」に言及する議定書附属書Ⅳ第5条等の解釈が関わっており，根の深い問題である（後述）。

（2）日本の実行

南極活動に対する日本の管轄権は，まずは南極条約を含む国際法に基づき定められる。当然，日本の管轄権行使の基礎となる国際法が変化すれば，それに応じてその範囲も拡大ないし縮小することになる。ノンクレイマントとしての日本は，一般的に言えば，南極活動に対する管轄権を属人主義その他の基礎に基づかせて広く認めることに利益を見出すのであり，特に，日本人観光客が相当数南極にアクセスしている現実を考えれば，領土権が不確定な地における邦人保護という観点も加味して，戦略的に「南極管轄権」を検討する必要があろう。ところが，以下に論じるとおり，日本の実行は，1997年南極環境保護法上の制約，及び，その背後にある「古い」国際法観に縛られており，南極条約体制の現代的な展開に対応できなくなりつつある。

（a）現行南極環境保護法に基づく管轄権：「特定活動」の除外

日本は，附属書第1条の範囲に，漁船はもちろんのこと，その乗客が上陸しない観光船が入ることにも反対していた。上述したとおり，緊急事態の際の対応措置等を規定する附属書の適用範囲に南極観光船を含める必要があることは，いずれの協議国も認めており，日本の反対の理由は，その国内担保の難しさからであると説明された。

---

[62] 2007年2月調査捕鯨母船「日新丸」火災事故（30 ATCM/IP 40 (2007)），2013年4月中国漁船「開欣号」火災事故（36 ATCM/IP 90 (2013)）など。なお，南極オキアミ船の平均的な大きさは750グロストン程度，「日新丸」は約7000グロストンである。

[63] *Final Report of 28 ATCM* (2005), p.34, para.100.

議定書を担保するために1997年に制定された南極環境保護法は，先に述べたとおり，第2条において広くその適用範囲を定めている。例えば，日本のツアー会社「ジャパングレイス」が企画運航する南極観光クルーズは，バハマ船籍の船舶を使っていても，①日本法人によって②南極地域活動が③主宰された事例と位置づけることが可能であり，同法第5条の環境大臣の確認の対象となり，同法第7条及び第8条に基づく環境大臣による環境影響評価を含む具体的な規制の対象となる。ちなみに，同法でいう「南極地域」は，南緯60度以南の陸域（氷棚を含む）及び海域であり，議定書でいう「南極条約地域（Antarctic Treaty area)」と同じである。これは，南極条約第1条等でいう「南極地域（Antarctica)」とは異なり，南極条約第6条で定められる南極条約の適用範囲と平仄を合わせている。つまり，先の例で仮に「ジャパングレイス」企画運航の南極クルーズ中に環境上の緊急事態が発生したならば，日本は，附属書第2条(d)でいうところの「事業者の締約国」として，「ジャパングレイス」に対して同法第23条1に基づいて原状回復その他の措置を命じ，それがとられなかった場合，同条3に基づいて環境大臣（ないしそれが委託する他の締約国）が替わりにその措置をとり，その費用を同社に負担させることができる。この負担金を回収する民事的ないし行政的な仕組みを日本で設立することも可能であろう。

ところが，南極環境保護法第5条は，環境大臣による確認申請の対象につき，「ただし特定活動についてはこの限りではない」と規定する。同法第3条の六号は，特定活動を以下の通り定義する。「特定活動」とは，「南極地域の海域においてする次に掲げる南極地域活動（次に掲げる南極地域活動以外の南極地域活動と一体となっておこなわれるものを除く）をいう」とされ，(イ)で合法に行われる水産動植物の採捕（つまり漁業），(ロ)で船舶の航行又は航空機の飛行（南極特別保護地区への立入りを除く）及びこれらに付随する環境省令で定める行為，(ハ)で科学的調査であってその結果を公表することとされているもの（上記イに掲げるものを除く）とされる。これらの「特定活動」は，日本の南極環境保護法が定める確認申請から除外され，第7条及び第8条に定める規制制度の対象とならず，よって日本は，それら活動を行う「事業者の締約国」にはなれない，というのである。

さらに日本は，この南極環境保護法の解釈適用上，南極海域における船舶の航行（観光船を含む）ないし海域における科学的調査活動につき，「南極に上陸

しない」場合にだけ除外活動になると考えているようである。まず南極環境保護法は，南極観光クルーズ活動をもその規制対象にしていることは明らかであるが，同法施行規則第10条及びその確認申請書の様式から，同法の規制対象になるのは，南極陸域に「接岸」「上陸」「着陸」する場合であることが前提になっているようである。南極環境保護法の実施に責任を有する環境省がそのHPに掲載している「確認申請・届出の手続の流れ」でも，「上陸する場合」にのみ手続が必要であると記載されている[64]。

他方で，南極海域での船舶の航行ないし船上での活動であっても南極陸域への接岸・上陸を伴うものについては，南極条約海域での諸活動も含め全体の活動を確認申請（ないし届出）することが求められているようである（南極環境保護法施行規則第10条関係の様式記載例のうち「観測隊の海洋での観測・調査」参照)。実際，砕氷艦「しらせ」船上で航行中に海域で行われている海洋調査活動は，同法に基づく確認申請の対象になっているようである。これは，南極沿岸で投錨・接岸して乗員が上陸する目的で使用される船舶及びその船上での活動は，南極環境保護法第3条の3号でいるところの，南極陸域における科学的調査の「ためにする一連の行為」として，もしくは第3条の六号で特定活動から除外される陸域での南極地域活動と「一体となっておこなわれるもの」と解釈して，規制の対象にされているのかもしれない。

日本は，南極観光船を対象に安全性の観点から規制を及ぼす措置（Measure）を既に承認しており[65]，現行法での対応が可能であると判断しているようである。これら措置は，いずれもその規制対象活動を「南極条約第7条5に従い通告される必要のある活動」に限定している。ここに南極環境保護法上の確認申請対象活動と，南極条約第7条5に基づく日本の通告対象活動との連関が窺い知れるのである[66]。

(b) 南極条約第7条5に関する日本の実行：南極条約体制の展開の中で

いずれにしても，日本は，南極環境保護法の確認申請の対象には，南極大陸

---

64) <http://www.env.go.jp/nature/nankyoku/kankyohogo/kankyou_hogo/tetsuzuki/tetsuzuki.html> 以下の社団法人日本旅行業界の説明文も参照。<http://www.jata-net.or.jp/membership/topics/2012/pdf/121022_nnkykguidebis.pdf>

65) 措置4（2004年）と措置15（2009年）。柴田・前掲論文「南極条約体制の基盤と展開」注19) 89頁参照。

（氷床を含む）にその乗客・乗員が上陸せず，また当該船舶もその沿岸に投錨・接岸しないで行われる海域での観光活動や科学調査活動は含まれないとの立場を堅持しているようである。この立場は，単に同法を国際的な要請に呼応して改正するかしないかという国内立法政策の問題に留まらず，日本のこれまでの国際法解釈を基にした国内法政策と整合しないが故に，松田誠が言う「国内法体系に適合的に再構築」することができないと主張されているようである。

　南極条約第7条5は，自国民や自国船舶による「南極地域向け」及び「南極地域における」活動のみならず，自国領域内で組織されたか，もしくは自国領域から出発する「南極地域向け」及び「南極地域における」活動をも事前通告の対象として義務づけている。しかし，実際の協議国の通告実行は，クレイマント，ノンクレイマント，南極活動の量，南極へのゲートウェイ港を有しているかなど，様々な個別要因を背景として，細部において多様であったことは上述した。条約第7条5を基礎とした1991年議定書に基づく規制制度も，この実行上の多様性を認めた上で，かつ，議定書に基づく具体的な規制対象活動を場合によってはさらに絞り込むこと，つまり，第7条5の実行上の範囲と議定書に基づく国内法上の規制対象の範囲が異なりうることも，議定書の趣旨目的に反しない限りで，許容されていたと考えられる[67]。

　それでは，1997年議定書批准及び南極環境保護法制定の頃までの日本の南極

---

66) これら2つの措置で日本が直面した課題は，南極環境保護法が南極環境への悪影響を防止，軽減するために規制をすることになっているのに対し，上記2つの措置は，その環境への影響如何に拘わらず安全性の観点から規制することを求めていることであった。これについては，同法第8条5が，環境大臣に対し，「南極地域の環境を保護するために必要があると認めるときは，その必要の限度において，……その他の条件を付すことができる」とある規定を創造的に解釈して，安全性の観点からの条件付けも可能であると判断したようである。

67) M. Richardson, *supra* note 59, p.89. Kees Bastmeijer, "Implementing the Environmental Protocol Domestically: An Overview," *in* D. Vidas, *supra* note 9, pp.297-298. William Bush, "Australian Implementation of the Environmental Protocol," *in* D. Vidas, *supra* note 9, pp.322-323. Maria Luisa Carvallo and Paulina Julio, "Implementation of the Antarctic Environmental Protocol by Chile: History, Legislation and Practice," *in* D. Vidas, *supra* note 9, p.343. Christopher C. Joyner, "The United States: Legislation and Practice in Implementing the Protocol," *in* D. Vidas, *supra* note 9, p.430. 起草過程の検討の結果，第7条5で言及されるすべての活動につき議定書上の環境影響評価手続を適用することを協議国が意図していたとするのは困難だと結論するものとして，Kees Bastmeijer, *The Antarctic Environmental Protocol and its Domestic Implementation* (2003), pp.112-113.

第6部　環境の国際的保護

条約第7条5の実行はどうなっていたであろうか[68]。日本は，1964年の通告文書より，南極陸域に接岸する南極観測船（当時は「ふじ」）に加えて，接岸しない海洋調査船「海鷹丸」を「日本より南極に出発する観測隊」として通告している。1975年からは，勧告 VI-13（1970）[69]及び勧告 VIII-6（1975）[70]（いずれも日本承認，効力発生済み，現在も有効）の報告類型に従い，南極条約地域における実質的な海洋調査を行う船舶として，「開洋丸」（水産庁所有の漁業調査船），「海鷹丸」（東京海洋大学，当時東京水産大学所有の海洋調査船），「白嶺丸」（JOGMEC，当時金属鉱物探鉱促進事業団（資源エネルギー庁）所有の海底鉱物調査船），「白鳳丸」（JAMSTEC，当時東京大学所有の海洋調査船）を最近では2005年のシーズンまで通告している。つまり，日本の条約第7条5の下での約40年間の通告実行は，少なくとも日本が国として組織する南極条約地域での海洋調査活動については，当該船舶が南極陸域に接岸・上陸しない場合でも，通告してきたことを示している。この実行は，条約第7条5を南極活動の透明性を高めるための制度として見たとき，極めて適切なものである。特に，1970年代から南極条約地域での生物及び鉱物資源活動のあり方が国際社会の注目を浴びるようになり[71]，これら船舶が科学的調査活動をしていることを明らかにする上でも，重要な通告実行である。

また，この日本の実行は，南極条約体制の規範的発展にも適切に対応している。上述の勧告 VIII-6（1975）は，海洋調査船の通告につき，その活動範囲を「南極条約地域（Antarctic Treaty area）」と明記し，条約第7条5が南極地域（Antarctica）と規定しているところを，南極条約地域と規定し直して明確にしている。同様に，南極における観光及びその他の非政府活動に関する勧告 VI-7（1970）（日本承認，効力発生済み，現在も有効）も[72]，締約国によって組織さ

---

68) 1964年以降2005年頃までの日本の第7条5に基づく通告文書は，国立極地研究所図書館所蔵『南極条約に基づく交換文書 JAPAN 1巻〜3巻』にて閲覧可能である。以下の記述はこの資料に基づいている。
69) Recommendation VI-13（1970）: Exchange of information on oceanographic research, <http://www.ats.aq/>．
70) Recommendation VIII-6（1975）: Annual exchange of information, <http://www.ats.aq/>．
71) 柴田明穂「1970年代における南極条約協議国会議の性格」岡山大学法学会雑誌49巻3・4合併号（2000年）445頁以下，柴田明穂「南極鉱物資源条約形成過程における正当性」岡山大学創立五十周年記念『世紀転換期の法と政治』（有斐閣，2001年）291頁以下。

れていないが，その領域内で組織され又は同領域から出発する条約地域（Treaty area）で行われるすべての非政府活動につき，可能な限り事前に通告すべきと規定する。南極条約上の南極地域（Antarctica）は，条約採択当時は南極大陸と氷棚だけを意味するものとして観念されており[73]，日本の最初の南極関連法である1982年「南極地域の動物相及び植物相の保存に関する法律」も，南極地域を「南緯60度以南の陸域（氷棚の部分を含む）」と定義していた（第2条）[74]。上述した勧告は，第6条で定める条約の適用範囲全域に，南極条約に基づく各種規制を及ぼしていく南極条約体制の規範的展開の重要な礎石である。情報交換に関する最新の勧告である決議6（2001年）は，現在の電子情報交換システム（EIES）の基礎となっているものであるが，前文で勧告VIII-6に言及しており過去の勧告の効力を無くすものではない[75]。

同時に，日本の上記実行は，政府活動である調査捕鯨活動や民間による漁業活動を条約第7条5の通告対象には一切含めておらず，国際的な慣行を踏襲している。注目すべきは，民間による観光クルーズ活動につき，日本郵船企画運航の2001年南極クルーズ観光（船舶：「飛鳥」）と，ジャパングレイス企画運航の2004年南極クルーズ観光（船舶：マルタ船籍の「オセアニック号」）を通告していないことである。単なる見落としの可能性もあるが，もし上述の勧告VI-7の対象にならないとの意図的な判断であったとすると，この頃より，後述する南極条約第6条の公海自由に関する規定との整合性が，日本政府内で再度議論され始めた可能性がある[76]。

上記海洋調査船に関する日本の通告実行は，2006年シーズンから突然変更される。海洋調査船「海鷹丸」は，2006年以降も，これまで同様，日本の南極地

---

72) Recommendation VI-7 (1970): Effects of Tourists and Non-Governmental Expeditions to the Antarctic Treaty Area, <http://www.ats.aq/>.
73) 浅田正彦編『国際法〔第2版〕』（東信堂，2013年）203頁（柴田明穂執筆）。
74) 「南極地域の動物相及び植物相の保存に関する法律」法律第58号（昭和57年5月28日）。
75) Resolution 6 (2001): Attachment A: Information Exchange Requirements, <http://www.ats.aq/>. この決議6（2001年）は，南極条約地域の用語は使わず，「南極地域（Antarctica）」で統一している。
76) 考えられうる契機としては，この頃より，条約第7条5に基づく情報交換をこれまでの外交文書によるものから，ウェッブベースで入力し一般公開する上記EIESが稼働し始めたことである。このシステムだと，文部科学省から提供される情報を，外務省の担当官が1つ1つ確認して情報入力することになる。

第6部　環境の国際的保護

域観測統合本部が決定する南極観測計画に基づき，その観測活動の一部を南緯60度以南の南極条約地域に入域して実施している[77]。日本は，2006年より，この「海鷹丸」につき条約第7条5に基づく事前通告を行わない決定をしたようである。「海鷹丸」船上で行われている活動とそれを実施する研究者は，これまでどおり第7条5の通告対象になっており[78]，また南極環境保護議定書に基づく年次報告書にも記載されている。しかし，その海洋調査を可能にしている船舶だけが，2006年より，事前通告及び年次報告の対象から外されたのである。その理由として，日本政府（外務省）は，以下の通り説明している。

「我が国としては，南極条約第7条5項に基づく事前通告を行うか否かに関して，同条約第6条の規定も踏まえ，南極条約地域（南緯60度以南の地域）の公海上における公海の自由に関する活動は，事前通告の対象外であると解釈しております。海鷹丸は，南緯60度以南の公海上において，公海の自由に該当する科学的調査を行っているものであり，事前通告の対象には当たらないと考えます。[79]」「第7条の例外規定として第6条があり，…6条が7条5項に対して優先的に適用される。海鷹丸に関しては，6条の公海の自由に従って行動するという解釈をとっており，これまで7条5の報告対象にはしていない。[80]」

この日本政府の見解は，上述の40年間の日本による通告実行とは整合しておらず，2005年頃に確定（再確認？）され，そして2006年から条約第7条5の通告実行に実際に反映されるようになったと考えられる。

---

77)　海鷹丸第41次（2013-2014年）航海航跡図を参照。<http://www.s.kaiyodai.ac.jp/ship/cgi-bin/umitaka/umitaka41/kouseki.html >

78)　例えば，2013-14年第55次南極地域観測について，「海鷹丸」に乗船して国立極地研究所の研究者が行う「南極海ケルゲレン海台付近の基礎生産量の時空間的変動観測」は，2013-2014年事前通告に含まれている。南極地域観測統合推進本部第26回観測・設営計画委員会「資料8 南極条約第7条5に基づく事前通告のための電子情報交換システム（EIES）について」（2013年10月25日）。

79)　南極地域観測統合本部第22回観測事業計画検討委員会「第20回観測事業計画検討委員会における質問事項について」（2011年11月4日）。同旨は，外務省国際協力局地球環境課担当官2013年6月13日発言，南極地域観測統合推進本部第26回観測・設営計画委員会「観測・設営計画委員会第25回議事概要」（2013年10月25日）。

80)　外務省国際協力局地球環境課課長補佐の2013年10月25日発言，南極地域観測統合推進本部第27回観測・設営計画委員会「観測・設営計画委員会（第26回）議事概要」（2014年3月17日）。

南極条約第6条と第7条5の関係に関する上記日本の解釈は，成り立たないものではないが，明らかに「先祖返り」である。南極条約第6条は，南極条約の適用範囲を南緯60度以南の地域（すべての氷棚を含む）としつつ，同地域内の公海に関する国際法に基づく権利を害さず影響も及ぼさないと規定する。この第6条が，南極条約の適用範囲自体から海域を除外しようとした米・英などの主張と，海域における諸活動（特に軍事演習や核実験など）にも条約が適用されることを確保しようとしたアルゼンチンなどの主張との妥協の産物であることは良く知られている[81]。日本が1959年条約採択当時の英米寄りの立場に立って，広く公海自由の権利を維持する主張をすることも理解できる。しかし，日本が，条約第6条が第7条5に「優先」するので通告しないと言うとき，それは，①慣習国際法及び日本を拘束する条約に基づいて今日認められている公海自由の権利及びその行使が，②第7条5の事前通告により「害される（prejudice）」「影響される（affect）」と日本が考えていることを意味する。

上記①については，スコヴァッチも指摘しているように，条約第6条は，第1に，南極条約体制の下で合意された法的拘束力ある文書により制限された場合，第2に，慣習国際法上ないし一般条約上定められる公海自由の内容が1959年当時のものから制限された場合には，その制限された内容としての公海自由しか保護しない[82]。前者につき協議国は，南極条約地域を含む公海海域での漁業活動を規制するCCAMLRや，海域も含め船舶の入域を制限，禁止することが可能な特別保護地区を設定する議定書附属書Ⅴなどに既に合意している[83]。また，協議国の全会一致で採択・承認され現在も有効な上述の勧告Ⅵ-7（1970）やⅧ-6（1975）及びそれに従う日本を含む協議国の慣行は，条約第6条との関連における第7条5の適用に関する後の慣行で，条約の解釈についての南極条約当事国の合意を確立するものとして考慮されうると考える[84]。

---

81) Tullio Scovazzi, "The Antarctic Treaty System and the New Law of the Sea: Selected Questions," *in* Francesco Francioni and Tullio Scovazzi eds., *International Law for Antarctica, Second Edition* (1996), pp.386-387.
82) *Ibid.*, pp.389-390.
83) なお，日本の南極環境保護法も，議定書附属書Ⅴに基づき南極海域での船舶の航行又は航空機の飛行が制限されうることを認めている。同法第3条の六号は，特定活動として確認申請の対象から除外される航行及び上空飛行から，「南極特別保護地区への立入りを除く」と規定している。

後者については，公海自由に関する国連海洋法条約の規定とその解釈適用をめぐる慣行を見定める必要がある。IMO 関連条約としては，例えば，南極海域を航行する船舶が使用する燃料につき，安価だが流出時の海洋環境への影響が重大となるＣ重油の使用を禁止する MARPOL 条約改正が採択され発効している[85]。

事前通告することが公海自由の活動を「害する」かの上記②については，確かに，南極条約海域に安全保障上の理由で入域している軍艦，特に潜水艦の行動を，条約第7条5の下で事前通告しなければならないとなれば，当該国の公海自由の権利（とその行使により得られる安全保障上の利益）に影響を与えることは理解できる。また漁船の位置情報は営業秘密であり，CCAMLR の基で商業漁業を行っているいかなる国も，条約第7条5に基づく事前通告にその漁船を対象にすることはしない（CCAMLR によって一括管理されている）。これを確認するように，南極環境保護議定書を採択した第11回特別協議国会議最終議定書第7段落は，議定書が CCAMLR や ICRW に基づく権利及び義務を害さないと念を押している[86]。

他方で，南極条約及び環境保護議定書において明示的にその適用対象とされている南極条約地域における科学観測活動や観光活動を行うために入域する船舶につき，これらを事前通告することによっていかなる航行上ないし科学観測活動上の自由が害されるのであろうか。「海鷹丸」の航路は，東京海洋大学のＨＰで公開されており，上述したとおり船上での調査活動は既に事前通告の対象であり，その成果等も国立極地研究所にて公開されている。南極クルーズ船

---

[84] *Whaling in the Antarctic* (Australia v. Japan, New Zealand intervening), Judgment of 31 March 2014, *I.C.J. Reports 2014*, para.46, para.83. 裁判所が，本来勧告的効果しかない条約機関の決議でも，それがコンセンサスで採択されていれば，条約法条約第31条3 (a) 及び(b)でいうところの後の合意ないし後の慣行を構成しうると言及した点は重要である。

[85] Resolution MEPC.189 (60) (26 March 2010): *Amendments to the Annex of the Protocol of 1978 relating to International Convention for the Prevention of Pollution from Ships, 1973*, IMO/MEPC 60/20, Annex 10 (2010), *entered into force* 1 August 2011.

[86] Final Act of the Eleventh Antarctic Treaty Special Consultative Meeting, Madrid, October 1991, *Handbook of the Antarctic Treaty System, Ninth Edition* (2002), pp.474. 最終議定書第8段落は，議定書第8条に基づく環境影響評価の対象になる活動に CCAMLR 及び南極アザラシ条約の基で行われている南極条約地域での活動を含めることを意図していないと規定している。

の航路も船上船外の各種イベントも，ツアー会社の広報資料に詳しく紹介されている。南極条約協議国は，南極活動の透明性を向上させ，南極における政府，非政府活動を把握するために，条約第7条5を可能な範囲で広く解して通告をするよう促してきた。その南極条約体制の方針を1964年以降真摯に受け止めてきた日本の通告実行を，なぜ2005年に「後ろ向き」に変更する必要があったのであろうか。繰り返し確認したとおり，南極条約第7条5の解釈適用の実行は各協議国で多様であり，その多様性（その理由の一要素として第6条の解釈との関連もあろう）自体が国際的に認められている。従って，2005年からの日本の解釈実行については，それが間違っているということではない。問題なのは，南極条約体制のこれまでの発展と今後のさらなる発展を見越して，それが現時点での日本の法政策として適切であるかということである。

　以上見てきたとおり，南極環境責任附属書をめぐる交渉は，範囲に関する第1条をめぐって，条約第7条5の解釈実行を協議国が再確認する契機となり，かつ，規制管轄権の基礎に関する第2条（d）をめぐって，議定書上の環境影響評価手続，すなわち同項が言う「認可（authorization）」手続を実施している国内法上の規制対象活動を再確認する契機となったと考えられる。日本も，当然，この再確認作業を行ったであろう。その際，環境影響評価に関する議定書第8条2を根拠に，日本の南極環境保護法で確認申請の対象になっている活動が，条約第7条5の通告対象活動であるはずだ，と理解されてもおかしくない。附属書第1条や第2条（d）の交渉は，国内法上の規制対象と条約第7条5の通告対象が一致していると想定した方が分かりやすかったに違いない。この発想は，しかしながら，日本の南極環境保護法で確認申請の対象になっている活動に，条約第7条5の通告対象活動を合わせるべきだという考え方に容易に繋がりうる。

　実際，日本の南極環境保護法の関連規定が1999年1月に施行されて以降2005年まで，上陸せずに南極条約地域に入域して科学調査活動を行っていた「海鷹丸」「開洋丸」「白嶺丸」「白鳳丸」は，上記関連勧告をも考慮して条約第7条5に基づく日本による通告対象になっていた。他方で，日本の南極環境保護法上の確認申請の対象にはなっていなかった。つまり，これら船舶の条約上の通告を2006年以降やめたということは，国内法上の規制（欠如の）実行に前者の

第6部　環境の国際的保護

通告実行を合わせたということである。また,「しらせ」とその船上で行われている公海上の海洋調査活動が,南極環境保護法第3条の三号ないし同六号で言うところの陸域活動と「一連の行為」ないし「一体となって行われる」活動として第7条5の通告対象に含まれるのに対し,南極条約地域に入域するが上陸しない「海鷹丸」その他船舶とその公海上の海洋調査活動は,第7条5の通告対象にはならないという区別は,南極条約第6条の解釈から導かれているというよりも,日本の南極環境保護法に従いなされてきた確認申請の実行をそのまま維持するための説明と言えないであろうか。つまり,いつのまにか主客が逆転し,国内法上の規制対象活動の範囲 ── そして上述したとおりこの範囲は条約より限定的になる ── が国際法上の通告対象活動の範囲を決定するとされ,そして条約第6条と第7条5の関係に関する国際法上の解釈論は,実質的には,1997年当時の国内法上の規制対象活動の範囲を引き続き維持するために援用されるようになったとも見えるのである。

4　おわりに

　本稿は,国際環境レジームの1つである「南極環境保護議定書附属書Ⅵ環境上の緊急事態から生じる責任」を題材に,環境条約制度とそれを担保する国内法の機能について考察した。領土権に関する根本的見解の違いを内包している南極条約体制の中で成立する環境責任制度（environmental liability regime）において,条約制度と各国国内法の相互作用のあり方が極めて複雑になることは当初から予想されていた。協議国はまず,この制度を南極環境損害そのものではなく,南極環境に悪影響を与える環境上の緊急事態に対処するものとし,かつ,その責任の内容を,事業者が対応措置を取らなかった場合に当該対応措置に要した費用を支払う責任とすることにより,領土権が不確定な状況から生じる法制度上の多くの問題を棚上げすることが可能となった[87]。第2に,南極における法的及び環境的特殊事情より,いずれの主体によっても対応措置が取られなかった場合にもその対応措置に要したであろう費用相当額を基金に支払

---

87)　A. Shibata, "How to Design," *supra* note 11, pp.354-358.

う責任を定めた。ただこのユニークな責任については，日本による努力の結果，各国の既存の国内法体系に適合的な実施方法を許容しつつ，一定の国際法上の制約をかける柔軟な規定が設けられた。そして第3に，現在，環境上の緊急事態として最も懸念される大型観光船の座礁・油流出事故等に適切に対応するために，附属書の対象範囲には，条約第7条5に関する各協議国の多様な実行を許容しつつ，南極観光船を明示的に含めることにしたのである。

　附属書交渉中の日本の対応は，附属書第6条2（b）ないし第7条3の柔軟規定に対するものも，附属書第1条の適用範囲に対するものも，日本の既存の国内法体系に適合的となる条約制度とするために最大限の努力をしたということで共通する。しかし，条約制度との関係における国内法の機能は，それぞれで異なる。一方で，柔軟規定は，非国家事業者に関する責任が国内法制によって執行されることを前提に，その国内法制が備えるべき最低限の国際基準を定めることに意義があったのである。これは，「国内法を前提にしてこれに網をかぶせるために国際条約（の関連規定）が作成された[88]」と考えることができる。国際法と国内法のここでの相互作用は，各国の国内法制を出発点としつつ，国際公益実現のためにどこまで国際的な基準を見出すことができるかというものである。第6条2（b）の責任を，民事法的，行政法的，そして刑事法的に執行しようと考えていた協議国がそれぞれあったことを考えれば，附属書第6条2（b）及び第7条3の規定振りが，一定の国際基準を定めつつも，極めて柔軟な規定になっていることは合理的でさえある。

　他方で，附属書の適用範囲に明示的に南極観光船を含めた第1条は，条約第7条5を実施する各国実行が既に多様である中で，本附属書の趣旨目的を実現するために，その多様性を一部克服して，条約上，明確にこれに対処することを義務づける規定である。この規定が必要であることに合意した協議国は，実質的にはその国内法又は国内実行を国際的に調和・統一することに合意したのであって，ここにおいて，既存の国内法体系との適合性を理由に当該規定に反対するのは本末転倒である。ここでは，必要とされる「国際条約（の関連規定）を前提にしてその実施のために国内法が作られる（ないし改正される）[89]」

---

88) 小寺・奥脇・前掲論文注18) 9-10頁。
89) 同上。

と考えることができる。

　従って，附属書第1条に合意した以上，協議国は，南極条約地域において船舶（自国が旗国でない場合を含む）を使用して行われる観光活動[90]で，南極陸域に接岸せず又その乗客が上陸をしない場合であっても，その活動が自国領域内で組織され，かつ，その認可手続の対象になっている場合には，当該南極観光活動を組織した事業者に関し，附属書上必要とされる諸権限を行使することが要求される。この規制権限の行使は，議定書締約国のこれまでの条約第7条5に関する実行ないしその背後にある条約解釈に関わりなく，行う必要がある。つまりこの規定は，南極活動に対する各締約国の規制管轄権の範囲につき，これまで認められていた柔軟性を，その一部つき国際的に統一するものである。具体的には，附属書締約国は，附属書第2条（d）の第2要件でいうところの国内法上の「認可」ないしその他の「規制手続」の対象に，上陸しない南極観光船も含める義務を負う。日本としては，少なくとも南極観光クルーズ活動（上陸しないものを含む）を，日本の南極環境保護法上の「特定活動」から除外する必要がある。

　南極環境保護議定書の規制管轄権に関する条文が，条約第7条5に言及するのは，同項の柔軟性と発展を見込んで規定されていると考えてよい。他方で，この議定書を国内実施する国内法上の規制制度が対象とする活動は，当然明確でなければならず，また締約国が置かれている政治的，地理的，能力的要因等により，締約国間でばらつきがあると同時に，一般的には条約より限定的となるであろう。南極環境責任附属書は，条約第7条5にその適用範囲を画定する機能を付与しつつ，それとは別にその適用範囲に観光船を明示的に含めた。他方で附属書は，その規制管轄権の基礎として，既存の国内法制を準用すること

---

[90] 南極条約体制において「観光活動」が公式に定義されたことはない。通常，観光活動は非政府活動と一緒に観念され，国家事業としての科学的調査活動，政府の公的活動，個人でも科学的調査を行う活動，さらには南極海洋生物資源保存条約や国際捕鯨取締条約の下で行われる漁業活動や捕鯨活動を除いた活動が想定されている。See CEP Tourism Study, *Tourism and Non-Governmental Activities in the Antarctic: Environmental Aspect and Impacts* (May 2012), p. 9, < http://www.ats.aq/e/ats_other_tourism.htm>. 1992年に提案された観光に関する附属書VI案の適用範囲も参照。*Preliminary Draft on Annex VI on Regulation concerning Tourism and Non-Governmental Activities*, submitted by Chile, France, Germany, Italy and Spain, 17 ATCM/WP 1（1992）.

を認めつつ，観光船については規制を及ぼすことを義務づけた。一般に，多国間条約を改正しそしてその改正を発効させることは，大変困難である。発展性のある柔軟規定を国際条約に置き，当初はより明確で限定的にそれを実施する国内法を許容しつつ，条約当事国の後の慣行を反映して発展する条約制度に，各国国内法が改正によって対応していくという，条約と国内法の制度的デザインは，あながち不合理とは言えない。確かに，条約の正式な改正なくして条約上の義務内容が具体化，明確化，豊富化する現代的な規範現象[91]に国内法制を対応させていくことは，理論的にも実践的にも様々な課題を提起するし，関係省庁にはその課題を克服する創造的努力が求められる[92]。

　附属書第1条は，これまでの南極条約体制の発展の延長線上に新たな条約上の義務として，航行するだけの南極観光船を国内規制制度の対象に含めることを要求した。この決定は，南極条約第6条がいう公海に関する国際法上の権利行使の一部につき，南極条約体制に基づき規制していくことに協議国が合意したことを示す。そして，南極条約第6条で保護される公海自由の権利の内容が変動すれば，当然，変動前の国際法を基に策定された国内法政策も，必要に応じて，修正・発展を求められる。このような視点より，日本は，附属書を国内実施する際には，日本の南極環境保護法が「特定活動」をその確認申請の対象から除外してきた国内立法政策を今一度整理し直して，再検討することが求められよう。

---

91) Akiho Shibata, "International Environmental Lawmaking in the First Decade of the Twenty-First Century: The Form and Process," *Japanese Yearbook of International Law*, Vol.54, Year 2011 (2012), p.38.
92) 島村健「環境条約の国内実施 —— 国内法の観点から」論究ジュリスト7号（2013年秋）83頁。

26 国際裁判機関による予防概念の発展
―― 国際海洋法裁判所・海底裁判部の保証国の
義務・責任に関する勧告的意見の検討 ――

堀 口 健 夫

1 序　論
2 予備的考察：予防概念をめぐる学説上の論争の展開
3 意見の検討
4 結語：予防概念の発展における深海底勧告的意見の意義と限界

1　序　論

第1款　国際裁判と予防概念

　国際環境法における予防概念[1]は，今日多くの環境条約体制における規律の基本原則として採用され，様々な規則に具体化されている一方，なお論争的な概念である。その主たる論点の1つは，予防概念が果たして裁判規範として確立しているか否かという点にある。同概念が環境条約体制の規律の局面で重要な機能を果たしているとしても，過去の一時点における権利義務を明確な根拠によって確定し，そのことによって紛争の処理を図ろうとする国際裁判の局面においては，科学的不確実性の状況で何らかの法的効果を求める予防概念はなじみにくいとの指摘がしばしばみられる[2]。この点につき従来国際裁判機関は，紛争当事国により予防概念が援用されている事案においても，そうした主張について明確な判断を控える傾向がみられた。こうした対応の背景の1つ

---

1) 本稿では，一般に「予防原則」，「予防アプローチ」と呼ばれているものを総称して「予防概念」の語を用いる。「予防原則」や「予防アプローチ」という語の理解や区別については必ずしも確立した理解がなく，混乱や予断を避けるためにそうした語を用いることとする。ここでいう予防概念は，その最低眼の意味として，「環境に対する悪影響について科学的不確実性が存在することを，防止措置をとらない理由としてはならない」という内容を含む。もっとも，裁判機関の意見等を引用・検討する際には，原文に即して「予防アプローチ」等の語を用いることがある。

には，その解釈適用が争われている条約において，そもそも予防概念が明文化されていない事案が大半を占めているという状況がある[3]。そのため紛争当事国は，予防概念を一般国際法上の規範としてしばしば主張するが，同概念の意味内容の不明確さ等を理由にその法的地位については当初より学説上の対立がみられ，この点については国際裁判機関も判断を回避してきた。また紛争当事国が予防概念の権威についてとりあえず合意しているような事案においても，国際裁判機関は自身の推論において，少なくとも明示的に同概念に依拠することには消極的であった[4]。

だがその一方で，国際裁判機関の判断において，実質的に予防概念が考慮されたと評価しうる事例は見られた。例えば国際海洋法裁判所は，みなみまぐろ事件等における一連の暫定措置命令の要請に関連して，予防概念への明確な言及は慎重に回避しながらも，科学的不確実性の状況においての一定の措置の必要性を認めてきた[5]。またWTOのパネル・上級委員会の判断に目を向けると，例えばECホルモン事件やバイオ技術産品事件において，関連条約であるSPS協定と予防概念との関係につき，一定の見解が明らかにされてきている[6]。

---

2) そうした主旨の見解を示すものとして，例えば繁田康宏「個別国家の利益の保護に果たす予防概念の役割とその限界——ICJのガブチコヴォ事件本案判決とパルプ工場事件本案判決とを手掛かりに」松田ほか編『現代国際法の思想と構造 II環境，海洋，刑事，紛争，展望』(東信堂，2012年) 96頁。

3) 例えば，国際司法裁判所(ICJ)が扱ったガブチコヴォ・ナジュマロス計画事件やパルプ工場事件，国際海洋法裁判所(ITLOS)のみなみまぐろ事件，MOX工場事件，埋立事件，WTO紛争処理機関のEC牛肉ホルモン事件，ECバイオ技術産品事件等を挙げることができる。

4) 無論欧州の地域裁判機関は別である。欧州の判例の展開については，例えばやや古いがまとまったものとして，J. Zander, *The Application of the Precautionary Principle in Practice* (2010), pp.103-148.

5) この点については，拙稿「国際海洋法裁判所の暫定措置命令における予防概念の意義(1)・(2完)」北大法学論集61巻2号，3号(2010年)を参照。

6) EC牛肉ホルモン事件上級委員会報告書(1998年)パラグラフ124を参照。例えば上級委員会は，「特定のSPS措置を加盟国が維持することを正当化するための「十分な科学的証拠」が存在するかを確定しなければならない小委員会は，人間の健康への回復不可能な損害が関連している場合，責任ある代表政府が賢慮と予防の観点から通常行動することを念頭に置くことは当然可能であるし，またそうするべきである」と述べ，SPS協定の一定の条文の解釈において予防概念を考慮すべきことを示唆している。WT/DS26/AB/R,WT/DS48/AB/R,para.124. バイオ技術産品事件小委員会(2006年)も，上述のパラグラフを肯定的に引用している。WT/DS291/R, WT/DS292/R, WT/DS293/R, para.7.87.

そして国際司法裁判所（ICJ）も，ウルグアイ河・パルプ工場事件判決（2010年）において，同紛争で適用される二国間条約の解釈で予防概念が考慮されうることに言及した[7]。これらの判断においては，予防概念の法的地位に関する判断は一貫して回避され，また同概念の意味内容も積極的に明らかにされているとは必ずしもいえないが，もはや予防概念が国際裁判と無関係だと単純にはいえない状況が生じつつある。

そうしたなか，2011年に国際海洋法裁判所（ITLOS）・海底裁判部（以下「裁判部」）が示した，深海底における活動に関する保証国の責任と義務に関する勧告的意見（以下「深海底勧告的意見」）は，予防概念の意味・法的地位について比較的踏み込んだ意見を明らかにしたといえる[8]。すなわち同意見は，環境と開発に関するリオ宣言（1992年）第15原則で定式された予防概念の内容について，国際裁判機関として初めて一定の解釈を示すとともに，同概念が国際慣習法化しつつあることに肯定的な立場を明らかにした。無論それが具体的な紛争に関する判決ではなく勧告的意見であったこと，そして関連規則において予防概念の採用が明文化されてきている深海底開発分野における法的見解を求められていたことが，予防概念の明確化に対する同裁判部のかかる「積極性」の背景にある。しかし後で詳しく検討するように，本件で示された予防概念に関する意見は，深海底の文脈に必ずしも限定されない含意を有しており，実際のところ同意見では，その見解を補強する根拠として上で言及したITLOSやICJの判断を参照している部分もみられる。近年国際裁判機関間でみられる判決・意見等の相互参照の傾向に鑑みても，同意見はより広く今後の予防概念の発展に影響を与える可能性がある[9]。そしてだからこそ，同意見の射程・意

---

7) ICJ, *Pulp Mills on the River Uruguay* (Argentina v. Uruguay) (Judgment) (2010), para. 164.
8) ITLOS, *Responsibilities and Obligations of States Sponsoring Persons and Entities with Respect to Activities in the Area* (Advisory Opinion), Case No.17 (2011). 同勧告的意見の原文は，ITLOSのHP（https://www.itlos.org/）から入手することができる（2014年7月現在）。
9) なお学説上，特に予防概念の法的地位に関する議論には，本勧告的意見は少なからぬ影響を与えつつある。例えばSandsは，本意見は事実上，予防概念が国際慣習法としての地位を獲得したとの結論に達していると評している。P.Sands and J.Peel, with A. Fabra and R. MacKenzie, *Principles of International Environmental Law*, 3rd ed. (2012), p.228.

義・問題については慎重に見極めていく必要がある。本稿はその点の検討を試みるものであり，かかる検討を通じて国際裁判機関による予防概念の発展の到達点に考察を加えることを目的とする。そこでまず，深海底勧告的意見の概要を確認しておこう。

第2款　深海底勧告的意見の概要と射程

周知の通り，国連海洋法条約の下では，深海底とその資源は「人類共通の遺産（common heritage of mankind）」と位置づけられ，国際海底機構（International Seabed Authority）による管理の対象となっている。そして深海底資源の開発については，いわゆるパラレル方式が採用され，国際海底機構の事業体による開発のほか，同機構の認可の下で，締約国又は締約国の保証する企業等も開発を行うことが可能となっている。こうして企業等に保証を与える国は，保証国（sponsoring states）と呼ばれる[10]。

本勧告的意見は，保証国として具体的な探査業務計画を予定していたナウルの提案を主たる契機に，国際海底機構の理事会により要請されたものである。ナウルによる提案の背景には，深海底資源の探査・開発活動に保証国として関与することが，特に開発途上国にとって重い義務や責任を伴いかねないのではないかとの危惧があった[11]。結局国際海底機構の理事会は，ナウルの提案を再定式化した以下の3つの質問を海底裁判部に要請した。

質問1：国連海洋法裁判所，特にその第11部，並びに第11部の実施に関わる1994年実施協定において，深海底での活動の保証に関して同条約の当事国が負う法的な responsibility と obligation は何か。

質問2：海洋法条約153条2項bのもとで自らが保証した実体（entity）による海洋法条約，特にその第11部，並びに実施協定の不遵守に関する，条約当事国の liability の範囲はいかなるものか。

---

[10]　海洋法条約上の深海底制度については，同条約第11部並びに第11部の実施に関わる実施協定（1994年）を参照。

[11]　本勧告的意見要請の背景については，例えば T. Poisel, "Deap Seabed Mining: Implications of Seabed Disputes Chamber's Advisory Opinion", Australian International Law Journal, vol.19 (2012), pp.214-217. を参照。

質問3：保証国（sponsoring states）が，海洋法条約，特にその139条と附属書Ⅲ，並びに実施協定のもとで，そのresponsibilityを実施するためにとらねばならない必要かつ適切な措置とは何か[12]

この要請に対して，2011年2月，同裁判部は上記質問に回答を与える勧告的意見を示した。質問1については，海洋法条約と関連文書の下での保証国の義務としては，保証を与えた企業等による一定の行為（＝契約や条約等が定める義務の遵守）を確保する義務（これは相当の注意義務であるとされる）と，そうした確保の義務とは独立に遵守しなければならない「直接的義務」があるとし，それらの義務のより具体的な内容について一定の回答が示された[13]。質問2については，保証国の責任はあくまで保証国自身の義務の不履行から生じるとしたうえで，責任発生の条件，責任の内容，保証を付与された企業等の責任との関係等について整理がなされた[14]。質問3については，保証国は自身の国内法体系において，義務を果たすにあたって必要な立法上，行政上の措置をとることが求められるとし，その措置の選択にあたっての一般的な考慮事項が示された。いずれの回答も，裁判官の全会一致をもって採択されている[15]。

予防概念に関する詳しい意見は，上記の質問1への回答において示された[16]。まず同裁判部は，国際海底機構が採択した多金属団塊の概要調査・探査に関する規則（2000年）（以下「多金属団塊規則」）第31規則2項，並びに深海底における多金属硫化物の概要調査・探査に関する規則（2010年）（以下「多金属硫化物規則」）第33規則2項が，リオ宣言第15原則で定式化された「予防アプローチ」の採用を明文で義務付けていることを確認し，その内容に検討を加えている。さらに同裁判部は，「予防アプローチ」は保証国の相当の注意義務の不可欠の一部であるとし，上述の国際海底機構の規則の射程外においても適用されうると述べる。そして「予防アプローチ」が益々多くの国際条約・国際文書において採用されており，その大半がリオ宣言第15原則の定式を反映してい

---

12) 深海底勧告的意見パラグラフ1。
13) 前掲意見，パラグラフ72-163。
14) 前掲意見，パラグラフ164-211。
15) 前掲意見，パラグラフ212-241。
16) 前掲意見，パラグラフ125-135, 161-162。

ることに言及しつつ，それらが予防アプローチの国際慣習法化の傾向をもたらしていると指摘している。

　本意見は海洋法条約上の保証国の義務・責任に関する質問に回答を与えるものであり，基本的には同条約や国際海底機構の採択する規則の解釈を明らかにするものである。だが予防概念に関するその見解は，深海底分野における関連規則の文脈に必ずしもとどまらない潜在的射程を有する。第1に，本意見がその意味内容を検討したリオ宣言第15原則は，一般国際法上の予防概念を定式化したものとして言及されることが少なくなく，その意味で本意見の示した第15原則の解釈はより広く予防概念の発展に影響を与えうる。第2に本意見は，海洋法条約上の保証国の相当の注意義務につき予防概念を考慮した解釈を示しているが，その文脈でみなみまぐろ事件暫定措置命令に言及していることからも伺えるように，そうした解釈が深海底活動に関する保証国の義務についてのみ妥当するというような限定的な論理を必ずしも展開しているわけではない。そして第3に同意見は，予防概念の採用が広く一般国際法上の義務としても確立しつつある点について肯定的である。なおここでいう一般国際法は，地理的な効力範囲の一般性のみならず，問題分野横断的であるという意味での一般性も含意している。

　以上のことから本意見は，単に深海底活動に関する国際法の発展・明確化という観点からのみならず，国際環境法上の予防概念の発展・明確化という観点からも検討に値する内容を含むと考えられるのである。本稿は，後者の観点から本意見に検討を加えることを主たる目的とする。そうした検討を進める予備的な作業として，次に予防概念の法的地位をめぐる学説上の論争の展開を整理しておきたい。

2　予備的考察：予防概念の法的地位をめぐる学説上の論争の展開

　予防概念については個別の環境条約体制におけるその展開や意義，課題等の研究も勿論みられるが，当初から関心を集め，また最も論争がみられるのは，その法的地位の問題，すなわち予防が一般国際法上の規範といえるかどうかという点であり，個別環境分野の条約実践等もあくまでそのような観点から検討が加えられることが少なくない[17]。このように特定の環境条約における規律

の文脈を越えて，一般国際法上の地位を問題とする背景には，果たして予防概念が裁判規範として確立しているのかという根強い問いが存在する。実際上そのような地位が問題とされるのは，典型的には裁判の局面であると考えられるからである。そしてこの法的地位に関する論争は，より具体的には以下の3つの基本論点を軸に展開されてきたといってよい。

　第1にその内容の問題である。予防概念の一般国際法上の地位を否定する論者は，そうした法的地位を問う前提として，そもそも規範としての内容が不明確であるとの問題をしばしば提起する[18]。このような問題が立てられるのは，予防という概念がそもそもリオ宣言のような非拘束の文書や条約等で一定の定式を与えられているためである。そしてごく基本的な定式の在り方についても，実際のところ国際文書等の規定例は必ずしも一様ではなく，「科学的不確実性は防止措置をとらないことを正当化しない」とするバージョン，「科学的不確実性は防止措置をとることを正当化する」とするバージョン，「挙証責任を転換せよ」とするバージョンが見出せることが指摘されている[19]。

　またその基本的な構成要素については，ⅰ）損害のリスク，ⅱ）科学的不確実性，ⅲ）事前防止行動，の3点が含まれることについては比較的異論は少ないものの，例えばリオ宣言第15原則における定式を見ても，予防の適用を条件となる損害の基準はどの程度のものか（「深刻なまたは回復し難い損害」がその基準だとしても，例えば越境損害防止義務で要求される「重大な損害」の基準とどのように異なるのか」），また予防の援用を正当化するような根拠は全く不要なのか（不要でないとすれば，どれほどの根拠が要求されるのか）といった点は必ずしも自明ではない。また事前防止行動についても，「費用対効果の高い」措置が求められるということ以上に，何か具体的な措置の採用を要求するものなのか，という問題がある。予防概念から導かれる具体的措置として，例えば問題活動の禁止（行政手続上の挙証責任の転換）や，環境影響評価，利用可能な最良の技術（BAT），環境のための最良の慣行（BEP）基準の利用等の指摘がみられるが，

17）例えば A.Trouwbourst, *Evolution and Status of the Precautionary Principle in International Law* (2002) が，そうした研究の典型である。
18）この点につき詳しくは，拙稿「国際海洋法裁判所の暫定措置命令における予防概念の意義（1）」北大法学論集61巻2号（2010年）807-809頁を参照。
19）J. B. Winter, "Precaution", in D. Bodansky et.al., (eds.) *Oxford Handbook of International Environmental Law* (2007), pp.602-607.

それらの措置の採用を予防概念が一般的に指示するとまでいえるのかは定かではない。これらの具体的論点については，予防概念が適用可能な環境条約で明文化されていたり，或いは詳細な規則に具体化されていれば，無論当該条文の解釈により処理されうるが，それらの環境条約を越えて存在する（と少なくとも仮定されている）一般国際法上の予防概念となると，その特定は容易ではない。

以上の内容の曖昧さ或いは抽象性の問題を背景に，第2の基本論点として，その規範性の問題，すなわち予防概念はそもそも規範だといえるのか，また規範であるとすればいかなる特質をもつ規範か，という論点がある。この点については，大きく3つの立場がみられる。第1に，予防は曖昧すぎて規範だとはいえない（国家に特定の行動を指示しえない）とするもので，前述のようにその法的地位を否定する論者の多くがとる立場である。これに対して第2に，予防はそれ自体で直接国家に何らかの行動を指示する内容をもち，裁判においても直接に基準たりうる規範であるとする立場がある。つまり，例えば伝統的な重大損害禁止規則と同様に，国家の国際違法行為の存否の直接的な基準となりうる規範性をもつとする見解だが，比較的少数である[20]。そして第3に，第2の立場が主張するような規範性が認め難いとしても，少なくとも他の法規範の定立や解釈を指針付けることで，いわば間接的に国家に指示を与える規範であるとする見解がある。一般国際法としての法的地位に肯定的な論者の多くは，この立場に立つ[21]。このように，予防の規範性が肯定される場合もその規範性をめぐる理解は必ずしも一様ではない。またその規範性の特性を明らかにするために，しばしば準則（rule）／原則（principle）といった規範類型が論じられるが，こうした規範類型についても学説上共有された理解が必ずしもあるわけではない[22]。

最後に第3の基本論点として，予防概念の規範性が肯定され，その一般国際

---

[20] このような立場に立つ論者として，Beyerlyn の名を挙げることができる。彼は，名宛人にある行動をとらせたり，ある行動を控えさせたり，或いは特定の結果を達成させることを直接の目的とする「準則（rule）」と，国家の意思決定や準則の解釈に影響を与えることのみを目的とした「原則（principle）」を区別したうえで，リオ宣言第15原則で定義された予防概念は準則と理解しうると述べる。U.Beyerlyn, "Different Types of Norms in International Environmental Law: Policies, Principles and Rules" in D. Bodansky et.al., (eds.) *Oxford Handbook of International Environmental Law* (2007) p.437 and 440. 彼の議論は後で本論でも言及する。

[21] この点については，前掲論文（注18）790-805頁参照。

法としての地位が積極的に論じられる場合も，その法的権威の説明をめぐっては見解の不一致もみられる。一方では，それをあくまで国際慣習法上の規範として性格づけようとする見解があり，基本的には国家実行と法的確信の充足という，社会で受容された形成プロセスを経由して法としての性質を獲得した，或いは獲得しつつあるとみる理解がある。予防概念の一般国際法としての地位に肯定的な論者の多くは，この立場に立つ[23]。だが他方では近年，予防の規範性に関する特定の理解（すなわち上述の第2の基本論点の第3の理解）を前提に，内容の正しさゆえに国際社会に承認された「国際法の原則」（或いは「ソフトロー原則」「法の一般原則」といった語が用いられる）として性格付けようとする見解もみられるようになっている[24]。

このように，予防概念の法的地位をめぐる論争は，より具体的にはその意味内容の問題，規範性の問題，法的権威の問題を軸に展開されてきた。一般国際法上の予防概念の理解をめぐるこうした基本的な対立状況が[25]，同概念に対する国際裁判機関の消極性の背景にあったことは否定できないだろう。それでは以上の基本論点について，深海底勧告的意見ははたして，またいかなる判断

---

22) 「準則」と「原則」の規範類型の区別に基づいて予防概念の規範性の特性を説明する論者の多くは法哲学者の Dworkin による区別を参照するが，そもそもどこまで厳密にドゥオーキンの議論に依拠しているのか不明確なところもある。例えば Dworkin 自身は，既存の法準則の解釈の局面のみならず，適用可能な法準則がない場合にも，裁判所が新たな準則を採用することを法原則は正当化するとしていた。だが Dworkin に依拠する論者が，こうした特性を認めているかは必ずしも定かではない。これらの点については，拙稿「「持続可能な発展」概念の法的意義：国際河川における衡平利用規則との関係の検討を手掛かりに」新見育文ほか編『環境法体系』（商事法務，2012年）165-166頁を参照。また国際環境法の原則に関する学説については，鶴田順「「国際環境法上の原則」の分析枠組」社会科学研究57巻1号（2005年）63-81頁，松井芳郎『国際環境法の基本原則』（東信堂，2010年）57-62頁も参照。その他，例えば準則（rule）／基準（standard）の区別に依拠して予防概念の規範性を説明するものとして，D.Bodansky, *The Art and Craft of International Environmental Law* (2010), pp201.

23) 例えば，J.Cameron and J. Abouchar, "The Status of the precautionary Principle in International Law", in D. Freestone and E. Hey (eds.) *The Precautionary Principle and International Law* (1996). A. Trouwbourst, *supra* note.17. P.Sands et.al., *supra* note.9, p.228. 等を参照。

24) この立場に立つ代表的な論者は Boyle である。A. Boyle, "Soft Law in International Law-Making", in M. D. Evans (ed.), *International Law*, 2nd (2003) p.151. A.Boyle, P.Birnie and C. Redgwell, *International Law and the Environment*, 3rd (2009), p.162f. Boyle の議論について，詳しくは前掲論文（注18）790-797頁。また類似の趣旨の議論を展開するものとして，D. Bodansky, *supra* note 22.

を明らかにしたといえるのだろうか。上で述べた3つの論争軸に着目しながら，次に深海底勧告的意見に具体的検討を加えていくこととする。

3　意見の検討

第1款　予防概念の内容

まず本意見では，国際海底機構の採択した多金属団塊規則と多金属硫化物規則が，リオ宣言第15原則で定式化された予防概念の採用を明文で義務づけていることから，第15原則について一定の解釈を示している。第15原則のテキストは，「環境を保護するため予防アプローチは，各国により，その能力に応じて広く適用しなければならない。深刻な又は回復し難い損害のおそれが存在する場合には，完全な科学的確実性の欠如を，環境悪化を防止する上で費用対効果の大きい措置を延期する理由として用いてはならない」とする。裁判部はこの文言から，その射程が「深刻な又は回復し難い損害のおそれ」という文言と，「環境悪化」を防止するために採択された「費用対効果の大きい措置」という文言により限定されていること[26]，並びに「予防アプローチ」の適用が各国の能力に応じて異なりうることを確認している[27]。もっともこれらの点は，明文で容易に確認できる内容にとどまる。

だが少なくとも後者の差異のある適用の可否については，さらにやや踏み込んだ解釈を示している。差異のある適用は保証国の他の義務についても問題となりうるが，裁判部は，海洋法条約や関連規則（或いはそれらが参照する規定）が差異のある取り扱いを明文で認めているか否かという点を重視した判断を示

---

[25]　前述のように，「予防原則（precautionary principle）」／「予防アプローチ（precautionary approach）」の区別についても，基本論点をめぐる上述のようなやや混沌とした議論の状況を背景に，必ずしも確立した理解があるわけではない。「アプローチ」の語を用いることに特別な意味が与えられる場合は，①厳格な規制ではなく柔軟な利益衡量を許容する点，或いは端的に，②法とはいえない点，がしばしば含意される。①は予防概念の内容，②はその法的権威に関わるが，それぞれの点がその他の基本論点にどのような含意をもつかは必ずしも定かではない。他方，「予防アプローチ」の採用も法的な義務だと論じる場合には，この語と「予防原則」の語の区別を重視せず，両者を互換的に用いる傾向がある。これらの点については，前掲論文（注18）810頁の注11，並びに783-784頁も参照。

[26]　深海底勧告的意見パラグラフ128。

[27]　前掲意見，パラグラフ129。

している[28]）。つまり，「予防アプローチ」に関する差異のある適用についても，あくまでリオ宣言第15原則の文言がその可能性を明文で認めていることを根拠としており，「共通に有しているが差異のある責任」といった一般概念に直接依拠して導いているのではない。裁判部は「予防アプローチ」を適用する先進国の義務が，途上国のそれよりも厳格なものとなる可能性を認める一方で[29]，「共通に有しているが差異のある責任」概念の下でしばしば主張される，いわゆる「（先進国の）歴史的責任（歴史的な環境負荷の排出量等）」といった要素には全く言及していない。その一方で同意見は，具体的事案における国家の能力に関する判断で重要となるのは，当該国家が利用できる科学的知見と技術のレベルであると述べ[30]，第15原則の「予防アプローチ」の適用における一定の考慮要素をさらに明らかにしている。

また同意見では，予防概念の一般的要求として指摘されることの多いEIAの実施や，BEP基準の採用の義務についても検討しているが，それらを予防概念の具体化としては位置づけてはおらず，それぞれ別個の自律的な義務として扱っている[31]。またやはり予防概念の要求として学説上しばしば指摘される，行政手続上或いは司法手続上の挙証責任の転換については，特に言及はない。少なくともリオ宣言第15原則の解釈としては，費用対効果の要求以上に，予防概念が特定の措置を要求するものだとは考えられていない。つまり予防概念は，防止行動を要求するタイミングを規律する（すなわち科学的不確実性が残る段階から合理的対応を要求する）とはいえても，それ以上に何か特定の具体的措置の採用を求めるものではない，というのが裁判部の基本理解であると考えられる。

なお前述のように裁判部は，「予防アプローチ」の採用は多金属団塊規則・硫化物規則上の保証国が自身の行為について負う「直接的義務」であるにとどまらず[32]，保証を与えた企業等の法遵守を確保する保証国の相当の注意義務

---

28) 海洋法条約148条が，「この部の明示的に定めるところによって」途上国の効果的な参加を促進すると定める点等を根拠とする。前掲意見，パラグラフ156。
29) 前掲意見，パラグラフ161。
30) 前掲意見，パラグラフ162。
31) もっとも同裁判部は，BEP基準を採用する義務については，予防概念を採用する義務を「補完」するものだと述べ，一定の関連性を示唆している。前掲意見，パラグラフ136。
32) 本意見のいう「直接的義務」の意味については，本稿673頁も参照。

の不可欠の一部でもあると述べるが，この注意義務は「問題の活動の射程や潜在的悪影響に関する科学的証拠は不十分だが，潜在的なリスクの説得的な指摘（indication）がある場合に適用がある」（パラグラフ131）としている。だが，この文脈で述べている「予防アプローチ」と，リオ宣言第15原則が定式化する「予防アプローチ」との関係は必ずしも明らかではなく，例えば第15原則で明文化されているリスクの規模・性質（「深刻な又は回復し難い損害のおそれ」）への言及はここでは見られない。第15原則の文言と比較して，意見のこの部分では予防概念の適用条件が相当に緩和されているようにも読める。この点につきFrenchは，そのような適用条件の緩和の論拠が不十分であり，またもし緩和を意味していないのであればこの部分の表現は混乱を招きうるという主旨の批判を加えている[33]。

ここで問題とされているように，裁判部の見解に曖昧さが残ることは否定できない。しかし本意見では，保証国の「直接的義務」の遵守が，保証した企業が規則を遵守するよう「確保する義務（相当の注意義務）」を実施する際の関連要素たりうると一般的に述べており[34]，この考え方に照らすと第15原則の予防概念の遵守が保証国の相当の注意義務の実施に影響すると読むのが自然かもしれない。また数は少ないとは言え，これまで国際海底機構が採択した規則がいずれも第15原則を参照していることは，そうした解釈に一定の説得力を与えるだろう。また上のパラグラフ131の引用部分の直前では，保証国の相当の注意義務について述べているが，そこでは端的に「損害を防止する（to prevent damage）」義務と表現されており，そもそもこのパラグラフでは防止の対象となる損害の規模・性質について厳密に論じる主旨ではないようにも見受けられる。言い換えれば，そこでは第15原則の科学的不確実性の要素に関わる内容をさらに指摘すること（つまり「潜在的なリスクの説得的な指摘」がある場合に適用があること」を示すこと）に力点が置かれたのであって，第15原則に関する前述の裁判部の解釈と矛盾する見解が必ずしも示されたわけではないと解しうる。

---

33) D.French, "From the Depth: Rich Picking of Principles of Sustainable Development and General International Law on the Ocean Floor –the Seabed Disputes Chamber's 2011 Advisory Opinion ", The International Journal of Marine and Coastal Law, vol. 26 (2011), pp.551-554.
34) 深海底勧告的意見パラグラフ123。

以上の点からすると，リオ宣言第15原則とは異なる適用条件の予防概念がこの文脈で論じられていたとは少々考えにくい。

また裁判部は，上のパラグラフ131の続きにおいて，上述のような潜在的リスクを無視することがあれば，当該保証国は相当の注意を尽くしたと主張することは困難だと指摘し，さらにそれは「予防アプローチの不遵守」だと述べている。つまり予防概念が，少なくとも潜在的なリスクの配慮義務（そうしたリスクに対して合理的な対応をとる義務）を導くことを指摘している。ここでいう「予防アプローチ」が，リオ宣言第15原則が定めるそれと厳密に一致するかどうかは必ずしも定かではないとしても，少なくとも第15原則の定める条件を充足したリスクの配慮を怠ることが，多金属団塊規則第31規則等が定める保証国の「直接的義務」の違反だと解することは，第15原則に関する前述の裁判部の解釈をふまえても，不合理ではないだろう[35]。

第2款　予防概念の規範性

次に予防概念の規範性については，前述のように，国際海底機構の採択した多金属団塊規則第31規則2項と多金属硫化物規則第33規則2項は，リオ宣言第15原則に反映した「予防アプローチ」の適用を義務的な文言で要求しており（shall adopt），この点を根拠に裁判部は，両規則の下で予防概念の適用は保証国（並びに国際海底機構）の「義務（obligation）」であると繰り返し明確に述べている（パラグラフ131）。もっともここでいう予防概念を「適用する義務」が，保証国等に何らかの防止行動を直接義務付けているのか，或いはそうした義務の定立・解釈の指針とすべきことを要求するにとどまるのかは，検討の余地がある[36]。この点につき，多金属団塊規則第31規則2項は，「本パラグラフの実施に関して法律技術委員会は理事会に勧告を行う」と定めており，国際機関に

---

[35] もっとも，「直接的義務」の文脈にせよ，相当の注意義務の文脈にせよ，そのようなリスク配慮の欠如が問題となる事案では，EIAの実施義務や，BAT，BEP基準の採用義務といった他の義務違反が問われる場合が少なくないと考えられ，その意味では予防概念が実際に裁判の基準として果たす役割は限定的かもしれない。例えばICJパルプ工場事件判決（2010年）は，この点を示した事例だといいうる。

[36] 後者のタイプの義務の規定例と位置づけうるものとして，例えば気候変動枠組条約（1992年）3条3項を参照。同条は，まず柱書において，「締約国は，この条約の目的を達成し，及びこの条約を実施するための措置をとるに当たり，特に，次に掲げるところを指針とする」としたうえで，3項で予防アプローチの採用を義務づけている。

よる予防概念のさらなる具体化を予定している。同様の規定は，多金属硫化物規則第33規則3項にも見られる。こうした規定の存在は，はたして条約当事国が，第15原則の定める予防概念がそれ自体直接的な裁判基準たりうる十分な規範的内容を含むと想定してきたのか，疑念を生じさせるかもしれない。

だがこの点に関して本意見は，海洋法条約上，保証国の「直接的義務」の違反がもたらす損害について保証国は賠償責任を負うとしており，リオ宣言第15原則が定式化する「予防アプローチ」の適用義務も，ここでいう保証国の「直接的義務」から特に排除していない。このように裁判部は，第15原則の予防概念を適用する義務が，それ自体で保証国の行為の違法性の基準となるような規範性を有するとの理解に立っている。少なくとも前述のようなリスク配慮を怠ることがあれば，当該義務の違反が問われるという理解であろう。こうした理解は，予防概念が直接の裁判基準たりうることを指摘してきたBeyerlynの見解に近い。Beyerlynによれば，因果関係に関する十分な科学的確実性を欠くものの，対処措置をとらなければ深刻な環境侵害が生じることを明白に示す状況においては，適切な措置をとらないことは国家に許されないという[37]。

これに対して，保証国の相当の注意義務を論ずる部分では，予防概念の異なる規範としての機能を指摘しうる。そこではたしかに，「予防アプローチ」が「相当の注意義務の不可欠の一部」だという表現が用いられているが，そもそもこの点は自明なことではない。第1に，相当の注意義務を定める海洋法条約の関連条文（139条1項等）の規定ぶりを見ても，科学的に不確実なリスクへの対処が本来的に含まれていることを伺わせる文言は全く見当たらない。第2に，比較的早くから予防概念が支持されるようになった海洋環境分野においても，予防概念が国際社会で広く支持されはじめるのは1990年前後であった[38]。以上の点に鑑みると，予防概念と保証国の相当の注意義務との関連性は，裁判部が示唆するほど自明なものだとは言い難い。むしろここでは，海洋法条約の関

---

37) U.Beyerlyn, *supra* note.20, p.440. もっとも，「適切な措置」の具体的内容は国家が選択できるとされる。

38) そうした国際文書の先駆けとして，例えばUNEP Governing Council Decision 15/27 on the Precautionary Approach to Marine Pollution, Including Waste-dumping at Sea (1989) がある。なお国際環境法上の予防概念の起源については，拙稿「国際環境法における予防原則の起源：北海（北東大西洋）汚染の国際規制の検討」，国際関係論研究15号（2000年）も参照。

連条文を，その後発展した予防概念に照らして解釈すべきだとの価値判断が伏在しているとみるべきである。つまり，既存の法規範の解釈指針としての，予防概念の規範的機能をみることができる。ただし問題となりうるのは，法解釈において予防概念を読み込むべきだとするそうした価値判断が，いかに正当化されるかという点である。この点は，以下で最後に検討する法的権威の問題にも関わる。

第 3 款　予防概念の法的権威

　本意見で裁判部が示した保証国の「直接的義務」としての予防概念の適用義務は，多金属団塊規則等に明文化され，条約に明確な根拠があるため，その法的性質はほぼ問題にならないといってよい。他方，保証国の相当の注意義務の解釈で予防概念を考慮することの正当性については，その根拠が問われかねない[39]。裁判部はそのような解釈の支持をみなみまぐろ事件暫定措置命令に求めるが，同命令における予防概念の考慮の正当性についても必ずしも自明だと考えられてきたわけではなく，①暫定措置命令に予防概念が内在しているとする見解[40]，②海洋法条約が予防概念を解釈指針として受容しているとする見解[41]，③予防概念が「国際法の原則」として認められており，条文の関連規則として指針を与えるとする見解[42]等が提起されている。このうち①については，勧告的意見である本判断の根拠とはなりえず，また裁判部はみなみまぐろ事件における ITLOS の判断をそのような限定的な文脈で捉えることにむしろ否定的である[43]。また②の見解を前提にしているかも定かではなく，仮に

---

39) そのような解釈により実質的に予防概念の適用範囲が拡張されること（つまり多金属団塊規則等の適用対象外の活動についても，保証国に予防概念の遵守が実質的に要求されること）に鑑みると，この点については丁寧な説明があって然るべきであるように思われる。なおより一般的に，法解釈で考慮される規範についても裁判ではその法的地位が問題となる可能性があり，またそのことをめぐって裁判官の間でも見解の対立が生じうる点については，例えば OSPAR 仲裁事件判決（2003年）を参照。Final Award, Dispute Concerning Access to Information Under Article 9 of the OSPAR Convention (2003).

40) 例えば Separate Opinion of Judge Treves, ITLOS Southern Bluefin Cases (provisional measures) (1999), para. 9 を参照。

41) 例えば Separate Opinion of Judge Laing, ITLOS Southern Bluefin Cases (provisional measures) (1999), para. 17を参照。

42) 例えば A.Boyle, P.Birnie and C. Redgwell, *International Law and the Environment*, 3rd (2009), p.162f. を参照。

前提としているとしても，リオ宣言が定める予防概念が解釈指針であることを積極的に論証しているわけではない。同様に③に関しても，少なくとも明確に支持はしていない。このように，保証国の相当の注意義務の文脈における予防概念への依拠については，特に説得的な根拠が示されているわけではない。

その一方で裁判部は，「予防アプローチ」が国際慣習法化しつつある傾向にあると指摘する[44]。この指摘に関しては，以下の3点が留意されるべきである。第1に裁判部は，そこでいう「予防アプローチ」が，リオ宣言が定式化した予防概念と同一であるかどうか，また既に予防概念が国際慣習法として確立したかどうかという点については，いずれについても肯定的な見方を示しながらも，最終的な判断は留保している。

第2に裁判部は，予防概念が国際慣習法化しつつあるとする見解を補強する趣旨で，ICJ パルプ工場事件判決（2010年）が，「（紛争当事国に適用される二国間条約）の解釈適用において予防アプローチが関連しうる」と述べた部分[45]を引用している。裁判部によれば，判決のこの部分は，条約法条約31条3項 c（国際法の関連規則の考慮を求める条約の解釈規則）の規定に照らして理解できるという[46]。つまり，「予防アプローチ」が関連規則，さらにいえば一般国際法の規則として本件で承認された可能性を裁判部は示唆している。だが当該事件においては，紛争当事国の双方が，条件が充たされれば予防概念が当該二国間条約の解釈で考慮されうることは認めていたという事情があった[47]。この点に鑑みると，そのような先例としてこの判決がどこまで説得的かは問われうるだろう。

第3に，本意見では，予防概念の法的地位に関して，裁判部が伝統的な法源論を保持する姿勢を一見示したように理解しうる。すなわち，予防概念の一般国際法としての地位を論ずるにしても，あくまで国際慣習法であるか否かを問題とするべきであり，近年学説や一部の国家から指摘がみられる「国際法の原

---

43) 深海底勧告的意見パラグラフ132。
44) 前掲意見，135。
45) ICJ, Pulp Mills on the River Uruguay (Argentina v. Uruguay) (Judgment) (2010), para. 164.
46) 深海底勧告的意見パラグラフ135。
47) Separate Opinion of Judge Cancado Trindade, Pulp Mill Case (2010), para.103-104. を参照。

則」としての性格を検討することには，慎重な態度を明らかにしたようにみえる。だが本意見は，国際慣習法化の傾向を指摘するにあたって，伝統的な2要件である国家実行と法的確信を明示することなく，関連条約や国際文書における支持の傾向を指摘しているにすぎない。この論証の在り方は，「国際法の原則」としての地位が論じられる場合と大差はない[48]。また本意見が参照するパルプ工場事件では，一方の当事国が予防概念を国際慣習法だと主張したのに対して，他方の当事国は「国際法の原則（正確には「ソフトロー原則」）」だと主張していた[49]。そして裁判部は，予防概念が条約解釈上の「関連規則」であることを示唆したが，「国際慣習法上の規則」であるとまでは必ずしも積極的に指摘していない。以上の点に鑑みると，予防概念の「国際法の原則」としての性格づけについて，本意見がその可能性を排除しているとまではいえるかはやや議論の余地が残る。

4　結語：予防概念の発展における深海底勧告的意見の意義と限界

　以上の検討から，国際法上の予防概念の発展という観点から見た場合，深海底勧告的意見の特に以下の点が重要である。第1に，リオ宣言第15原則の解釈を示し，少なくとも潜在的なリスクに配慮する義務が含まれることや，差異のある適用の可否に関する一定の考慮要因を明らかにした。第15原則は予防概念の定式の典型例としてしばしば参照されており，その内容を明らかにすることは深海底分野にとどまらない意義をもちうる。第2に，少なくとも第15原則が定式化する予防概念であれば，それ自体直接的な裁判基準たりうる規範的内容をもつとの見方が示された。従来の多数説はそのような規範性に否定的であったことに鑑みると，この指摘の意味は大きい。第3に，予防概念が広く海洋法条約上の相当の注意義務の解釈指針としてリスク配慮義務を導くことを示し，みなみまぐろ事件暫定措置命令をその先例と位置づけた。ITLOS の同命令における予防概念の適用は，暫定措置命令という特別な文脈ゆえに正当化された，或いはなじみやすかったとの見方がみられるが，予防概念の解釈指針としての

---

48)　この点については，例えば拙稿・前掲論文注18) 792-793頁を参照。
49)　Separate Opinion of Judge Cançado Trindade, Pulp Mill Case (2010), para.103-104. を参照。

機能はそうした文脈にとどまらないことが確認された[50]。そして第4に，予防概念の一般国際法としての地位についても，最終的な判断は留保しているものの，そうした地位を獲得しつつあることを明確に認めるに至った。

　他方，主に以下の点に曖昧さが残されている。第1に，保証国の相当の注意義務の解釈の文脈で考慮される予防概念が，リオ宣言第15原則が定式化する予防概念と厳密に同一であるか否かについては，やや不明確なところを残した。深海底における特定の鉱物の，しかも概要調査・探査段階を前提に採用された予防概念が，そのまま深海底における鉱物資源関連活動一般の指針たるべきかどうかについては，裁判部はやや含みを残している[51]。また前述のように，第15原則の定める予防概念が国際慣習法として確立したかどうかについても，裁判部は最終的な判断を留保している。これらの判断をふまえて，第15原則で定式化された予防概念が解釈指針であると積極的に明言することを，本件では控えた可能性がある。

　第2に，そもそも保証国の相当の注意義務が予防概念を考慮して解釈されるべきだとの判断について，特にその論拠は示されていない。たしかに，深海底分野における活動の環境に対するリスクの大きさや不確実性，並びに関連規則における予防概念の支持の傾向に鑑みると，予防概念に照らした保証国の義務の解釈が一定の説得力をもつことは否定できない[52]。またみなみまぐろ事件の頃と比較して，海洋法分野における予防概念の権威はさらに確固なものとなっているのかもしれない。だが，たとえその権威の自明性が高いとしても，その法的性質や内容に関する分析を怠ることが許容されることにはならないはずである[53]。特に予防のように当初から論争的な概念については，一層そのことが当てはまるといえよう。

　そして第3に，予防概念の「国際法の原則」としての性格づけについて，本意見がそうした考え方を排除する立場を示したかどうかは，依然議論の余地が

---

50) そのような理解の妥当性については，前掲論文（注5）も参照。
51) 裁判部は，多金属団塊規則や多金属硫化物規則の対象外の深海底活動について，第15原則が定式化したアプローチを再び採用するか，或いは「さらに発展させる」ことが期待されるとしている。深海底勧告的意見パラグラフ130。
52) 同主旨の指摘として D.French, *supra* note.32, p.548. を参照。
53) 例えば O'Corner は，信義則の検討に際してこの点を強調している。J. O'Cornnor, *Good faith in International Law* (1991), p.1.

ある。また，リオ第15原則が直接的な裁判基準たりうる規範的内容を含むとしても，それが国際慣習法として確立しつつあるといえるかという点については，論証の実質並びに形式の面で問題を残している。

　本意見が国際法上の予防概念の発展に今後どこまで影響力をもつかは，その推論の説得力に依存していることはいうまでもない。本意見が予防概念の内容，規範性，法的権威のそれぞれの問題について比較的ふみこんだ見解を示したことは，予防概念に対する国際裁判機関の従来の「消極性」に鑑みれば，一定の評価に値する。その一方で，上記のような点に不確かさも残したことは，その推論の説得力を損なう可能性がある。例えば近年下されたICJ捕鯨事件判決（2014）を見ると，自身の推論において予防概念に明示的に依拠することに対して，ICJは依然として消極的であるようにも見受けられる[54]。裁判機関間の判決・意見の相互参照が予防概念の発展に貢献することは疑いないとしても，その際にはやはりできるだけ丁寧な説明や論拠が必要なのであり[55]，この点で本意見が十分であったかどうかは今後も問われるべきであろう。

　とはいえ本意見は，仮に個別の裁判では難しいとしても，勧告的意見の形であれば予防概念の発展に国際裁判機関もそれなりに貢献しうることを示したといえる。だが同時に，海洋法条約という特定の条約の解釈適用をめぐる紛争を主として処理する裁判機関が，一般国際法の問題を扱うことの難しさを示唆しているともいえるかもしれない。そしてそうした裁判機関に付託される紛争においてこそ，予防概念の一般国際法上の地位がしばしば問題となるというジレンマも見受けられる。このような問題状況において，とりわけ法典化機関が一般国際法の発展に果たしうる役割は再度認識されるべきであろう。村瀬先生は，予防のような国際環境法の新たな概念を，伝統的な一般国際法規範との関係において再検討していくことの重要性を常々指摘されてきた[56]。予防概念が裁

---

54) 本件では，Charlesworth特任判事とTrindade判事が，日本の調査捕鯨の根拠条文とされた国際捕鯨取締条約（1948年）の解釈において，予防概念を考慮すべきだとの主旨の意見を明らかにしたが，多数意見は予防概念に言及することなく処理した。Separate Opinion of Judge *ad hoc* Charlesworth, ICJ Whaling in the Antarctic, para.9-10. Separate Opinion of Judge Cançade Trindade, ICJ Whaling in the Antarctic, para.23

55) 同様の見解を示すものとして，例えばJ. Harrison, "Reflections on the Role of International Courts and Tribunals in the Settlement of Environmental Disputes and the Development of International Environmental Law", Journal of Environmental Law, vol.25, no. 3 (2013), p.513.

判規範として今後定着していくには，そのような地道な作業も不可避であろう。

---

56) 例えば，村瀬信也「『大気の保護』に関する法典化」松田ほか編『現代国際法の思想と構造　Ⅱ環境，海洋，刑事，紛争，展望』（東信堂，2012年）15頁を参照。

27 国際環境条約の解釈と時間的経過

鈴木詩衣菜

1 序　論
2 条約の時間的経過
3 国際環境条約の解釈にお
ける「事後的合意・事後的実行」と「発展的解釈」
4 結　論

1 序　論

(1) 問題の所在

　本稿は，国際環境紛争[1]において，適用される条約の解釈に関し，とくにこれを「時間的経過[2]」の観点から考察するものである。国際環境法分野においては，関連条約の解釈の際，往々にして，当該条約締結時から当該紛争発生時点までの時間的経過の要素を考慮し，その期間に発展した新たな規範や規則を解釈過程に取り入れることが必要とされる。それによって，国際環境紛争のより適切かつ実効的な解決が可能となるのではないかと考えられるからである。「時間」の要素は国際法一般において極めて重要である[3]が，とりわけ国際環境法においては，その発展的性向が高いと考えられることから，時間的経過の側面を考察することが不可欠であり，国際環境紛争の解決について，そう

---

1) 本稿において，国際環境紛争の語彙に用いる「紛争」は，国家間の事実上の conflict（抗争）ではなく，法律上の紛争であり，この紛争概念は，とくに適用法規の函数として観念されていることに注目しておきたい。当該用語の区別に関して，John Collier and Vaughan Lowe, *The Settlement of Disputes in International Law: Institutions and Procedures,* Oxford University Press, 1999, pp. 1-2.
2) 国際環境法の時間的側面を検討したものとして，Alexandre Kiss, «Le droit international de l'environnement, un aspect du droit International de l'avenir?», dans René-Jean Dupuy, dir., *L'avenir du droit international de l'environnement,* Martinus Nijhoff, 1985, pp. 476-477.

した観点から，一定の指針を示すことが必要と考えられるのである。そこで本稿では，国際環境条約に限定しつつ，その解釈における「事後的合意・事後的実行」（条約法に関するウィーン条約第31条3項 (a) (b) [4]）および「発展的解釈」に焦点を合わせて，考察することにしたい。

近年「環境」が中心的な争点となる国際紛争が急激に増加していることに鑑みると，「環境」に対する国際法の整備が急務であることは言うまでもないが，しかしそれだけではなく，それと並行して，「国際環境紛争」をどのように実効的かつ適切に解決していくのかが，大きな課題となっている。確かに，国際環境紛争の多くは，環境保護だけが問題となっているわけではなく，関連する他の法的争点が複雑に絡み合っており，実際には，条約法や国家責任法といった従来の国際条約の諸原則に従って，解決しなければならないことも多い。しかし，単に一般的な国際法諸原則に従うだけでは，環境損害という特殊かつ現実的な問題（将来における環境損害の発生可能性という潜在的な問題を含む）の解決をはかることは出来ない[5]。それゆえに，国際環境紛争においては，国際環境法を閉鎖的な自己完結的レジームとして捉えるのではなく，広く一般国際法の枠組みの中で捉えるという視点が必要である。

今日では，国際環境法の諸規範や諸原則の発達が，従来からの他の国際法諸原則に影響を与えていることも多く見られる。環境が中心的な争点となる国際紛争においては，既存の国際条約と生起しつつある新たな国際環境諸規範・諸原則との間に乖離（齟齬，ずれ）が生じ，紛争過程において，どの程度，現代における国際環境法の発展を考慮に入れることが出来るのか，より実効的か

---

3) 時間に関する議論は，パルマス島事件をはじめとする領域紛争に関する問題でたびたび取り上げられてきた。See, Permanent Court of Arbitration, *Island of Palmas Case*, Judgment, *Reports of International Arbitral Awards*, Vol.II, pp. 829ff. 同事件は，オランダと米国間において，当時の米国およびオランダの中間に位置する元スペイン領であったパルマス島の領有権を争った事件である。主権の表示や継続的な行使の有無など，19世紀の国際法と現在の国際法では領土取得の条件が異なるために，どの国際法制度を採用するかが問題となった。

4) 条約法条約第31条3項 (a)(b) の日本語訳は，それぞれ，「後にされた合意」「後に生じた慣行」の語を当てているが，本稿では便宜上「事後的合意」「事後的実行」の訳語を用いる。

5) 国際裁判所での判決後，紛争がどのように決着したのかについて着目しているものとして，Cesare P. R. Romano, *The Peaceful Settlement of International Environmental Disputes: A Pragmatic Approach,* Kluwer Law International, 2000.

つ適切な紛争解決の鍵となるのではないかと考えられる。

「時間」に関連する伝統的な国際法の概念の中で，近年急速に発達し続けている環境保護という新たな国際社会の要請に対応することは，決して容易ではない。しかし，国際法の発展に伴い，国際条約の適用と解釈を行う国際裁判所は，往々，条約外で発展してきた国際環境法規に特段の注意（regard）を払っている[6]。国際環境条約の時間的経過に伴う諸問題は，国際環境紛争の発生以前に締結された古い条約規定に基づいて当該紛争が解決される場合，紛争発生時までに形成された新たな環境規範や環境規則が，解釈においてどの程度まで考慮されるべきかという形で争われてきた。すなわち，条約締結時と紛争発生時における環境への法的認識の違いは，時間のずれの象徴であり，そこに乖離している異時点間における適用法規の解釈に関する問題として提起される[7]。例えば，1997年のガブチコヴォ・ナジュマロシュ事件において，ハンガリーとチェコスロバキアは，二国間条約である1977年条約の下にそれぞれダム建設計画を遂行していたが，ハンガリーは自国内の湿地帯シゲトケスへの影響を懸念し，この計画を中断した。チェコスロバキアから分離してスロバキアとなった後，同国は当該条約の任務遂行のために，ハンガリーに影響を与える形で，ダム建設を続行したことにより，シゲトケスへの影響は悪化した。当該事件に対し，国際司法裁判所（以下，ICJ）は，ハンガリーによる「国際環境法の新たな規範の発展」を考慮すべきとの主張には慎重な態度を示し，両紛争当事国ともに条約締結当時（1977年）と事情が大きく変化していることを主張しているにも関わらず，1977年条約は有効であるとの前提で判決を下した[8]。また，2006年にICJに提訴されたパルプ工場事件[9]では，原告アルゼンチンおよび被告ウルグアイの両国の国境を形成しているウルグアイ河沿岸にウルグ

---

[6] Philippe Sands and Jacqueline Peel, *Principles of International Environmental Law*, 3rd ed., Cambridge University Press, 2012, p.101. 後述のICJ「ガブチコヴォ・ナジュマロシュ事件」やWTO「米国エビ輸入制限事件」などがその例として挙げられる。

[7] 本稿では検討の対象外ではあるが，このような時間的経過の乖離の問題は，適用法規の選択についても同様のことがいえる。例えば，複数の条約に拘束される紛争当事国が紛争の主題に合わせて適用法規を意図的に取捨選択する場合などが挙げられる。

[8] International Court of Justice, *Gabcíkovo-Nagymaros Project* (*Hungary/Slovakia*), *Judgment, I.C.J. Reports 1997*, p.82, para.155 [hereinafter, *G/N Project Case*].

[9] International Court of Justice, *Pulp Mills on the River Uruguay* (*Argentina v. Uruguay*), *Provisional Measures Order of 13 July 2006, I.C.J. Reports 2006*.

アイが，アルゼンチンに事前通告することなく工場建設の許可を与えたことに端を発する。工場建設にあたり，ウルグアイは，1978年条約第41条上の「水環境を保護・保全し，特に水環境の汚染を防止しなければならない」という規定に従い，工場建設にあたっては，十分な環境影響評価を実施したと主張しているが，1978年条約締結時に想定していた環境影響評価と2010年の紛争発生時に想定される環境影響評価では，各検査項目に対する環境基準が全く異なるところに，時間的な乖離がみられる。

このように，実際の紛争時における環境保護という国際社会の要請と条約締結時の状況が一致しないという時間的乖離を埋めるため，条約の解釈により調整を行うことが求められることになる。そうすることで，国際環境紛争を実効的に解決するための，方向性を導き出すことができるのではないかと考えられるのである。

（2）考察の対象

具体的な内容に入る前に，国際環境法に関する共通の理解を確保する観点から，以下に国際環境紛争の定義を検討しておく。

本稿にいう「国際環境紛争」とは，人間活動によって引き起こされ（anthropogenic），かつ，現実具体的なもしくは予想されうる環境損害に対し，適用可能な国際条約の解釈をめぐる対立である。ここにいう「国際」とは，一国内で生じる環境損害ではなく，「一国を越えて」（transboundary）生起する損害という意味である（もっとも，言うまでもなく，国内法の域外適用などの措置をめぐっては，国際的調整が必要とされることになるので，国際法上の問題となる）。したがって，国際環境紛争は「国家間」紛争を対象とする。環境紛争は生活環境および自然環境に対する重大または深刻な悪影響を「環境侵害」として観念するものである（受忍可能な範囲の軽微な損害は考慮しない）。また，環境損害は具体的な人間活動に起因する損害であり，火山噴火，地震，津波など，自然現象に伴う損害はこれを対象とはしていない[10]。

今日，国際環境紛争は大きく2つに類型化される。第1に，現実の環境損害

---

[10] Oscar Schachter, *International Law in Theory and Practice*, Martinus Nijhoff, 1991, pp. 365–368.

（harm）の存在を前提として，それに対する国家責任や損害賠償を相手国に要求することを中心とする伝統的なタイプの国際環境紛争である。第2には，将来起こりうる環境損害（risk）に対して，環境損害が悪化する前にこれを防止ないし予防する義務をめぐる国際環境紛争がある。後者はさらに2つの種類に分けることができる。1つは，損害の蓋然性・予見可能性が科学的根拠に基づいて認められる限りで，防止義務原則（preventive principle）が適用される紛争である。もう1つは，将来起こりうる損害について，科学的確実性は未だ認められない場合でも，これを予防する義務が存在すると主張[11]して紛争が提起される場合である。ただし，いわゆる「予防原則」（precautionary principle）は未だ国際法上，個別の条約を離れて，国際慣習法としては一般的には確立されているとは認められておらず，国際裁判でもこれを容認した例はなく裁判規範に成熟しているとは言い難い。しかし，国際環境紛争の重心が，今後次第に環境損害の防止（prevention）から予防（precaution）に移行していくようにも見られ，ここでも時間的経過が条約解釈に決定的に重要となってくるように思われる。最近のICJ「南氷洋における捕鯨」事件判決では，国際捕鯨取締条約第8条の「科学的研究」の意味内容が，1946年に同条約が採択されて以降，時間の経過とともに大きく変化してきているというオーストラリアの主張[12]に対して，裁判所は，こうした時間的経過がオーストラリアによる解釈を支持するような内容を持つものではない[13]としつつも，実質的には，同条の解釈について，事後的合意および事後的実行を考慮したと理解せざるを得ないような形

---

11) 予防原則が主張された例として，みなみまぐろ事件における原告であるニュージーランドおよびオーストラリアの主張が挙げられる。原告両国は，国連海洋法条約第290条上の「重大な害を防止するため」という文言は予防原則を内在させているものであり，今措置を取らなければみなみまぐろが枯渇することを主張したが，裁判所は予防原則が内在するか否かについては，明言を避けた。See, International Tribunal for the Law of the Sea, *Southern Bluefin Tuna Case* (New Zealand v. Japan and Australia v. Japan), Request for provisional measures; Arbitration Court, Order. また，その他にもMox Plant事件におけるアイルランドの主張，パルプ工場事件におけるアルゼンチンの主張などが挙げられるが，いずれも判決それ自体では，予防原則の適用を認めてはいない。

12) International Court of Justice, *Whaling in the Antarctic (Australia/Japan: New Zealand intervening)*, Written Proceedings, Memorial of Australia *2011*, pp. 173-176, paras. 4.87-4.91.; *ibid.*, Oral proceedings, pp. 28-32, paras. 5-14 and 20-23.

13) International Court of Justice, *Whaling in the Antarctic (Australia v. Japan: New Zealand intervening)*, I.C.J., Judgment of 31 March 2014, http://www.icj-cij.org/docket/files/148/18136.pdf, p. 32, para. 83.

で「科学的研究」の中身に立ち入り具体的な「審査基準」(standard of review) を採用している[14]ことが問題となっている[15]。

以上に述べたような時間的経過の諸問題の中でも，2008年より国際法委員会（以下，ILC）により取り組まれている「条約の時間的経過」および2013年から新たに取り組まれることとなった「条約解釈に関する事後的合意および事後的実行」を概観し，またこれらの検討作業で抽出された枠組みを引照しつつ，国際環境紛争の実効的解決のために「条約の発展的解釈」の有用性と問題点について，考察する。

2 条約の時間的経過

(1) ウィーン条約法条約第31条3項 (a) (b) の意義

条約の解釈に関する一般的な規則は，条約法に関するウィーン条約（以下，条約法条約）第31条に規定されている。同条は，ICJだけでなく，国際海洋法裁判所（ITLOS），世界貿易機関（WTO），国際刑事裁判所（ICC）など多分野の国際裁判所で，紛争解決に際して適用される条約の解釈技法として用いられている[16]。

条約法条約第31条1項は，「条約は，文脈[17]によりかつその趣旨及び目的[18]に照らして与えられる用語の通常の意味に従い誠実に解釈するものとする。」と定めている。これは，当事国の共通意思（common will）を創設するものであり[19]，条約の種類を問わず，すべての条約に共通の解釈原則として提示されたものである。

---

14) *Ibid.*, p. 65, para. 227. なお，本稿では捕鯨判決そのものの分析・評価は差し控える。
15) *Ibid.*, Dissenting opinion of Judge Owada, pp. 6-7, paras. 19, 23 and 24; Dissenting opinion of Judge Yusuf, p.4, para. 17.
16) もっとも，条約法条約第31条の位置づけや解釈時にどの程度まで考慮するのか，ということについてはフォーラムごとに異なる。例えば，経済フォーラムのひとつであるNAFTAでは，貿易自由化に重きをおいて，条約法条約上の規則を条約解釈手段として用いている。一方で，人権フォーラムにおいては，原則としては，条約法条約上の規則から条約解釈が導かれるとしつつも，併せて現在の状況を考慮して解釈される場合がある。
17) 文脈による解釈は，「体系的解釈」とも呼ばれる。曖昧で一般的な用語を明確にさせるために用いられることが多く，条約の特定の用語ではなく条約全体の文脈から条約解釈を行う。

同条に従って条文を解釈することにより,当事国間で法的になされた合意などの文脈から条約全体を把握し,条約文の意味を確定しようとするものである。ただし,条約法条約第31条3項では,必要に応じて関連する事後的合意・事後的実行といった締結後の事情を考慮し,事後的な法の発展が条約解釈に影響を与えることを許容している。

また,条約法条約の解釈規定は国際紛争の実際の解決に資するというだけではなく,国際紛争の防止と回避に貢献するという予防的価値においても評価されている[20]。

(2) 国際法委員会研究部会による検討作業

「条約と時間的経過」(treaties over time) は,2008年より2012年まで,ILC が取り組んできた議題の1つである[21]。条約の時間的経過は,決して新しい題目ではなく,今までにおいても1966年「条約法」に関する報告書[22],1982年「国家および単数／複数の国際組織間の関係」に関する報告書[23],2006年「国際法の断片化」に関する報告書[24]において触れられてきた。

---

18) 趣旨および目的は,同義として捉えるのか議論があるが,本稿においては,同義として扱う。当該議論を扱っているものとして,David S. Jonas and Thomas N. Saunders, "The Object and Purpose of a Treaty: Three Interpretive Methods", *Vanderbilt Journal of Transnational Law*, Vol. 43 No. 3 (2010), pp. 565-605. また,時間との関係で「趣旨および目的」による目的論的解釈を取り上げたものとして,Rosalyn Higgins, "Some Observations on the Inter-Temporal Rule in International Law", in J.Makarczyk, ed., *Theory of International Law at the Therehold of the 21st Century,* Kluwer International, 1996, p. 180.

19) *International Law Reports*, Vol. 130 (2008), pp. 1 and 34.

20) Shabtai Rosenne, *The Law of Treaties: a Guide to the Legislative History of the Vienna Convention,* Oceana Publications, 1970, p. 91.

21) International Law Commission, *Report of the International Law Commission*, U.N. Doc. A/64/10, pp. 353-355. セッション60において「条約の時間的経過」を取り上げることを決定し,第61会期において「条約の時間的経過」の研究部会(スタディーグループ)を設立した。

22) Draft Articles on the Law of Treaties, *Yearbook of International Law Commission* (1966), Vol. II, p. 177.

23) Draft Articles on the law of treaties concluded between States and International Organizations or between two or more International Organizations, *Yearbook of International Law Commission* (1982), Vol. II, p. 17.

24) Finalized by Martti Koskenniemi, *Fragmentation of International Law: Difficulties Arising from the Diversification and Expansion of International Law*, U.N. Doc. A/CN.4/L.682 (2006), pp. 353-355.

「条約と時間的経過」の提案者である Georg Nolte は，このテーマに関し，次のように述べている。条約は，国際コミュニティーの社会的ニーズに応じて発展し，ときには退廃することもある。時間の経過のなかでの条約という一般的問題は，条約法における安定性と変化の要請の間の緊張関係を反映するものであり，変わりゆく状況のなかで安定性を提供するのが条約と条約法の目的である。一方で，法制度は，締約国の合意を意味あるものにし，その限界を特定 (identification) するために，後に生じた発展を考慮する余地を残さなければならない[25]」と述べている。こうした観点から，この研究部会は，条約解釈の実定法的側面だけでなく，法社会学的な要素を含む形で検討してきた。またその検討対象は，死文化した条文（obsolete provision）をも範囲とした点が特徴的である。

同研究部会の目的は，将来的な作業の起点を与えることであった。そのためにまず，2010年に ICJ および仲裁裁判所における条約解釈を外観し（第一次報告書[26]），翌年には，特別レジーム（国際経済法レジーム，国際刑事法レジーム，人権レジーム）下の法体系での条約の解釈アプローチを検討した（第二次報告書[27]）。その上で2012年に，司法的および準司法的手続きとは無関係の国家の事後的合意や事後的実行に焦点をあてた（第三次報告書[28]）。同報告書では，条約および国際慣習法下における国家の義務の目的の調和のために事後的合意と事後的実行の役割を評価している。

---

25) International Law Commission, *Report of International Law Commission*, U.N. Doc. A/63/10, pp. 365–389.

26) Georg Nolte, "Jurisprudence of the International Court of Justice and Arbitral Tribunals of Ad Hoc Jurisdiction Relating to Subsequent Agreements and Subsequent Practice", in Georg Nolte, ed., *Treaties and Subsequent Practice,* Oxford, 2013, pp. 169–209; International Law Commission, *Report of International Law Commission*, U.N. Doc. A/65/10, chap. X, pp. 334–335, paras. 344–354. 同報告書の中では，事後的実行と事後的行為（subsequent conduct）の違いについて検討している。

27) Georg Nolte, "Jurisprudence Under Special Regimes Relating to Subsequent Agreements and Subsequent Practice", *Ibid.*, pp. 210–306; International Law Commission, *Report of International Law Commission*, U.N. Doc. A/66/10, chap. XI, pp. 277–282, paras. 333–344. 検討対象として，WTO，NAFTA，ICSID，ICTY，ECHR，ITLOS などが挙げられる。

28) Georg Nolte, "Subsequent Agreements and Subsequent Practice of States Outside of Judicial or Quasi-judicial Proceedings", *Ibid.*, pp. 307–386; International Law Commission, *Report of International Law Commission*, U.N. Doc. A/67/10, chap. X, pp. 121–126, paras. 222–240.

以上のことから，条約の時間的経過に関する検討においては，条約を解釈する際は，条約締結当時の意思に従う解釈だけでは実効的に国際紛争を解決することが十分にできないという状況を打破するために，過去に締結された条約を重視するというよりも，むしろ過去の条約に囚われず，現在ある法を発展的に捉えるという，「現在の条約関係の重視」を含む考えといえる。

（3）国際法委員会による検討作業

　2013年からILCは，「条約と時間的経過」に引き続き，考察の範囲を「条約解釈」に限定して「条約解釈に関する事後的合意および事後的実行」（subsequent agreement and subsequent practice in relation to treaty interpretation）をテーマとして，条約を解釈する際の事後的合意・事後的実行の効果や役割を解明する検討作業を開始した。研究部会ではなく，ILCの本来の手続きに則って作業を進めることとなり，Nolte委員が特別報告者に指名された。

　2013年5月に提出された特別報告者の第一次報告書[29]において，「紛争当事国による事後的合意・事後的実行は，条約の発展的解釈を導き（guide）うる[30]」と指摘していることから，（3）では，特に，事後的合意・事後的実行の定義および同時代性の原則と発展的解釈について検討することとしたい。

（a）事後的合意および事後的実行の定義

　そもそも，ILCで事後的合意および事後的実行の定義を検討する理由は，締約国の多様な行動の中で，何が事後的合意あるいは事後的実行を構成するのかを明確にする必要があるとされたためである[31]。以下，①事後的合意と事後的実行の違い，②事後的合意と事後的実行の主体の2点について検討する。

（i）事後的「合意」と「実行」の違い

　まず「事後的」とは，事後的合意・事後的実行のいずれの場合も，条約締結

---

29) Georg Nolte, First Report on subsequent agreements and subsequent practice in relation to treaty interpretation, *Report of International Law Commission* (2013), U.N. Doc. A/CN.4/660. 同報告書は，7つの章で構成され，その内容は大きく2つに分けることができる。ひとつは，「条約と時間的経過」のまとめとして，条約法条約第31条および第32条の役割を概観している。両条項が，①慣習国際法として成立しており，条約解釈の一般的規則として認識されていること，②多分野の各法体系ではどのように機能しているかを確認している。もう一方は，事後的合意および事後的実行を検討している。
30) *Ibid.*, p. 27, para. 64.
31) Nolte, *supra* note 29, p. 28, para. 65.

後（条文の意味が確定した時）を指し，それは必ずしも条約採択時でないことが指摘されている[32]。

事後的合意と事後的実行の違い[33]については，条約法条約のコメンタリーが引用されている。事後的合意とは，「解釈上条約に読み込まれねばならない当事国による真正の解釈」を示すものであるのに対し，事後的実行とは，「条約の意味についての当事国の了解の客観的証拠を構成する[34]」ものである。この二つの概念の違いは，条約の解釈に関する当事者間の事後的合意が，それ自体によって条約の真正の解釈を構成する効果をもつのに対し，事後的実行は，条約の用語の意味についての当事者の共通の理解を示すかぎりでこの効果をもつにすぎないという点である。かくして，事後的実行は，「当事者間の合意を確定することに寄与するが，かかる事実は合意そのものではない[35]」と理解される。他方，国際裁判所の実行は，当事国の合意を確定する事後的実行ばかりでなく，すべての当事国による解釈の合意を反映していないその他の事後的実行も解釈に関連しうると認めていると指摘する。したがって，事後的実行は広く定義されるべきとされる[36]。

(ii) 事後的合意と事後的実行の主体

事後的合意については，締約国すべての合意が必要なのか，あるいは，一部の締約国の合意で十分なのかが，特に，解釈対象が多国間条約である場合に問題となる。この点について ILC は，the parties は，すべての当事国という意味で（条約法条約第 2 条（1）(g)）であるが，事後的合意という用語そのものは

---

[32] *Ibid.*, pp. 34-35, paras. 84-87.

[33] *Ibid.*, pp. 30-32, paras. 71-74. その違いについて，明確に区別していないフォーラム（UNCITRAL や WTO など）があることを併せて指摘している。例として NAFTA のパネルが事後的合意・事後的実行を区別した事件として CCFT (v. United States) を挙げ，当事件で，事後的合意には至っていないが，事後的実行に至っているものがあることを認めた。もっとも，当該判断が事後的合意・事後的実行の一致を除外しているわけでもないとしている。

[34] *Ibid.*, p. 29, para. 70; Draft Articles on the Law of Treaties, *supra* note 22, p. 221, paras. 14-15.

[35] Nolte, *supra* note 29, pp. 31-32, para. 75. 併せて，事後的合意と事後的実行の一致を除外するものではないと指摘している。

[36] *Ibid.*, p. 42, para. 107. 広義に理解すべきだとしている国際裁判所として，ICJ，ECHR，ICSID，ITLOS，WTO などが挙げられるが，WTO は事後的実行の範囲について，関連法規のみ広義に理解すべきだとしており，条約法条約第31条（3）(b)の範囲は狭義に捉えている。

必ずしもすべての当事国間の事後的合意に限られないとする。その例として国際民間航空条約をあげて、この条約の実施に際して結ばれた多数の二国間条約が全体として、すべての当事国の合意を確立しうると説明している[37]。

また、同報告書では、国家に帰する条約関連の実行の問題についても取り上げている。すなわち、他の主体の実行（特に、非国家主体による行動）によって間接的に国家実行に関連する実行が成立（established）している場合、当該実行をどのように捉えるかが問題であるとした[38]。例えば、欧州人権裁判所（ECHR）では、社会的容認（social acceptance）や主要な社会変化を条約解釈時に考慮していること[39]や国際組織である国連難民高等弁務官事務所のUNHCRハンドブックが、国家実行として認められていること[40]、NGOがモニタリングなどを実施することで締約国の事後的実行の証拠を提供することができること[41]、赤十字国際委員会（ICRC）が国際人権法への発展させる役割があることが認められていること[42]を確認している。（もっとも、この立場には、委員会で強い反論があったことも指摘しておく必要がある）。

以上を踏まえ、ILCは、事後的実行は、締約国の実行によってのみ構成されるものではなく、また、条約法条約第31条（3）(b)は条約当事国の実行でなければならないと明示に要求してはいないとしつつも、同規定はこの要求を含んでいるようにみえると指摘し、国家以外の実行は、いずれかの当事国に帰しうる必要があると述べている[43]。

(b) 同時代性の原則と発展的解釈

解釈手段としての事後的合意および事後的実行の法的重要性は、「時際法」とも関連している[44]ことを踏まえILCでは、同時代性と発展時解釈についても若干の検討を試みている。同時代性は、条約が締結時の当事国の意思などで解釈されるべきという考えであるが、主に境界画定の条約で使用される[45]と

---

37) *Ibid.*, pp. 32–34, paras. 79–83.
38) *Ibid.*, p. 46, para. 119.
39) *Ibid.*, p. 49, para. 129; *Christine Goodwin v. the United Kingdom*, ECHR (2002).
40) Nolte, *supra* note 29, p. 52, para. 137.
41) *Ibid.*, p. 53, para. 138.
42) *Ibid.*, pp. 53–55, paras. 141–143.
43) *Ibid.*, pp. 37 and 44, paras. 93 and 117.
44) *Ibid.*, p. 23, para. 54.
45) *Ibid.*, p. 25, para. 61.

指摘している。一方で，発展的解釈については，WTO, ITLOS などでは，発展的解釈を条約の解釈手法として積極的に受け入れており[46]，ICJ も発展的解釈を否定しておらず[47]，また ECHR においても，条約解釈の際は条約法条約第31条から第33条によって条約の解釈が導かれるべきである，としつつも欧州人権条約は，"生きている文書（living instrument）"であるために，同条約の解釈は現在の状況に応じて解釈されなければならないとして，限定的ではあるが発展的解釈を許容していることを確認している[48]。ただし，自由権規約の委員会が，発展的解釈は「条約の用語や精神，締約国の最初の明示的な意図を超えて解釈できない[49]」と指摘している点は，発展的解釈が無制限な解釈を許容するものではないことを示すものとして留意する必要がある。

以上を踏まえ ILC では，時間的経過において発展しうる用語の発展的解釈の可能性に関して，結論草案第3条に定めた[50]。すなわち，「（条約法条約の）第31条および第32条の下で事後的合意および事後的実行は，条約締結の際の当事国の推定される意図が，使用される用語に時間的経過において発展しうる（capable of evolving over time）意味を与えるものであったか否かを決定する助けになりうる[51]」としている。明示的に発展的解釈で条約解釈をなせる余地をもたせた。このことは，条約解釈に関する柔軟性が許容された点で評価できる。

---

46) *Ibid.*, pp. 7, 11 and 27, paras. 11, 24 and 63. WTO では，文理解釈を優先しつつも，条約規定を無益（inutility）なものにしないようとの目的から発展的解釈を解釈手法として取り入れており，ITLOS では条約法条約に基づき発展的かつダイナミックな判断をする準備がある旨指摘している。

47) *Ibid.*, p. 26, para. 62.

48) *Ibid.*, pp. 9 and 27, paras. 17 and 63.

49) *Ibid.*, p. 11, para. 21.

50) International Law Commission, *Text of draft conclusions 1-5 provisionally adopted by the Drafting Committee at the sixty-fifth session of the International Law Commission* (2013), U.N. Doc. A/CN.4/L.813.

51) Draft conclusion 3 (Interpretation of treaty terms as capable of evolving over time), "Subsequent agreements and subsequent practice under articles 31 and 32 may assist in determining whether or not the presumed intention of the parties upon the conclusion of the treaty was to give a term used a meaning which is capable of evolving over time." International Law Commission, Report of the International Law Commission, U.N. Doc, A/68/10, p. 12, para. 38.

3 国際環境条約の解釈における「事後的合意・事後的実行」と「発展的解釈」

(1) 国際環境条約の解釈における発展性と法的安定性

　国際紛争解決のためには，関連する適用法規をどのように解釈するかが，まず問題となる。条約は，私人の契約と異なり，多くの場合長期に渡って継続するものであり[52]，その期間の経過の中で，条約の解釈は社会的，歴史的に一定の変化を受ける。国際環境紛争の場合，往々にして経済・社会的側面と不可分な問題が複雑に絡んでおり，純粋に法的側面だけの考慮をもって解釈することは必ずしもできない[53]。国際条約一般について言えることではあるが，国際環境条約の場合も，どの時点の誰の意思に立って解釈を行うかによって，出てくる結論は大きく異なってくるのである。

　近年，上記の ILC における議論だけではなく，判例，学説においても条約解釈を行う際に，現代社会の認識を取り入れ，その解釈が「柔軟に」許容される場合が出てきている。国際環境条約の解釈の発展性は，国際環境問題の解決のために，①科学的発展性をタイムリーに紛争解決手段として反映させること，同時に，②条約規定を社会的要請に応えられるよう調整することであるように思われる。このような発展的解釈が必要とされるのは，特に古い条約を解釈する場合である。例えば，伝統的な「防止原則」が主流の立場であった時代に締結された条約規定を，現代の国際環境紛争において，「予防原則」という形で「読み替えられるか」という問題が想定されよう[54]。現在でこそ広く受け入れられている予防原則が，旧条約締結当時は全く想定されていなかったような場合，そこには，深刻な乖離現象が生じる。この場合，将来における環境損害の

---

52) Gerald Fitzmaurice, "The Law and Procedure of the International Court of Justice 1951-4: Treaty Interpretation and Other Treaty Points", *British Yearbook of International Law*, Vol. 33 (1957), p. 204.
53) Annemarieke Vermeer-Künzli, "The Merits of Reasonable Flexibility: The Contribution of the Law of Treaties to Peace", in Georg Nolte, ed., *Peace through International Law: The Role of the International Law Commission*, Springer, 2009, p. 90.
54) Duncan French, "Treaty Interpretation and the Incorporation of Extraneous Rules", *International and Comparative Law Quarterly*, Vol. 55 Issue. 2 (2006), p. 310.

発生が予想されているとしても充分な科学的確実性がない場合，損害発生の蓋然性を法的な意味における予測可能性として要求している「防止原則」との間に「ずれ」が生じてくるからである。かといって，条約解釈時において，「古い」条約が将来何十年にもわたりそのままの形で機能（operate）し凍結されている（frozen）のだとすれば，その環境規範は，それが条約目的実現のために機能する余地は，結局のところ，将来においても殆どないことになろう[55]。Weeramantry 裁判官は，カシキリ・セトゥドゥ島事件[56]の反対意見において，「環境基準は時間的障壁を超越するものであり，結果として，今日における環境問題には，今日の基準が付与されなければならない[57]」としている。

　他方でもとより留意すべきは，この解釈手法の「柔軟性」が法的安定性を損なう要因にもなっている点である。本来，条約の解釈は「条約締結時における」当事国の意思を基準に判断しなければならない。そのため，発展的解釈を行った結果として問題となるのは，①必要以上に，過大に解釈される危険性があること[58]，および，②発展的解釈が常に同一の意味をもたらすものではないために，本来国家間で解釈事項を決定すべきであるにも関わらず，国際裁判所の裁量によってその意味が決定され，場合によっては濫用の危険性がある[59]，といった点が挙げられる。国際環境法規則は科学的発展の影響を直接受けるため，日々動態的に変化しており，安易に当該変化を現代社会の要求に対応することを理由に，事後的合意・事後的実行を根拠に発展的解釈を安易に認めれば，法的安定性が失われかねない。

　しかし，このような「柔軟な」解釈は国際環境条約を解釈する場合には特に重要であるように思われる。その理由として，例えば，多数国間国際環境条約は，その特性上あえて「曖昧な条文」で構成されているため，「締約国の共通認識」そのものについて，はじめから各国の意思に厳密な意味で一致がなく，

---

55) International Court of Justice, *G/N Project Case*, pp. 113–114.
56) See, International Court of Justice, *Kasikili/Sedudu Island (Botswana v Namibia), Judgment, I.C.J. Reports 1999*.
57) *Ibid.*, p. 1183, para 89.
58) Yoshifumi Tanaka, "Reflection on Time Elements in the International Law of Environment", ZaöRV 73, 2013, pp. 158–160.
59) Shinya Murase, "The Pathology of "Evolutionary" Interpretations: GATT Article XX's Application to Trade and the Environment", ILC Study Group on Treaties over time, 2011, pp. 9–10 (on file with the present writer).

異なる解釈が可能である点が挙げられる[60]。そのため，発生した環境問題に対し，条約締結時ではなく，環境保護という究極的な目的が掲げられている環境条約の目的達成に則するためにも，事後的な合意・事後的実行を通して，環境問題が発生している時点での考えを取り入れることで，紛争を解決する方向に導くことができると考えられるためである。

　また，当事国の意思が必ずしも環境保護という点にない古い条約に依拠して，紛争を国際裁判所に付託する場合においても，原告の主張が自国の環境問題を解決することに焦点があてられている場合，環境に悪影響があるか否かについての証明は条約締結当時の環境基準ではなく，紛争発生時点の環境基準が利用されることが考えられる。環境条約ではない国際条約を解釈する場合には，紛争発生時点の環境に対する考えが考慮されうるし，条約の文言を，どの程度柔軟に解釈できるかという点で，環境問題に関する国際環境紛争における条約解釈は，発展的な側面を持たざるを得ないといえよう。

（2）「事後的合意・実行」援用の意義と問題点

　先にも触れたように，ICJ捕鯨事件において，原告であるオーストラリアが国際捕鯨取締条約第8条を解釈する際には，事後的合意および事後的実行が含まれているIWC決議を解釈の際に考慮すべきであると主張した[61]。これは，同条1項上にいう「科学的研究」は具体的にどのようなことを指すのかという用語の解釈を行う時に要求されたものであるが，このように，国際環境紛争において，事後的合意・事後的実行が原告により主張される可能性は高い。

　こうした柔軟な解釈方法の採用が求められるのは，国際環境紛争の適用法規となる「古い」条約において，その締結時には想定されていない環境配慮が，時間の経過とともに生じた「新たな」社会的要請により，従来の条約の目的と相容れないあるいは不十分な規定内容が想定されるためである。つまり，環境問題が主題となっている紛争においては，締結時には存在しなかった社会的要

---

60) Bruno Simma, "Consent: Strains in the Treaty System", in R. St.J. Macdonald and Douglas M. Johnston, ed., *The Structure and Process of International Law,* Martinus Nijhoff Publishers, 1986, pp. 494-495.
61) International Court of Justice, *Whaling in the Antarctic (Australia/Japan: New Zealand intervening), supra* note 13, p. 31, para. 79.

請が発生していたとしても，条約そのものを変更する必要はなく，条約の改正をする必要は必ずしもない。そのため，「解釈を通じて後に生じた政治社会に要請の確立を指示する立場に立つもの[62]」であり，また「当事国が真に期待を解明する解釈の実態にかかわる原則の1つ[63]」である事後的合意・事後的実行は，特に環境配慮規定のない国際条約で，条約締結当時には予見不可能であった環境への悪影響を防止する手段として効果的であることがいえる。

　しかし，事後的合意・事後的実行の問題については，以下の2点が挙げられる。第1に，事後的合意および事後的実行の概念の曖昧さ，第2に，本来条約締結時の意図ではない意味に変更される場合，然るべき条約の修正や改正手続きを踏むべきであるにも関わらず，そういった手続きなしに条文の内容が実質的に変更されてしまう点である。

　前者について，国際法上，事後的合意・事後的実行の見解は未だ統一されておらず，「その基準および指針として事後の実行の有する法的効果に対する評価は必ずしも一様ではない[64]」ことが挙げられる。例えば，前記捕鯨事件において，裁判所は「IWC決議の多くが，すべての当事国の支持を得て採択されたわけではなく，とりわけ，日本も賛同していないことから，ウィーン条約法条約第31条3項（a）および（b）の意味における，第8条の解釈についての事後的合意，または条約の解釈に関する当事国の合意を確立する事後的実行とみなすことはできない[65]」と判示したが，これは，前章でも触れた通り，事後的合意・事後的実行には必ずしも全加盟国の同意が必要ではないとするILCの意見と異なる。（もっとも，判決は事後的合意・事後的実行の法理の採用を排除してはいるが，1946年当時には考えられなかったような科学的調査についての厳しい「審査基準」を提要することによって，実質的には，この法理を適用しているとの見方もありえよう）。また，事後的合意・事後的実行の定義について当事国間で共通に理解があったとしても，将来の環境を十分に考慮する諸規則（例えば，環境影響評価，予防原則，世代間衡平などといった原則）は当事国が互いに

---

62) 西元宏治「条約解釈における「事後の実行」」『本郷法政紀要』6号（1997年）212頁。
63) Myers McDougal *et al.*, *The Interpretation of International Agreements and World Public Order*, Marinus Nijhoff, 1994, pp. 132-144.
64) 西元・前掲注62) 211頁。
65) International Court of Justice, *Whaling in the Antarctic* (*Australia/Japan: New Zealand intervening*), *supra* note 13, p. 32, para. 83.

負っている義務を拡張する影響を与えるため，どの程度まで事後的合意を考慮するのかの問題がでてくる。国家の義務を調和させるために，確実で安定的な影響を与え，また，当事国の意図と矛盾しないように解釈されなければならないとされる事後的合意・事後的実行は，とりわけ条文ごとの各締約国の意思が統一されているとは限らない多数国間環境条約において，当事国である締約国の意思と矛盾していないことを理由に事後的合意・事後的実行を示すことは困難である。

　後者については，該当条文の改正を所定の手続きに沿ってはじめて，当事国の意思の変更が反映でき，法的安定性は損なわれない。然るべき法的手続きなしに，一時的な解釈を紛争発生時にあてはめて考えることは，解釈時における「濫用」と認められかねない。しかし，締約国の環境保護を義務付けている多数国間環境条約では，例えば，科学的発展により環境保護に関して，より効果的な基準や数値が発見された場合，それについて対応した決議で，一定の指針を示し，これに沿って事後的合意・事後的実行を主張したとしても，多くの多数国間条約が条約上に定めている環境保護義務について，どのようにその義務を達成するかについては各締約国に委ねている以上，各締約国が環境保護に対して，全く対応していない場合を除き，「環境を保護しなければならない」という義務を怠っていることにはならない。つまり，締約国自体に，単にその環境保護の各国の対応が不十分な状況にあるというだけで，国際環境条約上の趣旨目的や環境を保護するという当事国の意思そのものが事後的に変わっているとはいえない。ゆえに，このような場合には，そもそも所定の手続きなしに条文の内容が実質的に変更されたということを明確に示すこと自体が困難となる。

　以上のように，環境配慮条項が欠如している国際条約を適用法規として，紛争解決を目指すときに，紛争当事国が今日の基準を考慮すべきだと考えているような場合は，一定程度，事後的合意・事後的実行が国際環境紛争解決に効果があると考えられる。これは，パルプ工場事件でアルゼンチンおよびウルグアイの両国が，ウルグアイ川の自然環境保護および沿岸住民の生活環境保護に関して，1978年条約締結当時ではなく，環境影響評価などについて「今日の」基準に言及されていることにみられるように，紛争当事国の意思が明確である場合には，当事国の意図と離れずに条約解釈が行われ，かつ国際社会の要請にも応えるからである。

しかし，紛争当事国間で，そもそも事後的合意・事後的実行に至っているのかが争われている場合に，事後的合意・事後的実行は，先に触れたようにその定義も曖昧であることにも鑑み，なにをもって事後的合意・事後的実行であるか判断できないような状況では，結局のところ環境問題に対応できない結論が導かれる可能性がある。そのため，事後的合意・事後的実行だけに依拠して国際環境紛争を処理することは，環境問題の根本的な解決に繋がらないと考えられる。このような状況に対応するためには，やはり現代の主要な考え方を条約解釈に取り込むという「発展的解釈」の援用が有効であるように思われる。

（3）国際環境判例にみる「発展的解釈」の有用性

条約の発展的解釈は，主に人権法の分野で多く議論されてきた[66]が，近年では，国際環境法の分野でも当該解釈方法が広く援用されている[67]。条約の発展的解釈は，条約の意味と機能を現代的状況に適合させるという意図が根底にあり，その背景には，こうした解釈方法が，時間的要素だけではなく，社会的，文化的，政治的な条件をも考慮にいれることを可能にするものである[68]。古くに締結された二国間条約であっても，環境に悪影響を及ぼすことが予想されうるときは，当該条約の「発展的な解釈」を通じて，各国が固有の環境保護義務を負うものと認めるケースも増加しつつある[69]。

また，環境に関する重要な諸原則の多くが未だ国際慣習法として認められて

---

66) 例えば，南西アフリカ事件 South West Africa Cases (Ethiopia v. South Africa; Liberia v. South Africa), Preliminary Objection, I.C.J. Reports, 1962) やナミビア事件 (Legal Consequences for States of the Continued Presence of South Africa in Namibia (South West Africa) notwithstanding Security Council Resolution 276 (1970), Advisory Opinion, I.C.J. Reports, 1971) が挙げられる。なお，多くの研究で，人権と環境の関係についても論じられているが，本来，人権と環境は類似している点こそあれ，同義として扱うものではない。本稿においては，純粋に環境だけを扱うものであるので，あえて国際人権裁判所には触れない。

67) Malgosia Fitzmaurice, "Dynamic (Evolutive) Interpretation of Treaties", Hague Yearbook of International Law, Vol. 21 (2008), p. 102.

68) Ibid., p. 113. See also Künzli, supra note 53, p. 90.

69) 例えば，パルプ工場事件において，ウルグアイおよびアルゼンチンの両国は，予防原則の存在を容認し，環境保護の要請に答えている。また当該事件においても，訴訟手続の早い段階から裁判所は持続可能な開発に触れている。詳細は，International Court of Justice, Pulp Mills on the River Uruguay (Argentina v. Uruguay), supra note 9, p. 133, para. 80.

いないことから，国際環境紛争の解決のために，関連条約を当事国の締結時の意思ではなく「現在の」意思に照らして，「発展的に」解釈しようという傾向が増えてきたことは否めない。例えば，ガブチコヴォ・ナジュマロシュ事件において，ICJ は，チェコスロバキアによるダム建設計画がハンガリーに与える影響について，環境が重要な問題とした上で，環境リスクを評価するには，現在の基準（current standards）が考慮されなければならないと言及しており，さらに過去20年の間に新しい規範が増加し，また発展していることに鑑み，国家は過去から継続している行動についても十分に熟慮し，環境保護と両立させなければならないとした[70]。また，米国エビ輸入制限事件において，WTO 上級委員会は，GATT 第20条（g）における「有限天然資源」という文言は，実際には50年以上前に作られたものであることから，条約解釈者は，環境保護・保全に関する現在の懸念に照らしてこの文言を読む必要があるとした上で，WTO 協定の前文と同協定の締約国が1994年に国内及び国際政策の目標としての環境保護の重要性と合法性を十分に認識していたことを示し，環境問題が自由貿易に関わってくる場合，環境へのあらゆる規範を考慮しなければならないと指摘しつつ，そのためには「発展的解釈」を行うことが必要であると述べた。こうして上級委員会は，同条で定められている「有限天然資源」という用語は，再生可能な生物および非生物資源を含むという判断を下したのである[71]。

　以上のことから，新たな環境規範の台頭を背景として，古くに締結された条約を解釈する際に，紛争当事国に関係する適用可能な法規について，発展的解釈を行うことで，環境保護という社会的要請に応えられるということだけではなく，抽象的な条文規定の意味を最新の科学的証拠に照らし，その意味を狭め，限定することで紛争を解決できる点である。

　さらに，核兵器使用の合法性に関する ICJ 勧告的意見において，「環境とは，抽象的なものではなく，将来世代（generations unborn）を含む人類の健康および生活，居住空間を意味する[72]」と言及されたように，将来世代に対する利

---

70) International Court of Justice, *G/N Project Case*, pp. 77-78, para. 140.
71) Report of the Appellate Body, *United States-Import Prohibition of Certain Shrimp and Shrimp Products*, WT/DS58/AB/R, 12 October 1998, pp. 48-50, paras. 129-131.
72) International Court of Justice, *Legality of the Threat or Use of Nuclear Weapons, Advisory Opinion, I.C.J. Reports 1996*, p. 241, para. 29.

益の保護は，環境保護の根幹にあたる[73]。そのため，国際環境条約を解釈する際には，当事国だけではなく，将来世代が享受するであろう環境の恩恵を確保するという点においても，条約締結時の状態のまま解釈するのではなく，現代社会の要請を発展的解釈に取り入れることが必要であろう。

なお，その際に懸念されている法的安定性の喪失については，条約締結時点において，多数国間環境条約の締約国に厳密な意味で一致がなく，将来的に異なる解釈を可能とするような場合には，当事国の意思から離れて解釈されているとはいえないため，発展的解釈を利用することで法的安定性を損なうとは必ずしも言い切れず，当該解釈手法は，やはり国際環境紛争解決に有用な手段のひとつと考えられよう。

4　結　論

国際法において，「時間」は重要な意味をもつ[74]。特に，「条約の時間的経過」は，紛争当事国間に不一致をもたらす[75]。持続可能な開発，予防原則，環境影響評価といった新たな概念の誕生は，未だ法的拘束力のある文書としては決して多くはないが，ILCが明示的に時間的経過によって変化した意味を含んで条約解釈可能である[76]と言及したことは，国際環境紛争の根本的解決に向けて前進したものと評価される。今日では多数国間環境条約や二国間条約においても，締約国の合意に基づく，意識的な環境配慮型の実行が増加している。このように，環境への社会的関心が広範に高まっていることに鑑みても，国際環境紛争の解決は，迅速かつ最終的になされなければならない[77]。

本稿で見てきたように，国際環境紛争をいかに実効的かつ適切に解決していくかを考える場合[78]，関連条約の解釈において，「用語の通常の意味」，「文脈」，

---

73) Tanaka, *supra* note 58, p. 156.
74) Rosalyn Higgins, "Time and the Law: International Perspectives on an Old Problem", *International Law and Comparative Law Quarterly*, Vol.46 Issue.3 (1997), p. 501.
75) Afshin A Khavari, "The Passage of Time in International Law Disputes", *Murdoch University Electronic Journal of Law*, Vol. 10 No. 4 (2003), p. 1.
76) International Law Commission, *supra* note 51.
77) 環境問題の根本的解決という意味で，国際環境紛争における「解決」resolution は，紛争の単なる「処理」settlement と区別されるべきである。

「条約の趣旨および目的」だけでなく，それが「時間」の経過とともに変容していく「国際社会の要請」を達成する方向に見合っているかどうかを判断することが極めて重要であると思われる。条約締結時には想定されていなかったような状況に対応するために，事後的合意・事後的実行はひとつの効果的な手段である。しかし，事後的合意・事後的実行について未だ必ずしも明確な定義や適用基準が存在しないため，国際環境紛争を実効的に解決するのは限界がある。したがって，条約締結時と異なる解釈を許容している国際環境条約については，「発展的解釈」のもとに条約の解釈を行うことで，社会的要請に応えることが可能となり，それが国際環境紛争を実効的に解決するための一つの手段であると考えられる。近年，締結されている国際環境条約が，その他の国際条約と異なるのは，いずれの国際環境条約も，その究極的な目的に環境保護が規定されている点にある。そのため体系的解釈あるいは目的論的解釈を通して条約解釈を実施した場合でも，国際環境条約については，近年の発展を考慮に入れ，後に生じた変化による文言や規定に新しい意味を取り入れることを許容し，むしろそれを奨励しているように思われる[79]。環境保護が主題の紛争において，その保護が満足に満たされない限り，実効的な解決はありえず，結局，紛争は繰り返されることになりかねない。すなわち，自然環境および生活環境は原状回復が困難であるという性質に鑑み，環境保護は，常に時間との闘いであることも考えなくてはならない。

　また，国際環境紛争の解決にあたっては，常に，過去の出来事は，今日ある法をもって紛争当事国に適用すべきかという問題と向き合わなければならない。少なくとも今日の概念を取り入られなければ，伝統的な解釈手法に基づき，法的には一応の「処理」は出来ても，国際環境紛争の主題である環境保護については実効的な「解決」には至らないであろう[80]。環境保護をどのレヴェルで保護していくのかについては，やはり国際社会の要請を考慮することが不可欠であるが，発展的解釈の採用によって条約解釈に柔軟性を確保することには，大きな意味があるように思われるのである。

---

78) Edward Christie, *Finding Solutions for Environmental Conflicts: Power and Negotiations*, Edward Elgar Pub., 2008, p. 2.
79) French, *supra* note 54, pp. 298-299.

第 6 部　環境の国際的保護

---

80)　これと関連して，国際環境紛争の実効的解決のためには，いわゆる「利用可能な最良の技術および環境のための最良の慣行（Best Available Techniques / Best Environmental Practices）」を国際環境法上どのように位置づけ，発展的解釈にどの程度考慮するのかは依然として課題である。また同様に，時間的経過の観点からいえば，発展的解釈は，紛争付託時点の BAT/BEP で判断されるのか，あるいは裁判所が判断する時点の BAT/BEP を使用すべきなのかという問題もでてくる。これらの問題については，今後検討することとしたい。

28 国際法における環境影響評価の位置づけ

岡 松 暁 子

1 はじめに
2 環境影響評価の概念
3 国際環境判例に見る環境影響評価
4 おわりに

1 はじめに

　一般に「環境影響評価（Environmental Impact Assessment：以下，EIA）」とは，計画活動が環境に対してもたらすおそれのある影響を調査，予測，評価するための国内手続をいう。1960年代以降，環境損害を未然に防ぐための手続的義務として先進国の国内法において発展してきた制度であるが，今日では環境保護に関する多くの国際条約にも同様の実施義務規定が置かれるようになり，国際的にも制度化が進んでいる。このように，EIAは，国家の環境保護義務（実体的義務）を補完するための手続的義務として発展してきた。
　他方で，国際法において，EIAの実施義務は，個別条約，地域条約に規定が置かれているのみで，普遍的・包括的な条約に具体的に明示されているわけではない。そのため，条約に規定されていない場合や，条約非締約国に対してその実施が義務付けられるのか否かについては議論がある。そのようななか，近年の国際判例において，裁判所は国際環境法上の一般的義務としての性質をこのEIA実施について積極的に認めるものが現れてきた。以下，本稿では，EIAの実施義務が争点となった国際判例に言及しながら，その理論的根拠を確認し，国際環境法上のEIAの位置づけを検討する。

2 環境影響評価の概念[1]

(1) 発展の背景と定義

現在のところ，EIA には確立した定義はないが，一般には，計画活動が環境に対してもたらすおそれのある科学的・社会的・文化的および経済的影響を事前に調査・予測・評価し，当該活動が環境に配慮したものとなるよう，その結果を政策決定者の意思決定に反映させるための一連の国内手続をいう[2]。すなわち，EIA は以下のような機能を有する。第1に，政策決定者に計画活動による環境影響に関する情報や，場合によっては代替案を提供すること，第2に，その情報が意思決定に反映されることを要求すること，そして第3に，潜在的に影響を受ける人々の政策決定への参加を確保する仕組みを提供することである。

EIA は1960年代後半に先進諸国の国内法に登場したが，それらのなかでもっともよく知られているものは，1969年米国「国家環境政策法（National Environmental Policy Act: NEPA）」であろう[3]。これは連邦政府の関わる政策・計画・事業等に対し，必要な場合には EIA の実施を義務付け，連邦政府の環境保全に対する役割や責任を明確にしたものであり，米国各州における EIA 制度化の契機となった。また，他国にも NEPA を原型とした EIA 制度の導入を促すこととなった[4]。

1970年代になると，国連人間環境会議で採択されたストックホルム宣言を契

---

1) EIA の概論としては，特に，児矢野マリ「環境影響評価（EIA）」西井正弘＝臼杵知史編『テキスト国際環境法』（有信堂，2011年）169-193頁；南諭子「国際環境法の発展と環境アセスメント」『一橋論叢』115巻1号（1996年）190-208頁を参照。
2) UNEP Goals and Principles of Environmental Impact Assessment, Governing Council Decision 14/25, UN Doc. UNEP/GC/DEC/14/25, 17 June 1987, Appendix, para. 1; Philippe Sands, *Principles of International Environmental Law*, Cambridge University Press, 2012, p. 579; Patricia Birnie, Alan Boyle and Catherine Redgwell, *International Law and the Environment, 3rd ed.*, Oxford University Press, 2009, p. 164; 石橋可奈美「環境影響評価（EIA）」水上千之＝西井正弘＝臼杵知史編『国際環境法』（有信堂，2001年）196頁。
3) National Environmental Policy Act, 42 USC §§ 4321-4370 (f).
4) 1970年代以降は，様々な国際機関，たとえば，国連総会，国連環境計画（UNEP），経済協力開発機構（OECD）等が各国の EIA 制度導入を促進させた。

機として多くの国際環境条約が締結されるようになり，EIA 実施義務はそれらの中にも取り込まれるようになった[5]。1980年代以降は，越境環境汚染の深刻化にともないさらに本格化した。

　国際条約上，EIA 実施義務とは，自国内の活動が他国の環境に重大な影響を及ぼすおそれがある場合，当該活動が他国の環境に悪影響をもたらさず，環境的配慮のあるものとなるように，当該活動国が EIA を実施しなければならないというものである。1992年の国連環境開発会議で採択されたリオ宣言には，第17原則に EIA が規定されているが[6]，その詳細な要件は，以下のような様々な条約や，後述する判例によって明確化されてきている。例えば，1974年北欧環境保護条約に始まり，国連海洋法条約 (1982年)，越境環境影響評価条約（エスポ条約，1991年)，環境保護に関する南極条約議定書 (1991年)，生物多様性条約 (1992年) およびバイオセーフティに関するカルタヘナ議定書 (2000年)，北米環境協力協定 (1993年)，国連国際水路非航行利用条約 (1997年採択，未発効) 等は，EIA の一般的実施義務を規定している。また，国際法委員会 (ILC) が2001年に採択した「危険な活動から生じる越境損害の防止条文」草案[7] においては，「物理的な効果を通じて重大な越境侵害を生じるリスクがある」（1条）活動につき，国は，許可を出す前に活動の EIA を含むリスク評価を行うと

---

[5] 1972年のストックホルム宣言では EIA を国内・国際政策の手段として明示的に規定してはいないが，原則14には「合理的な計画は，開発の必要性と環境の保護および改善の必要性との間の矛盾を調和する不可欠の手段である。」，また原則15には，「居住および都市化の計画は，環境に及ぼす悪影響を回避し，かつ，全ての者が最大限の社会的，経済的および環境上の利益を得るように，立案しなければならない。これに関して，植民地主義者および人種差別主義者による支配のために立案された計画は廃棄しなければならない。」とあり，EIA の必要性を示唆していると考えられる。なお，ストックホルム宣言の草案起草時には，原則20に EIA への明確な言及があったが，一部の途上国が，自国の開発計画が先進国により妨害されるという濫用を懸念して反対した。そのため，同原則は，最終的には，「国内および国際的な環境問題に関わる科学的な研究と開発は，全ての国，とくに開発途上国において促進しなければならない。これに関連して，環境問題の解決を促進するため最新の科学的情報の自由な流れと経験を伝えることを支持し，発展途上国に経済的負担を負わせることなしに，かつ，広く普及しやすいような条件で発展途上国の利用に供しなければならない。」となった。

[6] 第17原則「環境影響評価は，国の手段として，環境に重大な悪影響を及ぼすおそれがあり，かつ，権限ある国家機関の決定に服する活動について，実施しなければならない。」

[7] United Nations, A/RES/62/68, 8 January 2008, Annex: Prevention of Transboundary Harm from Hazardous Activities.

した規定が置かれている（7条）[8]。さらに，核実験事件再検討要請事件，ガブチコヴォ・ナジュマロシュ事件，MOX工場事件，パルプミル事件，深海底活動保証国の責任及び義務勧告的意見においては，国際法が国家に対し，環境に有害かつ深刻な影響をもたらすおそれがある活動の開始あるいは認可に先立ってEIAを要求する状況について検討・確認している。

このように，多くの国際環境条約でEIAの実施が具体的に義務付けられてくるにしたがい，多くの国際環境紛争においてその不履行の違法性が争われるようになった。さらに近年においては，個別的条約を越えて，国際慣習法上の義務として位置づけられつつある[9]。

（2）理論的基盤

国際環境法上のEIA実施義務は，以下に述べるような国際環境法の重要原則を基盤としている。

①領域使用の管理責任

上述のとおり，EIA実施義務は，欧米先進国における国内法上の義務から，現在では発展途上国を含む二国間および多数国間条約上の義務として確立しつつある。国際環境法上，このようなEIAの実施義務は，理論的に見れば，以下のように，国際法の一般原則であるところの「領域使用の管理責任」に基盤を有する[10]。すなわち，国際環境法は，伝統的には，相隣関係国間での越境環境損害を事後的に救済するために，関係国間の領域主権と領土保全の権利の絶対性を調整・相対化することに主眼をおいていた[11]。これは，「何人もその隣人を害するような方法で自己の財産を用いてはならない（*sic utere tuo ut alie-*

---

8) 第7条（危険の評価）「本条文案の範囲内に入る活動を許可するいかなる決定も，当該活動によって引き起こされる可能な越境損害に関する評価，とくにあらゆる環境影響評価に基づくものでなければならない。」本条約条文案については，臼杵知史「「危険活動から生じる越境損害の防止」に関する条文案」『同志社法学』60巻第5号（2008年）497-530頁参照。

9) 1980年代後半には，環境と開発に関する世界委員会の環境法に関する専門家グループが，EIAを「国際法の原則となりつつある（emerging principle of international law）」と認識している。*Environmental Protection and Sustainable Development: Legal Principle and Recommendations*, Nijhoff, 1987, pp. 58-62.

10) 国家の「領域使用の管理責任」については，村瀬信也『国際立法 ── 国際法の法源論 ──』（東信堂，2002年）366-371頁。

num non laedas)」というローマ法格言に由来する国内私法上の相隣関係の法理の類推が起源とされる[12]。この原則が実際に援用された古典的な事例として，1872年に英米間で争われたアラバマ号事件仲裁判決[13]がある。本判決によって，国家はその管轄下の領域をみずから使用し，またはその使用を私人に許可するにあたり，他国の国際法上の権利を害するような結果にならないよう配慮する注意義務を負い，これを怠れば国家責任を負うことになる，という「領域使用の管理責任」原則の内容が明確にされ，これは，今日では国際慣習法化したと言われる[14]。

その後，同原則が国際環境紛争において初めて適用されたのは，アメリカとカナダの間で争われたトレイル熔鉱所事件である[15]。この事件において米加仲裁裁判所は，「事件が重大な結果をもたらすものであり，また損害が明白かつ確固とした証拠によって明らかにされる場合には，国際法上および米国法上の諸原則に基づき，いかなる国家もその領域を，煤煙によって，他国の領域やその領域にいる人や財産に対して損害を生じさせるような方法で，使用したり使用を許したりする権利を有しない」と判示した[16]。

---

11) 山本草二「環境損害の概念」『国際環境法の重要項目』(日本エネルギー法研究所，1995年) 19頁。これにより，損害賠償責任の程度，自然資源の保護と利用配分，環境侵害の許容・受任限度の基準を明確にし，国際環境保護法益を設定した，とする。

12) Jean Combacau et Serge Sur, *Droit international public*, 10ᵉ éd., Montchrestien, 2012, pp. 428-429 ; Birnie et al., *supra* note 2), p. 137.

13) 南北戦争中に中立義務を負っていたイギリスが南軍の委託によりアラバマ号を建造し，これによって北軍（連邦側）が甚大な被害を蒙ったことにつき，イギリスは中立の地位を「相当の注意」をもって維持しようと努めたこと，その領域内の私人による行為を禁止する国内法が欠缺していたことをもって国家責任は生じないと主張したが，裁判所はこれを否定し，領域内で行われる私人の行為が交戦国の権利を侵害する場合には，中立国にはこれを防止する注意義務が課されると判示した。"The Alabama Arbitration Arbitral Award", J. B. Moore, *History and Digest of the International Arbitration to which the United States has been a Party*, Vol. 1, 1898, p. 550. 詳細は，山本草二『国際法〔新版〕』（有斐閣，1994年）276頁；同『国際法における危険責任主義』（東京大学出版会，1982年）111-115頁。

14) 兼原敦子「国際環境法の発展における『誓約と審査』手続の意義」『立教法学』38号（1994年）48頁。

15) 1920年代に，カナダにあるトレイル熔鉱所から発生した煤煙が国境を越えてアメリカの農作物や森林に損害を与えたために，アメリカがカナダに対して損害賠償を求めた事件である。RIAA, Vol. 3, pp. 1965-1966. 詳細は，石橋可奈美「領域使用の管理責任：トレイル熔鉱所事件」小寺彰＝森川幸一＝西村弓編『国際法判例百選〔第2版〕』（有斐閣，2011年）164-165頁。

このような領域使用の管理責任原則は，1970年代以降，地球規模の環境損害が顕著になるにしたがって，多くの国際環境関連文書にも明示されるようになる。まずは1972年にストックホルムで開催された国連人間環境会議で採択された，人間環境宣言（ストックホルム宣言）であり，その第21原則は，「自国の資源をその環境政策に従って開発する権利を有し，かつ，自国の管轄または管理の下における活動が他国の環境または国の管轄外の地域の環境を害さないことを確保する（secure）責任を負う」と規定している。これは，国家の領域使用の管理責任を明確化すると同時に，（1）従来の相隣関係の法理では対応できなかった公海その他の国際公域で発生した環境損害にもその適用範囲を広げており，さらには，（2）国家に対し，私人による活動に関する国際法上の義務の履行を確保するための事前の国内立法措置等を課し，これを怠り損害が発生した場合には国家責任を負わせるものである[17]。

その後，1992年国連環境開発会議（リオ・デ・ジャネイロ会議）リオ宣言第2原則は，ストックホルム宣言第21原則をほぼそのまま踏襲し[18]，越境環境損害と環境リスクに対応した。さらに，この義務を履行するための具体的な手段（手続的義務）として示されたのが，第17原則の環境影響評価の実施，第18原則の緊急事態の通知と支援，第19原則の事前通知と情報提供の義務である。これらは国際環境法上，実体的義務の履行のための手続的義務の指針となるものであり[19]，事前通知や情報提供の義務など，今日では一般国際法上の原則としての地位を確立しているものもある。

② 「持続可能な開発」概念[20]

ストックホルム会議以降，国際環境法の発展を支えることとなるもう1つの

---

16) *RIAA*, Vol. 3, p. 1965.
17) 山本草二「環境損害に関する国家の国際責任」『法学』40巻4号（1977年）326-327頁。もとより，人間環境宣言には法的拘束力はなく，この原則は個別条約に取り込まれることによって効力を持つ。しかし，この宣言がその後の国際環境法の発展に寄与するものであったことは間違いなく，例えば，この規定を実定法化したものとして，国連海洋法条約194条2項がある。
18) リオ宣言もまた法的拘束力は有していないが，そのソフト・ローとしての意義に言及しているものとして，Birnie et al., *supra* note 2), pp. 112-114.
19) *Ibid.*, pp. 137-138.
20) 詳しくは，西井正弘＝上河原献二＝遠井朗子＝岡松暁子「地球環境条約の性質」西井正弘編『地球環境条約』（有斐閣，2005年）22-32頁。

重要な概念に,「持続可能な開発（Sustainable Development）」がある。この「持続可能な開発」概念は,一般に「将来の世代が自らの欲求を充足する能力を損なうことなく,現在世代の欲求を充たすような開発」と定義される。これが最初に提唱されたのは1980年『世界保全戦略』（World Conservation Strategy）[21]においてであり,その後,「環境と開発に関する世界委員会（WCED）」1987年報告書『我ら共通の未来』（Our Common Future）[22]によって広く認識されるようになった。同年,国連環境計画（UNEP）は,EIA実施義務の性質および程度に関するガイドラインを用意したが,その目的は,計画活動が「環境という観点から確実で持続可能（environmentally sound and sustainable）」であることを保障し,環境影響が活動開始の認可が決定される前に考慮されるよう,そのための国内におけるEIA手続を示すことであった[23]。さらに,1992年のリオ宣言第4原則では,「持続可能な開発を達成するため,環境保護は,開発過程の不可分の一部をなし,それから分離しては考えられない」と述べられ,この概念はその後締結された様々な国際環境条約の中に取り込まれるようになった[24]。

このように,国家は,計画される活動が環境に与える損害を未然に防ぎ,当該地域の将来の環境保全と開発とを両立（持続可能な開発）させるべき実体的義務を負っており,EIAは,国家のこうした実体的義務を補完する具体的な手段として,持続可能な開発を目指して提示されたものといえるのである[25]。

---

21) IUCN, "World Conservation Strategy 1980", Bernd Rüster, Bruno Simma eds., *International Protection of the Environment*, Vol. 23, Oceana pub., 1981, pp. 420–510.
22) World Commission on Environment and Development, *Our Common Future*, Oxford University Press, 1987. 邦訳は,大来佐武郎監修『地球の未来を守るために ── 環境と開発に関する世界委員会 ── 』（福武書店,1987年）。会議の議長の名をとって,「ブルントラント報告書」とも呼ばれる。
23) UNEP Goals and Principles of Environmental Impact Assessment, *supra* note 2).
24) 例えば,1992年の生物多様性条約前文や,1997年の国際水路非航行的利用法条約前文には「持続可能な利用」として取り込まれている。これ以前にも,例えば1971年に締結されたラムサール条約で,「賢明な利用」としているのは,同概念と同じ理念と見ることができる。
25) 一之瀬高博「越境環境影響評価に関する国連欧州経済委員会条約」『佐賀大学経済論集』25巻2号（1992年）123頁。

3　国際環境判例に見る環境影響評価

1990年代以降，多くの環境関連条約に EIA 実施義務が明記されるようになったことから，越境環境損害を巡る国家間紛争において，事前の環境影響評価の欠如が国際法違反である旨を原告国が主張する事例が現われた。ここでは，一般国際法上の義務としての EIA という観点から最重要と考えられる，勧告的意見も含めた以下の4件の事例を紹介する[26]。

（1）核実験事件判決再検討要請事件[27]

本件は，ニュージーランドが，フランスの南太平洋における地下核実験再開について，南太平洋天然資源・環境保護ヌーメア条約16条[28]および国際慣習法上の EIA 実施義務不履行を理由として，その違法性を国際司法裁判所（以下，ICJ）に訴えた事件である。ニュージーランドは，EIA 実施は国際慣習法上の義務であるとして，EIA を不要とするのであれば，その挙証責任は予防原則に基づきフランスにあると主張した。これに対して，フランスは，環境保護義務の履行にあたっての損害防止手段の選択は国家の裁量に委ねられるとして，

---

[26] ここで取り上げる事件以外にも，国際海洋法裁判所におけるジョホール海峡埋立事件（マレーシア対シンガポール）(Land Reclamation in and around the Straits of Johor (Malaysia v. Singapore), Order of 10 September 2003, *ITLOS Reports 2003*, p.4)，国際司法裁判所におけるガブチコヴォ・ナジュマロシュ計画事件（ハンガリー／スロバキア）(*ICJ Reports 1997*, p. 7) でも，EIA が争点になっている。

[27] *ICJ Reports 1995*, pp. 285-308.

[28] Article 16 1. The Parties agree to develop and maintain, with the assistance of competent global, regional and sub-regional organisations as requested, technical guidelines and legislation giving adequate emphasis to environmental and social factors to facilitate balanced development of their natural resources and planning of their major projects which might affect the marine environment in such a way as to prevent or minimise harmful impacts on the Convention Area. 2. Each Party shall, within its capabilities, assess the potential effects of such projects on the marine environment, so that appropriate measures can be taken to prevent any substantial pollution of, or significant and harmful changes within, the Convention Area. 3. With respect to the assessment referred to in paragraph 2, each Party shall, where appropriate, invite: (a) public comment according to its national procedures, (b) other Parties that may be affected to consult with it and submit comments. The results of these assessments shall be communicated to the Organisation, which shall make them available to interested Parties.

EIA の必要性を否定した。

　裁判所は，本件は再審請求の要件を満たしていないとして請求を却下し，本案審理には入らなかったため，EIA の国際慣習法としての性質について，その立場を明らかにすることはなかった。ただし，ウィラーマントリー判事とパルマー判事は，それぞれの反対意見において，一般国際法上の義務としての EIA の存在につき，肯定的な見解を述べている[29]。

（2）MOX 工場事件[30]

　本件は，国連海洋法条約206条の義務が争点の一つとなった事件である[31]。アイリッシュ海に面するカンブリア州セラフィールドにおいて，1993年に MOX 燃料増産のために使用済み核燃料の再処理工場建設の許可申請がなされ，これに対してイギリス政府が1994年に工場の建設許可を発給し，2001年10月には操業許可が下った。なお，イギリスには，セラフィールド工場の操業が開始

---

[29] *Dissenting Opinion of Judge Weeramantry, ICJ Reports 1995*, p. 344; *Dissenting Opinion of ad hoc Judge Sir Geoffrey Palmer, ibid.*, p. 411. なお，ウィラーマントリー判事はその後のガブチコヴォ・ナジュマロシュ事件において，「条約の条項に環境的配慮が取り込まれているということは，EIA 原則が条約に取り込まれたということであり，これらの条項は，明らかに計画活動開始前の EIA のみならず，活動が継続している間の監視をも含むものであるとし，現在の環境法の発展段階にあって，条約が明示的に EIA を規定しているか否かにかかわらず，計画が実施されている間は環境影響を監視する義務がある」と述べ，EIA についてさらに発展的な見解を示している。*Separate Opinion of Vice-President Weeramantry, ICJ Reports 1997*, p. 112.

[30] MOX Plant (Ireland v. United Kingdom), Order of 3 December 2001, *ITLOS Reports 2001*, p. 95. 詳細は，拙稿「MOX 工場事件：国際海洋法裁判所暫定措置命令」『環境法研究』29号（2004年）113-120頁。

[31] 国連海洋法条約206条（活動による潜在的な影響の評価）「いずれの国も，自国の管轄又は管理の下における計画中の活動が実質的な海洋環境に対する重大かつ有害な変化をもたらすおそれがあると信ずるに足りる合理的な理由がある場合には，当該活動が海洋環境に及ぼす潜在的な影響を実行可能な限り評価するものとし，前条に規定する方法によりその評価の結果についての報告を公表し又は国際機関に提供する。」関連条文として，同条約204条（汚染の危険又は影響の監視）「1　いずれの国も，他の国の権利と両立する形で，直接に又は権限のある国際機関を通じ，認められた科学的方法によって海洋環境の汚染の危険又は影響を観察し，測定し，評価し及び分析するよう，実行可能な限り努力する。2　いずれの国も，特に，自国が許可し又は従事する活動が海洋環境を汚染するおそれがあるか否かを決定するため，当該活動の影響を監視する。」；同205条（報告の公表）「いずれの国も，前条の規定により得られた結果についての報告を公表し，又は適当な間隔で権限のある国際機関に提供する。当該国際機関は，提供された報告をすべての国の利用に供すべきである。」

される前に，全面かつ最新の EIA を行い，放射性物質が偶発的あるいは意図的にアイリッシュ海に排出されることがないことを証明する必要があるとされていた[32]。

アイルランド政府は，工場の操業がアイリッシュ海汚染の一因になるとし，また，輸送に伴う潜在的危険を指摘して，「北東大西洋海洋環境保護条約（OSPAR 条約）」に基づいて，イギリス環境庁に情報公開を求めたが，返答が得られなかった。そこで，工場の建設と操業の違法性を主張し，国連海洋法条約附属書VIIに基づく仲裁裁判所に提訴し，併わせて正当な EIA の実施を含む暫定措置を国際海洋法裁判所に求めたものである。

アイルランドは，イギリスによる EIA はその内容が様々な国際文書（「国連環境計画（UNEP）」の原則やエスポ条約，EC 指令等）で受容されている基準を満たしておらず不十分であると主張した。他方でイギリスは，国連海洋法条約206条について，本件には不適用である上に，たとえ適用されるとしても，本条が他の国際文書に照らして解釈されるべきではないとした。

本件については，両当事国が締約国である個別条約に規定されている EIA の義務について争われたものの，本案に入ることなく終了したため，一般国際法上の義務としての EIA 実施の必要性に言及されることはなかった。しかし，本件には共同宣言および多くの個別意見が付されている[33]。特に注目されるのは，アイルランドによる請求は認められないものの，この事件の背後にある国際環境問題を認識し，協力義務が国連海洋法条約12部および国際法の一般原則に基づく海洋環境の汚染防止の基本原則であると述べ，それに由来する権利を同290条（暫定措置）によって保全することが適切であると，裁判所が判断した点である[34]。EIA の要請と協力義務の関係の検討を含め，今後の国際環

---

[32] 以下の Euratom 指令の解釈による。Directive 96/29/EURATOM, Article 6 (1): Member States shall ensure that all new classes or types of practice resulting in exposure to ionizing radiation are justified in advance of being first adopted or first approved by their economic, social or other benefits in relation to the health detriment they may cause.

[33] Caminos, 山本他7人の判事は，共同宣言の中で，紛争のもう1つの特徴である，両国の協力の欠如に着目し，命令で出された協議の結果が「科学的証拠の共通理解と工場が海洋環境を保護するためにとらなければならない措置への共通の評価（appreciation）」を導くことになることを希望すると述べた。"Joint Declaration of Judges Caminos, Yamamoto, Park, Akl, Marsit, Eiriksson and Jesus", MOX Plant (Ireland v. United Kingdom), *op. cit.*, pp. 113-114.

境法の明確化に示唆を与えるものといえよう。

（3）パルプミル事件[35]

　EIA の実施義務について，より積極的な判断を示した事件が本件である。ICJ が，EIA の実施義務を一般国際法上の義務であることを示唆した点が極めて注目に値する。

　本件は，ウルグアイが，アルゼンチンとの国境をなすウルグアイ川左岸に2つの製紙工場を建設するにあたり，十分な情報を提供せず，追加情報の提出を求められたにもかかわらずこれを行わないまま，工場建設・操業等にかかる環境許可を発給したことが問題となった。アルゼンチンとウルグアイはウルグアイ川の最適かつ合理的利用を目的とする「ウルグアイ川規程」を締結していた。規程7条は，当事国による他方当事国への通報義務について規定しており，当該計画が他方締約国に重大な損害を及ぼすと判断された場合にはウルグアイ川管理委員会を通じて他方締約国に当該計画を通報することとしていた。そこにおいて実施国が通報すべき内容は，計画概要，ウルグアイ川の航行，河川レジームおよび水質に及ぼし得る影響を評価するための科学的データであった。また，規程41条は締約国に，以下の3点を義務づけていた。すなわち，(a) 水環境の保護・保全，とりわけ水質汚染を防ぐために，適用可能な国際規則と国際的な技術機関の勧告に基づいて適切な規則を制定し措置を講じること，(b) それぞれの国内法体系において，(1) 水質汚染を防ぐために現在行っている有効な技術的要求と，(2) 違反に対する既に規定されている罰則を緩和しないこと，(c) それぞれの国内法体系において水質汚染に関わる規則を制定しようとする場合には，他方締約国が同等の規則を制定するために，互いに通知す

---

34) *Ibid.*, p. 110, para. 82. 結論として，裁判所は，アイルランドから要請されたものとは異なる，以下のような暫定措置命令を出している。すなわち，アイルランドとイギリスは協力し，このために以下の協議に入るべきものとした。すなわち (a) MOX 工場の稼動から生じるアイリッシュ海へのあり得る結果に関するさらなる情報の交換，(b) アイリッシュ海への MOX 工場の操業がもたらす危険（リスク）または影響のモニタリング（監視），(c) 適切な場合に，MOX 工場の操業の結果生じうる海洋環境汚染の防止措置の工夫についての協議，を列挙したのである。*Ibid.*, pp. 110–111, para. 89.

35) Usines de pâte à papier sur le fleuve Uruguay (Argentine c. Uruguay), arrêt, *CIJ Recuiel 2010*, p. 14. 詳細は，拙稿「環境影響評価－パルプミル事件」小寺＝森川＝西村編・前掲注14) 162–163頁。

ること，である。そこでアルゼンチンは，2つの工場および関連施設の建設計画に関するウルグアイによる通報が規程7条所定の時期・内容に沿うものでなかった（手続的義務違反）と主張し，国際司法裁判所に訴えた。他方，ウルグアイは，工場の操業を継続する権利の確認を求めた。

　裁判所はこの点に関し，以下のように述べた。すなわち，かかる通報義務の意義は，事業計画実施国の EIA の実施過程に，他方の締約国が参加することを可能とする点にあり，したがって，この通報は，環境許可発給前に相手国に対し行われなければならなかったとして，ウルグアイの手続的義務違反を認めた。

　さらに裁判所は，41条に関しても，締約国は，川の水環境の保護・保全を目的とした当該条項の義務を適切に履行するために，越境損害を引き起こす可能性のある活動に対して EIA を実施しなければならず，その実施については，「計画事業が，国境を越えて，とりわけ共有資源に対し深刻な悪影響を及ぼす危険（risque）を有する場合には，EIA を実施する，一般国際法上の義務（une obligation）が存在する」と考えることが，近年，各国に広く受け入れられている国家実行であり，当該条項の規定する保護・保全の義務は，この実行にしたがって解釈されなければならない，と判示した。その上で，計画事業の潜在的な影響に対する EIA がなされなければ，当該条項が示唆する相当の注意義務，「警戒（vigilance）」および防止義務が履行されたとみなすことはできない，とした[36]。ただし，EIA の範囲および内容については，規程にも一般国際法にも特定の規定はなく，また両国とも越境環境影響評価に関するエスポ条約の締約国でもないため，それらは，各締約国によりそれぞれの国内立法または事業計画の許可手続において決定される。また，EIA は事業実施前に行われなけれ

36）　" (...) l'on peut désormais considérer qu'il existe, en droit international général, une obligation de procéder à une évaluation de l'impact sur l'environnement lorsque l'activité industrielle projetée risque d'avoir un impact préjudiciable important dans un cadre transfrontière, et en particulier sur une resource partagée. De plus, on ne pourrait considérer qu'une partie s'est acquittée de son obligation de diligence, et du devoir de vigilance et de prévention que cette obligation implique, dès lors que, prévoyant de realizer un ouvrage suffisamment important pour affecter le régime du fleuve ou la qualité de ses eaux, elle n'aurait pas procédé à une évaluation de l'impact sur l'environnement permettant d'apprécier les effets éventuels de son projet." Usines de pâte à papier sur le fleuve Uruguay (Argentine c. Uruguay), arrêt, *op. cit.*, p. 83, para. 204.

ばならず，事業が一旦開始されたならば，事業が終了するまで継続的な監視を実施しなければならない，と述べている[37]。

EIA を一般国際法上の義務であることを示唆した点，事業開始後の監視をもそこに含めた点は，核実験事件判決再検討要請事件のウィラーマントリー判事の反対意見を反映しているともいえよう。

（4）深海底活動保証国の責任及び義務勧告的意見[38]

国際海洋法裁判所の海底紛争裁判部は，国際海底機構（ISA）理事会からの要請に基づいて，深海底における活動を行う個人及び団体を保証する国家の責任及び義務に関する勧告的意見を出した。これは，深海底鉱物資源の探査・開発に関して，個人・企業が割り当てられた鉱区で開発をする際に，汚染防止に対して締約国が保証する範囲を示すように求められたものである。

裁判部は，以下のように述べた。まず，保証をする締約国は，汚染防止について，関連国内法を制定し，実施すればよいが，深海底において関連活動の EIA を実施する契約者の義務は，国連海洋法条約11部実施協定附属書1節1によって要請されており，保証国はその履行を確保する相当の注意義務があるという。さらに，EIA 実施義務は国際慣習法上の一般的義務でもあり，条約206条におけるすべての国に関する直接的義務，153条4項の下で機構を援助する保証国の義務の一側面として，規定されているとしたのである[39]。

このように，本勧告的意見は，パルプミル事件に示唆された，EIA 実施の一

---

37) *Ibid.*, pp. 83-84, para. 205.
38) Responsibilities and Obligations of States Sponsoring Persons and Entities with Respect to Activities in the Area, Seabed Dispute Chamber of the International Tribunal for the Law of the Sea, Advisory Opinion, 1 February 2011, *ITLOS Reports 2011*, p. 10.
39) 主文として，"The sponsoring State is under a due diligence obligation to ensure compliance by the sponsored contractor with its obligation to conduct an environmental impact assessment set out in section 1, paragraph 7, of the Annex to the 1994 Agreement. The obligation to conduct an environmental impact assessment is also a general obligation under customary law and is set out as a direct obligation for all States in article 206 of the Convention and as an aspect of the sponsoring State's obligation to assist the Authority under article 153, paragraph 4, of the Convention ." (*ibid.*, p. 50, para. 242). 理由部分においても，"It should be stressed that the obligation to conduct an environmental impact assessment is a direct obligation under the Convention and a general obligation under customary international law." (*ibid.*, p. 50, para. 145).

般的な義務的性格を，より一層明確に述べることとなった。

4 おわりに

　国際環境法上，国家は，トレイル熔鉱所事件で言及されたように，「相当の注意（due diligence）」をもって，他国の環境に損害を与えないようにする領域使用の管理責任を負っている[40]。ここでの「相当の注意」とは，国家が国際法上の法益侵害を防止または規制する際に要求される注意を表す概念であり[41]，国家が，「善良な政府（good government）」に期待される程度において，他国と地球環境を効果的に保護するために立法・行政上の措置を導入することが必要とされる[42]。しかしながら，個々の国家に期待される注意の程度には差異があり[43]，その明確化は個別条約の規定に，さらには国家の裁量に委ねられてきたという限界があった。

　そのため EIA は，このような国家の裁量を制限するものとして注目されてきた。確かに，今日では多くの国際条約に明示的に規定されるようになったものの，拘束力を持つものは地域レベルの条約にとどまっており，普遍的・包括的なものはいまだ存在しないことも事実である[44]。しかし，未発効ではあるが，「危険な活動から生じる越境損害の防止条文」草案7条のコメンタリーにも，活動から生じる有害な影響の EIA の必要性は多くの国際条約に取り込まれており，特定の活動が深刻な越境損害を引き起こす可能性があるかどうかを評価するために EIA を要請する国家実行は，「もはや広く普及している（has become very prevalent）」としている点に注目する必要がある[45]。

---

40) トレイル熔鉱所事件仲裁裁判所判決，*op. cit.*
41) 加藤信行「相当の注意」国際法学会編『国際関係法辞典〔第2版〕』（三省堂，2005年）562-563頁.
42) Birnie et al., *supra* note 2), pp.147-150.
43) 特に環境分野においては，発展途上国の発展の権利を考慮し，その特別な状況への配慮が求められるのであり，内容の一般化は困難となる。途上国は，「共通に有しているが差異のある責任」に基づき，各国の能力に従った行動をとれば足りるとされるからである。例えば，リオ宣言第6原則，国連気候変動枠組条約3条1項，生物多様性条約前文.
44) このことから生じる問題については，John H. Knox, "Assessing the Candidates for a Global Treaty on Transboundary Environmental Impact Assessment," *Environmental Law Journal* (*N. Y. U.*), Vol.12, Issue 1, 2003, pp. 153-168.

そのような中で，ICJ がパルプミル事件において，環境影響評価を，これが実施されなければ国家はその「相当の注意」義務を履行したとは言えないとして，「相当の注意」の存在を認定する1つの判断要素としながら，さらにその義務的性格の一般性に踏み込んだ点は，画期的な判断であった。

　もっとも，このような ICJ の推論については，簡略すぎるとの評価もある。確かにこれまでの判例がある一定の分野に限られていることや，既存の条約の多くが地域的なものであることを考慮すれば，この判決だけをもって EIA が一般国際法上の義務として確立したと言うことは困難であろう[46]。しかし，係争事件ではないものの，その後の国際海洋法裁判所海底紛争裁判部は，さらに明確に EIA の実施を一般国際法上の義務として認める旨の勧告的意見を出している。本稿が明らかにしたように，近年の国際判例において，EIA 実施の義務に関して一般国際法上の義務としての性質が積極的に評価されるようになってきたことは注視されるべき点であり，少なくとも国際慣習法として確立する過程にあるということはできよう。今後は，判決では言及されなかった EIA の義務の範囲と内容の特定が，解決すべき課題となろう。

---

45) A/56/10, *YILC*, 2001, Vol. II, Part 2, p. 158.
46) 児矢野・前掲注1）177-179頁；同「国際条約と環境影響評価」環境法政策学会編『環境影響評価』（商事法務，2011年）76-77頁。

第 7 部

国際裁判における法と事実の認定

29 国際裁判における原則の意義

江 藤 淳 一

1　はじめに　　　　　4　原則の機能
2　原則の概念　　　　5　おわりに
3　原則の法源

1　はじめに

　国際裁判における法の適用が，既存の法の枠内におさまらないようにみえることがある。そもそも立法機関をもたない国際社会において，国際裁判所はしばしば法の欠缺補充に直面せざるを得ない。国際裁判所に付託される事案は，確立した法規の適用によって解決できるようなものであることは少ないといってよい。

　国際法の存在形式を示すものとしての法源論に関してはこれまでさまざまな議論がなされてきた。村瀬信也は，1980年代半ばに，国際法が直面した新たな事態，すなわち，条約と慣習法という法源間の相対化とソフト・ローの議論にあらわれた法と非法の相対化の現象に着目し，国際法の法源論の動揺を論じた[1]。その後，こうした現象はいっそう進んでおり，国際法の存在形式を中心とした法源論は破綻したといってよい状況かもしれない[2]。

　法源論が現実を適切に反映していないようにみえる現象はいたるところにある。たとえば，条約化される見通しのないままに作成される条文草案，規範性の乏しい原則ないし理念にあふれた条約，他の分野の条約との調整なしに締結

---

[1]　村瀬信也「現代国際法における法源論の動揺：国際立法論の前提的考察として」『立教法学』25巻（1985年）81-111頁（同『国際立法 ── 国際法の法源論』（東信堂，2002年）5-41頁）。

第7部　国際裁判における法と事実の認定

される相互に矛盾した内容をもつ条約，国家実行の裏付けが示されないままに認定される慣習国際法の規則，現代の国際関係への適用があまり期待できない法の一般原則等である。国際司法裁判所等の国際裁判所は，法源論の崩壊をもたらさないよう，これらの問題の取扱いに苦慮してきた[3]。

村瀬も注目したように[4]，このような状況のなかで議論を呼んでいるのが，国際法において原則が果たす機能である。その背景として，第1に，きわめて流動的な国際法の分野では，具体的な条約規則による規律が困難であり，より柔軟な原則に依拠して利害の調整をはからざるをえないという状況がある。第2に，国際法の各分野の制度が一般国際法を遠ざけた形で発展する傾向（いわゆる断片化）があり，各々の規則間の競合・抵触を原則の適用により解決する必要が生じている。原則が果たしうるこうした機能に注目して，これをどのように理解すべきかが議論されているところである[5]。

この議論は，たとえば人道の基本的考慮，持続可能な開発，予防原則といった，特定の法源上に適切に位置づけるのが難しい原則もその対象となる。その原則が，たとえ総会決議等の非拘束的な規範文書を通じてであっても，国際社会により一般に承認されていることが確認されれば，一定の機能を果たしうる

---

2) この時期の前後から，法の存在形式という意味での法源論から離れ，新たな法の認識論を示す論考が現れた。小森光夫「条約の第三者効力と慣習法の理論（二）（三）」『法経研究（千葉大学）』10号（1981年）112-34頁，12号（1982年）43-92頁。河西（奥脇）直也「現代国際法における合意基盤の二重性―国連システムにおける規範形成と秩序形成」『立教法学』33巻（1989年）98-138頁。
3) 第3節でみるように，国際司法裁判所が，国際法の原則の適用を論じる際に，その法源上の位置づけを示さないのはその表れの1つである。
4) 村瀬も，核兵器事件における国際法の人道原則や人道の基本原則に関し，「これらのいわゆる『国際法の一般原則』……を法源論の中でどのように捉えるかは，今後の重要なテーマである」と指摘していた。村瀬信也「日本の国際法学における法源論の位相」『国際法外交雑誌』96巻4・5号（1998年）197頁（同・前掲注2）59頁）。
5) 原則について一般的に論じている最近の文献として，R. Wolfrum, "General International Law (Principles, Rules, and Standards)," R, Wofrum (ed.), *The Max–Planck Encyclopedia of Public International Law*, Vol. IV (2012), pp. 344-68. N. Petersen, "Customary Law without Custom ? Rules, Principles, and the Role of State Practice in International Norm Creation," *American University International Law Review*, Vol. 23 (2008), pp. 275-309. R. Kolb, "Principles as Sources of International Law," *Netherlands International Law Review*, Vol. 53 (2006), pp. 1-36. M. Koskenniemi, "General Principles: Reflections on Constructivist Thinking in International Law," M. Koskenniemi (ed.), *Sources of International Law* (2000), pp. 360-99.

と考えられている。その意味では，この議論は，法源間の相対化や法と非法の相対化の問題の延長上に位置するとみることもできる。

　本稿は，以上の動向に照らして，国際裁判おける原則の概念と機能について検討するものである。国際法の原則は，外交交渉，条約作成，国内立法等，さまざまな場面でその役割を果たしていると考えられるが，さしあたりは国際裁判ないしはそれに準じた紛争解決手続におけるその役割について考察することにする。国際裁判の場面に限っても，原則の概念や機能についてはさまざまな理解が示されており，まずそれを整理することが必要と考えるからである。以下では，2で「原則の概念」，3で「原則の法源」，4で「原則の機能」を検討することにする。

　なお，本稿では「原則」の用語は，「一般国際法の原則」，すなわち，すべての諸国に適用される国際法の原則という意味で使用する[6]。同じ意味で，「国際法の一般原則」という用語もよく使用されるが，そこでいう「一般」の語は，内容の一般性や適用範囲の一般性等の異なる意味をもちうる。その点の誤解を避けるため，本稿では，一般原則の用語は使用せず，たんに「原則」とすることにした。

2　原則の概念

　一般に原則と呼ばれるもののなかには多種多様な性質のものが含まれる。ここでは便宜上ごく簡単に，原則とは，具体的規則の背後にある，一般的な命題と定義しておくことにする。これを手始めとして，本稿の検討対象となる原則を明らかにするため，いくつかの原則の概念の整理を行う。

　第1に，原則のなかには，法原則以外に道徳原則や政治原則等がある。国際司法裁判所は，南西アフリカ事件（1966年）において，「裁判所は，法の裁判所であり，法的な形で十分な表現を与えられる限りで道徳原則を考慮できる」

---

[6]　一般国際法という用語の意味について十分に明確または統一的な理解がないという指摘もある。すべての国に適用される国際法という意味では，慣習法と法の一般原則がそこに含まれるが，たんに一般国際法ないし国際法の原則とされることも多い。この点に関し，International Law Commission, "Fragmentation of International Law: Difficulties arising from the Diversification and Expansion of International Law, Report of the Study Group of the International Law Commission," UN Doc. A/CN. 4 /L682, p. 254.

と述べた[7]。裁判所の適用法規としての法と非法の区別は，伝統的な法源論の中心的な課題である。

しかし，法原則と道徳原則や政治原則等との区別は難しい場合がある。国際司法裁判所は，コルフ海峡事件（1949年）において機雷の敷設の通告という文脈において「人道の基本的考慮」を国際法における十分に承認された原則と認めた[8]。他方，南西アフリカ事件では委任統治制度との関連で「人道的考慮」はそれ自体は法の規則にはあたらないという見方を示している[9]。これは，人道の考慮に関し矛盾した見解を示したものか，それとも，「人道の基本的考慮」と「人道的考慮」は異なる性質のものか議論が分かれるところである[10]。

道徳原則や政治原則であっても，条約の解釈適用においてまったく意味をもたないというわけではない。条約の趣旨・目的または用語の意味を明らかにするため，それらの原則が参照されることがあるからである。ただし，本稿では道徳原則や政治原則は検討対象から除外する。

第2に，原則とみられるもののなかには，概念，取組み，考慮等と呼ばれるものがある。たとえば，人間の尊厳の尊重[11]，持続可能な発展[12]，予防的取組み[13]，人道の基本的考慮[14]等をあげることができる。これらの概念等は，

---

7) South West Africa, Second Phase, Judgment, *I.C.J. Reports 1966*, p. 34 (para. 49).
8) Corfu Channel Case, Judgment, *I.C.J. Reports 1949*, p. 22.
9) South West Africa, *supra* note 7, p. 34 (para. 50).
10) Dupuyは，人道の基本的考慮は，たんなる道徳的原則とされる人道的考慮とは異なり，法規範の倫理的基盤と規範自体との規範的連結の法的手段であり，国際法の原則のきわめて特別な類型のものであると述べる。P-M. Dupuy, "Les 'considérations élémentaires d'humanité' dans la jurisprudence de la Cour Internationale de Justice," R-J. Dupuy, (ed.), *Mélanges en L'honneur de Nicolas Valticos* (1999), p. 127.
11) 旧ユーゴ国際刑事裁判所は，フルンジア事件で，人間の尊厳の尊重を国際法の一般原則とみなした。Prosecutor v. Furundžija, Judgement, Case No. IT-95-17/1-T, T. Ch. II, 10 December 1998, para. 183. これに対し，Akandeは，人間の尊厳の尊重は，法規則が促進を求める価値というのがよりふさわしいと指摘した。D. Akande, "Sources of International Criminal Law," A. Cassese (ed.), *The Oxford Companion to International Criminal Justice* (2009), p. 52.
12) 国際司法裁判所に関し，Gabčikovo-Nagymaros Project (Hungary/Slovakia), Judgment, *I.C.J. Reports 1997*, p. 78 (para. 140). Pulp Mills on the River Uruguay (Argentina v. Uruguay), Judgment, *I.C.J. Reports 2010*, pp. 48-49 (paras. 75-76), pp. 74-75 (para. 177). 世界貿易機関の紛争解決手続に関し，United States — Import Prohibition of Certain Shrimp and Shrimp Products, Reports of the Appellate Body, Doc. WT/DS58/AB/R, WTO, 12 October 1998, paras. 129, 153.

特定の行動を指示するわけではないが，一定の規則や原則の適用の理由や根拠を示す点で役割を果たしている。

このほかに，さらに規範的性質が希薄なものとして，正義，衡平，公正といった，メタ原則と呼ばれるものもある[15]。国際司法裁判所は，北海大陸棚事件（1969年）において，「正義と信義誠実のきわめて一般的な指針に基づき」，衡平原則の適用を求める法の規則を適用するとの趣旨の判断を下している[16]。これも，同様に，メタ原則が，原則や規則の適用の選択に関して役割を果たすことを示している。

これらの概念等と呼ばれる原則は，法体系の根底を支える重要な役割を果たしうるものと考えられる。あらゆる法体系は，規則だけでなく，この種の原則やメタ原則と呼ばれるものが組み合わさった形で構成される。それぞれの原則はその機能の点では異なる性質をもつが，それらを明確に区別して議論することは困難である。本稿ではそれらを一括して原則のなかに含めて検討対象とする。

---

13) 国際司法裁判所に関し，条約規定の解釈適用との関連性を認めたものとして，Pulp Mills on the River Uruguay, *ibid.*, p. 71（para. 164）. 国際海洋法裁判所に関し，慣習国際法へ向かう流れを指摘したものとして，Seabed Disputes Chamber of the International Tribunal for the Law of the Sea, Responsibility and Obligations of States Sponsoring Persons and Entities with respect to Activities in the Area, Advisory Opinion, 2011, available at <https://www.otlos.org>, paras. 125-35. 世界貿易機関の紛争解決手続に関し，慣習国際法の成立に関する判断を回避したものとして，WTO Appellate Body Report, European Communities ── Measures concerning Meat and Meat Products, WT/DS26/AB/R, WT/DS48/AB/R, 13 February 1998, para. 123. WTO Panel Report, European Communities ── Measures Affecting the Approval and Marketing of Biotech Products, WT/DS291/R, WT/DA292/R, WT/DS293/R, 21 November 2006, para. 7.88.

14) 国際司法裁判所に関し，Corfu Channel Case, *supra* note 8, p. 22. Military and Paramilitary Activities in and against Nicaragua (Nicaragua v. United States of America). Merits, Judgment, *I.C.J. Reports 1986*, pp. 113-14 (paras. 18-20). Legality of the Threat or Use of Nuclear Weapons, Advisory Opinion, *I.C.J. Reports 1996*, p. 257 (para. 79), p. 262 (para. 95). 旧ユーゴ国際刑事裁判所に関し，Prosecutor v. Tadić, Decision on the Defence Motion for Interlocutory Appeal on Jurisdiction, IT-94-1, 2 October 1995, para. 119. Prosecutor v. Delalić et al., Judgement, IT-96-21-T ("Čelebić"), 16 Novemberb1998, paras. 303, 423. Prosecutor v. Kupreškić et al., Judgement, IT-95-16-T, 14 January 2000, paras. 524, 535.

15) R. Wolfrum, "Sources of International Law," R, Wofrum (ed.), *The Max-Planck Encyclopedia of Public International Law*, Vol. IX (2012), p. 300.

16) North Sea Continental Shelf, Judgment, *I.C.J. Reports 1969*, pp. 46-47 (para. 85).

第7部　国際裁判における法と事実の認定

　第3に，原則と呼ばれるもののなかには，実際には規則の性質をもつものが含まれている。原則と規則の区別に関してはさまざまな議論があるが[17]，ここでは，規則は，義務を設定する規範であり，特定の行動を命じたり，禁止したりするものであると定義しておく[18]。規則のなかで，より一般的かつ基本的な性質をもつものが原則と呼ばれる場合がある[19]。

　ニカラグア事件（1986年）で国際司法裁判所は，米国の慣習国際法上の義務違反の認定を行う際にいくつかの原則に依拠した。そのなかには，武力行使禁止の原則（武力不行使原則），不干渉原則，国家主権の尊重の原則という国際法のきわめて重要な原則が含まれている[20]。これらの原則は義務を設定するものであり，その点では規則の性質を備えている。このことは，裁判所が武力不行使原則についてときおり規則の語をあてていることからも明らかである[21]。

　他方，ニカラグア事件で裁判所は，より高次の原則にも言及している。すなわち，武力不行使原則に関し，「国連憲章と慣習国際法は，国際関係における武力行使を違法化する共通の基本的な原則から生ずる」[22] と述べたのである。これは，国際法の体系を説明するために，いわば論理的に想定された基本的な原則であり，条約や慣習国際法とは異なる独立の地位をもつ[23]。また，これは特定の義務を直接に根拠づけるような性質をもつものとは考えられていない。

---

17)　一方には，両者は同義であり，たんに一般性・基本性の違いにすぎないという見解がある。P. Weil, "Le droit international en quête de son identité, Cours général de droit international public," *Recueil des cours de l'Académie de droit international*, Vol. 237 (1992-VI), p. 150. 他方には，両者の質的な相違を論ずる者もある（注5の文献を参照）。たとえば，国家の裁判権免除事件で国際司法裁判所は，国家免除の規則は，国際法秩序の基本的な原則の1つである国家の主権平等の原則から引き出されるが，それとともに，領域主権の原則もあわせて考慮されなければならないと指摘している。この場合には原則と規則の性質の違いが認識されているようにみえる。Immunités jurisdictionnelles de l'état (Allemagne c. Italie ; Grèce (interavenant)), arrêt, 3 février 2012, available at <http://www.icj-cij.org/>, p. 24 (para. 57).

18)　この点に関しては，Wolfrum, *supra* note 5, p. 354.

19)　Délimitation de la frontière maritime dans la région du golfe du Maine, arrêt, *C.I.J. Recueil 1984*, p. 289 (para. 79).

20)　Military and Paramilitary Activities in and against Nicaragua, *supra* note 14, p. 146 (para. 292).

21)　*Ibid.*, p. 98 (para. 185), p. 102 (para. 193), p. 110 (para. 210).

22)　*Ibid.*, p. 97 (para. 181).

23)　P. P. Rijpkema, "Customary International Law in the *Nicaragua* Case," *Netherlands Yearbook of International Law*, Vol. 20 (1989), pp. 91-116.

本稿は，原則を対象とするもので，規則については検討の対象とはしない。ただし，国家主権の尊重の原則のように，多くの原則は，規則と原則の性質をあわせもつ点には留意する必要がある[24]。原則のいずれの側面が考慮されるかは，具体的な事案に応じて決まることになる。

第4に，原則と呼ばれるもののなかには，規準（criterion）とみなされるべきものがある。規準とは，原則・規則の適用に際して「特定の事案がそれらに従って取扱われるよう具体的に確保するため」[25]の指針とみることができる。海洋境界画定においてしばしば適用される等距離原則や均衡性原則はこの規準にあたるものである。

この規準は，一般に，裁判所が一定の原則の適用にあたって導き出すものである。国際司法裁判所は，漁業事件（1951年）において，領海の直線基線の適否に関し，「領海帯は海岸の一般的な方向に従わなければならない」という原則を示したうえで，この原則は「領海の画定に有効な一定の規準を定めることを可能にする」と判示した[26]。実際に裁判所は，3つの規準を提示したが，これは[27]，その後，領海及び接続水域に関する条約（1958年）4条に取り込まれることにより条約上の規準ともなっている。

こうした規準は，各制度の本旨，国家実行，条約の準備作業，判例・学説等に基づき認定されるものである。それは，事案の関連事情に応じてその適用の有無や重みが決まるもので，その意味で法的拘束力を欠くものである[28]。本稿では，原則の適用に関連するかぎりで，この種の規準の問題にもふれることにする。

以上のとおり，原則の語は多種多様なものに用いられており，それらを截然と区別するのが困難な場合もある。このうち，本稿の検討の直接の対象となる

---

[24] たとえば，ニカラグア事件では国家主権のこの両方の性格が示されている。Military and Paramilitary Activities in and against Nicaragua, *supra* note 14, pp. 111-12 (paras. 212-14).

[25] Délimitation de la frontière maritime dans la région du golfe du Maine, *supra* note 19, p. 290 (para. 80).

[26] Affaire des pêcheries, arrêt, *C.I.J. Recueil 1951*, p. 129.

[27] *Ibid.*, p. 133.

[28] ただし，規準の語があてられているものでも，自衛権の必要性や均衡性の規準のように，その遵守が義務づけられているものもある。Military and Paramilitary Activities in and against Nicaragua, *supra* note 14, p. 103 (para. 194).

のは，法原則と呼ばれるもののなかで，規則と規準を除いたものということになる。すなわち，法原則は，規則のようにそれ自体で義務を設定し合法・違法の判断基準を提供するものではなく，また，原則や規則の適用のための法的拘束力のない単なる規準とも異なる。このように定義しても，これから検討するように，このなかにはさまざまな性質の原則が含まれることに注意する必要がある。

なお，本稿は，はじめにふれたように，一般国際法の原則を検討するもので，それ以外の原則は対象にしない。たとえば，ライン川塩化物汚染防止条約事件（2004年）の仲裁判決は，汚染者負担原則につき，条約法におけるその重要性は否定しないが，まだ一般国際法の一部になっていないとした[29]。このような原則は，関連条約がそれを規定に取り入れたかぎりで一定の機能を果たすことになる。

3　原則の法源

原則が特定の法源の上に位置づけられるかに関して，さまざまな議論が行われている。国際裁判では，慣習国際法ないし法の一般原則が原則の法源として明示される場合と，原則の法源に関して何も示されない場合がある。ここでは，それぞれがいかなる事情によるものかを検討し，原則の法源の問題について検討する。

（1）法源が明示される場合

国際裁判所が原則を特定の法源上に明示に位置づける場合がある。国際司法裁判所はたびたび慣習国際法上の原則を認定してきた。他方，法の一般原則として認定する場合はきわめて限られている。ただ，いずれの場合も，そこで原則と呼ばれているものは，実質的には規則の性質をもつものと考えられる。

---

[29] Affaire concernant l'apurement des comptes entre le Royaume des Pays-Bas et la République Française en application du Protocole du 25 septembre 1991 additionnel à la Convention relative à la protection du Rhin contre la pollution par les chlores du 3 décembre 1976, Décision du 12 mars 2004, *United Nations Reports of International Arbitration Awards*, Vol. 25, p. 312 (para. 103).

すでにふれたように，国際司法裁判所は，ニカラグア事件で重要な国際法の原則について慣習国際法と認定し，米国の行為がその義務に違反すると結論した。その際，裁判所は，慣習国際法の成立要件に関し，国家実行と法的信念（opinio juris）が必要との従来の立場を維持している。すなわち，裁判所は，諸国の法的信念のなかにある規則の存在が実行により確認されることを確信しなければならないと述べている[30]。

しかし，多くの論者が指摘するとおり，裁判所はもっぱら法的信念ないしは一般的承認を確認することに重きを置いているようにみえる。裁判所は，武力不行使原則に関し，法的信念はなかんずく国連総会決議，とくに友好関係原則宣言（決議2625，1970年）に対する紛争当事国の態度と諸国の態度から引き出すことができると指摘し，さらに，米州国際会議の決議や欧州安全保障協力会議の宣言（ヘルシンキ宣言，1975年）を法的信念の存在を確認するものとした。また，最も重大な形態の武力行使とさほど重大でない武力の行使を区別する際にも，もっぱら友好関係原則宣言の文言に注目している[31]。

不干渉原則についても同様のことがあてはまる。裁判所は，不干渉原則に関する諸国の法的信念の存在は，相当の確立した実行により支持されていると述べてはいる。しかし，実際には，武力不行使原則と同様に，もっぱら友好関係原則宣言やヘルシンキ宣言（不干渉原則の綿密な言明を含む）をはじめとする国際組織や国際会議の決議の検討が中心である。とくに不干渉原則の内容に関しては，もっぱら友好関係原則宣言に依拠しているといえる。また，不干渉原則は国家の主権平等のコロラリーとして提示されてきたとも指摘している。そして，最後に，新たな権利として不干渉原則を修正するような国家実行がないと指摘し，慣習国際法としての不干渉原則を確認している[32]。

国際司法裁判所が国連総会決議にもっぱら依拠して原則を引き出した事例として，自決の権利に関する一連の意見がある[33]。とくに西サハラ事件では，植民地独立宣言（決議1514，1960年）や友好関係原則宣言から始まり，西サハラに関連する総会決議（2229，2354，2428，2983，3162）を参照しつつ，人民の

---

30) Military and Paramilitary Activities in and against Nicaragua, *supra* note 14, p. 98 (para. 184).
31) *Ibid.*, pp. 99–101 (paras. 188–91).
32) *Ibid.*, pp. 106–09 (paras. 202–08).

権利としての自決の原則を論じている[34]。裁判所はここで自決の原則を慣習国際法の原則とは述べていないが，ディラード判事は，その個別意見でこれを慣習国際法の権利と認定したものと理解している[35]。

このようにもっぱら国際組織や国際会議の決議における法的信念の存在を重視した慣習国際法の認定は，最近の事件でも確認できる。コンゴ領軍事活動事件で，裁判所は，天然資源に対する恒久主権の原則が，国連総会決議1803（1962年）で表明され，さらに新国際経済秩序樹立宣言（決議3201，1974年）や国の経済権利義務憲章（決議3281，1974年）で綿密に述べられているとして，それが慣習国際法の原則であることを確認している。もっとも，この事件ではこの原則の適用は否定された[36]。

こうした裁判所による慣習国際法の認定は，「慣習のない慣習法」であり，国際法の一般原則に分類すべきだという見解がある。慣習国際法の成立要件として伝統的な二要件を採用しながら，実質は法的信念を検討しただけであり，国家実行の証明を求めないが故に，それは慣習国際法とは異なるという趣旨である。これに対し，一般原則は，国際社会の黙示のコンセンサスがあれば成立すると考えられるのであり，法的信念の存在は一般原則を立証するのに十分とする立場である[37]。

この見解は，規則と原則ではその証明の仕方が異なるはずだという前提に立っている。規則は具体的行動を指示するものであるから，規則の証明に際しては実行の要件が機能するが，原則は具体的行動ではなく，特定の目標を指示するものであって，実行はその構成要素とはならず，法的信念の存在を決定する要因のなかの1つにすぎないことになる[38]。そして，この法的信念の表明は，

---

33) Legal Consequences for States of the Continued Presence of South Africa in Namibia (South West Africa) notwithstanding Security Council Resolution 276 (1970), Advisory Opinion, *I.C.J. Reports 1971*, p. 31 (paras. 52–53). Sahara occidental, avis consultatif, *C.I.J. Recueil 1975*, p. 68 (para. 162). East Timor (Portugal v. Australia), Judgment, *I.C.J. Reports 1995*, p. 102 (para. 29). Conséquences juridiques de l'édification d'un mur dans le territoire palestinien occupé, avis consultative, *C.I.J. Recueil 2004*, p. 171 (para. 88).

34) Sahara occidental, *ibid.*, pp. 31–35 (paras. 54–65).

35) Separate Opinion of Judge Dillard, *ibid.*, p. 121.

36) Armed Activities on the Territory of the Congo (Democratic Republic of the Congo v. Uganda), Judgment, *I.C.J. Reports 2005*, pp. 251–52 (para. 244).

37) Petersen, *supra* note 5, p. 292.

38) *Ibid.*, p. 302.

国連総会の決議やその他の代表的な国際組織の決議に見出すことができると説明される[39]。

この見解は、国際司法裁判所による慣習国際法の認定の作業を実際に則して巧みに説明しているようにみえる。規範の抽象性の程度に応じて、その認定の仕方に違いが生じるのはもっともであり、規範の抽象性の程度が高まるにつれて、それだけ特定の法源とのつながりは希薄になると考えられる[40]。ただし、ニカラグア事件で論じられた原則は、義務を設定するものであり、具体的行動を指示する性質を失っていない以上、実行の要素を必要としないとみてよいかという疑問は残る。

同様のことは、法の一般原則として原則を認定する場合にもいえる。国際司法裁判所は、ある原則が「法の一般原則」であると明言することは稀であり、また、判決の既判力[41]、関係当事者の書面提出の機会[42]、請求者証明責任[43]のように、裁判の制度、手続、証明基準等の事項に限定されている。この場合、認定される原則は規則の性質をもつと考えられるが、その場合でも各国の国内法に照らした証明はなされていない。最近の国際刑事裁判での実行は、国内法の検討に踏み込んではいるが、それでも十分な論証とはいえない[44]。法源上の位置づけとしては、きわめて脆弱であるといわざるをえない。

---

39) *Ibid.*, p. 308
40) この点は、かつて河西（奥脇）直也が「……具体的問題を離れ、主として将来の国家間の関係を規律すべき抽象的な法原則についていわれる「合意」と、伝統的な国際法の妥当性を論証する原則として援用されてきた pacta sunt servanda における「合意」（pacta）とが、……当然に同視してよいということにはならない……」と指摘した点にかかわる。河西・前掲注2) 101頁。
41) Effect of Awards of Compensation Made by the U. N. Administrative Tribunal, Advisory Opinion, *I.C.J. Reports 1954*, p. 53. ただし、「十分に確立し一般に承認された法の原則」という表現を用いている。
42) Application for Review of Judgement No. 158 of the United Nations Administrative Tribunal, Advisory Opinion, *I.C.J. Reports 1973*, p. 181（para. 36）. ただし、「法の一般原則と裁判所の司法的性格が要求する」という表現が用いられている。
43) Sovereignty over Pedra Branca/Pulau Batu Puteh, Middle Rocks and South Ledge (Malaysia/Singapore), Judgment, *I.C.J. Reports 2008*, p. 31（para. 45）. ただし、他の判決は、請求者証明原則を「法の一般原則」とは明示していない。たとえば、Délimitation maritime en mer Noire (Roumanie c. Ukraine), arrêt, *C.I.J. Recueil 2009*, p. 86（para. 68）.
44) この点に関して、江藤淳一「国際刑事裁判における法の一般原則の意義」『上智法学論集』57巻4号（2014年）152-58頁。

（2）法源が明示されない場合

　国際裁判所は，国際法の原則を認定する場合，その法源上の位置づけを明示しないことが多い。これには2つの場合があると思われる。すなわち，その原則がまったく自明のものであり，法源上の位置づけを必要としないと考えられている場合と，その原則がいずれの法源にも位置づけることが困難であると考えられている場合である。それぞれについて考察を加える。

　法源上の位置づけが不要と判断されているようにみえる場合として，第1に，当該原則が，法制度に内在するとみなされるような，きわめて抽象的な性質をもつ場合がある。たとえば，「不法から法は生じない[45]」，「陸が海を支配する[46]」，「領海帯は海岸の一般的方向に従わなければならない[47]」，「人間の尊厳の尊重[48]」といった原則である。こうした原則は，きわめて抽象的な内容ではあるが，さきにふれたように，一定の規準を導き出すものもある。

　第2に，古くから国内法と国際法によって承認されている原則もこの分類に該当する。たとえば，最もよく援用される「信義誠実[49]」のほか，自己の違法行為により義務の履行を妨げた者は「他方がその義務を履行しなかった……という事実を利用することはできない[50]」，「一切の義務違反が賠償の義務を

---

45) Gabčikovo-Nagymaros Project, *supra* note 12, p. 76 (para. 133).

46) North Sea Continental Shelf, *supra* note 16, p. 51 (para. 96). 国際司法裁判所は，これ以後，海洋境界画定に関する事件でしばしばこの原則に言及している。たとえば，Continental Shelf (Tunisia/Libyan Arab Jamahiriya), Judgment, *I.C.J. Reports 1982*, p. 61 (para. 73). Délimitation maritime et questions territoriales entre Qatar et Bahrein, fond, arrêt, *C.I.J. Recueil 2001*, p. 97 (para. 185). Délimitation maritime en mer Noire, *supra* note 43, p. 89 (para. 77).

47) Affaire des pêcheries, *supra* note 26, p. 129.

48) Prosecutor v. Furundžija, *supra* note 11, para. 183. 裁判所は，人間の尊厳の尊重の一般原則は，国際人道法と人権法の基本的な支えであり，まさにその存在理由そのものであると判示した。

49) たとえば，核実験事件では，法源がどうあれ，信義誠実の原則は法的義務の創設・履行を規律する基本原則の1つであるとされた。Nuclear Tests (Australia v. France) (New Zealand v. France), Judgments, *I.C.J. Reports 1974*, p. 268 (para. 46), and p. 473 (para. 49). また，国境・越境武力行動事件では，他に何も存在しなければ信義誠実それ自体は義務の源泉にはならないと断ったうえで，上記の核実験事件を引用している。Border and Transborder Armed Actions (Nicaragua v. Honduras), Jurisdiction and Admissibility, Judgment, *I.C.J. Reports 1988*, p. 105 (para. 94).

50) Affaire relative a l'usine de Chorzów, (demande en indeminité) (compétence), *Séries A*. – No. 9, p. 31.

伴うことは国際法の原則であるばかりか，法の一般的概念でもある[51]」，「間接証拠はすべての法体系で認められており，その利用は国際判決によって承認されている[52]」といった原則である。これらの原則は，一定の義務を設定するという側面ももちうるので，国際司法裁判所は明言を避けているが，法の一般原則に位置づけて理解されることが多い[53]。

これらの原則のなかには，原則というよりもむしろ概念とみるべきと指摘されるものもある。しかし，それは，これら原則がなんらかの法的意義をもつことを否定する趣旨ではない。国家実行等に関連づけてその存在を論ずる必要がないほどに国際法のなかに定着したものとみられていると言ってよいだろう。

こうした場合とは異なり，ある原則を法源上位置づけることが困難と判断されているようにみえる例がある。すなわち，国家実行の裏づけに乏しく慣習国際法とは認定できず，また，各国の国内法によって一般に認められているともいえないため法の一般原則とも認定できないが，しかしながら，その原則の基本的な考え方は，諸国によって一般に承認を得ている原則である。こうした原則は，法的拘束力をもたない国際組織の決議や国際会議の宣言等で表明されることが多い。

このような原則の1つと考えられるのは，人道の基本的考慮である。これは，「陸戦ノ法規慣例ニ関スル条約」（ハーグ陸戦条約，1899年）の前文に組み込まれた，いわゆるマルテンス条項に由来するが[54]，コルフ海峡事件において何の説明もないままに「十分に確立した国際法の原則[55]」の1つにあげられて以来，その法源上の位置づけについてさまざまな議論が続けられ，いまだに決着をみていない[56]。しかし，後述するように，いくつかの国際裁判所は，そ

---

51) Affaire relative a l'usine de Chorzów, (demande en indeminité) (Fond), *Séries A.* – No. 17, p. 29.
52) Corfu Channel Case, *supra* note 8, p. 18.
53) たとえば，世界貿易機関の上級委員会は，「信義誠実」について「法の一般原則」であると同時に「国際法の一般原則」であると指摘した。United States — Import Prohibition of Certain Shrimp and Shrimp Products, *supra* note 12, para. 158. また，投資仲裁の事例である Total 事件仲裁判決は，公正衡平待遇の基準は，「疑いなく国際司法裁判所規程38条1項(c)の法の一般原則である信義誠実の要求から引き出される」と述べる。Total S. A. v. Argentina Republic, ICSID Case No. ARB/04/1, Decision on Liability, 27 Dec. 2010, available at <http://italaw.com/>, para. 111.
54) 江藤淳一『国際法における欠缺補充の法理』（有斐閣，2012年）278-85頁。
55) Corfu Channel Case, *supra* note 8, p. 22.

の判断の拠り所の1つとしてこの原則に言及してきている。

　予防原則ないし予防的取組みもこのような原則とみることができる。この原則は，世界自然憲章（1982年）に現れて以来，多数の条約や国際文書に組み込まれている。しかし，その内容や機能が確定しているとはいえず，環境と開発に関するリオ宣言（1992年）の原則15では，予防的取組み（precautionary approach）と規定されるにとどまっている。国際海洋法裁判所の海底紛争裁判部は，その勧告的意見（2011年）において，多数の条約や国際文書の規定がこの原則を慣習国際法の一部とする方向への流れを生み出してきたと判示した。しかし，慣習国際法として確立したと断定するには至っていない[57]。

　このほかに注目されているものに，持続可能な開発がある。この原則は，「環境と開発に関する世界委員会」の報告書（1987年）を契機に，多数の条約や国際文書で採用され，国家や国際組織の実行等に浸透していった。国際司法裁判所も，ガブチコヴォ・ナジュマロシュ計画事件（1997年）で，経済開発と環境保護を調和させる必要を示した際に，この概念が果たす機能を認めている[58]。しかし，それは概念として言及されるにとどまり，その法源上の位置づけがなされているわけではない。ウィラマントリー判事は，その個別意見のなかで，この概念が「欠くべからざる論理的な必要からだけでなく，グローバル社会による広範かつ一般的な受容により現代国際法の一部である」と論じるが，それでも慣習国際法の原則であるとは述べていない[59]。

　このように，国際裁判所は，考慮，取組み，概念等については慎重ではある

---

56) Zagor は，この原則の学説上の評価として，それ自体で拘束力を有する一般原則，衡平の原則，他の規範が引き出される非拘束的な一般原則，慣習の規則，伝統的な制定法源の外にあるソフト・ロー規範，ほとんど重要性のないたんに修辞上の工夫，をあげている。M. Zagor, "Elementary Considerations of Humanity", in Karine Bannelier, Theodore Christakis and Sarah Heathcote (ed.), *The ICJ and the Evolution of International Law: the enduring impact of the Corfu Channel case* (2012), pp. 265-66.

57) Responsibility and Obligations of States Sponsoring Persons and Entities with respect to Activities in the Area, *supra* note 13, para. 135.

58) Gabčkovo-Nagymaros Project, *supra* note 12, p. 78 (para. 140).

59) Separate Opinion of Vice-President Weeramantory, *ibid.*, p. 95. なお，Brownlie は，国際法の一般原則という項目は，慣習法の規則，法の一般原則または現行国際法と国内類推に基づく法的論証から生ずる論理的命題をさすことがあると述べ，明らかなことは，法源の厳格な類型化の不適切性であると指摘している。J. Crawford, *Brownlie's Principles of Public International Law* (8 th ed., 2012), p. 37.

が，法源を明示せず原則の存在を認めている。これらの原則は，必ずしも明確な確定的な内容をもつものではなく，したがって，諸国による一般的な承認（総意）を得ているとはいえ，それは特定された形で与えられる同意ではなく，国家に対し具体的な義務を設定するものではない。このため国際司法裁判所規程38条の法源の上に位置づけることはできず，国際法の原則ないし概念として言及されるにとどまっている。

　ここで検討した原則の認定に関しては，その原則が表示される際の文書の形式よりも，そこで用いられる文言を重視する傾向がある。法的拘束力をもたない国際組織の決議や国際会議の文書であっても，そこで明示に権利義務の形で表示される原則は，慣習国際法の原則と認定されている。他方，そうした決議や文書でも考慮，取組み，概念という表示しか与えられていない原則に関しては，慣習国際法の認定は回避され，法源上の位置づけが与えられていない。言語の表示は最も信頼できる有効な法確認の規準のようにみえる[60]。

　いずれにせよ，国際法の原則は，諸国による一般的な承認（総意）を得た原則として，一定の機能を果たしていると考えられる。少なくとも具体的な規則の背後にあって，規則の存在根拠や適用範囲等を示す機能を果たし，さらには条約解釈や欠缺補充の面でも重要な機能を果たしうるとしてその位置づけが論じられている。次に，このうちの後者の機能を検討し，他の法規範と区別しこれら原則を国際法の原則という類型で論じることが適切かを検討する。

4　原則の機能

　国際法の原則は，国際裁判においてさまざまな役割を果たしている。なかでもとくに注目が集まっているのは，1つは，条約解釈において原則が果たす機能，とりわけ条約法条約31条3項 (c) による，いわゆる「体系的統合 (systemic integration)」の機能であり，もう1つは，事案に適用できる条約や慣習国際法の規則がない場合における欠缺補充の機能である。ここでは，この2つの機能を中心にして国際裁判の実践を検討する。

---

[60]　国際法規則の確認というやや異なる文脈での指摘として，J. D'Aspremont, *Formalism and the Sources of International Law: A Theory of the Ascertainment of Legal Rules* (2011), pp. 186–87.

(1) 条約解釈における機能

国際裁判所は，条約の解釈に際して原則に依拠することがある。第1に，条約法条約31条1項に従って，条約の趣旨・目的に照らして用語の意味を明らかにするために原則を参照する場合である。第2に，同条約31条3項（c）に従って，条約の解釈に際して国際法の関連規則（relevant rules）として原則を考慮する場合である。後者の考慮は義務である点に前者との違いがあるとされており，最近は，体系的統合を意識してか，裁判所が31条3項（c）に言及する事例が増えている[61]。

条約法条約31条3項（c）に従った解釈を示した先駆的な判例として，欧州人権裁判所のゴルダー対英国事件（1975年）がある。この事件で裁判所は，欧州人権条約6条1項に規定する「公正な裁判を受ける権利」の解釈に際して，条約法条約31条3項（c）にいう「国際法の関連規則」を考慮するとし，それには法の一般原則，とくに「文明国が認めた法の一般原則」（国際司法裁判所規程38条1項（c））が含まれると述べ，民事上の請求を裁判官に提起する権利は「普遍的に『認められた』法の基本的な原則の1つであり，同じことは裁判拒否を禁止する国際法の原則にもあてはまる」と論じて，6条1項はこれら諸原則に照らして読まれなければならないとした。このように「国際法の関連規則」として諸原則を考慮し，同条はすべての者に民事上の権利義務に関する請求を裁判所に提起する権利を保障するという結論に達している[62]。

国際司法裁判所も，パルプ工場事件（2010年）で，国際法の関連規則を考慮する姿勢を明確に示した。裁判所は，本件で争われた当事国間の河川規程（1975年）の解釈にあたって，条約法条約31条に反映された条約解釈に関する慣習国際法に依拠すると述べ，文脈とともに「当事国の間の関係において適用される国際法の関連規則」も考慮すると指摘した[63]。実際，裁判所は，ガブ

---

61) 条約の統合的解釈に関しては，松井芳郎「条約解釈における統合の原理――条約法条約31条3（c）を中心に」坂元茂樹編『国際立法の最前線』（有信堂高文社，2009年）101-35頁。

62) Case of Golder v. the United Kingdom, Judgement, Publications of the European Court of Human Rights, Series A, No. 19, p. 13 (para. 35). 最近の判決でも，条約法条約31条3項（c）にふれ，Golder事件やAl-Adsani事件判決を参照しつつ，欧州人権条約は国際法の他の諸原則に可能なかぎり従って解釈されねばならないと指摘されている。Case of Mamatkulov and Askarov v. Turkey, Grand Chamber, Judgement of 4 February 2005, available at <http://hudoc. echr. coe. int>, para. 111.

チコヴォ・ナジュマロシュ計画事件判決が示した環境保護の分野における「警戒および防止」の義務や，核兵器事件意見が示した越境環境保護の一般的義務等に照らして河川規程の解釈を行っている[64]。また，河川規程上の保護・保全の義務に関して，環境影響評価の実施が「一般国際法の要請」であるとの国家実行に従って解釈されねばならないとの立場を示した[65]。さらに，証明責任の転換の主張は認めなかったものの，予防的取組みが河川規程の解釈適用に「関連をもちうる（may be relevant）」と述べた点が注目される[66]。ただし，これが31条3項（c）の枠組内の解釈をさすかどうかは定かではない[67]。

同様の事例は「鉄のライン川」鉄道事件（2005年）の仲裁判決にもみられる。裁判所は，条約解釈における時際法の問題を提起して，条約法条約31条3項（c）に言及しつつ，一般国際法の規定が関連条約の解釈において考慮されるべきであるという見解を示した。これに続けて，「国際法もEC法も，経済開発活動の計画と実施において適切な環境保護措置の統合を要請する」とし，持続可能な開発に関するリオ宣言原則4はこの傾向を反映すると述べた。また，「開発が環境に重大な損害を生じさせうる場合，かかる損害を防止または少なくとも緩和する義務」は，いまでは一般国際法の原則となっており，この新しい原則は当事国間の条約の実施の際の活動にも適用されると論じた。そして，1839年条約の趣旨および目的から，その解釈に際してはこのような新しい規範の考慮が求められるとの見解を示している[68]。

このほかに世界貿易機関の紛争解決手続でも，条約法条約31条3項（c）は，条約の解釈者に対し国際法の他の規則を考慮するよう義務づけると理解されている[69]。この点に関し注目されたのは，EC—ホルモン牛肉事件（1998年）の上級委員会報告やEC—バイオテク製品事件（2006年）のパネル報告での国際環境法の予防原則の取扱いである。ECは，予防原則が慣習国際法もしくは法

---

63) Pulp Mills on the River Uruguay, *supra* note 12, p. 46 (para. 65).
64) *Ibid.*, pp. 76–77 (paras. 185–89), pp. 78–79 (paras. 193–95).
65) *Ibid.*, p. 83 (para. 204).
66) *Ibid.*, p. 71 (para. 164).
67) 国際海洋法裁判所の海底紛争裁判部は，この予防的取組みに関する判示は，31条3項（c）に照らして読むことができると指摘している。Responsibility and Obligations of States Sponsoring Persons and Entities with respect to Activities in the Area, *supra* note 13, para. 135.

第7部　国際裁判における法と事実の認定

の一般原則（ホルモン牛肉事件）または一般国際法の原則（バイオテク製品事件）であると主張し，これに従った衛生食物検疫措置（SPS）協定の解釈を主張した[70]。これに対し，どちらの事件の報告も，予防原則の法的地位が未解決である（後者によれば，原則の正確な定義や内容に関し問題が残っている）と指摘しつつ，それが一般または慣習国際法の原則を構成するかという問題に関し結論を示す必要はないとして，この点についての判断を回避した。そのうえで，いずれにせよ予防原則がSPS協定上の規定に優位したり，その義務を免除するものではないとの見解を示している[71]。後者の事件でECが，慣習国際法または法の一般原則ではなく，なぜ一般国際法の原則の語を用いたのかは明らかにされていない。

　投資協定仲裁裁判では，二国間投資協定の公正衡平待遇条項に関し，しばしば信義誠実の原則に従った解釈が要請されている。たとえば，テクメド事件の仲裁判決は，スペイン・メキシコ間の投資協定4条に定められた公正衡平待遇の保証は，「国際法において承認された信義誠実の原則の表明でありその一部である」と指摘し，国際法により確立された信義誠実の原則に照らせば，当該条項は締約国に対し投資家の正当な期待に影響を与えない待遇を与えるよう求めると論じた[72]。同様に，センプラ事件の仲裁判決も，公正衡平待遇に関連して，「信義誠実の原則は，義務の理解と解釈を方向づける共通の導きの灯火

---

68)　The Arbitration regarding Iron Rhine ("Ijzeren Rijn") Railway between the Kingdom of Belgium and the Kingdom of the Netherlands, Award of the Arbitral Tribunal, *United Nations Reports of International Arbitration Awards*, pp. 28-29 (paras. 58-61). この判決に関し，松井芳郎は，31条3項（c）に依拠して条約解釈における垂直的統合をはかるものとみるが，条約の趣旨・目的に照らした実効的な解釈という回り道をたどったと指摘する。松井・前掲注60）125頁。他方，条約解釈の方法の「用いられ方や選択された根拠，条約解釈の結果として導かれた結論との関係の不明瞭さから，様々な解釈方法を用いた先例としての価値が減じられている面が否定できない」との評価もある。岩石順子「判例研究『鉄のライン川』鉄道事件（ベルギー／オランダ）」『上智法学論集』57巻4号（2014年）391頁。

69)　Measures Affecting the Approval and Marketing of Biotech Products, *supra* note 13, para. 7.69

70)　Measures concerning Meat and Meat Products, *supra* note 13, paras. 16, 120-21, Measures Affecting the Approval and Marketing of Biotech Products, *ibid.*, paras. 7.77-7.79.

71)　Measures concerning Meat and Meat Products, *ibid.*, paras. 16, 123-25, Measures Affecting the Approval and Marketing of Biotech Products, *ibid.*, paras. 7.86-89. これは，SPS協定の規定は予防原則の内容を織り込みずみであり，したがって，通常の方法で協定を解釈すれば十分であるとの判断に立った結論といえる。

として拠り所とされている」と述べた[73]。ただ，いずれの仲裁判決も条約法条約31条3項（c）への直接の言及はない[74]。

条約の解釈ではなく，国連安全保障理事会の決議による裁判所規程の解釈の事例だが，旧ユーゴ国際刑事裁判所は，フルンジア事件で強かんの定義に関して，国際法の一般原則に依拠した解釈を示した。裁判所は，強かんの定義に関して各国の国内立法に統一性はないと認めたうえで，「人間の尊厳の尊重」は国際人道法と人権法の基本的支えであって，その存在理由そのものであるとして，このより高次の一般原則に合致する定義を採用すると結論した[75]。これに加えて，この定義を採用しても，法律なければ犯罪なしとの一般原則に反することにはならない点も確認している[76]。この判決では，はっきりと法の一般原則と国際法ないし国際刑事法の一般原則とを区別する立場をとっている。

これらの判決や報告をみるかぎり，条約法条約31条3項（c）の関連規則と国際法の原則との関係は次のように整理できる。第1に，慣習国際法や法の一般原則として認定された原則は関連規則に該当する。第2に，法源上の位置づけが明示されない場合，一般国際法の原則が関連規則と認められるか否かについては，世界貿易機関の紛争解決機関はこれに否定的にみえるが，国際司法裁判所や仲裁裁判所の判決はその点を明確にしていない。第3に，一般国際法の原則と概念や取組みと呼ばれるものが区別して扱われるか否かも明らかではない。ただし，そのような概念や取組みも，31条1項の範囲内で参照されうるので，関連規則に該当するか否かにさほど大きな違いがあるようにはみえない。

以上のとおり，国際裁判所等の紛争解決機関は，条約の解釈において国際法の原則を考慮するよう義務づけられたり，または，必要と認める場合に参照し

---

72) Tecnicas Medioambientales Tecmed, S. A. v. Mexico, Award of 29 May 2003, ICSID Case No. ARB（AF）/00/2, available at < http://italaw.com/>, paras. 153-54.

73) Sempra Energy International v. Argentina, ICSID Case No. ARB/02/16, Award, 28 September 2007, available at < http://italaw.com/>, para. 297.

74) 信義誠実の原則ではないが，Saluka事件では，投資協定の関連規定は，財産の剥奪は公の秩序の維持を目的とした規制権限の行使により行われる場合には正当と認めうるという慣習国際法の考え方をとりいれたものと指摘し，条約法条約31条3項（c）の条文を引用し，国際法の関連規則が考慮されなければならないとの見解を示した。Saluka Investment BV v. Czech Republic, Partial Award of 17 March 2006（UNCITRAL）, available at <http://www.pca-cpa.org/>, para. 254.

75) Prosecutor v. Furundžija, *supra* note 11, para. 183.

76) *Ibid*., para. 184.

てきている。それは，当該条約を国際法の体系のなかに位置づけることを通じて，一般に承認され信頼できる基盤のうえに当該条約の目的を実現するよう促す機能を果たす。また，条約の締結時ではなく，解釈時の原則を考慮することが認められる場合には，国際法の発展を考慮して当該条約を新たな事態に適合できるように導く機能を果たす。しかし，国際法の原則に過大な重みを与える場合，それは条約当事国の意図から掛け離れた解釈につながり，かえって条約の実効性を損なうおそれにも注意しなければならない。

その際，考慮する原則の選別とそれに付与する重みに関し，とくに次のような点に注意すべきであろう。第1に，条約法条約31条3項 (c) との関係では，明確な内容をもった原則として一般国際法上確立していることを示す必要がある。第2に，競合する複数の原則のうち，1つの原則に大きな重みを与える場合には，その根拠を示す必要がある。第3に，条約の締結時ではなく，解釈時の原則を考慮する場合には，この点に関し当該条約上の根拠を示す必要がある。これらの点に注意を払いつつ，原則の考慮が条約の文言からかけ離れた内容を引き出すような解釈にならないように注意する必要がある。

（2）欠缺補充における機能

国際裁判所は，条約や慣習国際法の規則が欠けている場合に，原則に依拠してその欠缺を補充することがある。そのなかには，国際法の他の類似の事項に関して確立している規則に照らして，一定の原則から国家の義務を導く事例，あるいは，一定の原則の適用に際していくつかの規準を用いてそれにより事案を処理する事例がみられる。裁判所は，条約の解釈の場合と比較して，これらの作業において広い裁量を有しているようにみえる。

裁判所が一定の原則の下に他の規則を参照して国家の義務を導いた例として知られているのは，国際司法裁判所のコルフ海峡事件である。裁判所は，1907年ハーグ第8条約（「自動触発海底水雷ノ敷設ニ関スル条約」）に規定されている，自国領域内の機雷敷設水域を通告する義務が平時にも妥当すると判断する際，これが「人道の基本的考慮，海上交通の自由の原則，領域を他国の権利と相いれない行為のために使用されるのを知りながら許してはならないとのすべての国家の義務」といった一般的な，十分に承認された原則に基づくと述べた[77]。これは，いくつかの原則を根拠にして，戦時における義務が平時にも妥当する

との判断を導いたものである[78]。

人道の基本的考慮は，この後もさまざまに国際裁判所で論じられている。国際司法裁判所は，ニカラグア事件で，ジュネーヴ諸条約共通3条に規定された非国際的武力紛争に適用される規則について，これが人道の基本的考慮を反映する規則であり，それゆえ，本紛争に適用できると認定した[79]。そのうえで，ジュネーヴ諸条約共通1条の文言から，アメリカには諸条約を「尊重」し，「すべての状況において」それらの「尊重を確保する」義務があると指摘し，この義務は，諸条約が特別に表明しているにすぎない「人道法の一般原則」から生ずると判示した。これにより，アメリカはこの紛争に関わる人または集団に対して共通3条の規定に違反して行動することを奨励してはならない義務を負うと結論された[80]。これも，人道の基本的考慮と人道法の一般原則から一定の義務を導いた事例とみることができる[81]。

旧ユーゴ国際刑事裁判所も，タジッチ事件において，「人道の基本的考慮」に関し同様の判断を示した。裁判所は，「人道の基本的考慮と常識」に照らして，国家間の武力紛争で禁止される武器の使用が「自国の領域で自国民による反乱を鎮圧しようとする際に許されるとするのは道理に反する」と指摘し，「国際的な戦争において非人道的で，したがって禁止されることは，内戦でも非人道的で，許容されないことにならざるをえない」と論じた[82]。また，国内的か国際的かにかかわらず，「武力紛争法違反は個人の刑事責任をもたらすことに疑いはない」と指摘する際にも，「人道の基本的考慮」にふれている[83]。ただし，裁判所は，国家実行は内戦に関し慣習国際法の一般原則を発展させてきているとの見解も示している[84]。

---

77) Corfu Channel Case, *supra* note 8, p. 22.
78) 人道の基本的考慮が義務の源泉であるとの見解を最初に示したのは Fitzmaurice であった。G. Fitzmaurice, "The Law and Procedure of the International Court of Justice," *British Year Book of International Law*, vo. 27 (1950), p. 4.
79) Military and Paramilitary Activities in and against Nicaragua, *supra* note 14, pp. 113-14 (para. 218).
80) *Ibid.*, pp. 114-15 (para. 220).
81) Thirlway は，きわめて慎重ながら，この義務が一般原則によるかもしれないと指摘した。H. Thirlway, "The Law and Procedure of the International Court of Justice 1960-89, Part Two," *British Year Book of International Law*, Vol. 61 (1991), pp. 12-13.
82) Prosecutor v. Tadić, *supra* note 14, para. 119.
83) *Ibid.*, para. 129.

第7部　国際裁判における法と事実の認定

　このほか，国際海洋法裁判所は，サイガ号事件（No. 2）において，船舶の拿捕の際の実力の行使に関して「人道の考慮」にふれている。すなわち，裁判所は，実力の行使はできる限り回避しなければならず，回避できない場合でも，合理的で必要な範囲を越えてはならないと判示した際，「人道の考慮が国際法の他の分野と同様に海洋法において適用されなければならない」と指摘した。これに続けて，これらの原則は法執行活動において長年従われてきたと説明され，1995年公海漁業実施協定22条1項fの規定が挙げられている[85]。国連海洋法条約に直接に規定のない事項につき，人道の考慮に照らして，国家実行と他の条約規定から規則を導いたといえる。

　このように国際裁判所は，まだ条約の策定がなされておらず，慣習国際法としても十分に確立したとは言い難い状況のなかで一定の義務を導く際に「人道の基本的考慮」の原則に依拠してきた。この場合，この原則は当該事項に関する規則の欠缺を補充する機能を果たしているようにみえる。しかし，結論としては慣習国際法の成立を示唆している場合もみられ，この点に注目するならば，原則が慣習国際法の成立要件を緩和する機能を果たしていると理解できないこともない[86]。国際裁判所は，こうした原則の機能に関しなんら説明を加えておらず，いぜんとして不明確な面を残しているといわざるをえない。

　これとは異なる欠缺補充の方法は，裁判所が国際法の原則から規準を導きだし，当該原則を直接に適用する場合である。この方法を最も明確に示したのは漁業事件である。すでに指摘したとおり，裁判所は，領海に関する直線基線の有効性に関し，領海帯は海岸の一般的方向に従わなければならないとの原則を提示し，この原則は「領海の画定に有効な一定の規準を定めることを可能にする」と判示した[87]。実際に裁判所は，領海に固有の基本的考慮から3つの規準[88]を提示し，これらに基づき一定の海域の直線基線の適法性について判断

---

84) *Ibid*., para. 125.
85) The M/V "Saiga" (No. 2) Case (Saint Vincent and the Grenadines v. Guinea), Judgment, 1 July 1999, available at <https://www.itlos.org>, paras. 155-56.
86) Cassese は，マルテンス条項に関し，慣習国際法の要件を緩和する機能があるという見方を示した。A. Cassese, "The Martens Clause: Half a Loaf or Simply Pie in the Sky?" *European Journal of International Law*, Vol. 11 (2000), pp. 213-15. 旧ユーゴ国際刑事裁判所の Kupreškić 事件判決はこのような見方を支持した。この点に関しては，江藤・前掲注54) 297-98頁。
87) Affaire des pêcheries, *supra* note 26, p. 129.

を下している[89]。

　こうした規準の適用の問題は，海洋境界画定の事件で議論された。北海大陸棚事件では，西ドイツが大陸棚の境界画定につき法の一般原則たる「公正かつ衡平な配分の原則」の適用を主張し，その画定は北海の特別の地理的事情に関連する規準に基づいて決定されなければならないと申し立てた[90]。これに対し，裁判所は，西ドイツの主張する「配分」という考えはしりぞけたが，境界画定は衡平原則の下ですべての関連事情を考慮して行うと判示し，地質学的側面，地理的側面，鉱脈の一体性の考え方に関連する規準は，事実の事情に応じた決定のための適切な基礎を提供できると述べた[91]。

　その後，海洋境界画定に関する規準の議論に一定の方向性を与えたのがリビア・マルタ大陸棚事件であった。この事件で裁判所は，最終的結果を生み出す際に明らかに重要な役割を果たすと目される規準と方法を用いて最初に暫定的な画定を行うと述べ，この規準は大陸棚に対する国家の法的権原に関する法に結び付くもので，本件では地質学的，地形学的な規準ではなく，海岸からの距離の規準，伝統的な用語では「距離により測られる近接性の原則」であるとし，等距離線の方法を採用した[92]。これ以後，特別な事情がないかぎり，まず暫定的に等距離の方法を適用するという方式が確立していく[93]。

　このような規準の設定は，なにも原則の場合にかぎられるものではない。たとえば，海洋境界画定の場合にも適用される均衡性（比例性）の規準は，当事者間の衡平を担保する機能を果たすものであり，自衛権，対抗措置，戦闘方法の規制等に関する規則を適用する規準（要件）ともなっている。こうした規準は，条約等によって設定される場合もあるが，多くは裁判所が各制度の本旨，

88）　*Ibid.*, p. 133.
89）　*Ibid.*, pp. 141-42.
90）　North Sea Continental Shelf, *supra* note 16, p. 12（西ドイツの1969年11月5日の口頭手続での申立て）and p. 21 (para. 17).
91）　*Ibid.*, pp. 22-23 (paras. 19-20), pp. 49-50 (para. 94).
92）　Continental Shelf (Libyan Arab Jamahiriya / Malta), Judgment, *I.C.J. Reports 1985*, pp. 46-47 (paras. 60-62).
93）　最近の判決（2014年1月27日）として，Maritime Dispute (Peru v. Chile), Judgment, available at <http://www.icj-cij.org>, paras. 180, 184. なお，国境画定における現状承認原則（uti possidetis）も，このように一旦中間線が描かれるのと同様の意味しかもたないとの指摘がある。奥脇直也「現状承認原則の法規範性に関する一考察」『法学新報』109巻5・6号（2003年）39-71頁。

国家実行，条約の準備作業，判例・学説等に基づいて設定するものであり，まさに裁判所の権限に属する事項といえる。

ただし，上記の事件がこうした通常の事例と異なるのは，認定された原則があまりに抽象的な内容のものにとどまるという点である。これは，具体的な内容の規範を導き出すのには国家実行が不十分であったということに起因するが，この事実は，規準を導き出す際の材料も乏しい状況にあったことを意味する。したがって，裁判所は，原則それ自体または原則が適用される制度の本旨から規準を導き出すという方法をとっている。これは，裁判所の規準の設定を予測困難なものにするといわざるをえない。

また，きわめて抽象的な原則を認定した理由として，事案の関連事情に即した解決をはかるのにはそれが望ましいという判断もあった。このため，等距離原則のように，かなり一般的な通用性の高いものも規準にとどまることになった。領海の境界画定を除けば，いまでも等距離原則は境界画定の方法の1つであって，慣習国際法の規則とは認められていない[94]。このように規準を用いた原則の適用は，関連事情の考慮を優先するものであり，確立した規則の認定を回避する傾向につながる。

これに対し，同じく規準とされていた均衡性は，判例の蓄積を通じて，境界画定の第三段階で考慮されなければならないものと位置づけられた。すなわち，暫定的に引かれた等距離線が海岸の長さと関連区域の比率の明らかな不均衡をもたらさないかの検証を求められるのである[95]。これは，均衡性が境界画定の衡平な結果を確保するうえで不可欠なものと理解されたためであろう。ただし，この不均衡の判断は，画一的に適用される等距離原則とは異なり，裁判所に対して関連事情の考慮の余地を残している点に注意が必要である。

なお，こうした規準の問題に関し，類似の論証の仕方がみられる逮捕状事件

---

[94] この点は国際海洋法裁判所でも同様である。Dispute concerning Delimitation of the Maritime Boundary between Bangladesh and Myanmar in the Bay of Bengal（Bangladesh/Myanmar）, Judgment, 14 March 2012, available at <https:// www. itlos. org>, paras. 225-240.

[95] 不均衡性の検討を第三段階に位置づけたのは黒海海洋境界画定事件であった。Délimitation maritime en mer Noire, *supra* note 43, p. 86 (para. 68). その後，この判決が踏襲されている。Dispute concerning Delimitation of the Maritime Boundary between Bangladesh and Myanmar in the Bay of Bengal, *ibid*., para. 240. Maritime Dispute (Peru *v.* Chile), *supra* note 93, para. 180.

の判決が参考となる。裁判所は，裁判権免除の問題に関し，外交関係条約，領事関係条約および特別使節団条約に言及し，これらが免除の問題の一定の側面について有益な指針を与えるとした。しかし，これらの条約は外務大臣には適用できないため，慣習国際法に基づいて判断するとの立場を示し，外務大臣の任務について検討を加え，その裁判権免除の結論を引き出している[96]。外務大臣の免除に関しては，画一的な適用を確保するため，原則の適用ではなく，慣習国際法に根拠づける必要があったと考えられる。

以上のように，原則による欠缺補充は，解釈による場合とは異なり，裁判所が自ら判断基準を設定するものである。このため，この欠缺補充は，実質的には司法立法にほかならないとか，当事国の同意を得ないまま「衡平及び善」を考慮したものだという批判を受けることにつながる。裁判所は，問題となっている制度の本旨を十分に踏まえ，対立する国家実行を無視することなく，判断基準の設定を行うことが求められる。そうした判決の積み重ねが，国際法の新たな発展につながるものと考えられる。

5　おわりに

国際裁判所が，事案の処理において頻繁に国際法の原則に依拠しているのは事実である。そのなかには，慣習国際法または法の一般原則に法源上の根拠をもつものもあるが，その内容が抽象的なものであったり，不確定なものであるため，従来の法源上に位置づけるのが困難な原則もある。しかし，この種の原則であっても，国際社会で一般に受容され，国際裁判で一定の役割を果たすものがあるのは確かである。ここに国際法の原則という類型を設定してその機能を論じる意義が認められるといえよう。

国際法の原則は，国際法の体系性を確保し，欠缺を補充するうえで重要な機能を果たしている。国際裁判所は，裁判所を設置する基本文書上の制約を受け

---

96) Mandut d'arrêt du 11 avril 2000 (République démocratique du Congo c. Belgique), arrêt, *C.I.J. Recueil 2002*, pp. 20–22 (paras. 51-55). なお，水島朋則は，この事件に関し，慣習国際法の適用という名目で「国際法の一般原則の演繹的適用」が行われたという見方を示している。水島朋則「外務大臣の刑事管轄権免除に関する『慣習国際法』」坂元・前掲注61) 41頁。

つつも，国際法の原則に依拠して，個別の事案につき，当事者に受け入れ可能な解決を提示したり，裁判不能を回避したり，さらには，一般に支持されている目標の達成を促すといった役割を担っている。それが，より具体的な義務の設定につながり，国際法のさらなる発展につながることもある。

しかし，国際裁判における原則の適用に関し，国家からの抵抗がないわけではない。国際刑事裁判所規程（1998年）21条の作成に際して，法源の間に序列を設け，裁判所規程，構成要件文書および手続証拠規則を第一に適用するよう求めたのはその現れである。これは，本来は裁判所の権限に属するものである構成要件の設定にまで国家が介入するに至った事例である。旧ユーゴやルワンダの国際刑事裁判所が，国際法の原則や法の一般原則からさまざまな義務を導いたことに対する警戒感からであった[97]。

世界貿易機関の紛争解決機関が，一般に国際法の原則の適用に慎重な姿勢を示しているのも同様であろう。国家間の利害対立の微妙な調整のうえに成立している関連諸協定上の義務が，国際法の原則の考慮を通じて影響を受けることに対する国家の懸念が紛争解決機関のそのような慎重な姿勢につながっているとみることができる。この分野では，一般国際法の規則や原則を排除して，自己完結的に紛争を処理する方向へのベクトルが強く作用している。

しかし，現状では，条約等を通じた国際立法が体系的に進展することは期待できない。したがって，国際法では分野をまたがった規則の抵触や新しい分野における欠缺が不可避的に生ずるのであり，国際裁判所は，国家の抵抗や懸念にもかかわらず，個別の紛争の処理を通じてこれらの問題への対応を迫られることになる。そこにおいて国際法の原則が果たす機能について，従来の国際法の法源論の枠組みに無理に押し込まずに，ただし，国家実行を無視することなしに，適切に理解することが求められているといえよう。

---

[97] A. Pellet, "Applicable Law," A. Cassese et al (eds.), *The Rome Statute of the International Criminal Court : A Commentary*, Vol. II (2002), pp. 1058–59.

30 国際司法裁判所による慣習法規則適用の今日的傾向

李　禎之

1　はじめに
2　慣習法性と当事者合意
3　慣習法性の黙示的承認？
4　おわりに

1　はじめに

　国際司法裁判所（以下，ICJ ないし裁判所）は，国連の主要機関の1つであり，その15名の裁判官は世界の主要法体系を代表するものとして国連安保理および総会によって選出され高い信頼性を誇る（制度的正統性）と同時に，その判決文は，他の国際裁判所の判決と比してその質は極めて高いものとの評価を確立している（技術的正当性）[1]，といわれる。そのため，裁判所の判例自体が法規範を作り出すのではなく（ICJ 規程第38条1項(d)），その判決に先例拘束性も認められていない（同第59条）にもかかわらず，裁判所による法判断は国際法の同定においてかなり大きな位置を占めていることに異論はないように思われる[2]。とりわけ，ICJ 規程第38条1項に列挙される裁判準則の中でも，不文法である慣習法規則の認定・適用は，裁判所による法宣明に伴った法創造的な行為とも理解されており[3]，こうした法創造的行為による国際法の発達への貢献を裁判所の果たしている重要な役割の1つにあげる学者は少なくない[4]。そして，伝統的に慣習法の認定・適用は，国家実行（practice）と法的必要信念

1）　酒井啓亘他著『国際法』（有斐閣，2011年）170頁〔濵本正太郎〕。
2）　「国際法とは裁判所がそのように認めるであろうものである」とまで言うかについては見解が分かれる（*See* Rosalyn Higgins, *Problems and Process: International Law and How We Use it*, (Oxford UP, 1994), pp. 10–11）。
3）　小川芳彦「国際司法裁判所と法の創造（一）」『法と政治』第15巻4号（1964年）16-18頁を参照。

(*opinio juris sive necessitatis*) という二要素の検証による（いわゆる慣習法二要素理論）と考えられ[5]，裁判所自身も判例においてそのように解してきた[6]。

しかし，法典化作業の進展，すなわち多数国条約や国連国際法委員会（ILC）により作成される成果物（条約草案など）の増加に伴い，裁判所における慣習法規則の適用方法には変化が生じているように思われる。例えば，法規範性の検証プロセスを提示することなしに，慣習法の存否の結論のみを断定する，という手法[7]も法典化の進展による影響と考えられる[8]。さらに，ある規範の慣習法性を判断することなしに，当該規則の要件該当性を否認する推論がみられるようになっていることもまた，法典化による要件の明確化・精緻化がもたらした変化のひとつとみることができるであろう。そして，こうした裁判所の推論は，アルバレス－ヒメネスによると「慣習法規則の黙示的承認（implied recognition）」として位置付けられるものであるという[9]。しかし，ある規則の慣習法性に関する裁判所の沈黙（慣習法性に関する論証の欠如）をもって，当該慣習法規則の黙示的な承認があったと解することは果たして妥当なのであろうか。また，こうした慣習法規則適用方法の変化は如何にして法的に根拠付けられ，そして，こうした変化はどのように評価されるのであろうか。

---

4) *See e.g.* Sir Hersch Lauterpacht, *The Development of International Law by the International Court* (Stevens Pub., 1958), pp. 5-7; R. R. Baxter, The International Court of Justice: Introduction, *Virginia J.I.L.*, Vol. 11 (1971), p. 293; Article 38 (Alain Pellet), *in* Andreas Zimmermann *et al.* (eds.), *The Statute of the International Court of Justice: a commentary*, 2nd Ed., (Oxford UP, 2012), p. 748, MN 56.

5) ICJ規程第38条1項(b)は，こうした理解に基づいた定式（「法として認められた一般慣行の証拠としての国際慣習」）を採用している（酒井他・前掲注1）145頁〔濵本正太郎〕を参照）。

6) *See e.g.* Affaire Colombo-péruvienne relative au droit d'asile, Arrêt du 20 novembre 1950: CIJ Recueil 1950, p. 276-277; North Sea Continental Shelf, Judgment, ICJ Reports 1969, p. 44, para. 77; Military and Paramilitary Activities in and against Nicaragua (Nicaragua *v.* United States of America), Merits, Judgment, ICJ Reports 1986, pp. 97-98, para. 184.

7) 杉原高嶺「国際司法裁判所における *jura novit curia* 原則 ── 近年の裁判例を顧みて ──」『国際法外交雑誌』109巻3号（2010年）18頁を参照。なお，こうした手法は，国際組織条約法条約草案に依拠して条約破棄に関する「一般的法原則および規則」を導き出したWHO・エジプト間協定解釈勧告的意見（ICJ Reports 1980, p. 96, para. 49）が嚆矢とされる（酒井他・前掲注1）160頁〔濵本正太郎〕を参照）。

8) なお，杉原は「慣習法の証明プロセスの省略化傾向」の転機をニカラグア事件にあったと推測している（杉原・前掲注7）19頁を参照）。

9) *See* Alberto Alvarez-Jiménez, Methods for the Identification of Customary International Law in the International Court of Justice: 2000-2009, *ICLQ* vol. 60 (2011), pp.701-702.

以上の問題意識のもと，本稿は，近年における ICJ による慣習法規則の適用にみられる推論を検討することをその目的とする。そこで，まず以下では，裁判所による慣習法規則適用の法的基盤を明らかにする。その際，当該慣習法規則に訴訟当事者の合意があるか否かで大別して問題を検討するが，そこでの法的問題は，ある規則の適用を根拠付けるためには，慣習法性の認定が不可欠なのかどうか，そして，もし当該規則を慣習法として適用しないのであれば，裁判所の法適用義務（ICJ 規程第38条）[10] との抵触を如何に調整し得るのか，という点にある。上記の検討を踏まえた上で，慣習法性を明らかにしない推論に基づく裁判所による慣習法規則の適用が慣習法の形成および一般性へ与える影響を考察し，裁判所による慣習法規則適用のあり方について近年の傾向が孕んでいる問題性を指摘することにしたいと考える。

2 慣習法性と当事者合意

裁判所が慣習法規則の適用に際して当該規則の慣習法性を検証しないこと自体は近年の裁判例に限られたことではなく[11]，必ずしも慣習法性の黙示的承認によってしか正当化できないわけではない。なぜなら，「慣習法規則の存在や内容につき合意がある場合，裁判所は当該合意を越え，そのような規則が本当に存在するかどうかを確認する必要はない」とも指摘されているからである[12]。そこでまず，「ある規則の慣習法性を明らかにせず，当該規則の要件が充足されているかを検討する」という推論の妥当性を検討するにあたり，裁判所による慣習法規則の適用において当該慣習法規範に対する当事者の意思が影響し得るのかどうかを明らかにしておきたいと考える。では，規則の慣習法性に当事者の合意がある事例とみることができる 2 つの裁判例をみておこう。

---

10) 国際司法裁判所規程第38条1項の柱書における「付託される紛争を国際法に従って裁判することを任務とし」という規定から，「国際法が裁判の唯一の基礎」とされる（*See* Article 38 (Alain Pellet), *supra* note 4, p. 757.）。

11) *See e.g.* Différend territorial (Jamahiriya arabe libyenne/Tchad), arrêt, CIJ Recueil 1994, pp. 21-22, para. 41; Maritime Delimitation in the Area between Greenland and Jan Mayen, Judgment, ICJ Reports 1993, p. 59, para. 48.

12) Hugh Thirlway, *The Law and Procedure of the International Court of Justice: Fifty Years of Jurisprudence*, Volume I, (Oxford UP, 2013), p. 180.

第7部　国際裁判における法と事実の認定

（１）慣習法性に当事者合意がある事例
（a）カシキリ／セドゥドゥ島事件[13]：取得時効

　まず，裁判所が慣習法性を明示しなかった規則に当事者の合意がある事例としてカシキリ／セドゥドゥ島事件における取得時効の取り扱いが挙げられる。本件において裁判所は，当該規則の慣習法性につき当事者の合意があることを，「両当事国は取得時効が国際法において認められることは合意しており，さらに取得時効の要件についても合意がある」と述べて認める[14]。しかし同時に，裁判所自身が慣習法性について検証を行うことはなく，「本件において取得時効の要件が充足されているかどうかについて両当事国の見解が異なっている」と指摘し[15]，詳細な理由に一切言及することなしに以下のように述べることで当事者の争点を要件の充足問題のみに制限したのである。

　　「本件の目的上［For present purposes］，裁判所は国際法における取得時効の地位や時効による領域権原取得の条件について自ら関わる必要はない」[16]。

そして，「ただ，以下の理由により，ナミビアが列挙した条件が満たされておらず，取得時効に関するナミビアの主張は認めることができない」[17]と要件の充足を否定する判断を示したのであった。

（b）コンゴ領域における軍事活動事件[18]：行為の帰属（国家責任条文）

　また，コンゴ領域における軍事活動事件も規則の慣習法性に当事者の合意がある事例とみることができる。本件では，コンゴ民主共和国（DRC）内の反政府組織（MLC）の武力行為がウガンダの行為とみなされ，武力行使禁止原則に違反するかどうか，という点について行為の帰属関係が問題となった。そして，この争点について，裁判所は以下のように認定したのであった。

　　「MLC の行為は，ウガンダの『国家機関』としての行為（国家責任条文第

---

13)　Kasikili/Sedudu Island (Botswana/Namibia), Judgment, ICJ Reports 1999, p. 1045.
14)　Ibid., p. 1105, para. 96.
15)　Ibid., p. 1105, para. 96.
16)　Ibid., p. 1105, para. 97.
17)　Ibid., p. 1105, para. 97.
18)　Armed Activities on the Territory of the Congo (Democratic Republic of the Congo v. Uganda), Judgment, ICJ Reports 2005, p. 168.

4条）ではなく，統治権能の要素を行使する権限を与えられている実体としての行為（同第5条）でもない。裁判所は，MLC の行為がウガンダの『指示に基づき，または指揮もしくは支配の下』での行為（同第8条）かどうかを検討し，本件がそうした事案であるという説得的な証拠はないと認定する」。[19]

ここで裁判所は国家責任条文の帰属ルールによって判断を行っているように思われるが，国家責任条文の法的性質（慣習法性）については何ら言及をしていない[20]。また，本件における当事者合意については，国家責任条文に対する当事者の見解が判決中で言及されていないが，口頭弁論中において両当事者は国家責任条文を援用していることから，慣習法性について黙示的に合意（同意の一致）が存在すると解しても良いと思われる[21]。

（2）当事者合意の位置付け

では，上記の裁判例において，両当事者がある規則に慣習法としての地位を明示的ないし黙示的に認めていることをもって，裁判所が当該規則の慣習法性を推認していると理解できるのであろうか。この点，カシキリ／セドゥドゥ島事件に関して，吉井は「本件は取得時効に関する法理の詳細を明らかにできる内容を持つ判決ではないが，裁判所が国際法における取得時効制度の存在を『前提』にしたものと理解でき」ると評価しており[22]，裁判所による慣習法性の推認を首肯しているように思われる[23]。しかし，ここでの問題は，合意に

---

19) Ibid., p. 226, para. 160.
20) なお，ジェノサイド条約適用事件では，第4条，第8条の慣習法性が明示的に認定されている（See Application of the Convention on the Prevention and Punishment of the Crime of Genocide (Bosnia and Herzegovina v. Serbia and Montenegro), Judgment, ICJ Reports 2007, p. 202, para. 385 and p. 207, para. 398.）．
21) 特に第8条について，CR 2005/5, p.50 (République démocratique du Congo, M. Salmon) と CR 2005/7, p. 25 (Uganda, Mr. Brownlie) を参照．
22) 国際司法裁判所判例研究会「判例研究・国際司法裁判所　カシキリ／セドゥドゥ島事件（ボツワナ／ナミビア）（判決：1999年12月13日）」『国際法外交雑誌』108巻1号（2009年）94頁〔吉井淳〕を参照（傍点引用者）．
23) なお，濱本は，コンゴ領域における軍事活動事件における行為帰属の判断を慣習法の成立を認めた裁判例に含めている（酒井他・前掲注1）160-161頁〔濱本正太郎〕を参照．

よる慣習法性の推認という理解を「当事者が合意するものが国際法とはかぎらないので，これを自動的に適用することは許容されない」[24]という指摘と如何に整合的に理解し得るのかという点にある。この指摘は，ニカラグア事件（本案）における以下の判示で明らかにされたものである。

> 「両当事国は，武力不行使および不干渉の慣習法の内容について相当に一致した見解を持っている。しかしながら，こうした見解の一致は，如何なる慣習法規則が適用されるのかについて裁判所自らが確認することを免ずるものではない。両当事国がある規則の承認を宣言したという単なる事実［The mere fact that States declare their recognition of certain rules］は，裁判所がそれを慣習国際法の一部として両国に適用することができるとみなすのに十分ではない」。[25]

確かに，こうしたニカラグア事件判決の立場からは当事者合意は規則の慣習法性を必ずしも正当化しないといえるであろう[26]。そのため，ある規則に当事者の合意が存在する事例であっても，裁判所による沈黙（慣習法性の論証欠如）を当該規則の慣習法性が推認されていると解する理論的根拠は見いだせないといわざるをえない。

では，ある規則の慣習法性が推認されない結果，当該規則を特定の事案に適用する法的根拠もまた失われてしまうのであろうか。換言すると，慣習法と性格付けられない規則を適用することにより，裁判所は法適用義務（ICJ規程第38条）に違反したということになるのであろうか。この点については，ある規範が一般的な慣習法性を有するかどうかの問題とそれが具体的事案において適用できるかどうかという問題を区別することが可能であるため[27]，当事者の合意により当該事案の適用法として利用することは正当化できるように思われる。すなわち，一般的な慣習法性の承認と具体的な適用法の承認を区別し，後

---

24) 杉原・前掲注7) 20頁。
25) Military and Paramilitary Activities in and against Nicaragua (Nicaragua *v.* United States of America), Merits, Judgment, ICJ Reports 1986, pp. 97-98, para. 184.
26) 厳密には，ここで問題となっている合意は，条約法上における同意と同列のものとは理解されるべきではない。それは裁判所が「同意（consent）」ではなく，当該規則に対する「承認（recognition）」や「当事者に共通の見解（shared view of the Parties）」と用語を使用していることからも推測される（*See* Thirlway, *supra* note 12, p. 181.）。

者を当事者合意に基礎付けることにより，法適用義務との抵触を回避し得ると考えるのである。なお，学説においては，訴訟当事者が特定の規則の存在や内容に共通の法的信念（shared *opinio juris*）を持つ場合に特別ないし二国間慣習法規則の存在が認められるとの指摘もあり[28]，上記の理解は慣習法理論上にその根拠を有し得るものと解される。しかし同時に，こうした二国間における共通の法的信念の存在は，一般国際法の存在を示すものとはみなされないことにも留意する必要があろう[29]。したがって，当事者による個別的な適用法の承認は裁判所の法適用義務を解除するものではあるが，一般的な慣習法規範を成立させるわけではないのであり，慣習法形成への影響は限定的なものにとどまると考えられる。

3　慣習法性の黙示的承認？

他方，当該規則の法的性質（慣習法性）に当事者の合意がない場合は，当該合意を特定の事案における適用法の承認と解することによって裁判所が法適用義務との抵触を回避するという説明は困難となる。その結果，慣習法規則が黙示的に承認されたという理論を採用することになるのであろうか。そこで，以下では，規則の慣習法性に当事者の合意がない事例とみることができる3つの裁判例を概観していくことにしたい。

---

27) 村瀬信也は「規範が一般的に妥当すべき内容を持っているということと，そのルールが現実的に適用可能か否かという問題とを，切り離して考える発想」が慣習法の成立に内在していることを指摘する（村瀬信也「現代国際法における法源論の動揺 ── 国際立法論の前提的考察として ── 」『立教法学』25号（1985年）92頁を参照）。
28) See Thirlway, *supra* note 12, p. 181. ただし，サールウェイは，当該規則が当事国間の限られた文脈でのみ適用されることが適当なものであり，そのように両当事者もみなしている場合に限って，こうした理解（特別ないし二国間慣習法の成立）の妥当性が認められると解する（See Thirlway, ibid., p. 181.）。
29) See Thirlway, ibid., p. 182.

第 7 部　国際裁判における法と事実の認定

（1）慣習法性に当事者合意がない事例
（a）カタールとバーレーンの海洋・領土問題事件[30]：群島国（国連海洋法条約）

　カタールとバーレーンの海洋・領土問題事件は，慣習法規則に当事者の合意がなく，かつ裁判所も慣習法性を明示することなしに当該規則の要件該当性を判断することで適用を行った事例と位置付けられる。本件でバーレーンは自国が国連海洋法条約上の群島国の地位を有し，群島基線（国連海洋法条約第47条）を引く権限を持つ，と主張した[31]。ただし，本件の適用法は（バーレーンもカタールも条約当事国ではないため）国連海洋法条約ではなく慣習法であり[32]，カタールが国連海洋法条約第Ⅳ部の慣習法性を否認していたため[33]，第Ⅳ部の慣習法としての適用問題が生じたのであった。この問題に対して裁判所は，バーレーンの島嶼が置かれた地理的状況を指摘しつつ，次のように述べる。

> 「直線基線の方法は，当該国家が1982年海洋法条約第Ⅳ部における群島国であるとの宣言をした場合にのみ適用できる［n'est applicable que si l'Etat a déclaré］が，本件のバーレーンはそうではない」。[34]

そして，裁判所は，上記を理由として，バーレーンが群島基線として直線基線を引く権限を持たないと結論づけたのであった[35]。ここで裁判所は，バーレーンの地理的状況と宣言の欠如という要件の未充足を理由としてバーレーンの群島基線に関する主張を判断しており，慣習法性を明らかにすることなしに国連海洋法条約第Ⅳ部を適用しているようにみえる。

---

30) Délimitation maritime et questions territoriales entre Qatar et Bahreïn, fond, arrêt, CIJ Recueil 2001, p.40.
31) Ibid., p. 66, para. 81.
32) Ibid., p. 91, para. 167.
33) Ibid., p. 96, para. 182. *See also* Memorial of the Government of the State of Qatar, p. 262, para. 11.43 and Counter-Memorial of the Government of the State of Qatar, p. 206, para. 6.65.
34) Ibid., p. 103, para. 214.
35) Ibid., p. 103, para. 215.

(b) アマドゥ・サディオ・ディアロ事件[36]：代替による外交的保護権（外交的保護条文）

また，アマドゥ・サディオ・ディアロ事件は，慣習法規則に当事者の合意がない状況で裁判所が慣習法性を明示することなしに当該規則の要件該当性を判断したことがより明確な事例であるといえる。本件において原告ギニアは会社（ザイール2社）の権利保護のため「代替して」ディアロ氏のために外交的保護権を行使するとして，外交的保護条文第11条(b)項に定められた「代替による外交保護権が行使される例外」（法人格否認法理）に該当する旨を主張していた[37]。しかし，被告DRCは代替による外交的保護権の一般性を否認しており[38]，外交的保護条文第11条(b)項に定められた代替による外交的保護権の法的性質については当事者の見解が対立していたといえる。

この点について裁判所は，慣習国際法が代替による外交的保護に関してILCの外交的保護条文第11条(b)項よりも制限的な規則を含んでいるかどうかは別個の問題であると指摘しつつも[39]，以下のように判示したのであった。

「裁判所は，本件のザイール2社が，ギニアによって援用されたILC国家責任条文第11条(b)項における代替による外交的保護に該当する[＝RDC国籍法人として設立する強制がある]ようには設立されていないと結論付ける。従って，第11条(b)項が国際慣習法を反映するか否かの問題は本件では生じない」。[40]

ここで裁判所は，外交的保護条文第11条(b)項が慣習法性を有するかどうかを明らかにすることなく同条項に依拠し，同条(b)項後段の要件が未充足であることを理由としてギニアの代替による外交的保護権行使を否認しているのである。

この認定に関しては，「あまりに慎重すぎる」判断であり裁判所は慣習法規則を明確にすべきであったという意見が判事から出されており[41]，学説にお

---

36) Ahmadou Sadio Diallo (République de Guinee c. République démocratique du Congo), exceptions préliminaires, arrêt, CIJ Recueil 2007, p. 582.
37) Ibid., p. 612-614, para. 82-85.
38) CR 2006/50 (République démocratique du Congo, M. Kisala), pp. 54-55 (para. 42-46). なお，被告DRCは，外交的保護条文を援用していない。
39) Ahmadou Sadio Diallo, *supra* note 36, p. 615, para. 91.
40) Ibid., p. 616, para. 93. （括弧内引用者）

いても裁判所が国家責任条文第11条(b)項の慣習法性を承認したものとは理解しておらず、「慣習法の問題として ILC の提案した例外の妥当性に関して如何なる見解も表明していない」[42] といった評価や「将来の紛争におけるガイダンスを提供し得る一般規則を抽出することは困難であろう」[43] といった評価がなされている。

（c）ドイツの主権免除事件[44]：執行免除（国連国家免除条約）

　ドイツの主権免除事件も慣習法規則に当事者の合意がなく、かつ裁判所も慣習法性を明示することなしに当該規則の要件該当性を判断することで規則の適用が行われた事例であると評価できる。本件で原告ドイツが問題としたイタリアの措置にはイタリア裁判所の在伊ドイツ財産に対する裁判上の抵当権設定が含まれており、ドイツは当該強制措置が執行免除を求める国際法に違反すると主張していた[45]。そして、ドイツは、執行免除に関する国際法について、国連国家免除条約は未発効であるが、執行免除に関しては第19条が慣習法を反映している限りで拘束的である[46]、として同条約を援用したのであった。この主張に対して、被告イタリアは問題の在伊ドイツ財産について「裁判所による如何なる決定にも反対しない」[47] と述べており、執行免除の規則について法的議論を一切していないことから、本件において問題となった執行免除に関する国連国家免除条約第19条の慣習法性について当事国の合意はないと考えられる。この問題に関して裁判所は、イタリアは抵当権の設定が国際法違反とは認めてはおらず、執行停止されているとはいえ効力を失ったわけはないことから判断を下すことになるのであった[48]。

---

41) Déclaration de M. le juge *ad hoc* Mahiou, *supra* note 36, p. 621, par. 5.
42) Phoebe Okowa, Case concerning Ahmadou Sadio Diallo (Republic of Guinea v. Democratic Republic of Congo), *ICLQ* vol 57 (2008), p. 223.
43) Annemarieke Vermeer-Künzli, Diallo and the Draft Articles: The Application of the Draft Articles on Diplomatic Protection in the Ahmadou Sadio Diallo Case, *LJIL* 20-4 (2007), p. 954.
44) Immunités juridictionnelles de l'Etat (Allemagne *c.* Italie; Grèce (intervenant)), arrêt, CIJ Recueil 2012, p. 99.
45) Ibid., p. 145-146, para. 109-110.
46) Ibid., p. 147, para. 115.
47) Ibid., p. 117, para. 38 and p. 146, para. 110. See also CR 2011/18, p. 14 (Italy, Mr. Aiello), (para. 12.)
48) Ibid., p. 146, paras. 111-112.

裁判所は,「国連国家免除条約第19条が, すべての面において現在の慣習国際法を反映しているかどうかを決定する必要はない」[49]として慣習法性について明言を避けつつ,「外国の財産に対して執行措置をとるための要件[①非主権行為のための当該財産の使用, ②執行措置への明示的同意, ③当該財産が裁判上の請求を満たすために割り当てられている]を少なくとも一つ満たしていることを確認すれば十分である」[50]と述べ, 国連国家免除条約第19条に掲げられている要件についてその該当性を検討するであった。そして, 具体的な要件へ本件事実の当て嵌めを行い,「本件において, 問題となっている強制的な措置の対象である財産が, 商業的な性格を持たない公的目的の活動, すなわちドイツの主権的任務に属する活動のために利用されていることは明らかであ」り,「ドイツは明示的な同意を与えてもいず, 裁判上の請求を満たすために割り当てられてもない」と[51], いずれの要件も満たしていないと判断して要件該当性を否定したのであった。その結果, 当該ドイツ財産に対する裁判上の抵当権の設定は, ドイツの免除を尊重するイタリアの義務に違反すると認定したのである[52]。

上記の推論に関して, 水島は,「おそらくICJは,『当該財産が, 政府の非商業的目的以外に当該国により特定的に使用され』ている場合(言わば業務管理行為用財産)には強制的な措置を認める国連主権免除条約第19条(c)が慣習国際法を反映していると判断したのであろう」[53]と評価しており, 慎重な言い回しではあるが, 慣習法性の推認を認めているように思われる。

(2) 裁判所の沈黙の評価

以上みた3つの裁判例において裁判所は, 当該規則の慣習法性を黙示的に承認したといえるのであろうか。裁判所による慣習法規則の黙示的承認という立論を採用する意義は, 当該規則が慣習法性を有する, すなわち一般法として成立していると解されるならば, 当該規則の適用に際して当事者の合意が不要に

---

49) Ibid., p. 148, para. 117.
50) Ibid., p. 148, para. 118.
51) Ibid., p. 148, para. 119.
52) Ibid., p. 148, para. 120.
53) 水島朋則『主権免除の国際法』(名古屋大学出版会, 2012年) 295頁。

なる点に求められるように思われる[54]。しかし，以下の理由により，上記事例における裁判所の沈黙を問題となっていた規則の慣習法性を黙示的に承認するものと解する必然性はないように思われる。

　まず第1に，法技術的観点からは，裁判所は「仮定の上で議論を進める論法」（いわゆる"arguendo" technique）[55] を採用したと理解できるものと考えられる。この論法は，ICJ以外の国際裁判においても利用される推論であり，論点の取り扱い順序の変更によって判断を回避する手法と理解されている[56]。実際，ICJにおいても，逮捕状事件の以下の判示に同論法の採用が明確な形でみてとれる。

> 「論理的には，第2の問題［外務大臣の免除を侵害したかどうかの問題］は，第1の問題［普遍的管轄権を行使しうるか否かの問題］を決定した後にのみ取り扱われる。しかしながら，本件では，原告コンゴの最終申立てに鑑み，ベルギーが，国際法上，2001年4月11日付け逮捕状を発付・回覧する管轄権を有していたと仮定して [à supposer]，そうした発付・回覧がコンゴの元外務大臣の免除を侵害するかどうかの問題をまず扱うことにする」。[57]

この点に関連して，アルバレス－ヒメネスは，カタールとバーレーンの海洋・領土問題事件において裁判所はこの論法を使用しなかったと評価することにより慣習法規則が黙示的に承認されたと位置付けているが[58]，こうした評価は妥当であろうか。ここで同論法が使用されたか否かの問題は「仮定の上で議論を進める論法」をどのような内容の論法と把握するかに帰着するといえる。確かに，カタールとバーレーンの海洋・領土問題事件における判決文中で「仮定して（à supposer; assuming）」という文言は使用されていない。しかし，論理的先決関係を逆転させるという点においては，本稿でみた裁判例における「慣

---

54) *See* Thirlway, *supra* note 12, p. 182.
55) *See* Alvarez-Jiménez, *supra* note 9, p.702.
56) *See* Alberto Alvarez-Jiménez, The WTO Appellate Body's Exercise of Judicial Economy, *Journal of International Economic Law*, 12 (2) (2009), pp. 407–410.
57) Mandat d'arrêt du 11 avril 2000 (République démocratique du Congo *c.* Belgique), arrêt, CIJ Recueil 2002, p. 19, para. 46. （傍点および括弧内引用者）
58) *See* Alvarez-Jiménez, *supra* note 9, p.702.

習法性を明示せずに要件の充足を検討する」論法と「仮定の上で議論を進める論法（"arguendo" technique）」とでその論理構造に異なる点は認められないと考えられる。また、カタールが「もし慣習法であると仮定しても要件を充足しない」と主張していたことも[59]、上記事案で裁判所が「仮定の上で議論を進める論法」を採用することにより要件未充足で問題を処理することを容易にしたようにも思われる。もちろん裁判所が「仮定の上で議論を進める論法」を採用したと考えられるとしても、当事者が争点としている場合に同論法によって争点（慣習法性）を回避することが妥当かどうかは別問題であるが、ここでは、裁判所の沈黙を同論法の採用とみることができることを示すことで慣習法規則の黙示的承認と解する必然性がないことを確認すれば十分であろう。

そして第2に、裁判所の意図の観点から、裁判所の沈黙は裁判所が慣習法性を黙示的に承認したと解するよりも敢えて慣習法性の判断を回避していると解されるように思われる。そもそも裁判所は慣習法規則の適用に際してILCによる法典化作業の成果物等への依拠を選択的に行っていると解されるが[60]、ILCによる法典化作業成果物を参照しながらも慣習法性の認定を明示しない事案は、当該規則の法典化が慣習法を反映しているかどうかについて意見が収斂していない場合であるといえる。実際、ILCによる法典化作業成果物に関する事案では、アマドゥ・サディオ・ディアロ事件における外交的保護条文第11条(b)項後段の要件について、理論上も根拠が不明確であるとの批判に加えて[61]、慣習法を反映していないとの批判が国家からも寄せられていたと指摘されている[62]。また、ドイツの主権免除事件でもICJ自身がILCにおいて長く困難な議論が生じてきたことに言及しており[63]、国連国家免除条約第19条には新たな規則が含まれているとの指摘もある[64]。したがって、裁判所の沈黙は、国家間において議論のある規則の慣習法性について肯定も否定もしないという態

---

59) See CR 2000/10, p.17 (Qatar, M. Queneudec), (para. 73).
60) See Santiago Villalpando, On the International Court of Justice and the Determination of Rules of Law, LJIL 26-2 (2013), p. 8.
61) 玉田大「判例研究　国際司法裁判所　アマドゥ・サディオ・ディアロ事件（先決的抗弁判決2007年5月24日）」『岡山大学法学会雑誌』58巻3号（2009年）410-409頁を参照。
62) 酒井他・前掲注1）161頁〔濵本正太郎〕を参照。
63) Immunités juridictionnelles de l'Etat, supra note 44, p. 148, para. 117.
64) 松井章浩「国連国家免除条約における執行免除規則の新たな形成」『立命館法学』2010年5・6号（2010年）1342-1347頁を参照。

度表明ととれるものであり、それを慣習法性の黙示的な承認と解する擬制には無理があるといわなければならない。

以上より、ある規則の慣習法性に当事者間で合意がない場合、裁判所が慣習法性を判断せずに当該規則の要件該当性を検討することを法的に正当化することは困難であると考える。当該規則の適用は当事者の合意が推認される場合にのみ可能になる（すなわち法適用義務違反を生じさせない）と解されるのであり、判例上、慣習法性の黙示的な承認を法的に是認する根拠は見いだせないように思われる[65]。

4　おわりに

本稿では、ICJ における慣習法規則の適用に際して近年の裁判例にみられる「ある規則の慣習法性を認定せずに、当該規則の要件該当性を否認する推論」を如何に評価すべきかについて考察してきた。こうした推論を採用する裁判所の傾向に対して、杉原は「判断の回避」であるとして否定的な評価を下している[66]。こうした杉原の評価は、慣習法の論証プロセスを含めた法適用義務の厳格な遵守を裁判所に求めているものと理解できるであろう[67]。確かに、ある慣習法規則の適用に際して、当該規則に当事者合意が（明示的ないし少なくとも黙示的に）存在していない場合、慣習法性を認定せずに要件の該当性について検討を行うという手法は、規範性を担保することなく当該"規則"を適用しているに等しく、裁判所の法適用義務に抵触する危険性があると考える。そのような場合においても法適用義務を充足するためには、当該規則の慣習法性を裁判所が黙示的に推認しているという理論による他はないが、法技術的にも裁判所の意図からも同理論を採用することはできない。

他方、当事者の合意がある場合には当該合意により当事者が適用法を選定したと解して、裁判所の法適用義務との抵触を回避することも理論的には不可能

---

[65] 裁判所による慣習法規則の黙示的承認理論を認めるアルバレス−ヒメネスも、当該規則の慣習法性が当事国間の争点となっている場合に「黙示的な慣習法規則は認められるべきではない」、と述べる（*See* Alvarez-Jiménez, *supra* note 9, p.709.）。
[66] 杉原・前掲注7）22-23頁を参照。
[67] 杉原・前掲注7）27頁を参照。

ではないといえる。そして，慣習法規則の存在や内容につき合意がある場合に当該規則の存在を確認せずに要件を検討するという裁判所の傾向は「慣習法規則の適用を個別化する技術」と評価され得るかもしれない。確かにこうした傾向は，訴訟経済の考慮に基づく実際的対応といえるものであり[68]，先例的価値を限定することによって，その存在や内容に争いがある規則を一般法であると判断することに伴うかもしれない「司法立法」との誹りを一定程度回避するという点にメリットを見いだし得るであろう。しかし，当事者合意を根拠にした慣習法規則の適用には，慣習法規則が有する規範性の稀薄化を招くというデメリットもまた付随していることを見落としてはならない。

　慣習法に関するこうした危惧は，30年前に村瀬が指摘していた問題点にも通じるものである。すなわち，村瀬は，慣習法の機能変化を慣習法の「個別化」現象と把握し，そこに慣習法の規範性の相対化・稀薄化を見いだしていたのである[69]。その際，村瀬は慣習法のあり方に関する問題が「個別化」という形で顕在化した理由を国際司法過程の整序に求めている[70]。村瀬も指摘する通り，慣習法の個別化そのものは裁判が権利＝合法性主張の過程（claiming process）であることに内在する問題かもしれないが，本稿でみた近年の傾向の問題性はこうした慣習法の個別化とそれに伴う規範性の稀薄化を裁判所自らが主導しているという点にこそあるといえる。また，この観点からみると，本稿でみた裁判例は，裁判所が規範の個別化（それ故の稀薄化）を「訴訟経済の考慮」の名の下に法的正当化の困難な状況（その限りで「規範」の個別化ですらない）にまで進めているといえるのかもしれない。

　以上の考察から，近年の慣習法規則の適用においてこうした推論を多用する裁判所の傾向は，裁判における慣習法の機能が変化し続けていることを示していると同時に，「法による裁判」という裁判の正当性基盤を自ら掘り崩す危険性を孕んでいると結論づけられるのである。

---

68) 酒井他・前掲注1) 149頁〔濵本正太郎〕を参照。なお，アルバレス–ヒメネスは，裁判所は「実際的観点から（for practical purpose）」慣習法規則の黙示的承認を認めている，と指摘しており，慣習法規則の黙示的承認理論も訴訟経済の考慮をその根拠としていると考えられる（See Alvarez-Jiménez, *supra* note 9, p.703.）。
69) 村瀬・前掲注27) 91頁を参照。
70) 村瀬・前掲注27) 91頁を参照。

31 国際司法裁判所における適用法規の範囲
—— 裁判管轄権設定上の制約との関係から ——

岩 石 順 子

1　はじめに
2　前提的な整理
3　裁判所規程起草時の議論
　　と初期の実行
4　裁判管轄権の基礎以外に
　　認められる適用法規の範囲
　　と根拠
5　おわりに

1　はじめに

　村瀬教授は，現代における国際法が条約の多数化及び多様化に伴い分野ごとに独自の発展を進めていくなかで，個別の分野において発生する規範が，国際法の法源論上どこに位置づけられ，また，一般国際法上の規則とどのように関わるのか，常に意識を持ち続けてこられた[1]。かかる意識なくしては，強制性を持たない国際法の法としての根拠を求めて議論を深めてきた法源論は思考を停止し，一般国際法上の規則は発展することなく役割を縮小し，国際法は個別の分野にのみ通用する規則群の存在へと瓦解すると，考えてこられたと思う。村瀬教授は，個別の国家の意思を介さずに国際社会などの概念を想定して形成される規範に対して懐疑的であられるが，こうした意味において法の体系性を常にその念頭に置かれてきたのだと思う。
　近年，個別分野における規範の発展にとどまらず，これまで国家間紛争を司法的に解決する機関の中心であった国際司法裁判所（以下，ICJ）の他に，国連海洋法条約に基づき設置された国際海洋法裁判所，複数の国際刑事法廷や国際

---

[1]　村瀬信也『国際立法 —— 国際法の法源論』（東信堂，2002年）所収の論文は一部を除き，立法条約・個別の分野における規範・国際機関での宣言や決議と一般国際法との関係を扱うものである。

人権裁判所、世界貿易機関（以下、WTO）の紛争解決機関など、個々の分野において国際法を客観的に解釈適用する第三者機関が増加したことを契機として、複数の条約に存在する同種の規定に異なる解釈が与えられる、または、複数の条約に関連して生じる紛争が複数の機関に提起され異なる判断が与えられることなどにより、国際法の断片化（fragmentation）が生じることが指摘され、様々な角度から議論されている。

この現象をどのような問題として捉えるか（又は問題として捉えないか）は、国際法の体系性を前提に置くか否かにより異なりかかる対立の止揚は困難であるが、体系化は一義的には学問の存在理由であるから、国際法学の議論としては、体系性を前提に置いて断片化を問題とし、統合や調整のための理論を模索する議論が活発である[2]。村瀬教授は、「国際法は主権国家の並存を基盤とする異質な体制の共存を前提としたうえで一元的な規律を目指す法であるため、そこでは、統合原理への収斂こそが、その存立を左右するものと考えられてきた。『断片化』は、一元的な国際法の成立にとって、その存立それ自体を危うくする『病理』として意識される。[3]」と、国際法学における「断片化」に対する一般的な評価を述べられている。

新しい第三者機関の中でも、とりわけWTOの紛争解決機関は、WTOの対象協定（以下、便宜的にWTO法という）に関する紛争について強制管轄権が付与されており、他方で、環境保護や人権保護を理由とした貿易措置が他国との間で争いとなるなどWTO法以外の法分野との関係が問題となる場面が発生するために、国際法の断片化現象を示す素材を多く提供してきた。特に、WTOの紛争解決機関では、請求の基礎となる規範はWTO法に限られる一方で、適用法規についての規定はなく、他分野との関係が問題となる紛争において、WTO法以外の国際法規範（以下、便宜的に非WTO法という）を判断に用いることができるかという点について議論がなされてきた。

---

[2] 断片化に関する論稿は多数あるが、特に「問題」という認識の背後にある国際法観の対立の止揚が困難であることを指摘し、現象や実際上の解決策を整理し提示する書籍・論稿として、Broude, Tomer, and Shany, Yuval, (eds.), *Multi-Sourced Equivalent Norms in International Law*, 2011. 小森光夫「国際法秩序の断片化問題と統合への理論課題」『世界法年報』28号（2009年）3-41頁。

[3] 村瀬信也「国際法の『断片化』と国際経済法」日本国際経済法学会編『国際経済法講座Ⅰ —— 通商・投資・競争』（法律文化社、2012年）24頁。

対して，他の機関を設置する条約では，当該条約の解釈及び適用に関して裁判所の管轄権を設定する管轄権条項とは別に適用法規条項を持つものが多いが，当該条約の他にどこまで含めるかは機関によって異なる。例えば，国連海洋法条約では，当該条約の下で設置される司法手続が用いることのできる適用法規として，国連海洋法条約のみではなく「同条約に反しない国際法の他の規則」も規定している。この規定から，国連海洋法条約の下での司法手続においては，他の国際法規範も関わる紛争が提起されたとしても，断片化の生じる危険は少ないという評価が見られる[4]。

このように断片化現象との関係で，新しい第三者機関において用いることのできる規範の範囲が問題となる場合，個別具体的な請求の範囲によって可変する議論としてではなく，適用法規条項を検討することによって一般的に議論されている。そのため，これらの機関と対比して，ICJは最も普遍的な視点から判断を行いうる裁判所と位置付けられている。ICJ規程第38条の適用法規に関する規定は，およそ司法機関の用い得る形で存在する，あらゆる国際法規範を包含するものと考えられているからである。

しかし，それはあくまでも可能性として開かれているものに過ぎず，具体的な事件においては，ICJにおける適用法規は管轄権設定上の制約により，普遍とは遠いものとなる。本稿で見るとおり，ICJにおいては，紛争当事国の双方が強制管轄受諾宣言をなしている場合や，一定の国家間において生じる争いを裁判所に付託する旨を一般的に定める紛争付託条約がある場合ではなく，特定の実体的義務を設定する条約の紛争付託条項に基づいて付託される場合，判断において適用可能な規範は，管轄権の基礎となる当該条約によって制限を受けることとなるからである。したがって，複数の条約が関係する争いが生じた場合に，その争いに対して適用できる全ての国際法規範または適用すべき国際法規範を，付託された紛争の解決においては，管轄権の設定上用いることができない可能性がある。その意味で，個別分野における他の機関について指摘される状況は，ICJにおいても生じてくることとなる。

この問題が近年顕在化したのは，ICJで2003年に本案判決が下された石油油

---

[4] 国連海洋法条約第293条の適用法規の規定を広く解釈するものとして，Walker, George K. (ed.), *Definitions for the Law of the Sea: Terms Not Defined by the 1982 Convention*, 2012, pp. 62-69 and 267-272.

第 7 部　国際裁判における法と事実の認定

井事件である⁵⁾。これは，イラン・イラク戦争の最中に米国船籍の船舶が受けた攻撃はイランによるものとし，米国がイランの石油油井を攻撃したことについて，イランが米国を相手取り提訴した事件であるが，裁判管轄権の基礎は1955年の米国・イラン間の友好経済関係及び領事条約（以下，1955年条約）の紛争付託条項のみであった。米国は，石油油井への攻撃を正当化する理由として，1955年条約第20条 1 項（d）に認められる「安全保障上の不可欠な利益を保護するために必要な措置」に依拠し，裁判所は，本条項の解釈に不可欠な一部として，一般国際法上の自衛権の要件との合致を検討した[6]。これに対してBuergenthal判事は，管轄権の基礎ではない規範に照らして判断することはできないとし，こうした規範を裁判所の判断に持ち込むことは「解釈」の名においてもできないと反対したのである[7]。

近年のICJの利用においても，このような特定の実体的義務を規定する条約の紛争付託条項のみに基づいて提訴される事件は必ずしも多くはないが，増加の傾向にある[8]。かかる事件では上の石油油井事件のように，裁判所に提起するため管轄権の基礎となり得る特定の条約の義務違反の認定を求める請求[9]の形で訴訟手続上の「紛争」が定式化されることにより，一面的な観点から法的判断を求められ，紛争の個別化ともいうべき事態が生じる場合がある。こうした提訴においては，背後にある「真の紛争」との関係で管轄権行使の是非が問題となったり，管轄権の基礎となる条約以外の国際法規範を裁判におい

---

5)　*Oil Platforms* (*Islamic Republic of Iran v. United States of America*), *Merits, Judgment*, *I.C.J. Reports 2003*, p. 161.

6)　*Ibid.*, pp. 198-199 (paras. 76-77).

7)　*Oil Platforms* (*Islamic Republic of Iran v. United States of America*) *Merits, Judgment, Separate Opinion of Judge Buergenthal, I.C.J. Reports 2003*, pp. 278-283 (paras. 20-32).

8)　特定の実体的規則を規定する条約等の紛争付託条項のみに依拠して提訴された事件の一覧は，以下，注31（PCIJ）及び注47（ICJ）を参照。ICJの利用において管轄権の基礎として依拠されるのは，選択条項受諾宣言と一般的な紛争付託条約が多い。紛争付託条項に基づくICJへの提訴の状況と，近年利用が増加しているボゴタ規約（一般的な紛争付託条約の 1 つ）については以下に詳しい。石塚智佐「多数国間条約の裁判条項にもとづく国際司法裁判所の管轄権 —— 裁判所の司法政策と当事国の訴訟戦略の連関に着目して」『一橋法学』11巻 1 号（2012年）355-388頁，同「ボゴタ規約に基づく国際司法裁判所の管轄権」『一橋法学』 9 巻 2 号（2010年）107-155頁。

9)　訴状に記載される「請求」は訴訟手続の最後に示される「申立て」と厳密には異なるが，本稿では判決事項の対象となるもののことを必要がある範囲で訴訟過程の位置づけを示しつついずれも「請求」と呼ぶこととする。

[岩石順子]　　　***31***　国際司法裁判所における適用法規の範囲

て用いられ得るかが問題となる場面が見られるようになっている。

　本稿は，こうした現状において，ICJに提起された事件で管轄権設定上の制約がある場合，裁判所が認める適用法規の範囲や管轄権の外に置かれた規範の取扱いを整理し，その取扱いを裁判所が正当化する根拠を考察することとする。まず前提として，「適用法規」とひとくちに言っても請求の基礎になる規範，請求や請求の基礎になる規範を解釈及び適用する際に必要となる規範，請求に対する相手側の抗弁の根拠として用いられる規範など，事件によって異なるレベルで問題となるため，かかる区別が深化しているWTOの紛争解決機関における議論を参考にして概念の整理を行う。次に，もう1つ前提として，紛争の個別化へ裁判所がいかに対処しているかについて近年研究されている理論と，本稿がどのように関係するか整理する。その上で，まず，管轄権の設定上の制約が適用法規の範囲に制約を与えることについて，ICJ規程の前身となる常設国際司法裁判所（以下，PCIJ）規程の起草時においてどのような議論があったのか，また，PCIJ運営の当初において関係する先例を確認し，次に，先に挙げた石油油井事件を含めて，近年ICJにおいて管轄権設定上の制約があることで適用法規への制約があった事件を分析して，現在ICJにおいてかかる場合の適用法規はいかなる範囲で，また，いかなる根拠で認められているかを検討する。

2　前提的な整理

（1）「適用法規」概念の整理

　裁判所の管轄権が特定の実体的義務を規定する条約に基づき設定される場合に，訴外に置かれた他の国際法規範の適用の可否が問題となり得る場面は，幾つかに分けられる。上記では広く何らかの形で裁判所が判断において参照する規範のことを「適用法規」としてきたが，その用いられ方とそれによりもたらす効果は場面で異なり，これらを分けて検討しなければならない。この分類については，WTOの紛争解決手続においてWTO法以外の国際法規範をどの範囲で用いることが可能か検討する議論が多くの示唆を与えているため，かかる議論を参考にして整理することとする。

　WTOの紛争解決手続了解第3条2項では，WTOの紛争解決制度は「対象

775

第 7 部　国際裁判における法と事実の認定

協定に基づく加盟国の権利及び義務を維持し並びに解釈に関する国際法上の慣習的規則に従って対象協定の現行の規定の解釈を明らかにすることに資するものである」と規定しており，「WTO の対象協定」(WTO 法) と「解釈に関する国際法上の慣習的規則」は用いることができる旨，明らかになっている。これ以上に，特に判断に用いることが可能な規範の範囲を示す規定はない。WTO 法違反となり得る行為の正当化理由として環境関連条約や人権関連条約に依拠される事件が増えるとともに，これらの非 WTO 法をどれだけ WTO の紛争解決機関が判断に用いることができるのか，問題として現れるようになった。

　WTO の紛争解決機関が非 WTO 法を判断に用いることができるかについては，論者によって考えが異なる[10]。この問題について最も包括的な検討を行っている Pauwelyn は，その著書において，まず規則と規則とが関係しあう態様を分類し，次にそれぞれの態様において生じる可能性のある抵触がどのように解消されるかを整理し，WTO 法と非 WTO 法の規則との関係を示す。その上で，WTO の紛争解決機関という特定のフォーラムにおいて，関係する非 WTO 法の規則をどこまで参照して判断することが可能であるのか，考えを示している。

　Pauwelyn によれば，規則と規則とが関係しあう態様は，大きく「累積」と「抵触」に分けられ，さらに累積関係は，ある規則がもう 1 つの規則より何かしら付加的要素のある場合と，ある規則が単にもう 1 つの規則の内容を確認する規定となっている場合とがあるという。また，抵触関係は，ある規則が強行規範に反する場合など規範内容それ自体が他の規範の違反となる場合（本質的な規範的抵触：inherent normative conflict）と，ある規則が付与する権利を実際に

---

[10]　WTO における適用法規をめぐる議論については，以下の文献を参照。Trachtman, Joel, "Jurisdiction in WTO Dispute Settlement," in Yerxa, Rufus, and Wilson, Bruce, (eds.), *Key Issues in WTO Dispute Settlement: the First Ten Years*, 2005, pp. 132–143; Trachtman, Joel, "The Domain of WTO Dispute Resolution," *Harvard International Law Journal*, Vol. 40, 1999, pp. 333–377; Pauwelyn, Joost, *Conflict of Norms in Public International Law: How WTO Law Relates to Other Rules of International Law*, 2003. 平覚「WTO 紛争解決手続における多数国間環境条約の位置づけ —— 適用法としての可能性を中心に」『RIETI Discussion Paper Series, 07-J-014』，同「WTO 紛争解決手続における適用法 —— 多数国間環境協定は適用法になりうるか」『法学雑誌（大阪市立大学）』54 巻 1 号（2007 - 2008 年）161-197 頁，同「WTO 法と他の国際法の調和 —— 規範的枠組の変容と WTO 司法機関の対応」日本国際経済法学会編・前掲注 3）142-162 頁。

行使すると他の規則の違反となるように，適用して初めて抵触が生じる場合（法の適用における抵触：conflict in applicable law）とがあるという。

次に Pauwelyn は，規則と規則との抵触が解消される方法を3種類に分ける。第1の方法は，抵触が生じないようにすることであり，これには，そもそも条約の起草時において他の規則との抵触を回避することや，ある規則を解釈する際に他の規則と調和的に読むなど条約解釈のレベルにおいて抵触を回避することが含まれる。第2及び第3の方法は，適用のレベルで解消する方法であり，第2の方法は本質的な規範的抵触がある場合に用いる方法で，いずれかの規則を違法（又は違法且つ無効）として処理する。第3の方法は法の適用における抵触がある場合に用いる方法で，後法優位原則等の国際法上の適用における優先関係を示す規則に従って処理し，かかる規則が関係しない場合には，何れかの規則の不履行に対する責任を負うことで処理することとなる。

Pauwelyn は，このように規範間の関係とそこに生じ得る抵触の解消方法を，一旦制度上の制約を横に置いて整理した上で，最後に，WTO の紛争解決機関という特定のフォーラムの中で，どこまでこうした整理を実現できるか考えを述べている。Pauwelyn は，まず請求の基礎となる規則は明示的な規定があるため WTO 法に限られ，したがって紛争解決機関は WTO 法の規則に関してのみ適合性の評価を行うことができるとしつつ，この判断を行うために参照することが必要となる規則はいずれも参照可能であり，上記に整理した規範間の関係と解消方法をそのまま反映する形で参照することができるものとする。

具体的な手続の中では，管轄権段階において適用のレベルで抵触を解消すべき状況が検討され，WTO 法に基礎を置く請求が，他の規則との関係に照らした上で WTO 法の規則が優先される場合，又は他の規則に基礎付け得る訴えとは切り離して判断し得るという場合には，管轄権があると考えられ，この判断をするために関係する規則へ参照することが可能であるとする。本案段階においては，WTO 法の規則の解釈に関係する他の規則を参照することが可能であり，また，WTO 法の規則が述べていない部分については他の規則を適用することが可能であるとする。

Pauwelyn は，WTO の紛争解決機関における請求の基礎となる規則の範囲と適用法規の範囲とは区別されるものであり，前者は WTO 法に限られるものの，WTO 法に基づく請求を検討する際に非 WTO 法を適用したり，当該請求に関

してWTO法の解釈を行う際に非WTO法を参照したり，当該請求に対する抗弁として非WTO法に依拠することができるとする[11]。つまり，後者の範囲，すなわちWTOの紛争解決機関が判断に用いることのできる規範の範囲は広く，一旦整理される純粋な規範間の関係には変更をもたらさない形で，請求の判断に必要な範囲で関わる規範を用いることが可能とする。

　Pauwelynは，国際法秩序の一体性と，司法機関としての固有の権限の存在を，その考えの根拠としている。Pauwelynは，WTO法が自己完結的に存在するものではなく，国際法秩序の中に存在するものであることを強調し，WTO法のかかる位置づけを反映しながらWTOの紛争解決機関は判断を行う権限が与えられていると考える。そうした権限としてPauwelynは，実体判断を行うための裁判所の管轄権（実体的管轄権）の行使に関連して，司法機関としての性質から直接的に導き出される黙示的又は付随的管轄権があるとして，固有に持つ4つの権限を挙げる[12]。それは，請求を解釈して特定する権限，管轄権の有無を判断する権限，管轄権の行使を控えるべきか否かを判断する権限，実体的管轄権の行使に関連するすべての事項について決定する権限（具体的には証明責任，国家責任，救済等を決定する権限）である[13]。

　Pauwelynに反対する考えを持つ論者として挙げられるTrachtmanは，WTOの紛争解決機関が依拠できる非WTO法は，解釈に関する慣習規則と，WTO法に参照される形で組み込まれている実体法（TRIPS協定第2条に明記される知的所有権関連条約など），すなわち，いずれもWTO法自体に明記されているもののみであるとする[14]。したがって，Pauwelynの想定するような，管轄権のレベルにおいて，WTO法と抵触する他の規範との適用関係を整理した上で，WTO法の請求を受けられるかといった判断は，行い得ない。実体判断においてTrachtmanは，解釈に関する慣習規則として条約法条約第31条3項（c）が「当事国の間の関係において適用される国際法の関連規則」に言及しているた

---

11) なおPauwelynは，この3つの場面において，一般国際法やWTO締約国の全てが拘束される国際法規則は適用可能であるが，紛争当事国の双方が拘束されるがWTO締約国の全てが拘束されるのではない規則については，WTO対象協定の解釈の際に参照する材料とはならないとしている。
12) Pauwelyn, *supra* note 10, pp. 447-449.
13) *Ibid.*
14) Trachtman, *supra* note 10 ("The Domain of WTO Dispute Resolution"), p. 343.

め，解釈の際には非WTO法を補助手段として用い得るが，それは法そのものとしての適用ではないとする[15]。また，Trachtmanの考えでは，WTO法では規定していない事柄が判断に必要となった場合に，当該事項に関係する一般国際法を適用することは行い得ない[16]。

以上の議論を踏まえ[17]，管轄権の根拠として用いられた規範以外の国際法規範が，裁判所において判断に用いられる可能性がある場面を，次のように分類することができる。

第1に，管轄権の基礎となる法の内容や効力を明確にしたり（条約法）違反から生ずる効果を定める（責任法）ための手続法を適用するという場面である。第2に，管轄権の基礎となる法に照らした合法性又は違法性を判断するのと同じ意味において，管轄権の基礎となる法以外の実体法に照らした合法性又は違法性について関連事実を判断するために当該規範を適用するという場面である。第3に，管轄権の基礎となる法に照らした合法性又は違法性を判断する目的において，管轄権の基礎となる法以外の実体法を用いる場面であり，これは，管轄権の基礎となる法の内容や適用の射程などについて，類似の規定や累積して適用される規範を提示することにより意味を明確にしたり（管轄権の基礎とな

---

15) *Ibid.*
16) *Ibid.*, pp. 346-350. ただしTrachtmanは，WTOの紛争解決機関における適用法規が限定的であることを適切なものと評価しているわけではない。また，紛争解決機関が規則の不完全さを補ったり，適用において幅のある規定ぶりをする規則に対して，判断の際に基準を生み出す機能を持つことを認め，WTOの紛争解決機関においてもそうした判断が行われた例としてエビ・海亀事件（海亀除去装置を使用したエビ漁を義務付けていない国からのエビ等の輸入を禁じた米国の国内法上の措置が問題となった事件で，上級委員会がその判断の中で，海亀の有限性を示す材料としてCITESの附属書に言及したり，WTO協定の前文における「持続的開発」といった文言等を解釈する際に環境保護条約等の存在へ言及したもの。）を挙げており，直接的に非WTO法の適用を行わないものの，WTO法の解釈は柔軟に考えているものとも見られ，WTOの紛争解決機関が下す最終的な結論は自己完結的なものを想定しているのではないと考えられる。本稿では，あくまでも概念整理としてWTOに関する議論を比較しており，実質的な相違の有無については斟酌していない。
17) なお，本稿では概念整理のみを目的としているため，これまでのWTOの紛争解決機関における実行についての検討は省略するが，条約の解釈に関する国際法上の慣習的規則以外の非WTO法として，立証責任やamicus curiaeについてなど訴訟手続に関する規則，違反から生ずる救済についてなどの責任法に関する規則が，適用されているほか，WTO法の解釈の中で幾つか非WTO法へ言及する例が見られる。詳しくは注10)の文献を参照。

る法の「解釈」に資する用いられ方),又は,例外となる場合や違法性を払拭する場合や適用を排除する場合を示す規範を提示することにより制限するため(管轄権の基礎となる法との「適用」関係に関わる用いられ方)に,他の規範を用いることをいう。

　また,実際の訴訟手続においては,こうした規範の関係が訴訟の管轄権認定段階で機能するのか,実体的判断を行う本案段階で機能するのかという,訴訟の何れの段階で問題とし得るかという論点が,その根拠との関係で考えられる。管轄権認定の段階で管轄権の基礎となる法以外の規範の存在を問題とできる場合には,管轄権の基礎となる法に基づいて構成された請求について管轄権を行使することが可能(又は適切)かを,関係する他の規範に照らして判断することにより,管轄の基礎以外の国際法規範を用いずに判断可能なものとなるよう請求を整理する,または,かかる規範を用いずには判断が困難となることから管轄権を否定するという可能性があるが,こうした機能は管轄決定権限等を根拠として説明される。本案段階においては,また異なる根拠で説明されることになろう。

(2) 先行研究との関係

　本稿は,国家間で生じる争いをICJに提起する際に請求として紛争を定式化することによって,背景となる大きな文脈を離れて紛争が個別化していく中で,訴訟上の紛争の境目を明確にして個別化を徹底するにせよ,可能な限り争いの本質を捉えるべく境目を修正するにせよ,裁判所がいかに対処しているかを検討する試みの1つである[18]。特に本稿では,特定の実体的義務を設定する条約の紛争付託条項に基づいて提起されることによって個別化される紛争について,ICJが当該条約以外の規範をどのように扱っているかを見ることにより,訴外に置かれたものへの対処の一側面を検討する。

　近年,裁判理論研究では,かかる検討に繋がる研究が様々見られる。まず,第1には,裁判所が判決として示す対象の範囲の画定をどのように行うか研究

---

18) こうした試みのもう1つとして,国連海洋法条約(UNCLOS)の紛争解決手続において,付託された紛争をより背景となる文脈を含めた形での捉え直しが許容されていることを検討したものが,拙稿「国連海洋法条約の紛争解決手続きにおける『紛争』概念」『上智法学論集』49巻3・4合併号(2006年)161-200頁。

するものである。こうした研究は，一方では裁判所の請求解釈権限の根拠と射程範囲を検討する研究として，裁判所が判断を下す範囲は紛争当事国の請求の範囲に限られるとする権限踰越原則（non ultra petita rule）を守りながら，裁判所は請求解釈権限を行使し「真の紛争」を捉えるよう対応していることを示す[19]。またもう一方では，被提訴国の提起する反訴に関する受理可能性についての要件の研究として，裁判所によるその解釈が緩和してきていることを示す[20]。

第2には，裁判所が訴訟における法を発見する権限を持つことを示す「裁判所は法を知る（jura novit curia）」の原則を見直す研究である[21]。この原則は，裁判所が「真の紛争」に照らして，訴訟当事国の主張にとらわれずに適切な規範を選択し適用し得る可能性を示すものと考えられる。

第3には，これらの根拠を求めるより包括的な観点から，裁判所の「管轄決定権限（compétence de la compétence）」概念や，裁判所の「固有の権限（inherent power）」，裁判所であることで共通に通用する「コモン・ロー（common law）」など新しい概念の，根拠や内容を分析する研究も，裁判所が裁判所であることで本来的に持つと考えられる権限を明らかにし，紛争当事者による紛争の個別化を修正する根拠を与えることに繋がるものと考えられる[22]。

また，裁判所の裁量や権限の範囲を検討する裁判理論研究ではなく，規則間の関係を整理することで裁判における紛争の個別化を修正する検討に繋がるものとして，近年多くの条約法理論の研究も見られる。特に，特定の条約の解釈

---

19) 李禎之『国際裁判の動態』（信山社，2007年），同「国際司法裁判所による請求の規律」『国際法外交雑誌』107巻4号（2009年）19-41頁。
20) 李・前掲注19）49-86頁。
21) Verhoeven, J., "Jura novit curia et le juge international," in Dupuy, P. M., et al. (eds.), *Common Values in International Law: Essays in Honour of Christian Tomuschat*, 2006, pp. 635-653. 杉原高嶺「国際司法裁判所における jura novit curia 原則 ── 近年の裁判例を顧みて ── 」『国際法外交雑誌』109巻3号（2010年）1-28頁。
22) Brown, Chester, *A Common Law of International Adjudication*, 2007; Gaeta, Paola, "Inherent Powers of International Courts and Tribunals,"in Vohrah, L. C., et al. (eds.), *Man's Inhumanity to Man*, 2003, pp. 353-372. 国際裁判所において国家の合意原則がいかなる効果を持つか確認し司法機関に付託するという合意を通じて認められている司法機関の固有の権限について論じるものとして，Orakhelashvili, Alexander, "The Concept of International Judicial Jurisdiction: A Reappraisal," *The Law and Practice of International Courts and Tribunals*, Vol. 3, 2003, pp. 501-550.

が一般国際法や他の条約との関係と調和的に行われることを要請する規定として,「当事国の間の関係において適用される国際法の関連規則」を解釈の際に考慮するという条約法条約第31条3項(c)の意義が見直され,その射程範囲が研究されている[23]。

先に述べたとおり Pauwelyn は, WTO の紛争解決機関において適用法規の範囲を広く考えられる根拠として, WTO 法が国際法体系の中にあり他の国際法規則と関連を持ちながら存在することを前提とし, かかるものとしての WTO 法に関する紛争を解決する機関の請求解釈権限や管轄決定権限を挙げている。このことから, ICJ での個々の訴訟において用い得る適用法規の範囲も, これらの原則や概念の射程範囲を見定めるという方向から検討することは重要であると考えられる。しかし, これら裁判所や解釈方法の可能性を追求する議論は, 原則や概念の機能を一般的に分析するもので, 特定の実体的義務を規定する条約の紛争付託条項にのみ基づく提訴の場合を特段に区別して検討するものではなく, 紛争の個別化の原因となる場面として特に問題となるこうした提訴の場合における裁判所の対処を連続的に把握することは難しい。

国家間で複数の条約が関係し得る紛争が起こった際に, そのうち1つの特定の実体的義務を規定する条約にのみ基づいて提訴が行われた場合, 訴外に置かれたものは様々な形で問題となって表れ得る。裁判所が管轄権認定の段階で, 背景となる文脈から切り離された特定の条約に基づく請求を受けられるか否かを判断するならば, 管轄決定権限の射程範囲の問題として考えられよう。訴外に置かれた問題を被提訴国が反訴としてどこまで持ち込むことが可能かは, 反訴の要件論の問題として考えられよう。裁判所が本案の段階において, 特定の条約に基づく請求を越えた判断を下していると見られる場合には, 権限踰越原則と緊張関係に立つ請求解釈権限の射程範囲の問題として考えられる。また, 請求の形は様々であって, 特定の条約上の義務違反を認定するよう明示する場合がある一方で, 相手国の違法性認定を求める旨のみを記載して, 請求の根拠として特定の条約に依拠しながら主張する場合もあり[24], そうした場合には

---

[23] 多くの研究が発表されているが特に契機の1つとなった研究として, 国連国際法委員会での議題「国際法の拡散」についての作業グループのレポート『Fragmentation of International Law: Difficulties Arising from the Diversification and Expansion of International Law』(A/CN. 4 /L.682)。

根拠づけは裁判所の裁量となり当事国が依拠した条約に限られないこととなるが，この裁量は「裁判所は法を知る」の原則の射程範囲の問題と考えられる。さらに，特定の条約に基づく請求を判断するなかで，当該条約の解釈という形で，改めて管轄の外に置かれた規範への参照が行われる場合には，解釈規則の問題として考えられよう。このように，特定の実体的義務を規定する条約に基づいて提起された事件において訴外に置かれた規範が関係してくる場面は，個々の理論の分析へと整理することはできるが，これらの場面が現象としては連続的に生じていることを捉えにくくなっていると思われるのである。

そこで本稿が着目したのは，WTO法の研究者であるBartelsが，近年ICJにおいて利用可能な規範について発表した論稿である。Bartelsは，上記のPauwelynやTrachtmanのようにWTOの紛争解決機関の中で用いることのできる規範について論じてきた。Bartelsは，2001年の論文[25]の中で，「紛争の主題」と「当該紛争に適用可能な法源」との区別が重要であると指摘して，WTOの紛争解決機関は，紛争の主題（請求）として設定できる範囲は制限されているが，裁判所が判断において用いることのできる規範の範囲についての制限は規定されていないことを確認し，後者の範囲に非WTO法の国際法規範がどれだけ入るか可能性を検討している。彼はWTOの紛争解決機関について検討してきた論文の中では，ICJは適用法規の条項が規定されているため，あらゆる国際法規範が適用可能な裁判所であるものと位置付けているが，2011年の論文[26]で初めてICJを中心にとりあげて検討し，管轄権の設定の仕方により異なることを扱っている。

Bartelsは2011年の論文の中で，まず裁判所の中で用いられる規範を「主たる規範（principal norms）」と「付随的規範（incidental norms）」とに分けて，前者を「関連する管轄権条項によって裁判所が判断することを認められた主たる決定を行うために裁判所によって用いられる規範のこと」をいい，後者を「主

---

24) 多様な請求の形に関して，Brownlie, Ian, "Causes of Action in the Law of Nations," *British Year Book of International Law*, Vol. 50, 1979, pp. 13-41.
25) Bartels, Lorand, "Applicable Law in WTO Dispute Settlement Proceedings", *Journal of World Trade*, Vol. 35, 2001, pp. 499-519.
26) Bartels, L., "Jurisdiction and Applicable Law Clauses: Where Does a Tribunal Find the Principal Norms Applicable to the Case Before It?," in Broude, Tomer, and Shany, Yuval (eds.), *supra* note 2, pp. 115-141.

たる決定を行うに必要な付加的決定を行うために裁判所によって用いられる規範のこと」をいうとする。言い換えれば，裁判所が判断を下す対象である請求の基礎となる規範のことを主たる規範といい，それ以外で判断に用いられる規範のことを付随的規範と呼ぶ。そして，ICJ規程の適用法規条項である第38条は裁判所が用いることのできる規範について規定する条項にも関わらず，主たる規範を決定する際には言及されておらず，第36条の規定する管轄権設定方法のうち特定の実体的規則を規定する条約によって付託される場合には，常にその条約が主たる規範として扱われていることを指摘し，その他に用い得る付随的規範に何があたるか，WTOの紛争解決機関についての議論にならう形で整理している[27]。

　その上でBartelsは，第36条の管轄権条項も第38条の適用法規条項も，裁判の中で主たる規範が何になるかを示す役割を持つが，第38条が適用の可能性がある規範の倉庫（default repositoires）としての役割を持つのに対して，第36条は個々の事件における主たる規範を決定する役割を持つとし，両者は同じ機能を持つ一般法と特別法との関係に立つために，第36条による主たる規範の特定が優先するのであるとの説明をする。この彼の説明は，現象を整理し根拠を述べるものとして，適切であるとはいえない。管轄権の設定方法を規定する第36条が個々の裁判において用いる規範を示すという機能を持つとすることに無理があるため，機能の同一性から特別法優位に基づいて第36条が優先すると説明することは，現象から溯って付与した機能によって現象の根拠を説明するというトートロジーに陥るものである。しかしながら，「管轄権の設定方法」によって「裁判所が用いることのできる規範」に制約があるという現象の指摘は，これまでのICJの裁判理論ではなかった視覚からの検討であり，かかる観点から「裁判所が用いることのできる規範」の意味を段階的に分類して現象を整理しておくこと自体が，一考に値すると考えられるのである。

　そこで本稿は，冒頭のBurgenthalが実際に問題としBartelsが指摘する現象をこれまでのICJの先例から確認し，「管轄権の設定方法」が特定の実体的義務を規律する条約のみに基づく場合に，裁判所が用いることのできる規範はどのレベルにおいていかなる範囲まで可能としてきたのかを整理し，根拠をどこ

---

[27] 付随的規範の整理につき後掲注79参照。

に求めてきたのかを検討する。従って，本稿は，先に挙げた先行研究を否定するものではなく，管轄権設定上から生じる制約がそれらの原則や概念の一般論とどのように関わるか検討するための土台を提供することを目的としている。

3 裁判所規程起草時の議論と初期の実行

（1）裁判所規程起草時の議論

まず，ICJ 規程の前身となる PCIJ 規程の起草時において，裁判所の管轄権設定に関する第36条と裁判所の適用法規に関する第38条との関係はどのように考えられていたか，とりわけ管轄権の設定が適用法規の範囲に制約を与えることについて示唆を与える議論がないか，確認する。

管轄権設定規定と適用法規規定との関係をめぐっては，その起草時において裁判所の強制裁判管轄権の導入が構想されていたことから，裁判所が適用する規範の欠如のために裁判不能（non liquet）を宣言することを余儀なくされて司法機能を全うすることができないという事態が生じることを防ぐため，適用法規規定をどのように定めるか議論となったことはよく知られているところである[28]。個々の事件において ICJ が用いることのできる適用法規が管轄権の基礎となる条約の範囲に限られるのであるならば，第38条の規定があるにも関わらず，判断するために必要となる全ての規範を用いることができず，裁判不能の事態と同じ状況が生じることも考えられるが，起草時においてこの点を指摘する議論はあったのだろうか。

結論からいえば，かかる議論があった形跡は見当たらない[29]。ただ一点，法律家諮問委員会の起草した PCIJ 規程草案の第35条（現第38条）は，「<u>第34条（現第36条）に規定した管轄権の範囲において</u>（within the limits of its competence

---

[28] 第38条の規定をめぐる議論については，江藤淳一『国際法における欠缺補充の法理』（有斐閣，2012年）117–156頁参照。

[29] PCIJ 規程起草過程については以下参照。Pellet, A., "Article 38," in Zimmermann, Andreas, et al (eds.), *The Statute of the International Court of Justice: A Commentary, Second Edition*, 2012, pp. 677–792; Comité Consultatif de Jurists, *Procès-Verbaux des Séances du Comité, 16 Juin -24 Juillet 1920 avec Annexes; Documents concerning the Action Taken by the Council of the League of Nations under Article 14 of the Covenant and the Adoption by the Assembly of the Statute of the Permanent Court*.

as defined in Article 34），裁判所は，次の規則を順番に適用する。（後略）」（下線筆者）としており，適用法規が管轄権の設定によって制限される可能性があることを示すかのようにも見られる。しかし，この文言が提案された次の過程を見ると，そのような意図があったものではないと考えられる。

　裁判所規程のなかに裁判所が用いることのできる適用法規について規定を設けるかについては，カタログのように列挙しておくのではなく裁判官の裁量に委ねた方がいいと考える意見もあった。法律家諮問委員会は管轄権についての議論を終えたのちに，この問題をとりあげた。この時点で，管轄権についての規定は，列挙されたカテゴリー[30]に属する法的性質の問題に関し PCIJ が強制的管轄権を持つ旨の条文と，PCIJ に付託する前提条件（外交的手段を尽くしていることや仲裁裁判所を当事国が選択していないことなど）を定める条文との，2つの条項からなっていた。

　法律家諮問委員会第14回会合の議論の中で，Root は裁判所が用いることのできる規範が広がることについて繰り返し危機意識を示し，裁判所は提訴国に提起された問題が管轄権に関する条文案に列挙されたカテゴリーに含まれるのでなければ連盟理事会に移送し，含まれるのであれば裁判所自身が法と慣習とによって決定するべきと述べている。これに対して，議長の Decamps は，事項的管轄権と裁判所がその判決の基礎とするべき法源との区別をつけることが必要であるとは考えていないかと質問し，自身は裁判所が裁量によって正義の法（the law of right and wrong）を適用することを認めるのは危険であるからこそ，裁判官が従うべき道筋を示しておくことが必要であると考えている旨，述べている。また Decamps は，裁判所の扱う事件が多様であればそのような問題が生じ，裁判所の管轄が実証的に認識される規則の範囲に限定されるのであれば，裁判所は判断を行えないことが度々生じるであろうとの考えも述べている。

　「管轄権の範囲において」という文言が初めて出てきたのは，こうした議論を受けて，次の第15回会合に提示された Root と Philimore による条文案のなかである。この文言が挿入された理由は明確に書かれていないが，上記の経緯を鑑みるに，この文言は，強制管轄権を与えられた裁判所が司法機関の役割を

30）　現在の裁判所規程第36条に列挙された4種類のほか，「裁判所により下された判決の解釈」が5種類目に規定されていた。

超えて実定法以外の基準を適用することに対する懸念が背景にあり，これを避ける目的の文言であったと考えられるだろう。実際，その後，法律家諮問委員会の作成した草案が連盟理事会に送られて検討されたなかで，強制管轄権が排除されるのと呼応するように，問題の文言は，必要がないものとして削除されている。

（2）常設国際司法裁判所の実行

上記のとおり，第36条による管轄権の制約から裁判所の用いる適用法規にいかなる影響があるか，起草時においては特に議論がなされていなかったが，開設後すぐから，この点について裁判所は判断を求められることとなった。以下では，PCIJ において問題となって表れた事件を取り上げ，裁判所の扱いを整理する[31]。

（a）マヴロマティス事件

PCIJ での二番目の争訟事件となるマヴロマティス事件において，裁判所は，特定の事項を規律する条約の紛争付託条項のみに管轄の基礎をおいて提訴されながら，他の条約に関する違反が問題となる事件を扱うこととなった。

本事件は，ギリシャ国民のマヴロマティスに与えられていたパレスチナのエルサレムとヤッファにおけるコンセッション契約を，パレスチナ行政庁及びイギリス政府が承認せず，ルーテンブルグという別の人物にコンセッション契約を与えたため，ギリシャがイギリスを相手取り提訴したものである。ギリシャは管轄権の基礎として，1922年7月24日に英国に付与されたパレスチナ委任状（以下，パレスチナ委任状）第26条[32] を挙げている。

ギリシャは請求に関連する条文として，パレスチナ委任状第11条のほか，1923年7月24日のローザンヌ条約に付された第12議定書第9条を挙げてい

---

31) PCIJ において，一般的に裁判管轄権を付与する形ではなく，特定の実体的規則を規定する条約等に基づく形で提起された事件は以下のとおり（判断なく取下げられた訴訟及び国際機関の決定等に関する上訴審としての訴訟を除く）。ヴェルサイユ条約に基づく，ウィンブルドン号事件（A01）。1922年7月24日に英国に付与されたパレスチナ委任状に基づく，マヴロマティス事件（A02, A05），マヴロマティス・コンセッション改訂事件（A11）。1922年5月15日にジュネーヴで締結された上部シレジアに関する条約に基づく，上部シレジア事件（A06, A07），ホルジョウ工場事件（A09, A12, A13, A17, A19），上部シレジア少数民族事件（A15）。メーメル領域に関する協定に基づく，メーメル領域事件（A/B47, A/B49）。

る[33]。パレスチナ委任状第11条は，パレスチナ行政庁に「受任国により受け入れられた国際義務に従って」天然資源及び公的事業の公的所有及び監督を行う権限を与えている。ローザンヌ条約は第一次世界大戦後に連合国とオスマン・トルコとの間で締結された平和条約であり，これに基づきパレスチナはイギリスの委任統治地域となる。ローザンヌ条約第12議定書はオスマン・トルコから分離されるこのような地域において連合国国民が戦争前に取得していたコンセッション契約上の権利の取扱いを定め，その第9条はトルコから土地を取得した国がトルコのコンセッション契約上の権利義務を代位するよう規定するものである。

イギリスは，両国の交渉の経過等に鑑みて，パレスチナ委任状第26条にいうところの紛争は生じておらず，ギリシャとの間で生じている紛争はローザンヌ条約に排他的に規律されるものであるため，裁判所に管轄権はないと主張した。

これに対して裁判所はまず，マヴロマティスのコンセッション契約自体はパレスチナ委任状第11条の範疇ではないが，マヴロマティスの権利に抵触する形でルーテンブルグにコンセッション契約を与えたことによって，これは少なくとも同じ状況の一部をカバーするものであり (which cover at least a part of the same ground)，ルーテンブルグに与えたコンセッションが第11条に基づくものであれば，紛争は疑いなく当該条項に関係するものと考えるとした[34]。

次に裁判所は，ルーテンブルグに与えたコンセッション契約が第11条に基づくものであることを確認し，第11条にいう「受任国により受け入れられた国際義務」とはローザンヌ条約を意味するものと考えられ，同条約第12議定書に基づく義務が含まれるとした[35]。そして裁判所は，「確かにこの種の紛争を解決するためには第12議定書から生じる国際義務の範囲と効果を明らかにしなければならないが，同時に，同議定書はそうした主題についての紛争を裁判所に付

---

32) パレスチナ委任状第26条は，受任国と他の国際連盟加盟国との間で生じる委任状の条項の解釈又は適用に関する紛争について，交渉により解決しない場合に，PCIJに付託可能である旨，規定されている。*Affaire des concessions Mavrommatis en Palestine, compétence, arrêt, C.P.J.I., Série A*, n° 2 , p. 11.

33) 訴状における請求としては具体的な条項の違反を認定するよう求めるのではなく，パレスチナ行政庁及び英国政府がマヴロマティスの権利を認めることを違法に拒絶していることについての認定と，それから生じる損害賠償を求める内容となっている。

34) *C.P.J.I., Série A*, n° 2 , p. 19.

35) *Ibid.*, p. 26.

託する条項を持たないのであるから，裁判所は一方的付託において同議定書をそのように解釈及び適用する管轄を持たないことも事実である。他方で，裁判所は，委任状第11条によって必要とされる範囲で議定書を適用する管轄権を有する。[36]」と述べている[37]。

裁判所は，本案段階において改めてこの点を取り上げて，委任状第11条にいう「国際義務」がローザンヌ条約を指すことから本件で参照することを確認し，その判決主文においてマヴロマティスに付与されたコンセッション契約が同条約議定書の適用を受けるものであることを認定する[38]。しかし，裁判所はローザンヌ条約を扱い得る根拠に関してより慎重な言い方をしており，マヴロマティスのコンセッション契約がローザンヌ条約の適用を受けるか否かを裁判所が決定するための管轄権を持つということは，「委任状第26条により裁判所に付与された管轄権を理由とするのではなく，書面手続から生じる両国の合意の結果として」であるとし，部分的な応訴管轄とも取れる説明をしている[39]。

(b) 上部シレジア事件

上部シレジア事件は，PCIJにおいて特定の事項を規律する条約の紛争付託条項のみに管轄の基礎をおいて提訴された2番目の事件である。本事件において原告国のドイツは，請求として裁判管轄権の設定に用いられた条約以外の条約について義務違反を認定するよう要求しており，被告国のポーランドは，かかる請求に対しては裁判所の管轄権が存在しない旨，争った。

1919年，第一次世界大戦後に連合国とドイツとの間で締結されたヴェルサイユ条約により，上部シレジアの一部はドイツからポーランドに割譲された。1922年，両国の間では上部シレジアにおけるドイツ人や財産の扱いについて定めるジュネーヴ条約を締結し，当該条約の第6条にはドイツ人及びドイツ人の経営する会社の財産等を収用することはできない旨規定されていた。上部シレ

---

36) *Ibid.*, p. 28.
37) Finlay判事は第11条の解釈にローザンヌ条約第12議定書を編入することはできず，ローザンヌ条約第12議定書に紛争付託条項がないので付託できないとして反対。Moore判事は裁判所による紛争の性格付け自体に反対し，本件はイギリスの主張するようにローザンヌ条約第12議定書に関する紛争であり，この点を裁判所は適切に取り上げなかったと反対している。De Bustamante判事も同趣旨の反対をしている。
38) *Affaire des concessions Mavrommatis à Jérusalem, fond, arrêt, C.P.J.I., Série A*, n° 5, pp. 26-28 et p. 51.
39) *Ibid.*, pp. 27-28.

ジアのホルジョウにはドイツ人の会社による硝酸塩工場があったが，1922年にポーランドは，ヴェルサイユ条約第256条及びポーランド国内法に言及しながら，この会社の登記を無効として不動産・動産・特許等もろともに国有財産とする決定をした。ドイツは，ホルジョウにおける工場は収用のできない私人の財産にあたるとして，PCIJに訴えを提起した。

ドイツは訴状のなかで，請求として，まずポーランド法の内容の確認と，かかる内容に基づいてポーランド政府によって行われた会社の清算がヴェルサイユ条約第92条及び297条に違反することの認定，次にホルジョウ工場に関わるドイツの2社に対するポーランド政府の態度がジュネーヴ条約第6条に違反することの認定とそれに対してとられるべき措置の決定を，裁判所に求めた[40]。これに対してポーランドは，ポーランド法とヴェルサイユ条約に関係する請求は，ジュネーヴ条約の解釈適用に関わる紛争ではないとして，裁判所の管轄権外であると抗弁を申し立てた[41]。

裁判所は，被告国が本件における適用可能な法規則は裁判所の管轄権を認識する規則のうちに含まれていないとすることのみを理由に，裁判所の管轄権は排除されない[42]として，独自に検討を行う。ジュネーヴ条約第6条は，この地域におけるポーランドの権限を定め，ポーランドに第7条から23条に従って上部シレジアにおける主要産業の事業を没収する権利を付与するとともに，条約に定めのあるほか上部シレジアにおけるドイツ人及びドイツ人の経営する会社の財産・権利・利益を解散させることはできないとする。裁判所は，第6条から22条の適用の射程範囲についての対立も紛争付託条項の対象とし，本件において両当事国にかかる対立があることを確認する[43]。また裁判所は，ヴェルサイユ条約や他の規定の解釈を行うことなしにジュネーヴ条約の適用はできないのは確かであるが，それはジュネーヴ条約の適用に対して準備段階で又は付随して起こる問題であり，そうした場合には，他の国際合意の解釈も裁判所の管轄の範囲内であるとした[44]。そして，ジュネーヴ条約に基づいて裁判所

---

40) *Affaire relative à certains intérêts allemands en Haute-Silésie Polonaise, compétence, arrêt, C.P.J.I. Série A*, n° 6, p. 5.
41) *C.P.J.I. Série A*, n° 6, p. 13.
42) *Ibid.*, p. 15.
43) *Ibid.*, p. 16.
44) *Ibid.*, p. 18.

が有する管轄権は，ポーランドの権利の有効性がジュネーヴ条約以外の条約に基づいて争われているという事実に影響を受けることはないと結論付けている[45]。

(c) ホルジョウ工場事件

上にあげた上部シレジア事件において認定された違反から生じた損害の賠償をめぐって提起されたのが，ホルジョウ工場事件である。上部シレジア事件の本案判決の後，ドイツとポーランドの間では損害賠償の金額と支払方法について交渉が行われたが決着せず，ドイツは再びPCIJに損害賠償の認定を求めて訴訟を提起した。このとき，裁判管轄権の基礎として挙げたのは先のジュネーヴ条約であったが，ポーランドは条約違反から生じる賠償についての争いは，ジュネーヴ条約の付託条項を基礎として提起することはできないと主張した。

裁判所は，ポーランドの主張を退けて管轄権を認定した。裁判所は，「約束違反は適切な方法により賠償する義務を伴うことは，国際法の原則」であり「したがって，賠償は条約の不履行に不可欠な要素であって，そのことは当該条約自体に規定されている必要はな」く「条約の不履行から生じる賠償をめぐる紛争は，条約の適用に関する紛争である」とし，条約の解釈及び適用に関する紛争に対して設定される裁判管轄権の中に，当該条約の違反から生じる賠償に関する紛争への管轄権も含まれることを示した[46]。

(3) 小 括

以上に見たとおり，裁判所規程起草時において，裁判管轄権が特定の実体的規則を規定する条約に基づいて設定される場合に，適用法規条項に何らかの制約が生じることは想定されていなかったものの，PCIJの初期の実行から既に，裁判管轄権の基礎となる条約以外の規範の扱いについて問題が生じていた。マ

---

45) *Ibid.* これに対してRostworowski判事は反対意見を付し，裁判所が規程第36条に基づき自身の管轄権の有無について行う決定は，個々の事件における客観的な適用法規に基づかなければならず，(管轄決定権限に基づく) その決定は宣言的な性質のものであって権利を生み出すものではないと批判している。従って彼によれば，本件でその解釈適用をめぐって提起できる規則は，紛争付託条項の対象として明確に列挙されたジュネーヴ条約の第6条から22条に含まれていなければならず，他の国内法や国際法の条項については，ジュネーヴ条約に基づく管轄権の外にあるとしている。
46) *Affaire relative à l'usine de chorzow, compétence, arrêt, C.P.J.I. Série A*, n° 9, p. 23.

ヴロマティス事件では，管轄権の基礎となる規範（パレスチナ委任状）の解釈及び適用に関する紛争を判断する中で，当該規範の文言に参照される規範（ローザンヌ条約第12議定書）を適用することを認めた。上部シレジア事件では，請求の基礎となる規範のレベルにおいて，管轄権の基礎となる規範（ジュネーヴ条約）以外の規範（ヴェルサイユ条約）に照らした違法性認定を求めることを認め，その根拠をジュネーヴ条約に基づく請求の判断において，前提的に必要となる付随的な判断であるからとした。また，ホルジョウ工場事件では，一般国際法としての国家責任法を適用することが認められ，条約の義務違反から生じる賠償の指示を裁判所に求め得ることを確認した。このように裁判所は初期の段階から，管轄権の基礎となる規範以外を用いた判断を認めているが，少なくとも管轄権設定の問題と適用法規の問題を全く別個に独立したものとできるのではなく，管轄権の基礎となる規範以外の規範を用いる際に何かしらの説明を要するという前提に立っていることが見てとれる。

4　裁判管轄権の基礎以外に認められる適用法規の範囲と根拠

(1) 国際司法裁判所の実行

　PCIJの時代に既に生じた上記の問題へ明確な解決を与えることはなく，ICJ規程の適用法規の第38条には「付記される紛争を国際法に従って裁判することを任務とし」との文言が加えられた。ICJの実行において，裁判所は管轄権設定上の制約がある際に適用法規の範囲をいかに捉えているか。ICJの設立後，裁判所へ一般的に管轄権を付与する方法（強制管轄権受諾宣言，紛争付託条約，応訴管轄）や，請求の特定は行うものの適用法規の範囲について問題の生じない形で管轄権を付与する方法（特別付託合意）ではなく，特定の実体的規則を規定する条約の紛争付託条項のみに基づいて提起された事件を整理することとする[47]。

　(a) 手続法の適用

　先に述べたPCIJのホルジョウ工場事件は，裁判所が，国際義務の違反認定を判示すると同時に，それに対する賠償等の救済方法を示す権限があることを明らかにし，その後も裁判所が救済を指示する際に引用されてきた。裁判所の指示する救済が，国家責任法に基づくものに限定されるか否かについては議論

〔岩石順子〕　*31*　国際司法裁判所における適用法規の範囲

があるものの，現在，管轄権の基礎が何に基づくかに関わらず，一般国際法として存在する国家責任法を裁判所が用いることは認められると言えよう。

　また，条約の内容や効力を明確にする等の役割を持つ条約法や，裁判所規程に直接の根拠を持たないものであっても，訴訟手続に関する規則については，ICJにおいても利用可能なものとして用いられている。これらは，管轄権の設定方式の違いを根拠とした異議が唱えられることはなく，既に慣習法化している規則として認められるか，訴訟手続であることから当然伴われる規則として，適用されている。

　例えば，漁業管轄権事件では，条約法条約の第62条に規定された条約の終了原因として「事情変更の原則」が，また，石油油井事件と製紙工場事件では条約の解釈規則が，慣習法化した規則として適用されている[48]。北部カメルー

---

47)　現在までの一覧は，以下のとおり（以下の記載は，事件名〔付託年，管轄権の基礎として（原則として提訴時に）依拠された文書〕。なお，判断なく取下げられた訴訟及び国際機関等の決定に関する上訴審としての訴訟を除き，また，特定の条約を管轄の基礎として依拠するのと並行して応訴管轄を求めた訴訟は除く）。①アヤ・デ・ラ・トーレ事件（1950年付託，1934年のペルー・コロンビア間の友好協力議定書），②アンバティエロス事件（1951年付託，1926年の英・ギリシャ間の通商航海条約），③南西アフリカ事件（1960年付託，1920年12月17日の委任状），④北部カメルーン事件（1961年付託，イギリス統治下のカメルーン領域のための信託統治協定），⑤漁業管轄権事件（1972年付託，1961年3月11日の交換公文），⑥テヘラン人質事件（1979年付託，ウィーン外交関係条約及びウィーン領事関係条約の両条約に付属する義務的解決に関する選択議定書，1955年の米・イラン間の友好経済領事関係条約，国家代表等に対する犯罪防止条約），⑦シシリー電子工業会社事件（1987年付託，1948年6月2日の米・イタリア間の友好通商航海条約），⑧ロッカビー事件（1992年付託，モントリオール条約），⑨石油油井事件（1992年付託，1955年の米・イラン間の友好通商条約），⑩ジェノサイド条約適用事件（ボスニア・ヘルツェゴビナ対セルビア・モンテネグロ）（1993年付託，ジェノサイド条約），⑪ウィーン領事関係条約事件（1998年付託，ウィーン領事関係条約に付属する義務的解決に関する選択議定書），⑫ラグラン事件（1999年付託，ウィーン領事関係条約に付属する義務的解決に関する選択議定書），⑬ジェノサイド条約適用事件（クロアチア対セルビア）（1999年付託，ジェノサイド条約），⑭コンゴ領における軍事活動事件（コンゴ対ルワンダ）（2002年付託，人種差別撤廃条約，女子差別撤廃条約，ジェノサイド条約，世界保健機関憲章，ユネスコ憲章，専門機関の特権及び免除に関する条約，拷問等禁止条約，モントリオール条約，条約法条約），⑮アヴェナ事件（2003年付託，ウィーン領事関係条約に付属する義務的解決に関する選択議定書），⑯黒海における海洋境界画定事件（2004年付託，1997年にルーマニア・ウクライナ間で両国の境界画定のために締結した追加的合意），⑰ウルグアイ川製紙工場事件（2006年付託，1975年2月26日にアルゼンチン・ウルグアイ間で将来の製紙工場建設について締結した条約），⑱人種差別撤廃条約の適用事件（2008年付託，人種差別撤廃条約，ジェノサイド条約），⑲1995年9月13日の暫定協定第11条違反事件（2008年付託，1995年の暫定協定）。

第7部　国際裁判における法と事実の認定

ン事件では，訴訟目的の消滅により司法判断を下す適切性が無くなる「ムートネスの法理」が，司法裁判所としての固有の制約として適用されている[49]。シシリー電子工業会社事件では，紛争付託条項に規定のなかった国内救済完了原則が「慣習国際法の重要な原則」として適用されている[50]。これらの規則の適用について，管轄権の設定方法を理由として反対する意見は見られない。

(b) 違法性等の認定対象としての適用と付随的な適用

PCIJ では管轄権の基礎となる規範以外の規範に照らした違法性認定を請求とすることを認めた例があったが，ICJ においては，こうした請求について，相手国からの抗弁や，提訴国自身が訴訟過程において口頭弁論終了時の最終申立に至るまでにかかる請求の部分は削除する修正があり，裁判所もかかる請求を認めない判断をするようになっている。他方で，請求の基礎となる規範の解釈にあたっては，当該規範以外の規範を利用するという付随的な適用の実行が見られ，中には請求の基礎としては訴訟の過程で外した規範が，解釈において重要な役割をなす場合もある。以下では，本稿との関連で特筆すべき点の見られる先例を，提訴年順に従って時系列に確認することとする。

(ⅰ) アヤ・デ・ラ・トーレ事件

本事件は，ペルーとコロンビアの間で大使館における庇護権をめぐって争った庇護事件の判決の後に，判決のもたらす効果につき争いが生じてコロンビアが付託した事件である。庇護事件については両国の特別付託合意が管轄の基礎となっていたが，本件についてはコロンビアの一方的提訴であり，管轄の基礎としてコロンビアが依拠したのは1934年の両国間の友好協力議定書である。しかし，コロンビアは，先の判決の効果としてアヤ・デ・ラ・トーレをペルーへ引渡す義務が生じるものではないことの認定を求め，かかる請求の根拠を示す規定として庇護事件の中で争われた1928年2月20日の庇護に関するハバナ条約

---

[48]　*Fisheries Jurisdiction Case* (*United Kingdom of Great Britain and Northern Ireland v. Iceland*), *Jurisdiction, Judgment, I.C.J. Reports 1973*, pp. 19-23 (paras. 35-45); *Oil Platforms* (*Islamic Republic of Iran v. United States of America*), *Merits, Judgment, I.C.J. Reports 2003*, p. 182 (para.41); *Usines de pâte à papier sur le fleuve Uruguay* (*Argentine c. Uruguay*), *fond, arrêt, C.I.J. Recueil 2010*, pp. 46-47 (paras.64-66).

[49]　*Case Concerning the Northern Cameroons* (*Cameroon v. United Kingdom*), *Preliminary Objections, Judgment, I.C.J. Reports 1963*, pp. 27-38.

[50]　*Case Concerning Elettronica Sicula S.p.A.* (*ELSI*) (*United States of America v. Italy*), *Merits, Judgment, I.C.J. Reports 1989*, p. 42 (para. 50).

に依拠した。これに対して，相手国ペルーもハバナ条約をめぐる議論に正面から答えており，訴訟参加が認められたキューバも自国が当事国となっているハバナ条約の解釈が関わることを参加理由としている。

裁判所は管轄権の基礎が上記の友好協力議定書であると述べてはおらず，本案事項について両国が手続に参加し議論をしており，本案事項について判決が下ることへ反対していないことを持って，管轄権の存在を示すに十分であるとしていることから，本件は応訴管轄として管轄権が認められたものとして処理されている[51]。コロンビアが管轄の基礎として示した友好協力議定書の分析は何ら行うことなく，かかる管轄権の認定をしていることは，友好協力議定書による設定では不都合があると裁判所が認識したものと考えられる。

（ⅱ）アンバティエロス事件

本事件は，ギリシャ人アンバティエロスのイギリスにおける取扱いに関しイギリスが仲裁に応じないことについて争われたもので，ギリシャは管轄の基礎として1926年のギリシャ・イギリス間の通商航海条約に依拠した。問題となる行為は同条約が発効する前の1922年及び1923年に生じており，ギリシャは請求の中で同条約の前身にあたる1886年のギリシャ・イギリス間の通商航海条約上の義務を認定するよう求めているほか，一般国際法上の裁判拒否にあたる旨の認定をも求めたが，イギリスはこれらに関して裁判所は管轄権を持たないと主張した。

裁判所は，1886年の通商航海条約上の実体的義務を1926年の通商航海条約上の実体的義務と同一視することはできず，前者の義務違反について後者の付託条項に依拠して裁判所へ付託することはできないとした[52]。しかし続けて裁判所は，1926年の通商航海条約の際に出された宣言（1886年条約に基づく主張の有効性に関する争いは1886年条約の議定書に規定される仲裁へ付託する旨が述べられたもの）は1926年条約と一体であるため，ICJ自身は実体的判断を行う管轄権はないが，仲裁に付託する義務の有無について判断する管轄権はあるとし，争われている事項が1886年条約の適用を受ける問題か否かを具体的な条文に照らして検討している[53]。

---

51) *Affaire Haya de la Torre (Colombie/ Pérou), fond, arrêt, C.I.J. Recueil 1951*, p. 78.
52) *Ambatielos Case (Greece v. United Kingdom), Preliminary Objection, Judgment, I.C.J. Reports 1952*, pp. 39–41.

(iii) テヘラン人質事件

本事件は，テヘランの米国大使館に武装集団が侵入し大使館員等を人質とした際に，イラン政府が何ら措置をとらなかったことに対して，米国がICJに提訴したものである。米国は，管轄の基礎として，ウィーン外交関係条約及びウィーン領事関係条約に付属する義務的解決に関する選択議定書，1955年の米国・イラン間の友好経済関係及び領事条約，国家代表等に対する犯罪防止条約へ依拠した。訴状の時点で米国は，イランの国連憲章上の義務違反の認定も求めていたが，その後の手続においては，国連憲章を外し，管轄の基礎として依拠した条約上の義務についてのみ違反認定を求めている。

イランは本件の訴訟手続への参加を拒否し，この事件は米国により長年にわたり内政干渉が行われてきた全体の問題（overall problem）の中での二次的な問題に過ぎず，本件のみを切り離して判断し得ないと，裁判所宛ての書簡で主張した。裁判所は，本件は単なる二次的な問題ではないこと，本件が分離可能ではないことをイランは証明していないこと，国家間の紛争は多くの場合政治的な側面を持つがこれを理由として法的側面が判断できないことにはならないことを指摘し，イランの主張を退けている[54]。

続けて，裁判所は外交関係条約及び領事関係条約の選択議定書と1955年条約による管轄権のみを確認した[55]後に実体的規則の検討を行い，判決主文では外交関係条約及び領事関係条約と「長期にわたって確立した一般国際法上の規則」への義務違反を認定した[56]。ここで裁判所の言う「長期にわたって確立した一般国際法上の規則」とは，外交関係条約と領事関係条約の内容を指すものである。

裁判所はイランの主張していた「全体の問題」については触れなかったが，本件の請求に関連しては傍論を付け加え，イランが米国に要求をのませる目的で数か月にわたる立てこもりへ適切な措置を取らなかったことへの非難を述べ，

---

53) *Ibid.*, pp. 41-46.
54) *Case Concerning United States Diplomatic and Consular Staff in Tehran (United States of America v. Iran), Merits, Judgment, I.C.J. Reports 1980*, pp. 19-21 (paras. 33-38).
55) *Ibid.*, pp. 25-29 (paras. 45-55). 国家代表等に対する犯罪防止条約については，本件の状況において同条約に関する請求について管轄権の基礎を提供しているか否かについては判断する必要がないとして，検討していない。
56) *Ibid.*, pp. 45-46 (para. 95).

「違法に人の自由を奪い困難な状況に拘束すること自体が，明らかに国連憲章の原則や世界人権宣言に掲げられた基本的原則に合致しない」と指摘している[57]。他方で，訴訟手続中に事態を打開するために米国の軍隊がイランの領域へ侵入したことについて言及し，司法過程の尊重を損なうものであると評価しつつ，かかる行為の国連憲章及び一般国際法上の合法性についての評価やそれから生じ得る責任の問題は，本件において裁判所の判断できる問題ではないと確認している[58]。

(iv) ロッカビー事件

本事件は，英国上空での航空機爆破の容疑者であるリビア人を引き渡すよう英国及び米国が要求し，リビアが自国での刑事訴追を主張して拒否したところ，英国及び米国が国連安保理において要請に応じるよう決議731を採択したのに対して，リビアがICJに提訴したものである。リビアは，管轄の基礎として民間航空の安全に対する不法な行為の防止に関する条約（モントリオール条約）へ依拠し，「引渡しか訴追かの原則」を規定する同条約上の義務をリビアが遵守していること等の認定を求めた。訴訟手続の途中で，安保理はさらに決議748を採択し，リビアが決議731に対応せずにいることが国際の平和と安全に対する脅威を構成するとし，国連憲章第7章下の非軍事的強制措置を決定した。

英国及び米国は，引渡しを命じる安保理決議731の採択など，本件が安保理で扱われていることを理由に，先決的抗弁を提出して本件の受理可能性を争った。かかる抗弁を検討するため，裁判所は，管轄権判決において，国連憲章に照らして国連憲章上の義務の性質の分析を行っている[59]。

また，本件でリビアは，モントリオール条約に基づく請求だけではなく，英国及び米国による国連憲章上の原則及び武力行使や主権・領土一体性・主権の平等・政治的独立の侵害を禁じる一般国際法の強制的規則（mandatory rule）への違反の認定も求めており，英国及び米国はモントリオール条約の紛争付託条項を管轄の基礎としてこの請求を扱うことはできない旨の主張をした。裁判

---

57) *Ibid.*, p. 43 (para. 91).
58) *Ibid.*, pp. 44-45 (paras. 93-94).
59) （便宜上，リビア対英国の判決のみについて箇所を示す。）*Case Concerning Questions of Interpretation and Application of the 1971 Montreal Convention Arising from the Aerial Incident at Lockerbie (Libyan Arab Jamahiriya v. United Kingdom), Preliminary Objections, Judgment, I.C.J. Reports 1998*, pp. 19-24 (paras. 40-51).

所は，管轄権判決において，リビアにより非難される行為がモントリオール条約の条項に関係する範囲で裁判所が判断する権限を持つとの理由で英国及び米国の抗弁を退け[60]，両国が問題にしたモントリオール条約以外の規範に依拠した請求の当否という点には正面から答えなかった。その後，この請求について実体的判断が下されることはなく，本件は本案判決に至る前に訴えが取り下げられた。

（v）ジェノサイド条約適用事件

1993年にボスニア・ヘルツェゴビナがユーゴスラビアを相手取り提訴した本事件において，ボスニア・ヘルツェゴビナは訴状において管轄権の基礎としてジェノサイド条約に依拠したが，その後，追加的な基礎を幾つか示している（1919年9月10日に少数者の保護のため連合国とセルビア・クロアチア・スロヴェニア王国との間で締結された条約，武力紛争法と国際人道法，1992年6月8日のモンテネグロとセルビアの大統領間の書簡）ほか，被提訴国のユーゴスラビアが仮保全措置を申請したことに基づいて，応訴管轄の成立を主張した。またボスニア・ヘルツェゴビナは，訴状に示した請求の中では，ジェノサイド条約違反のほか，ジュネーヴ4条約と第1追加議定書，陸戦法規を含む慣習武力紛争法，国際人道法の根本原則，人権宣言，国連憲章，武力行使に関する一般及び慣習国際法，主権侵害・内政干渉に関する一般及び慣習国際法等の違反も認定するよう求めたが，その後の書面手続においてはジェノサイド条約違反の認定（とそれから生じる救済の指示）のみを挙げている。

なお，ボスニア・ヘルツェゴビナは訴状以降の訴訟手続においては追加的に示した基礎に依拠していないが，依拠する権利を留保する態度を取り続けていたため，裁判所は管轄権認定段階において，ジェノサイド条約による管轄権の設定を認めたあと，詳細にジェノサイド条約以外の基礎を検討した後に全て否定している[61]。

（vi）石油油井事件

冒頭に挙げた本事件は，イラン・イラク戦争の最中に米国船籍の船舶が受けた攻撃はイランによるものとして米国がイランの石油油井を攻撃したことについて，イランがICJに提訴したものである。イランは，管轄の基礎として1955

---

60) *Ibid.*, p. 18 (paras. 34–36).

〔岩石順子〕　**31**　国際司法裁判所における適用法規の範囲

年の米国・イラン間の友好経済関係及び領事条約（以下，1955年条約）の紛争付託条項へ依拠し，かかる行為の違法性を判示するよう求めた。

　請求の中でイランは具体的な国際法規則の違反の認定を求め，訴状の段階においては，1955年条約の第1条（締約国間の平和と友好関係）・第10条1項（通商と航行の自由）・条約の趣旨目的，と一般国際法を挙げていた。最終申立の段階ではこれを修正し，同条約第1条，第4条1項（相手国国民と企業に対する公正かつ衡平な待遇）及び第10条1項のみに限定している。しかし，各条項の違反を示すため展開される主張の中でイランが一般国際法を多く援用しているほか，本事件ではアメリカも裁判所も1955年条約以外の国際法規則に言及している。

　管轄権認定の段階において，イランは，1955年条約の第1条は平和と友好関係に関する一般国際法の原則・規則に従うよう最低限の要請を両国の義務として課すものであり，こうして1955年条約に編入（incorporate）された一般国際法規則に関連してアメリカの武力攻撃の合法性を評価する管轄権を裁判所は有すると主張し，一般国際法として国連憲章の関連条文・武力行使を規律する慣習法・友好関係原則宣言を挙げた。これに対して裁判所は，1955年条約は通商及び領事関係について規定した条約であるので，第1条は一般的に両国間の平和と友好関係を規定する意図はないとして，同条に関する違反認定を行う管轄権を認めなかったため，これらの一般国際法規則が1955年条約に編入されていると読むことで裁判の中で用いることができるかについては答えることはなかった[62]。

　結局1955年条約第10条1項に基づく請求についてのみ管轄権が認められることとなったが，本案手続の中で，アメリカは石油油井への攻撃は同条約第20条

---

61) *Application de la convention pour la prévention et la répression du crime de génocide, exceptions préliminaires, arrêt,* C.I.J. Recueil 1996, pp. 617-621 (paras. 35-41). なお本件では，ユーゴスラビアがボスニア・ヘルツェゴビナのジェノサイド条約違反を訴える反訴を提起し受理されている。ボスニア・ヘルツェゴビナの本請求に関する行為とは，異なる時間・場所における行為の条約違反を訴えるものであったが，裁判所は，一連の事件として「事実複合体」を形成するため本請求との事実の同一性を認め，依拠する条約が同じであるということをもって本請求との法の同一性を認め，要件を緩やかに解しており，管轄権の範囲内であれば訴外に置かれた争いを取り込むことに積極的とも見受けられる。

62) *Plates-formes pétrolières (République islamique d'Iran c. Etats-Unis d'Amérique), exception préliminaire, arrêt,* C.I.J. Recueil 1996, pp. 812-815 (paras. 24-31).

1項（d）に認められる「安全保障上の不可欠な利益を保護するために必要な措置」であったため第10条1項の違反はないと主張し，また，アメリカの行為がかかる措置にあたるか否かの判断において一般国際法に照らして検討することはできないと主張した。裁判所はまず，「アメリカの行為が第20条1項（d）の範囲ではないと判示したとしても，それらの行為が自衛の必要性及び均衡性を満たしていれば違法ではない[63]」として，第20条1項（d）の違反と自衛権に関する国際法違反とを別の問題として認識しており，また，裁判所の管轄権は限定されているため一般国際法に基づく合法性の決定を直接行うことはできないとする[64]。しかし続けて，1955年条約の解釈として，「第20条1項（d）は武力行使を含む行為を正当化するものとして依拠されている場合，当該条項の解釈及び適用には国際法のもとでの自衛権の要件の判断が伴う[65]」こととなるとする。裁判所は，条約法条約第31条3項（c）の「当事国の間の関係において適用される国際法の関連規則」を考慮すべしとする解釈規則を指摘し，「本問題に関係する国際法の関連規則を適用することは，1955年条約第21条2項によって裁判所に与えられた解釈任務の不可欠な一部を構成する[66]」として，その判断において自衛権の要件との合致を確認した[67]。

本件では，裁判所が第10条1項違反の有無を求める請求に対してアメリカが防御としてあげた第20条1項（d）の判断を（先に）検討したことから，権限踰越原則との関係で複数の個別意見が付されたが[68]，冒頭に挙げたとおり，適用法規の観点から異議を唱えているのが Buergenthal 判事である。Buergenthal は，権限踰越原則との観点からの反対に加えて，裁判管轄権の設定が1955年条約のみであることから，判断に用いることが可能な規範に制限があると指

---

63) *Oil Platforms* (*Islamic Republic of Iran v. United States of America*), *Merit*, *Judgment*, *I.C.J. Reports 2003*, pp. 180–181 (para. 37).
64) *Ibid.*, p. 181 (para. 39).
65) *Ibid.*, pp. 181–182 (para. 40).
66) *Ibid.*, p. 182 (para. 41).
67) *Ibid.*, pp. 198–199 (paras. 76–77).
68) 10条1項違反が無いと認定されれば検討する必要のなかったことであるという意味で，先に検討したことに反対する個別意見が多いなか，そもそも防御の範囲が請求に依拠した条項を超えてはならないとして，順番関係なく反対するという，権限踰越原則を非常に厳格に捉える意見もあった（Higgins 判事）。本件ではアメリカは反訴も行っているが，反訴は第10条1項のイラン側の違反認定を求めるものであり，第20条1項(d)に自国の行為が基づいていることの認定等を含むものではない。

摘する。裁判所は第20条1項（d）の違反の有無を武力行使に関する国際法に照らして判断する根拠を条約法条約第31条3項（c）に求めているが，いずれの規範も同条項によって裁判所の管轄内に取り込むことはできず，裁判所が用いることのできる規範は，当事国が裁判所の管轄を認めた範囲での慣習国際法規則と条約とに限られるとする[69]。ここでBuergenthalは，慣習国際法規則であっても強行規範にあたる規則であっても，裁判所がそれらの規範の解釈を行う管轄権を紛争当事国が付与していなければならないとの意見を示しており，それは裁判所の管轄権が当事国の合意に基礎づけられることから来るものと考えている[70]。したがって，同種の安全保障上の措置に関する規定が問題となった際に自衛権の要件をとりあげたニカラグア事件の際には，管轄の基礎が二国間条約だけではなく選択条項受諾宣言にも基づいていたことから，本件は依拠できる規範の範囲が異なると指摘している[71]。

(vii) 製紙工場事件

本事件は，ウルグアイ川における2つのパルプ工場の建設許可をウルグアイが出し，うち1つが稼働を始めたことにより，ウルグアイ川の水質及び付近の地域に影響を及ぼすため，1975年にウルグアイ川の生物資源の保全及び水汚染の防止のためにアルゼンチン及びウルグアイの間で締結した規程（以下，1975年規程）に反するとして，同規程の紛争付託条項[72]に基づいてアルゼンチンが提訴した事件である。

アルゼンチンは訴状において，ウルグアイが1975年規程のもとで課された義務のほか，同規程が言及する他の国際法規則に違反したことを認定するよう求めたが，申述書以降の申立てでは削除している。しかし，アルゼンチンは，1975年規程の第1条（「両当事国に対し効力のある条約及び他の国際合意から生じる権利及び義務」を遵守する旨の規定）と第41条（「適用可能な国際合意」に従って

---

69) *Oil Platforms (Islamic Republic of Iran v. United States of America), Merits, Separate Opinion of Judge Buergenthal, I.C.J. Reports 2003,* pp. 278-283 (paras. 20-32).
70) *Ibid.,* pp. 278-279 (para. 22).
71) *Ibid.,* pp. 284-285 (para. 35).
72) 1975年規程第60条1項は，モンテヴィデオ条約（ウルグアイ川における両国の境界線を定めた1961年4月7日の条約）及び1975年規程の解釈又は適用に関する紛争で直接の交渉により解決できなかったものについてICJに付託することができる旨，規程している。

適切な規則及び措置をとることにより水環境の保護及び保全を行うことを義務付ける旨の規定)」は「参照条項 (referral clauses)」であるとして，これらの条項を介して1975年規程に編入 (incorporate) されることにより，第1条及び第41条違反の一部としての一般国際法や他の多数国間環境条約上の義務違反も認定できると主張した。

これに対して裁判所は，第1条は他の条約上の義務の履行を1975年規程上においても責務とするよう定めたものではなく，本規程がウルグアイ川における両国の境界線を定めた1961年のモンテヴィデオ条約第7条を履行するために締結されたものであることを強調しているに過ぎないとする[73]。また第41条は，当事国に他の条約と合致する形で規制権限を与えるものであり，他の国際法規則を編入するものではないとする[74]。こうして裁判所は，両条項が参照条項であるとするアルゼンチンの主張を退け，アルゼンチンが依拠する様々な多数国間条約は紛争付託条項の範囲のうちにあらず，ウルグアイがこれらのもとでの義務を遵守したか否かについて判示する管轄権を持たないとしている[75]。

しかし，続いて裁判所は，1975年規程の解釈方法について確認し，条約法条約第31条に法典化されているところの条約解釈に関する国際慣習法規則に合致するよう解釈することについて両当事国が立場を同じくしており，かかる解釈には第31条3項（c）にいう「当事国の間の関係において適用される国際法の関連規則」が考慮されることを指摘する[76]。

実際にこうした解釈方法を裁判所が取り入れていると見られるのは，アルゼンチンとウルグアイの間で争いのあった，1975年規程第41条のもとで締約国がとるべき措置としての環境影響評価の範囲と内容について，判断した箇所である。まず裁判所は，計画された事業が重大な回復不可能な影響を越境してとりわけ共有資源に対して生じさせ得る場合に，環境影響評価を行うことは，今や一般国際法上の要請と考えられているとする[77]。その上で裁判所は，範囲と内容については，1975年規程や一般国際法では特定されていないところ，国連

---

[73]　*Usines de pâte à papier sur le fleuve Uruguay (Argentine c. Uruguay), fond, arrêt, C.I.J. Recueil 2010*, pp. 43–47 (paras. 57–63).

[74]　*Ibid.*

[75]　*Ibid.*, p. 46 (para. 63).

[76]　*Ibid.*, p. 46 (paras. 64–65).

[77]　*Ibid.*, pp. 82–83 (para. 204).

環境計画の基準は両当事国が当事国ではないものの国際技術機関の示した指針として，第41条に従い各国が措置を取る際に考慮に入れなければならないとした[78]。

（2）適用法規の範囲と根拠

　上記に見てきたICJの実行を整理すると，次のことがいえる。第1に，ICJは，条約法・国家責任法・訴訟法上の基本原則といった，いわゆる手続法にあたる規則については，管轄権の基礎に関わらず，一般国際法上の規則といえる範囲において適用してきたということである。第2に，PCIJの実行とは異なり，ICJは，管轄権の基礎となる規範以外の規範に照らした違法性等の認定を求める請求を，認めたことはないということである。第3に，第2の場面とは異なるような，管轄権の基礎となる規範の解釈に資する目的で他の規範を用いることや，管轄権の基礎となる規範の適用自体を争う目的で他の規範に基づく権利や義務を主張することにおいても，ICJは管轄権の外に置かれた規範を用いることが当然に行い得ることとはしていないことである。

　こうした裁判所による扱いについて，根拠はどのように説明されてきたであろうか。第1の点について，ICJは，選択条項受諾宣言など一般的に管轄権を設定する方法による場合には，ある規則が一般国際法上の規則，すなわち，紛争当事国の双方に対して効力のある規則と確認できる規則を適用している。本稿が対象とした特定の実体的規則を規定する条約等に基づいて管轄権が設定される場合にも，手続的規則については特段異なる説明をしていない一方で，管轄権の基礎となる規範以外の実体的規則については，一般国際法上の規則であることを確認するのみでは適用可能とは扱っていない。これらの手続法にあたる規則は，問題となる規則を解釈したりその効力を確認したり，当該規則への違反から生じる効果を定めたりするもので，裁判所が判決を下すために当然に必要となる規則として扱われてきた。先に述べたとおりPauwelynは，こうした規則の適用を「実体的管轄権の行使に関連したすべての事項について決定する権限」からくるものとして説明しており，Bartelsは，裁判所が主たる規範

---

78) *Ibid.*, pp. 83-84 (para. 205). アルゼンチンがさらに依拠していたエスポー条約については両国が当事国ではなく，範囲や内容を示すものとして用いることができないとしている。

第7部　国際裁判における法と事実の認定

の他に用い得る付随的な規範の一つとして，規則の有効性を定める規則を「超規範的機能（meta-normative function）をなすもの」と説明している[79]。こうした司法機関であることに付随する機能の説明の仕方は理論として固まってはいないが，機能自体に改めて疑問を呈する議論は見られない。

　第2の点について，ICJ の実行では管轄権の基礎となる規範以外の規範に基づく請求は訴訟過程で排除される傾向にあり，ICJ 自身もアンバティエロス事件では前身と後継にあたる条約の形式的な区別を重視し，また，テヘラン人質事件では提起された事件の背後にある紛争に関わる規則についての判断をし得ないことにも注意を向けており，根拠としては単に管轄権の外にあるためと説明している。ICJ による請求解釈権限について著された李教授はこの点を同意の範囲として整理され，請求によって示される「個別的・具体的同意」は，管轄権の基礎をなす文書によって与えられる「形式的・潜在的同意」の範囲内でなされなければならず，一方的提訴の場合には管轄権と請求とが別個に設定されるために対応していない場合があるが，請求が潜在的管轄権よりも広い場合には，当然に管轄権を超える範囲で請求に判断を下すことは権限踰越となると述べられている[80]。つまり，管轄権の基礎となる文書によって与えられる同意には，当該文書に照らした違法性等の認定を行う権限の付与への同意という意味が含まれており，かかる同意のない文書に照らした違法性等の認定は認められないこととなる。

　第3の点については，管轄権の基礎となる規範以外の規範として，請求の基礎としては訴訟の過程で排除された規範であっても，管轄権の基礎となる規範の適用を争うなかで，または，管轄権の基礎となる規範の解釈のなかで，裁判所の判断に用いられる例が見られた。しかし，裁判所はそうした場合においても，「裁判官は法を知る」原則等に基づく権限のみを根拠として当然に依拠で

---

[79] Bartels は，管轄権の基礎となる規範が主たる規範と位置付けられるなかで，付随的な規範として用いられる規則として（現象として用いられていることを整理しているに過ぎず，用いる根拠が当然に見出されるものと Bartels が考えているものではない），規則の有効性又は適用可能性を定める規則として「超規範的規則」のほか，「解釈規則」と「法的事実としての規則」を挙げている。Bartels, *supra* note 26, pp. 137-141.

[80] 李・前掲注19) 91-95頁。付託された紛争（請求）の範囲と付託に合意した管轄権の範囲との区別について，以下も参照。Thirlway, Hugh, *The Law and Procedure of the International Court of Justice: Fifty Years of Jurisprudence, Volume II*, 2013, pp. 1688-1700.

きるものとするのではなく，何らかの媒介へ言及してきたのである。

まず，管轄権の基礎となる規範の適用を争う目的で，当該規範以外の規範に基づいた主張は認められておらず，被提訴国も，提起された事件においては管轄権の基礎となる規範の中でのみ争えることを認識した上で，背景となる大きな紛争から分離できるものではないことを主張したり（テヘラン人質事件），管轄権の基礎となる規範の中に読み込む工夫を講じたり（石油油井事件）している。ロッカビー事件においては，安保理決議がモントリオール条約上の義務を塗り替える形で出されたとも考えられるなか，管轄権認定の段階で国連憲章上の義務の性質について検討しており，一見例外となる事例のようにも見えるが，ここでは義務の優劣という実体判断を行う文脈ではなく，訴訟目的が消滅していないかという訴訟手続上の制約に関する規則の判断として行われたものであり，この点については先の第1の例として理解できる。

管轄権の基礎となる規範の解釈の中では当該規範以外を利用している例がいくつか見られ，その際には何らかの媒介を必要としてきた。ICJ設立初期のアンバティエロス事件では，管轄権の基礎となる規範の何れかの条項に，特定の他の規範の明記がある場合にそれを媒介として用いられていた。したがって，そこで判断される規範は，実質的には他の規範の内容を検討するものであっても，管轄権の基礎となる規範に取り込まれたものとして，法的には管轄権の基礎となる規範を解釈する内在的な作業として説明できる。

これに対して近年の石油油井事件や製紙工場事件では，条約法条約第31条3項（c）の「当事国の間の関係において適用される国際法の関連規則」を考慮すべしとする解釈規則を用いて，管轄権の基礎となる規範自体には特段明記されていない他の規範を用いていることが特徴的である。この場合も，裁判所は，他の規範それ自体の適用ではなく，管轄権の基礎となる規範自体の解釈としてであることを強調しているが，上のように管轄権の基礎となる規範が他の規範を明示的に想定する場合とは異なり，特別な解釈規則を媒介として，管轄権の基礎となる規範に外在する規範を取り込む作業であることに注意が必要であろう。

こうした用い方について，石油油井事件では，先に述べたとおりBurgenthal判事が管轄権の設定方式という観点から問題としたが，製紙工場事件の個別意見にはこの点を問題としたものがない。それどころか，Cançado Trindade

判事は，裁判所は事実の決定と適用法規の特定を当事者の主張に制約されることなく自由に行うことができ，本件において国際環境法上の法の一般原則が適用可能であったはずであると主張しているが，管轄権との関係について述べている箇所はない[81]。

違いが生じた実際的な理由としては，両事件の背景と当事国の立場が異なっていたことにあるだろう。石油油井事件は，そもそもの争いの背景からは不適切な条約に基づいて提起されたと見られる訴訟に対して，裁判所は可能な限りで武力行使の問題を取り込もうとしたもので，これに対して両当事国の立場は対立していた[82]。他方で，製紙工場事件は，管轄権の基礎となった条約が適用可能な条約としては適切であるものの，国際環境法の発展した現在において適用するには，補って解釈する必要があるために他の規範が用いられたものであり，両当事国もそれぞれ異なる方法で当該条約外の規範へ言及していたのである。

先に触れたWTOの適用法規に関する議論において，こうした条約法条約第31条3項（c）を媒介に管轄権の基礎となる規範の解釈として管轄外の規範を参照することは，解釈の慣習規則であることを根拠としており，管轄外の規範の性質によるものではない。その意味では，ICJにおいても，かかる条項を媒介とすることは，上記の第1の手続法の適用として整理できるが，自在に用い得る参照条項に陥る可能性があり，裁判所が条約中の「参照条項」を厳密に解してきた実行とのバランスを欠くように思われる。

Orakhelashviliは，この条約法条約第31条3項（c）を媒介とした例と考えられる2つの事件について，異なる根拠によるものと考えている。Orakhelashviliは近年の論稿[83]において，裁判所が管轄を付与されている範囲ではないが，適用法規に制限がない場合に得られるはずの「正しい（correct）」法的帰結を

---

81) *Usines de pâte à papier sur le fleuve Uruguay (Argentine c. Uruguay), fond, arrêt, opinion individuelle de M. Le Juge Cançado Trindade, C.I.J. Recueil 2010.*

82) そもそも適切な条約に基づかない提訴であることを批判的に検討するものとして，池島大策「司法的紛争解決における裁判条項の利用と濫用 ―― ニカラグア事件とオイル・プラットフォーム事件を繋ぐもの ―― 」『同志社女子大学学術研究年報』55巻（2004年）95-105 頁。Small, David H., "The Oil Platforms Case: Jurisdiction Through the – Closed – Eye of the Needle," *the Law and Practice of International Courts and Tribunals*, Vol. 3, 2004, pp. 113-124.

もたらすために，扱うことが不可欠な管轄外の法（external law）へ言及できる場面があることを論じているが[84]，この第31条3項（c）を根拠とする体系的統合（systemic integration）や調和的解釈（harmonious interpretation）といった概念に基づく言及には否定的である。彼は，同価値の規則同士の場合には，これらの概念を持ち出すことによって調和的な解釈を図るのではなく，国家責任で処理するべきと考えているからである[85]。

Orakhelashvili は，製紙工場事件では管轄の基礎となる規範と優劣関係にない規範への言及がなされているが，アルゼンチンが1975年規程に参照条項があるとして他の条約文書で定められた義務を編入しようとしており，ウルグアイも1975年規程が一般国際法の観点から解釈されるべきとの考えをとっていたことから，裁判所は当事国の合意がその余地を認めている範囲において一般国際法が関係するとの判断をしたものであり，当事国の意思に根拠があると考える[86]。

Orakhelashvili は反対に，同価値の規則ではなく，管轄権の基礎となる規範との関係で，強行規範のように公共的価値の性質を持つ規範が問題となる場合には，特定の訴訟において当事国の間でのみ適用されないことで逸脱することは認められず，裁判所は適用しなければならないとする。この考えを示すものとして石油油井事件で強行規範の適用可能性を主張した Simma 判事の個別意見が参照されており，Orakhelashvili は石油油井事件については，体系的統合ではなくかかる意味において他の規範への参照が認められたものと整理していると解される。そしてこれは，当事国が管轄権を付与した司法裁判所としての固有の性質に基づくものと根拠づけられている[87]。

---

83) Orakhelashvili, Alexander, "Substantive Applicable Law, Consensual Judicial Jurisdiction, and the Public Interest in International Litigation," *Japanese Yearbook of International Law*, Vol. 55, 2012, pp.31–76.
84) Orakhelashvili は国際裁判所が external law に言及可能な場合を，①国連海洋法条約第293条のように裁判所規程自体が要請する場合，② external law がないと当該条約自体が機能しない場合（条約法・責任法等の手続規則と，条約で使われている「開発」等の概念に条約中では定義が無い場合に参照する一般法としての実体規則），③ external law が公共的価値を持っており特定の条約の当事国によって逸脱することが認められない場合，の3つに分類している。*Ibid.*, pp. 37–40.
85) *Ibid.*, pp. 40–43.
86) *Ibid.*
87) *Ibid.*, pp. 39–40 and 75–76.

第7部　国際裁判における法と事実の認定

　以上のように，現在までの裁判所の実行からは，特定の実体的規則を規定する条約の紛争付託条項に基づく形で裁判管轄権が設定されている場合には，一般国際法として確認される手続法以外については，管轄権の基礎である当該条約以外の規範は，判決事項を生み出す請求の基礎とし得ないばかりではなく，請求の判断に付随する抗弁の基礎や解釈の手段としても，限定的にしか用いられていないことが分かる。ただし，近年には，他の規範との体系的統合を求める解釈規則を媒介として，管轄権の基礎である条約が明示的に想定していない外在的な規範への参照がなされており，質的な広がりの可能性を見せていることに注意が必要である。

5　おわりに

　本稿で見てきたとおり，ICJ は司法機関の扱い得る国際法の全てを含む適用法規条項を持つが，特定の実体的規則を規定する条約の紛争付託条項に基づき裁判管轄権が設定される場合には，その事項的管轄権の制限に請求のみではなく管轄権認定や本案における当該条約の解釈等の場面においても服し，当該条約以外の規範を判断に用いるには裁判所の権限や裁量に基づくのではない媒介に依拠してきた。しかしその先例自体も多くはなく，訴外に置かれた規範の扱いに関して Buergenthal が問題とした点は，ICJ において自覚的に議論されるには更なる機会を待たなければならないと考えられる。

　現時点において，こうした訴外の規範について裁判所がどのように対処し得るか，本稿で見てきた議論を参考に整理すると次のようになるだろう。まず，管轄権認定の段階で，管轄の基礎となる規範と訴外の規範との適用関係から，訴外の規範を判断することなしに判断を行えない場合や，訴外の規範が優越的に適用される場合には，その時点で管轄を否定するということが考えられる[88]。対して，管轄の基礎として主張される規範にのみ基いて，管轄権の設定が可能か否かが検討されるということが考えられる[89]。実体的判断の段階

---

88) Pauwelyn の考えを ICJ にも当てはめた場合。ただし Pauwelyn は，あくまでも請求の基礎となり得る規範は WTO 法に限られる WTO の紛争解決機関について，このように整理しているのであって，潜在的には国際法全体を適用法規とする ICJ についても同じように考えられるかは述べていない。

において，管轄の基礎となる規範以外の規範が，管轄の基礎となる規範に照らした違法性やそこから生じる救済などを判断するために必要な規範については，いずれの論者の議論においても用いることが可能と考えられる。その上で，管轄の基礎となる規範の解釈に必要となる範囲で訴外の規範に依拠することができるとの考え[90]，管轄の基礎となる規範の判断において必要となるが当該規範に規定されていない事項について訴外の規範に依拠することができるとの考え[91]，管轄の基礎となる規範に優越するものとして公共的価値を持つ規範がある場合には適用しなければならないという考え[92]，管轄の基礎となる規範以外を判断に用いることは強行規範であってもできないという考え[93]と，相対立する見解がある。

ICJは，WTOの紛争解決機関とはその紛争解決の目的も存立基盤も異なる機関であり，本稿が参考にしてきた議論をそのまま並行して当てはめることはできない。しかし，こうした訴外の規範がいかなる段階でいかなる意味において機能する可能性があるかの整理は，ICJでの現象を把握する上でも有効であったと考える。その上で，ICJにおいてはどのように機能するものと考えられるか，またその根拠づけはどのように考えられるかについて，ICJの裁判理論における位置づけを明確にしながら検討していくことを今後の課題としたい。

　本稿は2012年9月7日の国際立法研究会での報告に基づき大幅な加筆修正を加えたものである。末筆ながら，研究会において先生方から貴重なご意見を賜ったことに感謝申し上げるとともに，筆者の能力不足によりご意見から学ぶことができていない点が多々あることをご容赦頂きたい。

---

89) Trachtmanの考えをICJにも当てはめた場合（ただしTrachtmanについても同上）や，石油油井事件でのBuergenthalの考え。
90) PauwelynやTrachtmanの考えをICJにも当てはめた場合（ただし少なくともTrachtmanについては，WTOの用い得る規範として「解釈に関する国際法の慣習規則」が条文上明記されているから，WTOの紛争解決機関においてはそのように言えるという判断）やBartelsの考え。
91) Pauwelynの考えをICJにも当てはめた場合や，Bartelsの考え。
92) 石油油井事件でのSimmaや，Orakhelashviliの考え。
93) 石油油井事件でのBuergenthalの考え。

32 国際司法裁判所の事実認定と司法機能
── 鑑定意見制度の意義と展望 ──

深坂 まり子

1 国際司法裁判所における鑑定意見制度
2 ICJにおける鑑定意見制度
3 「パルプミル事件」から「捕鯨事件」へ
4 結　論

1 国際司法裁判所における鑑定意見制度

(1) 事実の技術性・科学的証拠の取り扱い

　近年，国際司法裁判所（以下ICJ）の取り扱う事件は，複雑な技術的・科学的証拠に関わる類型のものが増加しつつある。環境に関わる事例の増加や，科学技術の発達にしたがって，よりいっそうテクニカルな事実問題について判断を迫られる場面が増加すると予想される。一方で，ICJの事件に対峙する裁判官は，法の専門家ではあっても，科学など他の分野のエキスパートではない。裁判官自身が専ら自らの能力でもって，提示された特定分野の技術的証拠を適切に評価し，事実認定におけるそれぞれの重みを正しく判断することは，困難であることが容易に予想される。このような近年の状況に鑑みて，学説において，ICJがそのような科学的証拠を適切に取り扱うことの必要性が強く指摘されてきた[1]。村瀬信也教授は国際立法の観点から，気候変動の枠組み条約に関して，その政策決定において最も核心的な問題は「どのような形で科学的判断と政策的な価値判断との棲み分け，関連付けを行うか」[2]という点であると

---

1) 例えば，Speech by Judge H. G. Rosalyn Higgins, President of the International Court of Justice at the 58th Session of the International Law Commission, 25 July 2006, reporting on *Armed activities on the Territory of the Congo* (*Democratic Republic of the Congo v. Uganda*) 9-10.

指摘するが,裁判所における法の判断の文脈においても,同様に科学的判断との関わりや棲み分けが問題となるのである。

ICJ が事実を適切に認定して,その事実に法を正しく適用することは,何よりも ICJ が司法裁判所としての正当性を維持するために不可欠であると考えられる。適切な事実認定が重要であるのは,「法の適用」という,裁判所としての ICJ の本質である司法機能と深く関わることであるからである。元判事である Simma は,事実認定において重要な問題となるのは,裁判所が全ての事実を入手しうるか,ということではなく,「裁判所が諸事実の意味を十分に理解し,事実に法を適用する際に,其々の事実がどれほどの関連性と重みを持つかということを,適切に判断できるかどうかである」[3]と述べる。つまり,問題となっている事実を適用法に従って分類し,それぞれ関連性を適切に評価することは,法適用においても不可欠のプロセスであり,裁判所の司法機能の一部といえるのである。その意味では,事実認定と法適用は表裏一体であるともいえよう[4]。

ICJ 規程・規則は,事実認定の困難さに備えて,裁判所が事実に関する調査を行うための多種の権能を授けている。中でも,鑑定意見の制度は,テクニカルな事実問題を取り扱う上で,最も重要なシステムの一つであるといえる[5]。

一方で ICJ は,自ら鑑定意見を使用することはごく稀で,事実認定に際して

---

2) 村瀬信也「気候変動に関する科学的知見と国際立法」『国際問題』572号(2008年6月)46頁。

3) Bruno Simma, 'The International Court of Justice and Scientific Expertise' (2012) 106 *ASIL Proceedings* 232.

4) また,「事実」と「法」はそもそも区別できるのか,という問題がある。この点については今後の研究課題としたい。

5) その他,裁判所が書類の提出を要請できる権利(規程第49条),争点を明らかにするために「その他の情報を自ら収集することができる」権利(規則第62条1項),裁判所の現地調査の権利(規則第66条)などが挙げられる。本稿では紙数の制限があり論ずることができない。これらの点については,今後の研究課題としたい。また,特定の部類の事件あるいは特定の事件を審理するために設けることができる特別裁判部の制度(ICJ 規程第26条1・2項)も重要な制度の一つである。裁判所は,特定の部類の事件を扱う特別裁判部として,ただ一度1993年に「環境に関する特別裁判部」(Chamber for Environmental Matters)を設立した。しかし,当事国はいまだ一度もこの裁判部を使用しておらず,また,特定の事件についての裁判部の設立を要請したこともない。Chambers and Committees <http://www.icj-cij.org/court/index.php?p1=1&p2=4> accessed 7 March 2014. 当事国は往々にして,通常法廷で事件が取り扱われることを望むのである。

総じて消極的な態度を維持してきた。鑑定意見制度に限らず，伝統的に，裁判所は当事者の主張する事実のみを判決の対象とし，事実問題についてはそれ以上立ち入らないという「当事者主義」的手法をとってきた。このような裁判所の態度は，近年，科学的証拠の評価が重要な問題となった「パルプミル事件」においても繰り返され，判決の少数意見や学説の批判が集中することとなった。対照的に，今年（2014年）3月に判決が下された「捕鯨事件」では，鑑定人の取調において裁判所はやや積極的なアプローチをとったと考えられる。

　ICJ の事実認定における伝統的に慎重な態度に鑑みて，規程・規則に設けられた鑑定意見制度はどのような役割を担いうるか，そして裁判所は事実認定においてどのような役割を果たすべきであり，どのように鑑定意見制度を用いるべきであるのかという問題意識が生ずる。本稿では，このような問題意識に基づき，規程・規則に定められた鑑定意見制度の意義を探索し，科学的証拠の取扱いが重要な問題となった最新の二事件である「パルプミル事件」と「捕鯨事件」について，科学的証拠の取扱い及び鑑定意見のあり方を比較分析することで，裁判所の実務を批判的に検討する。

（2）ICJ と「当事者主義」：管轄権の合意原則と *non ultra petita* rule

　そもそも，ICJ 規程・規則は，一般的に事実に関する主張や証拠の提出について，当事国が担うべきであるとする当事者主義を示す原則を明文では置いていない。しかし，ICJ における審理の構造自体が，両当事国による交互の主張・立証による「弁論の対峙」が中心となっている[6]ことから，少なくとも事実については基本的に当事者主義に則っているといえる[7]。訴答書面の作成・提出自体は完全に一方的に行われる行為であり，両当事国が直接に協議・接触することなく作成され，また，裁判所と対面することもなく，そしてその内容が公開されることのないままに裁判所と相手側当事国に送付される[8]。

---

[6] 両当事国の法と事実に関する具体的な主張は，書面・口頭手続段階において現れる。原告国は申述書において事実と法の陳述及び申立てを記載し，被告国は答弁書において申立てられた事実の容認あるいは否定，法の陳述に対する意見，及び申立て等を記載する。このように書面手続は，交互の攻撃・防御という形での具体的主張のやり取りで成り立つ（規程第43条，及び規則第45・46・60条参照）。口頭手続においても両当事国の代理人らは交互に裁判所によって聴取され，また，召喚された証人及び鑑定人も当事国の代理人らによって交互に尋問される（規程第43条5項，規則第65条）。

つまり，書面手続段階では，当事国間で主張・反論のやり取りがなされ争点が形成されていくのであって，裁判所には訴答書面や書証が通知されるものの，通常は裁判所が法や事実について何らかの見解を示して，その内容について当事国間の対審的構造の中に介入することはほとんどない。口頭手続においても当事国は交互に口頭陳述を行い，また人証の尋問も交互に行われ，ここでも裁判所が介入することは伝統的にはほとんどないとされる[9]。

また，実務において，裁判所がとりわけ事実については専ら当事国の弁論に判決の基礎を見出しているという点は，あらゆる判例において顕著に現れている。また，ICJ は通常，両当事国が争っていない事実については，そのまま認定事実として判決の基礎としており，この点については学説上も争いはない。裁判所の一貫した特徴は「争われない事実に基づき判決を下し，大容量の証拠を扱いやすい量に減らす」[10]ことにある。

このような「当事国の申し立てる事実以外は探索しない」という裁判所の事実問題に関する消極的な態度は，第1には管轄権の合意原則に導かれるものと考えられる。ICJ 規程第36条により，ICJ が裁判管轄権を有するには当事国の合意が必要であり，ICJ が特定の紛争に管轄権を持つには，究極的には，その紛争に関して裁判所が管轄権を有することについて両当事国の合意が必要である[11]。とりわけ，特別合意による事件の場合は，特定の紛争について裁判所の管轄権が与えられているために，当事国が申立てていない事実を考慮し証拠を探知することは，両当事国の設定した紛争の主題や請求事項を逸脱する可能

---

7) 当事者主義にはまた，両当事国が平等の弁論の機会を得，また相手側の弁論に対して陳述の機会を与えられることで，不意打ちを防ぐという機能も有していると考えられる。さらには，当事者主義は当事国の平等を実現するための1つの手段であるとも考えられる。当事者主義の有する異なる機能については紙面の制限があり本稿では論ずることができない。当事者主義の機能については，拙稿「国際司法裁判における審理システムの考察 —— 事実の主張・証拠の提出における当事者主義の可能性に関して」上智大学法律学専攻修士論文（未公刊，2010）II 参照。

8) Shabtai Rosenne, *The Law and Practice of the International Court, 1920-2005* (4th ed, Martinus Nijhoff 2006) 1037–1038.

9) Ibid., 1310.

10) Ibid., 1039.

11) ICJ 規程の第36条の強制的管轄権を受諾している場合も，そこに付された留保が当該紛争に該当すると考えられる場合は，裁判所は管轄権を持たないことになる。See, Individual Opinion of President McNair, *Anglo-Iranian Oil Co.* (*United Kingdom v. Iran*) (Preliminary Objection) [1951] ICJ Rep 116.

性があり，裁判所の権限踰越に当たる可能性がある。

またこれは同時に，*non ultra petita* rule に違反することとなる。例え裁判所の管轄権に対する両当事国の合意が認められても，裁判所は，原告国（特別合意の場合は両当事国）の請求事項を超えて判決を下すことは許されず，また，請求事項全てについて判決を下さねばならない。これは *non ultra petita* rule として，国際法上，一般的に認められた手続上の原則である[12]。この規則は管轄権の合意原則のコロラリーと考えることができる[13]。*Non ultra petita* rule によって，より具体的には，口頭弁論における「最終申立」，そして究極的には特別合意及び請求訴状に記載した「紛争の主題」に裁判所の審判対象は拘束される[14]。「紛争の主題」には往々にして事実に関する記述も含まれており，事実レベルの問題であると考えられる[15]。すなわち，*non ultra petita* rule によって審判の対象となる紛争は事実の観点からも「枠付け」されるのであり，

---

12) Nagendra Singh, *The Role and Record of the International Court of Justice* (Martinus Nijhoff 1989) 101; Rosenne (n 8) 576-578; 杉原高嶺『国際司法裁判制度』（有斐閣，1996年）118-119頁。See also, *Corfu Channel Case* (*UK v Albania*) (Assessment of the Amount of Compensation) [1949] ICJ Rep 249; *ibid*, Dissenting Opinion by Judge Dr. Ečer, 252.

13) Sir Gerald Fitzmaurice, *The Law and Procedure of the International Court of Justice* (Grotius Publications Limited 1986), Volume 2, 524, 529. See also, Rosenne (n 8) 577-578. また，請求訴状による事件の場合は，管轄権の問題は別としても，少なくとも *non ultra petita* rule に違反することとなろう。

14) See, *Request for interpretation of the Judgment of November 20th, 1950, in the asylum case* (*Colombia v. Peru*) Judgment [1950] ICJ Rep 402; Rosenne (n 8) 1228.「口頭弁論における最終申立に含まれない論点について裁判所は判断を下してはならない」とする判旨であるが，申立ても，請求訴状に記載された「紛争の主題」を具体化するものでなければならず，後の手続でこれを逸脱することは許されない。というのも，申立ては，請求訴状に記載した請求（claim, demande）から，書面・口頭手続を経て変更することを許されているが，判例上，請求訴状に設定された「紛争の主題」を変質せしめる場合は認められないことが示されているからである。*The "Société Commerciale de Belgique"* (*Belgium v. Greece*) PCIJ Series A/B No. 78 [1939] 173; *Certain Phosphate Lands in Nauru* (*Nauru v. Australia*) (Preliminary Objections) Judgment [1992] ICJ Rep 265-266, paras 65-8；Rosenne (n 8) 1228; 杉原・前掲書注12) 214頁，李禎之『国際裁判の動態』（信山社，2007年）22頁。

15) 同33頁，参照。また，紛争の主題は特別合意及び請求訴状のみで決定されるものではなく，「インターハンデル事件」では，バドバン判事が宣言において「付属文書（correspondence）の検討により確認される」と述べており，紛争の主題が事実レベルの問題であることを示唆している。*Interhandel Case* (*Switzerland v. United States of America*) Judgment [1959] ICJ Rep 30.

紛争の主題に関係がないと思われる事実の考慮は，同規則違反になる虞があるのである。したがって，実務においては，当事国の主張しない事実の援用には非常に慎重にならざるを得ないであろう[16]。

　Singh は，*non ultra petita* rule によって，両当事国が裁判所に持ちこまないことにした紛争部分，及び「自分たちで解決するために留保した紛争の諸側面」[17] が排除されると述べる。そして当規則から，もしも両当事国が実際には「紛争の完全な解決」を裁判所に要請しておらず，意見の衝突する部分的な争点について判決を下すことを要請していた場合，裁判所は，例えそれが「紛争を未解決のままにすることになっても」，その判決を要請された範囲に留めなければならない，と述べる[18]。両当事国がどのように申立てを組み立てるかということは，Rosenne によれば「政治的行為」[19]であって，裁判所はそのような申立ての形成において「両当事国に取って代わろうとはしない」のである。つまり裁判所は，基本的には，両当事国が紛争の主題と申立てによって形作った「紛争の雛形」に拘束され，そこから逸脱する判決を下すことは許されていないといえる。

　そもそも，常設的な国際裁判所に一般的な強制的管轄権を持たせるかどうかという問題は，PCIJ 規程及び ICJ 規程の起草時においても，最も解決が難航した課題の一つであった[20]。現在でも，裁判所の管轄権に対する合意原則は，緊密化する国際関係において，裁判所の存在意義とその機能にとって重要かつセンシティブな問題であり続けているといえる。実体国際法体系において最も根本的である合意原則が，ICJ の訴訟構造においても大きな影響を及ぼしており，裁判所の事実認定における消極性につながっていると考えられるのである。

2　ICJ における鑑定意見制度

　もっとも，鑑定意見に関する規則は ICJ 規程・規則に明文で定められたもの

---

16)　*Non ultra petita* rule について，詳しくは拙稿・前掲論文注 7 ）第 1 章 3（1），第 3 章 2（2）(c) 参照。
17)　Singh (n 12) 101.
18)　Ibid.
19)　Rosenne (n 8) 1227.
20)　杉原・前掲書（注12）145頁。

であり、ICJの審理において果たされるべき一定の機能を有していると考えられる。本項目では規程・規則に設けられた鑑定意見制度と、実務で見られる鑑定人の類型について説明し、それぞれどのような機能を有しているかを検討する。

鑑定意見制度については、規程第51条が簡潔に、鑑定人を口頭弁論中に取り調べることができることを定めている[21]。規程・規則は「鑑定人」の定義を設けていないが、一般に学説において、「自らが真実と信ずること」を「特殊な知識と経験」に基づいて裁判所に意見する人物であるとされる[22]。

第51条が適用される鑑定人は、当事国によって任命される者と、裁判所によって任命されるも者の二種類に区別することができる。それぞれ、異なった取調の手続が用意されており、裁判所の事実認定において異なった機能を有していると考えられる。

(1) 当事国の任命する鑑定人

規程第43条5項は、口頭手続には鑑定人の聴取が含まれることを簡潔に定めている[23]。また、規則第65条が、鑑定人は両当事国の代理人らによって「裁判所長の統制の下に」取調べられ、また裁判官は質問を付することができることを定めている[24]。裁判所長の統制化の下に行われるという点を除いては、取調の様式などについては明らかでない[25]が、より詳細な規則は、裁判所の実務において発展してきた。鑑定人の取調に関する多くの問題は、「コルフ海

---

21) 規程第51条：「弁論中は、関係のある質問は、第30条に掲げる手続規則中に裁判所が定める条件に基づいて、証人および鑑定人に対して行われる」。
22) Christian J. Tams, *The Statute of the International Court of Justice: A Commentary*, Andreas Zimmermann, Karin Oellers-Frahm, Christian Tomuschat (eds) (Oxford University Press 2012) 1302. 一方で、「証人」は、自身の個人的な知識・体験に基づき証言をする者とされる。もっとも、実務においてはしばしばこの区別は曖昧となり、同一人物が鑑定人と証人の両方を兼ねる「鑑定証人（witness-expert）」が証言を行うことがある。See, Anna Riddell and Brendan Plant, *Evidence before the International Court of Justice* (British Institute of International and Comparative Law 2009) 319-24.「南西アフリカ事件」において、「鑑定証人（witness-expert）」に対し裁判所長は、証言の「証明力の高さ」には影響が及ぶ可能性があるものの、証言の「証拠能力」そのものには影響しない（証拠として認められる、の意）と述べている。*South West Africa Cases (Ethiopia v. South Africa; Liberia v. South Africa)* Vol. X [1966] ICJ Pleadings 123.
23) 規程第43条5項：「口頭手続とは、裁判所が証人、鑑定人、代理人、補佐人及び弁護人から行う聴取をいう」。

峡事件」において取り扱われ，そこで用いられた鑑定人に対する基本的なアプローチ[26]は，後の鑑定人が関わった諸事件においても概して継承され，鑑定人の取調に関する裁判所の基本方針を形成することとなった[27]。

個々の事件によって多少異なるものの，裁判所の実務において発展した鑑定人の取調の特徴は，次のようなものである。①鑑定人には主に両当事国自身によって取調べられる，②当事国による取調は，当該鑑定人を召喚した当事国による取調，他方当事国による反対尋問，召喚した当事国による再尋問，の三段階からなる[28]，③裁判官による質問は，通常，当事国による一連の取調が終了した後になされる。

また，当事国の任命する鑑定人は，さらに二種類に分類することができる。

(a)「厳粛な宣言」と共に鑑定証拠を裁判所に提供する鑑定人

厳格に言えば，この類型のみが，規程第51条の範疇で機能する当事国の任命する鑑定人といえる。この類型の鑑定人は，法廷での取調の対象となり，反対尋問や裁判所の質問に付される。この鑑定人には，規則第64条（b）が適用され，鑑定人は陳述の前に，その陳述が「偽りのない信念」に基づくことを厳粛に宣言しなければならない[29]。この類型の鑑定人は現在までに ICJ において9件の例を見たのみであり，2013年6・7月に口頭弁論が行われ，今年（2014年）3月に判決が下された「捕鯨事件」が直近の事例である[30]。

---

24) 規則第65条：'Witnesses and experts shall be examined by the agents, counsel or advocates of the parties under the control of the President. Questions may be put to them by the President and by the judges. Before testifying, witnesses shall remain out of court'. 鑑定人の取調について定める唯一の条項である。

25) 取調は裁判所長の統制下で，主に当事国によって執り行われる等の基本的原則はうかがえる。

26) Guerrero 裁判所長が取調の形式について説明している。 Hearing of the Witnesses, Minutes from the Sittings on the 22nd November 1948, *The Corfu Channel Case* (*UK v Albania*) (Merits) Oral Proceeding [1950] First Part ICJ Pleadings Vol. III 427-8.

27) Durward V. Sandifer, *Evidence before International Tribunals* (Rev ed, University Press of Virginia 1975) 161.

28) See, Rosenne (n 8) 1310. 実際には，鑑定人の取調の手続きは柔軟に執り行われており，例えば，当事国や裁判官は，反対尋問や再尋問，質問をしない選択をすることもできる。

29) 規則第64条（b）：every expert shall make the following declaration before making any statement: "I solemnly declare upon my honour and conscience that I will speak the truth, the whole truth and nothing but the truth, and that my statement will be in accordance with my sincere belief."

当事国の任命する鑑定人は，「偽りのない信念」の下に証言を行う鑑定人ではあるが，当事国にとっては訴訟に勝利することが第一目的なのであるから，鑑定人を選任する際に，自国の主張する法の組み立てや事実関係に，より合致するような意見を有する専門家を指名する傾向があると十分に考えられる。鑑定人は通常，任命した当事国の主張を裏付ける形で意見を述べるのであり，その鑑定意見は，やはり「一方的 (ex parte)」[31] なものである。一方当事国の主張に引き付けられた見解は，ともすると実態から乖離してしまい，「虚構」[32] の意見となる可能性がある。したがって，裁判所は，両当事国に任命された鑑定人の意見の信頼性を比較評価し判断を下さねばならない。一方で，これは「両当事者の意見の衝突」を判断対象の基礎とする当事者主義に則ったシステムであるといえよう。

裁判所は，両当事国に任命され，しかし各々は往々にして権威のある専門家である鑑定人から，相反する技術的見解を聴くことになる。そのような鑑定意見の「いずれの見解がより説得力があるか」という判断において重要な手助けとなるプロセスとなるのが，法廷での取調である。とりわけ，相手当事国による反対尋問は，当事国の意見の衝突という「当事者主義」の範疇において，認定事実の正確性を高めるという機能を有していると考えられる。当事国に召喚された鑑定人は，裁判所に提出する意見書や口頭弁論での意見陳述において，自身の考え方に必ずしも同調しない見解や事柄にはあえて言及しないのが普通である。少なくとも，自身の考えに及ばなかった見解や，見過ごされた事柄などが述べられることはない。反対尋問は，まさにそのような点を浮き上がらせるのである。尋問されることによって，鑑定証拠の「弱み」[33] が浮き彫りとなるのである。このようなプロセスを経てその信頼性が計られることによって始めて，鑑定意見は事実認定を行う裁判所にとって「有用」[34] なものとなるとい

---

30) 2014年3月現在。その他「コルフ海峡事件」「プレアビヘア事件」「南西アフリカ事件」「チュニジア・リビア大陸棚事件」「メイン湾事件」「リビア・マルタ大陸棚事件」「ELSI事件」「ジェノサイド条約事件（2007）」において。これらの事件については紙面の制限もあり論ずることができない。本稿では最新の事件に検討対象を絞り，以前の事件については今後の検討課題としたい。

31) Tams (n 22) 1303.

32) '[F]alsehood', Joint Dissenting Opinion of Judges Al-Khasawneh and Simma, *Case Concerning Pulp Mills on the River Uruguay (Argentina v Uruguay)* [2010] ICJ Rep, para. 17.

えよう。

　また、裁判官による質問も、法廷の活性化をもたらし、裁判官の法判断形成を援助する点で意義があることが指摘されている[35]。裁判官の質問は、反対尋問のように、ある種の意図的な攻撃性を持ってなされることはほとんどなく、むしろ、事件に関わる複雑な事実関係について、より深い理解を得ようとする目的でなされることが多い。通常は反対尋問が終了した後に行われる裁判官の質問によって、証言を掘り下げ[36]、背後にある実態をより深く理解することで、争点の解明に役立つものと考えられる。もっとも、上記のように鑑定人の取調は主に当事国が行うものであり、裁判官の質問は補助的な機能を有するものといえるであろう。

(b) 補佐人としての鑑定人

　上記の正規の鑑定人よりも遥かに多く用いられてきたのが、いわゆる「鑑定補佐人 (expert-counsel)」である。鑑定補佐人は、事件に関する専門知識を有しながらも、独立した鑑定人ではなく、一方当事国の弁護団の一員として訴訟に参加する者のことである。第43条5項の簡潔な言い回しは、必ずしもこのタイプの専門家の存在を排除しない。この鑑定補佐人によって書かれた調査書は、当事国が提出するその他の証拠書類と同様の形式で提出されるか、あるいは単に「事実の陳述」あるいは「事実の否認」[37]などとして訴答書面に組み込まれる。当事国にとっては事件に勝利することに専心するのが通常であるから、彼らが科学者と密にチームとして準備作業をすることを好み、申立てを効果的にサポートするような形で技術的な情報を組み立てようとするのは、自然の理といえるであろう[38]。

---

33) Caroline E. Foster, *Science and the Precautionary Principle in International Courts and Tribunals: Expert Evidence, Burden of Proof and Finality* (Cambridge University Press 2011) 100-1. ITOLOS の「Land Reclamation 事件」における、Lowe のマレーシアに対する反対尋問について論じている。See also, *Case concerning Land Reclamation by Singapore in and around the Straits of Johor* (*Malaysia v. Singapore*) (*Provisional Measures*), Public Sitting, Thursday, 25 September, am, ITOLOS/PV.03/01, 35-8.「捕鯨事件」における反対尋問については第3章で論ずる。

34) *Case Concerning Pulp Mills on the River Uruguay* (*Argentina v Uruguay*) Judgement [2010] ICJ Rep para 167.

35) 杉原・前掲書（注12）208-9頁。

36) Riddell and Plant (n 22) 60.

37) 規則第49条「訴答書面の記載事項」参照。

しかし，問題となるのは，鑑定補佐人は，法廷での取調の対象とならないことである。鑑定補佐人は法廷で弁論をすることはできるが，通常の補佐人らと同様に扱われ，反対尋問や裁判官の質問に付されることはない。この点は，鑑定人によって提供される「証拠 (evidence)」と，補佐人による「弁護 (advocacy)」の区別を曖昧なものにする[39]として，学説（及び一部の裁判官）によって批判されてきた。後述する「パルプミル事件」において示されたように，鑑定補佐人の慣習は，鑑定人によって提供される情報の信頼性を損ない[40]，健全な訴訟を妨げる恐れがある。とりわけ，反対尋問は，鑑定意見の信頼性を計る上で重要な手続である。実際には，反対尋問に類似した機能が，訴答書面の交換という形で一定程度なされているとみなすこともできるが，鑑定証拠の信頼性を測り，より深い理解を得る機会は著しく制限されよう[41]。

(2) 裁判所の任命する鑑定人
(a) 規程第50条に基づく鑑定人

一方で，規程は裁判所自身が職権で鑑定人を任命する権能を与えている。規程第50条は，裁判所は「個人，団体，官公庁，委員会その他の機関に，取調を行うこと又は鑑定をすることをいつでも嘱託」できる旨を定める。当事国の合意は条件とされておらず，その有無にかかわらず裁判所は鑑定を嘱託できる。規程・規則は，この類型の鑑定意見がどの程度の証明力を有するか，あるいはどのような事項について嘱託できるかということについて何ら明らかにしていない。もっとも，一般的に，裁判所の任命する鑑定人の意見は，特定の当事国の弁論をサポートするものではないために，偏向性が低く，事実認定においてより強い影響力を有すると解されている[42]。

---

38) See, Foster (n 33) 89–90.
39) Separate Opinion of Judge Greenwood, *Case Concerning Pulp Mills on the River Uruguay* (*Argentina v Uruguay*) Judgement [2010] ICJ Rep 7, para. 27. See also, Gillian M. White, *The use of experts by international tribunals* (Syracuse University Press 1965) 165; Riddell and Plant (n 22) 341-3.
40) Separate Opinion of Judge Greenwood, *Case Concerning Pulp Mills on the River Uruguay* (*Argentina v Uruguay*) Judgement [2010] ICJ Rep 8.
41) Tim Daniel, 'Expert Evidence Before the ICJ' (2003) Paper presented at the Third Bi-Annual Conference of ABLOS 4, available at <http://www.gmat.unsw.edu.au/ablos/ABLOS03Folder/PAPER1-3.PDF> accessed 6 March 2014.

第7部 国際裁判における法と事実の認定

　第50条はPCIJ規程をそのまま継承したものであるが，PCIJ規程起草にかかわったScottはコメンタリーにおいて，本条は，裁判所が必要であると考える証拠が「両当事国の提出した書類の中に含まれていないため，調査が必要である場合」に有効であるとする[43]。また，証拠の提出を要請する権利を定めた第49条とともに，これらの条文は「判決を下し，両当事国を正当に裁く（do justice between the parties）」ために「必要な証拠を思うままに入手する」という権利を，裁判所が授けられていることの帰結であるとする[44]。このような見解に鑑みると，裁判所自身の鑑定人の任命は，例え当事国の思惑から外れるとしても，適切な事実認定のために裁判所の職権的な権限を認める意味合いを有している制度であるといえよう。

　当事国の任命する鑑定人との大きな違いは，規程・規則は，裁判所の任命する鑑定人の取調については何ら定めていない点である。すなわち，彼らは「証拠の独立した情報源」[45]として，法廷で当事国によって尋問されることはない。このような特性は，裁判所の任命する鑑定人の独特の性質を象徴しており，事実認定におけるその重要性を強調するものである。また，裁判所の任命する鑑定人は，信念に基づき，「裁判所に対する任務を遂行すること（perform my duties）」を宣誓することもあり[46]，単に真実を述べることを宣言する，当事国の任命する鑑定人の宣誓内容[47]とは異なっていることも，その異質性を強調している。

　しかしながら，当事国が滅多に独立した鑑定人を指名しないという現状，あ

---

42)　(n 22) Tams. この類型の鑑定人の独立性は，規則第68条によって裁判所から費用が支払われることによっても強化される。

43)　James Brown Scott, *The Project of a Permanent Court of International Justice and Resolution of the Advisory Committee of Jurists: Report and Commentary* (The Endowment 1920) 122.

44)　Ibid., 123. また，第50条は，より一般的に裁判所の手続における主導権を定める直前の第48・49条の流れの中にあるものとして読むべきであるとする学説がある。Tams (n 22). 第48条は事件の進行における裁判所の全般的な主導権及び「証拠調に関するすべての措置をとる」権利を認め，第49条は当事国に書類の提出を要請する裁判所の権利を定めている。

45)　Ibid., 871. もっとも，鑑定意見は逐一当事国に通知され，当事国はこれについて意見を述べることができる。規則第67条2項参照。

46)　*The Corfu Channel Case* (*UK v Albania*) Order of December 17th [1948] ICJ Rep 126; ibid (Compensation) Order of November 19th [1949] ICJ Rep 238.

47)　規則第64条（b）。

るいはテクニカルな証拠がかかわる事件の増加にも関わらず,裁判所が第50条を適用したのはこれまでに PCIJ における「ホルジョウ工場事件」,ICJ の「コルフ海峡事件」及び「メイン湾事件」の3事件においてのみである。

「ホルジョウ工場事件」では,賠償額の査定について,工場の建設された当時と審理の時点での価値の差異を考慮しなければならないため,「両当事国が提出したデータでは十分でない」[48]とし,第50条に基づき「この問題についてさらなる見識（enlightenment）を得るため」,鑑定取調を委嘱した[49]。もっとも,実際には鑑定の委嘱は,原告国の提言にも基づくと述べている。裁判所は,時間差を考慮した複雑な逸失利益の査定は,「本事件における固有の困難性」[50]とし,鑑定の委嘱により,賠償額を決定するための「事実を熟知することができる」[51]と述べた。本件での鑑定の委嘱は,裁判所が,審理中に当事国の立証では不十分と考えた事実についての調査を行うためのものであるが,原告国による提言に基づいており,また,両当事国は補佐員を任命して鑑定人と協議を行うことが許されていたため[52],当事国の協議を促して,より公正な賠償額の査定を測ろうとする意味合いがあったように思われる。実際に,鑑定人との協議を経て両当事国は合意に達し,訴えは取り下げられて事件は終了した[53]。

「コルフ海峡事件」では,異なる問題について二度裁判所は鑑定を嘱託している。まずは本案段階の口頭手続において,両当事国間で意見の分かれる事実の争点[54]について鑑定意見を得るために,両当事国の出身でない鑑定人からなる委員会を設立した。裁判所は,その理由として,「真実を探求するために」[55]導きとなりうるあらゆる技術的情報を得ることを切望するため,と述べている。八つの質問が鑑定人に託されたが,それらは,証人は機雷の設置を目撃することができたか,機雷の数や種類は何であるか等の,技術的な内容で

---

48) *Case Concerning the Factory at Chorzów* (*Claim for Indemnity*) (*Germany v. Poland*) (Merits) [1928] Judgment, Series A No. 17, 49-51.
49) Ibid., 51.
50) Ibid., 53.
51) Ibid., 55.
52) Ibid., Order made on September 13th, 1928, File E. c. XIII, 101.
53) Ibid., Order made on May 25th, 1929, File E. c. XIX, 12-2; ibid, Annex 14-5.
54) *The Corfu Channel Case* (*UK v Albania*) (Merits) Order of December 17th [1948] ICJ Rep 124.
55) Ibid., Judgement [1949] ICJ Rep 20.

あった[56]。さらに裁判所は，鑑定人による最初の報告書が提出された際に，報告書が「完全に決定的なものではない」として，鑑定人による現地調査を依頼した[57]。口頭弁論では，現地調査に基づく第二報告書について数人の裁判官が質問を付し，対して鑑定人が答弁した。両当事国は報告書や鑑定人の答弁に対して意見の陳述の機会が与えられた。判決において，二つの報告書について裁判所は，「正確で公平（impartial）な情報を保証する」形で現地調査を行った鑑定人の意見に対して「重大な重みを与えないわけにはいかない」と述べ，鑑定意見の中立性及び重要性を強調している[58]。以上のことから，本件の鑑定の嘱託については，「真実の追及」が目的であること，そして裁判所の任命する鑑定人の意見は公平で正確なものとみなされ，事実認定において極めて重要な意味を付されていたことが見て取れる。

さらに賠償額査定段階において，裁判所は規程第48条（訴訟進行に関する裁判所の主導権限）と共に第50条を適用し，自ら鑑定を専門家に嘱託した。これは「駆逐艦の損害に対する賠償額の査定」という，問題の「技術的性格」[59]が動機であった。鑑定書について説明を受けるために，裁判所は鑑定人と共に会議を開き，そこでは積極的に裁判官による質問がなされた。その内容は二種の計算方式の違いや，駆逐艦の価値の下落など，高度に技術的な質問であった[60]。

もっとも，この賠償額査定段階の第50条の適用は，いわば例外的なものであったと考えられる。というのも，アルバニアは賠償額査定段階になって裁判を欠席しており，裁判所は，アルバニアが防禦せず口頭弁論を欠席したために規程第53条2項（欠席裁判）が適用されることを理由に，イギリスの申立てた査定額を審査することを決定したためである。規程第53条2項は，一方当事国が欠席する場合にも，裁判所は「請求が事実上及び法律上十分に根拠をもつことを確認（satisfy itself）しなければならない」ことを定める。裁判所は，このような第53条2項の考慮[61]と，査定問題の技術的性格が鑑定調査を実施した

---

56) Ibid., Order of December 17th [1948] ICJ Rep 124-6.
57) Ibid., Judgement [1949] ICJ Rep 21.
58) Ibid.
59) Ibid. (Compensation) Order of November 19th [1949] ICJ Rep 238.
60) Ibid. (Compensation), Annex 3 [1949] ICJ Rep 261-5.

理由であることを強調したのである。最終的に，裁判所は鑑定結果とイギリスの請求額を比較検討しつつ賠償額を決定した[62]。

また，特別裁判部の「メイン湾事件」においては，同じくICJ規程第48条及び50条に基づき，海上の境界線の画定のために鑑定人を任命した。しかし，この事件における鑑定の嘱託も，その性質において例外的なものであると考えられる。というのも，第一には通常法廷ではなく裁判部による事件であり，裁判部は，特別合意に基づき特定の境界画定を行うという技術的且つ限定的な任務を課せられていた。また，この鑑定人の任命は，境界画定や当事国の提出したグラフなどの技術的な点の判断について裁判所を援助する目的で，両当事国の特別合意によって要請（required）されたものであり，かつ両国の選任の下に行われたものであるからである[63]。さらに，鑑定人の役割は「コルフ海峡事件」とは異なり，当事国の要請によって，手続中，裁判部は終始鑑定人と協議することができた。また，当事国は特別合意において，鑑定人が従うべき技術的ガイドラインを提示しており[64]，鑑定人の任務は明確に指定・限定されたものであった。提出された報告書も求められた事項についての情報を簡潔に述べた，純粋にインフォーマティブなものであった[65]。このように，「メイン湾事件」の鑑定人の役割は，特別合意によって委任された特定の任務を遂行するという限定的なものであったと言え[66]，当事国の意向から離れ独自の情報源

---

61) 欠席裁判における事実認定については紙数の制限があり詳述できないが，「ニカラグア事件」において裁判所は「両当事国が出廷している場合でさえ裁判所は証拠を提出する同様の機会を両当事国に与えることを確保するよう注意している」のであり，「一方当事国が出廷しないことによって事態が複雑になる場合には，なおさら裁判所は両当事国の可能な限りの完全な平等を保障することが不可欠であると考える」(*Military and Paramilitary Activities in and against Nicaragua* (*Merits*) Judgement [1986] ICJ Rep 40, para. 59) と述べている。これは，一方当事国が欠席する場合には，平等原則の徹底のために，裁判所が積極的な事実調査を行うべきであることを示唆するものである。欠席裁判と当事者主義の関係について，拙稿・前掲注7) IV（欠席裁判における審理構造）参照。

62) *The Corfu Channel Case* (*UK v Albania*) (Compensation) [1949] ICJ Rep 248-50.

63) *Delimitation of the Maritime Boundary in the Gulf of Maine Area* (*Canada/United States of America*) Special Agreement, 10 Art. II, 3 <http://www.icj-cij.org/docket/files/67/9595.pdf> accessed 8 April 2014; ibid, Appointment of Expert, Order of 30 March 1084 [1984] ICJ Rep 165-7.

64) Ibid., 11 Art IV.

65) Ibid., Judgement [1984] ICJ Rep 347-52.

第7部　国際裁判における法と事実の認定

として働きうるという，裁判所の任命する鑑定人の制度に鑑みると，やや例外的なものであったといえるであろう。

また，「メイン湾事件」とは対照的に，他の事件において，当事国に第50条に基づく鑑定人の嘱託を要請された際には，裁判所はことごとく，要請を受理せず鑑定の嘱託を行わなかった[67]。また，上述したように，裁判所は争われない事実に基づき事実認定を行い，争いのある事項については判断を回避するという一般的な傾向がある。「メイン湾事件」のアメリカ側の代理人は，争われる多くの事実問題に裁判所が言及しなかったことを指摘し，そうすることで裁判所は「歴史・環境・地質学上の論争に巻き込まれることを回避した」[68]と事件後に回顧している。

このように，裁判所による第50条に基づく独立した鑑定人の使用は極めて限られており，規程によって与えられている自身の職権に対して，裁判所が非常に慎重な態度を見せていることが見て取れる。鑑定人の任命に対する裁判所のこのような消極的な態度は，個別意見において裁判官自身によってもたびたび批判されることとなり[69]，次章で述べるように，2010年の「パルプミル事件」においてこの批判はピークに達することとなった。

---

66) Cymie Payne, 'Mastering the evidence: improving fact finding by international courts' (2011) 41 Number 4 *Environmental Law* 1197.

67) 「チュニジア・リビア大陸棚事件判決再審解釈事件」ではチュニジアが鑑定の嘱託を要請したが，裁判所は，前判決の既判力が及ぶとして受理しなかった。*Application for Revision and Interpretation of 24 February 1982 in the Case concerning the Continental Shelf (Tunisia v Libyan Arab Jamahiriya)* Judgement [1985] ICJ Rep 227-8, paras. 64-5.「ニカラグア事件」では，鑑定を嘱託したとしても，請求国のみならず欠席している原告国のアメリカにも調査に赴く必要があり，現実的ではなく望ましくないとした。*Military and Paramilitary Activities in and against Nicaragua (Nicaragua v United States of America)* (Merits) Judgement [1986] ICJ Rep 40, para. 61. See also, *The Land, Island and Maritime Frontier Dispute case (El Salvador/Honduras: Nicaragua intervening)* [1992] Judgement, ICJ Rep 361, para. 22, 400, para. 65.

68) 'The Gulf of Maine case: An International discussion' 21 *Studies in Transnational Legal Policy* (1988) 3; Payne (n 65) 1197.

69) Dissenting Opinion of Judge Wellington Koo, *Temple of Preah Vihear (Cambodia v. Thailand)* [1962] Judgement, ICJ Rep 100, para 55; Separate Opinion of Judge Oda, *Kasikili/Sedudu Island (Botswana/Namibia)* [1999] ICJ Rep 1118-9, para 6; Dissenting Opinion of Judge Torrez Bernardez, *Maritime Delimitation and Territorial Questions between Qatar and Bahrain (Qatar v Bahrain)* (Merits) [2001] ICJ Rep 239, para. 41.

(b)「見えざる鑑定人」

第50条の使用は極めて限られている一方で，学説によって，当事国や公に公開されない「鑑定人」を裁判所が利用していることが指摘されている。元裁判所長のJenningsは，裁判所が地図作成などの専門家を「争点理解を手助けするもの」として頻繁に利用しながら，「公衆や，さらには当事国にさえもそれを知らせる必要性を感じていなかった」[70]と述べる。また，一裁判所書記は，裁判所が「純粋な内部協議」のために臨時書記員として鑑定人を雇用していたことを指摘する[71]。さらに実際に「カメルーン・ナイジェリア海洋境界事件」の弁護人を務めた実務家が，当該事件において境界画定に関する地図の解釈等の複雑な証拠を，専門家の援助を得ることなく裁判所自身が評価しえたとは考えにくいことを指摘している[72]。

もっとも，この「見えざる鑑定人」[73]はまさにその非公開性が特徴であるため，実際にはいつ，どのように裁判所によって利用されているのかは知り得ない。また，裁判所の評議に「補佐員（assesors）」が参加できることを定める規則第21条2項や，争点を明らかにするために裁判所が「情報を自ら収集」できることを定める規則第62条1項などが，学説において「見えざる鑑定人」利用の根拠として挙げられることがある[74]。しかし，いずれについても裁判所が明示に適用したことがないため，この類型の鑑定人とのかかわりについては明らかではない[75]。

もっとも，「見えざる鑑定人」の使用によって，裁判所は当事国の紛争の枠

---

70) Sir Robert Y Jennings, 'International Lawyers and the Progressive Development of International Law' in J Makarczyk, ed., *Theory of International Law at the Threshold of the 21st Century: Essays in Honour of Krzysztof Skubiszewski* (Martinus Nijhoff 1996) 416.

71) Ph. Couvreur, 'Le règlement juridictionnel' in SFDI ed., *Le processus de delimitation maritime: Étude d'un cas fictif: Colloque international de Monaco du 27 au 29 mars 2003* (2004) 349, 384, as cited in Joint Dissenting Opinion of Judges Al-Khasawneh and Simma, *Case Concerning Pulp Mills on the River Uruguay* (*Argentina v Uruguay*) Judgement [2010] ICJ Rep, para. 14.

72) Daniel (n 40) 4-5. Riddell and Plantは「ニカラグア・ホンジュラス境界画定事件」において「見えざる鑑定人」が使用された可能性を指摘する。Riddell and Plant (n 22) 337.

73) '[E]xperts fantômes'. Joint Dissenting Opinion of Judges Al-Khasawneh and Simma, *Case Concerning Pulp Mills on the River Uruguay* (*Argentina v Uruguay*) Judgement [2010] ICJ Rep, para. 14.

74) Riddell and Plant (n 22) 335-6; Daniel (n 40) 4.

づけに限定されることなく,「真実」に近付くことが可能になると考えられる。つまり,「見えざる鑑定人」の使用には,専門的な事項の判断において援助を得ることで,より実態に近い事実認定を実現しつつも,一方では,公には鑑定を委嘱しないことによって,当事国による紛争の枠づけから一見して乖離しないように見えるという側面があるように思われる。しかし,このような手法は,公正で透明な手続という,司法機関としての根本的な原則に反する恐れがある。裁判所が事実認定を適切に行うために職権で調査を行うことは望ましいが,それは根本的な裁判原則を順守するという前提で行われるべきものであろう。いかなる国家も,訴訟の勝算があるからこそ事件を裁判所に付託するのであって,審理で何が起きるかということをできうる限り正確に予測し,そしてその予測に従って訴訟の準備をする権利を有しているのである。Al-Khasawneh 及び Simma 判事は,「パルプミル事件」の共同反対意見において,裁判所のこのような「見えざる鑑定人」の使用を批判しており,これは裁判所の「透明性,公開性,手続的公平性」を奪うものであり,また,当事国は意見の陳述を行う機会を失い,提出された証拠について裁判所を手助けする機会を奪ってしまうことで,「健全な司法運営」を損なうものと述べている[76]。すなわち裁判官は,手続に関する根本的な手続的原則と,真実の追及という要請とのバランスを図ることが求められるのである。

また,「見えざる鑑定人」は,事実問題を理解するという目的において,最も効果的な手法でさえないとも思われる。Al-Khasawneh 及び Simma 判事が示唆したように,この手法は裁判所が証拠に関して当事国と行いうるいかなるコミュニケーションの機会も奪ってしまい,さらなる証拠の提出を促すような,相互作用的な訴訟のあり方を困難にする恐れがあるのである。例えば,当事国は,「裁判所自身では扱いきれないかもしれない」という懸念のために,高度

---

75) See, Riddell and Plant (n 22) 334–9. Rosenne は,補佐員は裁判所の評議に実際に参加できるという点を除けば,裁判所の任命する鑑定人と区別するのは難しいとする。Rosenne (n 8) 1115. Ostrihansky は,補佐員は「紛争主題に関する優れた専門家」であり「裁判官と鑑定人の特徴を持ち合わせた者」とする。Rudolf Ostrihansky, 'Chambers of the International Court of Justice' (1988) 37 *International and Comparative Law Quarterly* 46.

76) Joint Dissenting Opinion of Judges Al-Khasawneh and Simma, *Case Concerning Pulp Mills on the River Uruguay* (*Argentina v Uruguay*) Judgement [2010] ICJ Rep, para. 14.

に技術的な証拠に強く依拠することを避けるという事態があることが指摘されている[77]。このように，隠された鑑定人の使用は，「紛争を最善の形で解決するため」に，「事件の本質的事実を最善の形で描写する」[78]という可能性を，むしろ減少させてしまう恐れがあるのである。

3　「パルプミル事件」から「捕鯨事件」へ

近年の「パルプミル事件」及び「捕鯨事件」は，共に複雑な科学的証拠が関わり，テクニカルな事実問題が事件の重要な争点を形成する fact-intensive な事件であった。本章では，上記の分類を踏まえて，両事件における裁判所の鑑定意見へのアプローチを分析し，裁判所の事実認定の役割に関して，どのような変化が見られたかを検討する。

（1）パルプミル事件

本事件は，アルゼンチンとの国境を部分的に形成するウルグアイ川に沿って建てられた二つのパルプ工場の建設を，ウルグアイが認可したことに端を発する紛争である。アルゼンチンは請求訴状において，ウルグアイの認可は，河川の最善かつ合理的使用のために共同機構を設立することを義務付ける規程[79]に違反しており，環境を保護し汚染を防止すること等，あらゆる必要な措置をとる義務に違反したと申し立てた[80]。この問題について判断を下すために，裁判所は甚大な量の複雑な科学的証拠を評価しなければならなかったが，最終的には両当事国に提出された証拠だけを考慮した結果，この主張を却下するという手法をとった[81]。

両当事国は，法廷での取調の対象となる，規則第64条（b）に基づく独立し

---

77) Riddell and Plant (n 22) 338.
78) *Case Concerning Pulp Mills on the River Uruguay* (*Argentina v Uruguay*) Judgement [2010] ICJ Rep, Joint Dissenting Opinion of Judges Al-Khasawneh and Simma, para. 14.
79) Article 1, 'Statute of River Uruguay' (Argentina-Uruguay) (Signed 26 February 1975) 1295 I-21425 UNTS, available at https://treaties.un.org/Pages/showDetails.aspx?objid=08000002800df806, accessed 23 April 2014.
80) *Case Concerning Pulp Mills on the River Uruguay* (*Argentina v Uruguay*) (Application Instituting Proceedings) General List No 135 [2006] ICJ para. 22.
81) Ibid., Judgement [2010] ICJ Rep 236, 265, 282.

た鑑定人を任命することはせず，恒例に従って，それぞれの弁護チームのメンバーとして鑑定人を雇用した。二巡の訴答書面のやり取りに加えて，両当事国はそれぞれの申立を根拠づける膨大な量の科学的証拠を裁判所に提出した[82]。それぞれの鑑定人によって準備された報告書や調査書には，相反する主張や結論が含まれていたが[83]，これらはすべて当事国それぞれの主張を裏付ける証拠として提出され，通常の訴答書面の一部を成すものであった。

裁判所が判断を下さなければならなかった技術的な争点において，最も判断が困難であったと考えられるのは，ウルグアイが水環境を保護し汚染を防止する義務を果たしたか否かという問題であった[84]。このためには，工場から排出された汚染物質の濃度が基準以内であるか，また，河川水への影響が有害であるかという問題を判断しなければならなかった[85]。この争点に関して，両国はそれぞれ数年に渡り工場業務の膨大な調査データを提出しており，それぞれ，データについて異なる解釈を行っていた[86]。

口頭弁論において，ウルグアイは自身の鑑定人は「独立」ではなく，アルゼンチンが「独立」であるとする鑑定人も，やはり独立した鑑定人として裁判所はみなすべきではないと主張した[87]。しかし裁判所は，鑑定証拠の信頼性に関する争点を考慮せず，事実に関して，独自の結論を引き出す手法をとった[88]。裁判所はその過程において，溶解酵素やリンなどの五種の物質に関するデータを評価しなければならなかった[89]が，この困難な状況に際しても，

---

[82] Ibid., Separate Opinion of Judge Keith paras. 3-6.
[83] Ibid., Judgement 165-6.
[84] 1975年規程第41条。
[85] *Case Concerning Pulp Mills on the River Uruguay (Argentina v Uruguay)* Judgement [2010] ICJ Rep 50.
[86] Ibid., 226.
[87] Ibid., Public sitting held on Thursday 24 September 2009, at 10 a.m. <http://www.icj-cij.org/docket/files/135/15451.pdf> accessed 20 January 2014, 35-6, answering the question put by Judge Bennouna, 'My question is addressed to both Parties. When the Parties refer to an "independent expert" to whom they have had recourse, what do they understand by this term? In particular, in the context of the case before the Court, is it possible for an expert commissioned by one or other of the Parties to be considered as an independent expert?' ibid, Public sitting held on Tuesday 22 September 2009, at 10 a.m. (Translation) <http://www.icj-cij.org/docket/files/135/15511.pdf> accessed 20 January 2014, 56.
[88] Ibid., Judgement [2010] ICJ Rep 168.
[89] Ibid., 238-59.

鑑定人を任命することはなかった。

　また，両当事国が法廷での取調の対象となる鑑定人を任命しなかったために，事実上は「鑑定人」である弁護人らは，口頭弁論で科学的証拠に関する弁論を行うものの，反対尋問の対象となることはなかった。アルゼンチンが口頭弁論中に新たな科学的議論を行ったことに対して，ウルグアイは口頭弁論中に，弁論が鑑定人としてではなく補佐人らによってなされる場合には，「弁論は『証拠』ではない」ため，「すでに提出された証拠について意見を述べるかあるいは説明するのみにとどめられるべき」であると批判し，「訴答書面に書かれたことを変更してはならず，口頭弁論中に新しい証拠を創出することは許されない」[90]と主張した。この批判は「鑑定補佐人」の持つ問題性を象徴していると思われる。というのも判例により，紛争の主題を変更しない限りは審理の遅い段階での新たな書面証拠の提出や申立の変更は認められているが[91]，どのような場合であっても，相手当事国に新たな証拠について意見を述べる機会が与えられなければならない[92]。一方で，規則第64条（b）に基づく独立した鑑定人が意見を述べる場合には，むしろ，多かれ少なかれ，より詳細な説明，あるいは真実を示す新たな証言が顕れることが期待される。それでもこの場合には，相手当事国は直接に反対尋問を行う機会が保障されている。しかし，「鑑定補佐人」が弁論を行う場合には，鑑定証拠と通常の訴答の堺は曖昧となり，事実上は鑑定人である補佐人がより詳細な証言を行う一方で，反対尋問の機会は与えられない。ウルグアイの批判は鑑定補佐人がグレイゾーンで働くことで事件に影響を与えてしまうというフラストレーションから生ずるものであろう。鑑定人が反対尋問に付されないことで，口頭弁論は対話の乏しい，双方性を欠くものとなる。

　また，数人の判事は，質問によって事実問題の解明を模索したことが見て取れる。もっとも，裁判所自身の鑑定人の手助けもなく，相手国の反対尋問も行われない状況においては，科学者でなければ知りようもない技術について，雲

---

90) Ibid., Public sitting held on Thursday 2 October 2009, at 3 p.m <http://www.icj-cij.org/docket/files/135/15509.pdf> accessed 20 January 2014, 32.
91) *The "Société Commerciale de Belgique"* (*Belgium v. Greece*), PCIJ Series A/B No. 78 [1939] 173; *Certain Phosphate Lands in Nauru* (*Nauru v. Australia*) (*Preliminary Objections*) Judgement [1992] ICJ Rep 265–6 paras. 65–68.
92) Rosenne (n 8) 1336–7.

をつかむような推測に頼る場面も見られた[93]。一方で，伝統的に，弁護人らに対する判事による質問は通常限定的なものであり[94]，また，弁護人らに対する質問は規則第61条３項に基づき，事前に裁判所長へその意向を知らせなければならない。結果として，事実上は鑑定人である弁護人らに対する判事の質問が，自然発生的に自由な形で成されることはほぼ無く，裁判所が重要な技術的争点について，更に理解を深めることは困難になってしまうのである。

　驚くべきであるのは，裁判所はこの問題を十分に認識していたにもかかわらず，事実認定の困難さを軽減するための，規程・規則に存在するいかなる手段も用いなかったことである。最終的に裁判所は判決において，実体的義務違反について，アルゼンチンの主張したほとんど全ての申立を，証拠不十分あるいは証明されなかったとして却下した[95]。もっとも，これには上記の化学物質のデータの解釈も含まれていたが，これについて裁判所は「鑑定人をそれぞれの弁護団の一員に加えるのではなく，規則第57条及び64条に基づく鑑定人として弁論を行っていたならば，より有用であった」[96]として，この問題を指摘している。さらに裁判所は，「相手当事国及び裁判所の取調に付されることができるよう」[97]，法廷に証拠を提出する人物は鑑定人として証言すべきであると述べた。

　Greenwood 判事は反対意見において，異なる種類の鑑定人を区別することの重要性について強く強調し，鑑定人による「証拠（evidence）」と補佐人による「弁護（advocacy）」を区別することは，裁判所における訴訟を適切に執り行うためには根本的なものであると述べている[98]。また，「鑑定補佐人」は，

---

93) 例えば，*chlorine*-free 技術（ECF and TCF）に関する Simma 判事の質問 は次のようなものだった．'Would it be *technically* (*I repeat: technically*) possible to convert the technology used in the Fray Bentos mill from the ECF to the TCF technology?' Italics added. Public sitting held on Thursday 17 September 2009, at 10 a.m. <http://www.icj-cij.org/docket/files/135/15433.pdf> accessed 20 January 2014, 67-8, question 1 (b). Italics added. また，判事の提案するあるアイディアが「果たして理にかなうか」，あるいはある技術が「果たして存在するか」といった質問が見られた。Ibid, 68, questions 2 (a) and 3.

94) Rosenne (n 8) 1303; M. O. Hudson, *The Permanent Court of International Justice 1920-1942* (The Macmillan Company 1943) 574.

95) *Case Concerning Pulp Mills on the River Uruguay* (*Argentina v Uruguay*) Judgement [2010] ICJ Rep paras. 178-264.

96) Ibid., para. 167.

97) Ibid.

鑑定人が相手当事国及び裁判所の質問に付されるという規則を回避することになってしまうとして批判し[99]、裁判所の役に立たたない上に相手当事国に不当なものであるとして、「将来の事件においてこの慣習は繰り返されるべきではない」[100]と強調した。

「鑑定補佐人」の問題を認識した状況において、裁判所が採用すべき科学的証拠の取扱いの手法は、判事の間でも意見の相違があったと考えられ、多数少数意見が、裁判所が自身で規程第50条に基づく鑑定意見を求めなかったことを批判している[101]。例えば Simma 及び Al-Khasawneh 判事は共同反対意見において、「裁判所は自身で複雑かつ科学的な証拠を適切に査定することはできない」[102]として多数意見の手法を強く批判し、鑑定を委嘱しないという選択によって、当事国の主張の信頼性を測り「嘘」を見破ることのできるような証拠の取扱いを行わなかったと結論付けた[103]。

「パルプミル事件」では、高度に技術的な事実の争点について、一方で当事国は慣例通り「鑑定補佐人」を使用することで取調を回避し、他方で裁判所はそれでも鑑定人を任命しないという伝統的な消極的手法をとった。結果として、事実認定の適切性について疑問が呈されることとなり、現代の国際紛争解決におけるICJの停滞した役割を例示することとなったといえるであろう。

（2）捕鯨事件

本事件は当事国が法廷での取調の対象となる鑑定人をそれぞれ任命した直近の事例であり、「パルプミル事件」以降に鑑定人の取調が行われた最初の例である。「パルプミル事件」同様に高度に技術的な事実問題が関連しており、さらには主要な争点が、サンプリングの手法など純粋な科学自体の問題を含む事

---

98) Ibid., Separate Opinion of Judge Greenwood, para. 27.
99) Ibid., 8 para. 27, citing Arthur Watts, 'Enhancing the effectiveness of procedures of international dispute settlement' in J. A. Frowein and R. Wolfrum eds., *Max Planck Yearbook of United Nations Law* Vol. 5 (2001) 29–30.
100) Separate Opinion of Judge Greenwood, *Case Concerning Pulp Mills on the River Uruguay (Argentina v Uruguay)* [2010] ICJ Rep 8, para. 28.
101) Ibid., Joint Dissenting Opinion of Judges Al-Khasawneh and Simma, paras. 2–17; Separate Opinion of Judge Cançado Trindade, para 151; Declaration of Yusuf, paras. 1, 6.
102) Ibid., Joint Dissenting Opinion of Judges Al-Khasawneh and Simma, para. 4.
103) Ibid., para. 17.

第7部　国際裁判における法と事実の認定

件であった。

オーストラリアは申立において，日本は，国際捕鯨取締条約（ICRW）に基づき，1986年期以降よりあらゆる商業目的の捕鯨を放棄するという義務（商業捕鯨モラトリアム），及びに「南大洋サンクチュアリー」においてナガスクジラの商業捕鯨を行わないという義務に違反していると主張した[104]。日本はモラトリアムの開始直後に「南極海鯨類捕獲調査（JARPA I，－2005年）」続いてJARPA II（2005年－）を開始していた。JARPA I 及び II は，「科学的調査の目的」により，捕鯨の特別許可を自国民に与える権利を定めるICRW第8条を根拠としていた。JARPA II の下で，日本はミンククジラ・ナガスクジラ・ザトウクジラの三種の捕鯨を継続し，同時に年間数千トンのクジラ肉が生産されていた[105]。

(a) 両当時国の申立

事件の高度な技術性は両当事国の申立に如実に表れている。オーストラリアは日本の「科学調査」捕鯨の背後には「ビジネスモデル」が存在していると主張し，真の目的である経済的利益のためにクジラを殺すことが可能となるよう意図されているのであり，したがって JARPA II に基づく捕鯨は第8条の定義する「科学調査」には該当しないと主張した[106]。この主張を証明するために，オーストラリアは「科学的調査」，「科学調査の目的」のためのプログラム及び「科学」の本質的性質を解釈・定義し[107]，その上で，用語の通常の意味及び条約の目的に鑑みて，第8条の「科学的調査」の基準はそれを行う国（日本）が自ら判断できるものではなく，クジラの保護と管理を目的とした ICRW レジームにおける非常に制限的な例外として解釈されなければならないと主張した[108]。

---

104) それぞれ付表第10項（e），付表第7項（b）に基づく。また付表10項（d）の母船の捕鯨モラトリアム遵守義務違反も申し立てている。*Whaling in the Antarctic* (*Australia v Japan: New Zealand intervening*) (Application Instituting Proceedings) General List No 148 [2010] ICJ 5-6; ibid., Memorial of Australia <http://www.icj-cij.org/docket/files/148/17382.pdf> accessed 20 January 2014 [2011] 271, para. 6.35.

105) Ibid., Memorial of Australia <http://www.icj-cij.org/docket/files/148/17382.pdf> accessed 20 January 2014 [2011] 105, para. 3.65.

106) Ibid., 65, para. 3.4;139, para. 3.118.

107) Ibid., Memorial of Australia, 152, para. 4.31; ibid., 176, para. 4.92.

108) Ibid., 186, para. 4.117.

オーストラリアによる「科学的調査」等の定義は，オーストラリアが任命した鑑定人の一人である Mangel 教授による調査書によって裏付けられており，またこの調査書は申述書に添付されていた[109]。Mangel 教授は科学的調査を目的とするプログラムの本質的性質を定義づけた上で[110]，主に殺サンプル数が科学的根拠を欠くなどの理由により，JARPA II はそのような性質を持たないと結論付けた[111]。この調査書に基づきオーストラリアは，JARPA II による捕鯨は禁止された「商業捕鯨」に該当するとして，日本が国際違法行為をやめるよう命令を下すことを裁判所に要請した[112]。

日本の反論は，① ICRW の目的　② JARPA II の目的・手法・科学的貢献　③第8条の「科学的調査」の解釈の三点に集中しており，とりわけ，「科学的調査」の解釈が本事件の最重要争点であると位置づけていた[113]。しかし日本は，オーストラリアとは対照的に書面手続段階では鑑定人を指名せず，主張は通常の答弁書の一部を成す見解 (observation) として展開され，鑑定人による別個の調査書によって裏付けられることはなかった。日本は②について，JARPA II は科学的目的のために設立され，十分な科学的貢献があると主張し[114]，また，殺サンプル数は統計的に調査目的に必要最低限となるよう計算されていると反論した[115]。「科学的調査」の解釈については，調査を行う国家自身が解釈を行いその条件を設定する裁量権を有するのであり，他締約国による制限は受けないと主張した[116]。その上で，「科学的調査」の通常の意味による解釈に従えば，例え ICRW の目的を考慮しても，オーストラリアの定義する「本質

---

109) 'An Assessment of Japanese Whale Research Programs Under Special Permit in the Antarctic (JARPA, JARPA II) as Programs for Purposes of Scientific Research in the Context of Conservation and Management of Whales', April 2011, ibid., Appendix 2, 334.
110) Ibid., 187.
111) 主な理由は，①クジラを殺すという手法は，目的の達成のためには不必要であるため不適切である　②大規模なサンプル数が科学的説明のなされることなく設定されている　③対象のクジラ資源に生じうる悪影響を考慮していない，等であった。Ibid, 230, para. 5.81, 242, para. 5.105; Mangel, Expert Opinion, para. 5.22. [Appendix 2].
112) Ibid., 275, para. 7.1
113) Ibid., Counter-Memorial of Japan <http://www.icj-cij.org/docket/files/148/17384.pdf> accessed 20 January 2014 [2012] 9-10, para. 25; 20,-21, paras. 59-61; on 'focal point', see 21, para. 61.
114) Ibid., 13, para. 33; 294, para. 5.139; 295, para. 5.143; ibid., 13, para. 34.
115) Ibid., 13-14, para. 36.
116) Ibid., 325, para 7.10-11; ibid., 340, para. 7.45.

的性質」を満たすべきであるという主張を正当化しないとし，JARPA II の捕鯨は第 8 条における「科学的調査」の定義に該当すると申し立てた[117]。

(b) 鑑定人による意見書

オーストラリアは，鑑定意見について「パルプミル事件」における経緯を特別に顧慮したようである。申述書において，「鑑定人は独立した人物として法廷で取調を受けるべきである」と述べた「パルプミル事件」判決を引用した上で，申述書に添付された調査書の著者らを鑑定人として法廷での取調に付することを保証していたのである[118]。また，裁判所がさらに自身の鑑定人を任命した場合には，その鑑定報告書に意見を述べる機会を要請していた[119]。もっとも，裁判所は独自の鑑定を委嘱することはなかった。

しかし，書面手続終了後の往復書簡は，法廷での取調の対象とならないグレイゾーンの鑑定人の問題がやはり存在していたことを示している。書面手続は一巡で終了したが，その後日本も鑑定人を任命し，両当事国とも，設定された期日までに任命した鑑定人による科学的争点に関する意見書を提出した。口頭弁論の 3 週間前に，オーストラリアの二名の鑑定人は，上記の日本側の鑑定意見書に対してコメントを提出した。同日に日本も意見書を提出したが，これは法廷での取調の対象となる鑑定人として任命されておらず，オーストラリアに鑑定人として通知されていなかった Zeh 教授によって書かれていた。オーストラリアは，規則第57条に基づき，日本は「口頭弁論開始前に十分な時間の余裕を持って」鑑定人の情報を通知する義務に違反していると申し立てた。オーストラリアは，このような手法をとることで日本は「裏口から鑑定証拠を滑り込ませようとしている」[120] と批判し，裁判所は当該意見書を関係書類として扱うべきではなく，この文書に言及すべきではないと主張した。対して日本は，Zeh 教授は単に日本政府をサポートする技術的アドヴァイザーの一人にすぎないと説明した[121]。最終的に，裁判所はこの文書を鑑定証拠として扱わず，日本の提出したその他の通常の見解（observations）と同様のものとしてみなすと

---

117) Ibid., 19, para 53.
118) Ibid., Memorial of Australia, 8, para. 1.21.
119) Ibid., 8–9, para. 1.22.
120) Ibid., Letter dated 5 June 2013 from the Agent of Australia [2013] <http://www.icj-cij.org/docket/files/148/17408.pdf> accessed 20 January 2014.

いう判断を下した[122]。

　口頭弁論中にこの問題は再び言及された。日本側の反対尋問人は，明らかに上記の経緯を念頭に置きつつ，オーストラリアの鑑定人であるMangel氏に対して，Zeh教授の指摘した点について考慮し準備する機会があったか否かを確認したが，対してMangel氏は，その文書は「証拠」ではなく「見解」にすぎないため，日本の鑑定人の証言と同様のレベルでは考慮しなかったと返答した。これに対し反対尋問人は，単にいくつかの点について示唆するにとどめると述べ，当該文書が証拠として扱われないことが確認された[123]。

　オーストラリアが「パルプミル事件」判決を顧慮し，独立した鑑定人におかれる特別な重みを十分に認識した上で，法廷での取調に備えていたことに鑑みれば，日本に証拠及び鑑定人に関する規則を厳格に順守するよう求めたのは当然であったといえるであろう。上記の鑑定人に関するやり取りは，鑑定人による証言・証拠と，一方当事国の弁護チーム内で働くアドヴァイザーによる書面，すなわち通常の見解（observation）の，より明確な区別に貢献するものとなると考えられる。

(c) 鑑定人の取調

　両当事国の鑑定人の取調は，口頭弁論の第一ラウンドで行われた。慣例に従い，取調は任命した当事国による質問，相手当事国による反対尋問，そして裁判所による質問の順になされた。取調での議論は，JARPA IIが第8条における「科学的調査」に該当するかという問題について，サンプル数および致死的手法の正当性に関する争点に集中した。条約の目的の解釈等の一部の議論を除き，両当事国の主張する殆どの申立ては科学的な問題に関わっていたため，鑑定人の取調は本事件において最も重要なポイントであったといえるであろう。また，書面手続が一巡のみで終了し，科学的議論が更に深められなかったために，口頭弁論での鑑定人の取調が一層重要なものとなったと考えられる。

---

121) Ibid., Letter dated 17 June 2013 from the Agent of Japan [2013] <http://www.icj-cij.org/docket/files/148/17414.pdf> accessed 20 January 2014.
122) Ibid., Extract of letters dated 21 June 2013 from the Registrar to the Agents of the Parties [2013] <http://www.icj-cij.org/docket/files/148/17480.pdf> accessed 20 January 2014.
123) Ibid., Public sitting held on Thursday 27 June 2013, at 10 a.m. <http://www.icj-cij.org/docket/files/148/17396.pdf> accessed 20 January 2014, 51-2.

第 7 部　国際裁判における法と事実の認定

　本事件の取調は,「弱み」を浮き上がらせ, 鑑定意見の信頼性を測るという反対尋問の機能が良く働いた例といえる。象徴的であるのは, 口頭弁論において特に篤く議論が繰り広げられたサンプル数の規模についての, 日本側の鑑定人の反対尋問での答弁である。日本側の唯一の鑑定人である Walløe 氏は, クジラに関する生理学の専門家として, 口頭弁論前に提出した意見書において, ミンククジラについて日本の科学者が設定したサンプル数は, 6 年間で明確な結果を得るためには正当な規模であり, さらに, 幾つかの科学的目的を達成するには少なすぎる, と述べていた[124]。しかし同時に, 日本の科学者は, サンプル数の設定方法について常に明確な説明をしていたわけではなく,「財政的考慮にも影響されている印象を持った」とも述べていた[125]。サンプル数に関する意見は 3 頁の簡潔なものであり, 設定されたそれぞれのサンプル数に関する具体的な説明や計算の解説はなく, またザトウクジラ及びナガスクジラには全く言及していなかった。反対尋問においてオーストラリアの補佐人は, なぜ意見書に自身の計算を載せなかったのかと尋ねたが, 対して Walløe 氏は, サンプル数の問題は JARPA II の「弱点の一つ」であり, また彼自身が「批判する点」であると述べた[126]。反対尋問人はさらに, ザトウクジラ及びナガスクジラのサンプル数の計算に関する意見を求めたが, Walløe 氏は次のように答えた。

　「ナガスクジラ案はそもそも気に入りませんでした。というのも私が思うに, とりわけ捕獲数が18頭のみという状況では, なんら得られる情報はないからです。ザトウクジラについても問題がありますが, ナガスクジラ案に比べれば, まだ正当だと思います。」[127]

　反対尋問人は続けてザトウクジラとナガスクジラのサンプル収集は12年であるのに対し, ミンククジラは 6 年が選択されていることの科学的根拠について問い, 対して Walløe 氏は「ザトウクジラとナガスクジラを捕獲する案が気に入らなかったため, そもそも考慮しなかった」[128]と返答した。さらに反対尋

---

124)　Statement of Mr. Lars Walløe [2013] <http://www.icj-cij.org/docket/files/148/17418.pdf> accessed 20 January 2014, 9.
125)　Ibid., 10.
126)　Public sitting held on Wednesday 3 July 2013, at 3 p.m. <http://www.icj-cij.org/docket/files/148/17428.pdf> accessed 20 January 2014, 41.
127)　Ibid., 44.

問人に，それらの案に問題があるならば「ランダムなサンプル収集によって種族間の競争関係を調査する」という日本の主張は，科学的な信頼性を損なうのではないかと問われ，対して Walløe 氏は，ナガスクジラの主な生息域は JARPA II の調査水域外である上，船舶の長さの問題で小さな個体しか捕獲できないため「ランダムにはなりえない」ため，とりわけ「ナガスクジラ案はあまり良い構想ではない」と返答した[129]。

また，当事国による鑑定人の取調後には，判事による質問が非常に活発に行われ[130]，ここでも，サンプル数及び致死的手法に関する質問が多くなされており[131]，鑑定意見の裏にある実態をより理解しようという努力が見られた。

(d) 判　　決

反対尋問における，ある種劇的ともいえる以上のやり取りは，裁判所の事実認定および判決に大きく影響していることが，判決の理由付けから読み取れる。2014年3月に下された判決において，まず裁判所は ICRW の目的に鑑みて，第8条の「科学的調査」の名目での特別許可は，許可を得る国（日本）が設定する基準のみには依拠しないとし，裁判所自身が「科学的調査」の客観的な基準を検討する手法をとった[132]。しかし裁判所は，「科学的調査」を正面から定

---

128) Ibid., 46.
129) Ibid., 47.
130) Mangel 氏に対して6名の判事より11の質問，Gales 氏に対して3名の判事による4の質問，Walløe 氏に対して6名の判事による14の質問がなされた。Public sitting held on Thursday 27 June 2013, at 10 a.m. <http://www.icj-cij.org/docket/files/148/17396.pdf> accessed 20 January 2014, 63–71; Public sitting held on Thursday 27 June 2013, at 3 p.m. <http://www.icj-cij.org/docket/files/148/17398.pdf> accessed 20 January 2014, 30–33; Public sitting held on Wednesday 3 July 2013, at 3 p.m. <http://www.icj-cij.org/docket/files/148/17428.pdf> accessed 20 January 2014, 49–59.
131) Mangel 氏に対しては，Cançado Trindade 判事，Donoghue 判事，Keith 判事に，小和田判事による7の質問。Public sitting held on Thursday 27 June 2013, at 10 a.m. <http://www.icj-cij.org/docket/files/148/17396.pdf> accessed 20 January 2014, 64–70. Gales 氏に対しては，Donoghue 判事による1の質問。Public sitting held on Thursday 27 June 2013, at 3 p.m. <http://www.icj-cij.org/docket/files/148/17398.pdf> accessed 20 January 2014, 30. Walløe 氏に対しては，Greenwood 判事，Cançado Trindade 判事，Charlesworth 判事による7の質問。Public sitting held on Wednesday 3 July 2013, at 3 p.m. <http://www.icj-cij.org/docket/files/148/17428.pdf> accessed 20 January 2014, 49–50, 52, 59.
132) *Whaling in the Antarctic (Australia v Japan: New Zealand intervening)* Judgment, General List No 148 [2014] ICJ paras. 51–69.

義することはせず，単にオーストラリアの主張する要件を満たす必要はないとし，JARPA II の殺サンプルを使用する活動は概して「科学的調査」と特徴づけることができるとした[133]。一方で，科学的調査の「目的のために」という文言を区別し，これについては，調査目的自体がプログラムの設計・実施を十分に正当化するものでなければならないという理論構成を行った[134]。

裁判所は，その上で JARPA II の設計及び実施が調査目的に照らして合理的であるか否かを審査したが，そこで最も重要な判断基準であったのは，殺サンプル数が合理的であるかという点であり，判決後半の殆どはこの点について論じている。とりわけ，3種のクジラそれぞれのサンプル数の設定手法について，上記の Walløe 氏の「日本の科学者の計算方法は不透明」という見解に言及した上で，詳細に検討している[135]。ザトウクジラとナガスクジラについては，ミンククジラとは異なり12年のサンプル収集が選択されていることに根拠がない点，サンプル数は統計的に有意義な結果を出すためには少なすぎる点を指摘し，さらに Walløe 氏のナガスクジラ案への批判を引用しつつ，JARPA II の目的に照らした合理性における短所と指摘した[136]。これらの判断は上記の反対尋問の一場面からの直接的な帰結といえよう。さらにミンククジラのサンプル数についても，調査項目別に選択されたサンプル数，及び Walløe 氏が「恣意的」と述べた6年のサンプル収集年数について日本による一貫した説明がないと指摘した。結果として，ミンククジラのサンプル数も正当化する証拠を欠くと結論付けた[137]。

裁判所は以上の点に加え，設定されたサンプル数と実際のサンプル数の差について合理的な説明がなく，サンプル設定数は政治的考慮に基づく可能性があるという点[138]等の問題点を列挙した。結果として，主に殺サンプル数の規模に関して合理的な説明を欠くことを理由に，JARPA II の企画・実施の両面に

---

[133] Ibid., paras. 86, 127.
[134] Ibid., paras. 71, 97, 127.
[135] Ibid., para. 159.
[136] Ibid., para. 174-81.
[137] Ibid., paras. 182-98. また，JARPA I からサンプル数が増加している点について，日本の主張する「異種間の競争関係の調査のため」という名目では，上記の二種のクジラ案に問題があるため，正当化自由にはならないとも指摘している。Ibid., para 196.
[138] Ibid., paras. 199-212.

おいて，科学的調査の目的を達成するために合理的であることを示す証拠がないと判断し，JARPA II は　第8条の「科学的調査の目的による」ものには該当しないと結論付け，日本に現存の捕鯨許可の取消及び将来の許可の禁止を命じた[139]。

もっとも裁判所は，鑑定意見を顧慮しつつも，「科学的調査」の一般的な定義については言及しない手法を取ることで[140]，複雑な技術的問題を扱うことなく判決を導き出す手法を取ったとも考えられる。「科学的調査」の定義を回避した点は少数意見においても批判されている[141]。また，「科学的調査の目的」及びその「合理性」の基準について，明確な説明をすることなく，専ら「殺サンプル数」について一貫した説明がないことを理由に，「合理性を欠く」と判断している[142]。そのため，口頭弁論等で印象付けられた，日本側の殺サンプル数設定に関する立証の不十分さ[143]を起点として，そこに理由付けを引き付けるような形で判決が書かれている印象は否めないであろう。

「捕鯨事件」はその最大の争点が，一般的な「科学的調査の目的」にJARPA IIが該当するか否か，そしてその基準の判断が，設定されたサンプル数と殺すという手法が科学的に合理的であるかという問題に引き付けられたため，法の構成に従って，事実に関する判断がそのまま判決に直結する事件であった。また，「科学的調査」の定義付けなど，科学の問題でありながら条約の文言であるため法律問題でもある[144]という，事実と法がとりわけ渾然としている争点

---

139) Ibid., paras. 223-7, 245.
140) See, Judgment, General List No 148 [2014] ICJ para. 86; ibid, Dissenting Opinion of Judge Owada <http://www.icj-cij.org/docket/files/148/18138.pdf> accessed 5 April 2014, para. 23.
141) Separate opinion of Judge Xue <http://www.icj-cij.org/docket/files/148/18152.pdf> accessed 5 April 2014, para. 16; Separate opinion of Judge Sebutinde <http://www.icj-cij.org/docket/files/148/18154.pdf> accessed 5 April 2014, paras. 7-9; Dissenting opinion of Judge Yusuf <http://www.icj-cij.org/docket/files/148/18148.pdf> accessed 5 April 2014, para. 51.
142) See, Dissenting opinion of Judge Yusuf <http://www.icj-cij.org/docket/files/148/18148.pdf> accessed 20 April 2014, paras 44, 50-5; Dissenting Opinion of Judge Owada <http://www.icj-cij.org/docket/files/148/18138.pdf> accessed 20 April 2014, paras. 32, 39.
143) See, Separate Opinion of Judge Cançado Trindade <http://www.icj-cij.org/docket/files/148/18146.pdf> accessed 20 April 2014, paras. 73-4; Separate opinion of Judge Xue <http://www.icj-cij.org/docket/files/148/18152.pdf> accessed 5 April 2014, para. 26.

が関わる事件でもあった。この問題は少数意見でも触れられ，小和田判事及びYusuf 判事は，それぞれ反対意見において，科学を専門としない裁判所が「科学的調査の目的」における「合理性」について判断できる立場にはないとして，多数意見の手法を批判している[145]。「合理性」は法の判断ともいえるが，現実として，その評価対象は科学的な数値や手法であり，科学者でない者が科学について判断を行うという問題からは逃れることができない。本件では，両当事国が鑑定人を指名し取調が良く機能したことで，科学的事実に関して裁判所が一定の理解と見解を得ることが可能となった。一方で裁判所は，やはり高度に技術的な争点については回避し，両当事国の立証のみを比較検討して，科学の専門家でない者が判断しても妥当であると思われる限りの争点に議論を集中させて，判決に到達しているという傾向がみられるのである[146]。

4 結 論

「裁判所の任命する鑑定人」と「当事国の任命する鑑定人」は，異なった意味合いを有している。いずれも，裁判所が専門的な見解を得ることができるという点では共通であるが，前者は，まさに裁判所を手助けする裁判所の一部として，「真実発見」のために働く。一方で後者は，あくまでも一方当事国の主張する事実を裏付けるものとして働き，そのような鑑定人の証言を比較して事実認定を行うことは，「当事国の提示する事実のみを判断する」という機能を有する伝統的当事者主義的手法の範疇を出るものではない。もっとも「当事国の任命する鑑定人」の場合も，裁判官が積極的な質問を行うことによって「当事者主義」を超越しうる可能性はあるが，裁判所が鑑定人を任命する場合と比

---

144) See, Judgment, General List No 148 [2014] ICJ, para. 82.
145) Dissenting Opinion of Judge Owada <http://www.icj-cij.org/docket/files/148/18138.pdf> accessed 20 April 2014, paras. 24-5, 37; Dissenting opinion of Judge Yusuf <http://www.icj-cij.org/docket/files/148/18148.pdf> accessed 20 April 2014, paras. 30, 44. See also, Separate opinion of Judge Xue <http://www.icj-cij.org/docket/files/148/18152.pdf> accessed 20 April 2014, para. 16.
146) もっとも，条約上の文言である「科学的調査」を，条約解釈の範囲で裁判所が判断を行うのは当然であり，正面からの定義を回避したのは事実認定に関わらない他の考慮も背景にあったと考えられる。しかし，独自の鑑定人による意見を得ていたならば，一定の客観性を「合理性」の判断に持たせることができたであろう。

べて遥かにマイルドなものとなる。

　事実認定において極めて消極的な態度を維持してきた裁判所は,「パルプミル事件」において, 司法の健全な運営のために, 当事国が法廷での取調の対象となる鑑定人を任命すべきことを明言し, また, 少数意見において, 複雑な事実の関わる事件では裁判所が自身の鑑定人を任命すべきことが示唆された。これを受けて「捕鯨事件」では, とりわけオーストラリアは意識的に取調の対象となる鑑定人を任命し, 自国の議論をサポートさせるという形式をとった。裁判所は積極的な質問を行うという形で「健全な司法運営」を実現しようとしたものの, 自身で鑑定人を任命するには至らなかった。あくまで,「当事者主義」の範疇に留まりながらも, 反対尋問を機能させることによって証言の精度を高め,「当事者主義による歪み」を僅かに修正するという方式をとったといえるであろう。その意味では,「捕鯨事件」の事実認定方法は「パルプミル事件」と比較すれば変化が感じられるものの, 当事国の「事実の枠づけ」に対する態度という意味では, 従来の消極的姿勢から大きく前進したとは言い難いであろう。

　また, 裁判所による「見えざる鑑定人」の採用は, 一見してそのような「当事国の事実の枠づけ」から外れることなく, しかし同時に専門的な知識を得ることができるという利点に動機づけられるところが大きいと考えられる。しかし一方で, この慣習によって透明性のある手続が損なわれる可能性がある。

　事実認定を行う上では, とりわけて管轄権の合意原則及び *non ultra petita* 規則が, 裁判所の積極的な手法を制限するものとして働く。裁判所の任命する鑑定人の制度は, これらの原則を順守するという義務とのバランスにおいて行使されなければならない。しかし同時に, 複雑な事実的争点が関わる現代国際紛争において, 裁判所が有意義な判決を下すためには, より実態的な事実評価を目指して積極的に使用されるべきであり, 伝統的な消極的姿勢からの脱却が要請されるのである[147]。

---

147) また, 科学的証拠が関わる事件においては, 科学の知見の不明瞭な分野や, 日進月歩の発達である事項も関連すると考えられる。そういった事柄に対して判断を求められた場合に, ICJ が終結審としてどのような機能を備えるべきか, という問題がある。この点については, 今後の研究課題としたい。

第 8 部

武力行使の規制と安全保障

33 サイバー攻撃に対する自衛権の発動

河 野 桂 子

1　はじめに
2　サイバー攻撃に対する対応措置
3　サイバー戦争の可能性
4　サイバー攻撃の中継国の責任
5　おわりに

1　はじめに

　サイバー攻撃を受けた被害国は，国際法上，軍事力を用いて反撃することが許されるのか。それとも従来のサイバー犯罪への対応と同様，警察機関の法執行に依らなければならないのか。国家がサイバー戦争の存在を公式に認めた例はまだないが，将来の発生を見据えた議論が各所で活発に行われている。

　日本では，「武力攻撃の一環としてサイバー攻撃が行われた場合には自衛権を発動して対処することが可能」[1]としながらも，サイバー攻撃そのものが武力攻撃に該当するか否かについてはまだ明確な立場は示されていない[2]。他方，米国では，ここ数年の間にサイバー・セキュリティへのアプローチに関して目新しい動きが生じている[3]。例えば，重要情報インフラの保護に関して従来

---

1) 第185回参議院予算委員会議事録第 1 号（平成25年10月23日）安倍晋三内閣総理大臣答弁　http://kokkai.ndl.go.jp/cgi-bin/KENSAKU/swk_dispdoc.cgi?SESSION=683&SAVED_RID=2&PAGE=0&POS=0&TOTAL=0&SRV_ID=10&DOC_ID=1930&DPAGE=1&DTOTAL=16&DPOS=11&SORT_DIR=1&SORT_TYPE=0&MODE=1&DMY=1060
2) 「……サイバー攻撃と武力攻撃の関係について一概に述べることは困難であり，何らかの事態が武力攻撃に当たるか否かは，個別具体的な状況を踏まえて判断すべきものである……」防衛省「防衛省・自衛隊によるサイバー空間の安定的・効果的な利用に向けて」，防衛省HP，http://www.mod.go.jp/j/approach/others/security/cyber_security_sisin.html

第 8 部　武力行使の規制と安全保障

限定的であった国防省の役割は2010年以降拡大され[4]，また，翌2011年公表された『サイバー空間の国際戦略』[5]では，サイバー侵略に対する自衛権の援用が記される[6]など，サイバー攻撃が従来の軍事作戦を伴わずに単体で，武力攻撃を構成しうるとの立場が打ち出されている。

サイバー戦争の語を，本稿ではサイバー空間において武力攻撃（国連憲章第51条）が発生し，被害国が自衛権を発動した結果，加害国（者）との間に敵対行為が発生した状況と定義する。ただし，サイバー攻撃のうち何が武力攻撃に該当するかについては，まだ国際的な合意は形成されていない。そうした状況の中で，法の明確な解釈適用の必要性が叫ばれているのは，何よりも，いったんサイバー空間で武力攻撃が発生すれば，それはすぐに現実世界の戦争に飛び火する可能性があるからである[7]。また，仮に，戦争がサイバー空間内で完結している場合であっても，サイバー攻撃が往々にして予期せぬ二次的被害を広範囲にもたらすものである以上，サイバー自衛権の発動にあたっては，より慎重な姿勢が求められ，できる限り高い基準を設定することが望ましいと考えられている[8]。

---

3) Sean M. Condron, "Getting It Right: Protective American Critical Infrastructure in Cyberspace," *Harvard Journal of Law & Technology*, Vol. 20 (2007), p.407. サイバー・セキュリティが警察の法執行アプローチで捉えられてきたのは，サイバー攻撃の被害が当時はまだ比較的軽微であり，また，インターネットの脆弱性が楽観視されたことが背景にあるようである。Charles J. Dunlap, Jr., "Meeting the Challenge of Cyberterrorism: Defining the Military Role in a Democracy," *US Naval War College International Law Studies*, Vol.76 (2002), pp.358-362.

4) 従来，米国の重要インフラ保護の主導機関は国土安全保障省とされてきたが，2010年国土安全保障省と国防省間で了解覚書が締結され両省間の協力が明記された。Alexander Klimburg, ed., *National Cyber Security Framework Manual*, NATO CCD COE Publication (2012), p.87.

5) The White House, *US International Strategy for Cyberspace: Prosperity, Security, and Openness in a Networked World*, May 2011, http://www.whitehouse.gov/sites/default/files/rss_viewer/international_strategy_for_cyberspace.pdf

6) Ibid., p.10.

7) 国防省の報告書によれば，米国大統領は，サイバー攻撃に対してあらゆる必要な手段（サイバー能力及び／又はキネティック能力を含む）を講じて反撃する権利を留保すると述べられている。US Department of Defense, *Department of Defense Cyberspace Policy Report, A Report to Congress Pursuant to the National Defense Authorization Act for Fiscal Year 2011, Section 934*, November 2011, p.4, http://www.defense.gov/home/features/2011/0411_cyberstrategy/docs/NDAA%20Section%20934%20Report_For%20webpage.pdf

サイバー空間に対して国際法が適用されることについては，既にいくつかの国際会議の場で合意が形成されているが[9]，武力行使や武力紛争に関する国際法がサイバー空間に具体的にどう適用されるかという点については，まだ政策文書で示す以外の実践例は存在しない。また，国際条約が新たに作成される可能性も今のところ乏しい。国際法の適用問題を詳細に議論し，かつ今後の国家実行を推し進めることが期待される文書としては，NATOサイバー防衛センター（CCD COE）の『サイバー戦に適用される国際法に関するタリン・マニュアル』（タリン・マニュアル）[10]が挙げられるが，これは起草者自身が認めるようにソフト・ローの一種であり，法的拘束力を持たない[11]。とはいえ，体系的かつ包括的にまとめた文書は他に例がなく，また，内容の一部に疑義を生ずるものの，今後，議論を深めるべき論点を提起している点で非常に有用な文書であることは間違いない。そのため本稿でも以下，議論の材料として関連する限りで参照する。

この分野については既に先行研究がいくつか存在し[12]，また本稿でも紙幅

---

8) Ashley Deeks, "The Geography of Cyber Conflict: Through a Glass Darkly," *US Naval War College International Law Studies*, Vol.89 (2013), p.19. 非国家主体の武力攻撃の文脈ではあるが，米国政府が基準設定に関心を寄せる理由の一つに相互主義が挙げられている。米国が安易に自衛措置に訴えれば，他国も米国に対して同様の行動をとるからである。

9) 国連総会第1委員会サイバー・セキュリティに関する政府専門家会合（GGE）2013年報告書19項。同GGEには国連安保理常任理事国の他，日本も参加している。Report of the Group of Governmental Experts on Developments in the Field of Information and Telecommunications in the Context of International Security, A/68/98, 24 June 2013, p.8, para.19. 中国は，武力紛争法のサイバー戦への適用についても最近柔軟な姿勢を見せ始めていると伝えられている。Adam Segal, "China, International Law, and Cyberspace," *Council on Foreign Relations Asia Unbound*, 2 October, 2012, http://blogs.cfr.org/asia/2012/10/02/china-international-law-and-cyberspace/

10) Michael N. Schmitt, ed., *Tallinn Manual on the International Law Applicable to Cyber Warfare: Prepared by the International Group of Experts at the Invitation of The NATO Cooperative Cyber Defence Centre of Excellence* (Cambridge University Press, 2013).

11) Michael N. Schmitt, "Cyber Operations and the Jus in Bello: Key Issues," *US Naval War College International Law Studies*, Vol.87 (2011), p.90.

12) 国際法上の論点を扱った論説として，岩本誠吾「国際人道法におけるサイバー攻撃の規制問題」『国際問題』587号（2009年）25—35頁。真山全「原子力施設に対するサイバー攻撃と国際法」『読売クォータリー』2012春号（2012年）84-93頁。橋本靖明「サイバー・セキュリティの現状と日本の対応」『国際安全保障』41巻1号（2013年）27-43頁。中谷和弘「サイバー攻撃と国際法の対応」『ジュリスト』1454号（2013年）58-63頁。

の制約があることから，以下では自衛権にまつわる次の論点に焦点を絞り検討を進めることとする。第1に，自衛権を発動するための要件として，サイバー武力攻撃とは何かという定義の問題である。この定義をふまえて第2に，サイバー戦争が今後起こる可能性について，学説では懐疑的な見方もあるが，特に本稿では被害の種類及び戦争主体の2つの観点から考察する。サイバー攻撃は，国家の正規軍のみならず，犯罪組織，テロリスト，愛国主義的ハッカーなど様々な種類の人間が行う場合があるが，特に本稿では，正規軍ではない何らかの組織が，外国政府を攻撃する状況を取り上げ，そうしたサイバー攻撃の拠点がある国，又は攻撃が経由する国が，国際法上どのような責任を負うのか，という問題を扱う。このような領域国が，直接には外国に対するサイバー攻撃に従事しない場合にも，被害国の自衛権行使を甘んじて受けなければならない場合があるのか否かという論点である。

2　サイバー攻撃に対する対応措置

（1）武力攻撃と武力行使の区別

　サイバー攻撃に対して自衛権を発動するためには，当該サイバー攻撃が武力攻撃（国連憲章第51条）に該当しなければならない。国連憲章は国際関係における武力の行使及びその威嚇を禁止しているが（同第2条4），国際判例及び学界の通説によれば，自衛権を援用することができるのは，武力行使の最も重大な形態である武力攻撃が生じた場合に限られる[13]。武力攻撃未満の単なる武力行使に対しては，被害国は均衡のとれた対抗措置をとることができる[14]が，この際，武力を用いることは許されていない。なお，武力攻撃該当性の基準について，判例及び通説は，正規軍が行う攻撃と同程度の規模と効果（scale and effects）を有するべきこととしており，例えば多数の死傷者を出す爆弾の投下と同様の被害を発生させるサイバー攻撃については，武力攻撃の認定は比較的

---

13)　国際司法裁判所（ICJ）1986年「ニカラグア軍事・準軍事活動」事件本案判決 Military and Paramilitary Activities in and against Nicaragua（Nicaragua v. United States of America）. Merits, Judgment. *I.C.J. Reports 1986*, p. 101, para.191.

14)　国家責任条文第49条。

容易である[15]。ただし、サイバー攻撃については、認定が困難な事態が生ずる。サイバー武力攻撃に対して自衛権を行使する立場を表明した米国政府にしても、サイバー武力攻撃とは具体的に何を指すかの問題は未解決であることを率直に認めている[16]。

（2）サイバー武力行使の定義

従来の兵器を使った攻撃では、人の死傷、疾病や物の損壊など、常に目に見える形で被害が発生するのに対して、サイバー攻撃の効果は多種多様である。重要インフラの制御システムを攻撃することによって航空機や車両の衝突、あるいは火災、爆発、洪水などの甚大な被害を引き起こすこともあれば、他方で金融機関や行政機関の機能停止、経済的損失などにとどまる場合もある。従来、爆弾等のキネティックな攻撃でしかなしえなかったことをサイバー攻撃でも実現できるようになった反面、国際法は今まで想定しない全く新しい事態に直面している[17]。従来の国際法では、物理的効果を発生させるものを武力行使と捉えてきたからである[18]。

こうした物理的な被害ではないにしても、非常に深刻な被害がサイバー攻撃によって引き起こされる場合に、これを特に厚く保護すべきであるという問題意識から法の再定義を試みたのが、前述のタリン・マニュアルである[19]。この点に関して国際的な合意はまだ形成されていないが、既に一部の国のなかには、肯定的な見解を採用する例も見られる。例えば、オランダ政府の諮問組織

---

15) Marco Roscini, "World Wide Warfare- Jus ad Bellum and the Use of Cyber Force," *Max Planck Yearbook of United Nations Law*, Vol.14 (2010), p.130.
16) Harold Hongju Koh, "International Law in Cyberspace: Remarks as Prepared for Delivery by Harold Hongju Koh to the USCYBERCOM Inter-Agency Conference Ft. Meade, MD, Sept. 18, 2012," *Harvard International Law Journal Online*, Vol. 54 (Dec. 2012), p. 7, http://www.harvardilj.org/wp-content/uploads/2012/12/Koh-Speech-to-Publish1.pdf
17) Duncan B. Hollis, "Why States Need an International Law for Information Operations," *Lewis & Clark Law Review*, Vol.11 (2007), p.1042.
18) Tallinn Manual, p.48, Rule11, para.8.「人を殺傷し、又は物を損壊する行為は、明らかに武力行使である。」
19) Michael N. Schmitt, "'Attack' as a Term of Art in International Law: The Cyber Operations Context," in Christian Czosseck, Rain Ottis, Katharina Ziolkowski, eds., *Proceeding of 2012 4th International Conference on Cyber Conflict*, NATO CCD COE Publication (2012), pp.287-288.

の報告書（2011年）は，国家機能の深刻かつ長期的な崩壊をもたらす組織的サイバー攻撃や，軍の動員を不可能にするほど大規模な軍事通信ネットワーク全体に対する攻撃は，武力攻撃に該当しうると述べている[20]。

（3）武力行使未満のサイバー攻撃

例えば，あるサイバー攻撃が軍の専門部隊によって外国に向けて行われる場合，それは人員や車両の着上陸とは意味合いが異なるものの，その国のサイバー空間に対するある種の侵入に該当する。マルウェアを感染させてコンピュータを乗っ取る場合は勿論のこと，大量の電子データの削除，ホームページの改ざん[21]や大規模な分散型サービス妨害（DDoS）攻撃も同様である。サイバー空間は，基本的に自由な通信を認めているため，その法的地位は領空とは同一ではなく，したがって，侵入の事実をもって直ちに領空侵犯と同列に論じることはできないが，少なくとも悪意に基づくこうした侵入は，物理的な損害が発生していない場合でも主権侵害に相当すると言って差し支えないと思われる（ただし，サイバー諜報活動は主権侵害を構成しない）[22]。

他方，こうした主権侵害にあたるサイバー攻撃のすべてが武力行使に該当するわけではない。「一国の兵力による他国の領域への侵入もしくは攻撃」（1974

---

[20] The Advisory Council on International Affairs and the Committee on Issues of Public International Law, *Cyber Warfare*, No 77, AIV/No 22, CAVV December 2011, http://www.aiv-advies.nl/ContentSuite/upload/aiv/doc/webversie__AIV77CAVV_22_ENG.pdf　オランダ政府の反応については，以下を参照 Government response to the AIV/CAVV report on cyber warfare, http://www.aiv-advies.nl/ContentSuite/template/aiv/adv/collection_single.asp?id=1942&adv_id=3016&page=regeringsreacties&language=UK

[21] 「……Web サイトを改ざんするには，Web サーバになんらかのデータを残す必要がある。そのため不法占拠と同じレベルと解釈することが最も近い……」草場英仁「改ざん行為というサイバーテロ：その実態と対処」『ディフェンス』第51号（2013年）142頁。

[22] 物理的損害を発生させないマルウェアの配布が主権侵害を構成するかについてタリン・マニュアルは専門家間の見解の不一致を指摘している。Tallinn Manual, p.16.　2012年，イランのハッカー集団 Cutting Sword of Justice は，サウジアラビアの国営石油会社アラムコに対して「Shamoon」ウィルス攻撃を行い，同社所有の75％の PC から大量のファイルを削除し，燃えるアメリカ国旗の画像に置き換えた。ファイア・アイ株式会社『サイバー世界大戦：国家レベルの高度なサイバー攻撃の背景を理解する』（2013年）15頁。この事件をサウジアラビアの主権侵害と評価するものとして，Michael N. Schmitt, "Cyber Activities and the Law of Countermeasures," in Katharina Ziolkowski, ed., *Peacetime Regime for State Activities in Cyberspace*, NATO CCD COE Publication (2013), pp.665-666.

年「侵略の定義に関する決議」第3条（a））は，侵略（すなわち，武力行使）の典型例であり，サイバー攻撃が特に正規軍によって行われた場合は「一国の兵力による侵入」であるが，さきにも述べたように，今までのところ，武力行使に該当するには物理的被害の発生が要件とされているため，2007年対エストニアDDoS攻撃も，そのものとしては武力行使には該当しない[23]。ただし，これらのサイバー攻撃が，「一国の意思を他国に強制する」[24]ことを目的として行われた場合には，別途，不干渉義務に違反する[25]。

（4）ま と め

以上の議論を整理すると，国家は，自国領域内のサイバー・インフラに対して主権を行使しているため，それに対する大規模なサイバー攻撃は，主権侵害を構成する。その中でも，特に一国の意思を強制する目的で行われた攻撃は，禁止された干渉に該当する。さらに，従来の兵器を用いた場合と同様の被害をもたらすサイバー攻撃は，違法な武力行使に該当する。そうした武力行使の中でも重大性を有するものだけが武力攻撃に該当する。あるいは，一つ一つは武力行使に過ぎないサイバー攻撃が集積すると全体で武力攻撃を構成する場合もある。

それぞれ程度は異なるものの，上記のすべての場合に国際違法行為が成立し，被害国は，それぞれの場合にその程度に応じて報復，対抗措置をとることが一定の条件のもとで許され，最も程度が甚だしい場合には自衛に訴えることがで

---

[23] もっとも，2007年の対エストニア攻撃について，タリン・マニュアル監修者は，武力行使該当性を肯定しており，ロシアに帰属することを条件として，国連憲章及び国際慣習法違反として対応することが可能であると論じている。Michael N. Schmitt, "Cyber Operations and the Jus ad bellum Revisited," *Villanova Law Review*, Vol.56 (2011), p.577. なお，2013年から2014年にかけて過去最大規模とされる300〜400ギガビット／秒のDDoS攻撃の発生が報告されているが，これらも物理的効果を発生させない限り，武力行使に該当する見込みはない。

[24] 杉原高嶺『国際法講義』（有斐閣，2008年）171頁。

[25] Russell Buchan, "Cyber Attacks: Unlawful Uses of Force or Prohibited Interventions?" *Journal of Conflict and Security Law*, Vol.17 (2012), pp.221-226. タリン・マニュアルは，対エストニア攻撃の評価について明言を避けているが，武力行使の定義に照らして同じ結論に達しているように思われる。1986年ニカラグア事件本案判決において国際司法裁判所（ICJ）は，国家が本来自由に行うべき体制選択や外交政策形成に対して強制の手段を行使することを，禁止された干渉と定義している（本案判決205項）。

きる。対抗措置は，本来，「他国に対する国際義務に合致しない」行為であるが，「国際違法行為の責任を負う国に対して……義務の履行を促すために」とられる場合に，その違法性が阻却される[26]。ただし，対抗措置に訴えるには，加害国が特定されなければならず，2007年対エストニア・サイバー攻撃についてロシアの関与が証明されない以上，エストニアがロシアに対して対抗措置を講じることは不可能とされている[27]。他方，エストニアが当時，ロシアのIPアドレスからの通信を遮断した措置は，国際電気通信連合憲章第34，35条でも認められた報復に該当し，国際法上合法である[28]。

　なお，日本は，憲法第9条のもとで，自衛権を行使する場合であっても外国領域に対する武力行使は行わないこととしているが[29]，そもそも武力行使に該当しない行為については，そのような制約を受けない。そのため，少なくとも相手国が先に国際違法行為（武力攻撃を含む）を行ったことへの対抗措置として，日本が一定の武力行使未満のサイバー・オペレーションを行うことは，国際法上妨げられていない。今後，サイバー空間における武力行使の定義が見直されることがあれば，とりうる対抗措置の範囲にも差がでてくるものと思われる。

3　サイバー戦争の可能性

(1) 被害の種類の観点からの考察

　サイバー戦争の存在が公式にはまだ認定されたことがない状況において，学説の中には，サイバー戦争は今後も起こる見込みはないと説くものがある。例えば，史上最も高度なサイバー攻撃と評されるスタックスネット（Stuxnet）攻撃でも，イラン側から詳細な被害状況の報告は出ていないものの，おそらく犠

---

26) 国家責任条文第22条，49条。訳は奥脇直也編集代表『国際条約集』（有斐閣，2011年）107，109頁。

27) Schmitt, *supra* note 22, p.672.

28) Tallinn Manual, pp.43-44. 同憲章第34条では，「国の安全を害すると認められる」電気通信を切断する権利を定めている。

29) 「……武力行使の目的をもって武装した部隊を他国の領土，領海，領空に派遣するいわゆる海外派兵は，一般に自衛のための必要最小限度を超えるものであって，憲法上許されない……」。防衛省 HP, http://www.mod.go.jp/j/approach/agenda/seisaku/kihon02.html

性者は一人も出ていない。故にこの攻撃は戦争行為ではない，という[30]。しかも，スタックスネットのような高度なサイバー攻撃能力を有する者は一握りの豊富な資金と技術力を持った組織に限られる。標的となる制御システムを正確に把握し，それに見合ったマルウェアを開発することは，在来型兵器を用いた攻撃と比べても多大な労力と時間を要するからである[31]。それ故，サイバー戦争は，サイエンス・フィクションでしかないという[32]。

また，サイバー攻撃には性質上，軍事的アプローチがなじまないと説く論者もいる。サイバー攻撃は，真の攻撃者を突き止めることが非常に難しく，特定できるとしても長い時間を要する。それ故長期の時間を経過した後の反撃はもはや防御とは言えず，他の平和的解決手段が見当たらないほどの緊急性はなく自衛の必要性要件を満たさない。また，スタックスネットが本来の標的ではないイラン以外の国々にも感染を広げたという事実は，サイバー攻撃は性質上，無差別的効果を有することを示唆し，よって自衛の均衡性要件を満たさない。以上の2つの理由から，サイバー攻撃に対して軍事的に対応することは不適切であるという[33]。確かに，被害国が判断を誤れば，「パソコン遠隔操作事件」[34]で無実の人々が誤って逮捕されたのと同様に，無実の国に対して軍事行動を起こすリスクがあることは否めない。

このような主張への反論として挙げられるのは，まず第1に，サイバー攻撃

---

30) Thomas Rid, "Cyber War Will Not Take Place," *Journal of Strategic Studies*, Vol.35 (2012), p.11; Mary Ellen O'Connell, "Cyber Security without Cyber War," *Journal of Conflict and Security Law*, Vol.17 (2012), p.201. その他の全てのサイバー事案で直接の犠牲者が出た例はない。

31) Rid, *supra* note 30, p.28. スタックスネット攻撃では，5種類の脆弱性（うち4つはゼロデイ（未知の）脆弱性）とイラン国内施設向けに特別に開発された高度なマルウェアが使用され，イランのナタンツにあるウラン濃縮施設の遠心分離器が破壊された。

32) Ibid, p.10.

33) Mary Ellen O'Connell, "Cyber Mania," in *Chatham House, Cyber Security and International Law Meeting Summary*, (2012), pp.6-7.

34) 同事件において犯人は，「コンピューターウイルスに感染した……男性のパソコンを遠隔操作し，掲示板に都内の携帯電話販売店への襲撃予告や伊勢神宮の爆破予告を書き込」んだと伝えられている。「遠隔操作事件，容疑者を追起訴　伊勢神宮爆破予告など」『日本経済新聞』2013年5月29日。警視庁等は「4人の男性を誤認逮捕した捜査の検証結果を公表した。いずれも捜査員のサイバー犯罪に対する知識不足や不適切な取り調べが誤認を招いたと指摘した。……遠隔操作ウイルスに感染していることに気づかず，『IPアドレスの証拠価値に過度に依拠した捜査になってしまった』（警視庁）」。「遠隔操作，誤認逮捕取り調べ『不適切』4警察が検証結果」同2012年12月14日。

が人を殺傷しないことは，戦争行為でないことの決定的理由にはならないという点である。従来兵器を使った攻撃が一人の犠牲者も出さずに軍事施設などを破壊したときに，その被害が深刻であるにもかかわらず，たまたま犠牲者が一人も出なかったというだけで被害国は，戦争行為であることを否定するだろうか[35]。また，発電所等で使われる制御システムがサイバー攻撃とは無縁だという安全神話は，スタックスネット攻撃後完全に崩壊しており[36]，今後起こりうる発電所等へのサイバー攻撃が一人も被害者を出さないとは言い切れない。スタックスネット攻撃が武力攻撃に相当するかについては学説上も争いがあるが，少なくとも米国のように，武力行使と武力攻撃の差をほとんど認めない国[37]にとってみれば，これは十分な戦争の開始原因である。仮にイランが（加害国を特定できたとして）当時，反撃を開始していたとすれば，それをサイバー戦争と評することに何ら支障はないと思われる。

また，真の攻撃者の特定が困難であり，かつ時間を要するという主張も説得的ではない。加害者特定が常に不可能であれば，サイバー犯罪という概念も存在しない。また，サイバー攻撃が 1 回きりのものではなく継続している場合に，例えば国連安全保障理事会による強制措置の発動が見込めないなど他の解決手段が功を奏しなければ，自衛措置に訴える緊急性がなくなるということはない。

（2）戦争主体の観点からの考察

軍は勿論のこと，軍以外の国家機関，政府からの委託を受けた非政府組織によるサイバー攻撃も全て国家の行為に該当する限りで，国が始めたサイバー戦争に分類されるため，特段難しい問題は生じないが，他方，なんら国に帰属し

---

35) 武力行使該当要件である「暴力的被害」(violent consequences) とは，人への致死的被害，又は物の深刻な破壊を意味する。Yoram Dinstein, "Computer Network Attacks and Self-Defense," *US Naval War College International Law Studies*, Vol.76 (2002), pp.100, 103.

36) 小熊信孝「Stuxnet―制御システムを狙った初のマルウェア」JPCERT/CC website (2011年) 22頁。インターネットへの未接続，特殊なシステムの運用，新品の USB メモリの使用のいずれも，制御システムへのサイバー攻撃から完全に防護するものではない。

37) Koh, *supra* note 16, p. 7.「米国政府は，あらゆる武力行使に対して自衛の固有の権利が潜在的に適用されるという立場を長期間とってきた」。物理的損害の発生を条件として，スタックスネット攻撃の武力行使該当性を肯定する論説として，以下を参照。Buchan, *supra* note 25, pp.220-221.

ない非国家主体のサイバー攻撃が，果たしてサイバー戦争の開始原因となるかについては，異論がないわけではない。非国家主体も状況次第で武力攻撃の主体になりうるという説は近年有力だが[38]，具体的な基準をめぐる議論を見かけることは稀である。

そこで本稿では，この問題を考える手がかりとして，武力紛争法における非国家主体をめぐる議論を参考にしたい。武力紛争法では，組織された武装集団による持続的な攻撃が非国際武力紛争の開始事由となることを認めている[39]が，その武力紛争は，まさしく組織された武装集団の行う武力攻撃によって始まるからである。

何をもって「組織された」と見るかはケース・バイ・ケースの判断ではあるものの，最低限度の基準として，指揮官のもとで協同して行動をとる人員が一つの構成単位として存在することが必要である[40]。それ故，2007年にエストニアを，2008年にグルジアを攻撃したハッカー集団のいずれも「組織された武装集団」と見るには不十分とされている。ただし，タリン・マニュアル監修者の論説を見ると，当初は単なる愛国的ハッカーであっても，時を経るに従い組織化を強め，非常に烈度の高いサイバー攻撃を行った場合には，被害国が組織性要件をより柔軟に解釈することが確実であるとの指摘がある[41]。例えば，あるハッカー集団が，他国の重要インフラに対するサイバー攻撃を行い，その

---

38) Tallinn Manual, pp.58–59; Deeks, *supra* note 8, p.6; Nicholas Tsagourias, "The Tallinn Manual on the International Law Applicable to Cyber Warfare: A Commentary on Chapter II- The Use of Force," *Yearbook of International Humanitarian Law*, Vol.15 (2012), pp.20–21.

39) 赤十字国際委員会（ICRC）の定義によれば，「非国際武力紛争は，政府軍と武装勢力との間，又は武装勢力間の持続的な軍事行動を指す。ただし，この軍事行動は最低限の烈度要件を満たし，且つ，紛争当事者は最低限の組織性を備えていなければならない。」ICRC, "How is the Term 'Armed Conflict' Defines in International Humanitarian Law?" Opinion Paper, March 2008, http://www.icrc.org/eng/assets/files/other/opinion-paper-armed-conflict.pdf

40) Tallinn Manual, pp.88–91. 武力紛争法の履行能力を要件に挙げる学説もあるが，1977年ジュネーヴ第2追加議定書が想定する政府軍対叛徒の内戦を除き，一般的に通用するか否かについては疑問視する見方もある。近年の実行に鑑みても，全く履行意思のない非国家武装勢力との戦闘でも武力紛争の存在を肯定しているように見受けられるため，絶対的な要件とみるのは難しい。

41) Michael N. Schmitt, "The Law of Cyber Warfare: Quo Vadis?" (draft), *Stanford Law and Policy Review*, Vol.25 (2014), p.19.

結果数千名の死傷者が発生する事態が将来起きたとする。このとき，被害国は，果たして法執行の問題と捉え領域国に司法共助を要請するだろうか，あるいは，被害の深刻さに照らして武力攻撃とみなして自衛措置を準備するだろうか。一概に論じることはできないが，仮にハッカー集団が拠点を有する領域国が破綻国家であり，かねてから被害国が要請している捜査や取締りがいっこうに進んでおらず，また，さらなるサイバー攻撃の到来が懸念される場合には，緊急性も高い故に被害国が自衛措置に訴える可能性は十分に考えられるだろう。

このように，国以外の組織された武装勢力が，政府の委託や支援を受けずに，甚大な被害をもたらすサイバー攻撃に従事するならば，国際法上サイバー戦争が発生する可能性はあると言えよう。このとき攻撃拠点が置かれた領域国は，国際法上いかなる責任を課されるのだろうか。例えば，アフガニスタンに駐留するアメリカ軍が，パキスタンに潜伏するタリバンからサイバー攻撃を受けたとしよう。アメリカ軍は当然これに反撃を加えるだろうが，パキスタンが米軍の軍事作戦に抗議することもまた，無人機による標的殺害作戦への反応からも容易に想像がつく。米軍は果たして自衛権に基づく軍事作戦を遂行できるのか，あるいはパキスタンの抗議が正当であるのか，次に章を改めてこの問題を検討する。

4　サイバー攻撃の中継国の責任

サイバー攻撃主体が，国家の正規軍ではなくテロリストなどの非国家武装勢力であっても，その損害が武力攻撃に該当するのであれば，被害国が自衛権を発動する場合があることをこれまで論じてきたが，本章では，そうしたサイバー武力攻撃の拠点が置かれた国，又は経由する国が，被害国との関係でどのような責任を負うのかという論点を検討する。これらの領域国が自ら武力攻撃に従事しない以上，被害国による軍事的反撃は，本来侵略行為である。ただし，一定の条件のもとで領域国は自身も義務履行を怠ったとみなされ，自国領域内で被害国が行う対テロ掃討作戦を受け容れなければならない場合がある。

（1）領域使用の管理責任

「国家は，領域主権の行使により，その国家領域をみずから使用しまたは私

人にその使用を許すにあたっては，他国の領域その他の国際法上の権利を害する結果にならないよう，一般国際法上，特別の注意義務を課される」[42]。これを領域使用の管理責任の原則と呼ぶ。仮に自国に起因する活動が他国に侵害をもたらした場合でも，「直ちにこの領域使用の管理責任の不履行または違反があったとして国家責任を負うわけではない」[43]が，その侵害が特に武力攻撃にあたる場合には話は別である。自国領域内に拠点をおく非国家武装勢力を自ら鎮圧しなければ，領域国は一種の領域管理責任を怠ったものとみなされ，被害国が自衛措置に訴えることができるということにつき，多くの国が合意していると言われている[44]。上記の例でいえば，パキスタン政府が自国内に潜伏するタリバンを直接取り締まる「意思と能力」を持たなければ，米国はパキスタン領域内で自衛行動をとるべき緊急性が高いので，自衛の必要性要件を満たすというものである[45]。したがって，タリバンからの攻撃が武力攻撃の延長線上にある限りで米軍の軍事作戦は合法であり，パキスタン政府は抗議を行える立場にない[46]。勿論，イエメンのように領域国が同意を与えていれば，米軍の軍事作戦が合法であることは言うまでもない。

（２）サイバー空間における領域管理責任

他方，サイバー空間は，元来，外に向けて常時開放された場所であることから，単にインターネットが使用されただけで領域国が管理責任を怠ったということにはならないが，コンピュータ端末やサーバ等の機材が敵対目的で使用された場合には，領域国はその使用を中止させるべき義務を負う[47]。タリン・マニュアルも，サイバー空間における領域管理責任原則を確認するが，その一

---

42) 山本草二『国際法〔新版〕』（有斐閣，1994年）275頁。
43) 山本・前掲書276-277頁。同上。
44) Ashley S. Deeks, "'Unwilling or Unable': Toward a Normative Framework for Extraterritorial Self-Defense," *Virginia Journal of International Law*, Vol.52 (2012), p.486.
45) Ibid., p.494.
46) Sean D. Murphy, "The International Legality of US Military Cross-Border Operations from Afghanistan into Pakistan," *US Naval War College International Law Studies*, Vol.85 (2009), pp.124-125. パキスタンに展開する米軍の作戦は，対アル・カイダと対タリバンの２種類があり，前者は9/11以降継続している自衛，後者はアフガニスタン駐留部隊に対するタリバンの攻撃への自衛と区別される。特に後者については，１つ１つは武力攻撃未満の国境紛争だが，集積した結果，武力攻撃に相当する。

方で,「単にデータがサイバー空間を通過しただけでは通過国の責任は発生しない」[48]と述べている。

　それでは,日本領域内で管理されたホームページが改ざんされ,マルウェア感染の経路とされたり,ボット・ネットワークの一部に組み込まれ,日本のサイバー・インフラ自体が他国に対するサイバー武力攻撃に加わっている場合[49]に,日本は単なる通過国としてなんら責任を負わないと言えるのだろうか。こうした中継国の責任の問題は,タリン・マニュアルでは明確な見解が提示されなかった[50]ため,仮に,非国家武装勢力が政府の支援を受けず単独でサイバー攻撃を他国に対して行い,その攻撃が無関係の第三国を経由したという事案が発生した場合に,被害国は真の攻撃拠点がある国と,無実の第三国の双方に対して一律に領域管理責任の履行を求めることができるのか否かについては,未解決の問題と言ってよい。例えば,サイバー攻撃の拠点があることが強く疑われる国Aに対して,被害国Bが捜査や取締りを要請したとしよう。A国とB国は,常日頃から外交問題が山積し緊張関係にあり,予想にたがわず協力要請は拒否されたとする。A国は,このとき,自国も単なる中継国で,身元偽装の被害国である旨を主張する。あるいは,A国は一応要請に応じたものの,誠実な対応が期待できないとする。その時,被害国Bは,A国側の意思と能力の欠如を理由に,一方的に軍事措置に訴えることが果たしてできると言えるだろうか。

　従来であれば,アル・カイダ関連組織が確かに所在するという事実を画像や人的情報などにより正確に把握でき,そうした客観的な事実を根拠に領域国に対応を迫ることが可能であった。しかし,サイバー攻撃に関しては,被害国は

---

47) Deeks, *supra* note 8, p.6.1907年陸戦中立条約第8条「中立国ハ,其ノ所有ニ属スルト会社又ハ個人ノ所有ニ属スルトヲ問ハス,交戦者ノ為ニ電信又ハ電話ノ線条並無線電信機ヲ使用スルコトヲ禁止シ,又ハ制限スルオ要セサルモノトス。」

48) Tallinn Manual, Rule 5, p.26, Rule 8, para.1, p.36.

49) ロシア発の「Energetic Bear」攻撃は,「正規のWebサイトをC2サーバとして利用しており,中には日本企業のWebサイトも攻撃用インフラの一部に組み込まれた」。「ロシアの攻撃者(Energetic Bear)による日本への攻撃」マクニカネットワークス・セキュリティ研究センターブログ '2014年1月23日, http://blog.macnica.net/blog/2014/01/energetic-bear-f312.html

50) Dieter Fleck, "Searching for International Rules Applicable Cyber Warfare ── A Critical First Assessment of the New Tallinn Manual," *Journal of Conflict and Security Law*, Vol.18 (2013), p.338.

領域国に接触する時点で必ずしもそうした事実を事前に入手できていないかもしれない。領域使用の管理責任は，全ての主権国家が等しく負うものではあるものの，明白な証拠がない中で非協力的な国がいたとしても，その国が必ずしも管理責任を怠ったとは断定できないものと思われる。しかし逆に，端末やサーバの遠隔操作による乗っ取りなども一定の領域使用であるとみなして，中継国に対してもより広範に領域管理責任を課す方向に今後進んだ場合には，また違った被害国に有利な結論がでることになろう。いずれにしても，領域国の「意思と能力」を確かめ，不十分な場合に被害国に自衛権の発動を許す領域管理責任原則は，友好関係にある国との間では，自衛に訴える前に踏むべき手順を設ける点で有益ではあるものの，そうでない国との間では必ずしも十分に機能しない[51]。

5　おわりに

外国からのサイバー攻撃については，法執行の文脈でも各国の協力を得ることは難しい[52]。特段の国際約束がなければ，通常，中継国には，捜査共助要請に応じる義務はない。そうであれば，サイバー武力攻撃についてはなおさら難しいであろう。それでも，被害国の受けた甚大な損害に鑑み，法の保護を与えようというのであれば，武力攻撃の定義を明確にすることは勿論のこと，サイバー空間における領域管理責任をいかに位置づけるかが重要な鍵となろう。サイバー攻撃は，身元を隠し他人になりすますことが容易であるため，無人機による標的殺害作戦を行う場合と比べて，真の攻撃者を突き止めその所在を確認することは格段に難しい作業である。それ故，関係国の協力は一層強く求められるが，関与を疑われる国が摘発に非協力であり，その国自身もなりすましの被害者である旨主張した場合，その領域国の側には一見すると領域管理責任

---

51) その手順としては，①自衛措置をとることの同意取り付け，又は共同作戦の提案，②領域国に対する取締りの要請，③領域国の管理能力に対する評価，④領域国が提案した取締手段の評価，⑤領域国の過去の対応実績の5つが挙げられている。Deeks, *supra* note 8, pp.10–16.

52) サイバー犯罪に関する条約第32条(b)は，自国内のデータに対する他国捜査機関のアクセスを一定の条件下で許すことから，ロシアが条約に加入しない最大の原因となっている。Klimburg, *supra* note 4, p.163.

の不履行は成立しないので，被害国は自衛措置を講じることができない。タリン・マニュアルは，他国の権利や領域に有害な影響を与える「すべてのサイバー活動」[53]について，領域国が管理責任を有すると述べる一方で，中継国の扱いについては専門家間で意見の一致を見ることができず，結局，サイバー攻撃に対する軍事的反撃を疑問視する学説上の批判に真っ正面から答えることはできなかった。

このように，従来の領域使用の管理責任原則は，自国の領域が有害な目的で使用されたという明白な事実を出発点にしており，匿名化が容易なサイバー空間に対して適用する際には，上記のような困難を生ずる。もっとも，これは真の攻撃者の特定が難しいという問題の派生的論点に過ぎないかもしれない。攻撃者を特定できれば，領域国の管理責任を問うこともまたできるからである。その特定について，米国政府は法的な問題というより，技術的及び政策的性質の問題と呼ぶほうがふさわしいと説明している[54]。果たしてそうと言えるのか，サイバー空間の特性に照らして再定義を要するルールの有無について，今後整理を進めるべきであると思われる。

---

53) Tallinn Manual, p.27.
54) Koh, *supra* note 16, p.8.

34 国連憲章第51条における自衛権と安保理による「必要な措置」との関係

掛江朋子

1 問題意識
2 自衛権の集団安全保障制度に対する補充性
3 「必要な措置」としての集団安全保障措置
4 「必要な措置」と自衛権との関係
5 まとめ──「必要な措置をとるまでの間」の今日的意味

1 問題意識

　国連憲章第51条は,「この憲章のいかなる規定も,国際連合加盟国に対して武力攻撃が発生した場合には,安全保障理事会が国際の平和及び安全の維持に必要な措置をとるまでの間,個別的又は集団的自衛の固有の権利を害するものではない」と規定する。ここにいう「武力攻撃」が,同第2条4項で禁止された「武力の行使又は武力による威嚇」との関係においてどのように解釈すべきか議論されて久しい。ランデルツォファによると,第51条を第2条4項と合わせて読めば,「武力攻撃」に至らない違法な武力行使を受けた被害国は,侵害行為に甘んじないまでも,武力の行使又は威嚇に至らない措置によってのみ対応しなければならず,多くの場合それではほとんど効果が得られないという驚きの結論が導かれるが[1],この一見受け入れ難い結果は,疑いもなく憲章が企図したものであるという[2]。というのも,国連憲章に集団安全保障制度が導入されたのは,加盟国の個別的武力行使をできる限り広範に禁止し,必要な場合には国連安保理の決定の下の集団的措置によって対応するという趣旨であ

---

1) Albrecht Randelzhofer, Article 51, in Bruno Simma (ed.), *The Charter of the United Nations: A Commentary,* 2nd edition, vol. I (Oxford University Press, 2002) p. 790.
2) *Ibid.*

る[3]。そのため，上記第51条の自衛権も「安全保障理事会が国際の平和及び安全の維持に必要な措置をとるまでの間」という限定付きで認められると考えられてきた。

しかし，ここで問題となるのは，この「必要な措置をとるまでの間」という文言の意味である。憲章第51条を文言どおりに解せば，安保理が必要な措置をとった場合，被攻撃国は自衛権の行使を終了しなければならないが，では，ここでいう必要な措置とはどのような措置を指すのか，いかなる措置であっても安保理が措置を取れば自衛権は終了しなければならないのだろうか。この点に関し，以下で紹介するように湾岸戦争を契機として多様な学説が提起されている。かつては「安保理が一般的に憲章上の機能を果たせないため，（安保理への）報告義務及び安保理の行動後に自衛措置を終了する義務は，終わりのない学術的議論にも拘わらず，歴史上実際的重要性はあまりない」（括弧内筆者補足）と評価されたが[4]，安保理による強制措置の事例は冷戦後最初の事例とされる湾岸戦争以来，今日までに蓄積され，多様化している。そこで，「必要な措置をとるまでの間」という文言がもつ現代的意義を改めて検討する必要がある。なお，本稿では，「必要な措置」については安保理が第7章下に採択する強制措置のみを対象に検討する[5]。

2 自衛権の集団安全保障制度に対する補完性

安保理の強制措置と自衛権との関係を考えるうえで，両者の集団安全保障制度上の性格の違いを確認する必要がある。集団安全保障制度とは，理論上，国家に対して以下2つの約束を求めるものである。第一に，自分の判断で勝手に戦争その他の実力を行使してはならないこと，第二に，この約束に反して実力を行使する違反者に対して，他の国々は一致協力して実力を行使するということである[6]。このことは，まず，戦争その他の実力行使はもはや紛争当事者

---

3) 拙著『武力不行使原則の射程』（国際書院，2012年）91-101頁参照。
4) Kevin C. Kenny, "120. Self-Defence," in Rüdiger Wolfrum and Christiane Philipp eds., *United Nations: Law, Policies and Practice* vol. 2 (Martinus Nijhoff Publishers, 1995) para. 16.
5) Hans Kelsen, "Collective Security and Collective Self-Defense under the Charter of the United Nations," *American Journal of International Law*, vol. 42 (1948) p. 793.

間の問題にとどまらないこと，違反者たる国に対して他の国々は被害者であり，制裁を加えあるいは警察的な作用を果たす地位にあるのであって，平等な立場の交戦国ではないということを意味している[7]。つまり，集団安全保障に基づく措置は「公の措置」[8]であり，国際の平和と安全という公共財[9]を価値とする共同体の構成員として，各国家に権利義務を課すものである。次に，第一の約束と第二の約束の関係をみると，第二の約束は第一の約束の前提条件を成している。すなわち，集団安全保障制度は，各国が武力行使を放棄するための前提条件であり，第2条4項を実効性あるものとするための不可欠の要素である。

これに対して自衛権の行使は，国際社会にいかに高度な集団安全保障制度が実現しても，国家は急迫不正の侵害に直面しうるし，また現実に集団措置を実施するには時間がかかることから[10]，武力不行使の例外として認められる措置であり，個別的であれ集団的であれ「私的な措置」である。このように考えれば，国連憲章上の集団安全保障制度において，第2条4項武力不行使原則に対し，第7章強制措置はその前提条件たる「公的措置」であるのに対して，第51条自衛権は例外的な「私的措置」であることから，集団安全保障制度上の両者の意味は大きく異なる。

このような自衛権と安保理の強制措置が互いに対立関係にあるのか補完関係にあるのかについては争いがある。この論点は，集団的自衛権の位置づけに顕

---

6) 高野雄一「国際連盟と国際連合の集団安全保障」『集団安保と自衛権 —— 高野雄一論文集（2）』（東信堂，1999年）3-5頁。なお，フロイデンシュッスは，集団安全保障システムが機能するには，以下のような主観的要請と客観的要請があると述べる。まず客観的要請は，大国を含む加盟国の普遍性，平和の不可分性，軍隊と他の権限との一定の権力分立，武力行使の禁止とそれに伴う相互支援義務，集団行動の発動義務もふくむ制裁メカニズムの存在であり，主観的要請は，高い国際的連帯もしくは価値，利益の共有に基づいたコンセンサス，リスクを冒し犠牲をも負う覚悟，システム適用における公平性の受諾，策略や自治に関する国家の自由の大部分の放棄である。Helmut Freudenschuß, "collective security," in F. Cede (ed.), *The United Nations: Law and Practice* (Martinus Nijhoff Publishers, 2001) p. 74.
7) 高野・前掲論文注6) 3-5頁。
8) 同上，24頁；Nicholas Tsagourias and Nigel D. White, *Collective Security: Theory, law and practice* (Cambridge University Press, 2013) pp. 20-21.
9) Tsagourias & White, *ibid.*
10) 松葉真美「集団的自衛権の法的性質とその発達 —— 国際法上の議論」『レファレンス』2009年1月号（2009年）86頁。

著に見られる。両者を対立関係に捉える立場から，例えば，高野は「集団自衛によって連合の高度な集団保障の穴がいちじるしく膨張した」[11]と述べる。というのも，本来，自衛権の行使は，安保理が措置を講ずるまでの間に限り認められた各国家が個々の判断でとりうる唯一の実力行使であり，安保理が何らかの集団保障措置を発動したならば，それ以後は自衛権の行使はありえないはずである[12]。ところが，安保理が措置を講ずるための決議が拒否権にさらされるため，安保理が動けなくなることが容易に予想される。その結果，「安全保障理事会の措置がとられるまで継続しうる自衛権の行使は，暫定的な性格から半恒久的なものとな」る[13]。この立場からは，「危急を救う安全保障理事会の有効適切な措置も，拒否権の存在によって容易に期待されないことを察知した国々によって，単純な自衛権以上のものがサンフランシスコで必死に求められた」結果であり，「この意味で集団自衛権はまさに拒否権の落とし子である」[14]とされる。すなわち，「公的措置」の実施不可能性ゆえに，「私的措置」たる自衛権が安保理の措置に取って代わられることなく無期限に許容されてしまうことで，第2条4項武力不行使原則の前提条件を瓦解させるものと捉える。

他方で，第2条4項武力不行使原則の前提条件たる「公的措置」が実施不能な場合に，「私的措置」たる集団的自衛権によってその機能を補完するという立場によれば[15]，拒否権行使いかんによってその可否が左右されない第51条下の自衛権は，「ソヴィエトの妨害によって完全に失敗した憲章の集団安全保障について，再び保障を確実なものにする試みの基礎となってきた」[16]とみなされる。

ただし，本来禁止すべき「私的措置」を無制限に認めることは，禁止そのものを無効化するおそれがある。よって，拒否権によって安保理が必要な措置を

---

11) 高野・前掲論文注6) 24-27頁。集団安全保障制度との関係に関して，主に集団的自衛権の文脈で述べられているが，個別的自衛権についても同様に当てはまる。森肇志「集団的自衛権の誕生 —— 秩序と無秩序の間に」『国際法外交雑誌』102巻1号（2003年）80頁。
12) Claude H. M. Waldock, "The Regulation of the Use of Force by Individual States in International Law," *Recueil des Cours*, tome-81, 1952-II, p. 495.
13) 高野・前掲論文注6) 25頁。
14) 同上26, 27頁。
15) 森・前掲論文注11) 106-107頁；小松一郎『実践国際法』（信山社，2011年）401頁。
16) Waldock, *supra* note 12, p. 504.

発動できない場合，安保理の機能麻痺を理由に加盟国の自由な判断でなされる武力行使の可能性を制限する必要性がある[17]。このような緊張関係から，国連憲章においては，米国の提案に基づき，安保理の事前の許可を得ないで行われる集団的措置の発動が「『集団的自衛権概念』に依拠して構成されることによって，安保理が決定に至ることができなかったすべての場合ではなく，『武力攻撃が発生』している場合に限定され」[18]ることとなった。つまり，起草過程において，安保理の事前の許可を得ない措置の発動を自衛という概念で包摂し，かつ，自衛権行使を武力攻撃が発生している場合に限定し[19]，さらには第51条の「安全保障理事会が必要な措置をとるまで」という限定が加えられたのである[20]。加えて，第51条は，自衛権措置が「安全保障理事会が国際の平和及び安全の維持又は回復のために必要と認める行動をいつでもとるこの憲章に基づく権能及び責任に対しては，いかなる影響も及ぼすものではない」と規定しており，強制措置に関する安保理の権能及び責任に抵触しない範囲で自衛権が認められている。

このように，「公的措置」が発動されない場合の担保として「私的措置」たる集団的・個別的な自衛権が認められることとなった。一方で，その解釈や運用によって自衛権の範囲を拡大することにより，第2条4項武力不行使原則を無効化するおそれは常に存在する。他方で，国連憲章が予定していた国連軍が創設されない状況においては本来的な「公的措置」が欠如しており，武力不行使原則はその実効性の前提条件を欠くこととなる。よって，武力不行使原則が機能するためには，「公的措置」を代替するような「私的措置」が必要であると言わざるを得ず，そのような場合に公的性格の「私的措置」をいかに活用し，いかに「私的措置」の私的性格を制限するかが問われる。さらに，そもそも「私的措置」の公的性格と私的性格との形式的区別がないなかで，これらを誰がどのように判断するのかが問題となる。

---

17) 詳しくは，森・前掲論文注11) 97-106頁，特に101頁参照。
18) 同上。
19) 同上102頁。
20) この点につき，第51条は単に一般国際法上の自衛権を保障したにすぎず，これを制約するものではないとの意見が存在する。*See* Derek W. Bowett, *Self-Defence in International Law* (Preager, 1958) p. 188. なお，本稿では一般国際法上の自衛権と憲章上の自衛権との関係については扱わない。

3　「必要な措置」としての集団安全保障措置

　上述の起草過程から明らかなように，国連憲章第51条にいう安保理が「必要な措置をとるまでの間」という文言は，国連軍による公的措置の存在を前提に，個別的・集団的自衛権という私的な武力行使を認めるうえでその制約の一端を担うものであった。そこで，いかなる措置をとれば「必要な措置」をとったことになるのかが問題となる。

（1）集団安全保障措置の今日的展開

　国連憲章第39条は，安保理に「平和に対する脅威，平和の破壊又は侵略行為」の存在を決定し，国際の平和及び安全を維持・回復するための勧告する権限，及び第40条以下に定める措置を決定する権限を与えている。憲章起草当初は，第39条に基づく「平和に対する脅威」における「平和」は国際的平和であって一国内の内戦などは含まないものと意図されていたが[21]，「平和に対する脅威」として認定される内容は冷戦終結後に変化しつつある[22]。内戦の事態が「平和に対する脅威」として認定されることはすでに安保理の慣行となり，近年では，国際人道法違反や国際協定違反自体が「平和に対する脅威」の構成要素となっている[23]。このような傾向の背景には，冷戦終結直後の内戦頻発という事実的側面に加えて，国際社会が全体として擁護すべき最重要の基本的

---

21) Derek W. Bowett, *The Law of International Institutions*, 4th edition (London: Stevens & Sons, 1982) p. 39.
22) 例えば，1980年には安保理決議473により，南アのアパルトヘイト政策が人類の良心と尊厳に対する罪であり，国際の平和と安全を著しく害するとされた。UN Doc. SC/RES/473 (1980); Mehrdad Payandeh, "The United Nations, Military Intervention, and Regime Change in Libya," *Virginia Journal of Ineternational Law*, vol. 52 (2011) pp. 364–366. 決議1368（2001年）では，私人のテロ攻撃が，国際の平和と安全の脅威とみなす旨採択された。UN Doc. S/RES/1368 (2001). また，旧ユーゴ国際刑事裁判所は，タジッチ事件において，一国内の内戦であっても「平和に対する脅威」を構成する旨判示している。*Procecutor v Dusko Tadic*, Case Nr. IT-94-1-AR72, 2 October 1995, Appeals Chamber Decision on the Tadic jurisdictional motion, para. 30. 平和に対する脅威概念と安保理の権限の範囲について，Karel Wellens, "The UN Security Council and New Threats to the Peace: Back to the Future," *Journal of Conflict and Security Law*, vol. 8, no. 1 (2003) pp. 15–70を参照。

利益としての安全保障の，国家間紛争の回避のみならず一国内における人々の安全を含むような拡大傾向があったといえる。この傾向は，2005年国連総会首脳会合（世界サミット）成果文書における「保護する責任」概念の挿入[24]にも顕著である。

このような「平和に対する脅威」概念の変容に伴い，安保理の強制措置の手段と目的も冷戦後に大きな変化を遂げている。同措置の手段として，まず，非軍事的措置については，伝統的な全面的及び部分的な経済制裁や武器禁輸措置に加え，資産凍結等テロ活動の疑いがある個人を対象としたスマート・サンクション並びに制裁委員会とオンブズパーソンの設置，飛行禁止区域の設定，国際刑事法廷や暫定行政機構の設置，国際刑事裁判所への事案の付託など多岐に渡る。軍事的措置については，元来国連憲章第43条が想定した特別協定は締結されず，国連軍が創設されなかったため，国連の公的措置の担い手は存在しなかった。そのため，当事国の同意を要する非強制的な平和維持活動（PKO）が，国連事務総長の指揮の下に展開されてきた[25]。冷戦後には，いわゆる湾岸戦争に関する安保理決議678において初めて，憲章第7章の下に「すべての必要な措置」を授権し，国連の統括の下ではなく参加各国の自主的な活動が事実上合体したもの[26]としての多国籍軍により武力行使が実施されるという方式が採用された。今日においては，この安保理決議により武力行使を授権する多国籍軍方式は，多くの事例で踏襲されてきた。また，冷戦期以前には非強制的な措置のみを行ってきたPKOも，今日展開される多くの事案が強化されたPKO（robust peacekeeping）として，それぞれの目的に必要な範囲で憲章第7章の下にすべての必要な措置が授権されるようになっている[27]。

---

23) 藤田久一「国際人道法の機能展開 —— 国連法との相互浸透」藤田久一＝坂元茂樹＝松井芳郎編『人権法と人道法の新世紀』（東信堂，2001年）70-71頁，酒井啓亘「国連憲章第三九条の機能と安全保障理事会の役割 —— 『平和に対する脅威』概念の拡大とその影響」山手治之＝香西茂編『現代国際法における人権と平和の保障』（東信堂，2003年）243-247頁。

24) UN Doc. A/RES/60/1 (2005) para. 139. この点，Nigel S. Rodley and Başak Çali, "Kosovo Revisited: Humanitarian Intervention on the Fault Line of International Law," *Human Rights Law Review*, vol. 7, no. 2 (2007) pp. 276-277, 参照。

25) 例えば，1956年スエズ動乱に対する第一次国連緊急軍（UNEF I）や1960年コンゴ国連軍（ONUC）等。佐藤哲夫『国際組織法』（有斐閣，2005年）299-307頁に詳しい。

26) 小松・前掲書注15）411頁。

強制措置の目的においても多様化がみられる。湾岸戦争での強制措置の主な目的は，クウェートに侵攻したイラクの即時無条件撤退であったが[28]，ボスニア・ヘルツェゴビナでは安全地帯に対する攻撃の抑止及び同地帯の住民への人道援助活動等[29]，ルワンダでは避難民と人道的救援活動の保護と安全確保[30]，リビアでは文民及び文民居住区の保護とされた[31]。また，強化されたPKOでも，後述するように幅広い活動が展開されている[32]。

（2）「必要な措置」としての安保理の強制措置

上記のように多様な集団安全保障措置がとられるようになった現在において，いかなる措置が第51条「必要な措置」として自衛権を終了させるのだろうか。

この問題に関する議論は，以下4つのグループに分類される。すなわち，①原則として強制措置が発動されればどのような措置であれ「必要な措置」として自衛権を終了させると考える立場，②安保理決議が明白に自衛権行使終了の意図をもつ場合に自衛権行使は終了するという立場，③安保理の強制措置が実効性をもつ場合にのみ自衛権は終了するという立場，④安保理による措置の有無によらず自衛権行使は続行するという立場である。

第一に，安保理が問題となる事態に関与することで自衛権行使は終了するという立場（①）から，シェイエスは以下のように説明する。すなわち，安保理は，国際の平和と安全の維持のための主要な責任を負っており，この責任を遂行するために，事態やその対処に必要な措置に関する政治的決定をする権威を有する必要がある[33]。そのため，安保理がいったん事態に対し憲章第7章の下に関与すると，明示的な許可なしには新たな行動をとることができない[34]。

---

27) 井上によれば，アフリカに展開した15件のPKOのうち，12件において憲章第7章の適用があり，また上杉によれば，文民の保護を任務とするPKO 計13件のうち「あらゆる必要な手段」に言及があるのは9件に上る。井上実佳「『保護する責任』と国連平和維持活動 ── アフリカに焦点を当てて ── 」『国際安全保障』40巻2号（2012年）72-73頁；上杉勇司「『保護する責任』の概念の現実への適用 ── 国連平和維持活動を通じた武力紛争下の『文民の保護』の議論を中心に ── 」『国際安全保障』40巻2号（2012年）88-89頁。
28) UN Doc. S/RES/660（1990）.
29) UN Doc. S/RES/836（1993）.
30) UN Doc. S/RES/925（1994）para. 4; UN Doc. S/RES/929（1994）para. 3.
31) UN Doc. S/RES/1973（2010）para. 6.
32) 井上・前掲論文注27) 108-109頁。

この立場は，安保理の排他的判断権の及ぶ範囲を極力広く捉えるものであり[35]，被侵略国にとって自衛の必要性が無くなったか否かに拘わらず武力の行使の停止が求められる。

また，フランク＆パテルも同様に，いったん安保理が措置をとった場合，各国は個別の軍事措置を控えなければならないと述べる[36]。第51条は，「(国連集団安全保障制度という) 新しい世界警察システムがすべての国の平和を確保できるまでの間に必要とされるかつての戦争システム (としての自衛権) を承認するにすぎない規定であり (括弧内筆者補足)」[37]，安保理が措置を実施する間自衛権は停止すると考えるからである。ただし，フランク＆パテルは，固有の自衛権が復活する場合として，拒否権の行使によって必要な措置がとり得ない場合を挙げており，「必要な措置」の判断主体は安保理ではなく個別国家を想定している点で，安保理の排他的判断権を相対的に捉えている[38]。

第二に，安保理決議による明白な禁止の意図がある場合に自衛権行使は終了するという立場 (②) をとるシャクターは，以下のように述べる。安保理は，自衛権に取って代わる強制措置を実施することは可能であるが，その場合，安保理が何らかの措置によって自衛権を終了させるという意図の証拠となるものが必要である[39]。その証拠は，意図が明白であれば明示的なものである必要はなく，例えば関係国に対する停戦命令を内容とする安保理決議は，自衛による武力行使を不可能にする[40]。もし第51条の文言を文字どおり解せば，安保理が必要とみなす措置が採択されればいつでも自衛権を無効にすると考えられ

---

[33] Abram Chayes, "The Use of Force in the Persian Gulf," in L.F. Damrosch and D.J. Scheffer eds., *Law and Force in the New International Order* (Westview Press, 1991) pp. 6-7.

[34] *Ibid.*

[35] 森川幸一「平和の実現と国際法 ── ポスト冷戦期における国際安全保障のゆくえ ──」石村修他編『いま戦争と平和を考える』(国際書院，1993年) 75頁。

[36] Thomas Franck and Faiza Patel, "Agora: The Gulf Crisis in International and Foreign Relations Law, UN Police Action in Lieu of War: 'The Old Order Changeth'," *American Journal of International Law*, vol. 85, no. 1 (1991) p. 65.

[37] *Ibid.*, p. 63.

[38] Malvina Halberstam, "The Right to Self-Defense Once the Security Council Takes Action," *Michigan Journal of International Law*, vol. 17 (1995-1996) p. 234参照。

[39] Oscar Schachter, "Authorized Uses of Force by the United Nations and Regional organizations, in Damrosch & Scheffer eds., *supra* note 33, pp. 78-79.

[40] *Ibid.*

るが，そのような解釈は説得的ではないし，実際ばかげている[41]。このようなシャクターの立場は，安保理による排他的判断権を尊重しつつ，各国の自衛権の必要性とバランスをとるものであるといえよう。

　第三に，「必要な措置」が実効性をもつ場合にのみ自衛権は終了するという立場（③）には，いくつかの異なる論拠が存在する。オラケラシヴィリによると，自衛権行使に介入するための「必要な措置」は侵略行為が発生した文脈に関するものである以上，必然的に侵略行為の影響を排除するための措置が要請される[42]。そのような措置によってのみ自衛的軍事行動は合法的に停止することが期待される。その根拠として，侵略者の行動に対して十分に対応することなく安保理が自衛権行使を非難すれば，侵略国を被害国と対等に扱うこととなる[43]ため，少なくとも侵略国と敵対する立場をとることが前提となるという[44]。

　他方，グリーンウッドは，例えば安保理決議661のように，自衛権を制限しない意図が明示された場合には，同決議の下に制裁措置が発動されたとしても被害国の自衛権は維持されると指摘しつつ，もし決議にこのような明示がない場合でも，ただちに自衛権が喪失されるわけではなく，武力攻撃の継続状況，とられた措置の規模とその効果を注意深く分析する必要があると述べる[45]。

　第四に，少数派の意見であるが，リースマンのように「必要な措置」の有無によらず自衛権行使は続行するという立場（④）がある。リースマンは，第51条の起草過程において起草者の意図は，第51条に基づく各国の行動を，事前の安保理による授権要請の対象としないよう保持することであったとする[46]。このような解釈の効果としてリースマンは，集団安全保障制度が効果的な力をもっていない現在において，侵略国と安保理に対して圧力をかけ続けることが

---

41)　Oscar Schachter, "United Nations Law in the Gulf Conflict," *American Journal of International Law*, vol. 85, no. 3 (1991) p. 458.
42)　Alexander Orakhelashvili, *Collective Security* (Oxford University Press, 2011) p. 280.
43)　*Ibid.*
44)　*Ibid.*
45)　Christopher Greenwood, "Self-Defence," in Rüdiger Wolfrum ed., *The Max Planck Encyclopedia of Public International Law,* volume IX (Oxford University Press, 2012) p. 110.
46)　W. Micheal Reisman, "Allocating Competences to Use Coercion in the Post-Cold War World: Practices, Conditions, and Prospects," in Damrosch & Scheffer eds., *supra* note 33, p. 43.

できるのであり，国家がもはや血を流す権利をもたないという解釈は圧力を軽減してしまうと述べる[47]。他方，シャクターは，安保理には国家による自衛権行使を拒否し，敵対行為を止めるよう要求する権利があることを理由に，この考え方が第51条と両立しないとして否定する[48]。

（3）小　括

以上のように，憲章第51条における自衛権と「必要な措置」との関係に関し，4つの立場を紹介した。本稿の問題意識は，前述のとおり，本来的な「公的措置」が欠如しているなかで，公的性格の「私的措置」をいかに活用し，いかに「私的措置」の濫用を制限するか，その判断をどのように下すかという点にある。その観点からは，強制措置が自衛権行使を終了させるか否かについては，安保理の排他的判断権が認められるべきであろう。よって，安保理の措置が「必要な措置」に当たるか否かを関係国の判断にゆだねる議論は妥当ではない。他方で，安保理が何らかの措置をとってもなお被攻撃国が武力攻撃に晒された状態にあるにも拘らず自衛権の行使を禁止することは，オラケラシヴィリが指摘するように合理性を欠くようにも思われる。そこで，湾岸戦争以降に増加，拡大した現代における安保理の強制措置と，自衛権行使の制約要因としての「必要な措置」との関係をいかに位置づけるべきかを検討するために，以下では，上記の解釈の4類型を参照しつつ，安保理の強制措置の事例の分類を試みる。

4　「必要な措置」と自衛権との関係

安保理の強制措置は，繰り返し述べたように多様化している。そのなかで同措置は，自衛権との関係において，4つのグループ（自衛権承認型，自衛権終了要請型，自衛権否定型，自衛権分離型）に分けられる。以下，順にみていく。

---

47) *Ibid.*, p. 44.
48) Schachter, *supra* note 39, pp. 78–79.

第 8 部　武力行使の規制と安全保障

（1）自衛権承認型

　自衛権承認型は，安保理決議によって集団的自衛権の行使を認めるものである。国連朝鮮軍，湾岸戦争の際の多国籍軍という伝統的な国連の下の軍事措置及びアフガニスタンへの多国籍軍派遣がこれに当てはまる。

　朝鮮国連軍は，国連創設以来初めて安保理決議の下に行われた軍事措置である。安保理決議83（1950年）は，北朝鮮による韓国への「武力攻撃」が平和の破壊を構成することを決定するとともに，国連加盟国に対し，韓国への支援を提供するよう勧告している[49]。本決議については，加盟国に対する「勧告（recommend）」であったことから，安保理による強制措置とはいえず，自衛権への言及はなかったものの，安保理決議によって集団的自衛が勧告された事例とみなすのが妥当と評価される[50]。

　湾岸戦争において，安保理は，まず決議660（1990年）で，イラク軍によるクウェート侵攻について国際の平和と安全の破壊が存在すると認定し，イラクに無条件即時撤退を要求した[51]。続いて，決議661（1990年）では，「憲章第51条に従ってイラクによるクウェートへの武力攻撃に対する個別的または集団的自衛の固有の権利を確認しつつ」，憲章第7章の下に，イラクに対する禁輸措置を決定した[52]。さらに，決議678（1990年）では，憲章第7章の下に，イラクに対し関連決議を遵守するよう要求するとともに，「クウェート政府に協力している加盟国に対して」，イラクによる関連諸決議の履行及び当該地域における「国際の平和と安全を回復するために」，「必要なすべての手段をとる」権限を与えた[53]。これら諸決議のうち，どこから「必要な措置」とみなすのかが議論となった。上記①のシェイエスは，決議660においてすでに安保理が関与している事態である以上，同決議以降には，安保理が明白にすべての措置を授権した678がなければ，各国が集団的自衛権として行動することも許されていなかったと考える[54]。

　②の立場に立つシャクターは，安保理決議661が制裁の決定と同時に自衛権

---

49) UN Doc. S/RES/83 (1950).
50) Schachter, *supra* note 39, p. 78.
51) UN Doc. S/RES/660 (1990).
52) UN Doc. S/RES/661 (1990).
53) UN Doc. S/RES/678 (1990).
54) Chayes, *supra* note 33, p. 7.

を承認しており，これが自衛権の終了を意図していたとは考えられないこと，むしろ，参加国が明らかにしたように，経済制裁がイラク撤退という目的実現に失敗した場合に武力行使が必要となり，その際さらなる授権なしに第51条下の武力行使が可能とみなされたことを指摘する[55]。

他方で，ロストウは③の立場から，安保理決議678について，「授権する（authorizes）」という言葉を除けば，明らかに集団的自衛権の行使を奨励し支持するために企図されたものであり，したがって安保理の強制行動ではないという[56]。決議678の「授権」は，朝鮮国連軍と同様に許可を与えるに過ぎず，加盟国に選択の余地を与えていることから，自衛権を安保理の強制措置に転換させるものとみなすべきではないという[57]。

上記いずれの立場に立ったとしても，安保理決議678が採択されたことによって一連の諸決議のうちどこからが「必要な措置」なのかが問題になっておらず，また自衛権行使の合法性も問題となっていない。結局のところ，湾岸多国籍軍は，自衛権と安保理の強制措置の目的が一致し，両者が対立することなく自衛権行使が必要な措置を代替した事例である。

（2）自衛権終了要請型

安保理はこれまで，上記（1）の3つの事例を除く多くの場合に，武力紛争における侵略国を特定する決議を採択することに消極的である。拒否権行使の可能性が高かった冷戦が終結した後もこの傾向に大きな変化はない[58]。明らかな武力攻撃の場合にも，いずれの当事国が侵略国であるか決定されず，多くの事例では停戦要請を行ってきた。イラン・イラク戦争，フォークランド紛争，エチオピア・エリトリア紛争，スーダン・南スーダン紛争といったこれまでの先例において安保理は，国家間の武力紛争を取り上げ審議する場合に，紛争当

---

55) Schachter, *supra* note 41, pp. 458–459.
56) Eugene V. Rostow, "Until What? Enforcement Action or Collective Self-Defense?," *American Journal of International Law*, vol. 85, no. 3 (1991) p. 509.
57) *Ibid.*
58) Yoram Dinstein, *War, Aggression and Self-Defence,* 4th edition (Cambridge University Press, 2005) pp. 214–215.
59) Olivier Corten, *The Law against War: The Prohibition on the Use of Force in Contemporary International Law* (Hart publishing, 2010) p. 473.

事国のいずれが侵略国であるか決定しておらず,その主眼は敵対行為の終了の要請に置かれている[59]。コルテンはその理由を,どちらが侵略国であるかを決定できない又はする意思がない,もしくは侵略の法的帰結は紛争が鎮静化した後で検討されるべきであり,それが自衛権行使の状況であろうがなかろうが,さらなる軍事行為は不要と考えるからであるという[60]。このような停戦要請がなされた場合,自衛権行使の継続は安保理決議の違反を構成する。すなわち,停戦要請そのものが「必要な措置」としてさらなる自衛権行使を違法化すると考えられる。

　例えば,南スーダン独立後に発生したスーダン・南スーダン間の武力紛争に関し,安保理決議2046（2012年）は,スーダン,南スーダン双方に対して,憲章第7章の下の強制措置として,空爆等を含む全ての敵対行為の48時間以内の停止,双方の両国からの兵力の無条件撤退,国境付近の治安措置等を求めた[61]。これは「南スーダンによる武力攻撃に対して自衛権を行使して,南スーダン領内を空爆したスーダンに対しても」[62]強制措置がとられた例であり,明確な停戦の要求そのものが「必要な措置」として自衛権を終了させている。スーダンの自衛権よりも,深刻な人道状況,一般市民に対する暴力,非戦闘員の人権侵害,石油施設に対する損害等[63],安保理にとっての懸案事項の状況を改善することが優先されており,また安保理にその排他的判断権があることが示された例といえよう。

（3）自衛権阻止型

　自衛権阻止型は,すでに実施された安保理の制裁措置が自衛権の行使を阻む場合である。安保理は,決議713（1991年）によりすべての旧ユーゴスラビア領域に対する武器禁輸措置を決定した。その際,ボスニア・ヘルツェゴビナ（BH）は,自国がユーゴスラビア連邦（FRY）及びクロアチアからの武力攻撃に対して自衛の状況にあり,他国からの軍事支援を必要とすること,そして安

---

60) *Ibid.*
61) UN Doc. S/RES/2046 (2012).
62) 則武輝幸「国連安全保障理事会による『喧嘩両成敗』再考」『法学新報』120巻9・10号（2014年）650-651頁。
63) UN Doc. S/RES/2046 (2012).

保理決議による武器禁輸は「固有の」自衛権行使を妨げないものとして解釈されるべき，あるいは無効であると主張した[64]。この点につき，ローターパクト判事は，ジェノサイド条約適用事件仮保全措置の再要請命令における個別意見で，BH がセルビア人に十分応戦できず民族浄化政策の実施を阻止できなかったことの一因は，禁輸措置によって BH の武器や装備へのアクセスが著しく制限されたことにあるとし，この観点から，安保理決議が，無意識に事実上セルビアのジェノサイド行為に加担しており，ジェノサイド行為禁止という強行規範に反する旨指摘している[65]。

国連総会は，BH を支持しセルビア・モンテネグロとセルビア軍を強く非難するとともに，安保理に対し政策緩和を求める諸決議を採択したにも拘らず[66]，安保理は，和平合意が結ばれ紛争が終了するまで武器禁輸を維持した[67]。その一方で，人道的要請を含む特定の目的のために武力行使を容認した[68]。

ここでは，実質的に武器禁輸措置が「必要な措置」としてその後の自衛権行使を阻止したとみなされる。オラケラシヴィリが言うような侵略行為の影響を排除する性質の「必要な措置」は実施されていないが，禁輸措置によって自衛権行使が制約されていることは明らかである。国際の平和と安全の維持を目的とする憲章第7章措置と一国の自衛権行使との間ではその目的が異なっており，安保理の措置が，国家の要請する外部脅威に対する安全保障を必ずしも担保するものではないという点が指摘できる。安保理が政治的機関として，国際平和という一般的利益のために個別国家の利益を犠牲にした事例ともいえる[69]。

---

64) Corten, *supra* note 59, p. 474; Craig Scott, Abid Qureshi, Paul Michell, Jasminka Kalajdzic, Peter Copeland and Francis Chang, "A Memorial for Bosnia: framework of legal arguments concerning the lawfulness of the maintenance of the united nations security council's arms embargo on Bosnia and Herzegovina," *Michigan Journal of International Law*, vol. 16 (1994) pp. 1–140.
65) *Application of the Convention on the Prevention and Punishment of the Crime of Genocide, Provisional Measures, Order of 13 September 1993, I.C.J. Reports 1993*, Separate Opinion of Judge Lauterpacht, pp. 345–441.
66) UN Doc. A/RES/47/121 (1992).
67) UN Doc. S/RES/1021 (1995); UN Doc. S/RES/1031 (1995) para. 22.
68) UN Doc. S/RES/836 (1993) para. 10.
69) Dinstein, *supra* note 58, p. 214.

（4）自衛権分離型

　自衛権分離型とは，いわゆる強化された平和維持活動（robust peacekeeping）の事例のように，措置の決定及び実施のいずれも公的性格をもつ安保理の強制措置を指す。強化された PKO とは，安保理が PKO に対して特定の目的のために「すべての必要な措置」を授権したものである[70]。キャップストーン・ドクトリンでは，政治プロセスを破壊する軍事的措置の阻止，切迫した物理的攻撃の脅威に晒される文民の保護，法と秩序の維持に関する国内当局の支援等の目的のために積極的に武力を行使するものとされる[71]。具体的事例では，文民の保護，治安の確保，国連その他の要員，設備等の安全確保，武装解除及び DDR，停戦及び和平協定の履行監視・支援，法と秩序の回復・維持，国境管理，平和的社会統合の促進等が任務とされている[72]。強化された PKO では，平和維持の原則として同意，不偏性，自衛の原則は変更されず[73]，受入国政府や主要な紛争当事者の同意の下に，安保理からの授権を受けて，その任務の防衛のために戦術的レベルでの武力を行使することが想定されている[74]。例えば，コンゴ民主共和国（DRC）において展開されている国連コンゴ民主共和国安定化ミッション（MONUSCO）は，最大約 2 万人の兵士を動員する憲章第 7 章の下の大規模な PKO であり[75]，文民の保護を主要な目的としつつ，同国内の M23，ルワンダ解放民主勢力（FDLR），ウガンダ反政府武装勢力（ADF-Nalu），神の抵抗軍（LRA）等の武装勢力による暴力からの文民保護と実行者の取締りと領域の実効支配の回復につき，DRC 政府を支援している[76]。国連

---

70) United Nations, Department of Peacekeeping Operations, Department of Field Support, *United Nations Peacekeeping Operations: Principles and Guidelines* (United Nations, 2008).
71) *Ibid.*, p. 34.
72) 井上・前掲論文注27) 108-109頁。
73) 酒井啓亘「国連安保理の機能の拡大と平和維持活動の展開」村瀬信也編『国連安保理の機能変化』（東信堂，2009年）117頁；清水奈名子「国連安全保障理事会と文民の保護」『国際法外交雑誌』111巻 2 号（2012年）251頁。
74) United Nations, Department of Peacekeeping Operations et al., *supra* note 70, pp. 34-35.
75) United Nations, 'United Nations Organization Stabilization Mission in the Democratic Republic of the Congo,' at http://www.un.org/en/peacekeeping/missions/monusco/mandate.shtml (as of 2014/08/26).
76) UN Doc. S/RES/2053 (2012).

安全保障体制において公式な公的措置たる国連軍創設が失敗に終わったため，朝鮮国連軍や湾岸戦争の事例では，合法的に国連軍を代替しうるのは集団的自衛権のみであったが，今日では，その目的は限定的であるとはいえ，強化されたPKOがその一端を担うようになっている。決定・実施の双方において公的性格をもつ措置が可能となっている点は，以下で述べるように集団安全保障制度上肯定的に評価できる。

5　まとめ──「必要な措置をとるまでの間」の今日的意味

これまでみてきたように，湾岸戦争を最初の事例とする冷戦後の多国籍軍方式は自衛権承認型で始まり，その後多様化している。上述の4類型に照らしたとき，第51条の「必要な措置をとるまでの間」という文言がもつ今日的意義はどのように評価することができるだろうか。

自衛権承認型においては，「必要な措置」が自衛権の制約要因として問題にならなかったのに対し，自衛権終了要請型，自衛権阻止型の事例をみると，第51条の文言どおり自衛権の制約がなされている。すなわち同規定は，自衛権を法的に制約する機能を実際に果たしているとともに，安保理が自衛権終了に関する排他的判断権を保持している。このような状況を鑑みれば，4類型のうち安保理の現状をよりよく説明するのは，②安保理決議が明白に自衛権行使終了の意図をもつ場合に自衛権行使は終了するという解釈であろう。

ただし，これらの事例は，安保理の措置が自衛を必要とする被攻撃国の利益と必ずしも合致しないことを示している。その結果，BHの事例が示すように，攻撃が十分に排除されることなく，被攻撃国に対して武力不行使原則の遵守が求められる場合が生じうる。このような前提条件としての集団安全保障が機能していない状況に鑑みれば，確かに安保理の強制措置が実効性をもつ場合にのみ自衛権は終了するという③の解釈は，一定の妥当性が認められる。しかし，自衛権終了の判断基準としての強制措置の実効性を誰が判断するのかという主体の問題が残される。

再度繰り返すと，本稿の問題意識は，本来的な「公的措置」が欠如するなかで，公的性格の「私的措置」をいかに活用し，いかに「私的措置」の濫用を制限するか，その判断をどのように下すかという点にあった。国連軍なき国連集

団安全保障制度において，自衛権とりわけ集団的自衛権は，集団安全保障制度を補完するものとして，特有の制約を受け，役割を与えられ，また濫用されてきた。その一方で，とくに冷戦後，国連集団安全保障制度は，公的措置の穿孔を埋めるような発展を遂げてきた。初期段階の事例である湾岸多国籍軍は，国際の平和と安全の維持という公的目的を有し，かつ，安保理の決定という制度上の公的手続きに基づいた措置であると同時に，各国が要請に応える集団的自衛という私的措置として実施されており，私的要素と公的な要素とが混在するかたちで出発している。当時，「国連が既に非軍事的強制措置で対応した以上，安保理による新たな『許可』なしには，集団的自衛権に基づく一方的な武力行使は許されないとの法意識」を徐々に高めていくことで，「集団的自衛権の客観化」に貢献することが期待された[77]。

　冷戦期及び直後の問題意識は，集団的自衛権が唯一の合法的な武力行使として私的目的も公的目的も担うことで頻発した濫用をいかに減少させるかという点にあった。この点，確かに，多国籍軍方式が採用されたことによって，措置の実施は各国が指揮権を持つものの，措置の決定は公的な授権というかたちをとるようになった点で措置の客観性及び公的性格は高まっているといえる。近年の内戦への対応事例をみるかぎり，公的目的での軍事行動には安保理決議による授権を必要視する認識が強まりつつあるようである。

　さらに，湾岸戦争から約25年が経過し，安保理の強制行動が多様化した現在では，強化されたPKOが必要な措置を担うことにより，決定・実施の双方において公的性格をもつ措置が可能となっている。強化されたPKOの活動では，少なくとも公的措置と私的措置とが切り離され，公的目的による私的措置が不要化されている。その範囲において自衛権が補完すべき集団安全保障制度の穿孔は多少なりとも縮小したと考えられ，この点は積極的に評価できよう。もっとも，強化されたPKOには当然に限界がある。PKOであるかぎり関係国の同意が必要であるため，国家間武力紛争には適用し難く，その場合には，依然として自衛権もしくは自衛権承認型の多国籍軍方式による強制措置が必要とされる。

　これまで国連安全保障制度は，目的，主体，手続きにおいて公的性格と私的

77）　森川・前掲論文注35）83頁。

性格を混在させ，モザイク状に公的措置の穿孔を少しずつ埋めるかたちで発展してきた。そのなかで，自衛権の制約要因としての「必要な措置」は，実際に私的な自衛権行使を制約してきたと同時に，安保理の強制措置に関する正当性の問題を提起している。とりわけ問題となるのは，「必要な措置」が十分な実効性をもたず，被攻撃国が，第51条上の自衛権終了の要請と，自国防衛という国家の本質的利益の要請との対立状況に置かれる場合である。国際安全保障と国家安全保障とがますます密接に結びついている現在において，「必要な措置」の正当性を51条の文脈で確保することは，今後の重要な課題といえよう。

35 対イラク武力行使に関する
安全保障理事会決議の法構造
―― 国連憲章第7章下の安保理決議の受諾合意に関する一考察 ――

根 本 和 幸

1　はじめに
2　対イラク武力行使関連決議の解釈をめぐる争い
3　安保理決議687の法構造と国家による決議の受諾合意の機能
4　おわりに

1　はじめに

　2003年3月20日に開始されたイラクに対する武力行使は,「国際の平和及び安全の維持に関する主要な責任」を負った国際連合安全保障理事会によってそれを容認（authorize）する決議が採択されることなく, 有志連合国により開始された[1]。国連はその安保理決議において「この問題に引き続き取り組む」決意を示しながらも, イラクの大量破壊兵器の廃棄とテロリストへの拡散防止を軍事的に達成しようと試みる加盟国を実効的に抑制することに失敗した。すなわち国連は, 1990年の湾岸戦争時の安保理決議678で採用された武力行使容認という形式さえも備えることができず, 結果的に国家による一方的武力行使を統制しえなかった。このことは, その後, 国連の集団安全保障体制への信頼性への疑義を生じさせることになったのである[2]。

　上記の国際組織法上の制度的問題に加えて, 武力行使開始自体の合法性（legality）や正統性（legitimacy）という実体的問題もまた, 安保理を構成する各理事国や国際法学者によって提起され, 論争が展開されてきた。このイラクへ

---

[1]　一般に「イラク戦争」という名称が用いられるが, 本稿では「イラク侵攻」または「対イラク武力行使」という表現を用いることとする。また, 以下本稿では, 国際連合を「国連」, 安全保障理事会を「安保理」という略称を用いることとする。

の開戦が現実のものとなる以前から，フランスやドイツは対イラク武力行使が国際法上正当化されえず違法であると主張したのに対し，米国や英国はその武力行使の合法性を主張した。このように，国際の平和及び安全の主要な責任を負う安保理内部においても合法説と違法説とが対立し，その評価が完全に分断化されるという事態に至っていたのである[3]。そして，開戦から10年を経た現在においても，この対イラク武力行使を国際法上どのように評価するかという問題に完全な終止符が打たれたとは言い難い[4]。

　本稿では，このような状況に鑑みて，2003年の対イラク武力行使の国際法的評価を行うことを目的として，いま一度，1990年の湾岸戦争時の武力行使容認に至る安保理での討議や決議から分析を行う。イラク侵攻の合法性議論における国際法や安保理決議の解釈，そしてその論理展開は，それぞれの側の結論に都合の良い箇所に相当程度依拠しているのではなかろうか。そうであるならば，法的評価の過程で，合法説・違法説双方が目を瞑る部分が存在するのではないかという疑問が生じるのである。ここでは，これまでの議論を整理した上で，合法・違法という分断化をもたらした議論の枠組みの限界を指摘し，双方が論じていない「影」の部分を明らかにしたいと考える。さらに，このような分析を行うことによって，近年，一般化しつつある国連憲章第7章に基づく武力行使容認の枠組み及び当該決議の拘束力と合意との関係性の解明を試みることが本稿の目的である。

　なお，対イラク武力行使の法的根拠として，国家実行においては大別して安

2）　クリスティーヌ・グレイ「国連集団安全保障体制の正統性は危機なのか」松井芳郎（編）『人間の安全保障と国際社会のガバナンス』（日本評論社，2007年）53-75頁，74-75頁。The statement of Mrs. Mulamula of United Republic of Tanzania, U. N. Doc. S/PV.4726 (Resumption 1), p. 9.

3）　開戦当時の安保理理事会の議事に参加した加盟国の中には，安保理自らが決議を採択しながらもその後の過程に関して一致を得られなかったことを「国際連合における手続きの崩壊」とまで言及する代表もあった（The statement of Mr. Mahendran of Sri Lanka, U. N. Doc. S/PV.4726 (Resumption 1), p. 14)。

4）　たとえば，2012年12月21日に，我が国外務省は「対イラク武力行使に関する我が国の対応（検証結果）」というA4で4枚の文書を公表した。しかしながら，これはポイントのみを示すものであり，かろうじて安保理決議1441の文言に触れるにとどまる点で国際法上の評価として十分に詳細なものとはいえない（at, http://www.mofa.go.jp/mofaj/area/iraq/taiou_201212.html (as of February 14, 2014))。なお，オランダおよび英国における検証については，久古聡美「オランダ及び英国におけるイラク戦争検証の動向」『レファレンス』No.713 (2010年) 99-108頁を参照のこと。

保理決議の「復活」または「結合」と，先制的自衛権という2つの枠組みが提示されている。前述のように，米国および英国をはじめとした部隊派遣国は，主として安保理決議1441と決議687，さらには決議678を結合させることで武力行使の正当化を行ってきた[5]。それゆえ，ここでは安保理決議を中心に検討することとし，いわゆるブッシュ・ドクトリンや先制自衛（pre-emptive self-defense）に関連する論点は別稿に譲ることとしたい[6]。

2　対イラク武力行使関連決議の解釈をめぐる争い

　2003年3月19日に開催された安保理における4721会合は，イラク侵攻直前の最後の会合であった。間近に迫る開戦の危機に直面しながらも，そこでの安保理理事国は，イラクへの武力行使の根拠や，国連による多国間主義の重要性，国連の査察に対するイラクの協力の程度，そして査察自体の実効性についての見解が対立していた[7]。武力行使の法的根拠についての議論は，対イラク武力行使の開始直前に採択された安保理決議1441がどのように解釈されるのかという点から始めなければならない。
　それを踏まえて，合法説が根拠とする安保理決議678による武力行使容認の復活に関して，どのような解釈論争が展開されたのかを分析する。

（1）武力行使の「自動性」——決議1441の解釈

　安保理決議1441は，2002年11月8日に国連憲章第7章の下で全会一致で採択

5）　安保理決議に依拠するものとして，米国による安保理議長への書簡（"Letter dated 20 March 2003 from the Permanent Representative of the United States of America to the United Nations addressed to the President of the Security Council", U. N. Doc. S/2003/351），英国による安保理への書簡（"Letter dated 20 March 2003 from the Permanent Representative of the United Kingdom of Great Britain and Northern Ireland to the United Nations addressed to the President of the Security Council", U. N. Doc. S/2003/350），オーストラリアによる書簡（"Letter dated 20 March 2003 from the Permanent Representative of Australia to the United Nations addressed to the President of the Security Council", U. N. Doc. S/2003/352）がある。

6）　浅田正彦「国際法における先制的自衛権の位相——ブッシュ・ドクトリンを契機として」浅田正彦（編）『21世紀国際法の課題（安藤仁介先生古稀記念）』（有信堂高文社，2006年）287-342頁。

7）　U. N. Doc. S/PV. 4721, 4721st meeting, 19 March 2003.

された[8]。これは，1990年8月2日のイラクによるクウェート侵攻（湾岸戦争）直後に採択された安保理決議660をはじめとした一連の安保理決議をイラクが履行していない事実や，大量破壊兵器および長距離ミサイルの拡散が国際の平和および安全に与える脅威を前提としている。本決議第1項では，「イラクが，とくに国際連合査察団およびIAEA［国際原子力機関］への協力並びに決議687号（1991）8ないし13に基づき要求されている行動の完全実施を怠っていることによって，決議687号（1991）を含む関連諸決議に基づく義務の重大な違反を犯してきたこと，また現在もなお犯している」と決定された[9]。

そして，この決議が「イラクに対して，安全保障理事会の関連諸決議に基づく武装解除の義務を遵守する最後の機会を与えること」（第2項），ならびに，「本決議に従ってイラクにより提出された申告書中の虚偽の供述又は遺漏，並びにいかなる時点においてであれイラクが本決議を遵守せず，実施のための完全な協力を行わないことは，イラクの義務のいっそうの重大な違反を構成し，かつ，後記11及び12に従って，評価のために安全保障理事会に報告される」ことが決定された（第4項）。安保理は，さらに，「イラクに対して，その義務の継続的な違反の結果として，深刻な帰結に直面することになると繰り返し警告してきたことを想起する」（第13項）とともに，「この問題に引き続き取り組むこと」を決定した（第14項）。

この決議には，イラクによる義務違反によって「深刻な帰結（serious consequences）」が生じることが規定されている点からすれば，その文言の解釈次第では武力行使の容認を暗に示唆するかのように読み取ることも可能である[10]。しかし，後に確認する決議678で採用された明示に武力行使を容認する規定が，本決議には存在しないということに留意しておく必要がある[11]。さらに，米

---

8) U. N. Doc. S/RES/1441.
9) 和訳は，「安全保障理事会決議1441（対イラク査察関係）（抄）」奥脇直也・小寺彰（編集代表）『国際条約集（2014年版）』（有斐閣，2014年），672-673頁による。そこで省略されている条項については，同条約集2004年版を参照した（「安全保障理事会決議1441（対イラク関係）（抄）」大沼保昭（編集代表）『国際条約集（2004年版）』（有斐閣，2004年），781-782頁）。
10) Kirgisによれば，この「深刻な帰結」という文言に武力行使が含意されていることは広く理解されてきているという（Frederic. L. Kirgis, "Security Council Resolution 1441 on Iraq's Final Opportunity to Comply with Disarmament Obligations" (November 2002) *ASIL Insights.*）。

国および英国を含めた安保理理事国は，この決議への違反が直ちに武力行使を許可する自動性（automaticity）を有していないという解釈で一致していた[12]。たとえば，米国の国連代表 Negroponte は，「安保理理事国には数多の機会に申し上げてきたように，この決議には武力行使の『隠された契機（hidden triggers）』や『自動性』が存在しない」ということを明言していた[13]。また，英国代表の Sir Jeremy Greenstock も，安保理会合における自動性への各国の懸念を受け止めたうえで，米国と同様に本決議には自動性がないと表明した[14]。

以上のように，米国および英国でさえも決議1441に武力行使開始の根拠が存在しないことを主張していた。しかし，それでもなお，この決議を巡って武力行使の合法説と違法説が鋭く対立することとなった。その背景にある決議の解釈および論理展開を以下で検討しておきたい。

(a) 合法説

合法説は，決議1441の前文において決議678が想起されていること（*Recalling*）を強調する。それを根拠に，安保理理事国は全会一致で従前の決議，とりわけ決議678が依然として効力を有していると考えていたと主張する[15]。すなわち，国連加盟国に対して「必要なすべての手段をとる権限（all necessary means）」を付与した決議678の武力行使容認規定に，2003年のイラクへの武力

---

11) Krisch は，決議1441がただ従前の決議で規定された義務のイラクによる「重大な違反」を決定し，さらに継続的に違反する場合には「深刻な帰結」に直面すると警告しただけであるとする（Nico Krisch, "Article 42" in Bruno Simma, Daniel-Erasmus Khan, Georg Nolte, Andreas Paulus (eds.) *The Charter of the United Nations: A Commentary* (Third Edition), Volume II (Oxford University Press, 2012), pp. 1330-1350, 1342）。

12) 決議1441採択時の会合において，ノルウェー，シンガポール，ギニア，モーリシャス以外の理事国は，明示的に武力行使の自動性が否定されたことを確認している（U.N. Doc. S/PV.4644, 4644th meeting, Friday, 8 November 2002, pp. 2-13.）。その後の安保理での協議におけるフランスの Dominique De Villepin 外相の発言（U. N. Doc. S/PV. 4714, 4714th meeting, 7 March 2003, pp. 18-21, 19）やドイツの Joschka Fischer 外相による発言（U. N. Doc. S/PV. 4644, 4644th meeting, 8 November 2002, pp. 29-30），そして英国の Jack Straw 外相の発言（U. N. Doc. S/PV. 4714, 4714th meeting, 7 March 2003, p. 27）にも，自動性の否定が表れている。

13) U. N. Doc. S/PV.4644, *supra* note 12, p. 3.

14) *Ibid.*, pp. 4-5.

15) Christopher Greenwood, "International Law and the Pre-emptive Use of Force: Afghanistan, Al-Qaida, and Iraq", *San Diego International Law Journal*, Vol. 4 (2003), pp. 7-37, 34-35; William Taft IV and Todd Buchwald, "Preemption, Iraq, and International Law", *American Journal of International Law*, Vol. 97, No.3 (2003), pp. 557-563, 560.

行使の根拠を求めた。

　しかし，仮に決議678が失効せずに継続しているとしても，それは1990年のイラクのクウェート侵攻を紛争主題とした決議である。それゆえ，一見してクウェート侵攻との関係性が希薄な2003年時点での武力行使を容認するためには，新たな武力行使容認決議が必要ではないかという疑問が投げかけられるのは自然の流れであろう。この点について，合法説は，決議1441第12項が「国際の平和と安全を確保するために，情勢および関連する安全保障理事会決議のすべての完全な履行の必要性を検討するため（in order to consider）」に会合することを決定しているのであって，「決定するため（in order to decide）」に会合することになっていないと主張する。すなわち，イラクの重大な違反は，第1項と第4項で決定されているのであり，安保理で「検討」されればそれで足り，その違反に対する武力行使を容認する第二の決議の「決定」は必要とされていないという解釈である。

　2003年3月13日に英国の外務英連邦省（Foreign and Commonwealth Office）内部でのGoldsmith司法長官の議論によれば，決議1441第12項において重要な点は，軍事行動を開始する前に更なる安保理決議を必要としていないことであるという認識があった[16]。同様に，米国においても，当初の決議案には「イラクの決議遵守を確保するためのあらゆる措置を決定するために（in order to decide any measure）」という文言が挿入されていたが，最終的に採択された決議ではその部分が削除され，「検討する」とだけ規定された点が重視されていた[17]。

　この安保理での検討に際しては，イラクによる決議上の義務の不遵守に関する安保理への報告主体が問題となる。決議1441第4項は，どの主体が安保理にイラクの不遵守報告を提出するかについての制約が明示されていない[18]。とはいえ，第11項と第12項にしたがって評価のために安保理に報告されることが

---

[16] David Brummell (Legal Secretariat to the Law Officers), "Iraq: the legal basis for use of force−Note of Discussion with Attorney General (Thursday 13th March 2003)", especially, para. 4, at http://www.iraqinquiry.org.uk/transcripts/declassified−documents. aspx; Greenwood, *supra* note 15, pp. 33−36; "Current Development: III. Attorney General's Advice on the Iraq War, Iraq: Resolution 1441", *International and Comparative Law Quarterly*, Vol. 54, Part 3 (2005), pp. 767−778.

[17] Taft IV and Buchwald, *supra* note 15, p.562.

決定されているので，第11項の国連監視検証査察委員会（UNMOVIC）の委員長および国際原子力機関（IAEA）の事務局長により報告されることは明らかである。第12項は，第4項または第11項にしたがった報告（a report）を受領したときは，即時に会合することを決定している。したがって，第11項に基づいてUNMOVIC委員長およびIAEA事務局長により報告がなされた場合には，安保理が会合を行うことに問題はない。

ただし，第12項の「第4項または（or）第11項」という文言によれば，安保理の会合は，第4項に基づく報告の場合にも開催されると解される余地があることには注意しなければならない。よって，イラクにより提出された申告書中の虚偽の供述または遺漏，ならびにいかなる時点においてであれイラクが本決議を遵守しないことは，イラクの義務のいっそうの重大な違反を構成することにつき，個々の安保理理事国も報告することが可能になると解釈される。事実，当時の米国国務長官 Colin Powell から報告がなされ，第12項に基づいて安保理はそれを受領して，この問題を検討したことはいうまでもない[19]。

以上のように，米国をはじめとする合法説を展開する立場の解釈によると，第4項に基づいて個別の加盟国によって報告がなされ，第12項に基づきその報

---

[18] この決議において，安保理への報告主体は第11項に従って国連監視検証査察委員会（UNMOVIC）の委員長および国際原子力機関（IAEA）の事務局長のみに限定されるのか，それとも他の加盟国も報告が可能なのかが不明確であるという問題点を指摘するものとして，Alain Dejammet, "Ambiguities of UNSC 1441: Constructive and not", Jochen Abr. Frowein・Klaus Scharioth・Ingo Winkelmann・Rüdiger Wolfrum (Hrsg.), *Verhandeln für den Frieden: Liber Amicorum Tono Eitel* (Springer, 2003), pp. 19–22; 当時，英国司法長官 Goldsmith も，同様の曖昧さを指摘する（Current Development: III. Attorney General's Advice on the Iraq War, Iraq: Resolution 1441", *supra* note 16, pp. 767–778）。

[19] 2003年2月12日段階で，英国司法省および司法長官は，米国が明らかに決議1441第4項を「イラクが『最後の機会』を逸したことを確定させるメカニズムの不可欠の部分」であるとみなしているという認識を有していた（Jack Goldsmith, "Iraq: Interpretation of Resolution 1441 (Declassified Draft: 12 February 2003)", para 8, at http://www.iraqinquiry.org.uk/transcripts/declassified-documents.aspx）。このような立場は国連憲章第35条の「国際連合加盟国は，いかなる紛争についても，第34条に掲げる性質のいかなる事態についても安全保障理事会は総会の注意を促すことができる」という規定とも合致するとしている（Taft IV and Buchwald, *supra* note 15, pp. 561–562）。なお，退任後の2005年9月8日，Powell 前国務長官は，安保理でのスピーチでイラクによる大量破壊兵器の隠匿疑惑を「世界に提示したのは私であり，今後もそれは私の履歴の一部であり続ける。」「それは今でも心苦しい。」と発言し，人生における「汚点（blot）」であると述べた（Steven R. Weisman, "Powell calls '03 speech on Iraq 'painful'", *International Herald Tribune* (FRIDAY, SEPTEMBER 9, 2005)。

告を「検討する」ために安保理が開催される限り，手続的には何ら問題はない。そして，たとえ武力行使を容認する第二の決議が無くとも，決議1441においてイラクによる継続的違反が決定された決議687と武力行使を容認した決議678を根拠として武力行使を発動しうるという解釈が可能となる[20]。

以上のような決議1441の解釈に対して，違法説はどのように反論を展開するのであろうか。

(b) 違 法 説

合法説が決議1441の前文における決議678への参照を強調していたのに対して，違法説は，第一に，決議1441には武力行使を含意する「必要なすべての手段をとる (to use all necessary means)」ことを許容する規定が存在せず，同決議が明示的にイラクに対する武力行使を容認していないと主張する[21]。

第二に，決議1441第4項は，イラクの不遵守に関する個別国家による報告については明示に規定しておらず，むしろ，個別国家ではなく，「第11項と第12項に従って (in accordance with paragraphs 11 and 12)」報告されることになっていることを指摘する。そして，その第11項では，UNMOVICとIAEAによる不遵守の報告が命令 (*Directs*) されている点が強調されなければならないという[22]。このような解釈によれば，上記の合法説が主張する安保理理事国による報告自体が手続的に認められていないことになる。それを裏付けるように，安保理常任理事国であるロシアの国連大使Lavrovは，決議1441の採択に際し

---

[20] なお，この点ついての米国と英国の解釈は若干異なっており，必ずしも両国の決議の解釈が一枚岩であったというわけではない。すなわち，米国は第1項と第4項における重大な違反の決定（客観的）は有効で，ゆえに更なる決定なく武力行使は容認されているという立場をとり，決議が米国の行動する権利に制約をかけないことを確保している。たしかに英国も，第12項の議論によると，軍事行動は適切であるが，決議1441の文言ゆえに更なる決議は要求されず，その場合，その後の軍事行動の法的根拠としては既存の決議に依拠する十分な基礎が存在するという。しかし英国は，客観的に重大な違反が決まるという米国と異なり，安保理が休戦の重大な違反の存在を決定することを主張する (Current Development: III. Attorney General's Advice on the Iraq War, Iraq: Resolution 1441", *supra* note 16, pp. 771-772)。この点に，安保理による十分な容認を確保しようとする英国の意思を読みとることができる (U. N. Doc. S/PV. 4714, 4714th meeting, 7 March 2003, pp. 25-27)。Straw外相は，「武力行使の自動性はこれまで存在しておらず，自動的に武力行使される状況に突き進むことは安保理に対する私たちの厳粛な義務を完全に無視することになる」と述べている (*ibid.*, p. 27)。また，そこには上記米国による決議1441の解釈を他の安保理理事国がどの程度支持しているかが不明確であるという英国の懸念も表出しているように見える (Goldsmith, *supra* note 17, paras 10-11)。

て「イラクによる軍縮義務へのあらゆる不一致が生じた場合に、安保理にその旨を報告するのは UNMOVIC 委員長または IAEA 事務局長であり、進展した事態を検討するのは安保理であるということがとくに重要である」と釘を刺していた[23]。また、中国、フランスそしてロシアの三カ国は同様の主旨の共同声明を発表し、上記の解釈がゆえに「決議1441が安保理の権限を完全に尊重している」と結論付けていたことを想起しなければならない[24]。

このような合法説に対する違法説の反駁を見てくると、対イラク武力行使の本質は、その合法性というよりもむしろ、安保理において「誰が何をするか」という組織法的論点にあると主張した Franck の指摘は的を射たものであることが分かる[25]。決議1441第13項に規定された「深刻な帰結」にイラクが直面するかどうかは、その帰結の内容も含めて、唯一、安保理が決定する責任を有しているといえる[26]。決議1441には、「深刻な帰結」を個別国家が自己の判断で引き起こすことが可能であるのか、言い換えれば、イラクによる決議の不遵守を特定の国家が一方的に確認し決定することが可能であるのかが明示的に規定されていない以上、合法説の根拠は浅薄である[27]。

たしかに、上記の報告主体に関して、決議1441第10項が個別国家による報告

---

21) Rüdiger Wolfrum, "The Attack of September 11, 2001, the Wars Against the Taliban and Iraq: Is there a Need to Reconsider International Law on the Recourse to Force and the Rules in Armed Conflict?", *Max Planck Yearbook of United Nations Law*, Volume 7 (2003), pp. 1-78. 佐藤哲夫『国際組織法』(有斐閣、2005年) 342頁。最上敏樹「多国間主義と法の支配 ―― 武力不行使規範の定位に関する一考察」『世界法年報』23号 (2004年)、93-123頁。最上教授は、イラク侵攻の法的評価にとどまらず、国連システムにおける「法的正当化のための制度的な枠組みが存在しているかどうか」という「多国間主義」と、その枠組みが「国際社会から全般的に尊重されているかどうか」という「法の支配」の問題を克明に浮かび上がらせている。なお、そこでは決議の「復活」という言葉の代わりに、「蘇生」という言葉が用いられている。冷戦後の武力行使容認および2003年の対イラク武力行使における武力行使容認に関する全体像を提示するものとして、Christine Gray, *International Law and Use of Force*, Third Edition (Oxford University Press, 2008), pp. 264-265, 354-366を参照のこと。

22) Sean D. Murphy, "Assessing the Legality of Invading Iraq", *The Georgetown Law Journal*, Volume 92, Number 2 (2004), pp. 173-258, 221.

23) U. N. Doc. S/PV. 4644, 4644th meeting, 8 November 2002, p. 8.

24) Iraq/UNSCR 1441-Joint statement by the People's Republic of China, France and the Russian Federation, New York 8.11.2002, at http://www.ambafrance-uk.org/Iraq-UNSCR-1441-Joint-statement-by (as of February 14, 2014).

25) Thomas M. Franck, "What Happens Now? The United Nations After Iraq", *American Journal of International Law*, Vol. 97, No.3 (2003), pp. 607-620, 611.

を規定する。しかしながら，合法説が主張する解釈を採用することは困難といえよう。なぜならば第10項は，決議のマンデートを遂行するために，禁止された計画に関連したあらゆる情報を個別国家が UNMOVIC と IAEA に提供することを規定し，第12項におけるイラクの重大な違反を検討するために安保理を開催するための情報提供とは関連していないためである[28]。実際に UNMOVIC と IAEA によって，イラクによる不遵守の正式な報告は安保理の場でなされていなかったのである。さらに，武力行使容認の契機となるのは UNMOVIC と IAEA であって，他の理事国ではないと解される。

(c) 両説の陥欠

2003年のイラクに対する武力行使は，その開始直前の安保理での討議およびその結果として採択された決議を分析する限りにおいて，合法説も違法説も共にその法的評価を決定的に下すことに成功しているとは言い難い。その一因は，決議1441の義務内容の認識の相違に見出すことができよう。すなわち，決議1441が設定した義務を，実体としての諸決議の遵守とイラクの非武装化と解するのか，あるいはその結果に至るまでの過程としての査察と解するのかという問題が，全会一致で採択されたにもかかわらず両説の間の埋められない溝として潜在していたのである[29]。

合法説はイラクによる決議の遵守という実体を直視するあまり，安保理における決議の採択に際しての各国の意見陳述に目を瞑っていることを指摘してお

---

26) Christian Tomuschat, *Völkerrechtliche Aspekte bewaffneter Konflikte* (C. F. Müller Verlag, Heidelberg, 2004), p. 18; Michael Bothe, "Der Irak-Krieg und das völkerrechtliche Gewaltverbot", *Archiv des Völkerrechts*, Band. 41, Heft. 3 (2003), pp. 255-271, 264-265; Thomas Darnstädt and Dietmar Hipp, "Gefährlicher Bumerang-Effekt" (Interview with Bruno Simma), *Der Spiegel*, Nr. 48/25, November 2002, pp. 54-58, especially p. 55; いうまでもなく，安保理は国連憲章第39条に基づいて，紛争や事態ごとに個別具体的にいかなる措置を執るかを決定する。したがって，Kirgis が論じるように，第13項の「深刻な帰結」という文言が武力行使を容認すると「広く理解されてきた」としても，対イラク武力行使という紛争における「深刻な帰結」と武力行使の容認とを直ちに同定することはできない。また，同項が「決定 (*Decides*)」ではなく「想起 (*Recalls*)」させる規定であるため，そこから武力行使の許容性を導出することは困難といえる。なお，Kirgis 自身もこの点には意識的であり，同項がイラクへの注意喚起の形式を採っていることを認めている (Kirgis, *supra* note 10)。

27) Alain Pellet, "L'agression", *Le Monde*, 22 mars, 2003.

28) Murphy, *supra* note 22, p. 221.

29) U. N. Doc. S/PV. 4707, 4707th meeting, 14 February 2003, pp. 18-21.

かなければならない。すなわち，米国，英国を含めた安保理理事国の見解は，決議1441がイラクによる決議違反あれば直ちに武力行使が可能になるという武力行使の自動性を有していないというもので一致していた[30]。決議1441に武力行使の自動性が付与されていないことに加えて，イラクによる違反の決定とそれに対処する行動主体について，それが加盟国であると主張する米国と英国を除く他の理事国は，行動主体が安保理であることを明言している。この点は，同決議第14項の「安保理がこの問題に引き続き取り組むことを決定する（*Decides*）（下線筆者）」という文言と一致すると解されるため，国家による一方的武力行使の適法性は疑わしい[31]。それゆえ，違法説は，イラクによる違反の決定が安保理によってなされていない状況において加盟国による一方的な武力行使は認められず，そのためには武力行使を容認する新たな安保理決議が必要であるという主張を展開することになるのである[32]。

一方で，違法説が対イラク武力行使の問題を必ずしも十分に描出したうえで論理を構成しているとも言い難い。対イラク武力行使の背景にある要因の一つは，Bush 大統領による2002年の一般教書演説でも言及されたイラクによる大量破壊兵器の開発およびその拡散の阻止であった。そして，それは湾岸戦争後の安保理決議687がイラクに課した大量破壊兵器の廃棄義務およびイラクによるその違反という法的帰結と関連していることは否定できない。したがって，査察という過程の先にある「問題の実体」とともに併せて論じなければ，2003年の対イラク武力行使が提起する国際法上の争点を精確に捉えることは困難であろう。

そこで，決議1441の解釈問題を越えて，安保理がイラクによる大量破壊兵器

---

30) U. N. Doc. S/PV.4644, 4644th meeting, Friday, 8 November 2002, pp. 2 -13.
31) Vaughan Lowe, "The Iraq Crisis: What now?" *International Comparative Law and Quarterly*, Vol.52, Part 4 (2003), pp.859-871, 865-866.
32) このような安保理による武力行使容認決議の意義について，1999年の NATO によるユーゴスラヴィア共和国への空爆との関連で，村瀬教授は国連憲章の中でも「本質的に重要な規定の一つである」第27条という安保理の表決規定が「全く意味をなさないことになり，濫用の危険があまりにも明白」であるため，「安保理の容認（authorization）は，あくまでも『明示的に』与えられなければならない」と論じる（「武力不行使に関する国連憲章と一般国際法との適用関係 —— NATO のユーゴ空爆をめぐる議論を手掛かりとして」『上智法学論集』43巻3号（1999年）1-41頁，14頁。同上『国際立法 —— 国際立法の法源論』（東信堂，2002年）526-529頁）。

の廃棄義務を検討する契機となった1990年の湾岸戦争における安保理の対応と決定を，遡って検討する必要がある。以下では，まず分析の前提として，1990年の湾岸戦争と2003年のイラク侵攻を紛争の性質の観点から類型化を行う。そのうえで，安保理決議678の復活をめぐる対立を確認した後，湾岸戦争時の安保理決議678及び関連決議を解釈していきたい。

（2）武力行使の「容認」──湾岸戦争（1990年）とイラク侵攻（2003年）との関連性

（a）武力行使の紛争類型

決議678は，イラクによるクウェート侵攻に起因する紛争に際して採択された。それゆえ，2003年時点でのイラクによる大量破壊兵器の廃棄義務の不遵守という紛争に対して，決議678が援用されうる基盤が存在するかという問題が解明されなければならない。換言すれば，その問題は2003年の対イラク武力行使という紛争の開始がいつの時点に設定されるのかという，紛争の定式化に帰着する。

ここでは，本稿の主題である対イラク武力行使を理解するために，国際法上の武力行使に関する紛争の認識方法に関して整理しておきたい。

国際法上，武力行使を伴う紛争は，第一に違法性阻却事由として自衛権を発動しうる武力攻撃を構成するかどうかという争点から分類される。これは武力行使の開始自体の合法性を評価する規範としての *jus ad bellum* 上の紛争である。国際司法裁判所におけるニカラグア事件（本案判決）では，「（武力攻撃を構成する）武力行使のもっとも重大な形態」と「武力行使のより重大でない形態」との区別が示された[33]。第二に，武力紛争時においていかなる戦闘方法や手段が許容されるのかを判断する規則である武力紛争法ないし国際人道法といった *jus in bello* においても紛争の分類がなされる。すなわち，当該武力行使に対して武力紛争法の適用が開始される烈度の問題や[34]，武力紛争法もその紛争の類型化次第では適用法規が異なることから，国際的武力紛争と非国際的武力紛

---

33) *Military and Paramilitary Activities in and against Nicaragua (Nicaragua v. United States of America), Merits, Judgment, I.C.J. Reports 1986*, p. 101, para. 191.

34) 真山全「現代における武力紛争の諸問題」『武力紛争の国際法』（東信堂，2004年）5-25頁。

争との区分が行われてきた[35]。

　本稿が目的とする対イラク武力行使の開始を国際法に照らして評価する場合に求められているのは，以上のような紛争の認識とは異なり，イラクによるクウェート侵攻を契機として紛争が開始され，それが2003年の開戦時まで継続していると認識する紛争類型なのか（紛争継続説），または，紛争主題の相違から，1990年の湾岸戦争における紛争と2003年の対イラク武力行使の契機となる紛争とは別個独立した紛争類型であると捉えるのか（紛争独立説）という判断であるといえる。合法説は，1990年の決議678の武力行使容認決議を根拠として2003年の武力行使を正当化する。そして，容認された武力行使の休戦条件が履行されないことにより軍事行動が再開されるという論理は，湾岸戦争と2003年の対イラク武力行使が法的には終了せずに継続していることが前提となる[36]。他方で，違法説は上記二つを別個独立の紛争として認識するため，安保理が武力行使を容認する第二の決議が必要であると主張するのである。

　このような武力行使に起因する紛争の時間的継続あるいは断絶という認識は，1999年の国際司法裁判所「武力行使の合法性に関する事件（ユーゴスラヴィア連邦共和国対ベルギー）」（仮保全命令）での争点であった[37]。この事件では，武

---

[35] 藤田久一『国際人道法〔新版再増補〕』（有信堂，2003年）68-81，211-241頁。真山全「テロ行為，対テロ作戦と武力紛争法（第2章）」初川満（編）『テロリズムの法的規制』77-120，87-98頁。Dapo Akande, "Classification of Armed conflicts: Relevant Legal Concepts", in Elizabeth Wilmshurst (edited), *International Law and the Classification of Conflicts* (Oxford University Press, 2012), pp.32-79.

[36] なお，Dinsteinは，1990年にイラクがクウェートに侵攻したいわゆる湾岸戦争が開始からほぼ20年後に終結を迎えたという前提に立つ。そして2003年のイラク侵攻を湾岸戦争と独立した武力紛争であるとみなすことは誤りであると主張する（Yoram Dinstein, *War, Aggression and Self-Defence*, Fifth edition (Cambridge University Press, 2011), p. 319）。安保理決議678の復活議論についても，決議678は1991年の軍事行動を容認したのであって，2003年のイラク侵攻という採択当時とはまったく異なった状況であり，数十年も前の行動とは関係がないのであるから，この決議の復活議論を誤りであるとする。こうして，有志連合軍は，湾岸戦争とイラク侵攻の双方を，慣習法と国連憲章第51条に規定される集団的自衛権に基づいて行動したと結論付ける（*ibid.*, p. 325）。Dinsteinは決議687での休戦（cease-fire）が戦争を終了することなく戦闘を停止するだけであるから（*ibid.*, p. 302），湾岸戦争当初のイラクによるクウェートへの軍事侵攻に対する集団的自衛権が現在でも継続していると考える。したがって，合法性を主張する米国や英国をはじめとした国家や学説が依拠する決議678の復活議論や先制的自衛権，ましてや先制自衛の議論を展開することなく，2003年のイラク侵攻を正当化する。極めて興味深い論点であるが，本稿ではその分析対象を安保理決議に限定していることから，ここでは立ち入らず，別稿で検討を試みたい。

力行使の合法性について，ICJ が紛争を一体的に認識し，その開始時点の合法性を問題とするのか，あるいは紛争を個別化し，一度開始された紛争であっても個々の空爆行為の法的評価を問題とするのかが最も重要な争点となっていた[38]。それゆえ対イラク武力行使の紛争類型を理解するうえでも有益であると考えられるため，ここで確認しておきたい。

この事件でユーゴは，1999年4月28日，5月1日，5月7日，5月8日のNATO加盟国によって行われた空爆に言及して，強制管轄権受諾宣言が寄託された1999年4月25日以降に実際上生じているすべての紛争が考慮されると主張した[39]。そして，前述の日付の空爆が一例に過ぎないとしながらも，「これらの事例それぞれにおいて（[d]ans chacun de ces cas/[i]n each of these cases）」自らが被害国であったと考えられる国際法の明らかな違反であるとして，これらの出来事は即時的不法行為を構成し，4月25日以降に実際に生じた紛争に対して両国間に生じた数多くの個別の紛争（a number of separate disputes）が存在するのであるから，同日後に生じている紛争への一応の（*prima facie*）管轄権は排除されえないとした[40]。

ここで争われている法または事実の不一致は，「そのたびごとの（à chaque fois/in each case）攻撃の特性に依拠する」と主張して別個独立の紛争を描出し

---

[37] Legality of Use of Force (Yugoslavia v. Belgium), Provisional Measures, Order of 2 June 1999, *I. C. J. Reports 1999* [hereinafter, *"Legality of Use of Force* Case"], p. 124. この事件は，ユーゴスラヴィア連邦共和国（以下，ユーゴとする）が1999年3月24日から開始されたNATOによる空爆に関与する諸国家に対してその違法性の確認を求めるとともに，空爆の即時停止を求める仮保全措置の指示の要請もおこなったものである（国際司法裁判所判例研究会（酒井啓亘）「武力行使の合法性に関する事件 —— 仮保全措置の申請 ——（仮保全命令・1999年6月2日）」『国際法外交雑誌』100巻1号（2001年）50-74頁）。

[38] Christine Gray, "LEGALITY OF USE OF FORCE (*YUGOSLAVIA v. BELGIUM*) (*YUGOSLAVIA v. CANADA*) (*YUGOSLAVIA v. FRANCE*) (*YUGOSLAVIA v. GERMANY*) (*YUGOSLAVIA v. ITALY*) (*YUGOSLA VIA v. NETHERLANDS*) (*YUGOSLAVIA v. PORTUGAL*) (*YUGOSLAVIA v. SPAIN*) (*YUGOSLAVIA v. UNITED KINGDOM*) (*YUGOSLAVIA v. UNITED STATES OF AMERICA*) : PROVISIONAL MEASURES", *International and Comparative Law Quarterly*, Vol. 49, Part.3 (2000), pp. 730-736, 735.

[39] 1999年4月26日に国連事務総長に寄託された強制管轄権の受諾宣言において，ユーゴは「この署名よりも後の事態または事実（à des situations ou à des faits/the situations or facts）に関して，この宣言の署名より後に生じているか，あるいは生じ得る紛争」にのみ時間的管轄権を限定している（*"Legality of Use of Force* Case", para. 24, p. 133.）。

[40] *Ibid.*, para. 25, pp. 133-134.

たユーゴに対して，ICJは次のように論を展開する。すなわち，問題となる空爆は1999年4月24日に開始され，4月25日を超えて「継続的に（continuously）」行われたという事実が立証されていることを確認したうえで，ユーゴとNATO加盟国，つまり被告国との間で，全体として（taken as a whole）認識されるこれらの空爆の合法性に関して1999年4月25日以前に法律的紛争が生じていたことは明らかであるとした[41]。しかしながら，ICJの多数意見は，4月25日以降も空爆が継続し，それに関する紛争が同日後も存続しているという事実によって，紛争が生じた日付が変更されることはなく，また「それぞれ別個の空爆がその後の個別の紛争を生じさせえなかった」と判示した。この点につき，ICJは「当初の紛争とは区別される新たな紛争が4月25日以降に生じていたことをユーゴが立証していない」と述べて，ユーゴの立証不足がゆえに，事実問題として4月25日以降の空爆は発生しているが，法律問題として，4月25日以降の事実に基づく法的紛争の存在を否定した[42]。

この多数意見は，実際の個別具体的な軍事的行動を伴うとしても，それを一体的に認識し，分割できない同一の紛争と捉えることもありうることを示唆している。しかし，このような多数意見の紛争認識に対しては，複数の判事からの批判がなされている[43]。とりわけ，Weeramantry判事は「空爆作戦における…それぞれの個別行為が違法である場合，それぞれ異なる紛争主題であるし，別個の請求とな」り，「これらの諸請求は異なる権利の侵害ならびに異なる法規則の違反を含む」ことを指摘している[44]。また，Vereshchetin判事も「一般的性質を有する紛争」と「特定の紛争」とを区別したうえで，「特定の紛争」が裁判所の管轄権から除外される紛争と関連し，あるいはその一部であるという理由だけで，裁判所によって考慮されないという主張は正当化されないとした[45]。

---

41) *Ibid.*, para. 28, p. 134.
42) *Ibid.*, para. 28, pp. 134-135.
43) この論点に関しては，多数意見に賛成する判事からも異論が出された。Koroma判事は，違反行為はその行為が開始された時点に限定されることはなく，その行為が継続する全期間に及ぶのであるから，1999年4月25日以降に発生した特定の紛争の存在をユーゴが証明しなかったという多数意見は「法的に持ちこたえられない」と批判した（Declaration of Judge Koroma, *I. C. J. Reports 1999*, pp. 142-143）。
44) Dissenting Opinion of Vice-President Weeramantry, *I. C. J. Reports 1999*, pp. 181-204, 185-189.

たしかに上記判決は，時間的留保に伴う裁判所の管轄権に関する紛争である。しかし，実体的側面から捉えれば，多数意見および各判事の見解の核心は，個々の爆撃および武力行使をどのように評価するかという点に見出されるようにみえる。少なくとも ICJ においても，武力行使の合法性に関する紛争を一体的に認識するのか，あるいはそれぞれの武力行使を個別の紛争と認識するのかについては，明らかではない[46]。したがって，そのような裁判所による武力行使の紛争認識の対立を踏まえれば，対イラク武力行使に関して，紛争継続説および紛争独立説が主張する紛争認識の適切さを一般的に予断することはできない。そこで，次に，両説が対イラク武力行使における紛争をいかに認識し，いかに類型化したのかを確認することとする。

(b) 安保理決議678の「復活」をめぐる対立と紛争類型

安保理決議1441は，前述のように，武力行使の自動性を明示に規定していない。また，そこには武力行使の容認規定も存在しない。そのことは，政治的には重大な問題であるし，法的にももちろん安保理による容認があれば望ましかったであろう。しかし，実際のところ，法的にはそれほど重要ではなかったともいえる。むしろ，そこでの米国と英国の狙いは，この決議1441によりイラクが従前の安保理決議上の義務に継続的に違反していることを安保理が決定することそれ自体であった[47]。なぜならば，武力行使の開始に際して米国が安保理議長に宛てた書簡によれば，決議687は決議678における武力行使の容認を停止しているのであって終了させておらず，したがって，決議687で規定さ

---

45) Dissenting Opinion of Vereshchetin, *I. C. J. Reports 1999*, pp. 209–215, 211–212.
46) この点との関連で，エリトリア・エチオピア請求権委員会での「*Jus Ad Bellum* (Ethiopia's Claim 1–8) 部分裁定」においても紛争の個別化を確認できる (*at* http://www.pca-cpa.org/showpage.asp?pag_id=1151 (as of February 14, 2014), also available *at International Legal Materials*, vol. 45 (2006), pp. 430–435; ここでは PCA（常設仲裁裁判所ウェブサイトにてダウンロード可能な判決文を使用して，そのページ数を以下に記載する）。この事件では，両当事国が *jus ad bellum* を「両当事国間で生じた最初の武力行使を規律する法（the law governing the initial resort to force between them）」と定義して合意した（*ibid.*, foot note 1, p. 1）。そのため，裁定内容は開始時の武力行使の合法性判断に止まり，その後に発生した中央戦線や東部戦線での武力行使の合法性については，ただ「最初の攻撃がなされた地域に限定できない戦争が生じたということである」と判示した（*ibid.*, pp. 18–19）。本裁定における紛争の個別化の問題に関しては，拙稿「エリトリア・エチオピア武力行使の合法性に関する事件」『上智法学論集』51巻2号（2007年）173–187頁を参照のこと。

た義務の重大な違反が決議678を復活させる（revives）という解釈を採用していたためである[48]。すなわち，イラクによる決議687で規定された湾岸戦争の休戦条件に関する義務の違反により，決議678の武力行使容認が復活し，今日でも継続しているという論理，換言すれば，前項で触れた「紛争継続説」が展開されている[49]。また，米国による同書簡では，「これまで長きにわたり，このような休戦合意の条件の重大な違反は休戦の基礎を崩壊させるということが承認され，理解されてきた」ことに言及することにより，武力行使の再開の合法性を強調している。

実際の安保理での討議においては，米国や英国の他にもスペインが上記の解釈へ支持を表明した。スペインは，イラクに対する武力行使を容認する新たな決議が「かりに政治的には望ましいとしても，法的には不必要である」としたうえで，イラクの保有する大量破壊兵器を廃棄させるための武力行使は，「国連憲章第7章に従って採択された安保理決議660，678，687および1441の論理的な結合に基礎づけられ」ており，「決議678の内容は完全に効力を有し続けている」という主張を展開した[50]。上記のような論理を支持する諸国家の実践にしたがえば，国際法上，2003年のイラク侵攻は湾岸戦争時に採択された決議678における安保理による「容認」により正当化されることになる。

このような主張は，学説においても確認することができる。Greenwoodは，イラクによる安保理決議687における一貫した決議違反が存在し，また，決議1441の前文においては決議678が再確認されているのに加えて，決議678の武力行使容認を終了させる明示の決議が存在しないがゆえに，決議に基づく武力行使の容認は失効していないことを指摘する[51]。TaftⅣとBuchwaldも同様に，

---

47) 当時の米国Bush大統領は，2002年1月の一般教書演説において，北朝鮮とイランとともにイラクが「かつて国際的な査察を受け入れ，のちに査察官を追放した」という表現も用いて決議687で課された休戦に違反していることに言及している（George W. Bush, The President's State of the Union Address, January 29, 2002, The United States Capitol, Washington, D.C. at http://georgewbush-whitehouse.archives.gov/news/releases/2002/01/20020129-11.html (as of February 14, 2014)）。

48) "Letter dated 20 March 2003 from the Permanent Representative of the United States of America to the United Nations addressed to the President of the Security Council", S/2003/351. 松井芳郎教授は，決議687が事実上の講和条約に類似する内容を有しているにもかかわらず，「多国籍軍による軍事行動再開の可能性さえ明文では否定していない」として，将来の武力行使の可能性に繋がる論理的欠陥を指摘していた（松井芳郎『湾岸戦争と国際連合』（日本評論社，1993年）152頁）。

第 8 部　武力行使の規制と安全保障

イラクによる安保理決議678，687および1441の違反に基づいて武力行使を正当化する[52]。すなわち，決議687では休戦条件が規定され，その一つに国際的監

---

49) 米国による正当化根拠として，S/2003/351, *supra* note 48; S/PV.4726, pp. 25-26。なお，米国は上記安保理議長宛ての書簡において「有志連合国の行動はイラクによる脅威から米国および国際共同体を防衛し，その地域の国際的平和および安全を回復するために必要な手段である」と述べて，安保理決議による武力行使容認だけではなく，脅威（threat）に対抗するための先制的自衛権による正当化をも示唆している。前述のように，先制的自衛権による対イラク武力行使については，本稿の射程外であるため，別稿に譲りたい。英国による正当化について，"Letter dated 20 March 2003 from the Permanent Representative of the United Kingdom of Great Britain and Northern Ireland to the United Nations addressed to the President of the Security Council", S/2003/350およびS/PV.4726, pp. 22-24。英国司法長官 Goldsmith によるイラク侵攻の正当化については以下のウェブサイトを参照のこと, at http://www.labour.org.uk/news/legalbasis。この点について簡潔に解説を加えたものとして，Colin Warbric and Dominic McGoldrick, "Current Development: The Use of Force Against Iraq", *International and Comparative Law Quarterly*, vol. 52, Part 3 (2003), pp. 811-814. また，英国下院の外交委員会が求めた「既存の安保理決議がイラクに対するさらなる武力行使に適用されるという状況の政府の解釈と，もし決議が適用されるならばどの決議が適用されるのか，また，もし決議が適用されないならば，どのような法的根拠に基づいて武力行使が実行されるのか」という質問に対する外務省からの回答（memorandum）として House of Commons *Foreign Affairs Committee, Foreign Policy Aspects of the War against Terrorism, Seventh Report of Session 2001-02*, pp. 52-56, paras. 213-227. オーストラリアによる正当化根拠として，"Letter dated 20 March 2003 from the Permanent Representative of Australia to the United Nations addressed to the President of the Security Council", S/2003/352; "Memorandum of Advice on the Use of Force Against Iraq", provided by the Attorney General's Department and the Department of Foreign Affairs and Trade, March 18, 2003, at http://www.pm.gov.au/iraq/displaynewsContent.cfm?refx=96; "The Memorandum of Advice on the Use of Force against Iraq by the Attorney General's Department and the Department of Foreign Affairs and Trade (tabled in both Houses of Parliament, 18 March 2003", *Australian Year Book of International Law*, Vol. 24 (2005) pp. 415-418)（以下，この文書の引用は後者のページ数を用いる）。2003年3月20日のオーストラリア上院における Alexander Downer 外相の答弁においても，英国，オランダ，デンマーク，イタリアそして日本政府も支持していることに触れながら，同様の正当化がなされている（"Answer to questions by the Minister for Foreign Affairs, the Minister for Trade and their representatives in the Senate", at http://www.dgat.gov.au/qwon/2003/qwn_030320.html）。我が国については，平成15年3月20日のイラク侵攻開始直後，小泉純一郎内閣総理大臣は記者会見で，「日本政府はこれまでもイラクに対しても，またアメリカ，イギリス，フランス等に対しましても，平和的解決が最も望ましい，そういう努力を最後まで続けるべきだと訴えてまいりました。しかしながら，事ここに至って，残念ながらイラクはこの間，国連の決議を無視というか，軽視というか，愚弄してきました。十分な誠意ある対応をしてこなかったと思います。私はこの際，そういう思いから米国の武力行使開始を理解し，支持いたします。」と発言した（発言の全文は首相官邸ウェブサイトで入手可能, at http://www.kantei.go.jp/jp/koizumispeech/2003/03/20kaiken.html (as of 14 February, 2014)）。

督の下での毒ガス，化学兵器，生物兵器の廃棄および無害化と核不拡散条約上の義務の無条件受諾が決定されている。この規定に関して，イラクが必要な査察を拒否したという休戦条件の重大な違反は，これらの条件を実施する責任を加盟国に委ね，そしてその加盟国は決議678と合致して行動していると結論付けている[53]。Wedgwood も，決議687が大量破壊兵器の廃棄等の休戦のための主たる条件を規定しており，これに対して，イラクが著しくかつ継続的な違反を行ったことにより，休戦が停止し，イラクによる遵守を確保するための武力行使が容認されるという[54]。

しかしながら，上記のような安保理決議の「復活」による武力行使の正当化は批判を免れえない。たとえば，Lowe は合法説の根拠とされる安保理決議における容認の復活という学説（doctrine）それ自体が存在しないことを主張する。仮に，決議の復活がありうるとしても，開戦以前の大量破壊兵器の査察に関して安保理が積極的に関与していたのは事実である。Hans Blix は2003年1月9日の安保理会合において，現時点でイラクが大量破壊兵器を保有しているという「決定的証拠（smoking gun）」が発見されたという事実を安保理に報告する状況ではなく，サイトへの迅速なアクセスが許されるといったことから，透明性も向上していることを報告した[55]。それゆえ，安保理理事国は，新たな武力行使を実行する場合には，従前の容認決議を遡って復活させることではなく，

---

50) U. N. Doc. S/PV. 4721, 4721st meeting, 19 March 2003, pp. 15-16. 決議678の効力の認識方法に関して，スペインは2003年まで同決議の効力が継続していると認識する。オーストラリアの司法長官も決議678には容認の時間的制限が規定されていない点を主張する（Australian Attorney General, "The Memorandum of Advice on the Use of Force against Iraq" *supra* note 49, pp.417-418）。

51) 英国下院の外交委員会（The Foreign Affairs Committee）での Greenwood の覚書（Memorandum）として Christopher Greenwood, "The Legality of Using Force against Iraq" in "Minutes of Evidence", Thursday 24 October 2002, House of Commons Foreign Affairs Committee, *Foreign Policy Aspects of the War against Terrorism, Second Report of Session 2002-03*, Ev 17-21, Ev. 19, paras. 14-19; Greenwood, *supra* note 15, pp. 33-36.

52) Taft IV and Buchwald, *supra* note 15, pp. 557-563.

53) 決議の不履行に対して，その遵守確保を加盟国に委ねたという根拠をどこに求め，決議687の第33項をどのように読むかが問題となる。この点で，後に見る de Wet の見解との相違が顕著である（後掲注82)を参照のこと）。

54) Ruth Wedgwood, "The Fall of Saddam Hussein: Security Council Mandates and Pre-emptive Self-Defence", *American Journal of International Law*, Vol. 97, No. 3 (2003), pp. 577-586; "Pro, con and muddle", *The Economist*, March 22nd 2003, pp. 25-26.

独立した紛争であるという認識を前提として明示的な武力行使容認を規定した第二の決議を求めていたのである[56]。

フランスの de Villepin 外相は，イラクに対する査察が一定の進展を見せているのであるから，査察を継続し，査察官がイラクの協力に関する進展を報告している限り，最後通牒を受け入れることはできないという見解を示した[57]。ロシアの Ivanov 外相も，国際的査察は「イラクの協力とともに円滑に進行しており」，「安保理理事国は感情や同情，特定の政府への反感に導かれるべきではなく」，むしろ「実際の事実に基づいて，結論を下すべきである」と述べたうえで，「安保理が査察官への全面的な支援を提供し続けなければならない」ことを強調していた[58]。ドイツの Fischer 副首相兼外相も2003年2月14日の安保理会合において，イラクに対する査察の継続を主張し，「平和的手段による解決の全ての選択肢が完全に検討されなければなら」ず，「採択されるべきあらゆる決定は安保理のみによって実施されなければならない。また，それは国際的にそのように行動することを容認された唯一の機関である」と述べて，平和的解決と唯一の行動主体としての安保理を強調した[59]。このように，安保理の積極的な関与と「これまでの安保理決議は国連憲章の外でのイラクに対する武力行使の権利を容認していない」し，ましてや「主権国家の政府転覆を容

---

55) Hans Blix (Executive Chairman of UNMOVIC), "Briefing the Security Council, 9 January 2003: Inspections in Iraq and a further assessment of Iraq's weapons declaration" (9 January 2003), at http://www.un.org/depts/unmovic/new/pages/security_council_briefings.asp (as of 14 February, 2014). ここでの説明で，Blix は以下のようにも述べていた。すなわち，もちろん決定的証拠がないこととイラクによるアクセスの許可は歓迎されることであるが，そのことが決議で禁止された活動が行われていないことを証明するものではない。透明性が向上しているとしても，もはや暗部が存在しないということでもない。よって，継続的な査察の必要であると。そして，同時に，安保理理事国からの質問に回答するために時間的猶予を求めていた (ibid.)。その後の報告においても，230か所以上の査察のうち，20か所以上のこれまで未調査のサイトを査察したとして，査察の進展を強調している (Hans Blix, "Briefing of the Security Council, 27 January 2003: An update on inspections" (27 January 2003), at http://www.un.org/depts/unmovic/new/pages/security_council_briefings.asp (as of 14 February 2014))。

56) Lowe, *supra* note 31, pp. 865-866.

57) U. N. Doc. S/PV. 4714, 4714th meeting, 7 March 2003, pp. 18-21. さらに，フランスは，安保理の常任理事国として，武力行使容認決議の採択には拒否権を行使する用意があることを示唆しているように解される (*ibid.*, pp. 19)。

58) U. N. Doc. S/PV. 4707, 4707th meeting, 14 February 2003, pp. 21-22.

59) *Ibid.*, pp. 29-30.

認した決議はない」として，復活議論には反対を唱えているのである[60]。

合法説が依拠する「決議の復活」がイラクによる決議の重大な違反を根拠とする場合，決議違反を是正するための執行権限を個別国家が有していなければならない。この点につき，国連憲章第42条の注釈によれば，当該事案に関する「個別の決定」が無い状況では，決議を実施するための国家による武力行使は，独立の法的根拠に基づかない限り，やはり違法と評価されるのである[61]。

以上，検討してきたように，2003年の武力行使の法的評価は，合法説，違法説ともに1990年に採択された決議678をいかに解釈するかという問題に収斂していく。すなわち，合法説は，一方で，湾岸戦争時の武力行使容認に関する紛争が継続しているという根拠を決議678に見出すことが必要である。他方で，違法説は湾岸戦争時の決議678が2003年時の対イラク武力行使を容認していないことを明らかにしなければならない。

そこで，以下では，湾岸戦争に関連する決議678およびそれに至るまでの安保理決議の解釈を通して，2003年の対イラク武力行使に関する合・違法の主張の説得力を探ることとする。

(c) 安保理決議678の解釈

対イラク武力行使の法的分析においては，決議678第2項における「決議660号 (1990) 及びそれに引き続くすべての関連決議を堅持し，かつ履行し，その地域における国際の平和と安全を回復するために，必要な全ての手段をとる権限を与える」という文言の解釈が問題となる[62]。この決議の前文では「イラクが安全保障理事会に対する甚だしい侮辱をもって決議660号 (1990) 及びそれに引き続く右の関連諸決議に従うのを拒否していること」に留意されている。

違法性を唱える論者は，この点から決議678における武力行使の容認がイラ

---

60) U. N. Doc. S/PV. 4721, *supra* note 9, pp. 7-8; ロシア外務省の Roman Kolodkin (the director of the Legal department of the MOFA of the Russian Federation) の見解として，"Legal assessment of the use of force against Iraq", *International and Comparative Law Quarterly*, Vol. 52, Part 4 (2003), pp. 1059-1063; 決議1441の採択におけるロシアの国連大使 Lavrov も同様の趣旨を述べている (U. N. Doc. S/PV. 4644, 4644th meeting, 8 November 2002, pp. 8-9)。

61) Krisch, *supra* note 11, pp.1337-1338.

62) U.N.S.C. Res. 678 (1990) of 29 November 1990 adopted at the 2963 meeting by 12 votes to 2 (Cuba and Yemen), with 1 abstention (China). 決議の和訳は，「安全保障理事会決議678 (対イラク武力行使容認)」奥脇・小寺 (編集代表)『前掲書』(注9) 670頁による。

クによるクウェート侵攻との関係で採択された事実を指摘する。すなわち，国連加盟国が裁量でイラクに対して，軍事的撤退を目的として武力行使を行うことを決定する容認であるとして，その容認（authorization）の事項的射程を「イラクによるクウェート侵攻」に限定している。たとえば，Brownlie は，イラクによる安保理決議687に含まれる休戦の基礎を崩すような義務違反は決議678の武力行使の権限を復活させうるという，英国下院の質問に対する英国外務英連邦省の回答に対して[63]，第一に，決議678や決議687が2003年のイラク侵攻を正当化するという解釈は極めて問題であり，特に，それらの決議はクウェートに対する脅威と関係しているのであって，今回の2003年のイラク問題についてはイラクによるクウェートに対する脅威の証拠がないと主張する[64]。つまり，2003年に直面している問題が「当時のイラクとクウェートとの間の紛争の傘の下に押し込まれることはとても困難である」と批判する[65]。しかしながら，安保理決議1441を採択した2002年11月8日の4644会合の会議事項（Agenda）は「イラク・クウェート間の状況（The situation between Iraq and Kuwait）」として全会一致で安保理理事国によって採択されていた。そのことに鑑みれば，上記の Brownlie をはじめとした違法説の見解を直ちに受け入れることもできない[66]。よって，いま一度，決議678を精査する必要がある。

まず，その前文では，安保理が決議660 (1990), 661 (1990), 662 (1990),

---

[63] House of Commons Foreign Affairs Committee, *Foreign Policy Aspects of the War against Terrorism, Seventh Report of Session 2001–02*, pp. 52–53, paras. 213–214. 英国下院の外交委員会での質問は，「既存の安保理決議がイラクに対するさらなる武力行使に適用されるという状況の政府の解釈と，もし決議が適用されるならばどの決議が適用されるのか，また，もし決議が適用されないならば，どのような法的根拠に基づいて武力行使が実行されるのか」というものであった。

[64] Ian Brownlie, "Iraq and Weapons of Mass Destruction and the Policy of Pre-emptive Action (Memorandum)" in "Minutes of Evidence", Thursday 24 October 2002, House of Commons Foreign Affairs Committee, *Foreign Policy Aspects of the War against Terrorism, Second Report of Session 2002–03*, Ev 21–23, especially 22.

[65] *Ibid.*, Ev. 25; Tomuschat は「13年前の決議［決議678］を探し出すことは，まさしく濫用（schlechthin missbräuchlich）のように思われる」と述べて，イラク侵攻が国際法に違反すると主張する。まず決議678がクウェートを解放するためにクウェートとその他の有志連合に必要なすべての措置をとる権限を付与したとして，決議678の射程を限定する（Tomuschat, *supra* note 26, p. 17）。なお，本書は，2003年にドイツ連邦憲法裁判所で行われた講演に基づいていることから，ここでの「13年前の決議」は1990年の決議678のことを指すと解される。

664 (1990), 665 (1990), 666 (1990), 667 (1990), 669 (1990), 670 (1990), 674 (1990) 及び677 (1990) を想起し, 再確認したうえで, イラクが安保理に対する甚だしい侮辱をもって「決議660号 (1990) 及びそれに引き続き右の関連諸決議に従うのを拒否していることに留意し」,「安全保障理事会決定の完全な遵守を確保することを決意」している。安保理は第7章の下で行動することに言及し, 第1項で「イラクが決議660号 (1990) 及びそれに引き続く全ての関連諸決議を完全に遵守することを要求し」た。第2項において次のように規定して, イラクに対する武力行使の権限をクウェートと協力している加盟国に与えた。

「イラクが1991年1月15日以前に, 前記1に示されたように, 前述の決議を完全に履行しない限り, クウェート政府に協力している加盟国に対して, 安全保障理事会決議660号 (1990) 及びそれに引き続く全ての関連決議を堅持し, かつ履行し, その地域における国際の平和と安全を回復するために, 必要な全ての手段をとる権限を与える。」

これが, 今回のイラク侵攻を合法であると主張する場合の主たる根拠規定である。すなわち合法説は, 第2項の「その地域における国際の平和と安全を回復するために」という文言に依拠し,「その地域の国際の平和と安全」がイラクにより脅威にさらされているため, 武力行使が容認されると主張する[67]。2003年時点において, イラクが大量破壊兵器の廃棄と査察の受け入れ義務を遵守しないことが, その脅威を構成しているという。決議678がクウェートの解放だけではなく「国際の平和とその地域の安全の回復」という目的ための軍事行動をも容認していたと解釈することで, 合法説は1990年のイラクによるクウェート侵攻と2003年のイラク侵攻とは状況が異なるという批判に答えている[68]。さらに, 決議による武力行使容認を明示に終了させる決議が採択されていないことから[69], 決議678が「復活」するという[70]。

しかしながら, この解釈は武力行使容認という結果を志向した拡張解釈に陥っており, 以下3点の注意が必要である。第一に, この決議は, イラクが義

---

66) U. N. *Doc. S/PV.4644*, 4644th meeting, Friday, 8 November 2002, pp. 1-2.
67) Taft IV and Buchwald, *supra* note 15, pp. 557-563; John Yoo, "International Law and the War in Iraq", *American Journal of International Law*, Vol. 97, No. 3 (2003), pp. 563-577, especially p. 563.

務を遵守する「時間的期限」が設定されている。すなわち,「イラクが1991年1月15日以前に」義務を遵守しない場合には,安保理はクウェート政府に協力している加盟国に「必要な全ての手段をとる権限を与える」と規定しているのであり,2003年のイラク侵攻以前に義務を遵守しない場合は想定されていない[71]。

第二に,同決議ではイラクが遵守すべき「義務内容の限定」も設定されている。すなわち,第2項は「前記1に示されたように,前述の決議を完全に履行しない限り」,必要なすべての手段をとる権限を与えると規定している。ここでの「前述の決議 (the above-mentioned resolutions)」とは,第1項で示された「決議660号 (1990) 及びそれに引き続く全ての関連諸決議」のことであり,より具体的に言えば,前文で明示された決議660 (1990), 661 (1990), 662 (1990), 664 (1990), 665 (1990), 666 (1990), 667 (1990), 669 (1990), 670 (1990), 674 (1990) 及び677 (1990) のことを指すと解される。第1項の「それに引き続く全ての関連諸決議」という文言に過度に着目して,この関連諸決議に決議687も含まれるという見解もある[72]。しかしながら,この点は当該決議の採択当初から文言の曖昧さが問題視されてきた。たとえば,決議678の採択に反対票を投じたイエメンは,「8月2日のイラクによるクウェート侵攻以来,安保理は10の決議 (ten resolutions) を採択してきており,」「安保理には,本日,こ

---

68) Greenwood は,決議678における武力行使容認がクウェートの解放のみを目的としたものではなく,それを超えて,国際の平和とその地域の安全の回復をも目的としていた点を強調する (Greenwood, *supra* note 15, pp. 7–37)。Greenwood, *supra* note 51, "The Legality of Using Force against Iraq" in "Minutes of Evidence", Ev 17–21, Ev. 19, paras. 14–19.

69) Yoo, *supra* note 67, p. 563; Australian Attorney General's "Memorandum of Advice on the Use of Force against Iraq", *supra* note 49, pp.417–418.

70) Greenwood, *supra* note 15, p. 34.

71) Rainer Hofmann, "International Law and the Use of Military Force Against Iraq", *German Yearbook of International Law*, Vol. 45 (2002), pp. 9–34; Dietrich Mursweick, "Die Amerikanische Präventivkriegsstrategie und das Völkerrecht", *Neue Juristische Wochenschrift*, Band 14 (2003), pp. 1014–1020; Christian Schaller, "Massenvernichtungswaffen und Präventivkrieg-Möglichkeiten der Rechtfertigung einer militärischen Intervention im Irak aus Völkerrechtlicher Sicht", *Zeitschrift für Ausländisches Öffentliches Recht und Völkerrecht*, Band 62 (2002), pp. 641–668, 641; Florence Nguyen-Rouault, "L'Intervention Armée en Irak et son Occupationau Regard du Droit International", *Revue Generale de Droit International Public*, Tome 107 (2003) pp. 835–864.

れらの決議の遵守を確保するための（in order to ensure compliance with those resolutions）武力行使を諸国に容認する決議案が提出されている」と確認している（下線筆者）[73]。中国も，「それに引き続く関連決議」について「換言すれば，イラクがクウェートから直ちに撤退することを促す諸決議」であると明確に述べている[74]。2003年に復活議論を主張した英国も，1990年当時には「決議678およびそれ以前の決議（previous resolutions）で安保理が要求しているものは明瞭である。安保理が求めているのは，イラクが決議660とその後のすべての決議の規定を十分に遵守し，イラクの全軍が無条件に8月1日に展開していた位置にまで撤退することである」と述べている点を無視することはできない[75]。したがって，これらの決議をイラクが完全に履行しない場合に，安保理はクウェート政府に協力している加盟国に武力行使の権限を容認したのであり，その後の決議687や決議1441で採択されることとなる義務の違反に基づく武力行使が容認されていたという解釈には無理があろう。

第三に，この決議中には武力行使の「目的の限定」が規定されている。決議は「安全保障理事会決議660号（1990）及びそれに引き続く全ての関連決議を堅持し，かつ履行し，その地域における国際の平和と安全を回復するために」という文言を挿入することで，容認された武力行使の目的を明示的に規定している。この点を明確に論じているのはSchallerである。彼によれば，決議678の武力行使容認の範囲はクウェートの占領を終了させ，主権と独立，領土保全を回復することに限定されており[76]，その範囲がイラクの大量破壊兵器の廃

---

72) Wedgwoodは，決議678が①クウェートからの撤退と②「その後の全ての関連決議の履行（to uphold and implement resolution 660 (1990) and all subsequent relevant resolutions）」という2つの目的のために「全ての必要な措置」をとる権限を明示的に付与していると解釈する。その後の1991年に採択された決議687は，②の「その後の関連決議」に該当するため，この決議687の違反に対する新たな決議は必要ないと主張する（Wedgwood, *supra* note 54, pp. 579-580）。

73) U. N. *Doc, S/PV.2963*, 2963rd meeting, Thursday, 29 November 1990, pp. 31-38, 32. ザイールによる同様の見解として，*ibid.*, pp. 47-48. マレーシアは，さらに決議660，662，664に限定し，その決議の文脈外の行動を容認していないと主張する（*ibid.*, pp. 74-78, 76-77）。ロシアは，決議採択日と決議678の第2項で示された期日の間に安保理がとるあらゆる新しい措置の射程と性質を拡大させることを意図していないと述べた（*ibid.*, pp. 88-96, 96）。

74) *Ibid.*, pp. 61-63, 63.

75) *Ibid.*, pp. 78-83, 81.

棄と核査察に関する決議上の義務の履行に拡大しえないという[77]。「前述の決議」という文言と同様に，「その地域における国際の平和と安全を回復するために」という文言は一般的で明確さを欠いており，国家による武力行使容認の範囲を示す指針としては機能していないという批判が投げかけられてきた[78]。そして，この点にこそまさに，合法説は2003年の武力行使の根拠を見出したのである。すなわち，合法説は，「決議の履行」と「その地域における国際の平和と安全の回復」の2つの文言を分離して解釈し，少なくとも後者の曖昧な規定を根拠として武力行使容認の継続を唱えている。それではこのような分離解釈は可能なのであろうか。この部分の英語正文を確認すると，"to uphold and implement resolution 660 (1990) and all subsequent resolutions and to restore international peace and security in the area（下線筆者）"とある。つまり，両目的は"and"で接続されているのであって，二者択一を許容する"or"ではないことに注意しなければならない[79]。決議660から決議677までの履行と一体的に解釈されることから，前者と後者の目的を分離して，「その地域における国際の平和と安全の回復」のみに重点を置いて，この第2項を解釈することは困難である[80]。実際に，決議678に反対したイエメンは，安保理会合において次のように述べる。

> 「提出された決議案は武力行使が排除されておらず，そして極めて広範で曖昧であるため，湾岸危機に関して安保理で採択された10の決議の遵守を強制する目的に限定されていない。それゆえ，その地域における国際の平和と安全の回復という前提条件を決定するのは軍事力を持つ国

---

76) Schaller, *supra* note 71, pp. 645-649; Tomuschat, *supra* note 26, p. 17; Bothe, *supra* note 26, p. 263. 決議678の採択に際して，ザイールも「その地域における国際の平和と安全」という文言を「クウェートの独立と領土保全の回復」と限定的に理解していた（U. N. Doc. S/PV.2963, pp. 43-48, 48）。中国も「クウェートの主権，独立，領土保全，そして正当政府の回復」と述べている（*ibid.*, pp. 61-63）。

77) Schaller, *supra* note 71, pp. 651-656. Murphy は「回復（restore）」という文言に着目する。この言葉は，事前の状態（situation ex ante）を再確立することであり，新たな政府を含めて新しい状況を構築することではない。よって，イラクのクウェートからの撤退が目的であり，イラクに新たな政権を作ることはこの目的に該当しないと主張する（Murphy, *supra* note 22, pp. 181-185）。

78) Krisch, *supra* note 11, p. 1339; Burns H. Weston, "Security Council Resolution 678 and Persian Gulf Decision Making: Precarious Legitimacy", *American Journal of International Law*, Vol. 85, No. 3 (1991), pp. 516-535, 525-528.

家次第となり，そうなればさらに広範囲での軍事的衝突につながるだろう。」[81]

　当時の安保理理事国内にも，上記のように，合法説が依拠する解釈を危惧する国家が存在したことは明らかである。その時の各国の懸念が，2002年から2003年にかけて再び決議678が取り上げられることによって現実のものとなった[82]。そのような曖昧な文言であるにもかかわらず，湾岸戦争においても2003年の対イラク武力行使においても有志連合を担った英国が，決議678に関して「安保理によってそうするように明確に容認されて，クウェートを解放し，その主権と正統政府を回復するために武力を行使しなければならなかった」と

---

79) Wolfrum, *supra* note 21, pp. 1-78. ここでのWolfrumの見解が，決議678における"or"とは異なる"and"という文言ゆえに「クウェートからのイラクの撤退」と「その地域の国際の平和と安全を回復するため」という二つの目的を切り離すことはできないため，目的は一体的に解釈されなければならないという主張なのかどうかは，明確ではない。この点については，前述のGreenwoodが「その地域の国際の平和と安全を回復するため」という目的にのみ依拠する点で見解を異にしている（Greenwood, *supra* note 15, p. 26）。なお，国際法の解釈における"and"と"or"の関係性について，とくに宇宙空間における特許に関する管轄権行使における"and"と"or"を検討する論考として，村瀬信也・奥脇直也「宇宙関係諸条約の履行と国内法整備 ―― 民間宇宙活動をめぐる米国の法制 ―― 」『立教法学』36号（1991年）71-115頁を，また，軍縮条約中の両者の解釈および関係性を分析する論考として，江藤淳一「軍縮条約における『管轄又は管理』の用法」『東洋法学』44巻1号（2000年）115-159頁を参照のこと。

80) カナダは安保理会合において，後者の目的には言及せずに関連する決議の履行を確保するための武力行使を確認するにとどめた。そして前述のようなイラクが義務を履行する期限にクウェートから完全かつ無条件に撤退し，クウェートの主権と独立が完全に回復されなければならないと明言した（U. N. Doc, S/PV.2963, *supra* note 73, pp. 69-74, 73）。

81) *Ibid.*, p. 33. キューバはこのような決議は米国及びその有志連合国に極めて洗練された軍事力の使用のための白紙委任を与えるに等しいとして，イエメンとともに決議の採択に反対した（*ibid.*, p. 58）。

82) Erika de Wetは，武力行使容認決議に関して，前提として①合法的な武力行使は，安保理決議の中で，明示的な武力行使の容認が確認されなければならず，②軍事行動の範囲と性質，目的が明らかに特定されなければならないということを挙げる。しかしながら，de Wetが，文言の曖昧さは避けられないと言う点に注目しなければならない。そうであるならば，文言が曖昧な場合，とりわけ終了期限が明示されない場合は制限的解釈がなされるべきであるとする。すなわち，措置の目的に基づく機能的制約から，決議の目的達成による期限の終了を推定するのである。そのような機能的制約がないとすれば，一国の利益追求が可能となり，拒否権に基づいて武力行使の終了決議が採択されない危険性があると指摘する（Erika de Wet, "The Illegality of the use of Force Against Iraq Subsequent to the Adoption of Resolution 687", *Humanitäres Völkerrecht*, Heft 3 (2003), pp. 125-132）。

述懐している事実は，2003年時点での英国自身の決議678の解釈およびそれに基づく正当化理由と明らかに矛盾する[83]。

以上のように，決議678の武力行使容認の範囲は，上記3点の制約を受けると解釈されるため，これを，今回のイラク侵攻の法的根拠とすることはできないという結論に至る。そしてこの結論は，後の1991年3月2日の決議686が決議678による武力行使容認の射程を明示的に制限していることからも，裏付けられよう。それでは，決議686は，従前の決議678の武力行使容認をどのように修正したのだろうか。

安保理は，決議686の前文において，全加盟国がイラクの独立と主権，領土保全を守るという約束を確認し，決議678の第2項に基づいてクウェートとともに行動している加盟国によって示された，イラクにおける軍事的展開（presence）をできるだけ早急に終了させるという意図を認識している[84]。そして，第1項で全12の決議（決議660，661，662，664，665，666，667，669，670，674，677，678）が完全な効力（full force and effect）を持ち続けていることに留意し，それを前提として，第2項と第3項でイラクが諸決議上の義務を遵守することを要求している。それに続く第4項では，「第2項と第3項をイラクが遵守するように求められた期間については」決議678第2項が効力を有し続ける（remain valid）ことが規定されている。したがって，決議686は，第2項と第3項に規定された8つの義務[85]の履行という限定された目的のために決議678の武力行使容認が継続することを明示し，その他の目的のための武力行使は容認されていないという解釈が成り立ちうる[86]。さらに，同決議では，イラクによるクウェート侵攻とその帰結の処理が終了するまでは決議678の第2項に基づ

---

[83] U. N. Doc. S/PV.2981（3 April 1991), pp. 111–116, 111.

[84] U.N.S.C. Res. 686 (1991) of 2 March 1991 adopted at the 2978 meeting by 11 votes to 1 (Cuba), with 3 abstentions (China, India, Yemen).

[85] 同決議第2項では，イラクは(a)クウェート併合を目的とした措置をただちに撤回し，(b)クウェート併合から生じた損害，被害，毀損の責任を原則として受諾し，(c)拘留されたクウェート人と第三国の国民をただちに解放し，帰還させ，(d)イラクによって押収されたクウェートの財産を返還することを要求し（demands），第3項では，イラクは(a)ミサイル攻撃と戦闘機の飛行を含めた全加盟国に対するイラク軍による敵対行為または挑発行為を停止し，(b)敵対行為の停止という軍事的側面を計画するために軍事指揮官を任命し，(c)捕虜を解放し帰還させ，(d)クウェート，有志連合軍により占領されたイラク領域，隣接海域における化学生物兵器だけではなく地雷や偽装爆弾，その他の爆発物を捜索することに援助するという義務が規定されている。

く武力行使が容認されている。しかし，その目的が達成されれば直ちに，イラクにおける軍事展開は終了されなければならないことになる。このように，決議678の武力行使容認の射程およびその終期についても，安保理が決議において明示に規定していることが明らかになった。

　本節では，決議1441および決議678を中心に，その審議過程の議論も踏まえて，解釈を行った。その結果，対イラク武力行使の合法説が主張する解釈は，必ずしも審議過程における安保理理事国の見解と合致するものではない。同時に，関連する決議を論理的に解釈するとき，そこにイラク侵攻の正当化根拠を求めることは困難であろう。仮に決議678が継続したとしても，武力行使を明示的に認めた決議686に止まり，さらに同決議中で規定された目的に限定されているのである。

3　安保理決議687の法構造と国家による決議の受諾合意の機能

（1）安保理決議687における武力行使容認の変更

　1991年4月3日に採択された決議687は，一般に「休戦決議（ceasefire resolution）」と称される[87]。それにもかかわらず，同決議中には決議678で容認された武力行使を安保理が停止または終了させる旨の規定は存在しない。それゆえそのこと自体が，対イラク武力行使合法説の立場からは，2003年においてもその容認が依然として継続している事実を裏付けるものであるという[88]。たしかに，決議687第1項で，安保理は「本決議の目的（正式な停戦を含む。）を達成するため以下において明示的に変更されたものを除いて，前記13本のすべての決議を確認」し，前文に列挙された13本の中に，決議678および決議686が含

---

86) Murphy, *supra* note 22, pp. 188-193. なお，Grayによれば，決議686はその決議の目的のために決議678の武力行使が容認されると解されるが，決議686の第2項，第3項の遵守のために容認を拡大しないという。すなわち，武力行使が容認される目的は，決議678の目的のみであるとする（Christine Gray, "After the Ceasefire: Iraq, the Security Council and the Use of Force", *The British Yearbook of International Law*, Vol. 65 (1994), pp. 135-174, essecially pp. 139-140）。しかしながら，この解釈は，文言の通常の意味に従った解釈からして限定しすぎているようにみえる。憲章第7章下で行動し，明示的に武力行使の容認決議の効力の継続を確認し，その目的にも言及している以上，決議686における義務の履行のための武力行使も認められると考えられよう。

87) Gray, *supra* note 21, p. 356.

まれている[89]。

　しかし、ここで注意すべきは、この第1項が「本決議の目的（正式な停戦を含む。）を達成するため以下において明示的に変更されたものを除いて、」と規定しているところである。すなわち、従前の決議の目的と重複する部分は、本決議で修正されることを意味する。第2項はイラクとクウェートの合意覚書において定められた「国際的国境の不可侵と島の配分を尊重するよう求め」、さらに第4項は「上記国際的国境の不可侵性を保障し、そのために適当なあらゆる措置を憲章に従ってとる（to take as appropriate all necessary measures to that end）ことを決定」している。そのため、この文言は、決議678の武力行使容認決議の文言と類似している点で、決議678と687の重複部分と解せられる。したがって、決議687が決議678を変更することになるのである。そこで、決議687によって何が変更されるかが問題となる。

　まず、「目的」に関して、決議678における「すべての必要な措置（all necessary means）」の目的は、①決議660とそれに続くすべての関連決議の確認と履行と②その地域の国際の平和と安全の回復であった。これに対して、決議687第4項で規定される「その目的（to that end）」とは、「国際的国境の不可侵性の保障」を指している。よって、決議678における「すべての必要な措置」の目的は、決議687において限定されたという解釈が自然であろう。

　次に、措置をとる「主体」についても、決議678は「クウェートと協力している加盟国」に武力行使の権限を付与したのに対して、決議687では明示に加盟国に権限を付与する文言が欠如している。したがって、その武力行使主体は安保理であると読まなければならない[90]。さらに、安保理における決議687の審議過程において、たとえばインドは、この第4項が「これまでの安保理決議に基づいて一方的に行動する権限をどの国家にも（on any country）与えていな

---

88) Yoo, *supra* note 67, pp. 567-568. Yoo は、武力行使容認決議を明示的に終了させる決議や武力行使容認決議中において終了期限を設定する決議の例を挙げて、国連の実行上、武力行使の容認を終了する厳密な手続きが存在しているという。ゆえに、それに該当しない決議678中の武力行使容認は継続すると論じる。

89) 武力行使容認の「復活」理論はこの第1項にのみ依拠していると論じるものとして、Murphy, *supra* note 22, p. 198.

90) Jules Lobel and Michael Ratner, "Bypassing the Security Council: Ambiguous Authorizations to Use Force, Cease-fires and the Iraq Inspection Regime", *American Journal of International Law*, Vol. 93 (1999), pp. 124-154.

い。むしろ，決議案の提出国は，国境侵犯の脅威または現実の侵犯の場合に，安保理が憲章に従って全ての必要な措置をとるために結集することになると説明した」という見解を示している[91]。このことからも，決議687の段階においては，以前の安保理決議に基づく加盟国による一方的な武力行使を行なう権限はもはや与えられていないと解される。

このように，決議678の武力行使容認の射程は不変ではなく，紛争の推移に合わせて決議687により個別に変更が加えられていることを見落としてはならない。

（2）決議687における休戦の法構造 —— 第7章決議の受諾の意義

決議687は，決議678で容認された武力行使の射程を変更するとともに，その休戦条件を規定している。計31項にも及ぶ諸条件のうち，主たるものとして，すべての化学兵器，生物兵器そして射程距離150キロメートルを超えるすべての弾道ミサイルを国際的監視の下で破壊，撤去または無害化することを無条件に受け入れること（第7, 8項），核兵器，核兵器に利用されうる物質，核兵器のいかなる補助装置もしくは構成部分，これらに関係するいかなる研究，開発，援助，製造のための施設の取得または開発を行わないこと，破壊，撤去又は無害化を行うこと，および査察を受け入れることが規定されている（第12, 13項）。

第33項は以下のように規定して，休戦諸条件をイラクが受諾することを前提として，決議678で容認された武力行使を停止させる制度を構築している[92]。

> 「［安全保障理事会は，］イラクが前記の諸規定を受諾する旨を事務総長及び安全保障理事会に公式に通告することによって，イラクとクウェート及び決議678号（1990）に従って同国に協力している加盟国との間に正式の休戦の効力が発生することを宣言する。」（挿入筆者）[93]

通常，安保理決議における決定（decision）は，国連憲章第25条に基づいて，加盟国を拘束する[94]。決議687の第33項は「決定（decides）」ではなく「宣言

---

91) U. N. Doc. S/PV.2981（3 April 1991), p. 78.
92) U.N.S.C. Res. 687 (1991) of 3 April 1991 adopted at the 2981st meeting by 12 votes to 1 (Cuba), with 2 abstentions (Ecuador, Yemen).
93) 奥脇直也・小寺彰『国際条約集（2014年版）』（有斐閣，2014年）672頁。山本草二（編集代表）『国際条約集（1993年版）』では，「正式な休戦」が「公式の休戦協定」と訳されている。

(declares)」であるが，同決議が「憲章第7章下で行動している措置（measures acting under Chapter VII of the Charter）」を規定しているので拘束力を持つと推定されよう[95]。さらに，同項は，安保理議長と国連事務総長に提出されたイラクの受諾意思によって，イラクに対する決議の拘束力を確保する構造を有している[96]。

したがって，たしかに生物・化学兵器および核兵器の廃棄，査察受け入れ等の休戦条件は安保理決議の決定で定められている。しかしながら，正式の休戦は，イラクとクウェートとその協力している加盟国との間で受諾される「合意」として，いわば外形的には「休戦協定」で締結されている[97]。さらに，国連憲章の注釈には，安保理は，第7章下の拘束力のある決議687によって，イラク軍敗北後に締結されるべき休戦の条件（the conditions of the truce to be concluded）を決定した（determined）と記されており，休戦の条件と，合意に

---

94) 国連憲章第25条は「国際連合加盟国は，安全保障理事会の決定をこの憲章に従って受諾し且つ履行することに同意する。」と規定されている。

95) 国際司法裁判所における1971年のナミビア事件では，「憲章第25条は，強制措置に関する決定に限定されず，憲章に従って採択された安全保障理事会の諸決定に適用される。さらに，本条文は第7章に置かれないで，安全保障理事会の任務および権限に関する憲章の部分の中で第24条の直後に置かれている。もし第25条が憲章の第41条，第42条に基づいてとられる強制措置に関する安保理の決定のみを対象とするのであれば，つまり，これらの決定のみが強制的効果を持つのであれば，第25条は余計なものになろう。なぜならば，この効果は憲章の第48条，第49条から生じるからである。」と述べられて，憲章第25条の決定を強制措置以外の決定にも適用されることが示された（Legal consequences for States of Continued Presence of South Africa in Namibia (South West Africa) notwithstanding security council Resolution 276 (1970), Advisory Opinion, *I.C.J. Reports 1971*, para. 113, pp. 52-53）。さらに，Erik Suy は「もし理事会が憲章第7章を明示的に掲げて決定するならば，その決議の強制的性格を認める推定が成り立つ」という（アラン・プレ，ジャン＝ピエール・コット共編『コマンテール国際連合憲章 —— 国際連合憲章逐条解説 —— 上』（東京書籍，1993年）601-609頁）。

96) "Identical letters from the Deputy Prime Minister and Minister for Foreign Affairs of Iraq to the President of the Security Council and to the Secretary-General stating that Iraq has no choice but to accept the provisions of Security Council resolution 687 (1991)", U.N. Doc. S/22456, 6 April 1991; *The United Nations and the Iraq-Kuwait Conflict, 1990-1996* (The United Nations Department of Public Information, New York, 1996), pp. 203-206. さらに，イラク国民議会において安保理決議687の受諾が決定されたことを安保理議長に報告している（"Letter dated 10 April 1991 from the Permanent Representative of Iraq to the President of the Security Council transmitting the National Assembly decision of 6 April 1991 concerning acceptance of Security Council resolution 687 (1991)", U.N. Doc. S/22480, 11 April 1991）。

基づいて締結される休戦協定とを区別していると解釈することができる[98]。

また，その後の決議1441の前文では「決議687において，休戦が，イラクに対する義務を含めたその決議の規定のイラクによる受諾（acceptance）に基づくということを安保理が宣言したことを想起」されていることに鑑みても，決議687では休戦のための「条件」が決定され，正式な休戦はイラクの書面による「受諾合意」によって「効力を有した」という解釈の妥当性を裏づけている[99]。仮に，決議の起草時において，この休戦が憲章第25条に基づく拘束力をもって成立しうると考えられたとすれば，第33項の規定のようにあえてイラクの「正式な通告（official notification）」に基づいて休戦の効力を生じさせる必要はないであろう[100]。

---

[97]　外務英連邦省の覚書（memorandum）においても，これらの条件それ自体が拘束力を持つことを認めつつ，さらに特に正式な休戦が効力を持つための条件としてイラクによって受諾されたこと（specifically accepted by Iraq）を強調している（"Iraq: Legal Basis for the Use of Force", supplementary memorandum from the Foreign and Commonwealth Office in letter from the Foreign Secretary to the Chairman of the Committee, 17 March 2003, para. 6, at http://www.parliament.the-stationery-office.co.uk/pa/cm200203/cmselect/cmfaff/405/3030407.htm (as of February 14, 2014))。

[98]　Jost Delbrück, "Article 25", in *The Charter of the United Nations: A Commentary* (*Second Edition*) Volume I, Edited by Bruno Simma (Oxford University Press, 2002), pp. 452-464, 462.

[99]　SC Resolution 1441, Preamble.

[100]　憲章第7章への言及がなされて採択された拘束力ある決議が，全加盟国を拘束するという点で，多数国間条約と同じであるというKirgisの見解に従えば，安保理決議であるとしても常に国連憲章第25条の拘束力に基づくとは限らないと言えよう（Kirgis, *supra* note 10）。一方で，GreenwoodはイラクがE決議687の条件を受け入れたことにより，法的に拘束力のある決議になったのであるが，これはイラクが受け入れたためではなく，憲章第25条のためであると論じる。つまり，決議は合意（agreement）と同じではないということを示唆している（Greenwood, *supra* note 15, p. 27）。

第8部　武力行使の規制と安全保障

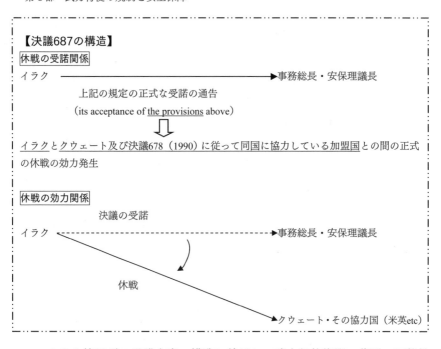

　このような第33項の受諾合意の構造に着目し，武力行使権限の復活の可能性を論じたのが，John Yoo である。Yoo は決議687の「重大な違反」に対してウィーン条約法条約第60条2項（b）または（c）を適用して，その運用を停止させる[101]。さらに，同決議が基本的に休戦協定（armistice）と同一であるという立場から，その「重大な違反」がこの休戦協定の運用を停止すると主張する点で特徴的である（決議・休戦協定同一説）[102]。結果として，米国は決議678に基づいて，決議687の履行と国際の平和と安全の回復のための武力行使が可能となると論じるのである。しかしながら，彼は休戦規約の重大なる違反の場合には戦闘開始を許すハーグ陸戦規則第40条をかろうじて類推することに止めており，根本的には決議678の容認の復活を法的根拠に据えている。したがって，安保理によって措置がとられることが決定されているという違法説による反論や一連の決議の解釈に対して，的確に応答しえていない。

---

101)　Yoo, *supra* note 67, p. 569.
102)　*Ibid.*, pp. 569-571.

これに対し，ここで論じてきたように，決議687は休戦の「条件」を規定したものであって，休戦それ自体を形成している「休戦決議」ではないとも考えられよう。その場合，形式的な休戦は，イラクによる決議の受諾合意に見出しうる意思表示に基づいて成立している。つまり，決議687と休戦協定とは，法的に別個独立のものであると言える（決議・休戦協定分離説）。イラク侵攻の前段階において，たしかに，国連憲章の手続上，新たな決議の採択がなされなかったために，明示的に武力行使が容認されることは無かった。しかしながら，決議687と休戦協定とが分離していると考える場合には，慣習法上の地位を獲得しているハーグ陸戦規則という，国連憲章とは別個の一般国際法上の権利が存在し，それに基づいて武力行使を開始することが可能であるという帰結を導くことができよう。このように考える場合，決議の最終項では「この問題に引き続き取り組むことを決定する（decides）」と規定されているのであるから，イラクによる休戦条件を規定した安保理決議687の不遵守に対する措置は安保理による集団的措置でなければならないという批判[103]や，明示に武力行使を容認した新決議のない一方的な武力行使は違法であるという批判にも応答することが可能となる。

　それでもなお，このような分離説は，国連の集団安全保障体制を十分に考慮した論理ではない。たしかに，1907年のハーグ陸戦規則は，その第40条において，一方当事者の休戦規約の重大な違反がある場合には，他方当事者は規約を廃棄する権利を有するのみならず，緊急の場合においては直ちに戦闘を開始することが可能であると規定する。しかし，Baxterによれば，国連憲章やその下での措置によって，停戦合意が当事者の及ばないところに位置づけられるため，この規則はもはや一般的に適用される規則ではなく，戦闘の開始は違法となる[104]。また，本稿で検討してきたように，決議687は，「敵対行為の確定的な終了（a definitive end of the hostilities）を迅速に確立することを確保するために，安保理が積極的に取り組むことを決定した」結果として採択された[105]。この一連の経緯を踏まえれば，決議687の休戦が，正式な戦闘行為の終了を意

---

103) de Wet, *supra* note 82, pp. 126–129.
104) Rechard Baxter, "Armistices and Other Forms of Suspension of Hostilities", *Recueil des Cours,* Vol. 149 (1976), pp. 353–399, 382.
105) 安保理決議686第8項。

味していると解することができよう。

　そして，いわゆる多国籍軍に対して「白紙委任」と批判されるほどの広範な武力行使の権限を決議678により認めたことの帰結として，決議687第33項のような複雑な休戦構造を構築することになった（【決議687の構造】を参照）。正式な終了をいっそう明確に拘束力のあるものとするためには，形式的には国連事務総長と安保理議長への通告を介在させることが必要であると同時に，事実上，作戦指揮を含めた広範な権限が付与された多国籍軍との間の休戦には，一般国際法に基づくイラクによる受諾合意が不可欠であったと考えられよう。2003年の対イラク武力行使にあたっては，一見して，湾岸戦争における休戦の効力関係すなわち，イラクとクウェートおよび有志連合国との国連の枠組みの外での一般国際法上の国家間関係が重視された。しかし，一連の安保理決議を論理的に解釈すれば，むしろ国連憲章第7章の拘束力が機能している場合においてもなお，休戦の受諾という国家の合意を求めた実行の意味とその重要性に光が当てられなければならないのである。

4　おわりに

　以上，検討してきたように，合法説の立場からイラク侵攻を捉える場合，イラクによる決議687，1441の義務違反により，決議678の武力行使容認が復活し，今日でも継続していると論じられてきた。こうして，2003年のイラク侵攻の際の武力行使は，決議678により正当化されることになる。

　一方で，違法説の立場からイラク侵攻を評価場合，決議678の第2項で容認した武力行使に対しては，クウェートの解放という目的に対して武力行使の権限が付与されているし，さらに，「主体による制限」，「時間的期限」，「義務内容の限定」もあり，安保理がこの問題に取り組むことが「決定」されていると論じる。この点で，イラク問題は安保理が検討し，その裁量において決定を下しうる。このことは，決議1441においても変更はないと主張する。決議1441ではイラクの決議違反は深刻な帰結を生じさせると規定されているが，決議1441は武力行使の自動性を否定して，違反の存在が直ちに武力行使に結びつくことを否定している。ゆえに，武力行使を許可する安保理決議がない場合には違法であると結論づけていた。

このように，2003年のイラク侵攻の法的性質に関して，国家実行と学説の双方において，合法説と違法説とが完全に分断化するという事態が生じたのである。それにもかかわらず，イラク侵攻開始後の2003年3月27日，安保理の議場で「イラクへの武力行使開始の合法性に関する理事国間の相違については，もう済んだこととすべき時だ」と語ったのは英国国連大使であった[106]。確かに，武力行使が開始された後の人道的支援や国家再建といった *post bellum* への迅速な対処は不可欠である。しかしながら，確立した国連集団安全保障体制を揺るがす形で開始された *jus ad bellum* への挑戦には慎重な検討がなされなければならない。

本稿では，対イラク武力行使の法的評価を行うとともに，決議687の第33項で規定された「休戦（cease-fire）」の手続と法的性質に着目した。一連の決議の解釈により，安保理決議686の第3項が伝統的な休戦協定を確定的な戦闘の終了であると位置づけるとともに，決議687の第33項で休戦の受諾に関する一方当事者を国連に指定したうえで，憲章第25条の拘束力に加えて，個別事例における当事国の合意を付加する方式を採用している点が明らかとなった。これにより，第一に，合法説の一部が主張していた *jus in bello* 上の休戦協定違反に基づく一般国際法上の武力行使を，*jus ad bellum* における集団安全保障体制下に置くという制度が機能していたことを指摘することができた。第二に，決議687の休戦は憲法第7条の下での安保理決議により規律され，関係当事国に対して拘束力を有するにもかかわらず，義務の名宛国の受諾合意にも依拠した。このことは，憲法第7条下での措置の拘束力の根拠を個別国家の「合意」に求める必要性の存在を示していると言えよう。

最後に，今後に残された課題を付記しておきたい。イラク侵攻における決議687の第33項の休戦を受諾に基づく休戦協定と考えた上で，*jus in bello* の規定である休戦協定の重大な違反が存在する場合には，当事国の主観的な判断において同協定を一方的に破棄し，戦闘を開始することが国際法上可能であるということも詳細に論じる必要がある[107]。しかし，戦間期には戦争が違法化され，第二次世界大戦後には武力不行使原則を規定した国連憲章が成立し，その例外

---

106) The speech of Sir Jeremy Greenstock, U. N. Doc. S/PV.4726 (Resumption 1), p. 23.
107) L. Oppenheim, *International Law: A Treatise, Vol. II Disputes, War and Neutrality*, seventh Edition, edited by H. Lauterpacht (Longmans, Green, 1952) p. 556.

として安保理の強制措置と国家による個別的または集団的自衛権が明示に規定されている。そこで問題となるのは，国連憲章上の武力不行使原則と自衛権および集団安全保障を構成する規範である *jus ad bellum* が武力行使中の行動規範である *jus in bello* にいかなる影響を与えるかという点である[108]。したがって，*jus ad bellum* と *jus in bello* との関係性の検討を避けることはできない。また，休戦協定の議論からイラク侵攻を論じる場合には，国際法上の休戦協定の法的性質について，国家実行と学説の双方からより詳細に考察する必要があることは言うまでもない。この点は，本稿が安保理決議の構造に射程を限定していたため深く論じられていない部分であるので，別途考察を要しよう。

---

108) Christopher Greenwood, "Scope of Application of Humanitarian Law", in Dieter Fleck (edited.) *The Handbook of International Humanitarian Law, Second Edition* (Oxford University Press, 2008), pp. 67-69; K. Kleffner, "Scope of Application of Humanitation Law", in Pieter Pleck ledited.) *The Handbook of International Humanitation Law, Third Edition* (Oxford University Press, 2013), pp. 66-67.

36 国連集団安全保障に関する国際組織法の規範形成
―― 国連憲章第 7 章の下における軍事的措置の容認を中心に ――

広 見 正 行

1 問題の所在 3 容認決議の終了
2 容認決議の履行実施 4 結　語

1　問題の所在

（１）憲章第43条以下の「空白」

　集団安全保障に関する国連憲章第 7 章は，サンフランシスコ平和会議（1945年）において採択されて以来，一度も改正されることなく現在まで至っている。他方で，国連憲章が採択されて以来，現在まで一度も国連憲章第 7 章の諸規則に従う形で有効な軍事的措置がとられてこなかったこともまた事実である。

　安保理は，冷戦終結による機能回復を背景として，湾岸戦争に際して憲章第 7 章に基づき加盟国に対し軍事的措置を容認（authorize）する実行を行って以来，20年以上もの間，同様の実行を累積させてきた[1]。しかし，当該実行をめぐる議論は，専ら容認決議の合憲性や黙示の容認論（implied authorization）といった軍事的措置の「開始」の側面に集中し，容認決議の「履行実施」や「終了」といった局面には，ほとんど関心が向けられてこなかった。

　容認された軍事的措置の「開始」の議論に比べ，その「履行実施」や「終了」に関する議論があまり展開されてこなかった理由は，憲章第43条以下の「空白」に由来すると考えられる。安保理による軍事的措置の容認（軍事的措

---

1) Niels Blokker, "The Security Council and the Use of Force: On Recent Practice," in Niels Blokker and Nico Schrijver, eds., *The Security Council and the Use of Force*, Martinus Nijhoff, 2005, pp. 1–29.

置の「開始」の局面）は，一般に，憲章第42条（軍事的措置に関する一般的権限）と第43条（兵力提供に関する加盟国と安保理との特別協定）以下とを「切断」し，その法的根拠を第42条に基礎付けることによって合憲性が確保されると考えられている[2][3]。その法的根拠を第42条に基礎付けることによって，「容認」は，自衛によってでは許容されず，本来であれば憲章第2条4によって禁止される武力行使を合憲化する法的機能を果たしている[4]。

しかしながら，憲章第42条が第43条以下から「切断」された結果，軍事的措置の履行実施や終了について規定する第43条以下の「空白」が生じることとなり，容認された軍事的措置の実行は，履行実施や終了に関する法的・手続的保証を欠くこととなった。村瀬信也教授が指摘されたように，「軍事的措置が，文字どおり，兵力を用いた強制行動であることを考えれば，その実施の方法，兵力の分担・使用計画，戦略的指導・指揮命令系統，履行権限・責任体系等について，ミニマムの法的・手続的保証がない限り，実効的な制度として定着しえないであろう」[5]。

このような問題関心から，本稿は，国連憲章の採択時点で当事国によって意図されていなかった容認された軍事的措置の「履行実施」及び「終了」に関して，安保理の事後の実行が累積され，国連加盟国の承認を獲得していくことに

---

2) このような理解は，既に「国連経費」事件勧告的意見において萌芽的に示されていた。*ICJ Reports 1962*, p. 167.
3) Thomas M. Franck, *Recourse to Force: State Action against Threats and Armed Attack*, Cambridge University Press, 2002, pp. 20–31; Alain Pellet, "The Road to Hell is Paved with Good Intentions: The United Nations as Guarantor of International Peace and Security –A French Perspective–," in Christian Tomuschat, ed., *The United Nations at Age Fifty: A Legal Perspective*, Kluwer Law International, 1995, p. 125; Nico Krisch, "Article 42," in Bruno Simma, ed., *The Charter of the United Nations: A Commentary*, 3rd ed., Vol. 2, Oxford University Press, 2012, pp. 1337–1338, paras. 11–13.
4) Ugo Villani, "The Security Council's Authorization of Enforcement Action by Regional Organizations," *Max Planck Yearbook of United Nations Law*, Vol. 6, 2002, p. 539.
5) 村瀬信也「国際組織の一方的措置と対抗力 ── 国連憲章第七章の下における軍事的措置の容認をめぐって ── 」『上智法学論集』42巻1号（1998年）25-26頁（同『国際立法 ── 国際法の法源論』（東信堂，2002年）〔以下，村瀬『国際立法』〕507頁に再録）。Shinya Murase, "Unilateral Measures and the Concept of Opposability in International Law," *Thesaurus Acroasium*, Vol. 28, Thessaloniki Institute of International Public Law and International Relations, 1999, p. 449 (reproduced in ditto, *International Law: An Integrative Perspective on Transboundary Issues*, Sophia University Press, 2011 [hereinafter, Murase, *International Law*], p. 263).

よって，関連する国連法規範が形成される方法とその規範内容について考察する。

（2）容認された軍事的措置の法的根拠
（a）推論による権能（implied power）

「国連経費」事件勧告的意見において国際司法裁判所（ICJ）が判示したように，国際組織法において，「国際機関は，たとえ国際組織の設立文書に明示的に定められていなくとも，その責務の遂行にとって不可欠な権限を必要的推論（necessary implication）に基づき付与されているとみなさなければならない」[6]。

しかし，この「推論による権能」（黙示的権限）の法理を用いるにあたっては，いくつかの制限が存在する。その一つは，明示的規則の存在である。Blokkerが指摘したように「黙示的権限を用いることによって，国際機関が明示的に定められている規則を迂回し，またはその規則に違反して行動することができると考えることは困難である」[7]。

国連平和維持活動と異なり[8]，軍事的措置の履行実施や終了に関しては，憲章第43条以下に明示的規則が存在する。そのため，明示的規則を迂回し，あるいはそれに違反するような容認された軍事的措置の履行実施および終了に関する実行を，「黙示的権限」として，国連憲章の解釈の枠内に法的根拠を求めることはできないこととなる。

（b）後に生じた慣行（subsequent practice）

他方で，憲章第7章の下で容認された軍事的措置の履行実施や終了に関する安保理の実行は，「後に生じた慣行」として，条約解釈の枠内に法的根拠を求めることができる可能性がある。国連国際法委員会（ILC）が「条約解釈に関する後にされた合意および後に生じた実行」について検討しているように[9]，

---

6) *ICJ Reports 1962*, p. 182.
7) Niels M. Blokker, "International Organizations or Institutions, Implied Powers," *EPIL*, 2nd ed., Vol. 6, 2012, p. 24, para. 18.
8) 伝統的平和維持活動は憲章「第6章半」と形容されているが，憲章の明示的規則に位置付けていない点で，その法的根拠は黙示的権限に基づいていると評価することができる。*See*, Meeting of the Advisory Committee on UNEF (Meeting held in the Secretary-General's Conference Room on Thursday, 14 March 1957, at 3:00 p.m.), p. 23, United Nations Archives and Records Management Section, Record Number S-0370-0028-06［on file with author］．

たとえ条約の準備作業や条約の締結の際の事情において予定されていなかった実行であったとしても，その実行の法的根拠を「後に生じた慣行」に基づき，条約解釈の枠内に位置付けることが一般に認められうる[10]。

　条約法条約第31条3(b)は，「後に生じた慣行」を「条約の適用につき後に生じた慣行であって，条約の解釈についての当事国の合意を確立するもの」と定義する。この定義から，「後に生じた慣行を検討するためには，評価されるべき〔明示的〕規則が存在していなければならない」こととなる[11]。この点で，「推論による権能」と「後に生じた慣行」とは相互排他的であり，条約において本来予定されていなかった実行の法的根拠を両者によって基礎付けることはできないのである。

　また，「後に生じた慣行」に基づく解釈が認められるためには，実行が明示的規則の解釈の枠内に収まるとの合意が当事国の間で確立されていることが必要とされる[12]。しかしながら，容認された軍事的措置の履行実施や終了に関する実行は，憲章第43条以下の明示的規則と合致していない。そのため，そのような実行を「条約内実行（practice *infra legem*）」として解釈の枠内に位置付けることもできないこととなる。

(c) 慣習国際組織法の生成

　以上のように，容認された軍事的措置の履行実施や終了の法的根拠を「推論による権能」や「後に生じた慣行」に基づき，「条約内実行」として国連憲章の枠内に求める試みは，解釈のディレンマに陥る。しかし他方で，国連憲章において安保理に認められている広範な権限を前提とすれば，それらに関する実行を直ちに「違法」とすることもできないであろう。こうした法的状況に鑑み，村瀬信也教授は，当該措置を「国際組織による一方的措置（unilateral measures）」と位置付け，「対抗力（opposability）」を基準とした法的評価を行われ

---

9) Georg Nolte, "Treaties over Time, in particular: Subsequent Agreement and Practice," *Official Records of the General Assembly, Sixty-third Session, Supplement No. 10* (A/63/10), Annex A, pp. 365-384.
10) *ICJ Reports 1971*, p. 22, para. 22.
11) Jean-Marc Sorel and Valérie Boré-Eveno, "Article 31 (1969)," in Orivier Corten and Pierre Klein, eds., *The Vienna Conventions on the Law of Treaties: A Commentary*, Oxford University Press, 2011, Vol. 1, p. 826, para. 43.
12) Alexander Orakhelashvili, *The Interpretation of Acts and Rules in Public International Law*, Oxford University Press, 2008, p. 357.

ている[13]。

　しかし同教授は，続けて，「対抗力を備えた事例の累積は，国際組織における新たな法制度化への基礎となるであろう」とも指摘されている[14]。一方的国内措置の場合，当初の「違法」（*contra legem*）との評価から，やがて一定範囲の国家間で「対抗力」が認められるようになり（*praeter legem*），さらには慣習国際法化の進展によって「合法的」な制度（*infra legem*）として定着する，という国際法の規範形成過程が想起される[15]。

　同様に，国際組織の一方的措置の場合も，設立文書の灰色地帯における国際組織の一方的措置が「対抗力」を獲得した後，加盟国の承認を獲得していくことによって設立文書の灰色地帯を補完する形で慣習国際組織法が生成され「合法的」な制度として定着する，という国際組織法の規範形成過程を想起することができる。

　国連憲章のコメンタリーは，第103条の解説において，新慣習国際組織法の生成による国連憲章の修正の可能性について言及する。コメンタリーによると「慣習法……に対する憲章の優先は，……慣習法の適用を通じた国連法のさらなる発展と区別する必要がある。そのような場合には，国連法それ自体が修正され，それゆえ，当該規範〔国連憲章〕はそれを修正する新規則に対して優先されない。」という[16]。

　このように，やや例外的ではあるが，現実の国際環境の変化に対応し，国際組織の設立文書の灰色地帯を埋めようとする国際組織の「条約外実行（practice *praeter legem*）」は，慣習国際組織法の規範形成機能を有している。そこで以下では，容認された軍事的措置の履行実施および終了に関する安保理の事後の「実行」に着目し，それらの規範内容について考察する。

---

13) 村瀬・前掲注5) 27-30頁（村瀬『国際立法』508-510頁に再録）。Murase, *op. cit.*, *supra* note 5, p. 448 (reproduced in *ditto, International Law*, pp. 264-265).
14) 同上29-30頁（同上，511頁に再録）。
15) 山本草二「一方的国内措置の国際法形成機能」『上智法学論集』33巻2・3合併号（1991年）47-86頁。村瀬信也「国家管轄権の一方的行使と対抗力」村瀬信也＝奥脇直也編『国家管轄権──国際法と国内法（山本草二先生古稀記念）』（勁草書房，1998年）75頁（村瀬『国際立法』483頁に再録）。
16) Andreas Paulus and Johann Ruben Leiß, "Article 103," in Simma, ed., *op. cit.*, *supra* note 3, Vol. 2, p. 2133, para. 69.

2 容認決議の履行実施

（1）権限の分配

憲章第7章に基づき軍事的措置を容認する安保理の実行は，「集権的」に履行実施される予定であった国連の軍事的措置を「分権化」する結果をもたらした[17]。本来，国連憲章の予定した集団安全保障制度において，兵力の分担・使用計画，戦略的指導・指揮命令系統は，軍事参謀委員会が担うものとされていた（第47条）。安保理の補助機関として設置される予定であった軍事参謀委員会は，安保理に対し兵力使用の計画を助言・援助するとともに，第43条の特別協定に基づき提供された「国連軍」に対し戦略的指導を行うものとされた。このように国連憲章が予定した軍事的措置においては，国連軍は，直接，国連の指揮統制下に置かれ，個々の加盟国の裁量が入り込む余地はなかったのである[18]。

これに対し，憲章第7章に基づき容認された軍事的措置の実行においては，軍事参謀委員会の代わりに部隊派遣国による調整が行われている。この場合，兵力の分担・使用計画を策定する作戦指揮統制権（operational command and control）は，国連ではなく部隊派遣国に留保されている[19]。また，部隊派遣国

---

[17] Krisch, *op. cit., supra* note 3 ("Article 42"), pp. 1335–1336, paras. 8, 10; Toesten Stein, "Decentralized International Law Enforcement: The Changing Role of the State as Law Enforcement Agent," in Jost Delbrück, ed., *Allocation of Law Enforcement Authority in the International System*, Duncker&Humblot, 1995, pp. 108–110; N.D. White and Özlem Ülgen, "The Security Council and the Decentralised Military Option: Constitutionality and Fuction," *Netherlands International Law Review*, Vol. 44 (1997), pp. 385–389.

[18] 憲章第47条3は「兵力の指揮に関する問題は，後に解決する。」と定めているが，後にこの問題について検討するために招集された軍事参謀委員会は，国連軍が直接，国連の指揮統制下に置かれるとの一応の結論を示している。Letter from the Chairman of the Military Staff Committee to the Secretary-General dated 30 April 1947 and enclosed Report on General Principles governing the Organization of the Armed Forces made available to the Security Council by Member Nations of the United Nations, U. N. Doc. S/366, art. 36–38.

[19] Richard Baxter, "Constitutional Forms and Some Legal Problems of International Military Command," *BYIL*, Vol. 29, 1952, pp. 332–337; James W. Houck, "The Command and Control of United Nations Forces in the Era of "Peace Enforcement"," *Duke Journal of Comparative and International Law*, Vol. 4, 1993, pp. 12–21.

は，自国部隊の人事・懲戒等に関する人的管理統制権（disciplinary command）を有している。

　このような実行からは，一度，安保理が軍事的措置を容認する決議を採択したならば，その後の措置の履行実施は部隊派遣国の排他的権限に委ねられ，安保理の指揮統制は及ばないようにも思える。容認の実行をして「民営化（privatization）」[20]あるいは「外注方式（franchise model）」[21]と評されることもあるのは，このためである。

　また，「容認」という文言は，加盟国を拘束する「決定（decision）」（憲章第25条）を意味しない。そのため，容認決議に定められた措置を実施するか，また，いかなる措置を実施するかは，加盟国の裁量に委ねられている。加えて，安保理は，軍事的措置を容認する決議において，具体的な措置を特定していない。そのため，何が「必要な」措置（all necessary measures）であるかを判断するのは安保理ではなく，当該措置を容認された部隊派遣国の裁量に委ねられている，と解釈される余地が残されている[22]。

　かかる解釈に基づき，あたかも権限が委譲されたかのごとく，武力行使の権限は部隊派遣国の自律的決定に委ねられているとする見解も存在する[23]。かかる見解においては，軍事的措置（武力行使）[24]の権限は部隊派遣国が排他的に保持するものとされる。しかし，このような見解が，国際連盟における「規約第16条適用の指針」決議[25]と同様に，軍事的措置の実施を個別分権化し，

---

20) John Quigley, "The "Privatization" of Security Council Enforcement Action: A Threat to Multilateralism," *Michigan Journal of International Law*, Vol. 17, 1996, pp. 249-250.
21) Thomas M. Franck, "The United Nations as Guarantor of International Peace and Security: Past, Present and Future," in Tomuschat, ed., *op. cit., supra* note 3, pp. 31-33.
22) Jochen Abr. Frowein, "Unilateral Interpretation of Security Council Resolutions -a Threat to Collective Security?," in Volkmar Götz, Peter Selmer and Rüdiger Wolfrum, eds., *Liber Amicorum Günther Jaenicke*, Springer, 1998, pp. 97-112.
23) Oscar Schachter, "Authorized Uses of Force by the United Nations and Regional Organizations," in Lori Fisler Damrosch and David J. Scheffer, eds., *Law and Force in the New International Order*, Westview Press, 1991, pp. 71-74.
24) 法的に「武力行使（use of force）」という用語は個別国家によって行われるものに対して用いられる。これに対し「軍事的措置（forcible measures）」という用語は国連によって実施されるものに対して用いられる。本稿で憲章第7章の下で容認された「軍事的措置」という用語を用いる理由は，当該措置に安保理の全般的指揮統制が及んでいることを強調するためである。
25) League of Nations, *Official Journal*, Vol. 3 (1922), p. 121.

ひいては集団安全保障制度を瓦解させる危険を孕んでいることは言うまでもないであろう。

しかしながら，容認の実行において，安保理は，部隊派遣国に軍事的措置を白紙委任（carte blanche）しているわけではない[26]。安保理は，加盟国に対して軍事的措置を容認する決議において，「必要なあらゆる措置」という文言の後に，個別の議題に即して具体化した憲章第42条の目的を付している。したがって，「必要なあらゆる措置」には目的限定性が内在している[27]。

ただし Schachter の指摘するように，容認決議に定められた目的は，たとえそれが個別具体化されたとしてもなお一般的・抽象的にとどまるため，部隊派遣国の側に「必要なあらゆる措置」の解釈に関して広範な裁量の余地が残されるとも考えられる[28]。しかし安保理は，関連決議の中で目的を詳細かつ具体的に規定する慣行を確立してきている[29]。そうすることによって安保理は，容認された国の裁量の余地を極限まで狭めている。

Gardam は，容認決議に定められた目的を均衡性原則と連関させ，部隊派遣国の実施する「手段」は安保理が事前に定めた「目的」と均衡する限度に制限されると主張する[30]。もとより，憲章第7章の下で容認された軍事的措置に

---

[26] Niels M. Blokker, "Is the Authorization Authorized? Powers and Practice of the UN Security Council to Authorize the Use of Force by 'Coalitions of the Able and Willing'," *EJIL*, Vol. 11 No. 3, 2000, pp. 552-555.

[27] Giorgio Gaja, "Use of Force Made or Authorized by the United Nations," in Tomuschat, ed., *op. cit.*, *supra* note 3, p. 42.

[28] Schachter, *op. cit.*, *supra* note 23, pp. 74-75.

[29] Elina Kalkku, "The United Nations Authorisation to Peace Enforcement with the Use of Armed Forces in the Light of the Practice of the UN Security Council," *Finnish Yearbook of International Law*, Vol. 9, 1998, pp. 392, 403. 憲章第7章に基づき容認される「必要なあらゆる措置」は当然に（ipso facto）軍事的措置の権限を含むと解することはできない。具体的な目的から抽出される「必要なあらゆる措置」は，正当防衛および任務遂行のための武器使用のみを容認する法執行パラダイムと軍事的措置を容認する敵対行為パラダイムとに峻別される。Rob McLaughlin, "The Legal Regime Applicable to Use of Lethal Force when Operating under a United Nations Security Council Chapter VII Mandate Authorising 'All Necessary Means'," *Journal of Conflict and Security Law*, Vol. 12 No. 3, 2008, pp. 403-405. 両パラダイムを区別する基準として，決議中に国際人道法の遵守が謳われているか否かが挙げられる。Georg Nolte, "Practice of the UN Security Council with Respect to Humanitarian Law," in Klaus Dicke, Stephan Hobe, Karl-Ulrich Meyn, Anne Peters, Eibe Riedel, Hans-Joachim Schütz and Christian Tietje, eds., *Weltinnenrecht: Liber Amicorum Jost Delbrück*, Duncker&Humblot, 2005, pp. 495-499.

均衡性原則が適用されることは，従来より一般に認められてきた[31]。当該措置に均衡性原則を適用することの意義は，軍事的措置の「容認」主体である安保理が，均衡性原則を通じて，「履行実施」主体である部隊派遣国の措置をコントロールできる点にある。

憲章第7章の下で容認された軍事的措置の文脈で，均衡性原則は，それを容認する安保理と履行実施する個別国家との間の「紐帯」として機能するのである[32]。この意味で，安保理は当該措置の履行実施に対する「全般的指揮統制権（overall command and control）」を保持しており[33]，安保理と部隊派遣国との間に「指揮系統（chain of command）」が存在していることとなる。安保理の権限は，均衡性原則を通じて，軍事的措置の「履行実施」の段階にも及んでいるのである。

したがって，憲章第7章に基づく軍事的措置の容認は，部隊派遣国への「民営化」あるいは「外注」を意味しない。安保理の設定した目的の枠内でのみ，部隊派遣国に「裁量の余地（margin of appreciation）」が残されるという意味で，当該措置は，憲章の予定した集権的な集団安全保障と個別国家による分権的な武力行使との「中間形態（hybrid）」と位置付けることができる[34)35]。憲章第7章に基づく軍事的措置の容認の履行実施においては，安保理と部隊派遣国との間に「権限分配（allocation of authority）」がなされているのである[36]。

---

30) Judith G. Gardam, "Legal Restraints on Security Council Military Enforcement Action," *Michigan Journal of International Law*, Vol. 17, 1996, pp. 309-310.
31) Nico Krisch, "Introduction to Chapter VII: The General Framework," in Simma, ed., *op. cit.*, *supra* note 3, p. 1260, para. 47.
32) Frank Berman, "The Authorization Model: Resolution 678 and its Effects," in David M. Malone, ed., *The UN Security Council: From the Cold War to the 21st Century*, Lynne Rienner Publishers, 2004, p. 158.
33) Erika de Wet, *The Chapter VII Powers of the United Nations Security Council*, Hart Publishing, 2004, pp. 265-266.
34) Helmut Freudenschuß, "Between Unilateralism and Collective Security: Authorizations of the Use of Force by the UN Security Council," *EJIL*, Vol. 5, 1994, pp. 522, 526; Linos-Alexandre Sicilianos, «L'autorisation par le conseil de securite de recourir a la force: une tentative d'evaluation», *RGDIP*, t. 106, 2002, pp. 7-24.
35) 村瀬信也教授は，一方的措置が対抗力を獲得する客観的要件として実効性と正当性の二要件を挙げられているが，両要件から，対抗力ある軍事的措置はハイブリッドな性質を有することとなる。村瀬・前掲注5) 29頁（村瀬『国際立法』510頁に再録）。Murase, *op. cit.*, *supra* note 5, p. 412 (reproduced in ditto, *International Law*, p. 225).

第 8 部　武力行使の規制と安全保障

（2）責任の配分

　国際組織法において，権限分配と責任配分とは表裏一体の概念として捉えられる[37]。したがって，容認された軍事的措置の「履行実施」における安保理の全般的指揮統制権の存在は，国際責任の文脈からも論証されなければならないこととなる。

　2011年に採択された「国際組織の責任」条文草案のコメンタリー（第 2 部第 2 章「行為の国際組織への帰属」）において，ILC は，「国……の軍隊の行為は，当該軍隊と国連とを連結させる（linking）指揮系統（chain of command）の範囲外で安保理が国……に必要な措置を容認する（authorizes）とき，国連に帰属しない」と述べている[38]。この記述は，逆説的に，国の軍隊と国連とを連結させる指揮系統の範囲内で安保理が国に必要な措置を容認するとき，当該国の軍隊の行為は国連に帰属することを示唆している。

　同様の趣旨は，国際組織の使用に供される国の機関が一定の範囲で当該国の機関として行動する場合の帰属の問題を扱う同条文草案第 7 条に反映されている。同条は次のように定める。

　　「国際組織の使用に供された国の機関……の行為は，国際組織が当該機関に実効的支配（effective control）を行使する場合には，国際法上当該国際組織の行為とみなされる。」[39]

同条に対しては，国連事務局が次のような反対意見を付している。すなわち，国連平和維持活動に参加する国の部隊は，安保理の補助機関としての法的地位を有し，直接に国連の（作戦）指揮統制権（command and control）の下に置かれるため，排他的に国連に帰属する[40]。これに対し，容認された軍事的措置を実施する国の軍隊は，国連機関としての地位を有せず，部隊派遣国の（作戦）指揮統制権の下にあるため，国連に帰属しない，というものである[41]。

　しかしながら，ILC は，（作戦）指揮統制権の所在から a priori に国際違法行為の帰属が決定されるという立場を採用しなかった[42]。ILC は，たとえ容認さ

---

36)　Jost Delbrück, "The Impact of the Allocation of International Law Enforcement Authority on the International Legal Order," in Delbrück, ed., *op. cit.*, *supra* note 17, p. 151-154.
37)　*ICJ Reports 1949*, pp. 178-179
38)　*Official Records of the General Assembly, Sity-sixth Session, Supplement No. 10* (A/66/10), p. 83, para. (5).
39)　*Ibid.*, p. 87.

れた軍事的措置を実施する軍隊が部隊派遣国の作戦指揮統制権の下にあるとしても，国の軍隊の個別具体的な国際違法行為につき安保理が実効的支配（effective control）を及ぼしている限りで，当該行為が国連に帰属すると規定したのである[43]。

このように，国際責任の帰属は，実効的支配の基準に基づき，国際違法行為が，部隊派遣国の裁量の余地内で行われた行為か，あるいは安保理の権限内で行われた行為か，という区別に依存する。分配された権限に基づき行われた行為は当該権限を有する主体に帰属し，当該行為が国際違法行為を構成する場合には，行為の帰属する主体に国際責任が配分されるのである[44]。

憲章第7章に基づき容認された軍事的措置においては，作戦指揮統制権が部隊派遣国に留保される結果，当該権限に関しては実施機関に対し安保理の実効的支配が及ばない。そのため，とりわけ戦闘の手段方法に関する *jus in bello* の違反から生ずる国際責任は部隊派遣国に帰属すると考えられる[45]。しかし他

---

40) Francesco Salerno, "International Responsibility for the Conduct of 'Brue Helmets': Exploring the Organic Link," in Maurizio Ragazzi, ed., *Responsibility of International Organizations*, Martinus Nijhoff, 2013, pp. 424-427. 国際責任の解除（損害賠償責任の負担）の局面においては，国際組織と加盟国との「混合責任」とすることができるが，国際責任の帰属の局面においては，行為主体性が問題となるため，責任帰属性は国際組織か加盟国かの二者択一となる。山本草二「政府間国際組織の国際責任」寺沢一＝山本草二編『国際法学の再構築』下（東京大学出版会，1978年）166-167，187-188頁。

41) U. N. Doc. A/CN.4/545, pp. 17-18; U. N. Doc. A/CN.4/637/Add.1, p. 13, paras, 1 and 2. 皮肉にも，国連事務局の見解は，容認された軍事的措置の履行実施における国連の「非関与」を認めるものであり，同措置の分権化を促進する法的信念を示すこととなろう。国連事務局の見解に理解を示すものとして，Blanca Montejo, "The Notion of 'Effective Control' under the Articles on the Responsibility of International Organizations," in Ragazzi, ed., *op. cit.*, *supra* note 40, pp. 402-404.

42) *Supra* note 38, p. 90, para. (9).

43) *Ibid.*, p. 92, para. (12).

44) Pierre Klein, "The Attribution of Acts to International Organizations," in James Crawford, Alain Pellet and Simon Olleson, eds., *The Law of International Responsibility*, Oxford University Press, 2010, pp. 300, 303; Hennie Strydom, "The Responsibility of International Organizations for Conduct arising out of Armed Conflict Situations," *South African Yearbook of International Law*, Vol. 34, 2009, pp. 128-129.

45) 真山全「国連の軍事的活動に対する武力紛争法の適用――武力紛争の事実主義的認識とその限界――」安藤仁介＝中村道＝位田隆一編『21世紀の国際機構：課題と展望』（東信堂，2004年）323-324頁。Christopher Greenwood, "International Humanitarian Law and United Nations Military Operations," *Yearbook of International Humanitarian Law*, Vol. 1, 1998, pp. 15-17.

方で，*jus ad bellum* に由来する権限（軍事的措置の拡大や終了に関する権限）は依然として安保理が保持しているため，この限りで安保理は実施機関に対し実効的支配を及ぼしており，同法の違反から生ずる国際責任は安保理に帰属すると考えられる。

ILC による「国際組織の責任」条文草案の法典化は，安保理が事後の実行において確立してきた，容認された軍事的措置の履行実施における安保理と部隊派遣国との間の「権限分配」，そして履行実施における安保理の「権限」の存在を裏付ける根拠となったと評価することができる[46]。

3　容認決議の終了

容認決議の終了に関する安保理の実行もまた，憲章第7章の諸規則に従う形で実施されてこなかった。本来，軍事的措置の終了は，憲章第46条（兵力の使用計画）に基づき，軍事参謀委員会の援助を得て安保理が決定するものと解されていた[47]。しかし，周知の通り，今日まで軍事参謀委員会は設置されていない。

こうした状況において，容認された軍事的措置を終了させる方法として，軍事的措置を容認する決議の中で予め期限を設定する条項（sunset clause）を定める安保理の事後の実行が散見される[48]。しかし，決議に定めた目的を達成するために必要とされる期間を事前に特定することは困難である[49]。また，期限内に目的を達成できなかった場合には措置を継続するため容認決議を更新することが必要となる。さらに，平和維持の場合と異なり，強制措置の場合，制裁対象国に満了期日を予告することとなり，措置の実効性を著しく損ねるものとなりかねない[50]。そのため，期限を付す容認決議は平和維持に限定され

---

46) P.S. Rao, "United Nations Responsibility from Authorizing the Use of Force," in Ragazzi, ed., *op. cit., supra* note 40, pp. 411-414.
47) D.W. Bowett, *United Nations Forces: A Legal Study*, Frederick A. Praeger, 1964, p. 14. 憲章第47条3の定める「兵力の戦略的指導（the strategic direction)」に関する軍事参謀委員会の責任には，軍事的措置の終了に関する権限が含まれていた。
48) Alexander Orakhelashvili, *Collective Security*, Oxford University Press, 2011, p. 225.
49) Blokker, *op. cit., supra* note 26, p. 563.
50) Krisch, *op. cit., supra* note 31 ("Introduction to Chapter VII"), p. 1268, para. 63.

ている。

　平和維持とは対照的に，軍事的措置を容認する決議は，予測不能な緊急事態に迅速に対処するため，措置の終了期限を定めないまま採択される傾向にある。このような決議に基づき容認された軍事的措置は，文字通り，無期限の性質を有することとなりかねない[51]。こうした期限を定めない容認決議を終了させるためには，新たに容認を終了させる安保理決議を採択する必要がある，とする見解も存在する[52]。しかし，終了決議の採択は新たな拒否権の対象となりうる。常任理事国の一国でも反対すれば容認された軍事的措置を終了できなくなるという意味で，期限を定めない決議は「逆拒否権（reverse veto）」の問題に直面するのである。

　期限を定めない容認決議を終了させるために，安保理は容認を終了させる新たな決議を採択しなければならないという考えは，容認決議を条約と同等に永続的効力を有するものと捉えている。終了に関する規定を含まない条約は，一方当事国が一般国際法上の終了原因を援用しない限り，永続的効力を有するものと推定される（条約法条約第56条）[53]。

　これに対し，とりわけ軍事的措置を容認する決議は，個別具体的な事案において「国際の平和及び安全の……回復」を達成する目的で採択されている。したがって容認決議は，行政命令のように，特定の目的を達成する間に限り時限的（temporary）な効力しか有しないと考えることができる[54]。このように考えると，容認決議は，たとえ期限が定められていなくとも，決議中に予め定められた目的を達成することによって自動的に終了することとなる[55]。

---

51) David D. Caron, "The Legitimacy of the Collective Authority of the Security Council," *AJIL*, Vol. 87, 1993, pp. 578-582.
52) Krisch, *op. cit.*, *supra* note 31 ("Introduction to Chapter VII"), pp. 1267-1268, paras. 63-64; De Wet, *op. cit.*, *supra* note 33, pp. 270-271. これら見解は「逆拒否権」の行使に対する制限を挙げているが，拒否権が常任理事国の裁量である以上，いずれも立法論にとどまるであろう。
53) Ian Sinclair, *The Vienna Convention on the Law of Treaties*, 2nd ed., Manchester University Press, 1984, p. 186; Anthony Aust, *Modern Treaty Law and Practice*, 3rd ed., Cambridge University Press, 2013, pp. 255-256.
54) Berman, *op. cit.*, *supra* note 32, p. 159.
55) Danesh Sarooshi, *The United Nations and the Development of Collective Security: The Delegation by the Security Council of its Chapter VII Powers*, Oxford University Press, 2000, p. 158.

このような条約と安保理決議の相違は解釈方法からも裏付けられる[56]。条約の解釈においては，それが永続的効力を持つことが推定されるため，時間的発展を考慮し，条約の採択時点における起草者意思から乖離して，条約の適用時点における事情を考慮した「発展的解釈（evolutive interpretation）」が認められる傾向がある[57]。これに対し，安保理決議の解釈においては，それが平和回復目的を達成するまでの時限的効力しか有しないため，決議の審議過程および決議の採択の際の事情に重点を置く「同時代的解釈（contemporaneous interpretation）」が行われる。このことは，ICJ が，条約の解釈において「補足的な手段」（条約法条約第32条）にとどめられている起草過程や採択の際の事情を，安保理決議の解釈においては「一般的な規則」に格上げしていることからも伺える[58]。

したがって，所与の安保理決議が事前に設定した目的は，決議採択の時点で凍結され，事後に「発展的解釈」を用いて拡大することはできない。従来より安保理は，容認決議を締め括る末文で「この問題に引き続き取り組むことを決定する」という文言を用いてきた。この文言は，安保理決議が事前に定めた目的および当該目的を達成するための措置を変更（拡大）するためには新たな安保理決議の採択が必要とされる，ということを意味している。

このことは，容認決議が軍事的措置の実施国に対して安保理への報告義務を課していることからも裏付けられる。安保理は，部隊派遣国から軍事的措置の実施状況について報告を受け，当該措置の実効性を審査し，目的および当該目的を達成するための措置を拡大する新たな決議を採択する慣行を確立してきている[59]。

また，NATO によるユーゴ空爆や米英等によるイラク攻撃の事例においては，

---

56) Efthymios Papastavridis, "Interpretation of Security Council Resolutions under Chapter VII in the Aftermath of the Iraqi Crisis," *ICLQ*, Vol. 56 (2007), p. 87.

57) *ICJ Reports 2009*, p. 243, para. 66. *See also*, Georg Nolte, "Between Contemporaneous and Evolutive Interpretation: The Use of "Subsequent Practice" in the Judgment of the International Court of Justice concerning the Case of Costa Rica v. Nicaragua (2009)," in Holger P. Hestermeyer, *et al.*, eds., *Coexistence, Cooperation and Solidarity*, Vol. 2, Martinus Nijhoff, 2012, pp. 1675-1684; *ibid.*, "First report on subsequent agreements and subsequent practice in relation to treaty interpretation," U. N. Doc. A/CN. 4/660 (2013), p. 23, para. 54.

58) *ICJ Reports 1971*, p. 53, para. 114; *ICJ Reports 2010*, p. 442, para. 94.

武力行使を探求する国によって既存の関連安保理決議から軍事的措置の容認が推論されたため，安保理は，それ以後，既存の決議から新たな軍事的措置の容認を推論されないよう決議の文言を精緻化する慣行を確立してきている[60]。特に「この問題に引き続き取り組むことを決定する」という文言は，安保理が事後に事態を再検討するにすぎず，再検討の結果として安保理がさらなる決定をとることまでを要求するものではない，と解釈される余地を残してきた。

このことから安保理は，近年では「追加的措置が必要とされる場合にはさらなる決定を必要とすることを強調する」という文言を用いて，安保理決議が個別の事案に対処するための目的的に限定された効力しか有しないことを明示する慣行を確立してきている[61]。このような実行からは，容認された軍事的措置の目的は容認決議の採択時点で凍結されており，容認決議は予め定められた目的を達成する間に限り時限的な効力しか有しないことが伺える。Sur が指摘するように「異常な事態に対処するために安全保障理事会が採択した措置は，当該事態を終了させ通常の事態の回復を確保することを意図している。したがって，当該措置は……安全保障理事会が正そうとする事態に従って終了される」のである[62]。

4 結　語

条約規則と合致しない条約外実行が，諸国の承認を獲得していくことによって，新慣習国際法の形成を促し，条約規則を修正する可能性は，1960年代における ILC による条約法条約の法典化作業において，既に認められていた[63]。

---

59) Orakhelashvili, *op. cit.*, *supra* note 48 (Collective Security), p. 224. たとえば，決議1497号（2003年）は，期限を明示していない一方，第14項において「採択から30日以内に報告および……事務総長の勧告を考慮し本決議の履行について再検討し，必要とされる更なる措置について検討することを決定」すると定めている。

60) Christine Gray, "The Use of Force to Prevent the Proliferation of Nuclear Weapons," *JYIL*, Vol. 52, 2009, pp. 122-124.

61) Security Council Resolution 1718, U. N. Doc. S/RES/1718 (2006), para. 16. *See also*, Christine Gray, *International Law and the Use of Force*, 3rd ed., Oxford University Press, 2006, pp. 366-368.

62) Serge Sur, "Collective Security," in ditto, *International Law, Power, Security and Justice: Essays of International Law and Relations*, Hart Publishing, 2010, p. 243.

国連憲章も「普通の」多数国間条約として[64]，同様の規範形成の過程を辿る可能性を内包している[65]。憲章第7章に基づき容認された軍事的措置の実行は，湾岸戦争以来，20年以上もの間，累積されてきた。たとえ，同措置の「履行実施」や「終了」に関する慣習国際組織法の形成が未だ生成過程（emergent customary international law）にあるとしても，関連実行は，漸進的発達（progressive development）として，憲章第43条以下の空白を埋める慣習国際組織法の規範内容の方向性を示すものとなるであろう[66]。

［付記］本稿は，平成26年度・科学研究費補助金（研究活動スタート支援）に基づく研究成果の一部である。

---

63) *YILC*, Vol. 2 (1964), pp. 198-199. *See also*, Mark E. Villiger, *Customary International Law and Treaties*, Martinus Nijhoff, 1985, pp. 207-226; Nancy Kontou, *The Termination and Revision of Treaties in the Light of New Customary International Law*, Oxford University Press, 1994.

64) 村瀬信也「武力不行使に関する国連憲章と一般国際法との適用関係 —— NATO のユーゴ空爆をめぐる議論を手掛かりとして」『上智法学論集』第43巻3号（1999年）18-20頁（村瀬『国際立法』529-531頁に再録）。

65) Salo Engel, "Procedures for the *De Facto* Revision of the Charter," *ASIL Proceedings*, Vol. 59 (1965), pp. 108 and 111; Andrea Gioia, "Neutrality and Non-Belligerency," in Harry H.G. Post, ed., *International Economic Law and Armed Conflict*, Martinus Nijhoff, 1994, pp. 73-74 (at fn. 78 and 83).

66) 万国国際法学会は，2011年ロードス会期にて第10委員会小委員会 D において「国連による武力行使の容認」を審議し，憲章第7章の下で容認された軍事的措置の「履行実施」及び「終了」に関する安保理の義務を定めるロードス決議を採択している。*Annuaire de l'institut de droit international*, t. 74 (2011), pp. 478-481. *See also, ibid.*, t. 73 (2009), pp. 231-296.

村瀬信也先生略歴

出生：1943年4月4日　（愛知県名古屋市）

学歴：1950年4月　名古屋市立八事小学校入学

　　　1956年3月　同校卒業

　　　1956年4月　私立東海中学校（名古屋市）入学

　　　1959年3月　同校卒業

　　　1959年4月　私立東海高等学校（名古屋市）入学

　　　1961年9月　Artesia High School（米国 New Mexico 州）編入

　　　1962年6月　同校卒業

　　　1963年3月　東海高等学校卒業

　　　1963年4月　国際基督教大学教養学部社会科学科入学

　　　1967年3月　同大学卒業

　　　1967年4月　東京大学大学院法学政治学研究科入学

　　　1969年3月　同修士課程修了（法学修士）

　　　1969年4月　同博士課程進学

　　　1972年3月　同博士課程修了（法学博士）

職歴：

　　　1972年7月　立教大学法学部専任講師

　　　1974年7月　同助教授

　　　1974年9月　Harvard Law School 客員研究員（1976年8月まで）

　　　1980年5月　国際連合本部法務局法典化部法務担当官（1982年4月まで）

　　　1982年4月　立教大学法学部教授（1993年3月まで）

　　　1993年4月　上智大学法学部教授（2014年3月まで）

　　　1995年1月　Columbia Law School 客員教授（1995年4月まで）

　　　1998年8月　アジア開発銀行行政裁判所（Asian Development Bank Administrative Tribunal）裁判官（2004年7月まで）

　　　2009年5月　国連国際法委員会（UN International Law Commission）委員（2011年再選，現在に至る）

国際法学の諸相 —— 到達点と展望

  2013年12月 常設仲裁裁判所国別裁判官（2019年12月まで）
  2014年3月 上智大学名誉教授
  2014年9月 中国青年政治学院（China Youth University for Political Sciences）法学院（北京）客員教授（現在に至る）

学会活動等：

  日本国際経済法学会理事長（2004年11月より2006年10月まで）

  国際法学会理事（1994年10月より2012年10月まで）

  国際法協会（International Law Association）日本支部理事（1995年10月より現在に至る），副会長（2009年から2011年），代表理事（2012年から2014年まで）。同協会本部理事（1998年から2014年まで），同「気候変動に関する法原則」国際委員会委員長（2008年から2014年まで）。

  万国国際法学会（Institut de droit international）準会員（20011年9月より現在に至る）

  ハーグ国際法アカデミー（Hague Academy of International Law）理事（2004年1月から現在に至る）

  アメリカ国際法学会（American Society of International Law）理事（1992年4月から1995年3月まで）

  日本政府国連代表部顧問（1991年，2009年より現在に至る）

  外務省「外交政策評価パネル委員」（2002年から2003年）

  経済産業省「産業構造審議会気候変動将来枠組小委員会」委員長代理（2004年から2007年まで）

  文部科学省「南極地域観測統合本部」委員（2007年より2013年まで）

  気候変動政府間パネル（IPCC）第4次報告書共同執筆者（2004年から2007年まで）

  内閣府「安全保障の法基盤の再構築に関する懇談会」委員（2007年から2008年，および2013年から2014年まで）

主要な著書及び論文

I　主要著書

1　単　著

（1）『国際法の経済的基礎』有斐閣，2001年9月，330頁（単著）
（2）『国際立法 ── 国際法の法源論』東信堂，2002年5月，774頁（単著）
（3）『国際法論集』信山社，2012年1月，471頁（単著）
（4）*International Law: An Integrative Perspective on Transboundary Issues*, Sophia University Press, 2011, 450 pages (February 2011)（単著）
（5）『国際立法 ── 国際法的法源論』中国人民公安大学出版社，2012年4月，388頁（単著）（上記（2）の中国語訳（秦一禾訳））

2　編著等

（6）『現代国際法の指標』有斐閣，1994年3月，358頁（奥脇直也，古川照美，田中忠との共編著）
（7）『国家管轄権 ── 国際法と国内法』勁草書房，1998年2月，708頁（山本草二教授古稀記念論文集，奥脇直也との共編著）
（8）『武力紛争の国際法』東信堂，2004年12月，895頁（石本泰雄教授傘寿記念論文集，真山全との共編著）
（9）『自衛権の現代的展開』東信堂，2007年5月，308頁（編著）。
（10）『国際刑事裁判所 ── 最も重大な国際犯罪を裁く』東信堂，2008年3月，360頁（洪恵子との共編著，改訂版2014年x月，xx頁）。
（11）『海洋境界画定の国際法』東信堂，2008年10月，225頁（江藤淳一との共編著）
（12）『国連安保理の機能変化』東信堂，2009年5月，203頁（編著）
（13）『地球的課題と法』放送大学教育振興会，2010年3月，188頁（編著）
（14）『変革期の国際法委員会』信山社，2011年4月，564頁（山田中正大使傘寿記念論文集，鶴岡公二との共編著）
（15）『国際経済法講座Ⅰ』法律文化社，2012年11月，497頁（日本国際経済法学会創

国際法学の諸相 ── 到達点と展望

立20周年記念論文集，編著）

II　判例評釈

（1）「国家賠償法6条における『相互の保証』の有無」ジュリスト543号，1973年，112頁以下。
（2）「政治活動を理由とする外国人の在留期間変更不許可処分と法務大臣の裁量の範囲」ジュリスト695号，1979年，129頁以下。
（3）「再入国許可期限の徒過による協定永住権許可の失効」ジュリスト711号，1980年，158頁以下。
（4）「政府承認の切替えと公有財産の承継」（光華寮明渡請求事件）ジュリスト869号，1986年，126頁以下。
（5）「国際慣習法の成否に関する認定」（シベリア抑留訴訟1審判決）ジュリスト937号，1989年，78頁以下。
（6）「シベリア抑留補償請求事件控訴審判決」判例時報1482号，1994年，185-189頁。
（7）「難民条約上の難民」ジュリスト渉外判例百選（第2版，118事件），242頁以下。
（8）「緊急事態と対抗措置」（ガブチコヴォ・ナジュマロシュ計画事件）ジュリスト国際法判例百選（69事件）140頁以下。

III　主要論文（邦文）（小論・書評等を除く）

（1）「最恵国条項論」（1）（2）国際法外交雑誌72巻（1974年）4号429-476頁，5号535-585頁。
（2）「特恵制度の展開と多編的最恵国原則」立教法学15号（1976年）1-74頁。
（3）「社会主義国との最恵国条項」ジュリスト534号，1973年，112-121頁。
（4）「国際経済法における主権概念の発現形態（試論）── 経済開発協定の国際的展開」国際法政研究10号（1973年）28-50頁。
（5）「国際経済組織と国内法」ジュリスト628号，1977年，210-216頁。
（6）「ASEANと国際法 ── 域内協力体制の法形態」安田信之編『ASEAN法 ── その諸相と展望』アジア経済研究所，1987年，23-42頁。
（7）「ココム規制に関する国際・比較法的検討」ジュリスト895号，1987年，17-23頁。
（8）「GATTの規範的性質に関する一考察 ── セーフガードにおける選択性の問題

を手がかりとして」東北大学・法学, 52巻5号（山本草二教授退職記念）1988年, 779-813頁.

(9) 「条約規定の慣習法的効力 ── 慣習国際法の証拠としての条約規定の援用について」寺沢一・他編『国際法学の再構築・上』（高野雄一教授還暦記念）東大出版会, 1977年, 3-40頁.

(10) 「ウイーン条約法条約38条の意義」国際法外交雑誌, 78巻1・2合併号, 1979年, 57-78頁.

(11) 「新国際経済秩序と国際立法過程」ジュリスト731号, 1981年, 245-250頁.

(12) 「日本の判例を通して見た承認と外人法」国際法事例研究会『国家承認』日本国際問題研究所, 1983年, 306-318頁.

(13) 「現代国際法における法源論の動揺 ── 国際立法論の前提的考察として」立教法学25号, 1985年, 81-111頁.

(14) 「国際立法学の存在証明」浦野起央・牧田幸人編『現代国際社会の法と政治』（深津栄一教授還暦記念）北樹出版, 1985年, 105-129頁.

(15) 「国際法委員会における立法過程の諸問題」国際法外交雑誌, 84巻6号, 1986年, 25-64頁.

(16) 「国連海洋法条約と慣習国際法 ──『国際立法』のパラドックス」外務省『海洋法と海洋政策』9号, 1986年, 1-25頁.

(17) 「宇宙開発の国際法と日本 ── 宇宙基地協定をめぐって」大沼保昭編『国際法, 国際連合と日本』（高野雄一教授古稀記念）弘文堂, 1987年, 327-359頁.

(18) 「日本の国家実行における政府承認の手続および判断基準」国際法事例研究会『国交再開・政府承認』慶応通信, 1988年, 239-254頁.

(19) 「GATTの立法過程」貿易と関税, 443号, 1990年, 12-18頁.

(20) 「地球環境保護に関する国際立法過程の諸問題 ── 主権国家の位置と限界」大来佐武郎『地球環境と政治』（講座地球環境・第4巻）中央法規出版, 1990年, 217-230頁.

(21) 「国内裁判所における慣習国際法の適用」広部和也・他編『国際法と国内法 ── 国際公益の展開』（山本草二教授還暦記念）勁草書房, 1991年, 133-170頁.

(22) 「国際環境法 ── 国際経済法からの視点」ジュリスト1000号, 1992年, 360-365頁.

(23) 「海洋環境の保全と国際法」国際問題398号, 1993年, 44-53頁.

(24) 「国際環境法における国家の管理責任 —— 多国籍企業の活動とその管理をめぐって」国際法外交雑誌93巻3・4合併号,1994年,130-159頁。

(25) 「ガットと環境保護」日本国際経済法学会編『国際経済法』3号,1994年,1-24頁。

(26) 「国際紛争における『信義誠実』原則の機能 —— 国際レジームの下における締約国の異議申立手続を中心に」上智法学論集(石本泰雄教授退職記念号)38巻3号,1995年,189-221頁。

(27) 「『環境と貿易』に関するWTO紛争処理の諸問題」貿易と関税535号,1997年,78-86頁。

(28) 「国際環境条約の履行確保と経済的手段 —— 気候編枠組条約の下における環境税および共同実施について」日本エネルギー法研究所『国際原子力安全・環境保護規制と国内法制の接点』1997年,127-147頁。

(29) 「日本の国際法学における法源論の位相」国際法外交雑誌96巻4・5号(国際法学会創立100周年記念号)1998年,175-203頁。

(30) 「国家管轄権の一方的行使と対抗力」村瀬信也・他編『国家管轄権 —— 国際法と国内法』(山本草二教授古稀記念)勁草書房,1998年,61-82頁。

(31) 「国際組織の一方的措置と対抗力 —— 国連憲章第7章の下における軍事的措置の容認をめぐって」上智法学論集42巻1号(山本草二教授退職記念号),1998年,5-38頁。

(32) 「原子力平和利用国際レジームの法構造 —— IAEA保障措置の位置と機能」日本エネルギー法研究所『国際原子力利用法制の主要課題』1998年,67-91頁。

(33) 「国際環境レジームの法的側面 —— 条約義務の履行確保」世界法年報19号,1999年,2-22頁。

(34) 「『貿易と環境』問題の現状と課題」森島昭夫・他編『環境問題の行方』(ジュリスト増刊)1999年,314-318頁。

(35) 「武力不行使に関する国連憲章と一般国際法との適用関係 —— NATOのユーゴ空爆をめぐる議論を手掛かりとして」上智法学論集43巻3号,1999年,1-41頁。

(36) 「朝鮮半島エネルギー開発機構(KEDO)をめぐる国際法上の問題点 —— 国際組織および加盟国の第三者責任を中心として」日本エネルギー法研究所『原子力平和利用をめぐる国際協力の法形態』2000年,35-55頁。

(37) 「等距離中間線以外による境界画定事例 —— 当事者が等距離中間線以外の線で

合意に至った交渉経緯と背景」国際問題研究所『海洋境界画定に関する二国間協定に関する調査』，2000年，43-56頁。

(38) 「環境開発サミット『壮大なゼロ』国際立法の観点から」法学教室229号，2002年，2頁以下。

(39) 「国際環境法の履行確保 —— その国際的・国内的側面 —— 京都議定書を素材として」ジュリスト1232号，2002年，71-78頁。

(40) 「京都議定書の遵守問題と新たな国際レジームの構築 —— 米国および途上国を含めた代替レジームの可能性」『三田学会雑誌』96巻2号（慶応義塾大学）2003年，5-18頁。

(41) 「京都議定書に代わる新たな国際レジームの可能性」澤昭裕・関総一郎編『地球温暖化問題の再検証』東洋経済新報社，2004年，267-301頁。

(42) 「TBT協定」地球産業文化研究所『貿易と環境の調和に関する調査研究委員会報告書』2004年，81-92頁。

(43) 「トワイライトの向こうに —— 悲劇の国際法学者トーマス・ベイティ」外交フォーラム，2003年4月号70-77頁，5月号72-79頁，6月号78-85頁。

(44) 「武力紛争における環境保護」村瀬信也・真山全編『武力紛争の国際法』（石本泰雄教授傘寿記念）東信堂，2004年，631-654頁。

(45) 「石本泰雄教授の戦争法・中立法研究とその背景」村瀬信也・他編『武力紛争の国際法』（石本泰雄教授傘寿記念）東信堂，2004年，861-871頁。

(46) 「国際法における国家管轄権の域外執行 —— 国際テロリズムへの対応」上智法学論集49巻3・4号，2006年，119-160頁。

(47) 「気候変動に関する科学的知見と国際立法」国際問題，2008年，46-58頁。

(48) 「1907年ハーグ密使事件の遺産」『変容する社会の法と理論』（上智大学法学部50周年記念），有斐閣，2008年，217-246頁。

(49) 「安全保障に関する国際法と日本法 —— 集団的自衛権および国際平和活動の文脈で」（上）ジュリスト1349号，2008年，92-110頁；（下）同1350号，2008年，52-66頁。

(50) 「ポスト京都の国際枠組 —— 気候変動政府間パネル第4次報告書のメッセージ」上智法学論集51巻3・4合併号，2008年，73-98頁。

(51) 「気候変動枠組条約：柔軟性と拘束性の相克」ジュリスト1409号，2010年，11-20頁。

(52) 「国際法委員会の現在と将来の展望」村瀬信也・他編『変革期の国際法委員会』(山田中正大使傘寿記念)信山社,2011年,115-133頁。
(53) 「大気の保護と国際法」薬師寺公夫編『現代国際法の思想と構造』(松井芳郎教授古稀記念)第2巻,東信堂,2012年,5-26頁。
(54) 「国際法の『断片化』と国際経済法」『国際経済法講座I』法律文化社,2012年,23-41頁。
(55) 「『領土』めぐる視角と国際司法裁判所」『外交』16号,外務省,2012年11月,113-120頁。
(56) 「国際法の規範形成における国際法委員会の役割 ── 課題選択を中心に」国際法外交雑誌112巻1号,2013年5月,1-29頁。

IV 主要論文 (英文)

(1) "The Most-Favored-Nation Treatment in Japan's Treaty Practice 1854-1905", *American Journal of International Law*, vol.70, 1976, pp.273-297.

(2) "International Lawmaking for the New International Economic Order", *The Japanese Annual of International Law*, no.25, 1982, pp.45-66.

(3) "Trade versus Security: The COCOM Regulations in Japan", *The Japanese Annual of International Law*, no.31, 1988, pp.1-17.

(4) "Reception of International Law into Domestic Law of Japan", *Proceedings of the 19th Annual Conference of the Canadian Council on International Law*, 1990, pp. 263-272.

(5) "Remarks on International Lawmaking for the Protection of the Global Environment", *The Proceeding of the American Society of International Law*, 1991, pp. 409-413.

(6) "Perspectives from International Economic Law on Transnational Environmental Issues", *Recueil des cours de L'Académie de Droit international*, vol. 253, 1995, pp. 283-431.

(7) "Unilateral Measures and the WTO Dispute Settlement", in Simon Tay & Dan Esty, eds., *Asian Dragons and Green Trade: Environment, Economics and International Law*, Times Academic Press, 1996, pp.137-144.

(8) "Unilateral Measures and the Concept of Opposability in International Law", *The-*

saurus Acroasium, Thessaloniki Institute of International Public Law, vol.28, 1999, pp.397-454.

(9) "The Relationship between the United Nations Charter and General International Law regarding Non-use of Force: The Case of NATO's Air Campaign in the Kosovo Crisis of 1999", *Liber Amicorum Judge Shigeru Oda*, Kulwer Law International, 2002, pp.1543-1553.

(10) "Conflict of International Regimes: Trade and Environment", Thessaloniki Institute of International Public Law and Relations, *Thesaurus Acroasium*, vol.31, 2002, Thessaloniki Institute of International Public Law, 2002, pp.297-340.

(11) "Thomas Baty in Japan: Seeing through the Twilight", *The British Year Book of International law*, vol.73, 2002, pp. 315-342.

(12) "Extraterritorial Enforcement of Domestic Law: Perspectives from International Law", *Thesaurus Acroasium*, vol.34, 2005, Thessaloniki Institute of International Public Law, pp.269-325.

(13) "Trade and the Environment: With Particular Reference to Climate Change Issues", *Manchester Journal of International Economic Law*, vol. 2, Issue 2, 2005, pp.18-38. (reproduced in Harald Hohmann, ed., *Agreeing Implementing the Doha Round of the WTO*, Cambridge University Press, 2008, pp. 391-419.)

(14) "Unilateral Responses to International Terrorism: Self-defense or Law-enforcement?", in Sienho Yee & Jacque-Yvan Morin, eds., *Multiculturalism and International Law, Essays in Honour of Edward McWhinney*, Martinus Nijhoff, 2009, pp. 429-444.

(15) "Presence of Asia at the Hague Peace Conference of 1907", *Colloquium, Topicality of the Hague Peace Conference of 1907*, Hague Academy of International Law, Martinus Nijhoff, 2009, pp. 85-101.

(16) "Protection of the Atmosphere and International Lawmaking" in Miha Pogačnik, ed., *Challenges of Contemporary International Law and International Relations, Liber Amicorum in Honour of Ernest Petrič*, 2011, pp. 279-298.

(17) "Protection of the Atmosphere and International Law: Rationale for Codification and Progressive Development", *Sophia Law Review*, Vol.55, Nos. 3-4, 2012, pp. 1-58.

(18) "Protection of the Atmosphere and International Law-making" in Hague Academy of International Law, *The 90th Birthday of Boutros Boutros-Ghali: Tribute of the Curatorium to its President*, Martinus Nijhoff, 2012, pp. 189-209.

村瀬信也先生古稀記念

国際法学の諸相
―― 到達点と展望 ――

2015年(平成27年)1月10日　第1版第1刷発行
8071：P976　￥24800E 012：030-007

編　者　江　藤　淳　一
発行者　今井　貴　稲葉文子
発行所　株式会社　信　山　社
編集第2部
〒113-0033　東京都文京区本郷6-2-9-102
Tel 03-3818-1019　Fax 03-3818-0344
henshu@shinzansha.co.jp
笠間才木支店　〒309-1611　茨城県笠間市笠間515-3
Tel 0296-71-9081　Fax 0296-71-9082
笠間来栖支店　〒309-1625　茨城県笠間市来栖2345-1
Tel 0296-71-0215　Fax 0296-72-5410
出版契約2015-8569-7-01010　Printed in Japan

Ⓒ著者，2015　印刷・製本／亜細亜印刷・渋谷文泉閣
ISBN978-4-7972-8071-5 C3332 分類 329.100-a001 国際法

〈(社)出版者著作権管理機構 委託出版物〉
本書の無断複写は著作権法上での例外を除き禁じられています。複写される場合は，
そのつど事前に，(社)出版者著作権管理機構(電話03-3513-6969，FAX03-3513-6979，
e-mail: info@jcopy.or.jp)の許諾を得てください。

◆**国際法論集**
村瀬信也 著

山田中正大使傘寿記念
◆**変革期の国際法委員会**
村瀬信也・鶴岡公二 編

◆**国際法先例資料集〈1〉〈2〉―不戦条約 上・下**
【日本立法資料全集】柳原正治 編著

◆**プラクティス国際法講義**（第2版）
柳原正治・森川幸一・兼原敦子 編（執筆：江藤淳一他）

◆**《演習》プラクティス国際法**
柳原正治・森川幸一・兼原敦子 編（執筆：江藤淳一他）

◆**国際法研究**［最新第3号 2015.3刊行予定］
岩沢雄司・中谷和弘 責任編集

◆**ロースクール国際法読本** 中谷和弘 著

◆**実践国際法**（新版第2版）［近刊］
小松一郎 著

◆小松一郎氏追悼 ［2015.5刊行予定］
国際法の実践―小松一郎の生涯（仮）
村瀬信也・秋葉剛男 編

信山社